COTTA

BAND 50.6 | VERÖFFENTLICHUNGEN DER DEUTSCHEN SCHILLERGESELLSCHAFT

Harry Graf Kessler

Das Tagebuch 1880 – 1937

HERAUSGEGEBEN VON ROLAND S. KAMZELAK UND ULRICH OTT

UNTER BERATUNG VON
HANS-ULRICH SIMON, WERNER VOLKE (†)
UND BERNHARD ZELLER

COTTA

Harry Graf Kessler

Das Tagebuch Sechster Band 1916–1918

HERAUSGEGEBEN VON GÜNTER RIEDERER

UNTER MITARBEIT VON CHRISTOPH HILSE

COTTA

PORTRÄT HARRY GRAF KESSLER; MAX LIEBERMANN, PASTELL AUF GRAUER MALPAPPE, 1916; DEUTSCHES LITERATURARCHIV MARBACH

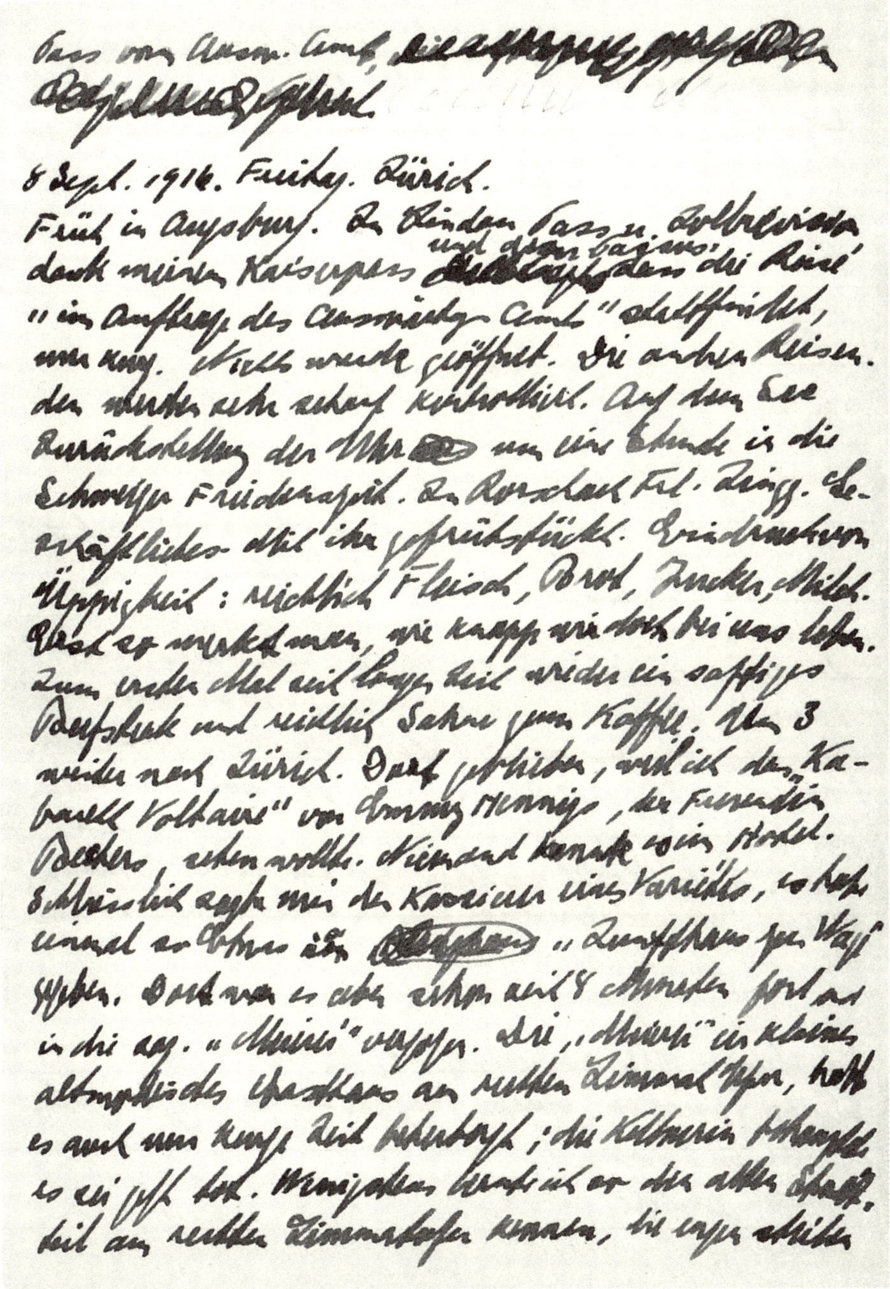

Pass vom Ausw. Amt, [illegible]

8 Sept. 1916. Freitag. Zürich.
Früh in Augsburg. In Lindau Pass- u. Zollrevision dank meinem Kaiserpass und dessen Vermerk: dass die Reise "im Auftrage des Auswärtigen Amts" stattfindet, nur kurz. Nichts wurde geöffnet. Die andren Reisenden wurden sehr scharf kontrolliert. Auf dem See Zurückstellung der Uhr um eine Stunde in die Schweizer Friedenszeit. In Rorschach Tel. Zeitg. Geschäftliches über ihr Frühstück. Eindruck von Üppigkeit: wirklich Fleisch, Brot, Zucker, Milch. Erst so merkt man, wie knapp wir doch bei uns leben. Zum ersten Mal seit langer Zeit wieder ein saftiges Beefsteak und reichlich Sahne zum Kaffee. Um 3 weiter nach Zürich. Dort geblieben, weil ich das "Kabarett Voltaire" von Emmy Hennings, der Freundin Bechers, sehen wollte. Niemand kannte es im Hotel. Schliesslich sagte mir der Kassierer eines Variétés, es habe einmal so etwas im [illegible] "Zunfthaus zur Waag" gegeben. Dort war es aber schon seit 8 Monaten fort und in die sog. "Meierei" verzogen. Die "Meierei", ein kleines altmodisches Gasthaus am rechten Limmatufer, hatte es auch nur kurze Zeit beherbergt; die Kellnerin behauptete, es sei ganz tot. Wenigstens lernte ich so den alten Stadtteil am rechten Limmatufer kennen, die engen steilen

EINTRAG VOM 8. SEPTEMBER 1916; TAGEBUCH HARRY GRAF KESSLER;
DEUTSCHES LITERATURARCHIV MARBACH

Inhalt

Einleitung

Zwischen Fronteinsatz, Propagandakrieg und Diplomatie – Harry Graf Kessler und sein Tagebuch in der zweiten Hälfte des Ersten Weltkriegs (1916-1918)

„Kriegstheater" in der Schweiz

Vorhang auf im großen Kriegstheater. Ort der Handlung ist die Schweizer Bundesstadt Bern – genauer: das beste Hotel am Platz, das Bellevue-Palace, zentral gelegen auf einer Felsterrasse über der sich um die Berner Altstadthalbinsel schlängelnden Aare. Zeit: Mitte September 1916, gut zwei Jahre nach Ausbruch des Ersten Weltkriegs. Die Fronten sowohl im Westen als auch im Osten haben sich im Ermattungskrieg festgefahren, ein Ende der Kampfhandlungen ist nicht in Sicht. Die Auswirkungen des Krieges sind überall spürbar und der erste Hungerwinter steht unmittelbar bevor. Auftritt von Harry Graf Kessler, vor kurzem noch Frontoffizier, jetzt abkommandiert, um in der Schweiz die deutsche Kulturpropaganda zu organisieren. In den Nebenrollen treffen wir auf Diplomaten aller kriegführenden Länder, halbseidene Spione und aufmerksame Kellner. Es spricht die Hauptfigur:

> Abends im Bellevue mit de Vaux und Schubert gegessen. Der Schützengraben läuft im Bellevue quer durch den Esssaal; Entente rechts, Vierbund links, die „table austro-boche" in der linken Saalecke, die der Entente-Diplomaten in der rechten. Drum herum gruppiert an kleinen Tischen die Angehörigen der beiden feindlichen Mächtegruppen mit verstreuten Amerikanerinnen und Schweizern. Die Kellner bewegen sich zwischen den Mächtegruppen und spionieren.[1]

Die Beschreibung der sich beim Diner im unsichtbaren „Schützengraben" des Speisesaals im Bellevue-Palace belauernden Kriegsparteien wirkt grotesk, wenn man bedenkt, wie blutig der tatsächliche Krieg in den echten Schützengräben zu jenem Zeitpunkt ausgetragen wurde. Im Vergleich zu den Gefahren,

[1] Tagebuch, 14.9.1916. Zitate aus dem Tagebuch werden im folgenden durch das Datum des Tageseintrags im fortlaufenden Text nachgewiesen.

Hotel Bellevue-Palace in Bern mit Bundespalast links im Hintergrund;
Burgerbibliothek, Bern

die der unmittelbare Fronteinsatz mit sich brachte, war der Propagandakrieg in Bern ein vergleichsweise bequemer Kriegsschauplatz. Hier schlugen keine Granaten ein, hier war nicht das ohrenbetäubende Pfeifen der Schrapnells zu hören, hier mußte niemand im Schlamm und Schmutz der Gräben, in Wasserlöchern, Granattrichtern und Drahtverhauen neben den zerfetzten Körpern der Kameraden ausharren. Die existentielle Frage nach Leben und Tod, die den Frontalltag entscheidend prägte, war in Bern entschärft, die „Schlachten" des Propagandakrieges aber wurden – wie wir noch sehen werden – kaum weniger intensiv und ähnlich verbissen geführt.

Die Schilderung des Abendessens im Bellevue-Palace weist auf einen Einschnitt in der Biographie des Tagebuchschreibers hin, der seine Kriegserfahrungen tiefgreifend verändern sollte. Ende Juli 1914 hatte sich Kessler als Hauptmann der Reserve bei seinem Regiment gemeldet. Als Kommandeur einer Munitionskolonne war er zunächst in das neutrale Belgien einmarschiert, hatte das brennende Lüttich gesehen und die Belagerung der Stadt Namur erlebt. Im September 1914 wurde seine Einheit nach Ostpreußen versetzt und war in die Verfolgung der dort abrückenden russischen Truppen verwickelt. Im Dezember 1914 erhielt Kessler den Befehl, sich als Ordonnanzoffizier beim 24. Reserve-Korps zu melden, einer Einheit, die im Januar 1915 an die Front in den ungarischen

Karpaten verlegt wurde. Nach dem erfolgreichen Karpatenübergang und der Einnahme Galiziens erreichte das Korps Ende September 1915 Wolhynien, eine Landschaft im Nordwesten der heutigen Ukraine, wo Kessler den folgenden Winter im Stellungskrieg gegen die russischen Truppen verbrachte. Im April 1916 wurde die Einheit an die Westfront bei Verdun versetzt, um dort die Frühjahrsoffensive zu unterstützen.

Einflußreiche Freunde hatten immer wieder Versuche unternommen, Kessler, der bei Ausbruch des Krieges immerhin schon 46 Jahre alt war, dem direkten Kampfgeschehen zu entziehen und ihm eine vermeintlich ruhigere Stellung im zivilen Leben zu verschaffen. Im Laufe des Sommers 1916 gelang es endlich, eine Kommandierung an die deutsche Gesandtschaft in der Schweiz zu erreichen. Kessler wechselte in die Diplomatie, ein Arbeitsfeld, das ihm aus seinen vielfältigen Aktivitäten vor dem Ersten Weltkrieg vertraut war.

Anfang September dann – um wieder zur Ausgangssituation im Bellevue-Palace zurückzukehren – fuhr Kessler erstmals in die Schweiz, um persönlich beim dortigen deutschen Gesandten, Konrad-Gisbert Freiherr von Romberg, vorstellig zu werden. Die Grenzkontrolle in Lindau gestaltete sich problemlos, und mit Erstaunen registrierte Kessler bei seinem ersten Frühstück auf Schweizer Territorium die Unterschiede der wirtschaftlichen Versorgungslage in beiden Ländern: „Eindruck von Üppigkeit: reichlich Fleisch, Brot, Zucker, Milch. Erst so merkt man, wie knapp wir doch bei uns leben. Zum ersten Mal seit langer Zeit wieder ein saftiges Beefsteak und reichlich Sahne zum Kaffee.“ (8.9.1916) Er führte in Bern eine Reihe von Gesprächen, um Detailfragen seiner Kommandierung zu klären, und unternahm erste Sondierungen, wie seine zukünftige Tätigkeit als Chef der deutschen Kulturpropaganda in der Schweiz aussehen sollte. Mitte September 1916 begab sich Kessler nach Berlin, um seine offizielle Kommandierung nach Bern zu erreichen.

Soweit das Faktengerüst, sozusagen die Exposition der Handlung im großen Kriegstheater. Das Tagebuch, das Kessler während des Krieges führt, ermöglicht dem heutigen Leser aber nicht nur die Rekonstruktion eines Lebens zwischen Fronteinsatz und Propagandakrieg. Einmal mehr zeigt sich Kessler in seinen täglichen Notizen als der Mann mit den vielen Gesichtern, der scheinbar mühelos die unterschiedlichen Rollen besetzen kann, die das Kriegstheater bietet. Die Widersprüche in seiner Biographie ziehen sich wie ein roter Faden durch die Weltkriegsaufzeichnungen. Er, der Kosmopolit, der über ein fein gewebtes Netz von Bekannten, Freunden und Weggefährten in ganz Europa verfügt, der weitgereiste Weltbürger, der im Juli 1914 von London über Paris nach Potsdam kommt, um sich bei seinem Regiment zu melden, dieser Mann zieht nun für das Deutsche Reich in den Krieg. Aus heutiger Sicht verwundert die dabei zutage tretende unaufgeregte Überzeugung, mit der Kessler diesen

Schritt vollzieht. Vor dem Hintergrund seiner vielfältigen Vorkriegsbemühungen um eine die nationalen Grenzen überschreitende europäische Kultur wirkt das Pflichtgefühl, mit der die Aufgabe der 'Verteidigung des Vaterlandes' angenommen wird, zunächst befremdlich.

Kessler erweist sich im Sommer 1914 als nicht sehr resistent gegen einen gerade in Bohèmekreisen und Intellektuellenzirkeln weit verbreiteten naiven patriotischen Überschwang. Mitte August 1914 berichtet er in einem Brief an seinen Freund Gustav Richter im Zusammenhang mit den Kämpfen in Belgien, daß „das Gefecht [...] aufregend und aufpeitschend wie Champagner"[2] sei. Nach dem raschen Vorrücken der Truppen im September 1914 in Ostpreußen notiert Kessler im Tagebuch: „Wir heissen jetzt das Garde Reise Korps" (14.9.1914), und in einem Brief an seine Schwester vom 18. November 1914 bezeichnet er den Feldzug als „immense Cook's tour through a country where another touring party are trying to stop you"[3]. Das Tagebuch steckt voller naiv-bewundernder Äußerungen über die effiziente und erfolgreiche Kriegsführung der Volkshelden Hindenburg und Ludendorff, in Kriegszieldiskussionen vertritt Kessler weitreichende Annexionsforderungen, und besonders irritierend wirkt aus heutiger Sicht jene in einem Gespräch im Oktober 1916 vorgetragene Idee, „die polnischen Juden in den Munitionsfabriken zwangsweise zu verwenden" (5.10.1916).

Gleichzeitig aber tritt eine andere, in der Anfangszeit des Krieges vielleicht verborgener liegende, aber doch existente Seite von Kesslers Persönlichkeit hervor, die ihn von vielen seiner Zeitgenossen unterscheidet. Seine Bekanntschaften besitzen eine enorme Spannbreite, sie sichern ihm auf diese Weise eine Heterogenität der Meinungen und Deutungen des Krieges, die wohl einzigartig ist. Die von Hugo von Hofmannsthal abfällig-spöttisch beschriebenen „zehntausend Bekannten" Kesslers reichen vom Vortragenden Rat in der Nachrichtenabteilung des Auswärtigen Amtes und späteren Unterstaatssekretär in der Reichskanzlei Wilhelm von Radowitz über den Publizisten und Chefredakteur der Vossischen Zeitung Georg Bernhard bis hin zur radikal-pazifistisch orientierten künstlerischen Avantgarde um Wieland Herzfelde, John Heartfield und George Grosz. Er unterstützt junge Schriftsteller wie den in dieser Zeit mit Drogenexzessen kämpfenden Johannes R. Becher, steht weiterhin im intellektuellen Austausch mit seinem belgischen Freund Henry van de Velde und diskutiert mit dem im Elsaß geborenen Schriftsteller René Schickele die Möglichkeit, den Krieg durch eine Aussöhnung mit Frankreich zu beenden.

---

[2] Brief an Gustav Richter vom 23.8.1914. In: Harry Graf Kessler: Krieg und Zusammenbruch aus Feldpostbriefen 1914-1918, Weimar 1921, S. 5.

[3] Brief an Wilma de Brion vom 18.11.1914, Nachlaß Kessler, Deutsches Literaturarchiv Marbach.

Kessler wird auf diese Weise zum wandelnden Widerspruch, dem es erst am Ende des Krieges gelungen sein wird, diese Gegensätze seiner Biographie wieder aufzulösen. Nach der Novemberrevolution 1918 finden wir in Kessler tatsächlich jenen vielzitierten „Neuen Menschen" vor, der sich nicht nur – wie viele andere Vertreter seiner Generation – als sogenannter Vernunftrepublikaner widerwillig zur Weimarer Republik bekennt, sondern fest auf dem Boden der neuen Verfassung steht und aktiv an der Gestaltung des öffentlichen Lebens mitwirkt. Beim Lesen des Tagebuchs stellt sich dabei fast wie von selbst die Frage nach den Ursprüngen dieser „politischen" Ausrichtung Kesslers. Wann und auf welche Weise vollzieht sich die erstaunliche Metamorphose zum vielzitierten „Roten Grafen"? Wo liegt der Wendepunkt, der Kesslers Leben und Denken in neue Bahnen lenkt?

Das berühmte Journal im Krieg – Überlieferung und Quellenwert

Mit Ausbruch des Krieges ändert sich der Charakter von Kesslers Tagebuch: Standen in seinen Vorkriegsaufzeichnungen Kunstbetrachtungen, philosophische Abhandlungen, die Beschreibung von Begegnungen mit Literaten und Künstlern, Museumsbesuche oder Lektüreerlebnisse im Mittelpunkt, so tritt nun zum einen der Krieg selbst, zum anderen – verstärkt in der Zeit ab September 1916 durch die Tätigkeit in Bern – die Diplomatie in den Vordergrund. Der Krieg hatte aber nicht nur Auswirkungen auf den Gehalt, sondern auch auf die Gestalt des Tagebuches.

Während die Aufzeichnungen der Jahre 1887 bis 1912 in sechs großen, in rotbraunes Leder gebundenen Bänden im Quartformat Platz fanden, wechselt Kessler bei Ausbruch des Krieges auf das wesentlich handlichere Oktavformat. Er notiert nun seine Erlebnisse in kleinen, in rötlichem oder bräunlichem Leder gebundenen und mit Goldschnitt versehenen Büchern. In der Zeit des Feldzugs dient ein Bleistift als Schreibmittel, ab Februar 1916 kehrt Kessler wieder zur Tinte zurück, wie sie für die Vorkriegsaufzeichnungen typisch war. Insgesamt umfassen die Kriegserlebnisse zwölf Tagebuchbände, wovon wiederum die den vorliegenden Band umfassende Zeitspanne zwischen September 1916 und Ende des Jahres 1918 in sechs Einzelbüchern Platz findet.[4]

---

[4] Im einzelnen handelt es sich um die folgenden Bände: 26. August 1916 bis 14. Februar 1917, 94 Blatt mit 174 beschriebenen Seiten; 23. August 1917 bis 23. Januar 1918, 82 Blatt mit 161 beschriebenen Seiten; 24. Januar bis 7. Juli 1918, 159 Blatt mit 306 beschriebenen Seiten; 8. Juli bis 5. November 1918, 149 Blatt mit 288 beschriebenen Seiten; 6. November bis 13. Dezember 1918, 77 Blatt mit 149 beschriebenen Seiten; 14. Dezember 1918 bis 27. Januar 1919, 66 Blatt mit 127 beschriebenen Seiten.

Der Wechsel des Formats – im Hintergrund der großformatige Tagebuchband 8. Oktober 1909 bis 8. August 1912, im Vordergrund der kleinere Oktavband 26. August 1916 bis 14. Februar 1917; Photographie von Chris Korner; Deutsches Literaturarchiv Marbach

Innerhalb der Edition wird die Kriegszeit in zwei Bände aufgeteilt, deren Zäsur sich nicht an der Handschrift, sondern am Inhalt orientiert: Band V umfaßt die Zeit von Anfang August 1914 bis September 1916, und wird damit die Jahre des Fronteinsatzes dokumentieren. Der vorliegende Band VI setzt am 8. September 1916 mit Kesslers erster Reise in die Schweiz ein, die den Auftakt seiner Tätigkeit für die deutsche Kulturpropaganda in Bern bildet. Inhaltlich reicht der Band bis zum Ausbruch der Revolution in Berlin und Kesslers kurzer Tätigkeit als Gesandter in Warschau von Mitte November bis Mitte Dezember 1918.
Die Kriegsaufzeichnungen weisen eine gravierende Lücke auf: Mitten im kriegsentscheidenden „Epochenjahr" 1917 endet ein Tagebuchband am 24. Februar 1917, der nächste Band setzt mit dem 23. August 1917 ein. Da es äußerst unwahrscheinlich ist, daß ein so disziplinierter Tagebuchschreiber wie Kessler mehrere Monate aussetzt, scheint hier ein Band verschollen. Auch der Umfang der Lücke, die eine Zeit von knapp sechs Monaten umfaßt und exakt in einem Oktavband hätte Platz finden können, legt nahe, daß ein Tagebuchband

verlorengegangen ist. Das Fehlen dieser Aufzeichnungen ist vor allem deswegen bedauerlich, weil wichtige politische Vorgänge – die Märzrevolution in Rußland, verbunden mit dem Sturz des Zaren und der Bildung einer „Provisorischen Regierung“, die Kriegserklärung der Vereinigten Staaten von Amerika an das Deutsche Reich Anfang April 1917, die sogenannte Osterbotschaft Wilhelms II. vom 7. April, der Rücktritt von Reichskanzler Bethmann Hollweg am 13. Juli und die nur wenige Tage später erfolgte Friedensresolution der Mehrheitsparteien des Reichstags – damit keine direkte Erwähnung im Tagebuch finden.

Die im September 1916 beginnende Tätigkeit Kesslers als Leiter der deutschen Kulturpropaganda in der Schweiz stellt in vielerlei Hinsicht eine Zäsur dar, nicht zuletzt auch im Hinblick auf die äußere Gestalt der Handschrift Kesslers. Das Schriftbild, das während des Feldzugs oft flüchtig und unsauber war, wird mit seinem Dienstantritt in Bern wieder klarer und damit leichter lesbar. Dazu tritt eine Reihe von Besonderheiten, die für das Tagebuch in dieser Zeit charakteristisch sind: Häufiger als früher werden Zeitungsartikel in das Tagebuch eingeklebt, die das Niedergeschriebene illustrieren und fortführen. Zudem fertigt er Auszüge ihm wichtig erscheinender Artikel der deutschen, französischen oder englischen Tagespresse an (z.B. 8.11.1917), notiert den gesamten Text eines Ende Januar 1918 gefundenen Flugblatts, das zum Massenstreik aufruft (1.2.1918) und dokumentiert in Abschrift wichtige aus- und eingehende Briefpost (z.B. 26.12.1917). Diese Vorgehensweise unterstreicht die bereits in anderen Zusammenhängen geäußerte Überlegung, daß Kessler sein Tagebuch als Arbeits- und Skizzenbuch verstanden hat, das als Grundlage und Erinnerungshilfe für die später einmal zu schreibenden Memoiren dienen sollte, die unter dem Titel *Gesichter und Zeiten* nur in einem ersten Band 1935 bei S. Fischer erschienen sind.[5]

In den Aufzeichnungen während des Feldzugs stand das Militärische stärker im Vordergrund. Der Tagebuchtext wird mehrfach unterbrochen durch Lageskizzen, die Zeichnung von Abschnittsituationen und Artilleriestellungen sowie die penibel-genaue Schilderung von Gefechten, bei denen im Minutentakt der Ablauf der Kämpfe notiert wird. Auf Heimaturlaub im März und April 1915 und verstärkt dann seit dem Frühjahr 1916, als Kessler sich wieder regelmäßig in Berlin aufhält, treten Politik und Diplomatie an die Stelle von Kampfbeobachtungen und Kriegstaktik. Als Mitglied der beiden wichtigsten politischen

---

[5] Daß Kessler plante, auch die Zeit des Ersten Weltkriegs gebührend in seinem Memoirenwerk zu berücksichtigen, beweisen die zahlreichen Stichworte in seiner „Geplante[n] Kapitelfolge der 'Erinnerungen'“. In: Harry Graf Kessler: Gesichter und Zeiten. Erinnerungen. Notizen über Mexiko. Gesammelte Schriften in drei Bänden. Hg. Cornelia Blasberg, Gerhard Schuster. Bd. 1, Frankfurt am Main 1988, S. 307-317.

Gesprächszirkel dieser Zeit, der von Ludwig Stein und Ernst Bassermann gegründeten und im Berliner Hotel Continental tagenden Mittwoch-Gesellschaft sowie der Deutschen Gesellschaft 1914[6], trifft Kessler auf Menschen aus den unterschiedlichsten Lebensbereichen, er fertigt Gedächtnisprotokolle von Gesprächen mit Angehörigen der politischen und militärischen Führung an und charakterisiert in markanten Porträts Persönlichkeiten aus Politik und Gesellschaft.

Dabei gelingen ihm in ihrer Prägnanz kurze, beeindruckende biographische Skizzen. Der Führer der nationalliberalen Reichstagsfraktion Gustav Stresemann, der Kessler Ende Juni 1918 zu einem „Frühstück" eingeladen hatte, wird abfällig als „amusischer Dresdener Rechtsanwalt" bezeichnet, als „ein Primitiver" (29.6.1918), dessen Kunstgeschmack dem Zeitgeist um zwanzig Jahre hinterherhinke. Und über Arthur Zimmermann, der am 21. November 1916 als erster „Bürgerlicher" in das Amt des Staatssekretärs des Äußeren berufen wurde, berichtet Kessler nach einer Begegnung kurz nach dessen Amtsantritt:

> Nach der Sitzung um 5 bei Zimmermann. Ich sah ihn zum ersten Mal als Staatssekretär. Nichts vom Aristokraten oder Junker; gutes Bürgertum, ein Über-Burschenschafter; breit, gross, blond, rotes, grobgeschnittenes Gesicht mit Schmissen, energisch, vielleicht hauptsächlich Rauhbein, ziemlich unkompliziert (simpliste), ein bürgerliches Rauhbein etwa im Stil der „bourgeois" von Sternheim; nicht sehr intelligent, aber schlau: operiert mit geringen intellektuellen Mitteln geschickt. (12.12.1916)

Besonders hervorzuheben sind die Besuche Kesslers im deutschen Hauptquartier, seine Eindrücke von der „innerste[n] Zelle des Weltkrieges" (3.10.1917). Insgesamt vier Mal hielt sich Kessler dort auf – im April 1916 in Charleville-Mézières, im November 1916 in Pleß sowie im September und Oktober 1917 in Bad Kreuznach. Die Aufzeichnungen aus dem Zentrum der Macht zeichnen sich durch ihre atmosphärische Dichte aus, wenn Kessler Hindenburg als „riesige verwitterte Fleischmasse" (7.11.1916) beschreibt, dessen Stimme „wie heiserer Donner [...] aber mit einem Lachen im Unterton" klingt (3.10.1917), oder er bei Ludendorff den „rege[n] Geist" lobt, dessen „Frische durch eine ungewöhn-

[6] Vgl. zur Mittwoch-Gesellschaft die Darstellung von Ludwig Stein: Aus dem Leben eines Optimisten, Berlin 1930, S. 225 ff. und den Artikel von Claudia Hohberg in: Dieter Fricke (Hg.): Lexikon zur Parteiengeschichte. Die bürgerlichen und kleinbürgerlichen Parteien und Verbände in Deutschland (1789-1945), Bd. 3, Leipzig 1985, S. 381-383. Zur Deutschen Gesellschaft 1914 ausführlich Bernd Sösemann: Jenseits von Partei und Parlament. Walther Rathenaus „aufbauende Ideenpolitik" in der Deutschen Gesellschaft 1914. In: Hans Wilderotter (Hg.): Die Extreme berühren sich. Walther Rathenau 1867-1922, Berlin [1993], S. 169-178.

liche Gesundheit der Nerven und Säfte erhalten wird" (3.10.1917). Überhaupt gibt der Tagebuchtext dem Alltagsleben im Hauptquartier präzise, so nie zuvor gelesene Konturen. Über das Abendessen anläßlich der Feier von Hindenburgs siebzigstem Geburtstag wird beispielsweise berichtet:

> Ludendorff trat ein und gleich hinterher der Feldmarschall, der mit mir einige Worte über Herbert [v. Hindenburg] und Helene [v. Nostitz-Wallwitz] sprach und dann zum Globus gieng: er habe sich schon immer so ein Ding gewünscht; da könne man doch wenigstens all die kleinen Republiken finden, die uns den Krieg erklärten. Gedeckt war in einem schmalen, langen Saal, wo alle an einem einzigen Tische sitzen, nicht geteilt wie in Pless. [...] Es gab, was in Deutschland jetzt eine Seltenheit ist, Weissbrot, recht guten Mosel, Suppe, Rehkeule, zwei Geburtstagstorten; Alles einfach, aber gediegen und reichlich, wie in einem Landhaus. (3.10.1917)

Diese Tagebuchaufzeichnungen sind nicht zuletzt auch deswegen interessant, weil ihr Schreiber sich nicht scheut, neben der großen Politik auch das Kleine, das scheinbar Nebensächliche und Menschliche zu suchen. Kessler richtet sein Augenmerk auf persönliche Geschichten, er gibt Gerede wieder und widmet sich – man kann es ruhig so deutlich formulieren – dem Klatsch. Wir erfahren, daß Staatssekretär Gottlieb von Jagow „ganz steif und schief vor Rheumatismus ist" (27.10.1916) und sein „natürliches Ausdrucksmittel [...] der Seufzer" sei (18.11.1916). Über Richard von Kühlmann und die sein weiteres politisches Schicksal entscheidende Rede im Reichstag vom 24. Juni 1918, die zu seinem Rücktritt als Staatssekretär des Äußeren führte, wird einen Tag später kolportiert, daß dieser „den ganzen Morgen in der Kommission gesessen habe und ohne Etwas zu essen in den Reichstag gegangen sei. Das gehöre mit zu seiner allgemeinen Wurschtigkeit. Ihm seien die Geschäfte zu gleichgültig." Und zu der ganz besonderen Rolle der Räumlichkeiten des Unter den Linden gelegenen Wein-Restaurants Hiller heißt es am 1. Juli 1918:

> Stresemann u. Georg Bernhard frühstückten mit mir bei Hiller. Als ich hinkam, hatte der Besitzer, Walterspiel, das Lokal wegen Lebensmittel Schikanen eben geschlossen. Er hat schon deshalb gesessen. Da es das einzige Lokal in Berlin ist, das gut abgeschlossene Séparés hat, und wo man daher politische und andre Gespräche in aller Ruhe führen kann, stört diese Schliessung sehr. Bernhard meinte: wo man denn jetzt Minister stürzen solle? Bethmanns Sturz ist hier Nachts beschlossen worden.

Das alles – pointiert und suggestiv vorgetragen, treffsicher und scheinbar unfehlbar im Urteil – macht diese Aufzeichnungen zu einer historischen Quelle von außerordentlichem Rang. Kesslers Tagebuch gehört damit in eine Reihe prominenter Ego-Dokumente des Ersten Weltkriegs wie beispielsweise die bereits seit längerem ediert vorliegenden Tagebücher von Theodor Wolff, Kurt Riezler oder Eduard David oder neuere Editionen wie die Aufzeichnungen des katholischen Feldgeistlichen im Großen Generalstab Ludwig Berg, des Heidelberger Historikers Karl Hampe oder des Admirals Albert Hopmann. Kessler entwickelt in diesem Kreis seinen eigenen Reiz: Was sein Tagebuch auszeichnet, ist die fast literarische Qualität seiner Notizen, die dicht bestückt sind mit zahllosen Andeutungen und feinen Anspielungen. Der versierte Schreiber, der seit seinem zwölften Lebensjahr Tagebuch führt, besitzt eine über lange Jahre hinweg ausgeprägte und trainierte Fähigkeit, öffentliches Leben zu beobachten und in seinem Tagebuch abzubilden.

Kesslers Text kann in der überbordenden Fülle seiner angesprochenen Themen als Quelle für die unterschiedlichsten wissenschaftlichen Fragestellungen zur Geschichte des Ersten Weltkriegs dienen. Die Kulturgeschichte des Krieges und der Diplomatie, der Alltag an der sogenannten Heimatfront, Propagandafragen oder die Lebenssituation in den neutralen Ländern – alle diese Themenfelder finden sich in Kesslers Notaten wieder, die auf beeindruckende Weise kulturelle, politische und sozio-ökonomische Stränge miteinander verweben.

Mit Aufnahme der Tätigkeit in Bern im September 1916 geraten die Aufzeichnungen mehr und mehr zu einem Laboratorium der Politik. Der Diarist denkt und schreibt nun zunehmend in den abstrakten Kategorien von Staat und Nation, erschöpfend werden diplomatische Eventualitäten durchgespielt, Völkerverschiebungen im Osten diskutiert und militärische Lageberichte besprochen. Zudem verändert sich der Kreis der im Tagebuch auftretenden Figuren: Kessler trifft vermehrt mit Personen zusammen, die in der Öffentlichkeit stehen, und die Politik und Meinung beeinflussen. Auf diese Weise erhalten auch die Tagebuchaufzeichnungen, die sich nun stärker in einem politischen Kontext verorten lassen, „öffentlicheren" Charakter. Doch wie tritt dieser „politische Kessler" auf den Plan? Wie ist es ihm gelungen, für die Organisation der deutschen Kulturpropaganda in die Schweiz abkommandiert zu werden? Und woher kommt es, daß Kessler bereits zu Beginn seiner Tätigkeit in Bern so klare Vorstellungen davon hat?

Die „Mobilmachung unserer Kultur“[7] – Kessler und die Organisation der deutschen Kulturpropaganda in der Schweiz

Die Idee, mit Hilfe von Propaganda den Ausgang eines Krieges zu entscheiden, war vor 1914 nicht sehr weit verbreitet. Die psychologische Beeinflussung des Gegners als mögliche Form der modernen Kriegsführung setzte sich erst im Verlauf des Ersten Weltkrieges durch und wurde in der Folge zu einem der wichtigsten Mittel kriegerischer Auseinandersetzungen. Der außerordentliche Aufschwung, den die Propaganda mit dem Ausbruch des Ersten Weltkriegs nahm, hatte seinen Grund nicht zuletzt darin, daß im Sommer 1914 im Zusammenhang mit dem sogenannten Augusterlebnis ein bisher oft vernachlässigtes historisches Subjekt – das „Volk“ – stärker in den Vordergrund getreten war. Standen die militärischen Auseinandersetzungen des 19. Jahrhunderts zumeist noch in der Tradition der klassischen Kabinettskriege, so wurde der Erste Weltkrieg erstmals unter dem extensiven Einsatz von Massenheeren geführt.

Der Erste Weltkrieg zeigte hier seine zunehmende Tendenz zur Totalisierung und wirkte als Katalysator für die Nationalisierung der Gesellschaft. Mit großem Pathos wurde an die Gemeinschaft appelliert, um eine möglichst weitreichende Mobilisierung der Heimatfront zu erreichen. Der Krieg konfrontierte Millionen Menschen mit einer Vielzahl neuer Eindrücke: Es gab wohl keinen erwachsenen Deutschen, Franzosen oder Engländer, der zum Krieg keine intensive Beziehung hatte und dessen Leben nicht tiefgreifend vom Kriegserlebnis geprägt war. Auch aus diesem Grund ging es den kriegführenden Nationen bereits früh darum, mit Hilfe und unter dem Einfluß von Propaganda den Kampf um die Deutung des Krieges aufzunehmen und zu gewinnen.[8]

Eine besondere Form der Kriegspropaganda stellte die Kulturpropaganda dar. Der Begriff war 1912 erstmals von dem Publizisten Paul Rohrbach benutzt worden, der in seinem Buch „Der deutsche Gedanke in der Welt“ die Idee entwickelt hatte, „unter Verzicht auf die kriegerische Unterwerfung fremder Länder und Völker die uns zugänglichen Gebiete der Welt mit dem geistigen Gehalt unseres Volksgedankens zu durchtränken“[9].

Die Propaganda im allgemeinen und ihre besondere Spielart, die Kulturpropaganda, waren zu diesem Zeitpunkt noch weit entfernt von dem negativen

---

[7] Tagebuch, 16.9.1916.

[8] Vgl. allgemein zur Propaganda im Ersten Weltkrieg Michael Jeismann: Propaganda. In: Gerhard Hirschfeld, Gerd Krumeich, Irina Renz (Hg.): Enzyklopädie Erster Weltkrieg, Paderborn u.a. 2003, S. 198-209.

[9] Zitiert nach Wolfgang Schieder u. Christof Dipper: Art. Propaganda. In: Otto Brunner, Werner Conze, Reinhart Koselleck (Hg.): Geschichtliche Grundbegriffe. Historisches Lexikon zur politisch-sozialen Sprache in Deutschland. Bd. 5, Stuttgart 1984, S. 69-112, hier S. 102.

Beiklang, den beide Begriffe aufgrund der Auswüchse im Nationalsozialismus erhalten sollten. Vor allem die Kulturpropaganda hatte zunächst wenig mit Hetze oder Demagogie zu tun, sondern verstand sich als Mittel der Beeinflussung, das Bilder der Selbst- und Fremdwahrnehmung verbreiten und an die Emotionen der Gesellschaft appellieren sollte.

Die Kulturpropaganda entwickelte sich im Verlauf des Ersten Weltkriegs zu einem der zentralen Schlagworte der psychologischen Kriegsführung.[10] Die auswärtige Kulturpolitik folgte dabei einem doppelten Ziel: Zum einen sollte durch die Demonstration der vermeintlichen kulturellen Überlegenheit die Moral der direkten Kriegsgegner unterminiert werden, zum anderen sollten neutrale Staaten aufgrund des durch kulturelle Aktivitäten erzeugten positiven Klimas in das eigene Lager gezogen und dringend notwendige Importgüter auf diese Weise gesichert werden.[11]

Eines der Grundprobleme der deutschen Propaganda im Ersten Weltkrieg stellte ihre mangelnde Koordination dar. Der Zentrumspolitiker Matthias Erzberger, der sich unmittelbar nach Kriegsausbruch selbst auf dem Gebiet der Auslandspropaganda betätigt hatte, zählte im Herbst 1914 „nicht weniger als 27 Bureaus oder Stellen innerhalb des Reiches", die „sich mit der Propaganda im Ausland befaßten, jede auf eigene Faust ohne einen einheitlichen Grundgedanken"[12]. Um dieser Zersplitterung entgegenzuwirken, gründete das Auswärtige Amt die Zentralstelle für Auslandsdienst (ZfA), die Anfang Oktober 1914 die Arbeit aufnahm und zunächst vom ehemaligen deutschen Botschafter in Japan, Alfons Freiherr Mumm von Schwarzenstein, geleitet wurde.[13] Die Hauptaufgabe der in den Räumen des Reichskolonialamtes untergebrachten kleinen Gruppe von Auslandspropagandisten um Paul Rohrbach und Ernst Jäckh bestand zunächst in der Herstellung und im Versand von propagandistischen Flugblättern, Zeitungen, Zeitschriften und Büchern. Dazu kamen Sonderaufgaben wie Deutschlandreisen mit ausländischen Journalisten oder die Organisation kultureller Veranstaltungen in anderen Ländern.

---

[10] Vgl. allgemein Patrick Ostermann: Duell der Diplomaten. Die Propaganda der Mittelmächte und ihrer Gegner in Italien während des Ersten Weltkriegs, Weimar 2000; Jens Albes: Worte wie Waffen. Die deutsche Propaganda in Spanien während des Ersten Weltkriegs, Essen 1996; Stefan Kestler: Die deutsche Auslandsaufklärung und das Bild der Ententemächte im Spiegel zeitgenössischer Propagandaveröffentlichungen während des Ersten Weltkrieges, Frankfurt am Main u.a. 1994.

[11] Vgl. aus zeitgenössischer Perspektive Paul M. Rühlmann: Kulturpropaganda. Grundsätzliche Darlegungen und Auslandsbeobachtungen, Charlottenburg 1919.

[12] Matthias Erzberger: Erlebnisse im Weltkrieg, Stuttgart/Berlin 1920, S. 5.

[13] Vgl. ausführlich zur Organisationsgeschichte Jürgen Wilke: Deutsche Auslandspropaganda im Ersten Weltkrieg: Die Zentralstelle für Auslandsdienst. In: Siegfried Quandt u. Horst Schichtel (Hg.): Der Erste Weltkrieg als Kommunikationsereignis, Gießen 1993, S. 95-157.

Im Verlauf des Ersten Weltkriegs kam es mehrfach zu Umbesetzungen, Umstrukturierungen und Neugliederungen: Anfang 1917 wurde die Zentralstelle als besonderes Referat der Nachrichtenabteilung des Auswärtigen Amtes angegliedert, dessen Direktor Oberstleutnant Erhard Deutelmoser war. Mitte des Jahres 1916 entstand der Zentralstelle zudem Konkurrenz auf der Ebene der militärischen Leitung des Reiches. Die Oberste Heeresleitung hatte die zunehmende Bedeutung der Auslandspropaganda erkannt und gründete im Juli 1916 die Militärische Stelle des Auswärtigen Amtes (MAA). Ursprünglich als Schnittstelle zwischen Oberster Heeresleitung und Auswärtigem Amt gedacht, entwickelte sich diese Einrichtung im Verlauf des Krieges zur zentralen Institution in Propagandafragen. Ihr Leiter Hans von Haeften, zweifellos eine schillernde Figur in der deutschen Auslandspropaganda, galt als treuer Gefolgsmann der Obersten Heeresleitung. Ihm gelang es rasch, die Militärische Stelle in Personal und Etat in großem Umfang auszubauen und damit eine „schleichende Militarisierung der Öffentlichkeitsarbeit nach innen und nach außen“[14] in Gang zu setzen.

Grundsätzlich ist festzustellen, daß die einzelnen Kriegsparteien wenig Spielraum besaßen, um direkt auf die Meinung der Kriegsgegner zu wirken. Eine Möglichkeit, die Kriegsmoral der Gegner zu destabilisieren, bestand in der Propaganda in neutralen Ländern wie den Niederlanden, Schweden oder der Schweiz. Im Herzen Europas gelegen, grenzte die Alpenrepublik an die wichtigsten kriegführenden Nationen Deutschland, Österreich, Frankreich und – seit 1915 – Italien. Sie stellte einen der zentralen Schauplätze des Propagandakrieges dar und entwickelte sich aufgrund ihrer exponierten geographischen Lage nach Kriegsausbruch 1914 rasch zu einer Informationsdrehscheibe der verschiedenen Nachrichtendienste.

Die amerikanische Frauenrechtlerin Vira B. Whitehouse, die 1918 im Auftrag des „Committee on Public Information“ in inoffizieller Mission in die Schweiz entsandt worden war, um dort Aktivitäten der amerikanischen Kulturpropaganda zu koordinieren, hat in ihren Lebenserinnerungen eindrucksvoll den Charakter der Schweiz als Tummelplatz von Spionen beschrieben und auch auf die ganz eigene Rolle des eingangs schon erwähnten Hotels Bellevue-Palace in Bern hingewiesen:

> If Switzerland is conceded to have been an interesting place during the war, the Bellevue-Palace, from the international diplomatic point of view, was held to be the culminating spot of interest. There the diplomats of all warring nations met. [...] There it was the fashion to talk in whispers about the

[14] Ostermann: Duell der Diplomaten, S. 45.

> simplest things, and look around furtively to see if any one was trying to listen. [...] On the other hand, it was the fashion to say in quite a loud tone the things you wanted the enemy to hear, especially when the enemy began to retreat on the western front. [...] Fierce battles waged on neutral ground![15]

In Bern, das vor 1914 noch den Charakter einer provinziellen Kleinstadt hatte, herrschte während des Ersten Weltkriegs eine außergewöhnliche Atmosphäre: Neben der alteingesessenen Schweizer Bevölkerung stand das Personal der Gesandtschaften der verschiedenen kriegführenden Länder, das sich gegenseitig beobachtete und belauerte. Dazu kamen die zahllosen Exilanten aus ganz Europa, die in der Schweiz Zuflucht gefunden hatten und sich dort weiter politisch betätigten. Nicht zufällig entwickelte sich mit der Dada-Bewegung eine künstlerische Avantgarde auf dem neutralen Schweizer Boden. Die Schweiz im allgemeinen und Bern im besonderen waren damit wie geschaffen für jemanden wie Kessler, der nach über zweijährigem Dienst als Ordonnanzoffizier an der Front wieder am Gesellschaftsleben teilnehmen wollte. Trotz der getrennten Lebenswelten brauten sich alle diese Kräfte zu einer explosiven, inspirierenden Mischung zusammen, die Bern – wie Kessler schreibt – zu einer „Wohnstätte von Borgias u. Aretinos", und dadurch zu einem „Hexenkessel" (6.6.1918) werden ließ.

Auch wenn sich Kesslers Hauptaugenmerk in Bern auf die Organisation der Kulturpropaganda richtete, so geriet er tatsächlich immer wieder in den Strudel von nachrichtendienstlicher Tätigkeit und Spionage. Mehrmals begegnet er dubiosen Gestalten wie jener Griechin mit dem klingenden Namen Psycha, die ihm bei ihren gelegentlichen Treffen „Geheiminformationen" über die Lage in ihrer Heimat zuträgt. Ein Herr Asriel, ein „Mann, der wie ein Erzengel heisst" und behauptet, „Türke und im Dienste des deutschen Nachrichtendienstes" zu sein (2.2.1917), will mit ihm über Propagandafragen sprechen, und gleich zu Beginn seiner Tätigkeit in Bern macht Kessler im Zug die Bekanntschaft einer „hübsche[n] Amerikanerin", die ihm über die angeblich verzweifelte Stimmung der Zivilbevölkerung in der französischen Hauptstadt berichtet und von der er lapidar feststellt: „Wahrscheinlich eine elegante Spionin." (13.9.1916)

Mögen die Schilderungen der Zustände in Bern auch übertrieben wirken, Kesslers Tagebuchtext trägt in diesen Passagen Züge einer Erzählform, die in der

---

[15] Vira B. Whitehouse: A Year as Government Agent, New York/London 1920, S. 25 f. Vgl. auch die farbige Schilderung von Spionage- und Propagandaaktivitäten in der Schweiz bei Hans Thimme: Weltkrieg ohne Waffen. Die Propaganda der Westmächte gegen Deutschland, ihre Wirkung und ihre Abwehr, Stuttgart/Berlin 1932, hier v.a. S. 52-101.

Die deutsche Gesandtschaft in Bern, um 1914;
Politisches Archiv des Auswärtigen Amts, Berlin

Literatur erst kürzlich mit dem Etikett der „konspirativen Kriegserzählung" versehen wurde. Hinter allem und jedem wird eine Verschwörung vermutet, und der Krieg wird nur noch als heimlich-unheimlicher Kampf der Saboteure, Spione und Verräter wahrgenommen.[16]

Die große Bedeutung, die den neutralen Staaten beigemessen wurde, spiegelte sich in der Tatsache, daß die jeweiligen kriegführenden Länder das Personal ihrer diplomatischen Vertretungen dort in erheblichem Ausmaß verstärkten. Auch die deutsche Gesandtschaft in der Schweiz sollte sich im Laufe des Ersten Weltkriegs zu einem gewaltigen Apparat auswachsen, der sich in Spitzenzeiten auf etwa 500 Mitarbeiter summierte.

Untergebracht war die deutsche Gesandtschaft in einem Gebäude, das erst kurz vor Ausbruch des Krieges errichtet worden war. Im November 1912 hatte man damit begonnen, eine an die Formen Berner Landsitze aus der Mitte des 19. Jahrhunderts angelehnte Villa im neobarocken Stil zu errichten. Das Haus, das auch heute noch als Amtssitz des Deutschen Botschafters in der Schweiz dient, lag etwas außerhalb des Stadtzentrums zwischen Brunnadernrain und Aare und beherbergte die offiziellen Empfangsräume, die private Gesandtenwohnung und die Kanzleibüros.

---

[16] Vgl. Gundula Bavendamm: Spionage und Verrat. Konspirative Kriegserzählungen und französische Innenpolitik, 1914-1917, Essen 2004.

Mit Ausbruch des Krieges wurde die Gesandtschaft personell verstärkt, so daß Räumlichkeiten für die diplomatische Vertretung angemietet werden mußten. Bereits zu Beginn des Ersten Weltkriegs verfügte sie über eigene Büros in 13 Gebäuden, 154 Mitarbeiter waren vertraglich angestellt, dazu traten freie Korrespondenten sowie über 350 sogenannte Militärinternierte als Hilfspersonal.[17] Einer von ihnen war Harry Graf Kessler, der durch „Allerhöchste Kabinettsorder" vom 25. September 1916 die für ihn gesondert eingerichtete Abteilung K (für „Kulturpropaganda") leitete, zuständig für die Propaganda auf den Gebieten Kunst, Theater, Konzerte, Kino und Varieté.[18]

Es war wohl nicht ganz Kesslers freier Wille, sich die Schweiz als neues Arbeitsgebiet auszusuchen, die Kommandierung nach Bern ging auf die Initiative seines Freundes Eberhard von Bodenhausen zurück. Der Kessler seit der Gründung der Kunstzeitschrift PAN in den 1890er Jahren eng verbundene Krupp-Direktor nahm im Sommer 1916 Kontakt zum deutschen Gesandten in der Schweiz, Konrad-Gisbert Freiherr von Romberg, auf, einem Corpsbruder, den er aus der gemeinsamen Studienzeit bei den Bonner Borussen kannte. Romberg, seit September 1912 als Gesandter in der Schweiz tätig, ließ sich bereitwillig für diese Idee gewinnen und engagierte sich in der Folge ganz wesentlich für die Kommandierung Kesslers nach Bern.

Der erste Hinweis auf eine geplante Versetzung in die Schweiz findet sich im Tagebucheintrag vom 28. Juli 1916: „Mit Eberhard Bodenhausen bei Hiller gegessen. Mit ihm die Frage meiner Kommandierung nach Wien, Warschau oder Bern besprochen. Er will an Romberg schreiben." Bereits einen Tag später, am 29. Juli, hatte Bodenhausen tatsächlich einen Brief an Romberg gerichtet, in dem er geschickt versuchte, diesen auf Kessler und dessen weitreichende internationale Kontakte aufmerksam zu machen:

> Es ist Dir bekannt, daß er sehr viel im Auslande, insbesondere in Paris und London, gelebt hat, und daß er über die mannigfaltigsten Beziehungen in alle Kreise hinein verfügt; Beziehungen, die nicht etwa nur in die Kreise der Künstler und Literaten, sondern ebenso stark, oder stärker noch, in die der

[17] Vgl. zu diesen Zahlen Karl Hänggi: Die deutsche Propaganda in der Schweizer Presse, Bern 1918, S. 5.

[18] Vgl. zu Kesslers Tätigkeit in der Schweiz Peter Grupp: Voraussetzungen und Praxis deutscher amtlicher Kulturpropaganda in den neutralen Staaten während des Ersten Weltkriegs. In: Wolfgang Michalka (Hg.): Der Erste Weltkrieg. Wirkung, Wahrnehmung, Analyse, München/Zürich 1994, S. 799-824 und Alexandre Kostka: Sur deux fronts. Harry Graf Kessler et la propagande culturelle allemande en Suisse. In: Jean-Jacques Pollet u. Anne-Marie Saint-Gille (Hg.): Ecritures Franco-Allemandes de la Grande Guerre, Arras 1996, S. 83-108.

Konrad-Gisbert Freiherr von Romberg,
1912-18 deutscher Gesandter in der Schweiz;
Politisches Archiv des Auswärtigen Amts, Berlin

eigentlichen „Gesellschaft" beider Städte, mithin auch in die der Diplomatie und Staatsmänner, hineinreichen.[19]

Es stelle sich die Frage, so Bodenhausen weiter, „ob nicht eine Persönlichkeit, wie die seine, gerade an der Gesandtschaft in Bern, vermöge ihrer vielen Beziehungen nach Frankreich und England, wertvollste Dienste leisten könnte". Kessler hatte zunächst Bedenken und wollte seine Versetzung nach Bern ausdrücklich nicht als Flucht vor der Front verstanden wissen, ein – wie er sich in einem Brief an Bodenhausen im August 1916 ausdrückte – „Herumsitzen in der Schweiz halb als 'Geheim Agent', halb als Drückeberger, ist natürlich für mein Gefühl ganz unmöglich."[20] In der Folge entwickelte sich eine intensive Diskussion um die Form der Entsendung: Kessler selbst hatte vorgeschlagen, zunächst an das Auswärtige Amt kommandiert, um von dort weiter in die Schweiz beurlaubt zu werden. Mitte September 1916 beantragte Staatssekretär Gottlieb

[19] Brief von Bodenhausen an Romberg vom 29.7.1916, Nachlaß Bodenhausen, Deutsches Literaturarchiv Marbach.

[20] Brief an Bodenhausen vom 13.8.1916. In: Eberhard von Bodenhausen, Harry Graf Kessler: Ein Briefwechsel. 1894-1918. Hg. Hans-Ulrich Simon, Marbach am Neckar 1978, S. 112.

von Jagow dann bei der Obersten Heeresleitung die Kommandierung zum Auswärtigen Amt, die wenige Tage später auch genehmigt wurde. Glücklich teilte Kessler Bodenhausen in einem Brief vom 20. September 1916 die Entsendung nach Bern mit, nicht ohne darauf hinzuweisen, daß Auswärtiges Amt und Oberste Heeresleitung seine Tätigkeit in Bern als „politisch [...] von großer Wichtigkeit“[21] einschätzten.

In der biographischen Literatur zu Kessler ist viel über die Gründe seines Wechsels von der Front in die neutrale Schweiz spekuliert worden. Ein entscheidendes Motiv könnte dabei in seinem Gesundheitszustand zu finden sein, einem vermuteten, allerdings nicht näher zu belegenden „Nervenzusammenbruch“. Kessler selbst hat diese Spekulationen durch einen Hinweis genährt, der viele Jahre danach entstanden ist. Im April 1933 übermittelte er dem S. Fischer Verlag mit den ersten Teilen des Manuskripts seiner Autobiographie *Gesichter und Zeiten* eine Art Gesamtplan zu den einzelnen Kapiteln der folgenden, leider nie erschienenen Bände. Eingeschoben zwischen die Einträge „Das Corps wird nach Frankreich, vor Verdun, transportiert. Die Schlacht vor Verdun.“ und „Im Herbst 1916 Kommandierung zur Gesandtschaft in Bern.“ stehen zwei dürre Worte, die nicht weiter ausgeführt werden: „Gesundheitlicher Zusammenbruch.“[22]

Diese Andeutung einer möglichen Erkrankung, vielleicht sogar einer „Nervenüberreizung“, auf die Kesslers Freund Gustav Richter offenbar auch in einem Brief an dessen Schwester Wilma hingewiesen hat[23], wird durch den Text des Tagebuches nicht bestätigt, was bei Kesslers zurückhaltender Art der Beschreibung eigener Befindlichkeiten und Stimmungen nicht weiter verwundert. Zieht man allerdings eine der wenigen erhaltenen bildlichen Quellen heran, die Kessler in jener Zeit zeigen, so wird deutlich, daß ihm die Strapazen des Feldzuges zunehmend zusetzten. Im Frühjahr 1916 entstand ein Porträt von Max Liebermann, in dem uns ein ernster Mann in mittleren Jahren gegenübertritt, in Uni-

---

[21] Brief an Bodenhausen vom 20.9.1916, Nachlaß Bodenhausen, Deutsches Literaturarchiv Marbach.

[22] Vgl. Kessler: Geplante Kapitelfolge der 'Erinnerungen', S. 313.

[23] Tagebuch Wilma de Brion, Nachlaß Kessler, Deutsches Literaturarchiv Marbach. Dort ist ein Brief von Gustav Richter vom 3.8.1916 wiedergegeben, in dem es heißt: „Harry ist nicht verwundet, überhaupt nicht krank. Seine Nerven waren ein wenig überreizt und angegriffen, aber es ist unmöglich frischer, angeregter, ja lustiger zu sein als er es heute ist. Wie alle, die draussen ihre Pflicht thun durften, empfindet er das Schreckliche des Krieges weniger. Er ist auch jetzt hier nicht müssig und trotz aller grossen Erinnerungen ganz froh über die Abwechslung. Sehr lange wird sein Aufenthalt vermutlich nicht mehr dauern. Was aber dann aus ihm wird, ist noch ganz ungewiss.“

form, mit auffallend distanziertem Blick.[24] Selbst wenn man in Rechnung stellt, daß Liebermann Kessler auf diesem Bild als Soldat inszeniert, so wird hinter der offiziellen Fassade ein Mensch sichtbar, der von einer gewissen Müdigkeit und melancholischen Traurigkeit befallen scheint, in jedem Fall gezeichnet ist von den Erlebnissen des Krieges.

Kesslers Vorstellungen über die Kulturpropaganda sind lange gewachsen, bereits im April 1915 hatte er die Idee vom Krieg entwickelt, der nicht nur durch den Einsatz von Waffen und durch militärische Taktik entschieden wird, sondern auch das „geistig[e] [N]iederringen"[25] der Kriegsgegner erreichen müsse. So verwundert es nicht, daß Kessler bereits zu Beginn seiner Tätigkeit in Bern klare Vorstellungen von seinen Aufgaben hat, die er sofort mit großem Engagement verfolgt. Am 18. September 1916 trifft er in Berlin mit Staatssekretär Gottlieb von Jagow zusammen, um Einzelheiten seiner Kommandierung zu klären, und im Tagebuch heißt es über dieses Treffen:

> [...] zu Jagow, dem ich ausführlicher vortrug, wie ich mir die Kulturpropaganda dächte, Musik, Theater, Kunst, Vorträge, selbst Variété. Er lachte: „Ich sehe schon, Sie wollen einen Fonds zur Entsittlichung der Schweiz". Gegen Vorträge hatte er Bedenken. Man könne den deutschen Professor nicht loslassen, ohne dass er taktlos werde.

Die Kosten der Kulturpropaganda werden selbstbewußt und großzügig auf eine Million Mark veranschlagt, die auch – man staunt aus heutiger Sicht – anstandslos genehmigt werden (25.10.1916). Finanziell also hervorragend alimentiert beginnt Kessler seine Tätigkeit in Bern, wo er am 29. November 1916 ein Büro in der Junkerngasse 19 anmietet. Von dem „berühmten Spukhaus" (3.2.1917) aus, in das wenig später auch René Schickele zusammen mit seiner Familie einziehen sollte, verfolgt er eine Vielzahl von Plänen und Projekten. Aufgrund seiner exzellenten Kontakte gelingt es ihm, Berühmtheiten der damaligen Konzert- und Bühnenwelt in die Schweiz zu holen: Im November 1916 gibt der Dirigent Arthur Nikisch einige Konzerte in verschiedenen Schweizer Städten, Kessler organisiert ein Gastspiel von Max Reinhardt und seinem En-

---

[24] Vgl. Frontispiz. Kessler selbst hat das Porträt als mißlungen bezeichnet. An seine Schwester schreibt er: „[...] Liebermann has made a (raté) big Pastel of me [...]." Brief an Wilma de Brion vom 10.4.1916, Nachlaß Kessler, Deutsches Literaturarchiv Marbach.

[25] Vgl. Tagebuch, 2.4.1915: „Das Furchtbare an diesem Kriege ist, dass er durch den Sieg auf dem Schlachtfelde nicht beendet, ja, nicht entschieden werden wird. Wir müssen unsere Feinde, Frankreich, England, Russland, auch geistig niederringen, unsere Kultur über die ihrige heraus erheben, und das wäre, wenn überhaupt, auch ohne den Krieg gegangen. Die Gewalt kann hier höchstens eine Unterlage, eine Vorbereitung sein. Frankreichs geistige Waffen sind für Deutschland viel gefährlicher, selbst politisch, als seine militärischen."

semble und lädt Richard Strauss zu mehreren Auftritten in die Schweiz ein. Er beteiligt sich an der Ausstellung des Werkbundes im August und September 1917 in Bern und arrangiert in diesem Rahmen ein Fest zur Eröffnung einer Modenschau, das ein großer Erfolg beim Schweizer Publikum wurde.[26] Er unterstützt das Schweizer Musikfest in Leipzig im September 1918 und betreibt eine Reihe von Ausstellungsprojekten wie die „Ausstellung Deutscher Malerei des 19. Jahrhunderts", die im Oktober und November 1917 in der Kunsthalle Basel gezeigt wurde.

Viele seiner Ideen bleiben im Planungsstadium und nur angedacht wie beispielsweise ein mit dem Verleger Anton Kippenberg entwickelter, aber offensichtlich nicht ausgeführter „Plan für die Verbreitung des deutschen Buches im Auslande" (21.6.1918). Kessler versucht mehrmals erfolglos, Schweizer Zeitungen anzukaufen und für die deutsche Propaganda nutzbar zu machen (12.1.1918), und verfolgt auch einige kuriose Projekte wie den heute eigenartig anmutenden Plan einer „Warenhauspropaganda", die ihm der Kaufhausbesitzer Georg Tietz vorschlägt und mit der eine Beeinflussung des Massengeschmacks in der Schweiz erreicht werden sollte (9.3.1918).

Die Organisation der deutschen Kulturpropaganda hat für Kessler nicht nur einen reinen Kriegszweck, er plant vielmehr weit über das Ende des Krieges hinaus. Bereits Anfang Oktober 1917 bespricht er mit Wilhelm von Radowitz, dem damaligen Unterstaatssekretär in der Reichskanzlei, „die künftige Organisation der Propaganda im Frieden" (1.10.1917) und initiiert in der Folge ein Treffen zur Besprechung der Perspektiven der deutschen Kulturpropaganda, an dem auch Eberhard von Bodenhausen teilnahm (7.11.1917).

Auffallend dabei ist, daß Kessler aus seinem Umfeld häufig ihm vertraute Personen requiriert, die ihn bei seinen Plänen unterstützen sollen: Er holt Fritz von Schoeler, den er an der Karpatenfront beim 24. Reserve-Korps kennengelernt hatte, nach Bern. Curt von Unruh, der jüngere Bruder des Schriftstellers Fritz von Unruh, wird ebenfalls an die Gesandtschaft attachiert. Kessler unternimmt immer wieder Sondierungen wie beispielsweise im Fall des Malers Karl Hofer, der 1917 als Militärinternierter in die Schweiz kam und den er für seine Tätigkeit „reklamiert" (13.6.1918).

Besondere Bedeutung erhält ein Bereich der Propaganda, der ganz offensichtlich nicht zu Kesslers genuinen Stärken zählte und an dem sich aufzeigen läßt,

[26] Vgl. den ausführlichen Bericht im Berner Tagblatt. Nr. 411, 4.9.1917, S. 3 und die Abbildungen zur Modenschau in Arthur Moeller van den Bruck: Die Ausstellung des Deutschen Werkbundes 1917 in Bern. In: Die Kunst. Monatshefte für freie und angewandte Kunst (München), Jg. 19 (1917), Heft 3, S. 73-104, hier S. 104.

daß seine Tätigkeit in Bern tatsächlich eine „Gratwanderung zwischen politischem Opportunismus und künstlerischem Ethos“[27] war. Nachdem ihn Hans von Haeften in einer ihrer ersten Unterredungen schon früh ausdrücklich auf die Bedeutung der Filmpropaganda hingewiesen hatte (2.10.1916), begann Kessler, sich zunehmend für Filme und deren propagandistische Wirkung zu interessieren.[28] Er versuchte, Einfluß auf den Spielplan Schweizer Kinos zu gewinnen, und forcierte den Ankauf gesamter Spielstätten, um deutsche Filme in das Programm zu bringen.[29]

Darüber hinaus versuchte Kessler sogar, selbst Propagandafilme produzieren zu lassen. Mit George Grosz und John Heartfield gewann er zwei ausgewiesene Kriegsgegner für die Produktion eines Films, der – so das Tagebuch vom 2. Januar 1918 – „der erste wirklich politische Film, den wir im Kriege herausbringen“, werden soll. Heute läßt sich nicht mehr eindeutig klären, welche Absichten sich mit den von Kessler, Grosz und Heartfield verfolgten diversen Filmprojekten verbanden. Handelte es sich um einen vermeintlich geschickt verschleierten Versuch der Freistellung der beiden Künstler vom Militärdienst oder spielte die Idee Kesslers, das neue Medium mit einem künstlerischen Anspruch zu verbinden, die tragende Rolle?[30]

Neben seiner offiziellen Tätigkeit im Rahmen der Organisation der Kulturpropaganda bearbeitete Kessler ein zweites Aufgabenfeld, das sich wesentlich aus seinem biographisch-familiären Hintergrund und seinem besonderen Lebensweg vor dem Ersten Weltkrieg erklärt. Kessler mit seinen zahllosen internationalen, ganz Europa umspannenden Kontakten wurde nicht zuletzt auch deswegen nach Bern entsandt, um dort informelle Kontakte zu den Kriegsgegnern, allen voran der Dritten Französischen Republik, zu knüpfen.

Kessler selbst hat diese Rolle als Mittler zwischen Deutschland und Frankreich selbstbewußt angenommen. Im Dezember 1916, kurz nach Aufnahme seiner Tätigkeit in Bern, heißt es im Tagebuch in klarer Einschätzung der eigenen Rolle: „Ich betrachte es gegenwärtig nur als meine Aufgabe, das Mistrauen der Fran-

---

[27] Tamara Barzantny: Harry Graf Kessler und das Theater. Autor Mäzen Initiator 1900-1933, Köln u.a. 2002, S. 201.

[28] Vgl. allgemein zur Filmpropaganda im Ersten Weltkrieg Uli Jung u. Martin Loiperdinger (Hg.): Geschichte des dokumentarischen Films in Deutschland. Bd. 1: Kaiserreich (1895-1918), Stuttgart 2005 und Ulrike Oppelt: Film und Propaganda im Ersten Weltkrieg. Propaganda als Medienrealität im Aktualitäten- und Dokumentarfilm, Stuttgart 2002.

[29] Vgl. Brief von Hermann Fellner vom 14.11.1916, Nachlaß Kessler, Deutsches Literaturarchiv Marbach. Kesslers „Kino Agent“ (9.2.1917) Fellner berichtet darin ausführlich über die beabsichtigte Eröffnung eines Filmverleihs in Genf und die Einflußnahme auf den Spielplan der Kinos in Lugano.

[30] Vgl. ausführlich zu den verschiedenen Filmprojekten Jeanpaul Goergen: 'Filmisch sei der Strich, klar, einfach'. George Grosz und der Film. In: Peter-Klaus Schuster (Hg.): George Grosz. Berlin - New York, Berlin 1994, S. 211-218.

zosen zu zerstreuen, für meine Person ihr Vertrauen zu gewinnen, damit dann Jemand da sei, mit dem sie zu sprechen sich getrauten." (17.12.1916)

Gleich bei seiner ersten Reise in die Schweiz trifft Kessler einen alten Bekannten aus Pariser Vorkriegstagen, den jungen Leutnant und Gelegenheitsschriftsteller Louis Caillon, der sich als französischer Militärinternierter in der Schweiz befand.[31] Beide sprechen – wie es im Tagebuch heißt – „ausführlich und offen auch über Politik u. Krieg" (9.9.1916). Der lose Kontakt mit gelegentlichen Treffen und streckenweise intensiven politischen Diskussionen hält bis in den Sommer 1918, als Caillon nach Frankreich ausgetauscht wird und wenig später an der Grippe stirbt.

Neben Caillon kommt im Tagebuch Kesslers in dieser Zeit einer weiteren Person eine besondere Bedeutung zu: Emile François Haguenin, vor dem Krieg Professor für Romanistik an der Universität Berlin, betrieb seit 1915 im Auftrag der französischen Regierung in Bern ein Pressebüro und stellte damit in gewisser Weise das Pendant zu Kessler auf französischer Seite dar.[32] Den Kontakt zu Haguenin, mit dem Kessler in der Folge mehrfach zusammentraf, hatte der Publizist Ludwig Stein vermittelt (21.9.1916). Die Verbindung sollte der Herstellung „eines gesicherten ('zementierten') Kanals zwischen Berlin u. Paris" (6.12.1916) dienen, über den inoffizielle Verhandlungen zwischen den beiden Kriegsparteien geführt werden konnten. Bei ihren Zusammenkünften diskutierten sie die unterschiedlichsten politischen Fragen und versuchten immer wieder, die Möglichkeit einer deutsch-französischen Verständigung auszuloten. Diese Treffen wurden nicht nur im Tagebuch genau protokolliert, Kessler fertigte auch detaillierte Berichte für die Regierungsstellen in Berlin an.[33]

Bleibt am Schluß die Frage nach Erfolg oder Mißerfolg der Tätigkeit Kesslers, deren Antwort allerdings zwiespältig ausfällt. Zweifellos betrieb Kessler seine Aufgabe mit großem Ernst und Engagement, ob aber seine Kulturpropaganda-

---

[31] Vgl. auch den Brief an Bodenhausen vom 20.9.1916, Nachlaß Bodenhausen, Deutsches Literaturarchiv Marbach: „Ich habe gleich am Tage meiner Ankunft mit einem Attaché der französischen Botschaft (natürlich geheim), den ich seit Langem kenne und den ich durch ein Telegramm überrumpelte, gegessen und ein langes politisches Gespräch mit ihm gehabt. Natürlich ist gegenwärtig mit den Franzosen Nichts zu machen; sie sind absolut siegessicher, namentlich im Hinblick auf den Balkan."

[32] Vgl. Jean-Claude Montant: Émile Haguenin, un 'homme d'influence' en Suisse pendant la Grande Guerre. In: Jean-Jacques Pollet u. Anne-Marie Saint-Gille (Hg.): Ecritures Franco-Allemandes de la Grande Guerre, Arras 1996, S. 109-125.

[33] Eine Auswahl der Berichte Kesslers liegt gedruckt vor, vgl. André Scherer u. Jacques Grunewald (Hg.): L'Allemagne et les problèmes de la paix pendant la première guerre mondiale. Documents extraits des archives de l'Office allemand des Affaires étrangères, 2 Bde., Paris 1962 und 1966. In Bd. I (Des origines à la déclaration de la guerre sous-marine à outrance (août 1914 - 31 janvier 1917)) handelt es sich um die Nr. 404 u. 471, in Bd. II (De la guerre sous-marine à outrance à la révolution soviétique (1er février 1917 - 7 novembre 1917)) um die Berichte Nr. 11, 14 u. 72.

aktivitäten den Ausgang des Krieges tatsächlich beeinflußt haben, läßt sich nur schwer beurteilen. Das Deutsche Reich hatte in Fragen der Auslandspropaganda gegenüber den medienerfahrenen großen Demokratien Großbritannien, USA und Frankreich einen organisatorischen Rückstand aufzuholen. Kesslers Tätigkeit in der Schweiz hat dazu sicher einen besonderen Beitrag geleistet. Seine Berichte an Regierungsstellen in Berlin wurden dort wohl auch – so legen es zumindest die zahlreichen Rand- und Bearbeitungsnotizen dieser Blätter nahe – gelesen und zur Kenntnis genommen.[34] Daß sie im organisierten Chaos der deutschen Auslandspropaganda tatsächlich auch Entscheidungsprozesse beeinflußt haben, ist kaum anzunehmen. Um zu einer besseren Einschätzung von Kesslers Tätigkeit zu gelangen, soll im folgenden eines seiner Arbeitsfelder genauer in den Blick genommen werden: die Frage der Behandlung Elsaß-Lothringens und, damit verbunden, das Verhältnis zwischen Deutschland und Frankreich.

Zankapfel der Nachbarn am Rhein – Deutschland, Frankreich und der Streit um Elsaß-Lothringen

„La blessure mal fermée" – die nur notdürftig vernarbte, immer wieder aufbrechende Wunde – der Titel dieses im Jahr 1911 in Paris erschienenen Berichtes eines Franzosen über seine Reise durch das Reichsland Elsaß-Lothringen[35] umschreibt treffend die in Frankreich zu diesem Zeitpunkt vorherrschende Stimmung. Um das Gebiet zwischen Rhein und Vogesen hatte sich zu Beginn des 19. Jahrhunderts ein Streit zwischen den beiden großen Nachbarnationen entzündet. Der deutsch-französische Grenzraum entwickelte sich zu einem mythischen *lieux de mémoire*, einem Erinnerungsort, auf den Deutschland und Frankreich ihre jeweiligen nationalen Vorstellungen und Sehnsüchte projizierten. Hinter der landläufig gebräuchlichen Doppelbezeichnung „Elsaß-Lothringen" verbirgt sich allerdings keine homogene Region, sondern ein synthetisches Gebilde, das im wesentlichen auf militärstrategischen Erwägungen der deutschen Administration nach dem gewonnenen Krieg von 1870/71 basierte. Das gesamte Elsaß mit seinen urbanen Zentren Straßburg, Colmar und Mülhausen sowie das östliche, deutschsprachige Lothringen – erweitert um einige weitgehend französischsprachige Gebiete um die Festungsstadt Metz – wurden

---

[34] Vgl. Peter Grupp: Harry Graf Kessler. Eine Biographie, Frankfurt am Main/Leipzig 1999, S. 230 und ders.: Harry Graf Kessler als Diplomat. In: Vierteljahreshefte für Zeitgeschichte 40 (1992), S. 61-78, hier v.a. S. 64 f.

[35] Vgl. Georges Ducroq: La Blessure mal fermée. Notes d'un voyageur en Alsace-Lorraine, Paris 1911.

infolge des Frankfurter Friedensvertrags vom 10. Mai 1871 und durch ein Vereinigungsgesetz vom 9. Juni 1871 dem neuentstandenen Deutschen Kaiserreich als Reichsland Elsaß-Lothringen eingegliedert.

Der Name war dabei durchaus programmatisch zu verstehen: Das Reichsland nahm im föderativen Gebilde des Deutschen Kaiserreiches eine eigenartige Zwischenstellung ein, da es unmittelbar dem Kaiser unterstelltes Territorium war, jedoch eine eigenständige Verwaltung und im sogenannten Landesausschuß ein Mitsprachegremium mit allerdings weit eingeschränkten Befugnissen besaß. In staatsrechtlicher Hinsicht erfuhr Elsaß-Lothringen erst sehr spät eine Gleichstellung mit den übrigen Bundesstaaten des Kaiserreiches: Am 31. Mai 1911 erhielt das Land eine Verfassung und damit den Status eines selbständigen Gliedstaates mit Stimmrecht im Bundesrat, behielt aber seine Sonderstellung als dem Kaiser unterstelltes Territorium mit beschränkter Autonomie.

Zumindest auf der staatsrechtlichen Ebene waren die Dinge damit geregelt, auf der Ebene der Mentalitäten gestaltete sich die Integration der 'widerspenstigen' Elsässer und Lothringer wesentlich schwieriger. Die nationale Zugehörigkeit war und blieb umstritten, und die Region bildete über die gesamte Zeit der 46 Jahre dauernden deutschen Annexion einen „Krisenherd des Kaiserreichs".[36] Das hatte auch damit zu tun, daß sich am Oberrhein und an der Mosel deutsch- und französischsprachiger Kulturraum berühren und überschneiden. Hier trafen und treffen zwei politische Systeme, zwei Nationalgedanken, zwei Sprachen und zwei Lebensweisen aufeinander, die einen durch seine Ambivalenz gekennzeichneten politischen Raum formen. Die Annexion von 1870/71 riß die Region endgültig in den Strudel der nationalen Auseinandersetzungen. Von vielen Elsässern und Lothringern wurde die deutsche Verwaltung als Fremdherrschaft wahrgenommen, und es kam zu zahllosen Auseinandersetzungen zwischen einheimischer Bevölkerung und deutschen Amtsträgern.

Durch den Ausbruch des Ersten Weltkriegs erhielt der Streit um die nationale Zugehörigkeit Elsaß-Lothringens eine neue Dynamik. Gab es auf französischer Seite vor dem Krieg vereinzelt skeptische Stimmen, ob die annektierten Elsässer und Lothringer überhaupt noch als Franzosen anzusehen seien, so veränderte der Kriegsausbruch diese Situation grundlegend. Die Rückgewinnung der *provinces perdues* wurde früh und schnell zu einem der wichtigsten Ziele der französischen Kriegspolitik, das mit Hilfe der offiziellen französischen Propaganda intensiv und gezielt betrieben wurde.

---

[36] Vgl. Hans-Ulrich Wehler: Das 'Reichsland' Elsaß-Lothringen von 1870 bis 1918. In: ders.: Krisenherde des Kaiserreichs. Studien zur deutschen Sozial- und Verfassungsgeschichte, Göttingen 2. Aufl. 1979, S. 23-69.

Vehement wehrte man sich auf französischer Seite dabei gegen die Idee einer Volksabstimmung, wie sie etwa von den Vereinigten Staaten von Amerika immer wieder in die Diskussion eingebracht wurde. Die Rückkehr der verlorenen Provinzen zum französischen Mutterland sollte sich aus französischer Sicht ohne die Unwägbarkeiten eines Plebiszits vollziehen. Fern von realpolitischen Erwägungen wie der Erweiterung des Territoriums oder der Gewinnung von Rohstoffreserven hatte die Frage nach der Rückkehr des Reichslandes eine ungeheure emotionale Dimenison. Die unzähligen Bilder und Postkartenmotive, die in Tracht gekleidete Elsässerinnen zeigen, die sich bereitwillig in die Arme eines französischen Offiziers werfen, unterstreichen auf der Ebene der symbolischen Politik die Relevanz, die diese Frage in Frankreich besaß.[37]
Ähnlich gestaltete sich die Lage in Deutschland: Eine wie auch immer geartete Rückgabe Elsaß-Lothringens an Frankreich wurde innerhalb der Reichsleitung und wohl auch in weiten Teilen der Bevölkerung kategorisch ausgeschlossen. Diese Haltung fand ihren Höhepunkt in der Rede des Staatssekretärs des Äußeren Richard von Kühlmann, der am 9. Oktober 1917 vor dem Reichstag die Rückgabe Elsaß-Lothringens mit dem entschlossenen Ausruf „Niemals!" plakativ ablehnte.
Gleichwohl gab es auch in Deutschland kritische Stimmen zum weiteren Verbleib Elsaß-Lothringens im Reich. Noch im August 1914 überzog eine deutsche Militärverwaltung Elsaß-Lothringen mit einem dichten Netz von Überwachungs- und Repressionsmaßnahmen. Elsässer wurden an die Ostfront abgeschoben, weil man Verbrüderungen mit französischen Soldaten befürchtete. Es kam zu rigiden Zensurmaßnahmen und zahlreichen Sonderbestimmungen für die Bevölkerung Elsaß-Lothringens, die als „Feind in den eigenen Reihen" galt, und gegen die ein tiefes Mißtrauen hinsichtlich ihrer nationalen Zuverlässigkeit gehegt wurde.[38]
Kessler hat klar erkannt, daß die Frage der zukünftigen Behandlung Elsaß-Lothringens zu einem der umstrittensten Problemkomplexe der Kriegsparteien gehörte. Im November 1917, als er feststellte, daß im Auswärtigen Amt niemand zuständig ist, heißt es explizit, bei der Elsaß-Lothringen-Problematik handele es sich um „die wichtigste Frage unserer Auswärtigen Politik" (16.11.1917). Ein Ausgleich und damit der Frieden mit Frankreich war – so

---

[37] Vgl. dazu ausführlich Paul Smith: The Kiss of France. The Republic and the Alsatians during the First World War. In: Panikos Panayi (Hg.): Minorities in Wartime. National and Racial Groupings in Europe, North America and Australia during Two World Wars, Providence/ Oxford 1993, S. 27-49.

[38] Vgl. Alan Kramer: Wackes at War. Alsace-Lorraine and the Failure of German National Mobilization 1914-1918. In: John Horne (Hg.): State, Society and Mobilization during the First World War, Cambridge 1997, S. 105-121.

Kesslers Überzeugung – nur über eine Lösung der Stellung des Reichslandes möglich.

Im Tagebuch werden in diesem Zusammenhang eine Reihe seriöser, teils aber auch abstrus-kurioser Ideen ventiliert: So entwirft Kessler im Dezember 1916 den Vorschlag eines „Königreichs Schwaben", der eine „Zusammenlegung Elsass Lothringens mit Baden und Württemberg zu einem einzigen alemannischen Staat" (22.12.1916) vorsah. Diese Idee sollte über einen Artikel in den *Weißen Blättern* in der Öffentlichkeit lanciert werden (16.1.1917), Kessler stellt aber bald selbst fest, daß es sich dabei um einen wohl kaum realisierbaren Plan handelt.[39]

Die Auseinandersetzung um die Frage der nationalen Zugehörigkeit Elsaß-Lothringens ist im Tagebuch mit einer Reihe von Personen verknüpft. Zu nennen ist dabei zunächst der 1917 als Staatssekretär in das Reichswirtschaftsamt berufene Rudolf Schwander. Im Jahr 1868 im damals noch französischen Colmar geboren und damit selbst Elsässer, war Schwander 1906 zum Bürgermeister von Straßburg gewählt worden und hatte dieses Amt bis 1917 inne. Er galt als einer der profiliertesten Verwaltungsfachleute des Reichslandes, und seine Glaubwürdigkeit als langgedienter Kommunalpolitiker der Hauptstadt Elsaß-Lothringens machte ihn für Kessler zum idealen Gewährsmann, mit dem die unterschiedlichsten, das Reichsland betreffenden Fragen diskutiert werden konnten. In zwei Zusammenkünften mit dem Theologen und Publizisten Wilhelm Kapp, der ebenfalls als ausgewiesener Kenner der politischen Situation Elsaß-Lothringens galt und verschiedene Publikationen zu dessen staatsrechtlicher Stellung vorgelegt hatte, wurde im Mai (13.5.) und Oktober (24.10.) 1918 ausführlich über die Frage einer möglichen weiteren Autonomie gesprochen.

Einer Person aus Kesslers Umfeld kommt im Zusammenhang mit der Elsaß-Lothringen-Frage allerdings eine besondere Bedeutung zu: Es handelt sich um den Schriftsteller René Schickele, der aufgrund seiner Biographie und seines literarischen Schaffens persönlich eng mit der Thematik verbunden war. Schickele wurde am 4. August 1883 in dem an den Ausläufern der Vogesen pittoresk gelegenen Weinstädtchen Oberehnheim (heute Obernai) als Sohn eines elsässischen Weingutsbesitzers geboren. Seine Mutter Marie Elise, eine gebürtige Férard, stammte aus dem nahe Belfort gelegenen Ort Fontaine und hat angeblich zeit ihres Lebens kein Wort Deutsch gesprochen.

---

[39] Kesslers Ideen decken sich dabei durchaus mit Überlegungen, wie sie immer wieder in der deutschen Öffentlichkeit geäußert wurden, vgl. dazu ausführlich Karl-Heinz Janßen: Macht und Verblendung. Kriegszielpolitik der deutschen Bundesstaaten 1914-1918, Göttingen u.a. 1963.

Aufgewachsen an verschiedenen Orten im Elsaß, studierte er seit 1901 in Straßburg, München, Paris und Berlin, deren Universitäten ihn nach eigener Aussage jedoch nur „flüchtig in ihren Räumen auftauchen“[40] sahen. 1904 ließ sich Schickele in Berlin nieder und schlug sich in der Folge mit journalistischer Arbeit durch. Von 1909 bis 1911 war er als Korrespondent der *Straßburger Neuen Zeitung* in Paris tätig, deren Chefredaktion in Straßburg er von 1911 bis 1913 übernahm. Seit Januar 1915 war der für kriegsuntauglich befundene Schickele Schriftleiter der *Weißen Blätter*, einer der führenden Zeitschriften des literarischen Expressionismus in Deutschland. Als deren Redaktion wegen ihrer antimilitaristischen Ausrichtung zunehmend unter polizeilichen Druck geraten war und 1916 in die Schweiz verlegt wurde, wechselte auch Schickele dorthin und knüpfte vielfältige Kontakte zu den dort wirkenden deutschen Exilanten um Annette Kolb, Alfred H. Fried oder Wilhlem Muehlon.[41]

Schickeles Erfolg als Schriftsteller begründete in dieser Zeit sein im Oktober 1914 verfaßtes Drama *Hans im Schnakenloch*, das am 16. Dezember 1916 mit großem Erfolg in Frankfurt am Main uraufgeführt wurde. Das Stück arbeitet sich an seinem Lebensthema ab: Es erzählt die Geschichte zweier Brüder aus dem Elsaß, die auf beiden Seiten der Front gegeneinander kämpfen müssen. Das Drama führt im Titel eine im Elsaß bekannte Sagenfigur, den Hans im Schnakenloch, der die über zwei Jahrhunderte hinweg entstandene Zerrissenheit der Elsässer personifiziert. Hans lebt in einem ständigen Widerspruch, der sich in dem berühmten Satz auszudrücken versucht: „Und was er will, des het er nit, un was er het, des will er nit.“[42] Schickele hat sich mit dieser Figur selbst stark identifiziert, er betrachtete sich als Dichter zwischen den Nationen, dessen wichtigste Aufgabe es war, zwischen dem deutschen und französischen Kulturkreis zu vermitteln.

René Schickele, von Kessler bei einer ihrer ersten Begegnungen als „kleiner, blonder Allemanne mit gallischem Temperament“ (28.11.1916) beschrieben, diente diesem in der Frage der nationalen Zugehörigkeit Elsaß-Lothringens als unermüdlicher intellektueller Impulsgeber. Schon bei einem der ersten Zusammentreffen der beiden im Dezember 1916 besprachen sie ausführlich die Elsaß-Lothringen-Frage, eine Diskussion, die immer wieder durch die be-

---

[40] Zitiert nach Hans Wagener: René Schickele. Europäer in neun Monaten, Gerlingen 2000, S. 22.

[41] Vgl. ausführlich zu Schickeles Schweizer Aufenthalt Albert M. Debrunner: 'Freunde, es war eine elende Zeit!' René Schickele in der Schweiz 1915-1919, Frauenfeld u.a. 2004.

[42] Vgl. R. Schneider: Hans. In: Encyclopédie de l'Alsace, Bd. 6, Strasbourg 1984, S. 3728-3732. Den Ursprung der Legende vom Hans vermutet man im 18. Jahrhundert. Das Gebiet vor den Toren der Stadt Straßburg, in dem der Nebenfluß Breusch in die Ill fließt, trug den Namen Schnokeloch (Schnakenloch). Seit dem 16. Jahrhundert soll sich dort eine Gastwirtschaft gleichen Namens befunden haben.

Dichter zwischen den Nationen - René Schickele, 1931; Photographie von Wolfgang Hertel; Deutsches Literaturarchiv Marbach

schränkten Möglichkeiten ihrer Lösung begrenzt wurde. Kessler sondierte in der Folge ausgiebig bei den regierungsamtlich relevanten Stellen in Berlin, wie weit die deutsche Reichsleitung bereit sei, in der Elsaß-Lothringen-Frage zu gehen. In einem Gespräch mit Arthur Zimmermann, dem damaligen Staatssekretär des Äußeren, diskutierte er Mitte Dezember 1916 ausführlich die Frage einer wie auch immer gearteten weiteren Autonomie des Reichslandes (12.12.1916).

Auf diese auch als „Bundesstaatslösung" bezeichnete Variante konzentrierten sich Kesslers Bemühungen im Laufe des Jahres 1917. Die Staatsform Elsaß-Lothringens geriet dabei immer mehr zur Verhandlungsmasse, Kessler war sogar bereit, weit über die Forderung nach Autonomie hinauszugehen, und regte an, Elsaß-Lothringen in eine Republik zu verwandeln. Diese demokratischen Avancen wurden von ihm nicht ohne Hintergedanken vorgetragen, sie sollten in einer Art Propagandacoup die französischen Sozialisten aus der *Union sacrée* – der 'heiligen Allianz' der französischen Innenpolitik – heraussprengen und damit den Weg für einen Frieden zwischen Frankreich und Deutschland freimachen.

Die Überlegungen einer „Erhebung Elsass-Lothringens zum republikanischen Bundesstaat" (3.10.1917) trug Kessler mit großem Engagement im Oktober 1917

auch Ludendorff im Großen Hauptquartier vor. Schon bald wurde in der Unterredung allerdings klar, daß diese Idee in der militärischen Führung des Reiches auf wenig Gegenliebe stieß. Im Zusammenhang mit einem Gespräch beim Abendessen im Hauptquartier wurde Kessler vollends desillusioniert, als er im weiteren Teilnehmerkreis eine tiefsitzende Aversion gegen das Reichsland und dessen Bevölkerung feststellte: „Die Erwähnung Elsass-Lothringens brachte eine allgemeine gereizte Stimmung gegen die Elsässer zum Ausbruch, am stärksten bei den Stabsoffizieren. Hier weht kein günstiger Wind für das Elsass." (3.10.1917)
Die sogenannte Sixtus-Affäre, die im April 1918 an die Öffentlichkeit gelangte, ist ein weiterer Beleg dafür, wie emotionsbeladen die Auseinandersetzung um Elsaß-Lothringen auch Mitte des Jahres 1918 war. Der österreichische Kaiser Karl I. hatte im März 1917 eine geheime Friedensinitiative begonnen, und seinen Schwager, Prinz Sixtus von Bourbon-Parma, zu Gesprächen eingeladen. Dabei übergab er Sixtus zwei Briefe, in denen er den Wunsch artikulierte, so schnell wie möglich in Friedensverhandlungen mit der Entente einzutreten. Einer dieser Briefe, der ein Jahr später, am 12. April 1918, publiziert wurde und ein politisches Erdbeben in Deutschland und Österreich auslöste, enthielt unter anderem das Zugeständnis, sich beim deutschen Verbündeten für die „gerechten Rückforderungsansprüche Frankreichs mit Bezug auf Elsaß-Lothringen"[43] einsetzen zu wollen. In Deutschland wurde diese Passage als Verzicht auf Elsaß-Lothringen und als Verrat durch den österreichischen Bündnispartner empfunden. Kessler dokumentiert in seinem Tagebuch ausführlich den Verlauf der Sixtus-Affäre und schildert die Stimmung im Deutschen Reich gegenüber den österreichischen Verbündeten:

> Ein so würdeloser, hässlicher Zank zwischen Staatsoberhäuptern ist seit dem Siebenjährigen Kriege und den Katzbalgereien zwischen Friedrich dem Grossen und der Pompadour nicht dagewesen. Mitten im Weltkrieg dieses Wortgeschimpfe aus sicheren Hinterländern über den blutigen Schlachtengürtel hinweg ist ekelerregend. (15.4.1918)

Ende Oktober 1918, nach dem Waffenstillstandsersuchen des Deutschen Reiches an den amerikanischen Präsidenten Wilson, kommt es in der Elsaß-

---

[43] Wilhelm Stahl (Hg.): Schulthess' Europäischer Geschichtskalender 1918. Bd. 2, München 1922, S. 801. Dort abgedruckt ist das französische Original des Dokuments: „A cet effet, et pour manifester d'une façon précise la réalité de ces sentiments, je te prie de transmettre secrètement et inofficiellement à M. Poincaré, Président de la République française, que j'appuierai par tous les moyens et en usant de toute mon influence personnelle auprès de mes alliés les justes revendications françaises relatives à l'Alsace-Lorraine."

Lothringen-Frage zu einer neuerlichen Zuspitzung: Romberg und Kessler entwickeln in einem Gespräch mit Wilhelm Kapp die Idee einer von Deutschland aus gesteuerten Aktion im Reichsland, in welcher der elsaß-lothringische Landtag dazu gebracht werden sollte, die Neutralität des Reichslandes zu fordern (24.10.1918). Und wer sonst als Schickele sollte die heikle Aufgabe übernehmen, die elsaß-lothringische Politik in diesem Sinne zu beeinflussen? Diese Überlegung wird allerdings von den Ereignissen überholt: Eine Art Umsturz im Elsaß, herbeigeführt durch einen deutschen Regierungsagenten, findet nicht mehr statt, weil mit dem Ende des Ersten Weltkriegs auch das Reichsland Elsaß-Lothringen aufhörte zu existieren.

Unter der einheimischen Bevölkerung herrschte im November 1918 eine eindeutig pro-französische Stimmung, die den Plan einer Volksabstimmung nicht einmal mehr in die Nähe der politischen Umsetzbarkeit geraten ließ. Nach der Unterzeichnung des Waffenstillstandes am 11. November 1918 wurde das Reichsland in drei Zonen aufgeteilt, die etappenweise von den deutschen Truppen geräumt werden mußten, und am 18., 20. und 22. November von der französischen Armee besetzt wurden. Der Einmarsch der französischen Truppen in das ehemalige Reichsland gestaltete sich zu einem wahren Triumphzug, und die Staatsgrenze wurde vom Kamm der Vogesen wieder an den Rhein verlegt, wo der französische Nationalstaat an den Grenzposten Tafeln mit der Aufschrift „Ici commence le pays de la liberté" aufstellen ließ. Die insgesamt 46 Jahre dauernde deutsche Herrschaft im Elsaß war damit unerwartet und ohne großen Widerstand zu ihrem Ende gelangt.

René Schickele, der überzeugte Elsässer, sollte nicht mehr in seine Heimat zurückkehren. Eine Ansiedlung im Elsaß kam aus politischen Gründen nach der Rückkehr des Reichslandes zu Frankreich nicht in Frage. Am Rande des Schwarzwalds, im nahe des Elsaß gelegenen Badenweiler, ließ er sich 1922 nieder und baute dort ein Haus. Bis in das Jahr 1932, bis zur erzwungenen Emigration aus Deutschland, blieb Badenweiler sein Refugium, in dem sein Hauptwerk, die Trilogie *Das Erbe am Rhein*, entstand. Schickele starb am 21. Juni 1940 in seinem südfranzösischen Wohnort Vence.

Sechs Jahre nach der Rückkehr Elsaß-Lothringens zu Frankreich, im Juni 1924, nahm Kessler eine Zugfahrt von Berlin nach Paris, die ihn über Straßburg führte, zum Anlaß, noch einmal über die nationale Zugehörigkeit des ehemaligen Reichslandes nachzudenken:

> Um 1 in Strassburg. Nachher durch das Elsass. Landschaft, Dörfer u Städte urdeutsch. Es ist eine der grössten Missetaten des Preussentums, dass es dieses urdeutsche Land Deutschland entfremdet hat. Der Geist, der jetzt in den sog. „vaterländischen" Verbänden sein groteskes Nachspiel treibt, hat

Deutschland dieses Glied abgehackt. Das soll man ihm nie vergessen. Das Strassburger Münster ist dem Leutnant mit Monokel geopfert worden. (21.6.1924)

Die Erkenntnis, daß es gerade das konservative „Preußentum" gewesen war, das den Verlust Elsaß-Lothringens für das Deutsche Reich zu verantworten hatte, dürfte zu diesem Zeitpunkt angesichts der ausufernden Diskussionen um die sogenannte Dolchstoßlegende und des Wiedererstarkens der nationalen Rechten wohl nicht sehr weit verbreitet gewesen. Kessler, der Mitte November 1918 noch mit Wehmut und Trauer an „das verlorene Elsaß" (14.11.1918) denken mußte, hatte diesen Verlust Mitte der 1920er Jahre akzeptiert.
Über den gesamten Zeitraum des Krieges hinweg blieb die Lage im Westen verfahren und kompliziert. Ein neuer Hoffnungsschimmer hatte sich aus deutscher Sicht Ende des Jahres 1917 ergeben, als sich mit dem Ausbruch der Revolution in Rußland und den darauffolgenden Waffenstillstandsverhandlungen die Möglichkeit eines Separatfriedens im Osten abzeichnete. Dieser Frieden im Osten war mit dem Namen einer Stadt verbunden, der in Deutschland zu Beginn des Jahres 1918 geradezu euphorische Reaktionen auslöste: Brest-Litowsk.

Euphorie an der vergessenen Front – Brest-Litowsk und die deutschen Siegeshoffnungen im Frühjahr 1918

Mit den beiden Revolutionen in Rußland und dem Kriegseintritt der Vereinigten Staaten von Amerika markiert das „Epochenjahr" 1917 einen historischen Wendepunkt in der Geschichte des Ersten Weltkriegs.[44] Diese politischen Entwicklungen legten die Grundlage für den Frieden von Brest-Litowsk, der – beginnend mit dem Waffenstillstand an der Ostfront Ende November 1917 – nach langen, zähen Verhandlungen am 3. März 1918 unterzeichnet wurde.
Im Deutschen Reich währte die Hoffnung auf ein siegreiches Ende des Krieges durch den Friedensvertrag von Brest-Litowsk – für Kaiser Wilhelm II. war es „einer der größten Erfolge der Weltgeschichte, dessen Bedeutung erst die Enkel richtig würdigen werden"[45] – jedoch nur knapp acht Monate bis zur endgülti-

[44] Den außergewöhnlichen Charakter des Jahres 1917 erkannte auch Kessler, der am Silvesterabend 1917/18 in seinem Tagebuch notierte: „So endet dieses Jahr, das den grössten Umschwung in der Weltlage gesehen hat: mit der russischen Revolution, dem russischen Frieden und der Einmischung Amerikas in Europa eines der denkwürdigen Jahre der Weltgeschichte."

[45] Zitiert nach Markus Bussmann: Der vergessene Außenminister. Das diplomatische Duell zwischen Kühlmann und Trotzkij. In: DIE ZEIT, 5. März 1998, Nr. 11, S. 92.

gen deutschen Niederlage. Die Ursachen dafür hatten auch mit den Verhandlungsergebnissen von Brest-Litowsk zu tun: Ziel der deutschen Kriegspolitik war nicht ein allgemeiner Frieden mit einem umfassenden Ausgleich der Interessen. Absicht der deutschen Unterhändler war es vielmehr, einen Separatfrieden im Osten zu erreichen, der Rußland aus der Entente herauslöste. Nach dem Ende der Kampfhandlungen an der Ostfront sollte dann mit den frei werdenden Truppen die Entscheidung an der Westfront gesucht werden.[46]

Die Bezeichnung „Friedensvertrag" ist angesichts der tiefgreifenden Auswirkungen der Vereinbarungen von Brest-Litowsk ein Euphemismus. In Wahrheit handelte es sich um einen brutalen Diktatfrieden, der weitreichende Annexionen vorsah und der verführerischen Illusion einer Weltmachtstellung des Deutschen Reiches neue Nahrung gab. Ziel der deutschen Militärführung war die Errichtung eines umfangreichen Ostimperiums mit einem Ring von Satellitenstaaten in direkter Abhängigkeit vom Deutschen Reich.[47]

Nach dem Ende des Ersten Weltkriegs geriet der Friedensvertrag von Brest-Litowsk in den Schatten der Kriegsschulddebatte und der Empörung über den Versailler Vertrag. Treffend hat ihn der englische Historiker John W. Wheeler-Bennett bereits in seinem 1938 erschienenen Buch als „forgotten peace" bezeichnet, obwohl er bei den Zeitgenossen – vor allem auf Seiten der Mittelmächte – eine unglaubliche Euphorie ausgelöst hatte.[48]

Ausgangspunkt und Ursprung des Friedens von Brest-Litowsk war die Revolution in Rußland im März 1917. Nach Massenstreiks in St. Petersburg und anderen Industrieregionen hatte sich die Lage zunehmend zugespitzt. Am 15. März 1917 – nach dem in Rußland geltenden julianischen Kalender am 23. Februar – dankte Zar Nikolaus II. ab und eine „Provisorische Regierung" wurde gebildet. Diese neue, bürgerliche Regierung versprach, Wahlen abzuhalten und den Krieg weiterzuführen.

Im Laufe des Sommers verschärfte sich die Krise Rußlands: Die letzte große Offensive unter General Brussilow scheiterte, und die Schlacht um Riga endete mit der Einnahme der Stadt am 3. September durch deutsche Truppen. Mit tatkräftiger deutscher Unterstützung gelang es dem Führer der radikalen Bolschewiki, Wladimir Iljitsch Lenin, sein Exil in der Schweiz zu verlassen und im „plombierten" Zug über Deutschland, Schweden und Finnland nach Rußland einzureisen. Lenins Ankunft in St. Petersburg stellte ein wichtiges Moment der

---

[46] Nach wie vor grundlegend zur gesamten Thematik Winfried Baumgart: Deutsche Ostpolitik 1918. Von Brest-Litowsk bis zum Ende des Ersten Weltkrieges, Wien/München 1966.

[47] Vgl. dazu ausführlich Klaus Hildebrand: Das deutsche Ostimperium 1918. Betrachtungen über eine historische „Augenblickserscheinung". In: Wolfram Pyta u. Ludwig Richter (Hg.): Gestaltungskraft des Politischen. Festschrift für Eberhard Kolb, Berlin 1998, S. 109-124.

[48] John W. Wheeler-Bennett: Brest-Litovsk. The Forgotten Peace. March 1918, London 1938.

Destabilisierung dar und leitete eine Reihe innerrussischer Machtkämpfe ein, die mit dem Staatsstreich der Bolschewiki am 7. November 1917 – nach julianischem Kalender am 25. Oktober – endeten.

Bereits einen Tag später, am 8. November 1917, verabschiedete der „2. Gesamtrussische Rätekongreß" auf Vorschlag Lenins ein „Dekret über den Frieden", in dem alle kriegführenden Staaten zu einem sofortigen „Frieden ohne Annexionen (d.h. ohne Aneignung fremder Territorien, ohne gewaltsame Angliederung fremder Völkerschaften) und Kontributionen"[49] aufgefordert wurden.

Die welthistorischen Ereignisse, die sich in Rußland abspielten, finden auch in Kesslers Tagebuch Widerhall, wo es am 8. November 1917 hieß: „Abends Nachricht, dass eine neue maximalistische Revolution in Petersburg ausgebrochen und die Oberhand gewonnen hat. Die Minister sind eingekerkert, Kerenski geflohen; die neue Regierung soll sofort Friedensverhandlungen einleiten wollen." Und einen Tag später, am 9. November, notiert Kessler: „Lenin hat die Gewalt in Russland an sich gerissen mit dem Programm des sofortigen Friedensschlusses."

Ende November appellierte die sowjetrussische Regierung zunächst an die westlichen Verbündeten, sich zu einem sofortigen Waffenstillstand und zur Aufnahme von Friedensgesprächen bereit zu erklären. Als eine Reaktion ausblieb, wurde in der Folge der Kontakt zu den Mittelmächten aufgenommen, um deren Verhandlungsbereitschaft zu sondieren. Oberst Krylenko, Volkskommissar für Kriegs- und Marineangelegenheiten und Oberkommandierender der russischen Armee, ließ durch Abgesandte beim deutschen Oberbefehlshaber an der Ostfront, Prinz Leopold von Bayern, anfragen, ob die Mittelmächte bereit seien, in Waffenstillstandsverhandlungen einzutreten. Als am Abend des 29. November 1917 endlich auch in der Schweiz diese Nachricht eintraf, heißt es im Tagebuch: „Die Leute drängten sich Kopf an Kopf unter dem Zîtgloggen Turm um das Extrablatt zu lesen, das angeschlagen stand. Die Zustände an der russischen Front müssen zuletzt fürchterlich gewesen sein."

Bereits am 3. Dezember nahmen Vertreter Sowjetrußlands und der Mittelmächte separate Waffenstillstandsverhandlungen auf, zwei Tage später wurde ein zehntägiger Waffenstillstand unterzeichnet, der Mitte Dezember um 28 Tage verlängert wurde und vorsah, daß in allernächster Zukunft endgültige Friedensverhandlungen beginnen sollten.

Noch Ende November 1917 entwickelte sich eine intensive Diskussion um die Wahl des Ortes, an dem diese Friedensverhandlungen stattfinden sollten. Kur-

---

[49] In deutscher Übersetzung abgedruckt in: Der Friede von Brest-Litowsk: ein unveröffentlichter Band aus dem Werk des Untersuchungsausschusses der Deutschen Verfassungsgebenden Nationalversammlung und des Deutschen Reichstages. Bearb. Werner Hahlweg, Düsseldorf 1971, S. 13.

Blick in den Sitzungssaal während der Verhandlungen in Brest-Litowsk;
Deutsches Literaturarchiv Marbach

ze Zeit wurde das neutrale Stockholm in Betracht gezogen, das schon mehrfach als Schauplatz für informelle deutsch-russische Kontakte gedient hatte. Vor allem die deutsche Seite lehnte aber die Hauptstadt des neutralen Schweden ab, da man dort die Möglichkeit einer Einflußnahme durch die Entente fürchtete. Aus deutscher Sicht sollte an einem frontnahen, zwischen den Linien liegenden Ort verhandelt werden, und die Wahl fiel bald auf das heute in Weißrußland gelegene Brest-Litowsk. Die Entscheidung für diesen Ort, der seit 1915 von deutschen Truppen besetzt war und zudem als Sitz des Oberbefehlshabers Ost diente, deutete die Marschrichtung des gesamten Verhandlungsprozesses bereits an: Die Friedensverhandlungen mit Rußland wurden von den deutschen Militärs dominiert, die massiv Einfluß auf den Ablauf und den Ausgang der Gespräche zu nehmen versuchten.

Im Gegensatz zu vielen anderen politischen Beobachtern in Berlin war für Kessler „Brest-Litowsk" keine abstrakte Örtlichkeit irgendwo im weit entfernten Osten, sondern für ihn vielmehr mit einer konkret greifbaren persönlichen Erinnerung verbunden: „Brest, Brest, wüste Stätte, blosser Schall, leerer Name, der zu ewiger Bedeutung emporsteigt [...]" – mit diesen seltsam pathetisch anmutenden Worten umschreibt er am 2. Dezember 1917 seine persönliche Beziehung zu diesem Ort. Bereits im Sommer 1915, kurz nach der Eroberung

Die sowjetrussische Verhandlungsdelegation in Brest-Litowsk; sitzend von links: Leo Borissowitsch Kamenew, Adolf Abramowitsch Joffe, Anastasija Alekseevna Bicenko; stehend von links: Hauptmann Lipski, Petr Stutschka, Leo Trotzki, Lew Michailowitsch Karachan; Deutsches Literaturarchiv Marbach

durch deutsche Truppen, war Kesslers Einheit in Brest-Litowsk eingerückt. Er hatte sich damals ausgiebig in der Stadt umgesehen und deren Zerstörung in seinem Tagebuch festgehalten.[50] Anfang Dezember 1917, als bekannt wird, daß die Friedensverhandlungen in Brest-Litowsk stattfinden, ruft Kessler sich diese Bilder in das Gedächtnis zurück:

> Ich sehe noch das grosse Munitionslager neben der Festung in die Luft fliegen, und unsere wilde Fahrt in der schwarzen Rauchwolke nach Kobrin, die verendenden Pferde und verkohlten Leichen neben dem riesigen Explosionsloch. Dann die geplünderte und in Brand gesteckte Stadt, die greuliche Verwüstung im jüdischen Friseurladen, wo die Kosaken Perrücken, Talmuds, Spiegel wild durcheinander geschlagen hatten; und am nächsten Tage die vom Luftdruck und den fliegenden Sprengstücken

[50] Tagebuch, 29.8.1915: „Man sieht deutlich die drei Stadien der Zerstörung: zuerst Vertreibung der Einwohner, die ihre Sachen sorgfältig einpacken (z B. der Friseur seine Stühle in Strohmatten, seine Spiegel hinter Brettern), es muss ihnen also gesagt sein, dass sie wiederkämen; dann Plünderung (erbrochener Geldschrank in der ersten Etage über dem Friseur, auf der Erde verstreut Dokumente, Wechsel, Briefe u s w), schliesslich Brandstiftung (beim zerstörten Palais des Gouverneurs in der Zitadelle lagen auf einer Holztreppe die zum Garten führt noch Wergknäuel, die mit Petroleum getränkt waren)."

> der grossen Explosion eingedrückten und zerfetzten letzten Häuser. Alles, wie sich jetzt ergiebt, so nutzlos. (2.12.1917)

Tatsächlich kamen die Delegationen am 22. Dezember 1917 vor der gespenstischen Kulisse einer völlig zerstörten Stadt erstmals in der Zitadelle von Brest-Litowsk zusammen. Die Verhandlungen ließen sich zunächst gut an, und nach Berichten der Teilnehmer traf man sich in einer lockeren und gelösten Atmosphäre. Leopold von Hoesch, der als Adjutant des deutschen Staatssekretärs an den Unterredungen teilnahm und den Kessler Ende Januar 1918 bei einem Diner traf, beschrieb das positive Klima, das zwischen den Beteiligten vor allem in der Frühphase der Unterredungen geherrscht hatte:

> In der ersten Zeit hätten Russen u Deutsche zusammen gegessen, jeden Abend Champagner getrunken; Nachts um zwei habe Frau Bizenko [Bicenko] einmal sogar Klavier gespielt. Sie hat einen General [Sacharow] ermordet und liebt Schumann, wogegen Wagner ihr ein Greuel ist. Hoesch findet sie „reizend". (24.1.1918)

Über Weihnachten und Neujahr 1917/18 erfolgte eine Unterbrechung, die Konferenz wurde auf den 9. Januar vertagt. In der zweiten Phase der Verhandlungen leitete der Volkskommissar für auswärtige Angelegenheiten, Leo Trotzki, die sowjetrussische Delegation, und damit änderte sich auch deren Ton. Die Sitzungen wurden nun dominiert von langen und erschöpfenden Diskussionen um ein völkerrechtliches Prinzip, das sowohl die deutsche wie die russische Seite aus ideologischen Gründen eigentlich ablehnte: das Selbstbestimmungsrecht der Völker. Trotzki spielte auf Zeit, denn die Bolschewiki rechneten fest damit, daß in allernächster Zukunft Arbeiteraufstände in allen kriegführenden Ländern ausbrechen würden.
Die Verhandlungen stockten aber auch, weil es der deutschen Delegation an einer einheitlichen Linie mangelte. Erste Gegensätze zwischen politischer und militärischer Führung in Deutschland waren bereits Mitte Dezember 1917 aufgebrochen. In der Kreuznacher Konferenz vom 18. Dezember 1917 war auf Druck der Obersten Heeresleitung ein Programm beschlossen worden, das zur vollständigen Abhängigkeit Rußlands von Deutschland führen sollte. Die Lage verschärfte sich im Januar 1918, als die Militärs mehr und mehr versuchten, den Ton anzugeben. Die Einmischungen kulminierten in der berüchtigten „Faustschlag-Rede" von General Hoffmann, der in einer Sitzung am 12. Januar 1918 die sowjetrussische Delegation offen angriff.[51] Er warf seinen Verhand-

[51] Siehe dazu auch Tagebuch, 14.1.1918.

lungspartnern vor, so zu sprechen, „als ob sie siegreich in unserem Lande ständen und die Bedingungen diktieren könnten". Weiter hieß es: „Ich möchte darauf hinweisen, daß die Tatsachen entgegengesetzt sind. Das siegreiche deutsche Heer steht in ihrem Gebiet."[52] Der zivilen Leitung des Reiches, allen voran Staatssekretär Richard von Kühlmann, ist es zu keiner Phase der Verhandlungen gelungen, sich gegen die Oberste Heeresleitung durchzusetzen, die beispiellose Expansionspläne im Osten verfolgte.

Parallel mit den Delegierten der Bolschewiki waren in Brest-Litowsk von deutscher Seite auch Verhandlungen mit einer Delegation aus der Ukraine geführt worden, die sich im November 1917 zu einem unabhängigen, selbständigen Staat erklärt hatte. Im sogenannten Brotfrieden, der am 19. Februar 1918 unterzeichnet wurde, sicherte die Ukraine Österreich-Ungarn und Deutschland umfangreiche Getreidelieferungen zu, und erhielt im Gegenzug militärische Hilfe gegen die Bolschewiki.[53]

Am 10. Februar 1918 brach Trotzki unter anderem auch deswegen empört die Verhandlungen ab und verließ mit seiner Delegation Brest-Litowsk, nicht ohne zuvor mit seiner Parole „Kein Krieg, kein Friede!" die Verhandlungspartner ratlos zurückzulassen. Nach einer entscheidenden Kronratssitzung in Bad Homburg am 13. Februar 1918, in der die Wiederaufnahme der militärischen Operationen im Osten beschlossen wurde, begann Mitte Februar folgerichtig die deutsche Offensive. Der Waffenstillstand wurde von deutscher Seite bedenkenlos gebrochen, der Krieg gegen Rußland am 18. Februar 1918 unter dem sinnfälligen Namen „Operation Faustschlag" wieder eröffnet. „Das ganze Rußland ist weiter nichts, als ein großer Haufen Maden – alles faul, alles wimmelt ordnungslos durcheinander [...]"[54] – dieses Zitat aus den Lebenserinnerungen des Generals Hoffmann beschreibt nachdrücklich den Geist, der in der deutschen Militärführung im Hinblick auf den Osten herrschte.

Der Rest der Geschichte des Friedens von Brest-Litowsk ist schnell erzählt: Unter dem Eindruck des erfolgreichen Vormarsches der deutschen Truppen brachte am 23. Februar ein Ultimatum der Mittelmächte die sowjetrussische Delegation wieder an den Verhandlungstisch zurück. Daraufhin begann am 1. März in Brest-Litowsk eine neue Verhandlungsrunde, bei der es nurmehr um die Annahme der deutschen Bedingungen ging, und folgerichtig unterzeichneten die Delegationen am 3. März 1918 den Vertrag.

---

[52] Das Protokoll der Sitzung der Kommission für politische und territoriale Fragen vom 12. Januar 1918 ist abgedruckt in: Der Friede von Brest-Litowsk, S. 294-301. Das Zitat Hofmanns findet sich auf S. 299. Die Edition verzeichnet auch die Kommentare Wilhelms II. auf dem Papier, an der zitierten Stelle heißt es: „Au Madame! dat is mal so!"

[53] Vgl. ausführlich Caroline Milow: Die ukrainische Frage 1917-1923 im Spannungsfeld der europäischen Diplomatie, Wiesbaden 2002.

[54] Karl Friedrich Nowak (Hg.): Die Aufzeichnungen des Generalmajors Max Hoffmann. Bd. 1, Berlin 1929, S. 186.

Der Friede von Brest-Litowsk verkörperte – wie Hans-Ulrich Wehler es treffend formulierte – „einen klassischen kathargischen Diktatfrieden“[55]. Rußland verlor 50 Millionen Einwohner, büßte 2,6 Millionen Quadratkilometer seiner Gesamtfläche ein und schrumpfte auf die Größe der Zeit vor Peter dem Großen. Das Land mußte auf 90 Prozent seiner Kohlezechen, 54 Prozent seiner Industrie, 33 Prozent seines Eisenbahnnetzes, 32 Prozent seiner Landwirtschaft und fast seine gesamte Öl- und Baumwollproduktion verzichten.

In Deutschland löste die Unterzeichnung des Friedens von Brest-Litowsk eine ungeheure Euphorie aus. Für die deutsche Öffentlichkeit lag die Konsequenz des Friedensschlusses im Osten klar auf der Hand: Die Oberste Heeresleitung würde nun mit den freiwerdenden Truppen die Entscheidung an der Westfront suchen. Die große Offensive im Westen, die zunächst zu optimistischen Nachrichten geführt hatte, scheiterte allerdings. Spätestens mit dem 8. August 1918, von Ludendorff selbst als der „schwarze Tag des deutschen Heeres“[56] bezeichnet, begann sich die militärische Niederlage immer deutlicher abzuzeichnen.

In Kesslers Tagebuch werden die Verhandlungen von Brest-Litowsk und die Offensive im Osten ausführlich beschrieben, und an vielen Stellen ist jene begeisterte Stimmung zu spüren, die viele Zeitgenossen mit dem Frieden im Osten und dem anfänglich erfolgreichen Vorrücken der deutschen Truppen verbanden. Zwar war Kessler an den Verhandlungen in Brest-Litowsk nicht beteiligt, der Friedensvertrag ist aber in einer anderen Hinsicht für ihn von Bedeutung: Im Sommer 1918 hielt sich Kessler fast zwei Monate lang ununterbrochen in Berlin auf, um an der Aushandlung der sogenannten Zusatzverträge von Brest-Litowsk als „graue Eminenz“[57] im Hintergrund mitzuwirken.

In Artikel XII des Friedensvertrages von Brest-Litowsk war ein Ergänzungsabkommen zur näheren Regelung der deutsch-russischen Beziehungen vorgesehen. Seit Anfang Juni 1918 fanden auf Vorschlag des Volkskommissars des Auswärtigen Georgij Wassiljewitsch Tschitscherin folgerichtig in Berlin Verhandlungen statt, um die sich aus den Brest-Litowsker Bestimmungen ergebenden Probleme zu regeln. Die Zugehörigkeit Estlands und Livlands zum russischen Machtbereich war umstritten, die angeblich unabhängige Ukraine war nichts anderes als ein deutsches Generalgouvernement, die Schwarzmeerküste und das Dongebiet waren entgegen den Brester Bestimmungen von deutschen Truppen besetzt, und im Kaukasus hatte sich Deutschland im Sommer 1918 ebenfalls militärisch engagiert. Die Politik der Obersten Heeresleitung drohte

[55] Hans-Ulrich Wehler: Deutsche Gesellschaftsgeschichte. Bd. 4: Vom Beginn des Ersten Weltkriegs bis zur Gründung der beiden Staaten 1914-1949, München 2003, S. 152.

[56] Erich Ludendorff: Meine Kriegserinnerungen 1914-1918, Berlin 1919, S. 547.

[57] Grupp: Harry Graf Kessler, S. 234.

die erst seit kurzem wieder aufgenommenen diplomatischen Beziehungen zwischen Sowjetrußland und Deutschland zu belasten.

Bei den Ergänzungsverträgen zum Frieden von Brest-Litowsk handelte es sich um ein hochkompliziertes Vertragswerk, das sich aus drei großen Teilen zusammensetzte.[58] Zunächst wurde in einem politischen Abkommen festgelegt, daß Estland und Livland vom russischen Staatskörper abgelöst und unter deutsche Herrschaft gebracht werden sollten. Zudem wurde dem Deutschen Reich die Befugnis erteilt, Georgien als selbständiges Staatswesen zu behandeln. Beim zweiten Vertragsteil handelte es sich um ein Finanzabkommen, das eine russische Rückzahlung von Kriegsentschädigungen in Höhe von sechs Milliarden Mark sowie die Aushändigung der in Rußland beschlagnahmten deutschen Bankdepots und Bankguthaben vorsah. Ein dritter Teil enthielt verschiedene Regelungen über Rechtsverhältnisse sowie die Einsetzung von internationalen Schiedsgerichten für zivil- und handelsrechtliche Streitigkeiten in Berlin und Moskau. Dazu traten drei Geheimzusätze, in denen ein deutsch-russisches militärisches Zusammengehen in Nordrußland und andere Ausführungsbestimmungen des Hauptvertrags, ein geplantes gemeinsames militärisches Vorgehen gegen Baku sowie ein Zusatz über die Auslegung des Finanzabkommens vereinbart wurden.[59]

Peter Grupp, in dessen Kessler-Biographie die Aushandlung der Zusatzverträge ausführlich beschrieben wird, hat im Zusammenhang mit den Verhandlungen in Berlin vom institutionellen Chaos gesprochen, das im wesentlichen durch den Gegensatz zwischen Auswärtigem Amt und Oberster Heeresleitung entstanden war.[60] Auf deutscher Seite war keine einheitliche Verhandlungsführung erkennbar, es kam zu Interventionen der verschiedensten Dienststellen und Amtspersonen, aber auch privater Vermittler und Zwischenträger. Als Vertreter des Auswärtigen Amtes verhandelte zunächst Richard von Kühlmann, nach dessen Entlassung als Staatssekretär des Äußeren Anfang Juli 1918 sein Nachfolger Paul von Hintze. Johannes Kriege, der Direktor der Rechtsabteilung des Auswärtigen Amtes sowie Rudolf Nadolny, seit 1917 Leiter der Ostabteilung des Auswärtigen Amtes, waren mit einbezogen, für die

58 Der Text der Ergänzungsverträge findet sich in: Friedrich Purlitz (Hg.): Der Europäische Krieg in aktenmäßiger Darstellung, Bd. 9, 1 [Anh.]: Die Zusatzverträge zum Frieden von Brest-Litowsk, Leipzig [1918].

59 Vgl. dazu ausführlich Winfried Baumgart: Die „geschäftliche Behandlung" des Berliner Ergänzungsvertrags vom 27. August 1918. Eine Episode der deutschen Verfassungsgeschichte. In: Historisches Jahrbuch 89 (1969), S. 116-152 u. Hans W. Gatzke: Zu den deutsch-russischen Beziehungen im Sommer 1918. In: Vierteljahreshefte für Zeitgeschichte 3 (1955), S. 67-98.

60 Vgl. Grupp: Harry Graf Kessler, S. 233-235 u. ders.: Harry Graf Kessler als Diplomat, S. 65 f.

Reichskanzlei saßen Wilhelm von Radowitz und Friedrich von Prittwitz am Verhandlungstisch. Vertreter der Obersten Heeresleitung, der Botschaft in Moskau (Helfferich), der Wirtschaft (Litwin) und des Reichstages (Stresemann) versuchten ebenfalls, Einfluß auf die Verhandlungen zu gewinnen.

Kessler hatte nie einen offiziellen Auftrag erhalten. Er war Ende Juni 1918 mit Stresemann in Berlin zusammengetroffen, der ihn über die schwebenden Verhandlungen informiert hatte, und entfaltete in der Folge eine erstaunlich intensive Tätigkeit: Unermüdlich pendelte er zwischen den Verhandlungspartnern, stellte Kontake her, ließ Mitteilungen ausrichten, Treffen ansetzen und hinterbrachte Nachrichten. Kessler selbst hat in romantisierender Verklärung seines Wirkens immer wieder von „unserer Verschwörung" (8.7.1918 u. 10.7.1918) gesprochen, und sich offensichtlich in dieser Rolle des Geheimnisträgers gefallen.

Verhandlungsführer auf russischer Seite war Adolf Abramowitsch Joffe, der auf Kessler eine beträchtliche Faszination ausübte.[61] Joffe, am 6. April 1918 vom Rat der Volkskommissare zum „Bevollmächtigten Vertreter der Russischen Sozialistischen Föderativen Sowjetrepublik" in Deutschland ernannt, hatte Mitte April das prunkvolle, ehemals zaristische Botschaftsgebäude Unter den Linden bezogen. Als Vertreter eines durch revolutionäre Gewalt an die Macht gekommenen politischen Systems wird dieser für Kessler zum Fremden, zum „Anderen". Seine Charakterisierung im Tagebuch macht die exotistische Wahrnehmung von dessen Persönlichkeit deutlich. Bei ihrem ersten Zusammentreffen im Berliner Hotel Continental heißt es am 13. Juli, Joffe sei

> ein kleiner etwas verwachsener Jude mit einem dunklen Spitzbart, ziemlich edlen orientalischem Gesichtsschnitt und träumerischen Augen, Ghetto-Augen. Er sitzt meistens in sich zusammengesunken da, wacht plötzlich sozusagen auf, sagt Etwas oft Kluges und versinkt dann wieder in seine Träumerei. Er spricht fliessend und mit nur geringem Akzent Deutsch [...].

Joffe selbst hat die gravierenden kulturellen Differenzen zwischen Revolutionären und jener bürokratisch-diplomatischen Kaste, wie sie im Auswärtigen Amt vorzufinden war, mehrmals thematisiert. Im Zusammenhang mit einem weiteren Treffen im August 1918 hat er auf die unterschiedliche Stellung der

---

[61] Vgl. zu Joffe und seiner Tätigkeit in Deutschland im Sommer 1918 Dietmar Wulff: A.A. Joffe und die russische Außenpolitik 1918. Unveröffentlichte Dokumente (Teil I. Mai 1918). In: Berliner Jahrbuch für osteuropäische Geschichte 1995/1, S. 209-247 u. ders.: A.A. Joffe und die russische Außenpolitik 1918. Unveröffentlichte Dokumente (Teil II. Mai - Juni 1918). In: Berliner Jahrbuch für osteuropäische Geschichte 1995/2, S. 223-309.

Amtsträger in Deutschland und der durch Revolution an die Macht gekommenen Volkskommissare ironisch hingewiesen:

> Herr von Kühlmann könne Konzessionen machen, lavieren, seinen Abschied nehmen, nachhause gehen, auf seinen Gütern leben; für Lenin oder Trotzki oder Joffe sei das nicht möglich; sie müssten ihre Ideen durchsetzen oder untergehen, wie Danton und Robespierre. Es sei garnicht unwahrscheinlich, dass er, Joffe, am Galgen ende. Verständigung mit den Donkosaken sei wohl möglich; aber nur mit der Schicht, die als Klasse dem russischen Proletariat entspräche. „Ich bitt' schön, meine Cherren, es handelt sich um einen Klassenkampf." (18.8.1918)

Die Paraphierung der Ergänzungsverträge über politische, militärische, juristische und wirtschaftliche Fragen hatte am 10. August stattgefunden, die Unterzeichnung erfolgte am 27. August 1918. Die Zusatzverträge blieben letztlich ohne Einfluß auf die Politik, weil sie – wie der gesamte Friedensvertrag von Brest-Litowsk – mit Kriegsende Makulatur wurden. Mit der deutschen Niederlage im Ersten Weltkrieg endete auch die unheilvolle Geschichte des Friedens von Brest-Litowsk. Durch den Waffenstillstand von Compiègne am 11. November 1918 und durch ein Dekret der Sowjetregierung vom 18. November 1918 wurde der Vertrag annulliert.
Brest-Litowsk brachte an der Ostfront einen vergifteten Frieden, der die Einheit und Entschlossenheit der Entente eher stärkte als minderte. Ähnlich verfahren war die Situation auf einem anderen, nicht minder wichtigen Feld, der Polenpolitik. Auch hier ist es der Entscheidungselite des Deutschen Reiches nicht gelungen, einen dauerhaften Erfolg ihrer Politik sicherzustellen.

„Ich liebe diesen Osten, seit dem Kriege..."[62] *– Kessler, Piłsudski und die deutsche Polenpolitik*

Harry Graf Kessler, der seit frühester Kindheit reiste, der sich zur Sommerfrische in mondänen Badeorten aufhielt und in Jugend- und Studienzeiten mehrfach Europa durchquerte, der Ende des Jahres 1891 zu einer sechs Monate dauernden Weltreise aufbrach und vor dem Ersten Weltkrieg zwischen den europäischen Metropolen pendelte – dieser weltgewandte Kosmopolit sparte einen wichtigen Teil Europas aus seinem Reiseprogramm aus. Italien, England, Frankreich oder Griechenland zählten zweifellos zu seinen bevorzugten Reise-

[62] Tagebuch, 3.2.1918.

zielen – Warschau, St. Petersburg oder Moskau kannte sein Itinerar vor 1914 nicht. So sehr Kessler sich mühte, neue Menschen, Länder und Kulturen kennenzulernen, seine Reisen hatten immer eine dezidiert west- oder südeuropäische Ausrichtung, der Osten blieb ihm lange Zeit fremd und verschlossen.
Diese einseitige geographische Orientierung änderte sich gezwungenermaßen mit Ausbruch des Ersten Weltkriegs. Nach dem etwa vier Wochen dauernden Belgienfeldzug im August 1914 wurde Kesslers Einheit an die Ostfront versetzt. Als Befehlshaber einer Munitionskolonne und später dann als Ordonnanzoffizier im Generalstab des 24. Reserve-Korps lernte Kessler seit dem Oktober 1914 eine Reihe charakteristischer Gegenden Osteuropas kennen wie den landschaftlich reizvollen Mittelgebirgszug der ungarischen Karpaten, das ehemals zur k.u.k. Monarchie gehörende Galizien mit der für ihn rätselhaften und geheimnisvollen Welt des Ostjudentums und die weiten Sumpfgebiete Wolhyniens in der heutigen Ukraine. In den Kampfpausen oder auf dem Weg in den Heimaturlaub erkundete er Städte wie Czenstochau, Budapest, Lemberg oder Brest-Litowsk. Was aber sind die Gründe für dieses späte und auch nur durch den Krieg erzwungene Entdecken des Ostens? Was hatte dazu geführt, daß Osteuropa vor Ausbruch des Ersten Weltkriegs in seinen Reiserouten nicht existent war?
Einer der Hauptgründe dürfte gewesen sein, daß Kessler gegenüber dem Osten tiefsitzende Vorurteile hatte. Armut, Schmutz, Verwahrlosung, eine untertänige, nicht zur Selbstregierung fähige, von einem bigotten Katholizismus beherrschte Bevölkerung – so lautet eine beliebige Zusammenstellung der Ansichten Kesslers über Polen, und man darf vermuten, daß die Einschätzung des gesamten osteuropäischen Raumes nicht viel positiver ausgefallen wäre. Löchrige Chausseen, ärmliche Häuser und eine kahle, öde Landschaft – das sind die Eindrücke, die Kessler unmittelbar nach seinem ersten Übertritt der russischen Grenze im September 1914 wahrnimmt. Diese tiefverwurzelte Abneigung gegen den Osten kommt auch beim Besuch der ersten Städte zum Ausdruck. Die Beschreibung von Tomaszów Mazowiecki, einer Industriestadt in der Nähe von Lodz, mündet in ein Lamento über die fehlende bürgerliche Kultur im Osten:

> In Tomaszów Besorgungen. Wüster Eindruck dieser doch offenbar ganz wohlhabenden Fabrikstadt, ohne Stil oder Ausdruck, die Bewohner, die Architektur, das Leben in den Strassen, die Auslagen der Läden: es giebt in Polen keine bürgerliche Kultur, die Empfindung von Kultur hat man nur in den Kirchen und den mit Heiligenbildern geschmückten Bauernstuben; sonst ist alles hier so verworren stillos und erschreckend wie im Westen von Amerika. (23.10.1914)

Auch über die erste Begegnung mit Warschau, das nur zwei Jahre später eine so zentrale Bedeutung für Kessler bekommen sollte, schreibt er im März 1916: „Vormittags in der Stadt gebummelt u. über die Brücke nach Praga. Die Stadt schien mir ziemlich reizlos. Nur der Altmarkt hat ein wenig Charakter." (14.3.1916)

Je länger der Feldzug andauerte, desto intensiver wurde die Beschäftigung mit Polen und dem Osten. In einer Reihe von Kriegsbriefen, gerichtet an ausgewählte Freunde und dazu bestimmt, im gesamten Bekanntenkreis zu zirkulieren, berichtete Kessler ausführlich über seine Eindrücke und Erfahrungen auf polnischem Gebiet.[63] Er entwarf in diesem Zusammenhang zugleich ein politisches Programm, wie die polnische Frage für das Deutsche Reich zu lösen sei. Favorisiert wurde dabei die Idee einer Personal-Union mit dem Deutschen Kaiser als König von Polen und gleichzeitiger weitreichender Autonomie Polens. Das Land sollte aber in völliger Abhängigkeit von Deutschland gehalten werden, um es auf diese Weise als Glacis, als militärisches Vorfeld, gegen mögliche russische Angriffe zu benutzen.

Hintergrund der Kesslerschen Überlegungen zur zukünftigen politischen und territorialen Form eines noch zu gründenden selbständigen polnischen Nationalstaates ist die Tatsache, daß bei Ausbruch des Ersten Weltkriegs im August 1914 „Polen" auf der Landkarte Europas schlichtweg nicht vorhanden war. Zwar existierten um die zwanzig bis dreißig Millionen Menschen, die sich als Polen hätten bezeichnen können, sie lebten allerdings als Untertanen des russischen Zaren, des deutschen Kaisers oder des Kaisers von Österreich aufgeteilt in drei verschiedenen Staaten. Unter den damals Lebenden gab es niemanden mit einer direkten Erinnerung an die Zeit, als Polen vor den Teilungen von 1772, 1793 und 1795 ein unabhängiger Staat gewesen war. Warschau und Wilna galten als Provinzstädte Rußlands, Danzig und Posen gehörten zu Preußen, Krakau und Lemberg waren Teil des österreichisch-ungarischen Vielvölkerstaats. Der Erste Weltkrieg sollte die polnische Frage, die vor 1914 fast völlig von der Tagesordnung der europäischen Diplomatie verschwunden war, wieder in den Mittelpunkt des Interesses rücken.[64]

---

[63] Vgl. Tagebuch, 8.11.1914 u. 8.9.1915 (Briefe an Gerhard Mutius), Tagebuch, 18.11.1914 u. 15.8.1915 (Briefe an Gustav Richter) u. Tagebuch, 25.8.1915 u. 2.10.1915 (in Teilabschrift Briefe an Bodenhausen, vollständig gedruckt in Eberhard von Bodenhausen, Harry Graf Kessler: Ein Briefwechsel 1894-1918. Hg. Hans-Ulrich Simon, Marbach am Neckar 1978, S. 101-106 bzw. S. 109-111).

[64] Allgemein zur Geschichte Polens und der Polenpolitik des Deutschen Reiches Werner Conze: Polnische Nation und deutsche Politik im Ersten Weltkrieg, Köln/Graz 1958; Martin Broszat: Zweihundert Jahre deutsche Polenpolitik, Frankfurt am Main 1965, hier v.a. S. 173-200; Norman Davies: Im Herzen Europas. Geschichte Polens, München 2000, hier v.a. S. 100-135.

Das Wiederaufleben der Diskussion um Beschaffenheit und Form eines polnischen Nationalstaats ergab sich in erster Linie aus dem Bedürfnis der kriegführenden Mächte, die Unterstützung der Polen für ihre Kriegsanstrengungen zu gewinnen. Noch im August 1914 hatte der russische Großfürst Nikolaus Nikolajewitsch in einem Manifest die Absicht des Zarenreiches verkündet, Polen durch eine Überwindung der Teilungen wiedererstehen zu lassen. Diese Pläne konnten spätestens dann nicht mehr verwirklicht werden, als deutsche und österreichische Truppen im Sommer 1915 das gesamte Territorium des ehemaligen Kongreß-Polen eroberten und in der Folge zum deutsch-österreichischen Okkupationsgebiet machten. Das Land wurde in zwei große Verwaltungsgebiete aufgeteilt, in das „Kaiserlich-Deutsche Generalgouvernement Warschau" unter der Führung von General Hans Hartwig von Beseler und das „k.u.k. Militär-Gouvernement" in Kielce, ab Anfang Oktober 1915 in Lublin ansässig, das General Diller unterstand.
Am 5. November 1916 kam es zu einer gemeinsamen deutsch-österreichischen Proklamation über die Wiederherstellung des polnischen Nationalstaates:

> Seine Majestät der deutsche Kaiser und seine Majestät der Kaiser von Oesterreich und Apostolischer König von Ungarn, getragen von dem festen Vertrauen auf den endgültigen Sieg ihrer Waffen und von dem Wunsche geleitet, die von ihren tapferen Heeren mit schweren Opfern der russischen Herrschaft entrissenen polnischen Gebiete einer glücklichen Zukunft entgegenzuführen, sind dahin übereingekommen, aus diesen Gebieten einen selbständigen Staat mit erblicher Monarchie und konstitutioneller Verfassung zu bilden. [...] In einer eigenen Armee sollen die ruhmvollen Ueberlieferungen der polnischen Heere früherer Zeiten und die Erinnerung an die tapferen polnischen Mitstreiter in dem großen Kriege der Gegenwart fortleben. Ihre Organisation, Ausbildung und Führung wird im gemeinsamen Einvernehmen geregelt werden.[65]

Die von Seiten der Mittelmächte im Gegenzug erhoffte polnische Waffenhilfe führte bald zu Schwierigkeiten, Hauptstreitpunkt war die Frage der Stellung der polnischen Verbände innerhalb der österreichisch-ungarischen und deutschen Armeen. Im Januar 1917 wurde ein „Provisorischer Staatsrat" für beide Besatzungszonen eingerichtet, dessen 25 Mitglieder allerdings nur beratendes Stimmrecht hatten. Im Herbst 1917 erfolgte die Gründung eines weiteren administrativen Gremiums: Der am 12. September proklamierte und am 27. Oktober 1917 feierlich eingesetzte „Regentschaftsrat", der die Gesetzgebung, Ver-

[65] Ernst Jäckh u. Karl Hönn (Hg.): Schulthess' Europäischer Geschichtskalender 1916. Bd. 2, München 1921, S. 441.

waltung und Rechtsprechung Polens eigenständig leiten sollte, bestand mit Erzbischof Aleksander Kakowski, dem Großgrundbesitzer Józef Ostrowski und Zdzisław Fürst Lubomirski aus Vertretern der rechtskonservativen, adlig-klerikalen Honoratiorenschicht.
Gleichzeitig entwickelte sich die Wiederherstellung Polens zu einem zentralen Kriegsziel der westlichen Alliierten. Bereits in seiner Rede vom 22. Januar 1917 über den „Frieden ohne Sieg" hatte der amerikanische Präsident Wilson erstmals explizit die Frage der Einrichtung eines zukünftigen polnischen Staates aufgegriffen und darauf hingewiesen, daß „a united, independent, and autonomous Poland"[66] geschaffen werden sollte. Die Politik der Entente stützte sich dabei wesentlich auf das sogenannte Polnische Nationalkomitee, eine Organisation von Exil-Polen um Roman Dmowski und Ignacy Paderewski, das am 15. August 1917 in Paris gegründet und bis Ende 1917 von Frankreich, Großbritannien, Italien und den USA als Vertretung der polnischen Nation anerkannt wurde.
Seinen wichtigsten offiziellen Ausdruck fand das alliierte Kriegsziel in der polnischen Frage in den „Vierzehn Punkten" des amerikanischen Präsidenten Wilson. Punkt 13 forderte unmißverständlich:

> An independent Polish state should be erected which should include the territories inhabited by indisputably Polish populations, which should be assured a free and secure access to the sea, and whose political and economic independence and territorial integrity should be guaranteed by international covenant.[67]

Im Gegensatz zu diesen eindeutigen Aussagen der Entente mangelte es der Polenpolitik der Mittelmächte an Stringenz und echter politischer Perspektive. Österreich-Ungarn forcierte lange Zeit die sogenannte austropolnische Lösung, die vorsah, das gesamte Königreich Polen im Falle einer russischen Kriegsniederlage abzutrennen, es mit Galizien zu vereinigen und aus diesen beiden Ländern einen selbständigen polnischen Staat zu bilden. Die offene Feindschaft sämtlicher polnischer Parteigruppen zogen sich Deutschland und Österreich-Ungarn zu, als sie im sogenannten Brotfrieden vom 9. Februar 1918 der Ukraine das bisher zu Kongreß-Polen gehörige Cholmer Land zusprachen,

---

[66] An Address to the Senate, 22 January, 1917. In: Arthur S. Link u.a. (Hg.): The Papers of Woodrow Wilson. Bd. 40: November 20, 1916 - January 23, 1917, Princeton 1982, S. 533-539, hier S. 537.

[67] The 14 Points Address. An Address to a Joint Session of Congress, January 8, 1918. In: The Papers of Woodrow Wilson. Bd. 45: November 11, 1917 - January 15, 1918, Princeton 1984, S. 534-539, hier S. 538.

dessen Abtretung bei vielen Exil-Polen eine Welle der Empörung auslöste.[68] Den Mittelmächten gelang es im gesamten Verlauf des Ersten Weltkriegs nicht, ihrer Polenpolitik Glaubwürdigkeit zu verleihen.

Kesslers Beziehung zu Polen und der polnischen Frage wurde von einem Ereignis in besonderer Weise beeinflußt. Im Oktober 1915 traf er mit dem damaligen Generaloberst und späteren polnischen Staatspräsidenten Józef Piłsudski an der Ostfront in Wolhynien zusammen.[69] Piłsudski kämpfte zu diesem Zeitpunkt als Kommandant der 1. Brigade der „Polnischen Legionen" an der Seite der österreichisch-ungarischen Armee gegen Rußland. Anfang August 1914 hatte er 200 Mann seiner Schützenorganisation nach Kongreß-Polen einmarschieren lassen, um einen Aufstand gegen die russische Herrschaft auszulösen. Diese Schützentruppe wurde als Teil der „Westlichen Legion" der Armee unterstellt und 1915 mehrfach erfolgreich in den Kämpfen eingesetzt.

Im Oktober 1915 wurde Kessler von einem seiner Vorgesetzten beauftragt, eine Geschichte der Kämpfe, die sich sein Truppenteil mit den russischen Kriegsgegnern im Herbst 1915 geliefert hatte, auszuarbeiten:

> Klewitz beauftragte mich beim Frühstück, die Geschichte unserer Operationen in Wolhynien und insbesondre dieser Schlacht zu schreiben. Er betont die politische Wichtigkeit des hier zum ersten Mal wirksam gewordenen Zuammenwirkens von Deutschland, Österreich-Ungarn und Polen. Die Polen hätten eigentlich die Entscheidung gegeben. Ich fahre morgen an die Front, um mir das Gelände der Schlacht anzusehen und Details zu sammeln. (21.10.1915)

Unmittelbar darauf begann Kessler mit der Suche nach Material. Er führte mit einer Reihe von an der Schlacht Beteiligten Gespräche und ließ sich detailliert über den Ablauf der militärischen Vorgänge Bericht erstatten. In diesem Zusammenhang traf Kessler auch auf Piłsudski. Woher er diesen kannte, läßt sich aus dem Tagebuch nicht rekonstruieren. Es steht aber zu vermuten, daß Piłsudski zu diesem Zeitpunkt bereits eine lebende Legende war, eine Art polnischer Nationalheld, von dessen Lebensgeschichte Kessler gehört hatte, und den er unbedingt kennenlernen wollte. Mit großem Respekt wird der polnische Militär im Tagebuch beschrieben:

---

[68] Vgl. auch Tagebuch, 13.2.1918: „Durch die Abtretung von Cholm sind die Polen endgültig in das uns feindliche Lager gedrängt."

[69] Vgl. als umfassende Einführung in die Biographie Piłsudskis in deutscher Sprache das Kapitel „Piłsudskis Entwicklung zur charismatischen Führerpersönlichkeit: Kurzbiographie und Grundlagen des Piłsudski-Kultes" in: Heidi Hein: Der Piłsudski-Kult und seine Bedeutung für den polnischen Staat 1926-1939, Marburg 2002, S. 34-62.

> Pilsudski machte in seinem Zivilanzug mehr den Eindruck eines Gelehrten als eines Kriegers. Der Kopf, gross, gelb, lang, etwas mongoloid, mit langem dünnen Schnurrbart und dünnem Kinnbart gleicht dem von Dostojewski. Die grauen Augen sind nachdenklich, aber packen fest den Gegenstand, auf den sie gerichtet sind. Er spricht Deutsch fliessend aber inkorrekt, mit einem starken polnischen Akzent. (29.10.1915)

Die Wege von Piłsudski und Kessler kreuzten sich nach ihrem Zusammentreffen an der Ostfront im Oktober 1915 im Jahr 1918 erneut, denn Kessler war wesentlich an dessen Freilassung aus der Magdeburger Festungshaft beteiligt. Unmittelbarer Anlaß der Verhaftung Piłsudskis war der Konflikt um die neue Eidesformel der polnischen Verbände. Piłsudski lehnte die Ableistung eines Eides auf den deutschen Kaiser vehement ab und wurde daraufhin in der Nacht vom 21. auf den 22. Juli 1917 auf Veranlassung des Generalgouverneurs von Warschau von Beseler verhaftet. Nach Zwischenstationen in Danzig, Spandau und Wesel verbrachte man ihn Anfang September 1917 in die Festung Magdeburg, wo er fast ein Jahr lang in Einzelhaft saß, bis im August 1918 sein Stabschef Kazimierz Sosnkowksi, der zeitgleich verhaftet worden war, ebenfalls dorthin verlegt wurde. Durch diese Inhaftierung war Piłsudski in den Augen vieler Polen endgültig „zur Symbolfigur des Widerstandes gegen die Besatzungsmächte, zum Märtyrer und Nationalhelden“[70] geworden.
Im Herbst 1918, angesichts der sich rasch verändernden allgemeinen politischen Lage, mehrten sich die Stimmen, die auf seine Freilassung drängten. Verschiedene, vor allem von polnischer Seite ausgehende Initiativen hatten die Aufmerksamkeit der deutschen Regierung auf Piłsudski und die Frage seiner Internierung in Magdeburg gelenkt. Innerhalb der deutschen Reichsleitung setzte sich langsam die Idee durch, ihn als Garant der Ordnung zu sehen, der eine soziale Revolution in Polen verhindern und dort gleichzeitig den deutschen Einfluß sichern könnte. Das Auswärtige Amt schaltete sich ein, und auf Initiative von Staatssekretär Solf sollte ein Gespräch mit Piłsudski in Magdeburg stattfinden, bei dem es zu sondieren galt, wie dieser sich nach seiner Freilassung und Rückkehr nach Polen verhalten werde. Als Gesprächspartner war ursprünglich der Diplomat und Politiker Bogdan Graf von Hutten-Czapski vorgesehen, dann entschied man sich überraschenderweise, Kessler mit dieser politisch heiklen Mission zu betrauen.

---

[70] Kurt Georg Hausmann: Pilsudski und die Mission des Grafen Keßler in Polen. Ein Fragment deutsch-polnischer Beziehungen im November/Dezember 1918. In: Hartmut Boockmann u.a. (Hg.): Geschichte und Gegenwart. Festschrift für Karl Dietrich Erdmann, Neumünster 1980, S. 233-273, hier S. 236.

Die Geschichte der Freilassung Piłsudskis, des turbulenten Aufbruchs aus Magdeburg, wo gerade die Revolution ausbrach, der Fahrt im Auto nach Berlin, die von „Revolution" zu „Revolution" führte, Piłsudskis Unterbringung in einem Berliner Hotel und seine am 9. November 1918 erfolgte Abreise im Sonderzug nach Warschau ist nicht nur im Tagebuch ausführlich dargestellt (30.10.1918 bzw. 8. u. 9.11.1918), sondern wurde von Kessler selbst in späteren Jahren auch in verschiedenen Aufsätzen beschrieben.[71]

Kessler hat die Freilassung Piłsudskis als eine Art Husarenstreich, als Abenteuerfahrt geschildert, und als sich beide am 9. November in Berlin voneinander verabschiedeten, dürften sie wohl kaum daran gedacht haben, sich nur zwölf Tage später wiederzusehen, als Kessler dem neuen polnischen Staatschef am 21. November 1918 sein Beglaubigungsschreiben als deutscher Gesandter in Warschau überreichte. Zweifellos hatte das Engagement für die Freilassung Piłsudskis ihn für diese besondere Mission als erster deutscher Gesandter in Polen prädestiniert. Es handelte sich allerdings um ein diplomatisches Intermezzo, das nur knapp vier Wochen bis Mitte Dezember 1918 andauerte.

Am 10. November 1918 hatte im Generalgouvernement Warschau der Zerfall der deutschen Militärmacht in Polen begonnen. Im Laufe dieses Tages bildete sich der „Deutsche Soldatenrat Warschau", der sich rasch zum neuen Ordnungsfaktor entwickelte. Die Verwaltung des Generalgouvernements war innerhalb von wenigen Stunden zusammengebrochen, Generalgouverneur von Beseler aus der Stadt geflüchtet.[72]

In dieser aus Berliner Sicht undurchsichtigen und schwierigen Situation wurde Kessler in das Auswärtige Amt gerufen, wo man ihm den Gesandtenposten in Warschau anbot (14.11.1918). Hauptaufgabe sollte die Rückführung der deutschen Truppen aus Litauen, Weißrußland und der Ukraine sein. Am 16. November fiel die Entscheidung für Kessler im Kriegskabinett, zwei Tage später, am 18. November, stellten ihm Friedrich Ebert und Hugo Haase sein Beglaubigungsschreiben aus. Am 19. November bestätigte der Vollzugsausschuß des Arbeiter- und Soldatenrats die Ernennung. Am späten Abend fuhr Kessler vom Bahnhof Friedrichstraße in einem Extrazug nach Warschau, wo er am 20. No-

---

[71] Vgl. Aus den Anfängen der Novemberrevolution. Pilsudskis Befreiung. In: Frankfurter Zeitung, Nr. 752 vom 7. Oktober 1928 (Zweites Morgenblatt), S. 1 f.; Pilsudski. Eine Erinnerung. In: Die Neue Rundschau, Heft 6 vom Juni 1935, S. 605-612; Pilsudski en Allemagne. Traduit par Blaise Briod. In: Revue de Paris, Jg. 42, Heft 12 vom 15. Juni 1935, S. 830-840.

[72] Vgl. aus zeitgenössischer Perspektive: Das Ende der deutschen Herrschaft in Warschau. Tagebuchblätter. In: Deutschlands Erneuerung. Monatsschrift für das deutsche Volk 3 (1919), S. 222-224 u. 244-252 sowie Die letzten Tage in Warschau. In: Neue Preußische (Kreuz-) Zeitung (Berlin), Nr. 599, Morgen-Ausgabe, 24.11.1918, S. 5.

Oberst Sosnkowksi, Józef Piłsudski, Oberleutnant Schloessmann in der Festung Magdeburg, 1. Oktober 1918; Politisches Archiv des Auswärtigen Amts, Berlin

vember eintraf. Beim Grenzübertritt schimmert wiederum seine neuentdeckte Zuneigung für den Osten durch: „So fahre ich in meinen neuen Wirkungskreis ein, in diesen Osten, den ich liebe, der irgendeine unformulierbare tiefe Schönheit für mich hat.“ (19.11.1918) Wiederum drei Wochen später, am 15. Dezember 1918, war Kesslers Mission bereits zu Ende, und der deutsche Gesandte mußte zusammen mit dem gesamten Gesandtschaftspersonal Polen verlassen.[73]

Kesslers Scheitern in Polen erklärt sich weniger aus seiner eigenen Person oder der von ihm in Warschau betriebenen Politik als aus der Tatsache, daß die deutsche Gesandtschaft und ihr Leiter in das Zentrum innerpolnischer Machtkämpfe geraten waren. Der deutsche Gesandte kämpfte auf aussichtlosem Posten und wurde zwischen den polnischen Parteien aufgerieben.[74]

Die fast vier Jahre lang andauernde Besatzung hatte der Sympathie für Deutschland enge Grenzen gesetzt. Die Haltung gegenüber Deutschland bestimmte die

[73] Ausführlich zu Kesslers Mission in Warschau: Hausmann: Pilsudski.

[74] Die Lageberichte Kesslers an das Auswärtige Amt liegen teilweise gedruckt vor, vgl. Akten zur deutschen Auswärtigen Politik 1918-1925, Serie A: 1918-1925, Bd. I: 9. November 1918 bis 5. Mai 1919, Göttingen 1982, Nr. 33, 40, 43, 51, 55, 65 u. 71.

polnische Innenpolitik, sie wurde dominiert vom Konflikt zwischen Piłsudski auf der einen und dem polnischen Exilpolitiker Roman Dmowski auf der anderen Seite. Dmowski und die von ihm vertretenen Nationaldemokraten sahen sich als Gegner Deutschlands, ihr Plan war es, Polen in enger Anlehnung an die westliche Entente zu führen.

Kesslers Mission hatte ausssichtsreich begonnen, sein erfolgreicher politischer Start hatte vor allem mit seinen guten persönlichen Beziehungen zu Piłsudski zu tun. Nach seiner Rückkehr am 10. November 1918 hatte dieser zunächst den militärischen Oberbefehl in Polen übernommen, drei Tage später, am 14. November, diktatorische Vollmachten in der Position des „Vorläufigen Staatschefs" erhalten. Kessler stattete Piłsudski am 21. November seinen Antrittsbesuch ab, beide tauschten Freundlichkeiten und gemeinsame Erinnerungen an ihr Zusammentreffen an der Ostfront im Oktober 1915 und die Magdeburger Festungshaft aus. Ein Gegenbesuch Piłsudskis bei Kessler, entgegen aller diplomatischer Gepflogenheiten, fand einen Tag später, am 22. November 1918, statt.

Eines der Hauptprobleme, das Kessler zu bewältigen hatte, stellte die Rückführung der deutschen Truppen von der Ostfront dar. Dabei ging es vor allem um die sogenannte Bugetappe sowie die Räumung der Verbindungswege zum Bug. Während der zähen Verhandlungen sah sich Kessler mit Schwierigkeiten konfrontiert, die für ihn und seine Entourage ganz praktische Folgen hatten. Vor Kesslers Hotel in Warschau fanden am 23. November deutschfeindliche Demonstrationen statt, einen Tag später wurden die Räumlichkeiten im Hotel von einer aufgebrachten Menge sogar gestürmt (24.11.1918).

Dazu kamen fortgesetzte persönliche Angriffe gegen Kessler in der polnischen Presse, die ihn als „Internationalist" (26.11.1918) verleumdeten. Die zunehmend unübersichtlich werdende innenpolitische Lage in Polen führte letztlich zur Ausweisung Kesslers, der am 15. Dezember 1918 in einem Sonderzug das Land verließ und am Morgen des 17. Dezember wieder in Berlin eintraf. Auf Kesslers Amtszeit, die mitten in die Gründungsphase des polnischen Nationalstaates gefallen war, folgte eine Art Eiszeit der diplomatischen Beziehungen zwischen beiden Ländern, und bis in das Jahr 1920 mit der Ernennung von Ulrich Rauscher zum deutschen Gesandten in Warschau sollte es keine deutsche Vertretung in Polen geben.

Die Wege von Piłsudski und Kessler trennten sich erneut, diesmal für immer, und es scheint so, als ob Kesslers Interesse für Fragen der polnischen Politik deutlich abnahm. Piłsudski erscheint in den folgenden Jahren im Tagebuch Kesslers nur noch in der Erinnerung an die Ereignisse an der Ostfront, in Magdeburg und in Warschau. Der durchaus problematische weitere politische Weg Piłsudskis, der als polnischer Staatspräsident eine zentrale Rolle in den

Józef Piłsudski; Deutsches Literaturarchiv Marbach

Entwicklungen der Zwischenkriegsjahre spielen sollte, wurde von Kessler nicht mehr verfolgt. Kein Wort findet sich bei Kessler über die Tatsache, daß sich Piłsudski wegen innenpolitischer Streitigkeiten um die Frage seiner Souveränität als Staatspräsident im Mai 1923 von allen politischen Ämtern verabschiedete und sich auf seinen Landsitz Sulejówek zurückzog. Kein Tagebucheintrag behandelt den Staatsstreich vom 12. Mai 1926, in dem er erneut die Macht übernahm und einen dezidiert antiparlamentarischen Kurs einschlug, um ein autoritäres Regime zu etablieren, das von innenpolitischen Spannungen und Auseinandersetzungen bis zu seinem Tod im Mai 1935 begleitet wurde. Piłsudski blieb für Kessler Reminiszenz, eine Erinnerung an früher Erlebtes, die er gerne auf Diners und anderen gesellschaftlichen Einladungen zum Besten gab.

Kriegsniederlage, Revolution und ein neuer Anfang – Kessler und seine Wandlung zum Republikaner am Ende des Ersten Weltkriegs

Mitte November 1918, als Kessler Berlin in Richtung Warschau verließ, um dort seine Tätigkeit als deutscher Gesandter aufzunehmen, befand sich die Hauptstadt des Reiches noch immer in einer Art Ausnahmezustand. Weite Teile der Bevölkerung standen unter dem schockartigen Eindruck, den der Zusammenbruch der Monarchie mit sich gebracht hatte, und die Nachwirkungen der Revolution, die das Deutsche Reich kurz zuvor erschüttert hatte, waren allenthalben spürbar. Über Nacht hatte die traditionelle Ordnung des Wilhelminischen Kaiserreichs aufgehört zu existieren und wurde durch die Republik ersetzt.

Ende Oktober 1918 waren erste Nachrichten von Meutereien auf den Schiffen der deutschen Hochseeflotte bekannt geworden. Am 4. November hatten aufständische Matrosen in Kiel die Macht übernommen und mit der Bildung von Soldatenräten begonnen. Nach diesem Muster breitete sich die Revolution bald in ganz Deutschland aus. Kessler, der wie viele Beobachter des politischen Lebens im Deutschen Reich seit dem Sommer 1918 immer wieder die Ahnung einer revolutionären Umwälzung in seinem Tagebuch thematisiert hatte, nahm diesen Mechanismus wach zur Kenntnis und leitete daraus eine „Physiognomie der Revolution" ab:

> [...] allmähliche Inbesitznahme, Ölfleck, durch die meuternden Matrosen, von der Küste aus. Sie isolieren Berlin, das bald nur noch eine Insel sein wird. Umgekehrt wie in Frankreich revolutioniert die Provinz die Hauptstadt, die See das Land. Vikinger Strategie. Vielleicht kommen wir so gegen unseren Willen an die Spitze des Sklavenaufstandes gegen England und das amerikanische Kapital. Liebknecht als Kriegsherr in diesem Endkampfe; die Flotte hat die Führung. (7.11.1918)

Einen Tag nachdem diese Zeilen niedergeschrieben wurden rief Kurt Eisner in Bayern die Republik aus. Am 9. November griffen die revolutionären Ereignisse endgültig auf die Reichshauptstadt über: Reichskanzler Prinz Max von Baden verkündete die Abdankung Kaiser Wilhelms II. und übergab sein Amt an den Sozialdemokraten Friedrich Ebert. Riesige Demonstrationszüge wälzten sich durch die Hauptstadt, als Philipp Scheidemann vor dem Reichstagsgebäude die Deutsche Republik ausrief und Karl Liebknecht wenig später vom Balkon des Berliner Schlosses die Freie Sozialistische Republik Deutschland proklamierte.

Der Zentrumspolitiker Matthias Erzberger, der in einer Kabinettssitzung am Vormittag des 6. November noch von Prinz Max von Baden als Vorsitzender der Waffenstillstandskommission vorgeschlagen worden war, unterzeichnete am 11. November im Wald von Compiègne im Salonwagen des Sonderzugs von

Ausrufung der Republik vor dem Reichstagsgebäude durch Philipp Scheidemann; Berlin, 9. November 1918; Deutsches Historisches Museum, Berlin

Marschall Foch den Waffenstillstand.[75] Einen Tag später kam die Revolution mit der Bildung des Rates der Volksbeauftragten, einer Regierung aus Vertretern von Unabhängigen und Mehrheitssozialdemokraten, zu einem ersten, vorläufigen Abschluß.

Die sich in der Reichshauptstadt Anfang November 1918 in rasantem Tempo überstürzenden Ereignisse werden von Kessler ausführlich geschildert. Bei der Darstellung des Ablaufs der Novemberrevolution in Berlin handelt es sich um den wohl bekanntesten Teil seines Tagebuchs. Dieser Text liegt, wenn auch stark gekürzt und ohne Kenntlichmachung der Auslassungen, in einer von Wolfgang Pfeiffer-Belli im Jahr 1961 besorgten Fassung[76] bereits seit längerem vor und hat durch seine Popularität die Grundlage für die zahlreichen Mythen geliefert, die sich in der Folge um das monumentale Tagebuchwerk Kesslers rankten.

Im November 1918 ist Kessler wieder jener süffisant-distanzierte Beobachter, wie er uns in dem berühmten Gemälde von Munch, das ihn vor dem Hintergrund eines leuchtenden Gelb mit Hut und Spazierstock zeigt, gegenübertritt. Der Flaneur wandert durch Berlin und entwirft in seinen Tagebucheinträgen ein eindringliches und dichtes Panoramabild der revolutionären Ereignisse. Unübertroffen ist die dichte Beschreibung der Vorgänge des 9. November 1918.

75 Vgl. ausführlich Erzberger: Erlebnisse im Weltkrieg, S. 326-340.

76 Harry Graf Kessler: Tagebücher. 1918-1937. Hg. Wolfgang Pfeiffer-Belli, Frankfurt am Main 1961.

Kessler, der zu diesem Zeitpunkt noch die Abreise von Piłsudski im Sonderzug nach Warschau organisiert, besucht auf seinen Wegen durch die Stadt neuralgische Punkte wie den Potsdamer Platz, die Linden und die Friedrichstraße. Zusammen mit René Schickele macht er sich am Abend in den Reichstag auf und beschreibt ausführlich die düstere Szenerie, die er dort vorfindet:

> Vor dem Hauptportal steht in den Scheinwerferstrahlen von mehreren feldgrauen Autos eine Nachrichten abwartende Menge. Leute drängen die Stufen hinauf ins Portal. Soldaten mit umgehängten Karabinern und roten Abzeichen fragen Jeden, was er drinnen will. Kestenberg bringt uns auf den Namen Haase anstandslos hinein. Innen herrscht ein buntes Treiben; treppauf, treppab Matrosen, bewaffnete Zivilisten, Frauen, Soldaten. Gut, frisch und sauber, vor allen Dingen sehr jung sehen die Matrosen aus; alt und kriegsverbraucht, in verfärbten Uniformen und ausgetretenem Schuhzeug, unordentlich und unrasiert die Soldaten, Überreste eines Heeres, ein trauriges Bild des Zusammenbruchs. (9.11.1918)

Kessler verstand sich als Augenzeuge eines Spektakels, der Bericht darüber abgeben will, wie die Revolution vollzogen wurde. Wie ein Kinogänger, der im abgedunkelten Saal gebannt das sich auf der Leinwand abspielende Geschehen verfolgt, beschreibt er seine Eindrücke vom revolutionären Geschehen. Personen, Orte, die Wirren des Umsturzes, die Rasanz und das Tempo, mit dem sich die Ereignisse im November 1918 vollziehen, lassen ihn immer wieder an das Bild von der Revolution als Kinofilm denken: Die Szenerie im Reichstag am Abend des 9. November wird als „Film aus der russischen Revolution, Taurisches Palais unter Kerenski" beschrieben, und wenige Tage später, am 12. November 1918, notiert Kessler verblüfft, daß die Revolution „durch das Alltagsleben Berlins kaum anders als ein Detektiv Film hindurchgeflitzt" sei (12.11.1918).

Der 9. November 1918 und der Ausbruch der Revolution in Berlin gehören zu einer Reihe von Schlüsselerlebnissen, die – alle zusammengenommen und keines nur für sich allein – zu einer Wandlung in Kesslers Biographie beitrugen und zu seiner politischen Neuorientierung führten. Sicher, es gab im Laufe des Sommers 1918 mehrfach Zweifel am deutschen Sieg. Kessler war auch – wie seine Haltung in der Elsaß-Lothringen-Frage gezeigt hat – zu größeren Konzessionen bereit als viele politische Entscheidungsträger und vereinte damit scheinbar unversöhnbare Positionen in seiner Person. Seine Persönlichkeit ist gekennzeichnet durch Überlagerungen und Verwerfungen, er ist geprägt vom Patriotismus, scheut aber nicht den Kontakt zu Pazifisten und radikalen Literaten und Künstlern. Kessler befindet sich am Ende des Ersten Weltkriegs damit in einem eigenartigen Zwischenstadium: Das eine, seine patriotische Verwurzelung im wilhelminischen Gesellschaftssystem, ist noch nicht zu Ende, das Andere, das Neue, der überzeugte Pazifist und „Rote Graf“, hat noch nicht begonnen.

Bis weit in das Jahr 1918 hinein hatte sich Kessler als überzeugter Anhänger der deutschen Kriegspolitik erwiesen. Im Tagebuch findet sich eine Vielzahl von Stellen, in denen eine unverhohlene Begeisterung für den Krieg deutlich wird. Ratlos bleibt man als heutiger Leser angesichts des in einigen Tagebucheinträgen sichtbar werdenden völkischen Gedankenguts, wie der Beschreibung Ludendorffs, der „die blonde Haut und die gesunde Blutfülle des Nordgermanen“ habe (3.10.1917).

Trotz der vielen negativen Erlebnisse an der Front, trotz der Toten und Verstümmelten, die Kessler im Laufe des Einsatzes in den Karpaten gesehen hatte, und trotz der zahlreichen Widrigkeiten, die der Krieg auch an der Heimatfront mit sich brachte, wird die kriegerische Auseinandersetzung von Kessler oftmals verharmlosend dargestellt und auffallend emotionslos auf eine menschliche Grunderfahrung unter vielen reduziert. In einem Gespräch mit Rilke thematisiert er im November 1917 ausführlich das Sich-Opfern im Krieg, seine Überlegungen gipfeln in der These, daß man den Krieg als Ganzes nicht verdammen könne, denn „in seinen Details, in einzelnen Momenten berge er seelische Schönheiten und Offenbarungen, die nur mit denen der Liebe zu vergleichen seien“ (2.11.1917).

Kessler ist lange überzeugt, mit seiner Tätigkeit für die deutsche Kulturpropaganda in der Schweiz eine wichtige nationale Aufgabe zu erfüllen. Er ist mit einer Reihe von Projekten beschäftigt wie dem Mitte September 1918 in Leipzig stattfindenden Schweizer Musikfest, das wesentlich auf Kesslers Initiative zustande gekommen war. Er trägt sich mit der Idee einer deutschen Expressionistenausstellung in Basel (4.9.1918) und bespricht mit dem Schweizer Hermann Blocher ein Zeitschriftenprojekt in Stockholm, das „im Norden wieder Bande knüpfen [soll], wie die 'Weissen Blätter' im Westen“ (21.9.1918). Alle diese Pläne finden Anfang Oktober 1918 mit dem Waffenstillstandsersuchen des Deutschen Reiches ihr jähes Ende. Die Nachricht, daß die Reichsleitung den amerikanischen Präsidenten Wilson um einen sofortigen Abschluß eines Waffenstillstandes gebeten hatte, traf Kessler unvorbereitet und löste einen Schock aus.

Seit Anfang Oktober hatte das deutsche Hauptquartier in Spa mehrfach ultimativ die Absendung eines Waffenstillstandsangebots gefordert, und die Oberste Heeresleitung übte auf die neugebildete Regierung um Prinz Max von Baden massiven Druck aus. Trotz Bedenken entschied sich die zivile Reichsleitung am 3. Oktober, das Waffenstillstandsersuchen zu formulieren, das in der Nacht auf den 4. Oktober nach Bern und von der Schweizer Regierung nach

Unter den Linden: Demonstrationszug am ersten Revolutionstag, 9. November 1918; Photographie von Georg Haeckel; Deutsches Historisches Museum, Berlin

Washington telegraphiert wurde. Dieses inhaltsschwere Schriftstück, das die deutsche Kapitulation einleitete, endete mit den Worten: „Um weiteres Blutvergießen zu vermeiden, ersucht die deutsche Regierung den sofortigen Abschluß eines Waffenstillstandes zu Lande, zu Wasser und in der Luft herbeizuführen."[77]

Die Schilderung der Situation in den Räumen der deutschen Gesandtschaft in der Schweiz läßt die Dramatik erahnen, mit der diese Nachricht von den Zeitgenossen aufgenommen wurde. Am 4. Oktober 1918 heißt es:

> Furchtbarer Abend bei Romberg. Er vertraute mir, vor dem offenen Holzfeuer in seinem Arbeitszimmer, dass unsere Regierung offiziell den Präsidenten Wilson um Einleitung von Friedensverhandlungen auf Grund seiner Bedingungen ersucht habe. Mit andren Worten, wir haben kapituliert; ohne Vorbereitungen, ohne Tastversuche, plötzlich, „de but en blanc" und „en bloc". Wilson wird entweder ablehnen oder erniedrigende Bedingungen stellen.

[77] Erich Ludendorff (Hg.): Urkunden der Obersten Heeresleitung über ihre Tätigkeit 1916/1918, Berlin 1920, S. 535.

Und weiter:

> Die Stimmung zwischen Romberg und mir war die einer grossen Niederlage; wir schwiegen abwechselnd lange und verfolgten unsere trüben Gedanken im Herdfeuer; ich war einem Schwindel Anfall nah: mir sauste das Blut durch Kopf und Ohren. Romberg sagte beim Abschied: „Sie haben Glück, Sie haben keine Kinder." Ich meine „Im Gegenteil, jetzt muss man für Enkelkinder sorgen." [...] Als ich von Romberg kommend Nachts um eins über die Brücke gieng, hatte ich Lust, in die Aare zu fallen. Ich war vielleicht innerlich nur zu tot, um es zu tun.

Dazu ist es, trotz der Dramatik der Schilderung, nicht gekommen. Kessler gelingt es in der Folge, die mäandernden Fäden seines driftenden Lebens wieder fester zusammenzuziehen. Er, dessen Persönlichkeit zu diesem Zeitpunkt noch so viele Überschneidungen aufwies, der Kunstfreund, Diplomat und Friedensstifter in einem sein wollte, der bei George Grosz in seinem Atelier in Südende genauso anzutreffen war wie bei einem Diner des deutschen Gesandten in der Schweiz, der Pazifisten wie Wieland Herzfelde unterstützte, aber gleichzeitig bei Ludendorff im Hauptquartier über Propagandafragen vortrug und nicht am deutschen 'Siegfrieden' zweifelte – dieser Mann war im Moment der Kriegsniederlage bereit, politische Konsequenzen aus den Erfahrungen der letzten Jahre zu ziehen. Eine wichtige Rolle mag dabei gespielt haben, daß Kessler zeit seines Vorkriegslebens zum autokratischen Hofstaat Wilhelms II. kritische Distanz gewahrt hatte. In vielerlei Hinsicht blieb er ein Außenseiter, jemand, der zwar geprägt von den Werten und Überzeugungen der Zeit, jedoch nicht Teil des alten Systems war.
Der amerikanische Historiker Laird M. Easton hat in seiner Biographie darauf hingewiesen, daß es für Kessler des „schmerzhaften Schocks der Niederlage" bedurfte, „um den Panzer des Alten endlich abzuwerfen".[78] Er selbst, der noch im November 1916 selbstbewußt behauptet hatte, „politisch nicht auf einem demokratischen Standpunkt" zu stehen (27.11.1916), konnte auf diese Weise den Wandel vom „Vernunft-Monarchisten" zum Republikaner glaubhaft vollziehen und setzte damit eine Entwicklung in Gang, an deren Ende der „Rote Graf" stand.
Zumindest eine zeitlang mögen die künstlerisch-literarische Avantgarde und die Kreise der Diplomaten und Politiker, mit denen Kessler in jener Zeit verkehrte, den Krieg als reinigendes Gewitter empfunden haben. Mit dem offenen Eingeständnis der deutschen Kriegsniederlage löste sich diese Gemengelage

[78] Laird M. Easton: Der Rote Graf. Harry Graf Kessler und seine Zeit, Stuttgart 2005, S. 344.

der Befindlichkeiten bei Kessler, und es gelingt ihm die glaubwürdige Wendung zum Republikanismus, zum echten Verteidiger der Weimarer Republik. Das eigentlich Entscheidende, den Untergang des alten Regimes, hatte Kessler in diesem Moment klar erkannt. Er vollzog den politischen Systemwechsel von der Monarchie zur Republik mit undogmatischer Souveränität, und der gleiche Mann, der noch ein Jahr zuvor in der Kriegsniederlage den apokalyptischen Untergang sehen wollte, war nun mit sich und den Zeitläuften bereits soweit im Reinen, daß er der Weimarer Republik zum ersten Revolutionsjubiläum im November 1919 die folgenden Worte ins Stammbuch schreiben konnte:

> Krieg und Revolution haben Deutschland als Entschädigung für schmerzlichste Verluste nur eine Chance, aber eine unschätzbare, geschenkt: die Möglichkeit, ja den Zwang zu einer auf ganz neuen Grundlagen aufgebauten, mit den allgemeinen Glückszielen der Menschheit verknüpften, von Ideen, und nicht bloß materiellem Machtwillen getragenen inneren und äußeren Politik.[79]

G.R.

---

[79] Die Bilanz der Revolution. Artikel von H. v. Gerlach, Harry Graf Kessler, Prof. Nicolai, Walther Rathenau, Dr. Helene Stöcker, Geheimrat Witting. In: Die Welt am Montag (Berlin). 25. Jg., Nr. 45, 10.11.1919.

Dank

Folgende Personen und Institutionen haben bei Band VI Hilfe geleistet:

Karin Abdoun-Traxler, Österreichische Botschaft (Bern)
Honorarkonsul Agathon Aerni, Bern
Gesandter Prof. Dr. Rudolf Agstner, Österreichische Botschaft Berlin, Aussenstelle Bonn
Adjoint scientifique Gérald Arlettaz, Schweizerisches Bundesarchiv (Bern)
Dr. Thomas Barth (Regensburg)
Rosemarie Barthel, Thüringisches Staatsarchiv (Gotha)
Prof. Dr. Martin Baumeister, Ludwig-Maximilians-Universität München
Dr. Ursel Berger, Georg Kolbe Museum (Berlin)
Ingeborg Beyer-Ahlert, Freies Deutsches Hochstift (Frankfurt am Main)
Municipio Brissago
Dr. Werner Daum (Berlin)
Albert M. Debrunner (Basel)
Deutsches Historisches Institut Warschau
Dr. Christopher Dowe, Haus der Geschichte Baden-Württemberg (Stuttgart)
Dr. Robert Dünki, Stadtarchiv Zürich
Barbara Eggenkaemper, Allianz AG Firmenhistorisches Archiv (München)
Christiane Eulig, Deutsches Filminstitut (Frankfurt am Main)
Dr. Nils Freytag, Ludwig-Maximilians-Universität München
Janine Goertz (Sauvigny sur Orge)
Gerhard Gonsa, Haus-, Hof- und Staatsarchiv (Wien)
Sylvain Guetaz, Ambassade de France en Suisse (Bern)
Regine Hardegen, Körting Hannover AG
Elgine Helmstaedt, Akademie der Künste (Berlin)
Christina Henß (Konstanz)
Arthur Hermann, Fakultätsbibliothek Theologie der Ruprecht-Karls-Universität (Heidelberg)
Dr. Elke Hilscher, Stadtarchiv Hamm
Prof. Dr. Gerhard Hirschfeld, Bibliothek für Zeitgeschichte (Stuttgart)
Katja Kaluga, Freies Deutsches Hochstift (Frankfurt am Main)
Dr. Gerhard Keiper, Auswärtiges Amt, Politisches Archiv (Berlin)
Frank-Roland Klaube, Leiter Stadtarchiv Kassel
Sabine Knopf (Leipzig)

Dr. Martin Kohlrausch, Deutsches Historisches Institut Warschau
Dr. Jochen Kronjäger, Kunsthalle Mannheim
Evelyn Liepsch, Goethe- und Schiller-Archiv Weimar
Dr. Christian Lüthi, Stadt- und Universitätsbibliothek Bern
Monika Marschalck, Staatsarchiv Bremen
Dr. Jürgen May, Richard-Strauss-Institut (Garmisch-Partenkirchen)
Nikolaus Meier, Leiter der Bibliothek Kunstmuseum Basel
Dr. Walther Mühlhausen, Reichspräsident-Friedrich-Ebert-Gedenkstätte (Heidelberg)
Julia Müller (Stuttgart)
Sylviane Musy-Ramseyer, Archiviste Communale, Musée d'histoire (La Chaux-de-Fonds)
Antje Neumann, Klassik-Stiftung Weimar
Susanne Nickel, Haus der Geschichte Baden-Württemberg (Stuttgart)
Marc Perrenoud, Département fédéral des affaires étrangères (Bern)
Dr. Markus Pöhlmann (München)
Wolfgang Rabus, DaimlerChrysler AG Unternehmensgeschichte/Konzernarchiv (Stuttgart)
Heinz Raeder, Deutsch-Baltische Genealogische Gesellschaft e.V. (Darmstadt)
Irina Renz, Bibliothek für Zeitgeschichte (Stuttgart)
Günter Scheidemann, Auswärtiges Amt, Politisches Archiv (Berlin)
Ute Scholz (Wien)
Roswitha Schure (Landesarchiv Berlin)
Geschichtsverein Sinning e.V. (Meißner)
Helmer Smidt, Stadtarchiv Hannover
Prof. Dr. Bernd Sösemann, Freie Universität Berlin
Annika Souhr (Hamburg)
Wolfgang Spliesgart, Deutsche Botschaft (Bern)
Prof. Dr. Jürgen v. Stackelberg (Göttingen)
Dr. Arkadiusz Stempin (Freiburg im Breisgau)
Universitätsbibliothek Heidelberg
Gabriele Weber, Literaturarchiv der Monacensia (München)
Dr. Hermann Wichers, Staatsarchiv des Kantons Basel-Stadt
Wiener Stadt- und Landesarchiv Magistratsabteilung 8
Württembergische Landesbibliothek Stuttgart
Margrit Zwicky, Stadtarchiv Bern

Tagebuch. 1916-1918

8 Sept. 1916. Freitag. Zürich. *8.9.1916 Freitag*

Früh in Augsburg. In Lindau Pass u. Zollrevision, dank meinem Kaiserpass und dessen Passus, dass die Reise „im Auftrage des Auswärtigen Amts“ stattfindet, nur kurz. Nichts wurde geöffnet. Die andren Reisenden wurden sehr scharf kontrolliert. Auf dem See Zurückstellung der Uhr um eine Stunde in die Schweizer Friedenszeit. In Rorschach Frl. Zingg. Geschäftliches. Mit ihr gefrühstückt. Eindruck von Üppigkeit: reichlich Fleisch, Brot, Zucker, Milch. Erst so merkt man, wie knapp wir doch bei uns leben. Zum ersten Mal seit langer Zeit wieder ein saftiges Beefsteak und reichlich Sahne zum Kaffee. Um 3 weiter nach Zürich. Dort geblieben, weil ich das „Kabarett Voltaire“ von Emmy Hennigs, der Freundin Bechers, sehen wollte. Niemand kannte es im Hotel. Schliesslich sagte mir der Kassierer eines Variétés, es habe einmal so Etwas im „Zunfthaus zur Wage“ gegeben. Dort war es aber schon seit 8 Monaten fort und in die sog. „Meierei“ verzogen. Die „Meierei“ ein kleines altmodisches Gasthaus am rechten Limmat Ufer, hatte es auch nur kurze Zeit beherbergt; die Kellnerin behauptete es sei jetzt tot. Wenigstens lernte ich so den alten Stadtteil am rechten Limmatufer kennen, die engen steilen Gassen, die das Münster umgeben, die alten Giebelhäuser, in denen Reformatoren gehaust haben, Zwingli, wahrscheinlich auch mein Vorfahr Johannes Kessler. Der See, über dem der Mond stand, und die fernen, zahlreichen Lichter an den Bergen umgaben reizvoll dieses altertümliche Bild. Spät gieng ich in ein Variété. Ein Film[1], der die „Deutschland“ und den Kapitän König zeigte, wurde stark beklatscht.

9 Sept. 1916. Zürich – Bern. *9.9.1916 Samstag*

Vormittags Einkäufe, Seife, Kakao. Im Hotel den Amerikaner Jackson von der Botschaft in Berlin getroffen. Nachmittags weiter nach Bern. In Bern gleich „Magura“[2] aufgesucht, der Attaché bei der französischen Botschaft hier ist. Ich hatte ihm aus Zürich telegraphiert. Er empfieng mich freundlich, und wir assen dann im Schweizerhof zusammen. Wir sprachen ausführlich und offen auch über Politik u. Krieg. Er glaubt fest an den Sieg Frankreichs. Ich fragte, wie er sich diesen Sieg denke, da die Franzosen uns doch allem Anscheine nach nie aus Frankreich militärisch hinaustreiben könnten. Dieses gab er widerwillig zu, meinte aber, sie würden uns wirtschaftlich niederringen: „Non, ce n'est pas possible; il ne faut pas être vaincus.“ Der Krieg werde wohl noch 12 bis 15 Monate dauern. Die Russen hätten durch ihre Siege bei Luck bewiesen, dass sie ausgezeichnete Soldaten seien. Von den Italienern sprach er mit der äussersten Verachtung. „Ils se sont conduits en Italiens; c'est tout dire.“

---

[1] Die Ankunft des U-Boots 'Deutschland' in Bremen

[2] Über „Magura“ steht ohne Einfügungszeichen „Caillon“.

10 Sept. 1916. Sonntag. Bern. *10.9.1916 Sonntag*

Romberg mich Nachmittags im Hotel besucht zur Besprechung meiner Kommandierung. Er möchte eine offiziell nach aussen hervortretende Kommandierung vermeiden, weil ich dann lahmgelegt sei, wie Berchem. Was er möchte, wäre Jemand, der sich inoffiziell in der Westschweiz aufhielte u. dort Beziehungen anknüpfte. Er nennt mir als Beispiel Brüning, der so in der Ostschweiz in Luzern lebt. Ich erwiderte, dass mir dieser Vorschlag nicht sympathisch sei, zu sehr nach Spionage rieche. Ich wolle mich aber eventuell zunächst einmal hier umsehen, was mir am zweckmässigsten erscheine. Romberg ist inbezug auf Frankreich sehr pessimistisch. Er sagt, nach seiner Ansicht seien die Franzosen bis auf wenige Ausnahmen vollkommen verrannt. Sie sähen, dass das Land zugrundegehe; wollten dieses aber lieber, als sich mit uns verständigen. Gerade der rechte Flügel der Sozialisten, Sembat, Thomas, sei am verbissensten. Man habe Versuche gemacht, an sie heranzukommen, sei aber vollkommen abgeblitzt. Einige Leute aus andren Parteien seien verständiger, könnten aber nicht durchdringen. Er fügte hinzu, er kenne Frankreich nicht, da er seit 25 Jahren nicht dort gewesen sei: „Deshalb hat mich das Ausw. Amt hierher geschickt! Natürlich würde Jemand, der Frankreich u. England kennt, viel besser herpassen." Alle gesellschaftlichen Beziehungen zwischen den Diplomaten der beiden Mächtegruppen hier seien abgebrochen; einige seiner Kollegen fänden es richtig, ihn nicht mehr zu grüssen. „Ein englischer Diplomat, der mit einem deutschen ertappt würde, würde schwer bestraft werden; und ein Franzose riskiere, erschossen zu werden!" Hindenburg habe, aber nur indirekt, Beziehungen zu Manneville. Gewisse Journalisten sähen einander mit Einverständnis der Regierungen. Sonst werde jede Berührung von seiten der Entente vermieden. – Ich gieng dann mit Romberg zu einem Wohltätigkeitsfest unserer Internierten, wo Moissi deklamierte. Moissi schien sehr erfreut, mich zu sehen. – Nachher wieder mit Magura gegessen. Er war heute gesprächiger als gestern. Ich fragte ihn, auf welche Hoffnungen die Franzosen denn ihre Siegeszuversicht stützten? Er gab mir wieder zu, dass sie wohl keine Aussicht hätten, uns aus Frankreich hinauszudrängen. Das Geheimnis ihrer Zuversicht liege aber auf dem Balkan. Innerhalb 2 ½ Monate würde der König von Griechenland[1] ermordet und Venizelos Präsident der Republik werden. Dann werde Bulgarien abfallen, und dadurch unsere Verbindung mit dem Orient unterbrochen und der Krieg endgültig zugunsten der Entente entschieden sein. Man warte nur den ersten Sieg der Rumänen ab: mais une victoire sérieuse, pas du chiqué: une quinzaine de mille prisonniers. Alors vous verrez. Dass Bulgarien abfallen werde, sei absolut sicher; man lasse es sich das Nötige kosten. Pau sei zur Leitung der Operationen nach Rumänien geschickt; und Pau sei der beste

[1] Konstantin I.

französische Stratege. Magura betonte: dieses sei, was die Entente beabsichtige; das könne er mir auf das Bestimmteste aus der allerbesten Quelle sagen. Dass es gelingen werde, sei allerdings noch nicht sicher. Ich fragte: aber was, wenn es nicht gelänge? Dann, meinte M., dann habe die Entente allerdings wohl endgültig jede Hoffnung verloren, den Krieg siegreich zu beenden; aber jedes Ententemitglied würde dann in sein Land zurückkehren und dort erbittert weiter kämpfen, wenn nötig 20 Jahre. Nie, nie würden die Franzosen um Frieden bitten, und wenn ihre Kinder und Kindeskinder weiterkämpfen müssten. „On bâtira des maisons dans les tranchées, on y fera des enfants; mais jamais les Français ne reculeront volontairement d'un pouce." Allerdings seien sie „à la merci d'une connerie." Wenn sie noch Eine Dummheit machten, seien sie verloren. Aber sie hätten gute Generäle und gute Soldaten; nur die mittleren Stellen, Brigadekommandeure, Obersten, seien schlecht. Dass sie keine Reserven mehr hätten, sei nicht wahr. Sein Bruder, der 18 Jahr alt sei, spiele noch zuhause Tennis. Sie hätten nur deshalb 30 Schwarze pro Kompagnie eingestellt, um Cadres zu sparen. Sie hätten 600 000 Schwarze, könnten noch viel mehr heranziehen. Die Schwarzen seien zwar nur Kanonenfutter, würden aber immerhin 200 000 Deutsche töten. Auf die Engländer ist er nicht gut zu sprechen. Sie hätten nie, wie sie behaupteten, 800 000 Mann in Frankreich gehabt, sondern immer viel weniger. Auch ihre Verluste fälschten und übertrieben sie, um den Franzosen Sand in die Augen zu streuen. Aber die Franzosen seien jetzt misstrauisch geworden und hätten ihnen einen „vérificateur des comptes" zugeschickt, un officier qui s'y entend. Vor der Somme-Offensive hätte Joffre, der Haig nicht die nötigen Fähigkeiten zutraute, diesem einen vollständigen Stab von Generalstabs Offizieren angeboten: 22 Offiziere. French habe aber abgelehnt; er könne seine Sache schon ohne fremde Hülfe machen. Nach den ersten Miserfolgen, sei er aber selbst an Joffre herangetreten, und dieser habe ihm dann die 22 Generalstäbler doch noch geschickt. Magura sagt, dass alle Franzosen lieber bei uns als bei den Engländern gefangen wären: car chez les Boches il y a un fond de sentimentalité un peu avachie, mais chez l'Anglais il n'y a rien. Jedesmal wenn Zeppelins Bomben auf London abwürfen, freuten sich die Franzosen. Denn einmal werde England dadurch ermuntert, sich auch etwas anzustrengen; nur so habe Kitchener seine Armee bekommen. Und dann gönne jeder Franzose den Engländern von Herzen ihre Angst. Die „entente sacrée" zwischen Engländern und Franzosen sei ein grosser Bluff. Je fadenscheiniger sie werde, um so lauter müssten die Zeitungen darüber triumphieren. Ich fragte wegen Calais. Magura meinte, es bestehe keine Gefahr, dass die Engländer es behielten, denn dagegen sei schon vorgesorgt, unter Andrem durch die Überweisung jenes grossen französischen Stabes in das englische Hauptquartier. „Car vous pensez bien que l'on se méfie: on n'a pas envie de se faire entôler."

Mehrmals wiederholte er mir, dass „la guerre ne finira pas sans que la Suisse y prenne part." Ich fragte, auf welcher Seite. M meinte: auf der deutschen Seite. Er sagte, er wisse dieses ganz bestimmt; wollte mir aber Nichts Näheres sagen.

11 Sept. 1916. Montag. Bern. *11.9.1916 Montag*

Magura sagt: „Les Belges, c'est une nation de faux jetons." Er hasst sie. Die belgischen Gefangenen hätten sich unkameradschaftlich, zum Teil ganz als Deutsche benommen. – Von den Entente Alliierten, meinte er, sei Einer (er nannte nicht Italien, meinte es aber offenbar), der ihnen einmal „un sale tour" spielen könnte. „C'est une question de pognon et d'hommes; mais ça coutera ce que ça coutera; on les gardera." Dass Russland einen Separatfrieden schliessen könnte, hält er für absolut ausgeschlossen. – Abends assen Hindenburg u. Moissi bei mir; später kam der österr. Botschaftsrat de Vaux dazu. Wir hatten uns zuletzt bei der Herzogin von Trévise[1] in Sceaux gesehen, ich war aber inzwischen in seinem von den Russen zerstörten Schloss in Galizien gewesen. Moissi erzählte von seiner Gefangenschaft und Flucht; er ist an der spanischen Grenze, bei Puygcerda wieder eingefangen worden. Er sagt, der Deutschenhass habe in Frankreich abgenommen. Zuerst, zur Zeit wo er gefangen wurde, hätten ihn die Weiber angespuckt; jetzt kämen sie und sagten, sie wüssten die Greuelerzählungen seien „des inventions du gouvernement". Der Umschwung sei durch die zurückgekehrten Schwerverwundeten herbeigeführt, die von ihrer Behandlung und Heilung in deutschen Lazaretten erzählten. Nur die oberste Schicht, die Regierenden, seien noch fanatisch antiboche. Je mehr der Hass im Volke schwinde, um so lauter müssten deshalb die Zeitungen schreien. Als Moissi ins Gefängnis in Toulouse eingeliefert wurde, steckten ihm die französischen Verbrecher durch das Gitter einen Zettel mit den Worten „Deutschland, Deutschland über Alles" hinein. Auch nachher seien diese französischen Gefangenen sehr freundlich gewesen. Ebenso die Gendarmen in Puygcerda und die Offiziere des Kriegsgerichts in Toulouse. – Von der Schweiz meinte Moissi, sie werde, wenn der Krieg noch lange dauere, sicher eingreifen, d. h. hineingezogen werden. Sie sei von der Entente überschwemmt; Kulturpropaganda jeder Art: Theater, Wanderredner, Kokotten, Bestechungsgelder. Man fühle überall unterirdische Kräfte am Werke, die eines Tages Alles in die Luft sprengen würden. In später Nacht Gespräch bei de Vaux über Bulgariens verspätete Kriegserklärung. Allerlei Vermutungen, Nichts Bestimmtes. De Vaux ist, wie Romberg, von einer geradezu komischen Spionenfurcht: die Wände hätten Ohren, alle Kellner seien bezahlt. Wir möchten nur um Gotteswillen leise sprechen.

---

[1] Cystria

12 Sept. 1916. Dienstag. Bern. *12.9.1916 Dienstag*

Bei Romberg gefrühstückt; ausserdem waren bei ihm die beiden Tattenbachs, Moissi und ein kleiner schwerverwundeter U. Bootsleutnant, der in England gefangen war. Er hat 3 Monate im Gefängnis gesessen. Seine Augen haben einen unbeschreiblichen Ausdruck, in dem sich Trauer und Entsetzen mischen. Als die andren fortgiengen, bat mich Romberg zu bleiben und hielt mir im Herumgehen in seinem Garten einen mehrere Stunden langen Vortrag über Politik. Er statuiert, dass wir nach einer Seite Konzessionen, sogar sehr grosse Konzessionen machen müssen, um die Andre zu schröpfen. Die Konzessionen will er nach Westen machen, die entscheidenden Vorteile im Osten suchen; vor allen Dingen Russland schwächen. Frankreich gegenüber will er sehr weit gehen. Wir könnten ihm ruhig das Gefühl geben, dass es gesiegt habe. Warum nicht, wenn wir diese eitle und bereits so hoffnungslos geschwächte Nation aus der Entente herausbrächen? Wir könnten mit Frankreich sogar über Elsass-Lothringen verhandeln; natürlich nicht, um es abzutreten, sondern um gewisse Konzessionen in der inneren Verfassung zu machen, die der französischen Regierung den Ruhm gewährten, dass sie Elsass-Lothringen „erlöst" habe. Wollten wir uns nach der einen Seite verständigen, so müssten wir ganze Arbeit machen. Da könnten wir nicht trotzdem noch dort dieses oder jenes fordern. Allerdings glaube er nicht, dass jetzt irgendwelche Verständigung möglich sei. Sie scheitere bei Frankreich daran, dass es schon so geschwächt sei, dass den Franzosen jetzt Alles gleich sei; sie seien zu weit heruntergekommen, um sich noch zu einem Sonderfrieden aufzuraffen. Sie liessen die Dinge gehen, wie sie giengen, und versuchten nur ihre Lage zu vergessen, indem sie sich an Briandschen Phrasen und Versprechungen berauschten. Wenn das Balkanunternehmen fehlschlage, werde Briand allerdings vielleicht gehen müssen; aber seine Nachfolger würden wieder neue Hoffnungen entdecken, wie die auf Dänemark, Holland, die Schweiz. Sembat und seine Partei seien ganz in Briands Fahrwasser. In den andren Parteien seien einige vernünftige Leute; aber sie drängen nicht durch. Vielleicht werde allmählich die Misstimmung im Volk so stark werden, dass sie den linken Flügel der Sozialisten hochbringe. Aber das hänge von der militärischen Lage ab. – Romberg hat mit diesen Anschauungen zu grossem Teil zweifellos recht; aber er sieht die Wirklichkeit ohne eigene Gestaltungskraft, phantasielos, passiv, ängstlich, im Spiegel eines durch zahllose Kleinigkeiten verbrauchten und zermürbten Temperaments. Er sagt, dass er jeden Tag bis 1 oder 2 Uhr Nachts arbeitet. Dabei ist er nicht tadellos informiert; von den Verhandlungen von Lucius in Stockholm wusste er Nichts. Die Lage in der Schweiz hält er für ernst. Er sagte, es müsse Etwas geschehen, und zwar im grossen Stil. Er wolle deshalb in den nächsten Tagen nach Berlin fahren; ich solle auf ihn warten und mit ihm zurückreisen.

13. Sept. 1916. Mittwoch. Bern. *13.9.1916 Mittwoch*

Vormittags nach Lausanne gefahren, um Clement Auffmordt zu treffen. Wir hatten uns im Lausanne-Palace verabredet und frühstückten dort zusammen. Er schimpfte sehr über seine Behandlung in Badenbaden durch Gaede, erklärte, er würde nie wieder den Fuss nach Deutschland setzen, lebt aber trotzdem in einer ständigen Angst vor französischen Spionen. Er erzählt: weil er einmal mit dem alten Talleyrand von Ouchy nach Lausanne hinaufgegangen sei, hätte ihm das französische Konsulat Monate lang das Visa für Paris verweigert. Man habe ihm gesagt: „Quand on se promène avec des Allemands, on ne va pas à Paris, Monsieur.“ Dass er mit mir heute gefrühstückt habe, würde sicher auch berichtet werden und ihn wieder Monate lang von Paris fernhalten. Er warnt daher davor, dass ich mich mit Wilma in Lausanne oder Genf treffe; sie würde nicht zurückkönnen. Auf der Rückfahrt nach Bern im Zuge bat mich eine hübsche Amerikanerin um ein Streichholz und bot mir Cigaretten an. Wahrscheinlich eine elegante Spionin. Sie reiste mit einem Russen. Wir kamen ins Gespräch, auf Französisch. Paris sei, sagte sie, „morne“. Das elegante Leben spiele sich zwischen 4 und 6 ½ Uhr Nachmittags ab, da die Stadt Abends dunkel sei und es keine Droschken oder Wagen gebe. Viele Theater seien geschlossen. Dagegen 1800 neue Opium Rauchereien eröffnet worden. – Abends in Bern von Moissi veranstalteter Goethe-Bach Abend im Kasino. Ausverkauft. Romberg und ich bekamen keine Plätze und mussten Stühle hineinstellen lassen. Der Chef des Schweizerischen Generalstabes v. Sprecher sass in Uniform auf der Galerie. Stürmischer Beifall nach jedem Stück. De Vaux, Hindenburg, Tscharner, etc. meinten, es würde wichtig sein, öfter durch solche Darbietungen auf die Stimmung hier zu wirken. Soupiert im Bellevue mit Hindenburg und de Vaux. Im Nebensalon war ein Abschiedsfest für den englischen Gesandten Grant Duff, der uns hier viel genützt hat durch seine Schroffheit. Eine englische Sängerin gröhlte, wie englische Sängerinnen zu gröhlen gewohnt sind.

14 Sept. 1916. Donnerstag. Bern. *14.9.1916 Donnerstag*

Für Romberg ein Memorandum aufgesetzt über Kulturpropaganda in der Schweiz. Theater, Musik, Kunst (namentlich unser Kunstgewerbe), auch Variété und hübsche Mädchen herbringen. Die Franzosen haben der Comédie Française angeblich 12 Millionen in diesem Jahr für solche Propaganda gegeben. – Gefrühstückt bei Tscharners in Morillon. Er ist ein alter Regimentskamerad von mir, sie eine geborene Herwarth. Er klagt, dass die Berner Patrizier, zu denen er gehört, politisch garkeinen Einfluss mehr hätten. Alles sei demokratisch. Sie erzählt, sie und ihr Mann hätten zu Anfang des Krieges beschlossen, „neutral zu bleiben“. Das hätte ihnen aber Nichts genützt. Ihre Schweizer Verwandten aus der Westschweiz hätten sie trotzdem geschnitten z. B. auf der Strasse nicht mehr gegrüsst. So seien sie allmählich ganz auf unsere Seite herübergedrängt worden. Nachmittags bei Magura. Er gesteht, dass die französische Spionage in Genf und namentlich in Lausanne glänzend organisiert sei durch den Konsul Baron Fougère[1] in Lausanne, dem einer der besten französischen Detektivs zur Seite stehe. Mein Frühstück mit C. Auffmordt sei in der Tat sicher gemeldet worden. Ich solle mich mit Leuten nie in Lausanne oder Genf, sondern immer nur in der deutschen Schweiz treffen, wo die französische Spionage viel weniger engmaschig sei. Auch Wilma solle sich ja nicht in Lausanne mit mir zeigen. Abends im Bellevue mit de Vaux und Schubert gegessen. Der Schützengraben läuft im Bellevue quer durch den Esssaal; Entente rechts, Vierbund links, die „table austro-boche“ in der linken Saalecke, die der Entente-Diplomaten in der rechten. Drum herum gruppiert an kleinen Tischen die Angehörigen der beiden feindlichen Mächtegruppen mit verstreuten Amerikanerinnen und Schweizern. Die Kellner bewegen sich zwischen den Mächtegruppen und spionieren. Neben uns giebt der Bulgare ein Diner. „Eine nette Gesellschaft, in die wir hineingeraten sind“ seufzt de Vaux, der für eine „franc-maçonnerie des gens-du-monde“ plädiert, eine Millionär-Internationale. Als Österreicher sieht er hier auf ihren Zimmern Engländerinnen, Französinnen, Italiener, den Fürsten Chigi, die Marquise de Chabrillan etc. Allerdings Deutsche hätten es schwerer, meint er lächelnd; neulich habe Berchem eine Gesellschaft verlassen müssen, weil eine Engländerin, Mrs Wharton, mit der er, de Vaux, hingefahren war im Vorzimmer erklärte, sie könne keinen Deutschen sehen und würde lieber wieder fortgehen, als sich im Salon mit Berchem treffen. Nach Tisch boxte ein bulgarischer Wunderknabe gegen das Klavier im selben Salon, wo gestern das Abschiedsfest für Grant Duff war; barbarischer Lärm so wie gestern das „kultivierte“ Gröhlen der Engländerin. Schubert erzählte von den letzten Tagen vor dem Krieg in London. Lichnowsky habe die Sache sehr ernst genommen. Er habe Schubert bis spät in die Nacht hinein bei sich an seinem Bett behalten, sei immer wieder aufgesprungen, herumgelaufen, ob sie nicht doch noch Etwas, Irgendetwas finden könnten, um die Katastrophe aufzuhalten. Er habe geradezu hellseherisch vorausgesehen, wie furchtbar diese Katastrophe werden würde. Ich sagte, jetzt sei er närrisch. Schubert erwiderte, vielleicht erkläre die übermenschliche Spannung damals seinen geistigen Zusammenbruch. Ich warf Lichnowsky vor, dass er sich über Greys Charakter vollkommen getäuscht habe. Schubert meinte: Was hätte Lichnowsky tun sollen, wenn er ihn erkannt hätte? Hätte er, wie Viele es an seiner Stelle getan hätten, die Hände in den Schoss legen sollen? Was Lichnowsky allerdings nicht wissen konnte und was alle seine Berechnungen über den Haufen geworfen habe, sei gewesen, dass Grey schon gebunden war. Dieses sei die furchtbare

[1] Lambot de Fougères

Unbekannte gewesen, gegen die Lichnowsky vergeblich gekämpft habe. De Vaux, der mit Lichnowsky verschwägert ist, sagte, was diese Katastrophe für Lichnowsky besonders tragisch mache, sei, dass er schon Jahre lang ehe er Botschafter wurde, immer gerade den Ausgleich mit England als seine besondere Domäne betrachtet habe. Nur dieses diplomatische Problem habe ihn interessiert. Ich kann dieses nach dem Gespräch bestätigen, das vor mehreren Jahren Lichnowsky mit Bethmann vor mir bei Harrach hatte, lange ehe er Botschafter wurde.

15 Sept. 1916. Freitag. Bern. *15.9.1916 Freitag*

Mit Hindenburg gefrühstückt. Abends an der table austro-boche mit Lobkowitz, de Vaux etc.

16. Sept. 1916. Sonnabend. Bern – Berlin. *16.9.1916 Samstag*

Um 5 Uhr Morgens aus Bern nach Berlin abgereist mit Romberg. In Basel gesellte sich der Leg Sekretär v. Simson aus Zürich zu uns. Man muss hier den Zug verlassen und im Wagen über die Grenze fahren nach Leopoldshöh[1]. Passkontrolle und Gepäckrevision durch die Schweizer und durch die Deutschen. Wir hatten Alle Kaiserpässe und kamen deshalb relativ schnell durch. Romberg sagte mir unterwegs, dass meine Idee einer starken Kulturpropaganda in der Schweiz, einer „Mobilmachung unserer Kultur", wie ich mich ausdrückte, ihn sehr interessiere; er hoffe die Sache in Berlin durchdrücken zu können, namentlich da er mit Simson eine verwandte grosse Aktion auf die Schweizer Presse vorhabe. Simson berechnet die Kosten auf 3 Millionen für seine Aktion, ich für die meinige, wie ich Romberg sagte, auf 1 Million.

17. Sept. 1916. Sonntag. Berlin. *17.9.1916 Sonntag*

Vormittags bei Romberg, der heute Jagow sieht.

18 Sept. 1916. Montag. Berlin. *18.9.1916 Montag*

Früh bei Romberg. Er sagt, dass Alles gut läuft; die Sache sei gemacht, wenn die Militärbehörden mich freigäben. Jagow wünsche mich heute zu sprechen. Um 11 im Ausw. Amt zu Jagow. Im Vorzimmer Lerchenfeld, Nostitz, der bulgarische Gesandte[2], Jagow empfieng mich sofort. Er sagte, Romberg hätte ihm von meinen Plänen erzählt, er billige sie und stellte mir dazu 500 000 Mark zur Verfügung. Er werde noch heute meine Kommandierung zum Ausw. Amt bei der Obersten Heeresleitung beantragen. Ich möchte Haeften sehen, der die Sache vermitteln werde. Während er sprach, liess sich der österreichische

---

[1] Weil am Rhein

[2] Rizov

Botschafter[1] melden. Jagow liess ihn fünf Minuten warten, sagte dann, er könne ihn nicht gut länger antichambrieren lassen, ich möchte inzwischen zu Mumm gehen, der mich sprechen wolle, und dann wiederkommen, sobald der Botschafter fort sei. Mit Mumm über die Form meiner Kommandierung und die Fonds gesprochen. Dann wieder hinauf zu Jagow, dem ich ausführlicher vortrug, wie ich mir die Kulturpropaganda dächte, Musik, Theater, Kunst, Vorträge, selbst Variété. Er lachte: „Ich sehe schon, Sie wollen einen Fonds zur Entsittlichung der Schweiz". Gegen Vorträge hatte er Bedenken. Man könne den deutschen Professor nicht loslassen, ohne dass er taktlos werde. Selbst unter unseren Politikern sei keiner, dem man vertrauen könne, ausser vielleicht Hausmann. Ich erzählte Jagow, was mir Magura über die Hoffnungen der Entente auf dem Balkan (Abfall Bulgariens) gesagt hatte. Jagow meinte „Vorläufig läuft die Sache Anders." Es sei allerdings unangenehm, dass die Offensive gegen Sarrail nicht geglückt sei; da habe irgendetwas nicht geklappt. Wenn man Sarrail ins Meer geworfen hätte, wäre Alles mit einem Schlage zu Ende gewesen. Ich sagte, aber in Rumänien gehe es gut. Jagow korrigierte: „In der Dobrudscha; die Dobrudscha ist noch nicht Rumänien." Wir wollten aber hoffen, dass es weiter dort gut gehe. Im Sprechen zeichnete er unentwegt Bierzipel auf sein Löschpapier mit grosser Sorgfalt in mehreren Farben mit Schwarz- Rot- und Blaustift, was seiner Rede Etwas merkwürdig Langsames, Gleichmässiges und Vorsichtiges giebt, wie eben wenn man bei einer schwierigen und grosse Aufmerksamkeit erfordernden Arbeit redet. Aber er ist verbindlich und in seinen Einwänden und Gedankengängen klug, hat zwar viele Bedenken, lässt sie aber rasch fallen, so dass man trotz dieser mit ihm weiterkommt. Seine Schwägerin, erzählte er, die einen Besitz am Genfer See hat, sei jetzt dort gewesen und habe berichtet, die Franzosen hätten für uns keinen Hass mehr, sondern nur Mitleid, weil wir besiegt würden, „Mitleid, verstehen Sie, Mitleid" unterstrich Jagow, indem er den Bleistift beim Zeichnen fester ansetzte. Ihn schien diese Feststellung irgendwie zu befriedigen. – Im Gang Haeften getroffen und mich für 6 Uhr Nachmittags mit ihm verabredet. Er erinnerte mich daran, dass wir uns zuletzt vor Namur gesehen hätten. Ich gieng zu ihm um 6 hin. Er soll durch die Oberste Heeresleitung beim Militärkabinett meine Kommandierung beantragen lassen. Von ihm gieng ich hinüber zu v. Buri, der die Stelle für Auslandsdienst im Reichskolonialamt unter sich hat. Haeften bezeichnete diese Stelle als eine „ganz verrottete Gesellschaft"; ich solle sie für Geld ausnützen, aber mich im Übrigen von ihr ganz frei halten, Alles vollkommen selbständig machen. Buri liess den Dr Grautoff kommen. Was Buri u. Grautoff vorschlugen, waren aber lauter kleinliche und zusammenhangslose Aktionen, Flohstiche gegen Panzerwerke. – Abends in der Deutschen Gesellschaft Vortrag von Hoetzsch über

[1] Hohenlohe-Schillingsfürst

„Bulgarien". Nachher Romberg, Simson, Hoetzsch, Max Reinhardt meine Gäste. Wir blieben bis gegen 2 zusammen. Hoetzsch übernahm sich Etwas. Gegen halb 2 sagte er mir, es sei seine Überzeugung, dass wir diesen Krieg verlieren müssten; es sei unmöglich, dass wir ihn gewännen. Deshalb fordere er unentwegt drei Dinge: sofortigen Frieden mit Russland, Beseitigung von Jagow, Beseitigung von Bethmann. Er scheint zu glauben, dass ich mit Bethmann und Willy Stumm irgendwie eng zusammenhänge, gewissermassen für sie spioniere; denn er sagte mir: Sie können das ruhig Bethmann und Jagow und Wilhelm Stumm, den Sie ja so viel sehen (dieses wiederholte er mehrmals und pointierte es) wiedersagen. Nebenbei fragte er mich, was ich von der Baronin Schröder halte, die es sich zur Aufgabe gemacht hat, Bethmann zu stürzen; ob sie vielleicht im Dienst der englischen Regierung stehe? – Übrigens steht Jagow offenbar wackelig. Rauscher und Bernhard sagten mir unabhängig von einander, er sei im Begriff gegangen zu werden. Romberg war über Hoetzsch und seinen halbtrunkenen Doktrinarismus sehr aufgebracht.

19 Sept. 1916. Dienstag Berlin. *19.9.1916 Dienstag*

Abends nach dem Theater (ich war in der „Czardasfürstin"[1], Operette, aussergewöhnlich hübsch, im Metropol) Unterredung mit Max Reinhardt, der Dr Erich Reiss beiwohnte. Er geht auf meinen Vorschlag ein, noch vor Weihnachten nach der Schweiz zu kommen. Wir besprachen das Repertoire. Im Theater Rose Bernd[2], Räuber, Prinz von Homburg (auf den ich grossen Wert lege), Totentanz[3], Kaufmann von Venedig (mit Pallenberg als Shylock u der Körner als Portia); ausserhalb des Theaters Ödipus[4], Jedermann[5], Tell (zu dem Hodler Kostüme u Strauss Musik schreiben soll und der als sensationelle Premiere in Zürich herausgebracht werden müsste). Ausserdem möchte Reinhardt eine Bibelvorlesung (Saul-David) durch Moissi, Wüllner machen. Als Künstler: Moissi, Wegener, Körner, Pallenberg, Wüllner, Else Lehmann und die Höflich, die Reinhardt als die grösste jetzt lebende deutsche Schauspielerin bezeichnet.

20 Sept. 1916. Mittwoch. Berlin. *20.9.1916 Mittwoch*

Mit Romberg u. Simson gefrühstückt. Nachmittags Unterredung mit Fürstner. Ihn festgemacht als meinen geschäftlichen Beirat. In der Mittwochsgesellschaft Abends Debatte über die Frage, ob Rumäniens Eintritt in den Krieg uns dem Kriegsende nähergebracht habe? Alle Redner bejahten aus dem einen oder

---

1 Kálmán

2 Hauptmann

3 Strindberg

4 Sophokles, Übertragung v. Hofmannsthal

5 Hofmannsthal

andren Grunde diese Frage. Bernhard griff sehr scharf die „Politik der Hinterhand“ des Kanzlers an. Wenn man immer Alles auf sich zukommen lasse, spielten die Gegner natürlich ihre Trümpfe immer im unbequemsten Momente aus. So sei es mit Italiens Kriegserklärung gewesen, so mit der Rumäniens; so werde es nach seiner festen Überzeugung mit Dänemark und Norwegen gehen, die spätestens in fünf bis sechs Monaten gegen uns losgehen würden; denn England werde sie dann, wenn es ihm am besten passe, vor die Alternative stellen, entweder zu verhungern oder gegen uns einzugreifen. Bernhard befürwortete unseren Anschluss an Russland, da unser Gegensatz zu England unversöhnlich sei. Er möchte daher unserer Kriegführung eine möglichst scharfe Direktion gegen Russland geben, um mit Russland möglichst bald zu einem Frieden, einem „Frieden um jeden Preis“, sagt er, zu kommen. Rumänien als Kompensations Objekt. Der Generaloberst von Kessel erklärte Bernhard seine Zustimmung zu seinen Ansichten. Überhaupt überwiegt in den Kreisen, die ich sehe, immer merkbarer die russische Richtung, während der Kanzler und das Ausw. Amt, Jagow, Stumm, Romberg, eine Verständigung mit den Westmächten und die Schwächung Russlands erstreben. – Stein sagte mir, gestern habe man den Sturz Jagows für sicher gehalten, aber heute scheine die Krisis behoben, weil der Kanzler sich mit ihm für solidarisch erklärt habe. – Jordan klagt über die steigende Unzufriedenheit der Arbeiter im Westen wegen der Ernährungs Schwierigkeiten.

21. Sept. 1916. Donnerstag. *21.9.1916 Donnerstag*

Ludwig Stein mit mir und Musch Richter gefrühstückt. Er verbreitete sich über seine internationalen Beziehungen, die er als in der Schweiz naturalisierter Ungar (ungarischer Jude) hat pflegen können. Seine beiden Söhne sind Schweizer Offiziere, er leitet in Berlin die Mittwochsgesellschaft und die Vossische Zeitung, in der ihm am Tage der Kriegserklärung unser Ausw. Amt seinen Platz anwies, hat, wie er sagte, zu Bülow, Poincaré und Andrássy „brüderliche Beziehungen, wie zu Ihnen und Herrn Richter“, ist, wie er ebenfalls sagt, „eine irenische Natur“, die überall Frieden stiften möchte und an das Walten Gottes in der Geschichte glaubt, hat in der Tat ein ganz ungewöhnliches Talent im Ausgleichen von gegensätzlichen Meinungen und im Leiten von Verhandlungen: der geborene Präsident politischer Versammlungen; wird behindert aber durch einen abscheulichen Ruf, der ihn überallhin wie ein übler Geruch begleitet. Er klagte mir heute, dass ihn Jagow nicht mehr empfange, obwohl er dreissig Briefe vom Kanzler besitze, in denen Dieser ihm für geleistete Dienste dankt, und obwohl das Ausw. Amt selbst ihn bei Kriegsausbruch in die Vossische Zeitung gewissermassen als Vertreter delegiert habe. Sein Ehrgeiz ist, irgendwie als Vermittler bei der Anbahnung von Friedensverhandlungen tätig zu sein, um wahrscheinlich dann, sobald die Dinge eine festere Gestalt annehmen „passer la main à Bülow". Er bat mich, ihn sofort zu benachrichtigen und nach Bern zu zitieren, sobald irgendwelche Fühler von der andren Seite ausgestreckt würden; er könne als Schweizer ohne Verzug und ohne Passschwierigkeiten kommen. Inzwischen will er mir Anknüpfungen mit Haguenin, dem Chef des französischen Nachrichtenbureaus, in Bern, und mit Commerre, dem Sekretär Jules Cambons, der jede Woche zu einer Rücksprache mit Haguenin nach Bern käme, vermitteln. Steins Idee ist offenbar, dass ich den richtigen Moment auswittern soll, dass er dann kommen will, um unverbindliche Verhandlungen einzuleiten, um dann diese im passenden Moment an Bülow weiterzugeben, der offiziell den Frieden abschliessen würde. Er nannte mir den Professor Philipp Woker in Bern, einen weltfremden Gelehrten, als eine passende Mittelsperson; dieser bewohne ein Haus fern vom Zentrum Berns, dort könnte ich mich ohne Furcht vor Spionage mit Haguenin und eventuell Commerre treffen. Als zuverlässiger Freund Deutschlands ferner den Schweizer Obersten Gertsch. Haguenin ist nach Stein insgeheim deutschfreundlich, Commerre nicht fanatisch. – Abends zufällig folgenden Reim von einem jungen Kommis wiederholen hören:

Der Krieg ist für die Reichen,
Der Mittelstand muss weichen,
Die Armen stellen die Leichen.

Als ich ihn zur Rede stellte, meinte er ganz treuherzig: „Na, das sei doch wahr. Von den Reichen fiele nur hin und wieder mal Einer; die Meisten seien schon in sicheren Stellungen hinter der Front."

22 Sept. 1916. Freitag. Berlin. *22.9.1916 Freitag*

Abends mit dem Botschafter Stumm allein bei Borchardt gegessen. Er meinte, unsere einzige Rettung sei, wenn wir vor dem 1ten Januar mit Russland Frieden schlössen. Der ganze Krieg müsse daraufhin gerichtet werden, Russland schnell eine grosse Niederlage beizubringen; dann solle man aber sofort von uns aus mit Friedensangeboten an Russland herantreten. Er giebt Mannschaftsmangel, ungenügende Munition, bevorstehende Kartoffelnot im Winter und die ungeheuren Hilfsquellen der Entente als Gründe für seinen Pessimismus an. Wenn erst das Frühjahr in der jetzigen Situation wieder herankomme, würden wir schlecht dran sein. Wir sprachen dann über Bethmann. Er meint, Bethmann wisse, dass er einmal die ganze Schuld tragen werde; er fühle sich als Märtyrer. Ich antwortete: „aber doch nicht wenn die Sache gut ausgeht." Stumm sah mich sehr ernst an und sagte: „Die Sache wird nicht gut ausgehen. Ich sage es sonst Niemandem, ja, ich habe es mir selber nicht gesagt. Ihnen aber sage ich es; wir werden den Krieg nicht gewinnen." Vor der Geschichte aber würden wir mit der Schuld dieses Krieges belastet dastehen. Denn es sei ein Präventivkrieg gewesen. Wir hätten ihn herbeigeführt, indem wir Österreich vorschoben oder losliessen. Allerdings hätte Jeder in Bethmanns Stellung so handeln müssen; denn der Krieg wäre in zwei Jahren sicher gekommen, und dann hätten uns die Russen und Franzosen erdrückt. Also hätte Bethmann richtig gehandelt, indem er den Krieg herbeiführte; aber die Schuld werde doch an ihm haften bleiben. Ich musste bei diesen Ausführungen an Lichnowsky denken, dessen „Narrheit" dadurch in andrem Lichte erscheint, indem er offenbar glaubt, durch das Abkommen mit England wäre ein Krieg überhaupt vermieden worden; er ist ausser sich, weil nach seiner Auffassung Bethmann und Österreich gerade in dem Augenblick einen Präventivkrieg herbeiführten, wo er das Abkommen in der Tasche hatte, das den Krieg überhaupt verhindert hätte. Ich betonte meinen absoluten Glauben an einen guten Ausgang auf Grund meines Vertrauens zu Hindenburg und Ludendorff. Der Feldherr stehe mitten zwischen dem dramatischen Dichter und dem Arzt; er müsse Phantasie für Situationen haben, in die er den Feind versetzen könne, möglichst unangenehme und möglichst unerwartete Situationen; und andrerseits müsse er die Wissenschaft und die Ruhe haben, Lagen zu diagnostizieren und zu kurieren. Der grosse Feldherr sei der, der eine ausserordentliche Phantasie mit grossen Heilkenntnissen und einem unerschütterlichen Charakter vereinige. Diese Mischung sei in der Kombination Hindenburg-Ludendorf in grösster Vollkommenheit vorhanden, wobei Ludendorf mehr den dramatischen Situationendichter, Hindenburg den grossen, charakterstarken Arzt vertrete. – Bernhard erzählte mir heute eine schöne Geschichte von Hindenburg. Während der Winterschlacht in Masuren habe die Sache einmal so schlecht gestanden, dass selbst Ludendorf die Nerven verloren und gesagt habe: „Die Sache geht nicht; es schneit zu stark." Da habe ihm Hindenburg geantwortet: „Seien Sie nur ruhig, mein lieber Ludendorf: der liebe Gott hat uns noch nie im Stich gelassen; auch heute lässt er es über die Russen ebenso wie über uns schneien."

23 Sept. 1916. Sonnabend Berlin. *23.9.1916 Samstag*

Unterredung mit Jäckh wegen Werkbund Ausstellung in Schweiz.

24. Sept. 1916. Sonntag. Berlin. *24.9.1916 Sonntag*

Newman, der Schwager Kippenbergs, trug mir im Klub alle Gründe für den verschärften U. Boot Krieg vor. Er meint, England würde so ausgehungert, dass wir von ihm die Entwaffnung seiner Armee in Frankreich und die Herausgabe Gibraltars fordern könnten. Amerika werde nicht eingreifen, weil es wirksam rechtzeitig nicht eingreifen könne. Nachher gieng ich mit Solf nachhause, der genau das Gegenteil behauptete; Bethmann, Helfferich, das Ausw. Amt wüssten genau, dass Amerika eingreifen würde, und dieses dann auch die kleinen noch neutralen Staaten, Dänemark und Holland zum Eingreifen veranlassen würde, schon um den schrecklichen Krieg, sei es auch durch die Vernichtung Deutschlands, zu beenden. Wir brauchten gegen diese kleinen Staaten dann eine Armee von 500 000 Mann. Ob wir diese hätten? Deshalb sei er gegen den U. Boot Krieg. Ich sagte, der Verzicht auf den U. Boot Krieg bedeute den Verzicht auf den Sieg gegen England; diese Konsequenz sollte man klar ins Auge fassen. Solf anwortete, Ja, möglicherweise, aber es habe keinen Zweck, um den Tod eines Feindes herbeizuführen, Selbstmord zu begehen. – Abends Beratung mit Reinhardt. Tell, Ödipus, Jedermann, Bibel für November festgesetzt.

25 Sept. 1916 Montag. Berlin. *25.9.1916 Montag*

Frühstück bei Riezler. Dort Prittwitz, der Adjutant von Jagow, und Rheinbaben von der Gesandtschaft in Bukarest, der eben mit Busche und dem Personal über Russland und Schweden zurücktransportiert worden ist. Er verteidigt Busche und das A.A., indem er geltend macht, dass ihre Politik des Abwartens richtig gewesen wäre, wenn das Unglück bei Luck nicht geschehen wäre. Es sei die militärische, nicht die diplomatische Leitung, die versagt habe. Wie sei es möglich, dass nach all den Erfahrungen mit den Österreichern es doch geschehen konnte, dass unsere Oberste Heeresleitung (Falkenhayn) sich keine Sicherheit verschafft hätte, dass genügend Reserven und ausgebaute zweite und dritte Stellungen vorhanden seien? Wie konnte sie den Feldzug gegen Italien zugeben? Offenbar habe sie die Russen sehr unterschätzt. Hier mag Stolzmann, den Chef von Linsingen, eine starke Schuld treffen, der immer schon in den Karpathen, dann am Styr im Oktober u. November '15 eine Va banque Strategie trieb (Mein Brief u. meine Mission in Berlin im Frühjahr '15.) und grundsätzlich nie zugab, dass der Gegner irgendwelche Chancen habe. Dieser mag Falkenhayn getäuscht haben. Jedenfalls wäre nach Rheinbabens Ansicht Rumänien nie gegen uns losgegangen, wenn die Österreicher nicht bei Luck geschlagen worden wären. Riezler sagte, militärische Gründe für die ungünstige Lage werde der Kanzler nie öffentlich vorbringen. Deshalb lasse sich Nichts Vernünftiges sagen. – Abends „Rose Bernd" mit der Höflich im Deutschen Theater. Volles Haus. Ausserordentliche Vorstellung, in allen Einzelheiten vollendet. Die Höflich namentlich im letzten Akt gross, tragisch. Das Stück fast klassisch in seiner Knappheit und Logik. Die Tragödie des Geschlechts, des geschlechtlichen Zwanges; das Feuer, das aus einer dunklen Gebärmutter ausstrahlend ringsherum Alles um sich ergreift und verwüstet. Das Stück endet ohne kitschigen Aufblick nach einem Himmel, an den wir nicht mehr oder noch nicht wieder glauben; während die allein übrig gebliebene Moral die Wesen in Ermangelung eines solchen Ausblicks zermalmt. Nichts Fürchterlicheres als Moral in einer gottlosen Welt! Ein seelenloses Marterwerkzeug.

26. Sept. 1916. Dienstag. Berlin. *26.9.1916 Dienstag*

L. Stein brachte mich zur Frau des Direktors der Deutschen Bank Heinemann, die mich mit Haguenin in Bern in Berührung bringen soll. Belgierin. Sie war während des Krieges dreimal in der Schweiz und hat dadurch die Aufmerksamkeit des Ausw. Amtes auf sich gezogen. Ausserdem ist bei einem in Deutschland abgefassten und internierten italienischen Offizier ihr Name in dessen Notizbuch aufgeschrieben gefunden worden. Deshalb ist, wie sie erzählte, vor ein paar Tagen ein „Herr vom Militär" bei ihr gewesen und hat sich erkundigt, warum dieser Italiener ihren Namen notiert hatte. Sie habe auf Rat dieses Offiziers ihrem Manne Nichts von diesem Besuche erzählt. Dagegen ist der Unterstaatssekretär Zimmermann bei ihr gewesen und hat sich entschuldigt, dass ihr vom Ausw. Amt Schwierigkeiten bereitet worden seien. Sie sagt, sie habe sich in der Schweiz peinlich von den Ententisten ferngehalten; z. B. Edmond de Rothschild, der ihr „bester Freund auf der Welt" sei, und der in Chur war, von ihrer Anwesenheit in Lausanne nicht benachrichtigt. Trotzdem seien ihr ihre Freundinnen aus den Entente Ländern, z B. die Gräfin Fleury, geradezu nachgelaufen. Auch habe sie allerdings mehrere Male mit Haguenin gesprochen (im Juli); und der später internierte Italiener, den sie nicht kannte, habe sie drei Tage vor ihrer Abreise im Baur au Lac angesprochen und ihr gesagt, sie möchte ihm freies Geleit nach Deutschland verschaffen, es sei im Interesse Deutschlands, Italien wolle die Blockade der Zentralmächte von Italien aus durchbrechen, dafür sollten Italien u Österreich einander gegenüber demobilisieren. Aber das Abkommen müsse bis spätestens zum 15 August getroffen werden. Hauptsächlich um dieses dem Ausw. Amt mitzuteilen, sei sie nach Deutschland zurückgereist, habe ihrem Manne die Sache erzählt und durch Diesen sei sie an das Ausw. Amt, aber erst gegen den 12. August, weitergegeben. Haguenin, der sehr deutschfreundlich sei, habe sie auch durchaus noch einmal sprechen wollen und habe sie gebeten, ihn mit ihrem Manne in Verbindung zu setzen, weil dieser „un financier" sei. Ihr Mann habe Haguenin aber bisher nicht gesehen. Sie sagt, wenn sie in der Schweiz wäre, könnte sie uns grosse Dienste leisten, da nur eine Frau, und eine Frau mit ihren Verbindungen gewisse Dinge erfahre. Sie gab den dringenden Wunsch zu erkennen, nach der Schweiz zurückzukehren und dort zu bleiben, und gab mir zu verstehen, dass sie dafür gerne uns Nachrichten zukommen lassen würde. „Tout le monde couche avec tout le monde" dort bemerkte sie noch. Sie scheint stark erotisch zu sein, und Dieses mag der Anreiz sein, da sie ja reich ist und gewiss weder für Geld noch aus Patriotismus uns ihre Dienste leisten würde. Sie gab als Probe ihres Scharfsinns ihre angebliche Entdeckung, dass in Genf der Ägypter Tussûn, der mit einem englischen Pass dort ist, jeden Tag einen angeblichen Spaziergang von 30 Kilometern macht und viel Geld ausgiebt, obgleich er sein eigenes Vermögen längst ausgegeben hat, der Chef der anglo-französischen Spionage in der Westschweiz sei. In der Westschweiz behauptet sie, nähmen die Sympathieen für die Entente mit jedem Tage zu. – Stein sagte mir nachher, er halte sie für ehrlich, da ihre ganzen Geldinteressen auf unserer Seite wären. Wenn wir den Krieg verlören, sei sie ruiniert, da sie ganz von ihrem Manne abhienge, selber keinen Pfennig Geld habe. Dieses Argument brachte sie mir gegenüber auch vor, um darzutun, wie ungerecht der Verdacht des Ausw. Amtes und der Militärbehörden gegen sie sei. Stein meint, sie wolle nur deshalb nach der Schweiz, um wieder mit ihrer Gesellschaft, der halb angefaulten internationalen Entente Gesellschaft, zu verkehren, und werde nur um diese Vergünstigung zu geniessen, uns gratis und ehrlich Dienste leisten. Ihr Kopf sei ganz auf unserer Seite mit ihrem Gelde, ihr Herz und das Übrige vielleicht auf der andren. Sie scheint in den Vierzigern mit Resten früherer Schönheit und einer noch ungeschwächten Koketterie. Lebt offenbar hier in ständiger Angst vor Schutzhaft. „Sie fühle sich hier nicht ruhig" sagt sie; in der Schweiz könne ihr Nichts passieren. An den Wänden ihrer Wohnung, die ungewöhnlich gross und geschmackvoll ist, sehr schöne Gobelins, ein reizendes Porträt des Herzogs von Monmouth von Lely, ein kleiner echter Gerard David, den sie selbst entdeckt hat. Alles in Allem eine in Berlin merkwürdige, unerwartete und etwas beunruhigende Figur: ein alter Schmetterling in einem goldenen Käfig, der sich aus Angst in ein giftiges Insekt verwandeln könnte. Un mouton de la „haute". – Nachher Unterredung in der Akademie mit dem Präsidenten der Akad. Schwechten, dem Sekretär Armbruster[1] und Kampf. Vorläufige Abmachung wegen der von mir als Einleitung unserer Kulturpropaganda geplanten Schweizer Bilder-Ausstellung in Berlin in den Räumen der Akademie. Schwechten stimmte dem Vorschlag zu, dass die Akademie einladen soll. Er will nur noch die Zustimmung des Senats einholen. Wir, d. h. das Ausw. Amt, zahlten alle Kosten.

27. Sept. 1916. Mittwoch. Leipzig – Berlin. *27.9.1916 Mittwoch*

Früh mit Fürstner nach Leipzig gefahren. Dort Unterredungen wegen Gastspiels des Gewandhauses in der Schweiz mit Nikisch, dem Geh. Rat Göring, Vorsitzenden der Gew Haus Ges. und dem Oberbürgermeister Dietrich[2]. Ein Jeder erklärte zunächst, die Sache sei unmöglich. Schliesslich gieng es aber doch. Dietrich sagte auf meine Gründe, die Sache müsse gemacht werden

[1] Amersdorffer

[2] Dittrich

und Abends gab er Fürstner, den ich in Leipzig liess, um seine Antwort abzuwarten, eine Zusage für die Zeit vom 16-30 Nov. Ich selbst fuhr Nachmittags nach Berlin zurück. Mittwochsgesellschaft. Eine ungarische Exzellenz, der frühere Minister Sterényi[1] redete über das wirtschaftliche Verhältnis von Ungarn zu Österreich u. Deutschland; beklagte, dass die Verhandlungen zwischen Österreich und Ungarn nicht vom Flecke kämen und meinte, wenn Deutschland u. Österreich-Ungarn zur Friedenskonferenz giengen ohne sich vorher geeinigt zu haben, so giengen wir einer Katastrophe entgegen; die Gegner würden es dann leicht haben, Zwietracht zu säen. Während Stérenyi seine ziemlich langweilige Rede hielt, giengen Bassermann und Rathenau, Stresemann und immer mehr Anwesende im Nebenzimmer und in der Halle auf und ab und diskutierten. Man fühlte, dass sie über ganz andre Dinge sich zu sprechen hatten als das Verhältnis zu Österreich; eine grosse Unruhe und Nervosität herrschte. Gegen elf kam der alte Mankiewicz, der Direktor der Deutschen Bank, aus der Schweiz an und bat mich, mit hinauszukommen, er wolle mir Etwas sagen. Er war aufgelöst vor Angst und Wut über das, was er in der Schweiz von Schweizern über unsere inneren Zwistigkeiten gehört hatte (Streit Cosmann-Valentin, Körtingscher Brief, Kanzlerhetze); es sei bei uns wie zur Zeit der Gegenkaiser. Wir ahnten nicht, wie uns das draussen schade. Er hätte heute Abend reden, die Mitglieder der Mittwochsgesellschaft beschwören wollen, auf diese Streitigkeiten zu verzichten; dieser Ungar hindre ihn aber am Reden, und so müsse er es Jedem einzeln sagen. Er floss über, steigerte sich immer mehr in Attinghausen Pathos hinein. Stresemann kam mit Oppersdorf heran. Der alte Mankiewicz wandte sich an diese. Oppersdorf erwiderte scharf und kurz: „Wer hat angefangen?" Stresemann erklärte: „Diesem Kanzler für keine Art von Politik, und wenn es meine eigene wäre, irgendwelches Vertrauen. Der Mann selbst ist unmöglich. Wenn er Kanzler bleibt, geht Deutschland zugrunde. Was er auch sagen oder tuen mag, er muss fort." Oppersdorff nahm mich am Arm: „Kommen Sie, lassen wir den Alten reden; wir haben Besseres zu tun." Bernhard, Rathenau, Guidotto Henckel, der Reichsrat Buol[2], der Hamburger Newman und ich setzten uns zusammen. Bernhard liess sich mit zügelloser Heftigkeit gegen die Regierung los. Newman zitierte eine Äusserung von Levetzow, dem Chef der Operations Abt. im Admiralstab: „die Flotte sei sich ihres Erfolges im U Boot Krieg sicher; sie warte nur auf den Befehl." Wen diese aufgeregten Leute an die Stelle des Kanzlers setzen wollen, nachdem ihre früheren Kandidaten Tirpitz und Falkenhayn verunglückt sind, können oder wollen sie nicht sagen.

1 Szterényi de Brassó

2 Buhl

28 Sept. 1916 Donnerstag. Berlin. *28.9.1916 Donnerstag*
Becher und Wieland Herzfelde Mittags bei mir und mit mir gefrühstückt. Ich kannte Herzfelde noch nicht. Er kam, um mich zu bitten, seine Zeitschrift, die „Neue Jugend", zu unterstützen. Ich hatte ihm geschrieben, dass mich bisher nur politische Gründe davon abgehalten hätten „da ich Ihre Stellung zum gegenwärtigen Kriege weder teile noch verstehe und ___ "[1] Er sagte mir, er wolle künftig die Politik ganz aus dem Spiel lassen und sei mir für jede Hülfe dankbar. Denn davon, ob ich ihm einen Beitrag gebe, hänge es ab, ob Leute wie die Baby Friedländer, die Frau Schlieper, Simolin u. s. w. ihn unterstützten. Ich sagte ihm 500 M. zu. Er ist ein hübscher, sehr elend aussehender Junge mit prachtvollen, noch kindlichen Augen, aber offenbar mit einer grossen Energie und Arbeitskraft begabt. Die Zeitschrift hat er ganz allein begründet von den Spargroschen seines etwas älteren Bruders und den 100 Mark monatlich, die ihm ein reicher Onkel zum Leben giebt, obwohl das nicht einmal zum Essen reicht. Trotzdem, sagt er, sei die Zeitschrift eine gute Spekulation gewesen. Denn ein Dichter, der eine Zeitschrift leite, werde ernst genommen; ohne die Zeitschrift wäre er verhungert wie andre Schriftsteller, wie um ein Haar Becher; und ausserdem habe er durch sie den Maler Gross gerettet. Er sagt das Alles ruhig und bestimmt; man fühlt eine grosse konzentrierte Energie und eine praktische Begabung. Er ist Postbeamter gewesen, dann bei Ausbruch des Krieges mit 18 Jahren Sanitätssoldat, hat in Flandern Furchtbares erlebt unter Sterbenden und in Totenhäusern, war zu jung für solche Eindrücke und ist mit den Nerven zusammengebrochen; macht jetzt mit 20 Jahren trotz eines auffallend starken, schönen Körperbaus einen fast gebrochenen Eindruck. Er hasst den Krieg und glaubt, dass er mit einer grossen Katastrophe enden werde; wenn er schon jetzt während des Krieges seine Zeitschrift gemacht habe, sei es mit weil er nicht glaube, dass nach dem Kriege irgendetwas noch möglich sein werde. Er verstehe nicht, wie nach Napoleon irgendein intelligenter Mensch noch Feldherr sein könne; denn dass ein solches Genie gescheitert sei, habe ein für allemal bewiesen, dass auf Gewalt Nichts Dauerndes zu gründen sei. Aber er ist im Gegensatz zu Becher nicht Demokrat, sondern Aristokrat, nur Aristokrat des Geistes. Wer Arbeiter bleibe, sei zu Nichts Besserem geboren; denn anders könne er sich nicht erklären, dass er selber nicht Arbeiter geblieben sei. Becher stritt eifrig gegen diese Ansicht. Herzfelde blieb aber dabei. Er kenne die Sozialdemokratie genau; denn sein Onkel, der Dr Herzfeld, sei einer ihrer Führer und sogar vom äussersten linken Flügel, Gruppe Haase, Arbeitsgemeinschaft. Auch dieser frage nur nach der „Stellung" der Menschen, verlange, dass Einer, wenn er Achtung heische, eine „Stellung" habe. Obwohl er siebenfacher Millionär sei und ausser seiner Wohnung in Berlin eine Villa im Grunewald

---

[1] Hier befindet sich eine größere Lücke, die sich über zwei Zeilen erstreckt.

habe, die neun Monate im Jahr leer stehe, gebe er seinem Neffen Herzfelde nur 100 M. monatlich und nicht einmal ein Dachstübchen in der leeren Villa. Dichter seien überflüssig; er möge Hosenträger verkaufen, dann habe er wenigstens eine „Stellung". Er hat seinem Neffen, weil er fürchtete, dass er als Sohn eines Dichters[1] erblich mit litterarischen Interessen belastet sei, als Kind streng jede Lektüre verboten. Herzfelde will zum ersten Mal mit 14 Jahren ein Buch, das nicht ein Schulbuch war, in die Hand bekommen haben. Er sollte ausschliesslich auf das Materielle, auf das Geldverdienen erzogen werden. Neulich habe ihn der Onkel gefragt, wie es komme, dass er jetzt besser angezogen gehe, obwohl er keinen Beruf habe, sondern schreibe; ob er nicht gar homosexuell geworden sei? So dächte ein Führer der sozialdemokratischen Arbeitsgemeinschaft. Leute aus andren Lebenskreisen seien auch nicht besser. Die kleine Frau Schlieper, geborene Achenbach (die Schwester seines Freundes Achenbach) habe ihn einmal zum Tee eingeladen und vor ihren Gästen, während sie ihm eine Tasse Tee reichte, gefragt: „Hungern sie auch oft?" Herzfeldes Erbitterung gegen die Gesellschaft ist deshalb auch heftig. Der Geistige habe das Recht zu stehlen, da die Gesellschaft ihn verhungern lasse. Jede Handlung sei berechtigt, um den Geist zu erhalten. Darin waren Becher und Herzfelde einig. Aber Herzfelde ist der stärkere und härtere; Becher erscheint ihm gegenüber wie ein weicher und verträumter Schwärmer. – Nachmittags durch Vermittlung von Meier Graefe Annette Kolb kennen gelernt und mit ihnen im Adlon Tee getrunken. Ich war erstaunt, eine fast elegante, sehr würdige Dame in Schwarz zu sehen, die man in jedem Salon in Paris oder London hätte treffen können; nicht der geringste Anflug von Bohème. Sie ist im Kriege dreimal in der Schweiz gewesen und arbeitet, wie aus ihren Äusserungen hervorgieng, im Einvernehmen mit unserer Gesandtschaft, um Beziehungen mit Frankreich herzustellen; sie nannte Schubert und Radowitz. Sie hält eine Versöhnung mit Frankreich nicht für eine Utopie, klagt nur über die vielen Ungeschicklichkeiten unserer Regierung, die sie immer wieder vereitelten; so z. B. die Ausweisungen in Lille. Wenn man den schuldigen Kommandanten Graevenitz absetze und Montgelas zurückberufe, so liessen sich damit in der Schweiz viele Sympathieen zurückgewinnen. Tatsächlich seien aber auch in der deutschen Schweiz die Sympathieen für uns immer mehr geschwunden; sie merke bei jeder ihrer Reisen, wie sie immer mehr abnähmen. Sie giebt die Schuld daran Lille, Fryatt und Ähnlichem. Ich fragte sie nach Schickelé und den „Weissen Blättern". Sie sagte, diese befänden sich in einer Geldklemme; sie brauchten etwa 20 000 M. Von der Entente seien Schickele grosse Summen geboten worden, damit er eine „J'accuse"[2] Haltung einnehme; er habe aber abgelehnt, würde, wenn die Zeitschrift bestehen bleibe,

[1] Held

[2] Grelling

auch ferner seinen deutschfreundlich-elsässischen Standpunkt festhalten. Ich sagte, die Sache sei zu überlegen. Vielleicht liessen sich in irgendeiner Form die Mittel aus unseren Fonds überweisen. – Abends nach Frankfurt abgereist. Kurz vor meiner Abreise Telegramm, dass ich durch Allerhöchste Kabinettsorder vom 25ten ds zur Gesandtschaft in Bern kommandiert bin.

29 Sept. 1916. Freitag. Frankfurt a/M (Wolfsgarten) *29.9.1916 Freitag*

Früh an. Vormittags hinaus nach Wolfsgarten zum Grossherzog von Hessen[1] zum Frühstück. Er empfieng mich in seinem Schreibzimmer; ich entwickelte ihm meine Pläne, und daran schloss sich ein ziemlich langes Gespräch über Politik. Er möchte seine Hofoper als Ganzes, ohne Gäste, unter Weingartner in der Schweiz konzertieren lassen. Meinte, nur so bekämen die Leute in der Schweiz Achtung vor dem, was auch im Kriege noch in Deutschland geleistet werde. Stars seien, oder schienen international. Ich verpflichtete mich nicht, sagte Februar oder März würden am besten passen und versprach zu genaueren Besprechungen mit seinem Intendanten Eger und dem Kabinettssekretär Römheld Mitte Oktober zurückzukehren. Er scheint die Oper umsonst geben zu wollen; wir würden nur für Säle und Reklame zu bezahlen haben. Wies mich auf Krätzer hin, der seine Oper nach Brüssel gebracht habe. Mit Krätzer sprechen, um mich zu informieren. Ich erzählte ihm Einiges aus meinen Gesprächen mit Magura; namentlich wie fest nach Magura Frankreich Russland vertraut. Ich wollte sehen, ob und was der Hesse über die Aussichten eines Sonderfriedens mit Russland denkt, da er doch durch seine Schwester[2] in erster Linie geeignet wäre, einen solchen zu vermitteln. Das Vertrauen Frankreichs findet er gerechtfertigt, weil sie „das Wort eines Ehrenmannes, des Zaren[3], hätten." Trotzdem scheint er einen Sonderfrieden unter gewissen Umständen nicht für ganz ausgeschlossen zu halten. Allerdings läugnete er, dass die Russen Frieden geschlossen hätten, wenn wir im vorigen Jahr Kiew und das Donetz Gebiet besetzt hätten. Dazu sei der Russe zu sehr Fatalist. Je schlechter es ihm gehe, je weiter wir vormarschierten, um so mehr betrachte er den Krieg als eine ihm von Gott auferlegte Prüfung, die er tragen müsse. Wenn wir Petersburg besetzten, würde er nach Moskau gehen, wenn wir nach Moskau folgten, nach Nijni-Nowgorod u. s. w. Aber wenn der Krieg lange dauere, werde vielleicht das Reich von innen zerbröckeln; es würde Aufstände geben u. s. w. Eine andre Friedensaussicht eröffne das Eingreifen Rumäniens. Denn wenn wir Rumänien niederwürfen, würden die russischen Staatsmänner einsehen, dass ihnen der Weg nach Konstantinopel endgültig verschlossen sei; dann würden sie kein

[1] Ernst Ludwig

[2] Alexandra Feodorowna

[3] Nikolaus II. Alexandrowitsch

positives Kriegsziel mehr haben und vielleicht zur Besinnung kommen. Im Allgemeinen halte er einen Augenblick, wo es den Russen nicht ganz schlecht gehe, für Friedensverhandlungen für günstiger als eine Zeit vollkommener Besiegung; eben wegen jenes Fatalismus. Übergehend auf unsere eigene innere Politik sprach er sich unumwunden für Bethmann aus. Nur Berlin sei gegen ihn, weil Berlin Westdeutschland nicht verstehe. Ich sagte, Bethmann sei westdeutsch orientiert. Nein, meinte der Grossherzog, aber er versteht auch Westdeutschland, nicht blos den Osten, wie Heydebrand und seine Anhänger. Nach etwa einer Stunde kam die Grossherzogin[1], die schon grau ist, aber mit einem fast noch jugendlichen Gesicht, und führte zum Frühstück im grossen Mittelsaal. Die kleinen Prinzen[2], zwei reizende muntere und gut erzogene Kinder von 10 und 8 Jahren, kamen gleich auf mich zu, verbeugten sich sehr kindlich und lächelnd und sagten Guten Tag. Der Prinz Waldemar in Autokorps Uniform mit dem Eisernen Ersten, irgendeine alte Prinzessin, Frau v Ledebur, die Schwester der Grossherzogin und der Hofstaat waren zum Frühstück anwesend. Gegessen wurde fleischlos, Fisch und Gemüse. Die Unterhaltung war allgemein und sehr zwanglos; nur die Grossherzogin etwas steif oder verlegen. Nach Tisch wurde einen Augenblick mit den kleinen Prinzen gespielt, die ihre Lieblingstiere, einige Molche, Schildkröten, Ringelnattern vorführten. Dann verabschiedeten sich der Grossherzog und die Grossherzogin, und ich gieng mit dem Adjutanten, einem Rittmeister v Schröder, durch den Park, der halb Haide, halb Blumengarten, mit japanischen Teichen und alten mit rotem Weinlaub überwachsenen toten Eichenstämmen von grosser eigenartiger malerischer Schönheit ist, eine Schöpfung des Grossherzogs selber. Die Blumenmassen stehen mitten zwischen dem unausgejäteten Haidekraut, eine schön gebogene rohe Steinbrücke führt über einen Teich zwischen alten Kiefern. Der, der diese Naturbilder erdacht hat, ist kein gewöhnlicher Mensch. Ich hatte einen starken Eindruck. – Abends kam Bodenhausen aus Essen nach Frankfurt; wir assen zusammen im Englischen (oder jetzt „Hessischen“) Hof. Er sagt, die Kartoffeln seien auf seinem Besitz vollkommen misraten, kaum 40 % einer Mittelernte; er habe die grösste Besorgnis, dass wir mit unseren Kartoffeln nicht über den Mai hinaus reichen würden. Wenn wir nicht bis zum Mai Frieden hätten, befürchte er eine Katastrophe. Die Unzufriedenheit auf dem Lande sei sehr gross, ja, bedenklich. Ich fragte ihn, seit wann diese schlimme Wendung in unserer Ernährung eingetreten sei? Er sagte, seit etwa drei Wochen, infolge des kalten nassen Wetters. Dagegen wirke Ludendorff Wunder. Seitdem er da sei, wehe ein ganz andrer Wind in der Munitionsindustrie. Allerdings verlange er Unmögliches: 600 Maschinengewehre täglich und 2000 bis 2500 Feldgeschütze

---

[1] Eleonore

[2] Georg Donatus u. Ludwig

mehr als bisher monatlich. Das sei rein unmöglich. Man müsste etwa eine Million Arbeiter aus der Front ziehen, um es möglich zu machen, und dann werde die Front zu dünn. Ich wies auf die polnischen Juden hin, die doch nicht Soldaten würden. Bodenhausen sagte, Ludendorf wolle die nötigen Arbeiter, d. h. etwa eine Million, aus Belgien deportieren; Bissing habe aber erklärt: nur über seine Leiche. Ich fragte, wie es mit Mangan stünde. Bodenhausen sagte, die Manganfrage sei nicht zu lösen. In den Mangangruben sei Raubbau getrieben worden, und jetzt brauche man sechs Monate, um sie wieder in Ordnung zu bringen. Wir würden die Qualität unseres Geschossmetalls herabsetzen müssen. Allerdings sei bisher jedesmal, wenn eine scheinbar unlösbare Frage bedenklich werde, eine Lösung gefunden worden. So werde es vielleicht in der Manganfrage sein.

30 Sept. 1916. Sonnabend. Frankfurt a/M. (Nauheim) *30.9.1916 Samstag*

Zur Frau v. Hindenburg nach Nauheim. Sie beherbergt dort einen alten internierten italienischen Freund, einen italienischen Obersten, genannt „Sandriko". Ausserdem frühstückten mit uns Fürstin Münster, geborene Hay, Engländerin, und die beiden ältesten Kinder von Helene Nostitz, Oswald und Herbert. Nach dem Frühstück Unterredung unter 4 Augen mit der Hindenburg. Sie erzählt mir von einem Italiener Maroni, der in Bern lebt und im Januar 1916 bei ihr hier in Nauheim war auf dem Wege nach Berlin, wo er den Auftrag hatte, wegen eines Sonderfriedens Italiens mit Österreich zu verhandeln. Der König von Italien[1] sollte abdanken, die Italiener wollten gegenüber von Österreich demobilisieren, dafür von uns Kohle bekommen und uns Waaren liefern. Maroni sei bei Zimmermann, Bergen und schliesslich mit einem Empfehlungsbrief der Hindenburg selbst bei Jagow gewesen. Zimmermann habe aber nur auf den Tisch geschlagen, den König von Italien, die Königinnen Elena[2] und Margherita beschimpft, und Maroni 14 Tage lang hingehalten, bis er unverrichteter Dinge und unglücklich wieder abreiste. (Dieses klingt sehr ähnlich wie das, was mir die Heinemann vor einigen Tagen aus dem August '16 erzählte, und stimmt überein mit der Ansicht von Magura, dass die Italiener bereit seien die Entente zu verraten.) Die Hindenburg gab mir für Maroni nach Bern eine Empfehlungskarte mit; möglicherweise kann sie einmal von Nutzen sein. Mit der Fürstin Münster nach Frankfurt zurück. Sie spricht sehr deutschfreundlich, aber sehr unglücklich über die „Misverständnisse" zwischen Deutschland u England, die jetzt nie mehr zu überbrücken sein würden. Sie erwartet und befürchtet den U Bootkrieg. In den Briefen ihrer Verwandten in England ist viel von den

---

1 Viktor Emanuel III.

2 Helena

Zeppelins die Rede. Sie haben dort gegen diese offenbar eine sehr begründete starke Abneigung. Abends nach Weimar abgereist.

Weimar. 1 Oktober 1916 Sonntag. *1.10.1916 Sonntag*

Vormittags an in Weimar. Kämmer in der Druckerei gesprochen. Später mit Vandevelde gefrühstückt. Ich fragte ihn, ob er in der Schweiz Vorträge über unpolitische Gegenstände halten würde; ich würde es dann Romberg vorschlagen. Er gieng sehr warm auf diese Idee ein; er sei einer von den Wenigen, die wirklich zwischen den kämpfenden Nationen stünden, die wirklich neutral seien. Er glaube in der Schweiz viel nützen zu können. Auch könne er, wenn man es wünsche, jederzeit den König von Belgien[1] sehen, zu dem er durch einen gemeinsamen Freund sich den Zutritt verschaffen könne. Ich schlug ihm als Thema vor „l'Idéal Européen" in der Kultur. Trotz Allem empfinde ich in dieser Stellung Vandeveldes eine Schwäche, wie wenn ihm ein Glied an seinem Leibe fehlte, und er dieses nicht wahr haben wollte. Seine Haltung dem Leben gegenüber wird dadurch verschoben und verschroben. Bei jedem Urteil sind seine Prämissen unvollständig, weil er einer in ihren politischen Grundlagen unvollkommenen und verlogenen Nation angehört und dieses Belgiertum trotz aller gewollten und eingebildeten Internationalität nicht aus seinem Blute ausscheiden kann. Deshalb macht bei diesem grundehrlichen Menschen seine Gedankenwelt den Eindruck des Verlogenen, weil sie fortgesetzt einen Teil der Wirklichkeit aus dem Auge lässt. Sie wirkt deshalb unbefriedigend und nicht vollkommen überzeugend. Nichts kann das Verderbliche einer solchen verlogenen, auf lauter „make-believe" aufgebauten „neutralen" Staatsschöpfung deutlicher zeigen, als eine Persönlichkeit wie die Vandeveldes, die dadurch, trotz ihrer angeborenen Lauterkeit und Grösse kleinlich verbildet worden ist. – Nachmittags bei Frau Förster. Auch sie von der Hetze gegen Bethmann erfasst. Sie sagt, sie hätte mit „Professoren" in Baiern gesprochen, die ihr klargemacht hätten, dass wir Bülow wieder als Kanzler brauchten. – Abends kam überraschend Becher an zum längeren Besuch. Ihn auf der Bahn gesehen und abgereist nach Berlin.

2 Okt. 1916. Montag. Berlin. *2.10.1916 Montag*

Vormittags Unterredung mit Klingler vom Klingler Quartett, den für Zeit zwischen 27ten Okt. u. 10 Nov. mit seinem Quartett engagiert (10 Abende, 5000 M). – Gefrühstückt beim Bank Direktor Heinemann, um ihn kennen zu lernen u.

[1] Albert I.

seiner Frau etwas gründlicher auf den Zahn zu fühlen. Dort Ludwig Stein. Sie giebt wieder ihren dringenden Wunsch zu erkennen, nach der Schweiz hinausgelassen zu werden; sagt, eine Frau höre Vieles, das ein Mann nie erfahre. Betont ihre enge Freundschaft mit Edmond de Rothschild. Erzählt von allerhand Leuten Dieses und Jenes; ist offenbar schwatzhaft und wichtigthuerisch, wahrscheinlich aber nicht von irgendwelchen bösen Absichten gegen uns geleitet. Der Mann unbedeutend und viel älter als sie. Der Italiener, den sie im Juli dieses Jahres in der Schweiz gesprochen hat[1] hiess Irace, Hauptmann Irace, Adjutant eines Generals Marafini in London (!?) – Um 3 $^{1}/_{2}$ Besprechung bei Jäckh mit dem Geh. R. Bruckmann über die Werkbund Ausstellung. Modenschau, Mädchen, Hintergrund eleganter transportabler Raum etwa von Bruno Paul. Kosten der Ausstellung besprochen. Jäckh sagt, Jagow habe ihm gesagt, das Geld müsse beschafft werden, die Sache sei notwendig. Jagow sei ihm gegenüber sehr ins Zeug gegangen. – Um 5 bei Haeften. Er habe mich kommen lassen, um mir noch einmal ganz besonders die Kino Propaganda ans Herz zu legen. In etwa 14 Tagen würden die neuen, „künstlerischen" Films auf kriegerischem und kriegswirtschaftlichem Hintergrunde fertig sein und mir regelmässig jede Woche an die Gesandtschaft nach Bern hinuntergeschickt werden; ich habe dafür zu sorgen, dass sie in allen Kinos vorgeführt würden. Ludendorff selbst habe die Sache in die Hand genommen und lege auf sie das allergrösste Gewicht. Haeften wurde bei diesen Ausführungen ganz erregt. Ludendorf lasse sich über die Filmpropaganda jede Woche mehrere Male persönlich Vortrag halten; er wolle in der Schweiz, in Holland und in Dänemark unter allen Umständen damit bis in den entlegensten Winkel dringen; jeden Widerstand, so habe er gesagt, gelte es mit rücksichtsloser Energie niederzuschlagen. Unsere Films müssten im kleinsten Dorfkino aufgeführt werden. Haeften fügte hinzu: Ich sei von der Obersten Heeresleitung speziell mit dieser Filmpropaganda in der Schweiz beauftragt. Ich würde mir, wenn es mir gelänge, sie dort in Gang zu bringen und durchzusetzen, ein grosses Verdienst ums Reich erwerben. Denn es sei in der Schweiz $^{3}/_{4}$ 12. Er bekomme geradezu erschütternde Briefe von dort über die Fortschritte der Entente. Ich sagte, ich hätte vor, die Schweizer Film Agenten in Leihgeschäfte einzuspannen; eine Schweizer Organisation zu schaffen, die unsere Films durchdrücke. Haeften billigte Dieses auf das Nachdrücklichste. Den Leuten sollte durch die Films gezeigt werden, dass wir noch keineswegs „fertig" seien. Im Gegenteil, wir verdreifachten jetzt unsere Anstrengungen in der Bewaffnung, Munitionsherstellung, Kriegswirtschaft. – Von Haeften zu Zimmermann. Im Vorzimmer Kühlmann getroffen, der zum Botschafter in Constantinopel ausersehen und auf dem Wege ins Grosse Hauptquartier ist. Wir sassen einige Zeit allein zusammen. Er erklärte mir, der U-Boot Krieg würde

[1] Verweisung: „(cf. 26 Sept)"

nach seiner Überzeugung, wenn er käme, für Deutschland die grösste Katastrophe seiner Geschichte herbeiführen. „Ich werde ihn nicht aufhalten. Aber denken Sie an meine Worte." Amerika würde uns sicher den Krieg erklären, Holland wahrscheinlich. Amerika allein könnten wir schon nicht aushalten. Wenn er ein englischer Staatsmann wäre, würde er es für das grösste Glück ansehen, wenn Amerika durch den U Boot Krieg in ein Kriegsbündnis mit England hineingetrieben werde. Dann könnte England ruhig sein; die beiden grossen angelsächsischen Inseln würden, selber unangreifbar, Jahrhundertelang die Welt beherrschen. England habe nur zwei Kriegsziele von Anfang an gehabt: Frankreich vor der Vernichtung zu schützen, und zu verhindern, dass wir uns ihm gegenüber an der Küste festsetzten. Nur deshalb habe es in den Krieg eingegriffen. Ich sagte, dann habe es bereits jetzt eines seiner Kriegsziele verfehlt: denn Frankreich sei so geschwächt, wie selbst eine rasche und vollständige Niederwerfung es nicht erreicht hätte. Es wäre für England von diesem Gesichtspunkte aus viel besser, wenn es 1914 nicht eingegriffen hätte und wir Paris genommen und dann schnell mit Frankreich Frieden geschlossen hätten. Kühlmann sagte, Dieses habe er in seinen letzten Unterhandlungen mit Grey auch geltend gemacht. Haldane habe diesen Standpunkt geteilt; aber Grey habe gesagt, England könne Frankreich nicht im Stiche lassen, aus Prestige Gründen. – Isenburg, der dann hereinkam, meinte, die Ernennung Protopopows in Russland sei sehr wichtig. Der Grossherzog v Hessen wisse Nichts von russischer Politik; habe garkeine Verbindungen dorthin. Es wäre auch besser, ihn ganz herauszuhalten; er könne dort nur die Dinge verderben. – Schliesslich kam noch der bulgarische Gesandte Rizow. Dieser sagte mir, die Schlacht in der Dobrudscha wäre nicht vollkommen gelungen infolge des Fehlers eines bulgarischen Divisionskommandeurs. Eine Stelle des Einschliessungsringes im Norden sei schwach gewesen; Mackensen habe eine bulgarische Division hinbeordert. Leider sei der Div. Kommandeur „un général de cour" gewesen, Dieser habe seinen erschöpften Leuten 3 Stunden Rast gewährt u sei infolgedessen zu spät gekommen, inzwischen waren die Rumänen durchgebrochen. Sonst sassen 50 000 Mann in der Falle und wir hatten am selben Tage Constantza Cernavoda und den Donau Übergang. – Nach einer Stunde liess mich Zimmermann rufen. Er macht einen jovialen Eindruck; etwas Burschenschafter. Ich trug ihm meine Pläne für die Propaganda vor. Er war sehr einverstanden, sagte, er möchte selbst hinkommen u sich unter so angenehmen Umständen „propagandieren lassen." Ich sagte ihm, allerdings sei die mir zur Verfügung gestellte Summe viel zu klein. Er meinte, Geld spiele keine Rolle. Was nötig sei, müsse beschafft werden. Ich solle nur machen. Sprach mit ihm über Frau Heinemann. Er sagte, sie sei unvorsichtig gewesen, habe geäussert, sie stehe ganz auf Seiten der Entente. Er wolle sich die Sache überlegen. – Abends Verhandlungen mit Reinhardt. Wir kamen nicht recht weiter. Er macht Schwierigkeiten, weil Moissi jetzt schon die in Aussicht genommenen Stücke auf Gastspielen ableiert. – Mit Ludw Stein aus der D. G.[1] nachhause. Er sagt, Gerard sei mit einer Mission an Wilson nach drüben gefahren. Wir liessen Wilson durch G. sagen, wir hätten jetzt lange genug gewartet, dass Etwas auf unseren U Boot Verzicht erfolge. Wir verlangten jetzt von ihm, dass er entweder Etwas von England erreiche, oder uns die Freiheit lasse, den U Boot Krieg rücksichtslos zu führen. Auch legten wir ihm nah, die Friedensvermittlung zu übernehmen. Dieser Wunsch werde auch von einflussreichen englischen Kreisen, an deren Spitze Bunsen stehe, unterstützt. Gegen diese ganze Politik unseres A.A. richteten sich die heftigsten Anstrengungen unserer Marine, die den U Boot Krieg ohne Verständigung mit Amerika wolle und einen Frieden mit England unter den heutigen Umständen absolut ablehne, einmal weil sie ihres Sieges sicher sei und dann weil ein Friede bei der heutigen Kriegslage nur ein fauler Friede sein könne. Sie sagten, nach einem solchen Frieden würde sich der Kaiser nicht mehr unter den Linden zeigen können. Also heftigster Konflikt bei uns zwischen AA. und Marine, die mit Hochdruck die Pläne des AA. zu durchkreuzen sucht.

3 Okt. 1916. Dienstag Berlin. *3.10.1916 Dienstag*

Früh Kalckreuth bei mir. Er schimpft auf das heftigste gegen den Reichskanzler. Dem Mann könne man kein Wort glauben; seine Worte und seine Taten widersprächen sich fortgesetzt. – Nachher im AA bei Willy Stumm und Moppy Wedel. Wedel scheint meine Ernennung nicht sehr freudig zu begrüssen. Er sagte mir, er habe die Sache mit Absicht so eingerichtet, dass ich jeder Zeit, wenn ich wollte, wieder in die Front zurückkönnte. Ich sagte, ich dankte ihm, gerade so hätte ich mir die Sache gewünscht. – Nachmittags mit dem Prokuristen der Olliver Film Gesellschaft Flegenheimer, der mir sagte, er könne dafür garantieren, dass er unsere Films in jedem Schweizer (Deutsch Schweizer) Kino zur Aufführung bringe. Er entwickelte auch sonst gute Gedanken. Ich sagte ihm, er solle zur Besprechung nach Zürich kommen. – Abends nach Wien abgereist.

4 Oktober 1916. Mittwoch. Wien. *4.10.1916 Mittwoch*

Früh an. Alfred Nostitz erwartete mich vor Bristol. Im Imperial abgestiegen. Mit Nostitzens u Seebach, der aus Dresden hier ist, gefrühstückt. Abends Premiere Ariadne. In Straussens Loge mit Seebach. Vollbesetztes glänzendes Haus, aber Hofmannsthal sagt: lauter unbekannte Gesichter, Kriegslieferanten, die 100 Kronen für ihren Sitz bezahlt haben. Wunderbare Stimme der kleinen Lehmann, die den „Komponisten" sang: Schmelz und Jugend. Nachher soupiert

[1] Deutsche Gesellschaft 1914

in einer Bierkneipe, Dungl, mit Strauss, Hofmannsthals, Nostitzens. Ein Musikalienhändler machte derbe Spässe, die Strauss sehr freuten.

5 Oktober 1916 Wien. Donnerstag. *5.10.1916 Donnerstag*

Auf der Botschaft gefrühstückt bei Tschirschky. Der Tisch stand im Salon, da die Botschaft renoviert wird. Frühstück zu Dreien mit Wilhelm Stolberg. Tschirschky u. Stolberg fragten mich aus nach der Lage zuhause. „Auf ihrer Insel" bekämen sie Nichts zu erfahren. Ich schilderte die Schärfe des Gegensatzes zwischen Ausw. Amt u. Marine in der U. Boot Frage und den wachsenden Einfluss von Ludendorff, der alles in seine Bahnen zieht und mit seinem Temperament beseelt. Tschirschky bedauerte unter bitteren Wendungen die Zurückhaltung unserer Regierung in der Proklamierung Polens; auch dass wir nicht im vorigen Herbst oder Winter auf Kiew marschiert seien. Er meint, Polen könne nie Kompensations- oder Verhandlungs Objekt mit Russland sein, da Russland ein Kreuz darüber gemacht habe. Wenn aber wir Polen nicht bald die Autonomie schenkten, würden die Westmächte dieses thun. Wieder sei es unsere verderbliche Politik des Abwartens und der Hinterhand: Mangel an Entschlusskraft. Er sei der Ansicht, dass wir in Polen zwar nicht regelrecht ausheben, aber doch einen sanften Zwang zum Eintritt in die Legion ausüben könnten. Meine Idee, die polnischen Juden in den Munitionsfabriken zwangsweise zu verwenden, billigte er; er selber habe das schon vorgeschlagen. Über Österreich denkt er pessimistisch. Auf eine Äusserung von mir, dass ein starkes Österreich einen neuen Österreicher voraussetze, erwiderte er, einen „neuen Österreicher" werde es nicht geben, denn es gebe keinen Österreicher mehr: das sei das einzige positive Resultat der Regierung Franz Josefs, er habe den Österreicher abgeschafft. Der Kaiser sei in seiner langen Regierung nur einer Maxime immer treugeblieben: divide et impera, oder vielmehr divide et non impera. Infolgedessen seien Land und Volk zerbröckelt; es gebe nur noch Sandkörner, nirgends einen Kitt. – In der U. Boot Frage denkt oder äussert sich Tschirschky weit energischer als sonst das Ausw. Amt. Wenn wir Kiew machen könnten, dann sollten wir Kiew machen, dann könnten wir vielleicht zu einer Art von Sonderfrieden mit Russland gelangen, oder vielmehr zu einem allgemeinen Frieden unter Vermittlung von Russland. Wenn wir aber Kiew nicht machen könnten (wie Tschirschky anzunehmen scheint), so bleibe allerdings Nichts übrig als der U Boot Krieg, um den Krieg zu beenden. – Abends ass Hofmannsthal bei mir im Hotel. Ich regte ihn an, bald einen neuen Schluss zum „Bürger als Edelmann" zu machen. Er lehnte aber ziemlich heftig ab. Das sei eine grosse Arbeit. Mit einem neuen Schluss allein sei es nicht gethan. Das ganze Stück müsse umgeschrieben werden, damit die cérémonie turque am Ende nicht so ohne inneren Zusammenhang mit dem Übrigen wie bei Molière dastehe. Dem

Bourgeois müsse weis gemacht werden, dass er durch irgendwelche Magie à la d'Urfé wirklich blaues Blut bekommen könne. Er müsse schon vorher Geister um sein Bett schweben hören, die die Verwandlung vorbereiteten u. s. w. – Er klagt, dass Tschirschky, Dietrich Bethmann immer das Bild Österreichs ganz tot, wie in einem bleiernen Spiegel sähen. Das wahre Österreich, wie er es sich denke, sei im Gegenteil ganz Leben, ganz Zukunft: Vielleicht müsse man sogar, um es zu verwirklichen, das gegenwärtige Österreich zerschlagen und wieder ganz neu aufbauen. Er klammere sich keineswegs an die jetzige Staatsform, deren Mängel er zugebe, vor Allem das grauenvolle Greisenregiment, das jede frische Regung ersticke. Mit Österreich hänge Deutschlands Imperiale Bestimmung aufs Engste zusammen; Österreich sei berufen, die Brücke zu ihr zu bilden. Er gab mir zu, dass er mit seinen Ansichten in Österreich sehr isoliert dastehe.

6 Okt. 1916. Freitag. Wien. *6.10.1916 Freitag*

Mittags beim Fürsten Montenuovo in der Hofburg. Als ich erwähnte, dass ich draussen seinen Sohn gesehen habe, rief er ganz erfreut: „Was, Sie sind der Graf K., der unsere 10 K.T.D.[1] gerettet hat! Ich weiss schon lange von Ihnen." Ich sagte, ich sei mir dieser Heldentat nicht bewusst. „Doch, doch, meinte M., mein Ferdinand hat mir damals davon geschrieben. Sie haben bei Czartorysk den Gegenstoss veranlasst, der die Division vor der Erdrückung gerettet hat." Meine Sache gieng daher sehr glatt. Er versprach, dem Kaiser gleich Vortrag zu halten und Alles zu thun, um mir behülflich zu sein. – Nachmittags Alec. Hoyos im Min. des Ausw. besucht, damit er Burian unterrichtet. Merkwürdig hölzernes, in sich gekehrtes, halb englisches, halb magyarisches Gesicht. – Abends mit Helene Nostitz wieder in Ariadne. Das neue Vorspiel ist wohl das Vollkommenste und Persönlichste, was Strauss geschrieben hat, ganz ohne Schwulst, ganz leicht und durchsichtig wie gute Malerei aus Nichts gemacht. Ich sagte Dieses Strauss in der Pause, und dass ich es für sein Bestes halte. Er antwortete: „Ich auch; es gefällt mir selber. Von der Sorte muss ich noch mehr machen." Nachher mit Strauss, Nostitzens, Schalk u. Karfat[2] zusammen bei Dieter. – Nachmittags war ich bei Karfat gewesen, wo Strauss den ersten Akt der „Frau ohne Schatten" vorspielte. Schöner, stimmungsvoller Schluss des Aktes.

7. Oktober 1916 Sonnabend. Wien. *7.10.1916 Samstag*

Mit Colloredo gefrühstückt, der zu einer Sitzung der Herrenhaus Parteien hier ist, wo heute die Einberufung der Delegationen gefordert worden ist. Er stellte

[1] Kavallerie-Truppen-Divison

[2] Karpath

mir den berühmten oder berüchtigten Grafen Sternberg vor, der ebenfalls aus der Sitzung kam, schon stark angetrunken war, allerlei Skandal machte und in Gesicht, Körperbau, Haltung, Ausdrucksweise an Ochs von Lerchenau[1] erinnerte, aber mit einem unverkennbaren Schuss Genie oder Geist. Er gieng aus einer besoffenen Zote unvermittelt über in klare, scharfe Bemerkungen über Politik, endete dann aber wieder mit einer Zote; fütterte dazwischen seinen Hund mit Fleisch, das er ihm auf seiner Gabel vorhielt, umarmte zwei Damen, die für das Rote Kreuz sammelten, und zog dann ein zartes und hübsches Gedicht heraus, das er nach der Ariadne Premiere auf die junge Fürstin Windischgraetz gemacht hat. Von Österreich sagte er, es sei wie ein weicher Teig, den man nach Belieben kneten und durch den man mit dem Finger durchfahren könne, bis man schliesslich auf Etwas Hartes, Unüberwindliches stosse, das Trio Montenuovo, Paar, Bolfras, hinter dem sich die eigentliche Macht, der Kaiser, verschanze. Deshalb sei Nichts zu machen, solange der Kaiser lebe. Er bete jeden Tag zu Gott, dass er Seine Majestät zu sich nehmen möge. – Wovor er am meisten Angst habe, sei die Verpreussung des österreichischen Lebens; nicht der Armee, die müsse verpreusst werden, das sei notwendig. „Aber Wien, Wien, das müsst Ihr uns lassen! Wien ist ein Kunstwerk, an das man nicht rühren soll. Wien muss der Ort werden, wo Deutschland sich amüsiert. Und dann müsst Ihr uns auch Ungarn lassen, die ungarische Unordnung. Ihr sollt Ungarn nicht durch preussische Ordnung devastieren, ha, ha! devastieren! „Durch Ordnung devastieren", das ist gut, was? In Ungarn kann man jetzt Alles machen. Wenn es mir Vergnügen macht, in Ungarn den Papst in den Mund zu ficken, mir sagt Keiner Was. Das müsst Ihr uns lassen." Er fragte mich, woher ich gewusst habe, wer er sei. Ich sagte durch Hofmannsthal. Sternberg meinte, Hofmannsthal müsse mir Abscheulichkeiten über ihn gesagt haben; denn H. sei doch Jude. Ich antwortete, im Gegenteil, H. habe mir gesagt, er sei ein hochbegabter, genialischer Mensch, der leider infolge gewisser Umstände nicht zur Wirksamkeit gelangt sei. Sternberg war hierüber fast bis zu Tränen gerührt, wollte Hofmannsthal kennen lernen. Ich versprach, den Versuch zu machen, sie zusammenzubringen, und lud deshalb Sternberg u Colloredo morgen zu Tische ein. – Vom Thronfolger[2] sagte Sternberg, man habe ihm Berchthold gegeben, der der beste Mann gewesen sei, den man in seine Nähe bringen konnte; aber der Tronfolger wolle ihn los sein und deshalb werde Berchthold jetzt, wenn Burian stürze, wieder Ausw. Minister werden. Berchthold komme auf diesen Platz nicht weil er dazu geeignet sei, sondern weil ihn der Tronfolger nicht anders wieder loswerden könne. So sei es in Österreich, das sei echt österreichisch. – Abends vor Tisch besuchte mich der junge Montenuovo. Er erzählt,

[1] Hofmannsthal, Der Rosenkavalier

[2] Karl I.

dass er jetzt einen deutschen Rittmeister (ich glaube v. d. Lübe) habe. Es seien jetzt viele deutsche Offiziere in den österreichischen Regimentern; allerdings auch österreichische in den deutschen. Später mit Nostitzens gegessen und ins Theater an der Wien. Operette. „Czardasfürstin“[1]. Miserable Vorstellung, ärmlich ausgestattet. In Wien hört die Grossstadt mit der Strasse auf. Sobald man ein Haus betritt, ist man in der Provinz.

8 Oktober 1916. Sonntag. Wien. *8.10.1916 Sonntag*

Vormittags draussen bei Moll. Er schrieb ein Wort an Amiet wegen Hodler. Über die innere Lage hier spricht er sehr pessimistisch, obgleich er Ur Wiener sei und nur in Wien leben möge. Den Fehler habe Bismarck gemacht „Er hätte uns annektieren sollen. Ein jüdischer Freund von mir, ein Prager Grossindustrieller, hat mir neulich gesagt: Man hätte sich den ganzen Krieg sparen können. Wenn der Tzar und der deutsche Kaiser sich um einen Tisch gesetzt und uns aufgeteilt hätten: Das hätte keinen Tropfen Blut gekostet, und es wäre Allen gedient gewesen“. – Hofmannsthal sagte mir zu heute Abend ab: „Was Sternberg anbetrifft, siehst du, ich bin absolut nicht prüde, würde sofort mit einer alten Hure zusammen kommen, wenn es irgendeinen Zweck hätte, aber einen Zweck muss es haben. Geschwätz (selbst solches, wobei man in gewissen Punkten, in der Art, Gewisses zu sehen, übereinstimmt) ist kein ausreichender Zweck. Die Zukunft braucht Menschen aller Art; verbrauchte Menschen, nach allen Seiten kompromittiert, nach allen Seiten prostituiert, brailleurs, Partisans aller Parteien, eines konsequenten Effort unfähig, im Grund cynisch und bei einem Anflug von Genialität doch von Mirabeau weiter entfernt als ich von Dante, braucht sie nicht.“ – Abends assen Colloredo, Sternberg, Alfred Nostitz und auf ihren ausdrücklichen Wunsch auch Helene Nostitz bei mir im Imperial. Sternberg, der sich sehr zusammennahm, machte wieder eine Anzahl guter und treffender Bemerkungen. Er erklärte mir, warum er, obwohl Deutscher, doch „Tscheche“ sei. Seine ganzen Güter seien tschechisch, er stehe zu dieser Bevölkerung im selben Verhältnis wie etwa bei uns ein kleiner Bundesfürst zu seinen Unterthanen. Ebensowenig wie ein Fürst Reuss oder Waldeck Etwas Andres sein könne wie ein Deutscher, ebensowenig könne er, als Vertreter und Herr dieser tschechischen Bevölkerung Etwas Andres sein als ein „Tscheche“. Er sei aus dem tschechischen Boden emporgewachsen wie ein Baum, wie eine Pflanze, und könne nur tschechische Säfte zur Reife bringen. Die Bodenständigkeit sei Alles, und von hier aus müsse man Österreich reorganisieren. „Liefere du mir nur die Ungarn aus, und ich verspreche dir die Tschechen zu bringen. Wir sind ja doch blos noch eine deutsche Kolonie; das wissen wir, wir haben uns damit abgefunden. Aber man soll uns nicht unsere Eigenheiten rauben wollen.“ Ein

[1] Kálmán

Fehler sei es gewesen, dem Tronfolger Seeckt zu geben; das hätten alle österreichischen Offiziere als eine Demütigung empfunden. – Vor Tisch Abends bei Frau Zuckerkandl, der Schwester der Mme Paul Clémenceau. Mit ihr besprochen, dass sie versuchen soll ihre Schwester in der Schweiz zu treffen. Frischauer zugegen. Sie gab mir einen Brief an ihre Schwester mit.

9 Oktober 1916. Montag. München. *9.10.1916 Montag*

Mittags fort aus Wien mit dem Balkanzug nach München. Man braucht dazu eine besondere Erlaubnis des österr. Kriegsministeriums und unendliche Formalitäten, Gepäckuntersuchungen etc. am Bahnhof. Dann zwei Untersuchungen im Zuge an der Grenze. Daher wenig Reisende.

10 Oktober 1916. Dienstag. Zürich *10.10.1916 Dienstag*

Früh in München in die Franz Marc Gedächtnis Ausstellung. Starker Eindruck. Mittags fort nach Zürich über Lindau mit Fürstner.

21 Oktober 1916. Sonnabend. Zürich. *21.10.1916 Samstag*

Simson gab grosses Souper im Baur au lac. Moissi, Wettstein, Oberrichter Wyss, der Grieche Zachariou, Tattenbach, Rentefink. Während des Soupers Nachricht, dass der österreichische Ministerpräsident Stürgkh ermordet worden ist. Wettstein meinte, er und alle Schweizer würden das als erstes Wetterleuchten der tiefen, ganz Europa durchzitternden Unzufriedenheit ansehen. Eine Revolution stehe bevor. Ich sagte, wir in Deutschland brauchten keine Revolution; wozu auch? Wir hätten ja schon den Zukunftsstaat, der Krieg habe ihn bei uns verwirklicht. Wettstein gab mir das bis zu einem gewissen Grade zu, meinte aber, dass in Frankreich diese grossartige organisatorische Arbeit nicht geleistet worden sei und deshalb nach dem Kriege das Schlimmste zu befürchten stünde, wenn die Leute aus den Schützengräben heimkehrten. Das mag zum verzweifelten Widerstand Briands und der Besitzenden gegen jeden nicht glorreichen Frieden beitragen.

24. Oktober 1916. Dienstag. Zürich. *24.10.1916 Dienstag*

Mit dem jungen Künstler Baumberger, der unser Nikisch Plakat macht, gesprochen, und ihm eine Serie Lithographieen zur Odyssee abgekauft. Ich möchte, dass er für mich Holzschnitte zur Odyssee macht.

25 Oktober. 1916. Mittwoch. Bern. *25.10.1916 Mittwoch*

Nach Bern. Romberg Vortrag gehalten und einen Überschlag über die Kosten der „Kulturpropaganda" in der Schweiz bis 1 Juli 1917 vorgelegt; ich berechne sie auf rund 1 ¼ Million francs, von denen 500 000 bewilligt sind. Romberg billigte den ganzen Plan und sagte mir, ich solle sehen, ob ich das Geld in Berlin bekommen könne. Abends zurück nach Zürich.

26 Oktober 1916. Donnerstag. Zürich. *26.10.1916 Donnerstag*
Früh einen Bericht an Romberg diktiert, in dem ich meinen gestrigen Vortrag zusammenfasse. Nachmittags fort aus Bern nach Berlin über Schaffhausen, Singen, Gottmadingen. Wieder die langweiligen Grenzuntersuchungen.

27. Oktober 1916. Freitag. Berlin. *27.10.1916 Freitag*
Früh in Berlin an. Nachmittags bei Jagow, der ganz steif und schief vor Rheumatismus ist. Er kriecht in den Gängen des Auswärtigen Amtes herum wie ein kleines krankes Tier. Er billigte ohne Weiteres meinen Plan, sagte, er bitte nur, dass ich ihn nicht zwinge, das Geld gleich anzufordern, und gab mir den Auftrag, ihn Ludendorf vorzutragen. Auf eine Bemerkung von mir, ich sei kein Pazifist, meinte er: nach diesem Kriege müsse doch Jeder Pazifist werden.

31 Oktober 1916. Dienstag. Berlin *31.10.1916 Dienstag*
Früh in der vom Generalstab neugegründeten Filmstelle in der Charlottenstr. Hauptm. v. Schröder. Neue Films von der Sommeschlacht[1] in der vordersten Linie aufgenommen; Sturmangriffe, Flammenwerfer, Gaswolken. Szenen von grosser wilder Schönheit. Die neue deutsche Sturmhaube wirkt fast antik. Abends mit Richard Strauss in sein Konzert in der Oper. Nachher mit ihm in der Deutschen Ges. soupiert. Über Wagner als Dramatiker. Ich sagte, die Situation, die er neu gesehen und tief empfunden habe, sei die, wo zwei Menschen nebeneinanderstünden, einander liebten, ohne sich gegenseitig sinnlich befriedigen zu können: das Grenzgebiet zwischen Freundschaft und Erotik: Hans Sachs und Evchen, Siegfried und Brunnhild, Parsifal und Kundry, Tristan und Kurwenal, Tannhäuser und Elisabeth, der Holländer und Senta. Da sie sich nicht gegenseitig von der Leidenschaft erlösen können durch den sinnlichen Liebesakt, suchen sie eine „Erlösung" im Jenseits. Daher kulminiert Wagners Werk ganz logisch im Parsifal. Strauss war damit einverstanden, sagte aber, ihn interessiere für seine eigene Kunst mehr die umgekehrte Situation, wo zwei Leute trotz scheinbar extremer Gegensätze in der Liebe zusammenkommen, wie es bei ihm selber und seiner Frau der Fall sei. Diese Situation wolle er musikalisch in seiner nächsten Oper[2] ausschöpfen. – Mit Ernst Hardt über Becher.

---

[1] vermutl. „Bei unseren Helden an der Somme"

[2] Intermezzo

1 November 1916. Mittwoch. Berlin. *1.11.1916 Mittwoch*
Nachmittags bei Annette Kolb. Wegen Schickelé und den „Weissen Blättern", die notleiden, verhandelt. Sie sagt, die Entente habe ihm bereits grosse Gebote gemacht, damit er in ihr Lager übergehe, er habe sie aber immer abgelehnt. – Mittags frühstückte Becher bei mir im Hotel Excelsior. Er hat sich in Weimar bei mir schlecht benommen, mit der Dienerschaft sich encanailliert, sie über mich ausgefragt, widerwärtige Schmutzereien in seinem Zimmer gemacht u. s. w. Ich stellte ihn freundschaftlich zur Rede. Er läugnete natürlich Alles. Leider bleibt das Meiste aber doch unzweifelhaft wahr. Nur hat er eine Art von Unzurechnungsfähigkeit in der Gemeinheit, dass er trotzdem den Eindruck eines unschuldigen Kindes wahrt. Er ist halb Schmutzfink, halb Genie oder Engel. Schade dass diese schöne Flamme in einem Gefäss aus Dreck brennt. – Abends Premiere der „Ariadne" in der Oper. Scheussliche Ausstattung.

2 November 1916. Donnerstag. Berlin *2.11.1916 Donnerstag*
Im Esplanade den Darmstädter Intendanten Dr Eger gesprochen. Gastspiel in der Schweiz. Der Grossherzog trägt 25 000 M. – Nachmittags bei Ludwig Stein. Er empfahl mir in Bern Prof. Nahum Reichersperg, einen Russen, naturalisierten Schweizer, der Verbindungen mit der andren Seite anknüpfen könne. R. sei Präsident der Syndikalisten, Sozialist, unverdächtig.

3 November 1916. Freitag. Berlin. *3.11.1916 Freitag*
Bei Paul Schwabachs gefrühstückt; dort Annette Kolb. Nachmittags nochmals bei Annette Kolb, die mir einen Baron Stranski vorstellte, Deutscher, in Genf geboren, dort wohlbekannt. Ich schicke ihn hin, um die Stimmung zu erkunden, ob man dort Etwas machen kann. Bei Bussche dieserhalb.

4 November 1916 Sonnabend. Berlin. *4.11.1916 Samstag*
Mit Keudell von meinem Regt. im Bristol gefrühstückt. Mit uns auch Berchem u Frau. – Nachricht durch A.A., dass Ludendorff mich Montag oder Dienstag im Hauptquartier sehen will.

5 November 1916. Sonntag. Berlin. *5.11.1916 Sonntag*
Becher wieder bei mir im Excelsior. Er läugnet nach wie vor Alles, aber ohne Überzeugungskraft. Brachte die Korrekturbogen seines Bandes „Das Neue Gedicht" mit. – Abends bei Reinhardt gegessen. Dort noch Prittwitz, Gülbranns-son, eine Frau Koller aus dem Haag, die Frau des reichsten holl. Rheders. Sie sagt, ihrem Manne habe Briand gesagt, sie könnten nach so grossen Opfern keinen ungünstigen Frieden schliessen. Die Familien, die ihre einzigen Söhne verloren hätten, seien aus demselben Grunde eine Hauptstütze von Briand.

6 November 1916 Montag. Berlin *6.11.1916 Montag*

Abends nach Pless abgefahren.

7 November 1916. Dienstag. Pless. *7.11.1916 Dienstag*

Um halb zehn Ankunft in Pless. Berckheim als Vertreter des Hauptquartiers an der Bahn, um mich zu empfangen. Er brachte mich im „Plesser Hof" unter; kleiner, ziemlich unordentlicher Gasthof; Zimmer noch unaufgeräumt, aus dem Fenster Blick auf den Markt, wo eine bunte, überwiegend polnische Bevölkerung, ihr Wesen treibt; dazwischen Stabsordonnanzen, kaiserliche Kraftfahrzeuge, Generalstäbler. Um 12 zu Grünau, der im Hauptquartier das Ausw. Amt vertritt. Er wohnt im Schloss, das ebenso gross wie geschmacklos ist, ein Hotelartiger Kasten aus den 70er oder 80er Jahren angefüllt mit Plüschmöbeln und Geweihen. Das Speisezimmer, wo ein mittelgrosser ovaler Tisch für den Kaiser gedeckt war, ist hoch, düster und protzig. Das Gros des Hauptquartiers isst im Hotel, d. h. in einem niedrigen Gasthofszimmer an drei eng aneinander gequetschten Tischen. Dort Mittags beim Major v. Redern, der im Frieden Kammerherr der Kaiserin[1] ist, zu Gast. Wir sassen offenbar am zweiten Tisch. Am ersten, dem sog. „Cheftisch", die fremden Gäste, die dem Hauptquartier zugeteilten Österreicher und Bulgaren, Klepsch, Bienerth, Gantschew. Die Operationsabteilung isst für sich bei Hindenburg. Alles ist hier kleiner, primitiver, schmutziger als in Mézières, wo die schönen hohen Salons, die Empiremöbel und Damastgardinen der Préfecture einen würdigen Rahmen für das Zentrum des Weltkrieges abgaben. Nach dem Mittagessen fuhr ich mit Berckheim im Auto, wir wurden aber durch einen Unfall, der einem Kinde zustiess, aufgehalten und kamen daher nicht weit. Um halb 5 gieng ich mit Redern zu meinem Vortrag bei Ludendorff. Dieser arbeitet mit der Operationsabteilung im Gebäude der Plessschen Hauptverwaltung, einem hässlichen gothischen Backsteinbau aus den 80er Jahren im Stil der Stefanschen[2] Postpaläste. Er empfieng mich in seinem Arbeitszimmer, das ein grosser, langer, weissgetünchter Raum zu ebener Erde mit vielen Kartentischen und gothischen Fenstern ist und dem Atelier eines Baumeisters oder Technikers ähnlich sieht. Ludendorff ist, seit ich ihn in Czenstochau zuletzt sah, stärker, weicher, gesättigter, blonder geworden; an die Stelle seiner früheren etwas schroffen, harten Art ist eine strahlende und milde Liebenswürdigkeit getreten; er vollzieht den Übergang vom Offizier zum Grandseigneur. Er hörte sich lächelnd, aber mit gespannter Aufmerksamkeit meinen Vortrag an, verfolgte ihn auf der Tabelle, die ich mitgebracht hatte, stellte Fragen, die immer klug und einschneidend waren, billigte zum Schluss das Ganze lebhaft. Ich wies, wie Jagow es gewünscht hatte, darauf

[1] Auguste Viktoria

[2] Stephan

hin, dass bisher nur ein Teil des Geldes, 500 000 M, bewilligt seien, der Rest, 750 000 müssten erst bewilligt werden; es sei deshalb wünschenswert, wenn er seine Zustimmung schriftlich zu erkennen gebe. Er versprach daher in diesem Sinne ans Ausw. Amt zu schreiben. In der Tat gab er gleich Redern den Befehl, er solle ans Amt telegraphieren, er wünsche den Plan vollständig, so wie ich ihn vorgelegt habe, ausgeführt zu sehen; das Geld dafür müsse beschafft werden. Dann sagte er mir, ich solle ihn durch direkte Berichte dauernd auf dem Laufenden halten. Als ich ihm bemerkte, dass ich Romberg unterstünde und daher direkt nur an Romberg berichten könne, meinte er, gewiss, das sei dann richtig, aber ich solle ihm durch Haeften Durchschläge meiner Berichte zukommen lassen, wie es die Militärbevollmächtigten täten. Schliesslich gab er Anweisungen, dass den Leuten, die ich nötig hätte, möglichst wenig Passschwierigkeiten gemacht werden sollten; ich solle sie der Stelle III^{b} des stellv. Generalstabes anzeigen, diese würde dann ihre politische Unbescholtenheit möglichst rasch feststellen und ihnen dann ihre Pässe geben. Nach dieser für mich sehr befriedigenden Erledigung der Propagandawünsche, stellte er an mich eine Reihe von politischen Fragen über die Schweiz. Ich sagte ihm die Wahrheit: dass die Westschweizer schreien und sich wild gebärden, während die Deutschschweizer am liebsten sich in ein Mauseloch verkriechen möchten vor Angst, sich zu kompromittieren, und dadurch die Einheit der Schweiz zu gefährden. Ludendorff fragte, ob es wirklich ernsthafte Leute in der deutschen Schweiz gäbe, die fürchteten, dass die Schweiz auseinanderfallen könne. Ich sagte ja, unzweifelhaft, und zitierte den Reg. Rat Blocher in Basel. Dann erzählte ich ihm aus meinen Gesprächen mit „Magura"; dass, wie auch Frau Koller mir bestätigte, die Franzosen alle ihre Hoffnungen auf den Balkan gesetzt hätten, sodass eine Niederlage dort für sie moralisch fast entscheidender sein würde. Ludendorff meinte, ja, gerade deshalb halte er die Aktion in der Dobrudscha und in Rumänien für so wichtig. Die Unterredung dauerte ungefähr eine halbe Stunde, und zum Schluss lud mich Ludendorff ein, heute Abend beim Feldmarschall zu essen. – Um 8 hin zum Essen. Er und der Feldmarschall wohnen in der Villa des Plessschen Verwaltungsdirektors, einem ziemlich geräumigem Hause, mit zwei Salons, zwei Essräumen, geschmacklos eingerichtet wie Alles hier in Pless, im Stil der 80er Jahre, der eine Salon hellblau, der andre mit roten Plüschmöbeln. Die Fürstliche Familie hängt in zahlreichen Exemplaren an den Wänden. Ausser mir waren als Gäste noch zwei Marineoffiziere anwesend, sowie die Herren von der Operationsabteilung. Der Feldmarschall ist in den zwei Jahren seit dem grossen Rückzug sichtbar älter geworden, das Fleisch schon etwas welk, das kurzgeschnittene, früher fast borstige Haar dünner und müder; die Furchen im bisher viereckigen Gesicht sind jetzt tief und dunkel wie Höhlen, der Schnurrbart überwuchert Mund und Backen grau und struppig wie altes Moos. Geblieben sind die fast behäbige Ruhe und der bittere Humor, der manchmal durchblitzt. Man ass an zwei Tischen in zwei Zimmern. Ich sass dem Feldmarschall gegenüber, rechts von ihm der Kapitän Taggert[1], auf der andren Seite neben diesem Ludendorff. Das Essen bestand aus einer Suppe, einem Fleischgericht, Käse, dazu Weisswein. Der Feldmarschall erzählte Erlebnisse aus den Kriegen '66 und '70, den Tod des Prinzen Anton von Hohenzollern, dessen Uhr er in Verwahrung bekommen habe, und ähnliche ziemlich unbedeutende Episoden. Dann über die Eroberung von Kurland. Diese sei eigentlich ein „Geniestreich" gewesen; er habe nur 5 Kavalleriedivisionen gehabt, die Russen hätten aber dahinter starke Infanterie vermutet. Nach Tisch gieng der Feldmarschall mit Ludendorff, Bockelberg[2], Bismarck, den beiden Kapitäns und mir in den vorderen Salon, liess sich in einem grossen Plüschsessel nieder und lud uns ein, uns um den runden Tisch herumzusetzen. Bier, Zigarren, Zigaretten u. Weisswein wurden angeboten. Ludendorff setzte sich zu mir und liess sich noch einmal den Abend in Jodoigne vor der Schlacht an der Sambre erzählen, wo ich von ihm auf der Karte den Schlachtplan gezeigt bekam und nach Lüttich zurückbrachte. Dann wurde über Österreich und die österreichische Armee gesprochen. Sowohl Ludendorff wie der Feldmarschall äusserten sich sehr abfällig. Ludendorff sagte: „Wenn die Österreicher doch nur halb so gut wären wie die Franzosen! Dann wäre der Krieg schon längst zu Ende. Die verderben Einem jeden Plan." Ich erwähnte, dass jetzt in österreichische Regimenter deutsche Offiziere eingeschoben würden, wie ich von dem jungen Montenuovo gehört habe. Ludendorff erwiderte: „Das nütze nicht viel. Das Einzige, was wirklich helfen würde, wäre, wenn wir die politische Gewalt über das Heer bekämen; verständige Österreicher sähen das auch ein; aber wir nähmen immer zu viel Rücksichten." Ich sagte, zur Organisation müsse auch ein neuer Glaube an die Zukunft Österreichs kommen; was den Österreichern fehle sei der Glaube. Der Feldmarschall merkte auf und nickte. Um halb zehn stand Ludendorff auf und gieng mit Bockelberg und Bismarck hinaus. Der Feldmarschall blieb sitzen, entschuldigte sich, dass er uns noch festhalte, er müsse aber den Abendbericht abwarten. Nur die beiden Kapitäne und ich waren übriggeblieben. Der Feldmarschall wurde jetzt mitteilsamer, streckte sich in seinem Sessel bequemer aus, eine riesige verwitterte Fleischmasse. Er sprach über den Feldzug in Rumänien: bald hoffe er durch das Gebirge durchzusein; in der Ebene werde es dann schneller gehen, denn erst dort könnten wir unsere Hauptstärke den Rumänen gegenüber, unsere schwere Artillerie, zur Geltung bringen. Der Kapitän Taggert äusserte, es würde wohl auch nicht ohne „Zange" abgehen. Hindenburg erwiderte: die theoretisch ideale Lösung werde sich nicht verwirklichen lassen,

[1] vermutl. Taegert

[2] Vollard-Bockelberg

weil wir nicht genug Leute hätten. Wenn man östlich von Kronstadt und gleichzeitig bei Braila über die Donau vorstossen wollte, müsste man sehr viel mehr Truppen haben, denn sonst würden die Siebenbürgische Front und die Donau zu sehr entblösst. Er werde daher mehr von Westen operieren, aus den westlichen Pässen, und die Rumänen gegen Osten zurückrollen. Er sprach über den König von Bulgarien[1], der sehr klug, aber sehr vorsichtig sei. Er habe dreimal mit ihm konferiert, und jedesmal haben ihn der König bis auf die Knochen ausgefragt: Warum er dieses tue? Warum nicht Jenes? Der König habe gewünscht, dass er möglichst bald über die Donau gehe; doch er habe ihm klargemacht, dass er nicht über die Donau gehen könne mit der Bahn von Constantza in der Flanke. Der Kronprinz von Bulgarien[2] mache einen vorzüglichen Eindruck. Er sei der Privatsekretär seines Vaters und werde so unmerklich in Alles eingeweiht. Taggert erzählte dann viel aus dem Orient, von unseren Expeditionen nach Persien, Arabien und Aegypten; meist nicht Erfreuliches. Bei Suez sind wir 50 km. zurückgegangen, und es sei fraglich, ob wir selbst El Arisch halten könnten. Die Engländer hätten eine doppelgleisige Bahn schon bis Katia gebaut. Auch sei es nicht sicher, dass sie nicht hinter unserer Front in Palästina landen könnten. Kress v. Kressenstein und Dschemal seien aber sehr tüchtige Führer. Nur liebten es die Türken, deutsche Unternehmungen fehlschlagen zu lassen, um dann selber als Retter aufzutreten. So wäre es dem Herzog Adolf Friedrich bei seiner Expedition nach Persien gegangen, wenn er nicht lieber darauf verzichtet hätte. Der Feldmarschall meinte, Persien würden wir im Friedensschluss doch den Russen lassen, schon um die Engländer zu ärgern. Gleich nach 10 kam Bismarck mit der Abendmeldung und einem Stoss Karten herein; der Feldmarschall stand auf, und wir verabschiedeten uns. Ich fuhr um 11 nach Berlin zurück.

8 November 1916. Mittwoch. Berlin. *8.11.1916 Mittwoch*

Abends bei Jagow, um ihm Bericht zu erstatten über meine Reise ins Hauptquartier. Als ich ihm sagte, ich hätte Ludendorff so wie er, Jagow, es gewünscht, ausdrücklich darauf hingewiesen, dass bisher nur 500000 M für die Propaganda in der Schweiz zur Verfügung stünden, der Rest müsse erst vom Reichsschatzamt bewilligt werden; ich habe Ludendorff daher nahegelegt, seine Zustimmung zu dem Plan schriftlich dem Ausw. Amte gegenüber auszudrücken, damit dieses von seinem Schreiben zur Unterstützung der Bewilligung Gebrauch machen könne; als ich dieses sagte, fuhr Jagow auf: „Aber, Nein, gerade das habe ich ja verhindern wollen, dass ein solches Schreiben an uns ergienge. Deshalb habe ich Ihnen Prittwitz zugeschickt. Ich hätte Sie selbst sprechen

[1] Ferdinand I.

[2] Boris III.

sollen; aber ich war an dem Tage so beschäftigt. So geht es immer, wenn man Dritte beauftragt. Das Militär mischt sich schon so wie so in Alles!" Er hatte Mühe, seine Fassung wiederzugewinnen. Ich sagte, Prittwitz wäre schuldlos; aber ich hätte den Wunsch des Staatssekretärs, dass ich Ludendorff auf das fehlende Geld hinweisen solle, so aufgefasst, dass dadurch L. für die Beschaffung des Geldes mobilisiert werden solle. Allmählich beruhigte sich Jagow, meinte aber, für das Militär gebe es überhaupt keine Geldfrage. Woher solle es denn Alles kommen? Jetzt seien wieder Millionen nach Russland gegangen. „Glauben Sie, dass wir eine Kriegsentschädigung bekommen?"

9 November 1916. Donnerstag Berlin. *9.11.1916 Donnerstag*

Nachmittags bei Haeften. Er lachte über „das Theater im Amt", das durch Jagows Zustimmung zu meinem Plane und meine Reise ins Hauptquartier angerichtet worden sei. Er könne mir einige Aufklärungen geben, denn er habe zufällig hinter die Kulissen gesehen. Es sei einmal wieder ein Schulbeispiel, wie ein frischer Entschluss allmählich, wie immer im Amte, durch des Gedankens Blässe angekränkelt[1] werde. Mumm habe, als er hörte, dass Jagow mir das Geld versprochen habe, Einspruch erhoben; daher Jagows plötzliche Angst und der Wunsch, dass ich Ludendorff gegenüber die Sache nicht als ganz sicher hinstelle. Dass Ludendorff geschrieben habe, sei daher ganz gut; wenn es Jagow auch nicht gefiele. Ich für meinen Teil kann mir schwer Etwas Ungeschickteres denken als Jagows Behandlung dieser kleinen Sache. Erst bewilligt er mir das Geld en bloc, ohne sich Bedenkzeit zu nehmen; dann wird er ängstlich gemacht, und versucht es mir auf Umwegen wieder zu entziehen. Darauf schickt er mich, obwohl er die Einmischung des Militärs vermeiden will, ins Hauptquartier, was notwendig diese Einmischung herbeiführen muss, und giebt mir eine so missverständliche Instruktion auf den Weg, dass diese Einmischung direkt herausgefordert wird. Schliesslich verliert er mir gegenüber den Kopf, lässt sich von mir in seine Nöte blicken, und muss nun doch das Geld beschaffen und sich das Militär gefallen lassen! Dabei ist er klug und selbst bei solchen Temperamentsausbrüchen mit seiner ganzen kleinen kranken und zarten Person liebenswürdig. Nur ist es grotesk, dass dieses kränkliche, kluge, aber ungeschickte und verzagte Männchen der diplomatische Matador auf unserer Seite sein soll.

11 November 1916. Sonnabend. Berlin. *11.11.1916 Samstag*

Gefrühstückt bei Rantzau in der Victoriastrasse. – Horstmann vom Ausw. Amt getroffen, der sich von mir verabschiedete. Er erklärte mir, er sei Rittmeister der Reserve, da sei es nötig, doch einmal im Kriege „de faire un beau geste", daher habe er sich entschlossen, hinauszugehen; er fahre heute Abend nach Antwerpen!

[1] Shakespeare, Hamlet, 3. Akt, 2. Szene

12 November 1916. Sonntag. Berlin. *12.11.1916 Sonntag*
Nach Wannsee Nachmittags, um Frau Richter zu besuchen. Abends bei Eberhard Bodenhausen im Adlon gegessen. Er erzählte, Jagow habe ihn kommen lassen, um mit ihm die belgische Frage zu besprechen. Jagow sei jämmerlich gewesen, „zum Ohrfeigen"; habe ihm z. B. gesagt: „Um die belgische Frage zu lösen, dazu bin ich einfach nicht gescheut genug. Aber sagen Sie es nicht, sonst werfen sie mir noch die Fenster ein." Bodenhausen meinte, Bethmann sei nur noch „junger Mann" bei Ludendorff, führe nur noch L's Befehle aus. Ludendorff sei dictator Germaniae. Was er von der Industrie verlange, sei ungeheuer; aber etwa 60 bis 70 % von dem Geforderten werde sich schaffen lassen. Die Munition werde schon im Januar bereit sein; die Geschütze erst im Juli; aber von April an werde man die alten Geschütze ohne Rücksicht auf Ausleierung gebrauchen können. Schlimm sei die Kartoffelnot. Bodenhausen schätzt, dass bis zu 2 Millionen Frauen verhungern werden.

13 November 1916. Montag. Berlin. *13.11.1916 Montag*
Bei Hülsen. Garkein Entgegenkommen. Er kennt nur, trotz des Krieges sein Theater. – Abends in den Kammerspielen Strindbergs „Gespenstersonate". Wie Alles von Strindberg gutgesehener Kitsch. Hofmannsthal dort getroffen und mit ihm nachher zusammen. Wir kamen auf sein unerschöpfliches Thema „Österreich". Er meint, nur wenn Österreich Österreich bleibe, könne Deutschland seine „imperiale Mission" erfüllen; denn hier sei die Brücke für Deutschland zur Beherrschung fremder Rassen. Andrerseits sei das Wolhynische Desaster[1] im Grunde ein Glück für Österreich gewesen, denn nur so sei eine vernünftige Lösung des polnischen Problems möglich geworden. „Österreich wäre an Polen zugrundegegangen." Auch hätte es Österreich so schlecht gehen müssen, damit es seine wirkliche Stellung zum Deutschen Reich erkenne, dass es nämlich keine diesem ebenbürtige Macht darstelle. Wenn ein Friede bald nach Gorlice in der Hurrahstimmung gekommen wäre, wäre in Österreich Alles beim Alten geblieben; die Österreicher hätten dann nie die Schwäche und die Mängel des österreichischen Staates erkannt. Körber sei ein viel besserer Mann als Stürgkh; aber solange der alte Kaiser lebe, sei nicht viel zu machen. Dieses grauenhafte Greisenregiment ersticke Alles. Eine grosse Gefahr erblickt Hofmannsthal auch in den alldeutschen österreichischen Studenten. Diese wollten Deutsch, und Nichts als Deutsch sein; sie wären daher für eine Reform Österreichs nicht zu brauchen und entzögen dieser die Kraft der Jugend. Von dem Prestige der Deutschen erzählte H. ein Beispiel, das ihm ein österreichischer Offizier, Graf Bourgoing, mitgeteilt habe. Bourgoing sei beim Rumäneneinfall mit seiner Schwadron, braven Honveds, und noch andren ungarischen Trup-

[1] Niederlage der österr.-ungar. Truppen bei Luczk Anfang Juni 1916

pen in Siebenbürgen gewesen, um den Vormarsch der Rumänen zu stemmen und die Bevölkerung zu beruhigen. Aber die Bauern seien unaufhaltsam geflohen. Da sei plötzlich eine biedere deutsche Munitionskolonne anmarschiert gekommen und mit dieser zurückkehrend die ganze Bevölkerung. Den Honveds hätte sie nicht getraut; aber als sie die Deutschen sah, hätte sie sich in Sicherheit gefühlt.

14 November 1916. Dienstag. Berlin. *14.11.1916 Dienstag*
Rantzau mit mir bei Hiller gefrühstückt. Nachmittags wegen des Variétés mit den Agenten Saltenburg u. Zeller verhandelt.

15. November 1916. Mittwoch. Berlin. *15.11.1916 Mittwoch*
Früh mit dem Direktor Olliver von der Nordischen Filmges., einem Bukowinaer Bauern, der mir einen grossartigen Kartellplan der deutschen Filmindustrie entwickelte, um ihr ein Monopol in Österreich, Schweiz, Holland, und auf dem Balkan zu verschaffen. Wir sollten uns mit unsrer Propaganda eingliedern, dafür will er uns eine Art von Monopol schon im Kriege wenigstens in der deutschen Schweiz schaffen. – Abends in die Mittwochsgesellschaft, wo Apponyi redete; ziemlich trivial und staatsrechtlich rabulistisch: „Paulskirche". Gefrühstückt bei Hoetzsch, der sehr pessimistisch.

16. November 1916. Donnerstag. Berlin. *16.11.1916 Donnerstag*
Der Grieche Zachariou bei mir gefrühstückt. Er ist beleidigt, weil ihn Thiel im Amt neulich so kurz empfieng, behauptet plötzlich, er habe nie Propaganda machen wollen. Er will neuere Nachrichten haben, wonach in Altgriechenland die ganze Bevölkerung hinter dem König[1] stehe. Seine Gewährsmänner seien über Marseille gekommen, wo die Leute sehr kriegsmüde seien.

17 November 1916. Freitag. Berlin. *17.11.1916 Freitag*
Neurath, dem ich vor meiner Abreise auf Wiedersehen sagen wollte, sagte mir, wir sähen uns, wenigstens im Amte, nicht wieder, er habe den Abschied genommen und gehe in den nächsten Tagen. Ich habe ihn als energischen, klugen, liebenswürdig charaktervollen Menschen kennen gelernt, der die Meisten im Amte, und namentlich Jagow, überragt. Er sagt, für ihn sei unter dem jetzigen Regime kein Platz hier. Man habe ihm übelgenommen, dass er unter Einsetzung seiner Person Metternich in Constantinopel beseitigt habe, oder zu beseitigen versucht habe. Solche Leute wollte man jetzt im Amte nicht; sondern Leisetreter.

---

[1] Konstantin I.

18 November. 1916. Sonnabend. Berlin *18.11.1916 Samstag*

Ludwig Stein bei mir bei Hiller gefrühstückt. Ihn über Wilsons Vermittlungsabsichten befragt; ob er durch Gerard Etwas wisse? Stein meint, Wilson werde mit einem Konferenzvorschlage hervortreten, und wenn die Engländer ihn ablehnten, energisch vorgehen, um den Krieg zu beenden. Seine Motive seien: die Erschöpfung der englischen und alliierten Zahlungsmittel, nachdem alle verfügbaren Goldbestände und amerikanischen Wertpapiere in Zahlung gegeben seien, so dass Amerika Gefahr laufe, seine künftigen Lieferungen nicht bezahlt zu bekommen; die fortschreitende Verarmung Europas, die Amerika seines besten Absatzgebietes berauben würde; Wilsons Ehrgeiz oder Eitelkeit, eine weltgeschichtliche Rolle zu spielen. Einen Druck könne er ausüben, indem er Exportzölle in prohibitiver Höhe auf Munition u. Getreide lege, Amerikanern Pässe nach Europa verweigere und dadurch den rücksichtslosen U. Boot Krieg ermögliche. Die Frage sei, ob Wilsons Eitelkeit und wirtschaftliche Einsicht oder seine Englandfreundlichkeit stärker seien; Stein meint die Ersteren würden siegen. Mit Stein über Ludendorff. Ich sagte, ich hielte L. für den einzig möglichen Nachfolger Bethmanns. Stein bestätigte, er und Bernhard seien derselben Ansicht. Später bei Haeften, der mir sagte, Ludendorff habe nochmals geschrieben, er wolle dauernd über meine Tätigkeit in der Schweiz Berichte haben. Im Ausw Amt bei Bussche. Neurath gesehen, dessen Abgang ich tief bedaure. In einem der Gänge des Amtes traf ich Jagow, der sich wie gewöhnlich schief und ängstlich hinschleppte, wie ein kranker kleiner Knabe, der das Mitleid aller Menschen anruft. Er ist so liebenswürdig und klein und schwach, dass man ihm das Mitleid nicht versagen kann, wenn er auch als Figur im Mittelpunkt des Weltkrieges grotesk wirkt. Ich sagte, dass ich heute Abend nach Bern führe. Jagows natürliches Ausdrucksmittel ist der Seufzer. Er seufzte, stammelte Etwas Verbindliches und verschwand in seine Tür; être falot, eine Art Gespenst, das in den Gängen und Vorzimmern der Bismarckschen Ministerwohnung spukt: Erscheinung eines kranken, spitzfindigen Knaben; er wäre rührend, wenn er nicht so beängstigend wäre: das Unzulängliche, hier wirds Ereignis.[1] – Abends ab nach Frankfurt.

19 November 1916. Frankfurt ᵃ/M. *19.11.1916 Sonntag*

Mit drei Stunden Verspätung in Frankfurt an. Konnte infolgedessen nicht beim Grossherzog[2] in Darmstadt frühstücken. Abends zur Première von Frankensteins Biene hinüber. In der Pause beim Grossherzog. Er möchte mit seinem Theater mit nach der Schweiz; äusserte aber Zweifel, ob es in Berlin gern gesehen würde.

---

1 Goethe, Faust. Eine Tragödie. Zweiter Teil, 5. Akt, V. 12106 f.

2 Ernst Ludwig

20 November 1916. Montag. Zürich. *20.11.1916 Montag*
Früh ab aus Frankfurt. Über Basel nach Zürich. Von Leopoldshöhe zu Wagen über die Grenze, da die Züge nicht durchgehen. In Zürich Fürstner u Holländer; Beide schilderten die Begeisterung des Publikums in Bern u Zürich bei den Nikisch-Konzerten; in Bern seien auch viele Entente Leute gewesen. Fürstner sagt, fast die Hälfte der Billetts seien in der Westschweiz verkauft worden. Später Reucker, der ein langes Gesicht schnitt, weil er durch das Nikisch Konzert 3000 frcs Ausfall gehabt habe. Ausserdem sei schon überall von „Propaganda" die Rede. Ein Herr habe in Zürich nach dem Konzert gesagt: „So, jetzt ist es aber genug mit der deutschen Propaganda." Deshalb habe man uns den Tonhallen Saal für ein zweites Konzert abgeschlagen. Der Aufsichtsrat habe diesen Beschluss gefasst. Später sagte mir Reucker, es würde die Schwierigkeiten vermindern, wenn ich dazu helfe, dass die Oper von Andreae, dem Dirigenten der Tonhalle, in Deutschland aufgeführt werde.

21 Nov. 1916 Dienstag. Zürich. *21.11.1916 Dienstag*
Abends bei Simson gegessen. Er erzählte mir, er werde wahrscheinlich nicht mehr lange bleiben können; sein Name sei neulich in einem Spionage Prozess genannt worden.

22 Nov. 1916. Mittwoch. Bern. *22.11.1916 Mittwoch*
Früh Nachricht, dass der Kaiser von Österreich gestorben ist. Nach Bern gefahren. Abends Nikisch Konzert. Er leitete es durch den Trauermarsch aus der Eroica ein als Ehrung für den Kaiser Franz Josef. Am Schluss des Konzertes kannte die Begeisterung des Publikums keine Grenzen; man warf Blumen auf Nikisch, trampelte, schwenkte Schnupftücher, schrie, klatschte, Niemand verliess den Saal, bis Nikisch ein Dutzendmal wiedererschienen war. Brahms' I Symphonie machte auf mich den tiefsten Eindruck durch ihre sittliche Grösse, der Nikisch das Feuer seines Temperamentes gab. Preussische Musik, Fritzischer Geist, der Geist Kants, Scharnhorsts und unserer Truppen vorne. Formung der Masse durch den Gedanken, der dadurch eine Art von Naturgewalt schafft; Naturgewalt aus Intellekt geboren. Was diese Musik ausdrückt, ist weniger als, wie sie es ausdrückt. Strauss und selbst Wagner erschienen heute hinterher dünn und sozusagen willkürlich. Bis spät mit Nikisch im Bellevue. Er erzählte, in Basel sei vorgestern nach dem Konzert ein grosser schlanker Herr auf ihn zugekommen, habe sich als Attaché der russischen Gesandtschaft in Bern vorgestellt und ihm gesagt: „Danke, danke; Sie sind der wahre Friedensengel." Viele Westschweizer, Franzosen und Engländer sind heute gekommen. – Jagow ist zurückgetreten.

23 November 1916 Donnerstag. Bern. *23.11.1916 Donnerstag*
Abends nach Tisch zum Vortrag bei Romberg. Er hielt mich bis halb zwei fest. Redete über unsere Beziehungen zu Frankreich: wie falsch nach seiner Ansicht unsere Politik gewesen sei. Wir hätten die Franzosen einschlafen lassen sollen. Statt dessen hätte unsere Politik alle die Jahre vor dem Krieg schon unter dem Einflusse des Generalstabes gestanden, der durchaus seinen berühmten Plan des „Einmarsches durch Belgien" zur Ausführung bringen wollte. Wenn wir einen Krieg mit Siam gehabt hätten, wären wir „durch Belgien einmarschiert." Daher habe keine Politik mit Frankreich gemacht werden dürfen; wir hätten die Dinge laufen lassen, da es doch zum Kriege kommen müsse, um das Militär zu befriedigen. 1905 hätte man Krieg machen sollen gegen Russland. Aber damals hätten wir keine Kanonen gehabt, deshalb seien wir friedlich geblieben. Er und Stumm seien in Petersburg gesessen und hätten die Hände gerungen. Aber da man die Gelegenheit verpasst hatte, hätte man dann wenigstens die Vorteile dieses Verhaltens voll ausnutzen und die Welt von unserer Friedlichkeit überzeugen sollen. Statt dessen habe man die Marokkopolitik angefangen. Am Tage der Kriegserklärung habe er dem französischen Botschafter Beau einen Abschiedsbesuch gemacht, und Beau habe ihn wieder besucht. Beau sei am Weinen gewesen, habe auf die Russen geschimpft, die das Unglück Europas seien und gesagt: „pourvu qu'on ne répète pas la faute de 70; pas d'annexions!" damit eine Versöhnung nicht unmöglich werde. Romberg bat mich bei Magura zu sondieren, wie Beau jetzt denke. Er meinte, es sei nicht unmöglich, dass Beau jetzt oder später zu gewissen Unterhandlungen bereit sein würde. Allerdings sei er in Paris als schwach verschrieen. Ich unterrichtete R. von meinen Verhandlungen mit Frau Zuckerkandl wegen Clémenceau u. Painlevé. Romberg hält es für möglich, dass Frankreich eines Tages England erkläre, es wolle nicht mehr weiterkämpfen, und dass England dann gezwungen wäre, auch in Unterhandlungen einzutreten: allein könne es uns militärisch nicht widerstehen. Ich bin in so vielen Punkten andrer Ansicht als Romberg, dass ich nur schwer mit ihm sprechen kann. Er zeigte mir einen Brief von Jagow, in dem ihm dieser seinen Rücktritt mitteilt. Romberg schien sehr erschüttert, er sagte, er könne sich das Amt ohne Jagow nicht denken.

24 November 1916. Freitag. Bern. *24.11.1916 Freitag*
Bei Rombergs gefrühstückt. Der Konsul Brandt aus Casablanca, den die Franzosen zum Tode verurteilten, war mit seiner Frau da; ausserdem Schlesinger von der „Vossischen" und Weichardt von der „Frankfurter". Brandt und seine Frau erzählten schauderhafte Dinge von ihrer Behandlung durch die Franzosen. Abends gegessen bei de Vaux auf seinem Zimmer. De Vaux sagte mit Bezug auf Stürgkh, Tschirschky, Franz Josef: „Der Tod arbeitet jetzt für uns, wie er

früher gegen uns gearbeitet hat". Jedesmal sei ein Hindernis beseitigt worden. Er sei, als Stürgkh ermordet wurde, in Wien gewesen; nachher sei eine ganz andre Stimmung gewesen, statt verzweifelt fast gut. Schwere Bedenken äusserte V. wegen Polens. Wir hätten eine Irredenta und eine notwendig feindselige Macht an unseren Grenzen geschaffen. Polen hätte in der Form des Trialismus der Habsburgischen Monarchie einverleibt werden müssen. Die Wolhynische Katastrophe sei dagegen fast ein Glück gewesen; denn erst sie habe es möglich gemacht, dass Österreich den preussischen Oberbefehl annahm und eine einheitliche Führung bei uns zustandekam. Ich fragte, wie man in österreichischen Kreisen diese Führung empfinde? V. sagte: das Volk und der Soldat sähen sie gern; anders sei es allerdings mit den Offizieren und der Aristokratie. Aber ein grosser Ungar, ein Stock-Magyare, habe ihm gesagt: „in der Lebensmittelfrage würde es das Beste sein, einen Preussen zum Diktator zu berufen; denn ein Österreicher könne nicht über die Ungarn, und ein Ungar nicht über die Österreicher gesetzt werden; nur ein Preusse könne Beide unter einen Hut bringen." Vaux gab vor, Meinung und Wunsch des Ungarn zu teilen.

25 Nov. 1916. Sonnabend. Zürich *25.11.1916 Samstag*

Wegen drei Variététheater in Zürich (Corso, Mascotte, Bonbonniere) in Verhandlungen eingetreten. Sie sollen zu haben sein.

27 Nov. 1916 Montag. Bern. *27.11.1916 Montag*

Weichardt, den Korrespondenten der „Frankfurter" gesprochen wegen einer Wochenschrift in der Schweiz, die er mit Paul Schlesinger von der „Vossischen" gründen will. Zweck, Sympathieen werben für Deutschland. Er denkt an eine Zeitschrift vorgeblich für die Internierten. Ich sagte: publizistische Propaganda Unternehmungen in fremden Ländern seien regelmässig Totgeburten. Ihnen fehle die innere Lebenskraft. Wenn er Etwas mache, müsse er zuerst irgendeinen inneren Lebenskeim suchen, der der Zeitschrift ein natürliches Wachstum in Aussicht stelle. Ausserdem eine eigene, neue Form, die das Publikum anziehe und unterhalte; eine prickelnde Aufmachung der Gedanken, die verbreitet werden sollen; Leitartikel von unsren besten Schriftstellern (Heinrich Mann, Hofmannsthal, L. v. Wiese, Schickele) in kurzen Absätzen, und nicht über drei Seiten lang; diese sehr hoch honorieren. Dann amüsante Notizen, kleine, spannende Novellen, Gedichte von jungen Dichtern. Als gemeinsames wirkliches Interesse der Schweiz und Deutschland käme etwa die Demokratie, die demokratische Neugestaltung Mitteleuropas in Betracht. Ausserdem die Richtung auf einen Friedensbund der Völker. Als Titel schlug ich „Deutsche Demokratie" vor. Weichardt fragte, ob die Regierung eine solche Zeitschrift mit diesem Titel unterstützen würde; denn das sei für ihn und Schlesinger Voraussetzung. Ich bat ihn, mir ein Programm vorzulegen. Ich selber stünde zwar politisch nicht auf einem demokratischen Standpunkt; würde die Sache aber Romberg vortragen und glaubte, dass die Regierung eine solche Zeitschrift zum mindesten mit ihrer Sympathie unterstützen werde; ja sie könne sich sogar auf die letzte Rede Bethmanns berufen. Das Geld müssten Private hergeben, etwa James Simon, Walther Rathenau.

28 Nov. 1916. Bern. Dienstag. *28.11.1916 Dienstag*

Früh Unterredung mit Mülon, früherem Kruppdirektor, jetzt von Romberg hier mit eingespannt. Romberg hat ihn vor einigen Tagen in Zürich getroffen und ist durch einige Bemerkungen über Rumänien gewonnen worden. Es ist ein grosser, knochiger, energischer Mann, aber nicht ohne Sentimentalität und vorgefasste Meinungen, an denen er mit einer nervösen Leidenschaftlichkeit festhält; unstät aber halsstarrig und von pessimistischem Temperament. Er soll hier Feuilletons machen, in den Zeitungen durch Kunst und Geist wirken. – Abends gegessen mit Annette Kolb und Schickelé. Wir nahmen ein Séparé bei Deltweiler[1]. Ich sah Schickele zum ersten Mal. Er ist klein und blond, ein kleiner, blonder Allemanne mit gallischem Temperament; in seinen Gesinnungen Elsässer und grossdeutsch, aber antipreussisch und franzosenfreundlich. Wir sprachen bis halb zwei miteinander. Er sagte „Ich bin ein Deutscher, und sogar ein deutscher Patriot; ich glaube an einen künftigen Imperialismus des deutschen Geistes." Aber er hält nicht viel vom Deutschen Reich. Sein Ideal ist das alte Reich mit einem Wahlkaiser und demokratischen und partikularistischen Institutionen. Auf dieser Grundlage erstrebt er, wie er sagte, eine deutsche geistige Weltherrschaft. Ich wandte ein, dass geistiger Imperialismus ohne politischen Rückhalt die Deutschen zu einer Art von Juden machen werde. Schickelé stimmte zu und sagte, daher würde er persönlich auch für jede Militär- und Flottenforderung zu haben sein. Nur für einen Krieg gegen Frankreich sei er nicht zu haben. Er verkehrt hier viel mit Haguenin, dem französischen Regierungs Agenten; dieser sei sehr deutschfreundlich, dürfe es aber nicht zugeben. – Schickele hat auch Verbindungen mit Commerre, der eine Zeit lang Sekretär von Cambon war, jetzt aber als dessen rechte Hand in London sitzt und ebenfalls, wie Schickelé behauptet, deutschfreundlich ist. Schickelé meint, Briand werde bald stürzen, aber durch Barthou ersetzt werden, der sein alter ego sei. Briand werde daher die wirkliche Macht behalten. In Paris herrsche Iswolski, und zwar durch die rohesten Gewaltmittel, dreihundert Agenten. Wenn im französischen Volk irgendein Hass sei, so sei er gegen die Engländer, nicht gegen die Deutschen. Ich besprach mit Sch. den Wochenschrift Plan. Er gieng darauf ein; meinte nur, er müsse sicher sein, dass ihm die deutsche Regierung deshalb keine Schwierig-

[1] Dätwyler-Spörry

keiten mache, ihn nach Deutschland wieder hineinlasse; denn in Deutschland sei sein Platz nach dem Kriege, dort wolle er wirken.

29 Nov. 1916. Mittwoch Bern – Montreux. *29.11.1916 Mittwoch*

Vormittags mir ein Büreau gemietet, Junkernstr. 19 im alten Bern, altes, steinernes Pfarrhaus mit kolossalen Barock Kachelöfen in Weiss und Gold und geschnitzten Pannellierungen. Die Fenster blicken in die Tiefe, in die Aare Schlucht auf Ziegel Dächer grüne Hänge und den blauen schnellen Fluss. – Nachmittags nach Montreux, um Magura zu sprechen. Er hat wegen unseren früheren Unterredungen Unannehmlichkeiten mit seiner Botschaft gehabt. Sie sind bemerkt und gemeldet worden. Irgendein Anonymus hat ihm Léon Daudets Buch[1] zugeschickt und das Kapitel über mich angestrichen. Schliesslich hat man ihn gebeten, sich zunächst aus der Botschaft unter Vorwänden fernzuhalten. Er gab zu, dass die Lage in Rumänien kritisch sei. Sorge macht ihm, ob wir dort Vorräte fänden, die „unseren Widerstand verlängern" würden. Aber er zweifelt noch nicht am „Endsieg". Auch meint er, nach so grossen Opfern sei eine Rückkehr zum status quo ante unmöglich. Er schimpfte sehr auf die Russen wegen Rumänien und auf die Belgier im Allgemeinen. Unser grosser Vorteil sei die einheitliche und energische Führung durch Ludendorff, den er über Hindenburg stellt. Hindenburg habe „une tête de vieux sous-off". „Mais ce qui vous a fait beaucoup de tort, c'est le discours de votre Chancelier; on y a vu une preuve de faiblesse. Même les Suisses de la Suisse Allemande ont eu cette impression." Sehr schlecht sei das Verhältnis zwischen französischen internierten Offizieren und Soldaten. „Les officiers empoisonnent les soldats de leur arrogance." Die Soldaten hassten die Offiziere. – Im Zuge traf ich einen jungen Engländer, der aus Indien kam. Er hielt mich für einen Engländer und klagte über die Ängste und Unannehmlichkeiten der Seereise auf dem Mittelmeer. Die Reisenden dürfen sich wegen der U. Boote keinen Augenblick von ihren Rettungsgürteln trennen. Sie kommen damit zu Tisch und tragen sie Nachts im Bett umgebunden. Nachts ist das Schiff ganz dunkel. Ein vor ihnen fahrendes Schiff sei versenkt worden. Sie hätten das Glück gehabt, ein Kriegsschiff zu treffen, und unter dessen Schutz sicher Marseille zu erreichen.

30 Nov. 1916 Bern. Donnerstag. *30.11.1916 Donnerstag*

Nach Bern zurück. Bei Rombergs gefrühstückt. Frühstück zu Ehren deutscher Industrieller und Offiziere vom Kriegsministerium, die heute hier eine Gesellschaft „Metallum" gegründet haben, um die Schweizer Industrie in den Dienst der deutschen Munitionserzeugung zu stellen. Zahlreiche Schweizer Fabriken werden dadurch auf zwei Jahre voll beschäftigt; auch Fabriken in der West-

[1] La vermine du monde. Roman de l'espionage allemand

schweiz. Monatlich sind Aufträge für 20 Millionen Mark ausgeteilt. Die Westschweizer schreien für die Entente, nehmen und liefern aber, wo sie Geld bekommen. Heute Nacht sind 10 Millionen Gold aus Deutschland angekommen. – Nachher trug ich Romberg den Plan von der Wochenschrift vor; er hält Nichts von der Schlesinger und Weichardtschen Arbeit, ist dagegen eher für Schickelé eingenommen. Meinte allerdings, wenn er wieder Geld in Publizistik hineinstecke, dann möchte er lieber eine grosse Schweizer Tageszeitung kaufen. Ich sagte, die Regierung dürfe überhaupt kein Geld für die „Deutsche Demokratie" hergeben, das würde sowohl die Wochenschrift wie die Regierung kompromittieren. Die Regierung müsse nur versprechen, der Zeitschrift keine Schwierigkeiten zu machen und sie nach Deutschland hinüberzulassen. Romberg meinte hierüber könne er nicht entscheiden; das sei eine Frage für den Reichskanzler und die Oberste Heersleitung; an diese müsse ich herantreten. Die Zuckerkandl will Romberg möglichst bald hier haben. Der Moment sei in Frankreich sehr interessant. Eine gewaltige Krisis stehe dort bevor.

1 Dez. 1916. Bern. Freitag. *1.12.1916 Freitag*

Vormittags Stransky bei mir und mit mir gefrühstückt. Er ist seit einigen Wochen in meinem Auftrage in Genf, wo er intime Beziehungen zu Ententefreundlichen Schweizern hat, vor Allem zu Albert Vuillerin[1] vom „Journal de Genève". Er sagt, dass Vuillerin häufig nach Paris fährt und dort Briand und Viviani sieht. Über meine Unterredung mit S. Bericht an Romberg (von heute). Vuillerin soll noch an den Sieg der Entente glauben, weil Deutschland wirtschaftlich nicht durchhalten könne; in letzter Zeit habe er aber häufig lebhafte Besorgnisse geäussert wegen Rumäniens und des Dienstpflichtgesetzes[2]. In Frankreich soll nach Vuillerin die Stimmung jetzt auch schlecht sein und nur noch durch die Zeitungen gehalten werden. Stransky meint, dass wenn es in Rumänien weiter gut gehe, eine Neigung zur Fühlungnahme über unsere Friedensbedingungen in Frankreich aufkommen würde. Allerdings verachte Vuillerin die Pazifisten (Romain Rolland), weil Deutschland am Kriege schuld sei, sein Unrecht anerkennen müsse und an dieser Forderung die Pazifisten vorbeigiengen. Wenn Deutschland sein Unrecht ausdrücklich anerkenne und aus Belgien (und wohl auch Frankreich) hinausgienge, dann liesse sich über Frieden reden. Auch auf

---

[1] Wuarin

[2] Am 2. Dez. 1916 fand im Reichstag die Dritte Lesung des Gesetzes zum „Vaterländischen Hilfsdienst" statt, das am 5. Dez. in Kraft trat. Es schrieb eine allgemeine Arbeitspflicht für alle nicht kriegsdienstfähigen Männer zwischen dem vollendeten 17. und 60. Lebensjahr fest.

Elsass-Lothringen hofften die Franzosen noch; zum mindesten wollten sie „l'un ou l'autre", Belgien oder das Elsass. Vuillerin benenne als den geeignetsten deutschen Unterhändler Bülow, weil er ein „Europäer" und so wenig „boche" wie möglich sei. Ich sagte S., das wundere mich; denn Bülow sei für die Engländer ein rotes Tuch. Ob er sonst noch Zeichen bei Vuillerin bemerkt habe, dass Engländer u. Franzosen auseinandergiengen? S. sagte, es sei ihm aufgefallen, dass Vuillerin häufig sage: „Après la guerre, on s'arrangera avec l'Angleterre".

3. Dez. 1916. Sonntag. Bern. *3.12.1916 Sonntag*

Bei Hindenburgs gefrühstückt mit Frau v Grunelius, geb Tascher (Französin) und einer Miss de Neuville, einer Amerikanerin. Frau v Hindenburg sagt, sie habe kurz vor dem Kriege in Rom den General v Bernhardi kennen gelernt, und dieser habe ihr erzählt, er sei von Carson eingeladen worden, den Befehl über die Ulster Rebellen in Irland zu übernehmen; er habe aber abgelehnt. Die Grunelius, wie sie selber Asquith in Venedig beim Karneval im Dogenkostüm betrunken eine Contredanse habe tanzen sehen; als englischer Premierminister! Englisches „Decorum". – Nachmittags bei der Kolb zum Tee im Hotel Bären. Sie hatte offenbar Haguenin benachrichtigt und Dieser die Zusammenkunft gewünscht. Denn kaum war ich da, eilte sie ans Telephon und rief ihn heran. Er ist ein rundlicher, kühler Nordfranzose, grosser Weiberfreund, sehr ehrgeizig und „pushing"; will nach Berlin zurück, möglichst als Botschafter. Er kam mit grosser Wärme auf mich zu „Enchanté de vous revoir, monsieur". Wir hatten dann eine anderthalbstündige Unterredung (Bericht an Romberg). Er begann, dieser Krieg sei schrecklich: il serait bien temps d'en finir. Ich sagte: Mais comment? jetzt entfalteten wir erst unsere grösste Macht. Haguenin: Auch Frankreich. Bis jetzt sei die französische „Administration" noch nicht aufgewacht. Aber man würde dafür sorgen, dass sie wach werde, und wenn man die Guillotine dazu brauche! Ich: Wenn der französische Staatskarren in Gang komme, würde Frankreich schon verblutet sein. – Haguenin: „Möglich! Aber trotzdem glaube er, qu'on dressera la guillotine sur la place de la République. On préfèra cela à une paix qui ne répondrait pas à nos sacrifices." Ich fragte, wen er guillotinieren wolle? Ob z B. Poincaré. Haguenin: Nein, er sei zu „nul". Auch nicht Briand; der sei zu begabt. Aber die Abteilungschefs in den Ministerien und die unfähigen Generäle. – Ich sagte, vielleicht sei ein Friedensschluss doch vernünftiger. – Haguenin: Non, monsieur, voilà, où vous vous méprenez: la France n'a jamais été raisonnable. Une fois qu'elle s'est emballée sur une idée, elle se casserait plutôt la tête contre un mur. C'est l'idée de Justice pour laquelle elle combat. Et dans cette idée, elle comprend aussi l'Alsace-Lorraine. Elle voit là une population qu'elle croit violentée et à laquelle la France doit un sort plus heureux. Ce ne sont pas seulement les gouvernants qui pensent ainsi, mais le peuple tout entier, qui ne permettrait jamais de faire une paix sans justice. L'idée de la Revanche était à peu près morte avant la guerre, mais l'idée de Justice emporte aujourdhui la France entière. – Ich sagte, militärisch scheine mir eine praktische Verwirklichung der Gerechtigkeit, wie sie sich die Franzosen vorstellten, noch entfernt; an der Somme seien die Fortschritte dieser Idee bisher gering. – Haguenin gab zu, dass sich an der Westfront militärisch nicht mehr viel ändern lasse. Trotzdem werde Briand, wenn er stürze, nicht durch Pazifisten sondern durch Scharfmacher ersetzt werden: Tardieu, Painlevé, Franklin-Bouillon, Barthou, Doumer, lauter Leute „auxquels on ne peut pas parler de l'Allemagne". Briand habe dagegen ein gewisses Interesse und Verständnis für Deutschland. Er frage ihn, Haguenin, immer nach Deutschland und deutschen Verhältnissen; die Andren nicht. Briands Stellung sei stark erschüttert. Wenn Briand einmal gestürzt sei, würde Nichts mehr zu machen sein. Dabei liess H. einfliessen, dass er in den nächsten Tagen nach Paris fahren und Briand sehen werde. Der Wink war deutlich. Ich übersah ihn mit Absicht und fragte, worauf denn Tardieu u. Co ihre Siegeshoffnung gründeten? – Haguenin: auf Deutschlands Wirtschafts Schwierigkeiten und auf jene „foi mystique dans la Justice", von der er bereits gesprochen habe (Nebenbei sind Alle, die er nannte, alte Dreyfusards, die schon einmal ihr Geschäftchen mit der „Justice" gemacht haben.) Wenn diese Männer ans Ruder kämen, würde für uns eher noch ein Friede mit und durch England möglich sein. Unsere Regierung habe über Grey ganz falsche Vorstellungen verbreitet. „Vous me permettrez de vous le dire, Monsieur, vous avez un gouvernement terrible, un gouvernement menteur. Ce qui a fait le plus de tort à l'Allemagne dans l'opinion publique française, ce sont les mensonges de son gouvernement. C'est pourquoi la haine chez nous se concentre surtout sur le gouvernement Allemand." Auf das Verhältnis der beiden Völker zu einander habe der Krieg im Gegenteil, so sonderbar das scheinen möge, nicht durchweg schlecht eingewirkt. „Il est de fait que, malgré la haine, on apprécie mieux chez nous l'Allemand aujourdhui qu'avant la guerre. L'idée de l'Allemand brutal et balourd a disparu; certes, l'Allemand nous apparait brutal, mais nous avons vu qu'il n'est pas balourd, qu'il sait se débrouiller; et cela lui a acquis une espèce de sympathie. Jamais les deux peuples n'ont été si près de se comprendre; s'il n'y avait pas la guerre, il y aurait peut-être une alliance." – Ich bemerkte, wir hätten Gründe, eine übermässige Schwächung Frankreichs nicht zu wünschen, da es dann eine Art von Kolonie Englands werden würde. – Haguenin: Non, ça jamais, nous en sommes bien sûrs. – Ich: Warum? – Hagu.: Parceque pendant la guerre, nous avons vu que partout où un Français et un Anglais se rencontraient, c'était toujours le Français qui prenait le dessus, par l'intelligence. Nos idées sur l'Anglais ont bien changé, elles aussi, pendant la guerre. Nous avons reconnu que c'était un être simple, plutôt naïf, un sentimental; un être lourd et lent, bien différent de ce que nous nous étions imaginés. Non, nous ne craignons plus l'Anglais. – Ich fragte, wie sich die Soldaten unter einander stünden? – Haguenin: Aucune cordialité. C'est même étonnant; on aurait cru que la fraternité d'armes développerait de la sympathie; mais elle ne s'est pas produite. Par contre nous avons trouvé chez lui une parfaite loyauté. – Haguenin erzählte dann von Vollard, Bonnard, Gide; sagte mir, er stünde zu jeder Zeit zu meiner Verfügung; ich könne ihn auf seinem Büreau aufsuchen, oder wenn ich das lieber hätte, ihn antelephonieren; er würde dann sofort zu mir kommen. Ich erhob mich, sagte die Unterredung hätte mich sehr erfreut und interessiert, wenn auch ein praktisches Ergebnis dabei nicht herausgekommen sei. Schickelé wartete auf mich in einem Nebenzimmer. Ich gieng hin und liess Haguenin bei der Kolb. Bald nachher kam diese und brachte mir einen Zettel, den sie nach Haguenins Diktat geschrieben hatte: „qu'il faudrait envisager diverses propositions de paix et s'engager de n'en point parler jusqu'au moment où elles auraient chance de succès." – Mein Gesamteindruck war, dass Haguenin offenbar dringend wünscht, Briand irgendwelche Vorschläge unterbreiten zu können; und zwar bald, wie aus seiner Betonung der prekären Stellung Briands und der Unversöhnbarkeit seiner voraussichtlichen Nachfolger hervorgeht. Ob und inwieweit Briand selbst ihm diesen Wunsch souffliert hat, liess sich nicht erkennen. Wie sich Haguenin die „propositions de paix" etwa denkt, scheint mir aus der Verkoppelung der von ihm betonten „Idée de Justice" mit Elsass Lothringen hervorzugehen. Er hat auch der Annette vor einiger Zeit gesagt, dass Frankreich mindestens „la discussion" dieser Frage wolle. – Nach Tisch bei Romberg. Erzählte ihm meine Unterredung mit Haguenin. Er sagte, H. sei diesmal weiter gegangen als früher. R.'s Idee ist, einen sehr billigen Frieden mit Frankreich zu schliessen (es „etwas mitsiegen" zu lassen); dafür aber freie Hand von Frankreich gegen England oder Russland zu bekommen. Dieses sei das Mindeste, was wir erwarten müssten. Mir scheint diese Idee vorläufig eine Utopie.

4. Dez. 16. Montag. Bern. *4.12.1916 Montag*

Abends gegessen bei Deltweiler mit der Kolb, Schickelé und seiner Frau. Ich hatte Sch. beauftragt, unauffällig festzustellen, wann Haguenin nach Paris fahre, um Briand zu sehen. Schickelé kam mit der Antwort, Haguenins Absicht sei, in sechs bis sieben Tagen zu fahren; wenn ich aber inzwischen nach Berlin führe, sei er gern bereit, meine Rückkehr abzuwarten. Also hat Sch. Haguenin gesagt, dass ich gefragt habe, und Haguenin hat zu erkennen gegeben, dass er eine offiziöse Antwort auf seine Proposition erwartet. Ich fragte Sch. daher, was sich Haguenin unter diesen „propositions de paix" etwa denke? Sch. meinte, eine

Diskussion der Elsass Lothringischen Frage. Bekanntlich gebe es dieser Frage gegenüber drei Standpunkte
1) retour sans discussion à la mère-patrie: Standpunkt der gesamten Kammer mit Ausnahme der Sozialisten.
2) Plébiszit: Standpunkt der ganzen Sozialistischen Partei (sowohl Renaudel wie Longuet)
3) Autonomie innerhalb des Deutschen Reichs, ohne Plebiszit oktroyiert: E. L. Bundesstaat.
Sch. sagt allerdings, Haguenin habe ihm auf seine Anregung geantwortet, es sei zwecklos, wenn sie über die E. L. Frage miteinander sprächen; denn Deutschland würde nie irgendwelche Konzessionen an E. L. machen, ausser wenn es besiegt sei: und dann würde Frankreich E. L. einfach zurücknehmen. Sch. möchte begreiflicherweise trotzdem die Elsass-Lothringische Frage in den Mittelpunkt unserer Verhandlungen schieben; und meint, Haguenin suche trotz jener Antwort eine Diskussion gerade über diesen Punkt, was mir bei der Verkoppelung der „Idée de Justice" mit der Tirade über Elsass L. in seiner Unterredung mit mir nicht unwahrscheinlich scheint. Schickelé meint
Es wäre festzustellen durch Sondierung oder Anfrage in Berlin
1) wie weit die Deutsche Regierung gehen würde, und zwar:
a) vertraulich (was ehrenwörtlich nicht über Schickelé und mich hinausgehen, auch nicht Haguenin mitgeteilt werden solle);
b) was Haguenin als angeblich allerletzte Konzession mitgeteilt werden könne, damit er es in Paris als allerletzte Konzession mitteile?
2) müssten wir von Haguenin erreichen, dass er von Paris mitbringe, was dort als die allerletzte Konzession der französischen Regierung angesehen werde. Schickelé glaubt, dass Haguenin auf diesen Plan eingehen würde; diese Sondierungen würden keinen von beiden Teilen verpflichten, aber einen Anknüpfungspunkt bieten für Gespräche zwischen uns.
3) müsse dann aber Haguenin noch aus Paris mitbringen, ob man bereit wäre, in der dortigen Presse jetzt schon eine Stimmung vorzubereiten, damit auf Grund der Elsass Lothringischen Frage verhandelt werden kann, wenn wir uns verpflichten, in unserer Presse eine entsprechende Stimmungsmache zu unternehmen.
Haguenin müsse nicht nur mit Briand sprechen, sondern auch mit Jules Cambon, der bleibe, wenn Briand stürze, so dass eine kontinuierliche Aktion garantiert sei. Hauptsache wäre, festzustellen, ob unsere Regierung loyal gegen E. L. handeln wolle. Denn Haguenin habe ihm, Schickelé, gesagt: Cambon habe direkt einen Knax, weil er glaube, dass unsere Regierung „triche".
Schickelé bringt also als sehr geschickter rein Elsässischer Diplomat zwischen beiden Ländern die Elsässische Frage, allerdings in einem für Deutschland

günstigen Sinne, vor; ist aber, obwohl er seine eigenen politischen Ziele verfolgt, für uns gut zu benutzen. Er betonte immer wieder: „Das Elsass ist deutsch, Ich bin ein Deutscher, ja, wenn Sie wollen, sogar ein deutscher Patriot: ich erstrebe einen deutschen Imperialismus auf geistigem Gebiete". Nur den preussischen Unteroffizierton und die Servilität bekämpfe er. Sein Ideal wäre ein ziemlich loser Staatenbund innerhalb des Deutschen Reiches auf demokratischer Basis unter einem Wahlkaiser. – Nach der Unterredung mit Schickele auf die Gesandtschaft, wo mit Romberg bis ½ 2. (Bericht an Romberg vom 5ten XII)

5. Dez. 16. Bern. Dienstag. *5.12.1916 Dienstag*

Vormittags wieder Schickele gesehen. Ich beauftragte ihn, wie mit Romberg verabredet, Haguenin zu sagen, ich führe heute nach Berlin, könnte ihn daher jetzt nicht mehr sehen, würde aber in 8 bis 10 Tagen wieder hier sein. Es habe ja auch keinen Zweck Unterredungen im angedeuteten Sinne mit H. zu führen, ehe man nicht wisse, ob Briand einen solchen Weg eventuell beschreiten würde. Haguenin möge doch nach Paris fahren und die Ansichten Briands feststellen; es würde mich dann natürlich interessieren Haguenins Eindrücke eventuell in einer neuen Unterredung zu erfahren. Gegen Briands Person hätten wir keine Einwände; dagegen hätten wir bisher keinen Grund, seinen Absichten besonderes Vertrauen entgegenzubringen; auch hätten wir bisher noch kein Anzeichen, dass Briand selbst Friedenswünsche habe. Wenn er jetzt auch nur vertraulich sich von einer andren Seite zeige, seien wir gern bereit, umzulernen; seien uns allerdings klar, dass wir ihm damit einen Dienst leisteten, indem wir ihn in seiner wie H. selbst sage sehr gefährdeten Stellung stützten. – Nachmittags nach Zürich.

6. Dez. 16. Mittwoch. Romanshorn. *6.12.1916 Mittwoch*

Vormittags Telegramm von Schickele, er müsse mich vor meiner Abreise unbedingt noch sprechen. Bestellte ihn an den Bahnhof nach Romanshorn, wo ich Nachmittags auf der Reise nach Berlin durchkommen musste. Schickele drang so in mich, dass ich mich entschloss in Romanshorn zu bleiben, da er mir Viel zu sagen habe. Wir setzten uns in den Gasthof. Haguenin scheint sehr nervös und aufgeregt zu sein, aber grossen Wert auf die Anknüpfung zu legen. Er hat seit gestern an Sch. geschrieben und dann noch telegraphiert, ob ich auch „en toutes circonstances honnête homme" sei. Ich fragte, was das heisse? Schickelé meinte, Haguenin sei fast krankhaft mistrauisch. Er fürchte, dass ich ihn vielleicht im Interesse Deutschlands zu hintergehen suchen werde; oder dass unsere Regierung mich hintergehe (ne serait-il pas à l'occasion la dupe de son gouvernement?); oder dass unsere Regierung seine Anknüpfung ausspiele gegen die andren Entente-Mitglieder, um sie abzusprengen; oder dass bei uns im Amt geschwatzt würde und durch neutrale Missionen in Berlin die Sache sich herumspreche. Auch wolle Haguenin jetzt lieber meine Rückkehr aus Berlin abwarten, ehe er nach Paris fahre. Ich denke, weil er doch gern mit Propositionen von uns aufwarten möchte. Ich sagte Schickele, mit seiner Reise möge es H. halten, wie er wolle; aber ehe er in Paris gewesen sei und sich die Genehmigung von Briand zu unseren Unterredungen geholt und die Richtung festgestellt habe, in der Briand sie geführt sehen möchte, habe es für mich keinen Zweck, Haguenin wiederzusehen. Was wir erreichen müssten sei die Fortsetzung privater Unterhaltungen zwischen Haguenin und mir mit der offiziellen Genehmigung der beiden Regierungen, wobei beide Regierungen offiziell u. parlamentarisch nicht gebunden würden. Also Herstellung eines gesicherten („zementierten") Kanals zwischen Berlin u. Paris. Schickele möge H. sagen: Ich könne Nichts weiter tun, wenn H. nicht bei der nächsten Unterredung aus Paris formelle Zusicherungen mitbringe, ob und in welcher Richtung verhandelt werden könne. Dann wäre ich gern bereit, Haguenin etwa alle acht Tage zu sehen, auch wenn unsere Unterhaltungen auch nicht gleich zu praktischen Resultaten führten. Haguenin ist angeblich sehr antienglisch. Er hat Sch. gesagt: bis jetzt habe Frankreich auf Russland und England gedrückt, um sie vorwärtszutreiben. In den nächsten Monaten würden umgekehrt England und Russland auf Frankreich drücken. Dieser Umschwung sei eingeleitet durch die Rückkehr des Grossfürsten Nikolaus Nikolajewitsch, der mit einer Militär Revolte gedroht habe und auf Petersburg marschieren wollte, wenn Stürmer nicht gienge. Daher Stürmers plötzlicher Sturz. Auch der Asquiths hänge damit zusammen. Briand aber stehe auf dem Standpunkt, dass ein Sieg Nichts nütze, wenn Frankreich sich nicht aus eigener Kraft erholen könne. Ferner habe Briand tatsächlich schwere Sorgen wegen Calais zum mindesten gehabt und schriftliche Zusicherungen von England verlangt. Asquith habe nur unterschreiben wollen, dass England Calais räumen würde, wenn Deutschland Belgien räume und nicht andre Gründe eine weitere Besetzung nötig machten. Diesen zweiten Eventualfall habe Briand ausgeschlossen und sich geweigert, eine solche Erklärung anzunehmen. Das sei mit ein Grund von Asquiths Sturz gewesen. Lloyd George habe dann unterschrieben, England werde Calais räumen, sobald Deutschland Belgien räume. Überhaupt stünden sich Briand und Lloyd George auch menschlich nahe. Im Gegensatz zu Briand stehe die Partei, die auch Frankreich ohne Rücksicht auf die Zukunft und ev. mit Hülfe des Schreckens bis zum Äussersten anspannen wolle (refaire 1793). Diese Partei folge den Weisungen Iswolskis und werde geführt von Tardieu, Painlevé, Barthou, Franklin Bouillon, Doumer; auch Clémenceau gehöre zu dieser Ansicht. – Schickeles geplante Wochenschrift besprochen. Er möchte von unserer Seite dauernde Orientierung, was man will, durch mich. Man solle mir regelmässig Pressematerial zuschicken, damit ich es Sch. übergebe. Er selbst habe grosses Material über russische Presse (Vertrauensmann). Schickele möchte antienglisch wirken, insbesondre die Kampagne wegen Calais in seiner Wochenschrift führen; bittet aber, dass kein Ton über Calais in Deutschland gesagt werde, da das nur schade. Die genaue Formel des Versprechens bezügl Calais, das die Engländer unterschrieben haben, lautet nach Sch. (vertraulich): „Nous resterons à Calais, tant que les Allemands resteront en Belgique." Asquith fügte hinzu: „oder solange die europäische Konstellation es erfordert." Dieses letztere lehnte Briand ab. Lloyd George hat die erste, klare Formel akzeptiert, und zwar bei der Entrevue in Verdun mit Poincaré. Schickele will seine Kampagne führen mit dem Motto: „Europa braucht ein lebensfähiges Frankreich." Haguenin wird Briand u. Cambon gegenüber den Standpunkt einnehmen: Frankreich steht auf dem Punkt, nicht besiegt zu werden, sondern kaputtzugehen. Ausserdem sei das republikanische Régime bedroht. Cambon würde für die blosse Autonomie Elsass Lothringens zu haben sein; das glaubt Schickele durch Weill zu wissen. Schickele möchte zunächst

1) courant d'opinion sympathique à l'Allemagne in Frankreich schaffen;
2) von Briand erreichen, dass er diesen courant aufkommen lässt. (Haguenin soll dieses laissez faire erreichen): Spitze gegen England und Russland (Iswolski, der viele Feinde hat)

Sch. will in seiner Zeitschrift daher Artikel bringen, die den deutschen Standpunkt vertreten aber geeignet sind in Frankreich verbreitet zu werden. Denkt an Delbrück, Dernburg. – Er meint Weill u Grumbach seien für uns zu haben. Grumbach sei Vertrauensmann der französ. Sozial Demokratie. Sei für uns zu kaufen durch Amnestie (Gnadenerlass). Ebenso Weill. – Abends spät mit Schickele abenteuerliche Fahrt zur Frau des Schriftstellers Norbert Jacques, in einem Schloss irgendwo am See. Sie empfing uns in ungeheizten Zimmern eingewickelt in ein feuerrotes Kimono und zwischen lauter roten Chinoiserieen. Wir wurden mit Punsch erwärmt.

7. Dez. 16. Romanshorn. *7.12.1916 Donnerstag*

Bericht für Romberg geschrieben. Nachmittags ab nach Berlin.

8. Dez. 16. Freitag. Berlin. *8.12.1916 Freitag*

Früh in Berlin an. Kino, Variété u sonstige Geschäfte.

9. Dez. 16. Sonnabend. Berlin. *9.12.1916 Samstag*

Bei Langwerth, da Zimmermann im Hauptquartier ist. Er hatte meine Berichte gelesen. Hält elsäss. Autonomie für sehr schwierig, weil namentlich seit dem Kriege die öffentliche Meinung sehr gegen die Elsässer aufgebracht sei. Redete dann viel von den „Herren Franzosen"; macht überhaupt einen etwas mittelmässigen Eindruck.

11 Dez. 16. Montag. Berlin. *11.12.1916 Montag*
Grosse Erregung wegen des plötzlich zu morgen einberufenen Reichstags. Niemand weiss, was los ist. Die Erwartungen sind aufs Höchste gespannt. Abends in der Deutschen Gesellschaft überall fieberhaft debattierende Gruppen. Kindische Gerüchte.

12. Dez. 16. Dienstag. Berlin. *12.12.1916 Dienstag*
Mit dem Botschafter Stumm bei Hiller gefrühstückt. Um 1 die Reichstagssitzung. Wir bieten der Entente den Frieden an. Die Aufregung war ungeheuer. – Nach der Sitzung um 5 bei Zimmermann. Ich sah ihn zum ersten Mal als Staatssekretär. Nichts vom Aristokraten oder Junker; gutes Bürgertum, ein Über-Burschenschafter; breit, gross, blond, rotes, grobgeschnittenes Gesicht mit Schmissen, energisch, vielleicht hauptsächlich Rauhbein, ziemlich unkompliziert (simpliste), ein bürgerliches Rauhbein etwa im Stil der „bourgeois" von Sternheim; nicht sehr intelligent, aber schlau: operiert mit geringen intellektuellen Mitteln geschickt. Er ist im Mittelpunkt des Weltkrieges imposanter, lauter, aber vielleicht hohler als Jagow; jedenfalls repräsentativer, denn er vertritt sehr gut diejenigen, um die sich der Weltkrieg dreht, den Typus des rücksichtslos fleissigen deutschen Bürgertums: des deutschen Gewerbetreibenden, Techniker, mittleren Beamten. Das Junkertum, das Jagow vertrat, steht nur noch im Dienst dieser Leute. Während man Jagow beim Vortrag am Schreibtisch gegenübersass, setzt Zimmermann Einen aufs Sofa. Ich skizzierte ihm kurz den Inhalt meiner Unterredungen mit Haguenin und Schickelé und bat um Weisungen. Er sagte mir, er sei damit einverstanden, wenn ich mit Haguenin in der bisher verfolgten Richtung weiter spräche. Einer Verständigung mit Frankreich sei er selbstverständlich nicht abgeneigt. Aber „pas trop de zèle". Romberg habe allerlei angefangen; und er, Zimmermann, habe das Gefühl, dass wir eher zu viel als zu wenig getan hätten. Wir dürften nicht den Anschein erwecken, als ob wir den Franzosen nachliefen, was in keiner Weise der militärischen oder wirtschaftlichen Lage entsprechen würde. Auch müsse, so wie ich es Haguenin habe sagen lassen, die französische Regierung ebenfalls ihr Einverständnis geben, dass Haguenin mit mir verhandele; und natürlich müssten gewisse notwendige Forderungen von Frankreich im Frieden erfüllt werden. Als solche nannte Zimmermann in erster Linie die Abtretung des Bassins von Briey, ferner eine Kriegsentschädigung, die maskiert und dadurch der französischen Eitelkeit annehmbar gemacht werden könne, schliesslich koloniale Abtretungen. Das sei das Wenigste, wozu uns die Kriegslage und die schweren Opfer unseres

Volkes berechtigten. Für Briey würde er eventuell gewisse kleine Französisch sprechende Gemeinden Lothringens in Tausch geben. Ich berührte dann die elsässische Frage; ob er eine Autonomie innerhalb Deutschlands für möglich halte? Er antwortete, dass er selbst nicht prinzipiell einer solchen Autonomie widerstrebe; sie aber für schwer durchzuführen halte, weil Baiern schon gewisse Zusagen inbezug auf E. L. erhalten habe und schwerlich auf diese Aussichten verzichten würde. Aber wenn wirklich für die Autonomie grosse Vorteile von Frankreich einzutauschen seien, dann würde vielleicht auch die Zustimmung Baierns zu erlangen sein. Jedenfalls könne ich unbedenklich als meine Privat Ansicht Haguenin gegenüber äussern, dass ich einer solchen Autonomie geneigt sei. Im Übrigen seien heute zwei Elsässische Abgeordnete nach der Reichstagssitzung bei ihm gewesen, um sich zu vergewissern, dass E. L. nicht etwa als Tausch Objekt in Betracht käme. Er habe sie vollkommen beruhigt. – Dem Schickeléschen Projekt einer Wochenschrift mit demokratischer Tendenz in der Schweiz stimmte er zu; er ermächtigte mich, Schickeles Reise nach Deutschland zu diesem Zwecke erleichtern zu lassen und für ihn Geld bei Privatleuten zu suchen. Schliesslich kam er auch auf unser Friedensangebot und die heutige Reichstagssitzung. Er sagte, er verspreche sich nicht, dass die Feinde annähmen, aber dass dadurch die neuen scharf kriegerischen Ministerien der Feinde kurzlebiger, überhaupt die innere Entwicklung in den feindlichen Ländern schneller sein würde.

13. Dez. 16. Mittwoch. Berlin. *13.12.1916 Mittwoch*

Bericht über meine gestrige Unterredung mit Z. an Romberg. Zimmermann selbst einen Durchschlag geschickt, damit er bestätige, dass Alles richtig sei.

14. Dez. 16. Donnerstag. Berlin. *14.12.1916 Donnerstag*

Langwerth schreibt mir, er habe meinen Bericht Zimmermann vorgelegt „der sich mit dem Inhalt meiner Ausführungen einverstanden" erklärt habe. Ich bin dadurch zu den Verhandlungen mit Haguenin offiziell legitimiert.

15 Dez. Freitag. Berlin. *15.12.1916 Freitag*

Frühstück mit Hofmannsthal, Riezler, Richters bei Hiller. Pilsudski.

17 Dez. 16. Sonntag. Berlin. *17.12.1916 Sonntag*

Bei Riezlers zum Tee. Er sagt, einer Autonomie Elsass-Lothringens stehen grosse Schwierigkeiten im Wege, weil die Elsass-Lothringer sich im Kriege als unzuverlässig erwiesen hätten. Die öffentliche Meinung in Deutschland würde jetzt stärker als je vorher dieser Autonomie widersprechen. Nur auf Grundlage einer allgemeinen Verständigung mit Frankreich möglich, die vorausgehen müsste. Briey sei conditio sine quâ non; aber vielleicht könne man Briey und gleichzeitig die Französisch sprechenden Teile Lothringens an Luxemburg angliedern und Luxemburg dann als Bundesstaat in das Deutsche Reich aufnehmen; als Kompensation die Luxemburger von der Dienstpflicht befreien. Ich sagte, mir schiene jetzt überhaupt Nichts Praktisches zu erreichen; erst müsse eine Scharfmacher Regierung in Frankreich abgewirtschaftet haben; vielleicht dann, in etwa 6 Monaten, könnten praktische Schritte unternommen werden. Ich betrachte es gegenwärtig nur als meine Aufgabe, das Mistrauen der Franzosen zu zerstreuen, für meine Person ihr Vertrauen zu gewinnen, damit dann Jemand da sei, mit dem sie zu sprechen sich getrauten. Riezler meinte, dann würden vielleicht Andre den Franzosen bevorkommen. Denn wir müssten uns mit Denen setzen, die zuerst kämen; um zu wählen, sei unsere Position zu schwach. Vorher die Fürstin Lichnowsky mit mir bei Hiller gefrühstückt. Über Becher. Er hat auch zu ihr sonderbar geschwatzt. Sie sprach über ihren Mann, der klug, aber ganz impermeabel für fremde Menschen oder fremde Ideen sei. Bei ihm heisse es immer, Biegen oder Brechen.

20 Dez. 1916. Mittwoch. Berlin. *20.12.1916 Mittwoch*

Hofmannsthal mit mir in der Deutschen Gesellschaft gefrühstückt. Er kommt aus Norwegen, wo er geredet u. grosse Erfolge davon getragen hat. Der Hass dort gegen uns sei nicht so allgemein, wie man hier meine. Aber immerhin müssten wir uns darin finden, dass Deutschland heute der Welt gegenüber etwa die Stellung einnehme wie Frankreich während der französischen Revolution. Jede Nation verkörpere einmal das Neue in der Entwicklung der Menschheit, das sich unter Kämpfen durchsetzen müsse; so Frankreich damals, wir heute: eine neue Stufe oder Form der Gesellschaft. Und Neues bringt Hass der Andren, bis sie es selber annehmen.

22. Dez. 1916. Donnerstag. Berlin. *22.12.1916 Freitag*

Mit Rauscher gefrühstückt. Über Elsass Lothringen u Schickelé. Er sieht auch grosse Schwierigkeiten, die einer Autonomie entgegenstünden. Ich sagte, meiner Ansicht wäre die ideale Lösung die Zusammenlegung Elsass Lothringens mit Baden und Württemberg zu einem einzigen alemannischen Staat, einem „Königreich Schwaben", das süddeutsch und überwiegend protestantisch-demokratisch Baiern und Preussen ein Gegengewicht bieten könnte. Allerdings sei das eine Utopie, da man eine von den beiden Dynastieen opfern müsste. Aber vielleicht könnte man den Württembergischen Erben, ohnehin Katholiken, Polen oder Littauen anbieten. Rauscher stimmte meinen Ausführungen bei.

26. Dez. 1916. Montag. Berlin. *26.12.1916 Dienstag*

Romberg ist hier angekommen. Mit ihm im Amt konferiert. Er ist besorgt, weil wir nicht das von uns den Schweizer Fabriken zugesagte Rohmaterial liefern können, und dadurch zahlreiche Arbeiter in der Schweiz brotlos würden; das gebe eine böse Stimmung und Gefahr. Wenn der Krieg den Neutralen zu unbequem werde, könnte es dazu kommen, dass sie Alle zusammen gegen uns losgiengen. Ob wir dann stark genug sein würden? Ob ich bereit wäre, mit unserem Vaterlande „Va banque" zu spielen? Nachher bei Willy Stumm. Er sagte, Romberg dränge, dass den Franzosen Bedingungen genannt würden; aber vorläufig könne man ihnen keine Bedingungen nennen, auf die hin Verhandlungen möglich seien. Daher sei es am besten überhaupt keine Bedingungen zu nennen. Briey sei absolut notwendig. Die Autonomie E. L's stosse auf grosse Schwierigkeiten. Die Verschlechterung der Stimmung in E. L. seit 15 Jahren, dadurch dass man Konzessionen gemacht habe, sei zweifellos. Ich brachte den Gedanken eines „Königreichs Schwaben" mit Elsass, Baden, Württemberg vor. Stumm meinte, theoretisch sei das allerdings wohl die beste Lösung; er sei aber der Ansicht, dass die einzig praktisch mögliche die Teilung zwischen Baiern und Preussen sei. – Kein Umschwung der Kriegslage sei im nächsten Jahr zu erwarten. Es werde grosse Offensiven geben, die Alles so lassen würden wie vorher. Es käme darauf an, wer es am längsten aushalte. Wenn bei unseren Gegnern oder bei uns ein Land nicht mehr mitmachen könne, dann würde Schluss sein. Deshalb dränge das Militär so zum unbeschränkten U. Boot Krieg, weil sie keine Hoffnung hätten, die Lage militärisch zu wenden.

27. Dez. 1916. Berlin *27.12.1916 Mittwoch*

Terofals Schlierseer Truppe, der ich aus politischen Gründen die Ausreise nach der Schweiz unterbunden habe, in Bukarest, Warschau und Valenciennes angeboten.

2.1.1917 Dienstag

Vom 28-2 Januar krank zu Bett.

3. Januar 1917. Mittwoch *3.1.1917 Mittwoch*

Frühstück bei Friedländer-Fulds. Annette Kolb, Zimmermann, Radowitz, Prittwitz etc. Annette Kolb hatte eine kurze Unterredung mit Zimmermann. Mit ihr nachher durch den Tiergarten gegangen. Ich befürchte, dass die Entente an Wilson antwortet, sie könne zwar gegenwärtig nicht über Friedensbedingungen verhandeln, da die Kriegskarte das vorläufig verbiete, wohl sei sie aber bereit eine Konferenz zu beschicken, auf der sämtliche Kriegführenden u. Neutralen grundsätzliche Abmachungen über die zukünftige Gestaltung der Welt, eine Art neuen Völkerrechts festsetzen würden. Dadurch würden sie uns in eine Zwickmühle bringen. Denn entweder wir beschickten die Konferenz; dann würden wir in die Friedensverhandlungen an Hand u. Fuss gebunden hineingehen; oder wir beschickten sie nicht; dann würden trotzdem die Entente und die Neutralen zusammenkommen und lauter gegen uns gerichtete Abmachungen treffen; und wenn wir diese dann nicht anerkennen, so würden die Neutralen sich auf die Seite der Entente stellen. Mich beunruhigt dieser Gedanke sehr. – Nachher Becher und seine Braut, eine Schwester Theodor Däublers, bei mir im Excelsior zum Tee. Becher hatte gebeten, sie mir vorstellen zu dürfen; ein hässliches, ältliches, ziemlich uninteressantes Mädchen mit Seitenstichen und Ohnmachtsanfällen. Warum er sich mit ihr verlobt hat, unverständlich; vielleicht aus Mitleid und Grossmutspose vor sich selber. Das Mädchen tut mir leid; sie geht einer schweren Zukunft entgegen. B. sah schlecht aus; er nimmt offenbar wieder Morphium. – Abends Sitzung der Mittwochsgesellschaft. Kessel, wie jetzt schon regelmässig, Westarp, Salm, u. s. w. Ludwig Stein leitete. Ein Major v. Olberg vom Generalstabe und Sorge, der Chef des technischen Stabes des Kriegsamtes hielten Vorträge, Olberg über die von ihm dienstlich in Rumänien festgestellten Vorräte. Getreide so viel, dass ihm Ludendorff verboten hat, die Zahlen zu nennen; Petroleum zunächst 200 000 Tonnen, Schmieröl so viel man haben will. Olberg sagte, eine Aushungerung sei jetzt absolut ausgeschlossen. Sorge schilderte die Einrichtung und die nächsten Ziele des Kriegsamts. In erster Linie Behebung der Wagennot u Verkehrsschwierigkeiten, in zweiter Stickstoff für Munition u. Landwirtschaft, erst in dritter Herstellung von Munition u. Kanonen. Er deutete an, dass die Transport Schwierigkeiten in 4 bis 6 Wochen behoben sein würden.

4 Januar. 1917. Donnerstag. Berlin. *4.1.1917 Donnerstag*

Mittags bei Zimmermann, um mir seine letzten Weisungen zu holen für meine Unterhandlungen mit Haguenin. Ich sagte ihm, was ich eventuell von der

Antwort der Entente befürchte. Zimmermann war etwas betroffen, sah in ein Aktenstück und sagte dann, Nein, nach seinen Informationen hätten wir eine solche Antwort nicht zu befürchten. Ich solle im Übrigen Haguenin sagen, Zimmermann liesse ihm sagen, der grobe Ton der Note (an die Zentralmächte) habe ihm nicht gefallen; er sei sicher, dass sein Freund Cambon nicht daran mitgearbeitet habe, sonst wäre die Form anders gewesen. – Um 5 Nachmittags Georg Bernhard bei mir. Auch ihm sagte ich meine Befürchtungen. B. meinte, der Schachzug sei zu gut; die Andren würden nicht darauf kommen. Wenn sie es täten, sehe er allerdings keinen Ausweg.

5 Jan. 1917. Freitag. Berlin. *5.1.1917 Freitag*

An Bernhard geschrieben: Wenn Entente die von mir befürchtete Proposition macht, d. h. zuerst allgemeine Abmachungen mit Einschluss der Neutralen, dann erst auf Grund dieses neuen Völkerrechts Friedensverhandlungen, sollten wir antworten: „Wir sind gern bereit, eine solche Vorkonferenz zu beschicken. Aber weder wir noch die Neutralen können unter dem Druck der englischen Blockade über so weitreichende Fragen unterhandeln. Für die Dauer der Konferenz müssen daher die Blockade und alle gegen die Neutralen gerichteten konnexen Massregeln aufgehoben werden." Natürlich wird England das mit Hohn zurückweisen. Aber wir haben dann die Sympathieen der Neutralen für uns. – Stein mit mir gefrühstückt im blauen Hinterzimmer bei Hiller. Er behauptet, bestimmt zu wissen, dass die Friedensverhandlungen in Bern stattfinden sollen. Bei diesen Verhandlungen wollen er und Bernhard unter allen Umständen zugegen sein; sie hofften, dort auch die jüdische Frage zur Sprache und zu einer Lösung zu bringen. Stein möchte Mesopotamien für die Juden als Kolonisationsgebiet haben. Sie würden die deutsche Sprache mitbringen und dort als Vorposten des Deutschtums wirken. – Nachher bei Deutelmoser. Ich sagte ihm zu seiner Information und damit er es an Zimmermann weitergebe, was ich von den Abmachungen Briands mit Lloyd George über Calais in Erfahrung gebracht habe; und stellte die Rückwirkung auf unsere Entschlüsse inbezug auf Belgien ins Licht. Später kam Radowitz hinzu, mit dem ich die zu erwartende Antwort der Entente besprach. – Nachher bei Langwerth. Langwerth glaubt nicht, dass die Entente in dem von mir befürchteten Sinne antwortet. Er könne mir streng vertraulich mitteilen, dass sie aus neutraler Quelle (wohl Spanische Botschaft) die Nachricht hätten, die Entente sei fest entschlossen, jetzt auf keine Verhandlungen einzugehen, sondern weiterzukämpfen. Wenn aber eine solche Proposition käme oder mir unter der Hand durch Haguenin gemacht würde, solle ich darüber einfach lachen; es als unerhört und nicht ernst zu nehmen hinstellen, dass man zunächst nicht über den Krieg, sondern über das, was nachher käme, verhandeln solle. Es sei, wie wenn mir

Einer einen Tritt in den Bauch gebe und dann sage: „Komm, jetzt wollen wir uns einmal zusammen hinsetzen und unterhandeln, aber nicht über den Tritt in den Bauch, sondern über allgemeine Dinge".

6. Jan. 1917. Sonnabend. Berlin. *6.1.1917 Samstag*
Abends ab aus Berlin. Vorher mit Annette Kolb, Franz Werfel, Curt Wolff gegessen. Werfel möchte nach der Schweiz; klagt sehr.

7 Jan. 1917. Sonntag. Augsburg – Zürich. *7.1.1917 Sonntag*
Früh verfehlte unser Zug den Anschluss in Augsburg. Bis Mittag dort geblieben. Königsgeburtstag. Im Dom prachtvolle musikalische Messe. Herrlicher Chor, die Kirche gedrängt voll. Abends in Zürich. Vollmöller und Oscar Fried an der Bahn.

8. Jan. 1917. Montag. Bern. *8.1.1917 Montag*
Mittags nach Bern. Abends spielte Reinhardt „Was ihr wollt" im Stadttheater. Romberg gesprochen. Nach dem Theater Rout der Deutschen Journalisten für Reinhardt im Bellevue.

9 Jan. 1917. Dienstag. Bern. *9.1.1917 Dienstag*
Unterredung mit Haguenin bei Schickelé. Wir tauschten sozusagen unsere Beglaubigungen aus; d. h. ich richtete Zimmermanns Auftrag aus, und bestellte Haguenin, Zimmermann liesse ihm sagen, dass er den feinen Stil seines alten Freundes Cambon an der Note der Alliierten vermisst habe; und Haguenin bewies mir seine Ermächtigung zu Unterhandlungen, indem er bemerkte, Cambon habe ihm empfohlen, in seinen Unterhaltungen mit mir „très prudent" zu sein, da man der Deutschen Regierung nicht trauen dürfe. Im Übrigen sagte ich zu H., es werde mir schwer mit ihm zu sprechen, da der Ton der Entente Note so sei, dass er berechnet scheine, jede weitere Unterhaltung unmöglich zu machen. Nur sein ausdrücklich und wiederholt bekundeter Wunsch, mich zu sehen, habe mich bewogen, zu kommen. Haguenin erwiderte: Im Gegenteil, der Ton der Note sei, an der Stimmung des französischen Volkes gemessen, eher gemässigt; und was die französische Regierung angehe, so sei ihr Mistrauen unbegrenzt. – Ich: das könne vielleicht den Inhalt, aber nicht den Ton der Note entschuldigen; denn dieser vergrössere die Hindernisse, die später einem Frieden entgegenstehen würden. – H.: Meine Kritik wäre nur dann berechtigt, wenn das französische Volk überhaupt den Frieden wolle; mais la France ne veut pas faire la paix, elle veut la guerre. Frankreich wolle sich nicht mit uns verständigen, sondern uns bestrafen. Es sei erfüllt von der Idee der Gerechtigkeit; und diese verlange eine Sühne für Deutschlands Verbrechen: die Entfesselung des

Krieges, den Überfall auf Belgien, den Angriff gegen Frankreich. Wir sähen die Sache eben von zwei ganz verschiedenen Standpunkten. – Ich: Allerdings: nous voulons faire de la politique, et vous voulez nous faire un procès. – H.: Oui, c'est ça, nous voulons une punition; mais pas pour le peuple allemand, seulement pour le gouvernement. Permettez-moi de vous dire, monsieur, que pour nous vous êtes des monstres. Lange habe man in Frankreich zwischen Volk u. Regierung in Deutschland keinen Unterschied gemacht. Jetzt unterscheide man und wolle nur die deutsche Regierung bestrafen. Konzessionen hier würden einen Frieden erleichtern. – Ich fragte: wen Haguenin oder Frankreich verantwortlich mache und bestrafen wolle? – Haguenin: Bethmann; diesen halte man in Frankreich für den Erz-Lügner und Betrüger. – Ich musste lachen und sagte H., in diesem Punkte sei er wirklich auf dem Holzwege. Wenn es einen ehrlichen, bis zur Naivität ehrlichen Staatsmann gebe, sei es Bethmann. Das beweise sein Zugeständnis über Belgien am 4ten August[1]. – H.: N'importe; Bethmann mache man in Frankreich verantwortlich. – Ich: Dann gäbe ich ihnen den guten Rat, das nicht öffentlich zu sagen. Denn eins würden wir nie dulden, eine Einmischung des Auslandes in unsere innere Politik. Je mehr sie versuchten einen Keil zwischen Volk und Regierung zu treiben, um so fester würden sie sie zusammenschmieden. Überhaupt empfänden wir diese ganze Vermengung von Politik und Kriminalprozess als stillos und einer so geschmackvollen Nation wie der französischen unwürdig. Allerdings sei sie uns schon aus früheren Jahren nicht unbekannt. Diesselben Herren, die jetzt den Krieg à outrance predigten, die Herren Clémenceau, Barthou, Painlevé, Tardieu, Pichon, Franklin-Bouillon, auch Briand, hätten schon einmal mit Hilfe eines Kriminalprozesses und der „Idee der Gerechtigkeit" eine grosse politische Aktion durchgeführt, den Dreyfus-Prozess. Sie wollten jetzt diese damals gegen den französischen Generalstab so erfolgreiche Methode in die Auswärtige Politik und auf Deutschland übertragen. Aber wir durchschauten ihre Taktik und liessen uns auf Plaidoyers nicht ein; wir würden den Krieg nicht vor Gericht, sondern im Konferenzsaal oder auf dem Schlachtfelde beendigen. – H. gab den Vergleich mit dem Dreyfus-Prozess zu: so sei in der Tat wieder die Stimmung in Frankreich. Es wolle lieber ganz und gar zugrundegehen (périr) als auf Gerechtigkeit und Sühne verzichten. – Ich fragte, ob monsieur Jules Cambon auch so denke? Dann seien unsere Unterhaltungen nämlich zwecklos, da er doch nicht gut glauben könne, er werde das Deutsche Volk durch Beredsamkeit dazu bringen, sich selbst seinen Henkern auszuliefern. – Haguenin: Cambon sei genau so von unserer Schuld überzeugt wie Alle Andren; ausserdem verbittert (aigri), weil er glaube, dass „man"

---

[1] Reichskanzler Bethmann Hollweg hatte in einer Rede vor dem Reichstag am 4. Aug. 1914 die Verletzung der Neutralität Belgiens durch deutsche Truppen als „Unrecht" bezeichnet u. eine Wiedergutmachung versprochen.

(insbesondre der Kaiser) in Berlin seine Verdienste nicht nach Gebühr gewürdigt habe. Aber Cambon sei in der Tat nicht blos Moralist, sondern auch Politiker; und Politiker giengen manchmal seltsame Wege. Es sei zwar unmöglich, gegenwärtig im französischen Volk den Glauben an Deutschlands Verbrechen und den Durst nach Gerechtigkeit zu erschüttern; mais on pourrait tourner cette idée de crime. Dann müsse allerdings Deutschland sehr geschickt operieren: Frankreich überzeugen, dass es pazifistische Neigungen habe und eine künftige gerechte Organisation Europas wünsche. – Ich sagte: die Wahrheit sei, dass die französischen Politiker nicht wagten, diese „idée de crime" zu zerstören, weil nur diese noch das französische Volk zu seinen unerhörten Opfern bereit halte. Es habe mich sehr interessiert, gerade dieses aus seinen Äusserungen zu entnehmen. Doch Deutschland würde diesem Advokatenkniff nicht die Wege ebnen, indem es eine besonders pazifistische und reuige Miene aufsetze. Indessen sei es uns in der Tat ernst mit unserem Wunsche nach einer Organisation Europas, die ein möglichst reibungsloses Arbeiten der europäischen Völker neben und miteinander gewährleiste. Eine solche Organisation würde sich nach meiner Ansicht am besten nicht auf allgemeine Regeln, sondern auf Verständigung von Volk zu Volk begründen lassen. Über diese und ähnliche Fragen würde ich gern mit ihm wieder sprechen, und es würde mich immer interessieren seine Ideen anzuhören. Vielleicht würde sich dann ergeben, ob Frankreichs praktische Interessen es mehr zu einer Anlehnung an Deutschland oder an England hinwiesen. Daraus könnten sich dann weiterhin Folgerungen für den Friedensschluss ergeben. Es frage sich allerdings, ob es irgendeine Form der zwischenstaatlichen Organisation gebe, an deren Verwirklichung die heutigen Leiter Frankreichs mit Deutschland mitzuwirken bereit wären. Haguenin antwortete nicht direkt auf diese Frage, sagte aber, er fahre heute nach Paris, werde dort Cambon und Briand sehen und hoffe, dass wir uns nach seiner Rückkehr öfter, ja regelmässig sprechen könnten; wozu ich mich natürlich auch bereit erklärte. Elsass Lothringen wurde in dem ganzen Gespräch nur flüchtig gestreift; denn ich sagte, es sei zwecklos darüber zu sprechen, solange man nicht wisse, wie sich Frankreich zu Deutschland nach dem Kriege stellen würde. – Mittags bei Romberg und ihm über mein Gespräch berichtet. Reinhardt frühstückte auf der Gesandtschaft mit der Eysoldt, Terwin, Heims, Moissi. Gespräch über „Was ihr wollt". – Abends Vorstellung von Strindbergs „Totentanz" mit Wegener, Eysoldt, Kraus. Gewaltige, unvergessliche Verkörperung des „Kapitäns" durch Wegener. Das Publikum durch das Stück erschüttert und erschreckt, aber am Schluss stürmisch Beifall gebend.

10 Januar 1917. Mittwoch. Bern. *10.1.1917 Mittwoch*
Abends Diner bei Romberg für den Prinzen Johann Georg. Dieser steif wie immer, aber gegen mich von alter Freundschaftlichkeit.

11 Januar 1917. Donnerstag. Bern. *11.1.1917 Donnerstag*
Vormittags anderthalb Stunden beim Prinzen Johann Georg im Bernerhof. Er sagt, der Kaiser habe ihm erzählt, England habe im Frühjahr 1916 Frieden schliessen wollen, sei aber durch Frankreich daran verhindert worden. – Abends Essen mit Schickelé u Vollmoeller im Séparé bei Daettwyler. Sie sollten sich näher kennen lernen, damit Vollmoeller das Geld für die Zeitschrift finde. Ich lancierte gegen Schluss die Idee der Bildung eines „Königreichs Schwaben" zur Lösung der Elsässischen Frage. Die Wirkung auf Schickelé war überraschend. Er geriet ganz ausser sich vor Begeisterung, das sei nicht nur die Lösung der elsässischen Frage, sondern würde den Franzosen auch die „Garantieen" geben, die sie gegen Preussen und den Preussischen Militarismus forderten. Er sei nie auf diese Idee gekommen; aber sie sei die endgültige und einzig richtige Lösung. Er wollte gleich morgen mit dem französischen Minister Herriot, der sich hier aufhält, darüber sprechen, woran ihn Vollmöller und ich mit Mühe hinderten. Auch Vollmöller stimmte ganz zu; behauptete, er habe diese Idee schon gehabt und sogar mit Rauscher besprochen. Wir verabredeten, dass Vollmöller sie in einem Aufsatz der „Weissen Blätter" lancieren solle; vorher aber allerlei Sondierungen vorausgehen müssten, damit sie nicht totgeboren werde. Die beiden grossen Hindernisse sind die Ansprüche Baierns und die Württembergische Dynastie, der Herzog Albrecht, den man aber vielleicht in Littauen oder Polen unterbringen könnte.

12 Januar 1917 Freitag. Zürich *12.1.1917 Freitag*
Früh von Bern nach Zürich gefahren. Antwortnote der Entente an Amerika.

13. Januar. 1917. Sonnabend. Zürich. *13.1.1917 Samstag*
In Zürich zu Reinhardts „Sommernachtstraum". Oscar Fried dirigierte. Mit Fried besprochen, dass er versuchen soll, den alten französischen Gustav Mahler Kreis wieder zusammenzubringen, der die Clémenceaus, Painlevé u. s. w. umfasste. Er soll bei der Sängerin Maria Freund anknüpfen, die sich in Lausanne aufhält. Eventuell auch Anknüpfungen mit Diaghileff und der Madame Edwards suchen. – Gestern ist die Antwort der Entente an Amerika publiziert worden, die ihre Friedensbedingungen enthält. Sie macht jede Art von Verhandlungen unmöglich. Irrsinnige Bedingungen. Damit ist der Krieg aufs Messer eingeleitet; die Gefahr aber für uns überstanden, die aus einer geschickteren Antwort der Entente erwachsen konnte.

14 Januar 1917. Sonntag. Bern. *14.1.1917 Sonntag*
Abends nach Bern zurück mit Oscar Fried. Weiteres besprochen.

15 Januar 1917. Montag. Bern. *15.1.1917 Montag*
Abends „Orestie“[1] von Reinhardt im Stadttheater. Gewaltige Leistung der Körner als Klytämnestra, das marmorne, ausdruckslose Gesicht, die fabelhaft grossartigen und ausdrucksvollen Gebärden. – Nachher gab ich Reinhardt ein Souper zu 40 Gedecken im Bellevue, das bis 4 dauerte. Romberg und der grösste Teil der Gesandtschaft, die Journalisten etc.

16 Januar 1917. Dienstag. Bern. *16.1.1917 Dienstag*
Frühstück bei Rombergs mit Vollmöller u. Oscar Fried. Romberg behielt nachher Fried mit mir zurück u. besprach den Plan mit dem Mahler Kreis, den er billigt und für wertvoll hält. Während der Unterredung brachte mir der Diener die Anzeige, dass Dehmels Junge[2] gefallen ist. Ich war tief erschüttert. – Abends Unterredung mit Schickelé u. Vollmoeller wegen der Wochenschrift und dem Plan des „Königreichs Schwaben“. Besprochen, wie das Echo für Vollmoellers Artikel in der Presse vorbereitet werden soll; zuerst Rauscher in der „Frankfurter“, dann weiter. – Die Schweiz hat heute Nachmittag mobilisiert. Man erwartet eine französische Offensive im Elsass und fürchtet Grenzüberschreitungen.

17 Januar 1917. Mittwoch Bern. *17.1.1917 Mittwoch*
Nachmittags besuchte mich Stranski aus Genf. Er sagt, seit unserem Friedensangebot sei die Stimmung in Genf gegen Deutschland bis zur äussersten Gehässigkeit gestiegen, weil man das Angebot als ein Zeichen der Schwäche ansehe. Man glaube dort allgemein, gerade infolge des Friedensangebots, an einen baldigen Zusammenbruch Deutschlands; nicht so sehr an einen militärischen wie an einen wirtschaftlichen. Aber vorher werde Deutschland als letztes, verzweifeltes Mittel einen Durchbruch durch die Schweiz versuchen. Stranski hat auch Privatbriefe aus Marseille und Bordeaux gesehen; auch dort sei die Stimmung seit dem Friedensangebot „très belliqueuse“. – Abends ass ich mit S. bei Daettwyler.

18 Januar 1917. Donnerstag. Bern. *18.1.1917 Donnerstag*
Vormittags bei Bismarck und ihm Notizen für Ludendorff gegeben, den er morgen im Operationsgebiet trifft. – Abends mit Schickelé und Dr Brüstlein gegessen. Brüstlein ist gestern aus Paris zurückgekehrt, wo er mit der Schweizer

---

[1] Aischylos

[2] Auerbach

Mission war. Er schildert die Stimmung in Paris als „résignation tragique". Man erwartet keine grossen Erfolge mehr, will aber lieber in Ehren zugrundegehen, als Frieden schliessen. Allerdings fügte er hinzu, dass man wohl schon einem Friedensschluss geneigt sein würde, wenn nicht England wäre, auf das man vertraue. Dagegen sei man in Paris mit Russland fertig. Was mit Russland werde, sei den Franzosen jetzt gleichgültig. (Ebenso sagte mir Stranski, in Genf werde von Russland überhaupt nicht mehr gesprochen, es werde garnicht mehr in die Rechnung eingestellt.) Unklar sei auch den Franzosen, wofür eigentlich England noch kämpfe, da wir ihm doch Belgien gewissermassen angeboten hätten. Ich sagte Brüstlein, wir könnten jetzt Nichts mehr tun, namentlich nachdem uns unser Friedensangebot als Schwäche ausgelegt werde; jeder Schritt von unserer Seite, würde nur den Kriegswillen auf der andren Seite noch stärken. Brüstlein bekräftigte Dieses: jeder weitere Versuch sei eine Gefahr. Daher müssten die Neutralen einspringen. Er fragte mich, ob nicht mit dem Elsass Etwas zu machen sei? Ich sagte, wie immer, ich sähe keine Unmöglichkeit, dem Elsass die Stellung jedes andren Bundesstaats zu geben, wenn es durch eine Verständigung zwischen Deutschland u Frankreich aufhöre, Glacis zu sein; das sei allerdings Voraussetzung. Später im Café sagte Brüstlein noch, die Engländer flössten den Franzosen Vertrauen ein, indem sie einen immer grösseren Teil der Front übernähmen und dadurch den Franzosen die Möglichkeit gäben, sich tiefer zu massieren und auszuruhen. Er habe das Gefühl, die Franzosen wollten das Resultat der nächsten englischen Offensive abwarten; wenn die fehlschlage, dann wären sie vielleicht für einen Frieden zu haben. In einer grossen Redaktion in Paris habe man ihm gesagt, der Krieg sei virtuell zu Ende; man kämpfe nicht mehr um den Sieg, sondern nur noch um bessere Friedensbedingungen.

19 Januar 1917. Freitag. Zürich. *19.1.1917 Freitag*

Bethmann, der in Rombergs Abwesenheit die Geschäfte führt, sagte mir Vormittags, früher sei er nie besorgt gewesen; jetzt machten ihm aber die beiden grossen vorauszusehenden Offensiven gegen Triest und das Elsass doch Sorgen, ob wir genügend Munition und Mannschaften aufbringen könnten. – Nachmittags nach Zürich. Abends in die „Bonbonnière", die wir jetzt in der Hand haben.

20 Januar 1917. Sonnabend. Zürich. *20.1.1917 Samstag*

Richard Strauss angekommen. Abends „Elektra" Probe.

21 Januar 1917. Sonntag. Zürich. *21.1.1917 Sonntag*

„Elektra" Premiere. Das verkleinerte Orchester erlaubte, jedes Wort zu hören.

Die Gutheil-Schoder war als Elektra über jeden Begriff hinaus genial und gewaltig: eckig, mager, ungelenk, der Körper nur wie ein dünnes, ungeschicktes Werkzeug einer gigantischen, entflammenden Suggestionskraft. Sie und die Körner sind die beiden grössten tragischen Künstlerinnen, die ich auf der deutschen Bühne gesehen habe. Die Gutheil überschattete vollkommen die Bahr-Mildenburg. Der Erfolg der Vorstellung war ungeheuer; brach elementar hervor, ebenso stark wie bei Nikisch. Das Schweizer Temperament ist schwer zu bewegen, rast aber mit unerhörter Leidenschaftlichkeit, wenn es losbricht; ein Föhn. Politisch zu beachten.

22. Januar 1917. Montag. Zürich – Bern. *22.1.1917 Montag*

Schickelé, dem ich gestern ein Billett zur „Elektra" geschickt hatte, schreibt mir heute Morgen: „Herrgott, war das schön! Ich habe Sie den ganzen Abend gesucht, um Ihnen die Hand zu küssen. Es war eine Schlacht von Erzengeln; eine elementare Erhebung wie die Schoder habe ich noch nie auf der Bühne gesehen. Und Strauss war wundervoll in seiner krausen Klarheit." – Mit Strauss bei Frau Reiff, einer Baierin, Tee. Er hat seinen Brief an Andréae wieder in Händen, nachdem Andreae ihn benutzt hat, um seinen „Ratcliff" (auf unsere Propaganda Kosten: ca 20 000 frcs) bei Fürstner anzubringen. Strauss hatte törichter Weise sein Herkommen als im Dienste unserer Kunstpropaganda stehend bezeichnet. – Abends mit Schickele und Oscar Fried nach Bern zurück.

23 Januar. 1917. Dienstag. Bern. *23.1.1917 Dienstag*

Neues Friedensmanifest Wilsons in Form einer Botschaft an den Senat; er verlangt einen „Frieden ohne Sieg", Freiheit der Meere, Beschränkung der Rüstungen zur See und zu Lande, Selbstbestimmungsrecht der Völker, ein freies und ungeteiltes (!?) Polen, eine oberste, mit überragenden Machtmitteln versehene Weltexekutive; mit andren Worten: Verwirklichung aller Ideale, ein sofortiges Utopien, „machine-made" und echt amerikanisch. Von Rechtswegen wäre die Antwort „Bade zuhause", er möchte sich zunächst einmal um seine Neger kümmern. Aber jeder Teil wird natürlich versuchen, ihn auszunutzen; und wenn wir nicht ungeschickt sind, haben wir ganz gute Chancen. Der ganze Weltkrieg bekommt durch Wilsons Aktionen Etwas von einem Scheerbartschen Roman: „Wilson, der Billiardär". – Abends bei Einsiedels, wo der Herzog Adolf Friedrich v. Mecklenburg war, nahm mich Bethmann beiseite und klagte bitter über den Geschäftsgang auf der Gesandtschaft, Romberg, Schubert, Renthe-Finck; er komme sich, seitdem er hier sei, seit sechs Wochen, vor wie in einem Narrenhaus; entweder sei er verrückt, oder Romberg. Tausende von Fäden, die nirgends zusammenliefen, eine unübersehbare Menge von Einzelkräften, die nicht organisiert seien, ein Jeder tue mehr oder weniger fleissig seine

Sache, liefere seine Arbeit, und dann werde das Alles ungesichtet, ungeordnet nach Berlin geschickt, wo man nicht wüsste, was mit dieser Sündflut anfangen. Er habe selber Berichte nach Berlin unterschreiben müssen, von Schubert, von Renthe Finck, die Nichts als Unsinn oder Geschwätz enthielten. Dagegen ankämpfen sei nutzlos, weil Romberg nicht nur unentschlossen, neurasthenisch, sondern auch eigensinnig sei; man könne ebensogut gegen eine Gummiwand anlaufen. Hier gehöre ein ganz andrer Mann hin. Wenn die Sache so weitergehe, werde er eines schönen Tages nicht mehr mitmachen. Auf Schubert u Renthe Finck, die sich anscheinend ihm gegenüber in geheimnisvolle Andeutungen hüllen, ohne ihn zu informieren, ist er besonders böse. Alle Elemente eines bösen Konfliktes scheinen, namentlich bei Bethmanns zügellosem Temperament, gegeben. Das tatsächlich Bedenkliche an der Situation ist, dass infolge des unendlichen, unübersehbaren Kleinkrams weder Romberg, noch Bethmann, noch irgendein Andrer, jemals eine Stunde freie Zeit zum Nachdenken und Durchdenken der Dinge hat. Die Organisation sollte im Gegenteil ganz darauf gestellt sein, der entscheidenden Stelle möglichst viel Zeit zum Denken und Sich-Entschliessen zu lassen; so wie bei einem Generalkommando im Felde I[b] die Nachrichten sammelt, I[a] sie sichtet und Entschlüsse vorbereitet, der Chef die Vorschläge von I[a] nachprüft, kritisiert und ergänzt, und schliesslich der General auf Grund eines schon ganz verarbeiteten und geklärten Materials nur die letzten Entscheidungen trifft, im Übrigen aber seine Zeit darauf verwendet, das Bild der Lage im Ganzen und Grossen dauernd festzuhalten und zu verwerten. So müsste jede Gesandtschaft arbeiten. – Bethmann, der mit dem Herzog beim Bundes Präsidenten Schulthess und bei Bundesräten Hoffmann u Pury war, sagt, alle hätten die Ansicht ausgedrückt, dass Frankreich nach der nächsten Offensive zum Frieden bereit sein würde.

24 Januar 1917. Mittwoch Bern. *24.1.1917 Mittwoch*

An unserem Diplomatentisch (Deutsche, Österreicher) der allgemeine Eindruck von Wilsons Kundgebung der einer ungeheuren Naïvität. – Im Mittagsblatt des „Bund" Angriff auf Brüstlein[1], den er beschuldigt, der im „Temps"[2] vom 16ten angeblich interviewte Schweizer Delegierte zu sein. – Nachmittags bei Schickelé in seiner neuen Wohnung über meinem Bureau in der Junkerngasse Nr. 19. Ihn ermuntert, eine Denkschrift über das Elsass auszuarbeiten. Er hat Haguenin gesehen, der gestern aus Paris zurückgekehrt ist. Man erwartet für morgen den Sturz Briands; Leygues, dieser Speichellecker Chauchards, soll die besten Aussichten haben, ihn zu ersetzen. – Abends ass Strauss bei mir im

1 Wer ist der Gewährsmann des 'Temps'? Eine offene Anfrage an Herrn alt Nationalrat Dr. Alfred Brüstlein

2 Nouvelles de l'étranger. Suisse. Divers procédés de l'action allemande

Bellevue. Kleines Diner zu 10 Personen, Oscar Fried, Frau v. Hindenburg (geb. Hay), Gräfin Einsiedel, Adine Schwerin, Schwerin, Schubert, Renthe Finck, de Vaux; nachher Lobkowitz.

25 Januar 1917 Donnerstag. Bern. *25.1.1917 Donnerstag*

Mit Strauss Vormittags ins Museum u. spazieren, nachher mit ihm bei Daettwyler gefrühstückt. Er sagte, was ihn an der Figur der Klytämnestra gereizt habe, sei gerade das Unmusikalische, sie sei eine Figur, die vollkommen leer sei, die Alles aus sich verloren habe, was sonst im Menschen Musik ist; gerade dieses Unmusikalische durch dieselben Mittel auszudrücken, mit denen man sonst Musik macht, habe ihn gereizt. Vor ihm habe nur Wagner einmal in der Szene zwischen Mime u Alberich in Siegfried Etwas Ähnliches versucht. Nur an zwei ganz kurzen Stellen sei in der Rolle der Klytämnestra ein Ansatz zu Musik, der aber gleich wieder verschwinde. Ähnliches habe er im III Akt des „Rosenkavaliers" versucht, wenn Annina kommt; das rein Prosaische, Unmusikalische auszudrücken.

26 Januar 1917. Freitag. Bern. *26.1.1917 Freitag*

Mit Strauss gefrühstückt. Er sagte, die erste Hälfte der Elektra sei eigentlich nur „Nerven Präparation" und erzählte, sein Vater, der Anti Wagnerianer war, habe einmal erwidert, als Jemand das Preislied und den Schluss der „Meistersinger" bewunderte: wenn man den ganzen Abend auf einer Latten gesessen habe, werde Einem natürlich sauwohl, wenn man schliesslich auf ein Brett komme. – Abends mit Lobkowitz über Österreich u. Böhmen. Ich brachte ihn auf die Möglichkeit nationaler Curien; Jeder müsse sich bei einer Nation einschreiben lassen, und die Nation könne dann ihre Schul-, Religions- Universitäts und andren Kulturfragen autonom regeln. Er warf Gerichte, Verwaltung, Heer ein und war mehr für ein Kantonal System, nach dem Muster der Schweiz. Jedenfalls lasse sich Österreich nur auf demokratischer Basis organisieren. Die grosse Schwierigkeit sei die Einführung des Deutschen als „Staatssprache" in Böhmen und die historische Anhänglichkeit der Tschechen an ihren autonomen böhmischen Staat, 1526[1] und die Schlacht am Weissen Berge[2] seien jedem tschechischen Bewusstsein eingebrannt. Clam prophezeite er kein langes Leben. Die Tschechen betrachteten ihn mit Mistrauen. Ich sagte, nach meiner Ansicht sei Clams grosser Vorzug, dass er durch und durch Österreicher sei; und woran es

1 Am 29. Aug. 1526 erlitt Ungarn in der Schlacht bei Mohács gegen die Osmanen eine vernichtende Niederlage. Ludwig II., König v. Ungarn u. Böhmen, ertrank auf der Flucht. Durch Erbfolge bzw. Wahl fielen die Königreiche an seinen Schwager Ferdinand I. aus dem Haus Habsburg.

2 Schlacht am 8. Nov. 1620, bei der Friedrich V. von der Pfalz als König von Böhmen dem Angriff der Truppen der katholischen Liga unterlag u. die böhmische Krone verlor

am Meisten in Österreich fehle, seien eben Österreicher. Lobkowitz fürchtet seine Heftigkeit. Ausserdem meint er, mit Recht, alle Einzel-Regelungen würden Nichts nützen, wenn nicht ein grosses gemeinsames Interesse geschaffen werde, das alle Völker Österreichs verbinde; und dieses könne nur ein wirtschaftliches sein. Die Loyalität gegen Habsburg ziehe nicht mehr genügend. Ost Galizien möchte Lobkowitz, um die Ruthenen loszuwerden, Russland überlassen.

27. Jan. 1917. Freitag. Bern. Zürich *27.1.1917 Samstag*
Kaisersgeburtstags Feier auf der Gesandtschaft. Romberg fragte mich, ob ich meine Zustimmung geben wolle, dass meine Nachricht über das englisch-französische Abkommen betreffend Calais u. Belgien in irgendeiner Form, z. B. in einer neutralen, schwedischen Zeitung, publiziert werde. Das Ausw. Amt hat deshalb telegraphiert, Bethmann in Rombergs Abwesenheit meinen Weisungen gemäss absolut abgelehnt. Ich sagte Romberg, ich müsse mir die Sache überlegen, werde Montag ihm meine Antwort geben. Schade, solche Munition nur zu Zwecken der Stänkerei zu verschiessen. Darüber nachher mit Bethmann.

28 Jan. 1917 Sonnabend. Zürich. *28.1.1917 Sonntag*
Vormittags von Bern nach Zürich. Bei Louis C.'s[1] Schwiegervater, dem Generalkonsul Vogel, gefrühstückt. Höfliche Diskussion mit C. (Franzose) über Krieg u. Kriegsursachen. – Abends Premiere der Ariadne unter Strauss, Jeritza, Oestwyk, Gutheil. Starker Erfolg. Das Publikum klatschte Minutenlang. Nachher soupierten Vogels mit C. bei mir im Baur au Lac. Später Lobkowitz mit der Jeritza bekannt gemacht. Die Jeritza, die als Ariadne eine königliche Haltung hat, im Leben eine Kuhmagd. Lobkowitz aber stark für sie entbrannt.

29 Jan. 1917 Sonntag. Bern – Zürich. *29.1.1917 Montag*
Tagsüber in Bern, weil Romberg wegen des Calais Abkommens mich sprechen wollte. Eine kurze Denkschrift darüber diktiert und ihm übergeben. Gegen die Veröffentlichung, wenn sie nur Stänkerzwecken dienen soll, da die Waffe, die dieses Abkommen uns in die Hand giebt, zu gut ist, um so verbraucht zu werden. – Abends spät nach Zürich zurück. Dort Vollmoeller. Nochmals die Wünschbarkeit u. Möglichkeit eines Königreichs Schwaben mit Einschluss des Elsass besprochen. Er reist morgen nach Deutschland.

30 Jan. 1917 Montag. Zürich. *30.1.1917 Dienstag*
Abends Strauss Konzert in der Tonhalle: Zarathustra, Don Quichotte und die

---

[1] Caillon

„Burleske", die die Skapira[1] blendend spielte. Das Burleske ist Straussens eigenste und vielleicht stärkste Kunst. Kein andrer grosser Musiker hat es so rein und so erfinderisch beherrscht. Beethovens Satyrtänze gipfeln im Tragischen, nicht im Burlesken. Don Quichottes Luftreise auf den Blasebälgen ist dagegen ebenso komisch wie grandios.

31. Januar. 1917 Bern. *31.1.1917 Mittwoch*

Früh mit Strauss von Zürich nach Bern. Strauss gegen die Sucht der Deutschen jetzt in aller Welt um Sympathie zu betteln. „Wer siegt, ist sympathisch". – In Bern Frühstück für Strauss auf der Gesandtschaft. Romberg nahm mich nach dem Frühstück beiseite und sagte mir, dass morgen der unbeschränkte U. Boot Krieg anfängt, oder eigentlich eine Absperrung Englands, Frankreichs und Italiens. Er bedauert, dass wir gleichmässig gegen alle Drei vorgehen; das sei nicht politisch, denn eine Blockade von England allein hätte trennend gewirkt, die gleichmässige der Drei würde sie im Gegenteil zusammenschmieden. – Abends „Ariadne" im Berner Stadttheater; wieder wie in Zürich mit der Jeritza, Eden, Gutheil und mit Oestwyk. Magische Klarheit und Klangschönheit des Orchesters unter Straussens Zauberstab. Alles blüht und lebt in einer glühend farbigen, wie von leichten Winden bewegten Atmosphäre. Es giebt Nichts raffiniert Frühlingshafteres als diese Musik, wenn Strauss sie selber leitet. Die Filigrane der Motive erscheint wie hinter reichgetönten, aber klaren Glasfenstern. Er besitzt eine unvergleichliche Kunst zarter Zergliederung und scheinbar mühelosen Schwellens und Abschwellens, Aussetzens und Wiederanfangens; eine Leichtigkeit und Farbigkeit des Ausdrucks wie Mozart. Die Jeritza, die im Leben eine Kuhmagd ist, als Ariadne ganz Prinzessin. Der Erfolg der Aufführung war ausserordentlich. Nachher gab ich im Bellevue ein Souper. An meinem Tisch Strauss, Romberg, Jeritza, die kleine Eden, Oestwyk, Lobkowitz; dieser schmilzt und schwitzt vor der Jeritza wie Pommade. Bethmann an einem andren Tisch zwischen der Saussure und einer Abenteuerin Hartog, die sich uneingeladen eingeschlichen hatte. Jeritza, die feiner ist, als ihre ordinäre Art vermuten lässt, schickte Lobkowitz hin „Gahn's, holen's mir den Bethmann von dem Tisch weg". Bethmann kam ganz plattgeredet an, „wie aus dem Trommelfeuer", so hatten die Saussure und die Hartog auf ihn eingeredet wegen Belgiens, Frankreichs u. s. w. – Romberg sagte mir, die Aufnahme der U. Boot Note beim Bundesrat, dem er sie heute Nachmittag übergeben hat, sei noch schlechter gewesen, als er erwartet habe.

[1] Schapira

1. Februar 1917. Donnerstag. Bern. *1.2.1917 Donnerstag*
Oberstleutnant v. Haeften mit Ortenburg an. Nachmittags Konferenz bei Bismarck. Abends Diner bei Bismarck. Dort Romberg, Haeften, Ortenburg, Simson, u. Rath. Haeften, der vor wenigen Tagen Ludendorff gesehen hat, sagt, dass dieser und Hindenburg sich nur sehr schwer zum unbeschränkten U. Boot Krieg entschlossen hätten. Aber es gäbe kein andres Mittel mehr, den Krieg zu beenden; sonst werde er nach Ludendorffs Ansicht zum Dauerkrieg werden, und diesen könnten wir nicht aushalten. Über den Erfolg sei Ludendorff zuversichtlich. Am meisten verspreche er sich von der Abschneidung Italiens und Russlands von England. Wenn Italien und Russland keine Kohlen mehr aus England bekämen, müssten sie zusammenbrechen. Wenn uns die Sache aber nicht gelänge, so würde doch wenigstens England mit uns zugrundegehen; und aus dem tiefen Fall würden wir uns schneller erholen als England. Die Marine glaubt, dass sie England in vier Monaten bezwingen kann, die Oberste Heeresleitung rechnet mit 6 Monaten; bis dahin, also bis zum 1′ August, müssten wir fertig sein. – Nachher im Bellevue mit Simson, v. Rath, Berchem und einigen Österreichern beim Whisky. Am meisten Sorge macht die Haltung Amerikas. Simson und die Österreicher erwarten, dass Amerika den Krieg erklärt. Dann könnten wir zwar den Krieg militärisch noch gewinnen, aber wirtschaftlich wären wir ruiniert. Im Ganzen ist die Stimmung bei uns gedrückt, aber entschlossen; Stimmung des Mannes, der einer lebensgefährlichen, aber nicht mehr aufzuschiebenden Operation entgegengeht.

2. Februar 1917. Freitag. Bern. *2.2.1917 Freitag*
Ein Mann, der wie ein Erzengel heisst, ein Herr Asriel, kam, angeblich von Ludwig Stein empfohlen, zu mir. Asriel „und Frau“ stand sogar auf der Karte. Er sah aus wie ein Spitzel und gab an, dass er Türke und im Dienste des deutschen Nachrichtendienstes sei. Er begann, mir allerlei militärische Geheimnisse aus Frankreich auszukramen. Ich sagte ihm, dass ich für Militärisches nur wenig Interesse habe; dagegen Politisches und Wirtschaftliches ganz gern bespräche. Daraufhin sagte er mir, er habe vor 14 Tagen mit Jemandem gesprochen, der der amerikanischen Gesandtschaft hier sehr nahestehe; dieser habe ihm versichert, dass Amerika gegen den unbeschränkten U Boot Krieg zwar protestieren, aber nicht den Krieg erklären werde. Nach seiner Überzeugung bestünde zwischen Amerika und uns ein festes Abkommen. Dieses ist sicher nicht der Fall, sonst müssten Romberg und Haeften es wissen. Asriel versichert auch, dass die Entente einen grossen kombinierten See- und Land Angriff gegen Flandern vorhat. Dieser Erzengel oder Spitzel passt wie die Abenteuerin Hartog in die Farbe des Hotel Bellevue gut herein. – Frühstück auf der Gesandtschaft für Haeften. Abends Strausskonzert: Eulenspiegel, Tanz der Salome, Heldenle-

ben. Vorher assen Haeften, Ortenburg, Simson, Bismarck bei mir. Haeften bestätigte, dass nach Ansicht der O.H. die Engländer einen grossen Angriff auf Flandern auch von der See vorhaben; sie würden auf holländischem Boden an der Scheldemündung landen und Deutsch-Flandern im Rücken lassen. Strauss zeigte mir einen Brief von Romain Rolland, der sich in sehr freundschaftlichen Ausdrücken entschuldigt, dass er nicht zu seinem Konzert kommen kann, weil er krank sei. Aber auch Rolland glaubt an die „deutschen Greuel" und lässt es durchblicken. Er bedauert gewissermassen Strauss, dass er Deutscher ist und in Deutschland leben muss. Strauss sprach sich sehr scharf dagegen aus. – Auch im Konzert Abends ziemlich viele Franzosen, Russen, Engländer, so dass die eine Hälfte des Saales die andre legitimerweise torpedieren konnte.

3 Februar 1917. Sonnabend. Bern. *3.2.1917 Samstag*

Hindenburg besuchte mich auf meinem Bureau in der Junkerngasse und war ganz erstaunt, dass ich im berühmten Spukhaus wohne. Ich erfuhr erst hieraus, dass ich, und über mir Schickelé, einen Geist beherbergen. – Abends assen Schickeles und Annette Kolb bei mir im Hinterzimmer bei Daettwyler. Schickele sagte, ich bekäme nächstens auf französischer Seite einen Kollegen; wahrscheinlich Haguenin, der mit der Propaganda betraut werden solle. Eine grosse Impressionisten Ausstellung sei geplant. Ich sagte, die Franzosen sollten doch auch sonst ebenso wie wir ihr Bestes zeigen, die Russen ihr Ballett u. s. w.; dann bekäme die ganze Propaganda ein andres Gesicht, würde der Beginn eines neuen friedlichen Wettbewerbs, des neuen Europa, das gerade wir Deutsche nach dem Kriege anstrebten. Schickele war ganz derselben Meinung. – Er gab mir einen Artikel[1] von Rubakin über und gegen die Günstlings Wirtschaft (Rasputin, Protopopow) in Russland. Rubakin arbeite mit Miljukow für ein liberales Russland. Schickele schien zu fürchten, dass ich den Artikel misbilligen würde, weil Protopopow unser Mann sei für einen Sonderfrieden. Ich sagte, die Schwierigkeit für uns sei in Russland eine Regierung zu finden, die stark genug sei, einen Frieden überhaupt zu schliessen. Mir schiene die Autokratie mit Stürmer, Protopopow und selbst Nikolaus Nikolajewitsch, wenn er sich zum Frieden bekehren sollte, nicht mehr stark genug den Liberalen (Miljukow) gegenüber. Das Beste wäre nach meiner Ansicht gewesen, wenn wir 1915 Kiew, Poltawa und Odessa genommen und die Ukraine losgelöst hätten, ebenso Finnland, wenn also Russland zerfallen wäre. Da uns das aber nicht gelungen sei, so sei das Nächstbeste, wenn Russland in einen Nationalitätenstaat, in einen Staatenbund oder Bundesstaat zerfiele, da das seine Agressivität und Expansionslust etwas schwächen würde. Dieses schiene mir eine Entwicklung, der wir zum Mindesten nicht widerstreben sollten. Wenn ein Sonderfriede mit der

[1] Die Günstlingswirtschaft im heutigen Russland und ihre internationale Bedeutung

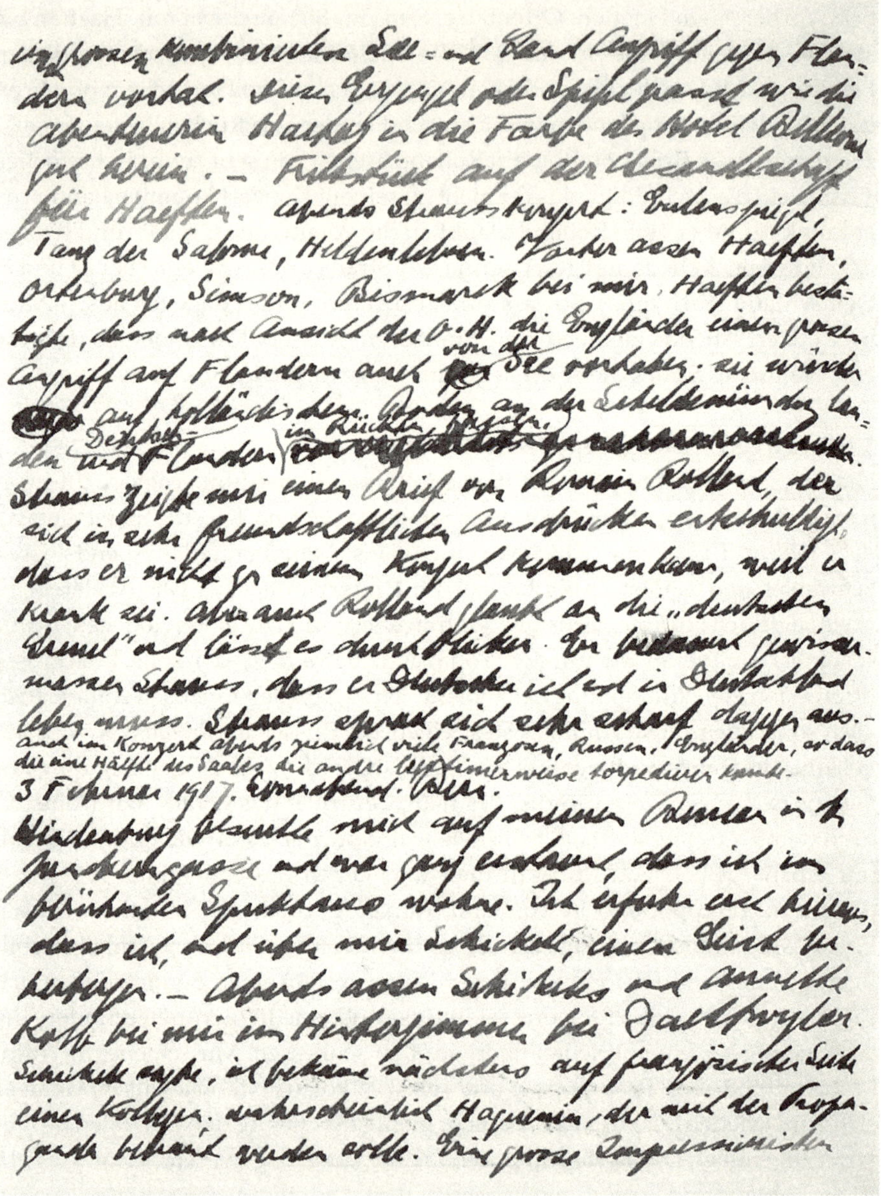
ein grossen kombinierten See- und Land Angriff gegen Flan-
dern vorhat. Dieser [illegible] oder Spitzel passt wie die
abenteuerin Haeften in die Farbe des Hotel Bellevue
gut hinein. — Frühstück auf der Gesandtschaft
bei Haeften. Abends Straussconzert: Eulenspiegel,
Tanz der Salome, Heldenleben. Vorher assen Haeften,
Ortenburg, Simson, Bismarck bei mir. Haeften bestä-
tigte, dass nach Ansicht der O.H. die Engländer einen grossen
Angriff auf Flandern auch von der See vorhaben. Sie würden
[illegible] auf holländischem Boden an der Scheldemündung lan-
den und Flandern [illegible] im Rücken [illegible]
Strauss zeigte mir einen Brief von Romain Rolland, der
sich in sehr freundschaftlichen Ausdrücken entschuldigt,
dass er nicht zu seinem Konzert kommen könne, weil er
krank sei. Aber auch Rolland glaubt an die „deutschen
Greuel" und lässt es durchblicken. Er bedauert gewisser-
massen Strauss, dass er Deutscher ist und in Deutschland
leben muss. Strauss sprach sich sehr scharf dagegen aus. —
Auch im Konzert abends ziemlich viele Franzosen, Russen, Engländer, so dass
die eine Hälfte des Saales die andre legitimerweise torpedieren konnte.
3 Februar 1917. Sonnabend. Berlin
Hindenburg [illegible] mich auf meinen Runden in der
[illegible] und war ganz erstaunt, dass ich im
[illegible] wohne. Ich erfuhr auch hier,
dass ich, und über mein Schicksal, einen [illegible] be-
[illegible]. — Abends assen Schickele und Annette
Kolb bei mir im Hinterzimmer bei [illegible].
Schickele sagte, ich bekäme nächstens auf französischer Seite
einen Kollegen, wahrscheinlich Haguenin, der mit der Propa-
ganda betraut werden solle. Eine grosse Impressionisten-

Einträge vom 2. und 3. Februar 1917; Tagebuch Harry Graf Kessler;
Deutsches Literaturarchiv Marbach

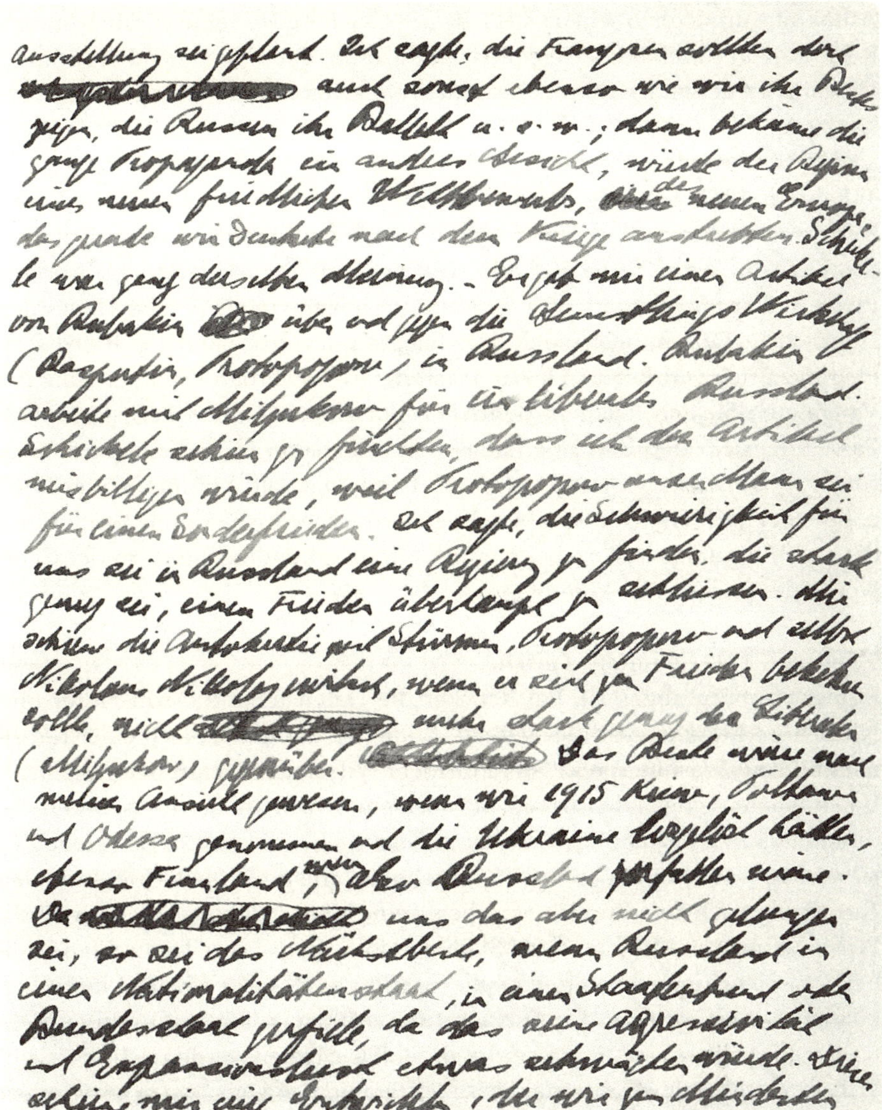
ausstellung sei geplant. Ich sagte, die Franzosen sollten doch
auch sonst ebenso wie wir ihre Bilder
zeigen, die Russen ihr Ballett u. s. w.; dann bekäme die
ganze Propaganda ein anderes Gesicht, würde der Beginn
eines neuen friedlichen Wettbewerbs, des neuen Europa,
das gerade wir Deutsche nach dem Kriege anstreben. Schicke-
le war ganz derselben Meinung. – Er gab mir einen Artikel
von Bakunin über und gegen die Sonderfriedens Wirkung
(Rasputin, Protopopow) in Russland. Bakunin
arbeite mit Miljukow für ein liberales Russland.
Schickele schien zu fürchten, dass ich den Artikel
missbilligen würde, weil Protopopow unser Mann sei
für einen Sonderfrieden. Ich sagte, die Schwierigkeit für
uns sei in Russland eine Regierung zu finden, die stark
genug sei, einen Frieden überhaupt zu schliessen. Mir
schienen die Autokratie mit Stürmer, Protopopow und selbst
Nikolaus Nikolajewitsch, wenn es sich zum Frieden bekehren
sollte, nicht mehr stark genug den Liberalen
(Miljukow) gegenüber. Das Beste wäre nach
meiner Ansicht gewesen, wenn wir 1915 Kiew, Poltawa
und Odessa genommen und die Ukraine losgelöst hätten,
ebenso Finnland, wenn also Russland zerfallen wäre.
was das aber nicht gelungen
sei, so sei das Wünschbarste, wenn Russland in
einen Nationalitätenstaat, in einen Staatenbund oder
Bundesstaat zerfalle, da das seine Aggressivität
und Expansionskraft etwas schwächen würde. Diese
scheine mir eine Entwicklung, der wir zum Mindesten
nicht widerstreben sollten. Wenn ein Sonderfriede mit

Eintrag vom 3. Februar 1917; Tagebuch Harry Graf Kessler;
Deutsches Literaturarchiv Marbach

Autokratie unmöglich sei, so hätte ich daher Nichts gegen eine wirklich liberale Regierung in Russland. – Gespräch über Mülon, der anscheinend Simson die Unwahrheit gesagt hat, als er ableugnete ein zweites Mal bei Haguenin gewesen zu sein.

4. Februar 1917. Sonntag. Bern – Zürich. *4.2.1917 Sonntag*

Mittags nach Zürich. Bei meiner Ankunft sagte mir Fürstner, in der Stadt gehe das Gerücht, Amerika habe die Beziehungen zu Deutschland abgebrochen. Etwas später telephonierte mir Simson, um mir mitzuteilen, dass Havas den Abbruch der Beziehungen melde. Das Telegramm wurde dann durch ein Extrablatt in Zürich verbreitet. „Havas, Washington 3. Februar. Die Regierung der Vereinigten Staaten hat dem deutschen Botschafter Grafen Bernstorff seine Pässe zugestellt und den amerikanischen Botschafter in Berlin Gerard abberufen." – Nach Tisch Ortenburg an der Bahn abgeholt. Mit ihm, Oscar Fried u. Fürstner nach Tisch Variétés besichtigt. Komische Beschäftigung heute. Brandis war Vormittags in Bern bei mir, um mir anzukündigen, dass in der Charwoche das Burgtheater kommt.

5 Februar. 1917. Montag. Zürich. *5.2.1917 Montag*

Früh Ortenburg abgereist. Bei Reucker die Daten für die Darmstädter und Nikisch im März u. April festgesetzt. Mittags Extrablatt: „Nach einer Kabelmeldung aus Washington soll der Präsident Wilson die Regierungen aller neutralen Staaten eingeladen haben, sich seinem Schritt anzuschliessen und die diplomatischen Beziehungen mit Deutschland abzubrechen." Die „Neue Züricher Ztg"[1] setzt hinzu „Wie wir vernehmen, entspricht diese Meldung den Tatsachen. Auch dem Bundesrat ist heute eine Note zugekommen, in der Präs. Wilson zum Anschluss an seine Stellungnahme gegenüber Deutschland einladet .... Über unsere Stellungnahme werden wohl keine Zweifel herrschen können. Die Schweiz hat von Anbeginn den strikten Willen zur absoluten Neutralität ausgesprochen." Südamerika, die A.B.C. Staaten werden sich aber wohl Wilson anschliessen; wahrscheinlich auch Spanien und Norwegen gezwungen durch die Kohlennot. Viel geändert wird an den militärischen Machtverhältnissen dadurch nicht, wenn nur unsere U. Boote ausreichen. Schmerzlich ist aber dieses Aufflammen der ganzen Welt um Deutschland.

6. Februar. 1917. Dienstag. Bern *6.2.1917 Dienstag*

Nachmittags bei Romberg. Er kam auf den Vertrag über Calais zurück; fragte, was ich dazu meinte, wenn man in der französischen Kammer indiskrete Fragen stellen liesse, um die Sache an die Öffentlichkeit zu bringen. Er könne das;

[1] Die Einladung Wilsons an die Neutralen

nur solle es Schickelé nicht bekannt werden, damit unsere Verbindungen nicht aufgedeckt würden. Mit Rubakins Kampagne gegen die Reaktionären in Russland ist Romberg einverstanden. Wir hätten früher immer auf das falsche Pferd, die Autokratie, in Russland gesetzt. Jetzt könne es nur von Nutzen sein, die Verwirrung möglichst zu steigern.

7. Februar. 1917. Mittwoch. Bern. *7.2.1917 Mittwoch*

Dr Heinrich Simon, der Besitzer der „Frankfurter Ztg" bei mir gefrühstückt. Er ist auf der Durchreise hier. Spricht vorsichtig vom Tauchboot Krieg. Baut darauf, dass die entscheidenden Leute nicht ohne zuverlässige Unterlagen sich dazu entschieden haben; ist aber nicht begeistert. Abends mit ihm bei Tattenbachs und dann bei Schickelé mit Oscar Fried. Simon, der Etwas getrunken hatte, liess seinen Gefühlen freien Lauf, entpuppte sich als ziemlich fanatischer Jude, jüdische Taufen, jüdische Offiziersfrage, aber mit mehr Temperament als Intellekt, und mit auffallend schlechten Manieren; schwach, phrasenhaft und aufgeregt, ein kleiner, überarbeiteter, von sich selbst sehr überzeugter Mann. Schickele ist ihm sehr überlegen.

8 Februar. 1917. Donnerstag. Bern. *8.2.1917 Donnerstag*

Der Horizont klärt sich etwas. Die andren Neutralen, die Wilson aufgefordert hatte, mit ihm gleichzeitig die Beziehungen zu Deutschland abzubrechen, lehnen alle nacheinander ab. Dieser Miserfolg schwächt den Eindruck des Wilsonschen Schrittes ab. Ausserdem kommen Nachrichten, allerdings noch nicht beglaubigte, über ausserordentliche Versenkungen. – Nachmittags bei Annette Kolb in der Pension Herter.

9 Februar 1917. Freitag. Bern. *9.2.1917 Freitag*

Rigoletto im Stadttheater vom kleinen Stangenberg neu inszeniert. Gilda koloraturte wie eine verstimmte Lokomotivpfeife. Dafür war viel Geschmack und Phantasie auf Beleuchtungseffekte verwandt. Da Rigoletto nur eine Vitrine für schöne Stimmen ist, und in Neapel oder der Scala die Dekorationen vor Allem umfallen, Beleuchtung kaum existiert, so erreichte diese Umkehrung des Stils den Höhepunkt der Nichtigkeit. – Nachher soupierten Stangenbergs, die übrigens nett und naïv sind, Oscar Fried, der Dr Lasswitz vom Wolff Bureau und Fürstner mit seiner Schwester[1] bei mir. Nachts um 2, als ich schon zubett lag, klingelte mich Schickele an und bat mich, sofort zu ihm zu kommen in einer dringlichen Sache. Nach einigem Parlamentieren gestand er mir zu, dass wir uns erst morgen treffen sollten; aber „bis um 5 morgen Nachmittag müssten wir eine Entscheidung geben". Ich weiss nicht, worum es sich handelt. – Mein Kino

[1] Riedel

Agent Fellner hat Dummheiten gemacht. Unsere Kino Propaganda kann dadurch empfindlich gestört werden. Mit Fürstner hierüber.

10 Februar. 1917. Sonnabend Bern. *10.2.1917 Samstag*

Bei Schickeles Telephonanruf vorige Nacht handelte es sich nur um die Gründung einer neuen Presse Agentur. Schlieben hat ihn besucht und ihm vorgeschlagen, eine Presse Agentur zu gründen, die Informationen von den extremrevolutionären Elementen aller Länder (Radek-Sobelsohn, Longuet Gruppe, u. s. w.) sammeln solle. Schlieben wollte bis heute um 8 Antwort haben. Schickeles Impulsivität war bei der Vorstellung von einer solchen revolutionären Agentur gleich in Flammen geraten. Er ist klug, aber gefährlich beeinflussbar durch neue pittoreske Ideen. Wie sich herausstellte, denkt er sich diese Agentur nur als Sammelstelle für Korrespondenzen von allerlei mehr oder weniger unzufriedenen aber gut informierten Déracinés, die für ihre Dienste zu bezahlen wären; er läugnet aber jeden revolutionären Zweck: die Agentur solle rein informatorisch, in keiner Weise agitatorisch wirken. Er würde in seinem Büreau sitzen, die Korrespondenzen sammeln, sichten, auskochen; das Interessante in den „Weissen Blättern“ veröffentlichen; im Übrigen aber durch mich Romberg u. s. w. zur Verfügung stellen. Mir scheint (und ich sagte dieses Schickele) der dunkle Punkt in der Sache Schlieben, der wahrscheinlich weniger unschuldige Ziele verfolgt. Er ist erfüllt von einem leidenschaftlichen Hass gegen Deutschland als Renegat und nach seiner Ansicht verkanntes Genie und wird noch von einer bösen französischen Frau angestachelt; ist unverbesserlicher Intrigant und steckt mit allen Feinden Deutschlands unter einer Decke; hängt mit Rubakin, Haguenin, Grumbach, der serbischen Kolonie zusammen; hat, wie Schickelé selbst erzählt, die französische Regierung insgeheim veranlasst, dem Sozialistenführer Renaudel den Pass nach der Schweiz zu verweigern, weil er den eher deutschfreundlichen Einfluss Grumbachs auf R. unterbinden wollte. Wenn man Schlieben aber ausschliesse, wird er gleich die Agentur mit allen Mitteln befeinden. Man müsste ihn irgendwie wieder nach Deutschland bringen. Ich bat daher um Bedenkzeit. – Ehe ich zu Schickele gieng, beim österr. Militär Attaché Einem gefrühstückt mit dem neuen österr. Gesandten Musulin, Pálffy, Bethmann, der Frau von Wattenwyl, und dem polnischen Grafen Rostworowsky, der hier offiziös den polnischen Staatsrat vertritt. Rostworowsky erzählte mir, Jemand von der andren Seite habe ihm gesagt: vor dem deutschen Friedenangebot seien „des conversations“ zwischen Deutschland und Frankreich im Gange gewesen, bei denen man sogar von Elsass-Lothringen gesprochen habe (offenbar sind meine Verhandlungen mit Haguenin gemeint), dann sei das Friedensangebot gekommen, das alle Hoffnungen zerstört habe, da es sich auf den deutschen Sieg berufen habe; dieses hätten die Franzosen als ein

Zeichen angesehen, dass die früheren Unterhandlungen abgebrochen würden. Daher der Ausdruck „unaufrichtiges Friedensangebot" in der Entente Antwort. Hiermit im Zusammenhang ist es bemerkenswert, dass Schickele mir erzählte, Haguenin habe ihm vor ein paar Tagen gesagt, er erwarte, dass binnen kurzem, „dans un ou deux mois" wieder Verhandlungen angeknüpft werden würden. Haguenin sei jetzt intim mit Caillaux. Verabredet, dass wir Dienstag mit Haguenin zusammen essen.

11. Februar. 1917. Sonntag. Bern. *11.2.1917 Sonntag*

Nachmittags bei Schickele langes litterarisches Gespräch. Dann mit ihm auf den Gurten. Blick auf Bern mit tausend Lichtern im verschneiten Tal. – Vormittags bei Romberg, dem von meinen gestrigen Gesprächen erzählt. Er legte der Äusserung von Haguenin über Verhandlungen „in 1 bis 2 Monaten" Gewicht bei. Die Offensive würde nur kurz sein und wenn sie scheitere, Verhandlungen wieder nahelegen. Rostworowskys Erzählung legt er so aus, dass gewisse Elemente in Frankreich, aber nicht die Regierung, die Gespräche über das Elsass etc. als Einleitung eines Sonderfriedens aufgefasst haben könnten und sich daher über das allgemein an alle Feinde gerichtete Angebot geärgert hätten. – Für meine Zusammenkunft mit Haguenin gab er mir die Weisung, H. den U. Boot Krieg als Antwort auf die unerhörten Friedensziele der Entente darzustellen. Wir hätten unter diesen Umständen nicht anders gekonnt. Wie arg die Kohlennot in Frankreich sein muss, illustrierte Romberg, indem er erzählte, er habe auf flehentliche Bitten des Schweizer Gesandten[1] in Paris erlaubt, dass diesem ein Waggon deutscher Kohlen aus d. Schweiz geschickt werde, da er sonst seine Gesandtschaft nicht mehr heizen konnte. – Abends Jackson, den amerik. Botschaftsrat, aus Berlin, in der Halle des Hotels. Die ganze Botschaft ist eben auf der Heimreise hier angekommen.

12 Februar 1917. Montag. Bern. *12.2.1917 Montag*

Vormittags bei Annette Kolb den sozialdemokratischen Reichstagsabgeordneten Wolfgang Heine getroffen. Er hatte eine Empfehlung des Staatssekretärs Zimmermann an mich. Ihn zu morgen zum Frühstück eingeladen. Er äusserte sich über den Tauchbootkrieg resigniert. Am meisten habe es erstaunt, dass die Herren, die ihn früher bekämpft hätten, ihn jetzt empföhlen. Zimmermann habe noch bis zuletzt nicht geglaubt, dass er zu einem Bruch mit Amerika führen werde. Am 3ten Februar Abends sei er, Heine, bei Zimmermann gewesen, gleich nachdem ihn Gérard verlassen habe. Noch damals habe Zimmermann nicht an einen Krieg mit Amerika glauben wollen. – Nach den Zeitungsmeldungen ist übrigens der U-Boot Krieg sehr wirksam; jeden Tag werden um die 30 000

1 Lardy

Tonnen versenkt. Das würde zweifellos, wenn es weiter fortgesetzt werden kann, England in wenigen Monaten zur Vernunft bringen. Und mehr wird England gegenüber von Hindenburg u Ludendorff offenbar nicht erwartet. – Die Kolb beschäftigt sich damit, eine Zusammenkunft zwischen Heine und Grumbach zustandezubringen. Beide scheinen sie zu wünschen, aber keiner will zum Andren gehen. Die Kolb will sie in ihren Zimmern in der Pension Herter zusammenbringen. – Die Kolb frühstückte bei mir bei Daettwyler.

13. Februar 1917. Dienstag. Bern. *13.2.1917 Dienstag*

Wolfgang Heine bei mir gefrühstückt. Über seine Zusammenkunft mit Grumbach sagte er Nichts. Er betont stark seinen Zusammenhang mit alten Beamten- und Pastorenfamilien. Die Unsicherheit in seiner Stellung als Sozialdemokrat ist offenbar noch nicht überwunden. Über Offiziersersatz nach dem Kriege. Ich machte ihn aufmerksam auf St Maixent[1], das er nicht kannte. Er gab vor nicht zu glauben, dass wir Kurland u Littauen behalten könnten. Fürchtete die lange Grenze gegen Polen, das uns nicht sicher sei. Ich versuchte ihn über die zukünftige Stellung Polens zu beruhigen. Er sprach dann über die Rückkehr der Leute aus den Schützengräben. So viel neue, unverbrauchte Kraft; die Hauptsache, dass sie in produktive, nicht blos nihilistische Bahnen gelenkt würde. Er sagt, eine unerhörte Masse von Erbitterung häufe sich dort an. – Nach dem Frühstück den amerikanischen Botschaftsrat Jackson getroffen und mit ihm einen Augenblick gesprochen. Er wohnt mit seiner Frau auch im Bellevue; ist erst ein Halb-Feind; man kann sich noch öffentlich die Hand geben. Reuter behauptet heute Mittag sogar, wir hätten wieder Verhandlungen mit Washington angeknüpft über den U. Boot Krieg, „unter der Bedingung, dass die Handels-Blockade gegen England nicht gestört werde." Selbst Heine misbilligte diesen Schritt, als ich ihm vom Telegramm im Mittagsblatt erzählte. – Nachmittags mit Paul Cassirer zu Romberg, um ihn vorzustellen und die Ausstellungen zu besprechen. Romberg u. ich legen am meisten Wert auf die Schweizer Ausstellung in Deutschland. Cassirer fährt morgen nach Genf, um mit Hodler zu sprechen und ihn zu einer öffentlichen Erklärung zu veranlassen. Unser Vorteil ist, dass die Schweizer Künstler keinen Markt in Frankreich haben, weil sich Frankreich fremde Kunst absolut ablehnt. Die Franzosen haben mit ihrer Impressionisten Ausstellung in Winterthur, weil sie ihre Bilder verkauft haben, böses Blut gemacht. – Nachher bei Bethmann. Ich fragte ihn, wie es sich mit unsrem angeblichen Schritt in Washington verhalte. Er läugnet absolut, dass wir einen solchen getan hätten. Der Schweizer Gesandte Ritter in Washington, habe bei uns angefragt, ob wir mit Amerika eventuell weiterverhandeln wollten; wir hätten geantwortet, ja, aber nur unter der Bedingung, dass dadurch unsere Sperre

[1] frz. Militärschule

nicht unterbrochen würde. Im Telegramm stand aus Versehen „Sperre gegen England" statt Sperre gegen alle drei Staaten. Dieser Fehler ist aber eine Stunde später berichtigt worden. Die Amerikanische Regierung verlautbart nun trotzdem heute Abend offiziell, wir hätten den Wunsch ausgesprochen, wieder Verhandlungen anzuknüpfen, wenn nur unsere Sperre „gegen England" nicht gestört werde; sie hätte aber unter diesen Bedingungen zu verhandeln abgelehnt. Vor der Welt erscheinen wir also blamiert und abgeblitzt. – Nach der Vorstellung von Zapolskas „Warschauer Zitadelle" bei Schickele, der mir Folgendes sagte: 1) Gilbert (der französische Botschaftsrat) sei heute Abend mit dem Blatt vom „Bund" auf ihn zugekommen, habe auf das Telegramm[1] aus Washington mit Lansings Erklärung gezeigt und triumphierend gesagt: „Cette fois, nous les tenons". Seit der „Lusitania"[2] hätten sie keinen solchen Trumpf in Händen gehabt. Jetzt könnten sie beweisen, wie unaufrichtig die deutsche Regierung sei: erst drohen, dann verhandeln; mit dem Friedensangebot sei es nicht anders, nur in umgekehrter Reihenfolge gewesen. Es würde jetzt auf Grund dieses neuen Streiches eine unerhörte Presskampagne losgehen, die unsere Verworfenheit vor der ganzen Welt beleuchten würde. 2) Haguenin hat Schickele gefragt, ob er glaube, dass ich Etwas dagegen hätte, wenn er morgen Abend den französischen Botschafter Beau mitbrächte zu unserem gemeinsamen Essen. Er habe Beau zwar noch nicht gefragt, wolle die Sache aber bei ihm anregen und halte es nicht für unmöglich, dass Beau annehme. Ich war sehr erstaunt, sagte Schickelé aber, ich hätte natürlich Nichts dagegen, Beau zu treffen, den ich aus Brüssel kenne. Schickele meint, eine grosse Krisis sei im Anziehen, Beau wolle sich noch rechtzeitig an Haguenin und mich klammern. 3) Der Korrespondent[3] des „Rjetsch", der das russische Pressebüreau hier unter sich hat, hat gestern zu Schickele gesagt, Russland möchte mit Deutschland verhandeln mit dem Ziel, ein Bündnis mit Deutschland (und Frankreich) gegen England zu erlangen. Deutschland solle Russland in Asien gegen England helfen. Die ganze deutsche Diplomatie sei aber angloman; daher sei Nichts zu machen. – Schickele drängt, ich solle Haguenin (und ev. Beau) morgen Abend zeigen, dass ich für diese Idee eines französisch-deutsch-russischen Bündnisses gegen England zu haben sei. – Von Schickele um 2 Uhr Nachts auf die Gesandtschaft, Romberg geweckt und ihm gesagt, es müsse sofort Etwas geschehen, um den Eindruck der Washingtoner Mitteilung abzuschwächen. Romberg wollte zuerst Nichts wissen, meinte, wir hätten ja das Anerbieten zu Verhandlungen durch unsere Antwort ganz deutlich abgelehnt, indem wir die Seesperre für irrevokabel

---

[1] Deutschland und Amerika

[2] brit. Luxusdampfer, der am 7. Mai 1915 auf der Fahrt v. New York nach Liverpool vor der Südküste Irlands v. einem dt. U-Boot torpediert u. versenkt wurde

[3] Victoroff-Toporoff

erklärten. Ich machte geltend, das Publikum glaube im Gegenteil, wir hätten wieder angebändelt. Es müsse klipp und klar gesagt werden, die Anregung sei vom Schweizer Gesandten, nicht von uns ausgegangen. Romberg sagte zu, morgen in aller frühe zu Hoffmann oder Dünant zu gehen, so dass eine solche Erklärung noch in die Mittagsblätter kommen kann. Dass die Rede davon sein kann, mich mit Beau zusammenzubringen, erstaunte R. ebenfalls. Er meinte aber, auch er habe nach seinen Informationen den Eindruck, dass es in Frankreich krisele; die letzte Abstimmung, wo Briand weniger als die Hälfte der Kammer für sich hatte, sei ein Anzeichen. In Italien stehe es offenbar ganz schlecht; sie würden scheinbar in kurzer Zeit buchstäblich Nichts mehr zu essen haben. Was aber alle Verhandlungen mit Frankreich von vornherein nutzlos mache, sei unsere Forderung von Briey; deshalb könnten solche Verhandlungen, wenn sie noch so ernst gemeint seien, zu Nichts führen. – Heine ist mit Grumbach nicht zusammengetroffen, wie mir Schickele sagte; Schickele selbst will die Zusammenkunft vereitelt haben, da Heine fertig sei. Nur mit Haase sei noch Etwas Ernsthaftes zu machen.

14 Februar 1917. Mittwoch. Bern. *14.2.1917 Mittwoch*

Weichardt u Schlesinger Vormittags bei mir. Ihnen Telegramme für die „Frankfurter" und die „Vossische" diktiert, die noch heute Abend erscheinen sollen, um der Washingtoner Mitteilung entgegenzutreten.[1]

Zürich. 23. August. 1917. Donnerstag *23.8.1917 Donnerstag*

Abends gegessen beim Reg. Rat Wettstein. Er wollte mir „Etwas Wichtiges mitteilen." Ausser mir hatte er den Schweizer Professor Del Acqui eingeladen. Nach Tisch rückte er damit heraus, wir sollten Metz abtreten, damit der Krieg ein Ende nehme. Ich sagte, der Kanzler, der Metz abtrete, würde zwei Stunden später an einem Laternenpfahl hängen. Del Acqui, den Wettstein offenbar herangezogen hatte, um seine Ansicht zu unterstützen, schlug sich im Gegenteil zu mir. Wettstein schien durch unsere Haltung sehr betroffen.

26 August 17. Sonntag. Bern *26.8.1917 Sonntag*

In Oberhofen bei Harrachs. Hans Harrach war auf Urlaub aus Brüssel. Vlämische Bewegung.

---

[1] Hier endet dieser Tagebuchband, der neue Band setzt mit dem 23. Aug. 1917 ein.

28 August 17. Dienstag Bern. *28.8.1917 Dienstag*

Abends Beleuchtungs Probe in der Werkbund Ausstellung. Park, Scheinwerfer, Freilichtbühne.

29 August. 17. Mittwoch. Bern *29.8.1917 Mittwoch*

Vormittags bei Farin. Er kam aus London. Sagte, Sonnino habe dort Grosses erreicht. Was, wusste er nicht. Seitdem sei die Friedensneigung in Italien geringer. – Nachher Scheler bei mir gefrühstückt. Erzählte, er habe den Professor Förster gesehen; dieser sei in Wien beim Kaiser Karl gewesen und habe ihm eine Politik vorgetragen, die auf katholischer und Nationalitätenfreundlicher Basis eine Stärkung des habsburgischen Kaisertums auf Kosten des Hohenzollerschen bewirken solle. Der Kaiser habe seine Ausführungen gern angehört und ihn eingeladen, wiederzukommen. Diese Politik werde auch von französisch-katholischer Seite gefördert.

1 Sept. 1917. Bern *1.9.1917 Samstag*

Abends mein Fest zur Eröffnung der Modenschau in der Werkbund Ausstellg. 400 Personen, Diplomatie, Gesellschaft, Künstler, auch die Sekretäre der Arbeiter-Union. Die Kieselhausen tanzte im Garten auf der Freilichtbühne, Mondschein und Scheinwerfer auf den Bosketts, Terrassen und Statuen des Parkes, der in der warmen Nacht wie eine Friedensinsel inmitten des Krieges sonderbar geheimnisvoll und märchenhaft erschien.

2 Sept. 1917 Sonntag. Bern. *2.9.1917 Sonntag*

Modenschau in der Werkb. Ausstellg. Ich fuhr mit der Gräfin Szechenyi geb. Vanderbilt, der Gräfin Pallavicini und der Prinzessin Hohenlohe hin, die alle Drei überrascht schienen durch die Schönheit und den Geschmack der Toiletten. Der französische Militärbevollmächtigte, General Mourier[1], hatte mich durch den Argentinischen Gesandten[2] um eine Eintrittskarte bitten lassen und war anwesend; auch Farinollas, und andre Entente Leute. Der österreichische Gesandte Mussulin kam, dagegen erschien Romberg nicht.

---

[1] Morier

[2] Zavalia

3 Sept. 1917. Montag. *3.9.1917 Montag*
Vormittags im Auto nach Montreux. Nachmittags um 6 kam Haguenin zu mir; um 6 1/2 Keller, und 7 Stransky. Abends um 8 1/2 war ich bei Romberg und blieb dort bis 1.

4 Sept. 1917. Dienstag. *4.9.1917 Dienstag*
Ab Bern.

5. Sept. 1917. Mittwoch. Berlin *5.9.1917 Mittwoch*
Berlin an.

6 Sept. 1917. Berlin. *6.9.1917 Donnerstag*
Nachmittags bei Radowitz.

8 Sept. 1917. Sonnabend. Berlin. *8.9.1917 Samstag*
Vormittags bei Langwerth. Während ich dort war, liess mich Kühlmann holen. Wir giengen zusammen frühstücken im Kaiserhof. Er sprach viel Politik (siehe meinen Bericht an Romberg). Seine Hauptargumente für die Räumung Belgiens sind, dass wir nur so zu Friedensverhandlungen mit England kommen, und dass sich sogenannte „Garantieen" nicht formulieren lassen. Hiervon habe er auch Ludendorff überzeugt. Wir könnten es daher nur ganz behalten oder ganz herausgeben. Den Offerten der Österreicher an Frankreich wegen Els. Lothr. habe er einen Riegel vorgeschoben durch ein mündliches Abkommen mit Czernin, dass über Els. Lothr. u. Belgien nur wir, über Italien u Serbien nur die Österreicher zu unterhandeln befugt sein sollten. Czernin hat K. von den beabsichtigten Unterhandlungen mit Painlevé unterrichtet, ihm aber gesagt, er wolle dazu „einen früheren österreichischen Diplomaten, der eine ausländische Frau habe" nach der Schweiz schicken, also nicht Szeps. Kühlm. fragte mich, ob ich eine Ahnung habe, wer dieser frühere österr. Diplomat sein könne? Zuerst fiel mir Niemand ein; nachdem Kühlm. fort war, dachte ich aber an Goluchowski, der eine Murat hat. Ich betonte Kühlmann gegenüber stark die Wichtigkeit von Lüttich. Lüttich sei für uns in einem künftigen Kriege Etwas Ähnliches wie Helgoland in diesem. Ohne Helgoland hätten wir diesen Krieg nicht führen können, ohne Lüttich würden wir einen späteren nicht führen können; Kühlm. meinte, es frage sich, ob man durch eine noch so wichtige Forderung die Möglichkeit zu verhandeln sich verbauen wolle. Von seiner Frau sagte er, durch ihren Tod habe seine Welt ihren Mittelpunkt verloren. Er habe sich gewöhnt, ihr Alles zu erzählen, Alles danach vorzustellen, wie er es ihr beibringen könne. Durch ihren Tod habe sein Weltbild eigentlich seine raison d'être verloren.

9 Sept. 1917. Berlin. *9.9.1917 Sonntag*
Blocher und Diederichs bei mir im Auto Klub, Unterredung. Blochers Pläne in Stockholm besprochen.

11 Sept. 1917 Berlin *11.9.1917 Dienstag*
Abends Gesellschaft bei Georg Bernhard.

12 Sept. 1917 Mittwoch. Berlin. *12.9.1917 Mittwoch*
Abends in der Mittwochsgesellschaft. Die Polnische Frage. Ronikier redete als Vertreter und Abgesandter der polnischen Aktivisten.

14 Sept. 1917. Freitag. *14.9.1917 Freitag*
Vormittags bei Schwander. Er meinte, das Zentrum werde nur ungern in Els. Lothr. eine republikanische Staatsform sehen. Dies entgegen der Ansicht und den Wünschen der Schweizer Demokraten und der Bereitwilligkeit Kühlmanns.

21 Sept. 1917 Freitag. *21.9.1917 Freitag*
Becher bei mir im Excelsior gefrühstückt; machte einen etwas weniger morphinisierten Eindruck. Äusserte, seine Ansichten hätten sich gewandelt, jetzt könne er auch in den Krieg. – Vormittags lange bei Haeften; über Painlevé, Elsass Lothr.

22 Sept. 1917. Sonnabend. *22.9.1917 Samstag*
Bei Kühlmann im Amt. Er erzählt, Czernin habe ihm gesagt, Painlevé wolle selbst nach der Schweiz kommen, um zu verhandeln. Czernin habe hinfahren wollen, um Painlevé zu treffen. Ich sagte Kühlmann, er müsse Czernin misverstanden haben, oder das Misverständnis sei bei Czernin: Painlevé denke nicht daran, selbst nach der Schweiz zu kommen, sondern wolle Besnard schicken. Kühlmann meinte, ein Misverständnis sei bei Czernin ausgeschlossen, denn man baue nicht eine grosse politische Aktion auf ein Misverständnis. Ich sagte K., jedenfalls sei es unsinnig zu glauben, dass Painlevé als Kriegsminister und Ministerpräsident jetzt selbst zu Verhandlungen nach der Schweiz gefahren komme; entweder sei Czernin sehr naïv, oder er habe die Unwahrheit gesagt. Offenbar hat Czernin meine Aktion, nachdem er sich in sie hineingesetzt hat, maasslos Kühlmann gegenüber aufgebauscht. Kühlmann sagt, er habe Mühe gehabt, Czernin davon abzuhalten, nach der Schweiz zu fahren. Schliesslich habe Cz. das Zugeständnis gemacht, blos den bewussten „früheren österr. Diplomaten, der eine Ausländerin zur Frau hat“ hinzuschicken; meine Vermutung, dass damit Goluchowski gemeint sei, teilt Kühlmann. – Mit Ludwig Stein

bei Borchardt gefrühstückt. Er erzählte, wir wollten die Aalands Inseln besetzen, um Petersburg abzuschneiden und sie als Pfand für Schweden zu halten. Er habe darüber mit dem Schwedischen Gesandten[1] gesprochen, der Nichts dagegen eingewendet habe. – Stein wusste von einer angeblichen Broschüre[2] von Lichnowsky, die hochverräterisch sei und Kühlmann mit kompromittiere. Stein will das Zeugnis eines Nervenarztes beschafft haben, dass L. unzurechnungsfähig sei. – Nachmittags bei Haeften, der mir einen grossen Plan der Syndizierung der Kino-Industrie Mitteleuropas vortrug, den ich vor einiger Zeit bereits Ole Olsen, als dieser bei mir frühstückte, entwickelt hatte. Olsen ist auf den Haeftenschen Plan nicht eingegangen, weil er „mehr Vertrauen zu mir habe", so dass Haeften mich um Hülfe bat. Ich schrieb daher an Olsen. – Abends abgereist nach Frankfurt.

23 Sept. 1917. Sonntag. Frankfurt a/M. *23.9.1917 Sonntag*

Nach Darmstadt gefahren zu Eger mit Frankenstein u. Fürstner, um die „Palästrina"[3] Aufführungen vorzubereiten. Abends in Frankfurt Première einer schlechten Oper „Venezia" von Anders. Gemisch Strauss-Hofmannsthal-Puccini.

24 Sept. 1917. Montag. Frankfurt *24.9.1917 Montag*

Oscar Fried, den ich nach Bern geschickt hatte, um in der Painlevé-Czernin Sache mit dem Gesandten u. der Frau Zuckerkandl zu sprechen, zurück. Ihre Schwester Clemenceau schreibt ihr noch Anfang des Monats (Brief angekommen am 10 Sept): „J'ai encore pu parler à Jean (Painlevé) avant de partir. Il m'a dit qu'il avait déjà une notion des choses dont nous avions causées ensemble; mais qu'il ne voulait d'autre conversation que celle convenue entre toi et moi. C'est à dire que son ami intime (Besnard) se rencontre avec Jules (Szeps) et toi à Genève dans un moment donné." – Gefrühstückt mit Fried bei Heinz Simon. Ich sagte, Kühlmanns Politik inbezug auf Belgien sei richtig, wenn sie England binnen drei bis vier Monaten dazu bringe, mit uns zu verhandeln. Erreiche er dieses nicht, so sei allerdings die Verzicht Politik meines Erachtens nicht durchzuführen, da die Widerstände bei uns zu gross werden würden; dann müssten wir aber auch klipp und klar zu erkennen geben, dass wir keinen annexionslosen Frieden mehr wollten; vielleicht durch einen Kanzlerwechsel. Simon stimmte mir zu meiner Überraschung zu.

---

[1] Essen

[2] Meine Londoner Mission 1912-1914

[3] Pfitzner

25 Sept. 1917. Dienstag. Kreuznach. (Grosses Hauptquartier) *25.9.1917 Dienstag*

Vormittags ins Grosse Hauptquartier nach Kreuznach. Da Enver aus Constantinopel da war zu einer Beratung über die Sinaïfront, konnte ich Ludendorff selbst nicht sprechen. Aber Unterredung mit dem Chef der politischen Abteilung des Hauptquartiers, General Bartenwerfer, die über zwei Stunden dauerte. Er ist ein ziemlich gewöhnlich aussehender, resonnanzloser Zuhörer, aber mitteilsam und bestimmt in seinen Mitteilungen. Ich weihte ihn in die Beziehungen zu Painlevé ein. Meine Ansicht, dass P. eine Politik mit doppeltem Boden treibt: Krieg bis zum Äussersten (so lange es geht), aber Rückversicherungen bei den französischen Sozialisten und bei uns für den Fall, wo es nicht mehr gehen sollte; Sicherungen, um dann, im gegebenen Moment, den Staatskarren in eine andre Bahn herumzuschmeissen. Ein höchst gefährliches Manöver, wenn es einmal nötig wird, mit geringen Aussichten, und das sehr wohl die französische Bourgeoisie und Painlevé selbst unter die Räder bringen kann. – Ich warnte davor (wie ich im Juni Bethmann gewarnt habe), die Franzosen durch Abtretung kleiner Teile Lothringens oder des Elsass versöhnen zu wollen; psychologisch würde das ein verhängnisvoller Fehler sein. Sie würden daraus nur den Schluss ziehen, dass sie gesiegt hätten, und ihre Regierung sie verraten habe, wenn sie nicht ganz Elsass Lothringen zurückbekämen. Daraus eine dauernde erhöhte Kriegsgefahr statt Versöhnung. Mein Standpunkt gegen Frankreich sei der strikte status quo ante. Bartenwerfer wurde lebhaft und erwiderte, er und Ludendorff dächten nicht an die Abtretung des kleinsten Lothringischen Dorfes; im Gegenteil, die Schwierigkeit bilde die Briey-Longwy Frage. Wir müssten das Gebiet von Briey und Longwy unbedingt behalten aus militärischen Gründen; sonst könnten wir unser Saargebiet nicht schützen: die Franzosen könnten unsere Eisenwerke am Tage der Kriegserklärung lahmlegen, und damit hätten wir den Krieg verloren. Wir brauchten Briey und Longwy als Glacis. Leider seien unter diesem Gebiete Bodenschätze, die für die Franzosen wertvoll seien; das sei bedauerlich, könne aber unseren Entschluss (Bartenwerfer lächelte ironisch) dieses Gebiet zu behalten nicht ändern. Ebenso unangenehm sei, dass wir Lüttich behalten müssten. Die Brüder dort seien ein übler Zuwachs zum Deutschen Reich. Aber wir müssten die Maasübergänge haben. Wenn er die habe, habe Ludendorff, wie er sage, Belgien; denn er könne in zwei Tagen in Brüssel sein. Daher müsste sich Belgien dann an uns anlehnen. Er und Ludendorff hätten sich die Köpfe zerbrochen, wie sie diesen Zweck erreichen könnten, ohne Lüttich zu annektieren, aber keine andre Lösung gefunden. Wir dürften doch von den Belgiern nicht abhängen, sondern müssten Herren im eigenen Hause sein. Im Übrigen brauchten wir die engste wirtschaftliche Gemeinschaft mit Belgien, gemeinsame Zölle, Münzen, Banken, Hafenverwaltung in Antwerpen; Beteiligung deutschen Kapitals an allen grossen belgischen Gesellschaften u. s. w. Im Osten will die Oberste Heeresleitung Angliederung von Kurland und Litauen, und falls wir Livland eroberten (aber erst im nächsten Frühjahr) auch Livlands; Kurland und Livland als Schutzstaaten, Litauen in Personalunion mit Preussen oder dem Deutschen Reich. Die litauische Grenze möglichst südlich ziehen, damit Litauen Polen flankiere, dann sei die Gefahr der Feindschaft Polens geringer. Polen möglichst klein, wenn der Kanzler[1], wie es den Anschein habe, darauf bestehe, die Politik vom 5ten November[2] fortzusetzen; was Bartenwerfer allerdings als Fehler bezeichnete. Vielleicht könne man die Ukraine grossmachen und Polen durch diese in Schach halten. Sehr verstimmt war B. gegen die Bulgaren wegen ihrer Absichten auf die Nord Dobrudscha. Weder wir noch die Türken wollten ihnen diese geben, weil das unseren letzten nichtbulgarischen Weg nach Constantinopel abschneiden würde. Die Bulgaren seien unausstehlich; glücklicherweise aber so geschwächt, dass sie auf Jahre Ruhe halten müssten. Bartenwerfer stimmte zu, als ich sagte, dass die Griechen unsere natürlichen Bundesgenossen seien. Schon aus Anstandsgründen gegen den König[3] müssten wir ihnen ihr Territorium wiederverschaffen. – Mir fiel auf, wie sehr sich Bartenwerfer und seine Umgebung (Blankenburg, Voss, Rohde) für die neugegründete Vaterlandspartei interessierten. Sie betrachten sie offenbar als ihre Sache; der Feldmarschall habe bedauert, dass sie sich „Partei" und nicht „Block" genannt habe. Bartenwerfer telephonierte mehrmals nach Berlin, um sich nach dem Verlauf der gestrigen Versammlung zu erkundigen. – Ich bin im Central Hotel einquartiert, da der Europäische Hof ganz von Enver und seinen Herren belegt ist. Der Generalstab liegt im Oranienhof, der Feldmarschall und Ludendorff bewohnen eine Villa in der Nähe. Unten im Oranienhof ist ein Kasino eingerichtet, wo ich Mittags bei Blankenburg, Abends bei Voss zu Gaste war. Voss liest für Ludendorff Zeitungen und hält ihn in der Politik, wie er sagt, auf dem Laufenden. Abends mit Blankenburg nach Frankfurt zurückgefahren. Ich soll Anfang nächster Woche wieder ins Haupt-Quartier und Ludendorff Vortrag halten.

26. Sept. 1917. Mittwoch. Frankfurt. *26.9.1917 Mittwoch*

Den Tag in Frankfurt, Städel, Goethe Haus; Ruhetag. Abends nach Berlin. Fehler der Vaterlandspartei, dass sie in der inneren Politik rückschrittlich auftritt. Mein Ziel: libertas in imperio, innere Freiheit, äussere Macht; oder genauer, äussere Macht, <u>weil</u> ich innere Freiheit will. Frei kann nur ein Volk sein, das frei

---

[1] Michaelis

[2] Am 5. Nov. 1916 hatten Deutschland u. Österreich-Ungarn ein „Königreich Polen" mit konstitutioneller Verfassung u. Erbmonarchie proklamiert.

[3] Konstantin I.

von äusserem Druck ist. Das ist das Gegenteil des fossilienhaften Wollens, das äusseren Druck benutzt, ja, will, um im Inneren Unfreiheit aufrechterhalten zu können. Es fragt sich allerdings, ob alle Völker gleichzeitig frei sein können, oder immer nur zu jeder Zeit einzelne. – Frankfurt als Stadt hell und weltgeschichtlich, die einzige deutsche Stadt ausser Berlin, wo weltgeschichtliche Häuser und Erinnerungen Einem etwa so wie in Paris entgegentreten, das Goethehaus, der Römer, die Paulskirche, der Schwan, die Judenstadt, aus der fast das ganze gewaltige moderne Judentum hervorgegangen ist, der Dom, der Faustens und Gretchens Dom ist.

27 Sept. 1917. Donnerstag Berlin. *27.9.1917 Donnerstag*

Mittags in der Deutschen Gesellschaft Nasse, der aus Stockholm kommt, wo er die russischen Verhältnisse beobachtet. Er sagt, die russ. Regierung habe die grösste Angst vor dem Kriegsende wegen der Demobilisierung. Sie fürchte, dass die ganze Armee sich dann auflösen und regellos zurückfluten werde, eine unabsehbare Katastrophe. Vielleicht könnten wir ihr entgegenkommen, indem wir ihr schon jetzt partielle Demobilisierungen ermöglichten durch das Versprechen, nicht nachzustossen, wenn einzelne Armeeteile geschwächt würden. Sehr viel Wert legt Nasse auf die Besetzung der Aalands Inseln. Dadurch würde die Verbindung mit Finnland hergestellt, das sich dann erheben und anstekkend auf die andren Fremdvölker, besonders die Ukraine wirken würde. Ich möchte dieses bei Ludendorff vorbringen. Die Marine mache Schwierigkeiten, weil 8 bis 9 englische U-Boote im Finnischen Meerbusen seien und uns einige Schiffe versenken könnten. Die Folgen der Besetzung der Aalands Inseln seien aber so gewaltig, dass wir den Verlust einiger Schiffe riskieren müssten. Später kam Gerhard Mutius, der seinen Posten in Warschau niedergelegt hat und sagte, er denke daran, an die Front zu gehen. Seine Politik hat, wie es scheint, Schiffbruch gelitten. – Abends Musch Richter bei mir. – Unruh schreibt mir vom 24.IX: „Gestern war ich bei Stransky in Genf, da er mir Etwas mitzuteilen habe. Er hat von Vuillerin[1] durch einen Spezialboten zwei Briefe aus Paris bekommen, in denen V. ihn dringend bittet, zu handeln. Er geniesse vollstes Vertrauen. Es handelt sich wohl um Folgendes. Frankreich will nicht mehr; kann aber nicht Frieden schliessen, da die Regierung dem Volk Nichts zu geben hat. Nun versucht die französ. Regierung durch Stransky bei uns zu erreichen, dass wir ihnen ein politisches Kompliment machen, sie also gewissermassen durch irgendwelche Änderungen in der Verwaltung des besetzten Gebietes oder auch gelegentlich durch Anerkennung ihrer Leistungen im Reichstage, bei ihren Friedensbestrebungen unterstützen. Der Brief war sehr dringlich gehalten,

[1] Wuarin

und es scheint, als ob man unter der Maske des Krieges ohne Ende, so bald wie möglich Frieden haben möchte."

28 Sept. 1917. Freitag. Berlin. *28.9.1917 Freitag*

Gerhard Mutius mit mir gegessen im Adlon. Nachher in eine Operette „Tolle Komtesse"[1] im Berliner Theater. Er hat seine Stellung in Warschau niedergelegt, glaubt aber an eine für uns günstige Entwicklung Polens. Allerdings wenn wir Littauen mit Wilna schützen, würden wir die Polen in die Arme Österreichs treiben. Aber wirtschaftlich könnten sie auch dann nur bei uns Unterstützung und Anlehnung finden.

29 Sept 1917. Sonnabend Berlin. *29.9.1917 Samstag*

Vormittags bei Haeften. Er hat Ludendorff meine Ansicht vorgetragen, dass es psychologisch falsch wäre, irgendein Stück von Els. Lothringen an Frankreich abzutreten; bat mich, dieses L. bei meinem Besuch im Hauptquartier zu wiederholen. Er sagt, Olsen „frässe seit meinem Brief an ihn aus der Hand". Der Kinotrust soll durch Guidotto Henckel und die Regierung (Rödern) finanziert werden. Er denkt an 40 bis 50 Millionen; wovon 50 % von der Regierung. Olsen in leitender Stellung. – Mit Musch Richter gefrühstückt, der von Varnbüler Auftrag hatte, über die Lichnowskysche Broschüre Näheres zu erfahren. – Nachmittags Tee beim Reichstags Abgeordneten Stresemann allein mit seiner Frau. Er schildert Michaëlis als unmöglich; das sei die Ansicht aller Parlamentarier von Westarp bis Scheidemann. M. bringe kein Wort heraus, könne nicht verhandeln, sei stocksteif und ungeschickt, mache unmögliche Äusserungen, so gestern im Hauptausschuss gegen Painlevé; mit Mühe und Not habe man diesen Ausfall im Bericht streichen lassen. Die Abgeordneten sagten Michaëlis offen ins Gesicht, dass er zu seinem Posten nicht tauge. Er würde eine zweite parlamentarische Session nicht überleben. Bis dahin (bis Weihnachten) solle ich Ludendorff beruhigen, dass man ihn aus Rücksicht auf die Wünsche der Obersten Heeresleitung schonen würde. Als Kandidaten nach Michaëlis kämen Bülow, Bernstorff oder Rödern in Betracht. Kühlmann sei im Gegensatz zu Michaëlis in der Behandlung der Parlamentarier äusserst geschickt, wickle sie um den Finger, ein zweiter Bülow. Ich sagte, Kühlmann habe aber mehr „Fonds" wie Bülow; es sei bei ihm nicht Alles Schaum. Inbezug auf Belgien hat sich Kühlmann gestern im Hauptausschuss den Sozialdemokraten gegenüber äusserst bestimmt ausgesprochen: „Auch wenn er so dächte wie sie, so würde er sich jeden Stein abhandeln lassen. Denn wenn er Belgien preisgebe, würden die Gegner Elsass Lothr fordern, u. s. w. u. s. w." Über Erzberger stimmte mir Stresemann bei, dass er ein Haufen von Eitelkeit, Naïvität und

[1] Kollo

Fleiss sei; ausserdem von einer beispiellosen Indiskretion. Blochers Bitte, Erzberger an die Kette zu legen, da er (im Juli) in der Schweiz überall herumerzähle, er habe dem Papst[1] die Schulden bezahlt, jetzt müsse der Heilige Vater Alles tun, was wir wollten. Erzberger soll gestern in der grossen Volksversammlung[2] im Zirkus Busch sehr feindselig empfangen worden sein. Stresemann meinte, in den Rheinlanden könnte er ohne Polizeischutz überhaupt nicht reden. Wenn die Regierung wolle, könne sie eine Volksbewegung gegen den Reichstag ins Leben rufen.

30 Sept. 1917. Sonntag. Berlin *30.9.1917 Sonntag*

Vormittags Stransky bei mir, der direkt aus Genf kam. Er brachte zwei Briefe seines Freundes Albert Wuarin aus Paris mit, die dieser ihm durch Spezialboten geschickt hat. Der erste vom 16ten September ist ein Gemisch von Bramarbasieren und Anzapfungen, das die Stimmung in Pariser Regierungskreisen ziemlich richtig zu spiegeln scheint: „J'ai eu ces derniers jours différents entretiens en haut lieu. ... Les dispositions actuelles paraissent très nettes, du fait que l'on escompte une victoire, plus ou moins prochaine, mais certaine (stimmt mit der von der O.H. erwarteten Oktober Offensive) .. Le jour où le Goliath teuton (!) aura été terrassé par les Alliés et que ceux-ci mettront leurs épées sur sa nuque, il verra ce qu'il en coute d'être resté un barbare et de réduire en esclavage des populations innocentes. La morale que l'on peut tirer de mes conversations est celle-ci „tout se paiera un jour". En conséquence, lorsque j'ai dit que l'on pourrait s'entretenir avec le gouvernement impérial à propos de questions humanitaires dont nous nous sommes entretenus, il me fut répondu par une fin de non-recevoir, car, m'a-t-on dit „nous perdrions notre temps", je crois que la confiance des Alliés a été considérablement accrue à la suite de l'échec de la guerre sous-marine. De plus l'aide apportée par les Etats-Unis parait être formidable – vous diriez colossale! Il va y avoir de ce côté-là des surprises extraordinaires ... Nos efforts n'auront cependant pas été inutiles. Voici pourquoi. On attend ici la réponse des Impériaux à la Proposition du Pape. Cette réponse sera, sans doute, une succession de phrases pompeuses qui ne signifieront pas grand'-chose et dont le but sera de démontrer aux sujets des Empires les dispositions pacifiques de leurs monarques. Or, ce qui serait beaucoup plus intéressant de connaître ... ce seraient les conditions réelles, le commentaire officieux des propositions incertaines qui seraient faites. À cette occasion je crois que tes relations pourraient être utiles, car j'ai pu constater que mes paroles ont porté et que si tu viens

---

[1] Benedikt XV.

[2] Kundgebung der deutschen Wirtschaftsstände für die 7. Kriegsanleihe am 28. Sep. 1917, auf der neben Erzberger Vertreter von Parteien, Wirtschaftsverbänden u. Gewerkschaften als Redner auftraten

avec un document concluant, on ne le jettera pas dans la corbeille à papier. J'ai, en effet, fait valoir que tu peux directement arriver à M. v. K[1] et je crois que les deux gouvernements n'ont pas, pour correspondre à l'occasion de choses concrètes, tangibles, une voie plus directe et qui leur inspire plus de confiance. J'entends correspondre officieusement; car il ne peut rien y avoir d'officiel, on le comprendra bien de ton côté. Si donc tu as l'occasion de communiquer avec les personnes que tu a vues récemment, tu peux en toute confiance leur dire que les propositions qu'elles pourraient avoir à faire seront de suite transmises à Paris, en mains propres, par ton intermédiaire et par moi ensuite. Je prendrai le train sur l'heure. Toutes mes dispositions sont prises et mon voyage est prêt d'avance. Si donc le gouvernement impérial décide, avant de parler officiellement ou même après, de faire en sorte de savoir l'accueil qui serait reservé ici à certaines de ses propositions il peut compter sur ma diligence pour leur transmission et pour rapporter la réponse." Ich sagte Stransky, er möge Wuarin ausrichten, dass die Persönlichkeit aus Kühlmanns Umgebung, der er diesen Brief gegeben habe, sich geweigert habe, ihn Kühlmann zu zeigen, da der Ton unannehmbar sei und verstimmen müsse. Wenn Wuarin an unsere Regierung herantreten wolle, sei das erste Erfordernis, dass er sich einer weniger anmassenden und unhöflichen Ausdrucksweise bediene. Wenn er einen neuen, höflichen Brief schreiben wolle, würde ich ihn dem Staatssekretär vorlegen. Zu dem ersten Brief, schickt W. dann noch ein Postscriptum: „Deux mots à côté de la lettre que je t'écris ... Tu peux aller de l'avant. On a confiance en moi ici et j'ai donné sur toi les assurances les plus parfaites". Aus dieser gesonderten Beilage scheint hervorzugehen, dass der andre Brief irgendeiner wahrscheinlich offiziellen Persönlichkeit in Paris vorgelegen hat oder von dieser diktiert worden ist. – Georg Bernhard und Gerhard Mutius bei mir gefrühstückt bei Borchardt in einem Kabinett; die zwei Antipoden in der Polenfrage. Mutius verteidigte seinen Standpunkt und seine Handlungen recht geschickt und zeigte mir einen Brief, den er an Kühlmann in der Sache geschrieben hat. Bernhardt blieb dabei, wir müssten ein ungeteiltes Russland als unseren künftigen Freund gegen England erstreben; keine „Artischockierung." – Fritz Unruhs Dramen „Offiziere" und „Prinz Louis Ferdinand" gelesen, zwei merkwürdige Dokumente über die Zeit vor dem Kriege, Zeitstimmungen fieberhaft verzerrt. Sie werden später gegen Deutschland benutzt werden, obwohl man bei Bourgeois wie Labiche oder Gilbert und Sullivan Ähnliches, allerdings konventioneller, finden kann. Unruh ist wirklich ein politischer Dichter, will nicht sagen „ein politischer Kopf", aber er riecht die Zeit, fühlt instinktiv, wittert das politisch Werdende, hat den preussischen Staat in Blut und Phantasie, und dichtet daher Politik, nicht Historien.

---

[1] Kühlmann

1 Oktober 1917. Montag. Berlin *1.10.1917 Montag*

Vormittags bei Langwerth und Bergen. Langwerth den Brief Wuarins gegeben und meine Antwort darauf mitgeteilt. L. gab Beides an Kühlmann weiter. – Radowitz mit mir bei Borchardt gefrühstückt. Die künftige Organisation der Propaganda im Frieden besprochen. Ich schlug vor, einzelne, grosse Privatgesellschaften (Syndikate) nach dem Muster der für das Kino geplanten für Variété, Kunsthandel, Buchhandel u. s. w.; dann für die höchsten geistigen und künstlerischen Leistungen eine Zentralgesellschaft nach Art der „Alliance Française", die man vielleicht als Zweig der Kaiser Wilhelm Gesellschaft eingliedern könnte. Diese Zentrale müsste auch tatsächlich die Kino-, Variété u. s. w. Gesellschaften lenken und inspirieren. Gleichzeitig müsste jede dieser Zweiggesellschaften (Kino-, Variété u. s. w.) für die Hebung der Qualität auf ihrem Gebiete sorgen durch Schulen, Versuchsanstalten, Prämien, Käufe oder durch Unterstützung bestehender Qualitäts-Institutionen wie des Werkbundes, des Modenverbandes; zunächst Enquête, was für Qualitätsfördernde Organisationen oder Faktoren bereits bestehen; Verbindung mit diesen. Freiheit von andren hereinredenden Behörden (Kultusministerium, Reichsamt des Inneren, Handelsministerium). Ich schlug vor, dass in der zweiten Hälfte Oktober nach meiner Rückkehr ein kleines Gremium unter Vorsitz von Radowitz zusammenkommen sollte, um die Grundlinien festzulegen, nämlich Radowitz selbst, ich, Eberhard Bodenhausen, Guidotto Henckel und Haeften als Vertreter der Obersten Heeresleitung. Roedern hat seine Unterstützung für diese Propaganda in grossem Masstabe zugesagt. Radowitz erzählte, Haeften sei gestern bei ihm gewesen, um ihm zu danken, dass er den Bruch zwischen Haeften und mir verhindert habe, als ich mich weigerte, den Kampf gegen die Nordische Filmgesellschaft mitzumachen und Haeften anbot, meine Stellung niederzulegen; jetzt hätten sie mich an allen Ecken und Enden nötig, während sie mich damals, vor drei Monaten, im Grossen Hauptquartier verdächtigten, weil ich „zu international sei". Meine damals bewiesene Fertigkeit hat mir jetzt eine starke Stellung geschaffen. – Nachmittags beim Kultusminister Schmidt. Über Haguenin (den er lobt und für zuverlässig hält) und Scheler (vor dem er warnt und von dem er meint, dass er nicht die nötigen Beziehungen habe und ungeschickt sei.) Schmidt mäkelte dann in geheimrätlicher Weise an unseren Ausstellungen herum. Argument: die Schweizer würden glauben, dass wir „solche Mittel nötig hätten", weil wir nicht siegen könnten!

2 Okt. 1917. Dienstag. Berlin. *2.10.1917 Dienstag*

Hindenburg-Geburtstag. Berlin bunt von Flaggen, Hindenburgporträts, überlebensgrosse Köpfe an allen Ecken angeschlagen, allerdings Kriegsanleihe Plakate! – Abends ins Grosse Hauptquartier abgereist. Vor meiner Abfahrt bei

Kühlmann im Esplanade gegessen. Ich erzählte ihm, dass Stresemann mir gesagt habe, alle Parteien seien sich einig, dass Michaëlis sich nicht über eine zweite Reichstagssession halten könne; selbst Westarp sei dieser Ansicht. Kühlmann schien überrascht, dass selbst so weit rechts stehende Politiker Michaëlis für unmöglich erklärten; von den linksstehenden habe er es gewusst. Als ich ihm sagte, dass man Bülow als Nachfolger erwarte, war das K. offenbar unangenehm, ein Schatten gieng über sein Gesicht, er meinte, gegen Bülow bestehe eine Exklusive von Österreich und Baiern; er wiederholte „und Baiern". Ausserdem sei Bülow senil; und fügte hinzu „Ich glaube nicht, dass es mit Bülow und mir gehen würde." Ich sagte, Painlevé sei offenbar bestrebt, durch energische Führung des Krieges und schärfstes Vorgehen gegen die Miesmacher im Inneren sich eine Stellung zu schaffen, von der aus er verhandeln und Frieden schliessen könne. Kühlmann: „Sonderbar, dass ein französischer Minister den Ehrgeiz hat, diesen Frieden zu schliessen, da er doch wissen muss, dass sie Elsass-Lothringen nicht bekommen!" Der Krieg würde nur noch um Els. Lothr. geführt, und hier könnten wir nicht nachgeben; nicht einmal über Els. Lothr. verhandeln. Das würde das Deutsche Volk bis einschliesslich der Sozialisten nicht erlauben. Scheidemann habe ihm neulich im Namen sämtlicher Parteien erklärt, dass sie nicht darauf eingehen würden, dass bei den Friedensverhandlungen mit Frankreich über Elsass Lothringen geredet würde, das sei eine absolut interne Frage. Belgien sei dagegen längst überhaupt keine Frage mehr; diejenigen unter unsren Feinden, auf die es ankäme, wüssten genau, dass sie, um Belgien zu befreien, keinen einzigen Soldaten zu opfern brauchten, dass er, Kühlmann, über Belgien mit sich handeln liesse. So bleibe nur die Elsässische Frage. Er wolle meine Ansicht wissen, wie ich psychologisch gewisse Massnahmen beurteilen würde, ihre psychologische Wirkung in Frankreich. Es handle sich darum, ob man jetzt sofort die Elsass Lothringische Frage lösen solle, indem man ein fait accompli schaffe, oder ob man besser warte, die Sache bis zum Frieden aufschiebe. Die vorgesehene Lösung sei, dass Elsass Lothringen auf einstimmigen Antrag beider Häuser des els. loth. Landtages zum Bundesstaat erhoben werde. Wie nach meiner Ansicht eine solche Massregel jetzt mitten im Kriege auf die Franzosen wirken würde? Ich sagte, das hänge zum grossen Teil davon ab, ob man aus Elsass Lothringen eine Republik oder eine Monarchie mache. Wenn es zur Republik erklärt würde, dann würde das zweifellos auf die Minderheits Sozialisten in Frankreich und auch auf Teile der andren Parteien stark wirken und sie zum Frieden geneigt machen. Ähnlich werde die Wirkung in Amerika und England sein; auch in der Schweiz würde es uns viele Sympathieen gewinnen und unsere Stellung stärken. – Kühlmann sagte, eine Republik in Elsass Lothringen durchzusetzen, dazu sei er nicht stark genug, obwohl auch er diese Lösung für die beste halte. Es könne sich daher nur um eine Monarchie handeln, und wahrscheinlich um einen baierischen Prinzen, als Kompensation dafür, dass das Elsass nicht an Baiern falle. – Ich sagte: dann fürchtete ich, dass die Wirkung in Frankreich nur schwach sein werde. Für den Frieden könnte ich mir davon wenig versprechen. – Kühlmann sprach dann über seine Technik; er erstrebe plakatmässige, suggestive Wirkungen auf die grossen Massen, das sei die neue Technik der Diplomatie, die die modernen Verhältnisse nötig machten (also eine Art Völker-Demagogie). Die eigentlichen Dokumente lese doch Niemand. Wer habe die Papstnote gelesen? Und doch diskutierten Alle darüber. Daher könne man nur noch durch Schlagworte und Massensuggestionen wirken. Alle seine Äusserungen und Handlungen müsse ich immer von diesem Gesichtspunkte aus betrachten. So auch seine Antwort[1] auf die Papstnote. Das Wesentliche sei, dass die ganze Note bedingt ist; alle Zusagen werden nur gemacht für den Fall, dass der „neue Geist" eintrete. An diesem dünnen Faden hänge der ganze Weihnachtszauber. „Als ich mit unserer Antwort zu Michaëlis gieng, fragte mich Dieser, ob wir denn wirklich mit einem solchen Witz vor Europa treten könnten? Das Einzige, worauf es mir dabei ankam, war die Suggestion, die von all den schönen Versprechungen ausgeht." Ebenso sei sein Appell an die Idee von „Europa" in seiner Rede zu beurteilen. Im Übrigen sei er wirklich der Ansicht, dass wir allen Grund hätten, uns in Europa gegen die übrige Welt zusammenzuschliessen. Was stehe zwischen England und uns? Eigentlich nur Tirpitz und Reventlov, 300 Pfund Wasser und Speck. Ich kam noch einmal auf Lüttich und betonte, dass diese Frage mir von entscheidender Wichtigkeit scheine; Niemand, der in Belgien den Kriegs-Anfang mitgemacht habe, könne das verkennen. Kühlmann sagte, auch er habe mit einem Generalstabsoffizier im Kriege die Gegend abgefahren, und diese demonstratio ad oculos habe auch ihn von der Wichtigkeit der Sache überzeugt. Jedoch wir könnten bei den Friedensverhandlungen nicht den Anschein erwekken, als ob wir an einen neuen Krieg dächten; damit würden wir den ganzen Boden, auf dem wir stünden, uns selber unter den Füssen fortziehen. Eine solche Auffassung, wenn man sie durchblicken lasse, schneide wie dünnes Glas durch alle Fäden hindurch. Ich solle in Lavisses Geschichte des Wiener Kongresses nachlesen, wie Talleyrand solche Fehler ausgenutzt habe. Daher könnten wir die Annexion Lüttichs oder das Einmarschrecht nicht fordern. Er verspreche sich das Nötige von der Schleifung und Neutralisation.

3. Okt. 1917. Mittwoch. Grosses Hauptquartier (Kreuznach)

3.10.1917 Mittwoch

Früh in Kreuznach. Quartier im Europäischen Hof. Im Oranienhof im Hauptquartier Kasino gegessen. Grosses Fest gestern Abend zu Hindenburgs Ge-

[1] Rede geh. bei der 180. Sitzung des Hauptausschusses am 28. September 1917

burtstag; man soll getanzt haben. – An Kühlmann geschrieben: „E. E. erlaube ich mir auf die gestern an mich gerichtete Frage betreffend Elsass Lothringen nach nochmaliger Überlegung meine Ansicht dahin zu präzisieren, dass die Erklärung Elsass Lothringens zur Republik nach Art Hamburgs oder Bremens voraussichtlich die baldige Umwandlung des grösseren Teils der französischen Sozialisten in eine aktive Friedenspartei zur Folge haben würde. Ob dann die französische Regierung unter dem Drucke einer solchen, den grössten Teil der Arbeiterschaft und wahrscheinlich auch der Frontarmee umfassenden Friedenspartei noch Kraft hätte, den Winter zu überwinden, ohne in Verhandlungen einzutreten, scheint mehr als fraglich; wahrscheinlich ist im Gegenteil, dass sich die französische Regierung dann im Laufe des Winters vor die Alternative: Revolution oder „Friede ohne Elsass-Lothringen" gestellt sähe. Viel weniger wirksam wäre dagegen die Erhebung Elsass-Lothringens zu einem monarchischen Bundesstaat, weil die suggestive Wirkung des Wortes „Republik" fortfiele, und weil die französische Arbeiterschaft eine tiefe instinktive Abneigung gegen jede Monarchie hat. Die französische Regierung hätte daher verhältnismässig leichtes Spiel, wenn sie die Wirkung unseres Schrittes auf die Massen neutralisieren wollte; eine Alles mit sich fortreissende Massenbewegung könnte wahrscheinlich verhindert werden. – Für die Sicherheit des Reiches scheint mir eine Monarchie keine stärkere Gewähr zu bieten als eine Republik; dafür braucht nach so zahlreichen Erfahrungen nur auf die letzte in Rumänien[1] verwiesen zu werden. Dagegen bieten eine solche Garantie die Festungen Strassburg und Metz und die starken Besatzungstruppen. – Ich glaube also, dass die Erhebung Elsass-Lothringens zum republikanischen Bundesstaat den entscheidenden Umschwung in der militärisch-politischen Lage herbeiführen könnte, den wir mit den Waffen in absehbarer Zeit zu erreichen nicht im Stande scheinen. – Was die Widerstände anbetrifft, so dürften die im Reichstag nicht unüberwindlich sein. Stresemann hat gesprächsweise mir gegenüber sich mit der republikanischen Lösung einverstanden erklärt. Bei der Obersten Heeresleitung besteht allerdings, wie ich mich heute überzeugen konnte, ein starker Widerwille gegen jede Form der Autonomie. Ich habe indessen meinen entgegengesetzen Standpunkt dem General Ludendorff gegenüber vertreten und mich dabei vor Allem auf Schwander berufen; ich bat den General, sich bei Gelegenheit mit diesem über diese Frage zu unterhalten, was er auch zusagte, indem er hinzufügte, Schwander habe auf ihn einen vorzüglichen Eindruck gemacht. Der Haupteinwand des Generals war, dass in einem autonomen Els. Lothr. die Beamtenschaft ausschliesslich elsässisch, und es daher für einen Deutschen unmöglich sein würde, dort sein Recht zu bekommen. Das würde

[1] Das Königreich Rumänien war nach Ausbruch des Ersten Weltkriegs zunächst neutral geblieben, schloß sich am 17. Aug. 1916 jedoch der Entente an.

aber unter einer Monarchie genau so der Fall sein wie unter einer Republik. Ich bin nicht ohne Hoffnung, dass Schwander auf die Auffassungen des Generals Eindruck machen könnte, da ich den Einwand selbst des Generals für schwach halte." – Gleichzeitig an Schwander geschrieben und ihm mitgeteilt, dass Ludendorff ihn gern über der Els Lothr. Autonomie Frage bei Gelegenheit sprechen würde.
Nachmittags Vortrag bei Ludendorff anderthalb Stunden, mit Bartenwerfer. Ich berichtete zuerst über Propaganda, dann Politisches. Ludendorffs Arbeitszimmer im Oranienhof, ein einfaches Hotelzimmer, ist viel kleiner und bürgerlicher als der grosse weissgetünchte Saal in Pless. Er selbst ist etwas dicker geworden, aber ebenso rosig, frisch und energisch wie vor einem Jahr; er hat die blonde Haut und die gesunde Blutfülle des Nordgermanen. Er fragte: Wie sieht es denn in Frankreich aus? Die Frage schien ihn lebhaft zu beschäftigen. Ich skizzierte den Gang meiner Verhandlungen, Painlevés Stellung, das Eingreifen Czernins, die Nervosität der französischen Regierungskreise, die Stimmung in Volk und Heer nach Berichten des Obersten Boni[1], des Herren von Keller (Rueda) u. s. w. Ludendorff bestätigte, dass seine Nachrichten dasselbe Bild ergäben; zum ersten Mal seit Kriegsbeginn seien ihm südlich von Metz 150 Franzosen gemeldet, die überlaufen wollten. Es scheine, die französische Armee werde wirklich mürbe. Auch nur so könne er sich ihre Untätigkeit erklären; seit dem Frühjahr hätten sie so gut wie Nichts geleistet. Denn die kleine Offensive bei Verdun zähle nicht. Was Clemenceau und Painlevé für Leute seien? Ich sagte, Clemenceau sei Fanatiker, Painlevé dagegen führe „den Krieg bis zum Äussersten" mit dem Nebengedanken, sich dadurch eine Stellung zu schaffen, von der aus er, falls kein entscheidender Sieg zu erringen sei, verhandeln könne. Denn er sage sich mit Recht, dass nur wer energisch Krieg geführt habe, freie Hand zu Verhandlungen haben werde. Wenn erwiesen sei, dass die Entente nicht siegen könne, werde er seinen Karren auf die Friedensbahn herumschmeissen. Wir könnten vielleicht diesen Umschwung beschleunigen und erleichtern. Ludendorff: Wodurch? Ich: Durch Elsass-Lothringen. Ludendorff: Die einzige Lösung der Elsass Lothringischen Frage, die für die Franzosen Etwas bedeuten würde, ist die, die wir nicht brauchen können. Ich: Welche Lösung? Ludendorff: Die Autonomie. Ich: Warum die Autonomie Elsass Lothringens für uns unannehmbar sei? – Ludendorff: Hauptsächlich wegen der Beamtenschaft. Wir könnten nicht dulden, dass sich in der Elsass Lothringischen Beamtenschaft eine Inzucht herausbilde. Wenn wir das Land autonom machten, würden dort nur noch elsässische Beamte sein, wie es in Baden nur Badener und in Württemberg nur württembergische Beamte gebe; aber ein elsässischer Richter urteile nicht nach dem Gesetz, sondern nach politischen Motiven; in einem autonomen

[1] Bohny

Elsass Lothringen würde der Deutsche kein Recht bekommen können. Ich: ich erlaubte mir inbezug auf die Autonomie andrer Ansicht zu sein. Ich hätte mich unter Andrem auch eingehend mit Schwander über die Frage unterhalten. Ob Ludendorff nicht einmal Schwander hören wolle? Ludendorff: Ja, sehr gern. Schwander habe einen vorzüglichen Eindruck auf ihn gemacht. – Ludendorff fragte, ob es für unsere Verhandlungen mit Painlevé nicht störend sei, dass auch mit Briand verhandelt werde? Ich sagte Nein, man könne sogar den Einen gegen den Andren ausspielen, wie ich es bereits getan hätte. Verschiedentlich äusserte Ludendorff sein Erstaunen, dass gewisse Sachen, die ich ans Amt berichtet habe, ihm vom Amt nicht mitgeteilt worden seien. Das Amt unterrichte ihn überhaupt nur mangelhaft. Er kam dann auf Elsass Lothringen zurück; billigte meine Ansicht, dass wir aus psychologischen Gründen kein Dorf an Frankreich abtreten dürften, da dieses dann glauben würde, es habe gesiegt und immer wieder Lust zum Kriege haben werde. Der frühere Reichskanzler[1] habe ihn breitgeschlagen einzuwilligen, dass gewisse Grenzgebiete vielleicht ausgetauscht würden; aber er sei jetzt von dieser Ansicht abgekommen. Ja, wir müssten sogar zum Schutze unseres Erzgebietes den kleinen Grenzstreifen von Briey und Longwy annektieren; nicht wegen des Erzes oder aus Eroberungslust, sondern weil die Franzosen uns sonst beim nächsten Krieg mit Flintenkugeln in unser Industriegebiet hereinschiessen und von Anfang des Krieges an unsere Erzindustrie lahmlegen könnten. Was das bedeute, wüssten wir jetzt; wir hätten dann den Krieg verloren. Wir müssten dort einen zehn bis zwölf Kilometer breiten Schutzstreifen haben. Ebenso sei es absolut nötig, dass wir Lüttich behielten. Sonst würde Deutschland aufhören, Grossmacht zu sein. Lieber führe er da einige Monate länger Krieg. Ich fragte, ob er Briey und Longwy für ebenso unentbehrlich wie Lüttich halte? Ludendorff bejahte dieses auf das entschiedenste. Vor Amerika hat Ludendorff keine Angst. Bis jetzt hätten sie im Ganzen 30 000 Mann, also zwei Divisionen, herübergeschickt; das mache an der Westfront so gut wie Nichts aus. Ich sprach von den Fliegern. Ludendorff: möglich, dass sie im Frühjahr eine grosse Luftoffensive machen; dagegen treffe ich aber meine Vorkehrungen. Ausserdem ist die Fliegerfrage eine Motorenfrage. Die Motoren für die amerikanischen Flugzeuge werden aber in England gemacht, englische Motoren, und die haben wir immer schon gehabt. Jetzt wäre mir eine amerikanische Luftoffensive allerdings unbequem. Aber davon sehen wir noch keine Anzeichen. Zum Schluss lud mich Ludendorff ein, Abends sein Gast zu sein. In der Villa, die er mit dem Feldmarschall nicht weit vom Oranienhof bewohnt, ist unten eine Messe eingerichtet, wo die Offiziere der Operations Abteilung mit den beiden grossen Männern essen, das sog. „Feldmarschall Kasino"; „Punkt Acht", sagte Bartenwerfer. Ich

[1] Bethmann Hollweg

kam zwei Minuten nach acht und fand das Empfangszimmer voll von Offizieren, Geschenken und Blumenarrangements. Ein grosser Globus stand auf der Erde zwischen den gehäuften Blumen. Etwa dreissig Offiziere waren zugegen, die sich alle einzeln vorstellten; dazu als Gäste der Schwiegersohn des Feldmarschalls Brockhusen und sein Sohn, ein junger Vierter Husar, sehr blond und schmächtig, mit dünnem Hals und dünnem Blut, nicht von der Statur des Alten. Von früher kannte ich die Majore Wetzel und Bockelberg[1]. Ludendorff trat ein und gleich hinterher der Feldmarschall, der mit mir einige Worte über Herbert[2] und Helene[3] sprach und dann zum Globus gieng: er habe sich schon immer so ein Ding gewünscht; da könne man doch wenigstens all die kleinen Republiken finden, die uns den Krieg erklärten. Gedeckt war in einem schmalen, langen Saal, wo alle an einem einzigen Tische sitzen, nicht geteilt wie in Pless. Eine Schale schöner Orchideen stand vor dem Feldmarschall. Ich sass rechts von Ludendorff, auf meiner andren Seite Wetzel, links neben Ludendorff der Feldmarschall. Es gab, was in Deutschland jetzt eine Seltenheit ist, Weissbrot, recht guten Mosel, Suppe, Rehkeule, zwei Geburtstagstorten; Alles einfach, aber gediegen und reichlich, wie in einem Landhaus. – Das Gespräch kam auf unsere Gefangenen in Frankreich. Bockelberg erzählte, ein französischer Offizier habe einen Garde du Corps Offizier totgeschossen, weil er nicht nachsprechen wollte: „Der Kaiser ist ein Schwein"; er habe es von einem Augenzeugen. Wetzel und Bockelberg meinten, mit einer Nation, die Solches zulasse, sollte man überhaupt nicht verhandeln. Ludendorff schwieg dazu. Der Feldmarschall grollte Etwas, das ich nicht verstand. Ich sprach, wie man mich in Berlin bat, zu Ludendorff von den Aalands-Inseln, welche wichtigen politischen Folgen ihre Besetzung haben würde. Ludendorff schnappte ziemlich heftig ein: „Ja, das Ausw. Amt dringt darauf, dass ich sie besetzen soll. Aber kann das Auswärtige Amt mir garantieren, dass ich sie im Winter, wenn kein Schiff durch das Packeis durchdringt, über Schweden verproviantieren kann? Ein Ministerium Branting bietet dazu wenig Aussicht! So muss man sich immer auf den Boden der Realität stellen." Nach Tisch wurde in einem Wintergarten Wein und Bier gereicht. Die jüngeren Offiziere hatten sich zurückgezogen. Der Feldmarschall, sein Sohn, Ludendorff, Wetzel, Bockelberg, zwei oder drei Stabsoffiziere und ich sassen auf bequemen Rohrstühlen um einen runden Tisch. Alles unterhielt sich ungezwungen durcheinander. Die Erwähnung Elsass-Lothringens brachte eine allgemeine gereizte Stimmung gegen die Elsässer zum Ausbruch, am stärksten bei den Stabsoffizieren. Hier weht kein günstiger Wind für das Elsass. Als ich sagte, die Elsässer klagten, dass so Wenige von ihnen bei uns zu Offizieren befördert

[1] Vollard-Bockelberg

[2] Hindenburg

[3] Nostitz-Wallwitz

würden, erwiderte der Feldmarschall: „Sie sind ja nicht gekommen! Sie haben vorgezogen, bei den Franzosen Dienst zu nehmen. Aber Scheuch ist doch Offizier geworden; er hat sogar, denke ich, ein recht hübsches Avancement gehabt." Er fragte dann, wie es mit der Liquidierung des französischen Besitzes im Elsass stehe, und schien sich sehr dafür zu interessieren. Wetzel spielte mit der Idee eines reichen katholischen Fürsten in Strassburg; vielleicht würde das ganz gut sein. Ein mit dem Pour le Mérite geschmückter Oberstleutnant meinte: „Erst wenn die Elsässischen Familien ihre Töchter deutschen Offizieren zu Frauen gäben, würden wir auf dem rechten Wege sein; davon seien wir heute noch weit entfernt. Fünfzig Jahre feste Hand würden es vielleicht schaffen." Eine merkwürdige Erwartung! Diese Opposition des Hindenburgschen Stabes ist eine ernste Sache; sie wird schwerer zu überwinden sein als die Ludendorffs selber, weil er heller ist. Im Stabe herrscht ein durchaus alldeutscher Geist, hart auf hart, gegen Elsass-Lothringen. Theodor Wolff und Förster werden hier mehr gehasst als die Sozialdemokratie. Der Feldmarschall erzählte behäbig lachend, er habe einen Geburtstagsglückwunsch von Scheidemann, Ebert, David erhalten. „Ich kaufe mir nächstens eine Ballonmütze." Seine Popularität macht ihm Freude, aber mit Ironie gewürzt. Er sitzt inmitten seines ungeheuren Ruhmes ohne Eitelkeit, mit einer Art von grossväterlichem Humor, den er in kurzen Sätzen hervorstösst. Seine Stimme klingt wie heiserer Donner, wie die irgendeines alten Donnergottes Wotan, aber mit einem Lachen im Unterton. Er ist ganz und gar nicht pathetisch, auch nicht bescheiden, aber durch eine offenbar etwas karikaturale Phantasie überlegen. Er sieht hauptsächlich Beziehungen, originelle Beziehungen, und diese sind nach Meredith „the essence of comedy"; ein komödienhafter Geist, kein Tragiker, trotz der Million Toter. Er geht schwer und spricht schwer, wirkt durch Wucht, ist aber in der Seele leicht. Man fragt sich, wenn man ihn reden hört, ob er ein bedeutender Mensch, oder nur ein ungeheures Paket gesunder Nerven und Kraft, eine Art von Boxer, ein Genie wuchtiger Gewandtheit, eine Mischung von Wotan und Eulenspiegel ist? Ein Eulenspiegel, dessen lustige Streiche Tannenberg, Bukarest, Riga heissen! – Ludendorff ist im Vergleich zu ihm viel intellektueller, ein stets reger Geist, dessen Frische durch eine ungewöhnliche Gesundheit der Nerven und Säfte erhalten wird. Aus dieser noch immer jugendlichen Säftefülle kommt auch das leidenschaftliche Temperament, das unter der Glätte seines gesunden, fast behäbigen Aussehens und den wohlgeschliffenen Umgangsformen verborgen liegt. Ein grosses Talent sicherlich, wahrscheinlich mit plötzlichen geistigen Erleuchtungen und Einfällen, scharfem kritischen Verstand, um aus ihnen das Phantastische auszuscheiden, und der Zähigkeit, der Schlagkraft, der praktischen Begabung, sie durchzuführen. Wo steckt in diesem komplizierten Räderwerk das Ausserordentliche, die eine Gabe, die das Ganze unter allen andren ähnlichen

Räderwerken auszeichnet? Ist es die Schärfe der Kritik, das Temperament, die Phantasie? Schwer zu erkennen. Ebenso weiss ich Nichts von der Art, wie der Feldmarschall und Ludendorff ineinanderarbeiten. In Gesellschaft greift der Feldmarschall in das Gespräch, das Ludendorff fliessend führt, stossweise, kurz und plötzlich ein; ich denke mir, ungefähr wird es auch so sein, wenn Ludendorff ihm Vortrag hält. Der Stab bildet um Beide einen Boden und eine Atmosphäre. Das ist die innerste Zelle des Weltkrieges, die winzige, mächtig gespannte Feder, die das Ganze treibt und ordnet.

4 Okt. 1917. Grosses Hauptquartier. *4.10.1917 Donnerstag*

Vormittags in Münster[1] bei Thomsen. Er sagt, die Fliegerangriffe auf London seien erst ein Anfang, und rechnet mit 1918, 19, 20! – Nachmittags nach Frankfurt. Nachts in der gegen Fliegerangriffe verdunkelten Stadt.

5 Okt. 1917. Bern. *5.10.1917 Freitag*

Früh aus Frankfurt nach Basel. In Basel Unruh. Mit Cassirer u. Waldmann in der im Hängen begriffenen Deutschen Kunstausstellung[2]. Abends nach Bern. Frau Z.[3] kam spät mit Fried auf mein Büreau. Sie hat vor wenigen Tagen einen Brief von ihrer Schwester aus Paris erhalten, dass Painlevé „plus que jamais" auf einer Zusammenkunft seines Abgesandten mit Szeps in der Schweiz Wert lege. Er werde aber nicht Besnard, sondern Hovelacque schicken, der Ministerialdirektor oder Unterstaatssekretär im Unterrichts Ministerium ist; und zwar zwischen 15. u. 20 November. Damit fällt endgültig Czernins naïve Einbildung, dass Painlevé selber nach der Schweiz kommen wolle. Wie sie entstanden ist, scheint eine Äusserung der Frau Z. aufzudecken. Sie erzählte, ihr Bruder habe ihr vor ihrer Abreise die Erwartung ausgesprochen, wenn er, Szeps, nach der Schweiz fahre, werde Painlevé selber kommen, um sich mit ihm zu treffen. Sie will ihm gleich gesagt haben, das sei ausgeschlossen. Auch ihre Schwester, der sie die Äusserung erzählte, soll gesagt haben, das sei für Painlevé ganz unmöglich. Aber Szeps wird Etwas Ähnliches Czernin gesagt haben, und dieser ist darauf hereingefallen, hat daraufhin Kühlmann erzählt, Painlevé selber käme, und hat sich vorgenommen, Szeps zu eliminieren und diese interessante Unterhaltung selbst zu führen. Dann hat er, als ihm Kühlmann dieses ausredete, Szeps noch immer beiseitegeschoben und den „früheren österreichischen Diplomaten, der eine Ausländerin zur Frau hat", vermutlich Goluchowski, erfunden. Szeps ist über seine eigene Eitelkeit gestolpert. Die Z. hat nun den

[1] Bad Münster am Stein

[2] Ausstellung Deutscher Malerei des 19. Jahrhunderts, 7. Okt. bis 4. Nov. 1917, Kunsthalle Basel

[3] Zuckerkandl

Brief ihrer Schwester im Original ans Ausw. Ministerium nach Wien geschickt und Czernin vor die Alternative gestellt, entweder Szeps herauszulassen oder auf die ganze Sache zu verzichten.

6. Okt. 1917. Bern. Sonnabend *6.10.1917 Samstag*

Früh brachte mir Oscar Fried die Abschrift eines Telegramms von der Mme C.[1] aus Paris, das gestern Abend aufgegeben ist und lautet: „Ami de Jean (Jean= Painlevé) voudrait voir le buste de Carpeaux à date plus prochaine parcequ'il ira voir son frère interné à Lausanne vers le 15 octobre. Réponse." Also Painlevé beschleunigt plötzlich die Zusammenkunft, nachdem er vor kurzer Zeit sie bis Mitte November hinausgeschoben hatte. Jetzt muss sich Czernin schnell entscheiden. Ich telegraphierte ans Ausw. Amt nach Berlin.

7. Okt. 1917. Bern. Sonntag. *7.10.1917 Sonntag*

Tagsüber in Basel zur Eröffnung der Kunstausstellung. – Abends um 9 wieder in Bern. Fand dringende Bitte vor, sofort Frau Z. im Schweizerhof aufzusuchen. Sie erzählte mir, heute früh um 9 habe sie ein Telegramm von ihrer Schwester bekommen. „Rencontre ne peut avoir lieu. Jules (Szeps) ne doit pas partir", und um 10 ½ sei de Vaux zu ihr gekommen und habe ihr ein Telegramm von Czernin gebracht, dass Szeps kommen werde. Also im Augenblick, wo Czernin endlich zusagt, sagt Painlevé plötzlich ab. Painlevé scheint infolge der Skandalgeschichten und der Kammersitzung vom Donnerstag[2] die Courage verloren zu haben.

8. Okt. 1917. Montag. Bern. *8.10.1917 Montag*

Nachmittags bei Romberg zum Vortrag. Er schlug vor, dass wir in die Werkbund Ausstellung giengen und uns unterwegs besprächen. Ich legte ihm wieder einmal meine Anmeldung nah, da der bisherige Zustand unhaltbar und allmählich auch für das Allgemeininteresse gefährlich wird. Romberg brachte seine üblichen Bedenken vor, ich sei dann weniger frei, könne nicht mehr unbefangen verhandeln, binde ihn und die Regierung durch meine Worte und Schritte; schliesslich gab er widerwillig nach, da ich mich bestimmt weigerte, anders denn als angemeldeter Diplomat hierzubleiben. – Er hält den Plan, jetzt sofort einseitig die Stellung Elsass Lothringens zu regeln für einen groben Fehler, weil wir damit unser einziges Atout aus der Hand gäben und ausserdem Frankreich einen Schlag ins Gesicht versetzten, da dieses Hunderttausende von Menschen für Elsass Lothringen geopfert habe und die blutigste Verhöhnung

---

[1] Clemenceau

[2] Sitzung der frz. Kammer vom 4. Okt. 1917, in der u.a. die Affären um den Journalisten Bolo u. den ehemaligen Innenminister Malvy diskutiert wurden

darin sehen müsse, wenn jetzt die Elsässer erklärten, sie brauchten Frankreich nicht, sie seien befriedigt und blieben bei Deutschland. Wir zeigten da wieder einmal unseren verhängnisvollen Mangel an Psychologie. Wie wollte ich verhandeln, wenn wir die Franzosen so aufs Neue tief verletzt und unser einziges Verhandlungsobjekt ausser Debatte gestellt hätten?

9 Okt. 1917. Dienstag. Bern. *9.10.1917 Dienstag*

Vormittags bei Schickele. Ich gab ihm meinen Brief an Kühlmann zu lesen und fragte ihn, wie er dächte, ob mein Rat, wenn er befolgt würde, den Frieden mit Frankreich erschweren oder erleichtern werde? Schickele sagte sehr bewegt und lebhaft, mein Vorschlag sei der einzig richtige, der einzige, der zum Frieden führen könne. Er habe nie gewagt, eine solche Lösung für möglich zu halten; würde aber, wenn ich glaube, dass ich sie durchsetzen könne, sofort versuchen mit den französischen Sozialisten in Verbindung zu treten über Grumbach. Die Republik in Elsass Lothringen sei gerade das, was Leute wie Renaudel in Wirklichkeit erstrebten. Ich sagte, wenn ich eine Sicherheit bekäme, dass die französischen Sozialisten diese Lösung annehmen und dann den Frieden fordern würden, wolle ich es übernehmen, Kühlmann und selbst Ludendorff für die Republik zu gewinnen. Aber dann müsse ich erst einen der Führer der französischen Sozialdemokratie, Renaudel oder Thomas, vorher gesprochen und von ihm bindende Zusagen erhalten haben. Ob er eine solche Zusammenkunft für möglich halte? Schickele meinte, ja. Er wolle zu Grumbach nach Montana fahren und sehen, dass dieser Renaudel herüberbekäme. Er halte für gewiss, dass Renaudel meinen Vorschlag annehmen würde; fraglich sei nur, ob R. bei den jetzigen Skandalen (Bolo, Almereyda, Malvy) einen Pass bekäme. Jedenfalls wolle er durch Grumbach Alles in Bewegung setzen, damit ich Renaudel sehe. Eine Gefahr bleibt, dass schon vorher bei uns ein Definitivum, Monarchie oder Aufteilung, geschaffen wird. Ich bat daher Nachmittags Romberg nach Berlin zu telegraphieren und dringend abzuraten, im gegenwärtigen Augenblick bei den Zuständen in Paris eine öffentliche Regelung der Els. Lothringischen Frage vorzunehmen. Ich hoffe, so die nötige Zeit zu gewinnen. Ich sagte Romberg, mir scheine dieses die einzige Möglichkeit, vor Weihnachten Frieden zu bekommen. Romberg meinte, auch eine bestimmte Erklärung über Belgien könne stark wirken. Victor Naumann sei heute bei ihm gewesen und habe geklagt, es sei unverständlich, warum wir nicht offiziell erklärten, wir wollten Belgien nicht behalten. Romberg schloss sich dieser Ansicht an; natürlich müssten wir gleichzeitig sagen, dass wir Belgien nur gegen Kompensationen herausgäben. So würden wir wenigstens zu Verhandlungen gelangen. Ich machte Romberg darauf aufmerksam, dass Victor Naumann ein österreichischer Agent sei, ausserdem der Herzogin Karl Theodor[1], der Mutter der Königin der Belgier[2], sehr nahestehe. Nach meiner Ansicht würde ein offizieller Verzicht auf Belgien nicht Verhandlungen, sondern nur die weitere Forderung der Entente zur Folge haben, dass wir Belgien erst räumen sollten, ehe verhandelt würde; diese Forderung wäre auch leicht den englischen und französischen Volksmassen mundgerecht zu machen. Die Engländer und Franzosen seien noch nicht so mürbe, dass sie durch ein blosses Verhandlungsangebot fortgerissen würden. Was nötig sei, sei ein grosser Schlag, der die innere Einheit in einem der feindlichen Länder zertrümmere. Eine solche Wirkung könne man von der Erhebung Elsass Lothringens zur Republik erwarten, nicht aber von dem blossen Anerbieten, über Belgien zu verhandeln. Romberg brachte innerpolitische Bedenken vor gegen die Republik in Elsass Lothringen, ausserdem werde ein Fürst sein Trönchen gegen Frankreich verteidigen müssen, eine elsass-lothringische Republik in Frankreich aufgehen können. Schliesslich gab er aber zu, dass die Hauptsache sei, dass wir zu Verhandlungen kämen.

10 Okt. 1917. Mittwoch. Basel *10.10.1917 Mittwoch*

Früh aus Bern nach Zürich. Dort Frl. Zingg gesprochen. Nachmittags nach Basel. Dort Bankett der Kunstgesellschaft im Schützenhaus für mich. Bei Tisch zwischen dem Präsidenten der Kunstgesellschaft Staehelin-Bernoulli und dem des Kunstmuseums Sarasin-Burckhardt[3]. Geredet. Nach Tisch versuchte der Museumsdirektor Prof. Ganz mich zu überzeugen, dass wir Elsass Lothringen abtreten sollten.

11 Okt. 1917. Donnerstag. Basel. *11.10.1917 Donnerstag*

Ich gab Abends etwa 40 Künstlern u Kunstfreunden ein Diner in den Drei Königen. Mich lange mit Egli unterhalten. Alle diese Kreise, nicht blos Egli, haben starke Sympathieen für Deutschland, gleichzeitig aber auch eine durch Nichts zu erschütternde Liebe zu französischer Lebensart und Kultur.

12. Okt. 1917. Freitag. Zürich *12.10.1917 Freitag*

Nachmittags nach Zürich. Abends in Mascotte und Bonbonniere.

13 Okt. 1917. Sonnabend Zürich. *13.10.1917 Samstag*

Abends Eröffnung der „Stadthalle“.

---

1 Marie Josepha

2 Elisabeth

3 vermutl. Sarasin-Schlumberger

14 Okt. 1917. Sonntag. Bern *14.10.1917 Sonntag*

Abends nach Bern. Fürstner am Bahnhof. Besprechung.

15 Okt. 1917. Montag. Montreux. *15.10.1917 Montag*

Vormittags Haguenin bei mir. Er sagte von Kühlmanns Rede „qu'elle marquait une époque dans la guerre pour l'opinion française" wegen des „Niemals" inbezug auf Elsass Lothringen. Es sei Nichts zu machen, der Krieg würde jetzt noch sehr lange dauern. Die Franzosen warteten auf die Amerikaner. Er deutete mit einem Anflug von Schadenfreude darauf hin, dass die Schweiz im Mai Nichts mehr zu essen haben werde. Vielleicht werde sie dann in den Krieg hineingezogen. Bemerkenswert, da man dieses jetzt hier viel hört; ob von der Entente ausgesprengt, oder ob das Durchsickern einer wirklichen Absicht, die Schweiz dann in den Krieg hineinzuzwingen, schwer zu sagen. – Nachmittags nach Montreux, um Laure Desmoulins zu besuchen, die Wilma herübergeschickt hat. Sie ass mit mir im Terminus.

16 Okt. 1917 Dienstag. Lausanne. *16.10.1917 Dienstag*

Mittags mit Laure in Montreux gefrühstückt. Sie ist absolut überzeugt, dass wir Frankreich überfallen haben, und dass Frankreich jetzt die Hände in den Schoss legen und die Befreiung Elsass Lothringens durch Amerika abwarten kann. Sie spiegelt, wie schon im Frieden, genau die Ansichten der mittleren französischen Bourgeoisie, ist, wie sie sagt, „Chauvinist", setzt sich aber ohne Bedenken mit mir, einem Deutschen, an einen Tisch, obwohl sie sich dadurch schwerer Strafe aussetzt. Übernahm es auch, nach England zu fahren und zu versuchen, mir Emery Walker zu einer Besprechung nach der Schweiz zu schaffen. Das Menschliche geht ihr mehr vielleicht als einer Deutschen ähnlicher Stellung und Gesinnung über das Politische. – Abends in Lausanne mit „Magura" gegessen. Er in französischer Uniform; ein etwas gefährliches Unternehmen. Dagegen erzählte er mir, dass wegen unserer Unterredung in Bern im vorigen Jahr eine Untersuchung in Paris im 2ème bureau des Gen. Stabes eingeleitet sei. Auch er glaubt fest an die Amerikaner und spricht mit der grössten Verachtung von den Russen. Unsere gerade vor sich gehende Eroberung der Insel Oesel geht in der allgemeinen Verachtung für das heutige Russland fast unbemerkt unter. Über Kühlmanns „Niemals" war er ziemlich empört und verzweifelt; jetzt werde der Krieg noch Jahre dauern, ein sinnloses Gemetzel. Er zöge es vor, tot zu sein! Daher sei es ihm ganz gleichgültig, ob wir zusammen gesehen würden.

17. Okt. 1917. Mittwoch. Bern. *17.10.1917 Mittwoch*

Früh nach Bern zurück. Nachmittags Farinollas bei Annette Kolb. Er kommt soeben aus London und Paris zurück. Das Leben in beiden Städten, namentlich aber in London, sei nie toller und üppiger gewesen als jetzt. Die Luftangriffe auf London ängstigten zwar die Leute, ja machten einzelne ganz verrückt, bestärkten aber die Masse in ihrem Kriegswillen. Die Engländer wollten jetzt keinen Frieden, weil sie Deutschland ein für allemal ausmerzen wollten. Vor anderthalb Monaten hätten sie vielleicht einen Augenblick geschwankt, damals hätte eine klare Erklärung über Belgien die Radikalen und Kriegsgegner so gestärkt, dass möglicherweise Lloyd George gefallen wäre; jetzt sei der Moment aber vorbei. Ich machte F. darauf aufmerksam, dass wenn wirklich nur Belgien in Frage käme, sie es sehr leicht gehabt hätten, aus unserer Antwort auf die Papstnote die Folgerung zu ziehen, dass wir auf Belgien verzichteten und uns öffentlich auf diesen Verzicht festzunageln. Wenn sie diesen so naheliegenden Zug nicht getan hätten, so beweise das, dass sie in Wirklichkeit in Belgien nicht den allein entscheidenden Punkt sähen, bezw. den Frieden in der Tat jetzt nicht wollten. Kühlmann hätte ihnen diese Gelegenheit geboten; und da sie sie sich nicht zu Nutze machten, daraus den richtigen Schluss gezogen und von Belgien nicht weiter gesprochen. Farinolla gab mir Recht und meinte, wir sollten jetzt keine weiteren Friedensangebote machen, da sie uns doch nur als Schwäche ausgelegt würden; sondern suchen, militärisch möglichst vernichtende Schläge zu führen. Italien könne keinen Sonderfrieden schliessen, weil England gedroht habe, dann Suez und Gibraltar zu sperren und Italien auszuhungern. In Frankreich sei im Gegensatz zu England, das Volk sehr kriegsmüde, trotz Amerika. Er habe selbst gehört, wie Soldaten sagten, es sei ihnen ganz gleichgültig, ob „Guillaume“ oder Poincaré in Paris herrsche, wenn nur Frieden sei. Aber die französische Regierung wolle den Krieg weiterführen, und gegen die Regierung, die die Maschinengewehre für sich habe, könne das Volk Nichts. Die Befürchtungen wegen Calais seien durch den von Briand abgeschlossenen Geheimvertrag beigelegt, nach dem England „sechs Monate nach Kriegsende“ Calais zu räumen sich verpflichte (siehe meine früheren Notizen über diesen Vertrag). – Deutelmoser u. Haeften sind hier. Mit ihnen Abends bei Bismarck zusammen. Haeften sprach sehr optimistisch über Amerika; es sei nicht zu glauben, dass sie die Dummheit begehen würden, ihre Armee herüberzubringen; denn sie würden dadurch Japan eine nie wiederkehrende Gelegenheit bieten, sie niederzuzwingen. Bismarck, Deutelmoser u. ich warnten ihn vor einer solchen Auffassung; wir waren einig, dass die Amerikaner nicht blufften, sondern Ernst machen würden. Darauf deuten die gewaltigen Vorbereitungen in Frankreich und der Charakter der Amerikaner. Es wäre schlimm, wenn Haeften die Ansicht des G.H.Q. wiedergäbe. Über die Vorgänge im Reichstag und das Auftreten Steins u. Helfferichs[1] Deutelmoser u Haeften, die dabei waren, sehr absprechend; beide seien unglaublich ungeschickt gewesen.

18 Okt. 1917. Donnerstag. Bern. *18.10.1917 Donnerstag*

David v. Keller bei mir. Ich brachte das Gespräch auf Willes Äusserungen und die pessimistischen Gerüchte, dass die Entente der Schweiz im Frühjahr ein Hungerultimatum stellen werde. Keller war erschüttert, meinte, die welschschweizer Soldaten würden die Waffen niederlegen, nicht gegen Frankreich fechten, die Deutschschweizer, Militär und Zivil, Widerstand bis zum Äussersten leisten, da die Neutralität ihnen als ihr heiligstes Gut gelte; so würde es zum Bürgerkrieg kommen. Ich fragte, ob auch dann wenn der Bundesrat das Ultimatum annehme und den Durchmarsch der Amerikaner gestatte? K. antwortete: Auch dann. Selbst die Frauen und Kinder würden mitmachen, wie gegen Suworoff.

19 Okt. 1917. Freitag. Montreux – Lausanne. *19.10.1917 Freitag*

Nach Montreux Laure Desmoulins besuchen. Das treue Wesen soll mir Geld aus Amerika vermitteln. Greuter, als Vertreter von Fick mitgenommen. – Abends mit Magura in Lausanne gegessen im Café Vaudois. Er war besorgt und bedrückt, weil wir über Elsass Lothringen nicht mit uns reden liessen; meinte, ob es denn nicht möglich wäre, unsere Verfassung zu demokratisieren; Nichts würde Frankreich stärker im Sinne des Friedens beeinflussen. M. riskiert jedesmal seinen Hals, wenn er mit mir zusammenkommt; eine echte Freundschaft, die dem Kriege widerstanden hat.

20 Okt. 1917. Sonnabend. Bern. *20.10.1917 Samstag*

Früh nach Bern zurück. Abends mit Deutelmoser und Karl Vollmöller gegessen. Ich lenkte das Gespräch auf Elsass-Lothringen und sprach mich für eine republikanische Verfassung aus. Deutelmoser stimmte ohne Vorbehalte zu; meinte, es würde eine Lust sein, eine Pressekampagne in diesem Sinne zu führen. Alles was er verlange, sei nur eine feste Reichsleitung mit festen Zielen.

21 Okt. 1917. Sonntag. Bern. *21.10.1917 Sonntag*

Vormittags Vandevelde bei mir; eine von Rascher u Paul Cassirer geplante Vortragsserie besprochen. Vandevelde meinte, sie müsste international sein, um die Wiederanknüpfung der kulturellen Beziehungen in Europa zu befördern. Wir stellten eine Liste auf, die Naumann, Schickele, Rilke, Hofmannsthal, Vandevelde selbst, Benedetto Croce, Ferri, Bernhard Shaw, Wells, Gorki, Andrejew, Barbusse, Romain Rolland umfasste. – Nachher Carl Vollmöller, der

[1] Reden geh. bei der 122. Sitzung des Reichstags am 6. Okt. 1917

über amerikanische Flugzeugmotoren berichtete. Entgegen Ludendorff meint er, dass die Amerikaner heute in der Lage seien, Flugmotoren höchster Qualität in grossen Serien zu bauen. Ich schrieb deshalb an Thomsen. Nachmittags mit der Griechin Psycha. Sie sagte, sie habe bestimmte Nachrichten, dass die Schweiz im Januar oder Februar gegen uns gehen werde.

23. Okt. 1917. Dienstag. Bern. *23.10.1917 Dienstag*

Nachmittags Versöhnungskaffee mit dem Kunstprofessor Weese, der mich angegriffen hat. Er protestierte auf das heftigste gegen Oscar Fried. – Abends nach Tisch bei Romberg; zuerst allein, nachher mit Deutelmoser und Schubert. Romberg war ironisch aufgeregt (eine für ihn charakteristische Stimmung, Galgenhumor temperiert durch Klugheit) und klagte über „unglaubliche Vorgänge" bei der Gesandtschaft in den letzten Tagen, eine Art von Palastrevolution; die militärische Handelsabteilung habe ihm eine Deputation unter Führung des Leutnants Henneberg vom Kriegsministerium geschickt, die eine Art von Nebengesandtschaft gründen wollen u. s. w. Er erzählte dann, der Bundespräsident Schulthess habe ihm heute gesagt: man spreche in Paris von einem Kabinett Clemenceau; Clemenceau solle sich mit Poincaré versöhnt haben. Schulthess habe diese Nachricht vermutlich von der Schweizer Gesandtschaft in Paris. Romberg fuhr dann fort, er verspreche sich namentlich seit der Indiskretion Ribots gegen Briand über dessen Verhandlungen mit Lancken nicht mehr viel von offiziösen Unterhandlungen mit französischen ministrablen Politikern, da sich immer Jemand finde, der diese Annäherungen gegen sie ausnütze und die Sache zum Scheitern bringe. Man könne nur von unten wirken, indem man sich an das Volk und die noch nicht Ministrablen wende. Ich sagte, daher die Wichtigkeit der Republik in Elsass Lothringen. Romberg sagte, ja, aber erst müsse man sich durch Verhandlungen sichern. Ich sagte, eben deshalb versuche ich mit Renaudel oder Thomas über Schickele und Grumbach Fühlung zu gewinnen. Ich möchte die Proklamierung der elsass-lothringischen Republik aber nicht vom Zustandekommen solcher Verhandlungen abhängig machen. Romberg meinte, lieber als Renaudel oder Thomas sei ihm Longuet, weil Jene wieder unsere Besprechungen nur zu persönlichen Zwecken ausnutzen und verraten könnten; sie seien ihm zu opportunistisch. Longuet könne die Sozialisten dagegen von links aufrollen.

24. Okt. 1917. Bern. *24.10.1917 Mittwoch*

Bei Tscharner in Morrillon gefrühstückt. Er meinte auch, es könne zum Bürgerkrieg in der Schweiz kommen. Abends Diner beim Spanier Lasierra[1].

---

[1] Llaserra

25 Okt. 1917. Donnerstag. Bern. *25.10.1917 Donnerstag*

David v. Keller mit mir gefrühstückt. Er hat nach unserer letzten Unterredung Schweizer Freunde befragt, unter Andrem Claparède, und sieht die Lage sehr ernst an. Die Schweizer Politiker seien zwar optimistisch, glaubten an kein Ultimatum, die Militärs dagegen durchweg pessimistisch. Die Politiker meinten, die Entente könne ihre eigenen Ideale nicht verläugnen; ein dunkler Fleck in diesem Optimismus sei aber Griechenland. Die Militärs stützten ihre Ansicht auf die Vergewaltigung Griechenlands und darauf, dass die Ententestaaten um ihre Existenz kämpften und den Weltkrieg beenden müssten; in einer solchen Lage gelte das Wort: „Macht geht vor Recht." Abgesehen vom Durchmarsch durch die Westschweiz würde die Vergewaltigung der Schweiz den Italienern den Weg ins Tyrol über Maloja-, Bernina- und Oven-Pass öffnen unter Umgehung von Franzensfeste und des Trentino. Die Haltung der Westschweiz beurteilt er widersprechend. Er meinte einmal, vielleicht würden die Westschweizer, wenn die Entente ein Hungerultimatum stelle, sich dem anschliessen, der ihnen zuerst wieder Brot ins Land schicke, selbst wenn wir dieses wären. Andrerseits sagt er, er habe es aus guter Quelle, dass die Welschschweizer Soldaten in den Regimentern erklärten, sie würden gegen die Franzosen nicht fechten. Ausserdem glaube er, dass zwischen den Politikern der Westschweizer Kantone Besprechungen stattfänden, um zwischen diesen Kantonen für den Fall eines Hungerultimatums der Entente Sonder-Abmachungen vorzubereiten. Dieses könne eine Lage herbeiführen, die der ähnlich sein würde, aus der der Sonderbundskrieg 1842/44[1] hervorgieng. In der Ostschweiz seien dagegen Sonderabmachungen gegen die Westschweiz undenkbar, weil die Ostschweizer dieses als absolut unschweizerisch und geradezu ehrenrührig ansehen würden. Sehr stark mitsprechen auch für die Westschweiz würde die Frage, ob wir im Stande wären, die Schweiz mitzuernähren. Ich beruhigte K., dass eine ganz geringe Herabsetzung unserer Brotration dieses möglich machen würde. Über die Vorbereitungen Amerikas in Frankreich gab K. Einzelheiten. (siehe meinen Bericht.)

26. Okt. 1917. Freitag. Bern. *26.10.1917 Freitag*

Grosser Sieg am Isonzo; 30 000 Gefangene, 300 Geschütze. – Tagsüber in Vevey, um in Geschäften Laure zu sprechen.

27. Okt. 1917. Sonnabend. Bern. Zürich. *27.10.1917 Samstag*

Heute am Isonzo bereits 60 000 Gefangene und 500 Geschütze. Die Schlacht wächst zur Grösse von Tannenberg und Gorlice. Selbst der friedliche kleine Unruh war ganz aufgeregt und suchte auf der Karte herum. Hinreissender

---

[1] Der Sonderbundskrieg fand 1847 statt.

Macht- und Blutrausch. Bei Schickele, der krank zu Bett lag, und die Mitarbeit von Barbusse, Andrejew, Duchamel an der „europäischen Bibliothek" besprochen. Auch meine mögliche Zusammenkunft mit Renaudel oder Thomas. Thomas ist am 4ten in Genf. – Nachmittags nach Zürich. Mit Deutelmoser bei Haguenin gegessen und nachher ins „Mascotte". Kinoerwerbsgeschichten, Lothar Stark. Kargsches Unternehmen. Wir kaufen daraus fünf Theater.

28. Okt. 1917. Sonntag. Zürich. *28.10.1917 Sonntag*
Nachmittags mit Deutelmoser Kinos besucht; dann in die Stadthalle und später in die Bonbonnière.

29. Okt. 1917. Montag. Bern. – Basel. *29.10.1917 Montag*
Früh nach Bern zurück. Auf meinem Bureau nacheinander Stransky, Prittwitz, der sich meldete, Vandevelde, Annette Kolb, u. s. w. Annette Kolb gab mir ein langes Schreiben für Kühlmann mit. Durazzo, von der italienischen Gesandtschaft, hat gestern bei ihr abgesagt wegen der traurigen Ereignisse in seinem Vaterlande. Haguenin schickte mir Brief und Photographieen für seine Mutter. Vormittags und wieder Nachmittags bei Romberg, der „Exzellenz" geworden ist. Er mokierte sich darüber, fand solchen Mummenschanz in einer ernsten Zeit schlecht angebracht. Er legte mir ans Herz, Eberhard Bodenhausen in Berlin als Reichskanzler in Vorschlag zu bringen. Ich möchte mit Kühlmann darüber sprechen. Bodenhausen als Weltmann und Mann, der überall immer imponiert habe, den man in Amerika und England kenne und schätze, der Willenskraft und schöpferisches Organisationstalent habe, würde ein ausgezeichneter Reichskanzler sein. Bülow bezeichnete R. als eitlen Greis; vielleicht könne Kühlmann aber doch mit ihm auskommen, wenn er ihn nur reden und schönthun lasse. Zweifel drückte R. an der Richtigkeit von Kühlmanns Auffassung aus, dass der Friede nur über England kommen könne; meinte, dass obwohl die Ereignisse uns augenblicklich Unrecht gäben, auch mit Frankreich Etwas zu machen wäre; ich solle das nicht aus dem Auge verlieren. – Abends nach Basel wo mit Blocher wegen Gründung der Zeitschrift der Deutsch-Schweizerischen Gesellschaft und über seine skandinavischen Pläne konferiert. Er war im höchsten Grade aufgeregt durch die italienischen Ereignisse, hoffte sehr auf die Besetzung Venedigs. Die Isonzoschlacht macht überall in der Schweiz, bei allen Schweizern, die ich spreche, einen sensationellen Eindruck, und wird auf die politische Haltung der Schweiz zurückwirken. Isonzosieg und Oesel in diesem einen Monat haben uns wieder in einen Glorienschein gekleidet. Alles aus dem stillen schlachtenfernen Haus in Kreuznach ordnungsmässig hervorgehend.

30 Okt. 1917. Dienstag. Frankfurt a/M. *30.10.1917 Dienstag*

Vormittags aus Basel nach Berlin abgereist. Unverschämtes Benehmen der Schweizer Grenzbeamten trotz der Diplomatenkarte. Bösartige Freude sich durch Vexationen rächen zu können dafür, dass wir ihnen, wie sie meinen, „das Brot wegessen". – In Frankfurt Bericht, dass Udine genommen, Cadornas Hauptquartier. Die französische und englische Front muss Truppen hergeben. Das Aufsehen im Auslande und der Jubel hier sind ungeheuer.[1]

31. Okt. 1917. Mittwoch. Berlin. *31.10.1917 Mittwoch*

Früh hier an. Gerhard Mutius bei mir und mit ihm in der Deutschen Gesellschaft gefrühstückt. Hertling unterhandelt noch immer, um Kanzler zu werden. Kühlmann scheint ihn gegen Bülow erfunden zu haben. Der unheilvolle Punkt: Hertlings Stellung in der Elsässischen Frage.

1 Nov. 1917. Donnerstag. Berlin. *1.11.1917 Donnerstag*

Sieg am Tagliamento, 60,000 Gefangene, Hunderte von Geschützen. Die Nachricht kam zu ungewohnter Zeit, Vormittags. Unser erster grosser Sieg an der Westfront seit der Marne. Als ich Mittags zu Radowitz ins Amt gieng, hiengen überall schon Flaggen. Nachher mit Oscar Fried gefrühstückt in der Deutschen Gesellschaft. Auch er war ganz erregt. Im Wintergarten Abends den Bildhauer Huf getroffen.

2 Nov. 1917. Freitag. Berlin. *2.11.1917 Freitag*

Hertling Reichskanzler; allenthalben ohne Begeisterung aufgenommen. – Rilke, der mir geschrieben hatte, frühstückte bei mir im Adlon; mit ihm ein junger Münchhausen. Er sagte, er habe schon seit Monaten gewünscht, mich zu sprechen, weil ich am ehesten aus ähnlichen Lebensumständen ihm die Frage beantworten könne, die er sich selber seit Anfang des Krieges immer wieder stelle: „Wohin gehöre ich?" Er habe bis jetzt keine Antwort auf diese Frage gefunden. Er habe als Infanterist bei der Ausbildung entsetzlich gelitten; die Parallelität dieser Erlebnisse mit denen seiner Kindheit im Kadettenkorps, die Rohheit der Leute, ihre Ziellosigkeit, dass keiner wusste, wofür er eigentlich kämpfen sollte, Alles das habe ihn in einer Weise bedrückt, dass er, wenn er in der Uniform steckte, diese wie eine Wand zwischen sich und der Natur empfand. Aber wenn man ihm sage, sein Platz sei in diesem Kriege irgendwo als Infanterist, dann wolle er auch wieder Infanterist werden. Die ganze Unterlage seines früheren

[1] Verweisung: „(cf. Clemenceaus Leitartikel vom 30ten Ok hier unter 8. Nov.)"

Lebens, jedes Gedichtes, das er geschrieben habe, sei durch diesen Krieg brüchig geworden. Auch dass der ungeheure Heroïsmus der Deutschen Nichts erreiche, trotz aller Siege nicht auf die Wagschale falle, sondern sozusagen nebenbei, sei erschütternd. Neulich sei er bei Lettré in der Werkstatt gewesen und habe ihn arbeiten sehen; vor diesen stillen schönen Gegenständen und dem Schaffen des Handwerkers habe er empfunden, dass hier der einzig richtige Weg sei. Und doch könne man ein Ereignis wie diesen Krieg nicht einfach wegläugnen, blos verdammen; nicht blos professoral erklären, er hätte nicht sein dürfen. Er fragte mich, ob ich im Kriege Etwas tief, ebenso tief wie in meinem früheren Leben erlebt habe? Und war tief betroffen, als ich sagte, ich hätte draussen menschlich Einiges erlebt, das mich tiefer bewegt habe als irgendetwas früher; man könne den Krieg als Ganzes verdammen, für unsinnig und tierisch erklären, in seinen Details, in einzelnen Momenten berge er seelische Schönheiten und Offenbarungen, die nur mit denen der Liebe zu vergleichen seien. Schon dass Millionen das Erlebnis des Sich Opferns kennen lernten, sei überwältigend. Rilke bedeckte sich das Gesicht mit den Händen. Dass ich Solches sage, sei für ihn ganz erschütternd. Das Opfer seines Lebens an sein Werk habe er schon im Frieden gebracht. Für ihn sei das Nichts Neues. Er könne sich nicht denken, dass ihn irgendetwas tiefer ergreifen könne, als gewisse Momente, die er vor einer Figur von Rodin, vor der hohen Gesetzmässigkeit eines Werkes von Michelangelo, vor einer Abendlandschaft bei Duino erlebt habe. Und nun sage ich, der ich die Kunst und die Schönheit ebenso tief wie er selbst empfinde, dass ich vom Leben, vom Kriege noch tiefere Eindrücke empfangen habe! Wie solle er das begreifen? – Über Unruhs „Geschlecht" meinte er, als ich seine statische, eigentlich undramatische Komposition erwähnte, es trete in der Tat Nichts ein als eine Proportionsverschiebung der Figuren; Emporwachsen der Mutter; Dieses sei aber doch dramatisch. – Rilkes Zweifel: „Wohin gehöre ich?" entsteht aus dem für ihn nicht auszugleichenden Gegensatz zwischen individuellem Formtrieb und staatlichem Zwang, weil er dem Staat, oder seinem Staat, keine aequivalente Formkraft zutraut: Österreichisch! – Sodann aus dem für ihn klaffenden Gegensatz zwischen dem bereits geformten, als gesetzmässig erkennbaren, daher für die Kontemplation vorbereiteten Sein, und dem Chaos der kreissenden, noch nackten, nicht durch den menschlichen Geist filtrierten Natur; nur Jenes empfindet er als göttlich, nur Apollo als Gott; Alles Dionysische erschreckt ihn ebensosehr, wie es ihn anzieht. – Kompliziert wird seine Orientierung noch durch seinen Glauben, dass diese anscheinend nackte Natur, die sich in unsrem Kriege offenbart, Etwas Künstliches, der wirklichen menschlichen Natur Fremdes ist; er sieht darin „Nichts Göttliches." Er sagte, als ich ihm die Karpathenkämpfe schilderte, er würde zwischen der Schlacht und der grossen überwältigenden Natur nie eine Einheit, sondern immer nur einen hässlichen Gegensatz empfunden haben (Ich denke etwa wie zwischen Gott und Teufel.). – Trotzdem erkennt er den Weltkrieg als ungeheure, irgendwie notwendige Tatsache an, die bereits vorher in uns Allen drinnen steckte, die er aber überblickt hat, nicht in sein System einzuordnen fähig ist, und daher ehrlich genug als Einwand gegen seine Weltanschauung sich selber eingesteht. Daher die angstvolle Einsicht, dass wenn dieser Krieg dem Laufe der Natur entspricht, doch „göttlich" ist, dann „jede Zeile, die er früher schrieb, brüchig und falsch ist." Dieses der tiefe, wirre Konflikt, der ihn jetzt schon Jahre lähmt; ein typischer Konflikt dieser Zeit; ganz besonders aber Rilkes als katholischen Mystikers in dieser Zeit; der Konflikt des gläubigen Christen mit dem ihm greifbar erscheinenden Teufel. Rilke ist Aesthet, der sorgfältig Abenteuern aus dem Wege gieng, wenigstens Abenteuern roher Wirklichkeit; denn Abenteuern des Geistes und der Form war er ganz hingegeben. Nun wächst plötzlich das ungeheuerste Abenteuer wilden Blut- und Machtrausches um ihn herum und über ihn hinweg. Da er nur ein Abenteurer des Geistes und der Form ist, fehlt ihm für dieses Erlebnis vorläufig das Organ, er sieht nur Schrecken und Verheerung, während Andre, die gleichzeitig Abenteurer des Geistes und des Lebens sind, wenn es heute solche giebt, von der Sturmflut in ihrer doppelten Natur emporgetragen gerade in einer solchen Zeit, so wie Dante, so wie Shakespeare, Byron, Beethoven, zur Vollendung ihres Wesens kommen. Rilkes Rettung wäre, wenn er sich den Weltkrieg in ein geistiges Abenteuer oder in ein Abenteuer der Weltform umsetzte. – Nachmittags bei Haeften, der eben von Ludendorff kam. Er fragte mich, wie ich die Wirkung unserer Siege in Italien auf Frankreich einschätze? Ich sagte, die Grundtatsache, um die sich in Frankreich Alles drehe, sei das Vertrauen auf Amerika. Alles wirke in Frankreich nur insoweit, wie es das Vertrauen auf Amerika berühre. Danach solle man die Wirkung unserer italienischen Siege abschätzen. Haeften sagte, die italienischen Gefangenen würden mittelbar unsere Westfront stärken, da sie die bereits sehr zahlreichen K.v.[1] Leute in unserer Industrie wieder freimachten. Die Gründung der grossen Kinopropaganda Gesellschaft und ihre Haltung zur schwerindustriellen „Lichtbildgesellschaft" mit H. besprochen. Ich machte geltend, dass der Staat sich unter keinen Umständen in die Abhängigkeit von der Schwerindustrie begeben dürfe; schlimmstenfalls müssten wir den Kampf mit der schwerindustriellen Gründung aufnehmen. Haeften billigte Dieses. Er schlug mir vor, als Vertreter des Ausw. Amtes in den Aufsichtsrat der neuen grossen Gesellschaft einzutreten. Es soll auch ein Vertreter des Kriegsministeriums und des Reichsamtes des Inneren hinein. Deutelmoser hat mir in Zürich bereits denselben Vorschlag gemacht.

[1] kriegsverwendungsfähig

3 Nov. 1917. Sonnabend. Berlin. *3.11.1917 Samstag*

Geheimnisvoller, ziemlich merkwürdiger Brief meiner Freundin Zuckerkandl, der mir über Nostitzens zugeht; aus Wien, 30ter Oktober: „Ich denke Sie sind jetzt in Berlin und will mein gegebenes Versprechen lösen, Ihnen über den Empfang, welchen ich hier fand, Mitteilung zu machen. Nun, unsere Bedenken waren unbegründet; ich wurde mehr als liebenswürdig, ich wurde geradezu zärtlich aufgenommen. Den Chef[1] selbst sah ich noch nicht, da er im Ganzen seit meiner Rückkehr nur zwei Tage in Wien weilte. Wol aber Wiesner und Colloredo. Der Letztere besonders ist mir gegenüber vollkommen verändert und sein erstes Wort war: „Wann fahren Sie wieder in die Schweiz?" – Als ich darauf erwiderte, es schiene mir durch die jetzige Haltung von Jean[2], und dessen wahrscheinlichen Sturz, meine Anwesenheit in der Schweiz nutzlos geworden, – antwortete er: „Sie irren – die Fäden, die Sie gesponnen haben, werden nie mehr abreissen." – Ich behielt mir vor, erst auf etwaige Briefe meiner Freundin (Schwester) reagierend, wieder in zwei Monaten ungefähr nach Bern zu gehen. – Nun aber verstehe ich erst seit gestern ganz, weshalb man meine Dienste diesmal so einschätzt. Ich erzähle Ihnen ganz im Vertraulichsten, Ihrer mir immer bewahrten ritterlichsten Diskretion tiefst überzeugt einen Vorgang, als dessen nur von mir gekannter Folge dieses Telegramm ist, welches gestern am Ballplatz, und an einer noch höheren Stelle, die höchste Sensation hervorrief. Am Ballplatz freudigsten, an der andren Stelle wol minder freudigen Widerhall weckend: „Wien 29 Oktober. Heute wurde amtlich folgende Mitteilung ausgegeben: Anlässlich der vom Kaiser[3] geleiteten glorreichen Offensive der verbündeten Truppen am Isonzo hat der Monarch dem Minister des Äusseren seine Anerkennung für den konsequenten Ausbau und für die Vertiefung der Bündnispolitik ausgesprochen ...." Sie erinnern sich wol, in wie energischer Weise ich stets für die energische und loyalste Aufrichtigkeit des Grafen Czernin eintrat, wenn von deutscher Seite in seine Bündnistreue Zweifel gesetzt wurden. Ich konnte Sie ja brieflich davon überzeugen. Was ich aber Ihnen während unseres Zusammenseins nicht sagen konnte und wollte, war, dass ich mit grosser Ausdauer allmählich auf Dinge geheimster Art kam, die mir den Schlüssel gaben für mannichfache Vorkommnisse, welche am Ballplatz nur geahnt und gespürt wurden, die aber allein ich dann klarlegen konnte. Diesem Brief hier kann ich nicht mehr anvertrauen. Aber so viel ist gewiss, dass meine Ende August hierher gesandten Berichte, welche ich jetzt bei meiner Ankunft durch mündliche Mitteilungen erweitern und vertiefen konnte, den Anstoss zu der erfolgten Kundgebung an Cz. darstellen. Denn damit ist einer langgesponnenen Intrigue der

[1] Czernin

[2] Painlevé

[3] Karl I.

Rest gegeben. – Sie aber haben (und deshalb allein sage ich Ihnen dies Alles) Ihrem Vaterland einen vielleicht niemals ganz zu ermessenden Dienst geleistet, indem meine Fahrt und meine Erlebnisse dort Ihrer Initiative entsprungen sind. Während wir Beide aber ein andres Ziel verfolgend unsere Hoffnungen getäuscht glaubten, als Jeans Absage kam, ist ein weit höherer Wert von uns errungen worden. Vielleicht war der Sinn meiner Mission nur darin gelegen, dass ich abzuwehren vermochte, was Niemand sonst als ich herannahen wusste. Wenn ich Ihnen gegenüber dieses Alles verschwieg, so war dies, weil ich Ihnen nur schwerste Sorgen zu tragen gegeben hätte, die nicht in Ihrer Macht gelegen wären zu verscheuchen. Heute also, wo wieder klarer Himmel lacht, sag ichs: Sie waren es, der zu dem Telegramm von gestern den ersten Anlass gegeben haben. – Bitte nochmals, schweigen Sie zu Jedermann. Sie wissen, wie innig ich an der Freundin hänge, deren Gefährdung mir der entsetzlichste Gedanke wäre. Und gerade die hier von mir angedeuteten Vorgänge könnten retraciert werden auf ihren Ursprung. ......"

5 Nov. 1917. Montag. Berlin. *5.11.1917 Montag*

Vormittags Wieland Herzfelde bei mir. Er ist vier Tage auf Urlaub aus Flandern und fährt heute Abend zurück in den Houthoulster Wald. Er macht einen gereiften Eindruck, männlicher und ruhiger als früher. Ich fragte, ob er sich an das Soldatenleben gewöhnt habe? Er sagte Nein, habe aber „Schauspielern" gelernt. Die Einsamkeit sei ihm am furchtbarsten; dass keiner um ihn herum für irgendetwas Verständnis oder Interesse habe, das ihn bewege; und dann, das „Nie Allein Sein." Seine schönsten Augenblicke seien, wenn Trommelfeuer sei, und die Andren in die Unterstände kröchen; dann bleibe er allein und fühle sich auf Augenblicke frei. – Mit Richard Strauss gefrühstückt, der wieder kriegslustig ist, ich fürchte, seitdem sein Junge zurückgestellt worden ist. Darin ist er ganz naïv; ebenso wie in Geldsachen; nackt und paradiesisch, so dass man ihm nicht böse sein kann. – Nachmittags mit Romberg, der ein paar Tage hier ist, im Amt konferiert. Er jammert über die inneren Zustände; die süddeutsche Reichsregierung, Payer u. s. w. Kühlmann bekommt er, wie er sagt, nicht zu sehen, da dieser fortdauernd Konferenzen hat. Auch Rantzau einen Augenblick gesprochen, der mich fragte, ob ich „wegen der Polnischen Konferenzen" hier sei? Also wird über Polen beraten. – Abends im Dom Rüdelscher Chor. Mit Frau Richter. Nachher im Adlon mit Musch.

6 Nov. 1917. Dienstag. Berlin. *6.11.1917 Dienstag*

Mit Rilke im Adlon gefrühstückt. Er sprach ausführlich von Schuler, dessen Persönlichkeit, Stellung zum Georgekreis und Matriarchats Ideen er schilderte. Schulers Auffassung vom „offenen Leben", bei dem die Grenze zwischen Tod und Leben fortfalle, verwandelten den ganzen Ausblick auf die Welt. Alles Tiefe, Seherische des Georgekreises stamme von Schuler, der ihm als junger Mensch angehört habe. Jetzt sei Schuler mit George auseinander und fürchte dessen Rache. Aus Furcht vor diesen Verfolgungen veröffentliche Schuler Nichts. Rilke möchte, dass ich Schuler nach der Schweiz kommen und vortragen lasse. Er sprach dann von seinen eigenen Elegieen, die ich nicht kenne. Sie seien sein Bekenntnis, das, was er im Malte Laurids Brigge formuliert zu haben glaubte, jetzt aber in den Elegieen in einer ihn selber überraschenden Weise zu verwirklichen im Begriffe stand, als der Krieg ausbrach. Wenn er nur sie vollenden könne, wolle er gern sterben. Zur jüngsten Litteratur hat Rilke ein Verhältnis, kennt Däubler, hat Becher vorgelesen. Wir sprachen dann über Becher.

7. Nov. 1917. Mittwoch. Berlin. *7.11.1917 Mittwoch*

Mit Eberhard Bodenhausen gefrühstückt. Nachmittags Beratung mit ihm und Radowitz über die Propaganda nach dem Kriege. Radowitz war eben Chef der Reichskanzlei geworden; nahm aber trotzdem die Beratung auf. Er möchte eine Art von Privatgesellschaft gründen, die die Propaganda auf geistigem und künstlerischem Gebiete möglichst frei, ohne bureaukratische Fesseln, treibe. Als Leitung 7 oder 9 grosse Privatleute, etwa Bodenhausen, Guidotto Henckel, Walter Rathenau u. s. w. Bodenhausen warf die Finanzfrage auf. Das Reich müsste einen Fonds von mindestens 20 Millionen geben, dann könne man vielleicht noch eine Million jährlich von Privatleuten bekommen. Die Frage, ob das Reich eine solche Summe ohne engere staatliche Aufsicht einem Kreis von Privatleuten anvertrauen würde. Wir sahen ein, dass wir nicht weiterkämen, bis diese Frage beantwortet sei und beschlossen eine gemeinsame Unterredung mit Roedern, Kühlmann und Schwander herbeizuführen. – Abends in der Mittwochsgesellschaft. Hoetzsch von der Kreuzzeitung sagte mir, Hertling werde sich nicht halten können. Die Frage sei nur, ob er den Rekord von Michaëlis in der Kürze seiner Kanzlerschaft schlage. Wir würden noch zwei, drei Kanzler haben, bis der richtige komme. – Der Kohlenkommissar[1] sprach über die Kohlenfrage, die er mir privatim als sehr ernst bezeichnete. Die Schwierigkeit liege nicht mehr an der Förderung sondern an den Transportmitteln, die ganz ungenügend seien. Zum Teil läge dieses an der mangelhaften Besoldung der Eisenbahner, die unzufrieden seien und schlecht arbeiteten. Ich sagte ihm, wie wichtig die volle Erfüllung unserer Lieferungen an die Schweiz seien, davon hänge zum grossen Teil die Stimmung u. die Haltung der Schweiz ab. Er nahm meine Ausführungen ernst auf und sagte, dann müsse man vielleicht Süddeutschland Etwas beschneiden. Später erzählte ein Baron Manteuffel aus Kurland, der drei Jahre in Wiatka verbannt war und eben geflohen ist, von seiner abenteuerlichen

[1] Stutz

Flucht aus Petersburg und zu Fuss über Finnland. Ganz Finnland scheint revolutionär antirussisch und voll von flüchtenden Deutschen, die nach der Schwedischen Grenze streben. Manteuffel meinte, Russland könne sich nie wieder als Staat in der früheren Ausdehnung rekonstituieren, weil die fremde, halbgermanische Oberschicht, die das alte Russland mit seinen Fremdvölkern regiert und zusammengehalten habe, verbraucht und zu dünn geworden sei. Das habe man schon vor dem Kriege bemerkt. Der Krieg und die Revolution hätten die Entwicklung nur beschleunigt und wahrnehmbar gemacht. Deshalb sei es falsch eine Politik zu treiben, die auf eine Versöhnung mit dem garnicht mehr existierenden früheren Staat ausgehe. Georg Bernhard, der neben mir sass, muckte heftig gegen diese Folgerungen auf. Wir stritten uns freundschaftlich.

8. Nov. 1917. Donnerstag. Berlin. *8.11.1917 Donnerstag*

In Sachen David v Kellers Vormittags beim General Brose im Generalstab. Er sagte mir den Pass für Keller zu. – Früh Bericht, dass in Italien bisher 250 000 Gefangene und über 2300 Geschütze genommen sind. Wir sind bereits über die Livenza hinüber. Abends Nachricht, dass eine neue maximalistische Revolution in Petersburg ausgebrochen und die Oberhand gewonnen hat. Die Minister sind eingekerkert, Kerenski geflohen; die neue Regierung soll sofort Friedensverhandlungen einleiten wollen. – Auch giebt es zwischen Frankreich und England offenbar ernste Unstimmigkeiten. Clemenceau[1] schreibt im Homme Enchainé am 30 Oktober: „Ce n'est pas à moi de dire dans quelle mesure le coup de bélier allemand sur l'Isonzo nous permet de poursuivre nos avantages (in Flandern und an der Aisne.) .... Quoi qu'il soit décidé, il est grand temps que M. Lloyd George fasse cesser de fâcheuses résistances à l'extension du front britannique. J'ignore si M. Painlevé lui a fait entendre les paroles décisives que l'occasion voulait. Assez de réponses dilatoires. La France n'a jamais rien marchandé d'elle-même. Aussitôt que les opérations militaires pourront le permettre, il faudra, sans retard, aviser." – Abends allein in der Deutschen Gesellschaft gegessen. Nachher im Apollotheater, wo blöder Filmsketch „Die Hochzeit des Maharadscha"[2]. Ausverkauft.

9 November 1917. Freitag. Berlin. *9.11.1917 Freitag*

Gestern Abend ist Helfferich zurückgetreten, der Fortschrittler Payer Vizekanzler geworden; Sieg der Parlamentsmehrheit. Lenin hat die Gewalt in Russland an sich gerissen mit dem Programm des sofortigen Friedensschlusses. Italiens Zusammenbruch schreitet fort; und Frankreich und England scheinen ausser-

---

[1] En avant, Cadorna!

[2] Klein

stande, ihn aufzuhalten (Havasnote nach dem Kriegsrat in Rapallo[1].) Alles zusammen die grösste Krisis des Weltkrieges seit der Marne. – Ludwig Stein mit mir gefrühstückt. Er erzählt, am österreichischen Hofe spiele ein gewisser Polzer, der kürzlich gegraft sei, die erste Rolle. Er sei so Etwas wie Kabinettschef des Kaisers, „der österreichische Valentini", und der Kaiser verkehre mit den Ministern, auch mit dem Ministerpräsidenten Seidler und mit Czernin fast nur durch ihn. Polzer sei streng „schwarz-gelb", entferne und unterdrücke Jeden, der deutscher Neigungen verdächtig sei und treibe seine eigene, von der Czernins streng geschiedene Auswärtige Politik, wahrscheinlich mit englischen und päpstlich-italienischen Tendenzen. Allerdings meinte Stein, es sei nicht ausgeschlossen, dass Polzer u Czernin unter einer Decke steckten und dieselbe Politik mit verteilten Rollen trieben. (Ich vermute, dass die von der Zuckerkandl angedeutete Intrigue aus diesen Verhältnissen hervorgieng; dann würde das eher für einen wirklichen Gegensatz zwischen Czernin und Polzer sprechen. Polzer wäre die von der Z. bezeichnete „noch höhere Stelle" als der Ballplatz.) – Radowitz, der mich mit Stein hinausgehen sah, flüsterte mir zu „In der Gesellschaft sehe ich dich nicht gern." Gleich nachher bat mich Stein, Radowitz darauf aufmerksam zu machen, dass er ihm als Chef der Reichskanzlei von grossem Nutzen sein könne, wenn er ihn nur verwenden wolle. Kühlmann sagte mir neulich, er würde sich lieber die Hand abhauen, als mit Stein Etwas zu tun haben; trotzdem liess er ihn einige Tage später kommen. – Von Bodenhausen Brief, dass Krupp-Bohlen ihm gesagt habe, die ganze rheinisch-westph. Industrie möchte ihn als Kanzler sehen. Bodenhausen lehnt aber noch immer ab, möchte dagegen gern bei den Friedensverhandlungen eine leitende Stellung haben.

10 Nov. 1917. Sonnabend. Berlin. *10.11.1917 Samstag*

Bei Salomonsohn von der Diskonto Ges. Er sagt die Unzufriedenheit in Bank- und Industriekreisen über die Verzichtpolitik sei gross; die Stimmung „geradezu verzweifelt". Wir brächten Opfer über Opfer, wofür? wenn wir doch Nichts bekämen. Ich fragte, was sie haben wollten. – Ja unbedingt Briey und ein zureichendes Glacis, um unsere Industrie vor den Fliegern zu schützen. Sonst könnten wir nie wieder einen Krieg führen. Mit Russland will sich S. dagegen ohne Annexionen verständigen. Wir könnten uns nicht nach beiden Seiten Feinde machen.

---

[1] Vom 5. bis 7. Nov. 1917 fand in Rapallo eine Konferenz der Entente statt, auf der die Einrichtung eines interalliierten Obersten politischen Rats für die Westfront beschlossen wurde.

11 Nov. 1917. Sonntag. Berlin *11.11.1917 Sonntag*

Beim Botschafter Stumm im Adlon gefrühstückt. Er sieht die Lage zum ersten Mal für günstig an; Italien, Russland böten Aussichten; aber wer sei da, der diese Aussichten für uns ausmünze? Kühlmann sei klug, aber jung und habe früher im Amte für einen „Projektenmacher" gegolten; Hertling alt und gebrechlich. Der beste Reichskanzler wäre der Prinz Max von Baden gewesen; man habe mit ihm verhandelt, aber die Badener hätten nicht gewollt, weil er ihr Tronfolger ist. – Mit Radowitz gegessen, wieder bei Adlon, wo jetzt Alles isst. Erzählte ihm von der durch Czernin durchkreuzten Intrigue (Zuckerkandl), ohne Namen zu nennen. Er sagte, Czernins Haltung erscheine dadurch in einem ganz neuen Lichte. Hertling schildert er als überraschend frisch und klug. Nachher mit ihm in den Unionklub, wo lange mit Unico Groeben und Bieberstein[1]. Bieberstein sagt, dass er auf seinem ostpreussischen Besitz infolge Hafermangels die Frühjahrsbestellung nicht vornehmen kann. Die Pferde bekommen nur noch 2 $^{1}/_{2}$ Pfund. Wir hätten immer nur verteilt, aber nie dafür gesorgt, dass Etwas zum Verteilen da sei. Er habe dem Landrat geschrieben, dass er die Verordnungen über die zu leistenden Milchmengen in seinen Kuhstall gehängt habe, leider könnten aber seine Kühe nicht lesen. Der Fehler sei, dass wir Alle die Hosen voll hätten vor der Sozialdemokratie. Dabei tränken die Munitionsarbeiter Sekt; aber der Staat sorge dafür, dass sie billig Kartoffeln bekämen. Er fürchte, dass es Deutschland so gehen werde wie beim Rennen dem Pferde, das siegreich durchs Ziel gehe, aber tot hinfiele. Ich sagte, ein schwerer Vorwurf treffe die Führung der konservativen Partei. Wenn die Partei, die das Getreide produziere heute vollkommen ausgeschaltet sei, während die Partei, die die Munition mache, die Sozialdemokraten, immer mehr Einfluss gewinne, so sei das ein Beweis, dass die Konservativen ungeheuer ungeschickt ihre Karten gespielt hätten. Denn Getreide und Munition seien gleich nötig zur Kriegführung. Bieberstein erwiderte, dann sei die konservative Partei nicht ungeschickter gewesen als wir Diplomaten, die ganz ähnlich das Deutsche Reich isoliert und in Gegensatz nicht nur zu unsren Feinden sondern selbst zu unsren Bundesgenossen gebracht hätten. Vielleicht sei die ganze Kaste, deren Anhang die deutsche Diplomatie sei, unbegabt. – Unico Groeben erzählte mir dann lange von der verlogenen Berichterstattung von Radolin, durch die wir angeblich in Gegensatz zu Frankreich geraten seien. Frankreich habe sich mit uns gegen England über Aegypten und die Kolonieen verständigen wollen; aber Radolin habe aus klerikalen Gründen die Propositionen nicht weitergegeben, und der Kaiser habe seinen lieben Verwandten in England seine Unterstützung in Aegypten zugesagt gehabt. Daher hätten die Franzosen nach zwanzigjährigen Versuchen die Annäherung an Deutschland aufgegeben und von 1903 an sich

[1] Rogalla v. Bieberstein

England zugewandt. Die Stimmung gegen den Kaiser ist in diesen konservativen Kreisen offenbar stark; denn Bieberstein sagte mir: Wenn den Kaiser nicht eine schwere Krankheit treffe, würden wir nicht aus diesem Schlamassel herauskommen.

12 Nov. 1917. Montag. Berlin. *12.11.1917 Montag*

Rilke las mir seine Elegieen vor, die beiden aus Duino, die über das Thema der Liebe, die aus dem Krieg. Alles etwas sentimental, etwas zu kultiviert und daher blos für Gebildete, aber im Grunde, unter dieser Oberfläche, grandios und grandios orchestriert. Wir sprachen wieder über den Krieg. Er weigert sich, diesen Krieg als ein Stück Natur anzusehen. Das Tier stecke in den Dingen drinnen wie ein Kopf von Rodin in einem Marmorblock; der Mensch habe sich aber aus den Dingen losgelöst, habe eine Distanz zu ihnen gewonnen und dadurch Verpflichtungen übernommen. Man könne seine Verirrungen daher nicht ohne Weiteres der Natur zuzählen. – Bernhard Bülow mit der Fürstin im Adlon getroffen. Er von der Schlacht, aus der er die Kanzlerschaft nicht heimgebracht hat, etwas abgemagert, aber mit einer künstlichen Frische und guten Laune sich jugendlich spannend, Schauspieler bis in die Fussspitzen. Wir wechselten ein paar Worte, die er auf mein „brillantes Aussehen" zuspitzte, um von mir das Gegenkompliment zu erhaschen. – Nachmittags bei Haeften. Wir besprachen das heute herausgekommene offizielle Friedensangebot der neuen maximalistischen Regierung in Petersburg. Die Entente bricht daran auseinander, wenn die Russen es aufrechterhalten. Dann meint Haeften, dass uns mit unserer zusammengefassten schweren Artillerie und der österreichischen ein Durchbruch in Frankreich gelingen könnte.

13 Nov. 1917. Dienstag. Berlin. *13.11.1917 Dienstag*

Sitzung im Reichsamt für Übergangswirtschaft unter Vorsitz von Geh R. Wiedtfeldt mit Baus und seinem Basler Freund. Besprechung des Vorschlages der Firma Z., in B., dass sie für ihre (neutrale) Rechnung schon jetzt Rohstoffe (Baumwolle, Kautschuk, Tabak, Leder, pflanzliche Öle, Kupfer u. s. w.) ankaufen u lagern lassen will, um sie gleich nach Kriegsende nach Deutschland zu schaffen. Zunächst für 100 Millionen. Das Reich stellt Frachtraum und eine Bankgarantie zur Verfügung. Teil der gewaltigen Organisation, um Deutschland gleich nach Kriegsende mit Rohstoffen zu versorgen. – Richard Dehmel u. Frau Isi bei mir gefrühstückt; sie in tiefen Trauerschleiern für ihren gefallenen Sohn Lux[1]. Beide werden alt. Er ist beim stellv. Generalkommando in Altona am Archiv für Kriegsgeschichte; meinte aber, er käme vielleicht wieder ins Feld. Er ist der Ansicht, dass in der Front $^2/_3$ der Mannschaften restlos ihre Pflicht thun,

[1] Auerbach

aber nur $^1/_3$ der Offiziere; das Volk sei viel aufopferungsvoller als die Gebildeten. Irgendeine dumme Klatschgeschichte geht um, dass Hofmannsthal Walter Rathenau u. mich in einer Komödie[1] karikiert habe. Dehmel nahm sie fast ernst, bis ich sie ihm ausredete.

14 Nov. 1917. Mittwoch. Berlin. *14.11.1917 Mittwoch*

Vormittags bei Kühlmann. Annette Kolbs Lage besprochen und geregelt. Margit Kühlmann hat ihr eine Rente vermacht, 2500 M. Ich erzählte K. ohne Nennung meiner Quelle den Inhalt des Zuckerkandlschen Briefes, indem ich namentlich Czernins Rolle und die Durchkreuzung der österreichisch-höfischen Intriguen mit Frankreich durch ihn betonte. Kühlmann nannte den Namen Parma[2]; meine Berichte waren also richtig. Ich fragte dann nach Elsass Lothringen. Kühlmann sagte, durch Hertlings Aufstieg habe die Lage sich geändert. Michaëlis habe man so weit gehabt, dass er der Autonomie zustimmte. Aber Hertling sei noch zu sehr durch sein Eintreten für eine Teilung gebunden. Auch hätten sich im Hauptquartier neue Widerstände entwickelt. Er, Kühlmann, könne nicht alle Karren aus dem Dreck ziehen. Er habe eben erst genügend harte Arbeit geleistet. Ich gratulierte ihm und sagte, es sei fast überraschend, dass sein erster grosser Erfolg, die Parlamentarisierung, auf innerpolitischem Gebiet errungen sei. Ich begriffe, dass er nicht gleich wieder das ganze Kapital an Vertrauen, das er sich erworben habe, aufs Spiel setzen wolle. Jedoch die republikanische Autonomie Elsass-Lothringens sei der einzige Weg, abgesehen von überwältigenden militärischen Siegen im Westen, der die Aussicht auf einen Frieden mit Frankreich eröffne. Kühlmann sagte, das sei auch ganz seine Ansicht. Die Andren wollten aber nicht; man ziehe vor, vorläufig Nichts zu thun, „Hofkriegsrat". Ich sagte dann, es sei nicht ausgeschlossen, dass ich in nächster Zeit Longuet oder einen andren französ. Sozialisten sehe; ob ich ihm wenigstens als meine Privat-Ansicht sagen dürfe, dass ich eine republikanische Autonomie Elsass Lothringens als einen Ausweg ansehe? Kühlmann erwiderte: ich könne Longuet sagen, ich selbst wäre Parteigänger einer Autonomie von Elsass-Lothringen. Auch gewinne die Strömung, die hierfür eintrete, in Deutschland an Boden. Im Übrigen erzählte Kühlmann, Briand habe einem Vertrauensmann inzwischen nach Kühlmanns „Niemals" inbezug auf Elsass Lothringen gesagt, er wolle die einmal geknüpften Beziehungen aufrecht erhalten „d'une façon discrète". Also habe Briand das „Niemals" nicht als Grund zum Bruch betrachtet. Im Gegenteil, wahrscheinlich sei es gut gewesen, dass diese Frage ein für allemal beseitigt sei; „il fallait déblayer le terrain". – Nachher

[1] Walther Rathenau bildete das Vorbild für die Figur des Damon in Hofmannsthals Lustspiel „Die Lästigen".

[2] Sixtus

bei Bergen. Er bezeichnet Polzer als eine Art von Privatsekretär oder „Valentini“ Kaiser Karls und als den Mann, der ihm den Amnestie Erlass suggeriert habe; und zwar, weil die Franzosen gesagt hätten, man müsse durch Entgegenkommen gegen die bedrückten Völkerschaften eine für die Annäherung zwischen Österreich u. Frankreich günstige Atmosphäre schaffen. – Noch vor Tisch Hellmut Herzfeld bei mir. Mit ihm Films und die Begründung einer neuen Filmgesellschaft besprochen, deren Geldgeber das Ausw. Amt u. Oliver u. deren künstlerischer Leiter er sein sollte. Er hat viele neue, gute und reizvolle Ideen. – Abends in die Mittwochsgesellschaft. Längere Zeit mich unterhalten mit dem Generalobersten von Kluck, den ich zum ersten Male sah. Runder Kopf wie eine Kanonenkugel, frische Gesichtsfarbe, dunkles graumeliertes Haar; in Glätte und innerer Haltung ein typischer Generalstäbler. Er wird für alle Zeiten der Besiegte von der Marne bleiben, obwohl er nicht besiegt wurde, sondern im Gegenteil Sieger blieb, aber nicht richtig unterstützt wurde. Um ein Weniges hätte er sein Hauptquartier in den Tuilerieen aufgeschlagen. Er sprach mit Mitgefühl von seinem Gegner Maunoury, als ich ihm erzählte, dass er blind sei. Meinte dann nur ganz kurz: „Es hätte eine Staffel da sein müssen. Schlieffen hätte eine Staffel bereitgehalten“. – Debatte über die russischen Fremdvölker. Hauptredner Baron Ropp und Naumann, dieser wie immer etwas zu breit. Dazwischen ein Finne, ein Pole, ein ukraïnischer Reichsratsabgeordneter, ein Litauer. Alle, ausser dem Polen selber, bezeigten eine grosse Wut auf die Polen und fanden damit bei einem grossen Teil der deutschen Anwesenden Beifall. Man hatte den Eindruck, dass alle diese neubefreiten Völker nur darauf warten, übereinander herzufallen; „ein neuer Balkan“, wie Naumann sagte. Berger, der neben mir sass, flüsterte mir zu, diese Debatte sei die beste Rechtfertigung des früheren russischen Reiches. Georg Bernhard ritt wieder in einer kurzen, energischen und farbigen Ansprache sein Lieblingssteckenpferd, die Verständigung mit Russland. Nachhauseweg mit Hoetzsch, der mir wie gewöhnlich auseinandersetzte, dass wir den Krieg verloren hätten und schleunigst auf irgendwelche Bedingungen Frieden suchen müssten. Natürlich nach der russischen Seite, auch wenn wir dadurch eine Dépendance von Russland würden. Von einer Schwächung Russlands, einer „Mazarinschen“ Politik, wie sie Mazarin u seine Erben, Ludwig XIV und Napoleon I gegen Deutschland trieben, will er Nichts wissen. Dazu sei Deutschland zu schwach. Deutschland sei überhaupt keine Grossmacht, sondern eine Macht zweiten Ranges. Dabei schreibt Hoetzsch jede Woche in der „Kreuzzeitung“ einen machtpolitischen Leitartikel. Wir standen noch lange auf dem Potsdamer Platz im Regen, wobei ich ihm einige harte Worte sagte. Die subversivsten Kreise in Preussen sind jetzt die konservativen. – Rainer Maria Rilke war in der Mittwochsgesellschaft, um

Ropps Rede zu hören. Kluck und Rilke, merkwürdige Nachbarn namentlich in dieser Versammlung wilder, befreiter, zankender Völkerschaften.

15 Nov 1917. Donnerstag. Berlin. *15.11.1917 Donnerstag*

Ludwig Stein Nachmittags bei mir. Er sagt, die Konservativen würden die Wahlreform möglichst verschleppen und dann Nein sagen. Erzählte auch, der Kronprinz[1] habe auf die Abgeordneten, die er gestern empfangen hat, einen vorzüglichen, gereiften Eindruck gemacht. Namentlich rechne man ihm hoch an, dass er mit den Abgeordneten direkt verkehre. Man werde in Zukunft mehr mit dem Kronprinzen rechnen müssen. Dieser widerstrebe auch dem wachsenden Einfluss Habsburgs, aus dynastischen Gründen. Er habe den Eindruck, dass die Hohenzollern sich durch die Habsburger und Bayern (baierische Reichsregierung) einseifen liessen. – Abends in Dehmels Stück „Menschenfreunde." Zu kunstgewerblich und gekünstelt im Aufbau. Daher eiskalt. Bassermann gab sein Bestes, konnte das Stück aber nicht erwärmen. Das Stück ist wie aus einer Retorte.

16. Nov. 1917. Freitag. Berlin. *16.11.1917 Freitag*

Bei Schwander, der nach den Zeitungen seinen Abschied eingereicht haben soll. Ich drang in ihn zu bleiben. Er sagte, sein Entschluss sei unabänderlich. Er sei kein schwankendes Rohr. Er habe eingesehen, dass seine Gesundheit nicht hinreiche, um seine Ziele zu erreichen; und dann sei es besser, gleich abzutreten; denn er habe neue Wege einschlagen wollen; und wenn man dann mitten drinnen versage, sei es schlimmer, als wenn Einer von vornherein in den alten Gleisen weiterfahre. Ich machte Elsass Lothringen geltend. Schwander antwortete, in dieser Frage könne er, auch wenn er wieder Bürgermeister in Strassburg sei, weiterhelfen; er habe keine persönlichen Beziehungen angeknüpft; mir stünde er immer zur Verfügung. Aber seine Bronchien erlaubten ihm nicht die Hoffnung, dass er dauernd gesund genug bleibe, um die ungeheure Arbeitslast zu bewältigen. Der Kopf sei manchmal besser als die Knochen. Ich erwähnte Hertling. Schwander meinte, Michaëlis sei für die Autonomie Elsass Lothringens gewonnen gewesen, ebenso Kühlmann. Im Preussischen Staatsministerium seien stärkere Widerstände, ebenso bei der Obersten Heeresleitung. Ich brachte Ludendorffs Argument wegen der Beamtenschaft vor. Schwander erwiderte, Ludendorff habe nicht Gewalt. Aber die Sache sei zu umgehen, wenn man einen Paragraphen in die Verfassung aufnehme, dass das Budget auch ohne Neubewilligung weitergelte. Eine republikanische Verfassung, meinte er, sei nicht durchzusetzen. Dieser feine, energische, praktische Kopf ist ein grosser Verlust für die Reichsregierung. Er war neben Kühlmann

[1] Wilhelm

der fähigste unserer Staatsmänner. – Nachdem ich festgestellt, dass im Ausw. Amt Niemand für die Elsass-Lothringische Frage zuständig ist, bei Deutelmoser energisch darauf gedrungen, dass eine Person ernannt wird, die allein hierfür verantwortlich ist. Sonst würden die Franzosen in der Schweiz uns vollkommen ausschalten. Ich sagte, ich müsste diese Ernennung vor meiner Abreise nach Bern am Montag vollzogen sehen. Es handle sich um die wichtigste Frage unserer Auswärtigen Politik und es sei fast ein Skandal, dass Niemand im Amt damit dienstlich befasst sei. – Nachher war Blocher mit mir bei Deutelmoser. Seine Tätigkeit in Stockholm und die von ihm zu gründende Zeitschrift besprochen. – Beim Unterstaatssekretär Stumm und bei Georg Wedel, der Langwerth vertritt. Ihnen skizziert, was nach meiner Ansicht das heute ernannte Ministerium Clemenceau bedeute. Es sei ein Ministerium sozusagen gegen England; d. h. Clemenceau als starker Mann sei gewählt worden, weil Poincaré ihm zutraue, dass gerade er gegen England energisch auftreten und die Verlängerung der englischen Front[1] durchsetzen könne. Clemenceau habe gewagt, ein Kabinett ohne Sozialisten, ein Kabinett sozusagen mit zwei Fronten, gegen England, und gegen die Sozialisten, zu bilden, weil er darauf rechne, die Sozialisten zu gewinnen, wenn er die Engländer zwinge, mehr Soldaten zu schicken und dadurch die älteren französischen Jahrgänge zu entlasten. Bereits Painlevé habe in extremis, um sich zu retten, Lloyd George überredet, stärkere Hülfe zu leisten. Daher Lloyd Georges Rede in Paris, dass England seine Bundesgenossen im Stich gelassen habe. Lloyd George habe damit die öffentliche Meinung in England auf grössere Opfer vorbereiten und Painlevé retten wollen. Aber Lloyd Georges Rede sei für Painlevé zu spät gekommen; sie habe seinen Sturz nicht mehr verhindern können, da die italienische Katastrophe eine stärkere, keine geringere Belastung Frankreichs verursacht habe. Andrerseits sei hier auch die Erklärung für die wütende Opposition Asquiths gegen Lloyd George, weil dieser dem französischen Drängen nachgegeben habe. Asquith sei schon immer ein Gegner von nicht unbedingt nötigen Konzessionen an Frankreich gewesen (siehe den Calais-Belgien Vertrag mit Briand, Asquiths Forderungen, Lloyd Georges späteres Einlenken). Auch sei es nach Ansicht unserer Obersten Heeresleitung für die Engländer tatsächlich unmöglich, die Franzosen noch mehr zu entlasten ohne die flandrische Offensive aufzugeben, weil die englischen Divisionen zu schnell immer wieder durch die Mühle durchmüssten. So ergebe die Situation eine Periode starker Spannungen zwischen England und Frankreich, deren Zeichen das Kabinett Clemenceau sei. – Mittags frühstückten Eberhard Bodenhausen u. Georg Bernhard bei mir. Mit Bernhard über eine russische Politik, die ich in der Form, wie er sie gewöhnlich vorträgt, bekämpfe. Er schränkte sie heute dahin ein, dass er Litauen und Kur-

[1] Verweisung: „(cf. C's Artikel vom 30ten Okt. hier unter 8ten Nov.)“

land auf dem Verhandlungswege von Russland annehmen würde. Nur wolle er die Sorge für die vielen verfeindeten slawischen „Fremdvölker" Russland lassen, nicht uns aufbürden. Bernhard, der vor einigen Tagen zwei Stunden beim Kronprinzen war, spricht von ihm sehr günstig. Zu meinem Erstaunen will er ihm die Weibergeschichten im Felde vorgehalten und vom Kronprinzen darauf eingehende und befriedigende Erklärungen erhalten haben. Der Kronprinz habe ihm gesagt, er sei zwar „kein keuscher Emil", die Geschichten seien aber sehr übertrieben worden und nur am Anfang des Krieges vorgekommen. Die Vorstellung, dass ein jüdischer berlinischer Redakteur dem Kronprinzen Vorhaltungen über sein Privatleben macht, und dass der Kronprinz ihm über dieses Thema Rede und Antwort steht, ist verblüffend. Sicher ist bei Beiden, dem Kronprinzen und dem Redakteur, dass sie schamlos naïv waren.

17. Nov. 1917. Sonnabend. Berlin. *17.11.1917 Samstag*

Schwander und Blocher bei mir in der D. G.[1] gefrühstückt. Schwander über die Gründe seines Rücktritts, der allgemein tief bedauert wird. Er sagte, er trete zurück, weil er mit seiner Gesundheit die Sache nicht machen könne, deutete aber in seiner leichten, feinen Art an, dass auch die aus der Organisation und Verfassung des Reiches erwachsenden Widerstände ihn mürbe machten. Wenn man seine Vorlage wiederbekäme, nachdem sie durch alle zuständigen Instanzen durch sei, erkenne man sie nicht wieder. Auch sei es bei der ungeheuren Kompliziertheit und Ausdehnung der Maschinerie unmöglich, die Details in seinem eigenen Ressort zu kennen. Er könne sich aber nicht daran gewöhnen, in Unkenntnis der Details zu regieren. – Über die „austropolnische" Lösung sagte er, ihre Vorbedingung sei eine Wirtschafts Union mit Österreich; ohne dem sei sie unannehmbar. Bis jetzt seien diese Wirtschaftsfragen bei den Verhandlungen aber im Hintergrunde geblieben. Man verhandle in unklarer Weise immer so als ob blos eine Art von Meistbegünstigung genügen würde. Diese würde aber bei Verhandlungen mit andren Staaten die grössten Schwierigkeiten machen. Schwander fragte dann, ob die Schweiz nicht einem Wirtschaftsbund zwischen Österreich u Deutschland sich anschliessen würde? Blocher meinte, dann würde sie ihre politische Selbständigkeit und Neutralität verlieren, und dieses sei was jeder Schweizer bis ins innerste seines Herzens eingegraben trage. Wir kamen so auf den Spionagefall Kaestli, der eben aufgedeckt worden ist, wo die Franzosen den Durchmarsch der Amerikaner durch die Schweiz vorbereitet zu haben scheinen. Blocher war tief erschüttert, als Schwander und ich ihm sagten, dass die Sache in der Tat sich wahrscheinlich so verhalte. Ebenso wie vor Kurzem in Bern Keller bei einem ähnlichen Anlass. Alles was ihre Neutralität antastet, schmerzt jeden echten Schweizer wie eine Wunde. – Nachmit-

[1] Deutsche Gesellschaft 1914

tags Sitzung im Amt bei Deutelmoser mit Blocher und Diederichs wegen der Zeitschrift in Stockholm. Vorvertrag unterzeichnet. – Abends assen Blocher, Diederichs, Hauschild (aus Kopenhagen), Daehn-Schmidt[1] und ich bei Deutelmoser.

18 Nov. 1917. Sonntag. Berlin. *18.11.1917 Sonntag*

Rodin gestorben. Er war einer meiner verehrtesten und ältesten Freunde. Ich habe ihn noch acht Tage vor dem Kriege aus London nach Paris zurückgebracht. „À revoir, à mercredi chez la Comtesse (Greffulhe)" war sein letztes Wort in der Gare du Nord. Ich wusste damals schon, dass ich ihn nicht wiedersehen würde; denn in Boulogne hatten wir das österreichische Ultimatum in den Zeitungen bekommen. Auf dem Schiff schlief er auf einem Stuhl an Deck. Die Passagiere, die ihn erkannten, betrachteten ihn ehrfurchtsvoll. Beim Herausfahren aus Dover lagen wir über die Reeling gelehnt, ich fragte ihn, ob er nicht hungrig sei? Er antwortete: „Non, devant la nature je n'ai pas faim; la nature me nourrit." Vier Wochen später war ich in Namur. – George Grosz und Hellmuth Herzfeld bei mir wegen Kinosachen. Herzfeld und Grosz haben neue Ideen für das Kino und sollen Films machen, für die ich mir 10 000 M. vom Ausw. Amt habe bewilligen lassen. – Mit Deutelmoser u Daehn Schmidt bei Kühlmann wegen der Elsass-Lothringischen Frage, um ein elsässisches Bureau in Basel bewilligen zu lassen. Kühlmann sagte, er selbst halte die Autonomie für das Beste. Michaëlis sei auch zu dieser Ansicht bekehrt gewesen. Seit Hertlings Antritt liege die Sache aber nicht mehr so einfach. Wir hätten einen Rückschritt gemacht. Das Preussische Staatsministerium sei geschlossen gegen die elsässische Autonomie. Auch andre massgebende Stellen seien dagegen. Wir könnten ein Bureau einrichten. Man dürfe aber nicht den Eindruck haben, dass das Ausw. Amt durch dieses Bureau für die elsässische Autonomie Stimmung mache. Deutelmoser sagte, wenn wir Altelsässer in ein Bureau nach Basel setzten, sei es ausgeschlossen, dass sie Etwas Andres wie die Autonomie anstrebten. Kühlmann gab sich hiermit zufrieden, wiederholte aber, es dürfe nicht so aussehen, als ob amtlich durch sie für die Autonomie agitiert werde. Resultat, es soll ein Bureau errichtet werden, sobald die zustimmende Antwort des Statthalters[2] eingetroffen ist. Daehn Schmidt ist endgültig Referent im Amt für Elsass Lothringen. Elsass-Lothringen, Schwanders Rücktritt, die sich vorbereitende Obstruktion der Konservativen gegen die Wahlreform: man bekommt allmählich den Eindruck einer innerpolitischen Stagnation, weil die Kräfte von links und rechts sich die Wage halten und die Hand fehlt, die genügend stark ist, das ganze ungeheure Räderwerk anzutreiben. – Eberhard Bodenhausen u. Gustav Richter

---

[1] Dehn-Schmidt

[2] Dallwitz

bei mir gefrühstückt. – Nachmittags George Grosz in seinem Atelier im Südende besucht. Zwei Bilder, ein Mexikanischer Kunstschütze (Artist) und eine Grossstadtstrasse. Reichtum u. Dichtigkeit der Zeichnung u. Farbe. Er sagt, Peter Breughel[1] sei sein Lehrmeister. Ausserdem Seurat. Die Simultaneität der Eindrücke reize ihn. Es stecke Etwas Futurismus in seinen Werken; aber eigentlich sei er Naturalist, weigere sich, so wie heute Viele, abstrakt zu sein, an der Realität vorbeizugehen. Seine Aktzeichnungen sind in der Tat brutal wahr, eine Fortsetzung der norddeutschen, berlinischen Tradition von Schadow, Menzel, Liebermann, in ihrer rücksichtslosen Hässlichkeit ganz unfranzösisch; obwohl Grosz selbst sagt, dass er besonders Ingres bewundert. Er stimmte nachdrücklich zu, als ich sagte, dass er den Charakter jedes Dinges in ein Ornament zusammenfasse. Seine Leidenschaft sind Artisten, das Variété. Die Amerikaner und Engländer gäben ihren ganzen Kunstsinn im Variété aus. Er selbst habe Artist werden wollen, Variété Plastiker. Er ist Schüler von Orlik. Ich halte Etwas von Grosz. Es steckt eine Art von Dämonie in ihm. Überhaupt diese neuberlinische Kunst, Grosz, Becher, Benn, Wieland Herzfelde, höchst merkwürdig; Grossstadtkunst, von hochgespannter Dichtigkeit der Eindrücke, die bis zur Simultanität steigt; brutal realistisch und gleichgültig märchenhaft wie die Grosstadt selbst, die Dinge wie von Scheinwerfern roh beleuchtet und entstellt und dann in einem Glanz verschwindend. Eine höchst nervöse, cerebrale, illusionistische Kunst; dadurch innerlichst mit dem Variété verwandt; auch mit dem Kino, wenigstens mit einem möglichen noch unentdeckten Kino. Blitzlichtkunst mit einem Parfüm von Laster und Perversität wie jede nächtliche Grosstadtstrasse. Vorläufer sind E.T.A. Hoffmann, Höllenbreughel, Mallarmé, Seurat, Lautrec, die Futuristen; aber in der Dichtigkeit, Organisation der ungeheuren Eindrucksfülle, brutalen Realität scheinen mir die Berliner neu. Strawinski wäre vielleicht auch zu bedenken. (Petruschka). Gehäufte Ornamente (Motive), die jedes eine triviale Wirklichkeit ausdrücken, in ihrer Häufung aber und den dadurch bedingten Relationen durchaus untrivial wirken. Zu dieser Kunst gehört z. B auch das Neuberliner Wort für ein Absteigequartier: der Berliner Louis nennt es kurz und bildhaft „eine Quetsche". – Ringsherum tobt der Weltkrieg; im Zentrum diese nervöse Stadt, in der sich so viel drängt und stösst, so viel Menschen und Strassen und Lichter und Farben und Interessen: Politik und Variété, Geschäft und noch immer Kunst, Feldgraue, Geheimräte, Chansonetten, und rechts und links, und oben und unten irgendwo, sehr weit weg, die Schützengräben, stürmende Regimenter, Sterbende, U Boote, Zeppeline, Flugzeuggeschwader, Kolonnen auf Schlammstrassen, Hindenburg und Ludendorff, Siege; Riga, Konstantinopel, der Isonzo, Flandern,

[1] Bruegel

die russische Revolution, Amerika, die Anzacs[1] und die Poilus, die Pazifisten und die wilden Zeitungsleute; und das Alles in die halbverdunkelte, von Menschen dichtgefüllte nächtliche Friedrichstrasse mündend, in die unbezwingbare, nie von Kosaken, Gurkhas, Chasseurs d'Afrique, Bersaglieris, Cowboys erreichte, noch immer nicht, trotz der Prostituierten, die sie begehen, geschändete. Wenn hier eine Revolution hereinbräche, eine gewaltsame Umwälzung in dieses Chaos, Barrikaden auf der Friedrichstrasse, oder der Einsturz der fernen Brustwehren, welch ein Funkenstieben, wie krachte dann der mächtige, unentwirrbar komplizierte Organismus, wie ähnlich dem Weltgericht! Und doch gerade das haben wir in Lüttich, Brüssel, Warschau, Bukarest erlebt, angerichtet; fast sogar in Paris. Das eben ist der Weltkrieg.

19. Nov. 1917. Montag. Berlin. *19.11.1917 Montag*
Abends fort aus Berlin nach der Schweiz zurück.

20 Nov. 1917. Dienstag. Basel. *20.11.1917 Dienstag*
In der Nacht mehrere Male Maschinendefekt. Mit Verspätung in Frankfurt. Von Frankfurt nach Weil überfüllter Zug, kein Speisewagen, wenig Heizung. Die Reisenden nehmen wie vor dreissig Jahren Reiseproviant und Reisedecken mit. Die Mängel des grossen Verkehrsorganismus werden allmählich fühlbarer; er arbeitet nur noch mühsam. – Abends in Basel Pfitzners „Palestrina". Mir schien die musikalische Erfindung trivial, bis auf die technisch geschickte, aber kalte Orchestrierung. Im zweiten Akt sind die Motive gewöhnlicher als die von Meyerbeer; überhaupt ist dieser Akt nicht viel mehr als ein schwacher Abglanz der „Hugenotten". Pfitzner, den ich nachher mit Frankenstein u. Walter zum Souper eingeladen hatte, erklärte mir die Aktualität seines Werkes. Wie gewisse Künstler heute abseits stünden und den Krieg für eine Unnatur erklärten, die sie Nichts angienge (ich dachte an Rilke), dabei nicht merkten, dass ihre Kunst und das grosse Weltgeschehen im höheren, Schopenhauerschen Sinne eine Einheit bildeten, gerade diesen tragischen Konflikt habe er von Anfang an intuitiv im Palestrina geschildert. Der Kontrast zwischen dem zweiten Akt und dem ersten und dritten sei der eigentliche Keim seiner Konzeption, das, was von Anfang an da war. Gerade daran könne er deshalb Nichts ändern. Er zitierte etwas höhnisch Strauss, der ihm geraten habe, den zweiten Akt „in Florenz spielen zu lassen". Er habe hier die Trivialität, aber auch die Feierlichkeit der „Welt" ausdrücken wollen. Ich meine aber doch, dass eine noch so richtige Grundidee die Trivialität der Musik nicht entschuldigt. Strawinski hat in Petruschka das Triviale anders ausgedrückt. Pfitzner ergieng sich dann in ziemlich törichten Ausfällen gegen die Franzosen, die für ihn keine Menschen, sondern wilde Tiere

[1] Australian and New Zealand Army Corps

seien u. s. w. Carl Vollmoeller, der mit soupierte, nahm gegen Angriffe d'Annunzio in Schutz.

21 Nov. 1917. Mittwoch. Basel. *21.11.1917 Mittwoch*

Ein Vergleich zwischen Clemenceaus Äusserungen über Lloyd Georges Rede in Paris (Leitartikel[1] vom Homme Enchainé vom 14ten Nov.) und Lloyd Georges zweiter Rede im Parlament ergiebt, dass in der Tat selbst zwischen Lloyd George und Clemenceau eine Divergenz besteht: Clemenceau will einen gemeinsamen selbstverständlich französischen Oberbefehlshaber, Lloyd George nur einen obersten Kriegsrat, ein Kollegium. Offenbar ist Lloyd George den Franzosen so weit entgegengekommen. Painlevé gab sich hiermit zufrieden. Clemenceau möchte mehr. Asquith hätte vermutlich selbst den Kriegsrat abgelehnt. Hier zeigt sich ein Sprung, der unter gewissen Umständen stark hemmen und entweder Clemenceau oder George zu Fall bringen kann. Auch Millerand hat in der Kammer gesagt (13ter Nov): L'état major interallié, c'est un comité consultatif. Pour agir, pour diriger, il faut un seul: en face de Hindenburg, où est le généralissime des alliés? – Painlevé (vor seinem Sturz) antwortet ihm: „L'état major interallié n'entre pas dans le détail des opérations militaires, et ne joue pas le rôle de général en chef; c'est un bureau central de renseignements, de contrôle et de suggestions militaires. On a jusqu'ici trop négligé les fronts secondaires parceque les conseillers techniques ...... se préoccupaient trop exclusivement des grands fronts fondamentaux." – Im Temps vom 17 nimmt General Malleterre die Frage auf: Commandement unique et Méthodes de Guerre: „Qui contre Hindenburg? ... Mm Lloyd George .. et Painlevé .. n'ont pas osé aller jusqu'au bout de la décision dont dépend la certitude de la victoire .... C'est grâce à la France que les Anglais ont pu faire ... leur si magnifique .. effort .. L'armée française est donc le nœud des armées alliées ... Y aurait-il un doute que le généralissime doit être un général français?" Es handelt sich also um eine richtige Kampagne, die von Clemenceau geführt und inspiriert wird, um England zum Nachgeben zu bringen. Es fragt sich, wie stark die Widerstände in England sind? England ist nicht Österreich. Der französische Generalissimus würde ausserdem die englische Front verlängern, was die Engländer gerade nicht wollen, zum mindesten in ihrer Hand behalten wollen. – Abends nach Bern gefahren.

22 Nov. 1917. Donnerstag. Bern. *22.11.1917 Donnerstag*

Bei Rombergs gefrühstückt mit Pfitzner, Frankensteins u. s. w. Die Baronin Frankenstein erzählte mir, Adolf Hildebrandt, der vor etwa 14 Tagen zu einem

---

1 Un grand discours

Kongress in Wien gewesen sei, habe ihr gesagt, der Wiener Oberbürgermeister[1] habe bei einem Fest, dem die deutschen Kongressmitglieder beiwohnten, erklärt, Österreich schlösse zu Weihnachten mit oder ohne Deutschland Frieden. Romberg, dem ich dieses wiedererzählte, sagte ein Österreicher, Meindel oder ähnlich, der zum Pazifisten Kongress hier ist, habe ihm gegenüber auch sehr merkwürdige Äusserungen getan; namentlich in dem Sinne, dass sich der Hass der Entente auf Deutschland konzentriere, Österreich viel geschickter immer Gehässiges vermieden habe und deshalb zum Friedensstifter berufen sei. – Abends Pfitzners „Palestrina" im Berner Stadttheater. Wie in Basel rauschender Beifall nach dem ersten Akt, Schweigen nach dem zweiten, Hervorrufe am Schluss.

23. Nov. 1917. Freitag. Bern. *23.11.1917 Freitag*

Bismarck im Einverständnis mit Romberg beauftragt, den deutschen Kunstgeschichts Professor Weese hier, der mir einen unverschämten Brief geschrieben hat, zu stellen. Ein eitler geschwollener kleiner Patron, der mitten im Weltkrieg einen Privatkrakehl beginnen will. – Nach dem Frühstück blieb ich allein mit Hevésy von der österreichischen Gesandtschaft. Im Mittagsbund steht die amtliche Nachricht von der Verabschiedung von Poltzer, dem antideutschen, slawophilen Kabinettschef des österreichischen Kaisers. Auch ein Opfer der italienischen Offensive. Hevésy sagte mir im Anschluss an ein Gespräch über diesen Poltzer, dass seit den gemeinsamen Siegen in Italien auch in Ungarn eine äusserst warme Stimmung für Deutschland herrsche. Nur kenne man Deutschland in Ungarn zu wenig. Wir sollten doch mehr Propaganda machen. Auch tue ein freundliches Wort unseres Kaisers über Ungarn oder ungarische Regimenter dort Wunder. Wenn wir den neuen grossen erwarteten Schlag gegen Italien getan hätten, halte er den Moment für gekommen, wo wir positiv an Österreich Ungarn die Frage richten sollten, ob es uns Truppen gegen Frankreich zur Verfügung stellen wolle, um dort den grossen Durchbruch zu machen u. den Krieg zu Ende zu führen? Wir sollten mit dieser Frage dann nicht zu lange warten, sondern die Stimmung sofort ausnutzen. Wichtig wäre es aber auch, sie schon jetzt vorzubereiten.[2] – Nachmittags bei Romberg u mit ihm Spazieren. Er ist über die Schwenkung in der elsässischen Autonomie Frage sehr ungehalten, sagte, wenn es, wie er bestimmt glaube, in diesem Winter wieder zu Verhandlungen mit Frankreich komme, so hätten wir Nichts zu bieten und die ganze Anknüpfung würde resultatlos sein. Ich riet, wenigstens das elsässische Bureau zu machen und die Elsässer ihre Meinung sagen zu lassen, die nur für eine Autonomie lauten könne. Romberg meinte, wenn wir weiter den Krieg so

[1] Weiskirchner

[2] Verweisung: „(cf. 7 u 8 Dez. 17)"

ziellos fortführten, würden die Österreicher eines schönen Tages nachhause gehen, Österreich werde plötzlich mit einem grossen „Quatsch“ zusammenbrechen, und wir stünden dann allein da. Meindel habe das angedeutet; genau wie Weiskirchner. Ich gab Hevesys Anregungen und gegenteilige Meinung weiter. – Abends gegessen mit Annette Kolb, Vandevelde und Dr Reinhold bei Daettwyler.

24. Nov. 1917. Sonnabend. Zürich. *24.11.1917 Samstag*

Mit Vandevelde und Unruh nach Zürich gefahren und bei Huguenin gefrühstückt. Gespräch über die geistigen und sozialen Umwälzungen durch den Krieg. Draussen giebt es kein Gesetz, nur Pflicht; ein Jeder hat seine Aufgabe; was er sonst tut, darauf achtet keiner. Vandevelde meinte, zur Pflicht käme draussen hinzu die gegenseitige Hülfe (entraide) im Sinne Kropotkins. Im Schützengraben sei nicht die Demokratie, sondern eine Art von Kommunismus mit Rang- und Pflicht-Unterschieden verwirklicht. Millionen Soldaten von allen Kulturländern hätten jetzt jahrelang in diesen Zuständen gelebt; wie sei es denkbar, dass sie die alte soziale Ordnung wieder annähmen? Unruh fügte hinzu, dass der Schützengraben vor Allem auch den Wert des Lebens lehre. Man lerne dort, nicht dass man sich zügellos austoben solle, sondern dass man in der Welt Etwas bedeute, dass man eine Aufgabe zu erfüllen habe und deshalb Etwas wert sei. Auch die Natur lerne man wieder kennen; d. h. dass der Zweck des Lebens nicht blos in dem Hasten nach irgendeinem entfernten Ziele bestehe, sondern ebensogut in der Erfüllung des Augenblicks, in der Fähigkeit, das Blühen und die Schönheit einer Blume, eines schönen Baumes zu erfassen. Das sei, was der stets nahe Tod lehre. – Abends Aufführung von Pfitzners „Palästrina“.

25 Nov. 1917. Sonntag. Zürich. *25.11.1917 Sonntag*

Pfitzner, Frankensteins, Heinz Simon, Schwarzenbachs u. Eschers assen bei mir. Nachher war wieder eine Palästrina Aufführung.

26 Nov. 1917. Montag. Zürich. *26.11.1917 Montag*

Bei Simsons gefrühstückt mit Unruh. Auf dem Rückwege Fritz Unruh getroffen, der wieder blühend aussieht. Er sagte, seine Komödie[1] werde bald, d. h. in den nächsten Monaten, fertig. Er ist gegen mich mistrauisch, seitdem ich seinen Bruder gegen ihn in Schutz nahm. Er hat eine wilde Herrschsucht, dabei ein Bewusstsein von Schwäche, und verzeiht daher schwer jeden Widerstand.

---

1 Platz

27. Nov. 1917. Dienstag. Zürich *27.11.1917 Dienstag*
Asriel bei mir; kam aus Genf, wo er seine Serben gesehen hat. Erzählte, die Serben in der Schweiz hätten einen Abgesandten an ihre Regierung nach Lyon geschickt und diese ersucht, einen Sonderfrieden mit Österreich abzuschliessen; sie verlangen nur einen Ausgang zum Meer. Sie sind durch den Zusammenbruch Russlands so entmutigt, dass sie Nichts mehr erwarten. – Asriel will in Genf erfahren haben, dass am 19ten das französische Ende des Mont Cenis Tunnels in die Luft geflogen sei. Sabotage. Vermutlich um den Abtransport französischer Truppen nach Italien zu verhindern. – Greuter bei mir, der von Italien den Auftrag hat, nach Paris und London zu fahren, um durchzusetzen, dass den Italienern ihre Orangen abgenommen werden. England hatte versprochen, die ganze Ernte zu kaufen, nimmt jetzt aber nur 30 %, weil die Transportmittel fehlen. Infolgedessen drohe in Sizilien eine Revolution auszubrechen, weil die Sizilianer Nichts Andres haben als ihre Orangen.

28 Nov. 1917. Mittwoch. Bern. *28.11.1917 Mittwoch*
Früh aus Zürich nach Bern zurück. Durch Vollmoeller liess mich Michaël Károlyi fragen, ob er mich sprechen könne? Ich bat ihn Abends nach Tisch auf mein Bureau. Nachmittags bei Romberg, der wenig Sinn für irgendetwas hatte ausser dem soeben beim Schweizer Bundesrat eingetroffenen Ersuchen der russischen Leninistischen Regierung, ihr Friedensangebot an die Zentralmächte zu übermitteln. Romberg eilte aufs Bundeshaus, um die Sache zu besprechen. Károlyi solle ich sagen, dass in diesem Augenblick, wo Alles im Fluss sei, Russland zusammenbreche, Clemenceau uns die Faust zeige, wir Frankreich keine Avancen machen könnten. Ich ass mit Vollmoeller u. Prittwitz; um 11 kam Károlyi zu mir in die Junkerngasse. Prittwitz u. Vollmoeller giengen bald fort, Karolyi blieb dann bis Eins allein bei mir. Er ist ein grosser brünetter Mann mit einer braunen Zigeunerhaut und starkknochigen Gesichtszügen, die aber eher westeuropäisch aussehen. Dazu dunkle, intelligente, fast schöne Augen. Etwas stört ein Sprachfehler, eine Unvollkommenheit des Rachens oder Gaumens, mit der er beim Sprechen kämpfen muss. Er gieng gleich auf die Sache los und begann von Elsass-Lothringen. Das Elsass sei deutsch und müsse bei Deutschland bleiben. Ob man aber in Lothringen den Franzosen nicht entgegenkommen, den französischsprechenden Teil von Lothringen abtreten könne? Er verstehe, dass die Deutschen, nachdem sie jahrelang gekämpft und gesiegt hätten, sich dagegen auflehnten, dass sie jetzt sogar noch Etwas hergeben sollten. Wir könnten aber reiche Gegenwerte in Kurland, den Kolonieen und auf wirtschaftlichem Gebiete dafür haben. Der Krieg könne nicht endlos fortgehen; und wenn er jetzt nicht innerhalb der nächsten vier bis fünf Monate beendet werde, dann sei kein Ende abzusehen. Die Verhältnisse in Österreich

beunruhigten ihn sehr; weniger die in Ungarn. Aber in Österreich sei die Lage sehr gefährlich. Dort komme zur Kriegsmüdigkeit und den Entbehrungen, wie sie alle kriegführenden Völker jetzt empfänden, die Nationalitätenfrage hinzu. Dadurch sei die Lage dort eine ganz besondre und könne jeden Augenblick kritisch werden. Durchhalten könne auch Österreich, und erst recht Ungarn; die Gefahr liege auf dem Gebiet der inneren Politik in Österreich. Deshalb halte er eine Verständigung mit Frankreich für notwendig. Wie ich über Metz dächte? – Ich sagte: In der Politik stünde ich auf dem Standpunkt, dass Alles diskutierbar sei .... „Sehr gut, sehr gut", unterbrach Károlyi; Kühlmann hätte mit seinem „Niemals" die Lage sehr erschwert. – Ja, aber, sagte ich, jede praktische Diskussion finde auch in der Politik ihre Grenze an dem, was aus irgendwelchen Gründen unmöglich sei; und die Abtretung von Metz sei bei der Stimmung des gesamten deutschen Volkes mit Einschluss der Sozialdemokraten und gewisser Unabhängiger, unmöglich. Wir bekämen die Revolution, wenn wir Metz abträten. Auch führe der Weg der Abtretungen oder Grenzregulierungen meines Erachtens nicht zu einer endgültigen Lösung; mindestens nicht, solange in Frankreich Leute wie Clemenceau ans Ruder kämen und die Stimmung machten. Solche Leute würden jede Abtretung nur als Beweis, dass Frankreich gesiegt habe, deuten und verwerten, und dadurch den französischen Chauvinismus aufs Neue anfachen, so dass wir bald wieder einen Krieg hätten, um uns den Rest Elsass-Lothringens und das linke Rheinufer abzunehmen. Mir schienen andre Möglichkeiten und Konzessionen sicherere Fundamente eines dauernden Friedens. Z. B. könnten wir den kleinen französischen Rentnern die 17 bis 20 Milliarden, die sie in Russland zu verlieren im Begriffe stünden, retten, indem wir unsere Waffenerfolge und ihre Forderungen gewissermassen „poolten" und gemeinsam mit Frankreich eine neue russische Volkswirtschaft aufbauten. Wir böten hierfür den französischen Rentnern durch unsere militärische und geographische Lage realere Sicherheiten als die Engländer oder Amerikaner. Ein wirtschaftliches Abkommen mit Frankreich zur Rettung seiner Milliarden und zum Aufbau Russlands sei eine festere Unterlage für einen deutsch-österreichisch-ungarisch-russisch-französischen Kontinentalbund als jede Grenzregulierung in Lothringen, die im Vergleich hierzu vollkommen sekundär erscheine. Wenn wir den kleinen französischen Rentner gewonnen hätten, hätten wir auch in Frankreich festen Boden unter den Füssen. So habe Napoleon sich eine Stellung begründet, indem er den französischen Bauern sein Land sicherte. – Károlyi machte sich diese Ausführungen zu eigen, meinte aber, bei jedem andren Volke wäre ein solches Abkommen genügend; nur der Franzose brauche ausser dem Realen auch noch Etwas fürs Herz, etwas „gloire", eine Befriedigung seines Sentiments. Deshalb könnten wir doch nicht Elsass Lothringen ganz aus dem Spiele lassen. Károlyi schlug dabei die Augen hoch und wurde weich in offenbarer Sympathie mit dieser französischen Sehnsucht. – Ich sagte, man könne ohne Abtretungen dem französischen Gefühl entgegenkommen; z. B. durch eine auf breiter demokratischer Basis aufgebaute bundesstaatliche Autonomie. Ich persönlich würde sogar die Republik dort begrüssen; eine elsass-lothringische Republik. – Károlyi war ganz erschüttert. Er wiederholte: „La République d'Alsace Lorraine!" Ja, das müsste die Franzosen bezaubern. Auch würde es ihnen beweisen, dass es uns mit unserer Demokratisierung ernst sei. Das hätte man garnicht erwarten können! – Ich sagte, bei uns gewinne die Stimmung für eine demokratische Autonomie Elsass-Lothringens an Boden. Allerdings gebe es auch noch starke Widerstände. Diese würden aber wesentlich schwächer werden, wenn wir die Sicherheit hätten, dass man in Frankreich diese Lösung als endgültig ehrlich akzeptiere. Dazu sei es aber wünschenswert, dass Etwas Derartiges bei uns von Frankreich aus angeregt werde. Auch sei folgender Gesichtspunkt wichtig: wir könnten einer wirklich verständigungsfreundlichen französischen Regierung Konzessionen machen, die wir niemals Clemenceau bewilligen würden. Denn jede Konzession an Clemenceau oder ähnlich gesinnte Leute stärke den französischen Chauvinismus; während wir, wenn wir Konzessionen machten, darauf halten müssten, dass sie den friedfertigen Elementen in der französischen Politik zugutekämen. Der jetzigen französischen Regierung gegenüber sei deshalb irgendein Entgegenkommen unmöglich; wir müssten uns gegen sie absolut passiv und ablehnend verhalten: „Keine Konzession an Clemenceau." – Károlyi stimmte mir auch hierin bei. Ob er davon bei den Franzosen, die er in Genf sehen würde, Gebrauch machen dürfe? – Ich sagte, gewiss, es sei gut, wenn sie von dieser Haltung Kenntnis hätten. – Károlyi: er würde ihnen dieses also sagen. Aber gleichzeitig versuchen, ob er nicht mit Elementen, denen wir Entgegenkommen zeigen könnten, Fühlung bekommen könne, um sie für eine Republik E. L. zu gewinnen. Natürlich so, dass er ihnen nahelege, diese Lösung aufzunehmen und uns zu suggerieren. Ob ich bereit wäre, dann eventuell mit einem solchen Franzosen zusammenzukommen? – Ich empfahl grosse Vorsicht, namentlich nur absolut zuverlässige und erstklassige Franzosen, Männer wie Thomas, Renaudel, Longuet; dann sei ich aber gern bereit. – Károlyi sagte, er werde durch seine französischen Verwandten Tastversuche machen. Inbezug auf Elsass Lothringen lege er Wert darauf, dass ich Kühlmann seinen wirklichen Standpunkt mitteile. Sein Gespräch mit K. auf dem Sterenyischen Essen habe gelitten unter der Fülle der Zuhörer und der Kürze der Zeit, sodass ein Misverständis zu befürchten sei. Im Übrigen schlüge er mir vor, dass wir hier zusammen arbeiteten. Als Richtpunkte seiner Politik u. Haltung nahm er die von mir vorgeschlagenen an: Einigung mit Frankreich auf folgenden Grundlagen

1) Rettung der französischen Milliarden in Russland und Wiederaufbau der russischen Volkswirtschaft gemeinsam mit Frankreich;
2) Lösung der Elsass-Lothringischen Frage durch Schaffung einer innerhalb des Deutschen Reiches autonomen Republik Elsass-Lothringen.
Demgegenüber sollen Gebietsabtretungen oder Grenzberichtigungen in Lothringen als sekundär gelten und hingestellt werden.
Wir trennten uns gewissermassen als Verbündete.

29 Nov. 1917. Donnerstag. Bern. *29.11.1917 Donnerstag*
Psycha mit einem jungen Griechen Sakellarios bei mir gefrühstückt. Sakellarios will in Deutschland eine Art von Propaganda für Griechenland machen; namentlich für eine wirtschaftliche Erschliessung Griechenlands durch Deutsches Kapital. Da ich Griechenland und die Griechen strategisch, politisch u wirtschaftlich für die beste Stütze unserer Politik in der Levante ansehe, gab ich ihm Empfehlungen an Deutelmoser u. Eberhard Bodenhausen mit. Ich schrieb auch privatim an Deutelmoser, um die Ernennung eines besondren Dezernenten für Griechenland und griechische Dinge in der Nachrichten Abteilung zu befürworten. – Abends kam die Nachricht durch Reuter, dass auf Befehl des neuen russischen Oberbefehlshabers Krylenko ein Waffenstillstand abgeschlossen und das Feuer an der ganzen russischen Front eingestellt ist. Die Leute drängten sich Kopf an Kopf unter dem Zîtgloggen Turm um das Extrablatt zu lesen, das angeschlagen stand. Die Zustände an der russischen Front müssen zuletzt fürchterlich gewesen sein. Der neue Generalstabs Offizier von Bismarck, Kurth, erzählte gestern zwei Geschichten, die er von unsren Leuten im Osten hat: kürzlich kam ein englischer Offizier in voller Ausrüstung zu uns herübergeritten und übergab sich. Er begründete sein Überlaufen damit, dass er nicht das Schicksal der andren englischen Offiziere teilen wolle, die in den russischen Schützengräben ermordet worden seien. An einem andren Teil der Front fiengen während einer Waffenruhe plötzlich die russischen Geschütze an zu schiessen. Unsere Geschütze antworteten. Dann trat eine Pause ein, und ein russischer Offizier kam mit einer weissen Flagge herüber und entschuldigte sich; gleichzeitig bat er, ein deutscher Offizier möge mit ihm zurückgehen und sich überzeugen, dass die Schuldigen bestraft worden seien. Der Deutsche gieng mit, und bei den Geschützen sah er sechs französische Artilleristen, die an den Bäumen hiengen. – Abends ass ich mit Laure D.[1], die aus Zürich kam. Sie war sehr deprimiert, meinte, jetzt würden wir wohl von Neuem gegen Frankreich vorgehen, vielleicht Paris nehmen. Sie bat mich aus Furcht sogar, ihr eine Art von Empfehlung „sur papier officiel" nach Paris mitzugeben, damit sie sie den einrückenden deutschen Truppen zeigen könne.

[1] Desmoulins

30 Nov. 1917. Freitag. Bern. *30.11.1917 Freitag*

Nachmittags bei Romberg. Er meinte, Károlyi habe sich mit allerlei Journalisten, Leuten wie Alfred Fried, Alexander Hohenlohe kompromittiert; jedem kleinen Zeitungsschreiber gebe er ein Interview. In Genf würde er nur Leute wie Guilbeaux, Romain Rolland sehen und sich dadurch auch bei der Entente unmöglich machen. Uns könne das nur recht sein. – Romberg drückte auch Zweifel aus, ob ich einem Mann gegenüber, der so viel rede, nicht inbezug auf Elsass Lothringen zu weit gegangen sei. Kühlmann scheine sich eine grosse Zurückhaltung aufzuerlegen in allen Dingen, und auch besonders in der elsässischen Autonomiefrage. Ich sagte, ich glaubte in meinen Äusserungen gegen Károlyi nicht über die mir von Kühlmann für etwaige Unterhandlungen mit Thomas oder Renaudel erteilten Weisungen hinausgegangen zu sein. – Abends Diner im Bellevue bei Frau v. Riedel. Bethmanns, der Schweizer Oberst Brügger, Tscharners, Schubert, die kleine Gräfin Vitzthum[1]. Später kamen Vollmoeller und Hyé. Der General Wille, der heute sein 50jähriges Dienstjubiläum feiert, setzte sich nach Tisch einen Augenblick heran; aus Vorsicht vor der Entente nur kurz. – Ich sprach mit Vollmoeller über die Regie von Károlyi, die wir Beide bedauerlich schlecht fanden. Eine Ahnungslosigkeit und sentimentale Wurschtigkeit, die ihn international auszuschalten droht gerade im Augenblick, wo er die grössten Dienste leisten könnte. Die Gazette de Lausanne bezeichnet ihn bereits unberechtigterweise als deutschen Agenten; und Mussulin äussert, dass er seine Ansichten sehr erfreulich geändert habe.

1 Dez. 1917. Sonnabend. Bern. *1.12.1917 Samstag*

Bei Hindenburgs gefrühstückt. Frau v. Hindenburg, die Engländerin ist, über den von Kühlmann in seiner Rede so amüsant verulkten Unsinn Lord Robert Cecils. Die Cecils seien in Allem, was sie anfassten, immer extrem und übertrieben. Dazu komme die vollständige Unkenntnis des typischen Engländers von allen kontinentalen Dingen. Der Deutsche, Franzose, Russe seien alle „foreigners", uninteressante, minderwertige Leute mit schlechten Manieren, denen man nur eine flüchtige Beachtung schenke. So komme selbst ein gebildeter Engländer dazu, ganz naïv den grössten Unsinn zu glauben. Frau v Hindenburg meinte aus ihrem englischen Instinkt heraus, dass die Engländer die Amerikaner nicht lange ertragen würden. Der blöde Hochmut, die stupide „Superiorität" des Amerikaners seien auf die Dauer zu irritierend, fielen dem Engländer auf die Nerven. Englische Bekannte, die mit amerikanischen Offi-

---

[1] Renthe-Fink

zieren herübergekommen sind, hätten diese als unmöglich bezeichnet. – Abends nach Lausanne.

2. Dez. 1917. Sonntag. Lausanne. *2.12.1917 Sonntag*
Heute treten in Brest-Litowsk die russischen und deutschen Bevollmächtigten zu Waffenstillstands Verhandlungen zusammen. Die rote Feste auf der grünen Insel, aus der wir von unserem Quartier Pugatschewo tagelang nach der Einnahme Rauchfahnen steigen sahen, wird der Schauplatz dieser in so vielen Beziehungen weltgeschichtlichen Verhandlung. Die schwarzen gekrönten Russenadler über den roten Festungstoren, Ludendorff, Tolstoï als Inspirator der anarchistischen, offiziell von zwei Kaisern anerkannten russischen Kommissäre, der breite, träge, grünumsäumte Fluss, der diese fast märchenhafte Zusammenkunft von der Welt abschliesst, welch ein Stoff für die Phantasie! Ich sehe noch das grosse Munitionslager neben der Festung in die Luft fliegen, und unsere wilde Fahrt in der schwarzen Rauchwolke nach Kobrin, die verendenden Pferde und verkohlten Leichen neben dem riesigen Explosionsloch. Dann die geplünderte und in Brand gesteckte Stadt, die greuliche Verwüstung im jüdischen Friseurladen, wo die Kosaken Perrücken, Talmuds, Spiegel wild durcheinander geschlagen hatten; und am nächsten Tage die vom Luftdruck und den fliegenden Sprengstücken der grossen Explosion eingedrückten und zerfetzten letzten Häuser. Alles, wie sich jetzt ergiebt, so nutzlos. – Brest, Brest, wüste Stätte, blosser Schall, leerer Name, der zu ewiger Bedeutung emporsteigt. – Gegessen in Lausanne mit „Magura". Er sagte, die Russen würden in Frankreich nach dem Kriege mehr verhasst sein als die Deutschen. Clemenceau giebt er keine lange Machtdauer, weil er ein nicht zu verwirklichendes Programm ausgiebt. Die jungen Franzosen, die kommende Generation, wende sich sowohl gegen ihn wie gegen die „Defaitisten", weil Diese Verräter seien und den gebrachten Opfern nicht Rechnung trügen. Die kommende Regierung würde sozialistisch sein, etwa unter Renaudel, Thomas und Gleichgesinnten. Im Ganzen war er durch die russischen und italienischen Ereignisse sehr deprimiert; meinte, wir Deutschen hätten ein unfassbares Glück.

3. Dez. 1917. Montag. Bern. *3.12.1917 Montag*
Der erste Schnee. Wir fuhren, als ich früh nach Bern zurückkehrte, im dichten Flockensturm über die Waadtländer Alpen. Der erste Schnee des vierten Kriegswinters! Für mich fiel der erste Schnee des ersten Kriegswinters in den Wäldern um Spala; dann folgten die Schneestürme in den Karpathen, die endlosen eisigen Schneefelder 1915 am Styr in Wolhynien. Und jetzt, nach vier Jahren liegen wieder dieselben Männer, alt und jung, in den verschneiten feuchten Unterständen; und wir sitzen hier, machen Politik und finden kein Ende: Ohn-

macht, die bitter wie Reue ist, aber nur zu oft in träger Geschäftigkeit vergessen wird. – Bismarck hat bei der Gesandtschaft, d. h. bei mir u Schubert, angefragt, ob Beziehungen zu Annette Kolb bestünden? Ich sagte Romberg, ich möchte Bismarck eine Auskunft verweigern, da nach meiner Ansicht die Militärs kein Recht hätten, die politischen Verbindungen des Ausw. Amtes und seiner Organe zu beaufsichtigen. Romberg klagte über die Einmischung der Militärs, sagte, er habe deshalb schon seine Entlassung angeboten und mit Ludendorff gesprochen; aber selbst der Reichskanzler und ein Mann wie Kühlmann müssten sich solche Einmischungen gefallen lassen; so lange der Krieg dauere, müssten wir uns beugen. Ich solle Bismarck eine mündliche Auskunft geben. Natürlich geht diese Ohnmacht der politischen Behörden auf ihre Unfähigkeit und Angst zurück. Ludendorff hat im Grunde recht. – Romberg nimmt den Lansdowneschen Brief recht ernst und meint, dass er ein wichtiges Symptom sei. Dieser Brief, dem Henderson, die Westminster Gazette (also vermutlich Asquith) und die Daily News zugestimmt haben, macht hier in unserer Diplomaten Gesellschaft fast so viel Aufsehen wie die Waffenstillstandsverhandlungen in Brest. Ich vermute, dass Lansdowne mit seinem Brief einen Druck auf die Alliierten Konferenz in Paris[1] ausüben wollte, indem er zeigte, dass einflussreiche Kreise in England nicht durch dick u. dünn mitgehen würden und dadurch in der Frage des Oberbefehlshabers, der Verlängerung der englischen Front u. s. w. den englischen Vertretern den Rücken stärkte, Lloyd George einschüchterte. Lansdownes Brief wäre dann eine etwas anders u. schärfer formulierte Wiederholung der Asquithschen Rede gegen Lloyd George d. h. seiner Drohung für den Fall, dass ein französischer Oberbefehlshaber vorgeschlagen werde. Immerhin ist trotzdem Lansdownes Brief ein Symptom, dass man sich in England bereits gewisse Grenzen setzt, über die hinaus man keine Opfer bringen will.

4. Dez. 1917 Dienstag. Bern. *4.12.1917 Dienstag*

Grosses Diner u Empfang bei Tscharners in ihrer Stadtwohnung in der Marktgasse; der österreichische Gesandte[2], Schweizer Offiziere, fremde Diplomaten, ein grosses Gedränge, das übliche Bild eines Empfanges in der guten Gesellschaft einer Hauptstadt; vom Kriege merkte man Etwas nur an den vielen Uniformen auch von deutschen Internierten. Das Haus ist in einer angenehmen Weise Bernerisch behäbig und altmodisch mit gestickten Stühlen und Teppichen und alten ganz guten Familienbildern. Das Buffett war von grosser Üppigkeit.

---

1 Konferenz der Entente, die vom 29. Nov. bis 3. Dez. 1917 stattfand

2 Musulin von Gomirje

5 Dez. 1917. Mittwoch Bern. *5.12.1917 Mittwoch*

Der Bildhauer Gaul bei mir gegessen. Er ist hier, um Friedhöfe für Internierte in Davos u. Luzern zu schaffen. Gaul erzählte, Adolf Hildebrandt habe beantragt, dass ein besondres Weltkriegs-„Wappen“ auf alle Kriegergräber, um sie als solche zu kennzeichnen, angebracht werden solle. Gaul u. ich waren uns einig, dass ein künstliches „Wappen“ überflüssig ist, da der Weltkrieg selbst sich ein Wappen geschaffen hat in Gestalt der deutschen Sturmhaube, die sein gewachsenes Symbol und ausdrucksvoll, einfach, schön, allgemein verständlich ist. Zur Sturmhaube gesellt sich das Eiserne Kreuz. Diese Beiden genügten für jede Art von Kriegergrab oder Denkmal.

6 Dez. 1917. Donnerstag. Bern. *6.12.1917 Donnerstag*

Der Regierungsrat Wettstein aus Zürich bei mir gefrühstückt. Er beklagte, dass wir noch keine genügend klare Erklärung über Belgien abgegeben hätten. Ich sagte, Kühlmann glaube, sich klar genug ausgedrückt zu haben. Wettstein: Ja, in der Diplomaten Sprache. Aber man redet heute nicht mehr blos zu Diplomaten, sondern auch zu Völkern, und da muss man in der Volkssprache sprechen, ganz naïv und ohne Finessen. Wir sollten klipp u klar sagen, dass wir ohne jeden Vorbehalt aus Belgien hinausgiengen. Dann würden in England u auch in Frankreich ganz ungeheure Folgen eintreten. Ich sagte, wir müssten zum mindesten die Sicherheit haben, dass hinter unseren ausmarschierenden Truppen nicht der englische Kapitalist, der englische Diplomat, der englische Militärattaché einmarschierten. Daher könnten wir keine unbedingte Erklärung abgeben. Im Laufe einer langen Diskussion wurde Wettstein weniger kategorisch; er schien die Schwierigkeit des Problems einzusehen. Den Aufruhr in Zürich hat er im vorigen Monat um den Preis von vier Toten sehr energisch erstickt. Er sagt, dass gewisse bei einem mitkompromittierten Schweizer Oberleutnant beschlagnahmte Papiere auf eine Verbindung mit Hartmann hinweisen, dem „Edel-Anarchisten“ u. Begründer von „Paris-Genève“, früheren Freund Hervés und jetzt in gewissen Beziehungen zu ___ stehend. Während der Revolte bekam Wettsteins Truppenkommandant Oberst Reiser, wie er erzählt, einen Nerven Kollaps. – Schickele, der als Schreiber nach Schlettstadt einberufen war, durch Vermittelung von Bismarck befreien lassen. Schickele, den ich deshalb besuchte, lag mit Influenza zu Bett. Er klagte aufgeregt, dass jetzt das eintrete, was er immer befürchtet habe, dass nämlich Frankreich sich in die Lage einer „Quantité négligeable“ hineinmanövriert habe und eine direkte Verständigung Deutschlands mit England und mit Russland erfolgen werde. Er habe jetzt jede Illusion aufgegeben. Wir müssten die Sache durchfechten und eventuell ohne Frankreich uns verständigen. Er warnte mich vor Haguenin, der noch immer Elsass-Lothringen zurückfordere, und fragte, wie es komme, dass der

Botschafter Beau überall herumlaufe und erkläre, er wisse bestimmt, Deutschland werde in nächster Zeit über die Abtretung Elsass-Lothringens mit sich reden lassen? Ich sagte, wenn irgendetwas, könnten nur vollkommen unautorisierte Redereien von Privatpersonen zugrundeliegen. Kühlmann ebenso wie ich stünden auf dem Standpunkt, dass Nichts von Elsass Lothringen abgetreten werden dürfe. Bismarck, mit dem ich die Sache besprach, meinte „in früherer Zeit" hätte die Gesandtschaft solche Redensarten führen können. Er schien andeuten zu wollen, dass er sie auch heute noch Romberg zutraue.

7. Dez. 1917. Freitag. Bern. *7.12.1917 Freitag*

Waffenruhe an der ganzen russischen Front von der Ostsee bis zum Schwarzen Meer und Persien von heute Mittag um 12 bis zum 17ten. Sieg bei Cambrai (9000 Engländer gefangen) und an der Brenta (11 000 Italiener gefangen.) – Abends Diner bei Frau v. Riedel: Schröders, Stein, Hévesy. Hévesy blieb gegenüber meinem Lob von Czernins Rede über die Beteiligung Österreichs an der Westfront und meiner Zustimmung zu Andrássys Forderung des Lowcen auffallend kühl. Dagegen plauderte er ziemlich ungeniert über die Unterstützung, die seine Regierung dem werdenden Ukraïnischen Staate zuteil werden lasse. Man habe schon seit langem, seit vor dem Kriege, viel Geld hineingesteckt, namentlich in die Schwarze Meer Flotte. Er nannte von unserer Seite Humann. Er nahm für Österreich-Ungarn das Verdienst in Anspruch, die gegenwärtige Lage in der Ukraïne vorbereitet zu haben. Wenn sich der neue Ukrainische Staat heute für neutral erkläre (was für uns namentlich wirtschaftlich von unberechenbarer Bedeutung wäre), so sei das der weitausschauenden Politik Österreich-Ungarns zu verdanken. Er meint, dass unter diesen Umständen der Krieg in drei Monaten zu Ende sein wird. Diese Haltung gegen die Ruthenen ist um so auffallender als Hevesy Ungar ist. – Czernins heutige Rede ist offenbar die Krönung seiner Politik, die, vielleicht mit Hülfe der Ermittelungen der Zuckerkandl und auf Grund der italienischen Siege zum Kaisertelegramm, zum Sturz Polzers und zur Befestigung des deutsch-österreichischen Bündnisses geführt hat.

8 Dez. 1917. Sonnabend Bern. *8.12.1917 Samstag*

Vormittags bei Romberg. Die Czerninsche Rede mit ihm besprochen. Das Versprechen einer Waffenhülfe an der Westfront hat ihn offenbar freudig überrascht. Er sagte, obwohl ich ihm Hévesys Äusserungen schon vor 14 Tagen mitgeteilt hatte (23 Nov.), habe er von seiner Unterredung mit Meindel (cf 22 Nov) und durch sonstige Informationen ein ganz andres Bild von der Stimmung namentlich in Ungarn erhalten. Auch Károlyi habe, wie er wisse, in diesem Punkte hier flaugemacht. – Stegemann[1] sagt heute im Bund ganz richtig vom russo-rumänischen Waffenstillstand: „Damit zerreisst das strategische Grundproblem des Krieges, das diesen als den Kampf zweier Mächtegruppen gekennzeichnet hat, von denen die eine eingekreist auf den inneren Linien, die andere, den Gegner allseits umfassend, auf den äusseren Linien focht. Tritt Russland völlig beiseite, so haben wir es nicht mehr mit einem Zwei- und Drei-Fronten Krieg zu tun, sondern mit einem Ringen, in welchem die bisher eingekreisten Mächte rückenfrei kämpfen." Gestern hat nach einer Meldung des ukrainischen Pressbureaus die Ukraine sich bereits neutral erklärt. Heute beginnen die Waffenstillstandsverhandlungen mit Rumänien. Wenn wir Rumänien und Südrussland wirtschaftlich hinter uns haben und als neutrale Länder organisieren können, dann werden wir im nächsten Jahr relativ im Überfluss leben und die Ententeländer die hungernden sein. Ich sagte dieses heute Morgen Bundi vom „Bund", der mir zustimmte. In meinem Gespräch mit Bundi einfliessen lassen, dass ich aus guter Quelle erfahren habe, die Amerikaner liessen auf jedem Handelsdampfer, der nach Cette[2] fahre, amerikanisches Militär „par petits paquets" mitkommen; wenn dieses bei uns bekannt würde, werde es wahrscheinlich zur Schliessung des Hafens von Cette führen. Er wird ins Bundeshaus gelaufen sein und die Sache weitergegeben haben. Wenn sie wahr ist, wird die Schweiz wohl versuchen, sie zu inhibieren. – Richtlinien einer grossen Politik: Verständigung mit England: gewiss; aber erst wenn wir auf einer genügend breiten Basis stehen. Diese würde durch eine Verständigung mit Russland und, wenn möglich, mit Frankreich auf Grund eines gemeinsamen Wiederaufbaus der russischen Volkswirtschaft gegeben sein. Dann stünde die Welt im Gleichgewicht. – Abends gegessen beim österreichischen Gesandten. Er war sehr obenauf und erklärte laut, er verstehe nicht, auf welche Hoffnungen die Entente den Krieg weiterführe. Jedoch glaubt er nicht an einen Sonderfrieden mit Russland und Rumänien, weil kein russischer Minister, selbst nicht Trotzky oder Lenin, Russlands Politik die Bewegungsfreiheit verbauen könne. Ein Sonderfriede würde Russland „pieds et poings liés" an Deutschland ausliefern. Vielmehr müsse jeder russische Politiker danach trachten, für Russland etwa durch einen Waffenstillstand einen Zustand zu erreichen, der faktisch dem Frieden möglichst gleichkomme, gleichzeitig den Abbruch der Beziehungen zur Entente aber vermeide. Dasselbe liege auch im Interesse der Entente. Russland würde dann mit einem fortwährend sich vergrössernden Gewicht auf die Entente drücken, um einen allgemeinen Frieden herbeizuführen. Auch sei es fraglich, ob das russische Hinterland einen Bedarf nach den in der Front stehenden Soldaten habe; und diese selbst befänden sich,

[1] Zur Kriegslage

[2] Sète

sobald das Schiessen aufhöre, an der Front ganz wohl. Hiergegen spricht allerdings die Verpflegungsnot an der Front und die Angst der Frontsoldaten, bei der Landverteilung zu kurz zu kommen. Russland würde daher Waffen bei Fuss stehen bleiben; wir würden eine grosse Offensive an der Westfront unternehmen, falls eine solche überhaupt möglich sei, und der Friede werde etwa im nächsten Herbst kommen.

9. Dez. 1917. Sonntag. Bern. *9.12.1917 Sonntag*

Bei Bethmanns in Oberhofen. Mit Frau v. Riedel u. Fürstner hinausgefahren. Renata Bethmann erzählte, dass Gerhard Mutius eine Landwehr Kompagnie bekommen habe; das Ende seiner Polenpolitik. Polen an Österreich, Gerhard zur Kompagnie. Ein politisches und moralisches Desaster. – Mussolins Lachs gestern Abend, nach dessen Genuss Bukowics, Berchem, Hyé u. s. w. schlecht wurde (aussen zäh, innen weich, mit einem Parfum sui generis) stellt sich als ein Kriegslachs, eine präparierte Lachsmumie heraus, „Saumon en momie". – In Oberhofen fragte man, wie der Begriff „Schwerindustrieller" zu begrenzen sei. Nach meiner Ansicht, Schwerindustrieller: Jemand, der eine Industrie betreibt, machtgierig und indiskret ist.

10 Dez. 1917. Montag. Bern – Zürich. *10.12.1917 Montag*

Als ich Mittags mit Unruh zum Frühstück gieng, traf ich im Hotel Eingang den amerikanischen Geschäftsträger Jackson. Er begrüsste mich sehr freundlich, und wir gaben uns die Hand. Es lohnt sich, dieses festzuhalten, wo die Entente Diplomaten sonst ihre ältesten Bekannten auf unserer Seite schneiden. – Nachmittags nach Zürich, wo Abends in das Kabarett „Mascotte".

11 Dez. 1917. Dienstag. Zürich. *11.12.1917 Dienstag*

Gestern ist Jerusalem von den Engländern genommen worden. Das Ereignis hat mehr romantisches als politisches Interesse. Die Uneinigkeit zwischen England u. Frankreich in der Frage des gemeinsamen, französischen Oberbefehlshabers[1] bleibt bestehen. Hervé schreibt in der „Victoire" vom 9ten unter dem Titel „Un généralissime interallié!": „Notre gouvernement sait-il que la dernière conférence interalliée a été une déception pour beaucoup de monde en France? Et si notre gouvernement le sait, le gouvernement britannique le sait-il? .... Le signe qu'on attendait d'une cohésion si longtemps espérée entre Alliés c'était la création d'un généralissime interalliée. .... La nomination d'un généralissime suprême à l'issue de la conférence interallié ne faisait l'ombre d'un doute pour personne en France .... Or c'est avec stupeur que nous avons constaté que la conférence avait pris fin sans qu'on eût soufflé mot de cette question capitale.

[1] Verweisung: „(cf. 21ten Nov.)"

D'où vient l'opposition? Quel est le gouvernement allié assez aveugle pour ne pas voir qu'en retardant cette création ... on s'expose à de véritables catastrophes? Les évènements qui se passent sur le front russe et la répercussion qu'ils auront avant peu sur notre front occidental sont pourtant assez graves pour ... nous arracher ... à nos petites rivalités d'amour-propre national. .... Quelle partie faut-il que Hindenburg enfonce, la partie anglaise, française ou italienne de notre front occidental pour que nos bons alliés d'Angleterre se décident à accorder à l'opinion publique française la création d'un généralissime suprême?" Hierzu der Brief Lansdownes u Asquiths Protest gegen einen französischen Generalissimus, – man sieht wie schwierig die Lage zwischen Frankreich u. England ist. Es fragt sich nur, wie Romberg mir neulich sagte, was dabei praktisch für uns herauskommt. Abends in der Bonbonniere.

12. Dez. 1917. Mittwoch. Lausanne (Vevey) *12.12.1917 Mittwoch*

Früh von Zürich nach Vevey. In Bern Unruh u. Fürstner am Bahnhof, die mir Vortrag hielten. In Vevey mit Laure[1] im Angleterre gefrühstückt u. von ihr Abschied genommen; sie fährt morgen nach Paris. Sie betrachtet ganz naïv die Niederzwingung Russlands als sozusagen „unfair"; giebt zu verstehen, dass wir sie nicht unseren Waffen, sondern minderwertigen Intriguen zu danken hätten. Irgendwelcher Ruhm hafte diesem Siege für uns nicht an. Das ist offenbar die in der Vorbereitung begriffene Legende, trotz Tannenberg, Masuren, Gorlice, Przasynzs und Petrylow, Zloczow, Riga, Oesel! Ein durch die Waffen mehr geschlagenes Volk gab es nie; aber für die französische „fable convenue" haben wir nur durch Geheimagenten und Gemeinheit Russland niedergezwungen. Dabei ist es Jemand, der sich für mich opfert, von dem diese Ansichten ausgesprochen werden. – Abends mit Magura in Lausanne gegessen. Er sagt, dass Briand am „Cri de Paris" finanziell massgebend interessiert sei. Sein Verkehr mit mir sei sozusagen geduldet. Laure fürchtet sich sehr vor einer Offensive gegen Paris. Ich musste ihr versprechen, dass ich im entscheidenden Augenblick die Oberste Heeresleitung auf die Besitzverhältnisse unseres Hauses und ihre eigene besondre Stellung aufmerksam machen würde. – Ihr die wärmsten Grüsse für Mama, Wilma und Gaston Colin aufgetragen; und etwas bedingter für Léonie Cystria, der sie ihre absolute Gleichgültigkeit gegen den Krieg vorwirft. Sie hat von ihr als Enkelin des Marschalls Mortier offenbar mehr erwartet.

13. Dez. 1917. Donnerstag. Bern. *13.12.1917 Donnerstag*

Abends mit den Vorständen der Deutschen Kolonie in Bern gegessen bei Daettwyler; sie umfassen verschiedene Professoren, den Vorsitzenden des Vereins

[1] Desmoulins

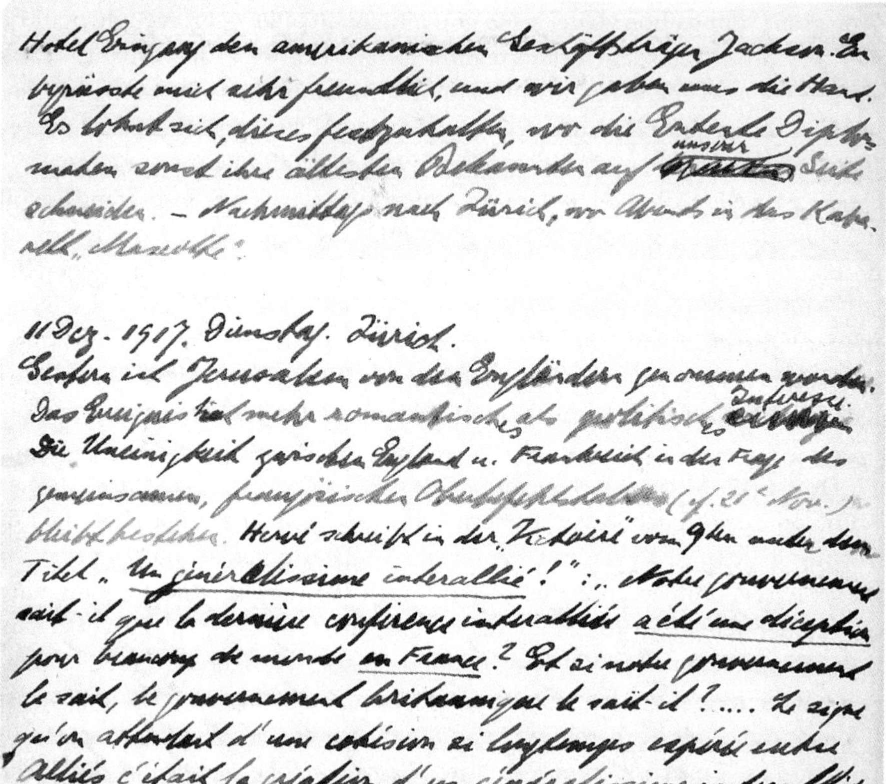
Hotel Eingang den amerikanischen Geschäftsträger Jackson. Er begrüsste mich sehr freundlich, und wir gaben uns die Hand. Es lohnt sich, dieses festzuhalten, wo die Entente Diplomaten sonst ihre ältesten Bekannten auf unserer Seite schneiden. — Nachmittags nach Zürich, wo Abends in der Kapelle „Mazeppa".

11 Dez. 1917. Dienstag. Zürich.
Gestern ist Jerusalem von den Engländern genommen worden. Das Ereignis hat mehr romantisches als politisches Interesse. Interesse.
Die Uneinigkeit zwischen England u. Frankreich in der Frage des gemeinsamen, französischen Oberbefehlshabers (cf. 21. Nov.) bleibt bestehen. Hervé schreibt in der „Victoire" vom 9ten unter dem Titel „Un généralissime interallié!": „Notre gouvernement sait-il que la dernière conférence interalliée a été une déception pour beaucoup de monde en France? Et si notre gouvernement le sait, le gouvernement britannique le sait-il? .... Le signe qu'on attendait d'une cohésion si longtemps espérée entre Alliés c'était la création d'un généralissime interallié. .... La nomination d'un généralissime suprême à l'issue de la conférence interalliée ne faisait l'ombre d'un doute pour personne en France .... Or c'est avec stupeur que nous avons constaté que la conférence avait pris fin sans qu'on eût soufflé mot de cette question capitale. D'où vient l'opposition? Quel est le gouvernement allié assez aveugle pour ne pas voir qu'en retardant cette création ... on s'expose à de véritables catastrophes? Les événements qui se passent sur le front russe et la répercussion qu'ils auront avant peu sur notre front occidental sont pourtant assez graves pour ... nous amener ... à nos

Einträge vom 10. und 11. Dezember 1917; Tagebuch Harry Graf Kessler;
Deutsches Literaturarchiv Marbach

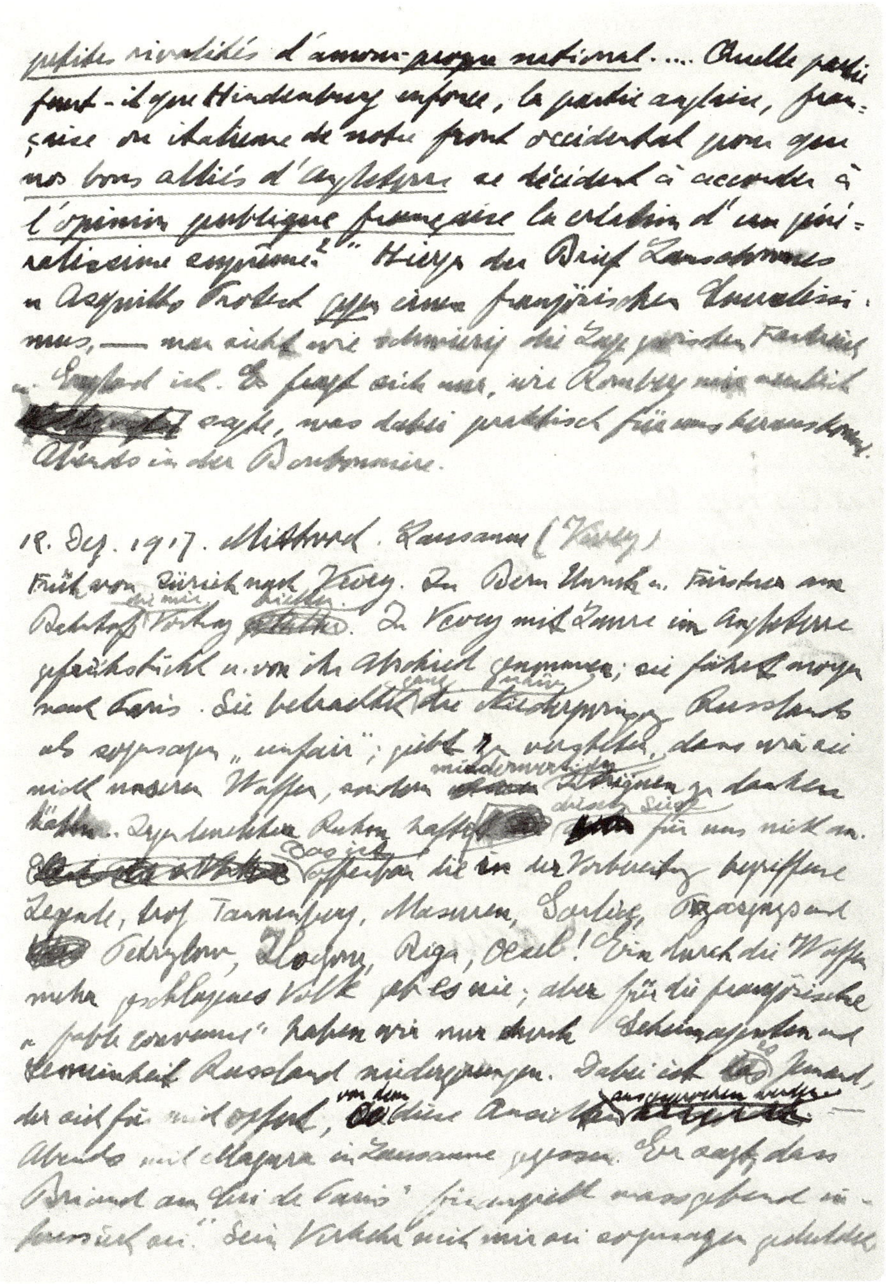

petites rivalités d'amour-propre national. ... Quelle partie font-ils que Hindenburg enfonce, la partie anglaise, française ou italienne de notre front occidental pour que nos bons alliés d'Angleterre se décident à accorder à l'opinion publique française la création d'un généralissime suprême." Hierzu der Brief Lansdownes u. Asquiths Protest gegen einen französischen Generalissimus, — man sieht wie schwierig die Lage zwischen Frankreich u. England ist. Es fragt sich nur, wie Romberg mir neulich [illegible] sagte, was dabei praktisch für uns herauskommt. Abends in der Bonbonnière.

12. Dez. 1917. Mittwoch. Lausanne (Vevey)
Früh von Zürich nach Vevey. In Bern Unruh u. Fürstenberg am Bahnhof [illegible]. In Vevey mit Laure im [illegible] gefrühstückt u. von ihr Abschied genommen; sie fährt morgen nach Paris. Sie betrachtet den [illegible] Russlands als [illegible] „unfair"; gibt zu vergleichen, dass wir sie nicht unseren Waffen, sondern minderwertigen Intrigen zu danken hätten. [illegible] für uns nicht an. [illegible] offenbar die in der Vorbereitung begriffene Legende, trotz Tannenberg, Masuren, Gorlice, [illegible] Riga, Oesel! Ein durch die Waffen nicht geschlagenes Volk gibt es nie; aber für die französische „fable convenue" haben wir nur durch [illegible] und Gemeinheit Russland niedergerungen. Dabei ist [illegible] der sich für mich opfert, von dem diese Ansicht ausgesprochen wurde. Abends mit [illegible] in Lausanne gegessen. Er sagt, dass Briand am [illegible] [illegible]

Einträge vom 11. und 12. Dezember 1917; Tagebuch Harry Graf Kessler; Deutsches Literaturarchiv Marbach

„Germania", den Vorsitzenden des Männerchors, den Vorsitzenden eines Kinderheims u. s. w. Romberg legte Wert darauf, dass ich Unstimmigkeiten, die von Weese ausgiengen, beilegte, weil angeblich Adolf Müller im Hintergrunde mit der sozialdemokratischen Partei im Reichstag gedroht hat: weswegen, wusste Romberg nicht. Ein grosser Stunk (mitten im Kriege), der sich verflüchtigte durch ein paar Glas Wein und einige Schmeicheleien. Künftig sollen wir uns, auf meinen Vorschlag, alle vier bis sechs Wochen treffen. Die Leichtigkeit, mit der man deutsche Krakehler um den Finger wickelt, ist durchaus deprimierend. Um diesem hochgebildeten, charakterlosen Pack seine Weiterexistenz zu sichern, ist das junge Blut im Felde geflossen! Ich war ganz zerschmettert, als ich nach dem ruhmlosen, leichten Erfolg nachhausegieng. Unruh lachte; meinte, die Leute die aus dem Kriege nachhausekämen, würden anders sein; diese Alten seien bereits heute wesenlose Schatten. Symbol: der eine „Vorstand" stellte sich mit den Worten vor: „Ich bin die „Germania"". Das sind die Leute, die es verdienten, Bülow zum Reichskanzler zu haben und S. M. zum Kaiser; Flitter als Aufputz eitler Schatten, nur dass die Komödie blutig endete, weil die Schatten geschäftig, taktlos und tüchtig waren. Um gerecht zu sein, muss man sagen, dass Bouvard und Pécuchet[1] nicht besser sind; und verschiedene Abarten von John Bull und Jonathan[2] bedeutend schlechter. Aber allerdings auch der Kaiser hat so lange gesagt „Ich bin die „Germania"", bis er eins auf den Mund bekam.

14 Dez. 1917. Freitag. Bern. *14.12.1917 Freitag*

Romberg, zu dem ich Abends nach Tisch gieng, las mir einen Brief von Kühlmann vor, der sich auf meine Unterredung mit Károlyi bezieht und ausspricht, ich sei Karolyi gegenüber zu weit gegangen inbezug auf Elsass Lothringen u. die finanzielle Zusammenarbeit mit Frankreich in Russland. Ich sagte Romberg, dass ich Károlyi inbezug auf Elsass-Lothringen (Autonomie, Republik) ungefähr wörtlich das gesagt hätte, was Kühlmann mich beauftragt habe, Renaudel oder Thomas zu sagen; dass es sich also nur um ein besondres Mistrauen gegen Károlyi handeln könne, oder aber um eine Änderung in Kühlmanns Politik. Romberg meinte, auch aus andren Zeichen schliesse er darauf, dass Kühlmann jeden Schritt, der als Anbändelung aufgefasst werden könne, Frankreich gegenüber vermieden sehen wolle. Ich sagte: aber Kühlmann habe mir mit Wohlgefallen zitiert, dass noch nach seinem „Niemals" Briand einem Vertrauensmann gesagt habe, dass trotzdem „la conversation continue". Romberg antwortete, gerade gegen Briand wolle Kühlmann jetzt die äusserste Zurück-

---

1 Flaubert

2 John Bull u. Brother Jonathan gelten als Personifikationen Englands bzw. der Vereinigten Staaten von Amerika.

haltung zeigen. Vielleicht hätten ihn die Ribotschen Enthüllungen abgeschreckt und den Eindruck gegeben, dass mit Frankreich Nichts zu machen sei. Auch hänge das mit Kühlmanns Idee zusammen, dass nur eine Verständigung mit England zum Ziele führe, Frankreich im Vergleich hierzu keine Rolle spiele. Romberg meinte, diese Politik sei falsch. Wenn man den Franzosen Nichts biete, könne man auch nicht erwarten, dass sie sich mit uns verständigen würden. Aber so sei einmal Kühlmanns Politik; und wir müssten uns danach richten. Romberg schien einigermassen bedrückt. – Gestern ist Caillaux unter Anklage gestellt worden. Dadurch bekommt der ganze Wust von Prozessen in Frankreich einen Mittelpunkt und wird fast zu einer Art von Bürgerkrieg vor Gericht. Romberg schien der Ansicht, dass Caillaux siegen werde. Ich drückte hieran Zweifel aus, da ihm seine Intimität mit Bolo und Almereyda und seine Äusserungen in Rom vom grossen Publikum schwer verziehen werden würden. – In Rombergs Stellung zu Kühlmann zeigt sich die charakteristische Haltung des Preussischen Beamtentums u. Militärs: genaue Ausführung der Befehle bei scharfer Kritik des Vorgesetzten; intellektuelle Freiheit verbunden mit Unfreiheit des Handelns. Nirgends habe ich Urteil und Handlungen in schärferem Gegensatz gesehen wie beim preussischen Militär, namentlich im Generalstab. Jemand, der diese Spaltung nicht erträgt, eignet sich nicht zum preussischen Beamten oder Soldaten. Nur so versteht man auch die Haltung der Junker gegen den König, die nie eine intellektuelle, sondern immer nur eine praktische Unterordnung von Fall zu Fall ist. Das englische Parteisystem beruht auf ähnlichen Unterscheidungen: Disziplin bei geduldetem innerem Widerspruch.

15. Dez. 1917. Sonnabend. Bern – Gstaad. *15.12.1917 Samstag*

Mit Unruh nach Gstaad gefahren. Dämmerung unterwegs im Zuge bei geheimnisvoller Landschaft, Wolken und Berge in wilder Mischung. Unterkunft in einem sauberen, einfachen Hotel „Bernerhof“, wo viele französische internierte Offiziere. Ihre Frauen u sonstigen weiblichen Verwandten sind zum Besuch hier u. füllen das Hotel mit einer französisch-bourgeoisen Uneleganz; man hat den Eindruck, als ob man in einem französischen Provinzhotel unter Handlungsreisenden wäre.

16 Dez. 1917. Sonntag. Gstaad. *16.12.1917 Sonntag*

Mit Unruh Ski gelaufen. Schöne breite Schneefelder. Ich kam bald in meine Karpathenform. Abends spielten die französischen internierten Offiziere mit ihren weiblichen Verwandten Klavier, tanzten und sangen Kuplets; harmlose Fidelität, auf deren Hintergrund Unruh, der als kleiner Revolutionär aus dem Kriege heimgekommen ist, mir seine Ideen entwickelte. Wir kamen überein, dass jeder Zwang nur insofern berechtigt sei, als er irgendwo Freiheit schaffe; so alle Zivilisation, deren Zweck nur sein könne, umsomehr Kräfte für Höheres freizumachen, je mehr Bindungen sie in den unteren Regionen des Lebens festsetze. Jede Konvention muss, um berechtigt zu sein, ein Plus an Kraft zu freiem Gebrauche entfesseln. Kultur um der Kultur willen, statt Kultur um der Freiheit willen, ist ein Unsinn; ebenso Entsagung um der Entsagung willen, Entsagung zugunsten eines hypothetischen „Reiches der Seele". Walter Rathenau nennt Unruh deshalb einen „falschen Propheten", der Andren Alles das predige, was er selber nicht erfüllen wolle, nur aus Angst, um seine irdischen Güter zu retten, um den Neid abzulenken. Die Leute, die aus den Schützengräben zurückkämen, würden sich aber von solchen Charlatanen Nichts vormachen lassen; sie würden leben wollen, nachdem sie jahrelang im Angesicht des Todes den Wert des Lebens gelernt hätten. Daher habe sein Bruder Fritz Unruh in seiner „Komödie"[1] Walter Rathenau als „Gottlieb Schleich" karikiert, der sich schliesslich als Jesus Christus verkleide, um seine Güter vor dem Pöbel zu retten.

17. Dez. 1917. Montag. Bern. *17.12.1917 Montag*

Nach Bern zurück. Am Sonnabend ist der endgültige Waffenstillstand mit Russland unterzeichnet. Die Friedensverhandlungen sollen sofort beginnen, der Verkehr, also auch der Warenaustausch zwischen beiden Ländern wieder aufgenommen werden. Das wäre das Ende der Blockade. – Nachts spät auf Verabredung bei Schickele, der von Grumbach mir Mitteilungen über dessen Unterredung mit Renaudel in Genf zu machen hatte. Renaudel hat Grumbach gesagt, der Prozess gegen Caillaux werde furchtbar werden, eine neue Dreyfus Affäre mitten im Kriege. Aber die sozialistische Partei, und insbesondre er, Renaudel, Thomas und Sembat würden durch Dick u. Dünn mit Caillaux gehen, „bis zur Barrikade". Renaudel sei immer wieder aufgesprungen, im Zimmer herumgelaufen u. habe gerufen: „Non, nous ne le laisserons pas fusiller". Auch Briand und Painlevé würden zu Caillaux stehen. Briand habe dieses sogar schriftlich Caillaux gegeben. Hinter der sozialistischen Partei stünden auch die Gewerkschaften. Clemenceau habe für sich die öffentliche Meinung, welche durch u durch nationalistisch sei, die Feigheit der Kammer, wo die Radikal-Sozialisten immerfort von der einen Seite auf die andre fielen, und die Stimmung der Armee, weil diese sich durch Bolo und Konsorten verraten fühle. Caillaux' Trumpfkarte sei, dass Bolo seine Beziehungen im Auslande durch Empfehlungen von Poincaré bekommen habe. Dadurch habe Clemenceau Poincaré in der Hand u. könne ihn, wann er wolle, stürzen. Caillaux werde den Kampf bis aufs Messer führen u. vor Nichts zurückschrecken. Clemenceau habe ihn in der Zeit, wo sie intim waren, nicht umsonst „Napoleon" genannt. Zur Not würden die Sozialisten u. Gewerkschaften von der Waffe des General-

[1] Platz

streiks Gebrauch machen. Clemenceau werde dann das Militär gegen sie aufbieten. Zunächst „zuverlässige" Truppen. Unsicher sei, wie die Frontarmee sich verhalten werde. Jaurès fehle jetzt. Aber von Caillaux' Haltung sei Renaudel entzückt: immer wieder habe Renaudel gerufen: „Quel gaillard, quel gaillard!" Der grosse Kampf geht augenblicklich darum, ob Caillaux vors Kriegsgericht oder vor die Haute Cour kommt. Die Sozialisten wollen mit äusserster Kraftanstrengung verhindern, dass er vors Kriegsgericht kommt. Schickele meinte, es sei ganz schicksalhaft, dass, wie Renaudel gesagt habe, der Krieg, wie er mit einem Caillaux Prozess begonnen habe, so wahrscheinlich auch mit einem Caillaux Prozess enden werde. Grumbach hat Renaudel im Beisein von Milhaud meine Ideen über Elsass Lothringen (Republik) auseinandergesetzt. Milhaud hat gleich geschrieen, das sei unmöglich, glatter Verrat, unannehmbar. Renaudel aber hat geschwiegen und Grumbach dann gesagt, er wolle in einer seiner nächsten Reden in der Elsässischen Frage vom Machtstandpunkt abrükken und sie der Entscheidung der „Gesellschaft der Nationen" vindizieren. Sodann hat er Grumbach ausdrücklich versprochen, ihm sofort eine Mitteilung zukommen zu lassen, sobald die sozialistische Partei für eine der meinigen sich annähernden Lösung der Elsässischen Frage reif wäre. – Militärisch vertraut Renaudel fest auf die Amerikaner, die allerdings selber keinen Hehl daraus machten, dass sie erst im Mai oder Juni eingreifen könnten. Er habe selbst, weil er sein Volk nicht „aufsitzen" lassen wolle, genaue Erkundigungen eingezogen, und sei ganz überzeugt, dass die Amerikaner ihre Versprechen halten würden. Sie würden mit zwei Millionen Mann im Sommer an der Westfront stehen. Bis dahin müsse Frankreich allerdings einen furchtbaren Stoss aushalten, schlimmer wie Verdun, aber weniger schlimm wie 1914. Denn die Engländer würden ihre Front verlängern. Clemenceau habe zwar Reibungen mit den Engländern; sei bei Lloyd George gleich nach dessen Rede in Paris gewesen, um ihn zu überreden, gleich den Oberbefehl zuzugeben. Jetzt machten aber die Amerikaner mit den Franzosen gemeinsame Sache gegen England. Auch Caillaux sei ein Opfer, das Clemenceau England bringe. – Den Frieden mit Russland hält Schickele nach Besprechungen mit Russen hier für sicher. Aber ein Jahr nach Friedensschluss würden die Maximalisten Deutschlands ärgste Feinde sein. Radek, den er kennt u. der soeben Chef der Petersburger Tel. Agentur geworden ist, hält er mit Trotzky für den besten Kopf der Maximalisten. Allerdings sei er eine Art von Teufel, der nur daran denke, überall die proletarische Revolution anzustiften. Radek u. Trotzky sind Juden, Lenin dagegen Russe, eine Art von Mystiker oder Marxistischer „Staretz". Schickele kennt sie Alle aus dem Café du Théâtre in Bern, wo sie während des Krieges verkehrt haben.

18 Dez. 1917. Dienstag. Bern. *18.12.1917 Dienstag*

Oscar Fried aus Berlin zurück; hat dort in meinem Auftrage Ludwig Stein, Georg Bernhard, u. Ludendorffs Verbindungs Offiziere Würtz u. Kroeger gesehen. Bernhard war im Hauptquartier u. sagte Fried, Ludendorff wolle unter allen Umständen rasch Frieden mit Russland machen, selbst auf Kosten bedeutender Konzessionen. Er wolle auch nicht momentane Vorteile mit dauernder Feindschaft erkaufen, sondern einer künftigen Freundschaft mit Russland Opfer bringen. Kroeger hat diese Äusserungen nachdrücklich bestätigt. – Annette Kolb bei mir gefrühstückt. Sie sagt, sie habe Kühlmanns Stellung in England gemacht; für ihn, als er hinkam, an Lady Savile u. Andre geschrieben, so dass er, der Niemanden kannte, in die „Society" hineinkam. Ebenso seine Verbindung mit dem Botschafter Barrère. In diesem Zusammenhange sehe ich noch Kühlmann 1912 oder 1913 als Ritter zu Pferde sehr blond und gross in dem Festzug in London beim mittelalterlichen Turnier zu wohltätigen Zwecken, wie stolz er als einer der wenigen fremden Diplomaten unter den vielen Lords u. Ladies einherritt. Er ist diese Eindrücke nie losgeworden. Annette erzählte, der amerikanische Diplomat Herron habe ihr vor Kurzem in Genf Avancen gemacht u gesagt, jetzt vor dem Eingreifen Amerikas sei noch der letzte Augenblick, wo ein schneller Friede möglich sei. Amerika interessiere sich nur für Frankreich, nicht für England, u. verlange vor Allem Erklärungen über Belgien, Nordfrankreich u. Elsass-Lothringen. Sie hat darüber nach Berlin berichtet, Herron mit Montgelas zusammengebracht und bei Kühlmann angefragt, ob er Herron Etwas zu sagen habe. Kühlmann habe geantwortet, er habe Herron Nichts zu sagen. Wir sprachen dann über Kühlmanns Persönlichkeit. Annette sagt, er beurteile Alles nur nach dem Erfolg. Man könne ruhig seinen Anweisungen zuwider handeln, wenn man nur Erfolg habe; befolge man aber seine Anweisungen u. habe keinen Erfolg, so lasse er Einen fallen. Er will nicht kompromittiert werden. – Abends Radowitz, der neu hergekommen ist, u. Schubert bei mir gegessen. Radowitz, der lange im Kriege eine Kompagnie geführt hat, und ich waren uns einig, dass die alten Phrasen „Mit Gott für König u. Vaterland" u. s. w. nicht das sind, was den einfachen Kerl zum Ausharren im Feuer u. zum Stürmen bringt, sondern blos der Anstand von Mensch zu Mensch u. das Gefühl, dass man seine Kameraden nicht im Stiche lassen kann. Die ganze Vorkriegsideologie ist tot u. wirkungslos.

19 Dez. 1917. Mittwoch. Bern. *19.12.1917 Mittwoch*

Frühstück gegeben für Schickele, Oscar Fried u. Stransky. Unruh begleitete mich. Schickele möchte, dass wir schon jetzt unsere Nachkriegspolitik gegenüber den Westmächten vorbereiteten u. diese scharf von unserer Kriegspolitik schieden; insbesondere darin, dass wir Beziehungen anknüpfen, die wir nicht zu Kriegszwecken (wie „Nachrichten", Schwächung des Gegners u. s. w.) ausnutzen und verbrauchen, sondern für später, für Friedenszwecke aufsparen. Er will, dass ich diese Sache mit vollkommener Handlungsfreiheit von seiten des Ausw. Amtes und der Obersten Heeresleitung übernehme. Ich sagte, wenn Kühlmann an mich deshalb herantrete u. ich dann mit Ludendorff sprechen könne, damit mir das Militär keine Schwierigkeiten mache, würde ich bereit sein, die Sache in die Hand zu nehmen. – Bei Romberg, der krank war. Er sagt, mein Bericht über Renaudel und die Caillaux Sache stimme genau zu einem andren Bericht von ganz andrer Seite, die auch vertrauenswürdig sei. – Abends waren die Vorstände der deutschen Kolonie bei mir auf meinem Bureau. Nachher gieng ich zu Schickeles hinauf, wo Paul Cassirer, Oscar Fried, Annette Kolb, Stransky, Prittwitz waren. Bern im Kriege, die Komplikationen, Fallen, Grotesken des kosmopolitischen, vom Krieg zerklüfteten Lebens in der kleinen Stadt wurden berührt. Schickele erzählte, dass Lenin, den er im Café du Théâtre hier viel gesehen hat, seinen Einfluss einer Erbschaft verdanke, die ein russischer Millionär der russischen sozialistischen Partei gemacht und die Lenin an sich genommen und für die Bolschewiki verwaltet habe. Jahre lang hätte Lenin mit unendlicher russischer Güte alle Bolschewiki aus dieser Erbschaft unterstützt. – Stransky sagt, dass der Umschwung der Stimmung zu unseren Gunsten in der Westschweiz seit den italienischen Siegen ungeheuer sei. Der Genfer u. Waadtländer Bauer glaubten jetzt fest an Deutschlands Sieg u. sehe deshalb in unseren Erfolgen den kürzesten Weg zum Kriegsende, das sein einziger Wunsch sei. Dieselbe Stimmung herrsche in den Gelehrtenkreisen. Man kritisiere jetzt dort Italien u. Frankreich, finde dagegen bereits Entschuldigungen für Deutschland. Von der Ostschweiz berichtet mir über einen ähnlichen Stimmungs Umschwung Dr Norbert Stern. Leute wagten jetzt ihre Sympathieen für Deutschland offen zu bekennen, die sie früher ängstlich verbargen.

20 Dez. 17. Donnerstag Bern. – Basel. *20.12.1917 Donnerstag*

Bei der Gräfin Tattenbach gefrühstückt mit Sascha Schlippenbach u. Häffners. Die Schlippenbach war empört, dass sie hier bei Deutschen so wenig Begeisterung für unsere Erfolge finde; man nehme sie wie selbstverständlich: sie habe darüber in acht Tagen von Keinem ein Wort gehört. Sie selber sprach über das Essen ganz beglückt, nachdem sie seit dreieinhalb Jahren nicht aus Deutschland herausgekommen ist. Sie gehe zum Krämer, nur um den Geruch des Kaffees zu riechen. Nachher kam eine Familie Guillaume aus Köln, die hergekommen ist, um ihren aus der Gefangenschaft in Frankreich zurückkehrenden Sohn zu empfangen. Der Junge, Fahnenjunker bei den Königs Ulanen, ist drei Jahre gefangen gewesen, hat fast die ganze Zeit im Gefangenen Lager von Poitiers gesessen. Sagt, er sei gut behandelt worden, die Behandlung sei in den verschiedenen Lagern u. Regionen verschieden, er habe aber in Poitiers nie zu klagen gehabt. Er hätte sich schliesslich so an die Gefangenschaft gewöhnt, dass, wenn er einmal hinauskam, er sich nur in die vier Wände seiner Barracke zurückgesehnt habe. – Der Kurs der Mark ist heute in der Schweiz, nachdem er noch vor Kurzem auf 65 stand, auf 85 gestiegen, während der französische Franc immer noch auf 77 steht. Egli erzählt, dass er in Bern wieder von Leuten auf der Strasse gegrüsst wird, die seit drei Jahren an ihm vorbeisahen. Kühlmann u. Czernin fahren heute Abend nach Brest-Litowsk. – Abends in Basel beim Regierungsrat Blocher. Ein junger Baseler Namens Steuer, der bei ihm zu Besuch war, erzählte, die Fabriken von Pic-Pic[1] in Chaux-de-Fonds u Genf, die für die französische Regierung Munition machen, hätten telegraphisch die Nachricht erhalten, dass ihre Kontrakte, die am 31 Januar ablaufen, nicht erneuert würden. Ein Freund von ihm, ein Schweizer Arzt, der in einem Lazarett in Besançon tätig ist, hat ihm erzählt, die amerikanischen Offiziere dort sagten, sie seien nur für die Franzosen, nicht für die Engländer herübergekommen. Sie trügen die Ehrenschuld ab, die ihnen vor hundertvierzig Jahren La Fayette auferlegt habe. Die Engländer seien ihnen ganz gleichgültig. Im Übrigen seien sie hier „on business", um das in Europa angelegte Geld zu retten und das Kriegführen zu lernen. Die „Befreiung der kleinen Nationen" u. s. w. sei Schwindel. – Blocher sagt, der schwedische Gesandte Aehrenswärd[2] erzähle, bei einem Diner mit Beau und Rumbold hätten diese ganz offen zugegeben, bei der Entente Konferenz in Paris sei es zu starken Differenzen gekommen; namentlich zwischen den Italienern u. Amerikanern, weil diese verlangten, dass die Italiener auf gewisse ihnen von Frankreich u. England zugesagte Landerwerbungen verzichteten. Die Italiener hätten erklärt, dass sie dann an der Konferenz nicht weiter teilnehmen wollten. Darauf hätten die Amerikaner allein mit den Franzosen u. Engländern beraten, u. schliesslich sei ein Kompromiss zustande gekommen. – Mit Blocher Propaganda Unternehmungen besprochen. Ankauf des „Freien Worts" durch die Deutsch Schweizerische Gesellschaft.

21. Dez. 1917. Freitag. Frankfurt. *21.12.1917 Freitag*

Um 10 aus Basel im Auto an die Grenze. Abfahrt aus Weil-Leopoldshöhe um 11. Bis Freiburg im Koupee allein. Dann allmählich steigende Fülle: in der ersten Klasse Frauen mit Kindern, eine Frau mit einem Weihnachtsbaum; in Karlsruhe stieg eine Schaar Dorfbürgermeister ein, alte, graue Bauerngesichter mit struppigen Bärten und lederbrauner Haut. Gespräch von Söhnen an der Front, oder Söhnen, die gefallen sind, auch natürlich vom Frieden und den Friedensverhandlungen mit Russland in Brest-Litowsk. Einer sagte: „Wo deutsches Blut

[1] Abk. für die Société Anonyme Piccard, Pictet & Cie.

[2] Ehrensvärd

geflossen ist, das muss deutsch bleiben." Ein andrer erwiderte, wie es da mit Polen sei? Der Erste wurde verlegen und meinte, da habe man vielleicht einen Fehler gemacht. Allgemein ist die Hoffnung, dass der Krieg jetzt bald zu Ende geht; allerdings erst wenn die Clemenceau u. Lloyd George gestürzt sind. Zustimmung fand die Äusserung eines Offiziers, der in den Schützengraben zurückfuhr und sagte: Jetzt, wo die Sache so lange gedauert habe, komme es auf ein Jahr nicht mehr an. Der Zug ist geheizt; aber man bekommt unterwegs Nichts zu essen; kein Speisewagen und keine Bahnhofswirtschaft; Alles nimmt sich wie vor dreissig Jahren Reiseproviant mit. Eine Frau hatte acht Liter sterilisierte Milch in ihrem Reisekoffer für ihr Kind. Der Zug hält mehrmals auf freier Strecke, weil die Lokomotive nicht mehr will. Trotzdem nur eine Stunde Verspätung bis Frankfurt. Wir sind um 7 dort. Über den verdunkelten Bahnhofsplatz in den Hessischen Hof, wo gegessen; fleischlos, aber gut: Austern (mit Zitronen-Ersatz), Kartoffelpuffer und ausgezeichnetes eingemachtes Apfelmus. – Um 10 $^1/_2$ mit $^3/_4$ Stunden Verspätung ab nach Berlin.

22 Dez. 1917. Sonnabend. Berlin. *22.12.1917 Samstag*

In Berlin statt um halb neun um halb zwei angekommen. – Der Unterschied zwischen Kühlmann u. mir, dass ich ein „Europäer", ob ich es will oder nicht, bin, während Kühlmann blos den Willen zum „Europäer" hat. Deshalb kann ich deutscher sein, weil ich den breiten Unterbau, den in mir Blut und Erziehung legten, nicht verlieren kann; während er auf sein Europäertum bedacht sein muss. Vielleicht wird die Zusammenarbeit mit ihm hieran scheitern, weil ich nach beiden Seiten Dinge riskieren kann, die ihm verwehrt sind. – Nachmittags im Amt. Deutelmoser und den die Stelle von Radowitz vertretenden Legationsrat Arthur Schmidt gesprochen. Ich fand eine gegen früher auffallend veränderte Stimmung vor. Man schien von Siegesmöglichkeiten ganz berauscht. Propaganda würde nach dem Kriege kaum noch nötig sein, da wir jetzt Aussicht hätten, zu siegen, u. es dann gleichgültig sei, ob die Völker uns hassten oder liebten. Ich machte darauf aufmerksam, dass wir 1870 auch gesiegt hätten, und dass es sich trotzdem 1914 als durchaus nicht gleichgültig herausgestellt habe, dass wir unbeliebt, die Franzosen in der Welt dagegen beliebt waren.

23. Dez. 1917. Sonntag. Berlin. *23.12.1917 Sonntag*

Vormittags bei Bodenhausen im Adlon, um ihn für das Varieté Trust Projekt und den Ankauf des Corso in Zürich zu interessieren. Er sprach die Hoffnung aus, dass Italien u. Frankreich nicht schon jetzt Frieden machen möchten, damit wir noch vorher unseren grossen Schlag gegen Frankreich führen könnten; dann bekämen wir einen besseren Frieden (Briey u. s. w.) Erst seit November seien die neuen Hindenburg Werkstätten in grossem Masstabe in Betrieb u lieferten jetzt

z. B. 60 15 cm Flachbahn Geschütze (die 24 km schiessen) im Monat. In ähnlicher Weise habe sich die Lieferung der andren schweren Artillerie gesteigert. Krupp sei gebeten worden, bis Ende Januar möglichst viel fertigzustellen; wahrscheinlich weil im Februar die grosse Offensive geplant sei. Die Mengen schwerer Artillerie, die bis dahin fertigwürden, seien im Vergleich zu früher ungeheuer. Allerdings liegen in Südwestdeutschland im Gegensatz zum Rhein die Werke und Hochöfen still, z. B. in Differdingen 16 Hochöfen, weil die grossen Truppenverschiebungen aus dem Osten die Eisenbahnen überlastet und die Kohlenlieferung auf Wochen unterbunden haben. Auch unsere Finanzlage ist derart, dass Roedern gestern Bodenhausen gesagt hat, er wisse nicht, wie er den Krieg weiterführen solle, wenn er noch ein Jahr dauere; er kostet im Jahr 50 Milliarden, und davon wird nur ungefähr die Hälfte durch Anleihen aufgebracht. Also drohend für uns der Zustand der Bahnen, der Kohlenmangel und die Finanzlage; ermutigend die Steigerung unserer Militärmacht an der Westfront, sowohl Mannschaften wie schwere Artillerie, und die Versorgungs Aussichten aus Russland. Bodenhausen sagt, es seien schon viele Händler hinüber, namentlich nach Südrussland, und auch bereits Leder eingeführt. Leder u. Getreide hoffe man in grossen Mengen zu bekommen. Um das russische u. das deutsche Bahnnetz zu verbinden, würden Feldbahnen über die Schützengräben gebaut. Allerdings müssten die Waaren zweimal umgeladen werden. – Um 12 Uhr Mittags erste Vorstellung des „Jungen Deutschland" bei Reinhardt. „Der Bettler" des jungen im Kriege gefallenen Sorge, die Tragödie des Genies. Sie wurde abgespielt vor Tout Berlin: Ich sah Hauptmann, Walter Rathenau, Deutelmoser u. s. w. doch sie wirkte lang, sehr lang; namentlich da die Anwesenden nicht gefrühstückt hatten und hungrig waren. In der B.Z., die ich beim Herauskommen kaufte, stand der Bericht über den Anfang der Friedensverhandlungen in Brest Litowsk gestern um 4 Uhr. Kühlmann scheint sehr geschickt die wirtschaftlichen Fragen, die für uns augenblicklich die wichtigsten sind, in den Vordergrund stellen und die territorialen auf einen späteren Zeitpunkt verschieben zu wollen. Wenn wir von Russland versorgt werden, können wir mit Annexionen warten; eventuell bis wir im Westen fertig sind. Im Übrigen will man von Russland, wie Bodenhausen erzählte, nur die „Narew-Linie" und möchte Litauen, Kurland, Finnland abstimmen lassen; Kenner sollen behaupten, dass diese Abstimmungen günstig für uns ausfallen würden.

24 Dez. 1917. Montag. Berlin. *24.12.1917 Montag*

Weihnachten. Weihnachtsbäume ohne Kerzen; aber wenigstens schneit es; eine dicke Schneeschicht liegt auf den Strassen. – Vormittags erwirkte ich die Ausreiseerlaubnis für meine Musiker zum Friedfest bei Löwenfeld auf dem Generalkommando.

25. Dez. 1917. Dienstag. Berlin. *25.12.1917 Dienstag*

Schöner Artikel des Baseler Professors Joël im Berliner Tageblatt über „Weltfrieden!“[1]. Er preist „den schöpferischen Geist, der alle Gegensätze versöhnt, nicht indem er sie abstumpft, sondern indem er auf ihnen weiterbaut“ .... „Schaffen statt zerstören“. Allerdings setzt dieser Geist den Krieg voraus, Gewalt oder Gewaltersatz; er führt zu Ruhepausen, nicht zur Endruhe, zum Endfrieden; was Joël wohl nicht übersieht, aber unausgesprochen lässt. Der Endfriede wäre der Tod dieses Geistes, weil ihm damit seine Schöpferkraft genommen wäre. Man kann fragen, ob selbst ein solcher Geist, der Geist Heraklits, Jesu, Goethes, Nietzsches, so viel Blut und Jugend wert ist? Ich persönlich bin geneigt, diese Frage zu bejahen, weil ich sogar Greuel dem Tode vorziehe. Dieser Glaube an das Leben ist aber, wie man zugeben muss, eine bluttriefende Weltanschauung, die den Religionen der Vergangenheit, Baal, Moloch u. Inquisition, nichts vorzuwerfen hat. – Auf dem Potsdamer Platz im Schnee trippelte vor mir eine kleine Dame sehr chic nach der Mode herausgebracht; zierlich, trivial, zeitlos, trotz des etwas lächerlichen Zeitkostüms. Wie komisch, in einem künftigen Museum eine Wachsfigur: „Dame aus dem Weltkrieg“! Kurzes Röckchen, hohe Leder Schuhe, Topfhut und Paradiesvogel Federn auf dem Köpfchen, Nichts als Boudoir Eitelkeit und Konvention zwischen all dem Morden. Der Krieg macht in Wirklichkeit ebensowenig Eindruck auf die Frau wie auf die Natur; er zerstört weniger als man denkt.

26. Dez. 1917. Mittwoch. Berlin. *26.12.1917 Mittwoch*

Brief von Wieland Herzfelde aus Ligny bei Cambrai vom 19ten ds. Er schreibt unter Andrem: „... nicht meine körperliche Gebundenheit ist der Hauptgrund meiner Unversöhnlichkeit mit meiner Lage, sondern die geistige Isolierung .... Verzeihen Sie mir, dass ich so subjektiv zu Ihnen spreche, dem das Militär aus andrer Perspektive anders, bejahenswerter erscheinen muss; ich würde es nicht tun ohne das bestimmte Gefühl, dass Sie von meinem Erleben eine tolerante Vorstellung haben und mein unversiegbares Verlangen nach individueller Tätigkeit als berechtigt anerkennen. Die wenigen Tage, während derer wir in Gits dienstfrei verbrachten in Erwartung des Transportes hierher, benutzte ich, um über George Grosz zu schreiben; hier komme ich nicht zur Fortsetzung, wie sehr das bedrückt, kann ich kaum ausdrücken, vor einem Jahre habe ich dieselbe Arbeit in den Vogesen auch unbeendet lassen gemusst. Und die vielen andren Projekte, die im ewigen Keimzustande verfaulen müssen, es ist, als ob ich ein vermauertes Hirn hätte, das, immer dieselbe Atmosphäre atmend, langsam

[1] Am Ende des Tagebuchbandes ist ein mit dem Vermerk „25.XII.1917“ versehener Zeitungsausschnitt aus dem Berliner Tageblatt mit zwei Artikeln, „Weltfrieden“ von Karl Joël sowie „Leben, nicht Zerstörung!“ von Heinrich Mann, eingeklebt.

ersticken muss .... Es geht mir nicht mehr wie vor einem Jahr, als ich noch Kraft zu Trauer, Wut, Schmerz und Verzweiflung besass; heute ist diese Kraft durch Reflexion und Einsicht zum grossen Teil gebrochen .... Wirklich resigniert bin ich nicht, im Gegenteil, ich erwarte brennend den Frieden, um der Gegenwart den Krieg erklären zu können, jener Gegenwart, die die deutschen und feindlichen Leichen auf dem Schlachtfeld südlich Cambrai (La Vacquerie, Banteux, Crêvecœur ist unser Abschnitt) mit Purpur statt mit Schmutz malt, die Tanks durch London City paradieren lässt, sie aber nicht gleich Ichtyosaurierleichen im Dschungel der Unfruchtbarkeit tronen sieht, der den Geist der Zeit kennzeichnet." Ich muss bei diesem Schmerzensschrei an Rilkes Wort denken: Wenn alle Leute einen Beruf hätten, könnte es keinen Krieg geben. M. G.[1] schreibt mir aus einer ähnlichen Stimmung von seiner Weihnachtsfeier im Lazarett „der langweiligsten und anödendsten, der ich in meinem Leben beigewohnt habe": „Wie gern hätte ich geweint; aber die Erleichterung ward mir nicht zuteil." Unruh (Curt) spricht nicht anders. Hunderttausende junger Menschen von achtzehn bis zwanzig Jahren werden solche Erinnerungen in ihr Leben mitnehmen; ein Meer von Bitternis und Rebellion sammelt sich Tropfen um Tropfen in den Herzen, deren Gefühle die Welt von Morgen gestalten werden: wo man hinhorcht, hört man in den Gesprächen und Gesinnungen der Jugend das Rieseln und Sickern der kommenden Sündflut. Während die politischen Köpfe oben noch mit der Abgrenzung ihrer Gärten beschäftigt sind, bereitet sich unten das grosse Erdbeben vor, das alle Gärten miteinander verschlingen wird. Bemerkenswert die vollkommene Ausschaltung der Religion bei den Gesprächen der jungen Leute über die Zukunft, wenigstens der kirchlichen Religionen. Was in Zeitungen und Zeitschriften über „religiöse Neugeburt" steht, davon erscheint in privaten Äusserungen nie ein Schatten; die „religiöse Neugeburt", soweit sie kirchliche Religionen anpreist, ist naïve Illusion, frommer Halbbetrug, Propaganda für den Brotkorb. Meine widerwärtigste Erinnerung aus dem Kriege ist eine Predigt von Goens im Grossen Hauptquartier in Charleville vor dem Kaiser, weil sie inmitten dieser furchtbaren und grossen Wirklichkeit vollkommen hohl, verlogen und klein und gleichzeitig selbstgefällig und feige war. Er brachte es fertig, Gott von seinem Himmel fort wie eine Art von Erbstück und Generaladjutant des Kaisers erscheinen zu lassen. Ähnlich beschränkt und platt waren die übrigen Feldprediger, die ich hören musste. Wie sollten solche Lakaienseelen Bedrückte befreien, Tränen auffangen, zu den tiefen Quellen in den Herzen hinabsteigen, Ungeheures wenden? – Gefrühstückt in der Deutschen Gesellschaft mit Nasse, der aus Stockholm kommt. Er meint, mit den Russen würde die Sache weniger glatt gehen, als man sich das in der Öffentlichkeit denke. Sie hätten neue, unannehmbare Forderungen gestellt, die zum

[1] vermutl. Max Goertz

Teil in unsere inneren Verhältnisse eingriffen. Offenbar sei es ihnen zu Kopf gestiegen, dass alle Auswärtigen Minister gleich nach Brest angereist kamen. Wahrscheinlich werde es zu einem kurzen Bruch kommen, der aber überwunden werden würde. Die Bolschewiki seien Doktrinäre, die offenbar glaubten, dass uns das Wasser bis an den Hals stehe. Auch schüre die Entente und gehe jetzt sogar so weit, den Russen einen Sonderfrieden zu erlauben, wenn sie nur auf den wirtschaftlichen Verkehr mit uns verzichteten.

27. Dez. 1917. Donnerstag. Berlin. *27.12.1917 Donnerstag*

Am Weihnachtstage haben sich die russischen und unsere Delegierten in Brest-Litowsk über die Grundsätze des künftigen Friedens geeinigt; und darauf haben die Russen ihren Verbündeten eine zehntägige Frist bis zum 4ten Januar gestellt, um den Friedensverhandlungen auf dieser Grundlage beizutreten. Die Ententeregierungen werden gewiss Nein sagen; was werden aber ihre Völker dabei denken und sagen? Es ist ein grosser dramatischer Moment in der Weltgeschichte. Die innere Entwicklung der Völker wird jetzt stürmischer als der Krieg. – Vormittags beim Direktor Salomonsohn von der Disconto Gesellschaft, um ihm den Ankauf des Corsotheaters in Zürich und die Bildung eines Varietétrustes gemeinschaftlich mit dem Ausw. Amt vorzuschlagen. Zu den Brester Erklärungen meinte er: „Wo bleibt da Briey?" Aber die westlichen Ententestaaten würden wohl nicht zustimmen. Ich frühstückte bei Ludwig Stein; allein. Er drückte Zweifel aus, wie sich Kreuznach zu den Erklärungen stellen werde. Kühlmann habe sich vor seiner Abfahrt verpflichtet, die Kurländer nicht im Stiche zu lassen, Kurland u. Litauen habe man als fest betrachtet. Jetzt sei Alles in Frage gestellt, wenn es ein Plebiszit geben solle. Aber da habe wohl Czernin einen Druck ausgeübt. Es habe Schwierigkeiten gegeben, man habe eine dreitägige Unterbrechung zur Einholung neuer Weisungen erwartet. Statt dessen giengen die Verhandlungen weiter, und die Russen hätten eine zehntägige Frist den Verbündeten gesetzt. Nach Stein sind wir den Russen in zwei weiteren Punkten entgegengekommen: wir ermöglichen ihnen die Verpflegung von Petersburg aus den Frontmagazinen, indem wir versprochen haben, gewisse Frontabschnitte nicht anzugreifen und so die russische Demobilisation zu gestalten, von der die Verfügung über die Frontmagazine abhängt; und wir wollen den Ukrainern einen Vertreter bei den Verhandlungen zugestehen, was die Bolschewiki als Konzession an die Ukrainer verwenden können. – Über Michaël Károlyi äusserte sich Stein, der die ungarischen Verhältnisse gut kennt, wegwerfend, er gelte in seiner Familie für einen ausgepichten Narren. Seine Ideen stammten von Jāsi, der ihn ganz unter dem Pantoffel habe. Allerdings könne bei Neuwahlen seine Partei eine Macht werden. – Die konservativen und alldeutschen Abendzeitungen, Kreuzzeitung und Deutsche Tagesz. (Reventlow) wenden sich scharf gegen die Brester Erklärungen, wie schon heute Morgen der Lokalanzeiger. – Max Reinhardt gesprochen wegen seines Gastspiels. – Abends in den Don Carlos, Moissi als Posa, Wegener als Phillipp. Schiller hat das grosse politische Pathos, hat es wie vielleicht kein andrer Dichter, nicht einmal Shakespeare. Posas grosse Szene mit dem König wirkt gerade heute flammend aktuell; das Publikum war hingerissen, klatschte wild mitten hinein Beifall. Das Politische ist das, wodurch Schiller gewiss auch seine Zeitgenossen so dämonisch gepackt hat. Man glaubte, zum ersten Mal hineinzublicken in die Wirklichkeit der Politik, und sah diese geheimnisvolle neue Welt gleich durchstürmt und emporgetragen von einer gewaltigen Rhetorik und einer ethischen und dramatischen Leidenschaft ohne Gleichen. Heute wirkt das plötzlich Alles wieder aus ähnlichen Gründen fast so stark wie zur Zeit vor der französischen Revolution. Der Don Carlos ist bei Reinhardt jetzt schon wochenlang jedesmal vorher ausverkauft. Zum Übrigen kommt, dass Schillers Politik an der Grenze spielt, wo die Politik ins Ethische übergeht und dass er daher immer wieder dann die Allgemeinheit packen und bewegen muss, wo die Grenzfragen zwischen Politik und Ethik durch die Zeitumstände so wie heute in den Mittelpunkt rücken.

28 Dez. 1917. Freitag. Berlin. *28.12.1917 Freitag*

Vormittags bei Haeften. Er fragte mich, ob ich meinte, dass wir schon jetzt auf diplomatischem Wege zum Frieden im Westen kämen, oder ob ich vorher noch eine Offensive für nötig hielte? Ich sagte, ohne Offensive, d. h. auf Grund der heutigen militärischen Lage im Westen, könnten wir einen Frieden, wie ihn sich Ludendorff denke, nicht bekommen. Haeften drückte seine Freude über diese Antwort aus, da man unter Diplomaten vielfach andrer Ansicht sei, er diese Ansicht aber für falsch halte. Haeften bot mir nochmals die Vertretung des Ausw. Amtes im Kinotrust (Ufa) an. – Mit Kiepenheuer besprochen, ob er mit Schickele zusammen die Herausgabe der umgestalteten, politisch gewordenen „Weissen Blätter" übernehmen wolle. – Georg Bernhard bei mir zum Frühstück. Er sagte, die Verhandlungen in Brest giengen zu sehr in dem von ihm gewünschten Sinne, er selber hätte sie nicht anders führen können, deshalb traue er aber der Sache nicht, da weder Kühlmann noch Ludendorff im Osten wirklich verzichten wollten; daher müsse irgendein Doppelspiel im Gange sein. Man werde später gegen Russland die Schraube anziehen und dadurch unser Verhältnis zu Russland endgültig verderben. Berger, der sich zu uns setzte, drückte auch sein Mistrauen aus. Kühlmann u. Mathias Erzberger hätten nicht dieselbe Marschrichtung wie sie (die Konservativen). Kühlmann und „Mathias" wollten einen allgemeinen Frieden, während die Konservativen einen Sonderfrieden im Osten und eine Offensive im Westen wollten. Bernhard u. Berger fürchteten, die Westentente könnte um Verlängerung der zehntägigen Frist bitten, andre Formulierungen vorschlagen, eine Art von Verhandlungen anfangen, dadurch Zeit gewinnen und die Offensive hintertreiben, da kein Feldherr eine grosse Offensive mitten in Verhandlungen hinein unternehmen könne. Von Kühlmann sagte Bernhard, nach mehrfachen Unterredungen habe er den Eindruck, dass K. überhaupt keine Grundrichtung habe, nicht einmal die englische; er habe als junger Mensch englische Lords kennen gelernt und seitdem viel Respekt vor ihnen; eine Politik sei dieses nicht. Obwohl er klug und kühl sei, klüger als das ganze Auswärtige Amt, habe er daher „kein Format", sei kein Staatsmann, sondern nur ein guter Unterhändler. (Inbezug auf K's Stellung zu England entspricht Bernhards Auffassung der meinigen; er kennt die Engländer nur aus dem Salon und dem Foreign Office, wo sie ihm als jungem Münchener enorm imponiert haben; in Wirklichkeit kennt er sie fast garnicht und hat auch kein Verhältnis zu ihnen. Das war ebenso die Ansicht von Harry Lynch, der ihn aus den Bagdad Verhandlungen kannte und mich im Interesse Deutschlands und Englands vor ihm warnte. Seine Haltung gegen England wird mitbestimmt durch den von seiner Mutter ererbten Snobismus. Alfred Heymels Unglück war, dass seine Frau, Kühlmanns Schwester, eigentlich einen Prinzen zum Manne wollte.) – Ich trug Bernhard meine Idee über Fundierung des Kontinentalbundes auf Rettung eines Teiles der russischen Milliarden Frankreichs, Gewinnung des kleinen französischen Rentiers und Mitbeteiligung Frankreichs an der Erschliessung Osteuropas vor. Bernhard will sie finanziell prüfen. Die Gewinnung Frankreichs bleibt, wenn sie möglich wäre, trotz Kühlmann, von erster Wichtigkeit, weil Frankreich sein moralisches Prestige und Amerika hinter sich hat. Die Idee, mit der Westentente nur über England fertig zu werden, ist falsch und veraltet. Heute ist innerhalb der Westentente die Gruppe Amerika-Frankreich ebenso mächtig, für die Zukunft sogar mächtiger als das sich von ihr etwas absondernde England. Die Amerikaner kämpfen nur für Frankreich; England ist ihnen gleichgültig. Bedingungen, die England zufriedenstellten, würden daher nicht ohne Weiteres auch Frankreich und Amerika zum Frieden bringen; während umgekehrt, England ohne Amerika und Frankreich in der Tat nicht weiterkämpfen könnte. – Abends gegessen bei Deutelmoser und seiner Frau im Adlon mit Carlchen Schubert. Er erzählte mir, als ich den Zusammenschluss Frankreichs und Amerikas erwähnte, Georg Bernhard sei heute Nachmittag bei ihm gewesen und habe ihm genau dasselbe gesagt; die Gruppe Frankreich-Amerika sei heute schon mächtiger als England. Er insistierte und korrigierte mich sogar in diesem letzteren Punkte. Also hat Bernhard meine Weisheit gleich an die richtige Stelle weitergegeben. Dass eine neue militärische Entscheidung in Frankreich nötig sei, bejahten sowohl Deutelmoser wie Schubert. Schubert glaubt an einen Frieden im Westen im nächsten

Sommer. – Wir kamen auf das Steinsche Telegramm aus dem August '14 „Löwen ist dem Erdboden gleichgemacht". Diese altbiblische Rhetorik, der die Wahrheit nicht entsprach, fanden Schubert und ich lächerlich. Deutelmoser, der damals Pressechef im Kriegsministerium war, sagte: Er selbst habe im ersten Augenblick einen Schreck bekommen. Aber dann sei ihm klargemacht, dass wir diese Übertreibungen brauchten, um die Bevölkerung abzuschrecken; sonst bekämen wir einen Franc Tireur Krieg. Man habe damals allgemein im Generalstab geglaubt, der Krieg würde in wenigen Wochen, höchstens Monaten zu Ende sein; dann seien wir Herren der Welt, und es sei gleichgültig, was diese von uns denke. Nur so sei unser Verhalten in den ersten Kriegsmonaten zu verstehen, dass wir auf einen kurzen, siegreichen Krieg rechneten. Als die Marne kam, und wir nach „Prag" unser Kolin erlebten[1], sei die Stimmung umgeschlagen, habe man andre Rücksichten gelten lassen.

29 Dez. 1917 Sonnabend. Berlin. *29.12.1917 Samstag*

Die B.Z. meldet heute Mittag unter der Überschrift: „Entscheidende Ergebnisse in Brest- Litowsk": „Der Friede mit Russland in den Hauptpunkten festgelegt – Bereits mit Meistbegünstigung vereinbart – Ausscheidung von Polen, Litauen, Kurland und Teilen Esthlands und Livlands aus dem russischen Reichsverbande." Territorial ist das Entscheidende, dass Russland die Ausscheidung von Polen, Kurland, Livland, Litauen zugesteht; Russland u. Deutschland die Zugehörigkeit dieser Länder von Erklärungen der Bewohner abhängig machen und über die Form der Abstimmung eine Kommission entscheiden lassen wollen. Meinungsverschiedenheit besteht nur insofern, als Deutschland die Beschlüsse der bestehenden Körperschaften in Polen, Kurland, Litauen als bereits erfolgt ansehen will, während Russland nur eine solche Willenserklärung gelten lässt, „die als Ergebnis einer bei gänzlicher Abwesenheit fremder Truppen in den betreffenden Gebieten vorgenommenen freien Abstimmung erscheint." Ferner ist völliges Einverständnis erzielt über die sofortige Einstellung des Wirtschaftskrieges, die Wiedereröffnung des Handelsverkehrs und die Einrichtung eines organisierten Warenaustausches. – Ludwig Stein frühstückte mit mir. Berger setzte sich heran. Beide fanden Kühlmanns Ergebnisse glänzend, Berger machte aber den Vorbehalt, er hoffe, die Preisgabe der Ostseeprovinzen werde nicht den Sturz der Regierung Lenins zur Folge haben. Wenn kein Putsch erfolge, der unsere diplomatischen Vorteile zunichtemache, so sei erstaunlich, was erreicht sei. Stein, der vom Minister Friedberg kam, erzählte, dieser habe seine Zweifel

---

[1] Im Siebenjährigen Krieg gewann Preußen zunächst die Schlacht von Prag (6.5.1757); nach der Niederlage gegen die österreichischen Truppen in der Schlacht bei Kolín am 18. Juni 1757 mußten die preußischen Truppen die Belagerung von Prag aufgeben u. sich nach Sachsen zurückziehen.

ausgedrückt, ob die Letten u. s. w. bei einem Plebiszit wirklich für Deutschland optieren würden. Schliesslich kann die Kommission aber die Abstimmung „schieben". Die Westentente hat gestern durch Pichons Mund die Teilnahme an den Brester Friedensverhandlungen abgelehnt. Als wir nach Steins Fortgang allein blieben, sagte Berger, eines der wichtigsten Ergebnisse von Brest-Litowsk sei, dass durch die Meistbegünstigung (?) mit Russland „Mitteleuropa", dieses Gebilde eines halbphantastischen Kopfes wie Naumann, endgültig erledigt sei.(?) Dann äusserte er sich sehr energisch gegen die Annexion von Briey, weil dadurch jede Versöhnung mit Frankreich durchkreuzt, auf Generationen unmöglich gemacht werde. Die Sache liege so: entweder zerschmetterten wir Frankreich, dann brauchten wir Briey nicht; oder wir zerschmetterten Frankreich nicht, dann bekämen wir auch Briey nicht. Die Annexion von Lüttich billigt er dagegen. Berger ist das Mundstück von Bülow, der, wie Berger sagt „merkwürdigerweise" noch immer hoffe, bei den Verhandlungen irgendwie verwendet zu werden. Seine Idee sei, den Frieden in Washington zu schliessen. Kühlmanns Erfolge in Brest-Litowsk, wenn sie sich konsolidieren, erhöhen jedenfalls Bülows Aussichten nicht. Das Protokoll von Brest Litowsk ist ein weltgeschichtliches Dokument, vor dem selbst Reventlow heute Abend in seinem Leitartikel[1] sprachlos bleibt. Georg Bernhard erwähnt es, wie Berger sagt „aus Ärger", in der Überschrift der Vossischen[2] überhaupt nicht. Im Übrigen wiederholte Berger fast wörtlich die Wendung, die Bernhard gestern mir gegenüber gebrauchte: „Europa" würde künftig doch im Wesentlichen Deutschland sein. – Erzberger gesprochen, der mir mitteilte, dass er mir Scheler abgenommen habe, den mir Romberg nicht bewilligen wollte. Der arme Teufel könne doch nicht Schreiber werden. – Das Schweizer Justiz Departement verweigert dem Berliner Domchor, den ich zum Friedfest hinunterschicke, die Einreise. Durch Steins Vermittlung Haab veranlasst zu telegraphieren, dass dieses Einreiseverbot, da es sich um einen dem Kaiser nahestehenden Königlichen Chor handle, politisch sehr unerwünscht sei.

30 Dez. 1917. Sonntag. Berlin. *30.12.1917 Sonntag*

Mit Kiepenheuer die Schickelesche Zeitschrift besprochen. Er möchte nicht das Geld von Bosch nehmen, weil dieser mit Jäckh zusammen ihm schon bei der „Deutschen Politik" unbequem sei und die politische Haltung in einem veralteten Sinne beeinflussen würde. Er möchte eine Zeitschrift (Halbmonatsschrift), die den neuen Geist, den die jungen Leute aus dem Krieg heimbringen, politisch formuliert und wirksam machen. Schlägt den Professor Hönn (Freund von

[1] Vorläufiger Abschluß in Brest-Litowsk

[2] Die Überschrift der Abend-Ausgabe der Vossischen Zeitung vom 29.12.1917 lautet: „Italienischer Angriff am Mte. Tomba abgewiesen."

Frank) als geschäftlichen Herausgeber vor, der Schickele zur Seite stünde, hält 100 000 M Kapital für genügend. Ich forderte ihn auf, zu einer Besprechung mit Schickele nach der Schweiz zu kommen, damit das neue Blatt oder die umgewandelten „Weissen Blätter" vom 1ten April ab erscheinen können. – Hans Richter, der beim Stabe einer Division in der Nähe von St. Mihiel steht, bei mir in der Deutschen Gesellschaft gefrühstückt. Er sagt, der Geist der alten Leute sei gut, die jungen seien revolutionär. Die, die 3 ½ Jahre im Schützengraben gesessen hätten, Offiziere wie Mannschaften, dächten allerdings samt u. sonders nur daran, um jeden Preis nachhausezukommen; ob sie Kurland, Belgien, Elsass Lothringen preisgäben, sei ihnen gleichgültig: „nur Schluss". Die Truppen aus dem Osten gälten an der Westfront für „weniger zuverlässig". Man erzähle sich, dass einzelne Divisionen beim Durchtransport durch Deutschland bis zu 10 % Abgang gehabt hätten. Richter ist Chef der neugeschaffenen „Nachrichten Abteilung" der Division. Diese Nachrichtenabteilungen zentralisieren und organisieren alle Mittel, Nachrichten aus der vorderen Linie nach hinten zu bringen: Telephon, Meldeläufer, Brieftauben, Lichtsignale u. s. w. Sie sind eine Neuschöpfung Ludendorffs. Bei Verdun im Mai '16 war es unsere grösste Verlegenheit, wie wir bei undurchdringlichen Sprengstück- und Staubwolken u. durchschossenen Leitungen die Verbindung zwischen vorderer Linie und Stäben aufrechterhalten könnten. Klewitz weigerte sich deshalb, mich als Beobachtungs Offizier nach vorne zu schicken, weil ich doch Nichts zurückmelden könnte. Auch hier hat Ludendorff durchgegriffen. Richter sagte ziemlich richtig: ein gemeldeter Angriff sei schon so gut wie abgeschlagen. Vor jedem Unternehmen findet eine Besprechung beim Divisionskommandeur zwischen dem Chef der Artillerie, dem der Pioniere, dem der Nachrichten Abteilung und dem Generalstabs Offizer der Division statt. Diese fünf bestimmten die Richtlinien. Man muss immer wieder bewundern, wie fein und zweckmässig unter dem Drucke schrecklichster Not in der Hand Ludendorffs die militärische Maschine sich entwickelt und fortwährend neuen Gefahren angepasst wird. Hinter ihr sitzt Berlin, sitzen die Tausende von Bureaus und Ämter in der Heimat, die Theater, Dichter, Maler, kleinen Damen und leben fast in Sicherheit ihr kaum gestörtes Leben: man spielt „Don Carlos", geht zum fünf Uhr Tee, diskutiert, verdient Geld, liebt oder intrigiert, und ringsherum schützt nur diese feine, gewaltige, fortwährend sich erneuernde, aus menschlichen Leibern gefügte, vom Geiste Ludendorffs und seines Stabes beseelte Maschine die künstliche Friedensinsel vor gewaltsamem Untergange. Dass der Damm, der den Einbruch der Sündflut abwehrt, seine Kraft von einer so unendlich feinen, lebendigen, geistvollen Konstruktion hat, die den Verästelungen und Feinheiten der von ihm geschützten Welt sogar noch überlegen ist, dass er ausserdem aus Todesmut und den edelsten menschlichen Opfereigenschaften gebaut ist, macht seine Schönheit. – Abends im Tauentzien Palast, der gedrängt voll war, das Publikum beobachtet: lauter kleine hässliche Männer und halbwüchsige, blasse Mädchen. Was von Männern frisch und gross war, ist draussen oder tot. Wie wird die Rasse den Krieg überstehen?

31 Dez. 1917. Montag. Berlin. *31.12.1917 Montag*
Vormittags bei Langwerth. Er befragte mich über die Zustände in Frankreich. Ich sagte, die Clemenceau und Caillaux Partei schienen einander ungefähr das Gleichgewicht zu halten; die Entscheidung würde von der Frontarmee abhängen. Langwerth neigte zur Ansicht, dass die Frontarmee sich zu Clemenceau halten würde. Auf seine Frage, ob ich eine militärische Offensive im Westen noch für nötig und zweckmässig hielte, antwortete ich Ja, weil die Franzosen nicht früher auf Elsass Lothringen verzichten würden, ehe sie nicht erneut geschlagen seien, und weil von ihrem Verzicht die Friedensbereitschaft der Vereinigten Staaten abhänge. Riepenhausen sagte mir nachher, dass gewisse Kreise namentlich im Reichstag, den Wunsch hätten, dass wir auf eine Offensive im Westen verzichteten, dagegen einen langjährigen Feldzug gegen England in Ägypten und Indien unternähmen. Ich sagte, abgesehen von der militärischen Möglichkeit, würden Feldzüge gegen Indien und Ägypten keine Entscheidung bringen, weil der Friede im Westen nicht mehr allein von England abhänge, sondern mindestens ebenso sehr von Amerika, dem Indien und Ägypten gleichgültig seien. – Gegen acht noch bei Bussche. Er fragte mitten im Gespräch plötzlich, wie es käme, dass Ludwig Stein bei Haab interveniert sei wegen der Einreise des Domchores und sich dabei den Anschein gegeben habe, dass er mit einem offiziösen Auftrag komme. Ich sagte, Stein kenne Haab gut, ich hätte ihm deshalb gesagt, er möge, ohne mich oder das Amt zu nennen, sehen, ob er Haab zum Einschreiten bringen könne. Bussche liess eine heftige sarkastische Diatribe gegen Stein los: wenn Stein Etwas befürworte, sei es im Amt ein Grund, die Sache nicht zu tun. Jagow hätte Jedem im Amt verboten, Stein zu empfangen. Er sei ein schmieriger Kerl mit einer dunklen Vergangenheit, der sich überall hineindränge, ein Lügner, der immer das Gegenteil von dem erzähle, was wahr sei, ein Wichtigtuer. Er, Bussche, warne mich vor Stein u. s. w. Das Alles in einem leichten, weltmännischen Ton aber mit grossem Nachdruck und offenbarem Ernst vorgetragen. Radowitz hat mit mir über Stein ähnlich gesprochen. Und ebenso Blocher, der ihn aus der Schweiz kennt. Dabei ist Tatsache, dass er intim mit allen Parteiführern verkehrt, und ebenso mit Leuten wie Ferdinand Stumm, Guidotto Henckel, dem Herzog Ernst Günther und vielen Andren, dass er jeden Mittwoch der ausgesuchtesten politischen Gesellschaft von Berlin präsidiert schon seit drei Jahren, und dass er das geistige Factotum von Bernhard Bülow war und ist. Viele verläugnen ihn, aber keiner bricht mit ihm, trotzdem er

zweifellos ein Snob, und ungebildet und taktlos ist, und sein Geld, wie allgemein geglaubt wird, aus Hurenhäusern stammen soll. Was ihn hält ist ein wirklicher politischer Instinkt und eine grosse Gewandtheit im Jonglieren mit fremden Ideen, die ihn zum geborenen politischen Kuppler und Präsidenten machen. Jedenfalls eine der merkwürdigsten und in ihrer Art einflussreichsten Figuren des im Weltkrieg sich organisierenden politischen Berlin, das ohne die Mittwochsgesellschaft viel chaotischer gewesen wäre. Die unversöhnliche Feindschaft des Auswärtigen Amtes gehört, abgesehen von den moralischen Gründen, fast komplementär zu seinem Bilde, weil er seine Sache so viel gewandter und besser macht und überhaupt aus einer andren Welt stammt. Hier prallt Etwas ungeschickt Gutes und veraltet Vornehmes mit einer wirklich kräftigen, vielleicht anrüchigen und hohlen, aber mit Lebenskraft und Klugheit begabten Figur zusammen, die trotz Halbbildung und mangelnder fachlicher Kenntnisse Widerstände niederzwingt und sich in einer erstaunlichen sozialen Stellung hält, und Woche für Woche darin bestätigt wird. Charlatan, Spekulant auf die Schwächen seiner Mitmenschen, moralisch unbedenklich, aber trotzdem nicht blos Schädling, weil von einer zweifellosen konstruktiven Begabung innerhalb der Gesellschaft, indem er edlere Elemente als sich selbst bindet, wozu immerhin der Instinkt für das Edlere mit gehört; ein typischer Ostjude, mit einem durch Kuppelei jeder Art verunreinigten, aber nie aufzulösenden Idealismus; wahrscheinlich für einen Mann wie Bussche, einen rein germanischen Junker, der undurchsichtigste Typus Mensch. Und doch muss in Deutschland künftig dieser Typus mit jenem auskommen. Die Verachtung ist keine gute Waffe in diesem Kampfe. – Gegessen allein im Kaiserhof. Sylvesteressen für 25 M: Gänseleberpastete, Schildkrötensuppe, Karpfen blau, Junge Pute vom Spiess mit Salat, Eisbecher. Recht gut und reichlich, wenn auch 25 M. mehr als das Doppelte des Friedenspreises ist. – So endet dieses Jahr, das den grössten Umschwung in der Weltlage gesehen hat: mit der russischen Revolution, dem russischen Frieden und der Einmischung Amerikas in Europa eines der denkwürdigen Jahre der Weltgeschichte.

1 Januar 1918. Dienstag. Berlin *1.1.1918 Dienstag*

Stein telephonierte mich heute früh an und sagte, das Hauptquartier sei mit Brest-Litowsk nicht zufrieden; man befürchte allerlei Schwierigkeiten und Reibungen. Er kann das über den kleinen Kröger oder Würtz direkt von Ludendorff haben; ebensogut allerdings auch kombinieren. – Mittags mit Kröger selbst gesprochen. Er war etwas beunruhigt durch die heute aus dem „Manchester Guardian" herübertelegraphierte Nachricht, dass Lloyd George auf die russisch-deutschen Friedensgrundsätze von Brest-Litowsk antworten wolle. Die Gefahr wäre, dass die Westmächte Verhandlungen einleiteten, sie in die Länge zögen, dadurch unsere Offensive verhinderten und Amerika zu seinen Vorbereitungen Zeit verschafften. Ich meine daher, wir müssten dann sofort innerhalb einer kurz zu begrenzenden Frist gemäss Art. 1 sowohl der russischen wie der Vierbund Erklärung und Art 3. der Vierbund Erklärung[1] einen ausdrücklichen Verzicht der Entente auf Elsass-Lothringen, Mesopotamien, Palästina und sämtliche deutsche Kolonieen verlangen und nicht eher in weitere Verhandlungen eintreten. Der „Temps" überschreibt seinen Leitartikel vom 27ten Dez.: „au seuil d'une guerre nouvelle"; er sagt: „Le tournant actuel de la guerre ne ressemble à aucun autre. Jusqu'ici il suffisait de dire que la lutte continuait. Aujourd'hui, c'est devant une guerre nouvelle que nous nous trouvons. Guerre nouvelle pour les alliés privés de la Russie; guerre nouvelle pour l'Allemagne, privée des prétextes au nom desquels elle a déchaîné le conflit mondial (!)." Der Temps winselt dann ziemlich würdelos: „Quelle lourde part le peuple allemand prend-il aux responsabilités de ses chefs ... lui qui se laisse mener docilement à une agression (!?) encore plus impossible à justifier (!) que celle de 1914!" Wir sollen wohl stillhalten und warten; bis die Amerikaner kommen, nachdem die Entente alle unsere Friedensangebote abgelehnt hat. Dieser Grad von Absurdität im Jammergeschrei beweist die Tiefe des Schrecks in Paris. Mit Musch Richter in der Deutschen Ges. gefrühstückt.

2. Januar 1918 Mittwoch. Berlin. *2.1.1918 Mittwoch*

Früh im Amt Bartenwerfer getroffen und kurz gesprochen. Hindenburg und

[1] Die russ. Delegation hatte in der Eröffnungssitzung der Friedensverhandlungen von Brest-Litowsk am 22. Dez. 1917 sechs Punkte vorgeschlagen, die den Verhandlungen zugrunde gelegt werden sollten. Der erste Punkt lautete: „Es wird keine gewaltsame Vereinigung von Gebieten gestattet, die während des Krieges in Besitz genommen sind. Die Truppen, die diese Gebiete besetzt halten, werden in kürzester Frist zurückgezogen." Am 25. Dez. 1917 antwortete Czernin im Namen der Delegation des Vierbundes, daß eine „gewaltsame Aneignung von Gebieten, die während des Krieges besetzt worden sind, [...] nicht in den Absichten der verbündeten Regierungen" liege. Im dritten Punkt wies er darauf hin, daß die Frage der staatlichen Zugehörigkeit nationaler Gruppen, die keine staatliche Selbständigkeit besitzen, nicht zwischenstaatlich geregelt werden könne. Sie sei im gegebenen Fall „von jedem Staat mit seinen Völkern selbständig auf verfassungsmäßigem Wege zu lösen".

Ludendorff sind in Berlin angekommen, Kühlmann fährt heute Abend wieder nach Brest-Litowsk. Bartenwerfer, der geziert und goldbestickt elegant und höfisch vorgebeugt auf ein Stöckchen gestützt gieng, an einen Marquis oder petit maître von Molière erinnernd, Chrysante oder Alceste[1], strahlte. Zwischen Ludendorff und Hindenburg einerseits und Kühlmann und Hoffmann andrerseits, also zwischen Kreuznach und Brest-Litowsk, scheint es schwer auszugleichende Gegensätze zu geben. Brest-Litowsk möchte den Russen entgegenkommen und einen allgemeinen Frieden riskieren, sogar mit Verzicht nach Westen, Kreuznach will seine Offensive retten, um Lüttich und Briey zu behalten. Das ganze Amt wimmelte heute Morgen von Militär. Nachmittags war Kronrat. Unsere Sozialdemokraten wollen den Reichstag versammeln. Das Gefühl befestigt sich, dass England und Frankreich wirklich Fühler ausstrecken und verhandeln möchten. Man spürt überall die Aufregung und Unsicherheit eines Entscheidungstages. Der kleine Kröger sagt ganz richtig: „Wir spielen in Brest Litowsk Va-banque; aber manchmal muss man va-banque spielen." – Hellmuth Herzfeld brachte mir die von Grosz entworfenen Zeichnungen und Beischriften zum Film: „Sammy in Europa", der nach meinen politischen Richtlinien gemacht wird. Grosz und Herzfeld haben die Pointen sehr lustig herausgearbeitet. Es wird der erste wirklich politische Film, den wir im Kriege herausbringen. – Nachmittags beim Unterstaatssekretär Bussche mit dem Direktor von Berger von der Discontogesellschaft wegen des Ankaufs des Corsotheaters in Zürich und dem Variété Trust, die als gemeinsame Gründung des Reichs und der Discontogesellschaft geplant ist. Berger erklärte, die Discontogesellschaft würde, wenn das Reich es wünschte, die Sache in die Hand nehmen; er kommt in den nächsten Tagen nach der Schweiz, um sich das Corso anzusehen und das Unternehmen geschäftlich zu prüfen. – Abends abgereist mit Fürstner. Mein Bursche Grzellak, der seit September '14 bei mir war, begleitete mich an die Bahn; er ist zur Maschinengewehr Abt. gekommen und muss wieder ins Feld. Der letzte Mann wird jetzt für die grosse Offensive herangezogen.

3 Januar. 1918. Frankfurt a/M. Basel. *3.1.1918 Donnerstag*

Mit Verspätung in Frankfurt; daher erst um 3.54 weiter. Dunkle kalte Fahrt bis Leopoldshöhe, wo erst um Mitternacht. Die Grenze, die um 11 schliesst, hatte ich telegraphisch offenhalten lassen, so dass wir um 12 1/2 hinüberkamen, nachdem wir in einem eiskalten Nebel selbst unsere Koffer hingetragen hatten. Das Hotel „Drei Könige" in Basel ebenfalls eiskalt, da kaum geheizt. Der Krieg dringt überall allmählich an die Oberfläche. Annette Kolb telegraph., dass Haguenin mich sprechen will.

---

[1] vermutl. die Figuren Clitandre u. Acaste aus Molières „Le Misanthrope"

4. Januar 1918. Freitag. Bern. *4.1.1918 Freitag*

Früh um 7 nach Bern. In die Fried Probe: Mahler II und Berlioz. Gewaltiges Temperament des Friedschen Dirigierens. – Nachmittags Haguenin bei mir, der vor kurzem aus Paris zurückgekehrt ist. Der Zweck seines Besuchs war, mir die Lage und Stimmung in Frankreich Rosa in Rosa zu schildern. Er sagte, Clemenceau habe in seinem Kampfe gegen Caillaux die ganze Front und die öffentliche Meinung für sich. Selbst wenn Caillaux freigesprochen würde, würde Clemenceau nicht stürzen; denn er sei der Mann Frankreichs; Amerika und Clemenceau seien die beiden grossen Hoffnungen, auf die Frankreich vertraue. Frankreich wolle auch heute noch, nach dem Abfall Russlands, den Krieg bis zum Äussersten fortsetzen. Weder Frankreich noch die Entente dächten daran, sich an den deutsch-russischen Friedensverhandlungen zu beteiligen. Sie würden vielleicht eine Antwort auf die Brester Erklärungen veröffentlichen; aber nicht, um Verhandlungen einzuleiten, sondern blos „zu Propagandazwecken". (Die Befürchtungen in Berlin waren also unbegründet.) Amerika wolle Frankreich zu seiner Bastion in Europa ausbauen, habe ein Interesse an einem zufriedenen und ruhigen Frankreich und werde deshalb auch für Elsass Lothringen kämpfen. Frankreich werde wahrscheinlich von Amerika und England nach dem Fortfall des russischen Stützpunktes abhängig werden, was schmerzlich sei, aber durch wirtschaftliche Vorteile, insbesondre die zu erwartende unerhörte Konjunktur, aufgewogen werde. Haguenin deutete dann an, dass Frankreich vielleicht im Osten für Russland Kompensationen finden könne. Das neue Polen würde uns viel zu schaffen machen und kaum auf Posen verzichten. Auch blicke man, namentlich in katholischen Kreisen Frankreichs, nach Österreich. Österreich und Polen zusammen würden eine sehr grosse katholische Macht bilden, die zweifellos eine starke katholisch propagandistische Expansionskraft entwickeln werde. Wenn Frankreich nicht sofort nach der russischen Revolution „das Selbstbestimmungsrecht" der Völker verkündet, sondern den Vortritt Wilson überlassen habe, so habe es das hauptsächlich aus Rücksicht auf Österreich unterlassen. (Wie stark müssen also in Frankreich im Frühjahr und Sommer die Hoffnungen auf einen Abfall Österreichs gewesen sein, wenn es deshalb ein solches Atout ausliess.) – Romberg, dem ich mein Gespräch mit Haguenin beim Domchor Konzert erzählte, hielt die Erklärung über die Nichtbeteiligung der Entente an den deutsch-russischen Verhandlungen für so wichtig, dass er sie noch heute Nacht an Kühlmann nach Brest telegraphierte; wir giengen auf mein Zimmer im Bellevue und setzten das Telegramm zusammen auf. Er sagte, diese Erklärung Haguenins bestätige seine eigenen neusten Informationen, nach denen in Frankreich Alles nur voll Wut gegen Russland sei und an einen Frieden nicht denke, wenigstens in Regierungskreisen. Zuerst müsse Clemenceau stürzen, ehe an einen Eintritt Frankreichs in Verhandlungen zu denken sei. Anders stehe die Sache mit England. Es scheine, als ob dort mehr Neigung zu einer Verständigung vorhanden sei; aber wir müssten, um dieser Strömung zum Durchbruch zu verhelfen „zuerst Etwas tun." Ich fragte, „was tun?" Romberg meinte, irgendein Angebot machen; allerdings hätten wir dazu garkeinen Anlass, wir brauchten nur die Dinge laufen zu lassen und vielleicht die Offensive zu machen, obwohl er sich von dieser einen politischen Erfolg nicht mit Sicherheit zu versprechen schien. Den Frieden mit Russland müssten wir zustandebringen, weil wir sonst Nichts zu essen hätten; wir hätten, was der Öffentlichkeit unbekannt sei, eine vollkommene Misernte gehabt! Die Hauptgründe, die Romberg für Englands grösseres Friedensbedürfnis angiebt, sind auch die wachsenden Versorgungsschwierigkeiten und das Mistrauen gegen Amerika. Über die Angst in Berlin vor dem Beitritt der Entente zu den Brester Verhandlungen mokierte sich Romberg bitter. Merkwürdig, dass Haguenin, sonst ein kluger Mann, mit der Beruhigung dieser Angst seinem Vaterland einen so üblen Dienst geleistet hat, indem er eine der Hauptursachen der Uneinigkeit zwischen Heeresleitung und Regierung bei uns beseitigte. – Zur österreichischen Politik im vorigen Sommer schrieb mir Nostitz aus Wien am 1ten Dez: „Deine Kombinationen bezüglich Polzers und der ihm nahestehenden Kreise sind im wesentlichen durchaus richtig gewesen. Mein letzter Brief (der nicht mit Kurier gehen konnte und deshalb in puncto Hof u. s. w. mit Absicht zurückhaltend war) gab aber wohl schon meiner Erwartung Ausdruck, dass ernste Gefahr uns von dieser Seite vorläufig nicht mehr drohen werde; und diese Auffassung ist durch den inzwischen erfolgten Rücktritt Polzers bestätigt worden. Mehrere Momente haben zusammengewirkt, Polzers Stellung zu erschüttern: kompromittierende Unvorsichtigkeiten einzelner seiner Parteigänger und andrerseits die hartnäckig chauvinistische Haltung Frankreichs und Englands und der glänzende Erfolg unserer gemeinsamen Offensive; entscheidend ist aber gewesen, dass die alles Mass übersteigenden Angriffe und Forderungen der Tschechen nun auch die Ungarn auf den Plan gerufen und dadurch die Krone gezwungen haben, die sehr bedenklichen Konsequenzen einer einseitig tschechenfreundlichen Politik, wie sie der von Polzer inspirierte Amnestieerlass eigentlich hatte, selbst in zweifelsfreier Form zu desavouieren. Ausser Polzers Sturz deuten auch noch andre Symptome darauf, dass die Stellung des Grafen Czernin sich wesentlich gefestigt hat und den ententefreundlichen Bestrebungen seiner Gegner vorläufig das Wasser abgegraben ist. Mit Polzer hat insbesondere auch die Kaiserin[1] einen Vertrauten verloren, der ihren francophilen Sympathieen und denen ihrer Verwandtschaft Vorschub leistete. Ganz ausser Rechnung wird man den Einfluss der Kaiserin und des Hauses Parma, dessen kulturelle und politische Auffassungen mit den unsrigen nun einmal

[1] Zita

wenig gemein haben, auch weiterhin nicht lassen dürfen. Fürs Erste ist aber jetzt wohl auch dieser Einfluss lahm gelegt." Am 6ten Dez. fügte Nostitz hinzu: „dass es gerade die von dieser Stelle (der Kaiserin) ausgehenden Intriguen sind, die auch über den Schauplatz deiner Tätigkeit hinweggespielt .. haben .... Fürs Erste ist, wie ich schon schrieb, von dieser Stelle wohl Nichts mehr zu besorgen. Immerhin – was war, könnte irgend einmal auch wieder werden." – In den Abendblättern ein wütender Aufruf der russischen Volkskommissäre oder Trotzkys an die deutschen Truppen, in dem die deutschen und österreichischen Versprechungen auf einen demokratischen Frieden als schamlose Lügen bezeichnet und die Truppen aufgefordert werden, sich nicht von ihren Regierungen als Henker gegen die russische Arbeiterrevolution gebrauchen zu lassen. Ausserdem veröffentlichte die russ. Regierung eine offiziöse Erklärung über die Schwierigkeiten, die sich dem Frieden infolge des deutschen Standpunkts entgegen stellen (Abstimmung gewählter Körperschaften in Polen und Ostseeprovinzen statt Plebiszit, Weigerung die Occupationstruppen vorher zurückzuziehen).

5 Januar 1918 Sonnabend. Bern. *5.1.1918 Samstag*

Die Russen sind in Brest-Litowsk nicht erschienen. Statt dessen schlagen sie Stockholm für die weiteren Verhandlungen vor und beginnen eine flammende Polemik gegen die deutsche und österreichische Regierung verbunden mit Aufrufen an die Völker und Soldaten Deutschlands und Österreich-Ungarns. Hertling hat im Haushaltsausschuss des Reichstags ziemlich kriegerisch und selbstbewusst geantwortet, während Kühlmann und Czernin auf dem Bahnhof in Brest-Litowsk warten. So könnte der Anfang der Weltrevolution aussehen. Trotzky stellt sich in einen schroffen Gegensatz zu allen Regierungen sowohl der Entente wie des Vierbundes, appelliert aber an alle Heere und Völker. Die Geste ist dämonisch weltengross. Es fragt sich, wen sie anlockt und hinter sich bekommt. Vielleicht nur Georg Bernhard; vielleicht eine neue Völkerwanderung. Die Hauptsache ist zunächst, was die russischen Soldaten tun werden, ob sie sich für Ideen totschlagen lassen oder weiter kriegsmüde bleiben? Sie sind so passiv, dass Beides möglich ist. Auf Zeitungen und Menschen hier ist die Wirkung grösste Ratlosigkeit und Konfusion. Man findet sich nicht mehr zurecht. – Annette Kolb frühstückte mit mir und war ganz fassungslos; jammerte über die bevorstehende Offensive, beschimpfte die deutsche Regierung für ihre Haltung in Brest Litowsk, hatte Befürchtungen für Kühlmann. Abends erstes Fried-Konzert: Berlioz Trauer und Triumph Symphonie zur Bestattung der Helden der Juli Revolution und Mahlers Zweite mit dem Berliner Domchor. Die Wirkung der Mahlerschen Symphonie, namentlich des letzten Satzes, des Weltgerichts, war über alle Maassen erschütternd und gewaltig. Das Revolutionäre,

Apokalyptische schlug ein in die Tagesstimmung. Es war, als sei ein Prophet auferstanden. Fried gestaltete gerade diese Stimmung mit seinem ungeheuren Temperament und Können zu gigantischer Grösse. Das Publikum war elektrisiert; es war für Fried und für Mahler ein Triumph ohne Gleichen. Selbst Romberg, der Mahler nicht mag, sagte mir nachher, er bäte ihm Alles, was er gegen ihn gesagt habe, ab. – Romberg kam nach dem Konzert wieder auf mein Zimmer, wo wir arbeiteten. Auch er steht den russischen Ereignissen ratlos gegenüber, lachte aber über die, die bei uns schon vor einem zu früh hereinbrechenden allgemeinen Frieden Angst gehabt hatten. – Später gegen Mitternacht zu Schickele, wo Oscar Fried, Vandevelde, Unruh, Frl. Brüstlein, Frau v Guaita, Weltis. Die Tendenz war, der deutschen Regierung die Schuld zuzuschieben. Warum nicht nach Stockholm gehen? Warum mit dem Selbstbestimmungsrecht ein unehrliches Spiel treiben? Annette hatte Ausbrüche.

6 Januar. 1918 Sonntag. Bern. *6.1.1918 Sonntag*

Oscar Fried bei mir auf meiner Kanzlei strahlend wegen seines gestrigen Erfolges; er sagte, sein Zimmer sei angefüllt mit Blumen, die ihm heute geschickt seien, ganz Bern „stünde auf dem Kopf" u. s. w. Von Mahler, der „einer von den ganz reinen Juden gewesen sei", ein grosser und makelloser Charakter, sprach er mit einer durch seinen persönlichen Erfolg gesteigerten Begeisterung. Er, Schickele und Unruh frühstückten mit mir bei Daettwyler. Schickele meinte, es sei Zeit, dass man in allen Ländern eine grosse Offensive gegen die Militärs mache. Was er ihnen am Meisten vorwirft, ist dass sie geistige Werte, z. B. Künstler, Dichter, Illuminierte, für ihre Zwecke misbrauchten und dadurch entwerteten, indem sie ihnen blauen Dunst vormachten, sie irgendwie bestächen und auf falsche Bahnen lenkten. Er, Schickele, wolle sich in dieser Weise nicht verbrauchen lassen, weil er glaube, später Wertvolleres geben zu können, gerade weil er eine feste Zuversicht in die künftige geistige Führerrolle Deutschlands habe. Er sei einer von den wenigen Proselyten, die Deutschland während dieses Krieges gemacht habe. Die Zeitschrift[1] besprochen: Kiepenheuer, Paul Cassirer, Schwabach. Schickele soll mit mir nach Deutschland kommen, um Kiepenheuer zu sehen und einen festen Plan aufzustellen. – Trotzky kommt jetzt doch nach Brest, aber um die Verlegung der Verhandlungen an einen neutralen Ort durchzusetzen, man spricht neben Stockholm heute von Bern.

7. Januar 1918. Basel. *7.1.1918 Montag*

Nach Basel. Fried Konzert. Berlioz, Mahler II. Souper bei mir in den Drei Köni-

[1] „Die weissen Blätter" erschienen wieder ab Juli 1918, weitere Zeitschriftenpläne Schickeles wurden nicht verwirklicht.

gen. Heinz Simon mit seiner jungen Frau, Maria Freund, Fried, Frau v. Riedel, Blochers, Köchlins.

8 Januar 1918. Bern. *8.1.1918 Dienstag*
Wiederholung von Mahlers Zweiter Symphonie unter Fried in Bern. Nachher soupiert im Bellevue mit Fried, Simons, Berger, Unruh.

9. Januar. 1918. Mittwoch. Bern. *9.1.1918 Mittwoch*
Dietrich Bethmann, Curt Unruh u. Berger bei mir im Bellevue gegessen. Unpolitische, aber nervös gespannte Gespräche. Im Hintergrunde der Konflikt zwischen Ludendorff u. Kühlmann u. die wütenden Angriffe Bernhards auf Kühlmann. Aber Trotzky ist trotz seiner Drohungen doch vorgestern nach Brest Litowsk gekommen.

10 Januar. 1918 Donnerstag. Bern – Zürich. *10.1.1918 Donnerstag*
Wilson erlässt eine Botschaft an die Welt als Antwort auf Brest-Litowsk; vier gönnerhafte, selbstgerechte Zeitungsspalten. – Vormittags fuhr ich mit Fried und Unruh nach Zürich; Schickeles, Annette Kolb, Stransky, Haguenin, die hinter Fried und Mahler herfahren, waren auch im Zuge. In Zürich gefrühstückt bei Huguenin, mit Schickeles und Curt und Fritz Unruh. Gespräch über Sternheim und Rathenau. Schickele sagte von Rathenau, im Hinblick auf die Liste seiner Werke sehr drollig, ihm sei für ihn ein Motto eingefallen: „Vom Rohstoff zu Christus." – Abends in der Tonhalle das Friedkonzert. Mahlers Zweite entfesselte wieder Stürme des Beifalls. Maria Freund, meine alte Bekannte aus dem Clemenceau Kreise, sang die Altpartie. Die Freund, Annette Kolb, Fried, Schickeles, Fritz und Curt Unruh, Paul Cassirer, der Professor Rüdd, Heinz Simon, Stransky und ich blieben nachher zusammen im „Baur au Lac", und später, nach der Polizeistunde, bei Cassirer im „Schwert". Er bewohnt dort die Zimmer von Goethe; an die Wände hat er Cézannes und Van Goghs gehängt. Der Triumph Frieds und des Berliner Domchores in der Tonhalle hatte eine höchst angeregte, nervös elektrische Stimmung geschaffen. Durch die Fenster sah man auf die in der beschneiten Stadt schwarzen, von allerlei Lichtern glitzernden Gewässer der Limmat. Die Van Goghs und Cézannes in den Räumen Goethes, die seltsam gemischte, fast wieder wie vor dem Kriege kosmopolitische Gesellschaft, der Moment, dieser Augenblick, wo Trotzky die russische Revolution zur Weltrevolution zu weiten sucht, wo bei uns der Konflikt zwischen Militär und Reichsgewalt bedrohlich wird, der Nachhall der ungeheuren Weltgerichtsschilderung Mahlers, dieses Durcheinander so vieler verschiedener Gefühle, Erlebnisse, Ahnungen, Menschen, hatte Etwas Traumhaftes, Unwirkliches, Phantastisches. Schickele riss mich aus dieser Stimmung heraus in ein leeres

Zimmer und machte mir Eröffnungen über Zusammenhänge, die erstaunlich wären, wenn sie wirklich sind. Sechs Leute (und in dieser Nacht schien es glaubhaft) halten die Fäden der Dinge und bereiten der Welt, wenigstens der, die wir gekannt haben, einen Jüngsten Tag: Trotzky, Haase, Henderson, Albert Thomas, Renaudel und Schickele. Mehr wollte er im Augenblick nicht sagen; fügte aber hinzu: Mein Tag würde kommen, ich „hätte meine Jugend noch vor mir", schien für mich irgendeine Rolle aufzusparen. Nur glauben, glauben müsse ich, dass eine neue Welt im Werden sei! Er redete mit fanatischem Ernst auf mich ein, schien von seiner Vision der kommenden neuen Zeit illuminiert. Wie eine Fledermaus flitzte er im halbdunklen Zimmer hin und her, vor den Cèzannes, vor der Limmat, den Zwicker im toternsten, scharfen, vor Aufregung zitternden Gesicht. Was wird entstehen aus diesem gespensterhaften Gespräch? War es nur ein Spuk oder steckt dahinter eine drohende, heraufziehende Wirklichkeit? Ich sagte ihm, dass ich mich für ihn verbürgt habe, dass wenn er stürzt, ich stürze, dass er wohl berechtigt sei, seinen Weg zu gehen, dass er diese durch die Umstände geknüpfte Beziehung aber nicht vergessen solle. Er schien bestürzt, zitierte das Wort des französischen Botschafters Beau: „Schickele est un fanatique de Kessler", versprach, mich einzuweihen vor Entscheidendem. Wir sollen uns Anfang Februar im Hochgebirge treffen; dort wünscht er mich mit gewissen Leuten bekannt zu machen, erlaubte mir, Alles, was er nicht als streng geheim bezeichnen würde, an Kühlmann und Romberg weiterzugeben. Hierdurch wird die Sache ganz rätselhaft.

11 Januar. 1918. Freitag. Zürich. *11.1.1918 Freitag*

Die Mätresse Lenins ist, wie mir heute Zeller sagte, Kassiererin bei uns im Corso. – Nachmittags wurde ich durch Curt Unruh zusammengebracht mit dem amerikanischen Journalisten Schütte. Wir hatten eine zweistündige Unterredung bei Huguenin in Gegenwart von Curt und Fritz Unruh. Das einzige Gesprächsthema war die Botschaft Wilsons. Schütte möchte sie als Friedensgrundlage hinstellen und beklagte die sofortige Ablehnung durch die Norddeutsche Allgemeine[1]. Ich machte hingegen geltend, dass Wilson die Angliederung Elsass Lothringens an Deutschland als ein Unrecht bezeichne; wenn man einen Gegner zum Frieden stimmen wolle, sei es zum mindesten ungeschickt die Moral in die Debatte hineinzutragen, ihm einen moralischen Vorwurf zu machen. Schütte verteidigte das Wort nicht, meinte aber, es sei blos ein Stilfehler. Fritz Unruh und ich sagten, uns scheine, dass dieses Wort im Gegenteil der Ausdruck einer Haltung sei und zwar gerade derjenigen Haltung inbezug auf Elsass Lothringen die den ganzen Krieg herbeigeführt habe. Schütte sagte dann, Wilson sei vermutlich über die elsässische Frage nur einseitig und mangelhaft

[1] W. S., Wilsons „Programm des Weltfriedens"

informiert. Er lasse sich sehr ungern belehren, weil er als Professor im Gegenteil gewohnt sei, Studenten vor sich zu haben, denen er Lehren erteile. Ausserdem verfasse er seine Noten selbst und zeige sie Niemandem, ehe er sie der Welt mitteile. So sei es wahrscheinlich auch in diesem Falle gewesen; sonst wäre das unglückliche Wort herauskorrigiert worden. Deshalb dürfe man aber nicht die ganze Note ablehnen. Ich sagte, dann sei Wilson also ein vollkommen absoluter Herrscher, wie wir ihn in Europa seit Ludwig XIV nicht mehr gekannt hätten; ein Souverän, der Niemanden zu Rate ziehe, ehe er sein Volk festlege; wo bliebe da das „Selbstbestimmungsrecht der Völker", für das er seine freien Bürger in den Tod schicke? Schütte brachte hierauf keine Antwort zustande, und ich sagte ihm, wie könnten wir einen Mann ernst nehmen, d. h. für aufrichtig halten, der den Kernpunkt seiner Lehre, für die er Millionen Leben opfere, selbst nicht beachte? Unserem Kaiser werfe er vor, dass er den Reichstag und das gesamte Deutsche Volk nicht bei jedem Schritt heranziehe, er selbst befrage aber grundsätzlich Niemanden. Ein Mann, der die Hauptfrage, um die der Krieg entbrannt sei und geführt werde aus Unkenntnis schief beurteile und seine eigene Hauptforderung selber nicht beachte, scheine nicht geeignet, den Krieg zu beenden. – Trotzky hat nachgegeben und Brest-Litowsk als Verhandlungsort weiter angenommen.

12 Januar. 1918. Sonnabend, Bern – Basel. *12.1.1918 Samstag*

Mit dem ersten Zug nach Bern. Bei Tattenbach wegen Ankaufs der Zürcher Morgen Zeit. 25000 frcs + Betriebskapital. Abends nach Basel, wo noch bei Blochers. Weihnachtsbaum mit Kerzen. Besprochen mit B. den Morgenzeitung Ankauf, den er sowie Egli befürworten. Sie soll das Organ der Deutsch-Schweizerischen Gesellschaft werden. Blocher warnt vor den Amerikanern, die jetzt kommen und mit grossen Mitteln Propaganda in der Schweiz anfangen. Ein Telegramm aus Christiania im Berner Tagblatt[1] meldet heute, dass dort Mr Whithouse, Propaganda Chef der Amerikaner mit Geldmitteln eingetroffen und nach der Schweiz unterwegs ist. Blocher hat gehört, sie wollten unter Andrem die Druckereien und Papierfabriken in der Schweiz aufkaufen, um die Zeitungen „an der Quelle" zu fassen. Auch die Franzosen scheinen jetzt viel Geld, wahrscheinlich aus Amerika, zu haben. Vor zwei Tagen war ein französischer Agent Mathé aus Genf bei Zeller und wollte ihm das Corsotheater für Februar abmieten, um einen Sensationsfilm vorzuführen, weil die gewöhnlichen Kinos zu klein seien. Als Zeller ablehnte, weil er seine Variété Truppe für Februar bereits fest habe, bot ihm Mathé an alle Kosten zu tragen, ja das Doppelte der Gagen an Zeller auszuzahlen. Neben dem Corso wird ein neues grosses Kino für 800 Personen ausgebaut auf Anregung von Pathé frères aus

[1] Der amerikanische Propagandachef für die Schweiz

Paris; Fellner hofft es aber Diesen wegzumieten. Der Propagandakrieg wird durch das Eingreifen der Amerikaner heftiger und verwickelter; sie haben mehr Geld, wir die Gerissenheit unserer Juden, die ich ansetze, und unsere exaktere Arbeit. Jeder Augenblick im Leben jedes Einzelnen wird zum Kampfplatz der feindlichen Parteien. Nichts entgeht der Politik. Diese Einschnürung des freien Spielraums der Seelen durch den Krieg und ungeheure Geldmittel ist eine wunderliche Folge. Gewaltige fortlaufende Fälschungen streiten miteinander um die Seelen. – Brief von der Else Lasker-Schüler, die einen gewissen Malzahn bei mir anbringen will, weil er, wie sie Unruh gesagt hat, „so unglaublich schöne Augen hat" und deshalb „den Frieden machen könne". Närrische grosse Dichterin. Aber die Narrheit dringt allmählich überall ans Licht. Gestern in Zürich telephonierte die Lasker deshalb fünfmal. Genie, Geist, Macht, Geld, Wissenschaft werden im Blutdunst allgemein von ihren eigentlichen Zwecken fort pervertiert. Der Mangel und die Narrheit dringen überall allmählich wie eine Art von Schimmel an die Oberfläche. Millionenfach hungrige Narren, die sich einbilden, um hohe Ideale Blut zu vergiessen oder durch Worte ungeheure Kräfte binden zu können. Dabei kalt; die Sexualität spielt kaum noch eine Rolle. Mann und Weib sind mehr geschieden als je vorher in einer Zeit; oder, was auf dasselbe herauskommt, mehr einander angeglichen; bis zu dem Grade, dass in den Schützengräben und rückwärts in der Freundschaft und allem Übrigen kaum ein Unterschied gemacht wird. Die Else Lasker-Schüler, die mit einer Schellenkappe als „Jussuf, Prinz von Theben" herumläuft und den allgemeinen Frieden stiften will durch einen Jüngling mit schönen Augen ist in ihrer Winzigkeit und Narrheit doch ein organischer Teil des gewaltigen Ganzen. Apokalyptische Zeiten, deren Gewebe nicht zu durchschauen ist. Welche Wahlverwandtschaft lässt sich ahnen mit den letzten Jahrhunderten des Römerreichs und dem Aufkommen des Christentums und aller Mysterien! Asexualität, Weltuntergang, Mystizimus bis zur Narrheit, die Schwüle der Verwesung und des Werdens. Falsche Propheten überall zwischen Kriegsgewinnlern und Märtyrern; und nachdrängend eine Jugend, die im Angesicht des Todes zum Bewusstsein geschlechtlicher Differenzen kaum erwacht ist. Der Geschlechtsakt wird, wo man morgen sterben kann, zur blossen Ausspannung, deren Gegenstand kaum beachtet wird; es sei denn, dass in dieser Wüste eine Orchidee seltsamster Treue oder Leidenschaft aufblüht. Dann strömt in diese Liebe auch das Apokalyptische der Zeit hinein. – Else Lasker Schülers Brief: 11ter Januar. Elite-Hotel, Zürich (nachdem ich mich mehrmals hatte verläugnen lassen). „Wenn Sie mich sehen, werden Sie sofort feststellen, ich bin nicht aufdringlich, ich fliege immer bald wieder ins Freie, wenn auch mit dem Ibach-Flügel. Immer träum ich dieselbe Sache, immer dieselbe Situation, und ich hab keine Ruhe. Wen ich auch bat und bitte mich mit zu Ihnen zu nehmen, auch in Bern, errät eine Ausrede, vielleicht weil ich vielleicht nicht in die Gesellschaft passe, höchstens zwischen Hof und Hof – ich meine „Thron". Nun sind Sie wieder hier, ich stand vor dem Concert und kann mich nicht entschliessen. Nach meinem kurzen Erzählen werden Sie von meiner Bitte nicht enttäuscht sein. Ich glaube die Leute glauben, ich will Sie anpumpen; ich denke nicht daran, zumal ich nur Spiessbürger beraube, auch habe ich. Ich kann Ihnen nur allein Alles sagen, weil ich ganz anders wie die meisten denke, wie ja auch in der Lyrik – ††† „ich schnitt es gern in alle Brotrinden ein"[1]. Ich erwarte morgen Freitag zwischen 9-12 Uhr etwa wie Sie können, Herr Graf, eine Antwort. Am bequemsten für Sie: Telephon Hotel Elite, und bitte nicht sehr entsetzt sein wegen der vielen Belästigung des Prinzen von Theben Else Lasker-Schüler."

13 Januar 1918. Sonntag. Basel. Frankfurt a/M. *13.1.1918 Sonntag*

Vormittags aus Basel nach Leopoldshöhe und von dort nach Frankfurt. Der Wagenverkehr von der Grenze bis Leopoldshöhe war wegen der Glätte eingestellt. Ich musste zu Fuss gehen; ein braver Musketier trug mir mein Gepäck. Ziemlich pünktlich um 6 1/2 in Frankfurt. Mit Berger im Frankfurter Hof gegessen, recht gut, ebensogut wie in Bern. Berger hat hier wegen der Variété Gründung verhandelt. Abends nach Berlin weiter.

14 Januar 1918 Montag. Berlin. *14.1.1918 Montag*

Morgens pünktlich um 8.25 in Berlin an trotz starken Schneefalls. Allerdings sagte der Schlafwagen Schaffner, dass es nur einmal alle zwei Monate vorkomme, dass der Zug pünktlich sei. – Hindenburg u. Ludendorff sind in Berlin. Angeblich finden heute beim Kaiser entscheidende Besprechungen statt. In Brest-Litowsk ist es über das „Selbstbestimmungsrecht" wieder fast zum Bruch gekommen. Hoffmann hat eine sehr scharfe Erklärung gegen die Russen abgegeben: „... Ihre Regierung ist begründet lediglich auf Macht, und zwar auf Macht, die rücksichtslos mit Gewalt jeden anders Denkenden unterdrückt .... Für uns haben die Völker der besetzten Gebiete ihrem Wunsch der Lostrennung von Russland bereits klar und unzweideutig Ausdruck gegeben. (Hoffmann führt dann Beschlüsse an der kurländischen Landesversammlung vom 21. Sept. 17, des Litauischen Landesrats vom 11 Dez 17, der Stadtverordnetenversammlung in Riga vom 27 Dez 17, der Ritterschaft, der ländlichen, städtischen und kirchlichen Gemeinden auf Oesel, Dagö und Moon im Dez. 17); er fährt dann fort: „Auch aus verwaltungstechnischen Gründen muss die Deutsche Oberste Heeresleitung eine Räumung Kurlands, Litauens, Rigas und der Inseln im Rigaischen Meerbusen ablehnen." Kühlmann scheint durch diese Erklärung

[1] Anspielung auf den Eingangsvers von Wilhelm Müllers Gedicht „Ungeduld": „Ich schnitt' es gern in alle Rinden ein".

in einige Verlegenheit geraten zu sein und hat Aufhebung der Sitzung beantragt zwecks „erneuter Beratung der Bundesgenossen.“

15 Januar 1918 Dienstag. Berlin. *15.1.1918 Dienstag*

Der „Tag“[1], das Organ Kreuznachs, sagt heute früh an der Spitze seiner Nummer im Sperrdruck, dass in den Berliner Konferenzen zwischen dem Reichskanzler[2] und der Obersten Heeresleitung „ein sachlicher Ausgleich gefunden worden sei, bei dem die Oberste Heeresleitung, wie sie beabsichtigt hatte, lediglich die militärischen Interessen vertrat. Der Ausgleich schafft für die Verhandlungen im Osten klare Grundlinien und nach dem Westen freie Bahn, die wiederum ihre Grenzen in den Staatsnotwendigkeiten des Deutschen Reiches finden.“ Stilisiert hat das wohl Bartenwerfer, da sonst nur noch Holzbock so schreibt. Georg Bernhard[3] tobt gedämpft aber wütend in der „Voss“ gesperrt: „Gerade er (Kühlmann) ist der gefährlichste Vertreter des Annexionismus“ und kommt damit Trotzki gegen Kühlmann zur Hülfe; ebenso närrisch wie die Schüler, nur dass er auf die schönen Augen Russlands baut, statt auf den Jüngling. – Mittags beim Major Grau im Kriegsministerium wegen des Kinotrusts. Er markierte Angst vor unserem Variété Unternehmen mit der Disconto. – Caillaux ist verhaftet worden. Vielleicht beginnt damit eine stürmische Zersetzung in Frankreich.

16 Januar 1918. Mittwoch Berlin. *16.1.1918 Mittwoch*

Mit Ferdinand Stumm jr, der Nachfolger von Radowitz geworden ist, gefrühstückt und die Propaganda Organisation besprochen. Ich möchte auf jedem Gebiet, Kino, Variété, Buchhandel, Kunsthandel, Annoncen u Presse Privatgesellschaften mit Staatsbeteiligung, deren Dienste den Gesandtschaften zur Verfügung stehen; jeder Gesandtschaft ein jährliches Pauschale, das sie nach ihrem Ermessen ausgiebt. Auch die Vorbereitung von Beziehungen mit unseren Feinden für den Frieden schon jetzt im Kriege besprochen. Stumm stimmte meistens zu. – Später bei Haeften. Haeften fragte mich, ob ich einen Verständigungsfrieden mit Frankreich ohne neue Offensive für möglich hielte? Ich sagte, ja, unter gewissen Bedingungen, die aber den Nachteil hätten, Ludendorff zu misfallen: Republik Elsass-Lothringen, Verzicht auf Briey; unter diesen Bedingungen, wenn Ludendorff dahinterstehe und wir den kleinen französischen Sparer durch Sicherung seiner russischen Werte gewönnen, glaubte ich, schon jetzt einen Verständigungsfrieden zustandebringen zu können. Ich entwickelte dieselben Ideen wie in meiner Unterredung mit Károlyi. Auch wies ich auf die

---

[1] Artikel u.d.T. „Ausgleich“

[2] Hertling

[3] Zweierlei Kriegsziele

Gefahr der Amerikanisierung Frankreichs hin, das wie eine amerikanische Bastion wirtschaftlich und politisch in unserer Flanke sitzen würde, wenn wir den Kontinentalbund nicht zustandebrächten. Ich sagte, wir könnten mit der Elsass Lothr Republik und der Sicherung der russischen Schulden sowie dem gemeinsamen Wiederaufbau Russlands mit Frankreich an die beiden Haupteigenschaften des Franzosen appellieren: seine Eitelkeit und seinen Geiz. Dass Ludendorff von einer Republik in Elsass-Lothringen Nichts wissen wolle bestätigte Haeften und machte ihn offenbar stutzig. – Abends in der Mittwochsgesellschaft. Ein Prof. Kettler redete über die Ethnographie des Balkans gut. Später wurde über die Ostfragen debattiert, was die Gemüter wieder heftig erregte. Hoetzsch, der neben mir sass, tobte, weil auf eine Frage des Herzogs Ernst Günther der Baron Schillings, der Vertreter Esthlands, andeutete, dass sich die Engländer in Esthland festsetzen könnten, wenn Deutschland die Esthen zurückweise. Hoetzsch erklärte dieses für glatten Unsinn. Zum Schluss erzählte in höchst lässiger, eleganter Weise Janosz Radziwill, ein Sohn von Ferdinand Radziwill, wie die Bolschewiks ihn und seine ganze Familie einschliesslich seines dreijährigen Sohnes zum Tode verurteilt hätten. Er ist dann irgendwie entflohen und nach Deutschland durchgekommen. Sein Schloss Olyka lag vor unserer Front, als wir in Luck waren. Wie er in einem etwas näselnden, gleichgültigen Ton die Greuelherrschaft der Bolschwiks in Wolhynien schilderte, die ihn sein Vermögen und fast sein Leben gekostet haben, konnte man an irgendeinen der Terreur entkommenen französischen Grand Seigneur denken. Der Kontrast zur siedenden Aufgeregtheit unserer Ostfragen Fanatiker, die immer weit vom Schuss gesessen haben, wirkte grotesk. Mit Rosen, der aus dem Haag hier ist, u. Ludwig Stein nachhause. Stein erzählte, die Einigung zwischen Hertling und Hindenburg sei auf der Basis der Annexion von Lüttich, Longwy, Briey zustandegekommen. Im Osten wolle man die militärische Sicherung, d. h. Kowno, Grodno, Narew Linie durch Militär Konvention mit Polen; und falls es durchzusetzen sei, eine lose Angliederung von Litauen u. Kurland, aber hierfür den Krieg keinen Tag länger führen. Mit den Westzielen ist die Reichstagsresolution vom 19 Juli[1] hinfällig, was Schwierigkeiten mit den Sozialdemokraten voraussehen lässt. Valentini, der für den Verständigungsfrieden war, ist, wie Stein sagt, abgesägt, d. h. Ludendorff zum Opfer gebracht worden. An seiner Stelle trete der Oberpräsident Berg, ein Mann der schärferen Tonart.

---

[1] Friedensresolution der Mehrheitsparteien des Reichstags vom 19. Juli 1917, die mit den Stimmen von Zentrum, MSPD u. Fortschrittl. Volkspartei verabschiedet wurde; in der Resolution wurden ein „Frieden der Verständigung und der dauernden Versöhnung der Völker" gefordert, Annexionen abgelehnt u. für die Schaffung internationaler Rechtsorganisationen plädiert.

17 Januar. 1918. Donnerstag. Berlin. *17.1.1918 Donnerstag*

Heute früh bringt die Kreuzzeitung[1] (nur diese) den Abschied Valentinis. – Gefrühstückt im Autoklub mit Schulze Pellkum, den ich zufällig traf, und dem Oberpräsidenten Schorlemer. Valentinis Fortgang wurde als Triumph gefeiert. Pellkum, der Landrat in Hamm ist, sagt, die Arbeiter seien in ihren Versammlungen sehr heftig, schrieen „Nieder mit dem Krieg, Nieder mit Hindenburg", ernste Unruhen seien aber nicht zu befürchten und auch keine grösseren Arbeitseinstellungen, wenn die Regierung energisch sei. Sie hätte die Arbeiter durch die Reklamationen in der Hand; und ausserdem verdienten einzelne Arbeiterfamilien in seinem Kreise bis zu 3000 Mark im Monat. Ihre Ernährung sei durch den Schleichhandel gesichert. Allerdings sei unsere staatliche Ernährungspolitik vollkommen zusammengebrochen. Auch Guidotto Henckel sagte mir gestern Abend, dass wir kaum über den März hinaus Brot hätten, wenn wir Nichts aus Russland bekämen. Nach Pellkum wird Hertling im Hauptausschuss erklären, dass für die Regierung jetzt die Reichstagsresolution vom 19 Juli hinfällig ist. Der Konflikt mit der Sozialdemokratie scheint nach Allem kaum noch zu vermeiden. Zwei Vorgänge der letzten Zeit geben zu denken: In einer Versammlung des Bundes der Kriegsbeschädigten in Berlin am 13ten haben über 300 Kriegsbeschädigte ihre Eisernen Kreuze abgelegt und in Frankfurt a/M. ist der Pfarrer Traub in einer Volksversammlung der Vaterlandspartei nicht zu Worte gekommen; die Menge hat ihn mit Rufen: „Nieder mit dem Krieg, Hoch der allgemeine Friede" niedergebrüllt und ist dann demonstrierend durch die Strassen gezogen. – Schöner Brief von Wieland Herzfelde aus Ligny vom 7ten Januar: „Ihr Brief vom 26 XII hat mich ungemein erfreut, insbesondre als er mich in einer Lage erreichte, in der man leicht kleinmütig werden kann: Am Sylvesterabend auf Spezialbeobachtung während unseres nicht recht geglückten Angriffes zwischen La Vacquerie und Marcoing, als dicht beim Engländer in schwerem Artillerie- und Maschinengewehrfeuer, ohne Sitz- und Liegegelegenheit in feuchte, verlauste, zu kleine Stollen gezwängt bei kalter Kost (nur Kaffee konnten wir kochen, weil zum Glück viel Schnee fiel). Ich habe meine gute Laune eigentlich nicht verloren, wie überhaupt während der letzten Monate mich ein eigentümlicher, erwartungsvoller Frohsinn beherrscht. Ihr Brief hat ihn ausserordentlich geweckt. Sie wissen ja, dass es mir hauptsächlich auf die Sache der Neuen Jugend ankommt (im weiten Sinne) und deshalb von mir Fesseln abspringen, wenn mein Bruder oder mein Freund Grosz grösseren Produktionsspielraum gewinnen. Auch habe ich die feste Absicht, Trauer, Resignation oder Verzweiflung nicht mehr in mir gedeihen zu lassen, weil ich mich dadurch nur zerreibe und schwäche. Ich will aber stark und lebhaft meine Arbeit wieder ergreifen; und dass ich wiederkomme, hoffe

[1] Wechsel im Zivilkabinett des Kaisers

ich mit grösster Bestimmtheit, ebenso wie dass im Herbst Friede wird .... Zu eigenen Arbeiten kann ich jetzt leider nicht gelangen, teils des Dienstes und der mangelnden Einsamkeit wegen, wohl aber auch, weil meine freie Zeit durch das herzliche Verhältnis, das ich zur französischen Bevölkerung gewonnen habe, beschlagnahmt ist, die sich in manchmal rührender Mütterlichkeit um mich sorgt. Ich kann nicht läugnen, dass meine Militärjahre mir eine intensive Kenntnis der verschiedensten Menschen eingetragen hat, wie ich sie in Berlin wohl kaum hätte erlangen können. Heute habe ich das Gefühl, mich moralisch behauptet zu haben, und daraus resultiert eine Heiterkeit, die alle Schmerzen und Entsagungen überragt. Ich komme mir beinahe wie ein Kriegsberichterstatter in Firma Neue Jugend vor, allerdings ein vorläufig schweigsamer ....“

18 Januar 1918. Freitag. Berlin. *18.1.1918 Freitag*

Aus Anlass eines Artikels[1] des Wiener „Fremdenblatts“ gegen Bernhard Bülow heftige Ausfälle in der alldeutschen u. konservativen Presse gegen Österreich. Überreizte Nerven überall. – Im Gegensatz dazu lauten die Nachrichten aus Brest-Litowsk über die Verhandlungen mit der Ukraine ausgezeichnet; der Friede mit Südrussland scheint auf gutem Wege. – Abends bei Radowitzens kleiner Rout. Frau v. Carnap, die den ganzen Krieg ihr Gut in Hannover bewirtschaftet hat, sagt, die Stimmung unter den Bauern sei nicht mehr so gut wie früher; sie seien erbittert, namentlich gegen die Verordnungen. Viel beschlagnahmtes Obst sei einfach verfault u. s. w. Auch fehle es fast ganz an Viehfutter. Pferde u. Zugochsen giengen ein. Sie selbst, die früher eine Berliner Schönheit war, ist durch den Krieg unter ihren Bauern, russischen und französischen Gefangenen, Verwundeten, Geschäftsbüchern, Wirtschaftssorgen zu einer Matrone mit derben, bäuerlichen Zügen geworden, wenn sie auch noch immer ihre alten schönen Perlen um den Hals trägt. Harte Arbeit, Etwas Männliches, Unabhängiges hat die Zeit ihr geschenkt und eingedrückt. Die kleinen Schwabachs[2] waren dagegen beseligt, dass in diesem Winter wieder getanzt werde. „Natürlich nicht zu wirklicher Musik“, wie sie hinzufügten, sondern ein Jeder bringt seine Grammophon Platten mit, der Teppich wird ausgeräumt und dann wird losgetanzt. Im vorigen Winter habe man ja auch getanzt; aber es sei wie eine Art von Verbrechen betrachtet worden. Jetzt ringen sich in der Ermattung der stellvertretenden Generäle und „Ernst der Zeit“-Leute Lebenswille, Jugend und Fröhlichkeit schamlos durch. Der Krieg liegt tatsächlich im Sterben, auf dem Lande ebenso wie im Salon. – Die Alldeutsche Partei verkörpert nicht den Willen zur Macht des Deutschen Volks, sondern den Willen zur Macht des deutschen Parvenüs.

---

1 Fürst Bülow

2 vermutl. Lally Horstmann u. Vera v. Schwabach

19 Januar 1918. Sonnabend Berlin. *19.1.1918 Samstag*

Vormittags bei Berger in der Disconto Ges. Diese geht auf unsere Aufforderung, das Corso[1] mit dem Ausw. Amt gemeinschaftlich zu kaufen, ein. – Gefrühstückt bei Georg Bernhard. Die Nachrichten aus Österreich sind schlecht. Es soll ein Generalstreik ausgebrochen sein. Die Zeitungen in Wien sind heute nicht erschienen. Die Berliner Zeitungen sagen davon Nichts. Aber die Arbeiteropposition gegen den Krieg, die Trotzki, Haase, u. s. w. zur Weltrevolution steigern wollen, scheint in Fluss zu kommen. Bernhard hat Unterredungen mit dem Kronprinzen[2] u. Ludendorff gehabt. Er behauptet, der Kronprinz teile seine Ansichten in der Ostfrage, stehe aber in der Wahlreform auf dem konservativen Standpunkt, unter Malzahns Einfluss. Die Absägung Valentinis hat unter schwersten Kämpfen der Kronprinz bei seinem Vater durchgesetzt. Hindenburg u. Ludendorff sollen deshalb mit dem Kaiser die heftigsten Auftritte gehabt haben, Hindenburg bis zum Weinkrampf, der in der Politik seit Bismarck als ultima ratio aller Fürstendiener gilt. Ludendorff will überall militärische Sicherungen ohne Rücksicht auf die Politik. Der Kaiser hat sich nach Valentinis Rücktritt ins Bett gelegt; bei Herrschern der Ersatz für den Weinkrampf. – Abends assen Willy Radowitz u. Hannah Wangenheim bei mir im Adlon; an einem Nebentisch gab der Botschafter Stumm ein Diner für Bernhard Bülow u. Zimmermann. Radowitz machte sich lustig über sein eigenes heute Abend in der Nordd. Allg. publiziertes Dementi[3] gegen das Wiener Fremdenblatt, in dem er Bülow reinwäscht, dass er nie gegen Kühlmann intriguiert habe. Die Wiener Streiks betrachtet auch Radowitz als eine sehr ernste Sache; ein geglücktes Stück des Trotzkischen Planes. Er meint, dass wir auch in Berlin Unruhen bekommen könnten. Nachdem wir Hannah Wangenheim fortgebracht hatten, giengen Radowitz und ich zu Vollmöller, der in seiner Wohnung am Pariser Platz ein Fest gab; Berliner Intellektuelle und kleine Mädchen, die Orska, Anita Berber, Theodor Wolff u. s. w. In den matt bläulich und orangefarben erleuchteten Räumen tanzte allerlei Volk, der Bruder Kühlmann, der Tänzer Charell, viele kleine halbnackte Weiber. Radowitz war gleich mit zwei ganz hübschen jungen Schauspielerinnen in einer Ecke. Dem Berliner Demimonde fehlt irgendwie die Leichtigkeit und natürliche Gleichheit in Sexualität und Geist; er hat Etwas Gekünsteltes und Pappiges, Etwas von schlechter Gesellschaft, das in Paris fehlt. Es herrscht eine Stickluft. Ich gieng mit dem äussersten Ekel nach kurzer Zeit fort.

---

1 Zürich

2 Wilhelm

3 Der Vorstoß gegen den Fürsten Bülow

20 Januar 1918 Sonntag. Berlin. *20.1.1918 Sonntag*

Vormittags Sitzung im Amt bei Stumm wegen des Corsokaufs. Berger trug seinen Plan vor, der für das Reich günstig ist. Nach Genehmigung Bussches wird das Reichsschatzamt angegangen werden. Eberhard Bodenhausen frühstückte mit mir in der Deutschen Gesellschaft. Er hat seit ein paar Tagen seine Stellung im Aufsichtsrat der Discontogesellschaft angetreten und ist designierter Präsident. – Gegessen bei Frau v. Friedländer-Fuld mit dem Botschafter Stumm, Schoens, dem Abgeordneten Kardorff und Fanny Kurowski, die aus Rumänien Urlaub hat, wo sie einem Erholungsheim für Offiziere und Soldaten vorsteht. Nach Tisch langes Gespräch mit Stumm über alte und neue Diplomatie, wobei ich geltend machte, dass die sog. „Nachrichten Abteilung" des Amtes, deren Dirigent sein Sohn geworden ist, die eigentliche Vertreterin der neuen, nicht auf einzelne hervorragende Persönlichkeiten, sondern auf die Massen der fremden Völker berechneten Diplomatie ist. Diese „Massendiplomatie" wird, je demokratischer die soziale Struktur und die treibenden Kräfte werden, um so mehr die Kabinettsdiplomatie ersetzen. Von Stumm befragt über Ludendorff und das Hauptquartier sagte ich, dass nach meiner Ansicht die im Kriege entstandene sogenannte „Reichsleitung", bestehend aus Kaiser, Kanzler, Staatssekretär des Auswärtigen und Hauptquartier meines Erachtens eine falsch konstruierte Maschine sei. Der Fehler liegt darin, dass Ludendorff in Auswärtigen Dingen nicht von einem sachkundigen, voll informierten und durch hervorragende Stellung Autorität geniessenden Diplomaten, sondern durch den Chef seiner politischen Abteilung, Bartenwerfer, einem General, beraten wird. Da Ludendorff durch die Drohung mit seinem Rücktritt immer stärker sein muss als jeder Staatssekretär, so kommt es, dass unsere Auswärtige Politik im Kriege und bis in den Frieden hinein gemacht wird nicht von dem dazu bestellten Staatssekretär, auch nicht von Ludendorff, der keine Zeit hat, sich intensiv mit Ausw. Politik zu befassen, sondern letzten Endes von einem mittelmässigen General, den ausserhalb des Hauptquartiers Niemand kennt, der aber das Ohr Ludendorffs in Auswärtigen Dingen ressortmässig besitzt und Ludendorffs Meinung durch seinen täglichen Vortrag bildet. Dass diese schlecht konstruierte Maschine immerfort versagt, ist kein Wunder. – Von Friedländers zu Solfs, wo Empfang. Der frühere Staatssekretär Jagow kam als Husar sehr frisch, ein junger Major; er ist in Libau oder Mitau irgendetwas in der Etappe. Sonst noch längere Gespräche mit der sehr alt gewordenen Fürstin Ferdinand Radziwill, (Mutter von Janusz Radziwill) die den grösseren Teil des Krieges in Russland verlebt hat[1] mit ihrem witzigen, mumienhaften Gesicht und polnischem Näseln ihrer Empörung Ausdruck gab, dass wir mit Trotzki, „diesem Mörder und Briganten", verhandeln; wir sollten einfach einmarschie-

[1] gestrichen: „und"

ren, Widerstand würden wir nicht finden. – Dann mit dem Baron Manteuffel aus Livland, der mir auseinandersetzte, wenn er Statthalter von Kurland würde, würden die Letten in zehn Jahren Deutsch sein ohne Vergewaltigung. Wir sollten nur dabei bleiben, dass Kurland bereits für uns optiert habe, dann würden selbst die Letten in Livland und die Esthen für Deutschland stimmen, um nicht von Kurland getrennt zu werden. Liessen wir aber ein Referendum in Kurland zu, dann würde es gegen Deutschland ausfallen. Russland würde aber sowieso auseinanderfallen, weil die germanische Oberschicht, die es zusammenhielt, in den letzten fünfzig Jahren durch die Agrarrevolution allmählich zerrieben und beseitigt worden sei. Übriggeblieben sei nur ein slawisches Völkergemisch ohne Staatenbildende Kraft. – Bei Solfs gieng das Gerücht, dass der Generalstreik in Wien beendet sei. Kardorff sagte mir bei Friedländers, wir kämen um die Revolution nicht herum, entweder während des Krieges oder nach dem Kriege.

21. Januar 1918. Montag. Berlin. *21.1.1918 Montag*

Frieden mit der Ukraine nach den Zeitungen heute so gut wie gesichert. Max Scheler mit mir gefrühstückt. Er erzählte aus Wien, wo er den Bischof Waitz(?), Nostizens u. s. w. gesehen hat. Polzer sei in der Tat der Mittelpunkt der antideutschen Intriguen. Nachdem er als Kabinettssekretär abgesägt war, ist er jetzt als zweiter Obersthofmeister wiedergekommen. Mit ihm hängt Lammasch zusammen, und er hat Förster zum Kaiser[1] gebracht. Hermann Bahr, der mit Lammasch intim ist und dessen Ansichten widerspiegelt, hat Scheler gesagt, Österreich sollte mit der Entente zusammen Deutschland einkreisen und erdrücken. Bahr schwebt ein loser Völkerbund unter Habsburgischem Szepter in Mitteleuropa vor. Der Amnestieerlass sei aber nicht von Polzer angeregt, sondern eine eigene Eingebung des Kaisers, der sie plötzlich in seinem Salonwagen beim Lesen der kriegsgerichtlichen Urteile gegen die Czechen gehabt habe; Polzer habe allerdings dabeigesessen und den Erlass stilisieren helfen. Aufgefallen ist Scheler in Wien die durchaus internationale, ententefreundliche Gesinnung der österreichischen Aristokratie. Der böhmische Hochadel sei durchaus antideutsch. Förster habe allerdings zuviel über seine Unterredungen mit dem Kaiser gesprochen und sei dadurch etwas in dessen Gunst gesunken. Scheler sagte mir zum Schluss, sein eigener Wunsch sei, Professor in Wien zu werden. – Nach Tisch mit Stumm und Berger bei Bussche in der Corso Angelegenheit. Bussche ist der Typus des Bureaukraten und Kabinettsdiplomaten; ein Stockfisch ohne jede Phantasie, der nur den Trieb kennt, sich irgendwie vorwärtszubewegen. Der Kronprinz nennt ihn, wie Georg Bernhard mir erzählte, die „Salon Trichine". Da Kühlmann sich prinzipiell um Nichts kümmert,

---

[1] Karl I.

was nicht aktuelle hohe Politik ist, ist Bussche der eigentliche Herr des Auswärtigen Amtes seit Kühlmanns Antritt. Er übt diese Funktion mit seinem Fischblut, seinem Minimum an Phantasie und Temperament, wie ein Automat, der seine Geistlosigkeit nur durch gelegentliches Lächeln zu verschleiern sucht. Sein Depeschenstil ist, was man „witzig" nennt, in der Art von Luxburg; ordinär, barock und überheblich auf einem Untergrund von dürftiger Gedankenlosigkeit. Dieser lange anmassende Bandwurm mit seinem kalten Herumtasten soll die Maschine mit der unsere Politik arbeitet, in Bewegung halten. Mit welchem Talent, lässt sich denken! Trotzdem sprach er sich zugunsten unseres Projektes schwach aus, was bei ihm viel ist; so dass ich angenehm überrascht war. Bussche denkt so, wie ein Mensch spricht, der Polypen in der Nase hat. Man könnte ihn vor lauter Näseln für überlegen halten, wenn er nicht zu sehr offenbarte, dass sein Näseln blos auf die Dürftigkeit seines Organismus zurückgienge. Er wäre blos verächtlich und komisch, wenn nicht gerade Schluss des Weltkriegs wäre, und er im End Reglement, wo über den Preis für so viel Blut entschieden wird, eine Rolle spielte. Er ist das Schlimmste, was uns Rumänien durch seine Kriegserklärung angetan hat.

22. Januar 1918. Dienstag Berlin *22.1.1918 Dienstag*

Die heute früh zum ersten Mal in den Zeitungen erschienenen ausführlichen Nachrichten über den österreichischen Generalstreik zeigen, dass es sich um sehr gefährliche Dinge mit einer Spitze gegen Deutschland handelt. Die Arbeiter verlangten raschesten Friedensschluss und Teilnahme der Arbeiter an den Friedensverhandlungen. Demonstrationen fanden statt gegen Hoffmanns Rede in Brest-Litowsk. Der sozialdemokratische Abgeordnete Heine hat Fürstner erzählt, dass die Streiks von der österreichischen Regierung mitinszeniert sind, um auf Deutschland zu drücken. Ludwig Stein, der bei mir frühstückte, bestätigte diese antideutschen Tendenzen in Österreich und sagte, er habe einen Brief von Apponyi bekommen, wonach in Ungarn die Stimmung gegen uns im Wachsen ist. Apponyi begründet dieses mit dem Widerstand der deutschen Militärs in Sachen der ungarischen Armee und mit dem Auftreten der deutschen Soldaten in Ungarn selbst. Stein malte die Gefahr an die Wand, dass Deutschland den Krieg ohne Bundesgenossen weiterführen müsse und in Deutschland selbst die bolschewikische Revolution ausbräche. Er meint, Czernin (und Österreich) wollten sofort Frieden schliessen, ohne die Offensive im Westen abzuwarten, während unsere Oberste Heeresleitung Zeit gewinnen wolle, um die Offensive zu machen, und sicher sei, dass sie dann den Frieden diktieren könne. Die Frage sei, ob es Deutschland gelänge, diesen Spielraum für die Offensive durch Hinhalten der Arbeitermassen zu erlangen; oder ob die Arbeiter in Österreich und Deutschland und die österreichische Regierung uns zwängen, schon vorher Frieden zu schliessen. Schief wird die Situation dadurch, dass Kühlmann persönlich durch seinen Gegensatz zu Ludendorff gezwungen ist, seine Hauptstütze in Österreich zu suchen. Die Oberste Heeresleitung sei ihrer Sache in Frankreich vollkommen sicher. Stein will gestern von zwei Offizieren, die bescheid wüssten, erfahren haben, dass das Ziel der Offensive Rouen sein würde, wodurch Paris und das übrige Frankreich von Havre und der kürzesten Verbindung zum Meere u zu Verpflegungszentren überall abgeschnitten und mit Hülfe des U Boot Krieges und des Kohlenmangels ausgehungert werden würden. Für die Friedensverhandlungen im Westen sei Bülow der Mann der Obersten Heeresleitung, die sich auf ihn festgelegt habe. Kühlmann würde wohl nach Abschluss des Friedens mit Russland Botschafter in Wien werden. – Später mit Heinz Simon, der ebenfalls die Revolution an die Wand malt, oder eine Militärdiktatur. – Gegessen bei Paul Schwabachs. Schöner blumengeschmückter Tisch, silberne Teller, grösster Luxus, wenn auch kein Champagner. Neben Frau Richter gesessen. Sie klagte über „Mangel an Patriotismus“ bei ihren Enkeln. Der älteste, Gustav, der 19 ist, hat sich ganz gern zurückstellen lassen. Man hat den Eindruck, dass diese Zwanzigjährigen vielfach den Krieg als eine Angelegenheit der älteren Generation betrachten, während ihre eigene Sache erst mit der auf den Krieg folgenden Revolutionierung der Welt anfängt. Wir werden für die heute Zwanzigjährigen mit dem Krieg sozusagen „behaftet“ bleiben, wenn sie auch entschlossen sind, daraus die ihnen nützlich scheinenden Konsequenzen zu ziehen. Wir sind minderwertig und ohne Autorität, wie Väter, die gesündigt haben. Daraus ergiebt sich eine Verschärfung und Nüancierung des Gegensatzes zwischen Vätern und Söhnen, wie selten in der Geschichte. Paul Schwabach, der sehr klug ist, sagte mir, früher hätte er sich vorgenommen, seinem Jungen, wenn er aufwüchse, entgegenzukommen, dessen Standpunkt möglichst zu verstehen und zu teilen. Jetzt sei der Junge Sechzehn, aber er, der Vater, sehe schon jetzt ein, dass sein früherer Plan aussichtlos sei; wir würden die Führung ganz den Jüngeren überlassen müssen. Es wird später drei Generationen geben: die die den Krieg gemacht oder nicht verhindert haben; die, die aus dem Schützengraben zurückkommen, und die, die zu jung waren, um hinauszugehen und die sowohl die Alten wie die Schützengrabenleute wie eine Art von veralteten Narren betrachten und behandeln werden.

23. Januar 1918 Mittwoch. Berlin. *23.1.1918 Mittwoch*

Peter Behrens Vormittags bei mir wegen des Meyrinck Films. – Frühstück gegeben im Adlon für Stresemanns, Bernhard u. Eberhard Bodenhausen. Stresemann schilderte, wie Bussche im Hauptausschuss über die Vorgänge in Österreich referiert habe. Auf Stresemanns Frage, was eigentlich los sei, habe

Bussche ein Telegramm des stellvertretenden Konsuls in Budapest vorgelesen, in dem es hiess: Pazifisten, Jesuiten, Freimaurer, jüdische Finanzkreise u. Sozialdemokraten hätten Arbeiter Demonstrationen angestiftet. Näheres folge schriftlich. Stresemann habe Bussche gefragt, ob das die einzigen Informationen seien, die das Auswärtige Amt habe? Bussche habe geantwortet: „Ja"; worauf Wolfgang Heine sich erhoben und gesagt habe, zur Ehre des Auswärtigen Amtes nehme er an, dass der Unterstaatssekretär die Unwahrheit sage. Bussche wird allgemein verachtet. Das Schreckliche ist, dass gerade er in Abwesenheit von Kühlmann unsere Politik in dieser furchtbaren Krisis macht. Sehr lange wird man sich solche Zustände nicht mehr gefallen lassen. Die Lage ist zu einer Explosion reif. Der General Hoffmann ist nach Ansicht von Stresemann u. Bernhard die Kreatur von Erzberger und Scheidemann. Seine Frau intriguiert in Berlin gegen Ludendorff. Seine Rede in Brest Litowsk hat er nach einer heftigen Auseinandersetzung mit dem Hauptquartier, weil er seinen Weisungen nicht gefolgt war, auf Befehl gehalten. Hoffmann will Reichskanzler werden. Vollmöller, den ich kurz in der Deutschen Gesellschaft sah, erzählt, die österreichischen Streiks hätten einen gewaltigen Eindruck auf unsere Arbeiter gemacht, weil sie gesehen hätten, was erreicht werden könne. Nachmittags bei Stumm, der mir sagte, dass kein Geld mehr zur Verfügung stehe, mein Budget über den 31ten März hinaus nicht bewilligt werden würde, und ich daher schon jetzt Alles abbauen müsse. Das Reichsschatzamt will alle Ausgaben auf das äusserste einschränken. Nachher Sitzung mit Stumm im Reichsschatzamt wegen der Corso Sache. Trotz der Finanznot einiges Entgegenkommen. – Abends Mittwochsgesellschaft. Schulze Pellkum mein Gast. Julius Wolff über die Finanzreform u die von ihm befürwortete 13%ige Vermögens-Abgabe nach dem Kriege. Bernhard u Mankiewicz dagegen. Wolffs Haupt-Argument, dass 40 oder 50 Milliarden sofort nach dem Kriege nötig u. nur durch Vermögenskonfiskation zu erhalten seien. – Mit Hintze, Georg Bernhard u. Stein nachhause. Bernhard war heute Nachmittag drei Stunden bei Bülow, auf dessen Mitwirkung bei den Westverhandlungen sich, laut Stein, auch der neue Kabinettschef Berg festgelegt hat. Die Intriguen gehen weiter, trotz des bereits vernehmbar heranrollenden Erdbebens. Hoffmann, Bülow, Czernin, Polzer hopsen durcheinander wie die Flöhe auf dem schon von den ersten Stössen erzitternden Boden. Heinz Simon sagte mir von dem Vollmöllerschen Abend mit Kokotten, Tänzer, Intelligenz und hohen Beamten, es sei darin Etwas von den letzten Augenblicken vor einer Katastrophe, wo man va banque spielt, die anständigen Frauen den Unterschied zwischen sich und einer Dirne nicht mehr empfinden, die gesellschaftlichen Bande automatisch locker werden; „fünf Minuten vor Zwölf" Stimmung. Ob die Katastrophe wirklich eintritt, mag noch zweifelhaft sein; zweifellos lebt ein grosser Teil der Welt so, als ob er die Katastrophe bereits im Blute hätte. Aber darüber hopst der Leichtsinn fort unbekümmert um das Kommende, nur fieberhafter in seiner Gier. Zum zweiten Mal erleben wir innerhalb kurzer Zeit eine solche Epoche: so war es 1913/14 in Paris, London, Berlin, so ist es jetzt wieder, nur diesmal auf einem Untergrund von Leichen, Hunger und Wirtschaftszusammenbruch.

24 Januar 1918. Donnerstag. Berlin. *24.1.1918 Donnerstag*

Vormittags im Amt bei Bergen, der mir die Aufzeichnung von Muelon über angebliche Äusserungen Bohlens und Helfferichs im Juni oder Juli '14 zeigte. Muelon will dadurch nachweisen, dass der Kaiser das österr. Ultimatum vorher gekannt und gebilligt hat, und hat diesen Schriftsatz den Unabhängigen Sozialisten geschickt. Die Empörung im Amt ist darüber gross. Dass Polzer zweiter Obersthofmeister geworden ist, wusste Bergen nicht; er sagte, es sei aus Wien nicht darüber berichtet worden. – Gefrühstückt bei Radowitzens mit dem Kurländer Manteuffel. M., der morgen vom Kaiser als Vertreter der Kurischen Ritterschaft empfangen wird, will, da seine Mission damit beendet sei, als Kriegsfreiwilliger bei den Garde Dragonern eintreten. Er sagt, er bringe über hundert kurische Edelleute mit. Nachmittags die Rede des Reichskanzlers. Abends gegessen bei Baby Friedländer mit Radowitzens, Hoesch und Khuen von der österreichischen Botschaft; nach Tisch kam Kühlmann. Er sieht erschreckend mitgenommen aus, das Gesicht zugleich gedunsen und eingefallen; nur die grossen, brutalen Bauernhände sind unverändert. Die kleine Radowitz war, wie sie mir fast unter Tränen sagte, ganz erschüttert. Er hustete und klagte scherzhaft, seine Amtswohnung sei so ungesund; in seinem Schlafzimmer kämen Nachts all die Sorgenbazillen, die seine Vorgänger hinterlassen hätten, aus den Wänden. Hoesch erzählte amüsant aus Brest-Litowsk. In der ersten Zeit hätten Russen u Deutsche zusammen gegessen, jeden Abend Champagner getrunken; Nachts um zwei habe Frau Bizenko[1] einmal sogar Klavier gespielt. Sie hat einen General[2] ermordet und liebt Schumann, wogegen Wagner ihr ein Greuel ist. Hoesch findet sie „reizend". Aber Trotzki hat seit seiner Anwesenheit das gemeinsame Essen abgestellt. In Kühlmanns Haltung zu mir glaube ich eine gewisse Kälte zu bemerken, die von unserem früheren Verhältnis absticht. Möglich, dass ihm meine Stellung zur elsässischen Frage unbequem geworden ist, seit Hertlings Kanzlerschaft. An den Wänden hingen um die zum Teil seltsamen Brest Litowsker Erzählungen von Hoesch und Kühlmann wie in Zürich bei meinem Gespräch mit Schickele Cézanne, Van Gogh, Gauguin; von Baby Friedländer kunstvoll matt beleuchtet und in eine geheimnisvolle Atmosphäre von Halbschatten eingehüllt. Die „Arlésienne" Van Goghs in ih-

---

1 Bicenko

2 Sacharow

rem halbverkrüppeltem, unheimlich innerlichem Brüten war wie eine Schwester der Frau Bizenko. Was heute in Russland triumphiert und mit Trotzki am Verhandlungstisch in Brest Litowsk sitzt, ist Etwas, das mit dem Geiste Van Goghs ziemlich nah verwandt ist. – Nachmittags besuchte mich der Sohn Gerhard Hauptmanns, Ivo, mit seiner jungen Frau. Sie haben im Kriege einen Jungen bekommen und den Maler Signac zum Paten genommen. Signac hat die Patenschaft ausgeübt u. fortwährend sehr verständig u. sympathisch geschrieben. Die Sache macht nach meiner Ansicht ihm und Hauptmanns gleich viel Ehre in dem festen Zutrauen auf eine versöhnliche, keine Intimität vorweg ausschliessende Zukunft.

25 Januar 1918. Freitag. Berlin. *25.1.1918 Freitag*

Nach Hertling u. Czernin (der gestern auf Grund von Wilsons Botschaft Sonderverhandlungen zwischen Österreich u Amerika zur Vermittlung eines Allgemeinen Friedens vorgeschlagen hat, wörtlich: „Diese Situation, welche sich wohl daraus ergiebt, dass Österreich-Ungarn einerseits und die Vereinigten Staaten von Amerika andrerseits jene Grossmächte unter den beiden feindlichen Staatengruppen sind, deren Interessen einander am wenigsten widerstreiten, legt die Erwägung nahe, ob nicht gerade ein Gedankenaustausch zwischen diesen beiden Mächten den Ausgangspunkt für eine versöhnliche Aussprache zwischen allen jenen Staaten bilden könnte, die noch nicht in Besprechungen über den Frieden eingetreten sind.“) hat Kühlmann heute Morgen im Hauptausschuss eine grosse Kriegszielrede gehalten: Er betont den „notwendigen inneren Zusammenhang zwischen unserer Politik in Kurland u. Litauen und der polnischen Politik, welche ein Faktum darstellt, an dem man nicht mehr vorübergehen kann.“ Sagt dann: „Unsere Differenzen mit der bolschewistischen Delegation betrafen hauptsächlich die Einzelheiten der Ausführung des Selbstbestimmungsrechts der Völker .... Aber ich glaube unbedingt nicht, dass an dieser Frage die Verhandlungen scheitern werden.“. Bernhard[1] schimpft natürlich wieder in der Vossischen. Wie Hoesch erzählt, stürzen sich die Russen in Brest Litowsk jeden Tag auf die deutschen Zeitungen, und namentlich die alldeutschen und die „Vossische“ im dortigen Zeitungskiosk. Meinen Rat, den Zeitungskiosk abzuschaffen, bezeichnete er als unausführbar, weil wir uns dadurch blamieren würden. Inzwischen bezieht Trotzki aus diesen Zeitungen seine Waffen gegen Kühlmann. Ernst Hardt, der sich in der Deutschen Gesellschaft nach dem Frühstück zu mir u Musch Richter setzte, meinte, es sei unerhört, dass Bernhard, weil Bülow ihn alle drei Tage empfange, ganz gegen Kühlmann eingeschwenkt sei und Bülows senilen, zähen, gemsenhaften Ehrgeiz wieder emporzuklettern und den Frieden zu machen, ohne Rücksicht

[1] Czernin und Kühlmann

auf das Reichsinteresse Tag für Tag in seiner Zeitung fördere. Neben dem Erdbeben, das aus den Tiefen des hungrigen Volkes droht, beansprucht dieses Ränkespiel Bülows, der vor Nichts zurückscheut, jetzt das Hauptinteresse; wenn auch die Disproportion zwischen dem einen und dem andren Bülow fast wie einen Clown erscheinen lässt, einen gealterten, aber gefährlichen Clown, dem in seiner verkalkten Schauspieler Eitelkeit Nichts mehr heilig ist. Seine Narrheit hat allerdings, im Gegensatz zu der vieler Andrer heute, Nichts Apokalyptisches, sondern stammt ausschliesslich aus dem Salon und der Hofatmosphäre der untergehenden Welt. Er ist der dramatische Gegenspieler des modernen, apokalyptischen Narren.

26 Januar. 1918. Sonnabend. Berlin. *26.1.1918 Samstag*

An Kühlmann Trotzkis Broschüre[1] geschickt, die sie nach Hoesch in Brest-Litowsk nicht kennen. Ganz klares warmes Frühlingswetter; der Himmel zart blau, dabei die prickelnde, frische Luft eines Wintertages. Gestern sind im Osten von Berlin Flugblätter verteilt worden, die zum Generalstreik auffordern.[2] In St. Etienne und Lyon sollen blutige Unruhen, Weiberstreiks und Hungerkrawalle vorgekommen sein. Porträt Kühlmanns (der heute im Hauptausschuss gegen die Gewaltherrschaft der Bolschewiki redete und sich damit für alle Fälle deckte) ab irato, d. h. aus meiner durch seine plötzliche seltsame Kälte gegen mich hervorgerufenen wenig wohlwollenden Stimmung: Kühlmann sehr gewandt, sehr redebegabt, mit einer grossen Fähigkeit, mittelmässige Leute richtig anzufassen und seinen Zwecken dienstbar zu machen. Aber sehr eingebildet, sehr brutal, mit der mangelhaften Unterscheidungsgabe brutaler Menschen, und ziemlich hülflos einem Jeden gegenüber, den er als mächtiger an gesellschaftlicher Stellung, an Intelligenz oder Energie empfindet. Ein in den Regionen der höheren Mittelmässigkeit überlegener und gewandter Mensch, wobei ich die „höhere Mittelmässigkeit" auch in der gesellschaftlichen Bedeutung des „upper middle-class", des gebildeten Mittelstandes meine. Ein Kleinstädter und tüchtiger Handwerker, der von aussen bestreut und verkleidet ist durch moderne und grossstädtische Ideen. Sein Ideal in Haltung, Vornehmheit, staatsmännischer Kunst ist Sir Edward Grey. Seinen Widerpart Bülow, dem er durch einen gewissen unechten Glanz der Rede und des Geistes ähnlich ist, übertrifft er an wirklichem Wert durch seine bäuerliche Schwere u. Sachlichkeit. Seine beste Gabe ist der dem bäuerlichen und städtischen Mittelstand eigene, etwas platte, aber gesunde Menschenverstand (common-sense), seine schlechteste sein gesellschaftlicher Snobismus. Beide ergeben, zusammen mit seiner

---

[1] vermutl. „Was ist ein Friedensprogramm?"

[2] Verweisung: „vgl. unten 1.II 18"

stark entwickelten Eitelkeit, einen Typus etwas in der Art des „bourgeois gentilhomme“[1]. Ebenso wie dieser ist er trotz seines common-sense in seinen Aspirationen ein Romantiker und Sentimentalist, der ewig zwischen Pantoffeln und Weltgeschichte hin- und herschwanken wird, – und beide vereinigt in einem komfortablen, vornehmen Salon, wo er die erste Rolle spielt, am angenehmsten verwirklicht findet. Dieser Mann steht als Verkörperung des Deutschen Volkes Trotzki gegenüber; und kämpft gleichzeitig im Inneren mit seinem gealterten, feineren, aber oberflächlicheren Zwillingsbruder Bülow; eine menschlich dramatische, geschichtlich tragische Situation, die beunruhigend bleibt, auch wenn das obige Porträt ungerecht und karikiert ist.

27 Januar 1918 Sonntag. Berlin. *27.1.1918 Sonntag*

Kaisersgeburtstag unter allgemeiner Gleichgültigkeit. Wieder ein milder, wolkenloser Frühlingstag; eine Luft, die Flügel hat. Karl Vollmoeller mit mir gefrühstückt im Adlon. Er prophezeit für morgen mit Bestimmtheit den Streik, und falls das Oberkommando scharfe Massregeln trifft, sehr ernste Folgen, wenn auch nur dauernde Verminderung unserer Munitionserzeugung. Selbst die Unabhängigen wie Haase und Genossen hätten nicht mehr das Heft in Händen, sondern gälten den ganz Jungen, siebenzehn- achtzehnjährigen Arbeitsburschen und Studenten als veraltet und reaktionär. Beispiele dieser Jüngsten sind Becher, Wieland Herzfelde, Curt Unruh. – Zu meinem Porträt von Kühlmann: jedes Porträt erfasst nur die Oberfläche, ist oberflächlich, weil es die vulkanischen Kräfte, die durchbrechen können, ausser acht lässt. Daher ist es, solange der Porträtierte lebt, dünn und unbefriedigend. Er kann es widerlegen. Es kommt darauf an, wie dick die Oberflächen Kruste ist und was darunter gärt. Aber diese Figur, Kühlmann, die für unsere ganze Geschichte entscheidend wird, richtig zu erfassen, ist ein praktisches Bedürfnis. Ob er jeden Tag, wie Vollmöller sagt, bei Baby Friedländer sitzt, ihre internationalen, russischen und französischen Sympathieen einatmet, wichtige Leute, die ihn informieren könnten, deshalb nicht empfängt, wäre nebensächlich, wenn er in sich die Dinge verarbeitet, Unbefangenheit gewinnt, nationale Leidenschaft oder sonst Etwas Konstruktives in sich trägt. Wie tief er ist, kann ich nicht durchschauen. Reventlow steht ähnlich zweifelnd ihm gegenüber, trotzdem er ihn wegen Brest-Litowsk auf das heftigste angreift. Ganz gewiss ist er kein Intrigant, sondern Jemand, der sich auch für seine Person auf die grossen Kräfte und Strömungen verlässt, ohne sie durch kleine Mittel korrigieren zu wollen. Darin ein Bauer, der auf das Wetter vertraut. Vielleicht ist er überhaupt nicht sehr kompliziert, zu wenig kompliziert, um den Wert der Kleinarbeit einzusehen; daher sein Ruf, dass er „stinkefaul“ ist. Er glaubt wie Wallenstein an das Schick-

[1] Molière

sal, allerdings in der irdischen, sternenfernen Gestalt wirtschaftlicher, geographischer, politischer Konstellationen, die den Einzelnen und die Staaten fördern oder drücken. Auch der Krieg ist für ihn ein kleines Mittel, ein Versuch, „de corriger la fortune", das keinen dauernden Erfolg verspricht. Daher ist er gegen Kriege, wie er persönlich gegen Intriguen ist. Mit Haldane hat er, wie er mir selbst sagte, verhandelt auf Grund der Annahme, der deutsch-englische Krieg sei vorüber, ohne irgendetwas an der Stellung beider Mächte zu ändern. Das sei für ihn und Haldane der wahrscheinlichste Erfolg eines solchen Konfliktes gewesen, den man sich daher ersparen, als blosse Annahme austragen konnte. Kühlmann ist Jemand, der sehr viel über Politik nachgedacht hat; das ist auch nicht zu vergessen. Er ist eine Art von Generalstäbler in der Politik, was im Auswärtigen Amt selten ist. Aber dieser Mann lässt sich, wie Vollmöller mir einwendet, einen Bussche gefallen, der der Typus des Troupiers, des Gamaschendienst Beflissenen im Amte ist. Warum?

28 Januar. 1918 Montag. Berlin. *28.1.1918 Montag*
Kein Generalstreik, aber ziemlich umfangreiche Einzelarbeitseinstellungen; im Ganzen nach den Zeitungen rund 100,000 Mann in verschiedenen grossen u. kleinen Betrieben. Berlin liegt in einem ziemlich dichten weissen Nebel, durch den man die Sonne spürt. In den Strassen merkt man von dem Ausstande Nichts. Trotzkis Plan, in Deutschland die Revolution zu entfesseln, ist zunächst mislungen. – Abends gegessen bei Radowitzens mit Helfferich, dem Staatssekretär im Reichsamt des Inneren Wallraf, der Gräfin Hertling, Stengel u. Bodenhausen. Bei Tisch sass ich neben Helfferich, der mich auf Muelon ansprach. Er sagt, Muelons Darstellung in seinem Pamphlet sei insofern falsch, als er, Helfferich, Nichts von irgendeinem Besuch der Österreicher beim Kaiser gewusst habe; er habe allerdings tatsächlich seit dem Juni '14 alle grösseren Geschäfte der Deutschen Bank wegen der Kriegsgefahr inhibiert, aber nur wegen der Eindrücke, die er in Paris empfangen hatte, nicht weil er irgendetwas von einem beabsichtigten Ultimatum oder von kriegerischen Neigungen der Deutschen Regierung wusste. Muelon habe allerlei spätere Eindrücke in sein Gespräch mit ihm, Helfferich, das im Juni oder Juli 14 stattfand, hineinprojiziert. Offenbar sei er pathologisch. Das Pamphlet sei in vielen Exemplaren schon bei den Unabhängigen verbreitet. Wallraf meinte, der kritische Tag des Ausstandes werde Mittwoch sein; bis dahin würde er wohl zunehmen. Den Zusammenhang mit Trotzki hält auch er für sicher. Haase sei im Hauptausschuss besonders freundlich gewesen; das sei verdächtig. Payer soll in den nächsten Tagen seine Stellung als Vizekanzler antreten. Helfferich machte sich ein Vergnügen daraus, alle Schwierigkeiten hervorzuheben, die er finden wird. Seine Ernennung sei aus einer ganz andren Situation heraus erfolgt als die, in die er hineinkomme. Er

sei Dornröschen, das jetzt plötzlich erwacht und die Welt verändert findet. Mit Hertling harmoniere er garnicht. Vor Allem werde die Elsass-Lothringische Frage, in der Payer auf dem Standpunkte der Autonomie steht, grosse Schwierigkeiten machen. Radowitz meinte, an dieser Frage könne die ganze Regierung Hertling-Payer aus dem Leim gehen. Helfferich rühmte sich, dass nur er im letzten Augenblick verhindert habe, dass im Hauptausschuss ein Antrag Hauss, der die Autonomie Elsass-Lothringens forderte, angenommen wurde; dieser „ganz unstaatsmännische Antrag", wie Helfferich ihn bezeichnete, habe die Unterstützung der Mehrheitsparteien gehabt, hätte aber wegen der Opposition Bayerns ganz unabsehbare Folgen haben können. In seiner kassanten, selbstsicheren, verächtlich herablassenden Art macht Helfferich, obwohl er noch jung aussieht, einen vollkommen vertrockneten, überlebten Eindruck. Er betonte noch, dass eigentlich er trotz seines Sturzes alle Geschäfte, für die der Posten des Vizekanzlers geschaffen worden sei, d. h. die wirtschaftlichen Vorarbeiten für den Friedensschluss, „ehrenamtlich" (er wiederholte mehrmals „ehrenamtlich") behalten habe; es sei schwer auszudenken, womit man Payer eigentlich beschäftigen solle. Payer habe diese Frage auch kaum berührt bei den Verhandlungen vor Übernahme der Vizekanzlerschaft, sondern nur die seiner Wohnung im Reichsamt des Inneren, so dass Wallraf auf der Strasse sitze. Ein kleiner boshafter, futterneidischer Geist spricht aus allen Äusserungen von Helfferich, ein Reserveoffizierston, der Ton des „Backzahns", des Friedensoffiziers aus der kleinen Garnison, schneidig und schnellfertig mit dem Urteil; er ist „preussisch" im üblen Sinne, obwohl er eigentlich Baier ist; und unter dem „Preussischen" jüdisch mit seinem Hexenprofil, den Plattohren und den langen, gelenkigen, Spinnenbeinen gleichenden Fingern. Ich kann mir nicht denken, dass dieser kleine, schartige Geist wieder eine Rolle spielt. Er scheint ganz veraltet, ein Fossil aus der Zeit vor dem Kriege. Eigentlich hatte Radowitz das Diner inszeniert, damit ich Roedern träfe und an einem neutralen Orte sprechen könnte, um ihm meine Ideen über die Bedeutung der „Nachrichten Abteilung" des Amtes und der „Kulturpropaganda" auseinanderzusetzen; d. h. dass es sich um einen neuen Zweig der Diplomatie handelt, der sich an die Massen wendet, wie die frühere an einzelne einflussreiche Politiker. Er wird viel Geld kosten (daher Roedern), ist aber ebenso nötig wie Munition oder Panzerschiffe, die auch teuer sind. Die Frau von Gerhard Mutius erzählte, dass in den französischen Revolutions Kriegen eine Puppe mit einem Stabe von Kammerjungfern und einer grossen Garderobe von der französischen Regierung zur Verbreitung der französischen Mode durch ganz Europa auf Reisen geschickt worden sei unter Schutz einer Kürassier Schwadron. Beeinflussung des Geschmacks und der Stimmungen der fremden Massen im Sinne der eigenen Politik, das ist die für Deutschland neue Form der Diplomatie, die Radowitz und ich in den beiden letzten Kriegsjahren aufgebaut und mit der Unterstützung von Ludendorff in der „Nachrichten Abteilung“ des Auswärtigen Amtes und in meiner „Abteilung K“ in Bern in Betrieb gesetzt haben. Die römische Kirche mit ihren Predigern u. Mönchsorden, Frankreich seit Louis XIV, England mit seinen Missionaren, alle Weltmächte haben sie von jeher angewendet. Radowitz meint allerdings, Hertling würde garkein Verständnis dafür haben, Roedern sei zu spiessig, Kühlmann dagegen zweifellos auf unserer Seite, wenn er Zeit bekäme. Es frage sich, wer nach Hertling komme. Radowitz hat offenbar das Gefühl, dass Hertling die Kanzlerschaft nur interimistisch führt.

29 Januar 1918. Dienstag. Berlin. *29.1.1918 Dienstag*
Heute beginnen die Verhandlungen mit Trotzki wieder und 300 000 Arbeiter streiken in Berlin. Beide sozialdemokratische Parteien haben sich an die Spitze der Bewegung gestellt und fordern mit den Streikenden zusammen: „1) Schleunige Herbeiführung des Friedens auf Grund des Selbstbestimmungsrechts der Völker entsprechend den Ausführungsbestimmungen, die dafür von den russischen Volksbeauftragten in Brest Litowsk formuliert wurden; 2) Zuziehung von Arbeitervertretern aller Länder zu den Friedensverhandlungen .... 7) Durchgreifende Demokratisierung der gesamten Staatseinrichtungen in Deutschland, und zwar zunächst die Einführung des allgemeinen, direkten und geheimen Wahlrechts für alle Männer und Frauen im Alter von mehr als 20 Jahren für den Preussischen Landtag.“ Die Streikenden wählen einen Arbeiterrat, der mit der Regierung unterhandeln soll. – Wir stehen vielleicht vor einer der furchtbarsten Stunden der deutschen Geschichte, es kann Nichts, es kann aber auch der Anfang der deutschen Revolution sein. Frühstück bei Ludwig Stein mit dem Herzog Ernst Günther, Loebell, Friedberg, Westarp, Zedlitz, Stresemann, Georg Bernhard, Dirksen, Berger. Westarp u Berger stehen auf dem Standpunkt, dass man mit den Arbeitern überhaupt nicht verhandeln soll. 10 000 Mann zuverlässige Truppen seien in Berlin. Wenn die Regierung Verhandlungen ablehne und die Arbeiter Krawalle machten, solle man schiessen. Westarp sagte: Entweder – oder; entweder wir haben die Macht und halten die Arbeiter, ohne zu verhandeln, in Zaum, oder wir machen gleich Republik. Eine Basis zu Verhandlungen sei überhaupt nicht vorhanden. Das Wahlrecht würde nicht genügen. Die Bewegung sei ganz in den Händen der Haasegruppe, und diese wollten den sofortigen Frieden, nach Trotzkis Bedingungen, und die Revolution. Welche Aussicht böten da noch Verhandlungen? Ich vertrat einen andren Standpunkt: das Ganze sei für mich ein diplomatischer Zwischenfall, kein innerpolitischer. Trotzki müsse innerhalb einer bestimmten, kurzen Frist Frieden haben, sonst stürze er. Gewännen wir Zeit und gelänge es uns den Streik ohne Schiesserei beizulegen, so bekämen wir den Frieden mit Russland, weil

Trotzkis Rechnung dann verfehlt sei, er ohne Revolution in Deutschland Frieden schliessen müsse. Dann sei aber auch die innerpolitische Lage wieder befestigt. Ich sei daher für Verhandlungen und Konzessionen wegen Durchführung des Wahlrechts. Westarp wiederholte, dass Konzessionen in Sachen des Wahlrechts Nichts mehr nützen würden; nur unbeugsame Festigkeit könne uns noch retten. Kohlen hätten wir genügend für 8 bis 14 Tage; nur die Flugmotoren Konstruktion (Daimler) und einige nicht absolut wesentliche Arbeiten würden in Rückstand geraten. Berger und der Herzog vertraten ähnliche Ansichten. Sie glauben nicht an die Möglichkeit, die Sache durch Verhandlungen beizulegen, sondern nur noch an die nackte Gewalt. Offenbar haben sie keine Ahnung von den geistigen Kräften, die ihnen entgegenstehen. Wir sollten froh sein, dass wir durch das Einspringen der Rechts Sozialdemokraten eine Handhabe bekommen haben, an der wir die Bewegung fassen können; wir sollten Alles tun, um diesem rechten Flügel das Übergewicht über Haase zu verschaffen, nicht umgekehrt, wie Westarp will. Georg Bernhard teilte meinen Standpunkt, meinte, Westarp und seine Leute seien, wie es immer zu Beginn revolutionärer Bewegungen vorkomme, blind. Friedberg und der alte Zedlitz-Neukirch äusserten sich sehr zurückhaltend. Im Ganzen war die Stimmung ängstlich und ernst. Man sieht nicht mehr, wohin wir treiben. Westarp in seiner etwas komischen Johanniteruniform sah blass und verbissen aus, garnicht weltgeschichtlich, sondern provinzial, oder wie ein Kammerherr der Grossherzogin von Gerolstein[1]; Berger wie immer jovial und giftig; und der Herzog sprach von sich mit Affektation als „Wir Grossindustrielle"; daneben von „meiner Schwester, die Kaiserin"[2]. Einer ungeheuren geistigen und sozialen Bewegung gegenüber eine seltsame Gesellschaft. Die ganze europäische Welt in Gärung geraten, Alles was an Empörung aus dem Schützengraben zurückrollt, schwellt die Bewegung, und Diese stemmen sich auf ein paar Maschinengewehre vertrauend ihr entgegen: eine Droschke gegen eine Sturmflut. – Besuch bei Frau v. Kurowsky, geb. Winterfeldt. Sie sass mit Fanny Kurowsky, die von der Front kommt, und der Frau von Gerhard Mutius friedlich bei einer Handarbeit. Diese Frauen wussten Nichts von der Arbeiterbewegung. Dagegen erzählte die Frau v Kurowsky, Westarp u. die Konservativen seien ganz bereit, den Kaiser zu enttronen, wenn er Schwäche zeige. Der Kronprinz würde mitmachen; er lebe schon seit Jahren in der Vorstellung, sein Vater sei nicht normal. Der neue Kabinettschef Berg sei durchaus loyal; aber der Kaiser sei von Nichts informiert. Valentini habe ihm Nichts mitgeteilt, so dass die Aufgabe von Berg, der den Kaiser in eine ihm ganz unbekannte Situation einweihen müsse, schwer sei. Vorgestern hat man den Kaiser, wie Fanny K. behauptet Hals über Kopf,

[1] Offenbach

[2] Auguste Viktoria

nach Homburg abgeschoben. – Abends im „Acht Uhr Blatt" die offizielle Mitteilung[1], dass Wallraf den Empfang der Streikdelegierten abgelehnt hat. Der kleine G.[2] von der Marine, den ich Abends sah, erzählte, Vormittags habe ein Artillerist aus Zossen, der ihm ein Paar Stiefel brachte, ihm gegenüber geäussert: in kurzer Zeit würde es überhaupt keine Könige mehr geben; wir würden es in Deutschland genau so machen wie in Russland. G. meint, im Reichsmarineamt, wo er arbeitet, seien 65, vielleicht 80 % der Matrosen zuverlässig; die übrigen seien „mau". – Ganz spät bei Vollmoeller am Pariser Platz angeklopft. Er glaubt, dass der Streik mislingt. Er sei technisch schlecht vorbereitet. Irgendetwas habe nicht geklappt. Er habe heute mit seinen Werken in Württemberg telephoniert; dort arbeite Alles. Die Zahl der Streikenden sei überall viel geringer als die Unabhängigen erwartet hätten. Es sei nur eine Generalprobe. Die Führer fiengen an, abzublasen. Man erwäge, der Regierung eine Frist zu setzen; etwa bis Mitte April: dann müsse allgemeiner Friede sein; bis dahin solle sie machen, was sie für nötig halte, eventuell sogar die Offensive. Ein Hinausschieben der Revolution wäre dann erreicht. – Den ganzen Tag herrschte dichter Nebel; mit dem Nebel geht ein Schweigen durch die Stadt. In den Strassen ist vom Ausstand Nichts zu merken. Das Leben fliesst weiter; wie es auch in kriegsbedrängten Städten weitergeht. – Vollmoeller zitierte mir ein Wort von Kühlmann, das er ihm im Haag gesagt hat: „Nur keine titanischen Anstrengungen. Jetzt gehen wir essen!" Kühlmanns Bruder soll über dessen Umgebung unglücklich sein, namentlich über Hoesch. Aber Kühlmann gebe bei seinen Mitarbeitern weniger auf Tüchtigkeit als auf Bequemlichkeit; darin sei er zynisch. So habe der kleine Hoesch beim Telegraphieren aus Brest ein Protokoll verwechselt, so dass die Österreicher dementieren mussten; das habe Hoesch in Kühlmanns Augen nicht geschadet. Alles das stimmt zu meiner Kenntnis von Kühlmanns Charakter, der deshalb leider doch der begabteste Beamte des Auswärtigen Amtes bleibt und dadurch ein Mann des Schicksals für Deutschland in diesem Augenblick. Etwas weniger Bequemlichkeit, Selbstbespiegelung, Zynismus hätten unberechenbare geschichtliche Folgen haben können. Er ist nun aber einmal, wie er ist, kein Cäsar, sondern eher ein baierischer Marc Anton, ohne irgendetwas preussisch Sehniges in seinem Wesen. Deshalb wird auch seine Figur in Preussen auf die Dauer nicht möglich sein; ich prophezeie ihm keine lange Carriere. Berlin ist ihm nicht weich genug, und er für Berlin trotz bajuwarischer Bauerntatzen nicht genügend fein gestählt. Sein Bestes ist die ihm eigene Mischung von Levantinertum mit baierischer Bauernschwere.

[1] Abgelehnter Empfang Streikdelegierter. Eine unterbliebene Unterredung

[2] vermutl. Fritz Guseck

30 Januar 1918 Mittwoch. Berlin. *30.1.1918 Mittwoch*

Heute früh sind wegen des Ausstandes die „Vossische" und das „Berliner Tageblatt" nicht erschienen, oder nicht ausgetragen worden. Ich bekam nur die „Deutsche Tageszeitung", den „Lokalanzeiger" und die „Kreuzzeitung". Der Nebel dauert an. In den Strassen bemerkt man vom Streik Nichts. Mittags fehlt die B.Z. – Ich frühstückte bei Guidotto Henckel mit dem Botschafter Stumm und Georg Bernhard. Bernhard kam sehr spät wegen des Streiks bei Ullsteins. Ihre Setzer wollten weiterarbeiten; aber ihre Hülfsarbeiter (Anleger u. s. w.) haben gestreikt, und zwar, wie Bernhard sagt, ausschliesslich, weil das Oberkommando den „Vorwärts" verboten hat. Sehr verstimmt hat auch, dass Wallraf sich geweigert hat, die Arbeiter Abordnung zu empfangen. Der Ausstand ist Mittags angeblich überall in der Zunahme begriffen. Dasselbe sagte Stumm jr, bei dem ich Nachmittags eine Sitzung im Amt wegen der Corsosache[1] hatte, und der gleichzeitig Weisung gab, dass Wolff ins Ausland über den Streik berichten dürfe; zweifellos klug und richtig. Abends in der Mittwochsgesellschaft sass ich bei Tisch neben dem Staatssekretär von Krause und dem Baron Oppenheim. Dieser wollte wissen, dass der Ausstand abnehme. Tatsächlich weiss Niemand, wie die Sache läuft. Diese Unsicherheit trägt am meisten zur Beunruhigung bei. Krause misbilligte die Haltung seines „engeren Kollegen", wie er sich ausdrückte, Wallraf; er hätte die Arbeiter empfangen sollen. Heute Abend ist keines von den Abendblättern ausser den obscuren „Neusten Nachrichten", und später die „Kriegszeitung" erschienen. Zeitungen werden selten und begehrt. Man ist fast ganz auf Gerüchte angewiesen. Der „Vorwärts" bringt ein Extrablatt „An unsere Leser": „Das Oberkommando in den Marken hat das Weitererscheinen des „Vorwärts" zunächst auf drei Tage verboten. Es ist uns gestattet, unsere Leser hiervon zu benachrichtigen mit der Massgabe, „dass das Verbot erfolgt ist, weil der „Vorwärts" entgegen einer bestehenden allgemein gültigen Zensurverfügung eine Aufforderung zum Massenstreik veröffentlicht hat." Das klingt etwas hündisch („es ist uns gestattet"), hat aber seinen Zweck erfüllt und die übrigen Zeitungen lahmgelegt. Morgen wird ein Strassenbahner Streik erwartet. Vorläufig ist offenbar, dass der streikende Teil der Arbeiterschaft eine Minderheit ist und bleibt; und dass die Mehrheit garnicht oder nur sehr ungern mitmachen wird. Populär ist der Streik keinesfalls. Das ist für Haase unangenehm; er hat bei dem Experiment an Prestige bis jetzt verloren. Seine Macht ist geringer, als er und andre dachten.

31 Januar 1918. Donnerstag. Berlin. *31.1.1918 Donnerstag*

Kessel hat den von den Streikenden nach russischem Muster gebildeten „Arbeiterrat" verboten und aufgelöst. Gegen die Streikenden soll, wie mir der

[1] Zürich

Staatssekretär Krause sagte, massenhaft mit Einziehungsbefehlen vorgegangen werden. Der Sozialdemokratische Parteiausschuss berät über ein Programm, das eine geeignete Grundlage zu Verhandlungen mit der Regierung bieten soll: wesentlich sollen daran sein die Beschränkung auf innerpolitische Forderungen und die Streichung aller von den Streikenden geäusserten Wünsche ausserpolitischer Art. (Dieses ist, was ich Westarp vorschlug, Stärkung des rechten Flügels der Sozialdemokratie durch innerpolitische Konzessionen). Die Zeitungen sind heute Morgen, soviel ich sehe, sämtlich wieder erschienen. Eberhard Bodenhausen telephoniert mir Vormittags, dass bei Krupp in Essen von 110 000 Arbeitern nur 200 gestreikt haben und sofort entlassen worden sind. Auf den rheinischen Zechen hätten 12 000 gestreikt; bereits gestern abend seien aber wieder mehr Arbeiter angefahren. Die Opposition der christlichen Arbeiter gegen den Ausstand (1/3 der Arbeiterschaft) habe dessen Ausdehnung im Rheinland und Westfalen unmöglich gemacht. Weniger gut sei die Lage in Kiel (Germania[1]). Alles in Allem ist die Sache aber ein Fehlschlag, der die Hoffnungen von Trotzki und Lloyd George praktisch widerlegt. – Zu Mittag gegessen beim Legationsrat von Hahn in der Deutschen Ges. mit dem Herausgeber des „Simplizissimus“ Dr Geheb. Wolfgang Heine und Wilhelm Herzog gesprochen. Sie fuhren zu Theodor Wolff, der telephoniert hat, dass es in Berlin heute Zusammenstösse und Tote gegeben habe. Heine gab die Schädlichkeit des Streiks zu, tadelte aber die Ungeschicklichkeit der Regierung, namentlich dass Wallraf die Arbeiter nicht empfangen u. Kessel den Arbeiterrat aufgelöst habe. Schuld an der ganzen Sache sei die Vaterlandspartei und die ewige Siegermiene der Regierung. Die Arbeiter sagten, wenn die Regierung gesiegt habe, dann solle sie endlich Frieden machen. Auch glaubten die Arbeiter der Regierung nicht, dass sie Nichts für die Verschleppung der Wahlrechtsvorlage könne. Heine meint, wenn die Bewegung in der bisherigen Weise führerlos noch einige Tage weitergienge, sei nicht abzusehen, was geschehen könne. Leuten wie Heine ist das Heft allerdings längst aus den Händen geglitten; man fühlt, dass sie hülflos und in Wirklichkeit ratlos sind. Als ich gegen vier über den Alexanderplatz kam, hatten einige Hundert Streiker einen Strassenbahnwagen umringt und versuchten, den Verkehr aufzuhalten. Kein Geschrei, nur die sich entgegenstemmende Masse, Frauen und Männer durcheinander. Alles im Nebel sehr still und grau, fast gespensterhaft; bis fünf oder sechs Schutzleute mit der blanken Waffe gelaufen kamen und der Spuk auseinanderstob; auch lautlos. Mein Bursche Grzellak, der jetzt bei einer Maschinengewehr Abteilung des Ersten Garderegiments in Potsdam ausgebildet wird, telephonierte Nachmittags, um zu fragen, wie es bei uns im Hause stehe; er sei schon unterwegs, dürfe aber nicht sagen, wo; offenbar gegen Streikende. Ludendorff soll, wie mir

[1] Germania-Werft

Berger telephoniert, sechs Bataillone von der Westfront in Zossen zusammengezogen haben, ausserdem das Leibregiment irgendwo bei Berlin. Die Regierung sei entschlossen, nicht nachzugeben, nicht mit den Arbeitern zu verhandeln. Um 6 telephoniert Georg Bernhard, dass es im Norden und Osten von Berlin „toll aussehe". Die Bewegung an sich scheine nicht zuzunehmen, aber überall Zusammenstösse. Ein Schutzmann sei erschossen, es gebe 16 Schwerverwundete, die städtische Strassenbahn habe den Betrieb eingestellt, der Alexanderplatz sei jetzt schwarz von Menschen. Die Bewegung sei infolge der Massregeln der Regierung führerlos und dadurch um so gefährlicher. Englisches Geld sei (wie beim verhafteten Agenten Minster) wahrscheinlich im Spiele. Ein revolutionäres Flugblatt, das mir heute früh Fürstner zeigte, klang allerdings im Tonfall undeutsch, eher russisch oder englisch. – Gegessen beim Direktor v. Berger von der Disconto Ges. Berger, der den Festigkeits Standpunkt vertritt, meint bestimmt, dass die Regierung die Oberhand behält. Die Arbeiter müssten essen und daher, da sie keine Streikentschädigung erhalten, sehr bald die Arbeit wieder aufnehmen. Er bedauert, dass der Eintritt Scheidemanns in den Arbeiterrat die Festnahme der ganzen Gesellschaft verhindert habe. – F.[1] den ich später sah und der viel mit Arbeitern u. Soldaten spricht, sagte mir, die „Maikäfer" (Gardefüsilier Ers. Rgt) seien unzuverlässig; sie sympathisierten mit den Streikenden. Hans Richter sagte mir, als er von der Front hier war, die aus dem Osten kommenden Regimenter hätten einen „schlechten Geist". Das eine stimmt zum Andren. F. meinte ferner, die Arbeiter seien entschlossen, ihre Forderungen durchzudrücken, d. h. Beschleunigung des Wahlrechts, bessere Lebensmittelverteilung, Frieden ohne Annexionen, Befreiung Liebknechts u. s. w. Auch wollten sie die neue Offensive verhindern, die „300 000 Tote" kosten würde. Eventuell würden die Strassenbahnen, Elektrizitäts- Gas u Wasserwerke in den Streik eintreten. – In London sollen die Metallarbeiter in einer Massenversammlung ähnliche Forderungen gestellt haben. Die Flammen züngeln überall empor.[2]

---

[1] vermutl. Fritz Guseck

[2] Am Ende des Tagebuchbandes ist ein Ausschnitt aus der Abendausgabe der Vossischen Zeitung vom 31. Jan. 1918 eingeklebt. Ein Artikel mit dem Titel „Feindeshände im Spiel?" berichtet darüber, daß sich Anfang Jan. 1918 ein durch amerikanische Geldmittel finanziertes „Propagandakomitee der Ententestaaten zur Revolutionierung der Zentralmächte" gebildet habe. Demnach sollten „gut deutsch sprechende Angehörige der den Mittelmächten benachbarten neutralen Staaten sowie Internierte oder Kriegsgefangene Angehörige der Mittelmächte" angeworben werden, „die bekannt und bereit sind, den herrschenden Regierungsgewalten zu trotzen". Darunter befindet sich eine Meldung aus Kopenhagen vom 30. Jan. 1918, nach der die Nachricht von den Berliner Streiks in London „mit heller Freude" aufgenommen worden und Extrablätter mit dem Titel „Der Zusammenbruch der Mittelmächte" erschienen seien.

1 Februar 1918. Freitag. Berlin. *1.2.1918 Freitag*

Kessel hat heute den verschärften Belagerungszustand über Berlin verhängt u. ausserordentliche Kriegsgerichte eingesetzt. Gleichzeitig erklärt die Regierung durch die „Nordd. Allgemeine"[1] ihre Bereitwilligkeit „mit Vertretern der sozialdemokratischen Partei und der Gewerkschaften" zu verhandeln. Wahrscheinlich äussert sich hierin der Einfluss Payers, der gestern nach Berlin zurückgekehrt und die Vizekanzlerschaft übernommen hat. Zu seinem besondren Ressort gehört gerade der Belagerungszustand. – Wolfgang Heine schreibt mir: „es wäre dringend notwendig, dass die Reichsleitung sofort Etwas täte, um den Streik durch einen vernünftigen Ausgleich zu beendigen. Von ihr muss es ausgehen. Die Ablehnung der Verhandlung mit den Arbeitervertretern, die Schliessung des Gewerkschaftshauses, die Versammlungsverbote sind gerade das Gegenteil dessen, was im Interesse des Reiches geschehen musste. Nur durch offenes Verhandeln, durch ungestörte Aussprache lässt sich die Ruhe aufrecht erhalten. Solche Massnahmen machen jede Einwirkung derer unmöglich, die im Interesse des Volks und Vaterlands die Herstellung einer einheitlichen Volksstimmung wünschen. – Freilich müsste auch Etwas geboten werden: nicht nur in Sachen des Wahlrechts: Vor Allem müssten Reichsleitung und O.H.L. von der Vaterlandspartei deutlich abrücken. Diese hat durch ihr Schreien nach Annexionen und Kriegsverlängerung Mistrauen gegen die Absichten der Regierung erweckt und das Wort „Vaterland" verhasst gemacht. Trotzki und Lloyd George können mit ihrem Wirken zufrieden sein." – So der rechte Flügel der Sozialisten: Der linke kommt in einem Flugblatt zu Worte, das seit vorigen Freitag in Berlin verbreitet wird:

HOCH DER MASSENSTREIK: AUF ZUM KAMPF

Arbeiterinnen! – Arbeiter!

Die Kriegsziele der deutschen Regierung liegen nunmehr klar zutage. Alle Zweifel sind zerstreut, alle Ableugnungen vergeblich. Bei den Verhandlungen in Brest-Litowsk musste der deutsche Militarismus endlich die Maske lüften. Raub fremder Länder, Unterjochung fremder Völker, gewaltsame Annexionen und die Herrschaft des deutschen Säbels in der Welt: das sind die Kriegsziele der deutschen Regierung.

Sie hat sich in Brest Litowsk geweigert, die deutschen Truppen aus den besetzten Gebieten zurückzuziehen. Nicht genug, dass Polen, Litauen, Estland, Livland jetzt von den deutschen Machthabern erdrosselt und ausgeplündert werden, die dortige Bevölkerung soll auch nach Friedensschluss durch deutsche Kanonen und deutsche Maschinengewehre verhindert werden, eine freie Entscheidung über ihr künftiges politisches Schicksal und ihre Staatszugehörigkeit zu treffen. Und um die Brutalität durch Schamlosigkeit noch zu überbieten,

[1] K. R., Der Streik

verlangten die deutschen Vertreter in Brest-Litowsk, dass der Wille der von Deutschland in den besetzten Gebieten ernannten Beamten, dieser elenden Drahtpuppen in der Hand der Berliner Machthaber, bei der Entscheidung der Frage über die Zukunft dieser Ländereien als Willensausdruck der betreffenden Nationen gelten solle. So sieht das „Selbstbestimmungsrecht der Völker" aus, das die deutsche Regierung sich feierlich verpflichtete anzuerkennen und zu respektieren, und so der „Friede ohne gewaltsame Annexionen", den sie vorschützte zu wollen und anzunehmen!

Arbeiter! Man will uns einreden, der Separatfriede mit Russland sei der Anfang zum allgemeinen Frieden. Eitle Hoffnung dies und törichte Verblendung bei den Gläubigen. Das Gegenteil ist die Wahrheit. Das ganze Streben und Trachten der Regierung ist darauf gerichtet, durch einen Separatfrieden mit Russland Rückendeckung im Osten zu bekommen, um das menschliche Kanonenfutter vom Osten nach dem Westen zu kommandieren und alle Kräfte mit verdoppelter Wucht gegen England, Frankreich und Italien zu werfen. Jeder Separatfriede mit Russland, auch wenn der deutsche Imperialismus auf die sofortige Bergung der russischen Beute, d. h. auf eine offene Annexion der russischen Gebiete zunächst verzichtet, bedeutet nur eine ungeheure Verschärfung und Verlängerung des Krieges und ist in Wirklichkeit der schwerste Schlag gegen den Frieden. Zugleich ist er aber auch der schwerste Schlag gegen die kümmerlichen Freiheiten, die wir in Deutschland vor dem Kriege besassen ...... Arbeiter! jetzt gilt es wirklich unsere Existenz und die deutsche Freiheit mit aller Kraft zu verteidigen. Aber nicht gegen die äusseren Feinde – gegen die Engländer und Franzosen jenseits der Schützengräben, sondern gegen die Engländer und Franzosen in unserem eigenen Hause – gegen die deutschen Junker, gegen die deutsche imperialistische Bourgeoisie und die deutsche Regierung gilt es zu kämpfen: denn wenn nicht diese Interessenten des Völkermordes wären, so hätten wir schon längst einen loyalen demokratischen Frieden mit England und Frankreich.

Die Verhandlungen in Brest Litowsk haben sogar den Blinden und Tauben, die einfache, handgreifliche Wahrheit beigebracht: entweder muss die Regierung untergehen, oder das deutsche Volk ist unabwendbar dem Untergange geweiht.

Es ist keine Hoffnung und es giebt kein Mittel, von dieser Regierung und von den sie stützenden imperialistischen Klassen den Friedensschluss zu erzwingen. Nur der Sturz dieser Regierung, nur die Zerschmetterung der Macht der Bourgeoisie, mit anderen Worten:

nur die Volksrevolution und die Volksrepublik in Deutschland würden imstande sein, den allgemeinen Frieden in kürzester Zeit herbeizuführen. Denn vor der deutschen Republik werden auch die jetzt von unsrem Halbabsolutis-

mus und Imperialismus bedrohten Weststaaten unter dem Druck der Arbeiter dieser Länder die Waffen strecken müssen. Die proletarische Revolution in Deutschland bedeutet die Arbeiterrevolution in der ganzen Welt.
Daher fort mit dem Separatfrieden! Allgemeiner Frieden und Republik in Deutschland! Das ist das Ziel, an das wir unsere Blicke heften, indem wir in den Kampf treten.
Deutsche Proletarier! Wir rufen euch zum ersten Waffengang in diesem Kampfe auf:
Rüstet zum allgemeinen Massenstreik in den nächsten Tagen.
Setzt Alles dran, dass die Arbeitsruhe eine allgemeine, eine vollständige wird, dass vor Allem die Produktion der Mordwerkzeuge in der Munitionsindustrie aufhört. Sorgt dafür, dass aller Verkehr, auch der Verkehr der Eisenbahnen und Strassenbahnen eingestellt werden muss und dass auch in den städtischen und anderen öffentlichen Werken die Arbeit ruht. Vor Allem aber sorgt dafür, dass die Kunde von dem Massenstreik auch an die Front, in die Schützengräben dringt und dort einen mächtigen Widerhall findet, dass die Urlauber überall mit den Arbeitern gemeinsame Sache machen, die Streikversammlungen besuchen und an den Strassenaktionen teilnehmen.
Arbeiter! Es gilt zu kämpfen, nicht zu demonstrieren! Keine Schaustellungen und hohle Paraden, die jeden Eindruck verfehlen und zu Nichts führen! Es handelt sich nicht darum, unsern Willen kundzutun, sondern unsern Willen durchzusetzen. Die Regierung hat tausendmal bewiesen, dass sie auf den Volkswillen pfeift, wenn er nicht durch entschlossene Taten und rücksichtslosen Kampf zum Ausdruck gebracht wird.
Die Arbeit soll nicht eher aufgenommen werden, als bis unsere folgenden Forderungen erfüllt sind:
1) Die sofortige Aufhebung des Belagerungszustandes, der Zensur und aller sonstigen Beschränkungen der Presse.
2) Unbeschränkte Vereins- und Versammlungsfreiheit;
3) Unbeschränktes Koalitions- u Streikrecht
4) Aufhebung des Arbeitszwangsgesetzes.
5) Die Befreiung aller wegen politischer Betätigung Verurteilten und Inhaftierten und die Niederschlagung aller politischen Prozesse.
Es sind dies Mindestforderungen, deren Erzwingung uns erst die notwendige Freiheit verschaffen soll, um den Kampf für den Frieden und die Republik auf der ganzen Linie mit aller Kraft aufzunehmen. Kein Arbeiter soll in das Joch der kapitalistischen Fron zurückkehren, solange diese Forderungen nicht verwirklicht worden sind.
Arbeiter! Fort mit dem Kadawergehorsam, mit der Trägheit, mit allen egoistischen Rücksichten und Bedenken! Ermannen wir uns auf unsere Pflicht uns

selbst, unseren Brüdern in den Schützengräben und unseren Brüdern jenseits der Grenzen gegenüber! Wir kämpfen ums Leben, ums Leben der ganzen Menschheit, die im Blutmeer untergeht.
Auf zum Massenstreik!
Mann der Arbeit, aufgewacht!
Und erkenne deine Macht!
Alle Räder stehen still,
Wenn dein starker Arm es will.
NIEDER MIT DEM KRIEG! NIEDER MIT DER REGIERUNG!
FRIEDEN! FREIHEIT! BROT!

Heines Brief an Radowitz geschickt und Heine geantwortet: „.... Was Ihre politischen Ausführungen anbetrifft, so wissen Sie, dass auch ich auf dem Standpunkte stehe, dass der Streik schon aus diplomatischen Gründen möglichst schnell und ruhig beendet werden muss, und daher Verhandlungen mit den verantwortlichen Führern der Bewegung zweckmässig wären. Ich habe diese Ansicht unter anderem bereits am Dienstag dem Grafen Westarp und anderen Führern der Rechten gegenüber vertreten. Undiskutierbar sind natürlich diejenigen Forderungen, die sich auf die Führung und das Ziel der Friedensverhandlungen erstrecken, da es unmöglich für die Regierung ist, gleichzeitig nach zwei Fronten zu verhandeln, wenn in Brest überhaupt noch Etwas erreicht werden soll. Im eigenen Interesse der Arbeiter und des Friedens müssten diese Forderungen also aus den Verhandlungen ausscheiden. Aber das Gebiet der Lebensmittelversorgung und des Wahlrechts bietet genügend Spielraum, um den Arbeitern entgegenzukommen, soweit das die Verhältnisse erlauben. Mir scheint übrigens der heutige Artikel in der Nordd. Allg. Ztg. ein bemerkenswerter Schritt der Regierung in der Richtung auf Verhandlungen im angedeuteten Sinne zu sein; es wird darauf ankommen, einen Verhandlungsmodus zu finden, der für die Regierung annehmbar ist. Das dürfte aber bei der grossen diplomatischen Gewandtheit der führenden Persönlichkeiten Ihrer Partei nicht schwer sein."
Im Ganzen scheint heute die Lage stationär; Zusammenstösse sind nicht gemeldet. Gegessen bei Frau Richter mit Axel Varnbüler, dem Botschafter Stumm, Schwabachs, Hannah Wangenheim, Musch mit dem kleinen Gustav, der in den nächsten Tagen als Fähnrich hinausgeht. Stumm sagt, dass er heute Nachrichten aus dem Saarrevier bekommen hat, wonach der Ausstand dort keine Rolle spielt. Paul Schwabach hat weniger gute Nachrichten aus Spandau. Varnbüler, mit dem ich nachhausegieng, schilderte drollig Hertling im Hauptausschuss: wie Radowitz ihm „die Grammophonplatte" hinschiebt, die er brav gemäss dem ausgetiftelten Wortlaut ihrer Formeln ableiert, und die jede Partei in ihrem

die Streikversammlungen bemerken und an den Strassenaktionen teilnehmen.

Arbeiter! Es gilt zu kämpfen, nicht zu demonstrieren!

Keine Veranstaltungen und hohle Paraden, die jeden Eindruck verfehlen und zu Nichts führen! Es handelt sich nicht darum, unseren Willen kundzutun, sondern unseren Willen durchzusetzen. Die Regierung hat hundertmal bewiesen, dass sie auf den Volkswillen pfeift, wenn er nicht durch entschlossene Taten und rücksichtslosen Kampf zum Ausdruck gebracht wird.

Die Arbeit soll nicht eher aufgenommen werden, als bis unsere folgenden Forderungen erfüllt sind:

1) Die sofortige Aufhebung des Belagerungszustandes, der Zensur und aller sonstigen Beschränkungen der Presse.

2) Unbeschränkte Vereins- und Versammlungsfreiheit;

3) Unbeschränktes Koalitions- u. Streikrecht

4) Aufhebung des Arbeitszwangsgesetzes.

5) die Befreiung aller wegen politischer Betätigung Verurteilten und Inhaftierten und die Niederschlagung aller politischen Prozesse.

Es sind dies Mindestforderungen, deren Erzwingung uns erst die notwendigste Freiheit verschaffen soll, um den Kampf für den Frieden und die Republik auf der ganzen Linie mit aller Kraft aufzunehmen. Kein Arbeiter soll in das Joch der kapitalistischen Fron zurückkehren, solange diese Forderungen nicht verwirklicht worden sind.

Arbeiter! Fort mit dem Kadavergehorsam, mit der Trägheit, mit allen egoistischen Rücksichten und Bedenken! Besinnen wir uns auf unsere Pflicht uns selbst, unseren Brüdern in

Eintrag vom 1. Februar 1918; Tagebuch Harry Graf Kessler;
Deutsches Literaturarchiv Marbach

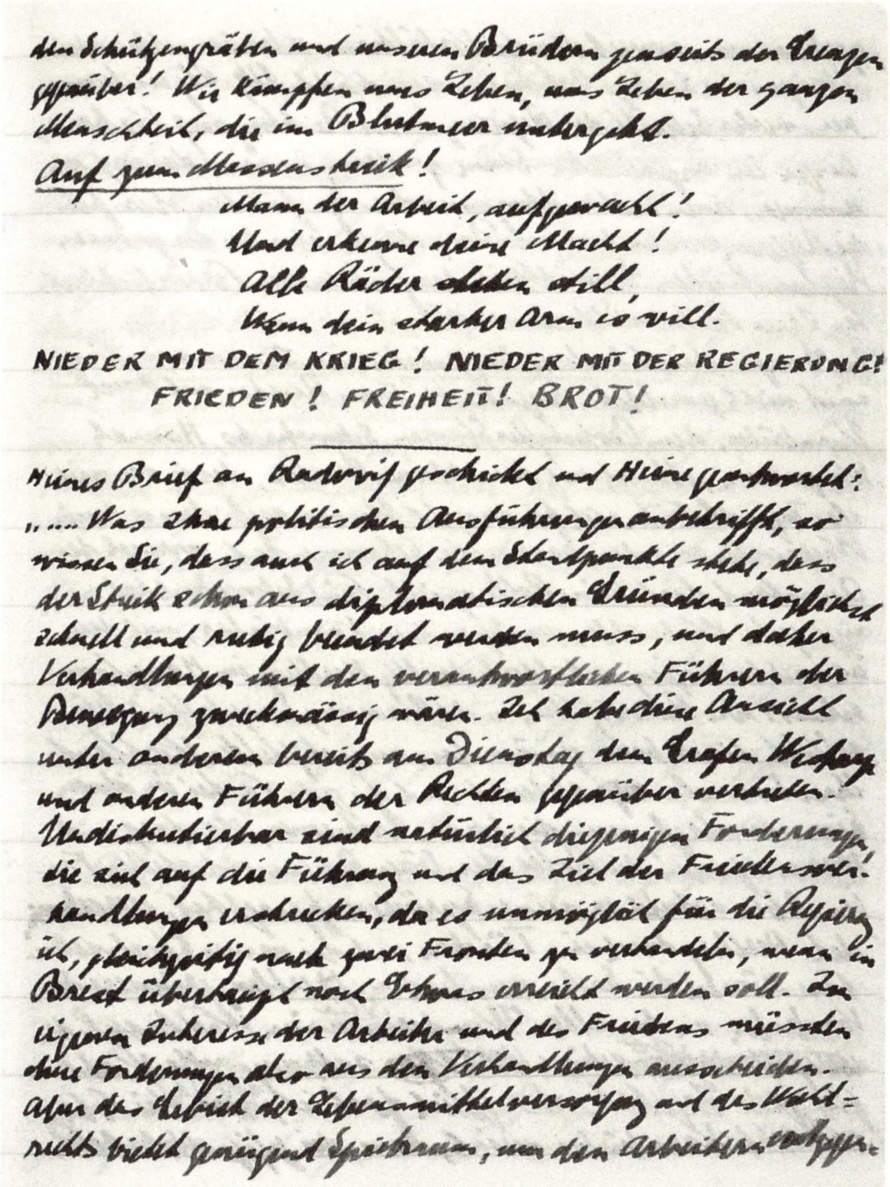

den Schützengräben und unseren Brüdern jenseits der Grenze gegenüber! Wir kämpfen ums Leben, ums Leben der ganzen Menschheit, die im Blutmeer untergeht.

Auf zum Massenstreik!

Mann der Arbeit, aufgewacht!
Und erkenne deine Macht!
Alle Räder stehen still,
Wenn dein starker Arm es will.

NIEDER MIT DEM KRIEG! NIEDER MIT DER REGIERUNG!
FRIEDEN! FREIHEIT! BROT!

Meinen Brief an Radowitz geschickt und Heine geantwortet: „.... Was Ihre politischen Ausführungen anbetrifft, so wissen Sie, dass auch ich auf dem Standpunkte stehe, dass der Streik schon aus diplomatischen Gründen möglichst schnell und ruhig beendet werden muss, und daher Verhandlungen mit den verantwortlichen Führern der Bewegung zweckmässig wären. Ich habe diese Ansicht unter anderen bereits am Dienstag dem Grafen Westarp und anderen Führern der Rechten gegenüber vertreten. Undiskutierbar sind natürlich diejenigen Forderungen, die sich auf die Führung und das Ziel der Friedensverhandlungen erstrecken, da es unmöglich für die Regierung ist, gleichzeitig nach zwei Fronten zu verhandeln, wenn in Brest überhaupt noch Etwas erreicht werden soll. Im eigenen Interesse der Arbeiter und des Friedens müssten diese Forderungen aber aus den Verhandlungen ausscheiden. Aber das Gebiet der Lebensmittelversorgung und des Wahlrechts bietet genügend Spielraum, um den Arbeitern entgegen-

Eintrag vom 1. Februar 1918; Tagebuch Harry Graf Kessler;
Deutsches Literaturarchiv Marbach

Sinne auslegt; nur die beiden Extremen, Westarp und Haase spielen die Rolle der bösen Buben und stellen Fragen. Aber sobald er seine Sprüche aufgesagt hat, verschwindet Hertling durch ein Türchen, und die armen Staatssekretäre können die Sache ausbaden. Hertling erinnere Ihn, Varnbüler, an den alten Wundermann Ilia im Nachtasyl[1], der so schöne salbungsvolle Worte für jede Lage hat, aber gleich fort ist, sobald die Polizei anrückt. Varnbüler meint, dass die jetzige Mehrheit wieder auseinandergehen wird; fraglich sei nur, nach welcher Seite die Freisinnigen fallen würden. Vielleicht würde schon der jetzige Ausstand sie spalten. Im Übrigen sei dieser Streik vielleicht ein Glück, weil er gezeigt habe, dass die Gefahr, vor der man sich immer fürchtete und der man so viele Konzessionen machte, nicht so gross war, wie man annahm. Nur unter dem Drucke dieser Furcht seien wir nach Brest gegangen; denn dem Trotzki habe man von Anfang an nicht getraut. Aber man habe aus Furcht vor der Sozialdemokratie nicht gewagt, Verhandlungen abzulehnen. In Zukunft werde man vielleicht weniger ängstlich sein. Ich halte diese Ansichten von Varnbüler für kurzsichtig; aber so beginnt sich die Wirkung des verfehlten Massenstreiks zu äussern. Er wird indirekt die Alldeutschen stärken, bis eine stärkere Streikwelle vielleicht schon im März oder April einsetzt. – Telegramm aus Bern, dass mir Unruh genommen ist; er muss als aktiver Offizier auf Grund einer allgemeinen Verfügung zu seinem Ersatz Truppenteil einrücken. Sein Verlust wird sich für mich schwer fühlbar machen. Er war der einzige Mensch in Bern, für den ich eine unbedingte Sympathie hatte, und dem ich vollkommen vertraute.

2 Februar 1918 Sonnabend. Berlin. *2.2.1918 Samstag*

Die Regierung und die Rechts-Sozialdemokraten verhandeln, bisher ohne Ergebnis, da Hertling sich weigert, Vertreter der Streikenden als solche zu empfangen. Kessel hat einzelne grosse Rüstungsbetriebe militarisiert. Die Zahl der Ausständigen in Gross-Berlin hat sich nicht vermehrt, in der Provinz, wo sie nie gross war, vermindert. Zusammenstösse haben nicht mehr stattgefunden. Die ganze Sache scheint abzuflauen: ob infolge der Festigkeit der Regierung oder der mangelhaften Vorbereitung und der geringen Zahl der Streikenden, vermag ich nicht zu erkennen. Wahrscheinlich wird in sechs Wochen oder zwei Monaten Etwas Ähnliches, aber besser vorbereitet, wiederkommen. Dann erst wird sich zeigen, ob der Standpunkt: Biegen oder Brechen, richtig ist. – Gefrühstückt in der Deutschen Gesellschaft mit Wilhelm Herzog, der sich pflaumenweich zwischen mittellinks und extrem links herumdrückt. „Tout comprendre c'est tout pardonner"[2]; nur dass es auf das Pardonnieren in der Politik nicht ankommt. Er will eine Akademie und eine deutsche Enzyklopädie nach dem

---

[1] Gorki

[2] Das Zitat geht angeblich auf Madame de Staël zurück.

Muster der Diderotschen schaffen, um die Herrschaft des Geistes in Deutschland zu begründen. Vielleicht kommt dabei Etwas heraus, vielleicht auch nicht. Da Deutschland gegen die Welt der schwächere Teil ist, wird es aber wohl notgedrungen zur Waffe des Schwachen, dem Geist, greifen müssen. Es fragt sich, wen Herzog in seiner Akademie zusammenbringt, ob Menschen, wirkliche Menschen, oder blos eine Interessen Vertretung. Er las mir eine Reihe von Namen vor: Theodor Wolff, Vollmoeller, Erik Schwabach, Schickele, Fritz Unruh, Harden, Witting, Richard Strauss, Lichnowsky, Monts, Alexander Hohenlohe, Förster, Victor Adler, Czernin, Michael Károlyi, Rantzau (den Kopenhagener Gesandten) und wenn er nicht zu berühmt sei, Max Reinhardt. Drei Frauen: die Mechthild Lichnowsky, die Ricarda Huch und Gertrud Eysoldt. Er will Vollmoeller zur Abtretung seiner Wohnung am Pariser Platz bewegen und eine Art von Loge bilden, einen Geheimorden, nach dem Muster der Rosenkreuzer: Posa und Don Carlos. Er zitierte ein Wort von „Spartacus"[1] aus dem Jahre 1791 und die Statuten des Jesuitenordens mit ihren Stufen und Weihen. Später hat er das Magnussche Haus am Tiergarten als Sitz der Akademie in Aussicht genommen. Ich versprach der Sache wohlwollend beizutreten. In dieser merkwürdigen Zeit kann selbst ein Verein Gutes wirken. Vollmoeller wohnte dem Schluss der Unterredung bei; da er seine Wohnung für die Sache hergeben soll, ziemlich kühl. – Brief von Curt Unruh, der vom Urlaub zurück nach Bern ist. „... Ich habe viel erlebt an Eindrücken, zu viel, um mich richtig zu erholen. .... Es ist die ewige Zerrissenheit des Gestaltenwollens und Gehemmtwerdens durch die Lähmung aller künstlerischen Kräfte durch das Aufhorchen in die Zeit, der ich nicht entfliehen kann. Während die Höhensonne alle weiten Flächen des Himmels und der Erde zu einem Jauchzen der Auferstehung emporriss, dass das Winterland blühte und die Bäume im Lichtglanz die ___ überstrahlten – ja gleichzeitig sah ich weither das Antlitz eines verbitterten Menschen aus zerwühlter Erde auftauchen. – In den zufriedenen Höfen des Schwarzwaldbauern arbeiten Fremde, die Deutschland so schön finden, dass sie nicht heimkehren wollen. Kinder spielen mit ihnen, während Väter zerrissen werden .... Aber ohne Belgien, ohne ich weiss nicht was noch, kann man ja nicht leben. Darum verdunkelt man uns den Himmel in Fliegerängsten. Ja Regen und Nebel wünschen wir uns, um ungesehen in dieser elenden Welt fortzuverkümmern. Was in uns leben will – soll hassen; in geradezu an Raserei grenzendem und durch die Tätigkeit einer gewissenlosen Presse verständlichem Übermut kennt man nur „ein freies und starkes Deutschland". Womöglich ists beim Herrn Pfarrer der Wunsch des „Heilands" selbst gewesen. ... Was übrig bleibt von diesem Schwall der Eisenbahn und sonstigen Gespräche ist: „rette sich wer kann". Nur nicht angesteckt werden, Mensch werden frei von allen Sonderauf-

[1] Weishaupt

gaben einer Gehirnzerstörungsmethode – einfach nur leben und sich entwikkeln dürfen. – Die ganze Welt ist vergiftet, und man findet kaum noch Plätze, um wirklich nur die Sonne geniessen zu dürfen. Die Zeit wünsche ich mir, in der man ohne Gewissensbisse durch eine Landschaft gehen darf, sich in Wiesen legen und dem Traum der Erde lauschen, durch den heisses Leben in der Gestalt einer roten Wolke befruchtend glüht und allen Farben eine Ahnung kommenden Glückes giebt. ... Aber Kampf wird es kosten und Kräfte auch ....“ – Ich sprach heute Nachmittag einen Verwundeten vom Franz Regiment, der 16 Monate draussen war, zweimal verwundet, und am Chemin des Dames sich mit zwanzig Kameraden aus französischer Umzingelung durchgeschlagen hat. Er sagte mir mit einem bösen Blick in den Augen, er gienge nicht wieder hinaus, er habe seinem Feldwebel bestimmt erklärt, er gienge nicht mehr hinaus. Hier sässe jedesmal, wenn er verwundet nachhausekäme, dasselbe Ausbildungspersonal. Jetzt könnten die einmal hinausgehen. Er bedaure nur eins, dass er nicht in der Gefangenschaft bei den Franzosen geblieben sei. Das ist der Geist, der hinter dem Streik steckt, dumpf, aber mächtig und wachsend. Die dreihundert Kriegsbeschädigte, die neulich ihre Eisernen Kreuze zurückschickten, besassen ihn. Man kann ihn nicht durch Maschinengewehre ausrotten. Abends nach Thorn im Warschauer Schnellzug.

3 Februar 1918. Sonntag. Thorn. *3.2.1918 Sonntag*

Am Thorner Hauptbahnhof früh in den D Zug nach Wilna umgestiegen. Alle Koupees voll schlafender Offiziere, die an die noch immer besetzte Ostfront fahren. Diese grossen D Züge, die während des Krieges, dem Schlachtenglücke folgend, die Fahrt nach Warschau, Wilna, Riga, Bukarest, Lille, Brüssel aufgenommen haben, sind ein eindrucksvolles Zeichen, wie weit Deutschland den Raum auf dem europäischen Kontinent um sich herum im Weltkriege gedehnt hat. Die allmählich unerträglich werdenden Leiden dieser Spannung äussern sich im gegenwärtigen Streik. – In Thorn die breite, träge fliessende, im Eisgange leise ans Ufer schurrende Weichsel. Ich liebe diesen Osten, seit dem Kriege, der so viel von ihm in mich hereinverwoben hat, mehr als den eng begrenzten Westen. Wir sind im Westen voraus bestimmt und bourgeois; hier öffnen sich alle Möglichkeiten, jüdische, deutsche, slawische, asiatische. Wäre ich 1916 nach Warschau gekommen, so hätte ich meine Bestimmung besser erfüllt als in Bern. Eine Art von Heimweh packte mich vor dem Thorner Schloss und der grauen, vereisten, formlosen, nebligen Weichsel. In London, im Londoner Hafen giebt es ähnliche Stimmungen vor der nebligen, unbestimmten Weite des Weltreichs. M. G.[1] im Lazarett besucht. Hier eine junge Pflanze, die sich in

[1] vermutl. Max Goertz

das Militärleben, trotz anfänglich verzweifelter Gegenwehr, wie ein Glück fügt; Gesundheit in Gesundheit.

4 Februar 1918. Montag. Berlin. *4.2.1918 Montag*

In der Nacht nach Berlin zurück. Der Streik ist vorüber. Die Regierung hat mit den Arbeitern nicht verhandelt. Gestern sind Jägerbataillone von der Front über die Linden marschiert. Von den Forderungen der Streikenden ist Nichts bewilligt. Alles ist sich darüber einig, dass das Unternehmen misglückt ist. – Radowitzens, Bodenhausen u. Berger mit mir bei Kuttner gefrühstückt. Radowitz, der offenbar die Seele der Streikbehandlung durch Hertling gewesen ist, von seinem Erfolg sehr befriedigt. Er steht auf dem Standpunkt, dass man gerade in Berlin Konzessionen nicht machen konnte, die vielleicht in Düsseldorf oder Köln möglich waren. Hertling habe von Anfang an vollkommene Ruhe bewahrt. Ich machte Radowitz auf den Hintergrund der Bewegung aufmerksam, den er auch einzusehen vorgab; doch das sei eine cura posterior. Unter Bethmann u. Riezler wäre die Haltung der Regierung anders gewesen; wie Radowitz u. Bodenhausen meinen, zum allgemeinen Schaden. – Nachher in der Deutschen Gesellschaft den Bruder Kühlmann getroffen. Die Gelegenheit benutzt, ihn auf die Erkaltung des Verhältnisses zwischen seinem Bruder u mir aufmerksam zu machen. Er möge nachforschen, was vorliege. K. sagte, die Sache wundere ihn nicht, da sein Bruder gegen Alle, auch gegen ihn, immer zurückhaltender u. mistrauischer werde. Er sehe nur noch Hoesch, Wichert und die Friedländers. Dadurch würde seine Informationsbasis gefährlich schmal; die Intriguirerei gegen ihn um so bedrohlicher. Die Schwerindustrie (wegen Briey), Tirpitz und Bülow hätten sich gegen ihn verbündet. Ludendorff sei ganz in der Hand des Obersten Bauer, der ihn über Wirtschaftsdinge informiere, und dem seine Anschauungen von der Schwerindustrie diktiert würden. Tirpitz bearbeite die Presse der Rechten, Bülow die der Linken. Kühlmann schiebe alle Intriguen von sich zurück und wende sich allmählich auch von seinen besten Freunden mistrauisch ab. Wenn er so weitermache, werde er sich nicht halten können. Der Bruder Kühlmann deutete an, dass er eine Aktion im Reichstag vorbereite, um die Schwerindustrie und ihre egoistische Gewinnpolitik bloszustellen. Ich sagte K., ich fände es zum mindesten ungewandt von seinem Bruder, dass er meine guten Beziehungen zu Ludendorff, bei dem ich jederzeit im Hauptquartier willkommen sei, nicht ausnütze. Ich führe prinzipiell nicht hin, ausser wenn der Staatssekretär mich hinschicke; aber eine stehende Einladung ermögliche es mir, immer ohne besondre Anmeldung hinzukommen. Ich könne dort manche Misverständnisse vielleicht beseitigen. Jedenfalls läge mir daran, mein Verhältnis zu seinem Bruder so oder so klarzustellen. Ich schliesse aus Äusserungen des Bruders, dass Richard Kühlmann ausschliesslich im Kaiser seine Stütze sucht und suchen will. Nach den Beispielen von Falkenhayn, Bethmann, Valentini eine etwas schmale und nicht sehr sichere Unterlage. Sein Bruder sagt, gewissermassen zu seiner Entschuldigung, dass er ein sehr schlechter Menschenkenner sei.

5 Februar 18. Dienstag. Berlin. *5.2.1918 Dienstag*

Hermann Bahr schreibt heute in einem Artikel über Stifter in der „Vossischen", wo Stifters Quietismus hervorgehoben wird: „Nietzsche fand ihn wert, neben Goethe, Lichtenberg, Jung-Stilling und den Leuten von Seldwyla[1] immer wieder gelesen zu werden. Herr von Kühlmann steht im Verdacht, ebenso zu denken. Beide sind kaum typische Deutsche." Etwas von Stifters Menschen steckt in der Tat wenigstens in Kühlmanns Absichten, in seiner sich selbst gegenüber vor dem Spiegel angenommenen Haltung. Auch dass Kühlmann nicht typisch deutsch, wenigstens nicht typisch norddeutsch ist, stimmt. Er ist sicherlich kein Preusse. – Ludwig Stein klingelte an und hat Beängstigungen wegen der heutigen Berliner Konferenz zwischen Kühlmann, Czernin und Ludendorff. Er meint, der dabei wahrscheinlich herauskommende „Spaziergang nach Kiew" zur Unterstützung der Ukrainischen Rada[2] gegen die Bolschewiki werde uns mit dem Odium des Reaktionären belasten und uns in die inneren Wirren Russlands hineinziehen. Ebenso der bevorstehende Sonderfriede mit Rumänien. Bülow scheint einen neuen Anlauf zu nehmen, um durch solche Bedenken Kühlmann Schwiergkeiten zu schaffen. Andererseits sagt mir Stein, dass zwischen Kühlmann u. Czernin Meinungsverschiedenheiten ausgebrochen seien. Er, Stein, freue sich, wenn dieses sich bewahrheiten sollte (Stein ist einer der Haupt Schieber, unter denen, die für Bülow arbeiten), denn es würde beweisen, dass K. nicht ganz im Schlepptau der österreichischen Politik fahre. – Telegramm von Unruh, dass sein Bruder aus seinem Werk „Vor der Entscheidung" in Zürich bei Hottingen[3] vorlesen will, Bismarck aber, weil das Stück in Deutschland verboten ist, Bedenken hat und sogar berichten müsste, falls Unruh doch die Vorlesung abhielte; ich möge daher beim Ober Zensor anfragen und die Sache in Ordnung bringen. Telephonisch mit Olberg verhandelt, der gleich sehr aufgeregt es unglaublich fand, dass „ein Offizier" trotz eines Verbots sein Werk im Auslande vorlesen wolle. Das könne ihn den Kragen kosten. Er wolle gleich heute Ludendorff, der in Berlin sei, darüber Vortrag halten und dessen Entscheidung einholen. Überhaupt mache ihnen Unruh durch die fortwährenden Interventionen des Grossherzogs von Hessen,

1 Keller

2 Die ukrainische Zentralrada (Rat) hatte sich nach der Märzrevolution 1917 in Kiew gebildet u. am 25.1.1918 die Unabhängigkeit u. Souveränität der Ukraine proklamiert.

3 Lesezirkel Hottingen

des Kronprinzen[1] u. s. w. immerfort Scherereien. Ich besänftigte O., überredete ihn, sich wenigstens erst die gekürzte und kastrierte Version anzusehen, hatte aber von dem Gespräch den unangenehmsten Eindruck; eine Mischung von Überhebung, eingebildeter Unfehlbarkeit und militärischem Machtgefühl, das jede Art von Antipathie gegen den sogenannten Militarismus rechtfertigt. Je länger der Krieg dauert, um so hässlicher werden die Leute, die ihn führen. Die geistige Tyrannei des Militärs in ihrer geistlosen Absurdität bereitet für später eine Explosion vor. – Wilhelm Herzog setzte sich zu mir beim Frühstück und sprach wieder von seiner geplanten Gesellschaft. Ich sagte ihm (wie vorher Erik Schwabach), dass ich nur dann mitmachen könne, wenn wirklich die Menschen nur nach ihrer menschlichen und geistigen Qualität ausgewählt würden, nicht nach ihren Ansichten, insbesondre sei es mir unmöglich beizutreten, wenn etwa alle die ausgeschlossen werden sollten, die im Kriege „mitgemacht", mit andren Worten Deutschland nicht im Stiche gelassen hätten. Herzog läugnete jede solche Absicht, sagte, allerdings könne er sich als Mitglieder nicht Solche denken, die die Macht der rohen Gewalt über die des Geistes setzten, oder die prinzipiell jede Veränderung in der sozialen Welt bekämpften. Solche Leute müssten die von ihm erstrebte Wirksamkeit seiner Gesellschaft lähmen, weil sie das Gegenteil von dem wollten, was er sich als deren Zweck denke. Ich wiederholte, dass ich unter diesen Bedingungen bereit sei, mitzumachen. Stark beschäftigt H. die Frage der „Grade" innerhalb der Gesellschaft, der Geheimgrade, nach denen der Einfluss sich bemessen soll. Ich befürchte einen Hang zu Spielereien und Kaffeehaus Pazifismus. Andrerseits ist die Auslese der Führer für die Neuordnung der Welt und Fruktifizierung der durch den Krieg entstandenen chaotischen Empörung notwendig. Alle früheren Parteien und Richtungen sind mehr oder weniger veraltet und verkalkt dem stürmisch Spriessenden und Quellenden gegenüber, das man fühlt.

6. Februar 1918. Mittwoch. Berlin. *6.2.1918 Mittwoch*

Ludwig Stein bei mir gefrühstückt. Er war heute Morgen bei Bülow und sieht die Lage Schwarz in Schwarz: Bülow würde die Verantwortung für eine Entwirrung der Lage nicht mehr übernehmen; es sei schon zu spät, genau so, wie damals, als B. nach Rom gieng. Wir seien ganz in die Hände Czernins geraten, der falsches Spiel mit Polzer zusammen mit verteilten Rollen spiele und Wedel und Kühlmann hinters Licht führe. Czernin habe hier wieder 900 Waggons Getreide von uns für Österreich herausgedrückt, die wir uns bei den Bauern in der Ukraine wieder holen dürften. Der Vormarsch auf Petersburg und der Sonderfriede mit der Ukraine seien nur im Interesse Österreichs, das dann keinen Feind mehr haben und über unsere Köpfe hinweg sich mit England

[1] Wilhelm

und Amerika verständigen würde. Eine Ukraine gebe es nicht. Das Ganze sei eine Seifenblase. Und Vorräte seien in der Ukraine auch nicht mehr vorhanden. Die Alles überragende, furchtbare Gefahr sei die Hungersnot. Vom 15 März ab müssten wir die Brotration herabsetzen, und dann käme der Hungerstreik, der nicht so verlaufen würde wie der gegenwärtige; dann müssten wir unter dem Druck der Strasse um jeden Preis Frieden schliessen. Die Entente sei ebenfalls von der Hungersnot bedroht; könne es aber 6 Wochen länger aushalten als wir. Unsere einzige Rettung sei, wenn wir vor dem 15 März eine grosse siegreiche Offensive durchführen, Rouen besetzen könnten. Glücke das, dann sei die Gefahr beseitigt; glücke es nicht, dann müssten wir einen schimpflichen Frieden schliessen. Deshalb wolle Bülow jetzt nicht mehr die Geschäfte übernehmen. – In der Mittwochsgesellschaft Finnen und Baltenabend. Unter den Anwesenden der alte Kluck. Für die Finnen redete der Staatsrat Hjelt und nachher der russische Generalstabs Oberst Tesler[1]; Beide schilderten mit innerlichem, mitreissendem Feuer die Leiden Finnlands durch die Bolschewiki, den verzweifelten Freiheitskampf, die Heldentaten finnischer Knaben, die das grosse Munitionsdepot in Archangelsk in die Luft sprengten, die Hoffnung Finnlands auf deutsche Unterstützung. Der Major Würtz vom Kriegspresseamt sagte mir, dass heute eine finnische in Deutschland ausgebildete Brigade nach Finnland abfährt. Heute früh sind finnische Krankenschwestern aus Berlin fort. Auf eine Anfrage des Herzogs Ernst Günther, ob sich Finnland nicht eher an Schweden als an Deutschland anschliessen würde, antwortete der Oberst Tesler sofort sehr bestimmt „Nein“: Schweden habe Finnland zweimal in seiner Not im Stiche gelassen, 1808/9 und wieder jetzt; es erlaube jetzt nicht einmal den schwedischen Offizieren, die freiwillig nach Finnland wollten, hinzufahren, nicht einen einzigen Revolver dorthin für die finnischen Freiheitskämpfer auszuführen: Finnland wisse, wo es Hülfe gefunden, wem es seine Freiheit zu verdanken habe: Deutschland; an Deutschland werde es sich anlehnen. Teslers Äusserung machte grossen Eindruck. Die Sympathieen von 5/6 der Anwesenden waren auf Seiten der Finnen und Balten, gegen Hoetzsch und Bernhard, die grollend neben mir sassen. Hoetzsch konnte seine Zwischenrufe nicht meistern, fand aber keine Gegenliebe; und Bernhard, der eine glänzende Rede, die beste des Abends, gegen die Balten hielt, setzte sich inmitten einer Totenstille, während Hjelt, Tesler, Manteuffel, Schillings stürmisch applaudiert wurden. Der einzige Teil der Bernhardschen Rede, dem von fast allen nachfolgenden Rednern zugestimmt wurde, war ein sehr scharfer Angriff auf Kühlmanns Verhandlungsmethoden in Brest Litowsk. Kühlmann hat sich in Brest schon jetzt stark verbraucht. – Olberg sagte mir, entgegen seiner gestrigen Auskunft, Unruhs Stück werde für die Vorlesung in Zürich wahrscheinlich freigegeben werden können.

[1] Thesleff

Er habe es in Deutschland nur verboten wegen des erschütternden Eindrucks, den diese Schilderungen des Krieges auf die deutschen Frauen zu machen geeignet seien. – Mit Georg Bernhard und Guidotto Henckel nachhause. Bernhard ist der Ansicht, dass wenn kein Friede in Brest Litowsk kommt, wir in 3 bis 4 Monaten die Revolution haben. Er fasst die Möglichkeit des Generalstreiks für den 1ten März ins Auge, falls die andren Parteien die Sozialdemokraten isolieren und dadurch von ihrem linken Flügel abhängig machen. Ich fragte ihn später, ob er Steins Ansichten teile, die Lage ebenso schwarz sehe? Er antwortete, Stein male die Lage so schwarz und schildere Czernin als so gefährlich, teils weil er den „Ungarnfimmel" gegen Czernin habe, teils um auf eine etwas naïve Art Propaganda für Bülow zu machen, weil dieser dann als der einzige ebenbürtige Gegenspieler gegen den grossen, bösen Czernin erscheine. Stein habe Andeutungen gemacht, die er allerdings für kaum glaublich halte, weil sie Bülows Unehrlichkeit beweisen würden, dass Bülow eine Art von Weltbund aller Mächte gegen die bolschewikische Gefahr proponiere, eine Erneuerung der Heiligen Allianz. – Ein Verwundeter von einem Garderegiment gab mir heute folgenden Lebenslauf: 1914 freiwillig, fünfmal verwundet, bei der zweiten Verwundung, weil er sich eigenmächtig in einen Verwundetenzug gesetzt u. nachhause gefahren sei, wegen Entfernung aus der Front degradiert und zu mehreren Monaten Gefängnis verurteilt, zu Arbeiten irgendwo an der Wasserkant geschickt, wo er „schlimmer als ein Stück Vieh" behandelt worden sei, die Soldaten hätten sich um ein Stück Brot gegenseitig totgeschlagen; dann wieder hinaus zum Regiment, wieder verwundet, und noch einmal verwundet, schliesslich bei der fünften Verwundung ins Lazarett nachhause ohne Eisernes Kreuz. Eine verstockte, dumpfe, grimmige Verbitterung sprach aus dem breiten Bauerngesicht. Alles das fliesst hinein in den gemeinsamen Topf. Wenn dazu noch der Hunger kommt .... Niemand kann berechnen, was dann wird. Jemand, der im Volk verkehrt, sagte mir heute, dass Gerüchte umgehen, die Regierung wolle noch zwei Jahre Krieg führen. Warum, wird nicht hinzugefügt; aber wer diese Gerüchte ausstreut, lässt sich denken.

7 Februar. 1918. Donnerstag. Berlin. *7.2.1918 Donnerstag*

Gefrühstückt mit Bodenhausen, der seit Kurzem an den Rumpler Werken interessiert ist. B. erzählt, bei den letzten Probeflügen hätten die bisher allein für die Armee Kampfflugzeuge liefernden Albatros Werke so schlecht abgeschnitten, dass sie aus der Konkurrenz ganz ausgeschieden seien. Das Schlimmste an der Sache sei, dass ganz offenbar Hauptleute, die die Lieferungen zu überwachen und vergeben hatten, von den Albatroswerken sich hätten schmieren lassen. Auch eine Kriegswirkung. Bodenhausen erwartet gegen Ende des Monats die grosse Offensive gegen Arras und darüber hinaus. Bisher noch nie benutzte neue Gasgranaten und eine „Überraschung", von der er Nichts sagen wollte, würden den Weg bahnen. Truppen stünden bis in den Westerwald. Das Hauptquartier würde in den nächsten Tagen nach Belgien verlegt. Ein junger Schwerin sei dieser Tage als Ordonnanzoffizier zu einem AOK XVII gekommen. Below stünde mit der XIV Armee als Stossgruppe bei Quentin. Wenn diese Offensive nicht glücke, sei es mit uns aus, d. h. wir müssten dann um jeden Preis Frieden schliessen. Aber da Ludendorff sie riskiere, werde sie glücken; L. sei noch nie Etwas misglückt. Gerüchte giengen, dass Mackensen an der Spitze der Rumänen und Ukrainer gegen die Bolschewiki vorgehen würde; allerdings habe er nur zwei deutsche Korps. Gegen Petersburg stünde auch schon Alles bereit. Wir stehen vor gigantischen Ereignissen, die sich ungefähr so in den Erwartungen eines wohlinformierten Mannes spiegeln. Im Hintergrunde die drohende Weltrevolution. Fraglich erscheint Bodenhausen, ob Amerika, wenn Frankreich zusammenbricht, mit Frankreich zusammen Frieden schliesst oder weiterkämpft; das ist die dunkle Unbekannte. Briey hält Bodenhausen als alter Kruppmann für unerlässlich. – F.[1] sagt mir dass die Abgabe des Mehls an Österreich nicht nur im Volk sondern auch im mittleren Bürgerstand eine grosse Empörung verursacht; diese richte sich gegen unsere Regierung, nicht gegen Österreich. Namentlich ärgert die Leute, dass wir dafür Mais bekommen sollen, den sie nicht mögen. Meine alte Haushälterin Kierzek fieng auch gleich hiervon an, als sie mich neulich besuchte. Diese kleine Gefälligkeit kann unter Umständen eine grosse Rolle spielen. Zweifellos wird die Sache agitatorisch ausgenutzt; sie ist leicht verständlich, einleuchtend, aufreizend, psychologisch höchst unglücklich; eine Magenfrage, die gefährlichste. Wenn ich die Grösse des russischen Zusammenbruchs mit den Gefühlen vergleiche, den er bei mir und Andren auslöst, so muss ich intellektuell erstaunen über das Misverhältnis zwischen diesem starken, aber doch durch viele sonstige Vorgänge begrenzten Interesse und der unvergleichlichen weltgeschichtlichen Bedeutung des Vorganges. Vielleicht übersteigt er wie eine Sternkatastrophe, eine Nova Persei, das menschliche Fassungsvermögen. Und doch haben ich, wir, Alle, die in Preussen, Polen, den Karpathen waren, mitgewirkt, wenn auch nur in kaum berechenbarer Kleinheit an den Schlägen, die den Zusammensturz herbeiführen. Die Verwüstungen, die Ausgetriebenen und Sterbenden am Wegrande, die Sardanapalische Zerstörung und Selbstzerfleischung sind Erlebnisse, die ich und wir Alle gehabt haben. So denke ich mir haben Zeitgenossen neugierig, aber ohne innere Teilnahme, den Untergang des römischen Weltreichs miterlebt. Heute melden die Zeitungen, dass der gesamte unpublizierte Briefwechsel Tolstoïs mit seinem Bruder von bolschewikischen Räubern bei einer Plünderung verbrannt worden ist.

---

[1] vermutl. Fritz Guseck

8 Februar 1918. Freitag. Berlin. *8.2.1918 Freitag*

Vormittags bei Radowitz in der Reichskanzlei. Er entwickelte mir das Programm Hertlings, das nunmehr von sämtlichen massgebenden Persönlichkeiten mit Einschluss von Ludendorff, Hindenburg und dem Kaiser gebilligt sei: Die Wahlrechts Reform solle rücksichtslos gegen die Konservativen und etwaige widerspenstige Nationalliberale, Centrumsleute, Regierungsbeamte durchgeführt werden; und zwar so, dass die Entschlossenheit der Regierung nach aussen hin deutlich erkennbar werde. Das Beste wäre, meinte Radowitz, wenn der eine oder andre Minister mit Eclat hinausflöge. Die Regierung werde auch nicht vor dem Octroi zurückschrecken. Schlimmstenfalls nicht vor einer Einmischung des Reichstages. Sodann solle entgegen den Wünschen von Westarp und seiner Parteifreunde die sozialdemokratische Partei nicht in die Opposition gedrängt, sondern im Gegenteil bei der Mehrheit festgehalten und von den Unabhängigen abgesprengt werden. Er habe Westarp und andren Konservativen wiederholt auseinandergesetzt, dass das Preussische Königtum, wenn es bestehen solle, nur als demokratisches Königtum bestehen könne. Auf einer demokratischen Grundlage liesse es sich in Preussen ebenso wie in den süddeutschen Staaten fest verankern; aber die Konservativen hätten es ganz gern, wenn der Tron wanke, damit sie ihn stützen könnten. Sie hätten sich so in ihre Rolle als Stützen des Trones hineingelebt, dass schliesslich das Stützen für sie die Hauptsache, die Erhaltung des Trones im Vergleich fast nebensächlich geworden sei. Auf meine Frage: wie der Kronprinz stehe? antwortete Radowitz: jedenfalls gegen die Einmischung der Generale in die Politik. Stirum[1], den Radowitz ins Hauptquartier gebracht hat, wirke ganz geschickt auf ihn im Sinne der Hertlingschen Politik ein; dadurch werde der stockkonservative Einfluss von Malzahn etwas durchkreuzt. Während Radowitz sprach, kam Kessel und gieng zum Reichskanzler zu einer Beratung über den Belagerungszustand. Radowitz gieng mit dem „Oberkamel", wie er ihn bezeichnet, mit hinauf. Ich wartete. Bei seiner Rückkehr sagte Radowitz, das Oberkamel sei ganz vernünftig gewesen, habe eingewilligt, den Prozess des Vorwärts Redakteurs Stampfer verschleppen zu lassen, bis der Belagerungszustand aufgehoben sei, und Stampfer vor ein Zivilgericht komme, wo er dann freigesprochen wird. Radowitz fuhr dann fort, die Brotration werde im März nicht herabgesetzt werden, sondern frühstens im April oder Mai, wenn wieder schön Wetter sei. Im Übrigen werde man das Volk mit dem Schrei „Brot und Frieden" nicht auf die Strasse bekommen, wohl aber mit dem Schrei „Brot und Wahlrecht"; deshalb müsse koste es, was es wolle, die Regierung zeigen, dass sie mit dem Wahlrecht ernst mache. Das Hauptquartier habe Schwierigkeiten gemacht, eine Denkschrift eingereicht. Diese sei von Hertling beantwortet, und Hertlings Antwort vom

[1] Limburg-Stirum

Kaiser selbst mit einem äusserst liebenswürdigen und geschickten Brief an Hindenburg geschickt worden. Darauf hätten Hindenburg und Ludendorff erklärt, dass sie sich vor der grösseren politischen Erfahrung und der Weisheit Hertlings beugten. Erleichtert sei die Sache sehr wesentlich geworden dadurch, dass Hindenburg tatsächlich vor Hertling eine grosse Achtung hat. Er anerkennt in ihm den politischen Fachmann, den Mann, der das Parlament und die Politiker zu behandeln weiss. Trotzki werde man wahrscheinlich ein verschleiertes Ultimatum stellen. Man habe den Unterhändlern bei ihrer Abfahrt in dieser Hinsicht volle Freiheit gelassen. Aber voraussichtlich würden sie bald erklären, zu weiteren theoretischen Erörterungen hätten sie keine Zeit, sie reisten „morgen Abend" ab; wenn Herr Trotzki bis dahin noch Etwas mitzuteilen habe, stünden sie zur Verfügung, sonst betrachteten sie die Verhandlungen als gescheitert. Dann würde sofort der Waffenstillstand gekündigt und militärisch vorgegangen werden. Mit der Ukraine hoffe man dagegen bald Frieden zu haben, und dort Vorräte zu finden. Man sei bereit, der Rada ihre Existenz gegen die Bolschewiki zu garantieren, und ihr sogar, aber nur wenn sie ausdrücklich darum bitte, militärisch Hülfe zu leisten. Wir wollten mit der Ukraine für die Zukunft ein enges Bündnis. Leider sei seit zwei Tagen der Draht mit Brest zerrissen, jede Verbindung habe aufgehört, sodass man nicht wisse, was dort vorgehe. Während wir sprachen, kam Riezler und beteiligte sich am Gespräch. Er äusserte, das Verhältnis zwischen Bethmann und dem Hauptquartier sei eigentlich von dem Augenblick an schlecht geworden, wo Bethmann „die Beiden" (Hindenburg u. Ludendorff) hingebracht habe. Ludendorff habe B. vielleicht nicht verzeihen können, dass er ihm seine Stellung verdanke. Nach Riezlers Fortgang äusserte sich Radowitz noch über die Elsass-Lothringische Frage: Erhebungen, die gemacht worden seien, hätten gezeigt, dass die Autonomie ein grosser Schade für Deutschland sein würde; das Land werde ganz zu Frankreich gravitieren. Von Riezler meinte Radowitz, er sei sehr intelligent, aber nicht klug, kein Politiker. – Gefrühstückt bei Georg Bernhard mit Herbert Eulenberg u. Frau. Bernhard erzählte mir, Erzberger beabsichtige, Ludendorff im Reichstage anzugreifen, indem er ihn als wilden Annexionisten hinstelle und die Offensive bekämpfe. Erzberger sei gekränkt, weil Ludendorff ihn nicht empfange. Ausserdem stecke hinter Erzberger wahrscheinlich der General Hoffmann, der Ludendorff das Genick brechen will, um sich an seine Stelle zu setzen. Hoffmann lässt überall verbreiten, dass er, nicht Ludendorff oder Hindenburg, Tannenberg, die Schlacht an den Masurischen Seeen u. s. w. gemacht hätte. Seine Frau hat mir selbst eine Nummer der Kownoer Zeitung in die Hand gedrückt, in der ihr Mann als eigentlicher Sieger von Tannenberg hingestellt wird. Bernhard will mit Berger, Nicolai und Würtz zusammen einen Empfang Erzbergers bei Ludendorff vorbereiten. Ich versuchte, Bernhard seine

Angriffe auf Kühlmann auszureden. Er gab zu, dass er vielleicht Unrecht getan habe, seine Abberufung zu verlangen, machte aber geltend, er habe in dem Augenblick diese Abberufung für selbstverständlich gehalten. Warum er sie dann noch öffentlich verlangte, sagte er nicht. – Nachmittags bei Stumm jr. Um 6 hatte er noch immer keine Verbindung mit Brest. Abends bei Radowitzens, wo Empfang war, sagte mir Bernstorff, Kühlmanns zweiter Sekretär, dass zwischen 6 und 7 der Draht mit Brest wiederhergestellt worden sei. Morgen früh werde der Friede mit der Ukraine unterzeichnet, ein Präliminarfriede, der dann in Kiew oder Berlin ausgearbeitet werden müsse. Die Ukrainer verlangten bis 1920 Zollfreiheit. Wir werden ihnen wohl ihre Unabhängigkeit garantieren müssen. Das kann zu militärischen Verwicklungen führen. Aber auch so ist es ein ganz gewaltiger Erfolg; die Folgen sind für jetzt und später unabsehbar. – Radowitz die Absicht Erzbergers, Ludendorff im Reichstag anzugreifen und sich dabei eventuell auf Mitteilungen Hoffmanns zu stützen, mitgeteilt. R. meinte, das müsse unbedingt verhindert werden. Ich riet ihm, zu warten, bis die Aktion meiner Gewährsmänner (ich durfte Bernhard nicht nennen) entweder gewirkt habe oder gescheitert sei. Garstiger Eindruck dieser Intriguen mitten in der grossen Katastrophe. Erzbergers Vorhaben könnte einen neuen Streik hervorrufen. Unverantwortliches Spiel mit der Existenz des eigenen Volks. Trost, dass die Grossen mit ihren Intriguen immer nur das menschlich Kleine fassen, während die Kleinen, Geschobenen, die Heerdentiere die mit ihrem Blute zahlen, wenigstens im Leiden das Tragische, Erhabene erreichen. Ein schwacher, grausamer Trost, aber doch ein Trost. Wie Wenige, die die grossen Dinge aus grosser Stellung gross erleben! Von den heute Waltenden möglicherweise Hindenburg, vielleicht auch in einzelnen vulkanischen Ausbrüchen Ludendorff. Kühlmann möchte es. Aber die Andren? Welcher Zusammenprall, wenn die Kleinen mit ihren grossen Erlebnissen aus dem Schützengraben heimkommen und auf die Sieger in ihrem kleinen Alltag stossen.

9 Februar 1918. Sonnabend Berlin *9.2.1918 Samstag*

Friede mit der Ukraine; er ist Nachts um 2 unterzeichnet und heute Morgen veröffentlicht worden. Stein sagt mir telephonisch, dass er von der Redaktion früh um 7 Uhr benachrichtigt wurde. – Ein wunderbarer Frühlingstag, warm und blaufeucht wie im April. Bernhard, sogar Bernhard, den ich in der D. G.[1] traf, sprach zuversichtlich von den grossen Mengen Getreides und Oelkuchen, die wir beziehen könnten. August Müller, der sich nachher zu Baake und mir setzte, bestätigte die Vorräte, meinte aber, dass wir vor Ende Juni oder Anfang Juli auf keine grösseren Zufuhren rechnen könnten. Das Schwarze Meer sei vorläufig noch durch Minen verseucht, Braila in Händen der Rumänen. Aller-

[1] Deutsche Gesellschaft 1914

dings hätten wir uns eine direkte Bahnlinie nach Kiew gesichert, die wir selbst betreiben sollen; aber bis die Umnagelung der Schienen vollendet und für Lokomotiven und rollendes Material gesorgt sei, würden Monate vergehen. Deshalb hätten sie in der Kommission die Zufuhren über die Bahn mit Null angesetzt. Vielleicht liesse sich aber jetzt die Herabsetzung der Brotration ganz vermeiden. Die Ukrainer brauchen Eisenwaaren, Hufe, Nägel, Sicheln, landwirtschaftliche Maschinen; diese sollen im Tauschhandel, wahrscheinlich von Staat zu Staat, gegen Getreide und Futtermittel ausgetauscht werden. In Nordrussland soll nach den Berichten unserer Kommission im Herbst Nichts bestellt worden sein; auch die Frühjahrsbestellung unterbleibt, da Niemand weiss, ob ihn nicht irgendjemand totschlägt und sein Feld wegnimmt; so bereitet sich die furchtbarste Hungersnot der Geschichte vor. Diese verhungernden Millionen werden die Ukraine mit ihren reichen Vorräten wie die Heuschrecken überfallen, wenn sie ihre Grenzen nicht schliesst und verteidigen kann. Das ist der Augenblick, wo unsere Garantie wirksam werden und wir zum Eingreifen gezwungen werden können. Ich vermute, dass dieses sogar eines von den stärksten Motiven war, warum die Ukrainer mit uns den Sonderfrieden schlossen, weil sie auf unseren Schutz in diesem kritischen Moment vertrauen. August Müller meinte, sie seien jetzt „auf Gedeih und Verderb mit uns verbündet". Allerdings, wenn er Bestand hat, ein ganz gewaltiger, unabsehbarer politischer Erfolg, der einen radikalen Umschwung der Weltlage zur Folge hätte. Ludwig Stein im Adlon gesprochen. Er meint (wahrscheinlich in Übereinstimmung mit Bülow) dass wir durch unser Eintreten für die ukrainische Rada und für Finnland uns an die Spitze der Bourgeoisie in ihrem Kampf gegen das internationale Bolschewikitum gesetzt hätten. Dieser Haltung hafte das Odium des Reaktionären an. Daher möchte Stein, dass Schweden in Finnland eingriffe, um uns dieses Odium abzunehmen. Er will dem schwedischen Gesandten[1] suggeriert haben, dass Schweden mobilisieren solle; dann habe es seine Armee bereit gleichzeitig gegen die russischen und die eigenen schwedischen Bolschewiki. Im Ganzen war er sehr kühl und skeptisch der Ukraine gegenüber, was ebenfalls vermutlich der Haltung Bülows entspricht. Er schien auch nicht geographisch sehr sicher, wo die Ukraine liegt; denn er sprach von Kowno und Grodno als Städten der Ukraine. Bülow dürfte dieser Erfolg von Kühlmann und Czernin sehr unbequem sein; diese Rivalen sind ihm jetzt um einen Friedensschluss voraus. – F. sagt mir Abends, dass nach seinen sicheren Informationen die Arbeiter einen neuen allgemeinen Streik innerhalb der nächsten vierzehn Tage vorhätten. Wenn die Regierung nicht baldmöglichst ihre Absicht, das Wahlrecht rücksichtslos durchzudrücken, erkennbar mache, sei dieser neue Streik unausbleiblich. An Radowitz geschrieben: „Die Sache E ist nunmehr so gere-

[1] Essen

gelt, dass mein Gewährsmann (den Sie übrigens gut kennen, der aber vorläufig nicht genannt sein will) versuchen wird, sie gemeinsam mit einigen Herren vom Stabe L. in Ordnung zu bringen; d. h. einen Empfang zu vermitteln, da hier der Hauptgrund zu liegen scheint. Sollte dieses misglücken, so würde sich mein Gewährsmann an Sie wenden. Unbedingt muss diese Don Quichotterie verhindert werden. Sie könnte uns für sich allein einen neuen Streik eintragen. Bis mein Gewährsmann mit Ihnen in Verbindung tritt, bitte ich Sie aber Nichts zu tun. Ich werde vor meiner Abreise noch Bergen auf diese Absicht E's aufmerksam machen. – Aus Arbeiterkreisen höre ich, dass Geheimanweisungen umgehen, dass innerhalb der nächsten 14 Tage ein neuer, aber allgemeiner Streik geplant sei. Und zwar nicht wegen der Offensive, mit der sich die Arbeiter abgefunden haben sollen (infolge der Versailler Beschlüsse[1]) sondern weil man der Regierung nicht glaubt, dass sie das Wahlrecht durchsetzen will. Der Mann, dem ich volles Vertrauen zu schenken Ursache habe, sagte: es sei unerlässlich, dass die Regierung baldmöglichst unverkennbar ihre ernste Absicht in dieser Sache zu erkennen gebe; sonst wäre der Streik kaum zu vermeiden. Relata refero .....“[2] Abends ins Königgrätzer Theater. Strindberg Abend. „Gläubiger“ und „Das Band“. Irene Triesch, Hartau und Kayssler. Wenn das der Frieden war, was Strindberg schildert, dann ist der Krieg im Vergleich fast schön.

10 Februar 1918. Sonntag. Berlin. *10.2.1918 Sonntag*

Vormittags zeigten mir Hellmut Herzfeld und Georg Grosz den Zeichenfilm „Sammy in Europa“, den sie für das Ausw. Amt in Arbeit haben. – Frühstück gegeben bei Kuttner in der Friedrichstrasse für Guidotto Henckel, seinen Bruder, den Garde du Corps, Lothar Spitzemberg und Musch Richter. Austern, Krebssuppe, eine junge Ente, Kaiserschmarrn, echten Kaffee, Chablis und Bordeaux, für fünf Personen im Ganzen 217 Mark. Alle Gerichte von ebenso guter Qualität wie im Frieden. Natürlich wurde fast nur von der Ukraine gesprochen; und daneben von dem angeblich wieder bevorstehenden Streik. Spitzemberg klagte über Lichnowsky und seine Brochüre, die ihn zu einer Art von Hochverräter mache. Er, Spitzemberg, habe vor Kurzem bei einem Wohltätigkeitsfest, wo er die Kaiserin vertrat, anderthalb Stunden neben Lichnowsky gesessen, ohne an ihn das Wort zu richten. In der Tat ist Lichnowsky ein Intriguenherd, der neben Bülow, Hoffmann, Polzer, Trotzki funktioniert und mit diesen

[1] Vom 30. Jan. bis 2. Feb. 1918 hatte in Versailles die dritte Tagung des interalliierten Obersten Kriegsrats stattgefunden. Nach amtlichen Berichten wurde dort festgestellt, daß „die einzige unmittelbare Aufgabe der Alliierten darin besteht, mit der äußersten Kraftanstrengung in geschlossenster und wirksamster Zusammenarbeit die militärischen Bemühungen der Alliierten fortzusetzen“.

[2] „Ich erzähle Erzähltes“; zurückzuführen auf Herodot, Historiēs apodexis, VII, 152

und ihren Ausstrahlungen die Oberfläche unserer in ihren Grundvesten erschütterten Welt zerreisst. Pazifistisch rancünenhaftes Intriguenzentrum. Kraft Henckel erzählte aus der Schlacht bei Mons, wo er als Garde du Corps den englischen Horse Guards gegenüberfocht, eine Episode: wie ein baumlanger schöner Horse Guards Offizier, als die Engländer ihre Gräben räumten, aufgesprungen sei auf den Rand des Grabens und stehend den Deutschen zugewendet seinen Rock aufgerissen und geschrieen habe, bis er durchbohrt von zahllosen Bajonettstichen niedersank; zweifellos packte ihn eine Art von Extase, Etwas Sinnloses, Dämonisches; aber als Höhepunkt und Symbol des in diesem Augenbick von Tausenden erlebten Todesrausches wie viel menschlicher und ethischer als die Intriguen. – Abends zum Empfang bei Solfs. Wichert gesprochen, der jetzt mit seinem etwas finsteren Fanatismus Kühlmann zur Seite steht. Er sprach über die Angriffe gegen Kühlmann, die bis zur äussersten Gemeinheit giengen; so dass ausgesprochen werde, er habe, während seine Frau im Sterben lag, eine Pascha Wirtschaft in Constantinopel geführt. Kühlmann weigere sich, irgendetwas gegen solche Angriffe zu unternehmen; die Leute sollten „in ihrem eigenen Dreck ersticken."

11. Februar. 1918. Montag. Berlin. *11.2.1918 Montag*

Überraschend heute Morgen der Friede mit Russland oder wenigstens das einseitig von Trotzki in Brest erklärte Aufhören des Kriegszustandes. xxxxx[1] telephonierte früh an und teilte mir die gänzlich unerwartete Nachricht mit. An einigen Häusern war Vormittags geflaggt. Im Allgemeinen macht die Nachricht keinen grossen Eindruck. Zu viele Zweifel nagen an der Freude. Trotzki hat die Tolstoische Haltung der Nichtverteidigung proklamiert. Was folgt daraus für uns? Eine Gegenerklärung ist nicht veröffentlicht worden. Man erkennt die Nachteile; was dabei als Vorteil herauskommt, ist noch nicht greifbar. – Gefrühstückt bei Herbert Gutmann. Alltags Stimmung, ganz nüchtern. Das ungeheure Ereignis, das der Friede mit Russland sein könnte, wirkt kaum spürbar auf den Ton der Unterhaltung. Wir haben in den vier Jahren schon zu viel durchgemacht an Hoffnungen und Enttäuschungen; bis ins unterste Volk hinein. So hat sich Niemand einen siegreichen Frieden gedacht. Eine bittere Leere ist der Grundgeschmack. Trotzdem lebt die Zuversicht auf andre Ergebnisse weiter. Gutmann glaubt, dass wir nicht nur Getreide und Futtermittel, sondern vielleicht auch Baumwolle aus der Ukraine bekommen. Märchenhafte Dinge erzählt er von der Offensive im Westen, die er erst auf Ende März ansetzt, weittragende Geschütze, Tanks mit Kanonen, Gas u. s. w. Wir würden während der Offensive gleichzeitig nach Paris und London hineinschiessen. Allmählich wird die moderne Technik den modernen Krieg unmöglich machen, die Technik

---

[1] unleserlicher Name

bringt den Krieg mit den natürlichen Gefühlen in einen unlösbaren Konflikt. Hier laufen verschiedene Entwicklungsreihen der Zivilisation ineinander zu einem durch materielle oder juristische Mittel unlösbaren Knoten. Dass das Moralische sich mit dem Technischen verflicht, ist das eigentlich Neue, obwohl es seit dem fünfzehnten Jahrhundert im Anschleichen und bei den Kolonialkriegen gegen Eingeborene seit Pizarro und Cortez an der Civilisations-Peripherie das Charakteristische gewesen ist. In Russland hat das Technische versagt; aber nur weil die moralische Versteifung fehlte. Anderwärts kann das Umgekehrte eintreten; ist vielleicht auf kolonialem Gebiet schon häufig eingetreten. Hier entsteht der Zweifel am Wert der Entscheidung durch den Krieg; ob berechtigt oder unberechtigt aus der Perspektive der grossen Menschheit, wer weiss? – Abends in der Untergrundbahn: „Boche", ein aufgeregtes, ordnungssüchtiges, ausserdem gebildetes, fleissiges und tüchtiges Individuum. Wie verwandeln sich in der Front diese Eigenschaften in die des deutschen Feldgrauen, der ruhig, mit starken Nerven, diszipliniert, lenkbar wie ein Kind durch Fürsorge und Strenge ohne Kommiss, aber diebisch, kritisch, und trotzdem vor dem Tode anständig, und im Ganzen fast erhaben ist? Wunderbare Metamorphose der Eigenschaften? Zuhause ein Philister, draussen ein sehr eigenartiger Heiliger. Welche Seele wird bei ihm nach dem Kriege die Oberhand gewinnen? Schade dass man unter der Löwenhaut draussen so viel vom Philister merkt. In den meisten deutschen Helden steckt verborgen ein Oberlehrer. Und doch ist die Haut, wie mir scheint, das Ursprüngliche; das Andre hineinerzogen. – Was den Krieg unmöglich machen könnte, dass das Technische das Moralische allmählich ausschaltet. Man wird wahrscheinlich andre Gewaltmittel ersinnen, die der Politik dienen. Heute schon wirtschaftliche. Wenn ein Jeder weiss, dass sein politischer Gegner ihn durch den Druck auf einen Knopf physisch vernichten kann, so ergiebt das psychologische Hemmungen, die das ganze politische Denken auf andre Bahnen umschalten müssen. Schöner wird die Welt dadurch nicht, aber weniger blutig.

12 Februar 1918. Dienstag. Berlin. *12.2.1918 Dienstag*

Nüchtern klarer Frühlingstag, nach dem gestrigen verregneten Friedenswetter. Mit dem russischen Frieden ist W.T.B.[1] voreilig gewesen; Trotzki hat zwar das Aufhören des Kriegszustandes erklärt, Kühlmann und Czernin haben aber seine Erklärung, die auch sie offenbar überrascht hat nur zur Kenntnis genommen und sind gleich darauf aus Brest abgereist. Die Reichsleitung will beraten und behält sich ihre Entschliessungen vor. – Ich blieb den ganzen Tag zuhause, sah Niemanden, da kaputt. Hertling hat heute eine Erklärung erlassen, wonach

[1] Wolffsches Telegraphenbureau

er das Wahlrecht mit aller Energie durchsetzen will. – Die Abtretung Cholms an die Ukraine erregt einen Sturm bei den Polen, wie vorauszusehen war.

13 Februar 1918. Mittwoch Berlin. *13.2.1918 Mittwoch*

Beim Botschafter Stumm gefrühstückt mit seinem Sohn Ferdinand Stumm jr. Das Polnische Ministerium ist gestürzt, die österreichischen Polen treten in die schärfste Opposition ein. Durch die Abtretung von Cholm sind die Polen endgültig in das uns feindliche Lager gedrängt. Die Austropolnische Lösung ist begraben. Stumm jr. der gestern lange mit Kühlmann zusammen war, sagt, Czernin habe auf den Frieden à tout prix mit der Ukraine bestanden, und lieber Cholm als Lemberg abgetreten. Wie mir scheint, kurzsichtig; denn Lemberg hätten Österreich und die Polen verschmerzt, während Cholm ein polnisches Strassburg werden wird, das die Polen zu dauernder Feindschaft zwingt. Da sie bisher mit den Deutschen zusammen auch die sichersten Stützen der Monarchie waren, so sehe ich in dieser Regelung eine Bedrohung des Fortbestandes Österreichs selbst. Wenn die Polen sich mit den Tschechen gegen die österreichische Staatsidee verbünden, ist es schwer zu sehen, wie sie dauernd aufrechterhalten werden soll. Stumm jr. giebt dieses Alles zu, meint aber, Kühlmann habe nicht anders gekonnt, da Czernin den Frieden um jeden Preis wollte. Die Austropolnische Lösung sei jetzt schon deshalb erledigt, weil die Polen zu natürlichen Gegnern Österreichs geworden seien. Und ihre Wut würde noch grösser werden, wenn sie erführen, dass Ostgalizien autonom werden solle, was noch geheimgehalten wird. Für uns hat diese Entwicklung neben Nachteilen manche Vorteile. Der Austropolnische Grossstaat, auf den die Entente bereits als Ersatz für Russland Hoffnungen setzt, ist beseitigt, ehe er ins Leben trat. Polen, das uns wegen Posen und Danzig immer mindestens kühl gegenübergestanden hätte, ist geographisch eingekreist und hat einen unversöhnlichen Gegner in der Ukraine bekommen. Zwischen Polen, Österreich, der Ukraine ist ein Zankapfel geworfen, der ein Bündnis von allen Dreien gegen uns auf absehbare Zeit ausschliesst. Dass uns andrerseits dieses plötzliche kalte und wortlose Fallenlassen Polens keine grosse Ehre macht und unseren Ruf in der Welt nicht verbessern wird, ist sicher. Es mutet allerdings mehr österreichisch als preussisch an. „Dank vom Hause Österreich", nachdem sie Polen während dreieinhalb Kriegsjahren umschmeichelt haben. Ich sagte Stumm, er müsste dafür sorgen, dass bekannt würde, wie diese Abtretung Cholms gekommen sei; dass sie von Czernin, nicht von Kühlmann ausgehe. Mit Rumänien erwartet Stumm einen Frieden in nächster Zeit. Er meinte, Kühlmann werde nach seiner Rückkehr aus dem Hauptquartier sehr bald nach Rumänien fahren müssen. Der Einmarsch in Livland und Esthland wird wohl nötig werden, um Ordnung zu machen, ist aber im Amt sehr ungern gesehen. – Abends in Tolstois „Macht der

Finsternis" bei Reinhardt. Merkwürdig, wie fremd, trotz meiner Liebe für Russisches und die russische Natur, diese Dichtung mich anmutet; wie „russisch" in dem mir fernsten Sinne, namentlich die Beichte von Nikita im letzten Akt; diese plötzliche Besoffenheit an Moralsehnsucht; mich widert das an, ebenso wie ein Mensch, der auf die Strasse kotzt. Ein Mensch entleert sich plötzlich, und was herauskommt, ist nicht schön. Was geht es mich oder Gott an, wenn er sich nachher wohler fühlt? Mich hat er nur belästigt. Was steckt von dieser Purgationswut in der jetzigen russischen Revolution? Wie viele hässliche Seelen schmeissen ihren Dreck dort auf die Strasse? Inwieweit ist sie in diesem Sinne russisch? Wir in Westeuropa sind in manchem andren Sinne, aber nicht in diesem, schamlos. Ich verstehe vor einem Schauspiel, wie der Beichte von Nikita warum alle Deutschrussen die Russen verachten. Es ist das Gegenteil vom englischen „Cant", aber ebenso widerwärtig. Und doch ist Tolstois Stück eine grosse Dichtung. Das Sich Durchringen des Gewissens durch die Dunkelheit dieser Seelen, die rücksichtslose Wucht und Gestaltungskraft mit der Tolstois Phantasie dieses sieht und sichtbar macht, die Atmosphäre, die er darum webt, sind bewundernswert; und um so bewundernswerter, wenn man an unsere Bauernstücke denkt. Nur Hauptmann in der „Rose Bernd" oder dem „Fuhrmann Henschel" liesse sich damit vergleichen. – Heute früh erhielt ich die Nachricht, dass unsere Grenzen „bis auf weiteres" gesperrt sind, ich meine Artisten daher nicht mehr ausreisen lassen kann. Dieses deutet auf das Herannahen unserer Offensive.

14. Februar. 1918. Donnerstag. Berlin. *14.2.1918 Donnerstag*

Vormittags im Amt, wo Alles in Aufregung und Eile war. Bergen, bei dem ich wegen Erzberger vorsprach, sagte mir ziemlich erregt, dass der Vormarsch in Livland und Esthland beschlossen sei. Er schien die Sozis und einen neuen Streik zu fürchten. Ich sagte, die Regierung solle die Sache nur vernünftig motivieren und im Wahlrecht ihre Entschlossenheit zu erkennen geben, dann werde schon Nichts passieren. Dass Erzberger eng mit Hoffmann zusammenhängt, Beide „intim" sind, bestätigte mir Bergen; ebenso dass nach Ansicht „vieler Leute" Ludendorff ersetzbar sei durch Hoffmann oder Lossberg. Er bezweifelte aber, dass Erzberger einen Vorstoss gegen Ludendorff im Reichstag vorhabe. Nachher zu Solf, mit dem ich mich um 12 $^1/_2$ verabredet hatte. Ich traf ihn auf der Treppe. Er sei plötzlich zu einer Zusammenkunft der Staatssekretäre bei Roedern geladen worden. Was los sei, wisse er nicht; wahrscheinlich solle ihnen durch Bussche mitgeteilt werden, was im Hauptquartier beschlossen sei. Ferdinand Stumm, mit dem ich einen Augenblick im Amt zu tun hatte, lief von einem Zimmer ins Andre in der Nachrichten Abteilung und rief mir nur zu, dass „einmal wieder unsere ganze Politik umgekrempelt werde". Tatsächlich haben wir mit dem Eingreifen in Livland, Esthland, der Ukraine, vielleicht Finnland, die Erbschaft des Zarentums und die Reorganisation des Ostens übernommen vom Weissen Meer bis Indien; eine gigantische Aufgabe, die unsere menschlichen und wirtschaftlichen Kräfte auf Jahrhunderte anspannt; und das Alles fast über Nacht. Ob wir das, was die Zaren trotz deutscher Hilfe nicht vermocht haben, allein können werden, ist die neue Schicksalsfrage. Die ukrainische Rada, mit der wir jetzt verbündet sind, ist inzwischen nach Schitomir geflohen, was baldige Hülferufe und Waffenhilfe in Aussicht stellt. – Frühstück gegeben bei Kuttner für Jäckh, Eberhard Bodenhausen und Wichert, dem Privatsekretär von Kühlmann. Wichert, der in Alles eine Art von Fanatismus hineinlegt, wetterte beim Kaffee gegen den Militarismus. Erst der Krieg habe allmählich das bei uns verwirklicht, wogegen unsere Feinde angeblich Krieg führten, eine Alles niederdrückende Militärgewalt. Von der Obersten Heeresleitung bis zum Feldwebel zöge sich ein Netz, unter dem kein Kulturkeim spriessen könne. Jetzt, wo die Vaterlandspartei den Feldwebel, und der Feldwebel die Vaterlandspartei gefunden habe, sei man vollends machtlos. Kühlmann wolle das Auswärtige Amt und unsere Diplomatie reformieren, sobald er Zeit finde und sich befestigt habe; vier Zentralabteilungen schaffen, eine politische, eine wirtschaftliche, eine kulturpolitische, und eine für die Presse. Diese sollten sich an jeder Gesandtschaft wiederholen. Dort sollten junge Leute aus allen Berufsständen attachiert werden, dass sie nicht blos Deutsche, sondern Europäer würden; und aus diesen dann durch Auslese unsere künftigen Diplomaten und Konsularbeamten hervorgehen. Man sieht aus Wicherts Äusserungen ungefähr die Richtung und Atmosphäre Kühlmanns. Wichert hält ihm jeden Morgen um halb neun Vortrag, offiziell über Presse, sodann über Alles, was er Interessantes gehört hat; liest ihm, wie er sagt, auch einmal eine aktuelle Stelle aus einem Dichter vor, betrachtet es als seine Hauptaufgabe, ihn für den Tag vorzubereiten und zu stärken, ihm „eine Einspritzung zu geben". Er sieht Kühlmann wie eine Art von Kunstwerk an, an dem er mitschafft. Ein Mann in Kühlmanns Stellung, wenn er sich historische Verdienste erwerbe, wachse allmählich über seine Mitmenschen hinaus; man müsse aber dafür sorgen, dass die Gestalt nicht leer werde, ihm Freunde und Verständnis in immer grösseren Kreisen durch persönliche Beziehungen werben. Das habe er für Kühlmann in Holland getan, eine Kartothek über Pastoren, Ärzte, Volksschullehrer geführt und namentlich in diesen allgemein verbreiteten Kreisen Bekanntschaften angeknüpft, so dass Kühlmann schliesslich in ganz Holland eine Figur war, die Jeder zu kennen glaubte. Wichert möchte aus Kühlmann einen Heros, möglichst einen Nationalheros machen. Klagt über die Leichtfertigkeit von Hoesch, der in Brest, trotz Wicherts Ermahnungen, nicht einmal Tagebuch geführt habe, „weil er zu müde gewesen sei". Hoesch wähle Kühlmanns Freundschaften auch falsch aus. Drei Tage in der Woche bestimmt Kühlmann mit Hoesch, mit wem gefrühstückt werden soll, und drei Tage mit Wichert. Hoesch sei in der Auswahl der Gäste sehr nachlässig. Hinter den Kulissen von Kühlmanns Figur scheinen also auch Kämpfe vorzugehen. Das Natürliche, etwas Saloppe in Kühlmanns Auftreten und Einladungen ist nicht immer urwüchsig. – Louis Hagen, den ich Nachmittags bei Friedländers traf, sagte, dass er mit Kirdorf u. s. w. heute konferiert, und Alle die Befürchtung gehabt hätten, dass am 18ten März der Generalstreik ausbräche, nicht nur in Deutschland, sondern auch in Österreich u. s. w. Das bedeutete die Katastrophe. – Brief von Curt Unruh wegen seiner Abberufung: Bern 11.II.18: „... ich kann es wohl sagen, dass mir bei der Aussicht, in die Kaserne zu müssen, ein wenig die Nerven geschwunden sind. .... Im Übrigen lastet der Druck der Ungewissheit kommender Dinge auf Allen ... Mein Bruder ... ist momentan ziemlich deprimiert, da anscheinend wegen Darmstadt wieder Schwierigkeiten gemacht werden, die die Aufführung[1] in Frage stellen. Hoffentlich kommt infolge dieser dauernden Quälereien nicht wieder ein Nervenrückschlag. Jedenfalls ist mir bange, ob er unter solchen Umständen die Leichtigkeit der Sprache und des Ausdrucks erreicht, die ihm für die Gestaltung der Komödie[2] und des Taumels[3] vorschwebt. Jeder knickt unter Schlägen und alle sind unfrei; Niemand darf leben, Niemand atmen – und wer sich unterfängt, dennoch zu wagen und sich streckt im Gefühl der Freiheit, die Glieder bewegt, um den Raum zu fühlen, den reisst aus solcher Sonnennähe der Befehl in der Maske der Pflicht, die gewiss zwingt, weil sie Alle beugt, die dem Lebenfühlenden aber nicht klar ist, weil er nur von einer Pflicht weiss, vom Leben. Einen Baum, den man zwingt, in Biegungen zu wachsen, der tuts nur, weil Drang zum Leben in ihm ist und weil man ihm das Licht nicht nehmen kann. Wenn wir uns jetzt unter Pflichten beugen, so geschiehts also, weil wir Sonne schauen durften und Licht in uns fühlen, das uns Niemand überdunkeln kann .... Derweil häufen sich in Berlin die Schwierigkeiten. Wo wir hinhören Zermürbung der Kräfte. Dass ich hierbleiben darf, dafür bin ich von Herzen dankbar. Im Dienste des Kasernenhofes hielte ich es jetzt nicht mehr aus. Hier habe ich die Möglichkeit, mich für die Aufgaben der Zukunft vorzubereiten ...."

15 Februar 1918. Freitag. Berlin. *15.2.1918 Freitag*

Unruhs Gesuch, der Antrag des Ausw. Amtes beim Stellv. Generalkommando V, ist abgelehnt. Ich versuche ihn durch Wedel vom Militärkabinett kommandiert zu bekommen. – Ferdinand Stumm telephonierte, I^b (Mathieu) läge in Krämpfen wegen meiner Überschreitungen bei der Werkbund Ausstellung. Stumm

---

1 Ein Geschlecht

2 Platz

3 Dietrich

schien die Sache leicht zu nehmen, fast so grostesk wie diese Bürokratischen Altertümer es verdienen. Mathieu hat schon einmal meinetwegen unter Radowitz Krämpfe gehabt, weil ich persönlich mit Roedern verhandelt hatte, statt „das Amt“ zu bemühen. Ich bin für diese alten Herren wahrhaftig ein Kreuz. – Die Zeitungen bereiten schon heftig auf den Vormarsch in Esthland und die Unterstützung der ukrainischen Rada vor. In Wien wird eine „Polizeitruppe“ zum Schutz der Getreidevorräte und Stapelplätze in der Ukraine angekündigt. Kühlmann soll angeblich (Kriegszeitung) morgen nach Bukarest fahren; dann natürlich nur, um Frieden mit „Rumänien“ zu schliessen. – Ich muss noch bis Montag hierbleiben, weil das Schaf auch in der Corso[1] Sache heute früh bei der Sitzung neue Wünsche vorbrachte und die Gründung deshalb frühestens morgen die erste Aufsichtsratsitzung Montag erfolgen kann.

16 Februar 1918. Sonnabend. Berlin. *16.2.1918 Samstag*

Wieland Herzfelde bei mir zum Frühstück. Er ist auf Krankheits Urlaub hier, bei der Infanterie Ausbildung hinter der Front angeknackst, bis 28ten beurlaubt. Er sieht etwas mitgenommen aus, macht aber denselben festen, geistig frischen Eindruck wie das letzte Mal. Er äussert sich über das Soldatenleben ohne Bitternis, giebt zu, dass die Zeit für ihn nicht verloren war, ihn männlicher, breiter, realer gemacht hat. Das Knabenhafte sei in ihm zertreten worden, der lyrische Rausch zerstreut, wenn auch sein inniges Verhältnis zu Wort und Rhythmus geblieben sei. Aber das Blumenhafte sei fort. Er werde keine „Sulamith“ wieder dichten; erwähnte Walt Whitman. Er sehe die Welt jetzt mit andren Augen, sei mit Menschen aus allen Ständen zusammengeworfen worden, habe härteste Wirklichkeit und Gefahr erlebt. Über die Gefahren schweigt er übrigens fast ganz, nur die Unbequemlichkeiten haben sich eingefressen, die Seele umgemodelt. So sei es auch beim gewöhnlichen Mann: Trommelfeuer, Sturmangriff machten wenig Eindruck. Die Hauptsache sei die Magenfrage. Ich fragte, wie sich die Front zu Revolution und Streiks verhalte? Herzfelde: Die Misstimmung beim gewöhnlichen Soldaten sei allerdings gross; ihre Ursache aber fast ausschliesslich das Wohlleben der Offiziere. Gegen den Offizier herrsche ein ungeheurer Hass, mit Bewusstsein seit der bolschewistischen Revolution. Der Abstand in der Verpflegung zwischen Offizier und Mann sei zu gross und auffällig. Der Offizier mäste sich an Schweinefleisch, Weissbrot, Butter, Zucker, die Schweine liefen zwischen den Offiziersbaracken herum, die Offiziere fütterten ihre Pferde mit Zucker; der einfache Mann bekomme eine Graupensuppe mit Büchsenfleisch und werde nie das Gefühl des Hungers los, wenn er auch tatsächlich genügend genährt sei. Dabei wisse der Mann, dass dem Offizier gesetzlich nur dasselbe wie dem Manne zustehe; zum Gefühl des Hungers käme

[1] Zürich

das des Unrechts hinzu. Die Kerls liefen herum und frässen Gras von den Feldern. Alle Soldatengespräche drehten sich um das Essen und den „Militarismus", unter dem sie die Bevorzugung der Offiziere und deren Haltung überhaupt verstünden. Wenn es eine Revolution gebe, werde dies ihr Grund sein. Der einfache Mann sei nun einmal vor Allem auf seinen Magen eingestellt. Seitdem er weniger zu essen bekomme und die russische Revolution den Gedanken an seine Rechte geweckt habe, wüchse sich sein Hunger allmählich zu Ingrimm gegen seine Offiziere aus. Jeder Urlauber, der nachhausefährt, trägt diese Erbitterung in seine Familie. Jede Arbeiterfrau und jedes Proletarierkind in der Grossstadt wird damit angesteckt. Abgesehen vom allgemeinen relativen Wohlleben der Offziere reizten ausserdem den Mann Gerüchte von Wuchergeschäften, die Vorgesetzte, namentlich im Etappengebiet mit Lebensmitteln nach der Heimat trieben. Wenn die Offensive misslinge, d. h. nicht den Frieden wenigstens mit Frankreich bringe, würde aus diesen Ursachen die Disziplin an der Front schwer zu halten sein. Von der Offensive hänge Alles ab. Herzfelde, der keine besondre Sympathie für den einfachen Soldaten hat, sondern ihn nur sehr vereinzelt gern gewonnen hat, scheint mir fast grammophonartig zuverlässig. Er sagt selber, dass er kein Demokrat sei, keinem Stande angehöre, sondern zwischen allen Ständen „frei wie ein Reh" herumwechsele. Grossen Eindruck haben auf ihn einzelne Menschen in Frankreich gemacht, namentlich durch innere Freiheit. Seine Waschfrau in Ligny sei einer von den vornehmsten, christlichsten, heitersten Menschen gewesen, die man sich denken könne; Jemand ohne Hass, mit dem Wunsch auch bei Menschen, die ihr unsympathisch seien, ein Lächeln und Etwas Gutes zu entzünden. Absprechend beurteilt er dagegen die Belgier, namentlich die Flamen, die allzu höflich und hintertükkisch seien. Die Engländer bezeugten dem deutschen Soldaten nur Verachtung; dieser dagegen bewundere sie wegen ihrer Lederwesten, ihrer feinen Kleidung, ihrer Fressalien. – Eine grosse Verachtung bezeugte Herzfelde selbst für die Litteraten, Leute, die sich aushalten liessen, obwohl sie wüssten, dass was sie schrieben wertlos sei. Nur das Kunstwerk sei berechtigt, nicht das Schreiben über Kunstwerke. Der Litterat rücke durch sein Schreiben die Kunstwerke dem Publikum nur immer ferner, weil er ihm die Arbeit selbständigen Geniessens abnehme. Diese schädliche Tätigkeit auch noch sich bezahlen zu lassen, sei unehrlich und verächtlich. Die ältere Generation habe sich ihrem femininen Wesen entsprechend unbedenklich prostituiert, schmarotzerhaft von Schriftstellerei gelebt. Bei unserer heutigen klareren Erkenntnis sei das nicht mehr für einen anständigen Menschen möglich. Besser Knöpfe drehen als Artikel schreiben. Ob er selber noch viel schreiben werde, sei ihm zweifelhaft; jedenfalls wolle er einen nützlichen Beruf ergreifen, der ihm genügend Geld zum Leben einbringe, damit er seine Kunst nicht zu verkaufen brauche. Am liebsten möchte er

Kino Operateur werden, weil man gut bezahlt werde und einer wirklichen Unterhaltung diene. Becher könne weiter Geld von Mäzenen nehmen; er wolle es sich durch eine wirtschaftlich zu rechtfertigende Arbeit verdienen. Das bringe er aus dem Felde mit. Einen harten, diamantklaren Willen glaubt er wenigstens erstritten zu haben. Ein mir merkwürdig interessanter, sympathischer Typus, der von unberechenbarem Werte wäre, wenn er die Führer der Schützengrabenjugend charakterisierte. Meine kleinen Leutnants und Kompagnieführer am Styr waren ihm nah: der so früh gefallene kleine Puttkamer, Sinning, ___ . Die Verachtung jeder Wichtigtuerei, der Realismus ohne Eigennutz, das schöne Selbstvertrauen gepaart mit Bescheidenheit, die Selbstzucht, die Opferwilligkeit, die Keuschheit gegenüber den eigentlichen heiligen Zielen: eine Jugend, die überwiegend so wäre, würde die Welt verjüngen, das Blut, das vergossene, blühen machen. – In der „Kriegszeitung" heute Abend folgende Depesche:

> Die Beratungen im Hauptquartier[1]
> Die Haltung Oesterreich-Ungarns.
> Drahtbericht uns. Korrespondenten.
>
> t. Wien, 16. Februar. Das amtliche k. k. Korrespondenzbureau meldet: Nach den aus Berlin eingetroffenen Blättermeldungen sollen die jüngsten Beratungen im Hauptquartier zu der Feststellung geführt haben, daß durch die Erklärung der Petersburger Regierung, daß der Kriegszustand beendet sei, *die volle militärische Handlungsfreiheit Deutschlands nicht berührt sei.* Wie von unterrichteter Seite erklärt wird, liegt eine offizielle Bestätigung dieser Nachrichten zur Stunde noch nicht vor. Sollten sich diese Meldungen bestätigen und in weiterer Folge zur *Wiederaufnahme der militärischen Operationen* führen, so würde dadurch, worüber völliges *Einverständnis unter den Verbündeten herrscht, die Stellung Oesterreich-Ungarns in dieser Frage nicht beeinträchtigt* werden.

Mit anderen Worten, wir haben einen neuen Krieg gegen Russland, den Österreich nicht mitmacht.

[1] Der folgende Zeitungsausschnitt ist an dieser Stelle in das Tagebuch eingeklebt. Hervorhebungen im Original durch gesperrten Druck.

17 Februar 1918. Sonntag. Berlin. *17.2.1918 Sonntag*

Heute früh gleichzeitig eine Art Kriegserklärung Polens an die Mittelmächte (Manifest des Regentschaftsrates[1]), eine deutsche amtliche Erklärung, dass der Kriegszustand mit Russland für uns heute wieder anfängt, ein Hülfeschrei der ukrainischen Regierung an uns, und ebensolche Hülfegesuche der Esthen und Finnen gegen die Bolschewiki. Exposition eines neuen Dramas. Nebenbei bekommt Hoffmann zu tun, was vielleicht seine Intriguen gegen Ludendorff dämpfen wird. – In der B.Z.[2] Mittags ein flammendes Telegramm des Vertreters[3] des livländischen Landmarschalls[4], der „in den letzten Minuten" Rettung für die deutsche Bevölkerung Livlands vom Reichskanzler erfleht. Die Mache ist für den, der hinter die Kulissen sieht, etwas zu deutlich. Aber auf das Publikum scheint sie zu wirken. – Ludwig Stein, den ich Nachmittags sah, und der mehr oder weniger Bülows Ansichten propagiert, war ganz düster: Wir bekämen von Neuem eine Ostfront, und ohne Österreich, begäben uns in ein unabsehbares Abenteuer, Kiew könne unser Moskau werden; die Ukrainer hätten keine Armee, würden nie eine haben, die Polen seien wild, würden vielleicht einen Aufstand in unserem Rücken machen. Hinter der ganzen Entwicklung im Osten will Stein Czernins Unzuverlässigkeit und Englands Hand erkennen; England bediene sich der Bolschewiki, um unsere Offensive im Westen abzuschwächen. Ich bin, trotzdem die Risiken gross sind, optimistischer; glaube nicht an grossen militärischen Widerstand, dagegen an erhebliche wirtschaftliche Hülfe und ungeheure, aber lohnende Aufgaben in diesem neuen Osten, der sich bildet, und den wir in die Hand bekommen als gewaltiges, unabsehbar grosses und reiches Hinterland. – Mein früherer Bursche Grzellak, Pole, der jetzt bei der Maschinengewehr Abt. des I Garde Regts z. F. in Potsdam ist, besuchte mich und fragte nach der Cholmer Abtretung. Er bemerkte zwar, dass bei Cholm, wo er 1915 mit mir zusammen gewesen ist, die Bevölkerung überwiegend polnisch sei; nahm aber die Sache vollkommen ruhig und verstand, als ich ihm sagte, dass in erster Linie die Österreicher über die Abtretung entschieden hätten, weil sie, nicht wir, Polen bekommen sollten. Sie hätten den Frieden mit der Ukraine selbst unter dieser Bedingung gewollt. Er meinte, das Königreich Polen gienge eigentlich die Preussischen Polen nichts an; denn bei ihm zu Hause wollten nur die Adligen und Pfaffen von Deutschland fort in den neuen Staat;

---

[1] Der am 12. Sep. 1917 von den Mittelmächten eingesetzte Regentschaftsrat, der die Gesetzgebung, Verwaltung u. Rechtsprechung Polens eigenständig leiten sollte, bestand aus den drei Mitgliedern Aleksander Kakowski, Józef Ostrowski u. Zdzisław Fürst Lubomirski. Am 14. Feb. 1918 sprach sich der Regentschaftsrat in einer „Kundgebung an die polnische Nation" scharf gegen die Abtretung des Gebietes um Cholm an die Ukraine aus.

[2] Die Not in Livland und Estland

[3] Stryk

[4] Pilar von Pilchau

der Arbeiter und Bauer wolle bei Deutschland bleiben, wo er es gut habe, wenn man ihm nur seine Sprache nicht antaste. Der polnische Bauer habe durch den Krieg auf den polnischen Adligen eine grosse Wut bekommen, weil der Adlige meistens zu Hause sitze, die Frau des Arbeiters zu Hungerlöhnen aussauge, während der Mann im Schützengraben liege. Das Erste, was die polnischen Feldgrauen tuen würden, wenn sie nachhausekämen, wäre, dass sie ihre Adligen verdräschen, Rache an ihnen nähmen für die Behandlung der Frauen. Leute wie Trampczynski (der aus seinem Kreise ist), Seyda u. s. w. sprächen nicht die Ansichten des polnischen Volkes, sondern nur der polnischen Adligen aus, die das Volk jetzt hasse. Trampczynski werde gewiss nicht wiedergewählt. Denn den Unsinn, den diese Leute in Berlin redeten, müsse das arme Volk nachher ausbaden; und durch den Krieg sei das Volk hell geworden. Dem armen Mann werde Alles fortgenommen, der Adlige behalte seine Schweine, Kartoffeln, Futtermittel, weil er den Landrat einwickle. Nach dem Kriege werde es den polnischen Adligen und Pfaffen schlecht gehen. Dabei verurteilt Grzellak den Streik und hat sich; wie er sagt, freiwillig gemeldet, um mit seiner Maschinengewehr Abteilung gegen die Streikenden zu marschieren. Draussen bei mir ist er ein vorzüglicher tapferer und disziplinierter Soldat gewesen. Die Wut gegen die polnischen Adligen teilt er aber. Seine Stimme zitterte vor Erregung, als er über diese Drückeberger, wie er sie schilderte, sprach. Jedenfalls war sein Hass gegen sie unvergleichlich stärker als das Gefühl, das er wegen Cholm kundgab.

18 Februar 1918. Montag. Berlin. *18.2.1918 Montag*

Der gestrige Heeresbericht teilt mit, dass der Waffenstillstand an der „grossrussischen Front" heute, den 18ten Februar um 12 Uhr Mittags abläuft. Bernhard überschreibt seinen Leitartikel heute Morgen in der Vossischen: „Krieg ohne Politik?" – Bernhard frühstückte bei mir mit Musch und Reinhold Richter, der mit seiner Kolonne in Italien war und jetzt bei Strassburg steht. Bernhard wurde in seinem Pessimismus ganz phantastisch, sah die Russen in einem Jahr in Berlin stehen; er meint, wenn wir sie von der Ukraine abschlössen, würden sie durch Hungersnot, Pest und Verzweiflung getrieben als neue Völkerwanderung in Bewegung kommen, unsere Sicherungen durchbrechen und über uns hinwegfluten. Meinen Einwand, dass Horden, namentlich wenn es Russen ohne Disziplin, Offiziere und Munition seien, unsere Truppen nicht überrennen könnten, liess er nicht gelten. Wer wisse, ob der Herzog von Braunschweig[1] nicht ebenso über die französischen Bauern gedacht habe? Dass wahrscheinlich die Ukraine der Kern und die Vormacht des neuen grossen Russland sein werde, wenn jemals ein solches sich wieder bilde, gab er zu; und ebenso, dass dann der

[1] Friedrich Wilhelm

Weg zu einem Bündnis mit diesem neuen Russland über Kiew führe; dass auf diesem Umwege also genau das erreicht werde, was er wolle; bezweifelte aber obenhin, dass wir so zum Ziele kämen. Seine Stimmung grenzt an Verzweiflung. Von der Agitation gegen Ludendorff, die jetzt immer geschäftiger betrieben wird, meinte er, dass sie nach der Offensive Aussichten hätte, ihren Zweck zu erreichen; denn entweder die Offensive glücke, dann würde man sagen, jetzt habe man Ludendorff nicht mehr nötig, oder sie misglücke, dann seien ohnehin Hindenburg und Ludendorff verloren. Dieses sehr hässliche Getriebe wird mir jetzt von vielen Seiten gemeldet. Ludendorff wird als Hort der Reaktion hingestellt, als geistiger Urheber der Vaterlandspartei, und dadurch zum Gegenstande des Hasses der grossen Volksmassen gemacht, die um jeden Preis jetzt Frieden und Freiheit wollen. Die Motivierung der Hetze lässt darauf schliessen, dass Hoffmann dahintersteht; vielleicht nicht ohne stille Sympathieen von Kühlmann, der aber seinem Wesen und seinen Gepflogenheiten nach aktiv fast sicher nicht intriguiert. Die tätige Rolle dürfte Erzberger zufallen. Ludendorff hat einen grossen Sieg nötig. Wie Plessen, den ich traf, mir sagt, wird die Offensive verzögert durch die Pferdefrage. Man kauft zwar viele Pferde in Holland und Dänemark, einige auch von den sich auflösenden russischen Fronttruppen; aber die Futtermittel sind knapp. Alle Vorbereitungen sollen am 28ten Februar vollendet, alle Urlauber an diesem Tage zurück sein; aber trotzdem kann sich der Beginn der Offensive auf Mitte oder zweite Hälfte März verschieben; vielleicht komme uns die Entente mit ihrer Offensive sogar zuvor. Bernhard bemerkte, die grosse Zeit, in der wir lebten, mache einen erschreckenden und deprimierenden Eindruck, weil man nirgends einen grossen Mann sehe, der ihr gewachsen sei. Man erlebe eine Erdumwälzung und erkenne überall nur winzige Menschlein, die hülflos darauf herumkrabbelten.

19 Februar. 1918. Dienstag. Berlin. *19.2.1918 Dienstag*

Der Abendbericht von gestern meldet: „An der grossrussischen Front haben heute 12 Uhr mittags die Feindseligkeiten begonnen. Im Vormarsch auf Dünaburg ist die Düna kampflos erreicht. Von der Ukraine zu ihrem schweren Kampfe gegen die Grossrussen zu Hilfe gerufen, haben unsere Truppen den Vormarsch aus Richtung Kowel angetreten." So beginnt unser neuer Krieg, den wir allein, ohne Bundesgenossen, gegen Grossrussland führen. – Heute Nachmittag meldet der Heeresbericht schon die Besetzung von Dünaburg und Luczk; der Vormarsch geht also in beschleunigtem Tempo vor sich. Der Botschafter Stumm, den ich in der Buchhandlung von Asher traf, entsetzte sich über die Hungersnot und Völkerwanderung, die wir in Nordrussland entfesseln würden; gestand aber, dass keine andre Politik möglich sei. Die Volksstimmung in Österreich wendet sich, wie es scheint, entschieden gegen unseren neuen Krieg mit Russland. Selbst in der Ukraine machen die Österreicher nicht mit; aber die Vorräte, die wir dort sichern, wollen sie mit uns nach wie vor teilen. – Kühlmann fährt morgen nach Focsani, um Friedensverhandlungen mit Rumänien zu beginnen.

20 Februar 1918. Mittwoch. Berlin. *20.2.1918 Mittwoch*

Theatercoup. Trotzki erklärt sich durch Funkspruch plötzlich bereit, „den Frieden unter den Bedingungen zu unterzeichnen, welche von den Delegationen des Vierbundes in Brest-Litowsk gestellt waren." Ich erfuhr davon in merkwürdiger Weise heute früh, als ich von meinem Bureau aus Stumm im Ausw. Amt telephonisch zu erreichen suchte. Statt der Verbindung mit Stumm bekam ich ein auf Französisch geführtes Gespräch zwischen einer türkischen „Altesse", offenbar dem türkischen Botschafter Hakki Pascha, und einem hohen Beamten im Ausw. Amte, dessen Stimme ich nicht erkennen konnte (vielleicht Langwerth), durch den Apparat zu hören. Trotzkis neues Friedensangebot wurde besprochen; der Deutsche sagte, wir müssten erst eine schriftliche Bestätigung haben, der Türke, wir würden wohl auch einige neue Grenzdemarkationsforderungen stellen, der Deutsche: ja, wahrscheinlich, auch sei er der Ansicht, dass man von den Russen die sofortige Räumung und Rückgabe der türkischen Kaukasus Provinzen fordern müsse, wenn auch die Bewilligung dieser Forderung keinen grossen praktischen Wert habe. Jeder andre Telephonbenutzer in Berlin konnte dieses Gespräch zwischen Staatsmännern ebenso hören, wenn der Zufall ihm günstig war. Mittags gab Kühlmann das Friedensangebot im Reichstag bekannt, allerdings mit sehr grosser Skepsis. Ich gieng vor dem Frühstück zu Haeften, wies ihn im Interesse von Ludendorff auf Erzbergers Absichten und dessen wahrscheinlichen Zusammenhang mit Hoffmann hin. Haeften bestätigte meine Vermutungen, sagte, er habe schon ähnliche Wahrnehmungen gemacht. Auch gab ich ihm eine kurze Notiz über Wieland Herzfeldes Aussagen, damit die Misstände in der Ernährung an der Front möglichst vermindert werden. – Abends Sitzung der Mittwochsgesellschaft, die ganz unter dem Eindruck des Zwiespalts mit Österreich stand. Eigentlich sollten die Ukrainer reden. Da diese aber im Ausw. Amt zurückgehalten wurden und erst spät kamen, so begann die Sitzung mit einem sehr amüsanten Vortrag eines Herrn Lindemann, der mit unserer Kommission in Petersburg gewesen ist. Er schildert Russland als ein grosses Narrenhaus, ein Affentheater. Schon am Schützengraben, wo sie zwei Stunden auf den Volkskommissar warten mussten, hätten die Soldaten herumgetobt und im Schnee gespielt wie die Kinder. Der Offizier oder Kommandant, der genau so ausgesehen und herumgespielt hätte wie die Andren, sei nur daran kenntlich gewesen, dass auf eine Frage Alle mit den Fingern auf ihn gezeigt hätten. In Petersburg hätten sie einen

General in Generalsuniform auf der Strasse Zeitungen verkaufen sehen. Ein Oberst, mit dem sie an einem Tage verhandelt hätten, hätte am nächsten Tage vor dem Taurischen Palais Schildwacht gestanden. Auf die Frage eines deutschen Majors und Kommissionsmitgliedes, ob er auch wirklich der Oberst so und so sei, habe er geantwortet, „Oui, c'est moi, Danton et Marat en personne!" Die Bolschewiki Regierung werde von der ganzen Intelligenz und allen höheren Ständen boykottiert; ein Jeder, der mit ihr zu tun habe, sei verfehmt. Man betrachte sie als eine Räuberbande, die mit 10 000 Bewaffneten Petersburg terrorisiere. Die Sehnsucht nach Ordnung habe weite Kreise, die bis zum Kriege den Deutschen hassten oder lächerlich und pedantisch fanden, zu einem richtigeren Urteil bekehrt. Überall höre man die Frage: „Wann kommen endlich die Deutschen?" Die Russen begriffen jetzt, was die Deutschen für Russland bedeutet hätten. Nachdem die Deutschen aus allen Stellungen verjagt seien, zeige es sich, dass der russische Wirtschaftskörper ohne die Deutschen nicht funktionieren könne. Jetzt sehne man sich allgemein nach ihnen zurück. Das dritte Wort aller vernünftigen Russen sei: „Gott gebe uns die Deutschen wieder." Fürst Bismarck sagte in meiner Gegenwart gerade dieses voraus in Kissingen als ich 1891 oder 92 bei ihm war. Wir riskierten durch unsere Anerkennung von Lenin und Trotzki diese Sympathieen zu verscherzen, die in dem für uns später wertvollsten Kreise in Russland entstanden seien. Gleich nach dem Vortrag von Lindemann erhob sich Stresemann zu einem Ausfall à fond gegen Österreich, der dadurch gewürzt wurde, dass unter den Anwesenden der österreichische Sektionschef v. Riedel war. Stresemann klagte heftig darüber, dass Österreich jedesmal, wenn wir dem Krieg durch energisches Handeln ein Ende machen wollten, uns in den Arm falle und dadurch das Blutvergiessen und Elend verlängere. Er richte einen Appell an die österreichischen Bundesgenossen, dass sie nicht durch ihre Zeitungen, Reden, Demonstrationen unsere Aktion gegen Russland auch jetzt wieder ihrer Wirkung beraube. Stresemann redet mit einer Klarheit, Überzeugung, Massivität, die den Gegner zermalmen. Der Eindruck seiner Rede war gewaltig. Riedel erhob sich, um zu antworten, brachte aber eigentlich nur Entschuldigungen vor, wie die, dass Österreich ein Nationalitätenstaat sei, der sich schwerer im Kriege zusammenhalten lasse als Deutschland. Hoetzsch versuchte für Österreich zu intervenieren, indem er die Schuld an der Schwäche der Vierbundspolitik auf die deutsche Regierung schob. Als er von seinen Ansichten als den Ansichten seiner Partei sprach, unterbrach ihn Stresemann, er sei ja längst öffentlich von seiner Partei desavouiert; er habe kein Recht mehr, im Namen der Konservativen zu sprechen. Dann versuchte der alte Posadowsky die Wogen zu glätten und die Diskussion abzulenken. Ich sprang ihm bei. Gleich erhob sich aber Stresemann wieder und führte seine Anklage noch breiter aus. Insbesondre sagte er, die Reichstagsresolution vom 19ten Juli 1917 sei eigentlich unter der Einwirkung des Kaisers von Österreich[1] gefasst worden, weil ein sehr bekannter Politiker (Erzberger?), der kurz vorher den Kaiser gesprochen hatte, den Eindruck zu erwecken verstand, dass sonst allerlei passieren könne. Dieses sehr heikle Thema, die direkte oder indirekte Einmischung eines fremden Souveräns in die Deutschen Reichstagsentschliessungen, wurde zum Glück von Niemandem aufgegriffen, machte aber einen starken und peinlichen Eindruck. Stresemann sagte dann noch, dass die Deutsche Regierung entschlossen sei, mit oder ohne Österreich ihre jetzige Aktion gegen Russland durchzuführen und mit Trotzki nur unter ganz bestimmten und unverrückbaren Bedingungen wieder zu verhandeln; nämlich vollständige Räumung von Finnland, Ostseeprovinzen und Ukraine, Auslieferung sämtlicher aus Estland u. Livland verschleppten Geiseln, Verzicht auf alle theoretischen Erörterungen. Nachher sagte mir Stresemann, es sei ihm im Amt direkt gesagt worden, er möge einmal Österreich diesen Standpunkt in aller Deutlichkeit vorhalten. Gerade weil Riedel anwesend war, habe er so gesprochen, damit es nach Wien telegraphiert werde. Sehr häufig kehrte in den Reden auch die Auffassung wieder, dass wir als Wiederhersteller der Ordnung in Russland gewissermassen die Vertreter ganz Europas seien, auch der uns jetzt feindlichen Länder, wegen deren finanzieller Interessen. Namentlich der Gesandte Rosen führte dies sehr breit aus. Als er dann aber an Paul Schwabach appellierte und Dieser, sowie Somary und der Direktor Salomonsohn von der Discontogesellschaft das Verhältnis zwischen unseren Forderungen an Russland und denen der Entente, namentlich Frankreichs und Englands, klarlegten, da stellte sich heraus, dass wir als Wiederhersteller der Ordnung in Russland hauptsächlich für das Entente Portemonnaie kämpfen würden. Ohne Kompensation von der Entente, (wie ich sie Cárolyi skizzierte) oder grosse Vorteile für uns in Russland wäre es also die reine Don Quichotterie. – Nach der Sitzung blieben ich, Guidotto und Kraft Henckel noch bis ziemlich spät mit den Mitgliedern der ukrainischen Abordnung, Professor Ostapenko, Frid und Burbela zusammen. Burbela ist ein österreichischer Ukrainer. Ostapenko spricht weder Deutsch noch Französisch, antwortete aber auf meine Fragen durch seinen Dolmetscher Frid. Er bejahte auf das nachdrücklichste, dass die Ukraine selbständig bleiben, keine staatliche Verbindung mit Nordrussland eingehen wolle, auch wenn dort die Bolschewiki verschwänden, und wieder geordnete Zustände einträten. Vielleicht ein Zollbündnis, weiter Nichts. Die Ukraine wünsche aber auch ein enges wirtschaftliches Verhältnis zu Deutschland und Österreich. Dass die Grossrussen Slawen, wir Germanen seien, sei ihnen gleichgültig. Nationale Fragen gebe es für sie nicht, nur wirtschaftliche; und ihre wirtschaftlichen Interessen wiesen sie auf die Zentralmächte hin. Als Beweis ihrer Ab-

[1] Karl I.

sichten führte er an, dass sie sich verpflichtet hätten, ihre Bahnen von der russischen auf die mitteleuropäische Spurweite zu bringen. Grosse Vorräte an Getreide seien noch in der Ukraine; alle beim Bauern. Dieser würde sie nur gegen Eisen auf dem Wege des Tauschhandels herausgeben. Auf meine Frage, wer ihn dazu zwingen solle, wusste er allerdings keine Antwort: er meinte lächelnd, man müsse irgendetwas erfinden, das kein Gendarm, kein Tschinownik sei. Burbela ist ein ganz wilder Fanatiker. Er sprach offen aus, dass Ostgalizien bis zum San an den neuen Ukrainischen Staat fallen müsse und werde; nötigenfalls würden sie einen Aufstand und Krieg gegen Österreich machen. Wenn dieses aber gutwillig Ostgalizien abtrete, dann solle es ein Zollbündnis mit der Ukraine bekommen. In „drei oder vier Jahren", sobald der ukrainische Staat sich fest organisiert habe, würden die Ostgalizier so oder so ihren Anschluss an die Ukraine durchsetzen. Ich fragte, ob die Ukrainer dieses auch Czernin in Brest gesagt hätten? Burbela behauptete: Ja; Czernin habe nur geantwortet, sie sollten Geduld haben; es liesse sich nicht Alles auf einem Male erreichen. Hier also ein weiteres Dislokationsmoment für Österreich, gefährlicher als Serbien, auf das übrigens Burbela als Beispiel hinwies. Man muss sich wirklich fragen, ob Czernin wirklich alle Folgen seines Cholmer Wagnisses überlegt oder in fast geistesschwachem Leichtsinn gehandelt hat, als er die Polen über Bord warf? Ostapenko u Burbela machen einen proletarisch-kleinbürgerlichen Eindruck, dabei fanatisch, schwer und naïv; ganz anders als die Polen, selbst von der Art wie Pilsudski, die immer Etwas Vornehmes, Verschlossenes, Lebhaftes und Geistvolles haben. Die Ukrainer sind im Gegensatz zu den Polen halbe Bauern mit Elementarschulanschauungen, noch halb ungeformt, für uns Deutsche aber deshalb einfacher zu behandeln als die Polen. Als ich Burbela fragte, ob die Ukrainer eine Armee, Kanonen, Kolonnen, Munition hätten, antwortete er: Nein, aber Begeisterung! Damit habe vor so und so viel hundert Jahren Chmelnitzky auch schon die Übermacht der Feinde niedergekämpft. Wir sollten nur ein Bataillon auf die Eisenbahn setzen und nach Kiew fahren, das würde schon genügen, um die Bolschewiki zu verjagen. Auf solche Anschauungen solide Verträge aufzubauen ist keine leichte Aufgabe für Kühlmann.

21. Februar 1918. Donnerstag. Berlin. *21.2.1918 Donnerstag*

Früh beim Aufstehen Telegramm von der Lasker-Schüler aus Zürich: „Malzahns Adresse Fernsprechabteilung 221. Feierlichst. Laskerschüler." Malzahn ist der Jüngling, der durch seine schönen Augen den Frieden machen soll. – Österreich scheint sich durch den Erfolg unserer militärischen Massnahmen und auf sanften Druck von Berlin zu bekehren. Es erlässt folgendes Communiqué:

Oesterreich stellt seine Waffenhilfe an der Ostfront in Aussicht[1]
W Wien, 20 Februar. Aus dem K. u. K. Kriegspressequartier erfahren wir: Der Rat der Volkskommissare hat die von den Vierbundmächten in Brest-Litowsk aufgestellten Friedensbedingungen ohne jedweden Vorbehalt angenommen. Die hiermit erzielte neue Wendung im Osten ist ausschließlich dem ohne Zögern erfolgten militärischen Vorgehen gegen die Großrussische Republik zu danken. Es ist selbstverständlich, daß diese militärische Aktion, welche bisher an den Fronten unternommen wurde, aus dem Einvernehmen der beiden Mittelmächte begründet war. Wenn bisher nur das Vorgehen deutscher Kräfte gemeldet wurde, so ergibt sich dies aus der Tatsache, daß das Schwergewicht der österreichisch-ungarischen Streitkräfte auf dem südlichen Teil der Ostfront liegt. Nördlich des Pripjet stehen nur deutsche Truppen. Auch beiderseits der Bahn Kowel-Rowno waren zur Stunde des Einsetzens nur deutsche Verbände zur Verfügung. Ein Eingreifen unserer Truppen hängt lediglich von der örtlichen Lage und der Kräftegruppierung ab.
Da auf Grund der bisherigen Wiener Verlautbarungen angenommen werden mußte, daß Oesterreich-Ungarn sich an den militärischen Operationen gegen Großrußland nicht mehr zu beteiligen gedenke, so wird man im deutschen Volke die in der vorstehenden Meldung in Aussicht gestellte Waffenhilfe als erneutes Zeichen echter Nibelungentreue sicherlich mit der größten Genugtuung begrüßen, selbst wenn das neue Friedensangebot der russischen Regierung sie verhindern sollte, noch rechtzeitig in Erscheinung zu treten.

Die Österreicher geben zum Mindesten also ihren prinzipiellen Standpunkt auf. – Ludwig Stein mit mir bei Kuttner in der Friedrichstrasse gefrühstückt. Er war gestern bei Kühlmanns Rede im Reichstag und sagt, sie habe einen sehr matten Eindruck gemacht. Der Präsident[2] habe nur mit Mühe Kühlmann Gehör verschafft. Kühlmann habe geredet, als ob ihn die Sache garnicht interessiere, gleichgültig und schwach, auch physisch abgespannt und mit grossen Rändern unter den Augen. Auf der Journalistentribüne hätten die Reporter mit dem üblichen bösen Berliner Witz gesagt, er habe offenbar die ganze Nacht gearbeitet oder gevögelt: wahrscheinlich das Letztere; damit hätte er aber lieber bis

[1] Für den folgenden, mit dem handschriftlichen Vermerk „Kreuz Ztg. 21.II 18. Morgens" versehenen Zeitungsartikel hat Kessler an dieser Stelle eine Lücke freigelassen; der Artikel liegt zwischen den Seiten.

[2] Kaempf

Sonntag warten sollen. Einzelne seien aufgestanden und während der Rede hinausgegangen, weil sie sie zu langweilig fanden. Es ist der erste grosse Miserfolg Kühlmanns vor dem Parlament, trotz des Atouts, das er mit dem Trotzkischen Funkspruch in der Hand hielt. Die absolut fehlende Sympathie zwischen der preussisch-berlinerischen Atmosphäre und Kühlmann rächt sich; er mag die Berliner nicht, sie mögen ihn nicht: er ist ein Levantiner, der nach Preussen geraten ist. Stein frohlockt fühlbar wegen Bülow, obwohl er sagt, dass Bülow jetzt „nicht mehr wolle", die Lage für zu verfahren ansehe. Sein Mistrauen gegen Czernin brachte Stein auch wieder vor. Ludwig Windischgrätz habe ihm gesagt, dass Julius Andrassy Czernin nach wie vor für unzuverlässig inbezug auf das Bündnis halte und sich einer Versöhnung mit Czernin deshalb entzogen habe. Als mir Stein aber sagte, dass der Nachfolger von Czernin wahrscheinlich Mensdorff sein würde, machte ich auf das Nachdrücklichste meine Bedenken gegen Mensdorff geltend. Gegen Mensdorff müssten alle Freunde eines deutsch-österreichischen Bündnisses Czernin stützen. – Kleines Abendessen mit der Ukrainischen Abordnung bei Dr Sprenger. Ostapenko, Burbela, Stresemann, Thomas, Ludwig Stein, Guidotto Henckel. Ich sass neben Ostapenko. Jedes Quentchen Feindschaft gegen Deutschland wurde geläugnet, der Hass gegen Polen heftig und feurig ausgesprochen. Selbst wenn Cholm und alle andren territorialen Fragen bis auf den letzten Rest bereinigt wären, würde dieser Hass, wie sie sagten, bestehen bleiben. Ursache: dass die sich älter dünkende, bis auf Byzanz zurückgehende Kultur der Ukrainer von den Polen nicht anerkannt werde. Sie wollten von uns unsere Hülfe auf technischem Gebiet, und uns dafür ihre Bodenschätze und ihre Poesie geben. So führte es mir Ostapenko aus, in einem sehr mühsam und bedächtig ihm vom Munde kommenden, aber ziemlich korrektem Deutsch. Mit Grossrussland lehnen sie jede engere Gemeinschaft ab. Was wir brauchten, fänden sie bei uns, nicht bei den Russen. Sentimentalitäten seien nicht am Platze. Sie wollten nüchtern, blos nach ihren wirklichen Interessen und Idealen ihr Staatswesen und ihre auswärtigen Beziehungen aufbauen. Der Hass gegen die Polen scheint allerdings eine Ausnahme. Mir stehen die Polen persönlich näher, aber für die Zukunft bietet die Ukraine uns wahrscheinlich politisch und kulturell mehr. Diese klugen, fleissigen Bauern und kleinen ehrgeizigen Leute mit ihrer unverbrauchten Phantasie und Tradition werden fruchtbarer sein auf den meisten wichtigen Gebieten als die ritterlichen, liebenswürdigen, an allen Kanten und Oberflächen glitzernden und glänzenden, wetterwendischen Polen. Die grosse Unbekannte, die dann noch diesen ganzen mitteleuropäischen Osten durchdringt und mitbestimmt, ist das jüdische Volk, dem hier vielleicht eine noch ganz unausdenkbare Rolle zuwächst. Das Fest schloss mit einer grossen ukrainisch-deutschen Verbrüderung. Im Laufe des Abends sprach ich mit Stresemann auf das nachdrücklichste zugunsten der Wahlreform; des gleichen Wahlrechts, das gestern die nationalliberale Landtagsfraktion unter Lohmann in der Kommission zu Fall gebracht hat; er müsse Lohmann „umbringen", wie er am Mittwoch Hoetzsch umgebracht habe. Stresemann sagte, er wolle mit der grössten Energie gegen Lohmann vorgehen; ihn unter Umständen aus der Partei ausschliessen lassen.

22 Februar 1918. Freitag Berlin *22.2.1918 Freitag*

Erkältet zuhause. – Der Kurier mit dem neuen schriftlichen russischen Friedensangebot ist gestern Abend hier eingetroffen. Unsere Truppen kommen in Russland schnell vorwärts. Minsk, Hapsal in Estland, Nowograd-Wolynsk, halbwegs nach Kiew, sind besetzt. – Den Tag über mit grossem Entzücken Remisow gelesen („Prinzessin Mymra" und andre Novellen.) Wer mag dieser mir bisher ganz unbekannte Remisow sein? – Abendnachrichten: ein estnisches Regiment hat sich dem deutschen Befehl unterstellt, eine ukrainische Division wird aus ukrainischen Kriegsgefangenen in Kowel gebildet, unsere Truppen „haben in Nowograd-Wolynsk die Verbindung mit ukrainischen Abteilungen aufgenommen" (Heeresbericht). Die deutsche Reorganisation Osteuropas wird praktisch. Ein bedeutsamer Anfang. Etwas theatralisch, indem die ukrainische Division in Kowel angeblich „in die historische Uniform der ehemaligen ukrainischen Kosaken gekleidet, lange blaue Röcke und weiss graue Pelzmützen" haben soll; also etwa ebenso kriegsmässig wie die österreichische Kavallerie mit ihren roten Hosen Oktober 1914. Aber das entspricht dem naiv-romantischen Geist, in dem etwa Burbela Politik und Krieg mir gegenüber erörtert. Man wird sie wohl in der Etappe verwenden.

23. Februar 1918. Sonnabend Berlin. *23.2.1918 Samstag*

Gespräch mit Bodenhausen früh am Telephon. Ihn beruhigt. Fürstner sind auf der Reise nach München seine Akten gestohlen. Österreich hat sich zum dritten Mal anders entschlossen:

> Oesterreich macht nicht mit.[1]
>
> Die Zweifel, ob die Donaumonarchie uns bei der militärischen Hilfeleistung für die *Ukraine* allein lassen oder doch noch unterstützen werde, sind jetzt endgültig behoben. Ein Telegramm meldet uns:
> Wien, 22. Februar. Abgeordnetenhaus. Zu Beginn der Sitzung erklärte *Ministerpräsident Ritter von Seidler*: Vorgestern erschien in den Blättern

[1] Der folgende Zeitungsartikel wurde mit dem handschriftlichen Vermerk „Lokal Anzeiger, 23.II.18. Abendblatt" versehen und an dieser Stelle in das Tagebuch eingeklebt. Hervorhebungen im Original durch gesperrten Druck.

eine amtliche Verlautbarung, die davon spricht, wo gegenwärtig das *Schwergewicht der österreichisch-ungarischen Streitkräfte* liegt. Wie aus verschiedenen in der Debatte gefallenen Äußerungen hervorgeht, scheint dieses Kommuniqué teilweise zu *mißverständlichen Auffassungen* geführt zu haben. Zur Aufklärung möchte ich drei kurze Bemerkungen vorbringen. Wie ich schon am 19.2. erklärte, *beteiligt sich Oesterreich-Ungarn nicht an der militärischen Aktion* (Beifall), die gegenwärtig von Deutschland gegen Rußland geführt wird. (Beifall.) *Der Einmarsch österreichisch-ungarischer Truppen in die Ukraine, mit der wir im Einverständnis stehen, erfolgt nicht.* Was *Rumänien* anlangt, besteht der Waffenstillstand zwischen Österreich-Ungarn und diesem Staate. Die Friedensverhandlungen beginnen in den nächsten Tagen. (Beifall.) Wir nehmen diese Feststellungen zur Kenntnis und fügen unsererseits nur hinzu, daß das Zusammenwirken der *Heeresgruppe Linsingen* mit den militärischen Kräften der *Ukraine* ohne Zweifel vollständig genügen wird, um den „Brotfrieden" des Grafen Czernin nicht zu einem bloßen Papierfrieden werden zu lassen.

Erkältet zuhause. F. G.[1], durch den ich mit Arbeiterkreisen Verbindung habe, meldet mir, dass ihm gesagt wird, von einem neuen Streik sprächen nur ganz junge Leute. Überwiegend sei die Stimmung unter den Arbeitern (insbesondre in Spandau) für den Einmarsch in Russland, weil es gälte, unsere Landsleute zu retten. Wir retten in den baltischen Provinzen unsere Landsleute, in der Ukraine unser Brot.

24. Februar. 1918. Sonntag. Berlin. *24.2.1918 Sonntag*

Unruh auf der Durchreise nach Liegnitz bei mir. Es wird mir schwer, ihn zu verlieren. Wir frühstückten zusammen im Esplanade. Abends aus Berlin fort. Ernährungsverhältnisse in Berlin: besser als im vorigen Jahr. Für Geld ist eigentlich Alles zu haben. Allerdings teuer. Aber auch die ärmeren Klassen haben offensichtlich besser zu essen wie vor einem Jahr. Die Misstimmung und der Überdruss am Kriege werden trotzdem langsam grösser. – Russland hat heute unser Ultimatum angenommen.

25 Februar 1918. Montag. Frankfurt a/M – Basel *25.2.1918 Montag*

Den Vormittag in Frankfurt. Mit Kiliani, der mit mir reist, im Hessischen Hof gefrühstückt. Nachmittags mit Kiliani nach Basel weiter. Wir kamen mit mehreren Stunden Verspätung erst gegen zwei Uhr Morgens in Weil an. Kiliani, der der Wirtschaftskommission des Ausw. Amtes für Vorbereitung der Friedens-

[1] vermutl. Fritz Guseck

verträge angehört, äusserte sich sehr pessimistisch. Vor Allem würden wir durch England vom Metallhandel, den wir bis zum Kriege beherrschten, ausgeschlossen werden. Gewisse Metalle, die es nur in Australien gebe (Mangan, Zinkerze u. s. w.) würden wir nicht mehr in genügender Menge bekommen und dadurch in die Unfähigkeit versetzt werden, jemals wieder einen Krieg zu führen, da diese Metalle für die Munitionsbereitung unentbehrlich seien. England sei dabei, eine Organisation des Metallhandels aufzubauen, die den Metallmarkt der Welt beherrschen und uns davon ausschliessen werde. Ich sagte, dann müssten wir uns im Friedensvertrag durch Kontingentierung sichern. Kiliani meinte, in der Tat sei das das einzige Mittel, aber die Engländer würden uns dieses nie zugestehen, oder nur gegen grosse territoriale Konzessionen in Mesopotamien. So würden wir nie siegen, dass wir die Zulassung erzwingen könnten. (?). – Unterwegs Renners Buch „Marxismus, Krieg und Internationale" gelesen. – Wir sind nach dem Abendbericht in Dorpat und Shitomir eingerückt. Einen solchen Vormarsch auf einer solchen Front hat es noch nie gegeben. Unsere Truppen fegen wie ein Sturm über das alte Russland vorwärts. – Nachts um 3 im Auto über die Grenze, die auf beiden Seiten für uns offen gehalten worden war.

26 Februar 1918 Dienstag. Basel – Zürich. *26.2.1918 Dienstag*

Nachmittags bei Blocher, der demissioniert hat, um nach Schweden zu gehen. Das Gespräch drehte sich hauptsächlich um den deutschen Vormarsch und die russische Kapitulation, und um die gewaltigen organisatorischen Aufgaben, die sie Deutschland im Osten stellen. Es hat seit der hellenistischen Eroberung Asiens oder den römischen, spanischen und englischen Weltreichsgründungen keine ähnlich unausdenkbare weltgeschichtliche Perspektive gegeben wie diese der deutschen Organisation Osteuropas und Westasiens. Für ein Volk mit temperamentvollerer Phantasie als das deutsche wäre sie berauschend. Bei uns sieht man diesen ungeheuren Ereignissen im Allgemeinen nüchtern und etwas skeptisch zu. Man rechnet und betrachtet sich das deutsche Menschenmaterial auf seine Qualifikation zur neuen Aufgabe nicht ohne Besorgnis. Die Ereignisse scheinen den Akteuren zu sehr über den Kopf zu wachsen, um das rechte Behagen des guten Hausvaters aufkommen zu lassen. Der Deutsche hat wohl den Schwung zum Handeln, aber nicht immer nachher den Mut zu seiner eigenen Tat. Das Beste steckt bei ihm im Unbewussten; im Gegensatz zum Franzosen, der nur am Bewusstsein seiner Rolle über sich hinauswächst. Wenn man dem Deutschen das Ziel zu weit steckt, wird er grüblerisch und mutlos; während der Franzose sich am Unmöglichen aufrichtet. – Im Abendbericht die Einnahme von Reval. – Um 6 aus Basel nach Zürich. Unterwegs im „Petit Parisien"[1] die Bedingungen unseres von den Russen angenommenen Ultimatums gelesen. Sie sind in den deutschen Zeitungen noch nicht veröffentlicht. Sie zerschmettern Russland.

27 Februar 1918. Mittwoch. Zürich. *27.2.1918 Mittwoch*

Stefan Zweigs „Jeremias" in der Uraufführung im Stadttheater gesehen. Ein widerwärtiges, hündisches Gewinsele ohne Spur von Poesie. Gereimte und skandierte Leitartikel Alfred Friedscher Tendenz unterbrochen durch Chöre, von denen man kein Wort versteht. Eine starke pazifistische Claque setzte pünktlich und einheitlich wie das Salamanderreiben auf einem Corpskommers am Schlusse jedes Aktes ein. Das übrige Publikum erhob sich nur vereinzelt bis zum Klatschen. Fritz Unruh, der in einer der Proszeniumslogen sass, war mit mir im Urteil einig. Ein solches Werk ist in seiner platten und talentlosen Wehleidigkeit für den anständigen Pazifismus nur kompromittierend. – Die Annahme des deutschen Ultimatums durch Russland macht hier und in Frankreich einen gewaltigen Eindruck: Hervé[2] schreibt in der „Victoire" vorgestern: „L'Allemagne impériale qui tient tête victorieusement au reste du monde depuis quarante-trois mois, est, après ses conquêtes et l'asservissement de la Russie, de la Roumanie, de la Serbie, de la Belgique, du Nord de la France et du Nord de l'Italie, dans la situation de la France impériale lorsque celle-ci s'étendait jusqu'à Gibraltar, jusqu'à Naples et jusqu'à l'Elbe." – Und Bauer heute Abend in der Basler „Nationalzeitung" unter der Überschrift „Das Ende Russlands": „Tatsächlich bringt das Ende Russlands ... den Deutschen einen ganz unberechenbaren Machtzuwachs .... Denn tatsächlich werden, wie ja aus den Friedensbedingungen deutlich hervorgeht, weder Russland noch dessen Randstaaten das sein, was man bis 1914 selbständig nannte .... sie sind einzeln und schwach, sie sind Planeten, die um die deutsche Sonne kreisen; das gilt auch für Deutschlands Alliierte und ebenso für Rumänien und Griechenland. Darin liegt die garnicht abzuschätzende Bedeutung des Friedens mit Russland: ein Imperium ist begründet wie seit Napoleon nicht mehr, aber ein besser organisiertes." – Vielleicht steht mit diesem Triumph in Zusammenhang, dass Erzberger jetzt eilig jede Absicht, Ludendorff anzugreifen, läugnet, obwohl er sich noch vor Kurzem damit gebrüstet hat:

---

1 La „paix honteuse" acceptée par Lenine et Trotzki sur une nouvelle sommation de l'Allemagne

2 La Russie à plat ventre

Die Propaganda gegen Ludendorff.[1]
Eine amtliche Feststellung.

Berlin, 23. Febr. (W B. Amtlich.) In einer Pressebesprechung am 11. Februar hat der *Chef des Kriegspresseamtes*[2] den Pressevertretern folgendes mitgeteilt: „Nach verschiedenen Meldungen, deren Glaubwürdigkeit nicht im mindesten anzuzweifeln ist, ist die *Entente* im Begriff, mit raffinierten Mitteln einen neuen Propagandaplan gegen die Person des *ersten Generalquartiermeisters* in Szene zu setzen. Weg mit Ludendorff, heißt die Parole. Mit diesem neuen Schlachtruf wendet die Entente eines der hinterlistigsten Mittel an, um Deutschland zu schwächen. Es soll damit eine große Kluft im deutschen Volke geschaffen werden, von der die Entente ihre Rettung erhofft. Auf ihr Schwert und unsere Aushungerung scheint sie große Stücke nicht mehr zu setzen. So versucht man, uns des Führers zu berauben, der als rechte Hand Hindenburgs unersetzlich ist. Ich gebe der Presse von dieser feindlichen Unternehmung Kenntnis, damit sie durch ihre Haltung der Entente von vornherein auch diese Hoffnung zerstören kann." Von einer näheren Bekanntgabe der tatsächlich vorliegenden Nachrichten, die zu der vorstehend angeführten Mitteilung an die Pressevertreter Veranlassung gaben, mußte aus begreiflichen Gründen abgesehen werden. Die Behandlung dieser Mitteilung in der Presse hat dahin geführt, daß sie von einzelnen Zeitungen für den *Parteikampf* und zu *Angriffen auf politische Persönlichkeiten* ausgenutzt wurde. Da dies in keiner Weise dem Zweck dieser Mitteilung entsprach und nicht gebilligt wurde, hat das Kriegspresseamt in einer Pressebesprechung am 18. Februar die Pressevertreter gebeten, diese unerwünschten Erörterungen einzustellen und erneut betont, daß die Presse *lediglich über die Pläne der Entente unterrichtet* sein soll, um sie zu durchkreuzen, sobald sie ans Tageslicht träten. Die öffentliche Feststellung dieses Vorganges ist notwendig geworden, nachdem Zeitungen, die auf den Pressebesprechungen vertreten waren und somit über den Sachverhalt unterrichtet sind, durch ihre Darstellung die Vermutung aufkommen lassen, als ob das Kriegspresseamt den *schädlichen Parteikampf* oder *persönliche Angriffe* gebilligt habe.

---

[1] Der folgende Zeitungsartikel wurde mit dem handschriftlichen Vermerk „Frankfurter Ztg. 26.II 18 Abendblatt" versehen und an dieser Stelle in das Tagebuch eingeklebt. Hervorhebungen im Original durch gesperrten Druck.

[2] Würz

Eine Erklärung Erzbergers.

N Berlin, 25. Febr. (Priv.-Tel.) Der Abg. *Erzberger* hat gegenüber Angriffen in alldeutschen Blättern an die „Germania" zur Klarstellung seines Verhältnisses zu General *Ludendorff* einen Brief gerichtet, in dem es heißt:

„Im Anschluß an meine jüngste Erklärung über die angebliche Agitation gegen General Ludendorff nehmen sich die *„Leipziger Neuesten Nachrichten"* heraus, die Richtigkeit meiner Worte zu bezweifeln. Das Blatt kann zwar keine Tatsachen für sein anmaßendes Verhalten anführen, sondern sucht die offenkundige Schwäche seines Standpunktes durch einige Fragen zu verschleiern. So fragt es, ob mir unbekannt sei, daß die Möglichkeit eines *zwangsweisen Rücktritts* des Generals Ludendorff in den mir nahestehenden Kreisen – also nicht von mir – erörtert worden sein soll. Ich antworte: Ja, das ist mir *unbekannt*. Ich füge aber hinzu: ich hätte es auch *nie geglaubt*. General Ludendorff steht zu hoch und zu unantastbar in meiner Meinung, als daß ich je hätte annehmen können, er würde aus politischen Rücksichten ein *Rücktrittsgesuch* einreichen. Die Traditionen der preußischen und deutschen Armee wie die Sinnesart des Generals Ludendorff schlossen für jeden Verständigen eine derartige Möglichkeit aus. Mein Verhältnis zu den Generälen wird überhaupt vielfach, aus durchsichtigen Gründen, gröblich entstellt. Gleich jedem deutschen Manne blicke ich mit Bewunderung und Verehrung zu den Männern empor, die Deutschland gerettet haben, und die uns mit starker Hand auch durch den letzten Sturm dieses Krieges führen werden. Die Zumutung, ich sei ein *Gegner* des großen Feldmarschalls oder seines genialen Beraters ist *ungerecht und unwürdig*. Ich weise sie mit Entschiedenheit zurück. Daß ich in der einen oder anderen politischen Frage von der Auffassung des Generals Ludendorff abweiche, ist mein Recht als Abgeordneter. Uebrigens ist niemand mehr geneigt, die Meinung eines anderen, sofern sie verständig begründet wird, gelten zu lassen als General Ludendorff.

Das Blatt fragt weiter, ob es mir unbekannt sei, daß in einer Korrespondenz, auf die ich nicht ohne Einfluß sein soll, vertrauliche Informationen gegeben würden, mit dem Rat, in dem bekannten Zwiespalt zwischen Herrn *v. Kühlmann* und General *Ludendorff* zum Staatssekretär zu halten. Ich habe solche vertraulichen Informationen *nicht* gegeben. In dem Pressesturm anfangs Januar habe ich allerdings an allen Stellen und in aller Offenheit die Ueberzeugung vertreten, daß das *Zentrum hinter der Regierung*, die es mit gebildet hat, stehen müsse.

Die unverantwortlichen *Treibereien der alldeutschen Presse* auf einen zwangsweisen Rücktritt des Staatssekretärs v. Kühlmann, dem logischerweise in kürzester Zeit der Rücktritt des Reichskanzlers Hertling hätte folgen müssen, bin ich in dieser Erwägung überall mit aller Entschiedenheit entgegengetreten. Was den erwähnten Antrag über die Zensur betrifft, so hat dieser mit einer angeblichen Propaganda gegen General Ludendorff nicht das mindeste zu tun. Er stammt auch nicht von mir oder vom Zentrum. Zudem dürfte im Plenum bereits eine volle Einigung mit der Heeresleitung erzielt werden, und zwar auf Grund von nachträglichen Anregungen, die von mir stammen.
Hinsichtlich *Litauens* endlich vertrete ich seit über Jahresfrist die Auffassung, daß Litauen nicht nur ein selbständiger, sondern auch ein *unabhängiger Staat* werden soll, der nach den Beschlüssen seines Landesrats, auf welche ich vielleicht nicht ganz ohne Einfluß gewesen bin, in ein ewiges *Bundesverhältnis mit dem Deutschen Reich* treten will und eine Reihe von Abkommen zur Erreichung dieses Zieles wünscht. Ich glaube, daß diese Lösung die den deutschen Interessen erwünschteste darstellt. Zu allem kann ich noch erklären, daß der hochwürdigste Herr Bischof von Kowno[1] gerade auf meinen Vorschlag hin sich sofort zu General Ludendorff ins Hauptquartier begeben hat, wo in einer Aussprache vollkommene Uebereinstimmung bezüglich der Unabhängigkeit Litauens festgestellt werden konnte.
Wie ich richtig bereits in meiner Erklärung vermutet habe, so steht es jetzt fest, daß die mir gegnerische Presse *meine angebliche Betätigung* in einer Propaganda gegen General Ludendorff *frei erfunden hat.*"

28 Februar 1918. Donnerstag. Zürich – Bern *28.2.1918 Donnerstag*

Fritz Unruh mit mir gefrühstückt. Er sprach sich mit grossem Widerwillen gegen Zweigs Stück und die jüdischen Pazifisten wie Alfred Fried, Latzko aus; ihre Feigheit. Sie wagten nicht, ihr Leben für ihre Ideen einzusetzen, weil ihre Ideen selber nur eine übermässige Sucht zu leben, nicht zu sterben, nicht zu leiden seien. Er wolle diesen ganzen Typus des Ideen propagierenden, aber nicht mit seiner Person für sie eintretenden Juden in der Figur von Walter Rathenau in einem neuen Stück nach dem „Taumel"[2] verkörpern. Er habe überhaupt in der Schweiz erst den richtigen Abstand zu diesem pazifistischen Getue und Getriebe und zu den anarchistischen Tendenzen gewonnen. Ordnung müsse sein; wie selbst die Sterne nach unverrückbaren Gesetzen kreisten. Aber auch das Leuchten dürfe nicht fehlen; die Disziplin dürfe nicht so sein, dass

[1] Karevicius

[2] Dietrich

sie im Einzelnen seine Seele töte. Dieses sei aber die Gefahr unseres deutschen Lebens, diese fortschreitende Disziplinierung und Mechanisierung, die schliesslich kein Licht mehr strahlen liessen. Er erzählte mir dann Beispiele aus seiner Kadettenzeit, als er mit den kaiserlichen Prinzen[1] erzogen wurde, wie ihr Erzieher Gontard in geradezu sadistischer Weise ihn gequält und vergewaltigt habe. – Nachmittags nach Bern, da der Gesandte mich zu einer Konferenz mit Wolfgang Heine wegen Paul Cassirer rief. Cassirer klagt gegen die Leipziger „Neuesten Nachrichten", die ihn und das Amt wegen seiner Tätigkeit in der Schweiz angegriffen haben. Romberg und ich nahmen Kenntnis von Heines Schriftsatz und korrigierten ihn stellenweise. Ich werde versuchen, durch Stresemann oder Würtz einen Vergleich zustandezubringen. Nachher ganz spät noch bei Schickele mit Heine, Cassirer und der Durieux. Diese schien verstimmt, vielleicht nur über den unangenehmen Gesprächsstoff, den Heine aufbrachte: Hinrichtungen. Gegen zwei Uhr Morgens unzeitgemäss. Wir giengen nachher auf Politisches über. Aber Heine passt mit seiner breiten Geschwätzigkeit nicht zu Schickele. – So geht dieser merkwürdige, welthistorische Monat zu Ende, der mit dem Streik in Berlin anfieng und mit einem Triumph sondergleichen für Deutschland endet. Der März, der den Anfang der grossen Offensive sehen soll, wird vielleicht ähnliche Umwälzungen bringen.

1 März 1918 Freitag Bern – Zürich. *1.3.1918 Freitag*

Gefrühstückt mit Bethmann, Schubert, de Vaux, Hyé. De Vaux und Hyé beklagten heftig, dass Österreich in der Ukraine nicht mitmache. Daran seien nur die Polen und die Arbeiter schuld. Schubert sagte mir nachher, Hyé, de Vaux, Mussolin hätten sich in dieser ganzen Zeit „sehr anständig" benommen, durchaus auf Seiten des Bündnisses und des Zusammenhaltens gestanden; de Vaux, der Pole ist, habe aus Ärger über die österreichische Politik erklärt, er wolle „Alldeutscher werden". Zwischen dem Polnischen Vertreter in Bern Rostworowski und Mussolin habe eine heftige Auseinandersetzung stattgefunden. – Nachmittags kam ein österreichisches Kommuniqué, dass sie doch in Podolien einmarschieren; sie ändern also ihre Haltung zum vierten Mal. Rückschluss auf den Charakter des Kaisers Karl. – Um halb sechs fuhr ich nach Zürich zurück wegen der Kino Verhandlungen. Vorher kam Annette Kolb zu mir auf mein Bureau. Sie warnte mich vor der Gefahr langer Abwesenheiten; die wilden Hunde seien gegen mich wieder losgewesen. Im Zuge nach Zürich fuhr ich mit Schickele, Wolfgang Heine, Paul Cassirer und dem Rechtsanwalt Thalberg

---

[1] August Wilhelm u. Oskar

aus Zürich, den mir Cassirer vorstellte. Wie mir Cassirer nachher mitteilte, hatte er diesen Zug nur benutzt, um mich kennen zu lernen. Warum, weiss ich nicht. Er erzählte amüsant und aus eigener Kenntnis über den Khediven[1], dessen Rechtsanwalt er ist, Bolo Pascha und Russland. In Russland, woher er stammt, hat er viele Verbindungen und Verwandte. Er hält es für ausgeschlossen, dass Russland aus eigener Kraft die Anarchie überwindet; ebenso, dass es wieder zusammenwächst, nachdem es zerfallen ist. Seine Zukunft sei, deutsche Kolonie zu werden. Der Russe sei viel zu indolent und unpraktisch ideologisch, um staatsmännisch Etwas zu leisten. Er brauche Führer, die er selber nicht hervorzubringen fähig sei. Das habe er gerade jetzt bewiesen, da Leute wie Miljukow, Gutschkow und Kerenski statt praktisch zu handeln, immer nur geredet hätten, Russland werde in eine Reihe von Kleinstaaten aufgelöst bleiben, die von Deutschland und Deutschen politisch und wirtschaftlich organisiert und ausgebeutet werden würden. Schickele versuchte dagegen das Beispiel der französischen Revolution und Anarchie anzuführen; aber Thalberg zeigte die Unterschiede auf, die namentlich psychologisch und geographisch, durch die grosse Ausdehnung des Landes, die oberflächliche Ähnlichkeit Lügen strafen. – In Zürich mit Cassirer und Schickele in einer kleinen Weinkneipe, dem Veltliner Keller, gegessen und bis spät eine lange konfuse Unterhaltung geführt, in der die Beeinflussung des Hauptausschusses, damit er unsere Versuche, die Kulturbeziehungen wieder aufzubauen, unterstützt. Schickele lehnt ebenso wie Unruh den weichlichen Pazifismus Zweigs ab. Man muss für Ideen auch sterben können. Nach der Polizeistunde die Unterhaltung bei Cassirer im Schwert in den Goethezimmern mit den Cézannes an den Wänden, fortgesetzt.

2 März 1918. Sonnabend. Zürich *2.3.1918 Samstag*

Wir haben Kiew. Wie ist dieses Ziel von uns in Kowel 1915 angestrebt worden! Aber Falkenhayn gab keine Truppen. Damals rechnete unser Stab dorthin sechs Wochen; jetzt haben elf Tage genügt. – Mit Braatz von der Ufa verhandelt. Einig geworden über den Preis, zu dem die Ufa von uns unsere Kino Unternehmungen erwirbt. Abends Braatz zum Essen eingeladen mit Fürstner. Kiliani kam nach. Ich sagte, die Methoden, durch die die Engländer in der Welt, und unser Generalstab im Kriege, Erfolg hätten, seien sehr ähnlich: Züchtung eines hohen aber durchschnittlichen Menschentypus, wo jedes Individuum durch jedes andre ersetzbar sei. Selten ein ausserordentlicher Mensch, aber eine hochstehende, berechnete Typisierung. – Ich frühstückte bei Cassirer mit Wolfgang Heine und Frau u Schickele. Da Heine Cassirers Prozess führt, und im Parlament die „Kulturpropaganda“ (schreckliches Wort) zur Sprache kommen kann, hielt ich Heine einen Vortrag über meine Ideen: 1) neue Diplomatie (aufs „Volk“

[1] Abbas II.

berechnet) neben der alten, 2) Wiederanknüpfung von Beziehungen nach diesem uns isolierenden Kriege. Er machte sich Notizen. Mit Erzberger scheint er ziemlich liiert; wenigstens führte er ihn wiederholt an.

3 März 1918. Sonntag. Zürich. *3.3.1918 Sonntag*

Mit Kiliani das Kinogeschäft der Ufa gegenüber endgültig formuliert. Wir werden anderthalb Jahre in der Schweiz Kinopropaganda getrieben haben, ohne dass sie das Reich einen Pfennig kostet. Die Valuta, inbetreff deren Radowitz Konzessionen gemacht hatte, habe ich entgegen seinen Zusicherungen zugunsten des Reiches geregelt. – Bratz von der Ufa hatte mich Abends bei Huguenin zum Essen eingeladen. Nachher mit ihm, Oscar Fried und Fürstner in die Bonbonnière. Dort Dietrich Bethmann mit seinem Bruder und Schmidt-Jauny getroffen. Zusammen bis zur Polizeistunde gesessen. Dietrich Bethmann brachte seinen Lieblingssatz vor, dass wir diesen Krieg verloren hätten, wenn die Romantik in Deutschland nicht wieder lebendig werde. Er meint damit, eine antimechanistische Weltanschauung. Fried brachte mich bis vor mein Hotel. Ich sagte ihm, der für Russland eine so tiefe Liebe gehabt hat, dass durch die neuesten Ereignisse Deutschland der Erbe Peters des Grossen geworden sei: dessen Aufgabe, Russland und die russischen Völker zu organisieren, übernommen habe. Keine Annexion, sondern Organisation. Was Peter und Katharina mit unzureichenden Mitteln und Brutalität versucht haben, müssten wir jetzt unter dem Zwang der durch den Krieg geschaffenen weltgeschichtlichen Situation ohne Gewalt, politisch, kulturell und wirtschaftlich durchführen: der slawischen Welt die zur Fruchtbarkeit notwendige feste innere Struktur schenken. Sie solle nur als Entgelt dafür die Weite, den Atemraum und Etwas von ihrer unverbrauchten Phantasie geben. So würde eine sich wechselseitig befruchtende und erhaltende deutsch-slawisch-byzantinische Welt entstehen, die sich mit der angelsächsisch-romanischen politisch und wirtschaftlich auf einige Jahrhunderte verständigen und im Gleichgewicht erhalten könnte. Das Eingreifen Japans in Sibirien lässt den dritten Faktor der künftigen Weltgeschichte erkennen.

4 März 1918. Montag. Zürich. *4.3.1918 Montag*

Der Friede mit Russland ist gestern Nachmittag um 5 Uhr unterzeichnet worden. Allerdings ein Gewaltfriede, den die russischen Delegierten unter Protest und mit Zeichen gesteigerter Feindseligkeit unterzeichnet haben. Aber es war wohl kein andrer Weg möglich, wenn man sofort Frieden haben und nicht wichtige Interessen preisgeben wollte. – Bei Simson. Er deutete Absichten unserer Marine an, die Alandsinseln für Deutschland zu fordern. Wenn Reval und Aland in unserer Hand blieben, beherrschten wir Petersburg. Aber wegen

Aland würden wir, wie Simson zugab, mit Schweden Schwierigkeiten bekommen. Ebenso wegen Kawalla mit Griechenland. Die Marine will Kawalla bei Bulgarien lassen, da sie es, nur wenn es bulgarisch bleibe, als Stützpunkt benutzen könne, wegen der direkten Bahnlinie dorthin über Sofia. Simson ist sehr richtig der Ansicht, dass uns die Griechen als Volk und Bundesgenossen für unseren Handel in der Levante wichtiger sind als die Nutzniessung von Kawalla. Wenn die Griechen Kawalla verlören, könne der König von Griechenland[1] nie zurückkehren und Griechenland bliebe unter Venizelos als Stützpunkt der Entente auf der Balkanhalbinsel bestehen. Aber selbst Romberg gehe nur sehr vorsichtig an diese Frage heran, weil wir die Bulgaren nicht verschnupfen dürften. – In den Mittagszeitungen steht der deutsch russische Friedensvertrag in extenso abgedruckt. Danach wird der ganze Westen des bisherigen Russlands von Finnland bis zur Ukraine abgetrennt und das übrigbleibende Russland bis auf Petersburg ganz vom Meere abgeschnitten; die Rohrbachsche Lösung, eine wirklich ungeheure Umwälzung, wie sie kaum je ein Friedensvertrag gebracht hat. Russland behält ungefähr so viel Küstenraum wie der Congostaat; und dieses Ventil auch nur unter den deutschen Kanonen von Reval, und vielleicht von Aland und Helsingfors. Wirtschaftlich und strategisch wird damit Rumpfrussland von uns fast vollkommen abhängig. Mir kommt die wunderbare Szene in „Boris Godunow"[2] in den Sinn, wo Boris seinem Nachfolger die Karte des unendlichen Russland zeigt, das tiefe Pathos der Weite, das die sentimentale Wurzel des russischen Patriotismus und Volksgefühls gewesen ist: Chaliapins[3] Stimme und sein erschütternd grosses Spiel in dieser Szene. Nun fällt das Alles! Vernichtet die Grundstimmung der russischen Seele. Drei Jahrhunderte russischer Geschichte mit einem Federstrich getilgt. Wird das Alles Bestand haben? War das grosse Russland eine Fantasmagorie, eine blosse Erscheinung, die vor der Wirklichkeit wirtschaftlicher, politischer und nationaler Interessen endgültig verschwinden wird? – Mit Vandevelde und Schickele um 6 nach Bern zurückgefahren. Vandevelde sprach mir kurz von irgendeiner Vermittlungsaktion, die er auf Grund der Hertlingschen Rede bei der belgischen Regierung unternommen hat; er hält den Augenblick, wie er sagt, für gekommen. Schickele ist pessimistisch: Deutschland werde militärisch siegen, aber Nichts politisch erreichen. Der Krieg stagniere, während sich in allen Ländern nur die Revolution entwickele. Im Osten würden wir in gigantischem Massstabe nur dieselben Fehler wiederholen, die wir in Elsass-Lothringen gemacht haben. Den sehr wesentlichen Unterschied, dass wir die russischen Randvölker auf ihren eigenen Wunsch losgelöst haben, liess er nur widerwillig gelten. Seine

---

[1] Konstantin I.

[2] Mussorgski

[3] Schaljapin

Hauptkritik ist der Mangel an politischer Phantasie und Gestaltungskraft. Kühlmann habe versagt. Die Militärs fühlten sich ihm mit Recht überlegen. Die Lage sei so, dass man trotz allen Abscheus vor dem neuen Blutvergiessen nur die baldige Offensive wünschen könne, damit endlich Klarheit werde.

5 März. 1918. Dienstag. Bern. *5.3.1918 Dienstag*

Vormittags mit Kiliani und Braatz beim Gesandten, wo den Kinoverkauf an die Ufa und meinen Eintritt in den Aufsichtsrat der neuen Gesellschaft geregelt. Braatz mit mir gefrühstückt. Um 5 kam Vandevelde zu mir, um eine mögliche offiziöse Besprechung zwischen Abgesandten der belgischen und deutschen Regierungen auf Grund der Hertlingschen Rede zu besprechen. Ich sagte ihm, dass bei uns vermutlich die Abordnung eines offiziösen Abgesandten nicht auf unüberwindliche Schwierigkeiten stossen würde, wenn die Belgier sich bereit erklärten, Besprechungen unverbindlicher Art zu versuchen. Vandevelde machte geltend, dass Belgien zwar keinen Sonderfrieden schliessen könne, schon aus militärtechnischen Gründen, dass es aber, wenn wir ihm befriedigende Bedingungen böten, vielleicht mit Amerika, England, Frankreich vermitteln könnte. Ich sagte, dass keine deutsche Regierung auf Garantieen verzichten könnte, diese sich aber je nach der Haltung und den Vermittlerdiensten der belgischen Regierung verschieden denken liessen. Vandevelde steht auf dem Standpunkt, dass Garantieen nicht nötig seien, da das belgische Volk nach den Erfahrungen dieses Krieges sich nie wieder auf ein kriegerisches Abenteuer einlassen würde. Ich erwiderte, dass auch 1914 nicht das belgische Volk, sondern die belgische Regierung an der Haltung Belgiens schuld gewesen sei und dass unsere Garantieen so sein müssten, dass sie auch jede künftige Regierung Belgiens zwängen wirklich neutral zu bleiben. – Abends kam Lothar Stark aus Zürich herüber und sagte mir: gestern sei Hofer bei ihm in Zürich gewesen und habe ihm Folgendes mitgeteilt: Die italienischen Abgeordneten Fiamberti und Caraviglio[1], letzterer Schwiegersohn von Giolitti, hätten gemeinsam mit Giolitti eine Unterredung bei Sonnino und Salandra gehabt. Salandra sei der Ansicht gewesen, dass die (uns vorgeschlagene) Aktion zugunsten Italiens in deutschen Zeitungen keinen grossen Wert habe, wogegen Sonnino zwar anfangs den geeigneten Zeitpunkt für den Beginn der Aktion noch nicht für gekommen hielt, sich aber im Verlauf der Debatte den Argumenten Giolittis gefügt habe. Das Resultat dieser Unterredung sei gewesen, dass beschlossen worden sei voraussichtlich am 9ten März mit Stark in Luzern zusammenzutreffen. Als Vertreter der Giolittianer werde der Schwiegersohn Giolittis Caraviglio kommen und als Beweis für den offiziellen Charakter der Angelegenheit als Vertreter Sonninos ein Unterstaatssekretär. Diese Herren wollen von Stark

[1] Chiaraviglio

wissen, wie er seine Zeitungskampagne führen will und welche Zeitungen er an der Hand hat. Der Sohn von Fiamberti soll Hofer gesagt haben, Italien müsse den Frieden um jeden Preis haben; insbesondre weil die Situation durch fast tägliche Unruhen in Piemont und Ligurien fast unhaltbar geworden sei. – Ferner hat Hofer Stark mitgeteilt: Der Besitzer des „Schweizerhofes" Schnetzer habe ihn vor etwa 16 Tagen gefragt, ob es ihm nicht möglich wäre, die deutsche Gesandtschaft in Bern mit den schweizerischen und französischen Sozialisten in Beziehung zu setzen? Dieser Unterredung zwischen Schnetzer und Hofer soll der Hauptmann Schmidt von der militärischen Handels-Abteilung beigewohnt haben. Hierauf will Hofer Folgendes unternommen haben: 1) er habe mit dem bekannten Nationalrat Graber von der „Sentinelle" gesprochen und von Graber die Erklärung erhalten, er sei bereit, die Haltung der „Sentinelle" im Interesse des Friedens so zu ändern, dass diese Zeitung lediglich zugunsten Deutschlands schreibe. 2) Graber sei bereit, seinen Einfluss in den Schweizer Sozialistenkreisen im selben Sinne geltend zu machen; ferner seine weitgehenden Beziehungen zu den französischen Sozialisten in gleicher Weise geltend zu machen; insbesondre habe er bereits Albert Thomas durch einen Vertrauensmann informiert und könne schon heute versprechen, dass Thomas auf eine Nachricht von ihm sofort nach der Schweiz kommen würde, um mit den Herren von der Berner Gesandtschaft zu verhandeln. 3) ferner könne Graber den Präsidenten[1] der Handelskammer von Paris, und ferner den Chef Ingenieur der Société des Aciériees du Havre, Horard, sofort nach hier kommen lassen. Dieser Letztere sei augenblicklich in Lausanne, bis Freitag, und könne von Graber augenblicklich zu einer Unterredung bestimmt werden. 4) Hofer könne René Besnard, der im letzten Ministerium Kolonialminister war, und eine Kreatur von Caillaux sei, hierher kommen lassen. Stark glaubt zwischen den Worten Hofers herausgelesen zu haben, dass diese Leute im Interesse von Caillaux und einer schnelleren Erreichung des Friedens bereit wären, Interpellationen im Parlament einzubringen und diese durch sozialistische Unruhen zu unterstützen. – Ich telephonierte Romberg an und bat ihn morgen um eine Unterredung. Man müsste zunächst Graber sprechen und sehen, ob an der ganzen Sache Etwas ist. – Abends bei Tisch von Schubert erfahren, dass der Friede mit Rumänien[2] unterzeichnet ist. Wer wird der Nächste sein im Licht der Vandeveldeschen und Starkschen Eröffnungen? Die „Pax Germanica" wird für die Ententevölker, wie das „Journal de Genève"[3] heute zugiebt, zu einer schrecklichen Wahrscheinlichkeit. Nebenbei haben wir am Samstag die Alandsinseln besetzt und unsere Intervention in Finnland angezeigt.

---

[1] David-Mennet

[2] Vorfriedensvertrag, der am 5. März 1918 im Schloß Buftea bei Bukarest unterzeichnet wurde

[3] Wm M., Pax germanica

6 März 1918. Mittwoch. Bern. *6.3.1918 Mittwoch*

Beim Professor Weese gefrühstückt. Seine Schwägerin, eine Frau v. Langen, aus Ostafrika ausgetauscht, erzählte von ihren Erlebnissen in belgischer und französischer Gefangenschaft. Es wird schwer sein über solche Erinnerungen hinweg wieder Brücken zu bauen; eine blonde, junge, hübsche Frau, etwas Englisch im Äusseren, ohne Pathos, aber mit furchtbaren Erlebnissen. So wie die Frauen aus der französischen Revolution, die die September Massaker erlebt hatten. Das einzige Schöne an ihren Erzählungen die Treue, bis in den Tod, der afrikanischen Boys, und die grosse Figur Lettow-Vorbecks. – Um 3 bei Romberg mit Stark, um die Vorschläge von Hofer u. Graber zu besprechen. Romberg sehr vorsichtig, nach dem Prinzip, dass gebranntes Kind das Feuer scheut, hatte starke Bedenken gegen Graber, den er für käuflich, unzuverlässig und kompromittiert hält. Ausserdem schien ihm die Zusammenkunft zwischen Salandra, Sonnino und Giolitti unter den jetzigen Verhältnissen sehr unwahrscheinlich. Auch Stark betonte, dass es ihm unmöglich sei, nachzuprüfen, ob der ihm vorgestellte Caraviglio wirklich Caraviglio sei u. s. w. Wie Romberg sagte, das ist die Schwierigkeit der Kriegsumstände, dass es unmöglich ist, die Dinge und Persönlichkeiten nachzuprüfen. Trotzdem willigte er auf meinen Vorschlag ein, dass Stark morgen Horard (fondé de pouvoirs du Ministère de l'Armement, fondé de pouvoirs et directeur des „Tréfileriees du Havre") spreche; hauptsächlich um zu sehen, ob Hofer nicht renommiert hat. Über Graber wolle er noch nähere Erkundigungen einziehen. Mit Dietrich Bethmann gegessen. Er sagte mir, dass gegen mich in Deutschland ein grosses Rennen gemacht werde; was mit meinen Informationen stimmt. Warum, konnte er mir nicht sagen. Aber er habe schon einen Bericht verfassen müssen, den Romberg unterschrieben habe, um meine Tätigkeit in Schutz zu nehmen. Bethmann deutet auf Schubert als Ursprung dieser Treibereien. Er kam später auf das schon einmal von ihm vor Monaten berührte Thema zurück, dass er mit der Schuld am Weltkriege in erster Linie belastet sei. Hauptvorgang: dass er nach der Ermordung des Erzherzogs[1] bei einem Frühstück bei Alec Hoyos diesem gesagt habe, Deutschland müsse mitgehen, wenn Österreich Serbien den Krieg erkläre; dieses Frühstück belastet geradezu sein Gewissen. Als Vetter des Reichskanzlers und Mitglied der Botschaft gab er eine Information, die die österreichischen Entschlüsse entscheidend beeinflussen musste. Später habe er dann immer wieder in der Richtung des Krieges getrieben, weil er überzeugt gewesen sei, dass er doch kommen müsse. Er nimmt diese Verantwortlichkeit, zum Teil aus Eitelkeit, sehr ernst. Kompliziert wird bei ihm das politische Schuldbewusstsein durch einen intimen Familienkonflikt, der hineinspielt.

---

1 Franz Ferdinand

7 März 1918. Donnerstag. Bern. *7.3.1918 Donnerstag*

Vormittags Blocher aus Basel bei mir. Er ist der Ansicht, dass wir viel energischer der Schweiz gegenüber auftreten müssten. Allmählich sei der Eindruck entstanden, dass Deutschland sich Alles von der Schweiz gefallen liesse, während der Bundesrat vor der Entente zittere. Es wäre auch im Interesse der Deutsch-Schweizer, wenn wir etwas mehr von der Faust Gebrauch machten. Ich sagte ihm, er solle das doch Romberg sagen. – Nachmittags Zusammenkunft zwischen Romberg u Blocher auf meinem Bureau in der Junkerngasse. Blocher versuchte, Romberg das zu sagen, was er mir Vormittags gesagt hatte; Romberg verstand es aber, ihm sehr geschickt ins Wort zu fallen, so dass Blocher nicht über Andeutungen hinauskam. Rombergs Hauptstellung war, dass die Deutsch Schweizer selbst Nichts täten, um sich gegen die Anmassungen der Welschschweizer und der Entente zu verteidigen. Ohne die Unterstützung der Deutsch Schweizer sei jedes energische Auftreten Deutschlands unwirksam. – Abends mit Dietrich Bethmann und seiner Frau gegessen. Dietrich ergieng sich wieder in den heftigsten Ausfällen gegen Rombergs Schlappheit. Es sei unmöglich, ihn zu einem klaren, energischen Entschluss zu bringen. Er rede „mit seiner Karpfenschnute" so lange um Jedes herum, bis Keiner mehr wisse, was los sei. Man gehe jedesmal wie enteiert von ihm weg. Er sei ein Vampyr, der seinen Mitarbeitern die Kraft aussauge. Zwischen Romberg und Bethmann bestehen Temperamentsgegensätze, die ihr Zusammenarbeiten fast unmöglich machen. Immerhin ist Bethmann sehr unvorsichtig in der Art, wie er Romberg blosstellt. Dass Romberg hier schwächlicher auftritt, als nötig, halte auch ich für zutreffend. Er ist eine kluge, anämische Natur; fleissig und persönlich tapfer, aber ohne Ordnung in seinen Gedanken und Entschlüssen; er erreicht es nicht, eine Hierarchie in seine Gesichtspunkte hineinzubringen. Er giebt dem jüngsten Rekruten unter seinen Gedanken denselben Rang wie der erprobtesten Generalidee. Daher die endlosen Unterredungen mit ihm, die um Kleinigkeiten sich herumspinnen. Eine zweistündige Rücksprache um ein Passvisum.

8 März 1918. Freitag. Bern. *8.3.1918 Freitag*

Simson bei mir gefrühstückt. Er ist überzeugt, dass wir in der Schweiz im Frühjahr, April, Mai oder Juni, einen Generalstreik bekommen. – In den Zeitungen steht, dass Argentinien uns den Krieg erklärt haben soll. Aber Zavallier, der argentinische Gesandte, grüsste mich Mittags noch, und Abends war er bei Pálffy, um ihm zu sagen, dass die Nachricht unwahr sei; er wisse von Nichts.

9. März 1918. Sonnabend. Bern. *9.3.1918 Samstag*

Vormittags bei Romberg, dem ich über die Lage in Deutschland berichtete: Generalstreik-Gefahr geringer, weil die Brotration beibehalten werden kann

(Ukraine) und das Wahlrecht durchgedrückt wird; Festigung der Position Hertlings und Schwächung der von Kühlmann, weil er zwei Monate verhandelt und Nichts erreicht hat, die Militärs dann in acht Tagen Alles durchgedrückt haben: infolgedessen Triumph der Militärs auf Kosten des Amtes und der gemässigten Elemente. Hierzu die Intriguen Bülows gegen Kühlmann, denen die Hoffmanns gegen Ludendorff unter Beihülfe von Erzberger gegenüberstehen. Romberg schimpfte heftig auf Reventlow, Hoetzsch, Bernhard, die Alldeutschen; die Haltung der Deutschen Tageszeitung sei geradezu ekelerregend. Kühlmann selbst hätte wahrscheinlich den status quo in Russland vorgezogen, obwohl er, Romberg, es für ein Glück halte, dass es so gekommen sei, wie es schliesslich gekommen ist. Georg Bernhard und Hoetzsch seien Idioten, die ohne jede Sachkenntnis über Russland urteilten. Man müsse wissen, wie die Russen wirklich über uns gedacht, wie sie uns verachtet und gehasst hätten, um die Gefahr von einem wiederhergestellten Russland zu ermessen. Mit geringen Mitteln sei von der Schweiz aus in Russland geradezu Ungeheures erreicht worden. Am Zusammenbruch Russlands sei, was in Bern gemacht worden sei, wesentlich mitbeteiligt. Offenbar hat Romberg sich als Botschaftsrat in Petersburg die Ansichten gebildet, die ihn in Bern während des Krieges geleitet haben. Er fügte dann hinzu, in Frankreich habe er weniger glücklich operiert, weil in den ersten Kriegsjahren Niemand hier gewesen sei, der Frankreich kannte (nebenbei bemerkenswert als Zeugnis für die Art, wie das Amt seine Leute verwendet und verteilt). Mit Graber will Romberg Nichts zu tun haben. Ich solle die ganze Starksche Aktion abbremsen. – Nachmittags der Warenhausbesitzer Georg Tietz bei mir. Er trug mir ein Projekt vor, Warenhäuser in der Schweiz zur Propaganda zu benutzen. Beeinflussung des mittleren Geschmacks (Einkommen von 6000 bis 30 000 frcs), Einfluss auf die Presse durch Inserate u. s. w. Er zeigte mir saubere und geschmackvolle Celluloïdgegenstände aus Japan, die seit zwei Jahren hier die deutsche und schweizer Waare verdrängen. So sei es auch beim Spielzeug und in vielen andren Gattungen. Die Japaner zahlten wahrscheinlich mit ihren Kriegsverdiensten ihre Fabriken und Maschinen ab, um nach dem Kriege uns unterbieten und den Markt behaupten zu können. Ihre exakte, schöne Arbeit, der wir bestenfalls gleichkommen könnten, wird uns den Kampf schwer machen. Tietz möchte mit einem deutschen Konsortium (etwa Guidotto Henckel) Warenhäuser in der Schweiz kaufen und modernisieren und als Entgelt vom Reich Erleichterungen bei der Ein- und Ausfuhr bekommen. – Abends Diner bei Rombergs. Der aus Berlin, wo er Gesandter war, neugewählte Bundesrat Haab, Dr Locher, Schröders, Renthe-Finck. Haab glaubt nicht an den Generalstreik in der Schweiz, sagte aber, man entdecke an der republikanischen Verfassung gewisse Nachteile, wenn man, wie er, 80 000 Arbeiter zu regieren habe. Die Unterstützung im Parlament sei brüchig, sobald man energisch werden wolle, weil die Abgeordneten dann gleich an die Arbeiter unter ihren Wählern dächten und schwach würden. Haab macht einen graden, kräftig-ruhigen Eindruck. Er steht Blocher nah und ist extrem deutschfreundlich. Er hält im Bundesrat für uns gegen Ador die Waage. Während er noch jung aussieht, ist seine Frau eine kleine vertrocknete Alte mit einer schlechtsitzenden Perrücke; sehr bourgeoise und langweilig. Ich sass neben ihr bei Tisch.

10 März 1918. Sonntag. Bern. *10.3.1918 Sonntag*

Eine Folge der Brester und Bukarester Verträge, die, kaum beachtet, weltgeschichtlich ist, ist die, dass nicht blos die Mehrzahl der slawischen Völker, sondern auch fast das ganze Ostjudentum, dieses geheimnisvolle, noch fast jungfräuliche, intellektuell und energetisch unausmessbare National Individuum durch diese Verträge in den Bereich der deutschen Macht gelangt ist und auf diesem Boden sich entweder als Nation oder als Nationengift entwickeln muss. Soweit das Judentum als Nation noch besteht, oder Möglichkeiten hat, eine Nation zu werden, ist es von heute ab in unsere Hand gegeben. – Nach dem Frühstück Romberg zu einem Spaziergang abgeholt. Der Professor Steindorff aus Leipzig war bei ihm und berichtete von seinen Vorträgen in der Schweiz. Die Abnahme des deutschen Einflusses in Universitätskreisen hier ist erheblich. Eine Art von Schweizer Nationalismus, von Ententevorstellungen genährt und der Neuen Helvetischen Gesellschaft gefördert, zum Nachteil Deutschlands sowohl wie der Schweiz, beginnt als Mauer gegen den Austausch zu wirken. Steindorff hat in Zürich von der Universität keine Einladung erhalten. Mit Romberg spazieren. Die ganze Propagandafrage mit ihm besprochen. Sein Standpunkt: diese Tätigkeit sei für das Amt neu gewesen, wir hätten wertvolle Erfahrungen gesammelt, trotz Schwankungen in der Wirkung sei letzten Endes ein positives Plus nicht zu bezweifeln. Selbstverständlich könne Propaganda immer nur eine Beihülfe sein, die ohnehin vorhandene Stimmungen verstärke. Ganz meine Ansicht. – Seine Haltung in der Schweiz rechtfertigte er damit, dass die Schweiz nur im Kriege von Bedeutung für uns sei als Flankenschutz, sonst ein Kleinstaat, der garkeine Rolle spiele. Es hätte deshalb keinen Sinn, hier aufzutrumpfen, grosse Aktionen einzuleiten; sondern nur die Leute während des Krieges bei Laune zu erhalten. Daher sei er gegen übermässige Energie, wie sie Blocher und die deutsch-schweizerische Gesellschaft forderten. Wie die Schweizer nach dem Kriege dächten, könne uns gleichgültig sein; während des Krieges verdürbe das mit der Faust auf den Tisch Schlagen nur die Stimmung. Die Schweizer nähmen sich viel zu wichtig. Er habe, als er Gesandter in Sofia war, einmal dem bulgarischen Ministerpräsidenten auf eine Unverschämtheit der bulgarischen Depeschenagentur gesagt, das könne sich nur ein Kleinstaat erlauben, so frech zu sein, weil man ihm gegenüber daraus keine

Folgen ziehe. Der bulgarische Minister habe nachher Jemandem gesagt, eigentlich habe er, Romberg, ganz recht gehabt. – So sei es heute mit der Schweiz. Wer hätte sich im Frieden in Deutschland je um Herrn Ador oder Herrn Schulthess gekümmert? Im Amte habe kaum der Referent gewusst, wer Bundespräsident, oder was überhaupt ein Bundesrat sei; heute werde über jeden kleinen Skandal hier Drahtbericht verlangt. Im Frieden werde man wieder die Berichte aus Bern ungelesen beiseitelegen. – Über Frankreich meinte Romberg, dass Clemenceau vielleicht nicht so wild sei, wie er tue. Schweinereien wie Ribot mit der Briand-Lancken Sache würde er vermutlich nicht machen. Dann fügte er hinzu, dass das Amt (also er selbst) heute über Frankreich weniger gut informiert sei wie früher; die Militärs (die Oberste Heeresleitung) seien besser informiert als das Amt. Ich versuchte ihn auf Griechenland zu bringen und merkte das Ausweichen, das mir Simson geschildert hat. Offenbar ist hier die Haltung unsicher oder ungeklärt. Über Schweden zitierte er das Wort eines Schweden: die Schweden seien „mikromanen". Die Politik Schwedens in der finnischen Frage sei ein schwerer Fehler. – Um unsere Getreidevorräte zu ergänzen brauchen wir nach Romberg aus der Ukraine eine Million Tonnen, einen Monatsbedarf. Die Schwierigkeiten, um solche Massen zu transportieren, seien fast unüberwindlich. Allerdings gab er zu, dass vom Herbst an die Not bei uns ein Ende haben werde. Wir tranken im Bellevue zusammen Tee. Nachher ass Steindorff bei mir, der mir von der Mechthild Lichnowsky empfohlen ist.

11 März 1918. Montag. Bern. *11.3.1918 Montag*

Zavallia, der argentinische Gesandte, ein sehr durchtriebener Herr kam breitgrinsend Abends auf mich zu, um mir die Hand zu schütteln. Er dementierte energisch die angebliche argentinische Kriegserklärung, die die „Daily Chronicle" vor einigen Tagen lanciert hatte. Der englische Gesandte[1] habe bei ihm angeklingelt, Entente Hände hätten sich ihm zugestreckt; es sei aber Alles ein falscher Alarm gewesen. Der Druck der Vereinigten Staaten auf Argentinien sei stark; aber sie hätten ihm zu einer Zeit widerstanden, wo die Umstände ihn noch stärker machten; sie hätten keinen Grund, gerade jetzt nachzugeben. Solange ihre Ehre nicht angetastet werde (das Wort Ehre kommt einem Señor leicht von den Lippen), solange ihre Schiffe zirkulieren könnten, werde der Präsident[2] fest bleiben; und der Präsident habe bei ihnen mehr Macht als ein europäischer Souverän. – Joseph Reinachs Artikel „Le Problème des États-Unis d'Orient" in der Revue Politique Internationale von Vályi gelesen. Er ist äusserst geschickt auf die Stimmungen und Träume des österreichischen Kaisers und des Polzer Kreises zugeschnitten. Ein Angebot von fast offizieller französischer

[1] Rumbold

[2] Irigoyen

Seite, diese Träume in weitestgehendem Maasse zu erfüllen, wenn Österreich nur Deutschlands Zerstückelung zulässt, ein wahrer Höflings Artikel, der dem Hofe Ludwigs XIV Ehre gemacht hätte. Romberg wies mich gestern auf diesen Artikel als „äusserst unangenehm für uns und gefährlich" hin. Er spricht offen aus, was ich seit Monaten als die Bestrebungen der Polzer, Lammasch, Förster, Bahr gemeldet habe, und ist wahrscheinlich eine aus Wien bestellte Arbeit.

12 März 1918. Dienstag. Bern – Lausanne. *12.3.1918 Dienstag*

Jahrestag der russischen Revolution. Das Journal de Genève[1] schreibt: „Aujourdhui de la Russie de Nicolas II, d'Alexandre Ier et de Pierre le Grand, il ne reste rien ... La Russie édifiée par l'effort gigantesque et persévérant de toute une dynastie, la Russie qui fit trembler Napoléon et Guillaume II, a retrouvé ses frontières de 1530; quatre siècles d'histoire ont été effacés de la carte ... La Russie n'est pas le premier empire qui s'écroule ... Mais l'époque moderne n'a jamais vu pareille catastrophe et refusait d'y croire ..." Bauer in den Basler Nachrichten sieht schon die deutsche Weltherrschaft in drohender Nähe. Die Furcht vor der deutschen Weltherrschaft wird, wie aus vielen Äusserungen hervorgeht, wieder wie 1914 bei unseren Gegnern akut. Wenn sie die Esel sähen, die in Berlin sitzen und das Weltreich leiten und verwalten sollen, würden sie weniger ängstlich sein; auch die Protektionswirtschaft Kühlmanns. – Abends nach Lausanne. Mit Magura gegessen. Er beklagt in ruhigem Ton, aber sehr bewegt, die Bombenabwürfe auf Paris (gestern einige zwanzig Tote), die eine spätere Versöhnung erschwerten.

13 März 1918. Mittwoch. Lausanne – Bern. *13.3.1918 Mittwoch*

Unsere Truppen stehen vor Odessa. Als Kontrast notiere ich Folgendes aus einem Brief, den mir gestern die Elisabeth Klinckowstroem, die Hofdame der Prinzessin August Wilhelm[2], schreibt: Sie fragt, ob sie durch meine Vermittlung ein Paket an die Prinzessin schicken könne? „Es handelt sich um einige Meter Oxford für Blusen für den kleinen Prinzen[3], der dank der Bezugsscheinwirtschaft auf 2 Blusen Remten rouliert. Da ich nicht weiss, ob Ihnen daraus Unannehmlichkeiten erwachsen könnten, bitte ich, mir ehrlich zu sagen, ob es geht und es sich ev. nochmal wiederholen liesse?" – Und aus einem Brief von Kurt Unruh vom 7ten aus Liegnitz, wo er Rekruten drillt: „Der Stumpfsinn, der hier so in den Garnisonen hockt ist furchtbar, und so sind die Leute träge, immer müde und gelangweilt, befinden sich in einem Knäuel von Stacheldrähten, dass sie sich wenig rühren können und dumpf das Los tragen. Als ich herkam,

---

1 Wm M., L'anniversaire de la Révolution

2 Alexandra Viktoria

3 Alexander Ferdinand

erstickte es mich fast, nun habe ich mich eingelebt. Aber auf die Dauer wüsste ich nicht, was ich beginnen soll; denn die ganze Kasernenhof Atmosphäre erdrückt und zieht alle Kräfte nach unten. Auch der sonstige Einblick in das Hinterland genügt mir, um zu erkennen, dass zwischen dem Erlebnis draussen und dem Erleben der Heimat eine unüberbrückbare Kluft besteht. Dagegen habe ich aus Gesprächen mit Kameraden von der Front draussen die Überzeugung, dass dort das Erleben zur Tat wird, und dass dort Dinge reifen, die der Weltentwicklung bestimmte Wege aus dem Wirrwarr der Korruption, der Lüge, in der wir sonst alle ersticken müssten, in eine freie lebendige Zukunft weisen werden. Darüber bin ich froh. „Le Feu"[1], das ich zum Lesen gab, hat grosses Echo erweckt, und die Urteile darüber sind alle einig. Man freut sich, dass der Feind gleiches erlebt, und vor Allem, dass ein Dichter da ist, der das wirkliche Dasein der Millionen in so wahrer Weise geschildert hat – und so dem Erlebnis in schlichtester Form Ausdruck gegeben hat. Meine Kameraden sagten mir, – nachher gehts los, wir machen mit. Es ist ja auch selbstverständlich, dass vier Jahre Krieg nicht spurlos an Menschen vorübergehen können. Im ganzen Volk liegt der Keim neuen Lebens im Urnebel. Die Gestalter werden da sein wie am Weltbeginn und werden die Nebel verdichten und ihnen Form geben .... Zum wirklichen Leben giebt es für Menschen wohl auf der ganzen Erde keinen Raum. Hätte ich nicht die Möglichkeit, durch meine Arbeit auf Stunden dem Grauen zu entfliehen, dann müsste ich allmählich kaputt gehen. So aber erhebe ich mich über die Zeit, versuche es wenigstens, wenn auch der Gedanke, der sich zur Sonne aufschwingt, im Anblick von Fahnen oder Trauergestalten erblasst und in das graue Grabenreich zurückknickt, um nur Scheinleben zu führen ..." – Der Daimler Skandal beschäftigt den Reichstag: einige hundert Millionen Kriegsgewinne und zum Schluss eine Streikdrohung des Direktors[2]. Der Kammerherr von Behr Pinnow hat an Säcken für Kriegszwecke in einem Jahr 4 $^1/_2$ Millionen verdient. Das sind die Kehrseiten unserer Weltbeherrschung. – Abends in Bern gegessen bei Schröders mit Sepp Radowitz, Tauttenbergs und Morco Pálffys.

14 März 1918. Donnerstag. Bern. *14.3.1918 Donnerstag*

Wir haben Odessa genommen. Kurland hat dem Kaiser die Herzogskrone angeboten. Kleiner Skandal in der Gesandtschaft, weil vom Rath auf dem Empfang des schwedischen Gesandten[3] getanzt hat. Der Gesandte will nicht, das Mitglieder der Gesandtschaft während des Krieges tanzen. Rath hat vom Militär Attaché eine schriftliche Verwarnung erhalten.

---

[1] Barbusse

[2] Berge

[3] Ehrensvärd

15. März 1918. Freitag. Bern. *15.3.1918 Freitag*

Wir sind in Odessa; der Eindruck dieser Tatsache ist offenbar in allen Kreisen gewaltig. Bethmann zieht daraus den Schluss, dass wir der Schweiz gegenüber ganz anders wie bisher auftreten könnten. Psycha, die mich mit dem Präsidenten und Sekretär der Phillhellenischen Gesellschaft in Genf zum Frühstück eingeladen hatte, hoffte, wir würden jetzt der Schweiz unsere Bedingungen diktieren. Abends bei Tisch mit Bethmann und Berchem die Schwäche Rombergs Gesprächsstoff. Die Vexationen gegen Deutsche, die aus der Schweiz nach Deutschland reisen. Bethmann hierin im Gegensatz zu Romberg. „Wir stünden in Odessa". Eine Polin, eine Mme Styczinska, die mir die Psycha vorstellte, sagte mir, der Durchmarsch der Entente durch die Schweiz sei wahrscheinlich. Der amerikanische Militärattaché[1], mit dem sie sich sehr gut stehe, habe ihr heute Morgen diese Eventualität angedeutet. Vorher würde die Entente der Schweiz unmögliche Bedingungen stellen gegen die Lieferung von Getreide. In kurzer Zeit werde die Schweiz für ihr Brot von uns abhängig sein. Keller schrieb mir vor einigen Tagen Ähnliches. Es könne sich um absichtlich von der Entente verbreitete Gerüchte handeln, um deutsche Divisionen im Elsass festzuhalten. – Wolff verbreitet, die Entente habe an Holland ein Ultimatum gestellt, es müsse binnen wenigen Tagen seine Handelsflotte an die Entente ausliefern.

16. März 1918. Sonnabend. Bern. *16.3.1918 Samstag*

Nach Gunten zu Romberg hinaus, der dort zwei Tage Weekend macht. Er war sehr deprimiert durch das Erscheinen von Lichnowskys Pamphlet, das in Kopenhagen, in „Politiken" abgedruckt wird. Fragte mich, ob ich nicht aus meinen englischen Erinnerungen Etwas dagegen bringen könne? Es sei ganz Lichnowskys Oberflächlichkeit, sich einzubilden, dass er in London den Weltkonflikt noch hätte verhindern können. Die Entente hätte nur noch Österreich von uns abgetrennt und nachher doch den Krieg gemacht. Bülows Politik beurteilt Romberg ebenso wie ich. Insofern Deutschland eine Schuld am Kriege trifft, trifft sie Bülow, weil er nie irgendeine feste Linie verfolgt, sondern immer nur versucht habe, sich überall durchzuschwindeln. Er habe gleichzeitig eine grosse Flotte gegen England und eine Orientpolitik gegen Russland gemacht; das musste zum Kriege führen. Auf meine Bemerkung, Bülow hätte 1905 entweder die Finger ganz von Marokko fortlassen oder den Krieg riskieren müssen, antwortete Romberg, 1905 hätten wir keinen Krieg führen können, weil wir nicht die nötige Artillerie gehabt hätten. Das sei eines von den unglücklichen Beispielen des Auseinandergehens von Politik und Militär, die bei uns so häufig seien. Unsere Gegner hätten gewusst, dass wir keinen Krieg machen könnten. Nach Ansicht von Romberg hätten wir die Gelegenheit unserer Intervention in

1 Godson

Marokko benutzen sollen, um anzuerkennen, dass die elsässische Frage tatsächlich durch ihre Wirkungen international sei, und erklären müssen, dass wir daher bereit seien, sie mit Frankreich zu besprechen. Wahrscheinlich hätte sich Frankreich mit der Proklamierung von Elsass-Lothringen als Bundesstaat zufrieden gegeben. Statt dessen habe Bülow sich eingebildet, er könne durch alle Konflikte immer blos durchlavieren, ohne jemals irgendeinen Konflikt wirklich totzumachen. So musste er schliesslich die ganze Welt gegen uns zusammenbringen. Der Kriegswille unserer Gegner vor dem Weltkrieg sei nicht zweifelhaft. Frau v Bacheracht, die Frau des russischen Gesandten in Bern, deren Sohn in Petersburg im Ausw. Ministerium sass, sei nach Ausbruch des Krieges herumgelaufen und habe ihrer Entrüstung freien Lauf gelassen, dass wir Russland angegriffen hätten, ehe es bereit war; der Krieg habe erst 1916 kommen sollen: dann wären sie bereit gewesen. – Nachmittags nach Bern zurück. Bühnenfest im Kasino. Mit Schwerins hin. Falsche Ausgelassenheit, die namentlich in dieser Zeit widerwärtig wirkt. Deutschland hat gestern Kurland als „freien und unabhängigen" Staat anerkannt und dessen „möglichst enge Verbindung" mit dem Deutschen Reich in Aussicht gestellt. Die Proklamation steht in den Zeitungen neben den Auszügen aus Lichnowsky. So geht fortlaufend der äussere Glanz neben einer Art von inneren Misere her. Es fragt sich, welches von Beiden längeren Bestand haben wird.

17. März 1918. Sonntag. Neuchâtel. *17.3.1918 Sonntag*

Bei der Reichstagswahl in Niederbarnim ist der Unabhängige Sozialist[1] in einer hoffnungslosen Minderheit geblieben; das ist der Schlusspunkt unter dem Streik und beweist, dass die innere Gefahr bei uns geringer ist, als berechnet wurde. – Mittags nach Neuchâtel gefahren, das ich nicht kannte. Warmer klarer Frühlingstag; der Glast über dem See und den fernen Alpen fast sommerlich. Die weite, liebliche Landschaft, die den Himmel freilässt, und doch bewegt und gross ist, gefiel mir. Auf dem breiten, schönen Quai am See und dann zur Burg hinauf spazieren. Eine gewisse Weltferne, die Ruhe der kleinen Stadt wirken befreiend. – Die Politik, die Romberg 1905 getrieben hätte, wäre gewiss besser gewesen als die, die Bülow gemacht hat; ob sie den Weltkrieg verhindert hätte, bleibt für mich fraglich. Frankreich ist 1914 in den Krieg eingetreten nicht wegen Elsass-Lothringen, obwohl dieses die Wurzel seines Chauvinismus war, sondern weil es mit Russland verbündet war und die Übermacht Deutschlands fürchtete, wenn es das russische Bündnis fahren liess. Diese Furcht Frankreichs vor der deutschen Übermacht ist viel älter als die elsass-lothringische Frage und wird sie überdauern. Die Verständigung über Elsass Lothringen hätte den Krieg daher nur verhindert, wenn sie das Bündnis Frankreichs mit Russland ge-

[1] Breitscheid

sprengt oder unseren Eintritt in dieses Bündnis ermöglicht hätte. Aber Beides musste Frankreich unerwünscht sein, auch nachdem es sich mit uns über Elsass-Lothringen verständigt hatte, weil im einen wie im andren Falle Russland als Schutz Frankreichs gegen deutsche Übermacht fortfiel oder weniger wirksam wurde. Wenn aber das Bündnis zwischen Frankreich und Russland allein bestehen blieb, so hätte Deutschland doch wieder Frankreich bei der ersten Gelegenheit in der Reihe seiner Gegner gefunden. Solche Gelegenheiten waren unabwendbar, weil die weltwirtschaftlichen Gegensätze zwischen Deutschland, England, Russland, die feindlichen Imperialismen, die Furcht vor der Expansionskraft Deutschlands und Deutschlands unglückliche geographische Lage bestehen blieben. – Wie ähnlich die Ordnung, die wir im Osten schaffen, dem napoleonischen System ist, ist in die Augen springend. Heute wie damals ein System selbständiger Schutzstaaten, die Planetenartig um einen mächtigen Centralstaat gravitieren sollen. Es fragt sich, ob wir solider bauen als Napoleon. Die dynastischen Bande, mit der er Spanien, Holland, den Rheinbund, Neapel an sich kettete waren doch auch nur der Aufputz viel realerer wirtschaftlicher und politischer Garantieen. Es scheint allerdings, als ob wirtschaftliche, politische, geographische und politische Faktoren uns unterstützen könnten, die Napoleons System fehlten oder gegen ihn gerichtet waren. Vielleicht, hoffentlich ist unsere Fundamentierung fester. Aber ohne Weiteres ist diese Annahme keineswegs sicher. Man müsste das Napoleonische Experiment und die Ursachen seines Scheiterns sehr genau untersuchen und vor Augen haben. – Um 6 nach Bern zurück, wo Sepp Radowitz und Frau bei mir assen.

18 März 1918. Montag. Bern *18.3.1918 Montag*

Der Friede mit Russland ist am Sonnabend in Moskau vom Sowiet Kongress ratifiziert worden „obgleich dieser Friede erzwungen und entehrend sei." Der Zusatz ist wichtiger als die Hauptsache. – Blocher kam aus Basel herüber und frühstückte mit mir. Abends gegessen mit Bethmann; nachher zu Radowitzens in ihre Loge im Theater, wo ein neues, ziemlich flaches Lustspiel: „Meine Frau die Hofschauspielerin"[1] gegeben wurde. In andren Logen Schwerins und Mussolins, die ich im Zwischenakt besuchte. Das Entente Ultimatum an Holland macht hier gewaltiges Aufsehen. Die Schweiz empfindet sich als mitgefährdet. Bethmann sagte, dass für ihn damit eine ganz neue Lage geschaffen sei, die er bei den bevorstehenden Wirtschaftsverhandlungen ausnutzen werde. Die Entente liquidiert ihre moralischen Positionen, die ihr während des Krieges bisher so gewaltigen Gewinn abgeworfen haben. Damit bekommen wir ebenfalls freie Hand. Eine öffentliche Meinung, auf die Rücksicht zu nehmen wäre, giebt es sozusagen nirgends mehr. Nur die nackte Gewalt entscheidet fortan; dieses

[1] Möller

bekennt die Entente, indem sie auf ihre bisher gehütete moralische Maske zu verzichten anfängt. Eine der akutesten Wirkungen des Ostfriedens, und der dadurch ins Ungeheure gesteigerten Machtstellung Deutschlands. – Nach dem Theater den jungen Bleichröder gesprochen von der M.A.A.[1], der einige Wochen in der Schweiz war. Er möchte gern zu mir kommandiert werden. Behauptet, dass von gewissen Stellen hier gegen mich in der schamlosesten Weise gehetzt und intriguiert werde. Er sei erstaunt und empört gewesen, zu sehen, wie die verschiedenen deutschen Stellen hier im Auslande jetzt während des Krieges statt zusammenzuhalten gegeneinander arbeiteten. Wir gewöhnen uns daran; aber ein schönes Schauspiel für einen plötzlich Hineinblickenden ist es allerdings nicht, und kein besondrer Vorzug „von deutscher Art". In Brüssel ist es ebenso, wie Prittwitz sagt. Ein paar Hundert deutsche Beamte an einem Ort ohne Kampf auf Tod und Leben hinten herum, scheint unmöglich.

19 März 1918. Dienstag. Bern. *19.3.1918 Dienstag*

Vandevelde besuchte mich. Er hat mit Octave Maus, der der belgischen Gesandtschaft in Bern attachiert ist, einen Briefwechsel über Hertlings Aufforderung an die belgische Regierung gehabt. Maus hat zunächst alle alten Entente Phrasen über den „Sieg des Rechts" vorgebracht, dann aber eine Unterredung in Aussicht gestellt und schliesslich, als ihm hierzu, wie er schreibt, die Genehmigung „en haut lieu" verweigert wurde, an Vandevelde einen Artikel des „XXeme Siècle", des offiziösen Organs der belgischen Regierung geschickt, in dem die Möglichkeit einer Vermittlung Belgiens zugegeben wird, unter der Bedingung, dass wir vorher das belgische Gebiet räumen. Dieses scheint also die authentische Antwort der belgischen Regierung auf Hertlings Anregung zu sein. Sie ist natürlich völlig unannehmbar, könnte aber, wie Vandevelde meint, das Zeichen eines gewissen Einlenkens sein; da die Bedingung ja schliesslich fallengelassen oder abgeändert werden könnte. Aber wollen wir wirklich jetzt verhandeln, ohne Lüttich oder andren territorialen Gewinn zu fordern? Ich habe Zweifel. Vandevelde hat auch Kufferath gesehen, der ihm erstaunliche Dinge über mich erzählt hat. So sollen in meiner Wohnung in Paris eine ganze Anzahl Büsten des Kaisers gefunden worden sein, die ich dort versteckt hatte. Man soll sie sogar unter Beifügung des Fundortes im Hotel Astoria in Paris ausgestellt haben. – Mit Vandevelde bei Romberg. Vandevelde las ihm die Mausschen Briefe und den Artikel des XXème Siècle vor. Romberg sagte, die darin bekundete Intransigenz Belgiens bestätige, was ihm auch aus andren Quellen in letzter Zeit bekannt geworden sei. Es werde immer deutlicher, dass die Entente nicht um Elsass-Lothringen oder Belgien, sondern um Macht kämpfe, um die Weltherrschaft Englands, die ein machtvolles Deutschland neben sich

[1] Militärische Stelle des Auswärtigen Amtes

nicht dulden wolle. Wenn Romberg aufrichtig war, so bedeutet das eine sehr wesentliche Revidierung seiner Anschauungen, von der ich auch sonst seit meiner Rückkehr Zeichen bemerkt habe. – Abends gegessen bei Mussolins. Er, Mussolin, ist sehr pessimistisch inbezug auf die Dauer des Krieges. Er sagte halb im Scherz, und halb im Ernst: wir stünden ungefähr mitten drinnen. Die Entente habe den Augenblick verpasst, wo sie unter Bedingungen, die für sie annehmbar gewesen wären, Frieden schliessen konnte. Jetzt würde jeder denkbare Friede für sie so katastrophal sein, dass sie lieber, selbst auf ganz unbestimmte Hoffnungen, weiterkämpfe. Mishu, der neue rumänische Aussenminister, der neulich aus London hier durchgekommen ist und ihn (und übrigens auch Romberg) besucht hat, habe ihm gesagt, die Stimmung sei in England zwar desperat, aber gerade deshalb könne der Krieg noch zehn Jahre dauern. Die Engländer rechneten damit, dass die Japaner durch Sibirien vorgehen, die Zarenherrschaft wieder aufrichten und die Deutschen aus Russland verdrängen würden. Allerdings erst in Jahren. Währenddessen würden England und Amerika den Seekrieg weiterführen. Die Offensive würde, wenn sie nur einen kleinen Erfolg bringe, für uns katastrophal sein; wenn ihr Erfolg durchschlagend sei, d. h. uns Paris oder die Westküste der Picardie gebe, nicht mit Sicherheit den Frieden auch nur mit Frankreich bringen. Allerdings glaube er nicht, dass Frankreich dann noch einen fünften Kriegswinter aushalten werde. Aber England und Amerika könnten weiterkämpfen. Warum nicht? Seine einzige Hoffnung setze er auf den Präsidenten Wilson, dass dieser ein Einsehen haben werde; namentlich da die Arbeitersituation in Amerika bedrohlich sei. Die „Industrial Workers of the World“, eine Art amerikanischer Bolschewikis, könnten, wenn der Krieg lange dauere, sehr gefährlich werden. Beunruhigend sei die Lage auch wieder in Österreich, weil die Leute buchstäblich Nichts zu essen hätten. Bis Vorräte aus der Ukraine kämen, würde es noch ziemlich lange dauern. Den nächsten zwei Monaten sehe er in Österreich mit Besorgnis entgegen. Auch de Vaux schimpfte auf Czernins Versprechungen und seinen „Brotfrieden“. Wenn Nichts käme, würde das eine gefährliche Enttäuschung bei den Massen hervorrufen. Czernin hätte besser getan, sich bei seiner Rückkehr nach Wien weniger feiern zu lassen. Ich frage mich bei dem englischen Plan, warum die Japaner Millionen von Menschen und ungeheure Geldsummen opfern sollten, um ein starkes Russland wieder aufzurichten? Denn dass sie Russland bis Ostpreussen annektieren wollen, kann ich nicht annehmen. Später am Abend Kunstgespräch zwischen Mussolin, der Gräfin Pallavicini und mir, bei dem die kleine Pallavicini hemmungslos Unsinn schwatzte. Mussolin meinte von Hofmannsthal, ihm fehle die „Surface“, die grosse Persönlichkeit, es hafte an ihm zu viel Kleines Aesthetisierendes; selbst sein Vortrag[1] hier im vorigen Jahr sei mehr aesthetisch als politisch gewesen. Dieser in Wirklichkeit unrichtige und ungerechte Eindruck ist aber doch wohl der, den Hofmannsthal hinterlässt.

20 März 1918. Mittwoch. Bern. *20.3.1918 Mittwoch*

Die Entente erlässt aus London eine Erklärung gegen den russischen Frieden, gegen die, wie sie sagt: „unter dem Namen des Friedens gegen die Völker Russlands verübten Attentate .... Diese Art Frieden kennen wir nicht, dürfen wir nicht kennen. Denn unser Wille ist, durch heldenmütiges Ausharren aufzuräumen mit der Raubpolitik und an ihrer Stelle die Herrschaft eines auf geordneten Rechtsverhältnissen beruhenden dauernden Friedens zu setzen. In der Tat, mit der weiteren Entwicklung dieses langen Krieges zeigt sich immer deutlicher, ... dass, ohne künftige Befreiungen zu nennen (!) nur auf jenes allgemeine grösste Ziel zu verweisen ist, das sich bezeichnen lässt mit dem einen Wort Recht u. s. w." Man erkennt an diesem bombastischem, närrischem kreischenden Stil Clemenceaus, der extra nach London gereist ist, um es mit Lloyd George und Orlando aufzusetzen. Die ohnmächtige Wut spricht daraus ebenso deutlich wie die Entschlossenheit, nicht abzutreten, bis der letzte Mann geopfert ist. Wenn man dieses sonderbare Aktenstück im Stil der Leitartikel des „Homme Libre" mit Hertlings letzter Rede vergleicht, wo auch die Unmöglichkeit zu verhandeln betont wird, so erkennt man, dass der Kriegswille auf beiden Seiten wenigstens äusserlich jetzt wieder auf einem Höhepunkt angelangt ist. – Gefrühstückt bei der Gräfin Pallavicini in dem Schlösschen Billencourt in Muri mit Mussolins u. Hyé. – Lasswitz vom Wolff Bureau bei mir. Er erzählte, dass Wolff auf Wunsch der O.H. eine besondre telephonische Verbindung von der Grenze nach Bern herstellen lässt, weil sie mehrere Tausend Worte täglich über die Grosse Offensive hertelephonieren lassen will; ganze Schlachtschilderungen. Die neue Verbindung soll gleich nach Ostern fertig werden; woraus Lasswitz schliesst, dass die Offensive nicht früher beabsichtigt ist. – Abends Diner im Bellevue gegeben. Romberg, Einems, Schwerins, Hindenburgs, Tscharners, de Vaux, Renthe Finck, Frau v Riedel, Prittwitz, Oscar Fried. Fried improvisierte am Flügel meisterhaft.

21. März 1918. Donnerstag. Bern. *21.3.1918 Donnerstag*

Beginn der Offensive. Der heutige Bericht meldet: „In breiten Abschnitten der Westfront ist heute früh die Artillerieschlacht mit voller Wucht entbrannt." Der Atem stockt vor dem Grauen und der Grösse der Entscheidung. – Gegessen bei der Frau von Guaita im National mit Vandevelde und Prittwitz. Die Frage besprochen, wo Vandevelde nach dem Kriege leben sollte. Die Frau von Guaita

---

[1] Die Idee Europa

war für Weimar, Vandevelde möchte nach der Schweiz, weil er nur von einem neutralen Boden aus nach dem Kriege Gehör finden könne. Er sei der Diener einer Idee, die schon in den Jahren vor dem Kriege durch den Werkbund verfälscht worden sei und in Köln 1914 ihn mit den auf seinen Schultern zu Einfluss gelangten Werkbund Kreisen in Konflikt gebracht habe. Wenn er nach dem Kriege von Weimar aus dagegen auftrete, werde man ihn als Ententisten totmachen. In der Schweiz könne er ohne jede äussere Rücksicht dafür wirken. Ich sagte: man müsse den Ort seiner Wirksamkeit und seinen Wohnsitz unterscheiden. Wo er wohnen solle, sei eine Opportunitätsfrage; wirken könne er aber nur in Deutschland, in dessen Kultur er durch eine zwanzigjährige Arbeit und Fruchtbarkeit verstrickt sei. Von seinen Werken und dem von ihm gepflanzten Leben könne er nicht los. Abgesehen von aller Nationalität sei Jeder gebunden an den Boden, den er beackert habe. Dieses selbstgeschaffene Schicksal könne auch er nicht abschütteln. Ob er später diesseits oder jenseits des Bodensees wohnen wolle, sei eine andre, fast nebensächliche Frage. Vandevelde bekräftigte diese Auffassung, indem er sagte, auch dass er nach Deutschland gekommen sei, sei schon kein Zufall, sondern Schicksal gewesen. Daran ändere der Krieg Nichts. Nur müsse er sich überlegen, von wo aus er seine Idee am wirksamsten und reinsten predigen könne. Ohne sich von Deutschland und seinem bisherigen Werk zu trennen, was er als unmöglich anerkenne, werde er im Auslande, wie Victor Hugo in Brüssel, wie Richard Wagner oder Nietzsche in der Schweiz, am besten schaffen und wirken können. Nur von hier aus könne er am Aufbau Europas und Deutschlands nach dem Kriege teilnehmen; während jedes Wort, das er in Deutschland spreche oder schreibe von vornherein nach beiden Seiten verdächtigt werden würde.

22 März 1918. Freitag. Bern. *22.3.1918 Freitag*

Besuch bei der Marchesa Farinolla. Sie ist vor einigen Wochen aus Rom zurückgekommen, war dann in St Moritz. Sie sagt, die Not in der italienischen Provinz sei erschreckend; die Armee schon vor der Oktoberoffensive sehr erschüttert gewesen. Ihr Bruder, der italienischer Offizier ist, habe ihr gesagt, dass er über seine Leute keine Macht mehr habe. Vor der Offensive habe er, so wie es allgemein Sitte war, bei den Österreichern Poker gespielt. Damals sei Sonninos Stellung sehr unsicher gewesen; nach der Offensive habe Niemand mehr die Verantwortung für die Lage übernehmen wollen. Giolittis Tochter[1] habe ihr dieses als Grund angegeben, warum ihr Vater die Macht nicht übernehmen wolle. Die Franzosen hassten die Italiener. Der Marchese Durazzo, der erste Sekretär in Bern, habe ihr gesagt, nach der Katastrophe im Oktober habe er nicht gewusst, was schmerzlicher für ihn sei, „la joie des ennemis, ou la pitié mal

[1] Chiaraviglio

réprimée des alliés". Trotzdem würde Italien vorläufig weiterkämpfen, weil Niemand wisse, wie sie Frieden machen sollten.

23 März 1918. Sonnabend. Bern *23.3.1918 Samstag*

Heute Abend meldet der Bericht aus Frankreich 26 000 Gefangene, 400 Geschütze, 300 Maschinengewehre und verschiedene Einbrüche bis zur dritten englischen Stellung. Der Kaiser wird offiziell als Leiter der Schlacht genannt, was Vertrauen in ihren Ausgang beweist. Bismarck sagte heute Abend, wir seien im Allgemeinen in den ersten beiden Tagen 8 bis 13 Kilometer vorwärts gekommen. Er machte ironische geheimnisvolle Andeutungen, dass die jetzige Angriffsfront nicht die einzige bleiben würde. Solche Gerüchte sind allgemein verbreitet; wie 1916 bei Verdun. – Gefrühstückt mit Annette Kolb. Sie sagt von Kühlmann sehr richtig, er sei wie Jemand, der vor einer Perronsperre nur lauter Tausendmark Scheine in der Tasche hätte, aber nicht den Groschen für die Bahnsteigkarte. Ihm fehlten vollständig alle kleinen Eigenschaften, die zum Erfolg führten. Seine Frau habe sie für ihn gehabt. Jetzt sei er infolge ihres Todes unendlich allein. Auf manche Männer wirke er erotisch; entfessele in ihnen eine Art von Fanatismus. Die Andren stosse er eher ab. Er habe es übernommen, eine Politik zu machen, die er im Grunde seines Herzens verurteile; aus „Optimismus" und weil er auf England vertraut habe. Aber er kenne England schlecht, weil er nur die englische Gesellschaft kenne, nicht aber die „Slums". Er sei eine tragische Figur. Annette befürchtete vom Gelingen der Offensive ein weiteres Erstarken des Militarismus. Sie drückte das so aus: Jetzt spiele Ludendorff sein letztes Atout gegen Kühlmann aus. Wenn ihm der Stich mislinge, dann habe Kühlmann endgültig gewonnen. Etwas sonderbar formuliert, aber im Grunde richtig, wenn auch hart für die „Reichsleitung". Das Meiste von dem, was Lichnowsky heute so übel genommen wird, ist Kühlmannscher Creszenz; namentlich Lichnowskys Ansichten über England, die er von Kühlmann fertig übernommen und höchstens etwas vereinfacht hat, und ebenso sein Glauben an Grey, der auch Kühlmanns grosses Orakel und Vorbild war. Nur ist Kühlmann zu klug und indolent, um Brochüren zu schreiben.

24. März. 1918. Sonntag. Bern. *24.3.1918 Sonntag*

Nach einer Havas Meldung aus Paris bombardieren wir seit gestern Morgen Paris aus einer Entfernung von 120 km; alle Viertelstunde eine 24 cm. Granate. Diese wie aus einem Roman von Jules Verne oder Wells klingende Nachricht verblüfft das Publikum mehr als irgendetwas seit Kriegsbeginn. Da heute keine Zeitungen erscheinen, umstehen dichtgedrängte Massen die unter dem Zîtgloggenturm angeschlagenen Extrablätter. Im Volksgemurmel kehren: „Hundertzwanzig Kilometer" wie ein Refrain wieder. – Ausserdem meldet

Ludendorff, dass die Schlacht bei Cambrai-St Quentin jetzt schon, nach zwei Tagen, „gewonnen" sei. Auch das macht einen gewaltigen Eindruck. Gestern Abend erwiderte mir Straub, ein Schweizer, der mit Szigeti im Kasino ein Konzert gab, als ich ihm zu seinem Erfolg gratulierte, automatisch: „Ja, grossartig, 26 000 Gefangene!" – Das gespensterhaft Grausige dieser nach Kriegsrecht (wenn es Recht im Kriege giebt) unanfechtbaren Beschiessung von Paris, dass man auf einer solchen Entfernung nicht zielen kann. Notre-Dame, die Ste Chapelle, die Bibliothèque Nationale, so viel Feines, Schönes, Unersetzliches kann zufällig getroffen werden. Unser armes Haus[1], Laure[2], ihre alten Eltern, Odette, wie viel Andres, das mir lieb, ein Stück meines Lebens ist. Das Zimmer, in dem mein Vater gestorben ist, das, in dem Wilmas Kinder geboren sind, in dem ich zum letzten Mal meine Mutter sah, so viele Zimmer, in denen ich als junger Mensch geliebt habe; und draussen der Père Lachaise, das Grab meines Vaters, meiner Grosseltern[3]. Der Krieg ist ein gestrenges Ding. – Heute ist Palmsonntag. Spaziergang hinter Zollikofen ins Hügelgelände über Bern. Warmer, wolkenloser Frühlingstag; die blaue Luft voll von Glockenläuten und Vogelgezwitscher. Ich musste an die Karpathen denken, den Ordonnanzritt durchs Gebirge zu Ostern '15; und dann in Zusammenhang mit den Ereignissen des Tages an die vielen Dimanches des Rameaux, die ich in Paris als Kind erlebt habe, die Blumenverkäuferinnen mit den grünen Zweigen vor den Stufen der Madeleine, die kleinen weissen Premières Communiantes, die Buden mit frischen Blumen aus Nizza: „La violette, deux sous la violette, la belle violette", die Buden mit dem süsslichen Mimosengeruch, zwischen denen ich mit meiner alten, lieben, deutschen Kinderfrau Marie hindurchgieng, die auch auf dem Père Lachaise liegt. Ich begegnete einem Strolch im Walde oberhalb Zollikofen und hatte einen Augenblick das Gefühl, ich wäre ihm dankbar, wenn er mich berauben und ermorden wollte. Und doch war der Tag schön, und ich genoss die laue weiche Frühlingsluft, die ferne gigantische Alpenkette, wie während der Karpathenschlacht das Trillern der ersten Lerchen. Die Spannkraft und Phantasie Deutschlands, seine Überlegenheit wächst ins Dämonische; und wie jeder Dämon sind auch wir zu unserer Dämonie von denen, die sie bedroht, gezwungen worden. Ihre volle Wucht und Bedeutung erhalten die zahlreichen deutschen Friedensbitten erst durch diese allmählich zutagetretende dämonische Kraft, durch die Zerschmetterung Russlands und die ungeheure Organisation und Gewalt des Ansturmes in Frankreich.

---

[1] 19-21, Boulevard Montmorency

[2] Desmoulins

[3] Caroline u. Henry Blosse Lynch

25 März 1918. Montag. Bern. *25.3.1918 Montag*

Erhöhte Siegesstimmung. Die Clemenceausche durch die französischen Zeitungen vom 23 gemeldete Äusserung, dass die Schlacht für die Deutschen ein blutiger Miserfolg, und er selbst „enchanté" sei, wirkt durch ihre groteske Unwahrhaftigkeit ermutigend. Der heutige Bericht meldet 45 000 Gefangene, über 600 Geschütze, Tausende von Maschinengewehren und die Einnahme von Bapaume. Abends erzählt Bismarck, wir stünden vor Albert. Das Interessanteste ist das Hineinwerfen französischer Reserven in die englische Front, das Havas meldet, als Geständnis, dass die Engländer allein die Sache nicht mehr machen können; und weil tropfenweise so die französischen Reserven verbraucht werden. – Gegessen mit Sepp Radowitz. Nachher mit Bethmanns, Schubert, Bismarck zusammen gesessen. Bethmann kam wieder aus Anlass der Lichnowskyschen Denkschrift auf seine eigene Schuld am Kriege, mit der er mir gegenüber gern spielt, obwohl er sagt, er habe sie sonst nur noch seiner Frau, seinem Bruder und drei andren Menschen eingestanden. Er überschätzt seine Rolle in Wien offenbar ebenso und aus derselben diplomatenhaften Enge des Gesichtspunkts wie Lichnowsky die seinige in London. Immerhin beweisen sein wiederholtes Zurückkommen auf diese Schuld und die Tatsachen, die sie nach seiner Ansicht begründen, dass es sich nicht blos um leeres Gerede handelt. Er sieht seine Mitschuld hauptsächlich in seiner Einwirkung einerseits auf Alec Hoyos und durch diesen auf Berchthold zur Versteifung des Ultimatums, und andrerseits im letzten Augenblick in Berlin auf seinen Vetter den Reichskanzler, damit dieser nicht zusammenklappte; er habe ihm unter Andrem eine Volksbewegung vorgemacht durch Demonstranten, die Schmidt-Jauny „Unter den Linden" zusammenholte und vor das Reichskanzler Palais führte. So sieht er sich im Spiele von der Abfassung des Ultimatums bis zu den letzten entscheidenden Entschlüssen. Dass seine Eitelkeit dadurch genährt wird, ist menschlich, aber für mich immer wieder in einer eigenen Weise befremdend. Wenn er damit im Smoking bei einem Glase Whisky halb selbstquälerisch, halb selbstgefällig, kokettiert, und im Hintergrunde in der Schlacht Millionen, wie er sich einredet durch seine Schuld, mit Tod und Qualen ringen, dann mischt sich in mir ein solcher Regenbogen von Gefühlen, dass ich ihn weder als grausig, noch als komisch, noch als abstossend, noch als mitleidswürdig, sondern mit einer Art von dummem ohnmächtigem grauem Staunen empfinde.

26 März 1918. Dienstag. Zürich. *26.3.1918 Dienstag*

Früh nach Zürich gefahren. Französische Zeitungen gelesen. Was an den Kommentaren über die Schlacht und das Bombardement als gemeinsame Dominante auffällt, ist eine monumentale Dummheit, die mit Selbstgefälligkeit ihrer selbst nicht bewusst ist. Der „Temps“[1] spricht z. B. von dem „splendide héroïsme“ der Ententetruppen und setzt dazu in Gegensatz unseren Angriff als „une ruée qui ressemble au dernier sursaut d'une bête enragée“. In Frankreich wirkt das nicht komisch, sondern gehört mit zum akademischen Ton. Der Engländer ist auch dumm; aber resigniert dumm: er findet sich nicht geistreich. Die selbstgefällige Blödheit ist, wenigstens seit der Revolution, das eigentliche Substrat der französischen „Mentalität“; man denke nur an die Alles in Allem genommen doch grösste Erscheinung der französischen nachrevolutionären Litteratur, Victor Hugo, oder an die Académie Française. – Hindenburgs heute überall abgedrucktes Wort: „Die Geschichte da drüben ist ins Rutschen gekommen, der erste Akt ist zu Ende“, kennzeichnet im Ton und im Gegensatz zu Clemenceaus lächerlichem „enchanté“ nach den ersten Schlägen (auch Georges Dandin[2] war „battu et content“) oder zum idiotischen Bombast des „Temps“ die Haltung der grossen Masse der Feldgrauen, Offiziere und Mannschaften, bei Gefechten, ob Schleichpatrouillen oder Entscheidungsschlachten. Dass Hindenburg in seinem Fühlen repräsentativ ist, weit mehr als Bismarck (dessen Genie eigentlich dem deutschen Allgemeinempfinden exzentrisch lief und nur durch den Erfolg geheiligt wurde) ist eine unermessliche Kraftquelle. Jedes Wort von ihm trifft ins Herz des gemeinen Mannes, ganz unabsichtlich, und treibt ihn vorwärts in Sieg und Tod. Er ist damit fast ebensosehr wie mit seinem Kombinieren und Können ein Teil der dämonischen Gewalt, die die deutsche Weltherrschaft aufrichtet. 1870 mussten Bismarck und der alte Kaiser sich zusammentun, um solche populär-geniale Wirkungen zu erzielen. Ludendorff gleicht mehr Bismarck. Beide sind meteorhaft, während Hindenburg sich wie ein Planet in den eingefahrenen Bahnen des deutschen Gemütslebens bewegt und nur im Kaliber verschieden ist. – Bei der kleinen Vogel Spiess draussen, um die Verlobungsgeschichte zu leimen.

27 März 1918. Mittwoch. Zürich. *27.3.1918 Mittwoch*

Kirchners Bilder und Holzschnitte im Kunsthaus besehen; Akrobatenszenen, Vandeveldekopf, Seurat Gauguin als Ausgangspunkt, polynesische Effekte, lauter bewegte, vielfache, mit grosser Anstrengung gebändigte Dinge, oder zu bändigen versuchte Dinge: Versuch, Verwirrungen durch lineare Rhythmen zu ordnen. Eine ungeheure Lücke klafft heute zwischen dieser Ordnung und der politisch-militärischen. Ich stehe auf beiden Seiten des Abgrundes, in den man schwindelnd hineinsieht. Früher hat es Brücken gegeben, religiöse, mystische, priesterlich-politische; heute sind sie abgebrochen, und man sieht keinen Weg mehr, obwohl das Ziel beider Ordnungen dasselbe ist, Macht und Freiheit

1 Lacroix, Le devoir présent

2 Molière

des Menschen zu erhöhen. Die Wirrniss und der Reichtum müssen bleiben in der Welt, aber auch die Einheit ihrer Ordnung im Geiste. Heute bekämpfen einander die zwei Ordnungen, deren jede für sich zu schwach ist, das Chaos zu bändigen, und deren Konflikt den Menschen in die Ohnmacht des Tierischen zurückstösst. Die Werte beider Ordnungen sind ohne Generalnenner, oder dieser ist, wo irgendein Prophet einen aufstellt, lächerlich schwach, wie der Pazifismus: man vergleiche damit die Durchschlagskraft in früheren Zeiten des Begriffes von Gott. Kann die wirtschaftliche Organisation nach Marxischer Idee eine neue Brücke bilden? Wird sich aus ihr eine nach beiden Seiten ausgreifende Ordnung erheben, die den Abgrund ausfüllt? Kann man sie dazu ausbauen? Jedenfalls ist es ebenso einfältig, anzunehmen, dass die artistische Weltordnung die einzig höhere, wertvolle, richtige ist, wie sich militaristisch einzubilden, dass Gewalt allein genügt. Das Problem ist da und zerreisst die Zeit. Aesthetismus und Militarismus sind Zwillingsbrüder, die in ihrer Feindschaft es verkörpern. Es genügt nicht, dass sie sich gegenseitig als notwendige Übel anerkennen, sterilen Frieden schliessen; sie müssen wieder ineinander aufgehen, wie früher, auf der Grundlage einer gemeinsamen zwingenden Idee. Aber diese Idee wird, wie alle grossen Ideen, ob sie von der wirtschaftlichen Erkenntnis und Organisation oder von vielen verschiedenen Erfahrungskreisen ausgeht, gewiss langsam und stückweise heranreifen. – Abends in Bern bei Schwerins gegessen mit Hindenburgs, der Grete Wittels, Rechberg, Brandis.

28 März 1918. Donnerstag. Bern – Luzern. *28.3.1918 Donnerstag*

Die grosse Schlacht geht weiter. Albert und Montdidier sind genommen. Man steht in Erwartung des Gegenstosses, dessen Ausgang das Ganze entscheiden wird. – Abends nach Luzern gefahren. Im Zuge der Hofrat Heinemann und seine Frau, geb. Paulucci, eine nette, amüsante Italienerin. – Heute endlich nach drei Monaten Nachrichten von Gee durch Sidney Whitman, der sie Oscar Levy in Genf übermittelte. Die letzten direkten Nachrichten waren vom 9ten November, die indirekten von Januar. Offenbar werden ihre Briefe sämtlich abgefangen.

29 März 1918. Charfreitag. Locarno. *29.3.1918 Freitag*

Vormittags fort aus Luzern über den Gotthard nach Locarno. Unterwegs stieg ein fetter bärtiger Jude mit einem wahren Heiligenschein von wirrem krausem Haar und mit ziemlich schönen braunen Augen ein, der mir durch sein hastiges Wesen und gieriges Ausfragen eines im Gange zufällig angetroffenen Nationalrats auffiel und allmählich als eines der Häupter der Pazifisten Professor Broda erkennbar wurde. Er unterwarf nämlich, ohne seine Stimme im Geringsten zu dämpfen, den Nationalrat einem wahrhaft Sokratischen Fragenspiel, von Brunnen bis Göschenen eilig eine Frage auf die andre setzend. Seine Besorgnisse galten besonders der Schlacht in Frankreich: Ob Deutschland die Schlacht nach Ansicht des Herren Nationalrats gewinnen werde? Ob der deutsche Sieg nicht die deutsche Freiheit gefährden werde? Ob Deutschland nicht ganz Frankreich erobern und seinem Protektorate unterwerfen könnte, wie Rumänien? Der Nationalrat glaubte an Deutschlands Sieg. Broda erlaubte sich, noch zu zweifeln, und fragte weiter: Ob Deutschlands Sieg nicht die Hoffnungen auf einen Völkerbund begraben werde? Der Nationalrat sagte mit Schwyzer Offenheit, dem Völkerbund habe in letzter Zeit Broda selbst am meisten geschadet durch den Entwurf, den er zur Diskussion gestellt habe; es sei geradezu empörend, dass man in einer ernsten Zeit Fragen wie die Weltsprache aufwerfe und die Souveränität der Staaten beseitigen wolle. Broda läugnete den Entwurf ab, er sei nicht von ihm, und fuhr dann glatt und gleichmütig mit seinen Fragen fort: Ob die Weltsprache und die Souveränität die einzigen Punkte seien, gegen die der Herr Nationalrat Bedenken habe? Ob die Schweiz die Vorbereitung des Völkerbundes in die Hand nehmen werde? – Von Zeit zu Zeit warf er zwischenhinein: „Verzeihen Herr Nationalrat, dass ich so viel frage", knüpfte aber gleich eine neue Frage an. Grosse Besorgnisse machte ihm die „Motion Keller", nach der Ausländern in der Schweiz die Agitation gegen fremde Staaten untersagt werden soll. Er habe einige Freunde in der Schweiz, die Deutsche seien und eine deutsche Republik erstrebten: ob die Motion auch diese treffen werde? Ob nur die Antimilitaristen und Anarchisten, oder auch die Pazifisten? Ob naturalisierten Ausländern, z. B. ihm, Broda, der im vorigen Jahr eingebürgert sei, das Bürgerrecht wieder entzogen werden würde, wenn sie politischer Umtriebe sich schuldig machten? Ob der Herr Nationalrat für die Motion stimmen werden? Ob ein Generalstreik wahrscheinlich sei? Ob der Herr Nationalrat für scharfe Mittel zu seiner Unterdrückung sei? Ob man nicht vielleicht einen Generalstreik in Deutschland wünschen müsse, im Interesse der deutschen Freiheit? – Auffallend war die devote Haltung Brodas bei aller Zudringlichkeit. Er dienerte mit der Stimme bei jeder Frage, ein Mittelding zwischen Oberkellner und Reporter. Mit seiner hohen Stimme, die er weich und ölig herausbringt, dem Sammetkragen an seinem Strassenanzug und seinen fetten, weibisch-weichlichen Körperformen ist er ausgesprochen feminin, Einer von den femininen Juden. Eine komische Kleinigkeit: er trug Gummischuhe, geht mit Gummischuhen ins Gebirge. Für seine Ziele wird er sich übermässigen Gefahren nicht aussetzen. Eine grosse Persönlichkeit ist er nicht; auch macht er nicht den Eindruck eines reinen Herzens, obwohl er unverkennbar naïv ist. Man meint eher Jemanden zu sehen und zu hören, der in Zürich ein Detailgeschäft mit Idealen eröffnet hat; er riecht nach Butike. Es war mir interessant, auch einmal dieses Pendant zu Ludendorff erlebt zu haben, diesen Fürsten des

Lichts, nach Lucifer, dem Fürsten der Finsternis. Doch wie kommt Jemand von dieser Mittelmässigkeit und fremden Rasse dazu, uns sein Ideal aufzudringen? Seine eigene Sterilität und Wurzellosigkeit zum Fundamente aller Dinge machen zu wollen, zum Generalnenner, wie ich neulich sagte? Durch Vielschreiberei und Geschäftigkeit will er erzwingen, dass man ihn ernst nimmt. – Nachmittags an in Locarno. Vor Tisch nach der Madonna del Sasso hinauf.

30 März 1918. Sonnabend. Locarno. *30.3.1918 Samstag*

Spaziergang nach Brissago. Alles blüht, von den frechen, wachskalten, üppigen Kamelien im Hotelgarten bis zu den Obstbäumen an den Hängen und den Primeln und Gänseblümchen an der Strasse. Nur der Laubwald ist noch winterlich; man sieht in den kahlen Birkenzweigen, deren graue Ästchen kaum den See und das weisse, mächtige Gebirge verdecken, die zwitschernden kleinen Vogelbälge hüpfen. Ich gieng hinauf von Ascona nach dem Monte Verità, wo in der Bergwildnis die deutschen Naturmenschen hausen. Nacktheit, Pflanzenkost und Natur predigen sie. Ich finde sie nicht lächerlich. In diese grosse verwegene Landschaft passt der nackte Mensch hinein. Nur bedingt ihr Leben eine Absonderung, und wenige Menschen werden durch Absonderung tief, die Meisten bleiben, wie sie waren, und gewinnen blos an Kleinlichkeit; das lehren die kontemplativen Mönchsviten, die Kleinstädte und die kleinen Höfe. Aber der volle Glanz des Leibes als nackter ungetrübter Spiegel der Natur bleibt ein grosses positives Ideal noch heute wie in Griechenland; zum mindesten ist es achtbarer und tiefer als der Alfred Friedsche Mercantilismus. In den Hütten zeigten sich, als ich am Berg hinaufgieng, einzelne merkwürdige Gestalten, ältere Männer mit langen Haaren, ungepflegten Bärten, in Mönchskutten, Erscheinungen wie Van Eycksche Einsiedler. Sie passen gewiss besser zu den Bäumen und Blumen und Vögeln und Eidechsen als Touristen und österliche Ausflügler. – In Brissago Otto Radowitz getroffen; mit ihm und einer sehr hübschen jungen Frau von Le Suire gefrühstückt. Nachher wieder zu Fuss nachhause nach Locarno auf dem Höhenwege über Ronco und Losone.

31 März. 1918. Ostersonntag. Brissago (San Mauro) *31.3.1918 Sonntag*

Im Wagen nach dem Frühstück nach Brissago. Ein kühler Morgen; die Luft über dem See und vor den Uferhöhen diesig. Die Blütenbäume, lauter kleine rosa Wölkchen, und der nahe Winter im Gebirge, das noch tief herunter mit Schnee bedeckt ist, kontrastieren; ihr Gegensatz giebt Einem den Frühling wie eine feine süsse Wollust zu fühlen. Und doch ist jede Blüte, wenn man sie im Einzelnen betrachtet, ebenso streng erhaben wie der Berg in ihrem ernsten stürmischen Lebensdurst, wie sie aus dem Zweig hervorbricht und dem Wind und der Befruchtung offensteht. Das Spielerische Süsse ist blos Schein. Die Wölkchen sind lauter kleine rosa Flammen. Wie könnte man diesen Alles beherrschenden Drang, zu leben und sich seiner Kraft gemäss zu entfalten, durch blosse Verneinung und Verbote zügeln? Der Pazifismus ist schwach, weil er letzten Endes rein negativ ist: „Kein Krieg, keine Gewalt“, ohne irgendetwas Schöpferisches, Formendes an die Stelle der Gewalt zu setzen. – Alles opfert sich im steten Drang nach neuer Form; aber Alles lebt nur, um sich so zu opfern. Die höchsten Opferformen sind die Wollust und der Tod. Was will eine Anschauung, die das Opfer, das formende Prinzip selbst, ausschaltet aus dem Völkerleben zugunsten von Diskussionen? Bestenfalls ist der Pazifismus ein dürftiger Notbehelf; und man weiss nicht einmal, ob er nicht Besseres, mit dem vielleicht die Zeit schwanger geht, unterbindet. – Übergesiedelt nach San Mauro. Spaziergang nach Ronco und über Ronco.

1 April 1918. Ostermontag. Brissago (San Mauro) *1.4.1918 Montag*

Regen. Keine Nachrichten von der Front. Den ganzen Tag zuhause gelesen. Irgendwie musste ich bei dem Regen auf dem See immer wieder an Mianoshita denken, wo ich auch in ähnlicher Stimmung im April einen solchen Regentag verlebte. Gegenüber liegt das italienische Ufer unter derselben Regenwolke; und auch Japan ist Feindesland. Wie wenig von der Welt, in der wir lebten, ist noch betretbar; selbst die Phantasie ist befangen ihr gegenüber, kann sich nicht mehr rein an ihr freuen. Ich komme auf meinen gestrigen Gedankengang zurück: die Verwegenheit, mit der die Blüte ihre Form verwirklicht, ist nicht minder schroff als die Revolutionen der Vergangenheit, die die Berge getürmt und umrissen haben. Schmiegsamer, weniger gewaltthätig im Rahmen der ihr innewohnenden Kräfte ist die Blüte nicht als die in der Urzeit das Gebirge formenden Gewalten. Im Gegenteil: die Spannung, die ein so kompliziertes Kräftespiel zusammenhält und durchsetzt wie die Blume, ist sogar grösser. Obwohl das Wesen selbst der Kraft unfassbar ist, ihre messbare Quantität jedenfalls Nichts bekundet, kann man soviel sagen, dass die Kraft um so zäher und unbeugsamer sein muss, je verwickelter das Gebilde ist, dessen Form sie wahrt und verwirklicht, dessen Debilität sie gewissermassen gutzumachen hat. Dann wäre neben und über dem Menschen die ihrem Wesen nach unbeugsamste, von den in ihr selbst vorgezeichneten Bahnen am schwersten abzulenkende Kraft die des Staates. Demgegenüber erscheint der naïve Pazifismus Frieds rührend. Man kann einen in sich selbst gefestigten, aus Millionen von Kräftespielen in ein einziges Kräftespiel zusammengewachsenen und seine Bahnen verfolgenden Staat nur gewähren lassen oder vernichten, wie man eine Blume zerdrücken, aber nicht bereden kann. Sind wie in der modernen Welt erst mehrere solche Gebilde nebeneinander entstanden, so sind Zusammenstösse unvermeidlich, wo sich ihre Bahnen kreuzen, bis nicht die Urkräfte, die in ihnen tätig sind, irgendwie aneinander gebunden und in ein System gebracht sind. Bindungen oberflächlicher Art, wie sie Fried erstrebt, zerreissen wie Zwirnsfäden durch solche Gewalten. Ein neuer Glaube, ein neues Wirtschaftssystem, nicht neue juristische Formeln und Debattierklubs, sind nötig.

2 April 1918. Dienstag. Zürich. *2.4.1918 Dienstag*
Vormittags mit der Autopost nach Locarno und von dort nach Zürich.

3 April 1918. Mittwoch. Zürich. *3.4.1918 Mittwoch*
Pause in der grossen Schlacht. – Abends Versammlung im Volkshause, in der Grumbach einen Vortrag über „den Zusammenbruch des Bolschewismus" angezeigt und den Führer der Schweizerischen Bolschewisten, den Nationalrat Fritz Platten zur Debatte eingeladen hatte. Der ziemlich enge Saal war schon eine halbe Stunde vor Anfang voll, so dass fortwährend neu anströmende Massen keinen Einlass fanden und vor den Türen lärmend demonstrierten. Der Bolschewismus „zieht" offenbar in Zürich. Im Saal stand man bei fürchterlicher Hitze schweisstriefend dichtgepresst. Viele Frauen und sehr junge Burschen, Arbeiter, Sechzehn- und Siebenzehnjährige; nicht 10 % des Publikums war über Dreissig. Um so grösser waren die Aufregung und Beweglichkeit. Grumbach wurde, als er aufstand, mit Lärm und Rufen „Sozialpatriot" empfangen. Die Präsidentenglocke musste ziemlich lange läuten, um ihm Ruhe zu schaffen. Dann begann er; zuerst mit salbungsvoller Rhetorik wie ein Pastor, als ob er eine Leichenrede auf die Toten im Westen halten wollte; dann allmählich an der offenbaren Feindlichkeit der Zuhörer sich erwärmend, gieng er in eine zu seiner Stierartig mächtigen Stirn passende Danton Pose über und brüllte sich in die Gunst seines Publikums. Sein Vortrag gieng darauf hinaus zu zeigen, dass die Bolschewiks sehr Unrecht getan hätten, auf eine Revolution in Deutschland zu rechnen und deshalb die Entente im Stiche zu lassen, da sie dadurch dem deutschen Militarismus zum Siege, zu dem, wie er sich ausdrückte, „noch nicht sicheren – noch nicht –, aber nicht mehr unmöglichen Siege" verholfen hätten. In Deutschland sei an eine Revolution nicht zu denken, nie zu denken gewesen; deshalb müsse (so sagte er nicht, aber die Folgerung ergab sich zwangsweise) Deutschland vernichtet werden. „Er habe im Herbst 1916 Lenin in Bern gewarnt, wenn er, an die Spitze Russlands gelangt, mit Hilfe Russlands die Revolution in Deutschland durchzusetzen versuche, so werde er mit dem Kopfe Russlands unter dem Arm gegen eine eiserne Mauer anrennen und Russland zerschmettern." Immer wieder wurde Grumbach von lärmenden Zurufen un-

terbrochen. Als er das russische Proletariat für unreif erklärte, gab es fast eine Schlägerei; er konnte einige Zeit nicht weiterreden. Aber wie ein tüchtiger Schwimmer kam er auf jeder Welle von Empörung, die ihm entgegenschlug, wieder obenauf und vorwärts und vermochte immer lauter schreiend und zuletzt fast schäumend zu Ende zu reden. – Platten antwortete, indem er die Politik von Lenin und Trotzki für richtig erklärte, da eine Fortsetzung des Krieges nur der Entente und ihren Eroberungszielen, nicht der Revolution zugutegekommen wäre. Die Ziele der Entente seien nicht um ein Haar besser als die des deutschen Imperialismus. Jeder Tropfen Arbeiterblut, der für die Ausbeutungsziele der Entente oder des Vierbundes fliesse, schmiede die Ketten des Proletariates fester. Daher hätten Lenin und Trotzki recht gehabt; der Krieg könne nur durch das vereinigte Proletariat aller Länder auf revolutionärem Wege zu Ende kommen. Als Beweis für die Eroberungsabsichten der Entente zitierte Platten die heute von Czernin bekanntgegebene Ablehnung Clemenceaus, ohne Rückgabe von Elsass Lothringen zu verhandeln. Platten spricht im Gegensatz zu Grumbach ruhig, langsam und langweilig; hat aber Einfluss auf die Arbeiter. Der lärmende Teil der Versammlung schien am Schluss zwischen Grumbach und Platten ziemlich gleich geteilt.

4 April. 1918. Donnerstag. Zürich. *4.4.1918 Donnerstag*

Bei Simson im Baur au Lac gefrühstückt. Er glaubt nicht mehr an einen Generalstreik in der Schweiz, weil die Bauern, und insbesondre die beim Militär eingezogenen Bauern, feindlich gegen die Arbeiter empfänden. Er erzählt, dass Fritz Unruhs Urlaub wahrscheinlich nicht erneuert werde. Man scheine die Absicht zu haben, ihn in die Front zu stecken. Die Oberzensurstelle, Olberg, sei auf ihn scharf. Natürlich hoffe man, dass er vorne abgeschossen werde. – Man muss sich klar werden, ob der Staat so wertvoll ist, dass man ihn erhalten will, trotz der Gewissheit späterer Kriege und Verbrechen, oder ob man riskieren kann, ihn zu vernichten. Nur soll man nicht das Unvereinbare vereinigen wollen und Kompromisse schliessen, die keinen Schutz bieten. Wenn der Staat ein Raubtier ist, und wir ihn richtig erkannt haben, so wird der sozialistische, bolschewistische Staat ein gleiches Raubtier sein. Es ist dann kindlich, ihn, ob er sich so oder so maskiert, zähmen oder in einen papierenen Käfig einsperren zu wollen; es fragt sich blos, ob er mit und wegen seiner Raubtiernatur nicht, wie der Mensch, unersetzlichen Wert besitzt, ob der Mensch ohne Staat überhaupt noch möglich ist. – Vielleicht ist Folgendes richtig: je verwickelter und gebrechlicher ein Gebilde ist, um so grausamer und rücksichtsloser muss es sein, um sich zu erhalten. Da der Staat das komplizierteste menschliche Kräftespiel ist, so muss er auch das grausamste und rücksichtsloseste sein; dieses entspringt seinem Wesen und ist daher durch keine Korrektur an seinen Formen oder Absichten zu ändern. Jeder Staat muss als Staat ein Raubtier sein: die „Staatsraison" gehört zu seinem Wesen; und je schwächer er ist, um so mehr wird Dieses hervortreten. Der beste Staat ist, so wie die Dinge liegen, der mächtigste. – Fritz Unruh Abends bei mir gegessen. Wir besprachen die Entsittlichung Deutschlands durch den Krieg. Er erzählt, dass über 2000 Postgehülfen vor kurzem wegen Diebstahls an Postpaketen verhaftet worden sind. Bei ihm zuhause in Dietz sind über hundert Mann der dort stationierten Genesungs-Kompagnie wegen schwerer Einbruchsdiebstähle und andrer Verbrechen festgenommen worden. Alles Unedle werde durch den Krieg gefördert. Bei allen äusseren Triumphen zerbröckelt im Inneren das Leben. Wenn der Krieg noch lange dauert werden wir vor einem sittlichen Nichts stehen. Das ist schlimmer als die Aushungerung; moralische Auszehrung. Persönlich weiss ich übrigens nicht, ob wirklich der moralische Niedergang schlimmer wird: mehr gestohlen als in Belgien im August '14 ist im Felde nie; nur schlägt das allmählich ins Hinterland; und der Hunger kommt hinzu, der verschwinden wird. Später deklamierte mir Unruh aus seiner Komödie[1] vor. Er hat an ihr offenbar eine grosse Freude, aber ohne eigentlich eitel zu sein; er geniesst sie wie ein fremdes Werk und berauscht sich ganz naturburschenhaft an seinen eigenen Einfällen. Allerdings verzeiht er schwer, wo er misachtet wird. Sehr hart sprach er über Max Reinhart. Er habe die ganze junge dramatische Dichtung entmutigt und steril gemacht. Ebenso über Sternheim, der sich ohne dichterisches Talent an den Schreibtisch gesetzt und gesagt habe „ich will ein Dichter werden". Er trage fleissig alle Einzelheiten zusammen, die zu einer Dichtung gehören, nur fehle ihm Alles, was zwischen den Dingen vorgeht, und was erst das eigentlich Poetische sei. Wieder kam er auch auf das Militär. Er ist eine in seinem tiefsten Wesen oppositionelle Natur, der immer gegen Jemanden Etwas ist. Am meisten regt ihn die Verneinung an; aber er schafft dann positiv, was ihn von den eigentlich kritischen und destruktiven Geistern unterscheidet; und von den Aestheten, die durch Bewunderungen pseudo-produktiv werden. Annette Kolb sagte von ihm Etwas in diesem beschränkten Sinne Richtiges: sie könne ihn nicht leiden, ihm fehle nämlich jede Güte. – Anna vom Rath ist gestorben; die gute „Tante Anna", ein Stück von Alt Berlin, obwohl sie Kölnerin und nur aus Snobismus nach Berlin gezogen war, weil dort die zahlreichsten berühmten und titulierten Leute wohnen. Auch sie hatte mehr Mutterwitz als Güte, war geistig mittelmässig und ungebildet, aber mit einer ungewöhnlich feinen Spürnase für menschliche Schwächen; sie lockte durch Berühmtheiten und Gänseleberpastete ganz Berlin in ihr Haus: ich habe bei ihr Helmholtz, Mommsen, Dilthey, Cosima Wagner, Kuno Fischer zwischen fortwährend wechselnden Botschaftern, königlichen Hoheiten, Palast- und Hofdamen als ständige Einrichtungen und Hausfreunde getroffen. Sie fasste

[1] Platz

jede Berühmtheit, von der sie hörte, als möglichen Gast ins Auge, ohne sich sehr genau nach ihren Lebensumständen zu erkundigen; so versuchte sie einmal, Hofmannsthal und mich „für den armen jungen Dichter Hölderlin" zu interessieren, dem es so schlecht gehe. Sie erwartete offenbar, dass wir ihn mitbrächten. Sie war eine Art von Karikatur der Berliner „Bildung"; aber sie hatte doch in den Jahren nach der Gründerzeit einen fast echten Rahelschen[1] Salon zusammengebracht. Trotz aller Molièreschen Seiten, die sie als weiblicher „Bourgeois Gentilhomme" hatte, konnte man nicht umhin, sie zu mögen, weil sie unendlich aufmerksam und im Rahmen ihres Snobismus treu war. Zuletzt war sie rührend gebrechlich, aber immer noch fleissig auf ihre Diners und grossen Männer bedacht. Für mich ist sie ein wirklicher Verlust, den ich betraure.

5 April 1918. Freitag. Bern. *5.4.1918 Freitag*

Früh nach Bern gefahren. – Abends nach Tisch bei Romberg Vortrag. Er fragte nach Schickele. Das Amt habe sich endlich entschlossen, in der Schweiz elsässische Propaganda zu machen. Allerdings würde Schickele wohl kaum dafür zu haben sein, da man von einem autonomen Bundesstaat, wie es scheine, Nichts mehr wissen wolle. Dallwitz sei dagegen, ebenso die Militärs; obwohl Ludendorff ihm, Romberg, noch vor einem Jahr erklärt habe, „wenn E. L. autonom werde" (was er also annahm), dann müsse er die und die militärischen Garantieen haben. Jetzt, namentlich nach der Offensive, redeten die Militärs ganz anders: sie wollten für die Blutopfer Entschädigungen, Briey u. s. w.; von Autonomie keine Rede mehr. – Ich sagte, man hätte die Autonomie im vorigen Herbst proklamieren sollen, ohne Frankreich zu fragen; dann hätten wir den Frieden nach der Offensive gehabt. Statt dessen werde, wie im vorigen Jahre Frankreich, so jetzt Ludendorff Schwierigkeiten machen, während er damals, wie ich im Hauptquartier fühlte, umzustimmen gewesen wäre. – Romberg sagte, wenn er vorausgesehen hätte, dass die Autonomie wieder in Frage gestellt werden würde, dann wäre er ebenfalls dafür gewesen, sie gleich, ohne Verhandlungen mit Frankreich, zu verkünden. Aber daran habe er nicht gedacht, dass man seine Ansichten ändern werde; und er habe sich gescheut, unser einziges Atout aus der Hand zu geben. – Wir seien im vorigen Jahr schon so nah darangewesen, uns mit den Franzosen zu verständigen: meine Fühlung mit Painlevé, Lanckens mit Briand. Lancken habe schon hier gesessen und auf Briand gewartet; aber Briand sei nicht gekommen. Warum, habe man nicht erfahren. Wahrscheinlich weil Leute wie Ribot und Clemenceau es verhindert hätten. Trotzdem habe sich Lancken wieder bereit erklärt; aber wieder sei Nichts erfolgt. Kühlmanns „Niemals" sei taktisch ein grosser Fehler gewesen.

[1] Varnhagen

Die Militärs hält Romberg jetzt offenbar für ganz annexionswütig. – Gestern hat nach einer längeren Pause die Schlacht bei Amiens wieder angefangen. Wir sind etwas vorwärts gekommen. Der Heeresbericht meldet seit Anfang der Schlacht 90 000 Gefangene und 1300 Geschütze. Amiens wird ebenso wie Reims, Paris, St Quentin, Arras zusammengeschossen werden. Die ganze nordfranzösische Gotik geht in diesem Kriege zugrunde durch den Starrsinn Clemenceaus und einiger Franzosen, die durchaus Elsass Lothringen erobern wollen! Jahrhunderte einer wunderbaren Kunstblüte in wenigen Monaten einer Narrheit zum Opfer gebracht. Wie kann ein Künstler jemals wieder schaffen? Wozu?

6 April 1918. Sonnabend Bern. *6.4.1918 Samstag*

Der arme kleine Unruh, der im Lazarett in Liegnitz liegt, schreibt mir: „Ich beobachte und erschrecke ... Jeder hohe Gedanke wird an der Wirklichkeit zum Verrat und jedes Wissen in so viel Unwissenheit schwere Last." – Nachmittags bei Bismarck, um mich mit ihm zu besprechen über Propagandafragen. Er meint, dass das Amt jetzt, wo wir eine Art von Weltherrschaft auftun, wieder in den alten Fehler verfallen und auf die Neutralen pfeifen wird, statt einzusehen, dass wir nicht blos auf die Gewalt bauen können. Seine Ansichten waren recht vernünftig. – Abends ins Theater; französische Propaganda: der alte de Féraudey von der Comédie Française in „Les Affaires sont les Affaires". Das Stück fängt schon an zu veralten, namentlich im Geschäftlichen und Sentimentalen; aber die Figur des Schiebers Lechat hat durch das Temperament, das ihr Mirbeau eingeblasen hat, Etwas Rodinsches: sie vibriert und leidet in ihrer grauenhaften Hässlichkeit menschlich. Man verachtet bei uns das französische Theater zu sehr; Mirbeau ist nicht viel schlechter als Strindberg und jedenfalls besser als Sternheim: Alle Drei schreiben Pamphlete; eher Pamphlete als Theaterstücke, und Mirbeau hat von den Dreien die besten pamphletistischen Einfälle und die am charakteristischesten deformierende Phantasie. Ich bewunderte, nachdem ich vier Jahre kein französisches Theater gesehen hatte, die sichere, ausgeglichene Technik auch der geringeren Schauspieler, aus der dann ein Talent wie Féraudy, ohne Viel hinzuzutun, nur durch Belebung Etwas fast Grosses machen kann. Unsere Schauspieler, auch die Besten, schwanken hin und her zwischen Genialem und Dilettantischem, sogar in der Sprache; sie sind frischer, phantasievoller; aber die Franzosen haben alle Vorteile der Konvention, und deshalb nicht weniger Wahrheit, weil in der Kunst der Eindruck der Wahrheit blos aus den Relationen, nicht aus der Richtigkeit der einzelnen Bestandteile des Werks entsteht. Es ist traurig, dass wir auf diese feine, reife, reiche Welt jetzt schiessen müssen, bis sie zusammenbricht.

7 April. 1918. Sonntag. Bern. *7.4.1918 Sonntag*

Prittwitz kam heute früh aus Berlin zurück, wohin ich ihn geschickt hatte, um Stumm, Radowitz, den Kanzler[1] zu sehen. Er sagt, die Stimmung im Volke sei wie ein Rausch, wie August 1914; im Amte aber sehr ernst, überraschend ernst, weil man nicht glaube, dass England, selbst wenn wir Amiens nehmen, Frieden schliessen werde, und weil man nicht sicher sei, dass die Offensive gelingt. Mislinge sie aber, so werde eine allgemeine Erschlaffung eintreten. Stumm fand er, wie immer, geistesabwesend und gleichgültig; die Lage aber für meine Arbeit gebessert, weil ein Telegramm vom Hauptquartier beim Kanzler eingelaufen ist, dass dort deren Fortführung in vollem Umfange unter allen Umständen gewünscht werde. Der Kanzler hat einen Ohnmachtsanfall gehabt, aber schon nach 24 Stunden die Geschäfte wieder übernehmen können. – Schickele bei mir gefrühstückt. Nachher kam zu ihm Brüstlein. Beide gegen die Bolschewiks pflichteten mir bei, dass die Militärherrschaft Lenins unterstützt vom Lumpenproletariat und den Bauern eine Art von Karikaturaler Ähnlichkeit habe mit der von Napoleon III nach dem Staatsstreich, wie sie Karl Marx[2] geschildert hat. Auf diesem Wege könne eine neue Welt nicht aufgebaut werden. Ich meine, nach der Entsittlichung und Zerschmetterung der Welt von 1914 kann eine neue Welt nur aus einer neuen Ideologie, die wieder allgemeine Geltung erlangt, erwachsen; bis dahin werden wir in einer Art von vielleicht mechanisch geordnetem, vielleicht aber auch allmählich zügellos dahinrasendem Chaos leben. Der Krieg hat mehr getan, um die alte Moral in der Wurzel auszurotten als Tausend Nietzsches. Schickele war der Ansicht, dass die neue Ideologie schon im Entstehen sei; die jungen Leute trügen sie schon in sich, weil Alle draussen dasselbe erlebt hätten. Brüstlein meinte, es werde wie nach '70 ein Bachanal geben; als er damals gleich nach dem Kriege mit 18 Jahren nach Dresden gekommen und zum ersten Mal in seinem Leben in ein Bordell geführt worden sei, habe eine Promiscuität zwischen Offizieren in Uniform, Studenten, Kommis geherrscht, wie man sie später kaum für möglich gehalten hätte. Und was sei 70 gegen diesen Krieg? Schickele blieb bei seiner Ansicht; Geniessen, nur Geniessen werde vielleicht eine kurze Zeit herrschen, dann aber von selbst dem Kater und dem Wiederaufbau weichen. Beim Christentum fällt mir ein, dass das Crucifix keinen Eindruck mehr macht, weil wir draussen so viel Schlimmeres gesehen haben; jeder Einzelne im Schützengraben ist ein Gekreuzigter, gegen dessen Leiden wir schon abgestumpft sind. – Eines der treibenden politischen Motive bei Schickele ist sein Hass gegen die preussischen Junker; er bezeichnete sie als „Inkarnierungen des Teufels", bei aller Anerkennung ihrer Uneigennützigkeit, oder gerade wegen ihrer Anspruchslosigkeit, Königstreue, Gleichgül-

[1] Hertling

[2] Der 18te Brumaire des Louis Napoleon

tigkeit gegen persönliche Vorteile. Sie stützen dadurch das für ihn „an Sich Böse", den Anti-Geist, die Herrschaft des Drills und der physischen Gewalt. Er hasst sie mit einem Hass wie der des orthodoxen Protestanten gegen den Jesuiten. Übrigens konnte mein alter Kommandierender Gerok, trotzdem oder weil er in Potsdam gestanden hatte, auch die Junker nicht leiden.

8 April. 1918. Montag. Bern. *8.4.1918 Montag*

Der Norbert Stern erzählt mir: gestern habe ein französischer Offizier, der hier an der französischen Botschaft ist, einem Bekannten, einem Welsch Schweizer, gesagt: die Erfolge der Deutschen im Osten und ihre Siege jetzt in Frankreich liessen ihn der Ansicht zuneigen, dass vielleicht wirklich die Deutschen infolge ihrer Tüchtigkeit dazu berufen seien, die Welt zu beherrschen. – Schickele und Max Scheler bei mir gefrühstückt. Scheler kommt aus Deutschland und hält hier ein paar Vorträge für Internierte. Er schildert die Stimmung in Deutschland wie Prittwitz: die Reichstagsresolution[1], Erzberger, Scheidemann existierten nicht mehr; es sei Alles nur noch Vaterlandspartei. Auch er sei der Ansicht, dass wir glatt siegen würden. „Aber was dann?" – Schickele bezweifelt trotz Allem die Möglichkeit eines militärischen Sieges. Aber ob wir siegten, oder ob der Krieg unentschieden ende, gleichviel, das Problem bleibe für uns in beiden Fällen dasselbe: Aufbauen. Daher interessiere ihn die militärische Entscheidung nicht. Die Deutschen müssten die geistige Führung an sich reissen. Eine moralische Offensive sei nötig. Ich müsste Vollmacht erhalten, sie von der Schweiz aus vorzubereiten. Das französische Bureau in Bern unter Haguenin leite sie für die Alliierten, französischer Geist unterstützt von amerikanischem und englischem Gelde. Sie brächten lauter geschickte hervorragende Leute her, denen wir Nichts Gleichwertiges entgegensetzten. Unsere Politik versage vollkommen; und der Krieg würde letzten Endes politisch entschieden, mindestens nur politisch ausgewertet werden können. Unsere Militärs hätten recht, wenn sie unsere Diplomaten verachteten. Denn während sie auf ihrem Gebiete hervorragend tüchtig seien, seien die Diplomaten auf dem ihrigen ebenso untüchtig. Kühlmann habe ganz versagt und sei schon erledigt. Scheler, der in einer schlafwandelnden Weise an Problemen herumtastet, aber manchmal ganz treffend beobachtet, sagte: die Bismarckische Diplomatie sei gut gewesen, weil damals die Probleme über den Gesichtskreis des preussischen Junkers nicht hinausgegangen seien; seitdem wir aber Weltpolitik treiben müssten, gebe es bei uns keine Klasse mehr, die den politischen Fragen traditionelle Kenntnisse entgegenbringe, und grosse Politik lasse sich nur mit Hülfe einer ganzen Klasse machen. Etwas Richtiges ist hieran; unser Sieg geht vielleicht über unser Können hinaus. Wir waren auf so ungeheure Aufgaben nicht vorbereitet. – Abends

---

[1] Friedensresolution der Mehrheitsparteien des Reichstags vom 19. Juli 1917

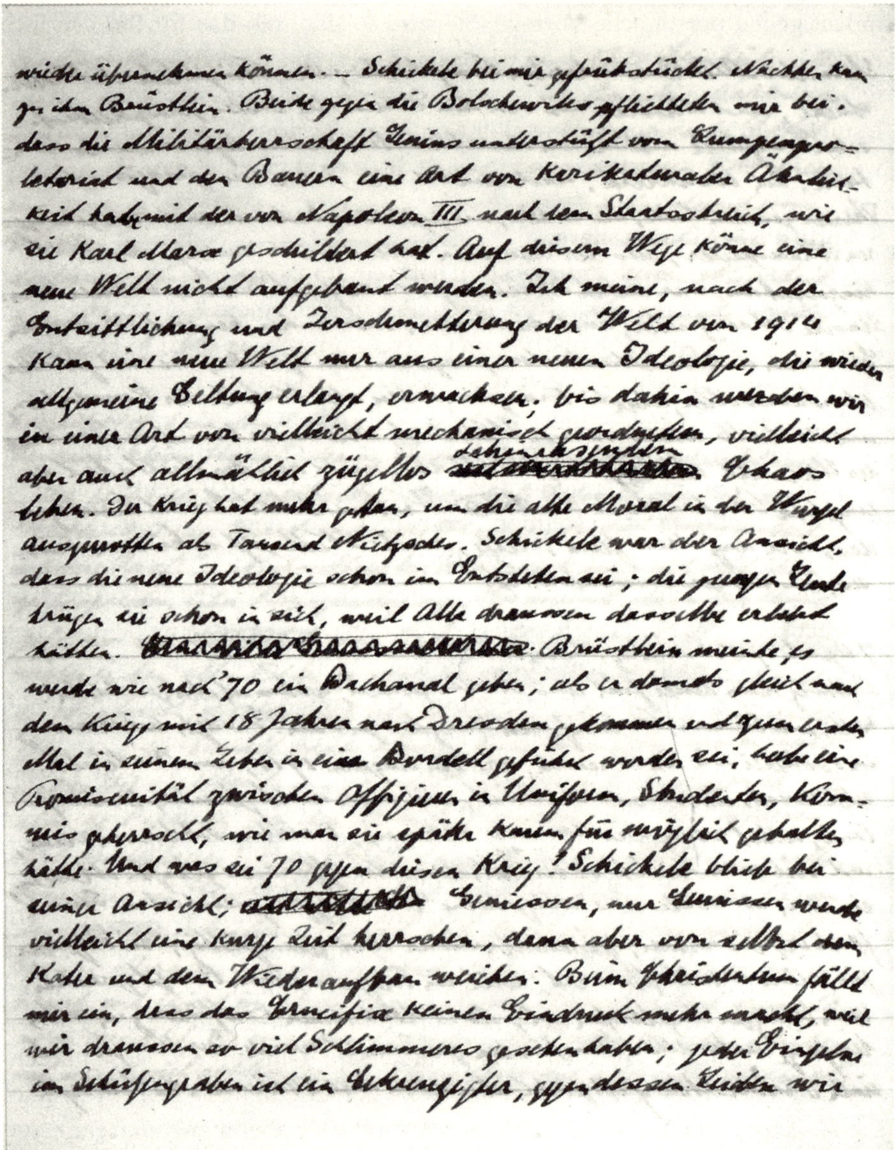
wieder übernehmen könnten. — Schickele bei mir zu Frühstück. Nachher kam
zu ihm Brüstlein. Beide gegen die Bolschewiks, gleichfalls wie bei.
dass die Militärherrschaft Lenins unterstützt vom Lumpenpro-
letariat und den Bauern eine Art von karikaturaler Ähnlich-
keit habe mit der von Napoleon III. nach dem Staatsstreich, wie
sie Karl Marx geschildert hat. Auf diesem Wege könne eine
neue Welt nicht aufgebaut werden. Ich meine, nach der
Entsittlichung und Zerschmetterung der Welt von 1914
kann eine neue Welt nur aus einer neuen Ideologie, die wieder
allgemeine Geltung erlangt, erwachsen. Bis dahin werden wir
in einer Art von vielleicht mechanisch geordnetem, vielleicht
aber auch allmählich zügellos dahinrasendem Chaos
leben. Der Krieg hat mehr getan, um die alte Moral in der Wurzel
auszurotten als Tausend Nietzsches. Schickele war der Ansicht,
dass die neue Ideologie schon im Entstehen sei; die jungen Leute
trügen sie schon in sich, weil Alle draussen dasselbe erlebt
hätten. Brüstlein meinte, es
werde wie nach 70 ein Bacchanal geben; als er damals gleich nach
dem Krieg mit 18 Jahren nach Dresden gekommen und zum ersten
Mal in seinem Leben in ein Bordell geführt worden sei, habe eine
Promiscuität zwischen Offizieren in Uniform, Studenten, Kom-
mis geherrscht, wie man sie später kaum für möglich gehalten
hätte. Und was sei 70 gegen diesen Krieg! Schickele blieb bei
seiner Ansicht; Exzessen, nur Exzessen werde
vielleicht eine kurze Zeit herrschen, dann aber von selbst dem
Kater und dem Wiederaufbau weichen. Beim Scheiden fällt
mir ein, dass das Kruzifix keinen Eindruck mehr macht, weil
wir draussen so viel Schlimmeres gesehen haben; jeder Einzelne
im Schützengraben ist ein Gekreuzigter, gegen dessen Leiden wir

Eintrag vom 7. April 1918; Tagebuch Harry Graf Kessler;
Deutsches Literaturarchiv Marbach

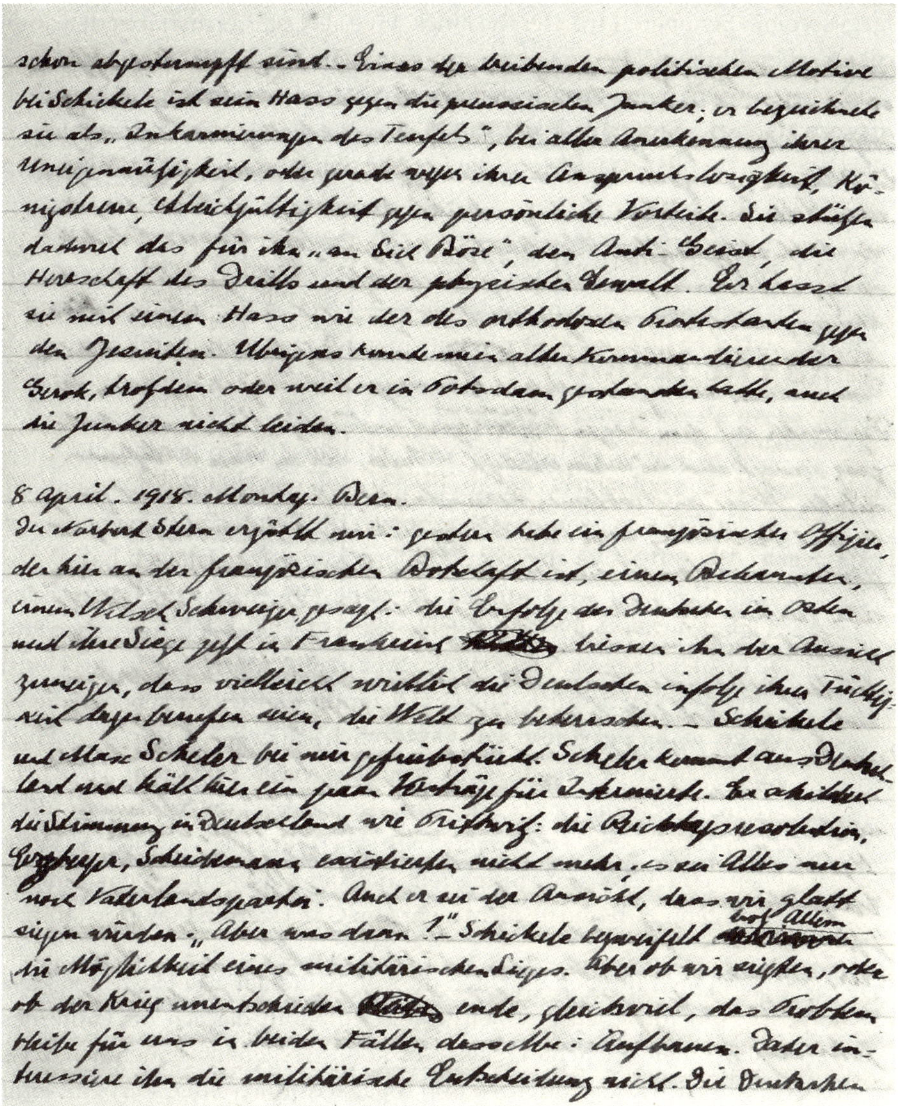

schon abgestumpft sind. – Eines der treibenden politischen Motive
bei Schickele ist sein Hass gegen die preussischen Junker; er bezeichnete
sie als „Inkarnierungen des Teufels", bei aller Anerkennung ihrer
Uneigennützigkeit, oder gerade wegen ihrer Anspruchslosigkeit, Kö-
nigstreue, Gleichgültigkeit gegen persönliche Vorteile. Sie schüfen
dadurch das für ihn „an sich Böse", den Anti-Geist, die
Herrschaft des Drills und der physischen Gewalt. Er hasst
sie mit einem Hass wie der des orthodoxen Protestanten gegen
den Jesuiten. Übrigens konnte mein alter Kommandierender
Gerok, trotzdem oder weil er in Potsdam gestanden hatte, auch
die Junker nicht leiden.

8 April. 1918. Montag. Bern.
Der [illegible] Stern erzählt mir: gestern habe ein französischer Offizier,
der hier an der französischen Botschaft ist, einem Bekannten,
einem Welsch Schweizer gesagt: die Erfolge der Deutschen im Osten
und ihre Siege jetzt in Frankreich brächten ihn der Ansicht
zuzuneigen, dass vielleicht wirklich die Deutschen infolge ihrer Tüchtig-
keit dazu berufen seien, die Welt zu beherrschen. – Schickele
und Max Scheler bei mir gefrühstückt. Scheler kommt aus Deutsch-
land und hält hier ein paar Vorträge für Internierte. Er schildert
die Stimmung in Deutschland wie [illegible]: die Reichstagsresolution,
Erzberger, Scheidemann interessierten nicht mehr, es sei Alles nur
noch Vaterlandspartei. Auch er sei der Ansicht, dass wir glatt
siegen würden. „Aber was dann?" – Schickele bezweifelt trotz Allem
die Möglichkeit eines militärischen Sieges. Aber ob wir siegten, oder
ob der Krieg unentschieden ende, gleichviel, das Problem
bleibe für uns in beiden Fällen dasselbe: Aufbauen. Daher in-
teressiere ihn die militärische Entscheidung nicht. Die Deutschen

Einträge vom 7. und 8. April 1918; Tagebuch Harry Graf Kessler;
Deutsches Literaturarchiv Marbach

gegessen mit Schubert, Hyé, Renthe Finck. Hyé als Österreicher über den amerikanischen Bluff, all die grossen Versprechungen an die Entente, aus denen Nichts geworden ist. Jetzt werde dem letzten österreichischen und ungarischen Bauern klar, wie sehr er Amerika überschätzt habe. Folgen dieser Erkenntnis in der Zukunft. Im Nebensaal feierte die Entente den Jahrestag des Eintrittes von Amerika in den Krieg.

9. April. 1918. Dienstag. Bern. *9.4.1918 Dienstag*

Sensation: Clemenceau macht in der über Reverteras Besprechungen in der Schweiz zwischen ihm und Czernin seit einigen Tagen geführten Kontroverse folgende Enthüllung:[1]

> letzte Zuflucht sucht Graf Czernin in der Erklärung, daß die Anregung, die er Clémenceau zuschreibt, nicht von Belang sei. Wesentlich, so versichert er, war nicht so sehr, wer die Besprechungen vor Beginn der Westoffensive angeregt, sondern wer sie zerschlagen hat. Wozu dann dieser ganze Lärm? Nur um zu bestätigen, daß die französische Regierung, wie auch Frankreich selbst in der elsaß-lothringischen Frage nicht mit sich handeln lassen. Wer mag glauben, daß es des Herrn von Revertera bedurfte, um Graf Czernin Klarheit zu geben in dieser Frage, in der der Kaiser von Oesterreich selber schon das letzte Wort gesprochen hat? *Kaiser Karl hat nämlich in einem Schreiben im März 1917 seine Zustimmung zu den „gerechten Ansprüchen Frankreichs hinsichtlich Elsaß-Lothringens" eigenhändig kontraktiert.* In einem zweiten kaiserlichen Schreiben wurde festgestellt, daß der Kaiser mit seinem Minister einig gehe. Es bedurfte nicht mehr, um Graf Czernin Lügen zu strafen.

Die Berner Mittagszeitungen brachten die von heute datierte Havasnote. Die Sache passt zum Intriguenspiel bei der Greffulhe, in das ich im Laufe des vorigen Jahres hineingeleuchtet habe. Nur konnte Niemand annehmen, dass der Kaiser selbst sich kompromittiert und sogar schriftlich einen solchen Verrat geübt habe. Försters Werk war grösser und erfolgreicher, als selbst ich befürchtet hatte. Wie mir Prittwitz sagt, hat er durch einen Freund von Förster in München Nachrichten, dass der Kaiser sich stundenlang mit Förster allein in seinem Schreibzimmer besprochen habe. Und Försters offen geäusserte Ansicht sei, dass wir Elsass-Lothringen zurückgeben müssten. So ist Förster uns in Wien

[1] An dieser Stelle sind zwei Zeitungsausschnitte ohne Angabe der Quelle in das Tagebuch eingeklebt, von denen der erste im folgenden wiedergegeben wird. Beim zweiten Ausschnitt handelt es sich um die frz. Fassung des Artikels. Hervorhebungen im Original durch Fettdruck.

in den Rücken gefallen, aus Naivität und Geschäftigkeit. – Schubert, dem ich die Havasnote beim Frühstück zeigte, war wie vor den Kopf geschlagen, da er persönlich Förster nach der Schweiz und mittelbar nach Wien gebracht hat. Was auf die Havas Enthüllung jetzt folgen wird, darauf ist man gespannt. Diese Sensation wiegt die der 120 km. Kanone auf. Vielleicht haben die Enthüllungen über Revertera, Mensdorff, den Kaiser Karl ihr Gutes, wenn jetzt endlich das österreichische Intriguenspiel aufhört. Das ist auch Schuberts Ansicht. Bethmann sagt, de Vaux und Pálffy, die er gesprochen hat, seien konsterniert gewesen; er habe ihnen gegenüber die Sache mit einem schlechten Witz abgetan. Etwas Andres lässt sich nicht machen, bis der Wortlaut der Kaiserbriefe, der Adressat und die Umstände, unter denen sie geschrieben wurden, bekannt sind. Man hofft, dass der Kaiser Kopien behalten hat, sonst kann Clemenceau mit ihm spielen.

10 April 1918. Mittwoch. Bern – Basel. *10.4.1918 Mittwoch*

Bei Schickele mit Paul Cassirer die Herausgabe der neuen Folge der „Weissen Blätter" besprochen. Sie soll vierzehntägig und politisch werden. Ich werde, damit sie nicht in Deutschland ein für allemal verboten werden, eine Art von Präventiv Zensur mit Bismarck verabreden. Schickele wird jede Nummer im Umdruck vorlegen, und Bismarck soll dann die Zensurbehörde in Leipzig anweisen, ob die Nummer hereingelassen wird oder nicht. – Abends mit Prittwitz und Cassirer nach Basel.

11 April 1918 Donnerstag. Basel. *11.4.1918 Donnerstag*

In die Rodin Ausstellung, die das ganze Kunst Museum füllt. Man sieht von Neuem: Rodin ist im Grossen nicht Architekt, auch nicht Neuerer. Er geht technisch über Carpeaux nicht hinaus. Aber jedes seiner Werke ist ein Tagebuch, in dem er das Erleben eines grossen Menschen Stück für Stück aneinandergereiht verzeichnet hat. Er ist eine Art von Stendhal. Wie Stendhal als Schriftsteller nicht wesentlich über die guten französischen Prosaschriftsteller des XVIII Jahrhunderts hinausgegangen ist, jedoch in deren Stil eine unerhörte Fülle persönlichster, ganz neuer Erlebnisse hineingeschöpft hat, so Rodin in die plastische Technik von Carrier Belleuse und Carpeaux. Diese erhält aber erst ihre allgemein menschliche Bedeutung dadurch, dass sie Rodin benutzt hat. – Nachmittags lernte ich durch Paul Cassirer den Dr Ludwig Bauer kennen, dessen Leitartikel in der Basler National Zeitung grossen Eindruck machen und gegen uns benutzt werden: ein grosser schwarzer bärtiger Jude aus Wien mit angenehmen Gesichtsausdruck und gepflegten Händen. Er spricht ironisch aber ernst und mit einem offenbar ehrlichen Willen zur Wahrheit über Politik. Sein Standpunkt ist jüdisch-international-österreichisch mit einer Spitze gegen Preussen, in dem er die Verkörperung der Gewalt sieht, ebenso wie allerdings auch in Clemenceau und Lloyd George, was er aber mehr verschämt ausspricht. Früher habe er zu Gott gebetet, dass Preussen Österreich in die Hand nehme. „Ich ahnte damals nicht, dass mich der liebe Gott so über mein Erwarten erhören werde." Er kokettiert mit der Leichtigkeit, mit der er seinen täglichen Leitartikel schreibe. In ein bis zwei Stunden Vormitttags sei er fertig, und dann wisse er den ganzen Tag nicht, was er machen solle. Manchmal schlage er den Nachmittag damit tot, dass er auf dem Redaktions Globus eine Insel suche, eine Insel mit gutem Klima und gutgewachsenen Menschen, so etwa unter dem 30ten Breitengrad, die noch nicht von Preussen annektiert sei, und wo er bei angenehmer Temperatur in leichter Kleidung und schöner Landschaft nach dem Kriege seinen Lebensabend verbringen könne. Aber er fürchte, dass die Deutschen in ihrer Gründlichkeit alle Inseln annektieren würden. Im letzten Augenblick werde beim Friedensschluss ein preussischer Geheimrat angelaufen kommen und rufen: „Halt, halt, hier ist noch eine Insel, die wir vergessen haben; die muss auch noch mit annektiert werden." Deshalb sei sein Traum unausführbar. Wahrscheinlich werde ihn auch so wie so sein Pflichtgefühl, oder was dasselbe sei, seine Eitelkeit verleiten, weiterzuschreiben, und da möchte er nach Berlin. Ich sagte: also doch nach Berlin? Bauer meinte: er gebe zu, die Andren seien auch nicht besser als die Deutschen; er schreibe aber auf Deutsch für Deutsche, daher betone er immer den Annexionismus der Deutschen. Jedes Volk müsse auf die eigenen Fehler sehen. Meinen Einwand, dass ich auf der andren Seite seinen Gegenpart vermisse, gab er zu. Selbstironie, Selbstkritik, mit einem traurigen, ernsten Hintergrund, Güte und Mistrauen. Wurzellosigkeit überall ausser im Jüdischen. Mit seinem breiten, schwarzen Schlapphut, seiner hohen Statur, seinem schwarzen Bart und dunklen Augen hat er Ähnlichkeit mit dem Golem von Meyrink; ist auch eine Art von Unnatur oder Wunder als Jemand, der im Weltkriege mit Ruhe und ehrlicher Wahrheitsliebe eine wenigstens subjektiv unparteiische, menschliche Haltung bewahrt hat, Jemand, der durch Gründe zu überzeugen ist, Jemand, der nach Wahrheit ausspäht, und trotzdem täglich den Geist und den Mut findet, eine Meinung zu vertreten. Jedenfalls eine im Rasen dieses Krieges einzige Erscheinung. Er passt in die Stadt des Erasmus. Um 6 mit Prittwitz nach Bern zurück. Prittwitz erzählt mir erst jetzt, dass er in Berlin Kühlmanns Stellung erschüttert gefunden habe. Auch Hertling gehe nicht mehr so eng mit ihm zusammen. Da diese Information von Fredi Prittwitz, dem Adjutanten von Hertling stammt, ist sie wohl richtig. Im Amt soll man mit Romberg sehr zufrieden, mit Dietrich Bethmann unzufrieden sein. Da Bethmann sich mir gegenüber rühmt, dass er Rombergs „anämische" Politik in der Schweiz über den Haufen gerannt habe, was sich jetzt beim neuen Handelsabkommen zeigen werde, dürfte die Stellung des Amtes wichtig werden. – In Bern Abends Rout bei La Serras[1] von der spanischen Gesandtschaft.

12. April. 1918. Freitag. Bern. *12.4.1918 Freitag*

Gestern haben wir Armentières genommen, einige tausend Portugiesen und einen portugiesischen General gefangen; der fehlte noch in unserer Kollektion. – Die Kontroverse zwischen Österreich und Frankreich über Elsass-Lothringen ist auf einem Höhepunkt. Der Kaiser Karl hat gestern an unseren Kaiser telegraphiert: Clemenceau suche „dem Lügennetz, in das er sich selbst verstrickt hat, zu entrinnen, indem er immer mehr und mehr Unwahrheiten anhäuft und sich nicht scheut, die völlig falsche und unwahre Behauptung aufzustellen, dass ich irgendwelche „gerechte Rückerwerbungs Ansprüche Frankreichs auf Elsass Lothringen anerkannt habe ....““.[2] Heute veröffentlicht Clemenceau einen Brief des Kaisers Karl an seinen Schwager Sixtus von Parma, der am 31 März 1917 von diesem Poincaré übergeben sein soll, in dem es heisst: „... je te prie de transmettre secrètement et inofficiellement à M. Poincaré, président de la République française, que j'appuierai par tous les moyens et en usant de toute mon influence personnelle auprès de mes alliés, les justes revendications françaises relatives à l'Alsace-Lorraine".[3] Diese Veröffentlichung hat wie eine Bombe eingeschlagen. Beim Frühstück, wo ich zuerst mit Hevesy und Stein allein sass, fieng Hevesy gleich an, es handle sich zweifellos um eine Fälschung, es sei ganz ausgeschlossen, dass der Kaiser einen solchen Brief geschrieben habe u. s. w. Während er mit grossem Eifer diese Meinung vertrat, kam Pály Pálffy heran, beugte sich zwischen uns herunter und flüsterte „jetzt gebe es für das, was zu geschehen habe, nur zwei Worte: „Absägen, Bundesstaat"". D. h. man müsse den Kaiser Karl davonjagen und die Monarchie zu Deutschland schlagen. Wenn er auf dem Schaffott ende, er könne als Soldat keine andre Ansicht haben. Selbstverständlich sei der Brief echt. Er sei ganz im Stil des Kaisers, den er ziemlich gut kenne. Der Kaiser und die Kaiserin seien in der Armee sehr wenig beliebt, weil der Kaiser ganz unter dem Einfluss der Frauen, und diese unter italienischem Einfluss stünden. Pálffy, der das „enfant terrible" der österreichischen Gesandtschaft ist, sprach mit der echtesten Entrüstung. Nachher kamen Renthe Finck, Rechberg und Schubert. Dieser vertrat noch die Möglichkeit einer Fälschung. Ich halte diese für ausgeschlossen, weil an ihr der Schwager des Kaisers, Sixtus

---

1 Llaserra

2 Am Ende des Tagebuchbandes ist ohne Angabe der Quelle ein undatierter Zeitungsausschnitt mit dem Titel „Die Antwort Kaiser Karls" eingeklebt, in dem das erwähnte Telegramm Karls I. zitiert u. kommentiert wird.

3 Am Ende des Tagebuchbandes ist ohne Angabe der Quelle ein undatierter Zeitungsausschnitt mit dem Titel „Le document contesté" eingeklebt, in dem der genannte Brief vollständig zitiert wird.

von Parma, beteiligt sein müsste. Wenn die Unechtheit des Briefes nicht nachgewiesen werden kann, halten die Meisten die Folgen für unabsehbar. Ich glaube, dass äusserlich nur eine Monarchenzusammenkunft mit mehrfachen Umarmungen dabei herauskommen wird. Der Kaiser Karl wäre so discreditiert, dass er politisch auf absehbare Zeit ausgeschaltet wäre; er muss froh sein, wenn unser Kaiser ihn überhaupt noch empfängt. An der Front und bei Ludendorff wird die Wut gegen die „Stiefels", die uns wieder in den Rücken fallen, unermesslich sein. Österreich verliert damit seinen Rest an Selbständigkeit. – Abends Diner bei der Frau v. Riedel. Bethmanns, Bismarcks, Einsiedels, Schröders, Stein. Bethmann entwickelte, dass das Richtige gewesen wäre, wenn Kaiser Karl sofort, als sein Brief von Clemenceau zitiert wurde, mit Berlin in Verbindung getreten wäre, die Erlaubnis erbeten hätte, zu erklären, der Brief sei im Einverständnis mit Berlin geschrieben, und dann selber den Brief veröffentlicht hätte. Leider war diese Bethmannsche Haltung aber unmöglich, weil Berlin dadurch eingestanden hätte, dass es 1917 ebenfalls „gerechte Ansprüche Frankreichs inbezug auf Elsass Lothringen" anerkenne. Bethmann schilderte die Kaiserin Zita, eine „grande dame" von überlegener Intelligenz. Wir müssten die Tatsache hinnehmen, dass sie vielleicht die nächsten 40 Jahre in Österreich das Regiment führen werde.

13 April 1918. Sonnabend. Bern. *13.4.1918 Samstag*

Vormittags bei Schickele, der im Bett lag, mit Oscar Fried. Schickele sagt, dass Grumbach in der heftigsten Weise nach Paris an Renaudel gegen Clemenceau geschrieben hat wegen des Kaiserbriefes. Die Sozialisten werden nach Schickele verlangen, dass die im März 1917 regierenden Staatsmänner erklären, warum sie auf den Kaiserbrief nicht eingegangen sind. Die Sozialisten würden auf eine genaue aktenmässig belegte Antwort bestehen. Clemenceau hat durch die Veröffentlichung des Briefes ihnen den Beweis geliefert, dass Frankreich nicht blos für Elsass Lothringen und Belgien kämpft, sondern für Eroberungen, das linke Rheinufer u. s. w. Schickele meinte (teilweise richtig), nur Italien habe sie verhindert, auf den Brief einzugehen, weil der Kaiser die Integrität Österreichs verlange. Dazu kam aber zweifellos, dass sich Briand kurz vorher von Russland das linke Rheinufer hatte versprechen lassen. Unsere moralische Position ist unermesslich gestärkt, weil erwiesen ist, dass auch ganz konkrete und für die Entente überaus günstige Friedensbedingungen, wenn wir sie angeboten hätten, die Entente nicht einmal zum Verhandeln bewogen hätte. Dass also der Vorwurf unberechtigt war, nur die Unbestimmtheit unserer Friedensangebote mache sie wirkungslos. Nach Schickeles und meiner übereinstimmenden Ansicht ist durch den Brief die Stellung der Militärs bei uns unerschütterlich gemacht worden, während Österreich und Frankreich Beide in unübersehbare

Wirren gestürzt werden. Schickele sprach die Vermutung aus, Czernins Aktion, die die Sache ins Rollen brachte, sei Teil einer grossen gegen die Hofburg gerichteten Intrigue, zu der auch der Vorstoss gegen Lammasch im Herrenhause gehört habe; denn auch diese Angriffe hätten eigentlich schon dem Kaiser gegolten. Czernin sei ein haltloser aristokratischer Anarchist. Dieses würde aber voraussetzen, dass Czernin von dem Briefe gewusst habe, was ich bezweifle. Jedenfalls spiegeln Schickeles Geistesverfassung und wilde Vermutungen die allgemeine Verwirrung, die der Brief in den Geistern angerichtet hat. – Beim Frühstück war kein Österreicher erschienen. Nachmittags bringt das „Berner Tagblatt" als Extrablatt die Wiener amtliche „Aufklärung"[1] über den Brief. Natürlich behauptet sie, es handle sich um eine Fälschung. Seine K. u. K. Apostolische Majestät habe Seinem Schwager, dem Prinzen Sixtus von Bourbon, im Frühjahre 1917 einen „rein persönlichen Privatbrief geschrieben, der keinen Auftrag an den Prinzen enthielt, eine Vermittlung beim Präsidenten der französischen Republik oder sonstwie einzuleiten und die ihm gemachten Mitteilungen weiterzugeben, sowie Gegenerklärungen zu veranlassen und entgegenzunehmen. Dieser (!) Brief erwähnte die belgische Frage überhaupt nicht und enthielt bezüglich Elsass-Lothringens folgende Stelle: Ich hätte meinen ganzen persönlichen Einfluss zu Gunsten der französischen Rückforderungsansprüche bezüglich Elsass-Lothringens eingesetzt, wenn diese Ansprüche gerecht wären. Sie sind es jedoch nicht." – Romberg, den ich im Konzert des Deutschen Hilfsvereins traf, nahm das Dementi nicht ernst; die Franzosen würden morgen das Facsimile des Kaiserbriefes veröffentlichen. Anscheinend hat das Original aber Sixtus von Parma behalten; die französischen Kommuniqués erwähnen nur „Abschriften in den französischen Archiven". Romberg hielt sich halb ärgerlich, halb lachend darüber auf, dass Niemand von der österreichischen Gesandtschaft zum Konzert gekommen war; fragte „Wo sind die Bundesbrüder?" Symptomatisch, dass selbst der „anämische" Romberg, wie ihn Bethmann nennt, auskeilt.

14 April 1918. Sonntag. Bern. *14.4.1918 Sonntag*

Vormittags Vortrag bei Romberg. Das Amt beschneidet die Propaganda Gelder aufs Äusserste. Roedern drückt und findet wenig Widerstand; während die Entente immer mehr Mittel aufwendet. Kühlmann kümmert sich nicht um diese Dinge, ist auch meistens abwesend von Berlin, und überlässt das Amt Bussche, der, wie Romberg richtig sagt, „den Kommiss Standpunkt einnimmt"; eine geistlose bureaukratische Maschine, kein Mensch. Trotzdem, oder gerade deshalb spielt das Menschliche eine verhängnisvolle Rolle. Entscheidungen werden nicht sachlich, sondern nach persönlichen Rücksichten und Bequemlich-

[1] Eine offizielle Erklärung unseres Auswärtigen Amtes

keiten getroffen. Angst und Bosheit sind regierende Gewalten, wo der bureaukratischen Maschine ohne geistige Direktiven schrankenlos ihr Lauf gelassen wird. Das Amt ist heute eine viel schlechtere Behörde als unter Jagow oder Zimmermann, weil selbst ein schwach begabter Mensch an der Spitze besser ist als eine blosse Schreibmaschine, wie Bussche. Das Auswärtige Amt, wie es heute arbeitet, ist ein Verbrechen an Deutschland. So denken in etwas verschiedenen Worten aber übereinstimmend im Urteil auch die beiden Widerparte Romberg und Bethmann. – Romberg schnitt die Frage an, ob es nicht richtig wäre, trotz der zur Schau getragenen Unversöhnlichkeit Frankreichs die spätere Versöhnung vorzubereiten. Politisch sei wie der Zwischenfall mit Kaiser Karl wieder bewiesen habe für den Augenblick Nichts zu machen. Obwohl es fraglich sei, ob nicht selbst Leute wie Clemenceau anders dächten als sie sprächen. Aber später, nach Friedensschluss, müsse doch wieder allmählich irgendein modus vivendi gefunden werden. Und vielleicht könne man diesen jetzt schon vorbereiten. Ich sagte, ich sei, namentlich auf Anregung von Schickele, schon lange der Ansicht gewesen, dass ich meine Tätigkeit systematisch mehr nach dieser Richtung ausbauen sollte. Ich müsste und könnte dann meine Abteilung dahin umstellen. Romberg sagte, wir müssten das mit Stumm und Kühlmann besprechen; namentlich mit Kühlmann, weil man Alles vermeiden müsse, was diesen in ein „défaitistisches" Licht rücken könne; genug Intriguen seien schon gegen ihn im Gange. Aber im Prinzip halte er meine Idee für richtig. Es freut mich, dass Romberg von sich aus auf diese Art von Arbeit gekommen ist. – Nachmittags mit Schickele spazieren in der Richtung nach Ittigen, wo wir in einem Gasthausgarten Kaffee tranken. Ich besprach mit ihm die Idee einer Organisation zur Wiederherstellung der Beziehungen zu Frankreich. Unter den gegenwärtigen Umständen müssten wir mit einem Gewaltfrieden gegen Frankreich (Briey, Longwy) rechnen; ob er auch dann noch eine Wiederanknüpfung für möglich halte? Ich sei ziemlich skeptisch. Schickele meinte, dass sich trotzdem wieder geistige und freundschaftliche Beziehungen knüpfen würden; aber vorläufig glaube er noch nicht an einen militärischen Sieg Deutschlands an der Westfront. Allerdings noch weniger an einen Sieg der Entente, da die Amerikaner bestenfalls Nichts Weiteres leisten könnten, als die Ausfälle der Entente Tag für Tag decken. Daher würden sich beide Teile verbluten, wenn eine Verständigung nicht zustandekomme. Frankreich sei schon jetzt dabei, sich zu zerfleischen. „Armes Volk, armes Volk!" Wir sprachen dann über die Ideen Alfred Frieds, für die Schickele, bis auf deren sentimentale, ranzig-kleinbürgerliche Beimischung, eintritt. Schickele sieht in diesem Krieg den Höhepunkt eines gewaltigen Auflösungsprozesses, der schon Jahrhunderte dauert. Die zwischenstaatliche Organisation, der Freihandel, die freie Entfaltung und Herrschaft des Geistes gegenüber der physischen Gewalt seien die Voraussetzungen eines Wiederaufbaus. Gewalt werde es immer geben; sie solle aber geistig sein. Auf dem Rückwege giengen wir auf den Jahrmarkt in Bern, wo unter dunkelblauem Sternenhimmel im dichten Menschengewühl an den Schiessbuden, Theatern, Schaukeln, Karrussels Tausende von Lichtern flimmerten und kreisten. Diese Menschheit geistig durchdringen, der physischen Betätigung ihrer Interessen durch Revolution, Krieg entwöhnen. Schickele sagt, es ist ein Führerproblem, da die Masse blos ihren Führern folgt; deshalb sei er nicht Sozialist. Ich meine, solange physische Gewalt existiert, wird sie auch verwendet werden, selbst im Kampf der Ideen; um wie viel mehr in dem der Interessen. Wir giengen ins National essen, wo wir Vandevelde mit Neele Vandevelde trafen.

15 April. 1918. Montag. Bern. *15.4.1918 Montag*

Czernin hat seine Entlassung genommen. In der Briefgeschichte veröffentlichte Wien zwei kindliche Erklärungen:[1]

> Wien, 15. d. (W. K. B.) Amtlich wird verlautbart: Die letzten Ausführungen des Herrn *Clemenceau* ändern nichts an der Wahrheit der bisherigen amtlichen Erklärungen des k. und k. Ministeriums des Aeußern. *Prinz Sixtus v. Bourbon*, dessen Seiner Majestät bekannter Charakter eine Fälschung ausschließt, wurde derselben ebensowenig beschuldigt, wie irgend eine andere spezielle Persönlichkeit. Da vom k. und k. Ministerium des Aeußern nicht festgestellt werden kann, wo die *Unterschiebung des falschen Briefes* erfolgt ist, wird hiemit die Angelegenheit als beendet erklärt.
>
> Kaiser Karl an Kaiser Wilhelm
>
> Wien, 15. d. (W. K. B.) Kaiser Karl sandte an den deutschen Kaiser folgende Depesche: Die Anschuldigungen des Herrn *Clemenceau* gegen mich sind so niedrig, daß ich nicht gesonnen bin, mit Frankreich über die Angelegenheit ferner zu diskutieren. Unsere weitere Antwort sind meine Kanonen im Westen.
>
> In treuer Freundschaft: Karl.

Der Eindruck ist allgemein jämmerlich. Stefan Zweig, den ich Nachmittags bei Schickele traf, setzte stillschweigend die Echtheit des Briefes voraus, meinte, das Volk in Österreich werde vor Allem die Hof Camarilla, von der es durch den Zwischenfall erfahre, übelnehmen. Clericale Einflüsse seien massgebend gewesen; auch die Furcht vor dem revolutionären Wind aus Russland. Päly Pálffy kam Abends zu mir an unseren Tisch und wollte absolut, ich solle ihm zugeben,

---

[1] Der folgende Zeitungsartikel ist ohne Angabe der Quelle an dieser Stelle eingeklebt. Hervorhebungen im Original durch gesperrten Druck.

dass er neulich recht gehabt habe mit seinem Motto: „Absägen, Bundesstaat". Romberg, bei dem ich nach Tisch Vortrag hatte, war ausser sich über den Rücktritt von Czernin; gerade in diesem Augenblick hätte er bleiben müssen, wenn das Zerwürfnis zwischen ihm und dem Kaiser noch so arg war. Dadurch bleibe erst recht Etwas hängen. Übrigens ist die heute veröffentlichte französische Erklärung auch pflaumenweich. Sie haben blos Kopieen in Händen und berufen sich auf Zeugen, die die Originale gesehen haben sollen. Es scheint, als ob beide Seiten mogeln. Jedenfalls sind Beide in ihrem törichten Eifer, einander zu schaden, beispiellos unbesonnen und gewissenlos gegen die Interessen ihrer Völker vorgegangen, der Journalist nicht weniger als der Souverän. Ein so würdeloser, hässlicher Zank zwischen Staatsoberhäuptern ist seit dem Siebenjährigen Kriege und den Katzbalgereien zwischen Friedrich dem Grossen und der Pompadour nicht dagewesen. Mitten im Weltkrieg dieses Wortgeschimpfe aus sicheren Hinterländern über den blutigen Schlachtengürtel hinweg ist ekelerregend. Den Ton hat allerdings Clemenceau angegeben; dafür sind aber Haltung und Handlungen beim Kaiser verächtlicher. Hoffentlich wird unsere Regierung einsehen, dass man einem so unzuverlässigen Mann nicht Polen anvertrauen kann.

16 April 1918. Dienstag. Bern *16.4.1918 Dienstag*

Livland und Esthland haben durch einen in Riga zusammengetretenen vereinigten Landesrat den Wunsch ausgedrückt, in Personalunion mit Preussen zu treten. Ein weltgeschichtlicher Akt, wenn er zum gewünschten Resultate führt, mag man über die Legitimation der beschlussfassenden Versammlung denken wie man will. – Karl Vollmöller kam aus Davos herunter, um mich zu sehen. Er hinkt und sieht schlecht aus. Wir frühstückten zusammen bei Daetwyler. Er erzählt, dass Kühlmann auch seiner Kreatur Wichert den Eselsfusstritt gegeben habe. Wichert hat bei Vollmoeller in Berlin deshalb einen Weinkrampf bekommen. Kühlmanns Stellung erscheint immer schwankender. Er wird wohl Czernin nachpurzeln. – Nachmittags bei der Marchesa Farinolla mit Annette Kolb. Die Farinolla erzählt, dass die Franzosen der Botschaft hier in letzter Zeit unsicher werden. Sie glaubt zu fühlen, dass sie verhandeln möchten, aber nicht recht wissen, wie. Auch die Kolb will Ähnliches in Montreux gemerkt haben; einzelne Franzosen hätten sich ihr gegenüber auffallend freundlich gezeigt. Sie seien zum Selbstmord entschlossen, wären aber dankbar, wenn man ihnen eine Rettungsmöglichkeit zeigte. – Die Österreicher sind wie verprügelt. Namentlich der Abgang Czernins gerade in diesem Augenblick erschüttert sie. Hevesy sass stundenlang bei mir und versuchte mir einzureden, dass der Kaiserbrief gefälscht sei. Hatte dabei aber Wendungen, die seine wahren Gefühle verrieten. Die Kaiserin Zita „gehöre einem fremden Hofe an", Mensdorff sei als Nachfolger Czernins unmöglich, weil er ebenfalls zu einem fremden Hofe verwandtschaftliche Beziehungen habe. Sie leiden unter dem Mistrauen. Bukowics, der ein Snob ist, ist ganz mager und schmal geworden; „wegen des vielen Ärgers" wie er sagt. Er nimmt die Farbe und Auszehrung seiner Freundinnen und Freunde an.

17 April 1918. Mittwoch. Bern. *17.4.1918 Mittwoch*

Den Dr Dahinden und den Hauptmann Schütz, deutschfreundliche Schweizer, mit Dr Norbert Stern zum Frühstück. Beide halten einen Einmarsch der Entente nicht für unmöglich. Die Welsch Schweizer würden sich ebenso wie die Deutschschweizer widersetzen. – Abends Diner gegeben für Tscharners u. Bethmanns. Nebenan festeten die Österreicher bei Bukowics und an einem andren Tisch die englische Gesandtschaft mit der Marchesa Farinolla. Burian ist Nachfolger von Czernin geworden. Nachmittags bei Schickele die Regelung der Zensurverhältnisse bei der Neuen Folge der „Weissen Blätter" besprochen.

18. April. Donnerstag. Bern. *18.4.1918 Donnerstag*

Die Schlacht an der Lys geht gut weiter. Die Engländer räumen schon Teile des Ypernbogens nördlich des Kampffeldes. Langemarck (unseligen Angedenkens) Poelkapelle, Passchendaele, die so viel englisches Blut gekostet haben, sind von uns wieder besetzt. – Hevesy teilt mir ein Schreiben aus Wien mit, dass auf mein Betreiben Rilke heimlich unter Konnivenz der Militärbehörden über die Grenze nach der Schweiz geschafft werden soll. Bei dieser Gelegenheit erfuhr ich von jenem Geheimabkommen zwischen den Schweizer und österreichischen Feldkircher Militärbehörden, die solche ausser der Ordnung stehenden Grenzübertritte ermöglicht. – Burian bezeichnet Hevesy als „feldgrau", d. h. farblos, aber selbständig; sein Verhältnis zu Tisza werde in der Öffentlichkeit falsch aufgefasst. Er, Hevesy, habe ein ganzes Jahr bei ihm gearbeitet und seine Korrespondenz chiffriert; während dieser Zeit habe Burian nicht ein einziges Mal Tisza in einer auswärtigen Frage um Ansicht oder Rat gefragt. – Renthe Finck sagt mir vertraulich beim Frühstück, die offizielle Bestätigung, dass Kaiser Karls Brief gefälscht sei, sei aus Berlin eingelaufen. Jedenfalls glaubt man es den Österreichern jetzt im Amt, oder will es glauben. Natürlich haben wir ein starkes Interesse, dass Kaiser Karl die „gerechten Ansprüche Frankreichs auf Elsass Lothringen" nicht anerkannt habe. – Abends nach Basel.

19 April 1918. Freitag. Basel. *19.4.1918 Freitag*

Morgens beim Erwachen Schnee. Hinaus zur Mustermesse. Ihretwegen die Stadt buntbewimpelt, meist mit den im Winde flimmernden altbaslerischen roten und blauen Radflammen. Alle diese festlich beflaggten Strassen münden auf den bunten Früchte- und Gemüse-Markt und das rote Rathaus. Blocher, den ich auf seiner Amtsstube dort abholte, begleitete mich zur Messe jenseits des Rheins in Kleinbasel. Das Stadtbild in seiner an die alte Reichsstadt und die Renaissance erinnernden stolzen Farbigkeit brachte uns auf Jakob Burckhardt. Blocher, der sein Schüler war, meinte, Burckhardt wäre, wenn er noch gelebt hätte, „Ententist" gewesen (was bei Blocher einen Beigeschmack hat wie „Prussien" im Munde eines Franzosen). Burckhardt habe aus Individualismus und Gegnerschaft gegen jede das Individuum einengende Macht, Preussen nicht geliebt. Nach der Commune 1871 habe er zu einem Bekannten, der die Verwüstungen der Communards in Paris bedauerte, gesagt: „Abbr dasch Brenne', dasch habe de Franzos' von de Praissche gelernet." Zweifellos sind alle Individualisten heute wieder gegen uns. Wir führen, wenn wir siegen, eine neue Welttendenz, die der der Renaissance entgegen ist, mit zum Siege. – Blocher will, obgleich oder weil er deutschfreundlich ist, nicht glauben, dass der Kaiserbrief gefälscht sei: Die Ausreden des Kaisers seien die eines ertappten Schulbuben. Zweifellos sei der Brief auf klerikale Intriguen zurückzuführen, wie Oeri (übrigens ein Grossneffe von Jakob Burckhardt und auch Ententefreundlich) in den Basler Nachrichten andeute[1]. – Nachmittags wieder in der Rodin Ausstellung mit Pellegrini. Ich habe denselben Eindruck wie neulich: Rodins ganzes Werk ein leidenschaftlich persönliches Tagebuch. Daher kommt es auch nicht so sehr auf die einzelne Figur oder Gruppe wie auf das Ganze an. Die einzelne Figur ist sozusagen immer unvollständig, bedarf der Ergänzung durch die andren, ist nur eine Handvoll von Tagebuchblättern, die aus dem Ganzen herausgerissen ist. Hier ist die Brücke von Rodins Zeichnungen zu seiner Plastik. Die Zeichnungen geben einzeln, was in seiner Plastik zusammengefügt, ineinandergedrängt, übereinandergeschrieben, berichtigt, in den besten Stükken abgeklärt und in sich organisiert ist. Rodin macht dort aus lauter kleinen Erlebnissen ein grosses, kompliziertes, aber doch immer wieder ein Erlebnis. Deshalb bleibt der Eindruck, dass das eine Werk in das andre überfliesst, wie im Leben ein Eindruck in den andren. Man kann Rodin nur in der Fülle seiner Werke erkennen. Ein Einzelstück bleibt oft dunkel. Rodins Wort, das er mir bei unsrem letzten Zusammensein im Juli '14 auf der Reise von London nach Paris bei der Ausfahrt aus Dover sagte, als ich frug, ob er Etwas essen wolle: „Non merci: la nature me nourrit" (und dabei zeigte er auf die prachtvoll in der Julisonne strahlende grüne Küste), jenes Wort steht in diesem Zusammenhange. Seine Kunst ist eine leidenschaftliche Reaktion seines Gestaltungstriebes auf Natureindrücke. Die Natur erfüllt ihn, belebt ihn, ist sein Dämon, der ihn rührt und trägt und zum Schaffen emporhebt. Seine einzige Abstraktion ist die Linie, die ihm als Instrument und Netz nötig ist, um seine Eindrücke zu fangen und zu

[1] Tagesbericht. 6. April

fassen. Sonst kennt er keine Abstraktionen oder Begriffe; er denkt nicht über die Linie hinaus. Alles Tiefe, Grosse ist in ihm in den Prozessen, die ihn bis zur Linie führen, nicht in dem, was er nachher auf die Linie aufbaut. Nach der Nietzscheschen Terminologie: seine Welt reicht eben nur bis zum Apollinischen, ihr Mittelpunkt, ihre Bedeutung, ihr Wert liegen im Dionysischen, in den dunklen, grossen, fruchtbaren, dem Erotischen entfliessenden Gluten seines Gefühls, das ein dauernder Liebesrausch vor der Natur war. Deshalb wird sein Werk auch nicht vergehen, weil er immer wieder die, die darin eindringen, in diese dionysische Beziehung zur Natur setzen wird. Die Feinheit und allgemeine Gültigkeit des Instruments, mit dem er diesen Rausch ans Licht hob und festhielt, wo Andre, Müdere in hohlen Schwulst verfallen oder stammeln, ist das eigentliche Wunder; ist auch das, was ihn mit den musikalischen Genien, mit Beethoven und Mozart, verbindet.

20 April 1918. Sonnabend. Bern. *20.4.1918 Samstag*

Frühstück beim früheren österreichischen Militär Attaché Einem. Gäste der österreichische Gesandte mit Frau und Bethmanns. Mussolin zog Bethmann in einer Ecke in ein langes lautes Gespräch, von dem Bethmann mir nachher sagte, Mussolin habe ihn vollgespuckt, dafür habe er Mussolin eingeseift; Mussolin (der das Ultimatum an Serbien verfasst hat) sei ganz gescheidt, im Grunde aber doch ein guter dummer Kerl, dem man allerlei vormachen und unbemerkt suggerieren könne. Er, Bethmann, habe Nichts gesucht im ganzen Gespräch als Mussolin unauffällig einzugeben, dass er gut täte, nach den Überraschungen mit dem Kaiserbrief, Revertera, Armand u. s. w., in diesem Hexenkessel, der jetzt die Schweiz sei, möglichst enge Fühlung zu nehmen mit Romberg. Wahrscheinlich werde Mussolin morgen oder übermorgen Romberg aufsuchen und von sich aus Dieses anregen. Er, Bethmann, werde Romberg darauf vorbereiten. Ich fragte Bethmann, ob er meine, dass dadurch effektiv Etwas gewonnen sei, d. h. ein näheres Verhältnis zwischen Mussolin und Romberg? Bethmann antwortete, mit einem fast komischen Schlaglicht auf seine eingebildete feine taktisch-diplomatische Arbeit, unbedingt „Nein“; denn Romberg sei Jemand, dem es unmöglich sei, sich Vertrauen zu erwerben: schon wegen seiner Art, ein politisches Gespräch zu führen, den vielen Wenns und Abers, dem Zögern und den Gedankenpausen, während deren sein Gegenpart sich überlege, was nun bezweckt sei, womit ihn Romberg jetzt hineinlegen wolle? Eine Kritik des ganzen diplomatischen Geschäftsaufbaus, wenn ungeheure Weltinteressen, wie jetzt hier in der Schweiz die österreichisch-französisch-deutschen Beziehungen im Spiele sind und so durch Menschliches Allzumenschliches allerkleinster Gesprächs- und Gefühlsnuancen angehaucht und getrübt werden. Kabinettgespräche, die mit Blut bezahlt werden; falls nicht, wie man optimistisch geneigt ist, anzunehmen, Korrekturen durch das Schwergewicht der materiellen oder geistigen, geographischen, politischen, militärischen, wirtschaftlichen Tatsachen automatisch eintreten und immer wieder die Maschinerie zurechtrücken. Ich gebe zu, dass Dieses nicht beweisbar, sondern ein Glaubenssatz einer von Bossuet, Hegel, Marx beeinflussten Ideologie ist. Will man Heroen statt Ideen die Weltgeschichte machen lassen, so muss man die entscheidende und blutige Wichtigkeit von Gesprächsnuancen sich eingestehen. Dann aber auch der tragischen Verzweiflung ihren Lauf lassen. So bedingt die heroische eine tragische Geschichtsauffassung. Die Gesprächsnuance als entscheidendes Motiv grossen Geschehens, hier entspringt dieser Auffassung das Drama, und gleichfalls das homerische, dramatisch-menschlich motivierte Epos. Dieses Alles als ein Komplex, und zwar ein gegensätzlicher, zur optimistischen, ideologischen, mit dem Schicksal oder andren blinden Mächten rechnenden Geschehens Hypothese. In Bern sitzen sich Romberg und Mussolin gegenüber, und von der Art, wie Romberg spricht, von der Langsamkeit oder Kompliziertheit seines Denkens, hängt nach der diplomatisch-tragischen Auffassung wirklich zum Teil die Zukunft Österreichs, Deutschlands, Frankreichs ab, und in der nächsten Gegenwart Leben, Glück, Verderben von Millionen Soldaten, Frauen, Kindern. Man kann nur mit diesem Glauben ein guter Diplomat oder tragischer Dichter sein; braucht aber Leichtsinn, Lustrausch (volupté) oder Menschenhass, um damit zu leben. – Abends Diner bei Bismarcks. Wieder Bethmanns, und ausserdem Sepp Radowitzens und die Schweizer Parravicinis. Bismarck äusserte gegen Bethmann und mich seinen Ärger, dass die Österreicher nicht in Italien angreifen; sie hätten ihre Absicht scheinbar aufgegeben: die Italiener transportierten eine Division nach der andren ab nach Frankreich. Romberg habe ihm Burian als den unerwünschtesten Nachfolger von Czernin bezeichnet. Bethmann, der Burians erste Amtsperiode in Wien erlebt hat, widersprach. Burian sei als Intimus von Tisza ganz gewiss zuverlässig; aber unbequem, oft halsstarrig. Auch werde er seinen Starrsinn für die austropolnische Lösung einsetzen. Hierdurch angeregt skizzierte Bethmann die Entwicklung der polnischen Frage, die er bis Ende 1916 genau kennt, da er sie an der Botschaft in Wien mitmachte. Durch die Einnahme von Warschau habe man gehofft, den Frieden mit den Russen zu erringen, den man damals auf Grund des Status quo ante geschlossen hätte. Als die Russen weiterkämpften, und Brest genommen wurde, da zum ersten Mal sei die austropolnische Lösung aufgetaucht. An der Wiener Botschaft zerbrach man sich den Kopf, wie man diese Lösung staatsrechtlich so gestalten könnte, dass die deutschen Interessen dabei gewahrt blieben. Schliesslich gieng ein Bericht nach Berlin, den Bethmann verfasste, Tschirschky korrigierte, dass die austropolnische Lösung annehmbar für uns sei, wenn der Geist der österreichischen Politik deutsch bleibe, d. h. dem deutschen Element in Österreich, und ebenso dem magyarischen in Ungarn die Vorherrschaft im Sinne der Politik von Deák und Andrássy erhalten bleibe gegenüber den slawischen Völkerschaften; und wenn in Polen selbst starke Sicherungen für den Einfluss Deutschlands (Eisenbahnrechte und Ähnliches) geschaffen würden. Auf eine in diesem Sinne verfasste Note aus Berlin antwortete Burian, dass von einer Aufrechterhaltung des deutschen Einflusses in Österreich Nichts im Bündnis stehe. Dietrich Bethmann sagte Alec Hoyos, diese Antwort Burians sei eine Unverschämtheit; und in Berlin wurde die austropolnische Lösung aufgegeben. Man wollte dort jetzt den engen Anschluss Polens an Deutschland. Da kam die Brussilowsche Offensive und Tschirschkys Gelegenheit: er prägte die Parole, Österreich könne die Front von Suwalki bis zum Ortler nicht halten. Andrássy, Tisza, sogar Burian fielen im Laufe weniger Tage um und wurden für die deutsche Lösung gewonnen. Der Reichskanzler und Jagow kamen nach Wien, besprachen sich mit Burian, betrieben die deutsch-polnische Lösung. Der Erfolg war ein Protokoll (kein Vertrag), das den Inhalt der Unterredungen zusammenfasste. Der Reichskanzler erklärte Dietrich, die Sache scheine ihm gesichert, wobei er Burians Kompliziertheit nicht durchschaute. Dagegen sagte Jagow auf dem Bahnhof, das Dokument lasse den Österreichern doch viele Maschen offen. In der Tat höhlten sie es langsam aus. Die Hauptschuld, dass sie taktisch dazu in die Lage kamen, schiebt Dietrich der Obersten Heeresleitung zu, die immer wieder ungeschickte, unerfüllbare Forderungen stellte, und dadurch die Gelegenheiten schuf, die die Österreicher ausnützten. Indessen giebt er zu, nicht zu wissen, wie Wedel operiert hat, den er nur wenige Wochen erlebte. Wedel sei ein guter Taktiker, wenn er Direktiven erhalte, aber kein Stratege, dem selber Etwas einfalle; auch wolle er es nicht mit den Österreichern verderben. Wilhelm Stolberg sei bei allen guten Eigenschaften passiv; Bassewitz farblos. Die Wiener Botschaft habe daher seit Tschirschkys Tod Niemanden, der den Österreichern widerstehen oder Vorschläge in Berlin machen könne. So sind wir heute wieder angelangt bei der austropolnischen Lösung, die Bethmann ebenso wie ich für katastrophal hält. Burian wird starr auf ihr bestehen, Ludendorff mit militärischen Sicherungen sich zufrieden geben, Kühlmann, der Nichts von der polnischen Frage versteht, in seiner Indolenz die Lösung annehmen, die ihm die wenigsten Scherereien macht; so kommt eine Lage, die einen neuen Krieg mit Polen-Österreich als unsren Feind vorbereitet. – Auf Ludendorff ist Bethmann fast so böse wie auf Romberg. Er rechnet ihm als Vorwurf an, dass er die Demokratisierung Deutschlands verschuldet habe. Denn die Regierungsmacht in Deutschland habe er gebrochen. Von vornherein sei von ihm Alles getan worden, um die Zivilgewalt herabzusetzen, den Reichskanzler, das Auswärtige Amt, die ganze Regierung auszuschalten. Ein Widerstand war unmöglich; auch ein Bismarck hätte ihm nicht widerstehen können nach einem so langen Krieg, wo das ganze Volk hinter ihm herlaufe und ihm Alles glaube, mag der Unsinn noch so gross sein. Infolgedessen existiere jetzt nur noch die Oberste Heeresleitung, die Regierung habe abgedankt, Macht und Ansehen ganz verloren. Was Ludendorff nicht gesehen habe, oder nicht sehen wollte, war, wo die Reise wirklich hingieng; dass nach dem Kriege die Oberste Heeresleitung nachhausegehe, die Regierung allein übrigbleibe, und nun machtlos und gedemütigt dem Reichstage gegenüberstehe. Erfolg: Umkehrung des Verhältnisses zwischen Regierung und Volksvertretung, der Reichstag ohne Gegengewicht, Parlamentarismus, auch militärische Erfordernisse den Zufällen des Reichstags preisgegeben. Vielleicht habe Ludendorff, der kleine bürgerliche Hauptmann, der zum Alleinherrscher Deutschlands geworden sei, Dieses gewollt. Dann sei er der grösste Politiker, von beispielloser Gerissenheit. Aber da er es zweifellos nicht gewollt habe, so sei er ein Verbrecher, auch wenn er zehn Tannenbergs geschlagen hätte.

21 April 1918. Sonntag. Lausanne. *21.4.1918 Sonntag*

Nach Lausanne, um „Magura" zu besuchen. Dass er mich sieht, ist jetzt den Franzosen bekannt und von ihnen geduldet. Ich fand ihn durch unsere Offensive sehr bedrückt, aber nicht verzweifelt. Unser Sieg sei unmöglich, wir kämen nicht bis zum Meer. Die Franzosen hätten jetzt eine solche „volonté de résistance", eine solche Todesverachtung, dass wir niemals durchkämen. Ausserdem führe sie Foch, ein grosser Feldherr, dem sie unbegrenzt vertrauten. Lieber wolle Jeder bis zum Letzten sterben, als uns durchlassen; denn jetzt handle es sich nicht mehr um Politik oder Patriotismus, sondern um eine „question de dignité", die Jeden persönlich angehe. Als ich ihm sagte, auch bei uns sei der Wille zum Sieg unbegrenzt, Wille stehe gegen Wille, schien er überrascht und wusste keine Antwort; er meinte nur, dann werde der Krieg ewig weitergehen. An einen Sieg der Entente schien er nicht zu denken. Die edelsten Gefühle der Franzosen sind in der Tat, was jetzt übrigbleibt, und was wir brechen müssen; tragisches und grosses Schauspiel. Ich sagte es ihm, und dass ein Jeder es bei uns so empfinden würde, wenn nicht die Grausamkeiten gegen unsere Gefangenen gewesen wären und die gemeinen Schimpfereien der Pariser Presse. Magura bewundert und fürchtet Clemenceau. Viele Franzosen hier in der Schweiz hielten die Bahnen Clemenceaus für gefährlich; aber Niemand werde wagen, ihm entgegenzutreten; denn Alles zittere vor ihm in Frankreich. Seine Macht beruhe darauf, dass er von einem Jeden Dinge wisse, die Diesem unangenehm oder gefährlich seien, während er selber nicht anzugreifen sei: so beherrsche er Poincaré. Caillaux werde er erschiessen lassen; Magura hält Dieses für sicher. Der Einzige, der ihm gewachsen oder überlegen sei, sei Briand. Sehr bekümmert war Magura über die Beschiessung von Paris. Es sei ein „manque de psychologie" bei uns, den wir später teuer bezahlen müssten. Wie solle, nach dem, was die Pariser erlebt hätten, jemals wieder der Hass aufhören? Grossen Eindruck hat auf ihn Lichnowsky gemacht. Lichnowskys Brochüre und die Ernennung von Foch seien die grössten Stärkungen, die die Franzosen jetzt in ihrer Kümmernis empfangen hätten. Magura ist eine schöne, edle Seele, selber ohne jeden Hass und mit einem unbegrenzten Willen zur Dankbarkeit.

22 April. 1918. Montag. Bern. *22.4.1918 Montag*

Der Bericht meldet, dass wir uns bei Perekop den Weg in die Krim erstritten haben. In Flandern Pause. – In den heute eingetroffenen französischen Zeitungen von Mittwoch dem 17ten zwei Notizen, die die Lage und Stimmung in Frankreich interessant beleuchten: Im „Temps"[1] (datiert vom 18ten) schreibt ein Korrespondent aus der Provinz: „La région que j'habite est une des plus riches et des plus plantureuses de France ..... Ah, nous y songeons bien aux bonbons u. s w A cent kilomètres à la ronde autour de moi, je ne connais pas un seul village qui ait du pain tous les jours. Nous en avons trois ou quatre fois par semaine, voilà tout! ..... Dans un canton voisin de la commune où j'habite, on n'a pas vu de farine pendant trois semaines ... ". Und in der „Action Française" vom 17ten schreibt Charles Maurras[2] von der Stellung Deutschlands nach dem Kriege: „Couronné par le succès de la moitié au moins de ses entreprises, enrichi d'une immense zone colonisable en Orient, doté d'un prestige militaire inouï, ce gouvernement (Deutschlands) aura une diplomatie qui agira ferme, et, pouvant parler haut: tenant de l'or dans une main dans l'autre le fer, il lui sera facile de faire alterner les plus souples câlineries avec l'intimidation la plus âpre et ce sera un jeu pour elle „d'organiser les sympathies". Si on le contestait, je pourrais dresser la liste des organes et même des individus français qui sont déjà prêts à participer à l'œuvre de conciliation".

23 April. 1918 Dienstag. Bern. *23.4.1918 Dienstag*

Pause in der grossen Schlacht. – Blocher aus Basel mit seiner Frau frühstückte bei mir mit Renthe-Finck. Er fährt übermorgen nach Stockholm. Nachher bei Romberg. Romberg möchte, dass wir die Wirtschaftspropaganda mehr ausdehnen; meint, dass wir vor Allem über unseren Arbeiterschutz aufklären sollten. Ich schlug ihm vor, in der Schweiz durch Schweizer eine Konferenz über die in die Friedensverträge aufzunehmenden Bestimmungen zum Arbeiterschutz einberufen zu lassen. Romberg einverstanden, meinte aber, wir müssten erst den Reichskanzler und Wallraf fragen; und bei diesen Anfragen liefe ein

---

1 Les restrictions et le moral

2 La politique

solches Projekt Gefahr, an lauter kleinen Hindernissen in den verschiedenen Ämtern zu scheitern. Das sei das gewöhnliche Schicksal solcher Anregungen; vor lauter Erwägungen und Bedenken werde der Zeitpunkt verpasst. So sei es mit der von ihm angeregten Vorbereitung der gegenwärtig stattfindenden Wirtschaftsverhandlungen in der Schweiz gewesen. In diesem Zusammenhang kam er auf die Äusserung von Maurras, die ich ihm gestern geschickt hatte („organiser les sympathies"). Vor dem Kriege sei es unmöglich gewesen, Geld für solche Zwecke zu erhalten. Wenn man für die Presse in Petersburg Geld forderte, als die Franzosen dort bereits Millionen ausgaben, habe Hammann geantwortet, er könne für den Zweck bis zu Zehntausend Mark zur Verfügung stellen. Roedern scheine diesem System „altpreussischer Sparsamkeit" wieder zuzustreben.

24. April. 1918. Mittwoch. Bern. *24.4.1918 Mittwoch*

Richthofen ist gefallen. Richthofen, Bölcke, Weddigen junge Helden, die leuchten werden als Symbole der schönen, wehmütig verklärten Jugend, die verschwunden ist; Brüder derer, die zurückkehrend in ihren Herzen die Zukunft der Welt tragen. – Nachmittags der Professor Hoenn aus Berlin bei mir geschickt vom Gesandten. – Abends Vortrag des Geheimrats Natorp aus Marburg über Pestalozzi. Anregend und gewandt für Schweizer Ohren zurechtgelegt. – Selbstbestimmung: Freude jedes Einzelnen am Staat durch die eigene Tat. Die Tat die einzige Form der Anteilnahme, die dauernd befriedigt. Dadurch wird der Krieg ein so mächtiger Anteilerwecker und Staatsbegründer. Dadurch haben die Gewerkschaften und die Sozialdemokratie, ohne es zu wollen, die Arbeiter zum Staate erzogen. Teilnahme am öffentlichen Leben durch die Tat; Freude am Staat durch die Tat. Nur Umstände, die jeden Einzelnen, zur Tat im Interesse des Ganzen zwingen, erziehen zu echter Gemeinschaftsliebe. Selbst solche Surrogate der Tat wie das Gebet für das Ganze oder den Herrscher wirken in diesem Sinne. Psychologisch wirksamste Form der Tat das Opfer. – Der Reichskanzler hat Sonntag die estnisch-livländische Abordnung im Hauptquartier empfangen und ihr erklärt, der Kaiser sei bereit, „diesen Ländern den militärischen Schutz des Deutschen Reiches angedeihen zu lassen und sie bei der endgültigen Durchführung der Loslösung von Russland wirksam zu unterstützen ... Mit besonderer Freude und Genugtuung hat es S. M. erfüllt, dass Sie dem Dankgefühl Ihrer Länder durch den Wunsch Ausdruck verliehen haben, dass der neu zu bildende Staat dem Deutschen Reiche durch eine Personalunion mit der Krone Preussens enger verbunden werden möge. Diese Bitte wird wohlwollend geprüft ..." Die Angliederung der ganzen Ordenslande scheint also beschlossen; ein Beschluss, dessen Folgen unabsehbar sind, da er uns endgültig zur Todfeindschaft oder engsten Verbindung mit dem übrigen Russland zwingt. Russland wird von uns dadurch wirtschaftlich, maritim und politisch absolut abhängig: eine riesenhafte deutsche Enclave.

25. April. 1918. Donnerstag. Bern – Genf. *25.4.1918 Donnerstag*

Prof. Hoenn Vormittags bei mir. Er will bei Curt Wolff ein deutsch-schweizerisches, oder genauer ein südwestdeutsch-schweizerisches Jahrbuch herausgeben, und dadurch gewisse Sympathieen in der Schweiz gewinnen; hat die Sache gestern mit Romberg besprochen. Wir stimmten darin überein, dass die strategische Zentralstellung in dem gegen uns gewendeten Schweizer Geistesleben der Professor Ragaz ist. Mit Diesem hat Hoenn Beziehungen angeknüpft. Er glaubt bei ihm allmählich einen Stimmungs Wechsel bewirken zu können. Die jungen deutschen Dichter, die sich kriegshalber in der Schweiz aufhalten, wie Hardekopf, Ehrenstein, Hugo Ball, Frank u. s. w. erklärte Hoenn für hoffnungslos antideutsch, d. h. gegen den jetzigen deutschen Staatszustand; sagte aber gleich nachher, dass sich Leonhard Frank seit einigen Wochen ganz gewandelt habe, die Schuld am Kriege und der Kriegsverlängerung nicht mehr bei Deutschland allein suche, sondern auf alle Staaten gleichmässig verteile. Ich sagte Hoenn, worauf es mir ankäme, sei nicht, diese antideutschen deutschen Elemente in der Schweiz zu bekehren, sondern ihre Kritik fruchtbar zu machen, indem man sie auf Dinge lenkte, die vielleicht zu ändern, meinetwegen umzustürzen, wären, und fortlenkte von der Kritik am Unabänderlichen; es habe keinen Sinn, eine hässliche Nase zu kritisieren, wohl aber, einem kranken Körper Medizin zuzuführen. Aber wo wäre praktisch einzusetzen, wenn man Wege bahnen will, durch die neues Leben Form und Macht gewinnen kann? – Abends nach Genf, das ich noch nicht kenne.

26. April. 1918 Freitag. Genf. *26.4.1918 Freitag*

Ich empfinde, seitdem ich in Genf bin, eine frostige Beklommenheit, die das helle Sommerlicht heute Morgen nicht behoben hat und die durch das kalte nackte Innere der Kathedrale noch gesteigert wurde. Irgendwie ist mir diese Stadt, offenbar schon ihre Luft, tief antipathisch; trotz Rousseaus, den ich liebe. – Annette Kolb frühstückte bei mir. Sie sorgte sich in ihrer aufgeregten, „verhuschten" aber klugen Art um Kühlmann, der ihr Held ist. Ich verhehlte ihr nicht, wie sehr er nach meiner Ansicht menschlich enttäuscht hat. Seine Weiberfeste mit dem kleinen Hoesch und Horstmann in Bukarest sind offenbar ziemlich unschuldig, aber ärgerlich und unvorsichtig. Schlimmer, dass er fast nur noch Hoesch und ähnliche Leutchen ausserdienstlich sieht. A. K. meint, dass ihn der Tod der Margit verwirrt habe. Er könne keinen Schmerz ertragen; fliehe ihn daher in allerlei Zerstreuung. – Abends ass wieder Annette mit Schickele bei mir. Wir giengen nach Tisch am See, dessen Ufer sparsam mit einzelnen Lichtern bestanden in krystallener Klarheit unter dem Monde dalagen. In Zürich funkelt um den See eine wimmelnde Lichtermenge bis weit hinaus; hier ist in das dunkle Ufer nur hin und wieder ein Licht eingelassen wie ein Edelstein. Die Nacht bleibt mit sich allein, von Menschlichem unbeschwert, fast völlig rein. Die dunklen Uferfalten, die grauen stillen Berge, der ferne Schnee im Mondlicht überirdisch vornehm, kühl und schön; irgendwie fehlt das Glück. Aber auch an den Krieg konnte man in dieser Landschaft schwer glauben. Wir fingerten herum an der Figur von Kühlmann. Seine Pontius Pilatus Natur. „Ich bin nicht dazu da, alle Karren aus dem Dreck zu ziehen", wie er zu mir inbezug auf Elsass Lothringen sagte. Hätte er im Oktober die Autonomie Elsass Lothringens durchgesetzt, so stünden wir dem Frieden nah. Er, der so ehrgeizig und eitel ist, scheitert in seiner Carriere daran, dass er damals nicht zugriff und durchgriff, aus lauter Angst, er könnte sich schaden. Eine tragisch schwache und indolente Figur trotz seiner Bauernfäuste. In seiner Halbheit und Sterilität mit ihm verwandt, aber aus schlechtem Material, Muehlon, der heute einen hässlich giftigen Artikel[1] gegen seinen Brotgeber Krupp bringt. Schickele sagt, eine Hamlet Natur, aber ohne Tiefe oder Poesie. Ein krankes Gewissen in der Seele eines sehr prosaischen Geschäftsmannes; vor lauter Gewissen steht er jenseits von Gut und Böse, wird schlecht, spintisiert sich in Lügen hinein. Eine sehr deutsche Figur, aber keine schöne.

27 April 1918. Sonnabend. Genf. *27.4.1918 Samstag*

Schickele früh bei mir. Wir giengen im Parc von Mon Repos am See in einem unwahrscheinlichen Frühling, zwischen blühenden Magnolienbäumen, Goldlack, lila leuchtendem Wiesen Schaumkraut, einer vor Fülle und Schönheit verwirrenden und störenden Blütenpracht, die in Licht und Wind noch tausendfach flimmerte. Der entfesselten Natur gegenüber ist für den auf ein immer doch nur dürftiges Ziel gerichteten Menschengeist Askese vielleicht eine notwendige Haltung, sobald er nicht zufrieden ist, auch nur wild mitzublühen. Diese Dualität ist das schon im Sündenfall symbolisierte Schicksal des Menschen, des schwachen Menschen, wobei jenachdem der Teufel die Natur oder der Drang nach Erkenntnis und Menschentum sein kann. Allerdings der starke Mensch braucht Askese nicht. Aber welcher Mensch ist stark, ist immer stark? – Ich frühstückte bei Dumont mit Schickele und Oscar Levy, dem Herausgeber und Übersetzer Nietzsches in England. Und Abends ass ich wieder mit Schickele bei Levy im Richemont. Levy, ein feiner Judenkopf, der mich an den von Gustav Mahler erinnert, aber mit dem Schliff eines englischen „barristers", ist noch bis in den Winter '15 in England geblieben, nie interniert gewesen und hat Beziehungen mit Sydney Whitman und andren Freunden in England behalten.

[1] Pour la Belgique

Er lebt und denkt ganz in Nietzsche, für den, wie er sagt, durch den Krieg das Interesse in England stark gewachsen ist. Im Übrigen hat er nicht viele Ideen, ist einer von den Deutschen, die in der Schweiz gegen Deutschland mehr oder weniger opponieren und ein noch etwas nebulöses geistiges und politisches Emigrantentum bilden. Er suchte meine Zustimmung zu dem Satze, dass der Krieg in allen Ländern immer mehr Menschen ihrem Vaterlande entfremde. Schickele, er und ich diskutierten über den durch den Krieg sich vollziehenden Untergang der alten Welt, aber ohne dass weder Schickele noch Levy neue Ziele sehen liessen. Schickele meinte, er habe Angst vor neuen Götzen, die schlimmer sein würden als die alten. Ich vertrat dagegen den Standpunkt, mir wären neue Götzen schon recht, wenn sie nur jung und fruchtbar wären. Ich sehe aber nur die alten Götzen „Demokratie", „Freiheit", „Gleichheit" gespensterhaft auferstehen. Schickeles Opposition kommt hauptsächlich aus seinem süddeutschen Partikularismus; er mag Preussen nicht. Sein Patriotismus, sagte er mir heute, wurzelte in der deutschen Sprache, sei Sprach-Imperialismus. Die deutsche Sprache sei die schönste der Welt. Aber wie charmant sei der Titel von Paul Forts neuem Buch: „Quel plaisir j'ai d'être Français". „Quel plaisir ...."; das lasse sich auf Deutsch nicht wiedergeben.

28 April 1918. Sonntag. Genf. *28.4.1918 Sonntag*

Nachmittags bei Klossowski. Er zeigte mir mythologische Malereien und einige Entwürfe zu Illustrationen für „Amor und Psyche". Die Beziehungslosigkeit dieser Sachen, oder umgekehrt, dass man selber alle Beziehungen zu ihnen verloren hat, wirkt erschreckend. Ich empfinde sie wie Spiele von kleinen Kindern. Was soll uns heute, wo Alles kracht, niedlicher Geschmack? – Gegessen abends mit Stransky. Er sagt, der Ton in Genf gegenüber Deutschland habe sich in den letzten Monaten ganz gewandelt. Jetzt herrsche bleicher Schrecken und Respekt ohne Verminderung des Hasses. Ein Franzose, der ihm von Wuarin vorgestellt wurde, und der Clemenceau angeblich nahesteht, ein Mann, der sich Berger nannte, habe ihm zugegeben dass Frankreich den Zeitpunkt zum Friedensschluss verpasst („raté") habe. Stransky brachte mich am Quai entlang in mein Hotel. Am dunklen See mit den wenigen Lichtern meinte er in seiner drolligen und pomphaften Art: „Sie blicken hier in die calvinistische Nacht." Aber das heimliche Laster im Alkoven floriere. – Ein Kontrast zu Genf wäre Marseille. – Stransky spricht von der „stupiden Geschwindigkeit" des Auswärtigen Amtes; Politik auf sechs Monate Sicht. Keine Nerven und Geduld für langfristige Aktionen, die nicht gleich Profit bringen. Gegenstück, aber unglückliches, zur „affenartigen" Geschwindigkeit der Preussen 1866. Alles in Allem ein Gespräch mit Stransky eine Erholung nach der süsslichen Quatschigkeit des Annetteschen Pazifismus. Ich habe Annette gesagt, dass ich mich nur mit patriotischen Franzosen unterhalten wolle; ebenso wie ich annähme, dass vernünftige Franzosen nur Unterhaltungen mit patriotischen Deutschen reizen könnten, nicht mit Muehlons oder Schliebens; weil eine Annäherung nur auf der deutlichen Erkenntnis wirklicher Interessen, nicht auf Salonlügen, Phantastereien oder Phrasen aufgebaut werden könne: „monnaie de singe", die keinen Kurs in der Weltgeschichte hat.

29 April. 1918 Montag. Zürich. *29.4.1918 Montag*

Früh aus Genf nach Zürich. Man fährt zehn Stunden. Halt auf jedem Bahnhof. In Lausanne traf ich zufällig Louis[1], der seine Braut[2] und Schwiegermutter fortbrachte. In Bern war Prittwitz an der Bahn, trug mir einige eilige Sachen vor. Er erzählte, Renthe Finck habe ihm heute vertraulich für mich mitgeteilt, der Theaterdirektor Kehm, ein Reichsdeutscher, sei nach einem noch unbestätigten Gerücht in der Brüstlein Sache verhaftet worden.

30 April. 1918. Dienstag. Zürich. *30.4.1918 Dienstag*

Mit Berger von der Discontogesellschaft, der wegen der Corsogesellschaft hier ist, gegessen. Er sagt, dass Kühlmann schon gestürzt wäre, wenn die Weibergeschichte nicht in den Zeitungen gestanden hätte. Er habe in Bukarest unsere wirtschaftlichen Interessen ganz beiseitegelassen, nur das Politische bearbeitet, abgelehnt, sich um das Wirtschaftliche zu kümmern, das Körner und Stockhammern allein bearbeitet hätten. Im Hauptquartier sei man wütend auf ihn. Jetzt müsse er in Bukarest Alles umstossen und neu machen. Er sei ganz im Schlepptau Czernins gewesen. Seine Stellung sei aber dadurch ganz unsicher geworden. Als Nachfolger komme in erster Linie Helfferich in Betracht, der inbezug auf England ganz umgefallen sei und sich im Hauptquartier lieb Kind gemacht habe; daneben Rantzau oder Bernstorff. Als man Kühlmann in Bukarest wegen der Wirtschaftsabkommen Vorstellungen machte, habe er geantwortet: „Was wollen Sie? Ich habe keine Macht." Genau wie mir inbezug auf Elsass Lothringen; Mischung von Indolenz und Furcht, seine Stellung zu riskieren. Alles in Allem kein Mann, weltgeschichtlich unzulänglich. Seine Weibergeschichte, über die Berger durch Hugo Stinnes unterrichtet sein will, der unten war, erkläre Kühlmann damit, dass er zur Information über Propaganda ein Weiberlokal oder Kabarett besucht habe. Als Facit bleibt: angeblich unzulängliche Vertretung unserer Wirtschaftsinteressen, Gegnerschaft Ludendorffs, Rivalität Helfferichs. Als Outsider, der Aussichten habe, Staatssekretär zu werden, nannte Berger Radowitz. Nach Tisch giengen wir in die Bonbonnière, wo wir den Bruder Bethmann trafen. – Den Brief des Kaisers von Österreich hält

[1] Caillon

[2] Vogel-Spiess

man in Berlin so, wie ihn Clemenceau veröffentlicht hat, für echt. Der Kaiser habe offenbar auf unsere Kosten und Kosten Italiens mit Frankreich Frieden schliessen wollen. Drahtzieher seien die Kaiserin und deren Mutter[1] gewesen. Die Misstimmung sei infolgedessen stark und nicht durch die paar Mörser an der Westfront behoben, namentlich da die Österreicher in Italien nicht angreifen.

1 Mai 1918. Mittwoch. Zürich. *1.5.1918 Mittwoch*

Hundertjähriger Geburtstag von Karl Marx: Vorfeier. Um 6 $^{1}/_{4}$ aufgeweckt durch parademässig militärisches Trommeln. Zwei Arbeitsburschen im Schlapphut marschieren trommelwirbelnd über den noch leeren Bahnhofsplatz, trommeln in den nassen Morgen hinaus. Bei Huguenin, wo ich frühstücke, sind zur Mittagszeit die eisernen Jalousien herabgelassen; wir frühstücken bei elektrischem Licht. Die Geschäfte in der Bahnhofstrasse sind geschlossen und verrammelt. Die Strassenbahnen ruhen. Vormittags ist es deshalb sehr still gewesen: Sonntagsstimmung. Zwischen 1 und 2 beginnt der grosse Umzug. Gut ausgerichtet, ohne Aufregung. Anständig angezogen wie kleine Beamte, ein Jeder mit rotem Vereinsabzeichen und Regenschirm marschieren die Proletarier; eine Regenschirmparade, was nebenbei auf geordneten Wohlstand und unblutige Absichten schliessen lässt, da ein Regenschirm ein Luxus und kein Ausstattungsstück für Barrikadenkämpfe ist. Die Bureaukratisierung des Proletariats ist das, was am deutlichsten hervortritt. Wo sind die Blusenmänner von 48 und 71, die schönen wilden Arbeiter Constantin Meuniers? Diese Züricher sehen eher aus wie das Kleinvieh des Imperialismus. In der Masse klassenbewusster Stumpfsinn, dessen Macht aber nicht zu verkennen ist. Vielleicht muss Alles Mächtige dumm sein. Vom Dach der Strassenbahn-Wartehalle auf dem Paradeplatz hält eine Art von Volksschullehrer mit Zwicker eine Ansprache an die Menge. Man versteht Nichts; aber Alles lauscht mit Andacht. Es ist wohl möglich, dass bei fortschreitender Entwicklung (allgemeines Steigen der Löhne, Nivellierung der Vermögen) die soziale Frage keine Frage des Besitzes mehr sein wird, sondern dass „Proletariat" die mechanisierten Klassen, die von Maschinen zu Maschinen degradierten Menschen, heissen wird. Dann wird der Klassenkampf der Kampf um Qualitätsarbeit, um das Recht zu indiviudeller Arbeit werden. – Ludwig Bauer und Stefan Zweig im Café getroffen. Bauer entwickelte den Plan eines Sondertheaters in der Schweiz für junge internationale Dichter, d. h. Dichter, die in der Kriegszeit in ihren eigenen Ländern

[1] Maria Antonia

unmöglich wären. Er ist ein echter Wiener, dem als Hausmittel für Völkerstreit die Ironie das Beste scheint.

2 Mai 1918. Donnerstag. Zürich. *2.5.1918 Donnerstag*

Vormittags mit Dr Norbert Stern nach Wollishofen zum Besuch der chemischen Versuchsanstalt eines Deutschen, Dr Diesser. Diesser, ein intelligent aussehender, energischer Mann Mitte der 40 hat allerlei interessante und wertvolle Erfindungen gemacht. Unter Andrem zeigte er mir ein Stück weisse Seide, die er aus Blut hergestellt hat; er hat die Art, wie die Seidenraupe den Seidenfaden aus ihrer Körperflüssigkeit hervorbringt genau nachgemacht und erzeugt aus dem im Blut enthaltenen Albumin Seide, die tatsächlich kein „Ersatz", sondern echte Seide ist. Eine Entdeckung, deren Tragweite ähnlich der des künstlichen Indigo unermesslich ist. Der Zweck meines Besuches war aber, mich über den Patentraub zu informieren, den die Schweizer jetzt bei Gelegenheit des Krieges an den deutschen Patenten begehen. Nach Diessers Angaben, der von den Schweizern als wissenschaftlicher Berater häufig zugezogen wird, geht eine allgemeine Ausplünderung der deutschen Patentrechte vor; selbst Schweizer Hochschulprofessoren (so der Prof Sommer von der Züricher Hochschule) beteiligen sich am Raubzuge. – Mit Berger von der Discontoges. im Baur au Lac gefrühstückt und ihn auf Diessers Seiden Entdeckung hingewiesen. – Nachmittags Fritz Unruh bei Huguenin getroffen. Er sprach sehr pessimistisch über die Offensive und prophezeite die allgemeine europäische Revolution innerhalb von zwei Jahren. Ich hatte aber das Gefühl, dass er das Eintreten dieser Katastrophen nicht ganz ungern sehen würde, da sie seine Dichtungen bestätigen würden. Er kommt von seinem Werk nicht los. Aus der Komödie[1] deklamierte er mir mit ungeheurem Nachdruck mehrere Szenen. Nachher mit Schickele, Ludwig Bauer, Cassirer u. einem Dr Bach zusammen. Bauer kam auf sein Theater Projekt zurück und wollte, dass Bach (der für die österreichische Propaganda herkommt) und ich es finanziell unterstützen sollten mit Staatsgeldern. Schickele, Cassirer und ich besprachen dann allein die Neue Folge der Weissen Blätter. Schickele möchte seinen Wohnsitz nach der Westschweiz (wahrscheinlich Ouchy) verlegen, weil er dort mehr aus Frankreich erfahre. Ich willigte ein unter der Bedingung, dass der Sitz der Redaktion in Bern bleibe. Schickele glaubt, starke Anzeichen einer pazifistischen Bewegung in Frankreich zu erkennen und will sie von der Westschweiz aus genau verfolgen. Die erste Nummer der neuen „Weissen Blätter" soll am 15ten Juli erscheinen. – Abends mit Schickele und Cassirer im Aepfel Chaemmerle, wo ein Schweizer Gebirgsjäger, der mit Fremden Champagner trank, so gröhlte, dass er uns vertrieb. Wir gien-

---

[1] Platz

gen in eine nahe Kutscherkneipe, die ein „saftigeres" Publikum, das aber weniger störte, aufwies.

3 Mai 1918. Freitag. Zürich – Bern. *3.5.1918 Freitag*
Dr. Diesser Morgens bei mir. Seine Seidenerfindung in dieser Zeit allgemein destruktiven Schaffens, sticht ab wie ein Phänomen. – Zurückgefahren nach Zürich mit Schickele und dem älteren Bruder Bethmann. In Bern war Karl Vollmöller an der Bahn, um mir Mitteilungen zu machen. Mit Schickele zu Abend gegessen. Er erzählte von seiner Veronalzeit. Hat August '14 angefangen Veronal zu nehmen, um der Zeit zu entgehen. Sich immer stärker vergiftet, bis er mit Gewalt bei Binswanger entwöhnt wurde. Habe ganze Tuben Veronal gegessen, um nicht zu denken. Noch in der ersten Zeit unserer Bekanntschaft. Später nach der Entwöhnung Alkohol. Jetzt hat er auch dem Alkohol entsagt. Lernt allmählich wieder arbeiten. Seit Januar führt er ein Tagebuch, das ihn ans Schreiben gewöhnt hat; an diesem Tagebuch sei er wieder zum Schriftsteller geworden, seine alten Rhythmen wiedergefunden. Grumbach verdanke er zum grossen Teil seine Rettung vor dem Veronal. Dieses Band der Dankbarkeit scheint ihn am festesten an Grumbach zu fesseln. Im Hotel noch mit Vollmoeller, der seine Pläne für eine Feuilleton Korrespondenz vortrug.

4 Mai 1918 Sonnabend. Bern. *4.5.1918 Samstag*
Vormittags bei Bismarck. Propagandafragen besprochen. Er meinte, im Amt seien zu viele Juristen, kluge, welterfahrene Leute, die aber vor lauter Klugheit nie zu dem kämen, was man von jedem Militär verlange, zu einem Entschlusse. Bei den Wirtschaftsverhandlungen mit der Schweiz wäre es jetzt wieder nicht zu einem festen Auftreten gekommen, wenn er und Bethmann nicht Romberg an die Wand gedrückt hätten. Romberg werde kaum noch gefragt. Bismarck und Bethmann haben sich in ihrer Gegnerschaft gegen Romberg gefunden. Bethmann möchte Romberg, wie er offen sagt, am liebsten ganz beseitigen. Nebenher geht ein Konflikt zwischen Bismarck und Tattenbach, der, wie Bismarck mit Recht sagt, seiner Aufgabe als Pressechef nicht gewachsen ist. Bismarck möchte, wie mir scheint, Otto Radowitz an Tattenbachs Stelle bringen. Überall Reibereien und Rivalitäten; zum Teil in den hässlichsten Formen. – Mit Schickele und Paul Cassirer gefrühstückt. Schickele glaubt, dass die Gruppe in Frankreich, die eine Versöhnung mit Deutschland will, auch finanzielle Unterstützung finden werde. Die französische Grossindustrie werde sich nicht ganz der amerikanischen und englischen Finanz ausliefern wollen, sondern auch an Deutschland Anlehnung suchen. Viel fraglicher sei, ob bei uns die Gegner der Vaterlandspartei Geld finden würden. Bisher sei der „Bund für Freiheit und Vaterland" durch Mangel an Geld in seiner Agitation behindert. Cassirer

meinte dagegen, dass die Schwerindustrie selber durch ihre Machtentfaltung die Grossbank, oder Teile der Grossbank, ins gegnerische Lager dränge. Bis zum Kriege sei die deutsche Grossindustrie von den Banken abhängig gewesen; jetzt kehre sich das Verhältnis um: die Discontogesellschaft, die Dresdener Bank u. s. w. seien von der Schwerindustrie, Hugo Stinnes, Peter Klöckner u. s. w. abhängig geworden. Die ungeheuren Summen, die die Schwerindustrie an Kriegslieferungen verdient und aus Belgien herausgezogen hätte, hätten sie so gestärkt, dass sie jetzt die Banken nicht mehr nötig habe, sondern ihnen diktiere. Ein Symbol hierfür sei der Eintritt Bodenhausens von Krupp aus in den Aufsichtsrat der Discontogesellschaft. Aber andre Bankkreise, insbesondre die „Deutsche Bank", stemmten sich gegen diese Entwicklung und würden zu ihrer eigenen Verteidigung gezwungen sein, die gegen die Schwerindustrie gerichtete „pazifistische" Bewegung zu finanzieren. – Abends mit Romberg zum Stiftungsfest des deutschen Vereins „Germania". Professor Maync, der Germanist der hiesigen Universität, Reichsdeutscher, hielt eine nicht von ungewollter Komik freie Rede. Vom Fürsten Bismarck urteilte er, er sei ein Mann gewesen, der „auch persönliche Erfolge davongetragen habe" in seiner politischen Laufbahn. Ich sass neben dem baierischen Gesandten, dem alten Böhm, der fortgesetzt Bosheiten destilliert. Einen Retourhieb brachte ich ihm allerdings bei: nachdem er Alles und Jeden angeknabbert hatte, meinte er, das baierische Wappen, das neugemalt uns gegenüber von der Wand strahlte, sei ganz falsch; die Krone hätte Empire sein müssen. „Denn unsere baierische Krone, das wissen Sie wohl nicht, ein wahres Wunderwerk, ist in Paris gemacht." Ich antwortete: „Daran hatte ich in der Tat nicht gedacht; denn die unsrige, die preussische, ist deutsche Arbeit." Böhm murmelte noch Etwas, gieng aber dann bald nachhause. Neulich hat er die Gräfin Aehrenswaerd[1], die schwedische Gesandtin, auf ihrem Empfang auf Französisch gefragt: „Ah, aujourdhui c'est le jour des boches?". Die Gräfin antwortete kurz: „Je ne vous comprends pas monsieur", so dass er sich entschloss „boches" in „Allemands" zu korrigieren.

5 Mai 1918. Sonntag. Bern. *5.5.1918 Sonntag*

Vormittags zum Vortrag bei Romberg, der mich zum Frühstück behielt und Nachmittags mit mir spazieren gieng. Er ist in Strassburg gewesen, hat mit Dallwitz und Tschammer gesprochen und kommt mit dem Bescheid zurück, dass an Autonomie nicht zu denken sei. Tschammer hat ihm gesagt, dass jetzt die grosse Majorität der Bevölkerung antideutsch sei, die Autonomie daher die Verdrängung der Altdeutschen und ihrer Unternehmungen aus dem Elsass und ein Hinausgleiten des Elsass aus dem Reichsverband zur Folge haben

[1] Ehrensvärd

würde. Mit dieser Tatsache, so bedauerlich sie sei, müsse man rechnen und danach seine Entscheidungen treffen. In Strassburg sehe er schon die blauweisse Fahne wehen. Allerdings meinte Romberg, wenn der Friede an der Autonomie des Elsass hänge, würde man sich wohl auch anders zu entscheiden wissen. Aber erst müssten die Lage und Stimmung ganz anders werden bei uns. Vorläufig lebe man noch in einer Art von Fieber, glaube an die Zerschmetterung und Ausschaltung Frankreichs. Romberg lehnte für sich diese Auffassung ausdrücklich ab. Die „Ausschaltung" Frankreichs sei undenkbar; ein grosses reiches Land wie Frankreich werde nicht ausgeschaltet, wenn seine Bevölkerung auch noch so sehr litte und vermindert werde. Dann kämen eben Einwanderer, die rasch französiert würden. Denn der französische Geist scheine wirklich eine Art von Unsterblichkeit zu haben. Ich vertrat nachdrücklich noch einmal die Autonomie. Schlimmstenfalls werde es im Elsass ein paar Jahrzehnte lang den Altdeutschen schlecht gehen. Aber gehe es denn den Deutschen in Posen heute gut, obwohl Posen nicht autonom, sondern eine preussische Provinz sei? Und sollten wir noch Jahrelang Krieg führen, damit in diesem Ländchen der Deutsche Geschäfte machen könne? Was wir brauchten, seien die durch das Elsass uns gewährten Grenzen und die militärische Sicherung durch eine Besatzung; im Übrigen falle das Elsass garnicht ins Gewicht gegenüber der ungeheuren Grösse der durch den Frieden zu regelnden Fragen und zu erlangenden Vorteile. Kühlmann habe nach meiner Ansicht den entscheidenden Fehler seiner Laufbahn und einen der verhängnisvollsten Fehler der deutschen Geschichte gemacht, als er im Oktober und November des vorigen Jahres ablehnte, seinen Einfluss für ein autonomes Elsass-Lothringen einzusetzen. Romberg stimmte mir zu und verurteilte namentlich die Rede mit dem „Niemals". Auch Romberg giebt Kühlmann verloren. Wir besprachen Helfferich, Bernstorff, Rantzau. Über Helfferich sind Romberg und ich uns einig, dass er ein ganz unproduktiver Bureaumensch ist. Gegen Rantzau hat Romberg sein Schandmaulen und seine unermessliche Eitelkeit, die bis zu Ordensfragen reicht. Bernstorff ist durch Amerika belastet. So sind die Aussichten, die durch das Versagen Kühlmanns sich eröffnen, ziemlich trübe. In der Ukraine ist die Umwälzung auch, wie Romberg sagt, auf Fehler von unserer Seite zurückzuführen. Der Justizchef von Eichhorn, ein General W[1] habe vollkommen kopflos gehandelt und aus eigener Machtbefugnis die Minister u. s. w. verhaftet. Mumm sei ausser sich. Aber trotzdem es sich um einen ganz zweifellosen Misgriff handle, weigere sich das Militär, ihn anzuerkennen, und decke den General W. Das preussische Militär gebe sich grundsätzlich für unfehlbar. Über England sagte Romberg, dass Lichnowskys Denkschrift den dortigen Friedensfreunden den Boden unter den Füssen fortgezogen habe; schien aber trotzdem der Ansicht, dass aus einer

[1] vermutl. Waldersee

Kombination Lansdowne-Arbeiterpartei Etwas herauskommen könne. Seine Absicht, mit mir nach Berlin zu fahren, hat er aufgegeben. Es habe unter den jetzigen Umständen, wo Kühlmann um seine Stellung kämpft und man nicht wisse, wer morgen da sein werde, keinen Zweck, irgendetwas zu besprechen. Der häufige Wechsel im Posten des Staatssekretärs legt in der Tat allmählich die politische Führung des Krieges lahm. Man kann Nichts vorbereiten, kein Ziel mehr als fest ansehen. Ein Mann wie Romberg, der schon von Natur ungern Entschlüsse fasst, gerät dadurch immer mehr in einen Nebel. Das Militär wird, wenn das so fortgeht, die Zivilgewalt schliesslich ganz ausschalten. Bei uns in Bern äussert sich dieser Gegensatz im Konflikt zwischen Otto Radowitz und Tattenbach. Romberg fragte mich, was ich von Radowitz hielte? Ich konnte nicht viel antworten, da ich Radowitz dienstlich kaum kenne. Romberg schien das angenehm, denn er sagte gleich selbst, Tattenbach habe politischen „Flair", fühle vor Allem, was vermieden werden müsse, während Radowitz reichlich naïv scheine, Offensiven in der Presse vorschlage, deren Folgen er nicht abschätze. Romberg ist also für Tattenbach, Bismarck für Radowitz, und im Kleinen spielen dieselben Erwägungen gegeneinander, die im Kampf des Grossen Hauptquartiers mit dem Amt in Berlin wirksam sind. – Heute früh in der Voss. Ztg. Notiz, dass der kleine Braun, der Sohn der Lily Braun, der bei Haeften in der M.A.A. war, am 29ten gefallen ist. Ich war sehr erschüttert, dass wieder einer von den begabtesten und frischesten, die wir für die Zukunft nötig haben, fort ist. Solch einzelner Todesfall bringt den Krieg nah, gegen dessen blutige Scheusslichkeit man in der Ferne abstumpft.

6. Mai 1918. Montag. Bern. *6.5.1918 Montag*

Heute Nachmittag bei Tattenbach. Er äusserte Rücktrittsabsichten, klagte über Bismarck und Radowitz und war gegen mich liebevoll. Der arme Junge tat mir leid, obwohl er seiner Stellung nicht gewachsen war, leichtsinnig und selbstgefällig, ohne Organisationsgabe oder Fachkenntnisse in Pressesachen, ein echtes Auswärtiges Amts Früchtchen. Gott bewahre uns vor Solchen in künftigen Zeiten. Dass diesem Jüngelchen die Presse des wichtigsten neutralen Landes im Weltkriege anvertraut blieb, ist wohl der schwerste Vorwurf, den man Romberg machen kann. – Das Buch von Ragaz „Die Neue Schweiz" gelesen. Die Grundlage, von der er ausgeht, sein historisches und politisches Wissen, ist vulgär dilettantenhaft, sein Denken ohne scharfes Unterscheidungsvermögen, sein Ziel nebelhaft unklar. Das Ganze macht einen pastorenhaften, schwächlich wohlmeinenden Eindruck, wie eine talentvolle, faselige Predigt. Höchstens Etwas für Untersekundaner oder ländliche Predigtamtskandidaten. Ragaz wird keine neue Welt begründen.

7 Mai 1918. Dienstag. Bern. *7.5.1918 Dienstag*

Annette Kolb kam heute aus Clarens, um sich bei mir zu beschweren, dass Pappenheim, der bis zum Kriege als Abenteurer in Paris lebte und jetzt als Spitzel in Genf stationiert ist, sie bei Genfer Bekannten als deutsche Agentin denunziert hat. Sonnabend hat mir Bismarck einen Spitzelbericht aus Genf über meine Zusammenkünfte mit Annette zugeschickt, der ebenfalls offenbar von diesem sauberen Reichsgrafen stammte. Annette behauptet, er sei wegen Diebstahls aus der Münchener Pagerie hinausgeworfen. Ich machte an Romberg einen schriftlichen Bericht über diese an Landesverrat grenzende Gemeinheit und besprach mich mit Schubert, bei dem Annette vorher war. Schubert bestätigte die üblen Antezedentien von P., sagte aber, er habe sich im Kriege rehabilitiert. Solche widerwärtigen Hunde laufen heute im Offiziersrock herum. Schubert billigte meinen Vorschlag an Romberg, dass man den Reichsgrafen still und ohne ihn vorher zu ärgern, aus der Schweiz entfernen solle, um einen neuen Fall Schlieben zu vermeiden. – Abends ins Konzert des russischen Chors aus Genf mit Renata Bethmann und der kleinen Vitzthum[1]. Von der Gesandtschaft sah ich noch die ganze Familie Radowitz, Montgelas, Prittwitz, Ravenés; dagegen wenig Entente Diplomaten, nur Belgier und Engländer. Es war eine Freude, wieder einmal Musik von musikalischen Menschen gemacht zu hören. – In der Ukraine hat sich ein Skoropatski zum Hetman proklamiert und ist von uns anerkannt worden. Er hat mit dem Sozialismus Schluss gemacht, das Privateigentum wieder eingeführt, was den gesättigten Plünderern gewiss recht ist, engen Anschluss an die Zentralmächte und Abwendung von allen grossrussischen Tendenzen als seine Richtschnur ausgegeben. Eichhorn hat, wie es scheint, Unsinn gemacht; man muss aber sehen, ob dieser Skoropatski nicht doch noch die Sache zum Guten wendet, wenn er von uns unterstützt wird und Musse hat, mehr als ein Agent Deutschlands zu werden. Nach dem, was ich gesehen habe, ist der ukrainische Bauer vollkommen gleichgültig gegen die Staatsform, wenn er nur Land hat oder mehr bekommt und nicht mit Kleinlichkeit kujoniert wird. – Im Westen noch immer Schlachtpause. – Die Zuckerkandl telegraphiert, dass sie wieder da ist. – Zum ersten Mal heute seit November eine eigenhändige Karte von Wilma aus Bournemouth.

8 Mai 1918. Mittwoch. Bern – Montreux. *8.5.1918 Mittwoch*

Gestern ist der Friede mit Rumänien[2] unterzeichnet worden. – Mit Durant in seinem Auto nach Montreux gefahren. Dort im Palace Hotel abgestiegen. Nach Tisch mit Baby Friedländer und ihrer Mutter gesessen in der Halle, die in ihrer Gründerzeit Protzigkeit an die Hotelhallen in der „Reise um die Welt in 80 Ta-

[1] Renthe-Fink

[2] in Bukarest

gen" erinnert. An einem Nebentisch gab die Herzogin von Madrid eine Soiree für französische Offiziere. Später waren wir mit Hardys aus Hamburg zusammen. Merkwürdig, wie gut diese deutschen Juden in jede internationale Gesellschaft hineinpassen; vielleicht weil ihr Unterschied gegen Deutsche genau so gross ist wie gegen Engländer, Franzosen, Amerikaner: sie stehen überall im gleichen Kontrast. Über Kühlmann sprachen Friedländers kleinlaut und kalt. Ich habe das Gefühl, dass er sie auch fallen lässt, weil sie ihn kompromittieren könnten, oder dass Friedländers ihrerseits rechtzeitig Abstand suchen; bei den Charakteren dieser Gegenspieler erkennt sich's schwer, wer in den Nuancen des Abfalls weiter fortgeschritten ist.

9 Mai 1918. Donnerstag. Lausanne. *9.5.1918 Donnerstag*

Aus Montreux nach Lausanne, um von Louis Caillon, der nach Frankreich ausgetauscht ist, Abschied zu nehmen. Bei ihm gefrühstückt, seine Verse durchgesehen. Um 4 im Hotel telephonierte Prittwitz aus Bern ein Telegramm von Dora Bodenhausen, dass Eberhard plötzlich gestorben ist. Ich war wie erschlagen. Einer meiner ältesten, nächsten, besten Freunde; Einer von Deutschlands ersten Männern, auf dem Höhepunkt seiner Laufbahn. Jemand, der den Kreis seiner Bekannten tief beeinflusste. Wir haben als Waffengefährten unsere ersten Kämpfe gekämpft. Zeiten des „Pan", Dehmels, Meier-Graefes, Tschudis. Mir war er ein absolut zuverlässiger Freund, der zweite mit Heymel, den ich während des Krieges verliere. Ihm verdanke ich es, dass ich in Bern bin; und wie viel Geistiges, Künstlerisches von jeher. Abends wieder bei Caillon. Er las einige Stücke aus Hérédia: La Vision de Khem, Viole. Ich konnte sie, während ich gleichzeitig ihre marmorne Schönheit tiefer wie sonst empfand, kaum ertragen. Dann giengen wir in der Nacht unter den Bäumen von Montbenon spazieren; der Himmel mit den Sternen hinter den dunklen Bäumen schien mir wie eine Totenfeier. Ich dachte an die rauschenden Baumkronen über dem offenen Grabe von Carlchen Stosch, diesem früh verschwundenen Jugendfreund. Wie Viele liegen jetzt schon in der Erde, die mir für Augenblicke am nächsten standen. Neben mir gieng Louis Caillon; und wir wussten Beide nicht, ob wir uns jemals wiedersehen. Zwischen uns tritt wieder der Krieg mit seiner Ungewissheit, vielleicht seinem Hass, seinen Misverständnissen. Es war eine sehr merkwürdige, feierliche Stunde, in der dieses Alles miteinander verschlungen war.

10 Mai 1918. Freitag. Bern. *10.5.1918 Freitag*

Mit dem ersten Zug aus Lausanne nach Bern. Auf meinem Schreibtisch lag neben den Telegrammen, die Eberhards Tod mitteilten, ein Brief von ihm aus Berlin an mich vom 2ten: „Mein lieber Harry, Welch grosse Freude, als ich vorgestern bei der Rückkehr von Degenershausen Deine Kiste hier vorfand!

(eine Sendung mit Schokolade und Kaffee) Es traf sich gerade so, dass unser Vorrat in der Kostbarkeit, die quantitativ Deine Sendung am stärksten ausfüllte, vollkommen ausgegangen war und ich nicht mehr wusste, woher noch Etwas beziehen. Auch die anderen beigepackten Dinge sind sehr willkommen und werden im Laufe der nächsten Woche mit mir nach Degenershausen wandern, wo sie der freudigsten Aufnahme gewiss sind. – Hoffentlich giebst du rechtzeitig Nachricht, wann du hierher kommst! Ich fürchte freilich, wenn dies im Mai der Fall sein sollte, dass wir uns wenig werden sehen können, da ich gerade im Mai, teils wegen der Pfingsttage, teils auch wegen geschäftlicher Abhaltung, sehr viel verreist sein werde. Jedenfalls bitte ich um Nachricht hierher an meine obige Adresse. – Es wird dir lieb sein, zu hören, dass Rudi Schroeder sich zurzeit, und zwar für mindestens noch 3 Wochen, in Degenershausen aufhält und sich dort sichtlich erholt. Er ist alsdann für den Haag reklamiert, braucht also nicht nach Wilhelmshaven zurück. Er hat mir neulich die beiden ersten Gesänge der Ilias vorgelesen. Unbeschreiblich schön, noch weit über der Odyssee stehend. – Die gleichen Gründe, die dich zur Kürze deines Briefes zwingen, sind auch für mich gegeben, daher ich schliesse mit den herzlichsten Grüssen und wiederholtem Dank, insbesondere aber auch mit der Bitte, Romberg vielmals von mir zu grüssen und ihm gute Besserung zu wünschen, als dein getreuer Bodenhausen." – Der ganze Mann mit seiner Güte und Liebenswürdigkeit, seinen mannichfaltigen Interessen, seinem Eifer, seinem Enthusiasmus, ist noch einmal in diesem Briefe. Wenn man sich Vorwürfe macht, dass man Jemanden nicht genug gesehen, nicht genug seine Güte oder seinen Geist genossen hat, wird man sich halb schmerzlich, halb glücklich klar, wie Viel Kostbares es in der Welt giebt. – Ich war spät Nachmittags bei Romberg. Wir giengen im Garten auf und ab in einer Pracht von Frühling und überall in der Landschaft, im Tal und auf den Höhen, spriessenden Farben. Er war traurig, aber nicht ganz auf mich abgestimmt. In keinem Gefühl trifft man so selten bei einem Andren genau auf dieselbe Tiefe oder Färbung wie in dem der Trauer. Romberg hatte auch andre Sorgen wegen des Wirtschaftsabkommens mit der Schweiz. Bethmann und Bismarck haben die Sache so auf die Spitze getrieben, dass ein Bruch, bestenfalls Verhältnisse, die die Schweizer dauernd ärgern, bevorstehen. Romberg meinte, der Gegenwert, den wir bekämen, die hohen Kohlenpreise, schienen ihm eine solche Wirkung nicht zu rechtfertigen. Aber da hiesse es, Alles käme auf die Valuta an, keine Tonne Eisen dürfe der Entente zukommen (trotz des angeblich so erfolgreichen U Boot Krieges) u. s. w. Er wisse natürlich nicht, <u>wie</u> schlecht es Deutschland gehe. Da müsse man denn eben dem Geschrei nachgeben. Schubert, mit dem ich nachher zu tun hatte, schäumte über Otto Radowitz und seinen Konflikt mit Tattenbach. Er meint, ebenso wie ich, dass hinter Radowitz in Wirklichkeit Schulenburg steht und intriguiert. Radowitz sei naïv. Bismarck unterstützt Radowitz, um auch die Presse an sich zu ziehen. Der Konflikt zwischen Romberg und Bismarck ist im Kleinen derselbe, aus denselben Ursachen, wie der zwischen Ludendorff und Kühlmann. Wahrscheinlich spielt er sich ähnlich an jeder unserer Gesandtschaften ab. – Abends nach Tisch bei Schickele. Er hat die Idee aufgegeben, am Genfer See sein Bureau zu machen. Er sagte, dort würde er alldeutsch, so widerwärtig und gemein sei das Schimpfen der Welsch-Schweizer auf die Deutschen. Er zieht deshalb nach Spiez.

11 Mai. 1918. Sonnabend. Bern – Zürich. *11.5.1918 Samstag*

Ziemlich dramatischer Besuch des Dr Schreck von Siedentopf angemeldet. Sherlock Holmes Typus. Schreck will entdeckt haben, dass ein Herr von unserer Gesandtschaft einen infamen Artikel gegen Gesandtschaftspersonal bei der „Freien Zeitung" anonym anzubringen versucht hat. Kam unter Berufung auf seine geheime dienstliche Stellung, um Anhaltspunkte hierfür zu sammeln. Für Schulenburgs Autorschaft spricht nach Schreck, dass in dem Artikel der Stil genau derselbe wie in der Broschüre des angeblichen „Wernsdorf" („Dieses Buch gehört dem Bundesrat") ist; in Beiden kommt das ganz ungewöhnliche Wort „Bauchladen" vor. Der Krieg zeitigt überall in allen Ländern eine jetzt immer mehr spürbare ethische Zersetzung. Die Atmosphäre Europas wird allmählich die eines Leichenhauses. Haguenin soll neulich zu Grumbach gesagt haben, er habe Lust, sich in eine Ecke zu stellen und einen ganzen Monat nur zu brechen. In einer Zeit, wo Deutschland vom Kanal bis zum Don, von Finnland bis Persien als Sieger steht, wird das deutsche Leben zwischen diesen mehr als Napoleonischen Kriegsgrenzen immer kleinlicher, bespitzelter, anormaler, immer tötlicher gelähmt von giftigen, unnatürlichen ethischen Gasen. Wir werden ebenso wie die andren Völker durch den langen Krieg moralisch ausgehöhlt. Die bösartige, krankhafte Natur des heutigen Zustandes tritt in dieser Vergiftung deutlicher zutage als selbst in den schweren Lebensopfern an der Front. Das hat Tolstoï in „Krieg und Frieden" nicht geschildert. Abends der Briefwechsel von Erzberger und Hertling in der „Vossischen"[1]. – Etthofen von der österreichischen Gesandtschaft machte Abschiedsbesuch. Er ist nach Kiew versetzt. Bibikoff, der tsaristische frühere russische Gesandte, giebt ihm nach Kiew einen Brief an seine Schwester mit. Bis vor einem Jahr gieng Bibikoff in Bern herum und verkündete, man müsse jeden Österreicher und Deutschen totschlagen. Etthofen sagte mit Recht, wie konventionell und oberflächlich der Krieg sei. – Nach Zürich gefahren, wo ich Haguenin traf. Er entschuldigte sich bei mir, er habe dreimal versucht, mich zu besuchen, mich aber jedesmal nicht angetroffen. Verabredung mit ihm für Montag.

[1] Hertling und Erzberger. Ein Briefwechsel

12 Mai 1918 Sonntag. Zürich. *12.5.1918 Sonntag*
Beisetzung Eberhards in Degenershausen. Währenddessen musste ich zur Eröffnung der österreichischen Kunstausstellung und zum Frühstück von Mussolin. Beides wurde mir recht schwer. Abends „Pelléas"[1]; nachher Simson.

13. Mai. 1918. Montag. Zürich. *13.5.1918 Montag*
Haguenin besuchte mich Verabredungs gemäss Vormittags im Hotel; versuchte, seine Methode fortsetzend, die schwärzesten Punkte in der Entente Rechnung rosig zu färben, während er kleinere Sorgen zugiebt. Trotzdem in den heute aus Paris eingetroffenen Zeitungen Boret, der französische Ernährungsminister, die Lage sehr pessimistisch beurteilt, behauptet er, dass man nirgends heute besser lebe als in Frankreich. Allerdings wurde er bei meinen Einwendungen sehr rot. Ich brachte ihn dann auf ein angenehmeres Thema durch den Hinweis auf die glänzende Lage Frankreichs innerhalb der Entente, in die es durch Englands Versagen gegenüber unserer Offensive gerückt sei. Wir hätten Frankreich durch unsere Offensive geradezu einen Dienst erwiesen; jetzt sei es wieder wie zu Anfang des Krieges die Vormacht der Entente. Allerdings sei auch sein Einsatz dadurch gewachsen; denn wir müssten jetzt wieder die Vernichtung Frankreichs militärisch als unser Hauptziel ansehen. Warum Frankreich diese Situation nicht politisch ausnutze? – Haguenin erwiderte: Frankreich sei heute Clemenceau. Clemenceau sei aber kein Politiker, sondern ein alter Zeitungsschreiber („un vieux journaliste") und sogar etwas naïv, etwas sentimental, mit einer sentimentalen Liebe zu Frankreich wie sie nur Franzosen ihrem Vaterlande entgegenbrächten; aber gleichzeitig eine Art von Jeanne d'Arc, der die „Union Sacrée" neugeschaffen habe und hinter dem zum Siege entschlossen die überwältigende Mehrheit der Franzosen stehe. – Ich fragte, ob nicht doch gewisse Kreise die Führung des Landes in einem modernen Kriege durch eine alte Jungfrau von Orleans ohne Begabung für Politik mit Angst betrachteten? Haguenin sagte: Nein, keine ausschlaggebenden Kreise; denn in Frankreich verstehe Niemand Etwas von Auswärtiger Politik. Auch habe Clemenceau keinen Politiker in seiner Umgebung. Sein Factotum und Kabinettschef, der Jude Mandel, sei klug, aber ausschliesslich auf das Parlament und innere Schiebungen eingestellt und von Clemenceau ganz abhängig; Pichon eine Null, Pichons Kabinettschef Legrand dumm und indolent, Philippe Berthelot, der wieder zu Einfluss gelangt sei (wieder sous directeur des affaires politiques im Ausw. Min.) ausschliesslich Franzose, ohne tiefere Kenntnis des Auslandes und insbesondre Deutschlands. Tardieu sei vielleicht der Einzige, der genügend Kenntnisse und Energie hätte, um Clemenceau zu leiten; der sei aber weit weg. Ich wandte Tardieus Deutschfeindlichkeit ein. Haguenin er-

[1] Debussy

widerte: Tardieus Politik sei früher auf das russische Bündnis aufgebaut gewesen. Nachdem Russland verschwunden sei, müsste er für Frankreich eine neue kontinentale Anlehnung suchen. Vermutlich würde er daher gegen Deutschland weniger ablehnend sein. Ich fragte nach Caillaux. Haguenin meinte: que tout le monde en France trouve qu'il est bien où il est (im Gefängnis.) Ich fragte, ob denn garkeine Aussicht bestehe, dass Clemenceaus Einfluss wieder schwinde? Haguenin erwiderte: Nur durch Clemenceaus Tod. Dieser würde allerdings „un évènement considérable" sein und Frankreichs Haltung tief beeinflussen. Wenn Clemenceau verschwinde, würde die wahrscheinlichste Kombination die zwischen Briand und Thomas sein. Briand sei kein „grand politique" (als ich diesen Ausdruck auf ihn anwendete, protestierte Haguenin) aber sehr gewandt, könne sich jeder Situation anpassen, allerdings energielos. Über Amerika äusserte sich Haguenin merklich kleinlauter als früher. Er behauptete aber, die Amerikaner seien nach wie vor entschlossen, mit allen ihnen zu Gebote stehenden Mitteln den Franzosen zu helfen. Sie seien ehrlich, aber allerdings etwas naïv, „bluffeurs" und ohne Erfahrung in europäischen Dingen. Kommen würden sie sicher; nur lasse sich der Zeitpunkt schwer bestimmen, in dem ihre Hülfe wirksam werden würde. Da aber der Krieg noch lange dauern würde, voraussichtlich noch drei bis fünf Jahre, so würden sie zweifellos eingreifen. Die Enthüllungen des Daily Mail Korrespondenten Delmer über die Unterredung zwischen Herron u. Quidde verurteilte Haguenin aufs schärfste, da durch solche Vorfälle der Verkehr zwischen den beiden Lagern fast unmöglich gemacht werde. Er selbst sei allerdings erst vor Kurzem wieder in Paris bevollmächtigt worden, mich und andre Deutsche zu sehen, obwohl man ihn gefragt habe, was er eigentlich von solchen Unterredungen erhoffe? Er drückte sogar den Wunsch aus, dass er, Schickele und ich in den nächsten Tagen zusammen essen oder frühstücken sollten.

Nachmittags Besuch bei der Zuckerkandl im Hotel Schwert. Sie war wieder leidend und lag in ihrer Mme Récamier Haltung ganz eingehüllt in weisse Spitzen und Tüll auf der Chaiselongue. Sie bringt das Neuste aus Wien. Die Briefaffäre und der Sturz Czernins haben in Österreich eine bis in den Hochadel reichende antidynastische Bewegung heftigster Art hervorgerufen. Die von Egon Fürstenberg einberufene Herrenhaus Versammlung drehte sich um die „Lex Parma". Es sollte in der nächsten Sitzung des Herrenhauses eine Abstimmung herbeigeführt werden über diese bereits vor mehreren Jahren eingebrachte, aber nie zur Verabschiedung gelangte „Lex Parma", durch die das Haus Parma den gewöhnlichen Gerichten entzogen und ebenso wie das Haus Habsburg der Gerichtsbarkeit des Obersthofmeisters unterstellt werden sollte. Die Absicht war, diese Lex Parma einstimmig abzulehnen und dadurch in der schärftsten Weise gegen das Haus Parma zu demonstrieren. In der Versammlung waren die Reden derart heftig und antidynastisch, dass der Prinz Lobkowitz, der sich aus ihr entfernte, gleich darauf Szeps sagte, er komme aus einer Versammlung von Bolschewiki. In der Tat soll ganz offen über die Absetzung des Kaisers verhandelt worden sein. Diese scheint nur deshalb in der Versammlung keinen Anklang gefunden zu haben, weil die Regentschaftsfrage unlösbar schien. Der Bruder des Kaisers, der Erzherzog Max, sei zwar intelligent, aber ebenso wie sein Vater[1] ein „mauvais sujet" und ganz unzuverlässig. – Die Vertagung des Parlaments hatte ihren Grund ausschliesslich in der Furcht vor der Behandlung der „Lex Parma" im Herrenhaus. Zunächst wurde versucht, diese dadurch zu verhindern, dass man den Deutschen die Kreishauptmannschaften in Böhmen und andre Dinge versprach und dafür den Verzicht auf die Beratung der „Lex Parma" eintauschte. Als die deutschen Herrenhausmitglieder diesen Handel ablehnten, entschloss sich die Regierung, das Parlament zu vertagen. Die Zeitungen durften über diese ganze Angelegenheit Nichts bringen. – Der Kaiser und die Kaiserin sind vollkommen zusammengebrochen. Der Kaiser versuchte zunächst Czernin gegenüber in Abrede zu stellen, dass er überhaupt jemals einen Brief an den Prinzen Sixtus geschrieben habe. Auf Grund dieser Zusicherung liess Czernin ein Rundschreiben hektographieren, das im Ausw. Min. in Wien zirkulierte, wonach die Herren des Ausw. Min. ersucht wurden, sofort auf das Nachdrücklichste in ihren Kreisen zu verbreiten, dass an der ganzen Sache kein wahres Wort sei. Kurz darauf gestand der Kaiser Czernin, dass er tatsächlich an den Prinzen geschrieben habe; indessen sei der Inhalt des Briefes rein familiär gewesen. Schliesslich musste der Kaiser die Wahrheit zugeben, worauf Czernin in der schroffsten Form seinen Abschied verlangte und auch sofort erhielt. Der Kaiser liess gleich darauf den Obersthofmeister, Konrad Hohenlohe, zu sich rufen und sagte ihm, Graf Czernin habe in einem solchen Ton seinen Abschied verlangt, dass er keine andre Erklärung dafür habe als eine schwere nervöse Erkrankung. Konrad Hohenlohe soll darauf dem Kaiser gesagt haben: „Wenn Graf Czernin krank ist, so leide ich an derselben Krankheit." Hohenlohe forderte ebenfalls seinen sofortigen Abschied. Auf Anraten von Berchthold wurde dann Hohenlohes Abschied durch einen dreimonatlichen Urlaub verschleiert. Seitdem haben sich der Kaiser und die Kaiserin vollkommen in ihr kleines Haus in Baden zurückgezogen und fürchten sich, nach Wien zu kommen. Sowohl der Kaiser wie die Kaiserin sollen fortwährend Weinkrämpfe haben. Der Kaiser sei ein armer junger Mann, der eine Art von Hamlet Dasein führe, weil ihm eine Aufgabe zugemutet worden sei, die weit über seine Kräfte gieng. – Über die Ursprünge der Briefaffäre sagte die Z. Folgendes: Als sie im vorigen März in der Schweiz war, erfuhr sie bereits, wie übrigens aus meinen damaligen Berichten hervorgeht, von den über Sixtus

[1] Otto

von Parma gehenden Verbindungen zwischen dem österr. Kaiserhof und der französischen Regierung. Wie ich damals berichtete, fanden die Zusammenkünfte zwischen dem Prinzen Sixtus und den französischen Politikern, in erster Linie Painlevé, in Paris bei der Greffulhe statt. Die Zuckerkandl berichtete dann von März bis Ende August fortlaufend über diese Machenschaften sowohl an mich (siehe meine Berichte), wie an Czernin, der von ihnen also wusste. Was aber weder die Zuckerkandl noch Czernin jemals erfuhren, war, dass der Kaiser selbst an diesen Machenschaften beteiligt sei; ebenso wenig irgendetwas von den Kaiserbriefen. Painlevé, der inzwischen (im September) Ministerpräsident geworden war, hielt sich nun beide Wege offen, d. h. sowohl den über Sixtus an den Kaiserhof, wie den über die Zuckerkandl an Czernin. An diesem sich kreuzenden Doppelspiel ist schliesslich anscheinend die ganze Aktion gescheitert, da Painlevé bei seinem unentschlossenen und sprunghaften Charakter nie dazu kam, sich endgültig für den einen oder den andren Verhandlungsweg zu entscheiden. Daraus erklären sich nachträglich die sowohl für Czernin wie für uns damals unerklärlichen Stockungen und Kreuz- und Querzüge, die gegen Schluss der Ministerpräsidentschaft von Painlevé eintraten. Im August gipfelten beide Aktionen darin, dass einmal Sixtus durch die Schweiz nach Österreich fuhr und dort eine Zusammenkunft mit der Kaiserin hatte; und dass andrerseits Czernin der Zuckerkandl, die damals in der Schweiz war, einen vom 18 Juli datierten, mit dem grossen Staatssiegel versehenen Brief zukommen liess, dessen Inhalt durch die Sophie Clemenceau am 4ten August Painlevé in Paris übermittelt wurde. Der Brief besagte, dass Österreich zwar zu jeder Vermittlungsaktion zwischen Deutschland und Frankreich gern bereit sei, auch hoffe, Frankreich die Abtretung von Briey ersparen und möglicherweise sogar Grenzberichtigungen in Lothringen verschaffen zu können, dagegen unter keinen Umständen das Bündnis mit Deutschland lösen oder in irgendeiner Form von Deutschland abrücken werde. Trotzdem dieser Brief also weder die Abtretung Elsass-Lothringens noch eine Lösung des deutsch-östereichischen Bündnisses in Aussicht stellte, antwortete bekanntlich Painlevé darauf mit der Zusage, dass er seinen Vertrauensmann Besnard zu Verhandlungen nach der Schweiz schicken wolle. Später wurde dann anstelle von Besnard, wie mir damals die Zuckerkandl mitteilte, Hovelacque designiert. Painlevé hielt also auf Grund des Czerninschen Briefes zunächst an seiner Absicht fest. Inzwischen war Sixtus nach Paris zurückgekehrt und hatte dort entschieden deutschfeindliche Äusserungen seiner Schwester der Kaiserin bei einem Diner bei der Greffulhe zitiert. Auch Dieses erfuhr Czernin und wurde dadurch veranlasst, den Kaiser zu zwingen, nach der Isonzo-Offensive das bekannte bündnistreue Telegramm an den deutschen Kaiser zu richten. Von der Reise des Prinzen Sixtus nach Österreich wusste Czernin natürlich. Er schickte ihm Colloredo zu einer Besprechung zu. Der Kaiser ist mit Sixtus nicht zusammengekommen. – Die ganze Aktion war eine gewaltige Intrigue, um die Bourbonen wieder auf den Tron Frankreichs zu setzen. Angestiftet wurde sie durch die beiden französischen Beichtväter am österreichischen Hofe, den der Kaiserin und den der Herzogin von Parma. Mittätig scheint dabei auch die Erzherzogin Maria Theresia gewesen zu sein, die Stiefgrossmutter des Kaisers. In Frankreich steckte dahinter mit royalistischen Absichten vor allen Dingen Léon Daudet, der mit dem Prinzen Sixtus eng verbunden ist, und der Kreis der „Action Française". Nicht ganz klar ist, ob und wieweit Painlevé von diesen royalistischen Hintergründen wusste, und warum er sich auf diesen Verhandlungsweg, der für die republikanische Staatsform in Frankreich so gefährlich war, überhaupt einliess. Vielleicht haben aber gerade diese Erwägungen innerpolitischer Art mit dazu beigetragen, dass die französische Regierung auf die Vorschläge des Prinzen Sixtus und des Kaisers nicht eingieng. Letzten Endes wäre die ganze Intrigue darauf hinausgelaufen, eine enge politische und möglicherweise auch dynastische Verbindung zwischen Frankreich und Österreich herzustellen, deren Spitze sich notwendig gegen Deutschland gerichtet hätte, deren Solidität aber von der inneren Solidität Österreichs abhängig gewesen wäre. Auch die unübersehbaren innerpolitischen Verhältnisse in Österreich mögen die Franzosen abgeschreckt haben. – Der zweite Brief des Kaisers soll bisher nicht veröffentlicht sein, weil Balfour hiergegen Einspruch erhoben hat. Den ersten hält die Zuckerkandl (und wie sie sagt Jedermann in Wien) in der von Clemenceau veröffentlichten Fassung für echt. Als Mittelsmann zwischen dem Kaiser und Sixtus diene ein gewisser Pater Kaibel (?) in Feldkirch, der Beide erzogen habe. Aber Kaibel sei durchaus deutschfreundlich und versuche den französischen Intriguen des Prinzen Sixtus entgegenzuwirken. – Über die Folgen der Briefaffäre sprach die Z. mit dem äussersten Pessimismus (allerdings sind die Österreicher immer entweder äusserst pessimistisch, oder äusserst optimistisch). Das dynastische Gefühl, das allein die Monarchie zusammenhielt, sei verwirtschaftet. Der junge Kaiser habe es fertiggebracht, selbst das kaisertreuste Volk, die Tyroler, zu Revolutionären zu machen, sie wollten jetzt zu Baiern. Man wisse nicht, wie der österreichische Staat weiterexistieren solle. Jetzt fahre der Kaiser ins Deutsche Hauptquartier, wo äusserst scharfe Bindungen festgesetzt werden sollten. „Man traut uns nicht mehr." – Nachher besuchte mich der Dr Bach von der Wiener Arbeiterzeitung, ein Sozialdemokrat, der jetzt im Ausw. Ministerium in Wien arbeitet und in der Schweiz Etwas mit der Propaganda zu tun bekommt; Jude, intelligent, energisch, aber selbstgefällig wie alle zur Macht gelangten Sozialisten, wenn sie Juden sind; auch familiär taktlos. Während er bei mir war, kam Fritz Unruh. Bach bot ihm an, sein „Geschlecht" in Wien spielen zu lassen. Die Zensur, dafür garantiere er; sonst bekäme sie so viele Interpellationen auf den Kopf, dass sie

erschlagen werde. So Etwas würde die österreichische Regierung nie riskieren. „Allerdings", wandte er sich an mich, „setze ich voraus, dass die Deutsche Botschaft das Stück nicht verbietet. Denn bei uns übt neben unserer Regierung auch die Deutsche Botschaft die Zensur aus; und der Deutschen Botschaft kann ich nicht nur durch Interpellationen beikommen." – Als Bach fort war, fragte mich Unruh um Rat, ob er seinen Abschied nehmen solle, um frei zu sein. Ich riet ihm dringend dazu. – Abends nach Bern zurück.
(siehe ergänzend zu Frau Z's Erzählung den „Manchester Guardian" Artikel vom 8.V.18.)

EMPEROR CHARLES'S SECOND LETTER.[1]
A REMARKABLE SUGGESTION FROM M. POINCARÉ
AUSTRIA TO SATISFY ITALY AND TAKE SILESIA.
M. RIBOT AND THE ITALIAN CLAIMS.
(From our Correspondent.)

Paris, May 2.

It would appear that the Austrian Emperor's second letter is even more interesting than the first. He declares that he is convinced that he will be successful in inducing Germany to make peace, provided that the territorial demands of the Allies are restricted to Alsace-Lorraine. It was, of course, understood that all occupied territory would be evacuated and Belgian independence and sovereignty unconditionally restored. The Emperor also says that he is already assured of the agreement of Bulgaria. He asks that the confidential character of his communications should be loyally respected, and says that he is assured in that regard, since he has the word of honour of the French Government never to betray him.

M. Poincaré, in the course of the negotiations, proposed that Austria should cede Trieste and the Trentino to Italy in exchange for Silesia. To this the Emperor Charles replied that there was an initial obstacle to such an arrangement – namenly, that, whereas Austria occupied Trieste and the Trentino, France did not occupy Silesia.

The *dossier* includes a statement by a very important personage in Austria that, if the German Government proved intractable and an armistice were declared between Austria and the Allies, a revolution would at once break out in Germany on the initiative of the Socialists of the minority. I would point out, however, that the proposals made to M. Briand last August support the confidence of the Emperor Charles in his ability to induce Germany to make peace, for, according to

[1] Der folgende Zeitungsartikel wurde handschriftlich mit dem Vermerk „Manchester Guardian, 8 May.18." versehen und am Ende des Tagebuchbandes eingeklebt.

M. Briand himself, they included the cession of Alsace-Lorraine to France and of Trieste and the Trentino to Italy, but Germany demanded certain compensations at the expense of Russia.

M. Ribot's Explanation.

M. Ribot and M. Painlevé on April 30 gave their replies to the questions drawn up by the sub-committee of the Foreign Affairs Committee of the Chamber. M. Ribot defended himself, as M. Cachin says in the „Heure", with all the ability of an „old Parliamentary hand." The gist of his defence was that he had to choose between refusing the Austrian proposals and breaking with Italy, and he considered himself bound to choose the former alternative; he was, he said, convinced that history would approve his conduct. M. Ribot admitted that Mr. Lloyd George agreed only after considerable hesitation to the negative reply on which Baron Sonnino insisted. This statement conforms the impression that had already been made by the documents communicated to the Committee. These documents show that Mr. Lloyd George insisted more than once on the importance of the Austrian proposals, and on the desirability of not losing so favourable an opportunity of making peace. M. Poincaré, however, was of the opposite opinion; he objected on principle to all peace negotiations, holding that the war could be ended only by a complete military victory of the Allies. In the opinion of some members of the Foreign Affairs Committee, the Emperor Charles's proposals would have been „turned down" at once without discussion but for Mr. Lloyd George.

M. Painlevé, who gave explanations about the Revertera-Armand negotiations which took place last August, told the Committee that he knew nothing about the Emperor Charles's letters at the time when Count Revertera made his first overtures. M. Ribot gave him the information about the letters and the incidents that followed them only last August – that is to say, between four and five months after the Emperor's first letter was received by M. Poincaré. M. Painlevé had, therefore, no responsibility for the first negotiations, which were already terminated when he learned about them. Nevertheless, he defended M. Ribot's conduct on the ground that any other course would have involved the rupture of the alliance with Italy. It follows that M. Albert Thomas was the first member of the French Cabinet to be informed about the Emperor Charles's proposals, since M. Ribot gave him the information soon after his return to France from Russia – that is to say, about last June. No member of the Cabinet other than MM. Painlevé and Thomas knew anything about the matter when M. Ribot resigned the Premiership last September and was succeeded by M. Painlevé.

The German Overtures to M. Briand.

In regard to the proposals which were made to M. Briand further information is now available, which corrects that previously given in one important respect. It is not the case that M. Ribot consulted all the European Allies before turning down the proposals; as in the case of the Emperor Charles's letters, he consulted only the British and Italian Governments. The Russian Government did not, therefore, as I erroneously believed, agree in giving a negative reply; it was informed of the proposals only after they had been rejected and the matter was settled, and President Wilson was informed at the same time, too late for his opinion to have any effect. M. Kerensky was still in power in Russia at the time, and it is possible that the discovery that peace proposals had been rejected by France, Great Britain, and Italy without consulting the other allies helped to make his position impossible. The Belgian and Rumanian Governments, however, knew about the proposals to M. Briand, and were both in favour of his going to Switzerland to meet Baron von Lancken, who was acting for Germany. Indeed, the Belgian Government knew about them before M. Briand himself, for it was through the intermediary of a duly accredited Belgian diplomatist that the proposals reached M. Briand.
M. Cachin says in the „Heure" this evening that the assertion of the „Matin" that M. Ribot's explanations were unanimously approved by the Foreign Affairs Committee is entirely without foundation; the Committee, he says, has not yet discussed them at all and no opinion was expressed after M. Ribot hat left the room. The matter will be discussed only when the Committee has heard M. Briand and M. Clemenceau, and will then present its conclusions to the Chamber and the country.

Demands for Full Information.

The press of the Left in general agrees that the whole Chamber ought to be informed of the facts relating to the Austrian proposals. In a leader in the „Lanterne" M. George Ponsot, who takes that view, says that the Chamber is constantly asked to vote confidence in the Government without having the information necessary to form an opinion, and is then, naturally, held responsible. M. Téry goes farther in the „Œuvre"

and says that the public as well as the Chamber ought to know the whole truth about the Austrian Emperor's proposals and the negotiations that resulted from them; M. Clemenceau, he says, has spontaneously told the public, which had asked no questions, that peace proposals were made, and, since so much is known, everything ought now to be made public.
The „Temps", the „Figaro", and the Conservative and reactionary papers generally are opposed to any further publication of the facts and to any discussion of them by the Chamber, even in private. The chief reason given against publication is that it might cause difficulties with certains Allies, whose permission, it is said, ought in any case first to be asked. M. Clemenceau, however, does not seem to have asked the permission of the Allies before publishing the Emperor Charles's letter, and it is to the interest of the Allies that the facts should be made public, if there were good reasons for declining the Emperor's proposal. The refusal to publish them will certainly be taken as a proof that the reasons were not adequate. The recent speech of Baron Sonnino in which he objected to discussion, and the refusal of Mr. Bonar Law to answer a question about the Emperor Charles's letter, have been cited here by the opponents of publication as evidence that the Italian and English Governments want the matter hushed up.

The Order of Events.

Certain points of chronology are of importance and should be noted. The Emperor's letter was communicated by Prince Sixte de Bourbon to M. Poincaré on March 31, 1917. On April 3 the „Fremdenblatt" of Vienna published the famous interview with Count Czernin, in which the latter made offers of a general peace to the Allies and expressed his belief that peace was possible if the Allies would renounce „unrealisable aims". M. Ribot, it will be remembered, became Prime Minister in succession to M. Briand on March 20, 1917, the day after the Allied troops entered Péronne, evacuated by the Germans during their retreat. The Russian Revolution had just taken place. M. Kerensky, after he took office in May, proposed to all the Allies to initiate peace negotiations; the replies of the Allied Governments, which were all negative, were received by the Russian Government about the middle of June. At that time negotiations with Austria were still proceeding, but M. Kerensky knew nothing about them, the existence of the Emperor Charles's letter having been concealed from both the Russian Provisional Governments.

It was in May that MM. Moutet and Marcel Cachin returned from Petrograd entirely converted to the idea of a Socialist international conference, to which they had previously been opposed, and on their strong representations the National Council of the French Socialist party unanimously accepted the Russian invitation to Stockholm. M. Ribot at first expressed his willingness to grant passports for Stockholm, but yielded to the strong opposition of the Senate, led by M. Clemenceau, and of certain members of his own Cabinet. On June 5 M. Ribot announced in the Chamber his decision to refuse passports, and was given a vote of confidence by a large majority.
Mr. Lloyd George's first attitude also in regard to the proposed Stockholm conference was favourable, and must have been partly due to the Emperor Charles's letter. There is reason to believe that he was very anxious to come to terms with Austria, and fully realised the importance of the Emperor's proposal. M. Ribot's personal desire to grant passports for Stockholm was also no doubt influenced by the Emperor Charles's overtures. It is obvious that had the Stockholm conference been held it might have been of much greater service than anybody ignorant of the Emperor's letter could have supposed at the time. So far as France is concerned, the action of M. Clemenceau was the principal factor in preventing the conference, but there is reason to believe that the strong opposition to it of M. Poincaré and Baron Sonnino also had weight both with M. Ribot and Mr. Lloyd George.

M. Painlevé's Position.

May 1.
In your leader of April 29 on the negotiations with Austria there is an obvious slip. M. Painlevé was not Prime Minister at the time of the Austrian Emperor's letter and the negotiations that followed it. He became Prime Minister only last September; on March 31, 1917, he was Minister of War in the Ribot Cabinet, which had come into power on March 20, M. Ribot being Minister of Foreign Affairs as well als Premier. M. Painlevé was only informed of the Emperors's proposals in August and he did not, therefore, take any part in the negotiations and was not responsible for the omission to consult the Allies other than Great Britain and Italy.

14 Mai. 1918. Dienstag Bern. *14.5.1918 Dienstag*
Amtliche Meldung[1] über den Besuch Kaiser Karls im Hauptquartier am 12ten.

[1] Der Besuch im Hauptquartier. Meldung des Wolffschen Telegraphen-Büros

Es habe stattgefunden: „eine herzliche Aussprache und eine eingehende Erörterung aller grundlegenden politischen, wirtschaftlichen und militärischen Fragen, die das gegenwärtige und zukünftige Verhältnis zwischen den beiden Monarchien berühren. Hierbei ergab sich volles Einvernehmen in allen diesen Fragen und der Entschluss, das bestehende Bundesverhältnis auszubauen und zu vertiefen. Die Richtlinien der in Aussicht genommenen vertragsmässigen Abmachungen stehen bereits grundsätzlich fest." Das sind die neuen scharfen Bindungen, die die Zuckerkandl erwartete. – Mit Bethmanns gefrühsückt. Dietrich B. in einem Zustand äusserster Nervosität. Die Wirtschaftsverhandlungen mit der Schweiz, die er führt, sind schwer gestört durch das französische Kohlenangebot und, wie er sagt, durch Rombergs Unentschlossenheit. Er sah die ganze Weltlage schwarz in schwarz. Die Offensive im Westen sei zu Ende; er glaube bestimmt nicht, dass dort noch Etwas bevorstehe. Der Krieg werde noch Jahre dauern u. s. w. Dazu trank er einen Kirsch nach dem andren, um sich für die Nachmittags Sitzung vorzubereiten. Er betrinkt sich nicht, verschärft dadurch aber seine temperamentellen Fehler bis zur Unerträglichkeit. Renate Bethmann hatte, was noch ausserdem auf die Stimmung drückte, einen Brief von Hans Harrach, dass er aus Brüssel ziemlich ungnädig an die Front versetzt sei. Das scheint eine Änderung oder wenigstens eine Abwandlung in der Flamenpolitik, die Harrachs Werk war, zu bedeuten.

15 Mai 1918. Mittwoch Bern. *15.5.1918 Mittwoch*

Bethmann brachte zum Frühstück die Nachricht, dass das Hauptabkommen mit der Schweiz heute um 3 Minuten vor 12 paraphiert worden ist, trotz des französischen Störungs Versuches und der grossen, noch gestern herrschenden Spannung. – Ziemlich lächerliches, tragikomisches Gespräch mit S. R., die bei einem Diner unter vier Augen unmögliche Wünsche aussprach. Man staunt, wie blind gewisse Leute sein können, wenn sie Frauen und vom Gefühl geleitet sind. – Nach Tisch kam Bethmann heran und erzählte, dass der Bundesrat sich weigere, das mit der Schweizer Delegation abgeschlossene und heute früh paraphierte Wirtschaftsabkommen zu ratifizieren. Der französische Geschäftsträger habe Einspruch erhoben; Ador und die Welschen unterstützen ihn, der Bundesrat sei eingeschüchtert. Es handle sich nicht mehr um eine wirtschaftliche, sondern um eine politische Frage. Bethmann hat den Schweizern erklärt, die Franzosen trügen den Krieg auf Schweizer Boden; er sei nicht in der Lage, dem Gesandten zu raten, in irgendeinem Punkte nachzugeben. Romberg ist dann zum Bundespräsidenten Calonder gerufen worden. Bethmann fuhr vor Tisch zu Romberg hinaus. Alles in Allem grosses Hin und Her auf diesem plötzlich entstandenen Nebenkriegsschauplatz.

16 Mai 1918. Donnerstag. Bern. *16.5.1918 Donnerstag*

Prof. Dohrn von Neapel Vormittags bei mir wegen der Werewkina und ___. Schöner, sympathisch energischer Mann. Gefrühstückt bei Eberhard Tattenbach in seiner Wohnung in der Junkerngasse mit der Mutter Tattenbach, Pálffys (Páli) u. der Frau von Hermann Mumm, der in den nächsten Tagen aus vierjähriger Gefangenschaft in Frankreich zurückkehrt. Die Frau v. Mumm, eine Russin, geteilt zwischen der Aufregung über die Rückkehr ihres Mannes und der Sorge um ihre ausländischen Kinderfrauen und Kammerjungfern, die sie in der Schweiz lassen muss. Später kam die Infantin, die glücklich wie von einem Abenteuer erzählte, dass sie in einer Pension wohne und zum ersten Mal in ihrem Leben einen Hausschlüssel habe; zu einem richtigen Hotel reiche das Geld nicht mehr. Eine noch hübsche, dunkle, temperamentvolle Frau, ihrem verstorbenen Bruder sehr ähnlich, mit dem ich Jugendstreiche in Potsdam machte. Sie erinnerte sich an unsere Froschgeschichte, die er ihr als sie zehn Jahre alt war, erzählt hatte. Abends ass ich mit Durant, Hyé und Tautenberg. Der Einspruch Frankreichs macht grosses Aufsehen.

17 Mai. 1918. Freitag. Bern. *17.5.1918 Freitag*

Frühstück bei Mussolins mit dem alten Graf Spiegelfeld, der hier für den Gefangenen Austausch zwischen Österreich u Italien ist, Berlepsch, Hyé und de Vaux. Spiegelfeld, der am Anfang des Jahres einige Wochen in Petersburg war, erzählte von den Bolschewikis. Die Eremitage ist gerollt, verpackt und versendet worden; wo die Bilder dann geblieben sind, die Rembrandts u. s. w. weiss man nicht. Mussolin jauchzte über die unbegreifliche Dummheit, durch die die Franzosen die zuerst uns ungünstige Stimmung durch ihren Einspruch gegen das bereits fertige Abkommen gegen sich gewendet haben. Berlepsch und ich entdeckten, dass wir 15 in Kolki zusammen waren in einem höchst dramatischen Augenblick, als Berlepsch den Befehl über eine kombinierte Division übernahm. Abends assen Sepp Radowitzens und Willy Rath bei mir im Bellevue.

18 Mai 1918 Sonnabend. Bern. *18.5.1918 Samstag*

Frühstück bei Sepp Radowitzens mit Mussolins. Mussolin vertrat die Ansicht, dass der Krieg im Herbst zu Ende sein würde. In Entente Kreisen rechne man damit. Er habe zwei Informationen, die eine direkt aus der englischen Gesandtschaft in Bern, die andre auch aus englischer Quelle, aber über italienische Mittelsleute, dass man in englischen massgebenden Kreisen den Frieden für den Herbst erwarte. Man rechne dort damit, dass unsere Offensive mislingen d. h. keines von den drei möglichen Zielen erreichen würde: Beschiessung von Paris auf 40 Kilometer, Trennung der englischen von der französischen Armee,

Einnahme von Calais. Habe sich im Herbst gezeigt, dass wir keines von diesen drei Zielen erreichen könnten, dann nehmen die Engländer an, dass wir zu einem „Verständigungsfrieden" im Westen bereit sein würden. Jetzt glaube man an unseren Willen einen für die Entente annehmbaren Frieden zu schliessen nicht; sondern meine, wir würden auch im Westen in der gegenwärtigen Lage nur einen „Frieden von Brest-Litowsk" schliessen wollen. Aber im Herbst, wenn unsere Offensive mislungen sei, würden wir einem gerechten Frieden geneigter sein, und dann wollten die Engländer verhandeln. Mussolin fügte hinzu (und dieses könnte das Motiv seiner Eröffnungen sein) dass das Einzige, was man auf englischer Seite fürchte, weil es diesen Ausgang verhindern könne, ein durchschlagender Erfolg unserer Offensive sei. Dieser würde Lloyd George in seiner Stellung so befestigen, dass er dann die irische Frage in der Panikstimmung endgültig regeln könne, indem er gleichzeitig Home Rule und die Allgemeine Wehrpflicht in Irland einführe. Mussolins Ausführungen konnten ein zur Weitergabe bestimmtes Plaidoyer für das Unterbleiben einer weiteren Offensive sein. – Abends nach Tisch Konferenz bei Romberg mit Professor Kapp aus Strassburg, der für elsässische Propaganda herkommt. Renthe Finck anwesend. Kapp ist ein kleiner, alter, an der linken Hand verkrüppelter Herr jüdischen Aussehens, der mit einer leisen einschmeichelnden Stimme und einem schlauen Lächeln vorsichtig seine Worte pointiert. In seinem Wesen verbirgt er, so ist der Eindruck, hinter Jesuitischem und Schlauem einen kichernden Zynismus. Von ihm erhielt ich, und wie mir schien auch Romberg trotz seines Besuches bei Dallwitz und Tschammer zum ersten Male, einen wahren Einblick in den heutigen Stand der elsässischen Frage. Kapp sagt: eine Autonomie für Elsass Lothringen ist unmöglich, weil die Voraussetzungen fehlen, der Wille zum Staate, der Rückhalt an einer massgebenden Volksschicht, ein einheimisches Beamtentum, alle Wurzeln eines einflussreichen einheimischen Parlaments. Bis 1914 war die herrschende Klasse im Elsass ausschliesslich die Bourgeoisie, die die Autonomie nie wirklich gewollt, sondern nur als Abschlagszahlung auf die volle Loslösung betrachtet habe. Diese Bourgeoisie, die ganz nach Frankreich orientiert war, ja sein musste, weil sie Zwillingsschwester der französischen ist, weil sie mit dieser zusammen aus der Revolution geboren, in der Restauration bereichert, emporgestiegen, zur Macht gelangt ist, diese Bourgeoisie für Deutschland zu gewinnen, wäre nie gelungen; ebensowenig für die Mitarbeit an einem autonomen elsässischen Staat. Wenn das Elsass bei Deutschland bleiben, wirklich deutsch werden solle, gebe es kein Mittel, als diese Bourgeoisie zu vernichten; und das sei, wozu man sich jetzt im Kriege entschlossen habe. Mit ihr falle aber auch überhaupt die Möglichkeit eines autonomen elsässischen Staates. Denn an ihre Stelle als herrschende Klasse träten „neudeutsche" Elemente, die an einer Autonomie des Elsass kein Interesse hätten. Dem Elsass sei damit das Rückgrat gebrochen. Kapp schilderte die Operation. Ihr Instrument sei in erster Linie ein Trust der sequestrierten Textilfabriken mit 30 Millionen Kapital, der sich zum Mittelpunkt und Herrscher des ganzen wirtschaftlichen Lebens macht. Hinter diesem Trust stehen die deutsche Regierung und deutsche Banken. Nur wer sich an ihn anlehnt, kann künftig im Elsass noch bestehen. Damit wird der bisherigen Bourgeoisie der Boden unter den Füssen fortgezogen. Sie muss verkümmern und verschwinden. Sie habe zwar unter Führung von Schlumberger in Mülhausen versucht, einen Gegentrust zu gründen, dieser Versuch sei aber mislungen und damit ihr Schicksal besiegelt worden. Die neudeutschen Elemente würden ihre Stelle in der Politik und Kultur ebenso einnehmen wie in der Wirtschaft. Es sei eine vollständige Umwälzung und Neubildung des elsässischen Volkskörpers künstlich von oben herbeigeführt durch eine gewaltsame Einpflanzung neuer Wirtschaftsträger. Ich sagte: Das Elsass sei also ein posthumes Opfer von Karl Marx; denn auf diesen und den geschichtlichen Materialismus hätten offenbar die gebaut, die den Plan gefasst hätten. Wer die Erfinder seien? – Kapp antwortete: Das Grosse Hauptquartier, der Stab von Ludendorff, und in erster Linie ein Professor aus Berlin, mit dem sie arbeiteten, dessen Name aber nicht genannt werden dürfe. Die Sache sei gewiss hart und verursache zunächst im Elsass arge Misstimmung. Aber hier habe nur Härte helfen können. Zum ersten Male seit '71 habe man im Elsass eine Politik. Romberg fragte, wie Schwander zu ihr stehe? Kapp antwortete: Schwander habe sich ganz auf den Boden dieser neudeutschen Politik gestellt; um so bereitwilliger, als er schon vor dem Kriege ein Gegner der Bourgeoisie gewesen sei. Auch Kapp schien von dieser Entwicklung sehr befriedigt. Er sieht die Frage nur von innen, aus der Strassburger Perspektive; ihre internationale Bedeutung entgeht ihm, steht nicht in seiner Rechnung. Auf Romberg machte er offenbar starken Eindruck. Allerdings sagte Romberg, wenn die Absichten diese seien, sei eine Propaganda in der Schweiz schwer. Jedenfalls müsse Alles Politische fortfallen. Ich sagte ihm, unter diesen Umständen gebe es nur eine Propaganda, einen möglichst dichten Schleier um die Vorgänge. Ein tragisches Geschick erfüllt sich, um so tragischer, als es ein Reis von unserem eigenen deutschen Stamme ist, eine in Jahrhunderten erwachsene deutsche Eigenart, die wir, durch beiderseitige Fehler und Verbohrtheit vielleicht gezwungen, kaputtmachen. Das „Neudeutsche", das diese alte nur politisch verwelschte deutsche Art ersetzt, wird charakterlos und roh sein. Ich fragte Kapp, ob es wenigstens wirklich deutsch, nicht jüdisch sei; er gab zu, dass darin das Berlinerisch-jüdische vertreten sei.

19 Mai 1918. Pfingstsonntag. Bern. *19.5.1918 Sonntag*

Mit Renthe Finck gegessen. Gegen 11 kam Bethmann, später Hyé, der von

Mussolin die Nachricht brachte, dass die Franzosen ihren Geschäftsträger Clinchant und sein Ultimatum desavouieren. Wenn die Nachricht richtig ist, ist das ein Triumph für Deutschland und Bethmann. Dieser war auch erregt glücklich. Während wir zusammensassen, liess Paul Cassirer telephonieren, dass Hodler heute gestorben sei. Ludwig Bauer machte Nachmittags Besuch.

21 Mai. 1918. Dienstag. Bern *21.5.1918 Dienstag*

Krank zu Bett. Nesselfieber. Hamanns „Neuen Kurs" gelesen. Merkwürdig, wie talentlos diese langjährige Spitze des deutschen Journalismus schreibt; keine Farbe, kein Rhythmus, keine Plastik, Alles Grau in Grau. Man müsste es eigentlich für ein Kunststück ansehen, aus solchen Erinnerungen ein so armseliges langweiliges Elaborat zu machen.

22 Mai 1918. Mittwoch Bern. *22.5.1918 Mittwoch*

Noch zu Bett. Prittwitz, der mich besucht, erzählt, dass heute früh um 4, nach einer Nachricht des Militärattachés[1], die deutsche Offensive auf der ganzen Front von Nieuport bis Mazedonien begonnen habe.

23. Mai 1918 Donnerstag. Bern. *23.5.1918 Donnerstag*

Meinen Geburtstag im Bett verbracht. Viel Blumen, sehr freundlichen, lieben Brief von Romberg, Annette Kolb besuchte mich. Die Hunde, Fip, Lulu, und mein getreuer Diener Paul leisteten mir Gesellschaft. Während ich die letzten Tage krank lag, dachte ich oft, wie angenehm und im Grunde gleichgültig es sein würde, langsam und schmerzlos hinüberzugleiten ins ewig Unbewusste. Die Welt ist schön, und auch der Mensch will und kann, wie er gerade im Kriege gezeigt hat, manchmal Besseres, Edleres, Grösseres, als er selber von sich annimmt; daneben aber auch Gemeineres, Grausameres, Schlechteres. Das Gute des Menschen macht sich überall offiziell breit in Gesetzen, Stiftungen, Konventionen, Phrasen; aber die Kanaille dominiert und bleibt in Wirklichkeit das Element, von dem Alles in der Gesellschaft abhängt.

24 Mai 1918. Freitag. Bern. *24.5.1918 Freitag*

Aufgestanden. Bei Romberg, der mich zum Frühstück zurückbehielt. Geschäftliches besprochen. Nachmittags Oliver, jetzt Generaldirektor bei der Ufa, bei mir. Wie oft Leute mit einer bewegten Vergangenheit und starkem Temperament, ist er denen, die ihm geholfen haben, so mir wegen meiner Rückendekkung im vorigen Jahr, wirklich dankbar. Er hatte Tränen in den Augen, was fast komisch wirkte. Er erzählte von seiner Tätigkeit für die Ufa. Durch seine Theaterkäufe in den letzten Monaten habe sich die Ufa eine bis zum Monopol

---

[1] Bismarck

gehende Vorherrschaft gesichert in fast allen Grossstädten Deutschlands, ferner in Österreich-Ungarn, auf dem Balkan, jetzt sei er dabei, Polen „fertigzumachen", dann kämen Ob. Ost.[1] (Litauen, Kurland) und die Ukraine dran; wahrscheinlich auch Grossrussland. Gestützt auf diesen Block werde er im Frieden mit Amerika, Frankreich, Italien verhandeln und das Weltkartell schaffen. Ein Imperator. Es ist das Programm, das ich Ohle Ohlsen und ihm beim Frühstück im Autoklub in Berlin vor anderthalb Jahren entwickelte, und Haeften dann mit ihnen in Ausführung nahm. In Bern will er ein Theater mit mindestens 1000 Plätzen bauen.

25 Mai. Sonnabend. Bern. *25.5.1918 Samstag*

Geburtstags Telegramm von der Else Lasker Schüler, die ich garnicht persönlich kenne: „Unzaehlige Liebe verzehrende Wuensche. Else Laskerschüler." – Bei Tisch Abends Gespräch mit Dietrich Bethmann über meine beabsichtigte Ernennung zum Propaganda Chef unter nomineller Vorschiebung von Montgelas. Ich sagte ihm meine Bedenken, mein schlechter Gesundheitszustand, die Neuheit der Materie, die ungeheuren Schwierigkeiten durch Reibereien, besonders aber die Person von Schulenburg, der hinter Otto Radowitz steht und ein gemeiner Verbrecher ist. Aber Romberg u. Bismarck sind offenbar in seinen Händen und wagen nicht, ihn zu beseitigen. Bethmann gab mir zu, dass der Mann[2], der die Brüstlein Broschüre geschrieben hat, von Natur ein Schwerverbrecher sein müsse, nicht mit Zangen anzufassen. Er riet mir zu erklären, dass ich die Stellung nicht übernehmen könne, solange irgendeine Verbindung zwischen S. und den uns zu unterstellenden Abteilungen bestehe. Das würde wie eine Bombe einschlagen und die Situation so oder so klären. Jedenfalls würde meine Stellung durch eine solche Erklärung gestärkt werden. – Haeften, Ferd. Stumm kamen spät Abends an und assen im Bellevue mit Bismarck u. Otto Radowitz. Nur kurz mit ihnen gesprochen. – Die neu zu schaffende Stellung eines Propagandachefs bei der Gesandtschaft ist die wichtigste neben der Bethmanns und Schuberts. Fast die Hälfte dieser an Umfang einem grossen Ministerium gleichenden Behörde wird ihr unterstellt und in ihr zusammengefasst, insbesondre die beiden Presse Abteilungen, die Wirtschaftsabt. und meine eigene bisherige Abteilung. Die Arbeit wird gewaltig, der Dank null, die persönliche Verunglimpfung zweifellos gross sein. Ich werde mit Zagen an die Sache herangehen, ohne zu wissen, ob ich ihr wirklich gewachsen bin.

---

1 Abkürzung für Ober-Ost, ein 'Militärstaat' mit Sitz in Kowno (Kaunas), der v. dt. Besatzungstruppen auf dem Gebiet des russ. Reiches eingerichtet wurde; erstreckte sich zwischen 1915 u. 1918 über das heutige Staatsgebiet v. Estland, Lettland, Litauen u. Teile Weißrußlands

2 Wernsdorf

Möglich ist eine Katastrophe als Abschluss. Aber wenn ich es leisten u durchhalten kann und die Friedensverhandlungen kommen, so ist allerdings diese Stellung von kaum zu ermessender Bedeutung, weil von ihr die öffentliche Meinung abhängt. Daher kann ich sie kaum ablehnen, falls man auf meine Bedingungen eingeht. Dass Montgelas nur seinen Namen und seine Stellung als Gesandter dazu giebt, die ganze Leitung in meinen Händen zu liegen hätte, wird sowohl von Romberg wie von Bethmann vorausgesetzt.

26 Mai 1918. Sonntag. Bern. *26.5.1918 Sonntag*

Sonniger Frühlingstag. In meinem mir lieb gewordenen hellen Arbeitszimmer in der Junkerngasse, das ich vielleicht bald verlassen muss. Vormittags meinen Propaganda Bericht fertiggestellt. Jetzt, wo ich vor dem Abschluss stehe, wird es mir schwer, aus diesen doch zeitweise so schwierigen Verhältnissen zu scheiden. Prittwitz bei mir gefrühstückt. Mit ihm nachher an der Aare Spazieren unter den badenden, sich sonnenden nackten Menschen. Glück der Freiheit, die mir jetzt ganz genommen werden soll. Und doch kann ich nicht ablehnen, die Führung in der geistigen Verteidigung Deutschlands auf dem wichtigsten Kampfplatz, wenn sie mir angeboten wird, zu übernehmen jetzt im Kriege. Nur graut mir vor der Gebundenheit, den Anfeindungen gemeinster Art, und letzten Endes der Geringfügigkeit und Ungreifbarkeit des möglichen Erfolges. Romberg telephonierte Nachmittags, dass die entscheidende Sitzung morgen um 11 stattfindet.

27 Mai. 1918. Montag. Bern. – Spiez. *27.5.1918 Montag*

Die Ernennung zum Propaganda Chef ist mir erspart geblieben. Romberg sagte mir heute Morgen, er würde sie für das Richtigste gehalten haben, auch Ferd. Stumm sei Namens des Amtes einverstanden gewesen, bei der Besprechung habe aber, ehe mein Name gefallen sei, Haeften mit solchem Nachdruck die Ernennung von Otto Radowitz gefordert, dass er, Romberg, froh gewesen sei, als sie sich auf einen Outsider, den Major Vietsch vom Generalstab geeinigt hätten. Die Militärs wollten eben herrschen und da könne man nur lavieren; das sachlich Richtige müsse man oft fallen lassen, um ihrer Eitelkeit und ihrer Herrschsucht Rechnung zu tragen. Persönlich bin ich froh, denn ich hätte viel Arbeit, Feindschaft und wenig Dank gehabt, und die Tatsache, dass Romberg und das Amt mich in Aussicht genommen hatten, beweist immerhin, dass meine Stellung ziemlich stark ist. – Nachmittags bei der Zuckerkandl im Schweizerhof. Abgemacht wegen ihrer Entschädigung. – Nachher nach Spiez gefahren. Schickele empfieng mich an der Bahn u hatte Bücher u Blumen ins Hotelzimmer gelegt. Mit ihm gegessen. Nachher oben bei Cassirers im Salon der Tilla. – Französische Meldung vom Beginn einer neuen Deutschen Offensive bei Reims in den Abendzeitungen.

28 Mai 1918. Dienstag. Spiez. *28.5.1918 Dienstag*

Vormittags allein nach Faulensee. Mit Schickele u Cassirers gefrühstückt. Schickele u Cassirer zeigten mir nachher die Besitzung am See, die sie gemietet haben, um dort die neuen „Weissen Blätter" zu redigieren. Schöner, sehr grosser Garten, in den der Niesen hineinsieht. Rauschen des Sees. Frühlingspracht. Ein Ort, der den nötigen Abstand den Ereignissen gegenüber giebt. Schickele arbeitet schon mit grossem Feuer an den W. B. und seiner neuen Komödie, dem „Depeschensack"[1], Berner Kriegskomödie, Brüstlein, Mühlon, Annette Kolb, Mme de Morvan (Brüstleins Kokotte), zu der wir Alle aus dem Bellevue fast gegangen wären, wenn nicht im letzten Augenblick eine Warnung von österreichischer Seite gekommen wäre. Schickele zitierte eine Kritik über „Hans im Schnakenloch", dass der Dialog sich stellenweise in lauter kleine Gedichte in Prosa auflösen lasse. Er sagt, sein neues Stück solle ganz vom Frühling durchtränkt sein. Wir sprachen über Dialog, warum so Wenige Dialog schreiben könnten? z. B. Schnitzler eigentlich nicht; sein Dialog sei zu schlapp, zu „Wienerisch", zu wenig gespannt. Schickele sagte treffend, Schnitzler fehle das Kriegerische, ein Dialog müsse „kriegerisch" sein. Abends bis spät oben bei Cassirers mit Schickele. Gegen 10 kam die Hofrätin Zuckerkandl aus Bern an. Diskussion über Wedekind, den Schickele sehr hoch stellt. – Die Schlacht zwischen Soissons u. Reims ist in vollem Gange. Wir haben am ersten Tage gleich den Damenweg[2] blutigen Andenkens überrannt und die Aisne erreicht. 15 000 Gefangene. Es scheint ein grosser Erfolg zu werden.

29 Mai 1918. Mittwoch. Bern. *29.5.1918 Mittwoch*

Früh von Spiez über den See nach Thun u. von Thun nach Bern. Die Schlacht zwischen Soissons u Reims geht gut weiter. Die Aisne ist schon weit hinter unserer Front, der nächste Abschnitt, die Vesle, von drei Korps überschritten. In zwei Tagen ist der Einbruch 18 Kilometer tief gelungen. 25 000 Gefangene. Bei der ersten Offensive im März vor St Quentin war die tiefste Einbruchsstelle in den ersten beiden Tagen nur etwa 13 Kilometer.

30 Mai 1918. Donnerstag. Bern. *30.5.1918 Donnerstag*

Soissons ist genommen, Reims von den Franzosen geräumt; unsere Truppen stehen, wie Rath beim Frühstück erzählte, bereits in La-Fère en Tardenois an der Ourcq, nur noch etwa 15 km. von der Marne. Die Frage ist, ob wir diesem Stoss,

---

1 Am Glockenturm

2 Chemin des Dames

der nur als eine Finte gemeint war, nachträglich solche Kraft verleihen können, dass eine strategische Entscheidung erfolgt. Der Nachschub, Truppen, Munition, Verpflegung, sind auf einen solchen Erfolg, so rasches Vordringen, nicht berechnet gewesen. Auch wird sich Ludendorff entscheiden müssen, ob er zugunsten eines Durchbruchs an dieser Stelle seine andren Pläne aufgeben will. – Mit Renthe Finck nach Tisch an der Aare spazieren, wo viel Sonne und nackte Menschen im Grünen. Ich musste an unsere wild dahinschiessenden Karpathenbäche im Frühling '15 unten in Galizien denken; die badenden Truppen und die sonnige, üppig bergbegrenzte Landschaft im fernen Kanonendonner; wie sich das Alles, Natur, Schönheit, Frühling, Krieg vermischt! Rath (der es wahrscheinlich von Bismarck hat) erzählt, dass der Angriff am Damenweg erst seit dem 10ten Mai vorbereitet worden sei; allerdings dann unter vollständiger Täuschung des Gegners und der im Aufmarschgelände befindlichen französischen Bevölkerung. Doppelt so viele Truppen seien Nachts durch die Dörfer nach Norden abmarschiert, wie in der Richtung auf den Damenweg u. die Aisne vorher durchmarschiert waren; so dass die Spione nur vom Abmarsch von Truppen nach der Picardie u. Flandern meldeten. Die Stimmung war an unserem Tisch wieder wie in den grössten Kriegstagen; allerdings bei den Österreichern wie mir schien gedämpfter, skeptischer, auf ein „À qoui bon?" diskret eingestellt. Ich dachte dabei an Mussolins Eröffnungen bei dem Radowitzschen Frühstück. Renthe Finck sagt, nach seinen Informationen, sei die Stellung Clemenceaus bei der französischen Armee nicht mehr so fest wie bisher. Man beginne, ihn als Kriegsverlängerer anzusehen. Auch Wilson soll in Berner Ententekreisen aus diesem Grunde jetzt unbeliebt sein. Bei weiteren grossen deutschen Erfolgen müssen diese Stimmungen, wenn sie wirklich schon entstanden sind, wachsen. – Abends allein auf den Gurten und oben gegessen. Schaffners Vortrag über „Den Grossen Austrag, kontinentale oder atlantische Zukunft" gelesen. Kritisch ganz interessant.

31 Mai 1918. Freitag. Bern. *31.5.1918 Freitag*

Unsere Truppen haben die Marne erreicht. Reims ist eng umklammert. Die französischen Zeitungen (Temps, Victoire, Œuvre, Homme Libre) bezeichnen die Lage als ernst. Temps u. Œuvre markieren eine starke Verstimmung gegen das französische Oberkommando und die Art der Berichterstattung. Bis jetzt 45 000 Gefangene u. über 400 Geschütze; also genau so viele Gefangene wie am 4ten Tage der März-Offensive, aber weniger Geschütze (damals 600). – Nachmittags Haeberlin, der Philosoph der Berner Universität, bei mir (Schweizer). Mit ihm Gegenwirkung gegen die Entente Propaganda von Bovet u. Ragaz in Lehrer- u Pastorenkreisen besprochen. Er war betroffen, als ich ihm den Umfang u. die Wirkung dieser Propaganda vor Augen führte; meinte, dann müsse man auch im Schweizer Interesse einen Damm aufrichten. Aber wie man das am zweckmässigsten tun könne, sei ihm nicht klar. Er bitte um acht Tage Bedenkzeit. Er deutete aber an, dass er mit seinem Verleger Körber[1] in Basel eine im deutschen Sinne redigierte philosophisch-pädagogische Zeitschrift, die auf die Lehrer u. Pastoren in einem dem Ragazschen entgegengesetzten Sinne wirken würde, für erwägenswert halte. Das wäre dann neben den „Weissen Blättern" und der Blocher-Diederichschen Zeitschrift die dritte, bei der ich in diesem Jahre zu Gevatter stünde. Haeberlin sagte, es sei nach seinen Erfahrungen sehr viel leichter für die Entente Propaganda zu machen, weil diese sentimental operiere, während man für Deutschland nur sachlich werben könne. Er sehe bei seinen Schülern, wie gross diese Schwierigkeit sei. – Abends mit Renthe Finck in einen Vortrag von Astrow über „Tolstoï und Holzapfel" im „Lessingbund, Vereinigung für neue Kultur". Statutenmässig ist der Zweck dieses neuen Vereins: „Mitwirkung an einer Erneuerung der Menschheit". Der Prophet der neuen Vereinigung ist der mir bis heute gänzlich unbekannte Rudolf Maria Holzapfel, über den der Lessingbund eine Vortragsreihe veranstaltet. Astrow verkündigte ihn als weit grösser denn Tolstoï, als den Bahnbrecher einer neuen Menschheitsepoche, nachdem die bisherige, christliche in apokalyptischen Kämpfen u. Revolutionen zugrundegegangen sei. Hören wir also Holzapfel, nach Rathenau, Pannwitz, Stefan George, Ragaz, Else Lasker Schüler, eine komisch gemischte Gesellschaft, aber Alles Propheten, die in diesen Kriegswirren die Zuversicht zu einer gänzlichen Erneuerung der Menschheit nach ihrer Phantasie geschöpft haben. Apokalyptisch sind jedenfalls sie in ihrer vom Weltenbrand umflackerten Prophetenrolle, Figuren der Zeit; auch sind meistens in der Geschichte viele falsche Propheten ein Zeichen, dass ein wahrer erscheinen wird.

1 Juni. 1918. Sonnabend. Bern – Kandersteg. *1.6.1918 Samstag*

Gaul mit mir gefrühstückt im Bellevue. Er macht im Auftrage des Kriegsministeriums Gräber in Davos, Arosa, Luzern. Aus seinen Äusserungen blickte das Viele Büreaukratische, das sich heute hier mit dem Tode vermischt. Wenn ich richtig verstand, unterstehen die Gräber der Abteilung des Kriegsministeriums für Unterkünfte. Der Kriegsminister Stein, das Kalb (Löwener Angedenkens) soll sich über Kolbes Entwurf für die Gräber Wangenheims[2] u Goltz Paschas in Therapia vor Wut fast umgebracht haben. Er habe Kolbe kurzerhand in die

[1] Kober

[2] vermutl. das Grabmal v. Erich v. Leipzig

Front stecken wollen, weil der Entwurf ihm zu nackt war. – Mit Oscar Fried Nachmittags nach Kandersteg hinaufgefahren. Er sagt, dass Schickele bei den Schweizern wegen seiner Beziehungen zu Brüstlein u. Grumbach sehr schlecht angeschrieben sei, so dass ihm Schwierigkeiten mit seiner Niederlassung gemacht werden könnten; Frau Schickele selbst habe es ihm gesagt. Die Beengung u. Schwierigkeit des Lebens auch in der „freien" Schweiz wird immer fühlbarer.

2 Juni. 1918. Sonntag. Kandersteg – Spiez. *2.6.1918 Sonntag*

Mit Fried durch den Tunnel nach Goppenstein u. zu Fuss hinauf ins Loetschenthal zum Dorfe Kippel, wo heute die Felder gesegnet wurden. Uralter heidnischer Brauch, wie ihn Strawinsky im „Sacre du Printemps" benutzt hat. Grosse Zeremonie in der Kirche u. Prozession. In der Kirche war die Feier, als wir hinaufkamen, im Gange. Junge Burschen in Uniformen aus der Zeit Napoleons, roten Uniformfräcken, weissen Hosen, Schakos mit Federbüschen, bildeten im Kirchenschiff Spalier, eine Scharlachrote und weisse Uniformmasse; die Frauen zu beiden Seiten in den Kirchenstühlen legten sich beim Messopfer weisse Schleier um, dann setzte sich die Prozession mit der Hostie in Bewegung von der Kirche auf den Feldwegen, feierlich singend zwischen dem im Winde wogenden, von der Sonne berieselten, im Lichte flackernden Getreide. Die Erhabenheit und das Altertum der Idee wurde für mich gestört durch die Degeneriertheit und Hässlichkeit dieser Bauern; unter Dutzenden kaum ein normales, gesundes Gesicht. Namentlich die Kinder und Greise sind geradezu erschreckend, zu dreivierteln pathologisch. – Nachmittags nach Spiez hinunter, um die Hofrätin Zuckerkandl zu besuchen u. Geschäftliches mit ihr abzumachen. Der Spiezerhof ist eine Kolonie von Intellektuellen um Cassierers; dort Schickeles, Molls aus Wien, die Zuckerkandl, allerlei Wiener Kunsthandwerker. Aus jedem Zimmer tritt auf den Balkon irgendeine Kapazität, wenn im Garten gerufen wird, wie bei einer Spieluhr. Als Geburtsluft der neuen „Weissen Blätter" beängstigend. Paul Cassirer u. Frau Schickele ruderten Frau Moll, ihre Tochter u mich nach Tisch in der spät herabsinkenden Sternennacht auf dem See. Irgendwie fehlte trotz der Schönheit die Andacht. Von der Schlacht sind wir seit gestern ohne Nachrichten. Die Zuckerkandl sagt, Pawelics[1] habe ihr erzählt, die halbe österreichische Armee sei in Frankreich, die Offensive sei auf anderthalb Jahre angelegt, werde aber schon in diesem Jahre zum Ziele, der Zertrümmerung der anglo-französischen Armee, und damit zum Frieden führen.

3 Juni. 1918. Montag. Spiez – Bern. *3.6.1918 Montag*

Vormittags mit Schickele u. Cassirer am See Spazieren. Weisse Blätter besprochen. Nachher über den See nach Scherzligen u Bern. Auf der Fahrt bat Cassirer

[1] Pavellic

um meine Unterstützung in Sachen der Haltung der Weissen Blätter: Schickele akzeptiere Beiträge von Leuten wie Klabund, Ehrenstein u. s. w., deren Pazifismus darin bestehe, dass sie ihre Person in den Vordergrund stellten und die Welt zum Zeugen anriefen, wie unbequem der Krieg für sie sei. Romain Rolland habe mit Recht die Pazifisten in Solche eingeteilt, die aus ethischer Überzeugung den Krieg verurteilten und Solche, die unter keinen Umständen für irgendeine Überzeugung irgendein Opfer zu bringen bereit seien. Klabund, Ehrenstein u Genossen gehörten zu der letzteren Sorte. Schickele kompromittiere die ganze Sache, indem er solchen Leuten das Wort gebe. Wie ich mich zu der Frage stelle und ob ich Schickele beeinflussen wolle, damit er solche „Lausejungen Kritik" an grossen Dingen ausschliesse? Ich sagte, ich würde sehr ungern Schickele Etwas sagen, mein Standpunkt sei aber, dass man von grossen Dingen gross reden müsse, dass diese persönliche Bequemlichkeits Opposition verächtlich und lächerlich sei, und dass ein Blatt wie die W. B. nur dann Einfluss gewinnen könne, wenn es eine Haltung einnehme, die der behandelten Fragen würdig sei. Das dürfe er Schickele meinetwegen sagen. Ich sehe aber, dass zwischen Cassirer u Schickele grundsätzliche Schwierigkeiten wahrscheinlich sind. – Mit Fried u Molls nach Bern. Fried brachte wieder neue Forderungen der Z. vor. Eine merkwürdige Psychologie.

4 Juni. 1918. Dienstag. Bern. *4.6.1918 Dienstag*

Heute ein Dr Ernst Bloch bei mir (ein Bekannter von Schickele), der mir ein neues philosophisches System entwickelte, voluntaristisch-mystisch, wonach jedes Wesen, jedes Ding, in sich eine Utopie, eine unerfüllte Möglichkeit trage, die sich zu vollenden trachte, man müsse nur das Stichwort finden, die magische Formel, die es erlöse und der Vollendung zuführe. Novalis, Schopenhauer, Chassidim, Tausend und eine Nacht. Als Mensch ein fast erschreckend mächtiger Jude, mit einem Stiernacken, wilden bösen dunklen Augen hinter Zwikkergläsern, und einem unbändigen Haarschopf; eine brutale Naturkraft, die sich nicht ohne Eitelkeit das Ziel gesetzt hat, die Welt umzudenken. Dabei, wie er behauptet, kriegsuntauglich, d.u.[1] Er führte mir, ohne mich zu kennen, einen Kunsthistoriker, einen Herrn v. Bendemann zu, den ich bei mir anstellen sollte. Erwähnte dabei, dass er erst vor einer Stunde auf den Gedanken gekommen sei, dass er Bendemann bei mir unterbringen könnte. Er erinnerte mich an die jüdischen Boxer im East End von London, die den kräftigsten englischen Rowdies physisch überlegen waren. – Abends assen Molls bei mir mit Oscar Fried, Herbert Hindenburg u. de Vaux. Hindenburg gefiel sich in dekadenter Schwäche Demokratie. Der phantastische Prozess in London gegen Billing mit den angeblich 47000 Kompromittierten von Haldane u Asquith abwärts spielte

[1] dauernd (dienst-)untauglich

im Gespräch eine erhebliche Rolle. Hindenburg sagt, er habe schon vor ein oder zwei Jahren gehört, dass diese Bande in der Tat die einzigen seien, die noch hielten. Er scheint zu glauben, das an Billings Behauptungen Etwas Wahres ist. – Unsere Offensive geht südwestlich von Soissons weiter, wenn auch seit den letzten Tagen langsam. Chateau Thierry an der Marne u. die Gegend westlich von Soissons sind augenblicklich ihre Flügelpunkte. Fürstner, der heute aus Berlin zurückkam, sagte, dass dort jetzt Alles mit einem langen Kriege rechnet. Man wolle England nicht Frieden geben, selbst wenn es darum bäte, weil man es erst in Aegypten u. Centralasien schlagen wolle. Ganz phantastisch ist der Plan, den er gehört haben will, Frankreich zum Separat-Frieden zu zwingen unter der Bedingung, dass es den Durchmarsch nach Spanien und durch Spanien gegen Gibraltar zulässt. Fürstner sagt, die Ausdehnung u. Wirkung der alldeutschen Propaganda seien erstaunlich. Sie liessen sich nur durch die stillschweigende Billigung der Regierung erklären. Überall Plakate u. in allen Gesprächen die durch die alldeutsche Propaganda verbreiteten Stichworte.

5 Juni. 1918 Mittwoch. Bern. *5.6.1918 Mittwoch*
Bei Brentanos gegessen mit Schubert, Hyé, Graf u Gräfin Courten.

6 Juni 1918. Donnerstag. Bern. *6.6.1918 Donnerstag*
Die Schlacht zwischen Soissons u Reims ist zum Stillstand gekommen, nachdem wir Chateau-Thierry u. die Marne erreicht, 55000 Gefangene gemacht u. über 600 Geschütze genommen haben. Clemenceau hat in der Kammer vorgestern eine Rede gehalten, in der er die Erschöpfung der französischen u. englischen Reserven zugiebt, die Lage als „redoutable“ bezeichnet u. als einzige Hoffnung das Eingreifen der Amerikaner angiebt. Stransky, der Vormittags aus Genf kam, u. mit mir frühstückte, schildert die Stimmung unter den dortigen Internierten u. Franzosen als äusserst düster. Sie litten sogar noch mehr unter der Blamage, dass sie wieder überrumpelt worden seien, als unter der Niederlage selbst; seien in ihrer Eitelkeit getroffen. Sie wollten lieber Alles, als lächerlich sein. – Dr Diesser mich besucht. Er glaubt ebenso wie Seide auch Wolle aus Blut machen zu können. – Abends Picnic im Schwellenmätteli mit Schwerins, Schubert, Einsiedel, Renthe-Finck u Fürstner. Die Adine Schwerin erzählte mir von einer verbrecherischen Intrigue einer Frau, der Tochter O., die in ihren Mann verliebt sei und sie zu vergiften u. durch anonyme Briefe unmöglich zu machen versuche. Die O. habe ihr vergiftete Chokolade geschickt, Artikel in den Berner u. Züricher Zeitungen zum Abdruck gegeben u. s. w. Bern wird unter den Einwirkungen des Krieges zu einer Wohnstätte von Borgias u. Aretinos. Wenn man darum herum die verschiedenen Spionagen, die abgehörten Telephongespräche, geöffneten Briefe, dunklen Agenten u. Schieber denkt, so ist der

Hexenkessel komplett. Schwerins fürchten offenbar, dass ein Prozess die ganze Eulenburg Geschichte wieder aufrühren könnte; grausame Lage.

7. Juni 1918 Freitag. Bern – Kandersteg. *7.6.1918 Freitag*

Bei Mussolins gefrühstückt mit de Vaux u. der Gräfin Thun, der Mutter von Paul Thun. Mussolin sagte ganz richtig, dass das Erstaunlichste an Bern das Aneinander Vorbeileben von zwei ganz getrennten Gesellschaften, Entente u. Vierbund, mit Hunderten von Mitgliedern ohne alle Berührungspunkte sei. Wir wissen Nichts von den Ententeleuten, sie Nichts von uns (Allerdings giebt es allerhand versteckte Leitungen.) Die Affaire Schwerin und der phantastische Prozess in London wurden beschwatzt. Mussolin fragte mich, ob ich glaube, dass der Krieg in diesem Jahre zu Ende gehe? Auf meine verneinende Antwort gab er mir trotz seiner Äusserungen bei Sepp Radowitz recht; meinte allerdings, es gebe Leute, die Einen für einen Ochsen erklärten, wenn man das äussere. Er will Nachrichten haben, dass durch die Offensive die Stellung Clemenceaus „innen ausgehöhlt" sei. Möglich; trotzdem wird sie sehr stark bleiben, bis noch mindestens zwei oder drei weitere Offensiven ähnliche Erfolge haben wie die der vorigen vierzehn Tage. Das Niederbrechen des Prestiges eines solchen Mannes kostet viel Blut. Hier misst sich das Ethische in einer grausigen Weise am Materiellen und Lebendigen. – Spät am Nachmittag nach Kandersteg gefahren. Zufällig fuhr Annette Kolb mit bis Spiez, wo sie Schickele besuchen wollte. Sie behauptet, Alexander Hohenlohe habe ihr erzählt, Hertling habe einen neuen Schlaganfall gehabt und sei ganz troddelig; Bülow kehre wieder. Wahrscheinlich „Etappengerücht", von Bülow inspiriert.

8 Juni 1918 Sonnabend. Kandersteg. *8.6.1918 Samstag*

Im Gasteren Tal bis Selden gegangen u. dort über Mittag geblieben. Abgeschlossene wilde Gebirgsnatur von erhabener Einsamkeit. – Die Friedensmöglichkeiten durchgedacht. Grundsätzlich ist festzuhalten, dass das Kriegsziel der Entente jetzt nicht territorial (Elsass-Lothringen oder Belgien) sondern in der Tat, wie sie selbst vorgiebt, machtpolitisch: die Vernichtung der Militärmacht Deutschlands ist. Wilson, der dieses Ziel am reinsten u. radikalsten verfolgt, will es verwirklichen und sicherstellen, indem er eine andre Militärmacht an die Stelle setzt, die sogenannte Polizeitruppe des Staatenbundes, die Nichts Andres sein würde als das Machtinstrument des amerikanischen und subsidiär des englischen und französischen Imperialismus. Man muss ein politisches Kind sein, um die wirkliche Bedeutung dieser „Polizeitruppe" zu verkennen. Solange Wilson am Ruder bleibt und die amerikanische politische Maschine beherrscht, wird Amerika daher nicht einmal gegen Abtretung Elsass-Lothringens und Wiederherstellung Belgiens uns Frieden geben. Da es unwahrscheinlich ist, dass Wilson vor Ablauf seiner Amtszeit zurücktritt oder die tatsächliche Macht verliert, so ist ein Ende des Krieges vor der nächsten Präsidentenwahl, d. h. vor Herbst 1920, unwahrscheinlich. Dagegen darf man annehmen, dass wenn die Intervention Amerikas auch fernerhin bis Herbst 1920 erfolglos bleibt, dann die Präsidentenwahl um den Frieden gehen und einen Friedens Präsidenten an die Spitze bringen wird. Dann wird Wilson wahrscheinlich versuchen, seinem Nachfolger zuvorzukommen und noch selber den Frieden abzuschliessen. Daher rechne ich, dass bei normalem Verlauf des Krieges die Verhandlungen für einen allgemeinen Frieden im Winter 1920/21 stattfinden werden. Bis dahin kann es sich für uns nur darum handeln, eine möglichst günstige strategische, wirtschaftliche und moralische Stellung zu erringen, von der aus wir dann verhandeln können. Moralisch wäre das Wichtigste die Kritik und Erschütterung der Wilsonschen Stellung. – Gegen diese Rechnung gelten allerdings zwei Einschränkungen. Die lange Dauer des Krieges kann Revolutionen hervorrufen, die ihm ein plötzliches Ende bereiten (wie in Russland). Ausserdem wäre es möglich, dass Frankreich nach zwei oder drei weiteren Schicksalsschlägen Clemenceau und Foch über Bord würfe und eine Regierung bekäme, die etwa aus Briand-Thomas-Painlevé-Renaudel bestünde. Eine solche Regierung würde zwar nach aussen „die glorreichen Traditionen von 1792" auf ihre Fahne schreiben, unter der Hand aber uns sondieren lassen und gleichzeitig Wilson und England zu einem billigen Arrangement zu bekehren versuchen. Die Frage ist, ob ihr dieses Letztere gelingen würde. Denn einen Sonderfrieden gegen Amerika und England könnte sogar ein militärisch vernichtetes Frankreich nicht schliessen. Allerdings ist es ebenfalls eine Frage, ob Amerika und England, wenn Frankreich militärisch gebrochen wäre, auch nur den Seekrieg lange fortzusetzen imstande wären, da wir dann einen Teil der französischen Westküste zur Verfügung hätten und unsere ganze wirtschaftliche und militärische Kraft gegen Asien u zur See einsetzen könnten. – Abends kamen Schubert, Schwerin u. Durant im Auto herauf.

9. Juni. 1918 Sonntag. Kandersteg – Spiez. *9.6.1918 Sonntag*

Früh mit Durant zum Oeschenen See am Fuss der Blümlis Alp. Nachmittags nach Spiez. Bei der Frau Zuckerkandl mit Vandevelde und Oscar Fried gegessen. Nachher Beratung bei Cassirers, die ihre Villa am See bezogen haben, mit Vandevelde u. Schickele über Vandeveldes Übersiedlung nach der Schweiz. Er möchte sich in Uttwyl am Bodensee niederlassen. Er meint, dass er in Deutschland während und gleich nach dem Kriege nicht frei wirken könnte; damit man seinen Worten Glauben schenke und er wirklich ein Band zwischen den feindlichen Ländern bilde, müsse er auf neutralem Boden leben. Andrerseits dürfe er sich nicht von Deutschland zu weit entfernen. Daher der Bodensee. Er möchte von dort aus für seine Ideen und die Versöhnung der Völker Propaganda machen. Ein kleiner Fonds ist durch Bodenhausens, Dürckheims[1], Arnhold u. s. w. beisammen, der die Ansiedlung erlaubt. Ich sagte, dass ich mich seinen Gründen beuge, unter der Bedingung, dass er Uttwyl nicht kaufe, sondern blos miete, um die Rückkehr nach Deutschland nicht auszuschliessen, und dass in Uttwyl praktische Arbeit, Werkstätten, Unterricht, nicht blos allgemeines Gerede über Krieg u. Frieden im Mittelpunkt stünde. Schickele war auch für Uttwyl. Cassirer skeptischer, weil Vandevelde dort zu abseits leben würde, um Aufträge zu bekommen. Da Vandevelde erklärte, das Hauptgewicht fortan auf seine Lehrtätigkeit und die Propaganda für seine Ideen zu legen, so stimmte auch Cassirer zu. Vandevelde wird also wahrscheinlich nach Uttwyl übersiedeln. Damit ist unser ganzes Weimarer Unternehmen zu Ende. Ein Abschnitt. Wie viele Kämpfe u. Jahre finden damit einen Abschluss. Mir tut es um Weimar und unseren schönen Jugendidealismus weh. Auch hier hat der Krieg einen tiefen Schnitt zwischen zwei Zeiten unseres Lebens gemacht. Die Beratung auf dem Balkon hoch über dem dunklen See, der mit fernen Küstenlichtern wie ein Meerbusen, wie der Golf von Neapel in der Nacht unten lag, hatte für mich eine melancholische Feierlichkeit. Nach dem Tode von Heymel, nach dem von Bodenhausen, ist dieser Fortgang Vandeveldes aus Weimar das dritte für mich eine tiefe Umwälzung bedeutende Ereignis, das im Zusammenhange mit dem Kriege steht. Mit solchen einzelnen schmerzlichen Veränderungen tritt die neue Zeit nach dem Kriege auf den Plan, bis wir in einer ganz neuen Welt schon fast greisenhaft und allein dastehen.

10 Juni. 1918. Montag. Bern. *10.6.1918 Montag*

Vormittags von Spiez nach Bern gefahren mit der Hofrätin Zuckerkandl. Sie erzählte, die Frau v. Einem, die Frau des bisherigen österreichischen Militär Attachés in Bern, sei die Haupt Vermittlerin der Briefe zwischen der Kaiserin Zita u. ihrem Bruder[2] gewesen. Deshalb seien Einems in Ungnade gefallen u. abberufen worden. Bei der Rückreise sei die Frau v. Einem (hübsche elegante Frau) an der Grenze von den Österreichern nackt ausgezogen und mit Säure abgewaschen worden. Vom Hofe bekam sie dagegen die höchste Auszeichnung, den Stern zum Elisabethorden (?). Sie und Erdödy seien in die Intrigue durch Übermittlung der Briefe aufs tiefste verwickelt. Mutter Hindenburg in Wien, an die die Einem einen Empfehlungsbrief von der Marie Hindenburg hier mitbrachte, habe sich geweigert sie zu empfangen und sei gegen ihre Schwiegertochter wegen dieser Empfehlung ganz empört. Wieder eine Masche im Netz des Berner Intriguenlebens. – Die inneren Zustände in Österreich beur-

[1] Eckbrecht v. Dürckheim-Montmartin

[2] Sixtus

teilte die Z. sehr pessimistisch. Burian sei ein alter Geschäftsträger, ein Bureaumensch, unfähig, irgendetwas zu meistern. Czernin so nervös, dass in den letzten zwei Monaten Niemand mehr mit ihm arbeiten konnte, ein Wüterich; seinen katastrophalen Angriff auf Clemenceau habe er vorher Niemandem mitgeteilt. Bezeichnend sei, dass Hofmannsthal, der bisher den österreichischen Staatsgedanken in erster Linie verfochten habe, ganz umgewandelt dieses Frühjahr aus Berlin zurückgekehrt sei und jetzt die engste Anlehnung an Deutschland vertrete. Man wisse nicht, ob Österreich nicht doch zerfallen müsse trotz seiner glänzenden militärischen Lage. Die Entente, namentlich England, hörten nicht auf in Österreich für den Zerfall zu intriguieren. Gestern hat unsere Offensive schon wieder angefangen; diesmal nördlich der vorigen Einbruchsstelle, zwischen Montdidier und Noyon. – In Bern Brief von Becher, dass sein jüngerer Bruder sich erschossen hat und gleichzeitig von der Hadwiger über Bechers eigenen traurigen Zustand infolge Morphiums. Er ist aus der Anstalt von Binswanger in Jena entflohen und geht, wie die Hadwiger meint, einer Katastrophe entgegen. Bechers Brief eigentlich ruhig: „... Gesundheitlich komme ich nur langsam hoch, aber es ist augenblicklich bei den enormen Preisen schon schwer satt zu werden. Die Nachricht vom Tode meines Bruders werden Sie ja erhalten haben; es war ein unendlich süsser, zarter und schwärmerischer Junge, dem ich sehr sehr nahestand. Im Inselverlag erschien um Neujahr ein kleines Heft: „Die Heilige Schar" betitelt, hoffentlich haben Sie das Gedicht erhalten: ich hatte wenigstens mehr als einmal den Verlag darum gebeten. Gegenwärtig arbeite ich noch an den schon angesetzten Büchern: 1) Päan gegen die Zeit 2) Gedichte für ein Volk. Das „Neue Gedicht", gedruckt, wurde verboten. Vollendet sind ferner „Die Schlacht" (Kurt Wolff) und ein grosses mir wichtiges Gedichtbuch „An Alle" betitelt. Es enthält meine neusten Gedichte, auch Prosa und Tagebuch Aufzeichnungen. Ein eposartiges Gedicht in sieben Gesängen: „Die menschliche Passion" schreibe ich soeben: es soll meinem armen Bruder gehören. Zum Drama bin ich leider und trotz aller Anstrengungen noch nicht gekommen, obwohl es mein höchster Ehrgeiz ist, und es für mich auch eine wichtigste menschliche Bedeutung in sich schliesst, mich weiter über die Lyrik hinaus zu entwickeln. Aber was ich auch beginnen mag, sie bleibt immer und immer wieder die einzige Ausdrucksform, in der ich mich wohl fühle, die mir ganz gemäss zu sein scheint und in der ich, meiner Ansicht nach wenigstens, am besten meine Gedanken und Erlebnisse formulieren kann. Über mein Leben werden Sie ja auch am sichersten aus meinen neuen Gedichten unterrichtet werden: es gieng und geht mir noch recht hart auf hart, und ich führe eigentlich beständig den Kampf mit jener Macht, die man Dämon heissen mag. Aber mein Talent beruht ja gerade auf dieser kämpferischen Basis und ich glaube doch allmählich jetzt festen Boden gewonnen zu haben .....“ Im Ton wirklich nicht der Brief eines kranken Mannes; aber diese trügerische Oberfläche von Gesundheit und Unschuld ist für Becher gerade bezeichnend; sie macht es so unendlich schwer, ihn herauszuholen aus seinem Sumpf. – Abends nach Genf gefahren, bis Puydoux mit Vandevelde, der in den heftigsten Ausdrücken die Blindheit der Entente Staatsmänner tadelte, die alle unsere Friedensangebote als „Pièges“ abgelehnt haben. Sie seien schuld an den furchtbaren Blutopfern und würden schreckliche Rechenschaft abzulegen haben. Er glaubt, dass wenn Paris erst wirklich unter unseren Kanonen läge, die Franzosen das Joch Clemenceaus abschütteln und den Frieden erzwingen würden. Es ist dieselbe Erwartung, die Mussolin mir gegenüber verschiedentlich ausgesprochen hat. Ich wage nicht so viel zu hoffen, weil diese Rechnung den Fanatismus des französischen Charakters nicht einstellt. Allerdings könnte dann Clemenceau stürzen und die Entwicklung anfangen, die ich vorgestern skizziert habe.

11 Juni 1918. Dienstag. Genf. *11.6.1918 Dienstag*

Vormittags in die französische Ausstellung, wegen der ich hergekommen bin. Gute Übersicht über die franz. Malerei des 19ten Jahrhunderts an der Hand von kleinen grossenteils nicht sehr bedeutenden Bildern. Die grossen Meisterwerke sind zuhausegeblieben. Aber zur Auffrischung des Gedächtnisses genügt die Sammlung. Das Beste sind die ziemlich zahlreichen Corots und einige bezaubernde kleine Delacroix: Combat du Giaour et du Pacha (1856), Cavalier grec[1], Herminie et les bergers, Skizze zur Schlacht bei Nancy, Le Maréchal ferrant: Letzteres die nahe Beziehung zwischen Delacroix und Rembrandt deutlich zeigend in der magischen Atmosphäre, die Licht und Farben um die Dinge herumzaubern. Überhaupt steckt viel Rembrandt in Delacroix, mehr Rembrandt als Rubens, Helldunkel in Farben transmutiert. Daher das Mystische des Eindrucks, den Delacroix Kolorismus macht. Er baut seine Welt, auch die Farben, aus dem Helldunkel empor, wie das Frühlicht aus der Dämmerung. Der Ausdruck seiner Bilder liegt im Helldunkel; die Farbe krönt es nur und schenkt ihm ihre Süsse. Das Helldunkel ist das Romantische und die eigentliche Seele von Delacroix. Das Helldunkel zieht sich überhaupt als Grundelement durch die ganze französische romantische Malerei, Corot, Millet, Rousseau, Daumier, Courbet. Bei Courbet schlägt es aber um, wird unsentimental, rein konstruktiv. Als konstruktives Element gelangt es dann bei Cézanne zur Vollendung. So ergeben sich sozusagen zwei Kapitel in der Geschichte des französischen Helldunkels: I Das romantische, sentimentale (poetische) Helldunkel; II Das konstruktive (rein plastische) Helldunkel. Natürlich sind beide Verwendungen in den zwei Abschnitten miteinander vermischt; aber in der ersten Epoche domi-

[1] Scene from the War between the Turks and Greeks

niert die Eine, in der zweiten die Andre. Das Helldunkel ist das Instrument, ein sozusagen musikalisches Instrument, auf dem sie Alle spielen, die Einen sentimental-romantisch, wie ein Chopin oder Paganini, die Andren klassisch-konstruktiv wie Busoni. Das Instrument aber bleibt dasselbe. – Gegen Mittag brach eine Schülerschaar unter einem Lehrer in die Säle ein. Der Lehrer dozierte seinen Gymnasiasten (etwa Primanern) Degas, Gauguin, Cézanne vor wie selbstverständliche Klassiker. Wo sind die Zeiten, wo wir für sie wie für Ausgestossene kämpften? Wo Bonnat beim Staatsbesuch des Präsidenten Loubet in der Weltausstellung 1900 im Impressionisten Saal den Staatsgästen zurief: „Passons vite, messieurs, c'est la honte de l'Art français." Bonnat fehlt jetzt hier im Krieg, während Cézanne, Manet, Monet, Renoir ihr Vaterland in der ersten Linie verteidigen. Auch hier hat der Krieg aufgeräumt, und den Abstand zwischen zwei Epochen brutal eingekerbt. – In der Moos Galerie Ausstellung von Hodler. Mon Dieu, que ça manque de sensualité! Alles höhere Mathematik. Wie kann man so hölzern sein? Ich muss an den andren „Grand Citoyen" von Genf denken, an Rousseau, dem die kleine Kokotte[1] in Venedig nicht ohne Grund riet, die Frauen in Ruhe zu lassen und „studiar la matematica"[2]. Ein Mann, der so in seinem Werke jede Erotik beiseitelässt, muss sie irgendwie anders ausgeben. Gut sind allerdings bei ihm daher die Gletscher, „Jungfrau" u. s. w. – Ich glaube nicht, dass der Krieg das Heldentum viel vermehrt hat; er hat es nur sichtbarer gemacht bei den kleinen Leuten, die es sonst im Kampf um's Brot und in tausend kleinen, unbemerkten Handlungen ausgeben. Dasselbe gilt von der Bosheit. Der Krieg kapitalisiert Beide. – Nachmittags nach Lausanne. Gegessen mit Magura. Hauptsächlich politisches Gespräch. Er spiegelt (selbst sehr intelligent) die Ansichten der französischen Internierten, mit denen er offiziell zu tun hat, und etwas indirekter die gewissen Kreise der französischen Botschaft in Bern (Pierre). Er erklärt bestimmt, dass der Friede bald (noch vor dem Winter) kommen wird. Gefragt warum? Weil nur die drei Möglichkeiten offenstünden: entweder wir Deutschen blieben weiterhin im Vorteil, oder Foch würfe uns siegreich weit zurück, oder Foch erringe kleine Vorteile, die nicht entscheidend seien, aber doch den Alliierten wieder neuen Mut machten. Das Letztere sei das Ungünstigste; dann könne allerdings der Krieg lange dauern. Wenn wir aber geschlagen und weit von Paris abgedrängt würden, dann würde die Revolution in Deutschland für den Frieden sorgen. Tatsächlich glaubt aber M. offenbar nicht an Siege der Entente in den nächsten Monaten. Und dann würde Clemenceau stürzen. Clemenceau sei entweder ein Genie, das Frankreich retten könne, oder ein Verbrecher, der unter falschen Vorspiegelungen den Credit Frankreichs erschlichen habe. In den nächsten vierzehn Tagen müsse sich das zeigen.

---

1 Zulietta

2 „Zanetto, lascia le donne, e studia la matematica." Confessions, Partie II, Livre VII

Aus Maguras Worten sprach eine grosse Erbitterung gegen Clemenceau, die nicht mehr irgendwelches Vertrauen erkennen liess. Wenn Clemenceau verschwinde, dann käme ein „Gouvernement Socialiste", Thomas oder unter andrer Firma, und dieses wäre gezwungen, Frieden zu machen, denn es würde keine andre Plattform haben. Das Volk (die Plebs, die grosse Mehrzahl der Franzosen) werde nur für dieses Ziel zu haben sein, und die Minorität, die Bourgeoisie und die Krautjunker keine tatsächliche Macht mehr einer solchen Regierung gegenüber besitzen. Ich machte den Einwand, dass Amerika und England die Erlaubnis zum Frieden nicht geben würden. Magura antwortete, dass dieser Einspruch unter weniger tragischen Umständen, z. B. 1916 u. '17 allerdings wirksam gewesen sei. Aber wenn die Deutschen vor Paris stünden, und eine auf den Frieden eingeschworene sozialistische Regierung am Ruder sei, dann würden sich Mittel und Wege finden, um die Angelsachsen auch gegen ihren Willen zum Frieden zu zwingen. „Il faudrait que vous nous y aidiez". Von uns aus müssten dann die englischen u. amerikanischen Friedensfreunde mobilisiert werden. Schlimmstenfalls würden die Franzosen den Angelsachsen vierzehn Tage Frist setzen. Nachher würden sie nicht mehr mitkämpfen, sondern anheimstellen, dass die Engländer und Amerikaner allein mit uns die Sache ausföchten. Ein französischer Hauptmann habe ihm erst heute gesagt, dass die Franzosen „des poires" seien. Allerdings hänge Alles von der militärischen Lage ab, wie sie sich in den nächsten Wochen entwickeln werde. Letzten Endes schien Magura ein militärisches Zusammenwirken Frankreichs und Deutschlands gegen die Angelsachsen nicht ganz auszuschliessen. Das Gefühl, dass Frankreich durch sie geprellt sei, war deutlich spürbar; auch betonte er, dass diese Stimmung unter den internierten Offizieren, bei aller Abneigung gegen Deutschland, weit verbreitet sei. Man habe heftig nachgedacht, die intelligentesten Offiziere seien in ihren Ideen „très avancés". Panikartig wirkte allerdings die Vorstellung, dass wir bei weiteren Siegen „Maubeuge und Calais" fordern würden. Als ich so weitgehende Forderungen für absolut ausgeschlossen erklärte, allerdings Briey, Longwy, den Westabhang der Vogesen und Lüttich als wahrscheinlich zu erwartende Bedingungen angab, atmete M. sichtbar erleichtert auf. Er schien diese Abtretungen stillschweigend anzunehmen, sozusagen als natürlichen Siegespreis. Um meinen Eindruck nachzuprüfen, kam ich wiederholt auf Briey, Longwy, Lüttich und die Vogesenausgänge zurück und erzielte niemals irgendwelchen Protest. Auch dass im vorigen Jahr viel günstigere Bedingungen, wie ich sie damals vorschlug, abgelehnt worden seien, liess Magura nicht als Einwand gelten. Damals habe die französische Regierung nicht die Macht gehabt, sie anzunehmen, weil sie durch England und Amerika gefesselt war. Wenn die Deutschen vor Paris stünden und eine sozialistische Regierung am Ruder sei, würde die

Lage wesentlich anders sein. Die sozialistische Regierung werde gestützt auf die ungeheure Mehrzahl der Franzosen ihre Truppen aus dem Krieg zurückziehen und die Angelsachsen, wenn sie hartnäckig seien, ihrem Schicksal überlassen. Dass die Entente einen verhängnisvollen Fehler gemacht habe, als sie 1916 die für sie so günstige Situation nicht zu einem Friedensschluss ausnutzte, sprach M. offen aus. – Aus Allem fühlte man, dass unsere Offensiven kolossal gewirkt haben. Man war auf solche militärischen Erfolge nicht gefasst und ist vorläufig stark aus dem moralischen Gleichgewicht heraus. Es ist das erste Mal seit September 1914, dass die Franzosen weich werden. Dazu kommt seit gestern der schöne Regen, der uns unsere Ernte sichert.

12 Juni 1918. Mittwoch. Lausanne – Bern – Zürich. *12.6.1918 Mittwoch*
Früh von Lausanne nach Bern. Schlesinger von der „Voss" bei mir, weil ihn der Korrespondent des „Daily Chronicle" West durch Beek van Wesendonck[1] um eine Unterredung hat bitten lassen. West hat Beek gegenüber halb friedfertige Gedanken, gleichzeitig aber eine gewisse Furcht vor Frankreich u. der französischen Regierung durchblicken lassen. Delmer vom „Daily Mail", derselbe, der den Herron Skandal inszeniert hat, soll sogar gesagt haben, es sei eigentlich unsinnig, dass die Engländer sich noch immer für Elsass Lothringen schlügen. Ich übernahm die Verantwortung, dass Schlesinger West sprechen dürfe unter Bedingung, dass er sich eine grosse Vorsicht und Zurückhaltung auferlege. Schlesinger sagt, dass West noch vor acht Tagen eine Unterredung abgelehnt habe, weil er dazu die Erlaubnis seiner Regierung haben müsse; er vermutet, dass diese Erlaubnis also inzwischen erteilt worden sei. – Abends nach Zürich gefahren. – Der Regen hält an zum Segen für die Ernte. – Merkwürdiger Artikel im Temps vom 8ten, Sonnabend (Freitag Abend) „L'Allemagne et la Paix". Zwischen den Zeilen wird ziemlich durchsichtig angedeutet, dass Frankreich jetzt Friedensvorschläge, wenn sie nur präzis und nicht zu hart wären, gern entgegennehmen würde: Zuerst werden die Gegensätze in den Kriegszielen bei den verschiedenen deutschen Parteien geschildert. Dann heisst es: „Grâce à sa souplesse et à sa surdité, dit-on, le comte Hertling s'accomode de vivre au milieu de ces contrastes. A-t-il le désir de faire éclater les divergences au grand jour, en élaborant un programme de paix qui serait précis et public? Est-il de taille à mener au quartier général, au Reichstag et dans la presse, les débats mouvementés qu'occasionnerait ce travail d'élaboration? On a le droit d'en douter. (Aber wäre offenbar recht froh, wenn dieser Zweifel sich als unberechtigt herausstellte.) .... Les Pangermanistes seraient enchantés si le gouvernement allemand formulait publiquement ses conditions de paix au lendemain d'un succès militaire: ce seraient des conditions fort ambitieuses, et, une fois publiées, elles

[1] Jong van Beek en Donk

seraient liées au prestige de l'Allemagne ..... (vgl. die Befürchtungen Maguras vor allzu harten deutschen Friedensbedingungen) Depuis huit jours que la presse allemande parle de paix ..... il n'est pas venu d'Outre-Rhin une seule parole nette. Même à l'heure où il se juge victorieux, le gouvernement allemand évite obstinément de préciser les prétentions allemandes. Même à l'heure où les partis de gauche sont menacés d'un discrédit total, ils sont incapables d'agir (Aufmunterung: „Nun man los!") ou même de coucher sur le papier un programme d'action ..." Man fühlt aus dem Artikel sogar eine ziemliche Ungeduld und Nervosität heraus, nun endlich zu Friedensverhandlungen zu kommen. Diese Nervosität passt auch in die allgemeine düstere und unsichere Stimmung hinein, die in der Kammerdebatte vom 4ten nur Clemenceau, in den Leitartikeln u. s. w. von „Humanité", „Œuvre", „Action Française", in den Äusserungen Maguras deutlich ist. Mein Eindruck: die Lage ist noch nicht reif, sie reift aber.

13 Juni 1918. Donnerstag. Zürich – Baden. *13.6.1918 Donnerstag*

Ausstellung der „Impressionistes Français" in der Meise. Verkaufs Ausstellung von Karl Montag herübergebracht. Ziemlich bunt zusammengewürfelt gute u. weniger gute Waare: Van Gogh, Renoir, Odilon Redon, Vuillard, Bonnard. Bonnards Verwandtschaft mit der „féerie" von Delacroix! Nur dass er dieses Zauberspiel der Töne und der Farben aus dem modernen bürgerlichen Leben herauszieht. – Nachher bei Karl Hofer, den ich reklamiert habe, aber bisher nicht kannte. Guter Eindruck, ruhig, selbstbewusst; durch die Gefangenschaft, zuerst in Kasematten mit Matrosen und Packträgern, nachher in einem Hotel am Strande, allerdings hinter Stacheldraht, gereift. Die Behandlung sei nach den ersten Monaten, wo furchtbare Dinge vorgekommen seien, gut gewesen. In seinen Bildern, die grell und eckig sind, strebt er, wie er sagt, über die Malerei hinaus zum Ausdruck auch zum marktschreierischen Ausdruck, ohne dass Litteratur daraus wird, Ausdruck von Lebensinhalten. Er sprach von der Suggestivität grob gepatzter Wirtshausschilder. Der Gegensatz zu Bonnard bei dieser vollständigen Abkehr vom Helldunkel, von der malerischen Qualität, von der intimen Poesie des Lichtes und des gelebten Lebens scheint vollständig. – Fellner u. Zeller empfangen. – Nach dem Frühstück nach Baden Romberg besuchen. Mit ihm spazierend berichtet und verhandelt. Maguras Äusserungen und die Ungeduld, die im „Temps" und überhaupt in der Pariser Presse fühlbar ist, deutsche Friedensvorschläge herauszulocken. Romberg sagte, Haeften habe nach Bern Ende Mai den Plan für eine deutsche „Friedensoffensive" mitgebracht; dann sei sie aber anscheinend ohne Haeften und vor Haeftens Rückkehr vorzeitig in der „Kreuzzeitung"[1] losgegangen. Haeftens Plan sei anders

[1] vermutl. L. H., „Politische Offensive" u. „Nochmal: Politische Offensive"

gewesen; es sollten Erörterungen namentlich in Interviews hervorragender nicht offizieller Persönlichkeiten wie Ballin, Rathenau u. s. w. über den Frieden hin u hergehen, in denen keine bestimmten Bedingungen formuliert wurden, sondern mehr auf die künftigen gemeinsamen Aufgaben aller Völker und Ähnliches hingewiesen wurde. Haeften erwartete, dass diese deutschen Friedensdiskussionen wieder hohnlächelnd von den Entente Zeitungen und Staatsmännern abgewiesen würden, und dann unser grosser Schlag, wenn er gleich nachher erfolge, die Entente um so wuchtiger treffen und erschüttern werde. Romberg scheint diesem Plan zugestimmt zu haben, von der Ausführung aber unbefriedigt. Er habe sich die Sache anders vorgestellt. Mit den Militärs müsse man aber heute sich abfinden, ihre Initiativen ausnutzen und zum Guten wenden u. s. w. Offenbar ist Romberg unsicher geworden, ob diese „Friedensoffensive" nicht sehr naïv war, dilettantisch erfunden und ins Werk gesetzt. Die Franzosen scheinen den Speck gerochen zu haben; ihre Presse baut vielleicht jetzt blos vor, wenn sie so plötzlich Interesse für präzise und öffentliche deutsche Bedingungen zeigt; sie will dadurch den Rückschlag nach einer neuen Offensive, weil die hartnäckige Verstocktheit der Entente schuld sei an der Kriegsverlängerung, abfangen. Romberg wünschte, dass ich noch vor meiner Abreise Haguenin sehe und ihm auf den Zahn fühle. Zustimmend empfieng er meine Ansicht, dass man, Friedensoffensive hin, Friedensoffensive her, jetzt möglichst still sich verhalten sollte, um die Wirkung der militärischen Ereignisse nicht zu stören. Die Lage muss und wird reif werden, um so sicherer und schneller, je weniger wir vorläufig reden. Zögernd aber ohne Einschränkung erlaubte mir Romberg, diese Ansicht als die seinige in Berlin zum Ausdruck zu bringen. Er fügte dann hinzu: wenn wir in diesem Jahre mit Frankreich zu einer Verständigung kämen, dann werde auch er Optimist; mit dem von uns organisierten Kontinent könnten wir selbst Amerika widerstehen. Allerdings habe uns Amerika nicht nötig; das sei der dunkle Punkt; aber auch wir könnten, wenn wir den Kontinent organisierten, vorläufig ohne Amerika auskommen. Dann brachte Romberg das Gespräch auf meinen Bericht (vom 27ten Mai) über die feindliche Propaganda. Dieser Bericht dürfe nicht zu den Akten verschwinden, sondern müsse Ausgangspunkt werden, wir müssten uns an seiner Hand überlegen, was zu tun sei? Er lobte dann ziemlich überschwänglich die neue Auffassung von Propaganda, die ich gezeigt habe, und drückte die Hoffnung aus, dass mir einmal die Möglichkeit gegeben werde unsere ganze Propaganda in grosszügiger Weise nach meinen Ideen zu organisieren. Ich sei der Einzige in Deutschland, der das nicht blos auf dem Papier, sondern in der Wirklichkeit machen könne. Er meine das nicht als Kompliment, sondern konstatiere eine Tatsache. Ich sagte ihm, dass Ferdinand Stumm bereits an mich geschrieben habe, er wolle den Bericht drucken und den Reichsbehörden, Zeitungen u. s. w.

zugehen lassen. Ich hätte gegen Mitteilung an die Zeitungen Bedenken; dagegen keine gegen die vertrauliche Übermittlung an die Staatssekretäre und Parteiführer im Reichstag. Romberg stimmte zu und meinte, man sollte auch die grossen Banken und Leute wie Rathenau, Guidotto Henckel, Krupp interessieren; auch und vor Allem den Kaiser. Besondren Wert legt Romberg auf die Modepropaganda und Sterns Vorschlag „Wiener Mode" gegen Pariser. Es scheint, dass durch den Bericht hier und in Berlin gewisse mir bisher nicht bewusste Blindheiten gestochen worden sind; vielleicht kommt dadurch ein Stein ins Rollen. Grosse Angst hatte Romberg mit Recht davor, dass jetzt diese Ideen namentlich durch die Presse (er nannte Bernhard) totgeritten würden, ehe ein Gegenplan reif sei. Daher müssten wir bald genau überlegen, was wir machen wollten. Abends nach Tisch noch bis 12 mit Romberg gearbeitet.

14 Juni 1918. Freitag. Bern – Basel *14.6.1918 Freitag*

Mit dem Frühzug aus Baden nach Bern durch die fruchtbare Landschaft. Nach dem Regen strotzt und glänzt Alles Grün, Getreide, Wald und Wiese vollgesogen und erfrischt aus der nassen Erde. Diesem Reichtum fühle ich mich erst seit dem Kriege gebührend dankbar. In Bern Montgelas (jetzt Geschäftsträger) und Schubert gesehen. Montgelas sagt, er habe bisher nicht erfahren können, was wir mit der „Friedensoffensive" wollten. Das Amt gebe keine klare Auskunft. Schubert war vollständig meiner Ansicht, dass wir jetzt still sein sollten. Er habe von vornherein Bedenken gegen Haeftens Plan geäussert. Romberg habe ihn dann aber veranlasst, sogar Vorschläge schriftlich niederzulegen, wie man ihn ins Werk setzen könne. Mir scheint, jetzt will es Keiner gewesen sein, nachdem sich die ganze Aktion als eine offenbare Dummheit erwiesen hat. – Ich bat Haguenin zu mir und versuchte seine Ansicht herauszubringen. Er verschleierte wie gewöhnlich durch geschickt herausgerissene Wahrheiten die Wahrheit: nach ihm sind die merkwürdigen Äusserungen in „Homme Libre", „Temps", „Débats" Nichts als ein innenpolitisches Manöver „pour clouer le bec aux socialistes", damit sie nicht das Volk aufwiegeln mit der Behauptung, die französische Regierung lehne jede Verhandlung ab. Das bestätigt meine Vermutung; ist aber nur die halbe Wahrheit. Denn wenn Clemenceau ein so bedenkliches Manöver nötig hat, so muss die Gefahr, die er beschwören will, ziemlich gross sein, mit andren Worten, die Sozialisten und ihre Hintermänner, die Verhandlungen wünschen, sind nicht „quantité négligeable". Haguenin blieb aber auch heute dabei, dass Clemenceaus Stellung sehr stark sei: „On dirait que c'est notre mascotte". Eigentlich wollten ihn selbst die Sozialisten nicht stürzen, weil auch sie, auch Thomas, wenn er zur Regierung komme, den Krieg à outrance wenigstens äusserlich fortführen müssten. Auch Dieses ist wieder die halbe Wahrheit. In der Tat wäre auch Thomas genötigt, die Fortführung des Krieges zu proklamieren, und dieses würde seine Lage erschweren und mag ihn abhalten, sich zur Ministerschaft zu drängen. Aber andrerseits hat auch Magura recht, dass eine sozialistische Regierung gezwungen wäre, in verhältnismässig kurzer Zeit, Frieden zu schliessen, oder den Platz zu räumen, sei es wieder einem Clemenceau, sei es weiter links stehenden Leuten (Zimmerwald, Kienthal)[1]. Haguenin gab zu, dass neue „désastres" Clemenceau zum Rücktritt zwingen und die Sozialisten ans Ruder bringen könnten. Briand habe sich stark kompromittiert, dadurch dass er in diesem tragischen Augenblick gegen Clemenceau „dans les coulisses" intriguiere. Thomas habe sich hiervon fern gehalten und stehe deshalb stärker da. Ich spielte auf Unstimmigkeiten zwischen Engländern u. Franzosen an. Haguenin läugnete sie, fügte aber hinzu: „Les Anglais, on n'en parle presque plus". Nur die Amerikaner spielten noch eine Rolle. Tardieu habe ihm kürzlich geschrieben, dass deren Anstrengungen in der Tat alle Erwartungen überträfen. Zum Schluss wiederholte H., dass der Krieg nach seiner Ansicht noch lange dauern werde. – Schlesinger berichtete mir über seine Unterredung mit West, dem „Daily Chronicle" Korrespondenten, der ihn um eine Zusammenkunft gebeten hat, wie aus den Umständen hervorgeht mit ausdrücklicher Einwilligung seiner Gesandtschaft. West hat auch den Wunsch ausgedrückt, deutsche Friedensbedingungen zu erfahren. Dass auch England vorgeht, beweist, dass Clemenceaus Manöver nicht ausschliesslich innenpolitisch ist. Nur scheinen die Engländer und Franzosen getrennt marschieren, vielleicht sogar einander den Rang ablaufen zu wollen. Wenigstens hat West gesagt, dass Zusammenkünfte zwischen deutschen und englischen Parlamentariern (die er wünscht) besser in Holland als in der Schweiz stattfänden, weil die Engländer nach Holland reisen könnten, ohne dass die französische Regierung davon wisse. Romberg sagte mir gestern, er vermute, dass man Hatzfeld nach dem Haag zu den Unterhandlungen mit Lord Newton geschickt habe, um die Möglichkeit zu politischen Gesprächen zu schaffen. – Schliesslich schreibt mir die Zuckerkandl heute, sie habe von ihrer Schwester einen vom 31ten Mai datierten Brief aus Paris erhalten, der den Satz enthalte, Ich bitte dich inständigst das Sanatorium nicht zu verlassen sondern noch dort zu bleiben. Dieses scheint anzudeuten, dass die Frau Clemenceau glaubt, vielleicht bald in einer politischen Mission zu ihrer Schwester nach der Schweiz kommen zu können. – Nachmittags nach Basel mit Oscar Fried. Abends Ludwig Bauer bei mir gegessen. Langes politisches Gespräch. Bauer ist von einem unüberwindlichen Mistrauen gegen Preussen und die „Preussi-

[1] Im Sep. 1915 fand in Zimmerwald bei Bern eine internationale Konferenz v. Pazifisten u. kriegsoppositionellen Sozialisten statt, die sich gegen die sog. Burgfriedenspolitik der sozialist. Parteien richtete u. auf der u.a. gefordert wurde, den Krieg ohne Annexionen auf der Basis des Selbstbestimmungsrechts der Völker zu beenden. Im Apr. 1916 folgte eine zweite Konferenz in Kienthal.

schen Junker" erfüllt, ungefähr so wie ein französischer Freimaurer gegen „die Jesuiten". Überall, wo Macht und Zukunft ist, entsteht dieses merkwürdige Gegenspiel besinnungslosen Hasses und Mistrauens. Bauer stört der Preusse in seinem Phäakentum; die Welt wäre ohne Preussen so viel gemütlicher und amüsanter. Aesthetisch-kulinarische Einwände, die sinngemäss gegen jedes Genie gelten; Genies sind im Privatleben meistens unausstehlich. – Brief von der Else Lasker-Schüler, in dem sie mir mitteilt, sie sei Kaiser von Thibet, aber gleichzeitig mit der Berliner Polizei in Verbindung; gestützt auf diesen Tatbestand bittet sie, ihr „die Dichterpropaganda in der Schweiz" zu übertragen. Dann könne sie so leicht über die Grenze hin- und herfahren. Als Empfehlung legt sie ein Telegramm des Spions Klein bei, der früher bei Bismarck war.

15 Juni. 1918. Sonnabend Basel – Frankfurt. *15.6.1918 Samstag*

Mit Oscar Fried von Basel nach Frankfurt. Unterwegs stieg der Dr Kurt Hahn ein, der bei Haeften die englischen Sachen bearbeitet. Er bat mich, mit ihm in ein leeres Koupee zu gehen, und fieng davon an, dass nach Haeftens Ansicht die militärischen Aktionen psychologisch unterstützt werden müssten; auch Ludendorff sei dankbar, wenn man ihm psychologisch helfe. Er, Hahn, halte eine grosse Friedensoffensive gegen England für zeitgemäss. Die der Kreuz Ztg gegen Frankreich sei allerdings misglückt; sei aber auch nicht von Haeften ausgegangen, sondern habe diesen überrascht, ehe er seinen eigenen Plan ins Werk setzte. Gegen England will Hahn im grössten Stile vorgehen. Er sagt: das Wirksamste wäre, wenn unsere Regierung selbst diese Friedensoffensive führte; nur sei Kühlmann nicht der Mann dazu: ein geschickter Unterhändler, aber kein Mann, der das überzeugende Pathos aufbringe, um die englischen Arbeitermassen aufzuwühlen. Hahn möchte die Aktion einleiten, indem die Schuldfrage wieder in die Diskussion geworfen würde. Anknüpfend an Lichnowsky. Das Amt (Kühlmann) lehne allerdings die Erörterung der Schuldfrage grundsätzlich ab. Man müsse aber den Glauben der Engländer an die Makellosigkeit der Entente brechen. Gilbert Murrays Artikel giebt schon zu, dass, wenn zwar die Deutschen die Hauptschuldigen sind, vielleicht auch Englands Politik nicht immer moralisch tadellos gewesen sei. Auf dieser Bahn müsse man die Engländer weiterdrängen. Auch unsere Kriegsziele im Westen als harmlos darstellen, so dass der englische Arbeiter sie billige. Dann werde Lansdowne hervortreten und unterstützt durch Grey, Burns, Bryce, Loreburn, Hugh Cecil, Selborne, Noel Buxton u. s. w. Verhandlungen verlangen. Lloyd George werde mit einer Kriegsrede antworten und ablehnen, noch einmal das Volk zu entflammen suchen. Gleich nachher müsse unser grosser Schlag fallen, die englische Armee vernichtend geschlagen werden. Dann stürze Lloyd George, England begänne unter Lansdowne Verhandlungen. Wilson werde dadurch seinen

Haupttrumpf verlieren, den Glauben Amerikas an die Gerechtigkeit seiner Sache; auch Amerika werde ausscheiden, und dadurch der Zusammenbruch Frankreichs herbeigeführt werden. Ich sagte Hahn, ich fände das dramatisch superb. Allerdings sei es mit Friedensoffensiven so wie mit militärischen; sie müssten gelingen, sonst sei es besser, wenn sie unterblieben. Ob er sicher sei, dass Lansdowne so entschieden hervortreten und von einer so glänzenden Kohorte berühmter Namen unterstützt werden würde? Ob nicht Lloyd George vielleicht das Spiel verderben könnte, indem er geschickter und anders antworte? Ob der englische Arbeiter unfehlbar Lansdowne und uns glauben werde? Immerhin ist der Plan erwägenswert; ich werde mit Haeften darüber sprechen. – In Frankfurt Abends nach Tisch bei Heinz Simon, wo Fritz Unruh, seine Mutter u Schwester. Diese lernte ich erst bei dieser Gelegenheit kennen. Unruh sagte mir, er sei jetzt entschlossen, den Abschied zu nehmen, habe bereits mit dem Grossherzog[1] darüber gesprochen, und bat mich, ob ich nicht ebenfalls mit diesem sprechen wolle? Er werde mich dann für Montag bei ihm ansagen. Ich sagte U., dass er den Abschied nehme, hielte ich für richtig, nur riete ich ihm, in irgendeiner offiziellen Verbindung zum G Herzog zu bleiben.

16. Juni. 1918. Sonntag. Frankfurt. *16.6.1918 Sonntag*

Beginn einer Offensive in Italien. Die Österreicher melden, dass sie gestern Vormittag sowohl auf der Hochfläche der Sieben Gemeinden als auch über die Piave in die feindlichen Linien eingebrochen seien und 10 000 Gefangene, Italiener, Engländer, Franzosen, gemacht hätten. In Frankreich Schlachtpause. – Curt Unruh, dessen erneute Kommandierung nach Bern endlich gelungen ist, meldete sich Vormittags bei mir. – Um halb zwölf Uraufführung von Fritz Unruhs „Geschlecht". Eine seltsame Mischung von Konvention und krassem Zupacken in noch nie berührte Tiefen. Absichtlich revolutionär. Irgendetwas Unerhörtes, Neues ringt sich durch durch zähe Widerstände. Der Stil entspringt diesem Doppelwesen: widerspruchsvoll, zu olympisch für den vulkanischen Inhalt. Am wenigsten ist Unruh ein Neuerer im Vers und in der Sprache. Auffallend trat bei der Darstellung hervor, dass er auch Maler ist. Die Gruppen ordneten sich an der Hand des Dialogs in die Szenerie immer plastisch neu und fesselnd. Unruh selbst hat bei der Regie nachgeholfen; das plastische Leben war aber nicht blos Regie, sondern steckt schon in der Dichtung selbst. Der neue Stil, den das Werk fordert, war den Schauspielern noch fremd und ungewohnt; sie übertrieben daher das Krasse, und verfielen dazwischen in Klassizismus; namentlich die Bertens (die Mutter). Am ausdrucksvollsten und einheitlichsten war die kleine Möller[2] (die Tochter). Das Publikum schien vom Ganzen gleich-

[1] Ernst Ludwig

[2] Müller

zeitig befremdet und gepackt. Man wusste am Schluss nicht recht, ob man klatschen sollte; als Jemand zischte, gieng das Klatschen unregelmässig wie ein schlecht geleitetes Infanteriefeuer los. Ich empfinde das Werk wie einen Centaur, halb etwas fader Gott, halb schönes, wildes Tier. Die plastische Erfindung und die Schamlosigkeit im Psychologischen, die fruchtbare Brutalität, sind das Wertvollste. – Nachher gefrühstückt bei Selma Hasperg. Sie erzählt, Carlo Weinberg sei aus Berlin zurückgekommen vor zwei Tagen und habe gesagt, im Ausw. Amt glaube man an einen Waffenstillstand in 14 Tagen. Natürlich Unsinn, aber für die Stimmung bezeichnend. – Bei Simson im Frankfurter Hof. „Friedensoffensive" u. s. w. besprochen. Simson teilt meine Ansicht; Frankreich gegenüber jetzt schweigen. Simson gab Heinz Simons, Oscar Fried, Curt Unruh u. mir ein Souper. Curt U. in toller Laune; erzählte von Liegnitz Beobachtungen aus dem evangelischen Vereinshaus über das Liebesleben der Hühner. Spät zweites kleines Souper bei Fritz Unruh, der die Wohnung von Curt Simon Taunusanlagen 5 benutzt. Oscar Fried, Simson, Curt u. ich.

17. Juni 1918. Montag. Frankfurt. *17.6.1918 Montag*

Gefrühstückt mit Fritz Unruh bei Heinz Simons. Unruh strahlt. Sein Erfolg ist, soweit Besprechungen vorliegen, über Erwarten gross; sie feiern ihn als den deutschen Dichter des Weltkrieges. Im Gegensatz zum winselnden Pazifismus von Stefan Zweig, Frank, Latzko vertritt er den Pazifismus in einer heroischen, preussischen Aufmachung. Während die Kaffeehausdichter gegen den Krieg sind, weil er Unbequemlichkeiten, Schmerzen, Leiden verursacht und sie selber in Gefahr bringt, verurteilt ihn Unruh als Verbrechen gegen die Fruchtbarkeit, gegen das zeugende, gebärende, als Wertmesser aller Werte gedachte Leben. Er tritt dem Krieg gegenüber wie die alten Drachentöter den Drachen und kommt so zu einer heroischen Geste, die wohl die tiefste Ursache seines ausserordentlichen Erfolges ist. – Nachmittags zum Grossherzog von Hessen nach Wolfsgarten. Er empfieng mich zuerst allein in seinem Schreibzimmer, nachher tranken wir den Tee bei der Grossherzogin[1]. Kühlmann war gestern bei ihm. Die „Friedensoffensiven" beschäftigten auch den Grossherzog offenbar lebhaft. Er hält Nichts von einer Friedensoffensive gegen Frankreich gerade jetzt. Wir dürften gegen Frankreich jetzt nur militärisch operieren. Ich solle den Militärs, Ludendorff, sagen, dass noch drei Offensivstösse nötig seien, ehe wir den Franzosen diplomatisch kommen dürften. „Sagen sie genau drei; die Militärs wollen Präzision, bestimmte Zahlen, sonst verstehen sie nicht, glauben, es sei wieder nur Diplomatentratsch." Im Hauptquartier hielten sie jeden Diplomaten ohne Weiteres für einen Trottel. Daher wollten sie immer selbst die Politik machen. Das sei unter Bismarck auch nicht anders gewesen. Kühlmann hätten

[1] Eleonore

sie in Bukarest wieder immerfort Steine in den Weg gelegt. Einen Tag schrieben sie den Bulgaren sacksiedegrobe Briefe, wie man sie nicht einem Unteroffizier schreiben würde; am andren Tage stiessen sie umgekehrt die Türken vor den Kopf. Wie könne Kühlmann vorwärtskommen, wenn seine ganze Zeit daraufgehe, die Ungeschicklichkeiten der Militärs gutzumachen? – Den Brester Frieden billigt der Grossherzog, fügte aber hinzu, ohne gewisse Korrekturen könne er keinen Bestand haben. Wir würden den Russen Etwas nachlassen müssen; aber erst, wenn sie darum bettelten. Der G. H. schien an Konzessionen im Baltikum zu denken (vielleicht auch beeinflusst von Kühlmann). Für uns sei die Hauptsache die Ukraine (die in seiner Anschauung vielleicht im Gegensatz zum Baltikum erscheint: in dem Sinne, dass wir an der Ostsee entgegenkommend sein sollten, damit wir am Schwarzen Meer um so freiere Hand behielten. Dieses ist nur meine Vermutung, der G. H. sprach es nicht aus. Die Beziehung würde auch meines Erachtens imaginär sein). Skoropadsky schätzt der Grossherzog; er kennt ihn, und Skoropadskys Tante, die Fürstin Wassiltschikow ist gegenwärtig in Wolfsgarten zu Gast. Wir müssten Skoropadsky stützen, vielleicht 20 oder 30 Jahre, dann werde die Ukraine sich befestigen. Eine Dynastie wolle S. nicht gründen, sondern Hetman bleiben, d. h. Etwas Ähnliches wie die alten deutschen Wahlkönige, Heinrich der Vogeler u. s. w. Unverständlich sei, warum die Militärs unten immer weiter vormarschierten. Es könne doch nicht ins Endlose weitergehen. Wir seien schon im Kaukasus von Süden und von Norden. Zum Frieden im Westen würden wir nicht über England, sondern über Frankreich kommen. In England gebe es Niemanden, der Lloyd George ersetzen könne; sonst wäre er schon längst fort. Lansdowne sei zu alt und nie ein grosser Staatsmann gewesen, nur ein feiner Diplomat und Unterhändler. Vielleicht werde Winston Churchill hochkommen; seine Arbeitskraft sei unglaublich; nie müde: eine durchwachte Nacht zähle bei ihm nicht. Er setze sich in ein Flugzeug und fliege ein paarmal herum, dann sei er wieder ganz frisch. Amerika werde England nicht fallen lassen, um sein Geld nicht zu verlieren. Der Urheber des Weltkrieges sei Frankreich. 1883 habe es angefangen, dann mit der Annäherung an Russland. England sei erst hineingesprungen als es sah, dass es sonst ganz draussen bleiben werde. Den Konflikt zwischen England und Deutschland versinnbildlichte der Grossherzog, indem er sagte, es sei wie wenn durch einen langen engen Korridor von der einen Seite ein dicker Onkel, von der andren sein Neffe komme, der Eine müsse zurück, damit der andre durchkönne. Der Onkel sage zum Neffen: Du musst zurück, denn ich bin der ältere; der Neffe, der jünger und kräftiger sei, drücke aber den Onkel mit seinen Fusten und Ellenbogen an die Wand: da haue der Onkel ihm eine Ohrfeige. – Für Unruh zeigte der G H. ein sichtlich echtes und grosses Interesse. Fragte mich wegen

„Verdun"[1] und dem Abdruck in den Weissen Blättern. Ich sagte, dass ich es nicht gelesen habe, jedoch prinzipiell für den Abdruck sei, da wir dem „Feuer" von Barbusse Etwas Ebenbürtiges gegenüberstellen müssten. Der G. H. wünschte, persönlich mit Olberg darüber zu sprechen und beauftragte mich, ihn einzuladen, ihn möglichst bald in Wolfsgarten zu besuchen. – Zum Tee bei der Grossherzogin kamen noch Massenbach, die Fürstin Wassiltschikow, die beiden kleinen Prinzen[2] und einige Hofleute. Die beiden kleinen Prinzen sind auffallend hübsche Kinder, auch heiter liebenswürdig und wohlerzogen, keine Steifheit oder Schüchternheit. Man hat Mühe, sich vorzustellen, dass diese hübschen, heiteren Kinder so nahe Blutsverwandte des degenerierten unglücklichen kleinen Tsarewitsch[3] sind. Hier in Wolfsgarten scheint trotz der russischen Familientragödie der Weltkrieg ausgeschaltet. Der Garten, in dem Haide und Blumenbeete durcheinanderwachsen, blüht in kaum weniger gepflegter Wildheit. Rosen von wunderbarer Fülle und Färbung schwimmen in gewaltigen Krystallschalen auf den Tischen in den Sälen. Der Grossherzog sagt mir, dass man nur so die einzelnen Rosen, die wie Wasserrosen oder Schwäne sich breiten und spiegeln, ganz sehen und geniessen könne. Nach dem Tee sassen wir mit der alten Hetmanstante Wassiltschikow, einem mächtigen Weibe, die hauptsächlich Englisch sprach, in einem kleinen Zimmer mit Ledertapeten, die der Grossherzog selber entworfen hat. Er hat zweifellos echtes Künstlerblut, glücklichen Geschmack und Phantasie, vielleicht mit Etwas Weichlichkeit, Eigenschaften, die bei der Zarin[4] ins Krankhafte ausgeartet sein mögen. – Abends in Frankfurt gegessen mit Heinz Simon und einem Dr Guttmann, den er als eine Art von besserem Journalisten nach der Schweiz schicken will. G. war bis zum Kriege Vertreter der „Frankfurter" in London; ist am 6ten August mit Lichnowsky u. Kühlmann heimgefahren. Eindruck eines ruhigen, in seinen Ansichten etwas starren Mannes, der gut zuhört, aber wenig sich beeinflussen lässt. – Bis sehr spät nachher mit Fritz Unruh u. Stefan Grossmann zusammen. Gespräch über Hofmannsthal. Ich sagte, es sei eigentlich tragisch, dass Hofmannsthal nie einen solchen Erfolg wie gestern Unruh gehabt habe. Ihm habe immer die Leitung zur grossen Menge gefehlt. Man habe ihn zu Unrecht als Aestheten betrachtet, während er in Wirklichkeit eine breite, kräftige, politische Natur sei, und namentlich Österreich, ein lebendiges, zukunftsreiches, gefestigtes Österreich besser als irgend jemand geschaut habe. Grossmann gab zu, dass das Ideal, das Hofmannsthal von Österreich gedichtet habe, schön und hinreissend sei; nur passe es nicht zum heutigen Österreich, sondern zum Metternichschen; sei

1 Opfergang

2 Georg Donatus u. Ludwig

3 Alexej Romanow

4 Alexandra Feodorowna

retrospektiv. Hofmannsthal habe ihm einmal gesagt, nachdem die Fiaker in Wien abgeschafft seien, könnte er eine Fiakerkomödie schreiben; während sie noch herumfuhren, sei es ihm unmöglich gewesen. Die Dinge müssten vorbei sein, ehe Hofmannsthal darüber schreiben könne. So gehe es ihm mit Österreich. Das Hofmannsthalsche Österreich habe vielleicht einmal existieren können; jetzt sei es nicht mehr möglich. Die Welt der tschechischen Arbeiter, des slawischen Proletariats, die nie von den deutsch-österreichern assimiliert werden könne, sei Hofmannsthal verschlossen. Er rede nicht einmal Tschechisch. Daher seien alle seine Konstruktionen falsch. Der Gegensatz zwischen Slawen und Deutschen im Proletariat sei so unüberbrückbar, dass daran die Internationale zuerst in Österreich schon vor dem Kriege zugrundegegangen sei. Das sei die Tragödie von Max Adler gewesen, dass er habe einsehen müssen, wie leicht die Arbeiter ihre gemeinsamen Interessen gegenüber dem Nationalitätenhass nähmen.

18 Juni 1918 Dienstag. Frankfurt. Leipzig. *18.6.1918 Dienstag*

Vera Pallavicini drängte gestern so, damit ich ihr Elternhaus Waldfried sehe, dass ich heute früh mit ihr hinausfuhr. Fritz Unruh kam mit. Das unendlich prächtige und weiträumige Haus ist herumgebaut um der Mutter, Frau von Weinbergs Badezimmer, einer Art von Kapelle, die Apsisartig am hinteren Ende eines pompösen Vorraums liegt, um mehrere Stufen erhöht, nur durch Vorhänge abgetrennt. In die Mitte des ovalen Zimmers ist aus dunkel fleischfarbenem Marmor das Bad wie ein Nabel eingesenkt. Venus könnte ihm entsteigen. Alles Fleisch muss vor diesem Marmor noch weisser und zarter leuchten. Das übrige Haus ist nur wie ein Tempel, dessen hohe Säle, labyrinthische Treppen und Korridore, Schatzkammern, um dieses kleinen Raumes willen da sind; auch die Statuen (Michelangelo), Bilder (Botticelli) fabelhaften Tapisserieen Nichts als Ex Votos, Alles Schöne der Erde zusammengeschleppt, um einer nackten Frau zu huldigen. Vera Pallavicini führte Unruh und mich durch alle diese Schätze und vielen Räume bis zum Badezimmer, hinter dem dann die Göttin selbst, ihre Mutter, uns empfieng, eine vornehme Engländerin von etwa fünfzig Jahren, mit mehr regelmässigen als auffallend schönen Zügen, schon etwas im Altern, graue Strähnen im blonden Haar, matt auf einem Sofa ruhend. Ein unendlich überzüchtetes seidenhaariges japanisches Hündchen lag auf ihrem Schoosse, ein Hund, der wie sie sagt, nur mit Blumen spielt wie ein Schmetterling. Alles in Allem ist das Haus das sehr romantische Gedicht eines wahnsinnig reichen Mannes und einer in sich selbst verliebten Frau auf ihr Fleisch, ein verwirklichter Traum aus der Lenbach und Wagner Zeit, vielleicht verschärft durch Oscar Wilde, mit irgendetwas Hemmungslosem, Wildem in der Kolossalität des Reichtums, in der Energie des Begehrens, Geniessens,

Zusammenraffens, das auf Nietzsche und den Weltkrieg vorbereitet. Ich verstehe jetzt, warum Vera Pallavicini, die in diesem Tempel der Lust aufgewachsen ist, oft wie eine Circe ist. Fritz Unruh gieng staunend und vergnügt, ironisch lächelnd, durch die Pracht. Sie macht ihm offenbar mehr Vergnügen als Verdruss. Nachmittags nach Leipzig gefahren.

19 Juni 1918. Mittwoch. Leipzig. *19.6.1918 Mittwoch*

Besprechung Vormittags mit dem Oberbürgermeister Rothe und dem Geh Rat Goehring wegen des Schweizer Musikfestes in Leipzig. Nachmittags bei Kippenbergs. Mit ihm bessere Organisation des deutschen Buchhandels nach der Schweiz erörtert; Stärkung des Oltener Sortiments[1] u. s. w. Abends in der Loge des Intendanten Meyer-Waldeck „Tannhäuser". Urlus als Tannhäuser, Kase ein ausserordentlicher Wolfram.

20 Juni 1918. Donnerstag. Berlin. *20.6.1918 Donnerstag*

Früh von Leipzig nach Berlin. Mit Kippenberg u Karl Vollmöller gefrühstückt. Nachher in Vollmöllers Wohnung am Pariser Platz. Mit Kippenberg u Fürstner die Buchhandels Frage weiter besprochen u. Kippenbergs Eintritt ins Amt; mit Vollmöllers die Korrespondenz, die sie für die neutralen Länder herausgeben wollen. – Abends gegessen in der Deutschen Gesellschaft zum Zweck einer Besprechung mit Kippenberg, Fürstner und Hahn vom Ausw. Amt. Die Grundlinien unseres Vorgehens zur Förderung des deutschen Bücherabsatzes in der Schweiz festgelegt. Wir trafen dort Theodor Däubler, das dichtende Mammuth. Ich hatte ihn noch nie gesehen und war erstaunt über seine Kolossalität. Er erzählte, dass Pfemfert, der „Aktions" Herausgeber verboten hat, seinen Namen in der „Aktion" zu nennen, weil er Mitglied von der Deutschen Gesellschaft geworden ist; seitdem wird sein Aktions Buch, der „Hahn", in der „Aktion" anonym angezeigt. Ein komisches Höchstmaass von Intoleranz vermischt mit Geschäftssinn. Von der Lasker-Schüler, die erwähnt wurde, meint Kippenberg, sie sei eine vollkommen normale Frau; nur Schauspielerin.

21. Juni 1918 Freitag Berlin *21.6.1918 Freitag*

Den Plan für die Verbreitung des deutschen Buches im Auslande mit Kippenberg u Fürstner fertiggestellt. Bericht an Romberg; er soll in diesem Sinne an den Reichskanzler[2] berichten. Hahn, der das Dezernat im Amte hat und dabeigesessen hat, wie wir den Plan ausheckten, telephonierte mir Nachmittags, er billige den Plan u. meinen Bericht, lege aber dagegen Verwahrung ein, dass ich ihn nicht vorher informiert habe, ehe ich in Leipzig verhandelte. Formal

---

[1] als „Schweizerisches Vereins-Sortiment" 1882 in Olten gegr. Barsortiment

[2] Hertling

hat er recht; nur hat er vier Jahre Zeit gehabt, nachgedacht und berichtet, ohne Etwas zustandezubringen.

22. Juni 1918. Sonnabend. Berlin. *22.6.1918 Samstag*

Mein früherer Bursche Grzellak (jetzt bei der M.G. Abt. meines Rgts in Potsdam) sagt mir, dass die III G. Ulanen in der Krim sind, vorher in Finnland. Sie lägen jetzt „weit hinter Finnland!" – Von andrer Seite geht das Gerücht, dass unsere neue Offensive am 30ten einsetzen soll; es gebe nur bis zum 28ten Urlaub. Abends in das Marine Propaganda Stück „Klar zum Gefecht"[1] im Palast Theater am Zoo. Hannah Wangenheim mit ihren Kindern getroffen, die erstaunt schien, mich dort zu sehen. Klägliche Poesie, aber Weltmachts Notwendigkeit, solche Poesie zu verwenden. Wir sind jetzt zweifellos die stärkste Weltmacht; das Problem ist für uns, diese Kraft mit Gelenkigkeit zu verbinden; im weiteren Interesse diese Leere von Macht durch Etwas auszufüllen. Vormittags mit Gleichen bei Vollmoeller, der ein geistiges Korrespondenzbureau für die Presse in den neutralen Ländern gründet. Erschreckend die geistige Unsicherheit, das Herumtasten nach greifbaren geistigen Zielen. Wir brauchten einen Fichte oder Rousseau; nicht das platte Evangelium Wilsons; einen Geist, der diese Macht an sich risse, dass ihm das Blut zugutekomme. Vielleicht aber werden das Blut trinken zuerst falsche Propheten und daraus Kraft saugen. Wenn nur der Richtige nachher kommt! Der Imperialismus hat Etwas von der Leere des Weltenraumes, wenn er nicht durch irgendeinen Mythus wie Gott, Panslawismus, französische „Freiheit, Gleichheit, Brüderlichkeit" ausgefüllt wird.

23 Juni. 1918. Sonntag. Berlin *23.6.1918 Sonntag*

Hermann Keyserlingk tauchte heute plötzlich in der Deutschen Gesellschaft auf, nachdem er Jahrelang verschollen war und kurz nach Kriegsausbruch gegen uns in England geschrieben hatte. Musch Richter, mit dem ich frühstückte, erkannte ihn u. gieng auf ihn zu; ich folgte nach. Seine Augen leuchteten, wie mir schien, ängstlich und mongolisch falsch, bei aller Sicherheit und Rundheit der Haltung. Er scheint in Esthland sitzen geblieben zu sein, als unsere Truppen einrückten, eine moralische Eroberung. Er will, wie er mir sagte, jetzt, wenn möglich, in Berlin bleiben; ich vermute in deutscher amtlicher Stellung. Ein Philosoph. Ich lud ihn zum Essen ein, da ich sehen möchte, wie er sich herausjongliert mit seiner intellektuellen Gelenkigkeit. Er ist dick und ältlich geworden; schrieb letzthin, wie ich glaube, über indische Philosophie. – Vollmoeller, bei dem am Pariser Platz ich nachher mit Musch Kaffee trank, zeigte Nackt-Photographieen vom Charellschen Ballett, das mit Kühlmann in Bukarest gewesen ist. V. hat vor vierzehn Tagen in Wien u. Budapest den Ein-

[1] Gilardone

druck gewonnen, dass die Liquidation Österreichs unvermeidlich ist. Wir würden noch in diesem Herbst einrücken müssen, allerdings gerufen von der österreichischen Regierung, um die Revolution zu unterdrücken; und dann würden die deutschen Provinzen mit uns verbunden, die tschechischen und slowakischen selbständige Staaten werden. Alle Welt in Österreich, selbst ein Mann wie Paul Thun (beim Kaiser[1]) erwarte Dieses. Mit Ungarn, sogar mit Böhmen, würden wir ein viel besseres Verhältnis bekommen als heute. Ob wir bis an die Adria kämen, sei zweifelhaft; vielleicht Görz, kaum Triest. Mit dem Baltikum und Österreich bis zur Adria wäre das alte römische Reich Deutscher Nation als Vormacht Europas wiederaufgerichtet. Die unermesslichen Aussichten im Osten bis zum Weissen Meer und zum Kaukasus, bis Mesopotamien, Aegypten und Indien kämen hinzu. Man kann den Widerstand Clemenceaus und Lloyd Georges verstehen, wenn uns auch das Alles wider unseren Willen in den Schooss fällt. Es wäre die grösste, geschlossenste, reichste, intelligenteste und kräftigste Weltmacht seit Rom. Dieser Hülle ihre Seele schaffen würde dann zum gewaltigsten Problem. – Nachts durch Bekannte ins Kleistkaffee (Berlin N.W), wo in einer dicken Cigaretten- und Sekt-Luft Kokotten, Päderasten, Matrosen, Lesbierinnen, Fähnriche in Uniform, Rote Kreuz Schwestern ziemlich widerlich im engen Raum gedrängt sassen. Aber ich kann nicht finden, dass diese sogenannte Korruption ein Einwand gegen die Befähigung zum Weltvolk ist; im Gegenteil jedes Muckertum (z. B. nach Michaëlis) wäre es mehr: namentlich da Verweichlichung ausser bei Wenigen, meistens Juden, fehlt, und diese Leutchen sich tapfer schlagen. Servilität ist gefährlicher als Perversität bei grossen Aufgaben, insofern als Willenskraft und Formkraft mehr durch Servilität als durch Ausschweifungen angegriffen werden. Sicher ist, dass eine Weltmacht nur ein bestimmtes Maass von Sittenstrenge ertragen kann.

24 Juni 1918 Montag. Berlin. *24.6.1918 Montag*

Grosz u. Herzfeld zeigten mir heute Morgen ihren Film .. „Sammy in Amerika". – Hannah Wangenheim u. Lothar Spitzemberg frühstückten bei mir. Bei Lothar trat die mit Misstimmung gegen Kühlmann geladene Atmosphäre aus der Umgebung der Kaiserin[2] zutage. Er erklärte, er habe nie verstanden, was die alte Spitzemberg, seine Mutter, an Kühlmann gefunden hätte. Seine Weibergeschichten giengen solange Niemanden Etwas an, wie er die Staatsgeschäfte nicht ihretwegen vernachlässige; tatsächlich habe er aber in Bukarest wegen der Weiber die Friedensverhandlungen Andren überlassen. Dass er den Frieden im Westen abschliesse, sei kaum denkbar. Es gehe doch nicht, dass wieder Herr Kriege und Herr Körner auch im Westen den Frieden machten, weil Kühlmann

---

1 Karl I.

2 Auguste Viktoria

keine Zeit habe, sich darum zu kümmern wegen der Weibergeschichten. So wird über Kühlmann offenbar bei der Kaiserin gesprochen. Hannah sagte, Kühlmann habe als Botschaftsrat bei ihrem Mann in Konstantinopel während der Belagerung immer flau gemacht, die Stadt werde doch fallen, während Wangenheim die Stimmung hielt. Nachher als Botschafter sei er der Olympier gewesen, der Wangenheim u. Marschall kaum als Vorläufer gelten liess. Nachmittags, als ich bei Haeften sass, wurde telephoniert, dass Kühlmann eben im Reichstage gesagt habe, dass durch rein militärische Entscheidungen allein ein absolutes Ende des Krieges kaum erwartet werden könne. Haeften war entsetzt; mit der Obersten Heeresleitung sei dieser Satz nicht verabredet. Ludendorff wünsche zwar, dass die Diplomatie seine militärischen Aktionen unterstütze und ausnütze; habe aber nie gesagt oder sagen lassen wollen, dass er den Krieg nicht militärisch beenden könne. Kühlmann habe ihn vollkommen misverstanden. Nun werde es wieder länger dauern, weil die Feinde den unglücklichen Ausspruch Kühlmanns als Zeichen von Schwäche deuten würden. Ich benutzte die Gelegenheit, um Haeften vor „Friedensoffensiven" gegen Frankreich zu warnen. Er war einverstanden, meinte aber in England läge die Sache anders; wir sollten Lansdowne und seiner Gefolgschaft das Gefühl geben, dass es in Deutschland eine Gruppe von namhaften Leuten gebe, die ähnlich wie er dächten; dann würde er vielleicht mit einer neuen Kundgebung hervortreten (wie Hahn es mir entwickelt hat). Diesem Gedanken habe auch Ludendorff zugestimmt. Man scheint die Absicht zu haben, Paul Metternich auszugraben, damit er Lansdowne animiere. – Abends Kühlmanns merkwürdig schlecht stilisierte matte Rede in den Zeitungen: Er scheint sich keine Mühe mehr zu geben, nicht einmal um richtig Deutsch zu sprechen. Er bietet das in Preussen seltene und seltsame Schauspiel eines nicht gewissenhaften Beamten. Ein merkwürdiges Geschöpf des Weltkrieges mit seinem geistigen Masseur Wichert, seinen Weibern, seinen Maîtres des Plaisirs Horstmann und Hoesch, seinem baierischen Gemüt und seiner levantinischen Indolenz gerade in Preussen. Man müsste Preussen gründlich umkrempeln, ehe er hineinpasst.

25 Juni. 1918. Dienstag. Berlin. *25.6.1918 Dienstag*

Die österreichische Offensive ist in einer Art von Katastrophe geendet, deren Umfang noch nicht zu übersehen ist; sie melden, dass sie sich wegen des Wetters zurückgezogen haben. Dieser unglückliche Staat erhält dadurch einen neuen Stoss. – Hannah Wangenheim telephonierte heute früh entsetzt über Kühlmanns Rede. Die Presse ist auch schlecht. Frage, ob er sich noch lange halten kann. – Gefrühstückt bei Ludwig Stein. Er schürt im heimlichen Interesse von Bülow die Misstimmung gegen Kühlmann. Erzählte, nach Berichten hochstehender Augenzeugen sei Kühlmann in Bukarest von seinen nächtlichen Vergnügungen Tagsüber so mitgenommen gewesen, dass er nicht im Stande war, bei den Verhandlungen seinen Mann zu stehen. Czernin habe sich immer um 10 zurückgezogen, Kühlmann aber animiert, sich bis spät in die Nacht zu amüsieren, um am nächsten Tage seine Ermüdung auszunutzen. – Nachmittags bei Willy Radowitz, der mit einem Schnupfen seit zwei Tagen zu Bette liegt. Er sagte, er sei durch die Rede von Kühlmann vollkommen überrascht worden. Mit dem Kanzler sei ausgemacht gewesen, dass Nichts Politisches gesagt werden solle. Deshalb habe der Kanzler beschlossen, nicht selber zu reden, sondern durch Kühlmann als Ressortminister eine einfache Übersicht über die diplomatische Lage geben zu lassen. Kein Mensch habe erwartet, dass Kühlmann plötzlich ins Hochpolitische gehen werde. Er fürchte, Kühlmann habe sich damit um seinen Hals geredet. Die Mattigkeit der Rede erklärt Radowitz damit, dass Kühlmann den ganzen Morgen in der Kommission gesessen habe und ohne Etwas zu essen in den Reichstag gegangen sei. Das gehöre mit zu seiner allgemeinen Wurschtigkeit. Ihm seien die Geschäfte zu gleichgültig. Auch die andren Staatssekretäre behandle er wie Luft. Das könnte nicht gut enden. Ich fragte, wer als Nachfolger in Betracht komme, falls Kühlmann gehe? Radowitz sagte, er fürchte, man werde ihnen Hintze hinsetzen, der ein falscher Hund und Intrigant sei; er habe schon in Petersburg dem Papa Pourtalès schwere Zeiten bereitet; sehr freundlich ins Gesicht und hinten herum tückisch. Auch als Marinier verdächtig. Hintze werde charakterlos jede Politik mitmachen; während Kühlmann doch wenigstens versucht habe, seinen eigenen Strich zu reiten. Ich sagte, Hintze wäre aber doch noch besser als Helfferich, der mit dem Reichstag nicht auskommen und, wenn Verhandlungen mit den Gegnern zu führen seien, infolge seiner überheblichen und ungeschickten Art weniger als ein Andrer erreichen werde. Radowitz liess dies nicht gelten, sondern meinte Helfferich sei doch zäh bei Verhandlungen und sehr fähig. In den Abendzeitungen Hertlings halbe Desavouierung Kühlmanns und Kühlmanns Verteidigungsrede, eine sehr mässige Leistung, jämmerlich in Stil und Haltung; wie die Entschuldigung eines Schulbuben: ein vollkommener geistiger und moralischer Zusammenbruch. Das Äusserste, was Kühlmann danach erwarten kann, ist eine Anstandsfrist bis zu seinem Abgang. – Abends assen Hermann Keyserlingk, Karl Vollmoeller, Musch Richter u. Kurt Unruh bei mir in der Deutschen Gesellschaft. Keyserlingk mit einem noch unerschöpflicheren Redefluss als vor dem Kriege. Er sagt, er habe die ersten Kriegsjahre bis zur Revolution allein gesessen auf dem Lande und mit Niemandem gesprochen, was kaum glaublich ist. Nachher sei er Tyrann einer eigenen Republik geworden, bis die Bolschewiks ihn zum Tode verurteilten und er fliehen musste. Die Deutschen haben ihn befreit. Als das Auffallendste an der Revolution bezeichnete er den Mangel an Hass; die Massen hätten den alten Zustand für so radikal beseitigt gehalten, dass sie gegen die alten Herren kein Ressentiment behalten hätten. Ihre Gefühle seien rein positiv gewesen, Weltbeglückung, Brüderlichkeit. Ein Wiedererstehen Russlands aus eigener Kraft sei ausgeschlossen, weil der Russe ein absoluter Anarchist sei. Nichts läge ihm ferner als Organisation und Verwirklichung. Wenn er geredet und geträumt habe, sei für ihn Alles erledigt. Daher sei er von sich aus unfähig, Etwas aufzubauen. In Esthland sei es heute schon so, als ob nie ein Russe im Lande gewesen sei. Esthland und Livland würden, was wir auch täten, zu Deutschland gravitieren. Denn die ganze Bevölkerung ohne Ausnahme sei entschlossen ein „westliches" Volk zu werden; und als solches könne es sich nur an Deutschland anschliessen. Je schneller wir ihnen materielle Vorteile (Eisenbahnen, Kunstdünger) verschüfen, um so glatter werde der Anschluss vor sich gehen. Grossrussland werde ein Bauernland wie die Schweiz werden oder aussterben; die Ukraine der neue Mittelpunkt werden. Dann falle aber auch das Interesse dieses neuen Staatengebildes am Baltikum fort, da sein Schwerpunkt im Süden liegen würde. Die einzige Gefahr sei, dass die Entente Russland reorganisiere. Das bisherige Russland sei auch nicht von den Russen geschaffen worden, sondern der alte von Dschenghis Khan und den Mongolen errichtete Beamtenstaat, den die Revolution zertrümmert habe. Dieser mongolische Beamtenstaat sei unerträglich geworden, als durch Peter den Grossen, Peter III, Paul I der preussische Geist sich mit der mongolischen Hierarchie verband; diese Mischung war tötlich und musste eine Explosion herbeiführen. An den Wert des unvermischten Preussentums u. Deutschtums giebt K. vor zu glauben. Die Welt werde jetzt eine deutsche Epoche erleben, gleichviel ob Deutschland siege oder unterliege. Ich formulierte den Gegensatz zwischen Deutschland u. England, den der Kaiser ganz falsch gezeichnet hat, als den zwischen dem im ursprünglichen griechischen Sinne „politischen" Menschen, der den Zweck seines Daseins in der „Polis", dem Staate, der Gesellschaft sehe, und dem auf sich selbst gestellten „kolonialen" Menschen, der in erster Linie für sich selbst sorge. Die kontinentalen Völker, auch Frankreich, seien in erster Linie „politisch" veranlagt, die angelsächsischen „kolonial". Keyserlingk stimmte dieser Formulierung zu. Deshalb könnten aber Beide doch sich verständigen und ergänzen. Er bleibe auf seinem „universalistischen" Standpunkt; möchte aber praktisch sich und seine Beziehungen zu Deutschland zur Verfügung stellen. Er fürchte, dass die Wiederanknüpfung zwischen den feindlichen Ländern nur von den unteren, primitiven Volksschichten, Bolschewiks und Sozialisten, gemacht werde; die geistig höher entwickelten Elemente müssten sich am Werk beteiligen, sonst würden sie in die Wüste ausgestossen wie zur Zeit der Völkerwanderung. Hierfür wolle er wirken, habe bereits die prinzipielle Zustimmung von Willy Radowitz u. Stumm. Diese wüssten aber nicht, wie und wo sie ihn verwenden sollten. Ob ich nicht Rat wisse? Er möchte offenbar zu mir nach der Schweiz. Wir giengen nachher Alle zu Vollmöller am Pariser Platz wo Keyserlingk mir die Korrekturbogen seines philosophischen Hauptwerks, des Reisebuchs[1], übergab, und Vollmöllers Freundin, ein hübsches Mädchen mit einem frischen und jungen schönen Körper (eine von der Kühlmannschen Truppe aus Bukarest) zwischen Keyserlingks Philosophemen tanzte.

26 Juni 1918. Mittwoch Berlin. *26.6.1918 Mittwoch*

Die B.Z. bringt heute den ersten Nachruf[2] auf Kühlmann. Er soll aber noch nicht sofort gehen, sondern eine Zeitlang sozusagen als Toter fortregieren. Trotz seiner Fehler bedaure ich seinen Abgang; denn er war im Technischen unser bester Diplomat und hatte den Willen zu einem entspannenden Kriegsende. Seine Wege waren nicht meine Wege, aber sein Ziel war mein Ziel. Auch sind die Umstände seines Zusammenbruchs kläglich. – Abends in der Mittwochsgesellschaft. Abordnung des Volksrats von Flandern; Flämische Diskussion nach Vorträgen von Versluys und Jooris[3], der die ungeheuren Aufgaben schilderte, die in Flandern zu lösen seien. Posadowsky zog daraus den Schluss, dass wir Flandern annektieren müssten, da nur eine Grossmacht, die dort herrsche, diese sämtlichen Aufgaben ordnungsmässig erledigen könne; echt preussische Bureaukratie bis zur Karikatur. – Stresemann sondierte ich, ob er das Ausw. Amt übernehmen würde mit einem technisch gut geschulten Unterstaatssekretär, etwa Rosenberg. Der Vorteil wäre, dass ein Jeder wissen würde, was er will, da er sich seit Jahren in seinen Reden festgelegt hat; die Wirkung wäre plakatmässig; während alle die sukzessive als Staatssekretäre auftauchenden Diplomaten unbeschriebene Blätter sind, deren Absichten Niemand kennt und auch nie kennen lernt, da sie als Minister nicht mehr frei ihre Ziele verkünden können. Stresemann war weniger ablehnend, als ich erwartet hatte; im Gegenteil, er lud mich zu Sonnabend zum Frühstück ein, um die Sache näher zu besprechen, meinte nur, dass jetzt noch nicht seine Zeit gekommen sei. – Das Gerücht geht, dass der Tsar[4] ermordet worden sei. Teichmann bestätigte, dass Mirbach es unter Vorbehalt gemeldet habe.

27 Juni 1918 Donnerstag. Berlin. *27.6.1918 Donnerstag*

Frühstück bei Guidotto Henckel mit Haeften, Boy-Ed, dem Professor Schuhmacher, dem Reichstags Abgeordneten Heckscher, Curt Unruh u. Röhrig. Haeften „hetzte mich“, wie er sagte, auf Heckscher, der vor zwei Tagen in der

---

[1] Das Reisetagebuch eines Philosophen

[2] Die Stellung des Herrn v. Kühlmann. Die Folgen der Reichstagsrede

[3] Jolles

[4] Nikolaus II. Alexandrowitsch

Vossischen[1] über Clemenceaus Friedensandeutungen geschrieben hat, damit ich ihm die Friedensoffensiven austreibe. Kühlmann wurde allgemein als toter Mann behandelt. Heckscher meinte, wenn der Kontinental Krieg noch ein oder zwei Jahre dauere, so sei das für uns katastrophal, weil sich unser Volk nicht mehr physisch erholen werde. Die Tuberkulose nehme schon erschreckend zu. Ähnlich schreibt mir heute Wieland Herzfeld aus dem Lazarett: „Meine damalige (bei unserer letzten Zusammenkunft geäusserte) Skepsis bezüglich des Kriegsausganges hege ich heute noch; falls es nicht gelingt, den Territorialkrieg noch dies Jahr zu beenden, und das bezweifle ich sehr, dürfte Deutschland katastrophalen Ereignissen entgegengehen." Nachmittags Theodor Däubler besucht. Seine Kolossalität mildert er durch Geschmack und Verbindlichkeit; er ist ein kultiviertes, gesellschaftliches, fast geschmeidiges Mammuth. Seine Wohnung ist geschmückt mit Juwelenhaften Bildchen von George Grosz und einigen Odilon Redons. Politisch steht er überraschend weit rechts; vom Café de la Terrasse in Zürich (Latzko, Leonhard Frank, Rubiner) will er Nichts wissen. Die Hauptschuld am Kriege schreibt er „dem geliebten Frankreich" zu. Ich bekomme allmählich in Berlin das Gefühl, dass das „Café de la Terrasse" hinter der Zeit zurückbleibt, altmodisch wird; historisch bei 1916 stehengeblieben ist. Emigranten Rückständigkeit. Das ganze Problem hat sich hier seither für die Jüngsten verschoben. Wie die Frage jetzt für sie lautet, wäre zu untersuchen. Jedenfalls stellen sie sie weniger einfach und einfältig als vor zwei Jahren. Denselben Widerwillen gegen den Kaffeehaus Standpunkt habe ich bei George Grosz und Herzfeld gefunden. Der Krieg bildet seine Leute; ohne Ironie sei es gesagt. Rückständig bleiben die, die nur die Phrasen des Krieges herunterschlingen, die pazifistischen oder kriegswütigen.

28 Juni 1918. Freitag. Berlin. *28.6.1918 Freitag*

Pechstein Ausstellung bei Gurlitt. Weg zur Monumentalität über die Farbe, im Gegensatz zum lyrischen und zarten Purrmann. Pechstein benutzt die Farben wie Bausteine und mauert daraus Flächen und Formen, Farbenmuster und zugleich kubische Massen. Brutal, nicht sehr erfinderisch, borniert in seinen Harmonieen, aber stark und zielbewusst. – Hermann Keyserlingk frühstückte bei mir. Er war gestern Abend mit Kühlmann u. Wichert zusammen. Meinte von K., er scheitere daran, dass er kleinbürgerlich, kein Gentleman sei. Daher die Kratzfüsse seiner zweiten Rede, die seine Figur zerstörten. Man merke seine Herkunft. Trotzdem meint Keyserlingk, dass er bleibt. – Keyserlingk möchte zwei Dinge, in Berlin bleiben und trotz der Papiernot sein Buch herausbringen; erbat für Beides meine Hülfe. Ich schlug ihm vor, dass ich bei der O.H. und dem Ausw. Amt ihn zu meiner Disposition für besondre Missionen in Berlin statio-

[1] Französische Stimmen

nieren lasse; worauf er eingieng. Sein Verhältnis zu Deutschland ist unverhohlen kühl, eine Vernunftehe. Er sieht aber ein, dass er nirgends anders mehr zuhause sein kann. Er drückt das so aus, dass er von vornherein versucht habe, eine Haltung einzunehmen, die Aussicht auf Dauer hätte und die Brücke zum Universalismus nicht abbräche. Daher seine Artikel im „Hibbert Journal“[1] und „Atlantic Monthly“[2]. Deutschland stecke wie ein Fremdkörper in der übrigen Welt, sei aber nicht totzumachen und enthalte Möglichkeiten zu Neuem, vielleicht überhaupt das Neue. Er betrachte es daher als eine universalistische Aufgabe, die Welt mit Deutschland zu versöhnen. Sein eigener stärkster Eindruck in Berlin seit den acht Tagen, wo er hier ist, sei, dass hier trotz des Krieges am meisten universalistischer Geist geblieben sei, weit mehr als bei den Feinden. Die Entwicklung zum Universalismus in Deutschland gerade seit dem Kriege sei für Jemand, der zurückkehre, erstaunlich; eine ungeheure Erweiterung des Gesichtskreises. – Ich bemerke auf der Strasse, in der Untergrund Bahn, im Theater in Berlin mehr hübsche, geschmackvoll geputzte junge Frauen, als früher; sie sind freier, weniger kleinbürgerlich, strahlender. Eine Art von verfeinerterer Sinnlichkeit hat sich wie ein Flaum auf ihre Schönheit gelegt. Sie wirken erotischer, aber nicht mit der groben Sentimentalität der Gründerzeit, sondern fast geistig, entmaterialisiert, auf den Schein und den Augenblick gestellt, wie wenn der Krieg den Wert des Augenblickes lehrte, und der Tod, der so alltägliche, sie beschwingte. Sie haben einen neuen Stil wenigstens des Geniessens, ohne Sattheit. Selbst die ernste Liebe ist durch den Tod schwebend leicht geworden; ein süsser tiefer Kuss ohne Nachspiel. Und doch, wie viel Verwüstung und Verwesung im Hintergrunde. Ich las heute die Gedichte von E. W. Lotz gefallen mit 24 Jahren als Leutnant im Westen: „Wolkenüberflaggt“, „Der Tänzer“, „Der Schwebende“, „Der Zärtling“:

Ich gleite ungehüllt auf nackten Füssen,
Viel Lichter breiten mir den Schaukelgang,
Mein Körper biegt sich spielend in dem süssen
Gefühl der Wellen und der Glieder Drang .....
Vorüber tanze ich den langen Blicken,
Durchpulst von einem eigen-sicheren Schwung:
Ich weiss, ich banne hundert von Geschicken
In meines Leibes weissen Wellensprung.

Das liegt nun zerschmettert, verblutet, verfault, verstummt in irgendeinem Regenloch in Flandern oder Frankreich.

---

[1] On the Meaning of War

[2] A Philosopher's View of the War

29 Juni. 1918. Sonnabend. Berlin. *29.6.1918 Samstag*

Gegenoffensive Fochs an der Lys und Aisne. Schwere Kämpfe. Fürstner will gehört haben, dass man im Hauptquartier auf eine Entscheidung in diesem Jahre nicht mehr sicher rechne. Unsere Verluste seien sehr gross, der Nachschub schwer, unser Vorsprung im Gas eingeholt. Ich frühstückte bei Stresemann. Die Kriegslage im Westen beurteilt Dieser mit vollem Zutrauen. Unsere Überlegenheit beruhe auf dem Gas, der besseren Artillerie und den inneren Linien. Benachteiligt seien wir durch den Mangel an Kraftwagen für den Nachschub; sonst wären die Franzosen überhaupt nicht zum Stehen gekommen. Bedenklich findet er dagegen die Lage im Osten. In Sibirien sei Alles vorhanden für eine neue Armee, die Tschecho-Slowaken könnten mit Hülfe der Entente in sechs Monaten dort eine Front bilden und die Bolschewiks stürzen. Joffe bemühe sich um unsere Unterstützung, habe schon angedeutet, dass er uns wegen Esthland u. Livland keine Schwierigkeiten machen wolle. Jedoch könnten wir uns nicht mit einer rein bolschewistischen Regierung kompromittieren; ihre Basis sei zu schmal, und wir bekämen alle andren Schichten der russischen Gesellschaft gegen uns. Wir sollten Lenin veranlassen, Politiker aus andren Parteien mit in seine Regierung hineinzunehmen; dann könnten wir ihn stützen. Kühlmann habe schon angedeutet, wir bekämen von den Bolschewiks Esthland u. Livland „gegen andre Vorteile, die wir ihnen bieten könnten“: wahrscheinlich diese Unterstützung. Aus der Ukraine erhielten wir Nichts, weil unser System des Austausches fehlerhaft sei: zwei Organisationen für Einfuhr u. Ausfuhr, die aneinander vorbeiarbeiteten. Litwinne, der Vorsitzende unserer Ausfuhr Kommission für die Ausfuhr nach der Ukraine, habe ihm gesagt, er schicke jetzt für 100 Millionen Waaren nach der Ukraine, wir würden dafür aber nicht ein Weizenkorn zurückbekommen. Denn wir verlangten für unsere Waaren Zahlung in Geld, der ukrainische Bauer wolle aber für seine Vorräte kein Geld annehmen. Wenn die Einfuhr mit der Ausfuhr verbunden, eine einzige Organisation geschaffen würde, die Zug um Zug Getreide nur gegen Waare tauschte, dann wäre der Bauer gezwungen, herauszurücken. Stresemann bat mich, mit Kühlmann oder Radowitz Dieses zu besprechen. Dann sagte er, dass die Konservativen einen Angriff gegen mich im Reichstag oder Landtag vorbereiteten wegen meiner Schweizer Tätigkeit, ich sei ihnen „zu modern“, namentlich in der Malerei. Stresemann selbst bekannte sich zu Anton von Werner: „Der Kronprinz am Sterbelager des Generals Douai“. Warum ich Liebermann vorzöge? Was sei „Impressionismus“? Warum die „Sezession“ sich von der Ausstellung[1] am Lehrter Bahnhof getrennt habe? Diese seit zwanzig Jahren begrabenen Streitfragen leben also noch im Parlament. – Kühlmanns Stellung hält Stresemann offenbar für wieder sicherer. Er werde wohl bis zum September

[1] Große Berliner Kunstausstellung

bleiben. Auch die Kreise, die gegen ihn seien, hätten die Parole ausgegeben: „Nicht jetzt stürzen"; weil sie fürchteten, dass in der Eile Helfferich berufen werden könnte. Ich solle Kühlmann mitteilen, dass Stresemann gegen ihn Nichts habe, nur sachlich gezwungen war, Stellung zu nehmen. Für Radowitz gab er mir den Auftrag, ihm zu sagen, seine weissen Gamaschen machten ihm im Reichstag Feinde; er solle etwas weniger vornehm auftreten, wenn er nicht das Schicksal Kiderlens mit der gelben Weste erleben wolle. Auch eine Kriegs-Frage! Man fühlt das Subalterne. Gegen diesen Hintergrund wirkt Kühlmann gigantisch. Stresemann ist bei grosser rhetorischer Begabung ein amusischer Dresdener Rechtsanwalt; ein Primitiver. Vielleicht imponiert ihm gerade deshalb Bernhard Bülow, von dem er sagte, dass dessen Mitwirkung bei den Verhandlungen im Westen ihm nötig scheine, weil er als Mann von Welt die feinen Fingerspitzen habe, die zur Behandlung der Franzosen gehörten. Kühlmann werde das nicht können; namentlich jetzt nicht mehr, wo er die Kerze an beiden Enden brenne, dem erotischen und geschäftlichen, und mit seiner physischen Spannkraft seine Gewandtheit verloren habe. Bülow wühlt also weiter.

30 Juni 1918. Sonntag. Berlin *30.6.1918 Sonntag*

Vormittags bei Stresemann Zusammenkunft mit Litwinn, dem Vorsitzenden der Ausfuhrgesellschaft nach der Ukraine, einem in Deutschland seit 17 Jahren naturalisierten Ukrainer (Juden). Er bestätigt, was Stresemann mir gestern sagte, dass kein Zusammenhang zwischen Ein u. Ausfuhrgesellschaften bestehe und wir deshalb Nichts aus der Ukraine hereinbekommen würden. Groener, den er in Berlin vor kurzem darauf aufmerksam machte, habe ihm geantwortet, er käme leider drei Wochen zu spät mit seinen Ausstellungen: das Reichswirtschaftsamt habe jetzt bereits seine Organisation in Kiew für die Einfuhr selbständig aufgestellt. Der ukrainische Bauer muss für unsere Waaren mit Rubeln bezahlen, fühlt sich übervorteilt, weil die Preise höher sind als im Frieden, hasst daher die Deutschen; andrerseits hat er so viel Papiergeld, dass er es nicht mehr zählt, sondern nur noch wiegt und sich weigert, gegen Geld seine Vorräte herauszugeben. Litwinn sagt, dass er bereits für 100 Millionen Waaren nach der Ukraine ausgeführt oder unterwegs habe, aber überzeugt sei, dass dafür Nichts an uns zurückgeliefert werde. Er schlägt vor, dass in Kiew eine gemeinsame Organisation (eine Art von Clearing House) der deutschen Ausfuhr- und Einfuhr-Gesellschaften errichtet werde unter Hinzuziehung eines Kommissares der ukrainischen Regierung. Diese soll in allen grossen ukrainischen Städten Waarenlager schaffen, wo die Bauern nur gegen Bezugsscheine kaufen können. Ihr Getreide solle ihnen zu 60 % durch Bezugsscheine, nur zu 40 % mit Geld bezahlt werden. Also eine Art von mittelbarem Zug um Zug Geschäft. Ein Haken ist, dass die ukrainische Regierung ein Monopol für 80 % aller eingeführten Waaren errichtet hat, so dass wir gezwungen sind, unsere Waaren an diese ukrainische Monopol Verwaltung, nicht an die Bauern direkt abzugeben. Hierüber liesse sich aber nach Ansicht von Litwinn leicht eine Verständigung mit der ukrainischen Regierung herbeiführen. Stresemann und ich setzten über Litwinns Ausführungen und Vorschläge ein Diktat auf, das ich Radowitz zu geben übernahm. Sodann trug Litwinn seine Auffassung von der politisch militärischen Lage in Russland vor. Er meint, die sogenannten Tschecho-Slowakischen Truppen, höchstens 60 000 Mann, seien ein Schleier, hinter dem die Entente in Sibirien eine neue russische Armee aufstelle. In 6 Monaten würden wir eine neue Front im Osten haben. Munition und aller Heeresbedarf sei reichlich in Sibirien vorrätig; ebenso Mannschaften. Die Entente und die Monarchisten lieferten die Offiziere. Diese neue Armee werde die Sowjet Regierung leicht über den Haufen rennen. Auf meine Frage, was dagegen zu machen sei? antwortete L.: wir müssten Lenin u. Trotzki veranlassen, ihre Regierung umzubilden, indem sie Sozialrevolutionäre und Kadetten hineinnähmen, dann müssten wir diese neue Regierung stützen, eventuell ihr durch Instruktoren und Offiziere helfen. Mit ihren jetzigen Truppen könnten die Bolschewikis der neuen ententistischen und reaktionären Armee nicht widerstehen; daher seien sie auf uns angewiesen. Sie würden wahrscheinlich auch bereit sein, unsere Hülfe anzunehmen, und uns dafür im Baltikum entgegenkommen. Dagegen sollten wir ihnen in Polen Konzessionen machen, z. B. die Russen einladen, gemeinsam mit uns und Österreich-Ungarn Protektoren u. Garanten des neuen polnischen Staates zu werden. Ich sagte, wer denn diese Vorschläge Lenin machen solle? Doch nicht Mirbach; da könne Lenin antworten, wir sollten mit der Umbildung unserer Regierung anfangen, indem wir Haase hereinnähmen. Litwinn bot sich an, nach Moskau zu fahren u. die Verhandlungen einzuleiten, vorläufig aber Joffe in Berlin zu sondieren. Er will Stresemann u mir am Freitag über seine Besprechung mit Joffe berichten. – Gefrühstückt bei Willy Radowitz, allein, da seine Frau fort ist. Ich erzählte ihm, was Stresemann u. Litwinn mir gesagt haben. Radowitz schien sehr erstaunt. Dass der Austausch mit der Ukraine Zug um Zug gehe, habe er als einzig vernünftig für selbstverständlich gehalten. Er wird die Sache vorbringen. Auch Litwinns Warnung vor den Vorbereitungen in Sibirien nahm er sehr ernst: ich müsste dem Ausw. Amt Mitteilung machen. Ich sagte: Wem? Wie? Kühlmann könne man nie fassen, Langwerth oder Bussche habe nicht viel Zweck. Radowitz nickte, er wisse auch nicht recht Wem? Denn zum Dezernenten für Russland, Nadolny, habe er kein rechtes Vertrauen; und ob es noch Zweck habe, Kühlmann Etwas zu sagen, sei zweifelhaft, da man nicht wisse, was würde, ob Kühlmann bleibe oder nicht; das werde sich erst jetzt im Hauptquartier entscheiden, wohin Radowitz heute Abend mit dem Reichskanzler auf einen Monat fährt. Es giebt also vorläufig eigentlich Niemanden, den man mit dieser Sache befassen kann; ein bemerkenswerter Zustand im Kriege. Radowitz fragte dann, was ich über die Wirkung von Kühlmanns Reden gehört habe? Ich sagte, nicht viel Gutes; namentlich die zweite Rede habe Kühlmanns Ansehen schwer erschüttert. Wir könnten jetzt einen Mann ohne Prestige als Leiter unserer Auswärtigen Politik nicht brauchen. Radowitz stimmte bei, fügte nur hinzu: „Merkwürdigerweise wolle Kühlmann selbst das immer noch nicht einsehen, dass die Wirkung seiner Reden schlecht gewesen sei." Woraus zu schliessen ist, dass auch der Kanzler ihn los sein möchte, Kühlmann sich aber taub stellt. Radowitz fuhr fort: Während der Reichstagssession werde Kühlmann aber bleiben, weil er da noch allerlei erledigen müsse. Auch sei die Wahl eines Nachfolgers schwer. In Frage kommen in erster Linie nur Hintze, Rantzau, Bernstorff und Helfferich; Radowitz erwähnte noch Rosenberg. Gegen Helfferich machte ich starke Einwände, die Radowitz aber nur halb gelten liess; jedenfalls hätten der Kaiser und die Oberste Heeresleitung ihn sich immer als Unterhändler, der den Frieden im Westen machen müsse, gedacht. Mir scheint er gerade als Unterhändler ungeeignet. Als Staatssekretär, sagte ich, sei auch ein Outsider denkbar, mit Rosenberg als Unterstaatssekretär. Radowitz nannte Max Warburg; an Stresemann schien er nicht zu denken. Ich sagte, wenn kein Outsider, warum dann er, Radowitz selbst nicht das Staatssekretariat übernehme? Radowitz schmunzelte, nahm die Sache ernst, meinte aber, Hertling werde ihn nicht fortlassen. – Frau Stresemann sagte mir, ihr Mann wolle lieber Vizekanzler als Ausw. Staatssekr. werden. Er sei unkompliziert.

1 Juli 1918. Montag. Berlin. *1.7.1918 Montag*

Stresemann u. Georg Bernhard frühstückten mit mir bei Hiller. Als ich hinkam, hatte der Besitzer, Walterspiel, das Lokal wegen Lebensmittel Schikanen eben geschlossen. Er hat schon deshalb gesessen. Da es das einzige Lokal in Berlin ist, das gut abgeschlossene Séparés hat, und wo man daher politische und andre Gespräche in aller Ruhe führen kann, stört diese Schliessung sehr. Bernhard meinte: wo man denn jetzt Minister stürzen solle? Bethmanns Sturz ist hier Nachts beschlossen worden. Heute setzte uns Herr Walterspiel noch einmal eine Art von Picnic in einem verödeten Salon vor, wobei ich Arnim-Muskau, der vor dem geschlossenen Lokal gestrandet war, hinzuzog. Stresemann erzählt, die Angriffe gegen Kühlmann wegen seiner Bukarester Abenteuer seien vom König Ferdinand von Bulgarien ausgegangen; dieser habe sich an Kühlmann rächen wollen wegen seines Verhaltens gegen Bulgarien in der Nord

Dobrudscha Frage. Der König habe sich beschwert, dass Deutschland einen „so unglaublichen Vertreter" zu den Friedensverhandlungen abgeordnet habe. In der Frage der Nachfolge fragte Stresemann vorsichtig bei mir an, was ich zu Bernhard Bülow als Staatssekretär sagen würde? Bülow würde eventuell unter Hertling das Amt annehmen. Ich machte ebenso vorsichtig Bedenken geltend, hauptsächlich wegen Bülows schlechten Augen, und wies Stresemann für sich selber beim nächsten Wechsel auf die Vizekanzlerschaft hin. Er griff zu und sagte, dieser Posten würde ihm besser liegen als das Staatssekretariat des Auswärtigen. Bernhard sagte mir nachher, auch er hätte Bedenken gegen Stresemann im Ausw. Amt; er sei eine zu oberflächliche, unkomplizierte Natur, ein Nachläufer, der keine eigenen Ideen habe, aber fremde Ideen leicht aufnehme und glänzend herausbringe; so in den Ostfragen, wo er erst allmählich durch Andre auf seinen jetzigen Standpunkt gekommen sei. Auch Bernhard warnte mich, dass ich heftigen Angriffen im Reichstag entgegensehen müsse. Westarp scheine persönlich gegen mich vorgehen zu wollen; auch das Preussische Staatsministerium scheine gegen mich mobil zu machen, namentlich das Ministerium des Inneren. Arnim riet zu einer Aussprache mit Westarp.

2 Juli. 1918. Dienstag. Berlin. *2.7.1918 Dienstag*

Ludwig Stein frühstückte bei mir mit Musch u. Reinhold Richter. Stein liess in seiner indiskreten Art die Maske ganz fallen und sagte offen, dass Bülow Staatssekretär werden will, Hintze bereit sei, unter B. als Unterstaatssekretär zu dienen. Hintze sei zwei Stunden bei ihm Stein gewesen, um ihm auseinanderzusetzen, dass er nicht das Amt des Staatssekretärs übernehmen könne, weil er von innerer Politik Nichts verstehe. Radowitz soll geopfert werden weil er sich zu stark gegen Bülow festgelegt habe; an seine Stelle Kardorff kommen. Angeblich steht die Oberste Heeresleitung hinter dieser Kombination. – Nachmittags bei Jochem Winterfeldt wegen meiner Sache mit Westarp. Winterfeldt sagt, sein Vetter beim Reichskanzler sei ganz gegen Hintze. Radowitz nahm er als möglichen Nachfolger von Kühlmann an. Ich riet ihm, seinem Vetter diese Kandidatur ins Hauptquartier zu empfehlen. – Einer von den Drahtziehern der Hetze gegen Kühlmann ist also in der Tat Bülow, der alte Ränkeschmied und Schauspieler. Der grosse Kampf innerhalb der Obersten Heeresleitung geht zwischen ihm und Helfferich. Einer so eitlen, leeren, greisenhaften Komödiantenfigur gegenüber werden Kühlmann und Helfferich fast sympathisch. Die, die den Kranz zu vergeben haben, Ludendorff, Bartenwerfer und Hindenburg sind leider, wenn auch noch so grosse Feldherren, Dorfpolitiker. – Winterfeldt erzählte, er sei als Reichstagsabgeordneter mit David, Rosenberg vom A.A. und seinem Vetter dem Obersten als Vertreter der O.H. im Mai 1917 nach Brest Litowsk gefahren, weil Kerenski damals Frieden machen wollte. Aber die Engländer seien dazwischen gekommen; schliesslich erschien Kerenski nicht. Der russische Befehlshaber Dragomirow hätte bereits mit dem Prinzen Leopold von Baiern Waffenstillstandsabmachungen getroffen. Frühjahr 1917 war auch die Zeit des Kaiserbriefes und meiner Annäherungen mit Painlevé. Damals trennte uns nur noch eine dünne Wand vom Frieden. Warum er damals nicht zustande kam, wird ein historisches Problem werden. – Abends Fitzi Schoeler bei mir gegessen. Er erzählt, dass er in Gomel in Russland nach der Einnahme in enge kameradschaftliche Beziehungen zu den dort verbliebenen russischen Offizieren getreten ist. Die Russen hätten Geld wie Heu gehabt, grosse Feste gegeben, und er sei zu den russischen Offiziersbällen immer eingeladen gewesen.

3 Juli 1918 Mittwoch. Berlin. *3.7.1918 Mittwoch*

Vormittags beim Maler George Grosz in Südende. Mit ihm u Hellmut Herzfeld verschiedene Pläne besprochen. – Fritzi Schoeler mit seiner Freundin bei mir gefrühstückt. Sie trennen sich nach siebenjährigem Verhältnis, bei dem offenbar Jeder den Andren dauernd gründlich misverstanden, Schoeler als Idealist, sie als Materialistin sich immer selber in den andren Teil hineingesehen hat. Es ist nicht richtig, dass jede menschliche Verwicklung von der einen Seite angesehen tragisch, von der andren komisch ist. Es giebt Verwicklungen, wie diese zwischen Schoeler und seiner Freundin, wo der eine Teil durchaus eine tragische, der andre eine komische Figur ist. Diese Verflechtung ist in der Wirklichkeit vielleicht sogar die häufigste. – Abends gegessen im Kasino am Pariser Platz u nachher in die Mittwochsgesellschaft. Nachher mit Charlie Kühlmann in den Klub, wo er mir über seinen Bruder vorlamentierte. Ich sagte ihm, die Montagsrede hätte den Staatssekretär, wenn er ihren Standpunkt aufrechterhalten hätte und nach Hertlings Abschüttelung gegangen wäre, zu einer grossen politischen Figur und Reserve für die Zukunft machen können; die Dienstagsrede sei aber katastrophal gewesen. Charlie Kühlmann schob einen Teil der Schuld auf Hoesch, der seinen Bruder immer nur schönfärberisch informiere. Sein Bruder schliesse sich ganz ab, sei ohne Menschenkenntnis und dazu menschenscheu. Er halte ihn für schwer neurasthenisch; anders könne er sich sein Verhalten nicht erklären. Sein Vater u. Grossvater hätten auch an Nervenkrankheiten gelitten. Von Radowitz meinte C., er arbeite gegen seinen Bruder. Offenbar habe sein Bruder auch Radowitz durch seine Kälte und überlegenen Manieren vor den Kopf gestossen. Das würde allerdings in das Bild, das ich mir von Richard Kühlmann, seitdem er Staatssekretär ist, gemacht habe, hineinpassen. Sein Prozess, der morgen beginnt, macht Charlie Kühlmann grosse Sorge. – In der Mittwochsgesellschaft der Vortrag, dessen zweite Hälfte ich blos hörte, schilderte, wie durch neue technische Versuche es gelungen sei, aus der deutschen Braunkohle und Kohle Öle zu gewinnen, die in nicht zu ferner Zeit im grosstechnischen Betriebe Deutschlands Bedarf an Ölen (Petroleum, Benzin, Paraffin, Schmieröle) decken und uns vom Auslande (Amerika, Rumänien, Georgien) für diesen Rohstoff unabhängig machen würden. Die deutsche Technik wird immer mehr die eigentliche Macht, die im Mittelpunkte des Weltkrieges durch alle Fährlichkeiten und Abenteuer hindurch die materielle Herrschaft über die Erde gewinnt. Die Millionen Feldgraue und selbst Hindenburg und Ludendorff sind nur sozusagen an der Peripherie dieses immer gewaltiger sich dehnenden und spreizenden Proteus dessen unter Qualen, mit Blut und Geist ihn und sein Imperium durchsetzenden Organe. Von innen gesehen ist diese unermessliche Kraft aber ein ungeheures Getriebe, das jedes Individuum auspresst, loslöst vom natürlichen Boden seines Wachstums. Wer kann zehn Stunden am Tage als Beamter angestrengt arbeiten und Mensch bleiben, Herz und Gefühl, Geschmack, Kultur, Menschlichkeit behalten? Wenn man lauter Bismarcks und Goethes in die Ämter und Fabriken hineinsteckte, wären sie nach zehn Jahren dasselbe, was heute unsere Techniker und Beamten sind: Maschinen. Die Reform z. B. des Ausw. Amtes, ist nicht nur eine Frage der Auswahl, sondern fast noch mehr der Schonung des hineingesteckten Menschenmaterials. Die Bureaukratisierung, die eine Folge der Zahl der Bureaustunden ist, ist die Kernfrage, wenn man schaffende, am Leben ihrer Zeit teilnehmende Menschen und nicht verdorrte, veraltete Mumien als Machthaber haben will. Kein leitender Beamte sollte mehr als vier Stunden am Tage arbeiten; mehr müsste strafbar sein. Kühlmann hat Etwas derartiges gefühlt, aber dumm angefangen.

4 Juli 1918. Donnerstag. Berlin. *4.7.1918 Donnerstag*

Der Kühlmann Prozess heute Morgen angefangen u. vertagt nach Ausschluss der Öffentlichkeit; was einen schlechten Eindruck macht. Fitzi Schoeler mit mir gefrühstückt. Nachmittags Verhandlung bei Grau u Bratz wegen Gründung der Schweizer Tochtergesellschaft der „Ufa". Nachher bei Haeften, dem wegen der Ukrainer Lieferungen und den sibirischen Vorbereitungen für Ludendorff berichtet. Er bat mich, für den Austausch mit der Ukraine ein Projekt aufzustellen. Von dort zu Ferdinand Stumm in den Reichstag. Selbst Stumm scheint Kühlmanns Stellung für kaum noch haltbar anzusehen. Er kommt aus dem Haag, erzählt, dass Northcliffe in Holland die kleinen deutschfreundlichen Blätter auf dem Lande aufkauft.

5 Juli 1918. Freitag. Berlin. *5.7.1918 Freitag*

Litwin galizischer Jude, der mich lebhaft an meinen Kinodirektor Oliver erinnert, Stresemann und Fredi Prittwitz, den ich dazu geladen hatte, bei mir in Kuttners Restaurant gefrühstückt. Litwin hat seit Sonntag in meinem Auftrag zweimal Joffe gesehen; zuletzt heute Morgen. Joffe hat ihm erklärt, dass die russische bolschewistische Regierung zu jeder Art des Entgegenkommens gegen Deutschland und später sogar zu einem Bündnis bereit sei. Er will indessen nicht mit Kühlmann unterhandeln, zu dem weder er noch die russische Regierung seit Brest irgendwelches Vertrauen hätten, sondern am liebsten mit Ludendorff und eventuell noch Hertling. Im Einzelnen macht Joffe, dem als Delegierter der russischen Regierung noch ein gewisser Krasnin, Generaldirektor der Siemens-Schuckert Werke in Moskau zur Seite stand, folgende Vorschläge: Da die deutsche Regierung aus der Ukraine durch ihre bisherigen Massregeln Nichts herausbekommt, Joffe aber überzeugt ist, dass durch eine Mitwirkung der gegenwärtigen grossrussischen Regierung grosse Vorräte aus der Ukraine herauszuziehen wären, so soll die deutsche Regierung der Ukrainischen Regierung gestatten, an die russische Regierung 360 000 Tonnen Getreide zu liefern; diese Lieferung soll in allerkürzester Zeit erfolgen. Die russische Regierung würde sich dann verpflichten, da sie für ihre eigenen Bedürfnisse nur 180 000 Tonnen nötig hat, die überschiessenden 180 000 Tonnen der deutschen Regierung zu überlassen. Der Übergang des Getreides nach Russland und nach Deutschland würde sich nach Joffes Ansicht am zweckmässigsten auf der Bahnstation Orscha vollziehen, wo eine deutsche Kommission diesen Übergang überwachen könnte. Die russische Regierung wäre bereit, für die 180 000 Tonnen Getreide der deutschen Regierung Rohstoffe zu überlassen, unter Andrem Gummi, Textilwaaren, Kupfer u. s. w. – Dieses Abkommen wäre als Grundlage gedacht für den Ausbau weiterer intimer wirtschaftlicher u. politischer Beziehungen zwischen Deutschland u. Russland. Insbesondre würde die Lieferung von Getreide an die hungernden Grossstädte Russlands für die russische Regierung den Anlass bieten, die Stimmung des russischen Volkes, die gegenwärtig einem näheren Abkommen mit Deutschland nicht freundlich gesonnen ist, zu bearbeiten und in einem für Deutschland günstigen Sinne zu beeinflussen. Dieses wäre nach Ansicht von Joffe die Grundvoraussetzung für eine intimere Anlehnung Russlands an Deutschland. Im Prinzip ist Joffe einer solchen Anlehnung durchaus geneigt. Joffe äusserte bei dieser Gelegenheit zu Litwin, dass jetzt nicht blos Lenin sondern auch Trotzki eine Anlehnung an Deutschland geradezu suchen. Die jetzige russische Regierung betrachte den Brester Frieden als fait accompli mit dem sie ein für allemal zu rechnen hätte, und wünscht nur, dass Deutschland sich an diesen Vertrag hält; damit wäre sie zufrieden. Sie würde aber insofern über den Brester Frieden hinausgehen, als sie bei engerer Anlehnung an Deutschland bereit wäre, den Wünschen Deutschlands in den Ostsee Provinzen Rechnung zu tragen (d. h. Livland u. Esthland abzutreten.) Den russischen Interessen müsste allerdings hierbei insofern entgegengekommen werden, als im Baltikum der russischen Wirtschaft jede Erleichterung für Ein und Ausfuhr sowie Durchfuhr gewährt würde. – Ein öffentliches Bündnis mit Deutschland würde allerdings heute noch bei der in Russland vorherrschenden Volksstimmung auf Schwierigkeiten stossen. Indessen wäre die russische Regierung bereit, mit Deutschland ein Abkommen zu treffen, das ein solches deutsch-russisches Bündnis vorbereitet und im Hinblick hierauf die Getreidelieferung an Russland auszunützen. Joffe äusserte, dass wenn diese Voraussetzung verwirklicht würde, ein Stimmungs Umschwung in relativ kurzer Zeit (wenigen Monaten) herbeizuführen sein würde, so dass dann ein deutsch-russisches Bündnis auch öffentlich proklamiert werden könnte. Er ist ferner der Überzeugung, dass die Bolschewiki Regierung mit den Tschecho-Slowaken und mit den Entente Truppen im Murman Gebiet fertigwerden könne, wenn ihr blos von der deutschen Regierung der Rücken gedeckt werde; eine militärische Unterstützung seitens Deutschlands sei dann nicht nötig; die blosse Sicherheit seitens Deutschlands genüge, um die Bolschewiks in den Stand zu setzen, die Tschecho Slowaken und Ententetruppen zu schlagen und die Gefahr eines neuen Krieges im Osten zu beseitigen. Litwin hat mit Joffe verabredet, dass dieser sofort in Moskau telegraphisch sondieren soll, ob seine Regierung mit dem oben skizzierten Programm auch wirklich einverstanden ist. Was die Umbildung der Bolschewik Regierung anbetrifft, so hat Joffe gesagt, nach seiner Ansicht würde es genügen, wenn die andren sozialistischen Parteien Kenntnis davon erhielten, dass Deutschland eine solche erweiterte Bolschewik Regierung stützen würde, um sie zu veranlassen, einzutreten. – Stresemann sowohl wie ich und Prittwitz gaben unsere uneingeschränkte Zustimmung zu der skizzierten Politik. Stresemann machte die Andeutung, man könnte den Russen gegen Hergabe von Livland u Esthland zusichern, dass man ihnen keine Schwierigkeiten bei einer eventuellen Wiedervereinigung mit der Ukraine in den Weg legen werde. Ich übernahm es, direkt an Radowitz u. durch Haeften an Ludendorff zu berichten. Die Schwierigkeit ist die Umgehung Kühlmanns, mit dem Joffe Nichts zu thun haben will. Zum Glück reist Kühlmann heute Abend ins Hauptquartier; ich kann daher vorschützen, ich hätte ihn nicht mehr erreichen können, und werde morgen blos an Nadolny einen kurzen mündlichen Bericht geben, dem er keine Bedeutung beimessen wird. Litwin brachte eine Einladung von Joffe für Stresemann zu einer Unterredung am Sonntag mit, die sich Stresemann bestellt hatte. Wie Prittwitz sagt, ist Joffe merkwürdigerweise nie beim Reichskanzler gewesen; sein politischer Verkehr scheint sich bisher fast ausschliesslich auf die Unabhängigen Sozialisten beschränkt zu haben. Insofern sind diese Unterhandlungen schon an und für sich eine grundsätzliche Neuerung.

6 Juli 1918 Sonnabend Berlin. *6.7.1918 Samstag*

Mirbach ist in Moskau ermordet worden. Haeften erzählte es mir Abends als eine Art von Staatsgeheimnis. Es darf noch nicht in die Zeitungen. Haeften sagt, Einzelheiten fehlten noch; der Mord sei aber ohne Zweifel von Entente Agenten begangen worden, die uns mit der Bolschewiki Regierung verhetzen wollten, weil die Entente Angst bekommen hat, dass wir mit den Bolschewiks paktieren könnten. Jedenfalls müsse die Sache so von uns aufgefasst werden. Mirbach gehörte zu meinen ältesten Bekannten und Altersgenossen aus dem Spitzembergschen Harrachschen und Richterschen Kreise, ein Schöngeist aus dem allmählich ein Skeptiker und Ironiker geworden war. Sehr vornehm, so dass man sich ihn schwer mit Trotzki und Lenin vorstellen konnte; aber der Letzte, dem man ein tragisches Ende prophezeit hätte. Etwas spitz und zimperlich schon als wir mit zwanzig Jahren in Berlin ausgiengen, allmählich altjüngferlich und trokken geworden, vor allen Dingen sehr überlegen Allen gegenüber, die nicht irgendwie mit dem Auswärtigen Amt zusammenhiengen. Als er in London zweiter Sekretär war, gehörte er dort zu meinem angenehmsten Umgang. Im Kriege sah ich ihn in Berlin nach seiner abenteuerlichen Rückkehr oder Flucht aus Athen. Er gieng hier nur in Uniform und hohen Stiefeln herum; die Uniform schien ihm aber fremd und sah affektiert aus. Hannah Wangenheim sagte mir vor acht Tagen, sie habe zu ihrer Überraschung aus Moskau gehört, dass er mit den Bolschewiks gut umzugehen wisse: Er sei vielleicht so vornehm, dass er ihnen wie aus einer andren Welt imponiere. Ich glaube, er nahm Nichts sehr ernst ausser seinen Rang und die Diplomatie. Jetzt ist der Tod an ihn herangetreten; der Tod aus Mörderhand in einer revolutionären Atmosphäre, wahrscheinlich durch feindliche Verschwörer. Sein Bild rundet sich und wird durch dieses rote Siegel in der Geschichte verfälscht weiterleben; man wird ihn immer mit den Stichwunden oder dem zerfetzten Körper sehen, eine tragische Figur, in die er plötzlich sinnlos aus einer fast komischen umgefärbt worden ist. Ich muss noch hinzufügen, dass er zweifellos ganz furchtlos war; insofern doch den primitiven Stoff zu einem tragischen Helden in sich trug. Das letzte Mal sah ich ihn bei Ewest in der Weinstube, ehe er nach Russland gieng. Er sagte einige nicht sehr giftige Bosheiten über Zeitgenossen, und wir scherzten während des Essens von Tisch zu Tisch. So undramatisch entschwand er aus meinem Leben; so lose ist das Gewebe der persönlichen Beziehungen in diesem Kriegschaos innerhalb einer doch relativ eng verbundenen Generation. – Vormittags besuchte mich Kestenberg, den ich beauftragt hatte, in unauffälliger Weise ein Zusammentreffen zwischen mir und Joffe herbeizuführen. Nach Erkundigung riet er dringend ab. Joffe arbeite zwar mit den Unabhängigen, sei aber aufs engste verbunden mit den Spartacus Leuten (Internationalisten, Mehring, Stuttgarter Beobachter.). Zweifellos werde ein Zusammentreffen zwischen mir und

Joffe ausgenutzt und öffentlich bekannt werden, da diese Leute kein Mittel scheuten. Kestenberg sagte, er halte es für ausgeschlossen, dass die Bolschewiks Leute aus andren Parteien in ihre Regierung hineinnähmen. Sie und die Sozialrevolutionäre seien wie Wasser und Feuer. Die Bolschewiks seien überhaupt keine Regierung wie eine andre, keine Landesregierung, sondern blos das Exekutivorgan einer Partei und Klasse. Wenn sie Leute aus andren Parteien oder Klassen hereinnähmen, verlören sie daher jede Existenzberechtigung. Sie zählten für ihre Fortexistenz nur auf die Weltrevolution, nicht auf Anlehnung an irgendeine fremde Macht. Wenn die Weltrevolution nicht komme, dann seien sie, wie sie selbst zugäben, verloren. Nadolny, der Referent für Russland im A.A., dem ich Nachmittags über meine Unterredung mit Litwin und Stresemann referierte, sprach sich anders aus. Er sagte, Joffes Äusserungen zu Litwin überraschten ihn nicht, seien aber höchst interessant und wertvoll, weil sie andre Informationen bestätigten: die Bolschewiks seien Realpolitiker. Sie hätten ihm Ähnliches gesagt; es sei ihm aber sehr wichtig, dass sie dieselbe Haltung auch andren, Aussen stehenden gegenüber einnähmen. Also verhandelt das Amt bereits mit ihnen; oder steht wenigstens in Fühlung. – Bei Georg Bernhard, wo ich zum Frühstück war, traf ich Victor Naumann, der wieder voll von geheimnisvollen Andeutungen und Informationen steckte. In Kiew sollen Verhandlungen zwischen uns und den russischen Kadetten (Miljukow) schweben, die ziemlich weit gediehen seien. Natürlich wollen aber die Kadetten eine gründliche Revision des Brester Friedens, während die Bolschewiks ihn anerkennen und uns Livland u. Esthland dreingeben würden. Gerade aus diesem Grunde sind Leute wie Bernhard für ein Paktieren mit den Kadetten, während Stresemann, die O.H, vielleicht auch der Kaiser mehr für die Bolschewiks sein müssen. Ich hütete mich, Bernhard Etwas von den Verhandlungen mit Joffe zu sagen. Die Gefahr besteht aber, dass wir wie Buridans Esel zwischen den zwei gleich grossen Heuhaufen verhungern. Nach dem Frühstück kam Berger (der Vortragende Rat u. Intimus von Bernh. Bülow). Ich verhandelte mit ihm wegen der beabsichtigten Angriffe gegen mich im Reichstag. Er sagt, Westarp werde Nichts mehr machen; er glaube aber, dass klerikale Einflüsse gegen mich im Spiele sein könnten. Ich solle doch einmal die Parteiführer zusammenbringen u. sie vertraulich aufklären. Kühlmanns Nachfolge wurde zwischen Bernhard, Naumann u Berger besprochen. Berger u Bernhard halten Bülow für den einzig Richtigen; seine Chancen seien aber gleich Null. Berger hält auch Hintze für unmöglich, weil er als Alldeutsch abgestempelt sei. Radowitz ist, wie Berger u. Bernhard sagen, zu unbeliebt im Reichstag; er habe herablassende Allüren gegen die Abgeordneten herausgekehrt und interessiere sich nicht für innere Politik. Beide meinen aber, dass Radowitz stark kandidiere und gegen Kühlmann intriguiert habe. Bleiben Rantzau und Bernstorff; Bernhard u Berger geben Bernstorff als besserem Diplomaten den Vorzug, halten ihn aber durch seine amerikanische Tätigkeit für schwer belastet bis zur Unmöglichkeit. Ausserdem sei Rantzau der Kandidat des Hofes. Als ganz dunkles Pferd wird der Hamburger Senator Stahmer genannt, über den sich Berger lustig machte. Daran dass Kühlmann bleiben könnte, glaubt Niemand. Sein Prozess und der Ausschluss der Öffentlichkeit haben ihm den Rest gegeben. – Zum Tee bei Maria Carmi, jetzt Fürstin Matschabelli. Sie stellte mir ihren Mann vor, der Sozialrevolutionär, Fürst und Vertreter des neuen Staates Georgien in Berlin ist; ein jüngerer dunkler Orientale, der trotz seiner sozialrevolutionären Überzeugungen ein sehr elegantes Appartement im Adlon bewohnt. Sie, die Maria Carmi, ist als georgische Fürstin schöner und packender in ihrer seltsamen Schönheit als je. Das letzte Mal hatte ich sie in London gesehen, als sie die Potiphar in meinem „Joseph" spielte. Sie sagte mir lächelnd, man müsse von Zeit zu Zeit seine ganze Umgebung verändern, um jung zu bleiben. „Vous voyez, depuis que nous nous sommes quittés, j'ai changé de patrie." Matschabelli klagte, dass Georgien von uns bisher nur faktisch, noch nicht rechtlich anerkannt sei; das Ausw. Amt bestehe darauf, dass es vorher darüber mit Russland verhandeln müsse, um den Brester Frieden nicht zu verletzen. Auch besetzten die Türken noch immer neues Gebiet in Georgien. Allerdings stünden deutsche Truppen (zwei Bataillone) in Tiflis und hülfen den Georgiern wenigstens gegen die Tataren. Dass wir Truppen im Kaukasus haben, war mir neu. Matschabelli möchte eine Vertretung für Georgien in der Schweiz einrichten und fragte mich um Rat. – Mit Haeften die Versorgung aus der Ukraine besprochen. Er möchte nicht, dass Ludendorff eingreift. – Er sagte, allmählich entwickle sich bei den Zivilbehörden eine Stimmung gegen die Oberste Heeresleitung, die gefährlich sei. Sie giengen über zur passiven Resistenz. Wenn wieder ein Schreiben gezeichnet „Ludendorff" komme, das und das habe zu geschehen, würden sich neue Reibungsflächen bilden. Er stehe auf dem Standpunkt, man müsse jetzt Alles vermeiden, was neue Verärgerungen der Zivilbehörden durch das Militär hervorrufen könne. Schliesslich einigten wir uns dahin, dass Haeften meine Denkschrift dem Obersten Winterfeldt giebt und dieser sie als Wunsch der Obersten Heeresleitung dem Reichskanzler überreicht. Der Reichskanzler kann dann den nötigen Druck auf das Reichswirtschaftsamt ausüben. Haeften fragte mich, ob Stresemann den Oberstleutnant Bauer von der O.H. über unsere Besprechungen mit Litwin informiert habe. Stresemann u. Bauer stünden sonst in engster Verbindung. Meine Aufzeichnung bat ich, Ludendorff streng vertraulich zu geben, da ich absichtlich Kühlmann nur ganz flüchtig durch Nadolny informiert hätte, weil ich die Verhandlungen nicht von Anfang an mit der von Joffe abgelehnten Persönlichkeit Kühlmanns belasten wollte. Haeften schien überrascht, dass die Bolschewiks lieber mit Ludendorff als mit

Kühlmann verhandeln wollten. Im Grunde ist es aber nicht überraschend, da die Bolschewiks ebenso wie die deutsche Oberste Heeresleitung das Gewaltprinzip vertreten und ihre Macht in erster Linie militärischen Faktoren verdanken; so müssen sie sich am leichtesten verstehen mit den Militärs.

7 Juli 1918. Sonntag. Berlin. *7.7.1918 Sonntag*

Nachmittags besuchte mich Becher; auch eine tragische Figur, eine grosse: soviel ich sehen kann, der genialste Dichter aus der Generation des Weltkrieges. Sein Aussehen erschütterte mich; ein Bild des körperlichen Zusammenbruches, mit eingefallenem, mattem Gesicht, heiserer, hohler Stimme, schwerer Sprache, weil ein Vorderzahn ihm, wie er sagt bei einer Narkose, herausgebrochen worden ist, magerem Halse, der aus einem unordentlich zugeknöpften Hemde herausstand. Nur die Augen haben noch den sonderbaren, sanften, hellen Lionardesken Glanz, wie wenn Mondlicht durch Reben aus ihnen strahlte: Er nimmt jetzt ausser Morphium auch noch Cocaïn, oder nahm bisher Beides; denn jetzt ist er zur Entwöhnung in der Anstalt des Dr Scholinus in Pankow. Er klagt nur noch über Hunger. Es gebe Nichts mehr selbst in der ersten Klasse der Anstalt. Sein Gleichgewicht scheint sehr gestört. Er hat vor vierzehn Tagen mehrere Selbstmordversuche gemacht durch übermässige Cocaïn und Morphiumeinspritzungen, Pulsadern Aufschneiden; führt seine Verzweiflung auf Unbefriedigtheit im Schaffen zurück, das auch die wahre Ursache seiner Sucht nach Betäubungsmitteln sei. Die Ergänzung seiner Schaffenskraft, auch seiner Sinnlichkeit, sei ein Dämon, der ihn treibe, mit seinem Leben zu spielen. Der Kampf zwischen diesem Dämon und seinem Schöpfertum sei der Inhalt seines Daseins, ja vielleicht dessen eigentlicher Wert. „Denn gescheut bin ich nicht; kein Denker; aber kämpfen kann ich, und dieser Kampf ist das eigentlich Wertvolle an mir." Die Lotte Pritzel, die Puppenmacherin, in die er diesen Winter verliebt war, hätte ihn auf das Cocaïn gebracht, weil sie ihn schlecht behandelte, er das Cocaïn zur Bändigung seiner Aufregungen brauchte. Von drei Geliebten hätten ihn die erste, die Fuss, überredet, dass er sie ermorde, die Emmy Hennigs zum Morphium verführt, die Pritzel ins Cocaïn hineingebracht. Jedesmal weil er keine andre Ablenkung gehabt habe, weil seine Arbeit ihn nicht befriedigte. Wenn er nur mit seiner Arbeit weiterkomme, werde er Frauen und Gifte nicht mehr nötig haben. Die Lyrik scheint er jetzt zu verachten. Er wolle Dramen schaffen. Denn Lyrik könne auch ein unvollkommener oder lasterhafter Mensch schreiben; Dramen aber nur ein ausgereifter und vollkommener. Mit diesem dramatischen Problem ringe er. Denn er müsse eine neue Form des Dramas finden, um das auszudrücken, was er sagen wolle. Allerdings hatte ich den Eindruck, dass seine Pläne und Ideen auf dramatischem Gebiet noch sehr unklar und verworren seien. Das Shakespearesche Drama verwirft er, anerkennt nur das griechische, will ein Drama, das eine Art von Kult sein soll. Er verachtet den Witz, sagt, dass er keinen Humor habe, und gerade wegen seines Humors Shakespeare unausstehlich finde. Seinem verzweifelten Ringen um die Form eines neuen Dramas schreibt er einen Teil seiner letzten Giftorgien zu. Sein Lebensproblem sei überhaupt, ob er den Kampf in seinem Inneren überstehen könne, ohne zugrundezugehen oder zu verphilistern. Ich sagte ihm, wenn er zugrundegehe, so solle er sehen, dass das wenigstens am Kampfe selbst sei, nicht aber an den Lastern, die der Kampf nebenbei zeitige; dieses wäre jämmerlich. Becher gab Dieses zu, sagte, er möchte, wenn er geheilt ist, irgendeinen Beruf haben, der ihn vier bis fünf Stunden am Tage beschäftige; man könne nicht den ganzen Tag dichten. Auch sei dreiviertel dessen, was geschrieben werde überflüssig. Ein tüchtiger Beamter sei wertvoller als die meisten Dichter. Er scheint eine Art von Ekel vor sich selbst zu haben; er hat bei seinen Selbstmordversuchen (Puls Adern Aufschneiden, zahllose Morphiumspritzen, Gift) versucht, sich zu töten wie ein böses Tier. Seine ganzen Arme sind zerhackt. Da sein Körper diesen heftigsten Angriffen widerstanden hat, meint er, er müsse wohl leben; da möchte er aber anständig und nützlich leben. Sein etwas naïves Rezept scheint zu sein: so und so viele Stunden am Tage Philister, die übrigen Kämpfer und Dichter. Stark bewegt zeigte er mir den Abschiedsbrief seines kleinen sechzehnjährigen Bruders, der vor einigen Wochen Selbstmord begangen hat und ihn in diesen letzten hingekritzelten Zeilen vor seinem üblen Leben warnt.

8 Juli 1918. Montag. Berlin. *8.7.1918 Montag*

Litwin gab Stresemann, Fredi Prittwitz und mir ein Frühstück bei Borchardt. Stresemann referierte über die Unterredung, die er gestern mit Joffe gehabt hat und die über fünf Stunden sich hinspann. Sie hätten mit Krasin, dem Freund Lenins und Direktor der Moskauer Siemens-Schuckert Werke, auf der russischen Botschaft gesessen, immerfort Tee getrunken, Cigaretten geraucht und diskutiert. Stresemann meinte, dieses sei wahrscheinlich die einzige Art, mit diesen Russen weiterzukommen. Unsere Beamten, die Sitzungen anberaumten und nach der Uhr sähen, erreichten schon deswegen mit ihnen Nichts. Im Anfang ist Joffe (im Smoking) weggegangen, um wegen Mirbachs Ermordung auf dem Auswärtigen Amt zu kondolieren, und Stresemann ist eine kleine Stunde mit Krasin allein geblieben. Er hat diesen gleich über die wirkliche wirtschaftliche Lage in Russland unter der Bolschewiki Herrschaft ausgefragt. Stresemanns Eindruck, den er aus den Auskünften Krasins gewonnen hat, ist dass sich die wirtschaftlichen Verhältnisse in Russland heute nicht wesentlich von unserer deutschen Kriegswirtschaft unterscheiden. Die Aufmachung, Arbeiterräte, gewählte Direktoren, Schiessereien, sei anders; der Kern überraschend ähnlich. So bezieht Krasin mit Einverständnis der Arbeiter seiner Fabrik sein altes Gehalt weiter, 60 000 Rubel. Umgekehrt sind die Arbeiterlöhne, 2 Rubel für die Stunde, kaum höher als in Deutschland. Krasin hat mit Einwilligung seines Arbeiterrates von 5500 Arbeitern seiner Fabrik 5000 entlassen können, weil er sie nach Aufhören der Kriegslieferungen nicht mehr brauchte. Unter den bolschewistisch-kommunistischen Phrasen versteckt sich eine rein kriegssozialistische Wirklichkeit. Dieses gilt auch von der Armee, wo die früheren Generäle und Offiziere wieder kommandieren, nur pro forma Überwachungsausschüsse zur Seite haben. Joffe hat dann, als er nachhausekam, Stresemann den Wunsch nach einem engen wirtschaftlichen und später auch politischen Zusammengehen mit Deutschland ausgedrückt. Jedoch hätten die Bolschewiki den Eindruck, dass Deutschland auf ihren Sturz hinarbeite. Zunächst indem es Grossrussland aushungere und dadurch die Unzufriedenheit gegen sie schüre. Anders könnten sie sich das Verhalten Deutschlands nicht erklären; Sie schnitten ihnen planmässig alle Zufuhren ab: das Getreide aus der Ukraine, so dass Moskau u. Petersburg hungern müssten, die Kohlen vom Donetz, so dass ihre Fabriken stilllägen; dieses Verhalten sei wirtschaftlich so widersinnig, dass sie es sich nur politisch erklären könnten. Auch habe der Kanzler bisher Joffe, trotz wiederholter Anfragen, nie empfangen. Dieses korrigierte Prittwitz allerdings dahin, dass der Geh. Rat von Kuhlmann vom Ausw. Amt, an den sich Joffe gewandt hat, behaupte, nur ein einziges Mal einen solchen Wunsch ausgedrückt bekommen zu haben; damals sei aber der Kanzler gerade verreist gewesen. Joffe habe nie wieder angefragt. Ferner klagte Joffe, dass unsere Truppen trotz des Brester Friedens und der Demarkationslinie immer weiter vordrängen und eine Provinz nach der andren von Russland loslösten. Sie seien bereit, eine neue Demarkationslinie zuzugestehen; müssten aber endlich wissen, bis wohin wir vorzumarschieren die Absicht hätten. Sonst leide das Ansehen ihrer Regierung unheilbar. Alle diese Massnahmen hätten im russischen Volk einen Deutschenhass grossgezogen, der zur Zeit des Brester Friedens trotz der vieljährigen Hetze der Entente nicht bestanden habe. Deshalb sei in der unmittelbaren Zukunft ein Bündnis mit Deutschland nicht möglich; die Volksstimmung sei zu stark dagegen. Zuerst müsse diese antideutsche Stimmung beseitigt werden. Dazu müssten wir aber der Regierung die Hand bieten, zunächst indem wir den weiteren Vormarsch einstellten, sodann indem wir wieder Zufuhren aus den von uns besetzten Gebieten nach Grossrussland zuliessen. Für Kohlenzufuhren nach Petersburg, gegen die sie uns Textilwaaren, Kupfer, Gummi u. s. w. liefern wollten, wären sie bereit jetzt sofort Platin bei einer Stockholmer Bank zu deponieren, als Pfand, das verfallen solle, wenn sie ihre Versprechungen nicht erfüllten. Stresemann meinte, man sollte zunächst einmal ein Kohlenschiff mit einigen tausend Tonnen nach Petersburg schicken;

ich sagte, ohne Gegenleistung. Dann werde man sehen, wie die Volksstimmung darauf reagiere. Die Brüderlichkeit ist das Gefühl, durch das man den Russen packen kann. Brüderlich, aus Mitgefühl für die arbeitslosen Arbeiter gelieferte Kohle wäre das beste Werbemittel, um einen Anfang zu machen. Sodann das aus der Ukraine zu beschaffende Getreide. Zugleich würde dadurch die Bolschewiki Regierung befestigt. Politisch ist die Frage, ob wir sie befestigen wollen? Stresemann gab Einzelheiten über die Verhandlungen in Kiew mit den Kadetten (Miljukow u. s. w.) Ende Juni (über die er mir inzwischen einen Geheimbericht geschickt hat.) Die Kadetten wollen auch ein Bündnis mit Deutschland, da sie in uns die einzige wirkliche Macht im Osten anerkennen; als Vorbedingung stellen sie aber auf, dass wir die Bolschewiki stürzen. Wir sollen durch alle Mittel unsere Verachtung der jetzigen Regierung kundgeben, sie aushungern, unsere Gesandtschaft abberufen u. s. w. dadurch den Kadetten zur Macht verhelfen, und inzwischen auf ihre Versprechungen bauen. Wir können also wählen, ob wir das neue deutsch-russische Bündnis mit Lenin und den Bolschewiki oder mit Miljukow und den Kadetten schliessen wollen. Einzig sicher für die Entente sind vorläufig die Sozialrevolutionäre mit Kerenski, der aber auch (nach Winterfeldts Mitteilungen) im Mai '17 mit uns Frieden machen wollte. Gegen die Kadetten spricht, dass sie nicht an der Macht sind, sondern diese erst von uns erwarten, was uns den Hass der breiten Massen brächte; dass sie ferner eine weitgehende Revision des Brester Friedens verlangen, und schon heute positiv erklären, uns Livland und Esthland nicht zugestehen zu können; dass schliesslich ihre Traditionen und die Schichten, auf denen sie sich stützen, panslawistisch und imperialistisch waren und wieder sein werden, sobald Russland zu Kräften kommt; und dass ihr ungestandenes Ziel eben diese Wiederherstellung Russlands in seinem früheren Umfange und mit seiner früheren Macht ist. Daher waren Stresemann sowohl wie ich, und mir schien auch Prittwitz, der Ansicht, dass unsere Wahl auf die Bolschewiki fallen müsse, falls diese sich halten könnten und den von ihnen eingeschlagenen Weg zu einem mehr oder weniger straffen Staatssozialismus weiter verfolgten. Zunächst beschlossen wir, Joffe eine Einladung ins Hauptquartier zum Reichskanzler zu verschaffen, damit er dort seine Ansichten u. Wünsche vorträgt und durch diese Ehrung das Ansehen seiner Regierung in Russland hebt. Vielleicht bietet die Ermordung Mirbachs den Anlass zu dieser Einladung und damit zu einem „new departure". Als Vorbereitung soll Stresemann einen Bericht über seine Unterredung mit Joffe für den R. K. anfertigen. Sodann soll die Sendung von Kohle und Getreide aus der Ukraine nach Russland befürwortet werden. Auch wurde beschlossen, Nadolny, als Referenten für Russland und weil er, wie es scheint, ebenfalls für den Anschluss an die Bolschewiki ist, in unsere Verschwörung mit hereinzuziehen; zu diesem Zweck soll ich Mittwoch ein Frühstück geben, damit er mit Stresemann u. Litwin zusammentrifft. Erschwert wird Alles durch die Unsicherheit, ob Kühlmann als Staatssekretär bleibt. Aber wenn uns unser Plan gelingt, und der Erfolg den Erwartungen entspricht, dann wäre ein politisch und militärisch nicht abzuschätzendes Resultat, eine vollkommene Umgestaltung der wirtschaftlichen und politischen Machtverteilung in der Welt erreicht: weit mehr als durch das frühere deutsch-russische Bündnis, weil diesmal wir die Herren wären. Ich riet Stresemann, den Oberstleutnant Bauer auf dem Laufenden zu halten. Bisher hat er ihm eine Abschrift meines ersten Berichtes gegeben. – Abends um 7 bei Fredi Prittwitz in der Reichskanzlei. Er hatte inzwischen mit Radowitz im Hauptquartier gesprochen, der ihm sagte, dass mein Bericht an den Reichskanzler und Kühlmannn gelangt sei; leider habe ihn Kühlmann Kriege zur Bearbeitung übergeben. – Dora Bodenhausen mit mir gegessen im Autoklub. Eberhards Tod besprochen. Ich war von diesem ersten Wiedersehen sehr ergriffen. – Abends spät bei Vollmoeller am Pariser Platz Hermann Keyserlingk, der auf das dringendste von einem Zusammentreffen mit den Kadetten abriet, weil sie die einzige Partei seien, die die Fähigkeit und den Wunsch hätten, das alte, expansive, imperialistische Russland wiederherzustellen. Damit wäre der ganze Gewinn des Krieges für Deutschland verloren. Zwar werde Russland mit der Ukraine wieder zusammenwachsen; aber was wir erreichen könnten, wenn wir politisch geschickt handelten, sei eine Schwerpunktsverschiebung innerhalb Russlands, indem das Zentrum nach dem Süden, nach Kiew, verlegt werde; und damit eine ungeheure Verminderung des Druckes auf unsere Ostgrenze. Auch fielen damit alle Gründe fort, die gegen eine Angliederung Esthlands und Livlands an Deutschland sprächen; da Südrussland an der Ostsee kein vitales Interesse habe. Voraussetzung sei aber, dass Grossrussland eine Bauernrepublik werde; und gerade das würden die Kadetten verhindern. Der russische Bauer sei ganz unkriegerisch und unpolitisch; nur die durch die Kadetten vertretene Oberschicht sei expansiv. Dieser müsse man daher den Boden entziehen.

9. Juli 1918. Dienstag Berlin. *9.7.1918 Dienstag*

Kühlmann ist gestürzt. Man scheint ihn im Hauptquartier gewissermassen hinausgeschmissen zu haben. Er war so kurz dort, dass die Leute im Amt sich ausrechnen, er habe vom Kaiser kaum zur Tafel gezogen werden können. Mir scheint in der mittleren Beamtenschaft der Wilhelmstrasse Schadenfreude vorzuherrschen. Er war offenbar ganz besonders unbeliebt. Die Umstände, unter denen er abtritt, machen seinen Sturz fast unheilbar. Kühlmanns Schicksal ist vielleicht noch tragischer als das von Mirbach. Wer hätte das gedacht, als wir alle drei zusammen noch ganz jung im Spitzembergschen und Harrachschen Hause verkehrten? Trotz Allem bleibt Kühlmann eine der ganz klar abgezeichneten Figuren des Weltkrieges. Er war ein Zögerer, und masslos aufgeblasen, auch ohne tieferen politischen Instinkt, aber mit einem seltenen technischen Können und gewissen echten Beziehungen zur Kunst und Kultur, die ihn sympathisch machten. Trostreich ist für ihn, dass er sich bis an sein Lebensende als Opfer und verkanntes Genie sehen wird; bei seiner Seelenanlage wird ihm das über Vieles hinweghelfen. – Als Nachfolger wird Hintze in der W.T.B. Mitteilung[1] genannt, woraufhin die Sozialdemokraten sofort mit Verweigerung der Kriegskredite gedroht haben. Hintze wird im Reichstag mit grossen Schwierigkeiten zu kämpfen haben, weil er für alldeutsch und den Mann der Militärs gilt. Die Ernennung Hintzes wäre ein Erfolg der Bülow Partei und könnte, falls Hintze nicht ein doppeltes Spiel spielt, die Rückkehr Bülows als Reichskanzler in einigen Monaten nach sich ziehen. – Bei Dora Bodenhausen, die auf meinen Rat Gaul zugezogen hatte, die Grabanlage für Eberhard besprochen; in demselben Salon im Adlon, in dem ich ihn so oft gesehen habe.

10 Juli 1918. Mittwoch. Berlin. *10.7.1918 Mittwoch*

Frühstück im Rembrandt Zimmer des Continental, um Nadolny in unsere Verschwörung hereinzuziehen. Litwin, Stresemann, Prittwitz und ich. Stresemann und Litwin erzählten Nadolny ihre Unterredungen mit Joffe. Nadolny sagte, auch er halte die Zusammenarbeit mit der Bolschewik Regierung für das einzig Richtige, nur sollten wir vorläufig noch Miljukow und die Kadetten an einem dünnen Faden halten, die Verhandlungen mit ihnen hinziehen, damit sie nicht wieder zur Entente abschwenkten. Dieses sei sogar im Interesse der Bolschewiki; denn es sei für die Bolschewiki besser, wenn wir die Kadetten bänden, als wenn die Entente diese gegen die Bolschewiki ausspiele. Praktisch schob allerdings Nadolny die Ausführung aller Massregeln, die die Bolschewiki stützen sollen, der Obersten Heeresleitung zu. Stresemann solle sie dort durchsetzen und seinetwegen dabei auf das Amt schimpfen. Davon verspreche er sich mehr, als wenn das Amt selber dort Wünsche vorbringe. Stresemann protestierte gegen diesen Standpunkt; es sei Sache des Amtes, bei der Obersten Heeresleitung das politisch Notwendige durchzusetzen. Wenn es deutlich und bestimmt sage, was es wolle, sei das auch nicht schwer. Der neue Staatssekretär müsse sich von vornherein auf diesen Standpunkt gegenüber der O.H. stellen. Schliesslich versprach aber Stresemann trotzdem, die Wünsche der Bolschewiki der O.H. privatim bekanntzugeben (was übrigens schon durch mich geschehen ist.) Während wir frühstückten, wurde eine Niederschrift von Joffe gebracht, die Litwin überreichte und Stresemann vorlas. Sie enthielt ziemlich genau dasselbe, was Joffe Stresemann gesagt hat, und ausserdem die Angabe einer neuen Demarkationslinie, die hauptsächlich den Russen den Weg nach dem

[1] Der Wechsel im Auswärtigen Amt

Kaukasus wieder freimachen soll. Litwin fügte hinzu, Joffe habe ihm heute Morgen seine und der russischen Regierung Bereitschaft erklärt, falls wir auf ihre Wünsche eingiengen, sofort öffentlich ein Wirtschaftsbündnis mit Deutschland zu proklamieren, und sich ausserdem schriftlich zu verpflichten, Deutschlands militärische Hülfe anzurufen, falls die Entente ihre Unternehmungen gegen Russland fortsetze. Diese sehr wichtigen Erklärungen Joffes führten zum Entschluss, ihn gleich morgen mit dem Kanzler zusammenzubringen. Er soll unter dem Vorwande eines Kondolenzbesuches für Mirbach noch heute um eine Audienz nachsuchen; Prittwitz will dann sehen, dass er morgen Nachmittag empfangen wird. Ausserdem wurde eine neue „Verschwörer" Zusammenkunft für Sonnabend Abend beschlossen, an der dieses Mal Joffe selbst, Krasin und Radowitz teilnehmen sollen. Jemanden von der Obersten Heeresleitung zuzuziehen wurde nach reiflicher Überlegung abgelehnt, da diese durch Vermittlung von Stresemann und mir genügend informiert werden kann. Nadolny teilte mit, dass zum Nachfolger von Mirbach in Moskau Kriege ausersehen sei, der Direktor der juristischen Abteilung und bisher einer der grössten Krebsschäden des Amtes. Ich kenne Kriege nicht. Nadolny meinte aber, er sei schon so wie so ganz Bolschewik und werde durch seine langatmige juristische Beredsamkeit wie Brom auf die aufgeregten russischen Regierungsleute wirken. Litwin hatte starke Bedenken, da die Bolschewiks einen praktischen Mann, keinen Ideologen als deutschen Botschafter hinhaben wollten; liess aber dann durchblicken, dass er selber gern als praktischer Beirat von Kriege und Bindeglied mit den Bolschewiki nach Moskau gehen möchte. Ich besprach nachher diese Sendung mit Prittwitz und würde sie für gut halten. – Vor diesem Frühstück war Vormittags „Hans Vorst" (v. Voss) bei mir. Er steht auch auf dem Standpunkt, dass wir vorläufig mit den Bolschewiks arbeiten sollten, ohne uns aber mit ihnen zu verbünden. Im Übrigen will er eine durchgreifende Revision des Brester Friedens, die Freigabe Litauens, Kurlands und natürlich auch Esthlands u Livlands, das Aufhören unserer Unterstützung Finnlands gegen die Bolschewiki an der Murmanküste, die Räumung des Don- und Kubangebietes u. s. w. u. s. w. Er machte auf mich den Eindruck eines Träumers oder eines russischen Agenten. – Abends in der Mittwochsgesellschaft erzählte mir der Kunstsammler Pannwitz, Kühlmann, den er kaum kenne, habe ihn gleich nach seiner Entlassung angeläutet und gebeten, seine Sammlung besehen zu dürfen. Er sei geradezu freudig gewesen und habe sich auf das intensivste für die Bilder interessiert. – Stresemann, neben dem ich bei der Debatte sass (Landtagswahlrecht u. Herrenhaus Reform) klagte ärgerlich über Haeften, weil dieser sich beschwert habe, dass angeblich Stresemann durch die Oberste Heeresleitung vom Rücktritt Kühlmanns eher benachrichtigt worden sei als Haeften selber. Tatsächlich habe blos Payer im Reichstage ihm im

Vorbeigehen die Nachricht zugerufen. Im anschliessenden Gespräch überraschte mich Stresemann durch die Bemerkung, dass er Bartenwerfer überhaupt nicht kenne; allerdings dem Oberstleutnant Bauer stehe er sehr nahe. Dabei wiederholt mir Prittwitz seit acht Tagen, dass S. der Vertrauensmann der O.H. sei; daher das Sensationelle und die Freude, dass er aus Anlass unserer „Verschwörung" zum ersten Mal für den Reichskanzler einen Bericht gemacht hat.

11 Juli 1918. Donnerstag. Berlin. *11.7.1918 Donnerstag*
Kestenberg Vormittags bei mir. Er sagte, die Menschewiki (mit deren Berliner Vertretern Tschenkeli, Matschabelli u. s. w. er in engster Fühlung steht) seien mit den über ganz Grossrussland verbreiteten Cooperativen, die für die Versorgung der Front gebildet wurden, in Verbindung getreten, versuchten, durch diese jetzt die Städte zu verproviantieren, und wollten dann auf Grund der dadurch geschaffenen, für sie günstigen Volksstimmung die Bolschewiki stürzen. Die Menschewiki verhielten sich gegen den Brester Frieden und Deutschland durchaus ablehnend, wenn auch die georgischen Menschewiki jetzt aus Furcht vor der Türkei das Gegenteil behaupteten. – Ich hatte Ludwig Stein und die beiden Bergers (den Geh. Rat im Ministerium des Inneren und Bülow-Freund sowie seinen Bruder) bei mir zum Frühstück. Der Geh Rat war von der Rede des Reichskanzlers im Hauptausschuss, die er eben gehört hatte, vom konservativen und annexionistischen Standpunkt sehr befriedigt. Stein gab mir auf Befragen zu, dass Hintze in enger Fühlung mit Bernhard Bülow steht. – Nach dem Frühstück besuchte mich Wolfgang Heine, der sozialdemokratische Reichstagsabgeordnete. Er bemängelte an Hertlings Rede den Passus über Belgien. Dieser kündige eine verkappte Annexion an. Da bekämen wir nie Frieden. Wenn die Regierung auf diesem Standpunkt stehen bleibe, werde sich die sozialdemokratische Fraktion von ihr lossagen.[1] – Um $^1/_2$ 6 bei Radowitz, der heute Morgen mit dem Kanzler aus dem Hauptquartier gekommen ist. Ich

[1] Am unteren Rand der Tagebuchseite sind drei Zeitungsartikel eingeklebt. Ein erster Artikel unter dem Titel „Die Rede des Kanzlers" aus der Kreuz-Zeitung vom 11. Juli 1918 zitiert die Rede Hertlings vor dem Hauptausschuß am selben Tag. Ein zweiter, mit dem handschriftlichen Vermerk „W.T.B. 13.VII 18" versehener Artikel bringt unter der Rubrik „Amtlich wird gemeldet" ein Zitat aus der Rede Hertlings vor dem Hauptausschuß am 12. Juli 1918. Hertling hatte dort Belgien als „Faustpfand" für Verhandlungen mit der Entente bezeichnet, eine dauerhafte Besetzung des Landes aber abgelehnt. Ein dritter, undatierter Artikel ist handschriftlich überschrieben mit „Erste Erklärung Hertlings" u. gibt einen Ausschnitt aus der Rede Hertlings vom 11. Juli 1918 wieder. Hertling führt u.a. aus, daß „wir nicht daran denken, Belgien dauernd in Besitz zu nehmen". Beide Erklärungen des Reichskanzlers waren „streng vertraulich" erfolgt. Eine Indiskretion erzwang die Veröffentlichung der zweiten Erklärung, woraufhin die Konservativen darauf bestanden, daß auch die erste Erklärung vom 11. Juli 1918 veröffentlicht werde. Dies hatte zur Folge, daß sich beide Erklärungen in ihrer Wirkung gegenseitig aufhoben.

wollte von ihm hören, wie wirklich der Kanzler zur Annäherung an die Bolschewiki steht. Radowitz empfahl Zurückhaltung. Zweifellos wollten die Bolschewiks sich verständigen. Kriege habe mit seinem Freunde Joffe auf dem Papier Verträge ausgearbeitet, die prächtig seien. Die Frage sei nur, wie lange die Bolschewiki Herrlichkeit dauern werde. Die letzten Nachrichten aus Russland besagten, dass dort Alles drunter u. drüber gehe. Jeden Tag könne es mit den Bolschewiks zu Ende sein. Das Wichtigste an unserer Verschwörung sei ihm, dass dadurch Stresemann mit dem Reichskanzler zusammengebracht worden sei. Der Reichskanzler empfängt ihn heute Nachmittag, Joffe erst morgen. Davon dass Kriege als Gesandter nach Moskau gehe, wollte Radowitz Nichts wissen. Kühlmanns Sturz sei eine sehr traurige Angelegenheit. (Ich vermute, dass Radowitzens Tränen etwas Krokodilstränen sind.) Er habe sich aber mit seinen beiden Reden selbst den Kopf abgebissen; namentlich die zweite habe seine Persönlichkeit zerstört. Kühlmann habe grosse Fähigkeiten, aber nicht die dazu gehörigen Qualitäten. Hintze soll zunächst nur mit der Führung der Geschäfte betraut werden, nicht gleich Staatssekretär werden. – Jedes Wesen, mit dem man in Verbindung tritt (z. B. ich mit Becher) verstrickt Einen mit in sein Schicksal. Mit den Jahren gerät man hinein in immer mehr fremde Schicksale, die Einen wie Moos überwuchern. Schliesslich kann die eigene Gestalt wie bei einem Bau unter Epheu ganz verloren gehen.

12. Juli 1918. Freitag. Berlin. *12.7.1918 Freitag*

Gefrühstückt bei mir bei Kuttner Matschabellis (Maria Carmi und Mann), Georg Bernhard, Oscar Fried u. Kestenberg. Die Carmi sieht sich schon als Fürstin in Tiflis. Matschabelli sagt, dass Georgien sich „vorläufig" als vollkommen selbständiger Staat organisieren wolle. Ihre Anlehnung müssten sie bei uns suchen, weil nur wir die Macht hätten, ihnen gegen die Türken zu helfen. Eine wirtschaftliche Anlehnung an Russland werde später nötig sein. Möglich sei auch der Wiederzusammenschluss zu einem Föderativ Staat mit Russland. Wie sie denken zeigt eine Äusserung, die er nebenbei fallen liess: Tschenkeli, Tseretelli u. s. w. kämen sich jetzt vor wie Dorfpolitiker, nachdem sie vorher auf der grossen Weltbühne Russland erste Rollen gespielt hätten. Die Carmi möchte, dass ich nach Tiflis käme.

13 Juli 1918. Sonnabend. Berlin. *13.7.1918 Samstag*

Nachmittags hielt ich einen Vortrag über Propaganda vor Reichstagsabgeordneten u. Presseleuten; Deutelmoser hatte dazu eingeladen. Ich wollte nur eine halbe Stunde reden, redete aber anderthalb. – Nachher Diner im Kontinental bei Litwin mit dem Bolschewiki Botschafter Joffe, Lenins Vertrauensmann Krasin, Stresemann, Nadolny u. Fredi Prittwitz. Joffe ist ein kleiner etwas verwachsener

Jude mit einem dunklen Spitzbart, ziemlich edlen orientalischem Gesichtsschnitt und träumerischen Augen, Ghetto-Augen. Er sitzt meistens in sich zusammengesunken da, wacht plötzlich sozusagen auf, sagt Etwas oft Kluges und versinkt dann wieder in seine Träumerei. Er spricht fliessend und mit nur geringem Akzent Deutsch; ebenso Krasin. Dieser ist sehr gross, ein echter Russe, Ende der Vierziger, schon ergraut, frisch und praktisch, man könnte meinen ein Gewaltmensch. Kontrast von Beiden zu Nadolny, der mit seinem mongolischen Gesicht und sardonisch undurchsichtigem Lächeln als Vertreter Deutschlands zwischen ihnen sass, trockene und harte Worte in Ironie gehüllt von sich gebend; ein Diktator zwischen Bittstellenden. Stresemann versteht sich besser mit den Russen, weil er einfach ist und Gemüt hat. Ich sass zwischen Stresemann und Litwin, links von Litwin Prittwitz als Vertreter des Reichskanzlers. Die Hauptforderung der Bolschewiks ist, dass wir ihnen das Kubangebiet mit Rostow und den Zugang zum Kaukasus freigeben; sonst könnten sie wirtschaftlich nicht auf die Beine kommen und würden stürzen. Sie verlangen daher eine neue Demarkationslinie, die wir einhalten müssten. Durch unsere Misachtung der Bestimmungen des Brester Friedens sei das Vertrauen in unser Wort geschwunden. Auch entstehe dadurch in den breiten Volksmassen allmählich ein Deutschenhass, wie er während des Krieges nie bestanden habe; denn sie schrieben uns ihren Hunger zu. Ich betonte (und wurde dabei von Nadolny u Stresemann unterstützt), dass für uns die einzige Frage sei, ob die Bolschewiks die Macht behalten würden. Welches seien die Faktoren, auf die sie sich stützten? Wer habe ein Interesse daran, sie zu halten? Joffe antwortete: die Fabrikarbeiter und die armen Bauern. Als Beweis für ihre Macht führte er an, dass bei den letzten Wahlen in Petersburg 97 % der Wähler (nicht blos der abgegebenen Stimmen) bolschewistisch gewesen seien. Auch hätten bei der Beisetzung des ermordeten Volkskommissars Wolodarski in Petersburg Hunderttausende demonstriert. Die Greuelgeschichten aus Russland seien ebenso unwahr wie die über uns verbreiteten Greuelgeschichten aus Belgien. Ich riet Joffe, um die Wirkung dieser Lügen abzuschwächen, einen sorgfältigen Pressedienst in seiner Botschaft einzurichten. Bisher scheint ein solcher nicht zu existieren. Immer wieder kam das Gespräch zurück auf die Frage nach der wirklichen Macht der Bolschewiks; und immer wieder versicherten Joffe und Krasin, dass wir es in der Hand hätten, sie zu stützen oder zu stürzen; es käme ausschliesslich darauf an, ob wir ihnen die nötigen Zufuhr Wege wieder öffneten, dann könnten sie sich ohne jeden Zweifel halten. Als Entgelt seien sie bereit, äusserst weit uns mit wirtschaftlichen und sogar territorialen Konzessionen entgegenzukommen. Joffe hat Stresemann gesagt, dass er mit Kriege bereits fünf für uns äusserst günstige Verträge fertig hat, deren Vollziehung nur von unserer Haltung im Kubangebiet abhängt; wir dürfen dort den antibolschewistischen Kosakenhetman[1] nicht mehr unterstützen, damit das Kubangebiet wieder Getreide liefert an Nordrussland. Über ihre Verfassung und wirtschaftlichen Pläne äusserten sich Joffe und Krasin vorsichtig; es handelt sich nach ihren Schilderungen um eine sehr verschärfte Kriegswirtschaft unter Diktaturgewalt von gewerkschaftlichen Organisationen. Jeder Russe muss sich einer Gewerkschaft anschliessen; z. B. der Fabrikleiter der Gewerkschaft seiner Arbeiter: dann hat er aber alle Rechte und wird auch regelmässig als Leiter wiedergewählt. Es handelt sich also mehr um Organisation und Verteilung als um Umsturz. Trotzdem arbeiten die Maschinengewehre; und es war eine sonderbare Situation: diese Vertreter der radikalsten proletarischen Neuordnung bei Champagner und Gänseleberpastete in einem eleganten Raume mit preussischen Offizieren und Diplomaten an einem Tische. Übrigens betonte Joffe, dass er zum Botschafter nicht ernannt, sondern gewählt ist vom Volke. Er lässt sich nicht „Exzellenz", aber doch „Herr Botschafter" nennen.

14 Juli. 1918. Sonntag. Berlin. *14.7.1918 Sonntag*

Grzellak, mein früherer Bursche, sagt mir, dass von seiner Maschinengewehr Abt. sechs Maschinengewehre und hundert Reiter nach Moskau kommen zum Schutze der Gesandtschaft, ausserdem noch zwei Maschinengewehr Kompagnieen. – Vormittags Musch Richter besucht. Gefrühstückt bei Ludwig Stein. Er hat mit Hintze gegessen, am Tage vor seiner Abreise nach Christiania. Hintze hat ihm gesagt, dass er den Faden mit den Kadetten nicht abreissen lassen wolle; vorläufig sei es aber noch nicht so weit; ausserdem stünden einige Hauptkadetten, die früher deutschfreundlich waren, Kokowzew, Davidow in englischem Solde. Die Engländer zahlten ihnen „Vorschüsse" auf ihre von den Bolschewiks beschlagnahmten Bankguthaben. Stein behauptet, Hintze wolle beide Wedels, den Botschafter und Georg Wedel, absägen. Ausserdem stünde er sich nicht mit Radowitz; um diesen aus der Umgebung des Kanzlers zu entfernen, werde er ihn vielleicht als Botschafter nach Wien schicken. Es scheinen also allerlei Schiebungen geplant zu sein, bei denen Bernhard Bülow im Hintergrunde steht. – Nachher bei Litwin Zusammenkunft mit Krasin, der sehr erregt war durch Nachrichten, die gestern spät in der Nacht bei Joffe aus Moskau von Tschitscherin eingetroffen sind: dass türkische Truppen unter deutschen Offizieren sich Baku nähern, und dass die aus Noworossisk nach Sebastopol in unsere Obhut überführten russischen Kriegsschiffe unter türkischer Flagge in Noworossisk wiedererschienen seien, um dort Requisitionen vorzunehmen. Das widerspreche den eben erst getroffenen Abmachungen. Man könne uns überhaupt nicht trauen, dass wir irgendwelche Verträge einhielten. Was nützen da alle Verhandlungen? Er selbst, der immer deutschfreundlich gewesen sei,

[1] Krasnow

fange an zu glauben, dass Nichts zu machen sei: Wenn wir Krieg wollten, könnten wir Krieg haben. Ich versuchte ihn zu beruhigen; er erwiderte aber ziemlich temperamentvoll, mit einer temperamentvollen Schwäche, Worte könnten auf ihn und seine Kollegen keinen Eindruck mehr machen; nur ein längeres Zusammenarbeiten, wobei wir uns hülfreich erwiesen und Versprechungen hielten. Er hatte eine Karte mitgebracht, auf der er die von ihm vorgeschlagene neue Demarkationslinie rot eingezeichnet hatte. Ihr Zweck ist, die Verbindung zwischen Grossrussland, dem Kubangebiet und dem Kaukasus wiederherzustellen, insbesondre die Eisenbahnlinie in russische Hände zurückzuführen. Sie nimmt uns daher Rostow, Taganrog, Bjelgorod, lässt uns aber Charkow und einen Teil des Donetzgebietes. Krasin will uns 1/4 des aus dem Kuban kommenden Getreides geben; wurde wieder sehr aufgeregt, als Litwin die Hälfte forderte. Das Kubangebiet gehöre ihnen rechtmässig, wir könnten es erobern; aber wir gäben doch vor, dass wir uns mit der Sowjet Regierung vertragen wollten! Schliesslich erklärte Krasin, dass die russische Regierung, falls ihre Vorschläge angenommen würden, bereit sei, sich schriftlich zu verpflichten, während des gegenwärtigen Krieges an keinem Unternehmen gegen Deutschland teilzunehmen und die Entente zu verhindern, russisches Gebiet zu militärischen Operationen gegen die Zentralmächte zu benutzen. Sollte die Entente dieses trotzdem versuchen, und die Sowjetregierung nicht im Stande sein, es aus eigenen Kräften zu verhindern, so werde sie sich verpflichten, Deutschlands militärische Hülfe in Anspruch zu nehmen. Dieses wäre also eine Art von verklausuliertem bedingtem deutsch-russischen Bündnis. Aber das Wichtigste daran scheint mir, dass wir wieder auf einen Rechtsboden gelangten, nachdem der Brester Vertrag von uns durchlöchert worden ist; und dass auf diesem Boden ein Vertrauensverhältnis und spätere Bündnisaussichten vorbereitet werden könnten. Peinlich wirkt das fast in jedem Wort zutagetretende Bewusstsein der Schwäche bei den Vertretern dieses bis vor Kurzem übermächtigen und gewalttätigen Landes; man verhandelt wie mit einem bankrotten Grossbankier, der zwischen früherer Pracht und gegenwärtiger Misere hin und herschwankt. Einen Teil der Ursachen des Zusammenbruchs offenbarte Krasin, als er sich weigerte, Termine oder Zahlen für russische Lieferungen an Deutschland festzulegen. Als Grund gab er den vollkommenen Mangel an Präzision oder Zeitgefühl beim Durchschnittsrussen an. Dieser sei Bauer und rechne höchstens mit Abend und Morgen; Minuten, selbst Stunden seien für ihn Nichts, das für seine praktischen Bedürfnisse eine Rolle spiele. Er selbst, Krasin, habe Pünktlichkeit erst in Deutschland gelernt, als er hier in einer Fabrik arbeitete. Dieser unpünktlich funktionierende, unmoderne Organismus ist an unserem exakt arbeitenden Volkskörper zerschellt. Ausserdem sehe ich im Angesicht dieser bei den Verhandlungsführern fühlbaren Schwäche die ungeheuren Leichenfelder in den Karpathen, am Dnjester, in Polen, die schwarzen, fliegenübersäten Leichen im Sommer, die dort in dichten Haufen von uns mit exakter Methode in die Getreidefelder gelegt worden waren, passive Opfer der russischen Rückständigkeit; die zehn oder elf Millionen junger Männer, die fehlen, um den Forderungen der Tschitscherin und Joffe Nachdruck zu geben, weil sie verwest oder verwundet in Massengräbern oder Lazaretten liegen. Diese ganze Situation konzentriert sich am Verhandlungstisch in Mienen oder Worten. Ihr Pathos wirkt nebenbei neben den Notwendigkeiten der politischen und wirtschaftlichen Lage; menschlich aber nicht weniger ergreifend, wenn ich Krasins grauhaarige Verzweiflung fühle. Mehrmals rief er: „Wir haben auch Rechte, lassen Sie uns nicht unsere Erniedrigung fühlen u. s. w.!" Hinter Krasin liegen die Millionen russischer Leichen. So war Preussen 1806. Nur dass Russland das unermessliche Russland war, tragischer in seiner Grösse und in der Tiefe seines Sturzes selbst als Preussen; der ungeheuerste Koloss, der je zerschmettert am Boden lag: und ein Koloss mit einer Seele. Dostojewski, Mussorgski, Tolstoi.

15 Juli 1918. Montag. Berlin. *15.7.1918 Montag*

Früh mit Prittwitz telephoniert und ihm meine Bedenken gesagt, gegen die Entsendung der Maschinengewehr Kompagnieen nach Moskau; angeregt, er solle ins Hauptquartier telephonieren. Er nahm die Sache leicht, meinte, die andren Gesandtschaften hätten auch Wachen. Nachher stellte sich heraus, dass Joffe ganz ausser sich war; noch aufgeregter als über Baku. – Nachmittags Krassin bei Litwin gesprochen. Er hatte gerade eine Antwort aufgesetzt auf unsere gestrige Niederschrift, die die Ergebnisse unserer Unterredungen festlegte. Er erklärt in dieser Antwort: „Im Grossen und Ganzen scheinen mir die von Ihnen als Grundlage bezeichneten Richtlinien als durchaus annehmbar." Macht dann zu einzelnen Punkten Bemerkungen. Sagt: „Ich bin fest überzeugt, dass bei Zustandekommen und richtiger Durchführung des Wirtschaftsabkommens schon in allernächster Zeit ein Stimmungsumschwung zugunsten Deutschlands eintreten wird, wofür sich aber eine Frist mit positiven Zahlen nicht angeben lässt." Fügt hinzu: „Besonders möchte ich noch hervorheben, dass wenn sich Deutschland zur Freigabe des Donetz-Kohlenbeckens entschliessen wird, unsererseits folgende Vorschläge gemacht werden können: Russland würde sich verpflichten, Alles aufzubieten, um die Leistung der Eisen- und Kohlengruben, wie auch der Hüttenwerke in den genannten Gebieten tunlichst zu steigern. Sollten die eigenen Mittel Russlands für eine derartige Produktionssteigerung nicht ausreichen, so wird Russland durchaus bereit sein, die technische und sonstige Hilfe Deutschlands sofort anzurufen und sowohl Deutschlands technisches Personal wie auch die Unterstützung der deutschen Industrie in Form von Lieferung von Spezialmaschinen und Geräten in Anspruch zu nehmen. Die Erträgnisse dieser Produktion sollten an beide Länder gerecht verteilt werden. Ich bin überzeugt, dass eine derartige Massnahme wie die freiwillige Überlassung des Donetz Beckens deutscherseits in Grossrussland einerseits eine moralische Stützung der gegenwärtigen russischen Regierung sein, dass ferner die Produktivität der russischen Arbeit beträchtlich gesteigert wird, und dass auch andererseits dieses eine Grundlage für einen Stimmungsumschwung zugunsten Deutschlands bilden wird." Krassin schliesst: „Im Interesse der beiden Länder, die schon durch ihre geographische Lage aufeinander angewiesen sind, möchte ich Sie bitten, Ihr Möglichstes zu tun, um die Verhandlungen zu einem möglichst schnellen, erfolgreichen Abschluss zu bringen." Die Besetzung der Kola Halbinsel durch Ententetruppen, die heute gemeldet wird, wollte Krassin nicht ernst nehmen. Er meinte, es würde der Entente unmöglich sein, von dort beträchtliche Truppenmassen nach Russland zu werfen und zu verpflegen, weil die einzige Eisenbahn zu schwach gebaut und nicht leistungsfähig sei. Dabei konnte er sich eines vergnügten Schmunzelns nicht erwehren. Ich vermute, dass er die Murmanküste lieber in den Händen der Engländer als der Finnen und Deutschen sieht, weil er weiss, dass die Finnen sie nicht wieder herausgeben würden und von den Russen nicht vertrieben werden könnten; während er seiner Regierung zutraut, jederzeit die schwachen englischen Truppen ins Meer werfen zu können. Ich stellte an Krassin die Frage, welche Sicherheiten seine Regierung uns geben könne, dass die Bolschewiks, wenn sie nach Rostow, Taganrog u. s. w. zurückkämen, keine Repressalien üben würden? Krassin gab die Wichtigkeit dieser Frage zu, sagte, er müsse, ehe er antworte, erst mit Joffe sich besprechen, und versprach, noch heute von Joffe schriftliche Vorschläge zu erwirken. – Ich gieng nachher zu Nadolny, der an der gestrigen Niederschrift bemängelte, dass sein Name unter den Unterhändlern genannt sei. Er wirke auf die Oberste Heeresleitung wie ein rotes Tuch, schlimmer als Kühlmann. Wenn man dort wisse, dass er an den Vorschlägen beteiligt sei, so würde das genügen, um diese von vornherein aussichtslos zu machen. Ludendorff verfolge ihn geradezu mit seinem Hass. Gestern erst sei eine telegraphische Beschwerde von Ludendorff über ihn an Hintze eingelaufen, durch die Ludendorff beabsichtigt habe, ihn vom ersten Augenblick an bei Hintze anzuschwärzen. Prittwitz kam hinzu, und wir einigten uns, dass jetzt die Sache so weit gediehen ist, dass sie Hintze gleich bei seiner Rückkehr am Mittwoch in die Hand nehmen und schleunig zu Ende führen könne und müsse. Nadolny soll sie ihm vortragen. Hintze muss damit sofort an Ludendorff herantreten, ihm sagen: das und das ist die Politik, die ich Russland gegenüber zu treiben beabsichtige, die und die militärischen Massnahmen und Verhaltungsregeln sind daher notwendig. Wenn Ludendorff Schwierigkeiten macht, muss Hintze nach Einigung mit dem Kanzler dem Kaiser Vortrag halten und diesen vor die Wahl stellen, ob fernerhin die Militärs die Politik machen sollen oder der verantwortliche Reichskanzler mit seinem Staatssekretär. Es ist von grösster Wichtigkeit, dass Hintze gleich zu Anfang eine so grundlegende Entscheidung vorfindet und diese benutzen kann, um sich ein für allemal gegen die Militärs zur Geltung zu bringen. Kühlmanns grosser Fehler (siehe Elsass-Lothringen) ist gewesen, dass er immer Alles zurückgeschoben hat, bis es sich schliesslich zu einem Berge türmte, der ihn zermalmte. Militärische Fragen fallen beim Zurückziehen unserer Truppen und den andren Vorschlägen der Russen überhaupt nicht ins Gewicht, sondern lediglich politische. Nadolny meint, die Militärs wollten unten am Kaukasus eine Reihe von kleinen Raubstaaten mit den Kosaken und ihren Generälen gründen; für die Bolschewiks sei das Hauptmotiv bei ihren Vorschlägen die Durchkreuzung dieser Pläne: die Getreideversorgung sei blos vorgeschoben. Die grosse Aufregung von Joffe über die Gesandtschaftswache in Moskau erklärt Nadolny ebenfalls aus dem Mistrauen der Bolschewiks gegen die Absichten unserer Militärs; die russische Regierung vermute wahrscheinlich, dass die sogenannte Gesandtschaftswache zu einem Staatsstreich gegen sie, wie in der Ukraine, benutzt werden solle; daher ihre heftige Opposition. Die Stimmung gegen die Oberste Heeresleitung im Amte ist offenbar auf einem Siedepunkte. Hintzes Aufgabe wird sein, von vornherein durch energisches Wahren seiner Stellung wieder ein normales Verhältnis herbeizuführen. Sonst wird auch er in kurzer Zeit scheitern. –

16 Juli 1918. Dienstag. Berlin. *16.7.1918 Dienstag*

Der gestrige Abendbericht meldet, dass wir südwestlich und östlich von Reims „in Teile der französischen Stellungen eingedrungen" sind. Anscheinend Beginn einer neuen Offensive. Nach dem Mittagsbericht scheinen wir bisher nur die erste feindliche Stellung genommen zu haben; haben aber die Marne überschritten und 13 000 Gefangene gemacht. – Frühstück mit Stresemann, Prittwitz u. Litwin bei Borchardt. Noch einmal die Resultate unserer Unterhandlungen durchgesprochen. Wir waren uns einig, dass die Sache jetzt in Hintzes Hände übergehen muss, bei diesem aber die Probe bildet, ob er eine eigene Politik gegenüber der O.H. durchzusetzen weiss. Stresemann soll ihm das Ganze am Donnerstag gleich nach seinem Eintreffen aus Christiania vortragen und ihn darauf hinweisen, welche Bedeutung es auch innerpolitisch hat, dass er rasch und energisch diese Politik bei der O.H. durchbiegt. Vorher will Stresemann morgen Harbou von der O.H., der deshalb herkommt, informieren, damit Ludendorff vorbereitet ist. Stresemann sprach ausserdem die Absicht aus, Riezlers Abberufung anzuregen, weil er zaristische Sympathieen habe, und zu einer neuen Situation neue Männer gehörten. Joffe hat aus Moskau von Tschitscherin

Telegramm, dass sie dort an unsere guten Absichten gegen die Sowjetregierung nicht glauben. Joffe lasse sich täuschen. In der Angelegenheit der Gesandtschaftswache wird ein Kompromiss vorbereitet. Stresemann meinte, dass Hintze mit einem Erfolg wie diese Neuregelung unseres Verhältnisses zu Russland auch dem Reichstag gegenüber freie Bahn bekommen werde. Jedenfalls stehen wir mit dieser Aktion, wenn sie gelingt, vor einem Wendepunkt unserer äusseren und inneren Politik. Wir sind, durch Mirbachs Ermordung und Kühlmanns Sturz unterstützt, in erstaunlich kurzer Zeit, kaum vierzehn Tagen, dorthin gelangt. – Litwin erzählt, in einer Berliner Druckerei würden Hunderttausende von Proklamationen gedruckt, die Skoropadskis Ausrufung zum König verkündeten. Er habe die Nachricht vom Druckereibesitzer selber. Da er die Nachricht uns vertraulich gab, war zunächst Nichts zu machen. Prittwitz telephonierte mir später aus der Reichskanzlei, nachdem er mit Nadolny gesprochen hatte, ich möchte doch Litwin veranlassen, uns zu erlauben, von seiner Nachricht Gebrauch zu machen, damit dieser neue Schlag pariert werde. – In auffallender Weise fragte mich Stresemann nach seinem Fraktionsgenossen Richthofen, der im Kriege ein grosses Vermögen verdient habe; er würde dankbar sein, „wenn er Anhaltspunkte bekäme", um gegen ihn vorzugehen. R. sei in der Fraktion unglaublich unbeliebt. Heute sterben draussen wieder Tausende. Morgen ist Mamas Geburtstag; ich habe sie seit vier Jahren nicht gesehen; werde sie vielleicht nie wiedersehen. Das Schlimmste am Kriege ist, dass er die menschlichen Tiefen verschüttet, dass man flach und hart wird. In dieser allgemeinen Zerstörung erlangt der Mensch die grandiose Gleichgültigkeit der Natur; und man erkennt dann an seiner eigenen Öde, dass diese naturhafte Erhabenheit nicht viel Inhalt hat, dass die ganze Töterei Etwas recht Oberflächliches ist, von aussen aufgeputzt. Dass diese Oberflächen Bewegung in vielen Einzelfällen in die Tiefen schlägt und Helden schafft, kompensiert kaum die allgemeine Verödung und Verflachung. Blut ist noch verdummender als Alkohol. Wir Alle leben seit vier Jahren wie Besoffene.

17. Juli 1918. Mittwoch. Berlin. *17.7.1918 Mittwoch*

Mamas Geburtstag. – Stresemann, der heute mit dem zu diesem Zwecke von der O.H. hergeschickten Major v. Harbou unsere russischen Pläne besprochen hat, telephonierte mir folgende Notizen: die O.H. glaubt, dass die Sowjet Regierung vor dem Sturze stehe; die ganze Herrlichkeit könne in dreimal 24 Stunden zu Ende sein. Eine Koalition von Kadetten, Oktobristen und Grossgrundbesitzern, also von Kapitalisten, stünde bereit und rechne auf die Kosaken vom Don und Kuban, um die militärische Übermacht zu erlangen. Wir liefen Gefahr, auf das falsche Pferd zu setzen. Die O.H. misst also die grössere Bedeutung der Verbindung mit den Kadetten bei. Stresemann hat dagegen geltend gemacht, dass die Kosaken am Don und Kuban noch weit vom Schuss, und Grosskapitalisten nicht Leute seien, die auf die Barrikaden stiegen. Offiziell seien die Bolschewiks die von uns anerkannte Regierung; offiziell sollten wir daher mit ihnen gehen und uns sogar beeilen, deren Zugeständnisse zu festigen. Inoffiziell könnten wir gleichzeitig mit den Kadetten und Kapitalisten unterhandeln. Hugo Stinnes, der morgen mit Krassin, übermorgen mit Vertretern der Gegenpartei frühstückt, hat Stresemann gesagt, dass er diesen Standpunkt billige und teile: rechter Hand offiziell die Bolschewiks stützen, linker Hand inoffiziell mit den Kadetten unterhandeln. Grösser bleibt dabei unser Interesse an der Erhaltung der Bolschewiks. Bemerkenswert ist jedenfalls, dass Leute wie Ludendorff, Stinnes, Stresemann Nichts Prinzipielles gegen die Bolschewiks einwenden; sie geben den Kapitalismus preis mit derselben detachierten Geste wie Henri IV die Religion. „Paris vaut bien une messe!" – Gleichzeitig soll angeblich Helfferich, der Hochkapitalismus in Person, Gesandter werden in Moskau, wie der grosse Cardinal[1] Verbündeter von Gustav Adolf wurde. Viel Liebe wird er uns dort nicht erwerben; aber vielleicht Konzessionen. Jedenfalls wäre er stilecht „neudeutsch", kein Verputz wie Rosenberg oder ich. Hintze hofft vielleicht, dass man ihn dort umbringt. – Es giebt eine nichtkapitalistische Schicht selbst in unserer Gesellschaft: die Jugend. Wahrscheinlich ist sie deshalb die einzig erträgliche. Der Konflikt zwischen Vater und Sohn (Hasenclever) ist in Wirklichkeit ein Konflikt zwischen kapitalistischer und nichtkapitalistischer Gesinnung. Sehr bemerkenswert in dieser Hinsicht, dass die Jugend anfängt zu merken, dass dieser Krieg sie eigentlich garnicht angeht, während die Arbeiter, als Teile und Ernährte des grossen kapitalistischen Mechanismus, mit Überzeugung weiterkämpfen.

18 Juli 1918 Donnerstag. Berlin. *18.7.1918 Donnerstag*

Jäckh mit mir gefrühstückt. Er erzählte, dass ein Direktor Bokelmann, der früher grosse industrielle Unternehmungen in Russland gehabt hat, jetzt bei Lucius in Stockholm arbeitet und kürzlich in Moskau war, nach seiner Rückkehr vor 14 Tagen an die O.H. berichtet hat, die Bolschewiki könnten sich nicht mehr halten; wir dürften nur mit den Oktobristen und Kadetten arbeiten. Wahrscheinlich gehen die Bedenken und Widerstände der O.H. auf diesen Bericht zurück. – Abends gegessen bei Joffe auf der russischen Botschaft mit Stresemann, Krassin, dem bolschewistischen Generalkonsul Menschinsky und Renthe Finck, den ich mitbrachte. In den Vorhallen der Botschaft sieht es etwas wüst und leer aus; die Repräsentationsräume sind aber mit ihrem grünen und karmoisinroten Damastbehang, ihren Aubusson Möbeln und Malachittischen im Stile der Fünfziger Jahre, als Nikolaus I seine Satrapie Berlin besuchte, in der

---

[1] Richelieu

alten steifen Pracht erhalten. Joffe sagt, er habe nur die Kaiserbildnisse entfernt, weil diese doch in die Situation schlecht gepasst hätten. Das Essen wurde von alten würdigen Dienern der Botschaft in Frack und weisser Kravatte an einem mit roten Rosen geschmückten Tisch auf kaiserlichem Porzellan und von Silber mit dem kaiserlichen Wappen serviert: drei verschiedene Weine, Champagner, Mousse de foie gras mit Krebsschwänzen, Consommé, Turbot, Junge Hühner, Spargel, Eis, in dem eine von innen beleuchtete Isba aus Zuckerwerk brannte, Butter, Käse, Früchte u. s. w. ein richtiges, offenbar vom alten Küchenchef zubereitetes Botschafter Diner. Dabei wird in Berlin erzählt, dass Joffe sich mit seinem Küchenpersonal und den Dienstboten zu Tische setzt, weil seine Grundsätze das forderten! Das einzig Demokratische war, dass der Botschafter und seine Mitarbeiter nicht im Frack, sondern im Cutaway erschienen. – Unsere Forderung, eine uniformierte Gesandtschaftswache nach Moskau zu schicken, regt die Russen noch sehr auf; Nadolny hat Joffe, der deshalb bei ihm war, heute, wie Joffe erzählt, gesagt: die Russen müssten sich schliesslich und endlich in unsere Wünsche fügen; denn sie seien die Besiegten. Joffe fügte hinzu: „dass die Russen besiegt seien, wisse er; es sei aber nicht angenehm, sich dieses sagen zu hören. Wenn einem andren Botschafter, der weniger friedlich sei, das gesagt worden wäre, hätte ein Zwischenfall entstehen können." Mirbach und Riezler sollen in Moskau einen ähnlichen Ton angeschlagen haben. So erzählte Joffe: nachdem wir in Moskau bekanntgegeben hatten, dass wir ein Bataillon hinschickten, und Lenin seinen Aufruf verfasst hatte, in dem er einen neuen Krieg mit Deutschland in Aussicht stellte und die Bevölkerung zu den Waffen rief, habe in der Nacht Tschitscherin mit Joffe telephoniert. Joffe habe die Beilegung des Zwischenfalls gemeldet und Tschitscherin gebeten, deshalb Lenins Aufruf nicht zu publizieren. Da Tschitscherin aber sagte, dass der Aufruf bereits in den Zeitungen gesetzt und gedruckt sei, und diese in der späten Nachtstunde nicht mehr umgedruckt werden könnten, so bat Joffe, es möge gleichzeitig mit den Zeitungen ein Extrablatt herausgegeben werden, dass der Zwischenfall erledigt sei. Tschitscherin habe hierauf mit Riezler konferiert; Dieser aber habe Tschitscherin „den freundschaftlichen Rat" erteilt, das Extrablatt nicht herauszugeben, da die Sowjetregierung sich dadurch leicht blamieren könne; Herr Joffe sehe die Lage zu rosig an: ein Krieg mit Deutschland wegen der Wache sei keineswegs ausgeschlossen. Wenn diese Geschichte wahr ist, muss man annehmen, dass Riezler durch das Attentat geistig gelitten hat. Allerdings ist auch Lenin, wie Stresemann zu Joffe sagte, mit seinem Aufruf voreilig und nervös gewesen. Offenbar herrscht zwischen Berlin und Moskau ein bedauerlicher Unterschied in der Temperatur. Joffe fügte in seiner feinen unaufdringlichen, rabbinerhaften Art hinzu: es sei merkwürdig, dass die Deutschen jetzt in Russland unbeliebter seien als die Engländer, trotzdem die Entente Russland viel schwerer geschädigt habe als Deutschland; und trotzdem jeder russische Bauer seit dem Krimkriege England gehasst habe. Das machten die Massnahmen der Deutschen in Russland und den besetzten Gebieten und der Brester Frieden. Krassin setzte mir dann auseinander, dass zwischen den linken Sozialrevolutionären und den Bolschewiks innerpolitisch und theoretisch keine Gegensätze bestünden; nur der Hass der Sozialrevolutionäre gegen Deutschland scheide sie. Nach dem Brester Frieden seien die linken Sozialrevolutionäre aus der Regierung ausgetreten und bittere Feinde der Bolschewiks geworden. Die rechten Sozialrevolutionäre seien überhaupt keine richtigen Sozialisten, sondern was der Franzose „Radicaux-Socialistes" nenne, etwa deutsche Volkspartei. Die Menschewiks seien dasselbe wie die Bolschewiks, nur zaghafter. Krassin wiederholte seine Schilderungen des Bolschewismus als blosse verschärfte Kriegswirtschaft. Sie dächten nicht daran, das Privateigentum aufzuheben. Bei den kleinen und mittleren Betrieben liessen sie das Privateigentum sogar an den Produktionsmitteln vorläufig bestehen. Nur die grossen Betriebe, die dafür reif seien, wollten sie enteignen und nationalisieren, wie wir die Eisenbahnen. Der Diebstahl werde streng bestraft. Er gab allerdings zu, dass sie keine geschriebenen Gesetze anerkennten; das Revolutionstribunal entscheide frei nach Ermessen. Sie sähen aber bereits ein, dass sie wieder geschriebene Gesetzbücher brauchen würden. Wenn der allgemeine Wohlstand sich hebe, würden auch Luxusindustrieen wieder zugelassen, ja sogar staatlich geschaffen und wahrscheinlich zu Privateigentum erklärt werden. Sie giengen in ihren Massregeln nicht so weit wie Walther Rathenau! Wozu Stresemann bemerkte, ein Bekannter habe von ihm verlangt, er solle durchsetzen, dass in Brest-Litowsk ein besondrer Artikel in das Friedensinstrument eingefügt werde, durch den die Russen verpflichtet würden, Walther Rathenau zu übernehmen. Ernsthaft setzte Stresemann hinzu, ein andrer Bekannter habe die Absicht erwogen, Walter Rathenau zu töten; mehr könne man ihm dafür nicht antun, als ihn köpfen, und er habe doch eine patriotische Tat getan. Joffe schüttelte zu diesen Ausfällen, ein Sektglas in der Hand, milde lächelnd sanft den Kopf. Das Interessanteste ist die Behandlung der Bauern durch die Bolschewiks. Im Gegensatz zu den Narodniki, den Vorläufern der Sozialrevolutionäre, glauben sie nicht, dass der russische Bauer infolge des „Mir" ein geborener Sozialist sei; sondern sehen in ihm einen kleinen Bourgeois, der genau wie jeder andre Bourgeois auf Privatverdienst und Mehrwert Akkumulierung ausgeht. Die Bolschewiks wollten ihn von seinen bourgeoisen Eigentümlichkeiten befreien, indem sie den Staat als einzigen Abnehmer für alle landwirtschaftlichen Produkte einsetzten, dafür aber den Bauern mit Allem, was er braucht oder begehrt, bis zu Grammophon und elektrischem Lichte versorgten. Diese Ausführungen von Krassin klangen etwas wie die Schilderungen Bellamys in seinem Zukunftsroman[1]. Andrerseits ist Krassin (vielleicht auch darin typisch für die Bolschewiks) durchaus Praktiker. Auf meine Frage läugnete er nachdrücklich, dass der russische Staat während des Krieges den Amerikanern oder Engländern Konzessionen gegeben habe. Im Gegenteil, Alles stehe uns Deutschen noch offen. Ein glänzendes Geschäft für uns sei z B. der Bau der Untergrundbahn in Moskau, deren Konzession wir haben könnten. Auch bejahte Krassin meine Frage, ob die Sowjetregierung sich an einer Gesellschaft beteiligen würde, die mit ihr zusammen von den grossen deutschen Banken gegründet würde, um Konzessionen in Russland zu erlangen? Ein Zusammenarbeiten der Sowjetregierung mit deutschem Privatkapital in Russland sei durchaus denkbar, und sogar wünschenswert. – Sehr revolutionär klingt das Alles nicht. Man fragt sich aber, was daran Beruhigung und Propaganda ist? Namentlich wenn man die unendliche Fähigkeit des Slawen, Worte zu machen, in Rechnung stellt. Wie sieht die russische Wirklichkeit wirklich aus, und wohin bewegt sie sich? Sind die ganzen Schiessereien blos Romantik, phantastische Verkleidung einer nüchternen Entwicklung zur Kriegswirtschaft gewesen? Oder ist im Gegenteil die von Krassin geschilderte Organisation ein romantisches Phantasiegebilde? Vor allen Dingen, wie steht es mit der Macht der Bolschewiks, durchzuhalten und ihre Absichten zu verwirklichen? Jedenfalls kann es Nichts schaden, wenn wir mit ihnen Verträge abschliessen, die uns Land und Konzessionen geben. Jede folgende Regierung wird sie anerkennen müssen, da Deutschland jetzt und auf lange Zeit die einzige wirkliche Macht im Osten ist. Unser Imperium bis zum Ural und Kaukasus ist vorläufig unerschütterlich und praktisch von allen russischen Parteien anerkannt.

19. Juli. 1918. Freitag. Berlin. *19.7.1918 Freitag*

Stresemann telephonierte mir früh, er habe aus der Obersten Heeresleitung gehört, dass diese jetzt im Einverständnis mit Hertling bereit sei, die Kadetten zufriedenzustellen, indem sie ihnen Wilna zurückgebe, dafür Estland, Livland eintausche. Stresemann fragte, ob da nicht klerikale Einflüsse mitspielten, der Wunsch, nicht alle Katholiken aus dem neuen Russland herauszunehmen? Er ist von seiner Unterredung mit Harbou konsterniert, hat den Eindruck, dass die O.H. ausschliesslich auf eine Verständigung mit den Kadetten hinarbeitet. – Vor dem Frühstück besuchte ich zum Abschied Kühlmann. Er wohnt noch im Auswärtigen Amt, in der Villa. Allerdings standen die Bilder schon unten auf dem Parkett bereit zum Verpacken. Ich sah zum ersten Male Kolbes Büste; sie ist übertrieben jugendlich, giebt aber mit der schweren Stirn seinen Charakter, die Plumpheit bei starker Intelligenz, gut wieder. Er ist seit Brest Litowsk dick

[1] Looking Backward 2000-1887

geworden, ungesund aufgeschwemmt; Nichts mehr von der olympischen Jugend, mit der er Botschafter wurde. Ich sagte, um ihn zu trösten, ich gratuliere ihm, dass er wieder Mensch sei. Jetzt könne er als freier Mann mitwirken. Er erwiderte: Seine politische Laufbahn sei zu Ende; er halte sich nicht für nötig. Da wider sei sein Fatalismus: es komme doch Alles, wie es kommen müsse. Er habe sich dagegen gesträubt, Staatssekretär zu werden, weil die Stellung unmöglich sei; aber der Kaiser habe es ihm befohlen. Er habe damals dem Kaiser gesagt, solange Seine Majestät ihm befehle zu bleiben, werde er bleiben. Jetzt habe ihm der Kaiser im Hauptquartier gesagt, er könne gehen, und er sei gegangen. Ich sagte ihm, seine zweite Rede hätte ich bedauert; nach der ersten hätte er als grosser Mann gehen können. Kühlmann läugnete, dass er in der zweiten irgendetwas von der ersten zurückgenommen habe. Sein so viel angefochtener Satz, dass der Friede durch Verhandlungen kommen müsse, sei fast wörtlich einer Rede von Smuts entnommen, deren telegraphischer Auszug ihm vorgelegen habe. Er habe gemeint, es wäre gut, wenn ein englischer und ein deutscher Staatsmann genau dasselbe sagten. Seine ganze Rede sei eine „Debattier Rede" gewesen, Antwort auf Balfour (Imperialismus), auf Asquith, auf Smuts. Er giebt ganz unverhohlen zu, dass er nur an England gedacht hat. Ich zitierte ihm sein Wort von der „Plakatwirkung" staatsmännischer Reden und sagte, auf Deutschland habe die Rede plakatmässig anders gewirkt, als beabsichtigt. Die Rede Hertlings habe dem deutlich Rechnung getragen. Kühlmann erwiderte, Hertling habe ihm nach seiner ersten Rede sein volles Einverständnis ausgesprochen. Er sei aber ein alter, schwacher Mann! Das war das einzige bittere Wort, das K. in unserer Unterredung äusserte. Nur von der Obersten Heeresleitung sagte er noch, es sei unmöglich, ihrer Politik zu folgen, weil sie jeden Tag eine andre Politik mache. Zwanzig junge Offiziere bearbeiteten jetzt bei ihr unsere Auswärtige Politik unter Leitung von Bartenwerfer, und der Oberstleutnant Bauer koche auch noch etwas mit. – Ich fragte ihn, welche Politik er Russland gegenüber weiterhin befolgt hätte? Er sagte, er habe immer bolschewistische Politik gemacht; mein Exposé, das er im Hauptquartier von Radowitz erhielt, sei ganz den Linien seiner Politik angepasst gewesen. Auch Kriege sei in dieser Richtung tätig. Kriege sei aber bei der Obersten Heeresleitung auf ein unüberwindliches Hindernis gestossen: das Abkommen, das die O.H mit den Don Kosaken und dem General Krasnów habe. Die O.H. kehre den Loyalitäts Standpunkt hervor und erkläre, sie könne aus Loyalität die Donkosaken nicht fallen lassen. Es sei unmöglich gewesen, sie umzustimmen. – Wenn man ihm den Brester Frieden vorwerfe, so sei das vielleicht nicht unberechtigt. Aber die militärische Lage sei so glänzend gewesen, dass man aus Russland herausreissen konnte, was man wollte. Da sei Widerstand für ihn unmöglich gewesen. Er halte auch jetzt wieder die Forderung nach Esthland und Livland für zu viel; die Abtretung dieser Länder sei ein „Nimium", das sich nicht werde aufrechterhalten lassen; aber wenn er geblieben wäre, hätte er sie doch gefordert, weil der Kanzler sich darauf festgelegt habe. – Schwäche, Fatalismus, Indolenz; letzten Endes Gleichgültigkeit haben Kühlmanns Verhalten jederzeit bestimmt. Das Geständnis entschlüpft ihm mit einer bäuerlichen Naïvität. Manchmal könnte man ihn für dumm halten. Beim Abschied sagte er, er führe heute zu Bethmann nach Hohen Finow, dann zu sich aufs Land, um sich auszuruhen; ihm blieben die Jagd und die Kunst, das genüge zu seinem Glück. Bethmanns Fehler sei, dass er sich aus der Politik nicht lösen könne; er grüble und lebe noch immer darin, mache sich damit kaputt. Bethmann war eben mit Leidenschaft dabei, Kühlmann hat immer nur mit der Politik gespielt und gestrebt. – Ich frühstückte nachher mit Stresemann, Renthe-Fink u. Litwin. Stresemann bestätigt, dass sein Gespräch mit Harbou gestern ihn sehr wenig befriedigt habe. Harbou sei verlegen und ausweichend gewesen, als ob er Etwas zu verbergen habe. Stresemann vermutet, dass es sich um die Abtretung von Wilna und den Vertrag mit den Don Kosaken handelt. Er will mit Hintze morgen energisch sprechen und möglichst bald selbst ins Hauptquartier fahren. Es sei doch lächerlich, dass unsere ganze Ostpolitik am General Krasnow scheitern solle. Die Nationalliberalen seien das Zünglein an der Wage; solange sie der O.H. treu blieben, fühle sich diese im Reichstag sicher. In dieser Ostpolitik Frage werde er seinen ganzen Einfluss bei der O.H. aufwenden. – Stresemann fragte mich, ob ich nach Moskau gehen würde? Er wolle mich Hintze vorschlagen. Joffe habe bereits den Wunsch auch dem Ausw. Amte gegenüber zu erkennen gegeben. Ich sagte, ich bliebe wegen der Verhandlungen mit Frankreich lieber in Bern, würde aber, wenn Romberg mich freigebe, und der neue Staatssekretär mir den Posten anbiete, Moskau nicht ausschlagen. – Von Romberg erhielt ich heute einen klugen Brief, in dem er die Linie, die wir den Bolschewiks gegenüber eingeschlagen haben, billigt und vor den Kadetten warnt; aber darauf aufmerksam macht, dass gewisse Stellen bei uns durch ein politisches Bündnis mit den Bolschewiki eher abgeschreckt als gewonnen werden könnten; daher sei in diesem Punkte Vorsicht rätlich.

20 Juli. 1918. Sonnabend. Berlin. *20.7.1918 Samstag*

Die Offensive im Westen ist misglückt. Der Bericht meldet: „Während der Nacht nahmen wir unsere südlich der Marne stehenden Truppen vom Feinde unbemerkt auf das nördliche Flussufer zurück." Politisch kann dieser Fehlschlag sehr bedeutsam werden. Zunächst festigt er die Stellung von Clemenceau und zerstört die schwachen Friedensaussichten. Malzahn, mit dem ich bei Georg Bernhard frühstückte, und der heute Morgen aus Charleville vom

Hauptquartier des Kronprinzen[1] zurück ist, schreibt das Mislingen der Offensive Überläufern zu, die drei bis vier Tage vorher den Franzosen Nachricht gegeben hätten. Es war auf einen Durchbruch östlich von Reims, zwischen Reims und Argonnen, und auf den Zusammenschluss der östlich und westlich von Reims stehenden Truppen zum Ring abgesehen, also auf die Abschnürung von Reims. Die östlich von Reims operierenden Truppen sind aber stecken geblieben, weil die Franzosen von dem Angriff wussten und unbemerkt in ihre zweite Stellung zurückgiengen, wo sie erfolgreich Widerstand leisten konnten. Dann griffen sie unsere Flanke westlich von Reims zwischen Château-Thierry u. Soissons an, wo der Angriff, wie Malzahn nach Rücksprache mit dem Chef der Kronprinzenarmee Schulenburg sagt, nicht erwartet wurde. Unsere über die Marne vorgeprellten Truppen waren damit in eine nutzlos exponierte Stellung geraten. Ihre Zurücknahme, die Malzahn noch im Hauptquartier beschliessen hörte, bedeutet nach ihm den Verzicht auf die Eroberung von Reims. Die geplante Offensive in Flandern werde dadurch aber nicht in Frage gestellt. Im Laufe des Gesprächs äusserte Malzahn: unsere früheren Kriegsziele im Westen könnten wir nicht aufrechterhalten. Wir seien militärisch jetzt auf einem gewissen Höhepunkt angelangt. Zukünftig biete der Ersatz Schwierigkeiten. Die Amerikaner dagegen könnten der Entente ungezählte Mannschaften liefern. Es sei möglich, dass wir noch ein paar kräftige Stösse machten. Wir müssten aber suchen, in einem günstigen Moment zu verhandeln. Dieses bringt er offenbar als Niederschlag der Stimmung im Stabe des Kronprinzen zurück. – Vor seiner Reise nach dem Westen war Malzahn, der eine Art von offiziösem Berichterstatter des Kronprinzen ist, in der Ukraine und hat dort ausführlich mit dem Hetman[2], Eichhorn und Mumm gesprochen. Der Hetman hat nach Malzahn den ehrlichen Willen, einen ukrainischen Staat aufzubauen; und zwar mit deutscher Hilfe, aber als Grundstein eines künftigen grossrussischen Bundesstaates. Er hat Malzahn gesagt, er werde sich mit Grossrussland erst föderieren, wenn Dieses für Deutschland bündnisfähig sei. Malzahn behauptet, die Ukrainer als besondres von den Grossrussen unterschiedenes Volk existierten nicht. Dagegen sei es richtig und nützlich, dass der Hetman zunächst einmal Südrussland staatlich organisiere, damit es für den Wiederaufbau Gesamtrusslands den Mittelpunkt abgebe. Dass wir uns jetzt mit den Bolschewiks in Moskau verständigen billigt er. Er sagt, er habe stundenlang mit Ludendorff hierüber gesprochen; auch Ludendorff habe Nichts gegen ein Abkommen mit den Bolschewiks. – Kraft Henckel, der mit seinem Bruder Guidotto auch bei dem Frühstück war, war offenbar durch den Miserfolg im Westen bedrückt. Er war bis jetzt im Hauptquartier und übernimmt eine Schwadron der Garde du Corps in

[1] Wilhelm

[2] Skoropadski

der Ukraine. – Nachher im Amte bei Bergen und Kriege. Bergen gemäss dem Wunsche von Romberg über unsere Verhandlungen informiert. Er billigt unsere Politik, sagte aber, das Hauptquartier habe offenbar den Wunsch, die Bolschewiki zu stürzen; vielleicht aus monarchistischen Gefühlen. Stresemanns Eingreifen begrüsst er, weil dieser jetzt vielleicht sehen werde, welche Schwierigkeiten das Hauptquartier jeder vernünftigen Politik mache. Heute so, und morgen das Gegenteil. Der Kanzler sei ein schwacher Mann, der immerfort umfalle, dem Hauptquartier gegenüber keinen Halt biete. Esthland u. Livland, meinte Bergen, würden wir nicht behalten können, ohne Reval könne Russland nicht existieren. (Warum Reval? Welche Bahnen münden dort?) Aber wir könnten sie uns vorläufig zusprechen lassen, um sie später einer starken russischen Regierung als Morgengabe darzubringen. – Kriege schien etwas verstimmt durch unsere Verhandlungen; er zählte mir gleich die sechs Verträge auf, die er schon mit den Bolschewiks ausgearbeitet habe, unter Andrem einen grossen politisch-territorialen Vertrag. Es eile sehr mit ihrer Unterzeichnung „Periculum in mora". Aber Ludendorff, mit dem er sich von Alters her gut stehe, mache noch Schwierigkeiten wegen des Don. Ich bot ihm Stresemanns Unterstützung an. Kriege schien darauf gierig. Als ich sagte, Stresemann wolle morgen einige Tage auf Urlaub fahren, bat er inständig, ich möge ihn bewegen, noch vorher bei ihm vorzukommen; er sei den ganzen Tag bis spät in die Nacht im Amt. Man dürfe die Unterzeichnung der Verträge keinen Tag hinausschieben; das deutsche Volk werde staunen, was darin zu seinem Vorteil enthalten sei. Ich hatte das Gefühl, dass Kriege tüchtig, naïv und machtlos dieser weltgeschichtlichen Situation gegenübersteht und ungnädig auf unsere Hülfe angewiesen ist. Wahrscheinlich wird er mir das nie verzeihen. Ein Polonius[1] mit enormen juristischen Kenntnissen und einem erschreckenden Fleiss, der aber ohne Stresemann, Litwin und mich nie zum Ziele gelangt wäre. Ich versprach, Stresemann zurückzuhalten und ihm zuzuschicken. Abends mit Stresemann bei Hessler am Zoo gegessen. Stresemann hatte noch den Leutnant Schlubach eingeladen, einen Hamburger Kaufmann, Sohn einer Polynesischen Prinzessin und politischer Vertrauensmann von Ludendorff in Berlin. Stresemann sagte, er habe ihn im vorigen Jahr als Chef der Reichskanzlei vorgeschlagen. Schlubach kam erst gegen halb Zehn, so dass Stresemann und ich allein assen. Stresemann ist heute, wie er mir schon telephoniert hatte, bei Hintze gewesen, der ihn empfangen hat, aber stark an Grippe litt. Stresemanns Eindruck ist unverhohlen ungünstig. Hintze habe jedes Wort zehnmal im Munde umgedreht, gefragt, ob Stresemann der Presse über ihre Unterredung Etwas mitteilen würde? Kurz, sich in ungeschickter Weise mistrauisch benommen. Hintze gelte als verschlagen; die Oberste Heeresleitung traue ihm auch nicht recht. Dieses Debüt ist zweifellos un-

[1] Shakespeare, Hamlet

glücklich einer so ausschlaggebenden und empfindlichen Persönlichkeit wie Stresemann gegenüber. Im Übrigen habe Hintze, allerdings sehr vorsichtig und verklausuliert, unsere russische Politik gebilligt. Da Kriege mir sagte, er solle Hintze morgen darüber einen mehrstündigen Vortrag halten, so nehme ich an, dass er sie nicht kennt, wenigstens in ihren Einzelheiten nicht, und deshalb so geheimnisvoll blieb. Stresemann fuhr um 10 ins Amt zu Kriege, ich blieb allein mit Schlubach, der mir erzählte, er habe heute einer Sitzung im Amte unter dem Vorsitze von Johannes (!) beigewohnt, in der alle die uns beschäftigenden Ostfragen erörtert worden seien; nur ist Niemand von denen im Amte, die Etwas vom wirklichen Stand der Dinge wissen, dabei gewesen, weder Kriege, noch Nadolny, noch Bergen, noch ich; dagegen etwa dreissig Vertreter von allerlei Ämtern, die dort alle falsch informiert worden sind, z. B. wie ich gleich merkte, über die von den Russen geforderte Beteiligungs Quote an der ukrainischen Ausfuhr. Johannes hat Zahlen genannt, die nie in Frage gekommen sind und nie von den Russen angenommen werden würden. Umgekehrt hat er behauptet, die Russen forderten monatlich 100 000 Tonnen Kohle für Petersburg, während Krassin sich uns gegenüber zunächst mit einem Propaganda Schiff zufrieden erklärt hat. Ich sagte Schlubach, er sei vollkommen falsch informiert worden, ich bedaure das für Ludendorff, er solle morgen früh zu mir kommen, wo ich ihm die richtigen Informationen und die authentischen Dokumente vorlegen werde. Schlubach läugnet, dass die O.H. die Bolschewiks stürzen wolle, aber in einer Weise, die den Wunsch durchblicken lässt. Er sagt z. B., wenn eine andre Partei sich anbiete, müsse man die Gelegenheit ergreifen. Worauf Stresemann und ich erwiderten: doch nur, wenn sie sich erst selbst die Macht erobert hätte. Dieser Einschränkung stimmte Schlubach zögernd zu. Ich habe den Eindruck, dass die O.H. im Osten eine ganz unklare Politik treibt und selber nicht weiss, was sie will. Nur Baku ist für sie von wesentlicher Bedeutung, weil, wie Schlubach sagt, unsere Benzolvorräte zu Ende gehen, und wir vom Januar an auf das Benzin aus Baku angewiesen sind. Interessant war Schlubachs kaufmännische Beurteilung der von Kriege aufgesetzten Verträge mit den Bolschewiks. Hier erkannte man, wie der schlaue Handelsgeist, der in Hamburg und Übersee sich gebildet hat, in concreto eingreift und unsere Politik mitformt, aus dem Abstrakten in die Wirklichkeit übersetzt durch Personen wie Schlubach, Loeb, Mendelssohn, die die Verträge mitgeprüft und korrigiert haben.

21 Juli. 1918. Sonntag. Berlin. *21.7.1918 Sonntag*

Stresemann telephonierte mir heute Morgen um halb Sieben vor seiner Abreise nach Bintz Folgendes: Kriege hat ihm gestern Abend die Verträge mit Russland vorgelegt. Sie sind für uns über Erwarten günstig: Esthland, Livland, Rohstoffversorgung, eine Verbesserung unserer Valutadeckung um fast eine Milliarde,

u. s. w. Alles hängt nur an einer einzigen Bedingung: wir sollen uns verpflichten Nichts gegen die Sowjetregierung zu unternehmen und kein Unternehmen gegen sie zu unterstützen. Für die Einhaltung dieser Verpflichtung verlangt sie Krieges Wort; und Kriege kann sein Wort nicht geben, weil er weiss, dass Ludendorff bei Verhandlungen, die unter Vorsitz des Kaisers stattgefunden haben, erklärt hat, wir müssten die Donkosaken unterstützen mit Waffen, Geld, u. s. w. Ausserdem weiss Kriege, dass die aus Noworossysk nach Sebastopol zurückgekehrten russischen Schiffe, die wir verpflichtet sind, nicht zu benutzen, unter deutscher Flagge ins Mittelmeer gehen sollen. Dieser Schiffsraub ist unter Vorsitz des Kaisers beschlossen und von Hertling genehmigt worden, obwohl Dieser vor seiner Abreise ins H.Q. das Gegenteil versprochen hat. Kriege meint, Hertling sei ein alter, nicht mehr ganz zurechnungsfähiger Mann, der offenbar vergesslich, nicht wisse, was er vor einigen Tagen gesagt habe. (Malzahn bezeichnete ihn gestern als „Minutenbrenner", d. h. auf Minuten frisch anzublasen, dann verlöschend.) Kriege meint, er könne die Schiffe sogar herausbekommen durch Verhandlungen, nur müsse man ihm Zeit lassen. Aber im Angesicht des bevorstehenden Schiffsraubes könne er keine Versicherungen auf Treu und Glauben abgeben. Nachdem Stresemann mir diese Unterredung wiedergegeben hatte, sagte er: wenn diese über unsere ganze Zukunft entscheidenden Ostverträge an solchen Lappalien und Unehrlichkeiten scheiterten, dann sollten die Herren am Regierungstisch und in der O.H. sich wundern, welcher Wind ihnen im Reichstag im Herbst um die Ohren wehen werde. Es gebe Revolution; nicht nur er sondern auch Westarp würden dafür sorgen, dass O.H. und Regierung ohne jeden Rückhalt im Reichstag dastünden. Er selbst wolle jetzt nicht ins H.Q., weil Ludendorff militärisch zu beschäftigt sei und deshalb für ihn nicht die rechte Aufmerksamkeit haben werde. Ich solle aber Mittel finden, Ludendorff wissen zu lassen, was bevorstünde, wenn durch seine Schuld die Verträge nicht zustandekämen. Nur dürfe unter keinen Umständen bekannt werden, dass Kriege die Informationen gegeben habe; denn es könne ihn den Hals kosten. – Schlubach besuchte mich Vormittags. Er sieht wirklich auch bei Tage aus wie seine selige Mutter die polynesische Prinzessin in preussischer Leutnants-Uniform; geistig ist er aber ganz der „smarte", amerikanisch-sachliche Hamburgische Kaufmann. Als wichtiges Bindeglied in der Ludendorffschen Organisation eine bemerkenswerte Erscheinung. Ich zeigte ihm die Denkschrift von Joffe, unser Protokoll vom 14ten und Krassins Antwort mit der Annahme unserer Propositionen. Dazu sagte ich ihm: die Verträge müssten zustandekommen. Ludendorff könne sie an den Don-Kosaken nicht scheitern lassen. Schlubach versuchte einzuwenden, die Donkosaken seien nach neueren Nachrichten die einzige Macht, die Ordnung schaffen könne. Ich sagte, auch wenn das wahr wäre, so spiele das in diesem weltpolitischen Zusammenhang keine Rolle. Für uns komme es jetzt darauf an, diese ungeheuer wichtigen und vorteilhaften Verträge unter Dach zu bringen. Wie sich dann die Zustände in Russland entwickelten, sei eine spätere Sorge. Allerdings dürften wir die Verträge nur unterschreiben, wenn wir entschlossen seien, sie genau zu halten; also nicht so wie den Brester Vertrag. Nach meinen Nachrichten, die mir nicht Kriege gegeben habe, hänge der Abschluss nur noch ab von einer Zusicherung, dass wir die Donkosaken und andre gegen die Sowjetregierung gerichtete Unternehmungen in keiner Weise unterstützen würden. Diese Zusicherung müsse beschafft und gehalten werden. Das Richtigste sei meines Erachtens, wenn Ludendorff den General Hahndorff, der in Berlin ist, beauftrage, zu Kriege zu gehen und ihm in Ludendorffs Namen und auf Ludendorffs Wort zu erklären, dass von der O.H. weder die Donkosaken noch andre gegen die Sowjet Regierung gerichtete Bewegungen fernerhin unterstützt werden würden. Ich fügte hinzu, ich hielte es für Schlubachs Pflicht, Ludendorff zu warnen, dass wenn die Verträge an ihm scheiterten, sowohl Stresemann wie Westarp, also der ganze Reichstag, im November zur O.H. in die schärfste Opposition treten werde; dass daraus also eine innere Krisis entstehen könne, deren Folgen nicht abzusehen seien. Schlubach versprach, Hahndorff in diesem Sinne zu sprechen und mir morgen Nachricht zu geben. – Der Tsar[1] ist hingerichtet worden; angeblich am 16ten laut Urteil des Ural-Sowjets in Jekaterinburg. Poldi Andrian ist aus der Stellung als Gouverneur in Polen zum Intendanten der Hoftheater in Wien ernannt; die Macht erlangt mit ihm Hofmannsthal. Musch Richter, mit dem ich Nachmittags nach Wannsee fuhr zu seiner Mutter, meinte, Poldis Familiensinn (für seinen Grossvater Meyerbeer) und Abscheu gegen Wagner würden ihn zum Scheitern bringen. Altösterreich, Raimund, Nestroy, Grillparzer, und die Wiener Moderne, Bahr, Schnitzler, Hofmannsthal, werden für die harte Zeit ein esoterisches Programm sein. – Wir haben Château-Thierry geräumt. Die Schlacht tobt zwischen Soissons und Marne mit grausamer Wildheit. Abends giengen Gerüchte, dass Hindenburg tot sei; man weiss nicht, wer sie ausstreut. Der Wortlaut der Meldung von der Erschiessung des Tsaren ist beispiellos in seinem naïven Zynismus: „Durch den Willen des revolutionären Volkes ist der blutige Tsar aufs glücklichste in Jekaterinburg verschieden. Es lebe der rote Terror." Ich muss an mein Diner bei Joffe denken; an die roten Rosen und den Sekt. Für uns hoffe ich, dass Joffe und die Moskauer Regierung diesen Mord von sich abtun können; er kommt inopportun und gefährlich. S. M. fürchtet die ansteckenden Krankheiten.

22 Juli 1918. Montag. Berlin. *22.7.1918 Montag*

Vormittags zweistündige Konferenz im Generalstab mit dem Major Brink-

[1] Nikolaus II. Alexandrowitsch

mann, dem Major von Berghes und Schlubach über den russischen Vertrag. Der Streit dreht sich um Kapitel 3[1] des Vertrages, durch das wir uns verpflichten, die gegen die Sowjetregierung gerichteten Bewegungen nicht zu unterstützen. Zu diesen gehört in erster Linie die der Donkosaken unter Krasnoff. Brinkmann sagte, es sei für die O.H. unmöglich, Krasnoff fallen zu lassen, aus militärischen, politischen und menschlichen Gründen: militärisch, weil ausser Krasnoff noch Alexeieff und die Tschecho Slowaken in der Gegend stünden, die beide ententefreundlich seien. Krasnoff neige zu uns, habe aber noch Verbindungen mit Alexeieff und werde sich mit diesem und den Tschecho Slowaken zu einem Block zusammenschliessen, wenn wir ihn von uns stiessen. Politisch, weil wir dadurch die kommende Partei in Russland, die Monarchisten, die sich um Krasnoff scharten, auf immer verlieren würden. Menschlich, weil wir Krasnoff Versprechungen gemacht und kürzlich von ihm verlangt hätten, dass er endgültig mit Alexeieff breche. Wie stünden wir moralisch da, wenn er diesen Bruch auf unser Geheiss vollziehe, und wir ihm dann einen Fusstritt gäben? Was sollten wir mit unserem Verbindungs Offizier bei Krasnoff machen, wenn wir dessen Zusagen nicht honorierten? – Ich sagte: Abberufen. Die beherrschende Tatsache sei doch die Wichtigkeit dieser Verträge für uns, die zustandekommen müssten, und zwar schleunigst; um so schneller, gerade wenn die Bolschewiks vor dem Sturze stünden. Alles Andre sei sekundär. – Brinkmann stimmte dem zu; das sei auch Ansicht der O.H. Kein Interesse hätten wir aber an einer dauernden Bolschewiki Herrschaft; denn die Bolschewiks könnten Russland nicht wirtschaftlich wieder leistungsfähig machen, wir brauchten aber ein starkes Russland. – Ich sagte: ein wirtschaftlich starkes Russland, nicht aber ein politisch und militärisch starkes; denn dieses würde wieder Panslawismus treiben. Unsere Interessen seien also zwiespältig und kreuzten sich. Das Beste für uns sei, wenn Russland wirtschaftlich erstarke, aber durch Staatsform und Gesinnung militärisch und politisch schwach bleibe. Dieses komplizierte Resultat gewährleiste am bequemsten eine Bolschewiki Herrschaft mit einem Einschlag von industriellen und finanziellen Kapazitäten, wie sie sich jetzt anzubahnen scheine. – Brinkmann explodierte: ich wisse nicht, wie widerlich „uns Militärs" die ganze Bolschewiki Wirtschaft sei! Und gar jetzt, wo sie den Tsaren ermordet hätten! Es sei für uns nicht gut, solche Nachbarn zu haben. Indessen gab er zu, dass wir kein Interesse hätten, sie jetzt zu stürzen. Aber ebensowenig Krasnoff, dessen Truppen Schulter an Schulter mit den unsrigen gekämpft hätten, der Entente in die Arme zu werfen. Es müsse daher ein Ausweg ge-

[1] Der spätere Artikel 4 des Vertrags lautet: „Deutschland wird sich, soweit nicht im Friedensvertrag oder in diesem Ergänzungsvertrag ein anderes bestimmt ist, in die Beziehungen zwischen dem Russischen Reiche und seinen Teilgebieten in keiner Weise einmischen, also insbesondere die Bildung selbständiger Staatswesen in diesen Gebieten weder veranlassen noch unterstützen."

funden werden, wie wir um § 3 herumkämen. Der Wortlaut dieses § sei Joffe noch nicht bekannt. – Ich sagte, wenn dieses der Fall sei, so lasse er sich vielleicht abschwächen. Da aber die O.H. einsehe, dass sie kein Interesse hätte, die Sowjet Regierung jetzt zu stürzen, müsse sie ihr doch die im § 3 versprochene Sicherheit in irgendeiner Form geben und halten können. Vielleicht könne Ludendorff sich persönlich dafür verbürgen? – Brinkmann antwortete: in Frage könne vielleicht kommen eine persönliche schriftliche Zusicherung, dass wir nicht mit Krasnoff gegen die Bolschewiki gehen würden. Wir müssten aber freie Hand behalten eintretenden Falls Krasnoff gegen ententefreundliche Alexeieff-Leute und Tschecho-Slowaken zu unterstützen. Dieses auch im Interesse der Bolschewiki selbst, um das Zustandekommen eines Blocks Krasnóff, Alexeieff, Tschecho Slowaken zu verhindern. Die Zusicherung könne sich auch erstrecken auf Einhalten der Demarkationslinie, ausser wenn wir angegriffen würden, und auf die Erleichterung von Zufuhren. Diese persönliche Bürgschaft, die am Besten Kriege leiste, würde in einem besondren Dokument niederzulegen sein und den § 3 des Vertrages ersetzen. Brinkmann bat mich, vorsichtig bei Joffe vorzufühlen, ob er auf einen solchen Vorschlag eingehen würde? – Nachmittags bei Nadolny, den ich fragte, wie er Brinkmanns Vorschlag beurteile. Er antwortete, die Russen könnten nicht darauf eingehen. Denn wenn wir Krasnoff Waffen und Geld gegen Alexeieff oder die Tschecho-Slowaken lieferten, sei es für uns unmöglich festzustellen, ob er diese nicht gegen die Bolschewiks verwende. Ausserdem sei die Krasnoff Frage ausschliesslich politisch. Das Ausw. Amt trage die Verantwortung, wenn er zur Entente übergehe, nicht Ludendorff. Ludendorff werde unter das Caudinische Joch schon kriechen müssen, nachdem er die Dummheit begangen habe, sich auf den § 3 zu verbeissen. Ich hätte mir ein grosses Verdienst erworben, indem ich Stresemann ins Treffen hereingeführt habe. Offenbar ist die Niederlage Ludendorffs, die durch das Eingreifen Stresemanns unvermeidlich geworden ist, eine besondre Genugtuung für Nadolny. Da ich im Gegenteil den Konflikt verhindern möchte, liess ich noch am Spätnachmittag Litwin kommen und bat ihn, Joffe zu sondieren. Gleich nachher telephonierte er mir, Hintze habe vor einer halben Stunde Joffe erklärt, die deutsche Regierung betrachte die Streitigkeiten zwischen Krasnoff und den Bolschewiks als eine interne grossrussische Angelegenheit und werde sich nicht hineinmischen. Damit sind vermutlich die Verträge gesichert; der Versuch Ludendorffs, noch in letzter Stunde den § 3 zu einem Non Possumus zu machen, ist gescheitert. Hintze scheint wirklich die Absicht zu haben, gegen die O.H. Grenzen für seine Politik zu ziehen. – Frühstück bei Matschabellis im Adlon; bankettartige Veranstaltung, lauter Georgier, dazu Ausw. Amt und deutsche Georgienfreunde. Maria Carmi präsidierte als Fürstin sehr schön ganz in Schwarz mit einer Art von schwarzem Turban und schwarzem Schleier über ihren rabenschwarzen Haaren. Zwischen ihr und mir sass Lossow, rechts von mir der georgische Fürst Awáloff, der bis zum Kriege, obwohl noch ein ziemlich junger Mann, Mitglied des Obersten Gerichtshofes in Petersburg war. Ich lernte ausserdem noch Gegetschkori, den bekannten Sozalisten, und Tseretelli kennen. Tschenkeli, der georgische Minister des Auswärtigen war wegen Krankheit nicht gekommen. Die Carmi meint im Gespräch unter „Wir" manchmal Deutschland und manchmal Georgien. Awáloff, ein sehr intelligenter, vornehmer und wohlerzogener Mann, antwortete ausführlich auf meine vielen Fragen. Georgien wird nach seiner Ansicht selbständig bleiben, auch wenn Russland wieder sich zusammenschliesst u. gedeiht; denn die westlichen Randvölker Russlands, Finnland, Baltikum, Litauen, Polen würden ohne Zweifel nicht wieder zu Russland kommen; sondern im neuen Russland werde es drei Zentren geben, die alle Drei einen rein slawischen Charakter tragen würden: Kiew, das das Fundament des neuen Russland bilden werde, Moskau und Sibirien. In dieser rein slawischen neurussischen Föderation würden die Georgier als Nichtslawen ohne das Gegengewicht der bisherigen Randvölker, die gewissermassen „ihre Kollegen" gewesen seien, zu isoliert sein. Ausserdem bilde der Kaukasus gegen Russland eine natürliche Grenze. Bei irgendeiner grossen Wirtschaftsmacht müssten allerdings die Georgier Anlehnung suchen; und da schienen die Mittelmächte ihnen grössere Vorteile zu bieten als Russland, weil die Produkte Georgiens einen besseren Markt in Deutschland finden könnten als in Russland. Was die Sprache anbelange, so sei jetzt überall in den Schulen der Unterricht in Georgisch eingeführt. Daneben müsse aber noch irgendeine andre Sprache obligatorisch wenigstens in den Mittelschulen werden. Die Neigungen giengen zum Französischen, weil dieses die traditionelle Fremdsprache sei im ganzen Orient. Er gebe aber zu, dass praktisch heute Deutsch nützlicher sei. Russisch komme erst in dritter Linie. Wahrscheinlich wird die Verpflichtung eingeführt werden, entweder Französisch oder Deutsch zu lernen. Das schien mir wenigstens der Sinn von Awaloffs langen Ausführungen. Ich fragte Awaloff, wie er und die andren grossrussischen Politiker, z. B. Gegetschkori, Tseretelli, Tschenkeli sich jetzt als Georgier fühlten? Awaloff gab zu, dass ihnen ihre neue Heimat etwas eng vorkomme. Sie machten aber einen Selbstbesinnungsprozess durch. Eine Frage, die ihn und alle diese kaukasischen Völker aufs Brennendste interessiert, ist die von Baku. Die Tataren hätten es als Hauptstadt haben wollen für ihre Tataren Republik. Wahrscheinlich werde aber irgendeine Gemeinsamkeit zwischen Grossrussland, Georgien und den Tataren hergestellt werden. Die Pumpstationen der Röhrenleitung sind zum Teil zerstört; Baku selbst werde untergehen, wenn die Türken es zu erobern versuchten. – Abends ass ich bei Deutelmosers mit Björn Björnson, Ferdinand Stumm und einem Herrn Stöhr mit Frau. Ziemlich harmloser Abend. Björnson meinte, man sollte ein „Buch der Güte" schreiben, das die Taten mildtätiger Güte von Feinden gegeneinander hinter der Front aufzähle, um die Verhetzung einzudämmen. Es machte Sensation und erregte eine Art von drolligem Gruseln, dass ich bei den Bolschewiks diniert habe. Björnson stellte sich entsetzt und neidisch. Ich wurde mit Fragen bestürmt. –

23 Juli 1918. Dienstag. Berlin. *23.7.1918 Dienstag*

Früh um 9 an Litwin telephoniert, er möge Joffe ausrichten, dass die Frage des Art. 3 selbstverständlich durch die Erklärung des Staatssekretärs im Sinne dieser Erklärung erledigt sei. Die Frage Krasnoffs falle damit fort. Um 10 Brinkmann telephonisch mitgeteilt, ich hätte durch einen Mittelsmann gestern Abend vorsichtig bei Joffe vorfühlen lassen; es habe sich aber ergeben, dass keine Aussicht auf Erfolg in der von uns gestern besprochenen Richtung sei. Die Russen würden auf Art. 3 zweifellos nicht mehr verzichten. Daher gebe es keinen Zweck, Versuche in dieser Richtung fortzusetzen. Ich hielte es ausserdem für meine Pflicht, ihn nochmals darauf aufmerksam zu machen, dass Stresemann fest entschlossen sei, gegen die O.H. aufs Schärfste vorzugehen, wenn die Verträge an der Krasnoff Frage scheiterten. Mittags telephonierte Nadolny, dass die Oberste Heeresleitung „sich zu strecken" scheine; es sei bestimmt anzunehmen, dass die Angelegenheit des Art 3. in unserem Sinne erledigt werde. Einige andre Fragen stünden noch offen. Aber die offiziellen Verhandlungen, zu denen Krieges und unsere Unterhandlungen die Einleitung gebildet haben, würden wahrscheinlich baldigst beginnen und zu Ende geführt werden können. – Litwin sagte mir telephonisch, Joffe und Krassin seien gestern Abend so erregt gewesen, dass sie gesagt hätten, wenn die Verträge mit uns nicht in 8 Tagen zustandekämen, seien sie gezwungen, sich an Amerika zu wenden; sie könnten sich anders nicht halten. – Gefrühstückt bei Litwin mit Krassin. Wir besprachen die Wiederherstellung von Baku und den Wiederaufbau der russischen Wirtschaft. Krassin versichert, dass die früher leitenden Männer der Industrie sich in den Dienst der Bolschewiks stellen werden. Vor der Errichtung deutscher Banken in Russland warnt er; der russische Proletarier und Bauer habe eine geradezu abergläubische Vorstellung von der Macht von Banken. Er selbst habe gegen diese übertriebenen Vorstellungen auftreten müssen, den Arbeitern gesagt: eine Bank sei Nichts als ein Loch, durch das Geld hindurchfliesse. Was hätten sie davon, wenn sie sich einer Bank bemächtigten? Sie hätten dann weiter Nichts als ein Loch. Krassin meint, wir könnten genau dasselbe erreichen, indem wir Gesellschaften mit unverfänglichen Namen gründeten, in die die Russen ihr Geld tragen könnten. Er betonte nochmals, dass die Bolschewiks keineswegs die Absicht hätten, das Privateigentum abzuschaffen. Selbst sehr grosse Privatvermögen könnten unter ihrer Herrschaft weiterbestehen und neubegründet werden. Nur die Ausbeutung des Arbeiters durch den Unternehmer mit Hilfe der Produktionsmittel wollten sie abschaffen; es dürfe Niemand die Macht haben, einen Andren zu zwingen für ihn zu arbeiten. Ich fragte, wie er sich die Förderung von Erfindungen und Meliorationen denke? Er antwortete: der Staat werde grosse Mittel hierfür zur Verfügung stellen; die Erfinder sollten genau wie unter kapitalistischer Wirtschaft Erfinderlohn und Lizenzen erhalten. Zwei Kommissionen (Sowjets) die eine von Gelehrten, die andre von Praktikern soll jede Erfindung prüfen und die Mittel zur Verfügung stellen. Krassin fragte mich dann sehr ernst, ob ich meine Ernennung nach Moskau unter Helfferich annehmen würde? Sie, d. h. er und Joffe, wünschten sie sehr, weil ich ein Bindeglied zur russischen Intelligenz sein würde. Ich sei jetzt dort um so notwendiger, da ein unhöflicher, ungewandter Mann Gesandter geworden sei. Joffe sei bereit, den Wunsch nach meiner Ernennung offiziell Hintze gegenüber zum Ausdruck zu bringen. Ich bat, dass Joffe dieses nicht tue; sagte aber, wenn Stresemann die Anregung gebe und Hintze darauf eingehe, dann würde ich den Posten annehmen, allerdings ziemlich weitgehende Bedingungen stellen. – Ich dachte im Sprechen mit Krassin an meine gestrige Unterredung mit dem Major Brinkmann. Sie sind von Natur wie Wasser und Feuer geschieden, der flache, starre, sichere, pflichtbegrenzte, helle, an Ludendorff und Moltke gebildete Brinkmann, und der umfassende, tastende, formlose, Volk und Menschheit nach dem nebelhaften Begriff „Glück“ dirigierende Ingenieur-Idealismus Krassins. Russland und Deutschland. Beides zusammen ist vielleicht erst Kultur, Hellas, Voltaire. – Über Tschitscherin äusserte Krassin, dass er ihn für hysterisch halte. Hysterisch ist Helfferich allerdings nicht, aber in seiner dürren Eckigkeit der letzte Mann, der mit einem Hysteriker fertig werden könnte. Sie werden merkwürdige Unterhaltungen haben.

24 Juli. 1918. Mittwoch. Berlin. *24.7.1918 Mittwoch*

Ziemlich elend zuhause. Die Zeitungen bereiten auf einen Rückzug von der Marne vor. Es sieht augenblicklich so aus, als ob Maguras dritte Möglichkeit sich verwirklichte, eine unabsehbare Kriegsverlängerung durch mittlere französische Erfolge. Um so wichtiger wird die wirtschaftliche Verständigung mit Russland und der Wiederaufbau der russischen Industrie und Landwirtschaft zu unsren Gunsten. Auf den Kontinent bis zum Ural gestützt, können wir noch Jahre durchhalten.

25 Juli 1918 Donnerstag Berlin *25.7.1918 Donnerstag*

Vormittags telephonierte mir Prittwitz aus dem Hauptquartier, ich sollte Helfferich vor seiner Abreise nach Moskau sprechen und informieren. Ludwig Stein ist aus Mecklenburg zurück und Stresemann kommt heute Nachmittag aus

Rügen an. Mittags telephonierte Litwin, dass Joffe und Krassin wieder einmal ausser sich seien. Jetzt mache auch das Auswärtige Amt gegen sie Front. Wir wollten auf die neue Demarkationslinie erst zurückgehen, nachdem der Friede zwischen Grossrussland und der Ukraine ratifiziert sei. Das könne drei Jahre dauern! Damit falle das ganze Vertragsgeschäft ins Wasser. Ich fragte Nadolny, den ich in der Deutschen Gesellschaft traf, ob das richtig sei und wie das Ausw Amt sich wirklich verhalte. Er bestätigte Joffes Darstellung und sagte, in der Tat könnten wir die von uns am Don besetzten Gebiete erst aufgeben, wenn wir wüssten, ob sie an die Ukraine oder an Russland fielen. Früher giengen unsere Militärs nicht zurück; es sei aussichtslos, den Versuch zu machen, sie dazu zu bestimmen. Das sei auch Krieges Ansicht. An dieser Vorbedingung müssten wir festhalten. Die Russen sollten nur ihren Friedensschluss mit der Ukraine beeilen. Bis jetzt nähmen sie die Ukrainer nicht für voll, betrachteten das ukrainische Gebiet als eigentlich russisch. Sie hätten es ganz in der Hand, den Friedensschluss zu beschleunigen. Als Ausweg schlug Nadolny vor: die Russen sollten unsere Verträge unterzeichnen, aber eine Frist setzen, bis zu der der Friede mit der Ukraine geschlossen oder die Demarkationslinie von uns eingenommen sein müsse; widrigenfalls nach diesem Termin die Verträge null und nichtig würden. – Mit Hermann Keyserlingk gefrühstückt. Er entwickelte wieder seine Idee einer Annäherung zwischen den Völkern von oben als Parallelaktion zur Internationale des Proletariats. – Ludwig Stein, der mich dringend um eine Unterredung bat, gesehen. Er war heute früh bei Joffe und nachher bei Helfferich. Joffe hat ihm nachdrücklich den Wunsch ausgesprochen, dass ich nach Moskau gehe. Er hat daraufhin Helfferich Joffes Wunsch mitgeteilt und will hinzugefügt haben, Jemand, der gleichzeitig bei den Bolschewiks und Ludendorff Vertrauen zu erwerben gewusst habe, müsse hervorragend für einen diplomatischen Posten wie den in Moskau passen. – Nachmittags telephonierte Prittwitz nochmals, ich möge durch Deutelmoser Helfferich bitten lassen, mich vor seiner Abreise zu sehen. – Zu Tisch Abends mit Stresemann im Esplanade. Ihn informiert über den Stand der russischen Verhandlungen. Er hatte Zahnschmerzen, war elegisch und tastet offenbar an mir herum, um zu sehen, was aus mir von seinem Standpunkt zu machen ist; sprach vom „Rosenkavalier“[1], von meiner Designation nach Moskau, von dem, was ich vor dem Kriege getan habe. Jetzt erst bemerkt der Bürger, wie bequem es ihm durch den alten Beamtenstaat gemacht war, wo Jeder mit seinem Etikett herumlief, Menschenkenntnis Luxus war. In Sachen der Verhandlungen macht Stresemann mit Recht einen Unterschied zwischen der Krasnoff Frage und der des russisch-ukrainischen Friedens als Vorbedingung vor dem Zurückgehen auf die neue Demarkationslinie. Diese Bedingung sei sachlich gerechtfertigt. Wir dürften

[1] Strauss

nicht zum Werkzeug der Bolschewiki gegen die O.H. werden. Diese machten es Einem nicht leicht; so sei die Erschiessung des Tsaren sehr unbequem, weil sie auf gewisse Kreise zweifellos Eindruck mache. Auch die Ereignisse im Westen bereiten ihm Sorge. Seine eigene Stellung werde dadurch erschwert. – Ich musste ihn um 10 verlassen, um zu Helfferich zu fahren, der bei Bekannten in der Ansbacher Strasse war. Er war ungewöhnlich liebenswürdig und abgeklärt. Sprach mit mir über Alles sehr offen, nachdem ich ihm meine Eindrücke aus den Verhandlungen mit Krassin und Joffe gesagt hatte. Er will mit den Bolschewiks arbeiten, bezweifelt allerdings ihre Stabilität und Macht. Die Kadetten, Oktobristen, Monarchisten seien Offiziere ohne Armee. Nur die Sozialrevolutionäre gefährlich. Mein Ziel, die Bolschewiks durch Einflechtung der ihnen notwendigen industriellen und intellektuellen Kapazitäten zu stärken und ein wirtschaftlich starkes, aber politisch pazifistisches und schwaches Russland aufzubauen, bezeichnete er als „Ideal"; äusserte aber Zweifel, ob es verwirklicht werden könne, weil die Bolschewiks sich kaum würden halten können. Ich sagte, nach Darstellung von Krassin hienge es von uns ab, ob sie sich hielten; wir müssten ihnen nur die Nahrung für ihre Bevölkerung und die Rohstoffe und Kohlen für ihre Industrie wieder zugehen lassen. Helfferich meinte, vielleicht stelle Krassin die Lage zu rosig dar. Mit einigen Armeekorps lasse sich allerdings jede Partei in Russland heute an der Macht halten; aber Ludendorff habe keine Corps für Russland jetzt übrig. Vielleicht werde die Lage im Westen wieder Truppen frei machen; bis dahin müsse er, Helfferich, lavieren. Ob sich aber die Bolschewiks ohne unsere bewaffnete Hülfe halten könnten, sei zweifelhaft. Riezler schiene ihm allerdings etwas nervös, und machmal zu überschwänglich. Deshalb fahre er so rasch hin, um zu sehen, wie die Sachen wirklich stünden. Ich sagte, es sei eine gefahrvolle Mission, die er übernommen habe, aber hoffentlich jetzt, wo die Gefahr erkannt sei, weniger als früher. Helfferich meinte, gegen ein Attentat könne sich keiner ganz schützen. Man könne ihm Bomben in den Wagen werfen; er wolle sich nicht freiwillig in Stubenarrest begeben. Die Frage des ukrainisch-russischen Friedens und der Demarkationslinie beurteilt er offenbar wie Nadolny; stimmte aber zu, dass die Verträge mit den Grossrussen so schnell wie möglich unterzeichnet werden müssten. Hintze fahre übermorgen ins Hauptquartier; hoffentlich werde er Etwas durchsetzen. Alles in Allem hatte ich den Eindruck, dass ich mit Helfferich gut arbeiten, und dass er mir sogar sympathisch werden könnte.

26 Juli. 1918. Freitag. Berlin. *26.7.1918 Freitag*

Die Schlacht zwischen Soissons und Reims steigert sich zu ungeheurer Erbitterung. Vom Rückzug an die Aisne ist für den Augenblick weniger die Rede. Beide Teile suchen eine Entscheidung. Es kann die grösste und wichtigste

Schlacht des Krieges werden. – Früh telephonierte Ludwig Stein, er sei gestern bei dem Freunde von Hintze, Tschernikan, für mich tätig gewesen. Leider schadet er durch seine gutgemeinte Geschäftigkeit. – Salomonsohn von der Disconto Gesellschaft mit Krassin bei mir gefrühstückt; ausserdem Stresemann und Litwin. 500 Mark Frühstück, wie für Matschabellis, was bei fünf Personen heute normal ist. Die harte, machtbewusste Art, wie Salomonsohn als grosser Bankdirektor Krassin entgegentrat, stand zu dessen russischer Phantastik in einem ähnlichen Gegensatz wie die mehr olympische, vergeistigte, aber borniertere Machtbetonung des Majors Brinkmann; obwohl Brinkmann Christ, Salomonsohn Jude ist. Hier dominieren Umstände und Erziehung über Rasse und Beruf und schaffen auf Grund der preussischen Überlegenheit eine gemeinsame Haltung, fast Stil, fast Römertum. Unliebenswürdig, aufreizend für den Gegner, geschlossen in sich selber, unheimlich. Die Darlegung, dass die Bolschewiks nur die grossen Industrie Anlagen, deren Wert 500 000 Rubel übersteigt, enteigneten, beantwortete Salomonsohn mit dem Einwurf, dass die Enteignung der höher bewerteten Betriebe, wenn keine Entschädigung erfolge, ungerecht und unklug sei. Er würde, wenn er russischer Handelsminister wäre, zunächst die Bahnen in Ordnung bringen und zu diesem Zwecke einige Tausend preussische Ingenieure und Beamte berufen. Krassin erwiderte, die Folge wäre Mord und Totschlag. Man müsse die Arbeiter in Russland erst überzeugen; dann liesse sich Manches machen. Salomonsohn sagte dann, er sei schon seit einiger Zeit tätig für ein Projekt, russisches und deutsches Kapital zusammenzubringen zum Wiederaufbau der russischen Wirtschaft im grössten Masstabe. Ob Krassin unter Bolschewiki Herrschaft ein solches kapitalistisches Zusammengehen für möglich halte, eventuell unter Beteiligung der Sowjet Regierung? Krassin sagte: ja. Sie seien sich in Russland überhaupt klar, dass sie heute nicht den sozialistischen Staat errichten könnten, sondern nur sein Vorstadium, eine halbkapitalistische Wirtschaft. Diese könne sehr wohl mit dem deutschen Privatkapital zusammenarbeiten. Allerdings sei Voraussetzung, dass die Verträge zustandekämen; und daran verzweifle er seit gestern. Denn die Bedingung, dass vor Räumung der ausserhalb der Demarkationslinie gelegenen Gebiete der Friede zwischen Russland und der Ukraine unterschrieben sein müsse, mache die ganze Sache für Russland wertlos. Die fraglichen Gebiete gehörten nach dem Brester Vertrage zu Russland. Unserer Besetzung fehle daher jede Rechtsbasis. Sie brauchten die Bahn, die hindurch laufe, um Krasnóff, Alexeieff, die Donkosaken und Tschechoslowaken zu erledigen; erst dann könnten sie sich mit Erfolg gegen die von Norden auf Moskau ausrükkenden Tschechoslowaken und Entente Truppen wehren, ihre Herrschaft sicherstellen. Statt dass wir die widerrechtlich von uns besetzten Gebiete räumten, hörten sie aber heute, dass wir gemeinsam mit den Kosaken die Stadt Asoff erobert hätten. Die ukrainische Regierung sei Nichts als eine Abteilung unseres Auswärtigen Amtes. Wir könnten ihr jeden Augenblick den Befehl erteilen, den von uns gewünschten Frieden mit Russland zu schliessen; schlimmstenfalls den Hetman Skoropadski durch einen andren russischen General ersetzen: es gebe genug russische Generäle, die uns zur Verfügung stünden! Die Ukraine werde genau so lange bestehen, wie wir unsere Truppen dort liessen. Sie sei ein Phantom, ein Nichts; es sei direkt demütigend für die Russen, dass wir von ihnen verlangten, mit diesem Nichts zu verhandeln, diese Komödie mitzumachen. Krassins Gefühlston wurde leidenschaftlich; und hier dürfte der Kern der Frage liegen, dass der Stolz der Russen durch unsere Bedingung verletzt wird. Sie wollen die Ukraine nicht als ebenbürtigen Gegenkontrahenten anerkennen; die alten imperialen Vorstellungen leben bei den Bolschewiks als Gefühl weiter, der russische Imperialismus liegt ihnen weniger fern, als sie glauben, oder als ihre Schwäche vermuten liesse. Ein starker bolschewistischer Staat würde nicht blos seine Staatsform, sondern vielleicht seinen Staat selbst wieder auszudehnen versuchen. Immanentes Gift des Staatsbegriffs; bei den Bolschewisten auch dadurch vorbereitet, dass der Begriff der Gewalt und Vergewaltigung ihnen aus der inneren Praxis nicht abschreckend ist. Vielleicht wäre ein wirtschaftlich starker bolschewistischer Staat weniger pazifistisch, als wir und sie selber heute glauben; vielleicht würde er sogar aus einer Art von religiös-sozialem Fanatismus wie Mohammed kriegerisch seine Doktrin weitertragen; insofern nicht die Passivität des russischen Bauern hemmend wirkte. Aber wir müssen jetzt wählen, ob wir die bolschewistische oder die sozialrevolutionäre Richtung stützen wollen; und jetzt sind die Bolschewiks pazifistisch, die Sozialrevolutionäre ententistisch-kriegerisch. Da dürfen wir nicht zögern.

27 Juli. 1918. Sonnabend. Berlin. *27.7.1918 Samstag*

Bei Stresemann im Continental gefrühstückt mit Litwin und dem Polynesier Schlubach. Stresemann erzählte Fälle erschreckender Korruption in unserem Offizierkorps: der Direktor eines Werkes, bei dem S. im Aufsichtsrat ist, hat verlangt und in der Aufsichtsratssitzung durchgesetzt, dass einem preussischen Major 75 000 M Schmiergelder gegeben würden, um einen Auftrag für das Werk zu erhalten. Stresemann will protestiert haben, jedoch nicht durchgedrungen sein, weil der Direktor erklärte, sonst sei das Werk ruiniert. Ganz übel seien die Zustände auch bei den Flugwerken. Ein junger Leutnant, der die Preise drücken wollte, sei jedesmal hart angefahren worden von seinen Vorgesetzten, er mische sich in Dinge, die ihn Nichts angiengen; nach einiger Zeit habe ihm einer von den Lieferanten angeboten, ihn nach Kriegsende bei sich auf fünf Jahre mit 150 000 M. Gehalt anzustellen; also 750 000 M. Bestechung. Schlubach und ich fragten, warum Stresemann diese Fälle nicht anzeige. Stresemanns Antworten waren unbefriedigend: das Werk, für das er mitverantwortlich sei, könne er nicht ruinieren; des Leutnants Vater habe ihn verpflichtet, zu schweigen. Schlubach und ich drangen in Stresemann, vorzugehen. Dass die Korruption unser ganzes Leben durchwächst wie ein fressender Schwamm ist nicht mehr zu bezweifeln. Kriegsgewinn, Schleichhandel und Korruption zermürben die Rechtlichkeit. Der Krieg ist keine Läuterung! – Die russischen Verträge scheinen trotz der Hindernisse unter Dach zu kommen. Hintze, Kriege, Nadolny, Brinkmann fahren heute Abend ins Hauptquartier. Schlubach sagt, auch im H.Q. stünden Alle auf dem Standpunkt, dass man so vorteilhafte Verträge nicht fallen lassen könne; sie müssten unter allen Umständen durchgedrückt werden. – Nach dem Frühstück mit Stresemann und Litwin zum Tee bei Joffe auf der russischen Botschaft. Georg Bernhard und Ludwig Stein waren anwesend; ebenso natürlich Krassin und Menschinsky, der aufzupassen scheint, vielleicht als Kommissar des Roten Terrors; ein schweigsamer, gelblich blasser, schwindsüchtiger Mensch, den Litwin „den lebenden Leichnam" getauft hat. Die Tafel, an der der Tee serviert wurde, war mit bunten Wicken und einer grossen silbernen Schale Pfirsiche geschmückt; das kaiserliche Wappen, die gekrönten Adler, und die Monomachenkrone überall hervorstechend auf Bestecken, Porzellan, Tischwäsche. Bernhard kam zum ersten Male und konnte sich seiner Theorie von der Notwendigkeit einer Revision des Brester Vertrages auch Joffe gegenüber nicht enthalten. Er verbarg kaum, wie es ihn giftete, dass die Russen uns jetzt sogar einen zweiten, noch günstigeren Frieden zugestehen. Verbissen sass er hinter seiner dicken schwarzen Hornbrille neben Joffe, tief versunken in den Damastsessel, und stellte Fragen: Wie sich Joffe jetzt das Kriegsende denke? Was er dem russischen Volke zur Rechtfertigung der neuen Opfer sagen wolle? Wie die Gegner der Bolschewiks, die Sozialrevolutionäre, sich stellen würden? Er vergraulte Joffe den Vertrag. Joffes Antworten klangen bescheiden, aber sehr bestimmt, trotz des leisen ruhigen Tones: Als Gegenleistung für die neuen schweren Opfer brächten sie dem russischen Volke, was es am meisten brauche: die Ruhe und die Möglichkeit zu arbeiten. Ob sie die Erzeugnisse ihrer Arbeit über ein deutsches oder ein russisches Riga austauschten, sei gleichgültig. Stresemann warf das Beispiel von Rotterdam und Antwerpen bestätigend ein. Joffe fuhr fort: Gewiss würden auch diese Verträge nicht ewig sein; sie würden vielleicht in 20, vielleicht in 50 Jahren revidiert werden. Dagegen erwarte er eine Revision auf einer allgemeinen Friedens Konferenz nicht. Die Völker würden einzeln ermatten und einzeln Frieden schliessen. Esthland und Livland seien nicht wesentlich für Russland. Wesentlich seien dagegen das Dongebiet, der Kuban und Baku; denn ohne diese könne Russland nicht leben; Getreide, Kohlen, Naphta, Kupfer und andre Erze müssten sie von dort beziehen, um zu existieren. Unsere Heeresleitung scheine aber nicht gewillt, das Dongebiet freizugeben, und die Türken stünden einen halben Tagesmarsch vor Baku. Ich erklärte auf das Bestimmteste, Niemand denke bei uns an die Annexion des Dongebietes. Joffe blieb aber skeptisch. Krassin sagte, augenblicklich hänge vielleicht die Existenz der Sowjetregierung davon ab, ob sie die 150 000 Mann, die im Süden zur Verteidigung gegen uns und die Kosaken stehen, freibekämen, um sie gegen die Tschecho-Slowaken und Engländer zu verwenden. Mit diesen Truppen könnten sie die Entente und Tschechen leicht schlagen. Aber erst, wenn wir zurückgiengen auf die Demarkationslinie. Das Wort Ludendorffs genüge nicht, weil im russischen Volk seit dem Bruch des Brester Friedens ein solcher Deutschenhass und ein solches Mistrauen gegen Deutschland entstanden seien, dass es das Fortziehen der Truppen gegen eine blosse deutsche Zusicherung nicht dulden würde. Dagegen würde das Zurückgehen beruhigend wirken und von der Sowjetregierung propagandistisch auch zugunsten Deutschlands ausgenützt werden können: Joffe und Krassin variierten dieses Thema gemeinsam. Auch Krassin bestätigte gegenüber Bernhard, dass Esthland und Livland keine Rolle spielten, um die Südfragen, das Freimachen der Bahn, die Zufuhren und die Möglichkeit, die Sowjettruppen aus dem Süden fortzuziehen: mit Krasnóff und Alexeieff würden sie in wenigen Wochen fertig, wenn wir zurückgiengen, weil die jungen Kosaken alle bolschewistisch seien und Krasnóff verlassen würden. Nachher könnten sie die Tschechen und Engländer ohne unsere Hülfe hinauswerfen. Das Programm der Bolschewiks drückt sich aus in diesen Widerständen und Zugeständnissen: Zunächst wollen sie ein wirtschaftlich lebensfähiges, selbständiges, friedliches Russland, das sich innerhalb der jetzt gezogenen Grenzen vom Halbsozialismus zum Sozialismus durchmausert. Dann soll dieses Russland die Welt revolutionieren. Dass sie einen wirtschaftlich gesunden Stützpunkt brauchen, um die Welt umzuwälzen, ist der Fortschritt in ihrer Erkenntnis, der sie von Brest nach Berlin geführt hat. Deshalb opfern sie jetzt Land und Geld, um für den Ausbau ihres Stützpunktes Ruhe und Zeit einzutauschen. Ebenso logisch legen sie für ihre Zwecke auf den Handel wenig, auf die Industrie grossen Wert; daher die Gleichgültigkeit gegen Esthland-Livland, die Zähigkeit inbezug auf den Don. Der jetzige zweite Friede ist ein Ausdruck dieser neuen Erkenntnisse, wie der erste, Brester Friede ein Ausdruck ihrer damaligen Illusionen war. Joffe und Krassin machten keinen Einwurf, als Bernhard und Stresemann die Unmöglichkeit einer Revolution in Deutschland ausführten. Sie schienen im voraus überzeugt. Gerade deshalb dürfte Joffe seine ausschliessliche Verbindung mit den Unabhängigen und Mehring aufgegeben haben und jetzt als Fehler einsehen. Sie haben nicht Wasser in ihren Wein gegossen, sondern ihre Methoden der Wirklichkeit angepasst, das Ziel behalten. Deutschland kann sie auf ihrem Wege am meisten stören (danach Japan), Amerika am wirksamsten fördern. Deshalb schwanken sie zwischen Deutschland und Amerika; wobei Deutschland einen kleinen Vorsprung hat, weil die Angst grösser ist als die Zuversicht auf amerikanischen Beistand. Die Wege Deutschlands und der Bolschewiks gehen parallel, bis die russische Wirtschaft auf festen Füssen steht. Was nachher kommt, davor müssen wir uns vorsehen. – Ich fuhr mit Bernhard von der Botschaft fort. Unterwegs eröffnete er mir mit allerlei Umschweifen vertraulich, dass er einen grossen Entschluss im Westen für nötig halte; meine Ansicht sei ihm massgebend. Also: wir müssten die elsässische Frage endgültig mit Frankreich regeln; dazu Elsass Lothringen herausgeben und zum Pufferstaat machen, aber verlangen, dass Frankreich Belfort und Französisch-Lothringen (Nancy!) hinzuschlage. Nur so sei der Krieg zu beenden. Was ich dazu meine? – Ich antwortete: ein solcher Staat werde sich in kurzer Zeit mit Frankreich vereinigen; käme daher der Abtretung Elsass-Lothringens an Frankreich gleich. Eine Versöhnung mit Frankreich sei nicht mit irgendwelcher Sicherheit als Folge zu erwarten; ebensowenig ein allgemeiner Friede. Wir verabredeten nähere Besprechung beim Frühstück am Montag.

28 Juli. 1918 Sonntag. Berlin. *28.7.1918 Sonntag*

Becher frühstückte bei mir. Er sieht gesünder aus, weniger verkommen und zerschlagen, bis auf die Zahnlücke und die fürchterlichen Narben an den Handgelenken, dick gequollene rote Striemen, wo er sich die Pulsadern aufgeschnitten hat. Er ist und bleibt ein Gast aus der Hölle; dabei immer voll von phantastischen Geschichten. Von der Else Lasker-Schüler, die mich verfolgt mit Gesuchen um eine Anstellung in der Schweiz, erzählte er einen Zusammenstoss mit Lichnowsky, bei dem sie eingedrungen sei, während er ein Diner für den Gesandten im Haag Rosen gab; sie habe die Lakaien im Vorzimmer umgerannt, ihr Recht, als Prinz von Theben teilzunehmen an der Festlichkeit, geltend gemacht und schliesslich Rosen von seinem Stuhl an der Tafel verdrängt. Mir hat sie gestern ein Porträt von mir in Ballett Tänzer Pose zugeschickt. Eine Kriegsnärrin, aber wie Becher mit Recht sagt, eine grosse Dichterin, oder wie sie von ihm tituliert zu werden verlangt haben soll: „Schwan Israëls". – Von sich berichtete Becher, dass der erste Akt seines Dramas[1] fertig sei und ein autobiographischer Roman[2] begonnen. Beide drehten sich um die Idee der Flucht, d. h. der Flucht des Menschen aus sich selbst in andre Menschen und Dinge, um in ihnen verankert zu sein und fortzuleben. À propos von Flucht erzählte er dann, der bekannte Professor Nicolaï, früher Leibarzt der Kaiserin[3], der das dilettanti-

[1] Auftrieb

[2] vermutl. „Auferstehung! Unsterblichkeit!"

[3] Auguste Viktoria

sche Buch[1] über den Krieg geschrieben hat, sei vor acht Tagen auf einem Flugzeug von Neu-Ruppin nach England entflohen. Man habe ihn bereits durch ein Bankett in London gefeiert. Hoffentlich ist die Geschichte wahr; denn die Farbigkeit der Zeit würde durch sie drollig gehoben, namentlich mit einem deutschen Professor als Helden des Abenteuers. Von Georg Bernhard erinnerte mich Becher an ein Gespräch im Frühjahr 1916, bei dem Bernhard finanztechnisch nachwies, dass wir den U Boot Krieg ohne Rücksicht auf Amerika führen könnten, da Amerika nie gegen uns in den Krieg treten würde; ebensowenig Rumänien. Heute fordert Bernhard die Revision des Brester Friedens, und vielleicht bald die Herausgabe Elsass Lothringens, mit Gründen, die ebenso logisch überzeugend sind. Gott schütze uns vor dem Talmud in der Politik. Man sieht, wohin er Israël geführt hat. – In der Anstalt von Scholinus behauptet Becher sich wohl zu fühlen. Nur hungere er; sättige sich an Pferdefleisch.

29 Juli 1918. Montag. Berlin. *29.7.1918 Montag*

Der gestrige Bericht deutet vorsichtig den Rückzug von der Marne an: „Kleinere Infanteriekämpfe im Vorgelände neuer Stellungen". Aus dem Abendbericht geht hervor dass diese neuen Stellungen am Ourcq sind. – Zum Frühstück bei mir Georg Bernhard, der mir nochmals seinen Plan eines Pufferstaates Elsass-Lothringen mit Nancy, Belfort, Verdun, Toul darlegte. Er wiederholte, dass sonst nach seiner Ansicht der Krieg noch zwei bis drei Jahre dauern müsse. Sein Endziel sei der Kontinentalbund als Gegenklotz gegen England und Amerika. Ich versuchte, ihm auszureden, dass Frankreich die Abtretung von Belfort und Nancy an einen Pufferstaat als Anlass zu einer Versöhnung mit Deutschland akzeptieren werde. Er blieb jedoch dabei. Ich riet, um abzulenken vom Versuch, diesen Plan in Deutschland herauszubringen, einen Welsch-Schweizer anzustiften, ihn der Öffentlichkeit zu übergeben; die Aufnahme in Frankreich werde meiner Ansicht ihn selber überzeugen, dass man so nicht zum Ziele komme. Esthland-Livland möge er als Rundreisegeschenk auffassen, das man mit Dank annehme, um es eventuell weiterzugeben. Das Wort bewirkte bei ihm Beruhigung. Hochintelligente Leute, die keine Nerven haben, sind in der Politik nicht zu brauchen; man müsste sie mit sanfter Rede wie die Kinder abschieben. – Nachher bei Salomonsohn (den Bernhard als Dummkopf und „kleinen Mann" bezeichnet). S. hat von Krassin nur den Eindruck eines Narren. „Schade, dass ein Mann mit diesen geschäftlichen Erfahrungen auf solche Bahnen geraten sei." Eine geschäftliche und politische Zusammenarbeit sei nur mit den Kadetten möglich. – Romberg schreibt mir: Mein Brief mit der Andeutung über eine mögliche Kommandierung nach Moskau habe ihn „sehr erschreckt." „Er wür-

[1] Die Biologie des Krieges. Betrachtungen eines Naturforschers

de eine solche Massnahme ausserordentlich bedauern und darin eine schwere Schädigung wichtiger Interessen sehen." Damit ist dieser Plan wohl erledigt.

30 Juli 1918. Dienstag. Berlin. *30.7.1918 Dienstag*

Ich hatte heute Nacht einen merkwürdigen Traum. Ein englisches Schiff brachte mich gefangen nach Gibraltar. Der Felsen war der höchste Berg der Erde; seine Spitze ragte bis in den Zenith, so dass ein Passagier mich aufmerksam machen musste, dass die vom Meeresspiegel bis in die Himmelsmitte aufeinander getürmten hellen und dunklen Streifen nicht Wolken, sondern ein Berg seien: denn es lagerten Gletscher und Schneefelder in seinen schwarzen Falten. Wir fuhren durch eine enge Einfahrt in einen Kanal zwischen Palästen am Fusse des Berges. Das Wasser hier war grün wie in Venedig, und Stufen führten längs der Kanalufer zu Säulenportalen, hinter denen Kontore und Wachtstuben waren. Als ich emporblickte, hieng der Felsen ganz nah und noch ungeheuer über dem Kanal und den Palästen; aber statt der Gletscher und des Schnees streiften durch seinen grauen Granit blutrote Porphyradern, so dass er scheckig war wie ein Panther, und hoch oben unter der Spitze öffnete sich eine gewaltig grosse Höhle und schien wie ein Maul, das gespickt mit schwerem Geschütz über das Meer bleckte, in unangreifbarer Bergeshöhe. – Mit Musch Richter gefrühstückt in der Deutschen Gesellschaft.

31 Juli 1918. Mittwoch. Berlin. *31.7.1918 Mittwoch*

Eichhorn ist in Kiew ermordet worden; angeblich durch einen Abgesandten[1] der russischen Sozialrevolutionäre, die den Terror gegen die deutsche Durchdringung Russlands aufrichten. – Nasse aus Bern, der mit den russischen Dingen dort Viel zu tun hat, und sein Vetter Saemisch mit mir gefrühstückt in der Deutschen Gesellschaft. Nasse äusserte sich über den Krieg sehr pessimistisch; er sehe nicht, wie wir ihn beendigen könnten (ähnlich wie Georg Bernhard.) Die Amerikaner wollten ihn durchfechten, und würden ihren Bundesgenossen nicht erlauben, Frieden zu schliessen, selbst wenn Diese wollten. Eine militärische Beendigung des Krieges scheine ihm nicht mehr möglich. Wenn der Krieg noch zwei Jahre daure, sei er der Ruin Europas. Meine russische Politik billigt er, glaubt aber nicht an die Dauer der Sowjetmacht. Er fragte, ob ich irgendwelche positiven Beweise, ausser Behauptungen der Bolschewiks, besitze, dass die Sozialrevolutionäre tatsächlich im Bunde mit der Entente stünden? – Auch Musch Richter, mit dem ich gestern frühstückte, sieht ganz schwarz. Ebenso in der Disconto Gesellschaft heute Mittag der junge Mann, der mir mein Geld auszahlte und der gestern Abend mit dem alten Litzmann gegessen haben wollte. Wir beginnen das fünfte Kriegsjahr zweifellos in einer Flaute. Gegen

[1] Donskoj

uns sprechen: Ausbleiben erwarteter entscheidender militärischer Erfolge, Schwierigkeiten im Ersatz, Österreichs Zersetzung, Amerikas Kriegswille, die ungeheuren Finanzlasten, die von Jahr zu Jahr drohender werden. Für uns: die abflauende Stimmung in Frankreich (Longuets Majorität), die schwindende Handelsflotte und Versorgung Englands, die Bedrohung Ägyptens und Indiens, die unvergleichliche Kriegserfahrung und das Glück Hindenburgs und Ludendorffs, die Überlegenheit unserer Technik und Erfindungskraft, unsere Zähigkeit, und, wenn sie zustande kommt, die wirtschaftliche Unterstützung durch Russland. Verdächtig ist mir allerdings, dass Haeften so stark nach Friedensoffensiven schreit; das bedeutet, oder kann bedeuten, dass auch das Hauptquartier an eine rein militärische Beendigung des Krieges nicht mehr glaubt. Alles in Allem ist die Stimmung düster. – Im Acht Uhr Blatt Abends der Aufruf[1] des Sowjets (Trotzki und Lenin) gegen die Tschecho Slowaken: „1) Das sozialistische Vaterland befindet sich in Gefahr 2) Hauptaufgaben des gegenwärtigen Augenblicks sind: Abwehr der Tschecho-Slowaken und Zufuhr von Getreide 3) Ernst der Lage 4) Gegenüber der Bourgeoisie, die sich überall der Gegenrevolution anschliesst, ist die Wachsamkeit zu vermehren ... Zu diesem Zwecke muss die Bourgeoisie unter Kontrolle gestellt und in der Praxis gegen sie der Massenterror durchgeführt werden ..." Ob unsere Verträge noch vor dem Zusammenbruch der Bolschewiks unterzeichnet und ratifiziert werden, ist unter diesen Umständen zweifelhaft. Hintze ist heute Nachmittag aus dem Hauptquartier zurückgekehrt. – So schliesst das vierte Kriegsjahr, und dieser blutige Juli: Mirbach, der Tsar, Eichhorn ..... symbolische Opfer, die das furchtbare Ringen im Osten, das Ringen um die deutsche Vorherrschaft über den östlichen Kontinent, blutig zeichnen. Der Hass gegen uns, der im Terror und in den Morden Ausdruck findet, ist nicht von guter Vorbedeutung. Das tsarische Erbe haben wir anscheinend im ganzen Umfange angetreten.

1 August 1918. Donnerstag. Berlin. *1.8.1918 Donnerstag*

Fünftes Kriegsjahr. – Mit Fieber zuhause. – Stresemann schreibt mir aus Bintz auf Rügen: „In Gesprächen mit vielen Persönlichkeiten, die hier weilen, treffe ich überall eine sehr grosse Niedergeschlagenheit über die gegenwärtige Lage .... Man sieht militärisch und diplomatisch kein Ende. Wie sehr unter diesen Umständen die russische Lösung notwendig ist, brauche ich nicht zu betonen. Ich hoffe, dass sie dank unserer Mitwirkung, in einem Sinne zustandekommt,

[1] Gemeinsame Entschließung des Hauptvollzugsausschusses des Moskauer Rates und der Arbeiterorganisationen vom 29.7.1918

der dem Inland und Ausland gegenüber unser Ansehen stärkt. Andererseits muss aber jetzt auch von seiten unserer Staatsmänner eine politische Offensive grossen Stiles einsetzen ..... Ich sehe einen grossen Niederbruch unserer Stimmung voraus, der politisch zu gefährlichsten Folgen führen kann. Deshalb wäre ich Ihnen sehr dankbar, wenn Sie Gelegenheit nähmen, gegebenenfalls unter Bezugnahme auf diese Zeilen doch an Prittwitz und Hintze heranzutreten und ihnen darzulegen, wie notwendig es ist, dass dem deutschen Volke auch seelisch Etwas geboten wird, um das Durchhalten zu ermöglichen ....."

2 August 1918. Freitag. Berlin. *2.8.1918 Freitag*

Mit Romberg, der heute früh angekommen ist, im Amt. Nadolny sagt mir, dass die russischen Verhandlungen gut stehen. Im Hauptquartier seien neue Vorschläge ausgearbeitet worden, die hoffentlich in wenigen Tagen zu einer Einigung führen würden. Dieses stimmt zu Äusserungen Krassins, die er gestern gegen Litwin getan hat. Er war zum ersten Male optimistisch.

3 August. 1918. Sonnabend. Berlin. *3.8.1918 Samstag*

Kundgebung Ludendorffs u. Hindenburgs über den Rückzug. Sie geben den strategischen Miserfolg zu.[1] – Einige Musikkritiker zu mir eingeladen, um sie über das Schweizer Musikfest in Leipzig zu unterrichten. Unter ihnen Max Marschalk, der sich in einer höchst patzigen Weise über Hindenburg ausliess: Ob es wahr sei, dass er lebe? Es heisse, ein baierischer Offizier habe ihn erschossen. Ob er wirklich bei den Offizieren allgemein so verhasst sei wegen seiner unerhörten Brutalität? – So wandern die Gerüchte. Man macht sich schwer einen Begriff von der dumpfen Bosheit des Berliner Kulturproletariats. Bei Franzosen lauert hinter der Schlechtigkeit meistens ein bonmot, beim Berliner Bildungsphilister nur ungeformte, passive Schadenfreude. – Mit Romberg und dem Strassburger Staatssekretär Tschammer zusammen. Beide ziemlich düster. Tschammer sagt, er setze seine Hoffnung letzten Endes auf den U. Boot Krieg. Romberg will eine grosse politische Aktion, unter der er eine klipp und klare Erklärung über Belgien versteht. Nur so kämen wir zu Verhandlungen. Aber auch Hintze, mit dem er gestern gesprochen hat, lasse sich seine Politik im Hauptquartier zurechtmachen, statt dort mit einer eigenen Politik aufzutreten und diese durchzusetzen. Es sei bald so weit, dass er, Romberg, Heinz Simon recht geben müsse, wir kämen erst zu erträglichen Verhältnissen, wenn Luden-

---

[1] Am 3. Aug. 1918 erschienen in verschiedenen Zeitungen Berichte, in denen die Oberste Heeresleitung das Mißlingen des dt. Angriffsplans an der Westfront einräumte. So hieß es in einem von Eugen Kalkschmidt in der „Frankfurter Zeitung" publizierten Artikel mit der Überschrift „Hindenburg und Ludendorff zur Lage", Ludendorff habe offen zugegeben, „daß diesmal unser strategischer Angriffsplan nicht geglückt sei, er sei auf taktische Erfolge beschränkt geblieben".

dorff Reichskanzler sei; dann mache wenigstens eine Stelle die Politik. – Ich sagte, dieses sei vielleicht ein Irrtum; denn die sogenannte Politik Ludendorffs mache nicht Ludendorff, sondern der Oberst Bauer oder Bartenwerfer, und unter Diesen die reisenden und regierenden Majore, denen man überall in Deutschland und den besetzten Gebieten (meistens mit dem Pour le Mérite geschmückt) begegnet, die „missi dominici", mit denen alle Fragen besprochen werden müssen (siehe Brinkmann, Harbou, Nicolai) und die alle Fragen vorentscheiden. Ludendorff werden die Vorentscheidungen nur vorgetragen: er dekretiert dann. Dieser Apparat werde bleiben, auch wenn Ludendorff Reichskanzler werde, und bald gegen ihn arbeiten, wie zu Zeiten Falkenhayns. Andrerseits sei es leicht, auf diesem Apparat und seinen meistens politisch ziemlich ungeschulten Elementen zu spielen, wenn man wisse, was man wolle, und normale Geschäftskunst und Ausdauer besitze. Er sei nicht unbequemer oder schwieriger wie jeder andre Regierungsapparat, z. B. der parlamentarische. Nur muss man ihn kennen, was nicht allgemein der Fall ist, wie Rombergs erstaunte Frage: „Wer ist der Oberst Bauer?" bewies. Sowohl bei Tschammer wie bei Romberg sticht die Hülflosigkeit in die Augen; sie haben sich in der neuen durch den Krieg geschaffenen inneren und äusseren Situation als altpreussische Beamte nicht zurechtgefunden. Diese Hülflosigkeit in der Ausführung verbindet sich mit der Unsicherheit in den Zielen. Romberg sagt mit Recht, der Reichskanzler oder der Staatssekretär müssten ein für allemal Richtlinien festlegen, nicht aber ihre Ziele immerfort nach der wechselnden Kriegslage ändern; so ereichten sie nur, dass der Schwanz uns stückweise abgehackt werde. Nur nützen die festesten Ziele Nichts, wenn man nicht weiss, wie man hinkommt. Ich bezweifle, dass heute eine noch so klare Erklärung über Belgien wirklich Verhandlungen erzwingen würde. Ich beginne sogar zu zweifeln, ob überhaupt unsere regierende Gesellschaftsschicht, Militärs und Beamte, den Krieg beenden können. – Romberg deutete mir beim Fortgehen aus dem Kasino am Pariser Platz vorsichtig an, dass das Gedicht der Else Lasker Schüler in der ersten Nummer der „Weissen Blätter": „David und Jonathan", in Bern wieder Giftblasen ausgelöst habe. Man habe es als Verherrlichung der Päderastie aufgefasst. Auch hatte er starke Bedenken gegen einen längeren Aufenthalt Fritz Unruhs in der Schweiz. Man werfe ihn mit den deutschen Emigranten und Pazifisten Kreisen in einen Topf; und es sei doch besser, wenn ein deutscher Offizier nicht, selbst irrtümlich, in einer solchen Gesellschaft genannt werde. Der Grossherzog von Hessen wolle ihn wegen Unruhs sprechen; er habe ihn nach Wolfsgarten eingeladen. Die Sache scheine ihm kitzlich. Mit den besten Absichten reichen Rombergs Gesichtspunkte nicht aus, um solche Fragen zu beurteilen; er ist ohne Beziehung zum lebenden Strom des deutschen Geistes. Diese entsetzliche Spaltung, die seit Friedrich d. Gr. zwischen deutscher Macht und deutschem Geist andauert, kann vielleicht nur durch eine Revolution beseitigt werden. In Rombergs Unsicherheit mischt sich so viel Ahnungslosigkeit mit Richtigem und Unrichtigem, dass das Ganze unentwirrbar ist. Man kann solche Knoten nur durchhauen. Grossmütter, noch so wohlwollende, lösen sie selten. Und wie besorgte Grossmütter, die sich ohne rechte Sachkenntnis in wilde Spekulationen eingelassen haben, kommt mir das Auswärtige Amt vor. Es erinnert mich an die Zeit, wo die Familie Kühlmann, inklusive Heymel, eine Wahrsagerin fortlaufend konsultierte, um das Heymelsche Vermögen an der Börse zurückzuverdienen. Diese Erkenntnisse oder Vermutungen sind für mich um so schmerzlicher, als ich mein Leben eigentlich damit verbracht habe, eine Brücke zu suchen zwischen Junkertum und Geist, jetzt noch zwischen Ludendorff und Europa; irgendwo ist aber eine fürchterliche Zähigkeit. Bernhard Bülow überwindet sie oberflächlich durch mässige Witze. Das ist der Stein, den er bei Ludendorff im Brette hat. Kühlmann hat die Sache nur etwas ernster und doch zu ernst, vielleicht aber auch nur schwerer und nicht ernst genug genommen und ist in der zähen Flüssigkeit stecken geblieben. Ein Blitzschlag, der durch sie durchschlägt, wäre notwendig.

4 August 1918. Sonntag. Berlin. *4.8.1918 Sonntag*

Spaziergang mit Romberg Vormittags im Tiergarten. Hintze hat ihm gesagt, Helfferichs Berichte aus Moskau seien „geradezu empörend". Er habe offenbar Angst und wolle abberufen werden, verlange aber einen Befehl, abzureisen; Hintze habe ihm nur die „Ermächtigung" erteilt. Nasse, mit dem wir nachher im Kaiserhof konferierten, hat den Eindruck, dass systematisch mit Gerüchten vom Sturz der Bolschewiki gearbeitet werde, um die Verträge hinauszuschieben. Auch Helfferich blase jetzt in dieses Horn. Romberg sagte, Hintzes Schilderungen von Helfferichs Nervosität seien derart gewesen, dass er Lust gehabt habe, sich selber für den Moskauer Posten anzubieten. Romberg, Nasse und ich kamen nach eingehender Prüfung zum Schluss, dass auf Hintze und das Hauptquartier, wo offenbar die Verzögerung ihren Ursprung hat, mit allen Mitteln gedrückt werden muss, damit die Verträge zustandekommen. Romberg will Hintze vorschlagen, dass Nasse und ich ihm gemeinsam Vortrag halten; meinte aber, grosse Vorsicht sei Hintze gegenüber notwendig, da er als Outsider und Parvenü sehr mistrauisch sei und durch allerlei Schliche, eine ganze Gesprächstechnik, vermeide, sich irgendwie festzulegen. Er umgiebt sich (wie mir schon Stresemann sagte) mit einem künstlichen Nebel. – Im Kaiserhof mit Hintze, wo er mit Romberg, Gerhard Mutius, Jacoby u Tschernikan frühstückte; nachher Unterredung über Russland auf Veranlassung von Romberg und gemeinsam mit Nasse; d. h. Nasse trug Hintze Mitteilungen eines Vertrauensmannes (Bayer) vor, wonach die Herrschaft der Bolschewiks nicht gefährdet sei, wenn wir ihnen keine Schwierigkeiten machten; und Hintze hörte zu, sah während des Vortrages nach der Uhr, und stellte nachher an mich einige Fragen. Im Ganzen war er sehr einsilbig, ein kleiner, gedrungener, brünetter, runder Mann, verschlossen wie eine Kugel, an der man abgleitet. Das einzig Positive in seinen Äusserungen war, dass er mir auftrug, Joffe zu sagen, er solle endlich einsehen, dass er, Hintze, die militärischen Interessen der Bolschewiki besser verstünde als sie selber; denn jetzt, nach acht Tagen, hätte die Moskauer Regierung über Joffes Kopf hinweg genau das vorgeschlagen, was er, Hintze, gewollt, Joffe aber abgelehnt habe. Wenn Joffe nicht immer wieder unsinnige militärische Forderungen stellte, könnte der Vertrag längst unterschrieben sein. Damit empfahl Hintze sich. Nasse war offenbar enttäuscht; meinte, Hintze sei seiner Aufgabe nicht gewachsen. Ich finde, er sieht entschlossener aus, wenn er schweigt, als wenn er spricht. Vielleicht ist er deshalb so schweigsam. Allmählich geht es den Staatssekretären wie den Sonntagsreitern in den 50 Pfennigs Manègen auf dem Jahrmarkt, die man sich hauptsächlich ansieht, um auszurechnen, wie lange sie obenbleiben, bis sie über den Kopf ihres Mietsgauls herunterfliegen. Ich frage mich, wie diese aalglatte Kugel Hintze im Getriebe der preussischen Maschine wirken wird; was von ihr ausgehen kann? Am meisten kann beunruhigen die Möglichkeit, dass Hintze schweigt aus Angst vor seiner eigenen Unfähigkeit; dass er in sich verschlossen hält diese Leere. – Abends: eine Nüance im Gespräch mit Hintze: Nasse, der ihm einen inhaltsreichen, gedrängten, klaren Vortrag gehalten hatte, würdigte er keiner Antwort oder Frage. Gegen mich war er in Ton und Haltung fast kriechend verbindlich. Er weiss in einer etwas dunklen Weise von meinen Verbindungen mit Ludendorff, Stresemann, Georg Bernhard, den Bolschewiks; ausserdem haben Bernhard, Stein (als Bülow Mann), Stresemann mich für den Moskauer Posten bei ihm empfohlen, Romberg heute eine Unterredung zwischen ihm und mir fast erzwungen. Ich bin ihm unheimlich und nicht unwichtig für seine Stellung. Die brutale Art gegen Nasse, die Unsicherheit gegen mich machen mich bei einem Mann, von dem solche Entschlüsse verlangt werden, kopfscheu. Das Sachliche und Dämonische, Eigenschaften die bei Ludendorff schon bei meiner ersten Unterredung in Jodoigne mit ihm mir so stark und damals fast verletzend auffielen, fehlen Hintze. Er ist in seiner Art ein Kriegsgewinnler, zu persönlich nützlichen Kompromissen geneigt. – Romberg bestätigte nach unserer Unterredung mit Hintze, dass wahrscheinlich Veränderungen in Moskau erfolgen, Helfferich und Riezler abberufen würden. Er, Romberg, werde aber nicht hingeschickt; das sei schon sicher. Helfferich ist erst am 27ten Juli auf seinen Posten abgereist; allerdings ist inzwischen Eichhorn am 30ten ermordet worden.

5 August 1918. Montag. Berlin. *5.8.1918 Montag*

Im Schutze des Sonntags haben wir unseren Rückzug bis zur Aisne fortgesetzt und Soissons aufgegeben. Der Heeresbericht meldet: „Wir stehen an der Aisne (nördlich und östlich von Soissons) und an der Veste in Gefechtsfühlung mit dem Feinde". Das Beste daran ist, dass Hindenburg und Ludendorff Charakter haben, rücksichtslos auch schmerzliche Entschlüsse fassen. Solchen Männern kann man vertrauen. Falkenhayn war andrer Art, sonst hätte er uns fünf Monate Verdun erspart. Romberg telephonierte mir heute früh, ob ich nicht die Empfindung habe, dass wir mit unserer gestrigen Sache bei Hintze „etwas abgefallen" seien? Hintze ist ungeschickt, dass er Leuten durch sein mistrauisches Schweigen diesen Eindruck giebt. Er wird sich damit keine Liebe schaffen. – Gefrühstückt bei Borchardt mit Litwin, der mir einen phantastischen Plan zur Schaffung einer neuen russischen Armee aus Kriegsgefangenen in Deutschland mit Hülfe der Sowjet Regierung vortrug. Er möchte damit betraut werden. Mit ihm nachher anderthalb Stunden bei Joffe in der Botschaft. Ein Imbiss von Apfelkuchen mit Madeira, dazu russische Zigaretten, wurde aufgetragen. Frau Joffe, die aus Baku angekommen ist, macht eine Mastkur. Ich richtete Joffe Hintzes Auftrag aus, indem ich erwähnte, dass ich Hintze gesehen und den Eindruck einer gewissen Verstimmung bei ihm gehabt hätte über die sich immer wieder aus den militärischen Forderungen Russlands ergebenden Schwierigkeiten und Verzögerungen. Mir schiene, dass Forderungen, die nicht Lebensfragen seien, jetzt auf beiden Seiten zurückgestellt werden müssten. In diesem Sinne hätte ich unsere Militärs mit Erfolg gedrängt, Krasnoff fallen zu lassen. Auch bei gewissen russischen militärischen Forderungen habe sich, wie der Staatssekretär mir gesagt habe, nachher herausgestellt, dass die Moskauer Zivil Behörden sie anders beurteilten als Joffes militärische Berater in Berlin. – Joffe gab in seiner lächelnden, höflichen, etwas unterwürfigen, femininen Weise zu, dass Hintze als Militär mehr von militärischen Dingen verstehe als er und manchmal ihm gegenüber recht gehabt haben könne. So habe ihm „Seine Exzellenz" an der Hand der Karte den Aufmarsch der Entente gegen die Bolschewiki erklärt, den grossen zusammenhängenden Plan einer Einkreisung aus den Richtungen Murman, Ural, Don gegen Moskau. Er, Joffe, habe diesen Plan vorher nicht so erkannt und dessen Gefahren, wie er zugebe, unterschätzt. (Ich vermute, Hintze hat Joffe einschüchtern und drücken wollen.) In der Tat sei Alexeiex jetzt bis Jeisk am Asowschen Meere vorgedrungen mit 60 000 Mann und guter Ausrüstung, die er indirekt, über Krasnoff, von uns bekommen habe: Mausergewehren u. s. w. Die Sowjettruppen hätten durch ihn eine Schlappe erlitten. Vielleicht sei es daher richtig, wenn in diesem Augenblick unsere Truppen nicht von beiden grossen Bahnen, der Taganrog-Kursker und der Rostow-Woronescher zurückgezogen würden, sondern nur von der einen, östlicheren, damit nicht beide bei einer eventuellen neuen Schlappe der Sowjettruppen in Alexeiews Hände fielen. Jedoch die Rostow-Woronescher Bahn müssten wir sofort räumen, damit die Bolschewiks sie als Nachschublinie benutzen könnten. Sonst verzichte er lieber auf den ganzen Vertrag. – Eine weitere Frage, die man nicht als nebensächlich bezeichnen könne, sei die der neuen Grenze von Esthland-Livland. Wir hätten allerdings den Russen gerade heute hier eine Konzession gemacht, indem wir ihnen einen Landstrich westlich des Narwaflusses zugestanden hätten, damit beide Ufer russisch würden; dieses sei von grossem wirtschaftlichen Wert namentlich für Petersburg, wegen der Wasserkräfte, die Petersburg mit Elektrizität versorgen sollten. Als Gegengabe hätten die Russen uns aber die Stadt Dünaburg abgetreten, damit die Bahn Wilna-Riga nicht über russisches Gebiet führe. Jetzt forderten unsere Militärs weiter ein Vorfeld von 30 km Breite vor Dünaburg, weil es sonst als Festung wertlos werde. Hiergegen erhöben seine militärischen Berater Einspruch, da dann Dünaburg zu einem Einfallstor gegen Russland ausgebaut werden könne. Schon die Abtretung Esthlands und Livlands widerspreche in der Form, in der sie im Vertrage formuliert sei, den Bolschewiki-Grundsätzen, da sie vom Selbstbestimmungsrecht der Völker absehe. Lenin habe ihm sogar privatim geschrieben, dass diese Formulierung fallen müsse, man müsse die Ausdrücke so wählen, dass eigentlich nur das Faktum konstatiert werde. Die lettischen Truppen seien ihre beste Stütze; jetzt verfüge man, ohne sie zu fragen, über ihre Heimat. Das werde nicht ohne Einfluss auf ihre Stimmung bleiben. Die Konzessionen, die wir inbezug auf das Dongebiet machten, beträfen vorübergehende Zustände; doch die estnische und livländische Grenze werde bleiben, wenn Krasnoff und Alexeiew schon längst tot seien. Eine dritte Frage, die bedeutsam sei, sei die des Donetzbeckens. Die Russen hätten $^{2}/_{3}$ dieses Gebietes gefordert, wir gäben ihnen $^{1}/_{10}$; im Ganzen zwölf Zechen; nur Anthrazit. Russland bleibe ohne Koks. Auch die 5 Milliarden, die Russland zahlen müsse, werde das Volk schwer empfinden. Diesen vielen Opfern gegenüber, die über den Brester Vertrag hinausgiengen, habe er, Joffe, als von ihm errungene Gegenleistungen nur vorzuzeigen die Ruhe vor ferneren deutschen Angriffen, die Nichteinmischung Deutschlands in die inneren russischen Verhältnisse (jeder deutsche General könne nicht mehr eine neue kleine Republik gründen) und die Freigabe der einen von den zwei grossen Zufuhr Bahnen aus dem Süden: Alles zusammen unendlich Wenig; auch unendlich wenig Material, um einen Stimmungs Umschwung zugunsten Deutschlands herbeizuführen. Wenn auch noch diese geringen Gegenleistungen geschmälert würden, dann sei es besser, der Vertrag käme überhaupt nicht zustande. – Auf Einreden gab er zu, dass tatsächlich durch den Vertrag mehr erreicht werde; nämlich, dass sich Russland nicht in lauter „unabhängige Republiken“ auflöse, sondern bestehen bleibe. Er wisse sehr gut, dass bei uns im

Hauptquartier Kirgisen sässen, auch Baschkiren, Kalmücken u. s. w., die nur auf ein Zeichen warteten, um eigene, „unabhängige Republiken", tatsächliche deutsche Republiken zu proklamieren. Auch hätten die Bolschewiks keine Macht, diese Gründungen zu hindern, wenn wir sie unterstützten. Aber diese Sachlage könne er nicht öffentlich bekanntgeben, weil das dem § 2 des Brester Vertrages[1] widersprechen würde, der jede antideutsche Propaganda verbiete. Den verhinderten Zerfall Russlands werde das russische Volk daher nicht als Gegenwert buchen. Es werde nur sehen, dass die Kommission, die in Berlin den Brester Vertrag verbessern sollte, ihn wesentlich verschlechtert habe, ohne entsprechende Gegenleistungen. Schon der Brester Friede habe die Sozial Revolutionäre zum Abfall gebracht und den Hass des Volkes gegen Deutschland entfacht; wie werde dieser neue Vertrag wirken, wenn noch das Wenige Greifbare, das er für Russland biete, vermindert werde? – Ich sagte: Brot für den Hunger und Rohstoffe für die Fabriken würden dem russischen Volk mehr Eindruck machen als Grenzlinien oder papierene Zugeständnisse. Auf diese, soweit sie nicht jene Grunderfordernisse berührten, komme es daher weniger an als auf den raschen Abschluss, der Brot und Rohstoffe beschaffen würde. Ich müsse noch einmal betonen, dass bei uns Alle auch im Hauptquartier diesen wünschten und gewiss keine unnötigen Schwierigkeiten machten. Joffe möge daher seine Militärs, wie wir es mit den unsrigen getan hätten, von unwesentlichen Forderungen abhalten. Es handle sich um eine weltgeschichtliche Angelegenheit, zu der einige Kilometer Land, diese oder jene militärische Liebhaberei in keinem Verhältnis stünden. Ich fragte dann nach der inneren und äusseren Festigkeit der Sowjet Regierung. Hier seien sehr pessimistische Gerüchte verbreitet, vielleicht durch Entente Agenten. Joffe antwortete: die links Sozialrevolutionäre existierten sozusagen nicht mehr. Die Bolschewiks seien selber erstaunt gewesen, wie schwach und leicht zu unterdrücken der Aufstand nach der Ermordung Mirbachs gewesen sei. Auch Murawiews Selbstmord, der als Sozialrevolutionär nach Mirbachs Ermordung die Bolschewiks verraten und die Tschecho-Slowaken über die Wolga gelassen habe, sei ein Beweis für die schlechte Lage der Sozialrevolutionäre. Teile von ihnen hätten sich losgelöst und eine neue Partei im Anschluss an die Bolschewiks gebildet. Von den Sozialrevolutionären habe die Sowjet Regierung Nichts zu fürchten. Ernster sei Alexeiew zu nehmen. Nach Hintzes Ansicht würden die Bolschewiks selbst bei glücklichen Operationen vier bis fünf Wochen brauchen, um mit ihm fertig zu werden. Auch schneide er sie von ihren letzten Kornkammern, dem Kubange-

[1] „Art. II. Die vertragschließenden Teile werden die Agitation oder Propaganda gegen die Regierung oder die Staats- und Heereseinrichtungen des anderen Teiles unterlassen. Die Verpflichtung gilt, soweit sie Rußland obliegt, auch für die von den Mächten des Vierbundes besetzten Gebiete."

biet, ab. Um so dringender sei es, dass wir ihnen erlaubten, Getreide aus der Ukraine zu beziehen. Zehn oder zwölf hingesandte Kommissare würden genügen; von einer bolschewistischen Propaganda Gefahr könne unter solchen Bedingungen keine Rede sein. – Mit England seien sie noch nicht im Kriegszustand; dieser könne aber jeden Augenblick eintreten; in Moskau erwäge man bereits die Verhaftung von Lockhart, dem englischen Agenten. Die Engländer hätten dem russischen Volke gegenüber geschickter sich benommen als wir. Trotzdem sie schon vier Jahre in Archangelsk sässen, habe bis vor Kurzem dort und in Russland kein Hass gegen England bestanden, weil die Engländer dem Volke immer Etwas mitgebracht hätten, irgendein Geschenk, während wir überall nur nähmen. Erst jetzt, wo die Engländer vormarschierten und die örtlichen Sowjet Mitglieder erschössen, beginne der Engländer Hass sich zu regen. Aber noch vor kurzem habe der Sowjet von Baku einen Antrag angenommen, die Engländer gegen die Türken zur Hülfe zu rufen. Jedenfalls sei vorläufig an eine Mitwirkung deutscher Truppen gegen die Engländer und Tschecho Slowaken nicht zu denken. – Beim Fortgehen trug mir Joffe Grüsse für Berzin, den Bolschewiki Gesandten in der Schweiz auf. Er selbst hoffe, am Donnerstag Abend mit dem fertigen Vertragsentwurf nach Moskau zu fahren (was doch immerhin auf seine Zuversicht deutet). – Alles in Allem weiss ich nicht, wer den Andren leimt. Vielleicht übertrifft unser Verzicht auf die Auflösung Russlands unermesslich an Wert alle Zugeständnisse und Abtretungen der Russen; namentlich, wenn man den durch unsren Vertrag neu entfachten Hass Russlands in die Rechnung einstellt.

6. August 1918 Dienstag. Berlin. *6.8.1918 Dienstag*

Hintze hat sich ins Bett gelegt. Vielleicht ist er wirklich krank; vielleicht will er blos Zeit gewinnen. Vormittags war ich mit Romberg bei Deutelmoser. Propagandafragen und die Reorganisation. Ich sagte, ohne zusammenhängendes Gesamtbild deutscher Politik bleibe alle Propaganda Stückwerk. Deutelmoser schwieg und schien Dieses als Taktlosigkeit zu empfinden. Mit Romberg in der Deutschen Gesellschaft gefrühstückt. Er besprach noch einmal den Aufenthalt Fritz Unruhs in der Schweiz; die schlechten Erfahrungen mit Mühlon, Max Montgelas u. s. w., die unter dem Einfluss der Schweizer Atmosphäre immer mehr nach der Entente Seite hinüber geglitten seien, mahnten zur Vorsicht. Wir Alle in der Schweiz seien den giftigsten Angriffen ausgesetzt, dadurch könnten weniger feste Charaktere auf die andre Seite gedrängt werden. In Unruhs eigenem Interesse könne er einen dauernden Aufenthalt in der Schweiz nicht wünschenswert finden. Ich machte Gegengründe geltend und schlug einen Kompromiss vor; Unruh solle dazwischen immer wieder beim Grossherzog in Darmstadt Dienst tun. Hierauf schien Romberg einzugehen. Nach dem Frühstück Hermann Keyserlingk Romberg vorgestellt und mit Diesem, unserem Haager Rosen und Nadolny zusammengesessen. Rosen und Keyserlingk vertieften sich in ein Gespräch über chinesische und persische Philosophie. Die Perser seien die Franzosen des Orients, tief und epigrammatisch; Rosen korrigierte: Franzosen des 18ten Jahrhunderts, wie die, die auf Goethe und Schiller Einfluss geübt hätten. Dschellal-Eddin-Rumi. Keyserlingk machte sich sehr geschickt eine Stellung bei Romberg und Rosen, ohne irgendwelche geistige Konzessionen: baltisch gewandt und zäh, auf eingestanden überdeutscher, universalistischer Grundlage. Romberg lud ihn nach Bern, Rosen nach dem Haag ein. Vorläufig ist er insgeheim mir zugeteilt. – Inbezug auf Russland meinte Romberg, es sei vielleicht gut, wenn wir (d. h. die Berner Gesandtschaft) uns jetzt etwas zurückhielten. Hintzes Haltung am Sonntag scheint ihn eingeschüchtert zu haben. Er setzte nur hinzu, es sei sehr bedauerlich, dass man seinen Vertrauensmann Bayer nicht im Ausw. Amt hinzugezogen habe bei den Verhandlungen mit den Bolschewikis; durch diesen hätte man Alles wissen können. Jetzt, post festum, schicke man ihn nach Moskau. Bayer habe Alles gemacht, die ganze Bolschewiki Herrschaft in Russland mit Lenin ins Werk gesetzt. Ein solcher Mann sei bei den Verhandlungen mit den Bolschewiks jetzt nicht einmal gefragt worden! – Nadolny, mit dem ich eingehend sprach, schien ziemlich pessimistisch. Er markierte Staunen, als ich ihm erzählte, Joffe habe mir gestern gesagt, er hoffe Donnerstag Abend mit den fertigen Vertragsentwürfen nach Moskau zu fahren; das habe er ihnen im Ausw. Amt noch nicht gesagt, es sei aber sehr erfreulich, dass er das glaube! Sehr störend sei, dass Herren wie Stresemann jetzt auf Urlaub seien. Es wäre gut, wenn gerade Stresemann hier wäre, um dem Staatssekretär den Rücken zu stärken. Ich fragte, ob ich Stresemann zurückrufen solle? Nadolny sagte ja, es sei zu wünschen, dass Stresemann bald mit Hintze spreche. Ich sagte, ich wolle ihn zurückrufen; nur sei die letzte Unterredung zwischen Hintze und Stresemann etwas unglücklich gewesen, weil Stresemann den Eindruck einer übermässigen Zurückhaltung bei Hintze gewonnen habe. Nadolny möge Hintze darauf hinweisen, dass solche Allüren verstimmten. Hintze könne, nachdem Erzberger verbraucht sei, in Stresemann eine entscheidend wichtige Stütze im Reichstag und gegenüber der O.H. gewinnen. Nadolny stimmte bei und versprach, Hintze, sobald er wieder auf sei, zu ermahnen. Ich bin allerdings skeptisch! Vielleicht sind Hintzes Schweigsamkeit und seine Glätte wesentliche Elemente seiner Taktik. Dann könnte die Anarchie im Amt unter Hintze ihren Höhepunkt erreichen, da Niemand weiss, was er will. Deutelmoser behauptet allerdings, Nichts habe sich geändert, Hintze verfolge nach Westen dieselbe Politik wie Kühlmann. – Curt Unruh schreibt mir, dass sein Bruder Fritz bei Pallavicinis in der Schweiz einen Nervenzusammenbruch mit Weinkrämpfen erlitten habe und wieder schwer krank sei.

7. August 1918. Mittwoch. Berlin. *7.8.1918 Mittwoch*

Helfferich ist aus Moskau abgereist, aber nicht abberufen. Man will es öffentlich so darstellen, als ob er blos zur Berichterstattung herkäme. – Prittwitz besucht, der auf zwei Tage aus dem Hauptquartier hier ist. Er sagt, der Reichskanzler und Hintze stünden nach wie vor fest auf dem Boden unserer Politik; Hintze verfolge eine ganz grade Richtung. Der Reichskanzler habe heute wieder antelephonieren lassen, wie es mit den russischen Verträgen stünde? Diese Politik werde aber immer wieder durchkreuzt durch die Militärs. Ludendorff selbst sei ganz vernünftig, wenn man mit ihm rede; aber gleich hinterher werde ihm ein Floh ins Ohr gesetzt von Bartenwerfer oder einem von Bartenwerfers jungen Leuten, denen die Bolschewiks widerwärtig seien, und die an irgendeinem phantastischen Projekte, einem Verbande der Südoststaaten um den Kaukasus, arbeiteten: und dann kämen plötzlich neue Forderungen, die die Unterzeichnung der Verträge verzögerten. Sehr kompliziert sei die ganze Frage durch die Haltung von Helfferich, der wahrscheinlich unter den Einfluss von Grosskapitalisten geraten sei, die ihre Interessen in Russland retten wollten. Diese finanzielle Politik treffe sich in ihrer Richtung gegen die Bolschewiki mit der sentimentalen der Militärs. Wenn Helfferich hier eintreffe, werde der grosse Ansturm gegen Hintze einsetzen; von Hintze allein hänge die Entscheidung ab; ihn gelte es, in seinen Absichten zu bestärken. Deshalb sei das Eingreifen von Stresemann wichtig; er müsse Hintze den Rücken stärken, damit er fest bleibe. Die seit einigen Tagen in der deutschen Presse rasende antibolschewistische Kampagne führt Prittwitz direkt auf Bartenwerfer zurück. – Das Scheitern der Offensive bezeichnet Prittwitz zwar als Katastrophe, die uns um Monate zurückgeworfen habe, weil ganz neue Pläne und Dispositionen ausgearbeitet werden müssten. Er scheint aber an eine neue Offensive vor dem Winter noch zu glauben. – Romberg redete mit mir über die Organisation der Propaganda und möchte, dass ich eine leitende Stelle einnehme. Irgendein Organ, das neben den amtlichen stehe, sollte mir unterstellt werden, wobei ich volle Freiheit zum Reisen und die nötigen grossen Mittel bekäme. Ich sagte, ich wolle mir die Sache überlegen. Ob ich meine Freiheit einem solchen Zwecke opfere? Deutelmosers Denkschrift für den Reichskanzler, die ich heute las, übersieht ganz die wirtschaftliche Propaganda.

8. August 1918. Donnerstag. Berlin. *8.8.1918 Donnerstag*

Früh mehrere Stunden mit Romberg bei Haeften. Osten und Westen besprochen. Haeften fährt morgen ins Hauptquartier, will Ludendorff Bericht erstatten. Mit seinem gewohnten Feuer entwickelte er bei der ersten Erwähnung Russlands einen grosszügigen Plan für den Sturz der Bolschewiki. Wir seien infolge der Ereignisse im Westen in einer der grossen Krisen des Krieges. Wenn Russland jetzt durch die Entente wieder aufgerichtet werde, dann hätten wir den Krieg verloren. Diese Gefahr wachse rasch infolge der Schwäche der Bolschewiks und des Vormarsches der Engländer, Tschecho-Slowaken und Kosaken von Norden, Osten, Süden. Wenn die Entente die Bolschewiks stürze, hätte sie ganz Russland hinter sich. Wir müssten ihr zuvorkommen, selber die Bolschewiks stürzen, indem wir einmarschierten, die Engländer vertrieben, was automatisch den Sturz der Bolschewiks bewirken werde. Dann fielen alle andren russischen Parteien uns um den Hals; und Russland werde auf Jahrzehnte unsere Domäne. Allerdings setze dieser Plan voraus, dass wir auf weitere Offensiven im Westen verzichteten; im Hauptquartier wolle er erfahren, ob es im Westen militärisch noch Aussicht auf entscheidende Schläge gebe. Sonst müssten wir dort wieder in die strategische Defensive und unsere ganze Kraft auf Russland verwenden. Wenn wir Russland reorganisierten und fest mit uns verbänden, würde die Entente vielleicht einsehen, dass es ihr endgültig unmöglich gemacht sei, uns kleinzukriegen. Erlaubten wir ihr dagegen in Russland die Macht wieder an sich zu reissen, dann würde sie irgendwelche Friedenstöne hören lassen, und bei der ersten noch so schwachen Friedensoffensive der Entente würden wir eine Stimmungs Katastrophe in Deutschland erleben, die uns hülflos den Bedingungen der Entente ausliefern werde. Der Vertrag mit den Bolschewiks werde heute oder morgen unterschrieben; dann hätten sie ihre Schuldigkeit für uns getan und könnten verschwinden. – Romberg trat sehr entschieden gegen die Idee auf, die Bolschewiks zu stürzen. Er redet in solchen Augenblicken in der Form diffus und zögernd, sachlich aber fest und überzeugend; und hinter seinen Worten steckte eine langjährige Kenntnis von Russland, und eine, wie er anführte, in Gegnerschaft zu Bernhard Bülow und dem Kaiser bewährte Richtigkeit des Urteils über russische Verhältnisse. Sein Grunderlebnis scheint die Unzuverlässigkeit aller russischen Beteuerungen und Versprechungen. Er geht davon aus, dass nur die Bolschewiks friedfertig und auf uns angewiesen seien. Alle andren Parteien wollten uns trotz aller Liebesschwüre nur benutzen, um zur Macht zu gelangen, und diese Macht dann gegen uns zu kehren. Es könne daher kein vernünftiges Ziel unserer Politik sein, die Bolschewiks zu stürzen. Lenin habe uns bisher den ungeheuren Dienst geleistet, seine Anhängerschaft, und diese umfasse scheinbar die Majorität des russischen Volkes, von aktiver Deutschfeindschaft abzuhalten; das sei sehr schwer gewesen. Wenn wir aber einmarschierten, werde es für ihn ein Kinderspiel sein, das ganze Volk gegen uns aufzuhetzen. Wir würden uns einem gewaltigen Volkskrieg gegenübersehen. Statt die Bolschewiks zu stür-

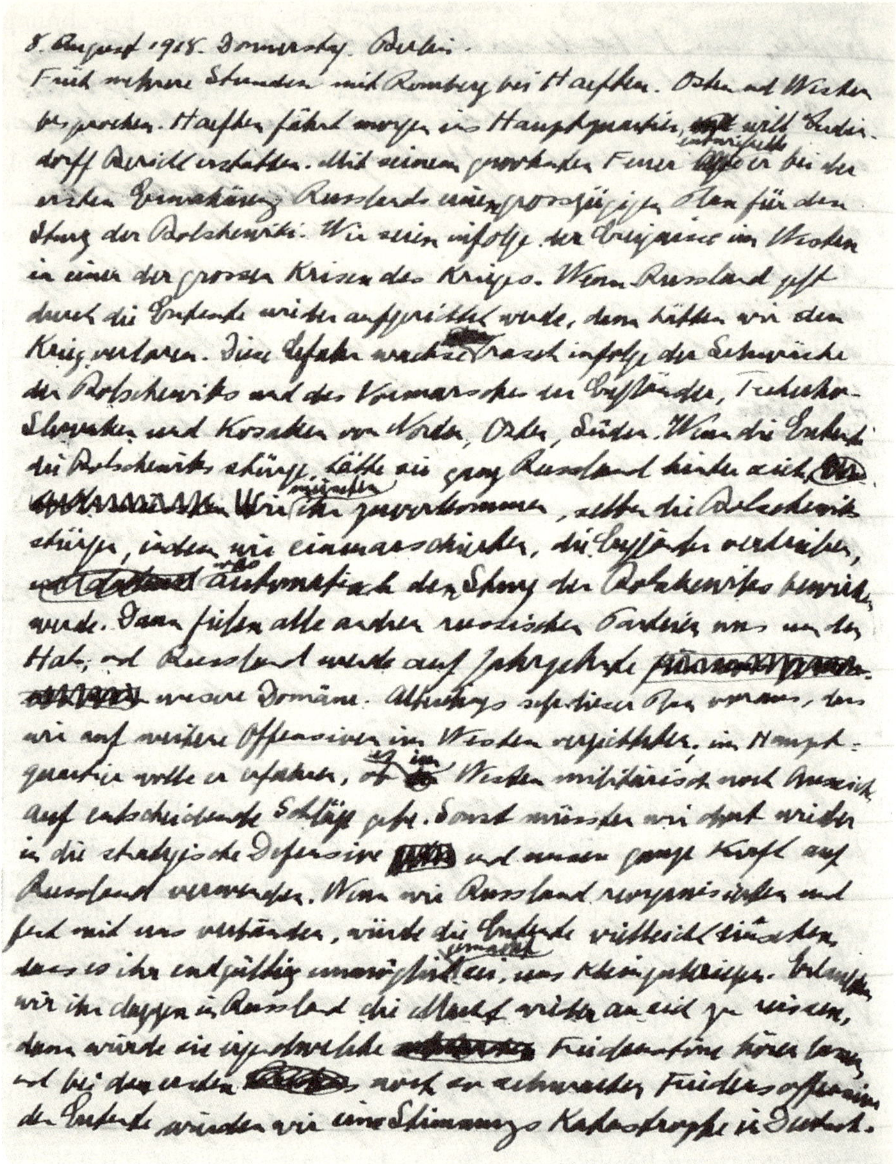

8. August 1918. Donnerstag. Berlin.
Früh mehrere Stunden mit Romberg bei Haeften. Osten und Westen
besprochen. Haeften fährt morgen ins Hauptquartier, will Luden-
dorff Bericht erstatten. Mit seinem glühenden Feuer unterstützt er bei der
ersten Vernehmung Russlands einen grosszügigen Plan für den
Sturz der Bolschewiki. Wir seien infolge der Ereignisse im Westen
in einer der grossen Krisen des Krieges. Wenn Russland jetzt
durch die Entente wieder aufgerichtet werde, dann hätten wir den
Krieg verloren. Diese Gefahr wachse rasch infolge der Schwäche
der Bolschewiks und des Vormarsches der Engländer, Tschecho-
Slowaken und Kosaken von Norden, Osten, Süden. Wenn die Entente
die Bolschewiks stürze, hätte sie ganz Russland hinter sich.
Wir müssten ihr zuvorkommen, selbst die Bolschewiks
stürzen, indem wir einmarschierten, die Engländer vertreiben,
wo automatisch der Sturz der Bolschewikis bewirkt
werde. Dann fielen alle anderen russischen Parteien uns um den
Hals, und Russland werde auf Jahrzehnte
unsere Domäne. Allerdings setze dieser Plan voraus, dass
wir auf weitere Offensiven im Westen verzichteten. Im Haupt-
quartier wolle er erfahren, ob es im Westen militärisch noch Aussicht
auf entscheidende Schläge gebe. Sonst müssten wir dort wieder
in die strategische Defensive und unsere ganze Kraft auf
Russland verwenden. Wenn wir Russland reorganisierten und
es mit uns verständen, würde die Entente vielleicht einsehen,
dass es ihr endgültig unmöglich sei, uns umzuwerfen. Erlauben
wir ihr dagegen in Russland die Macht wieder an sich zu reissen,
dann würde sie irgendwelche Friedenstöne hören lassen,
und bei den ersten noch so schwachen Friedensoffensiven
der Entente würden wir eine Stimmungskatastrophe in Deutschl.

Eintrag vom 8. August 1918; Tagebuch Harry Graf Kessler;
Deutsches Literaturarchiv Marbach

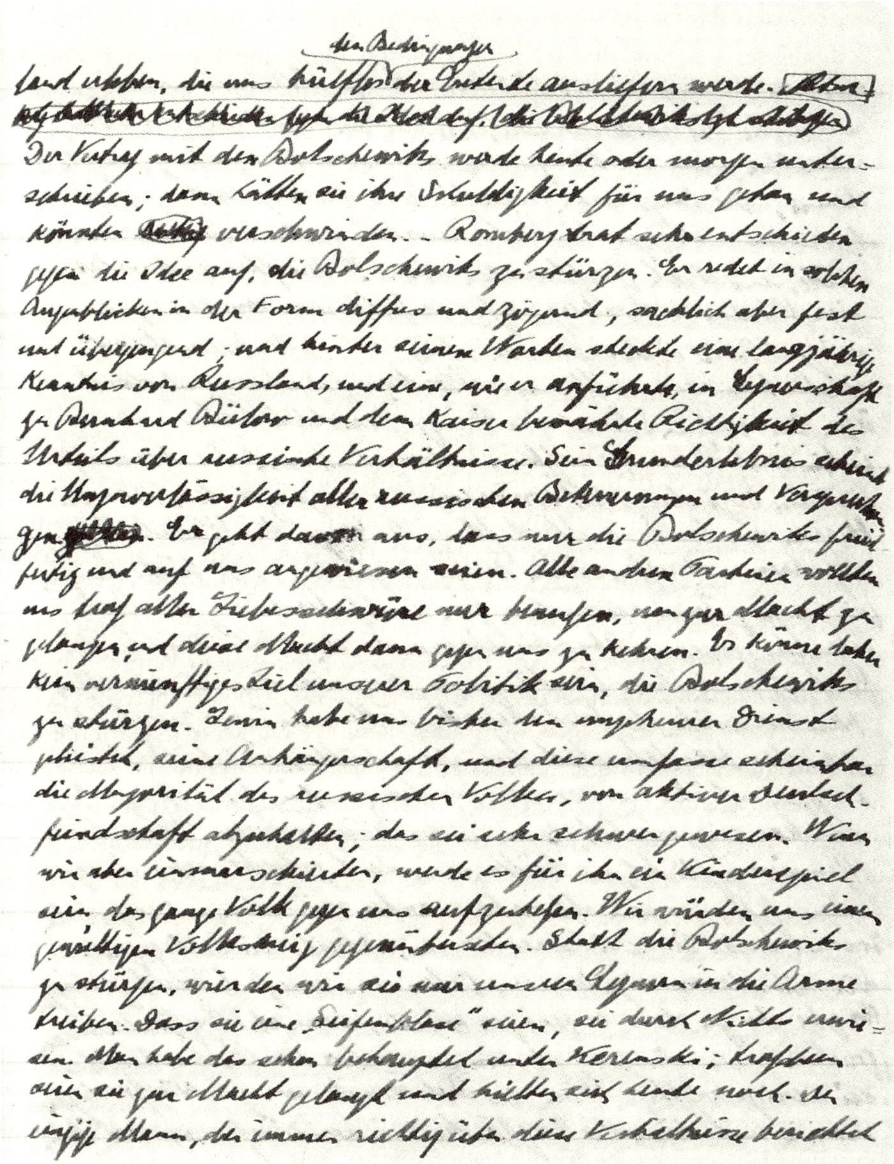

[den Bedingungen]
Land abtreten, die uns hülflos der Entente ausliefern werde. [illegible]
[illegible]
Der Vertrag mit den Bolschewiks werde heute oder morgen unterschreiben; dann hätten sie ihre Schuldigkeit für uns getan und könnten [illegible] verschwinden. – Romberg trat sehr entschieden gegen die Idee auf, die Bolschewiks zu stürzen. Er redet in solchen Augenblicken in der Form diffus und zögernd, sachlich aber fest und überzeugend; und hinter seinen Worten steckte eine langjährige Kenntnis von Russland, und eine, wie er anführte, in Gegnerschaft zu Bernhard Bülow und dem Kaiser bewährte Richtigkeit des Urteils über russische Verhältnisse. Sein Grundargument schien die Unzuverlässigkeit aller russischen Bekenntnisse und Versprechungen. Er geht davon aus, dass nur die Bolschewiken friedfertig und auf uns angewiesen seien. Alle anderen Parteien wollten uns trotz aller Liebesbeteuerungen nur benutzen, um zur Macht zu gelangen, und diese Macht dann gegen uns zu kehren. Es könne daher kein vernünftiges Ziel unserer Politik sein, die Bolschewiks zu stürzen. Lenin habe uns bisher den ungeheuren Dienst geleistet, seine Anhängerschaft, und diese umfasse scheinbar die Majorität des russischen Volkes, von aktiver Deutschfeindschaft abzuhalten; das sei sehr schwer gewesen. Wenn wir aber einmarschierten, werde es für ihn ein Kinderspiel sein, das ganze Volk gegen uns aufzuhetzen. Wir würden uns einem gewaltigen Volkskrieg gegenübersehen. Statt die Bolschewiks zu stürzen, würden wir sie nur unseren Gegnern in die Arme treiben. Dass sie eine „Seifenblase" seien, die durch Nichts [illegible] … Man habe das schon behauptet unter Kerenski; trotzdem seien sie zur Macht gelangt und hielten sich heute noch. Der einzige Mann, der immer richtig über diese Verhältnisse berichtet

Eintrag vom 8. August 1918; Tagebuch Harry Graf Kessler;
Deutsches Literaturarchiv Marbach

zen, würden wir sie nur unsren Gegnern in die Arme treiben. Dass sie eine „Seifenblase“ seien, sei durch Nichts erwiesen. Man habe das schon behauptet unter Kerenski; trotzdem seien sie zur Macht gelangt und hielten sich heute noch. Der einzige Mann, der immer richtig über diese Verhältnisse berichtet habe, sei ___ gewesen. Mit dessen Hülfe hätten wir unsere ganze russische Politik gemacht, die Bolschewiks aufgerichtet; ohne ihn wäre der Krieg verloren gewesen. Romberg fragte dann, wie lange man brauche, bis die Expedition nach Murman und gegen die Bolschewiks, falls sie beschlossen werde, ins Werk gesetzt werden könne? Haeften antwortete: vier Wochen. – Romberg sagte: er bitte nur um eins, man möge Nichts unternehmen, bis ___, der Sonnabend wieder hier sein soll, nach Moskau gefahren und dort über den wahren Stand der Dinge berichtet habe. ___ sei intim mit Lenin, Trotzki, aber auch mit Tschernoff und den Sozialrevolutionären; er sei ganz anders wie die Herren von der Gesandtschaft in der Lage, die Wahrheit zu erfahren. – Haeften schien dieses einzusehen, und fügte hinzu, bis Anfang Juni sei auch er für die Unterstützung der Bolschewiki gewesen. Aber die überraschenden Fortschritte der Entente und ihrer Anhänger in Russland und die offenbare Schwäche der Bolschewiks hätten ihn überzeugt, dass rasches Handeln Not tue. Denn hätten sich die Ententetruppen und ihr russischer Anhang erst in Petersburg und Moskau eingenistet, dann sei der Krieg verloren. Wäre die Offensive geglückt, so hätten wir Zeit gehabt, uns umzusehen. Jetzt, wo wir Monate warten müssten, und inzwischen immer mehr Amerikaner kämen, arbeite die Zeit gegen uns; wir müssten wenigstens im Osten uns eine feste Stellung schaffen. Er gebe aber zu, dass es genügen würde, wenn die Engländer hinausgeschmissen würden; ob von uns oder den Bolschewiks sei weniger wichtig. Wenn die Bolschewiks uns zur Hülfe riefen und wir mit ihnen die Engländer hinauswürfen, so sei ihm das auch recht. Er korrigiere seine Auffassung dahin, dass in erster Linie nicht der Sturz der Bolschewiks, sondern das Hinauswerfen der Engländer zu stehen habe. Ich erwähnte Litwins Idee, die deutschen Kriegsgefangenen zu bewaffnen und mit russischen Offizieren gegen die Engländer zu schicken. Haeften lehnte sie nicht ab, er und Romberg streiften aber die Gefahr, dass unsere Leute bolschewistisch angesteckt würden, wenn sie im Bunde mit den Bolschewiks kämpften. Romberg kam dann auf den Westen und tadelte, dass noch immer keine vollkommen klare Erklärung über Belgien abgegeben sei. Haeften stimmte diesem Tadel zu und sagte, Ludendorff sei jetzt bereit, Belgien vollständig herauszugeben. – Beim Fortgehen meinte Romberg, als ich sagte, dass dieses Gespräch mit Haeften über Russland wahrscheinlich nützliche Resultate haben würde: „Ja, aber was haben Haeften oder ich mit Russland eigentlich zu tun? Es ist unglaublich, dass ein solches Gespräch überhaupt geführt werden kann oder von Wichtigkeit ist; dass grundlegende Sachen durch solche Zufälle beeinflusst werden." Offenbar war Romberg sehr niedergestimmt. Denn er fügte hinzu: es sei wohl überflüssig Haeften über die militärische Lage zu befragen; er beurteile sie ebenso wie alle andren Menschen (d. h. pessimistisch.) – Von Hintze scheint er nicht viel zu erwarten; während Haeften im Gegenteil meinte, Hintze werde in enger Fühlung mit Ludendorff diesen beeinflussen können, während eine Zusammenarbeit zwischen Kühlmann und Ludendorff, nur aus persönlichen Gründen, unmöglich gewesen sei. – Stresemann, den ich auf Wunsch von Nadolny u. Prittwitz wiederholt gedrängt hatte, aus Binz zurückzukommen, telegraphiert mir, dass: „eine Unterredung mit Hintze für mich nur möglich, wenn Aufforderung von ihm erfolgt." – In der Abendausgabe der „Vossischen" Mitteilung des Wolff Bureaus[1], dass Helfferichs Rückkehr nach Moskau abhängig sei von den mit ihm hier bevorstehenden Unterredungen. – Abends bei mir zu Tisch Deutelmoser, Hermann Keyserlingk, Schlubach u. Nasse. Schlubach sagte mir vertraulich vor Tisch, die Verträge seien heute nicht unterzeichnet worden, weil Joffe nicht wollte, da er die Nachricht habe, dass Baku von den Türken genommen sei. Deutelmoser erklärte kategorisch, dass die von der Vossischen Zeitung heute Abend als W.T.B Mitteilung gebrachte Notiz über Helfferich apokryph sei, nicht von Wolff stamme. Zur Sicherheit habe er sich noch erkundigt, ob nicht die Politische Abteilung sie ausgegeben habe; diese habe sie aber auch abgeleugnet. Es handle sich also um „eine Mystifikation". Nach Beratung mit Schlubach und Nasse telephonierte ich Joffe an und teilte ihm dieses mit, um voreilige Entschlüsse in Moskau zu verhüten. Von der Meuterei in Orscha, die Haeften heute Morgen Romberg und mir als Beweis für den Zusammenbruch der Sowjetmacht anführte, wusste Schlubach Nichts. Offenbar wird wieder mit Hochdruck gegen die Bolschewiks und unsere Verträge gearbeitet. Wenn die Türken wirklich Baku genommen haben, sind sie nicht von selbst plötzlich losgebrochen. Da Schlubach, der Vertrauensmann von Ludendorff nach seinen Äusserungen und Ratschlägen auf unserer Seite steht, muss innerhalb der Obersten Heeresleitung selber eine Art von Anarchie herrschen. – Die Hadwiger teilt mir mit, dass Becher wieder Morphium u sogar Cocaïn nimmt und unsinnige Versprechungen, die ich ihm gemacht haben soll, erzählt. Er habe gestern „einen fürchterlichen Anfall von Toben u. Delirien gehabt. Der Oberwärter der Scholinusschen Anstalt sei gekommen, habe ihn aber nicht abtransportieren können, weil er wieder in totenähnlichen Schlaf verfallen war. Aus seinen Reden habe sie entnommen, dass er eine ganze Tube Luminaltabletten eingenommen hatte .... offenbar wieder so ein kleiner Suicidversuch". – Sie fragte an, was sie machen solle? Ob sie ihn durch die Sanität in die Anstalt nach Pankow zurückschaffen lassen solle? Ob ich mit ihr die Verantwortung teilen wolle? – Ich sagte, ja,

---

[1] Helfferichs Berichterstattung. Meldung des Wolffschen Telegraphen-Büros

unbedingt, sie müsse die Sanität rufen und ihn nachhausebringen lassen, da er sonst in seiner Hemmungslosigkeit sich und ihr ein Leid antun könnte. Es ist eine schauerliche Tragödie; ein Einzeluntergang innerhalb des ungeheuren Weltunterganges. Ich bringe infolge dieser Zeitumstände kaum ein Gefühl dafür auf. Aber dass Becher und Unruh, die beiden stärksten deutschen Dichter dieses Krieges, jetzt wieder fast gleichzeitig ihre Hemmungslosigkeit zeigen, ist ein erschütterndes Symptom der allgemeinen Brüchigkeit.[1]

9 August 1918. Freitag. Berlin. *9.8.1918 Freitag*

Der gestrige Abendbericht meldet: „Angriff der Engländer zwischen Ancre und Avre. Feind ist in unsere Stellungen eingedrungen". – Mit Romberg und Gerhard Mutius im Kasino gefrühstückt. Mutius, der Hintze genau kennt und gerne mag, sagt, er habe geistigen Charme, allerdings auch Etwas Jesuitisches; eine harte Jugend hätte Spuren hinterlassen. Er sei in einem andren, mehr sympathischen Sinne als Kühlmann Parvenü (wohl mehr erste Generation, während Kühlmann zweite war.) – Falkenhausen der ebenfalls mitfrühstückte, sagte, er habe gegen Krieges Widerstand den Austausch von Narwa gegen Dünaburg rückgängig gemacht. Die russischen Militärs wollten Dünaburg, das ein Judennest und wirtschaftlich gänzlich wertlos sei, während wir Narwa mit seinen Wasserkräften gut brauchen könnten. Leider sei der ganze Vertrag aber durch die Nachricht über Baku in Frage gestellt. Stelle sich die Nachricht als falsch heraus, so werde morgen paraphiert. Die lettischen Grossbauern werden sich nach Falkenhausens Ansicht rasch assimilieren. Anders das lettische städtische Proletariat in Riga und Libau, das die lettischen Bataillone der Bolschewiks gestellt habe, und das das schlimmste Proletariat der Welt sei, Verschwörer von Kindesbeinen an. In Kurland giebt der Grossgrundbesitz 300 000 Hektar ab zur Kolonisation; jeder Ansiedler erhält ca 20 Hektar. Ähnliche Abtretungen der Grossgrundbesitzer sollen in Livland und Esthland eingeleitet werden, sobald die Verträge unterzeichnet und die beiden Provinzen von Russland endgültig abgetreten sind. Schon aus diesem Grunde wartet Falkenhausen ungeduldig auf die Unterzeichnung. – Romberg drängt auf ein Zusammenwirken zwischen uns und den Bolschewiks gegen die Engländer. Er meint, nur so werde man der Obersten Heeresleitung den Fortbestand der Bolschewiki Herrschaft schmackhaft machen. – Unsere gestrige Schlappe an der Somme ist nach den heutigen Berichten recht ernst. Die Engländer sind 10 Kilometer vorgekommen und haben, wie wir eingestehen, viele Gefangene und Geschütze erbeutet. Diese sich wiederholenden Entente Erfolge scheinen zum grossen Teil zurückzugehen auf den Ausgleich unserer technischen Überlegenheit durch die Entente; sie haben jetzt unser Gas, und ihre Tanks und

[1] Verweisung: „(vgl 6ten Sept.)"

Tanktaktik sind besser als die unsrigen. Der General Humboldt erzählte im Kasino, dass einer von den neuen flinken französischen Tanks in drei Bataillonsbreiten in unseren Stellungen herumgefahren sei, bis wir ihn zur Strecke brachten. Wir werden vielleicht die technische Überlegenheit zurückgewinnen. Kann man aber die Existenz grosser Völker auf solche Zufälle setzen? Fast ebensogut könnte man am Totalisator tippen. Am Anfang des Krieges war noch ein wirklicher Wertunterschied berechenbar wenigstens in der Organisation und Technik. Dieser gleicht sich aber durch den Krieg selbst immer mehr aus. Was übrig bleibt sind Finessen, die keine allgemein menschliche Bedeutung mehr haben. Der Krieg hat seine Aufgabe erfüllt. Der deutsche Vorsprung ist von der Menschheit eingeholt. Wir müssen einen andren Wertmesser suchen. Allerdings hat Deutschland einen Erfinder Lohn verdient dafür, dass es die Menschheit etwas gewaltsam so weit vorwärtsgestossen hat technisch. – Stresemann schreibt mir stark verstimmt aus Binz über Hintze. Ich wünschte eine Unterredung zwischen Hintze und ihm. Zweimal habe er, wie ich wüsste, den Versuch gemacht, eine solche Unterredung herbeizuführen, beide Male jedoch mit negativem Erfolg. „Einmal als ich meine Reise von Tag zu Tag verschob, um dem neuen Mann persönlich meine Ansichten über die Ostverhältnisse darzulegen. Es war mir zwar möglich, dies im Telegrammstil zu tun, aber mehr auch nicht. Genau wie Sie mir gestern schreiben, dass er Ihnen gegenüber sehr zurückhaltend gewesen wäre, so habe ich denselben Ausdruck Ihnen gegenüber gebraucht. Er bemühte sich, mir in allgemeinen Redewendungen zu verstehen zu geben, dass er im Wesentlichen meine Anschauung teile und Alles tun werde, um zu guten Abmachungen für den Osten zu kommen, gieng aber auf Details fast garnicht ein, so dass ich doch im Allgemeinen recht unbefriedigt von dieser Unterredung gewesen bin. Sie entsinnen sich, dass ich meinen Aufenthalt in Binz unterbrach, um eine neue Unterredung herbeizuführen. Ich schrieb deshalb einen Rohrpostbrief, worin ich H. mitteilte, dass ich zwei Tage in Berlin wäre und gern Gelegenheit nehmen würde, die kürzlich besprochenen Gedankengänge zu vertiefen. Als ich am zweiten Tage hörte, dass seine Abreise ins Hauptquartier bevorstünde, habe ich Nadolny erklärt, dass ich unter diesen Umständen die Unterredung lieber verschieben würde, um nicht ebenso abgespeist zu werden wie das erste Mal. Immerhin hätte ich erwartet, dass der neue Mann in irgendeiner Weise auf meinen Brief reagieren würde. Ich erhielt auch mehrere Tage darauf ein Schreiben, worin er mir sehr kühl und ohne auf das Nichtzustandekommen der von mir gesuchten Unterredung irgendwie einzugehen, mitteilte, dass er empfehle, nach seiner Rückkehr aus dem Hauptquartier im A.A. vorzusprechen. Wenn ich mir überlege, dass ich damals auf Grund der Telegramme von Litwin nach der Reichshauptstadt eilte und wirklich glaubte, Etwas Gutes für die grosse Sache tun zu können, und dann ohne das

Ergebnis einer Unterredung mit dem neuen Mann fortgehen musste, und alsdann einen nach Form und Inhalt wenig freundlichen Brief erhielt, dem man zwischen den Zeilen eigentlich die Bitte ansah, den Briefschreiber doch nach Möglichkeit wenig zu belästigen, dann werden sie verstehen, dass für mich keine Möglichkeit besteht, den neuen Mann jetzt um eine Unterredung zu bitten .... Ich nehme gewiss darauf Rücksicht und weiss aus eigener Erfahrung, wie schwer es ist, einen viel beschäftigten Mann in bedrängter Zeit sprechen zu können; aber da der neue Mann in derselben Zeit mehrere Stunden für Herrn Professor Ludwig Stein und für Herrn Georg Bernhard übrig gehabt hat, hätte er vielleicht auch wenige Minuten mindestens beim Diktat seines Briefes übrig haben können, um mir dadurch eine weitere Fühlungnahme zu ermöglichen ....“ Es weckt doch starke Zweifel an Hintzes Augenmaass und Klugheit, dass er einen der einflussreichsten und redegewandtesten Führer im Parlament so behandelt! Stresemann, den ich für eine etwas kleinliche Natur halte, wird sich rächen. Eine ganz überflüssige Reibung, die an die Konflikte von Helfferich mit dem Reichstage erinnert. – Litwin, der Nachmittags bei Joffe war, telephoniert mir Abends, dass die Verträge heute paraphiert worden sind.

10 August 1918. Sonnabend. Berlin. *10.8.1918 Samstag*

Litwin teilte mir mit, Joffe habe ihm gestern gesagt, die russische Regierung wünsche die schleunigste militärische Hülfe Deutschlands gegen die Engländer im Murman und gegen Alexeiew. Allerdings habe Joffe diese Hülfe in Gestalt von Luftschiffen gesehen, die die Verbindung zwischen Archangelsk und Wologda unterbrechen sollten. Ich gab diese Äusserung Joffes weiter an Schlubach und Nadolny, der mir sagte, der Haken sei, dass unsere Militärs die Besetzung von Petersburg als Basis gegen Murman, wenn man diese Expedition unternehme, für nötig hielten. Er habe dieses absichtlich bisher den Russen verschwiegen und wollte es ihnen erst sagen, wenn der Vertrag paraphiert sei. Kriege wünsche sogar zu warten, bis er ratifiziert sei. Ich sagte Litwin, mit dem und Krassin ich frühstückte, Joffe müsse diesen Wunsch nach Hülfe auf jeden Fall schriftlich niederlegen. Krassin, der in Schweden gewesen ist, war sehr ungehalten über gewisse Änderungen am Vertrage (Nicht-Evakuierung Rostows), die während seiner Abwesenheit vorgenommen worden sind. Er habe in den zwei Monaten, die er in Berlin zugebracht habe, den Eindruck gewonnen, dass die Oberste Heeresleitung ein durch Nichts zu beseitigendes Mistrauen gegen die Bolschewiks hege. Der jetzige Vertrag sei schliesslich so geworden, dass er schlimmer als der Brester Frieden auf die Stimmung in Russland wirken werde; der Deutschenhass werde mächtig aufflammen; auch gegen die Bolschewiks. Wir seien sehr unklug gewesen, indem wir unsere Stellung als Sieger so ausnutzten. Wir machten uns das russische Volk auf Jahrhunderte zum Feinde, weil es sich mit der äussersten Härte ausgeplündert sehe. – Zum Tee bei Battista Radowitz. – Nachher beim früheren russischen Botschafter in Tokyo Baron Rosen im Kaiserhof mit Hermann Keyserlingk, der ihn für einen der weisesten Leute und wenigen wirklichen Staatsmänner hält. Er ist, wie er selber sagte, nach Berlin gekommen als Abgesandter der russischen Monarchisten also als Gegenbotschafter gegen Joffe; ein kleiner, behender, schneeweisser Mann mit einem faltigen Gesicht und klugen, flinken Kaninchenaugen, der seit zwei Monaten hier sitzt und an alle Türen klopft, um Hülfe zu gewinnen für den entthronten russischen Tschinn. Er hatte Haufen von Zeitungsausschnitten und Manuscripten vor sich herumgestreut, aus denen er zur Bekräftigung seiner Worte Stellen vorlas. So habe ich mir immer einen Geheimbotschafter entthronter Monarchen gedacht: im Dienst ergraut, eifrig, weise und zugleich voll von Illusionen, Stützen und Hoffnungen mit der Papierscheere suchend. Er bemühte sich, mir klarzumachen, wie unklug Deutschland handle, indem es die Bolschewiks stütze, statt die alte russische Regierung, Tsar und Tschinn, wiederaufzurichten. Selbst seine politischen Freunde hätten verstanden, dass wir die Bolschewiks benutzten, um die Ostfront loszuwerden. Aber nach Brest habe man allgemein erwartet, dass wir diesen „aventuriers", diesen „fumistes" Lenin und Trotzki den Laufschein geben würden. Als wir dieses nicht taten, habe man sich grenzenlos gewundert. Die Entente aber benutze diese Enttäuschung, um anstelle der Hoffnung auf Deutschland bei den Monarchisten Mistrauen und Hass zu säen, indem sie unsere fortgesetzte Unterstützung der Bolschewiks ausdeute als eine Methode, um Russland in den Sumpf, in dem es stecke, bis an den Hals hineinzudrücken. In der Tat sei unser Verhalten kaum anders zu erklären. Einzelheiten wirkten erniedrigend; so die Übergabe der Botschaft Unter den Linden, des Eigentums Seiner Majestät des Tsaren[1], an Joffe zum Wohnsitz: Welches Recht habe dort dieser Abenteurer, dieser Sendling einer Räuberbande? – In der Tat wirkt es sonderbar, wenn ich an Joffe den Kommunisten in seiner Pracht, von kaiserlichem Silber essend denke, und hier diesen alten Mann mit zweifelhaften Geldmitteln in einem Hotelzimmer als Abgesandten des Tsarentums sehe. – Wenn wir so fortführen, werde der Grossfürst Michaïl von der Entente als Tsar nach Petersburg geführt werden, und dann hätten wir das erneuerte Russland als Feind zum Nachbarn. (Wozu ich bei mir dachte, dass wenn die Monarchie so sicher auf die Entente rechnen könnte, Rosen wahrscheinlich nicht in Berlin sitzen würde.) Wir machten denselben Fehler wie Napoleon III, als er die Einigung Deutschlands hintertrieb. Deutschland einigte sich trotzdem, aber gegen Frankreich. Ein wirtschaftlich starkes, befreundetes Russland sei auch für uns wünschenswert; beide Ziele liessen sich aber nur durch eine monarchische Restauration unter unserem

[1] Nikolaus II. Alexandrowitsch

Beistand erreichen. Denn nur das alte tsaristische Beamtentum könne Russland wieder aufbauen und wirtschaftlich gesund machen. Ich erwiderte, dass wir das Experiment im Kleinen in der Ukraine gemacht hätten, als wir Skoropadski und den Grossgrundbesitzern unsere Hülfe liehen. Als Dank hätten wir nur Hass geerntet; nicht einmal das versprochene Getreide. – Rosen wusste keine Antwort; aber sein Gesicht wurde plötzlich ganz alt, als ob das Augenlicht erloschen wäre und die Runzeln ihren Halt verlören. Die schreckliche Verzweiflung des alten Mannes, die er sonst geschickt zu verbergen weiss, brach grau wie ein Schatten aus seinen Zügen. Denn die Wahrheit, dass Niemand hinter den Monarchisten steht, dass sie sich nur auf fremde Bajonette stützen können gegen die Gleichgültigkeit oder Feindschaft der grossen Massen, ist zu offenbar, als dass er den Versuch machen könnte, sie abzuläugnen. Er zog ein Pro Memoria vor, das er für Kühlmann abgefasst hatte. Bussche habe die Entgegennahme dieses Pro Memorias zunächst abgelehnt, durch Hoesch sei es aber dann in Kühlmanns Auftrage erbeten worden, schliesslich habe ihn Kühlmann auch einmal empfangen, allerdings nur zehn Minuten und sie hätten hauptsächlich „de choses mondaines" gesprochen. In diesem Pro Memoria, das er mir vorlas, fasst er die Gründe zusammen, warum wir das Tsarentum wieder aufzurichten ein Interesse hätten. Meine Frage, wie sich die verschiedenen Parteien zu einer monarchischen Restauration stellen würden, beantwortete er höhnisch: die russischen Parteien „existierten nicht". Nichts stecke hinter ihnen als die sogenannte „Intelligenz", ganz gleich ob Kadetten, Oktobristen, Sozialrevolutionäre. In Russland gebe es nur den Tsaren, seine Beamten und das Volk; und Dieses wolle ernsthaft Nichts als Frieden und Ordnung: Alles Übrige sei Hirngespinnst, auch die Landverteilung; denn ganz Russland sei nicht gross genug, um jedem Bauern auch nur eine einzige Desjätine[1] zu geben. Die Bolschewiks seien zur Macht gelangt, weil sie die Klugheit hatten, einzusehen, dass das Volk den Frieden wolle und neun Millionen Bajonette der Partei zur Verfügung stelle, die den Frieden mache. Sonst stecke auch hinter den Bolschewiks Nichts. Jetzt verlange das Volk ausserdem noch Brot. Wer ihm Brot und Ordnung gebe, sei der Macht sicher. Eine neue Front werde nicht erstehen, selbst wenn Russland der Entente zufalle; denn Nichts könne das Volk bestimmen, wieder in den Krieg zu ziehen. Einen Revanchekrieg werde auch ein tsarisches Russland nicht unternehmen, wenn wir nur vernünftig seien. Esthland und Livland seien dem russischen Volke territorial gleichgültig, weil dort Fremdvölker wohnten und diese militärisch wiedererobert werden müssten, selbst wenn wir sie aufgäben. Russland brauche dort nur den „libre accès" zu den Häfen. Keyserlingk, der sonst stumm blieb, nickte heftig zu und bestätigte, dass diese Länder sich nie wieder freiwillig unter Russland fügen würden. Rosen fuhr dann fort, Russland

---

[1] russ. Flächenmaß (1,09 Hektar)

könne dagegen nicht leben ohne den Zusammenschluss mit der Ukraine. Insofern müsse der Brester Friede revidiert werden. Die separatistischen Versuche seien nicht ernst zu nehmen. Skoropadski sei sein Freund; ebenso der neue ukrainische Gesandte[1]. Heute oder gestern habe er Nikolaus Leuchtenberg als Abgesandten der Donkosaken Unter den Linden auf dem Wege ins Hauptquartier getroffen. Nikolaus Leuchtenberg! Und da glaube man an Loslösung! – Ich musste, da die Zeit drängte, das Gespräch abbrechen; sehe aber in Rosens Gründen eher Bestärkungen unserer Politik, da er zugiebt, dass das Volk indifferent ist und jede Regierung dulden wird, die ihm Brot und Ordnung giebt, also auch die Bolschewiks unter diesen Bedingungen; die Bolschewiks ebenso geduldig wie den Tsaren. Warum sollten wir daher die Bolschewiks stürzen helfen? – Abends mit Gerhard u. Max Mutius im Kasino.

11 August. 1918. Sonntag Berlin. *11.8.1918 Sonntag*

Die Gesandtschaft ist von Moskau nach Pskow zurückgegangen. Amtlich wird vorgeschützt, man wolle dadurch der Gefährdung unserer Beziehungen zur russischen Regierung durch „Zwischenfälle" vorbeugen. Tatsächlich wird die Sowjetregierung durch diese Flucht in ihrem Ansehen schwer erschüttert. – Mittags in der B.Z. ein offiziöser Kommentar[2] zu der Schlappe bei Amiens, der auf einen weiteren Rückzug vorbereitet. Die Krisis unserer Politik im Osten trifft zusammen mit einer Krisis unserer militärischen Lage im Westen. Im Osten steht der Erfolg unseres Wiederaufbaus des russischen Staatensystems in Frage; im Westen ist die Verschiebung des materiellen Kräfteverhältnisses im Vergleich zu den eingesetzten Kräften nicht sehr gross, aber psychologisch und politisch die Wirkung allerdings anders; und der Aufschub unserer weiteren Offensivstösse kann auch militärisch Folgen haben, die noch unabsehbar sind. Die Ersatzfrage ist, nach Max Mutius, der eine Division bei Soissons führt, ernst und wird durch die fortwährend ankommenden Amerikaner immer ernster. Wir stehen an einem Wendepunkt des Krieges. Mittelstand und Volk in Berlin nehmen, wie mir scheint, die Gefahr im Osten und die Miserfolge im Westen ziemlich dickfellig. Heute Abend waren die Vergnügungslokale in der Friedrichsstadt überfüllt; das Leben brodelt wie gewöhnlich: Soldaten und Huren die Menge bei Sekt und Musik im Cigarettenqualm. Ici on danse, wie beim Bastillensturm.

12 August 1918. Montag. Berlin. *12.8.1918 Montag*

Litwin gab mir heute früh den schriftlichen Hülfeschrei der russischen Regierung: „Berlin. 11. VIII. Sehr geehrter Herr Kommerzienrat, Bezugnehmend auf

[1] Steinheil

[2] v. S., Der englische Angriff bei Amiens

unsere gestrige Unterredung möchte ich Ihnen mitteilen, dass meine Regierung wirklich grossen Wert darauf gelegt hätte, wenn Deutschland gegen die Kosakische Revolte (die Generals Alexejew und Krasnow) vorgegangen wäre, wie auch gegen die Ententekräfte (sic) am Murman (aber nicht durch rein russisches Gebiet in der Gegend von Petrograd oder Pskow), damit Russland seine Streitkräfte irgendwo anders resp. gegen die Tschecho-Slowaken verwenden könnte. Hochachtend. A. Joffé." Wenn dem Rufe Folge geleistet wird, ist dies der Anfang eines deutsch-russischen Bündnisses gegen die Rumpf-Entente. Ich brachte den Brief ins Amt an Wilhelm Stumm, der Hintze vertritt, und liess zugleich durch Litwin eine Abschrift an Schlubach für die Oberste Heeresleitung gehen. Nadolny, den ich benachrichtigte, war sehr befriedigt und meinte, wenn nur die ersten 250 Millionen für den russischen Coupon in Berlin wären, würde er aufatmen; dann würde auch hier beim Publikum die Sache ganz anders angesehen. Litwin glaubt, dass er die Besetzung und Benutzung von Petersburg durch unsere Truppen durchsetzen kann. Inzwischen hat er mit Joffe, der gestern Abend nach Moskau gefahren ist, um die Ratifikation der Verträge durchzusetzen, verabredet, dass er jeden Abend mit ihm telephonieren will, um den Fortgang der Verhandlungen in Moskau zu verfolgen. Nachdem unsere Gesandtschaft dort fort ist, die einzige Verbindung! Ich machte mit Nadolny aus, dass Litwin jedesmal einen kurzen Bericht ans Amt geben soll. – Litwin der bis kurz vor der Abreise um Mitternacht bei Joffe auf der Botschaft war, erzählt, dass bis zum letzten Augenblick Lenin und Tschitscherin telephonisch aus Moskau dessen Abreise widerraten hätten. Lenin, der im Kreml war, habe ihm den direkten Befehl erteilt, in Berlin zu bleiben, weil die Moskauer Regierung Zwischenfälle fürchtet, die in Abwesenheit des Botschafters zu Verwicklungen führen könnten. Die Sowjetregierung fühlt sich offenbar von unserer Unterstützung absolut abhängig. Daher diese äusserste Nervosität. – Gegessen im Kasino mit den beiden Mutius. Gerhard, der von Helfferich zum Gesandten in Moskau ausersehen war und Helfferich gestern gesprochen hat, meinte, dass dieser doch jetzt gegen die Bolschewiks stehe, (im Gegensatz zu dem, was er mir vor seiner Abreise und noch gestern dem Kommerzienrat Friedrichs gesagt hat.) Hintze ist mit Helfferich wahrscheinlich deshalb ins Hauptquartier gefahren, um zu verhüten, dass er dummes Zeug redet. Zu Mutius hat Hintze gesagt, man hätte nach Moskau Jemanden mit mehr Herz schicken müssen. – In den Abendzeitungen die offizielle Nachricht[1] (von Nadolny redigiert) vom Abschluss der deutsch-russischen Verhandlungen: „Die Verhandlungen, die hier in den letzten Wochen mit russischen Delegierten im Anschluss an die Brester Verträge über politische, wirtschaftliche, finanzielle und juristische Fragen geführt wurden, sind zu einem gewissen Abschluss

[1] Abschluß der deutsch-russischen Verhandlungen. Joffe reist nach Moskau

gelangt. Der hiesige diplomatische Vertreter der russischen Sowjetrepublik, Herr Joffe, hat sich nunmehr mit mehreren der russischen Delegierten auf einige Tage nach Moskau begeben, um dort über das Ergebnis der Verhandlungen Bericht zu erstatten und persönlich eine möglichst baldige Entscheidung seiner Regierung einzuholen.“ Joffe hat gestern Abend Litwin gegenüber die grösste Zuversicht in den Fortbestand der Bolschewik Regierung an den Tag gelegt. Nadolny sagt mir, als günstiges Symptom, dass nach einem Funkspruch die Bolschewiks Sysran wiedererobert hätten. In unserer Presse dauert der unkluge Ansturm gegen sie fort. – Mit Stresemann, der Abends aus Binz ankam, allein spät im Continental. Ihn informiert über die Lage; vor Allem, dass er im Hauptquartier durch seinen Freund Bauer endlich eine unsentimentale, vernünftige Haltung gegen die Bolschewiks durchsetzen müsse. Er will ausserdem morgen die nationalliberale Presse zusammenrufen und sie anhalten, ihre Angriffe gegen die Bolschewiks einzustellen. Schliesslich Deutelmoser im selben Sinne bearbeiten. Dieser hat ihm geschrieben und ihn angeregt, dass er auf den Lansdowne Brief antworte. Er bat mich, ihm für diese Antwort Richtlinien zu geben. Ich sagte, dass mir allerdings der Moment, nach unseren Schlappen, nicht sehr günstig scheine. Er will darüber morgen mit Payer sprechen. Ich riet, er solle aus diesem Anlass ins Hauptquartier fahren und dort in den russischen Dingen bei dieser Gelegenheit sein Wort sagen. Gerhard Mutius, der Stresemann nicht mag, sagte heute Abend, als ich dessen festes Auftreten gegen Ludendorff wegen Krasnoffs pries, es freue ihn zu hören, dass Stresemann ein Mann sei, der eigene Gedanken habe. Das ist richtig inbezug auf seine Haltung. Aber die eigenen Gedanken, die er hat, sind die, die man ihm beibringt. Dann vertritt er sie robust. Jugendzusammenhänge mit Lenzsch und David durch die Burschenschaft schilderte er heute Abend. Lenzsch sei der gewesen, der ihn in die Politik eingeführt habe. – Bei Tisch im Kasino verkündete Albert Holstein mit englischem Akzent den Abendbericht über die englischen Angriffe an der Somme. Er sieht jetzt ganz eingeschrumpft und verhärmt aus, eine tragikomische, fast tragische Figur, dieser ganz englische Enkel der Königin Victoria, der als Preussischer Offizier nie ordentlich Deutsch gelernt und durch seine Zwischenträgereien die Stimmung mitgeschaffen hat, aus der der Weltkrieg entstanden ist. Im Burenkrieg vertrat er an diesem selben Kasinotisch, wie ich mich entsinne, fanatisch den englischen Standpunkt.

13 August 1918. Dienstag. Berlin. *13.8.1918 Dienstag*

Vormittags Unterredung bei Kestenberg mit Eduard Bernstein, dem Nestor der „Unabhängigen“. Wir haben viele gemeinsame Bekannte, Cobden Sanderson, Emery Walker, Bernhard Shaw, Schickele u. s. w. Er redet wie ein alter Mann unter Einflechtung zahlreicher Anekdoten und Erinnerungen und schweift viel ab, so dass der Eindruck eher der Verschwommenheit als der Schärfe des Denkens entsteht. Seine Verteidigung der „Unabhängigen" stützt sich darauf, dass sie durch ihre Haltung Deutschland und der deutschen Regierung viel nützlicher seien als die Scheidemann und David, weil sie das Kapital an Vertrauen hüteten, das die französischen, englischen, amerikanischen Sozialisten der deutschen Sozialdemokratie entgegengebracht hätten. Der Friede aber werde nur auf der Basis der Demokratie, d. h. durch eine Verständigung der Proletarier und Verfassungsänderungen in Deutschland, zu erreichen sein. Die Macht über Krieg u. Frieden müsse in die Hände des Volkes, des Parlamentes gelegt werden. Auch auf Elsass-Lothringen müsse der Grundsatz des Selbstbestimmungsrechts der Völker angewendet werden; denn diese Frage müsse endgültig aus der Welt geschafft werden, und die Erfahrung lehre, dass wo ein Plebiszit stattgefunden habe, beide Parteien sich beruhigten. Auch Longuet werde sich nach seiner Ansicht auf diesen Standpunkt stellen. – Gefrühstückt mit Stresemann u. Litwin. Stresemann kam von Payer u. Deutelmoser. Payer hat ihm gesagt, dass Hintze mit den Bolschewiks gehe wolle, Helfferich aber die Ansicht vertrete, dass sie sich nicht halten könnten und daher jede Zusammenarbeit gegenstandslos sei. Payer habe hinzugefügt, er lege Helfferichs Ansicht wenig Wert bei; denn was könne man erfahren, wenn man zehn Tage an einem fremden Orte in einem Zimmer sitze, wo man Niemanden sehe? Deutelmoser ist von Stresemann bearbeitet worden, damit er die Presse anweise, die Bolschewiks nicht mehr schlecht zu machen. – Nachmittags bei Stumm Unterredung mit Prof. Zimmermann wegen des Arbeiterschutzes in den Friedensverträgen. – Abends in das „Schwarzwaldmädel"[1]. Beim Nachhausekommen Telegramm von Trude Vogel, dass Louis Caillon am 24 Juli in Frankreich an der Grippe gestorben ist. Es war die treuste edelste Seele, ohne Hass, ein Franzose von der vornehmsten, echtesten Gesinnung, begabt weit über den Durchschnitt, mir der furchtloseste, treuste Freund. Vor drei Monaten verlebte ich mit ihm die ersten Stunden nach dem Tode von Bodenhausen. Auch er ist unersetzlich. In der grossen Verwüstung dieses Krieges ein herzzerbrechender Einzelverlust. Was wird von ihm übrigbleiben? Meiner und seiner Braut Erinnerung und ein paar schöne Gedichte; das als Rest, von einem jungen, reichen, reifenden Menschenleben! Ein Stück von meiner Welt ist zusammengebrochen mit diesem herben, innerlich so süssen, fruchtbaren, früh geprüftem und echt befundenem Kind. Seine Hündin Myra habe ich vergessen; die wird wahrscheinlich um ihn echter trauern als wir Alle. Durch den Krieg lernt man in den Tod hineinsehen, in seine grausam „persönliche" Qualität, so dass die echteste Trauer doch unendlich fern bleibt von den armen Verstorbenen, weil

[1] Jessel

der Tod auch des liebsten Wesens noch immer in grauenhafter Weise „eine fremde Angelegenheit" bleibt. Im Tode ist Jeder ganz allein.

14 August 1918. Mittwoch. Berlin. *14.8.1918 Mittwoch*

Nadolny, Stresemann, Litwin u. Kommerzienrat Friedrichs bei mir gefrühstückt. Nadolny sagt, dass Helfferich Nichts mehr mit den Bolschewiks zu tun haben will, weil sie doch im Stürzen seien, Hintze dagegen fest auf dem Boden unserer Politik stehe und diese auch im Hauptquartier vertreten werde. Seitdem Hintze da sei, herrsche ein ganz andrer Ton im Hauptquartier gegen das Amt. Hintze sei energisch und zielbewusst, nehme aber die Hindernisse nicht frontal, sondern laviere manchmal. Das sei aber nicht Schwäche, sondern Klugheit. Stresemann hat heute Morgen seine Presse (die nat. liberale) zusammengerufen und ihr klar gemacht, dass es nicht im deutschen Interesse liege, die Bolschewiks zu stürzen oder die Tatarennachrichten über ihre Schwierigkeiten und Niederlagen zu verbreiten. Ausserdem hat er heute Abend ein Interview[1] im Lokalanzeiger in diesem Sinne. Nadolny, der unter Wied unser Geschäftsträger in Albanien war, erzählte drollige Geschichten über die Wiedschen Regierungsmethoden, die möglichst ungeeignet waren für dort.

15 August. 1918. Donnerstag. Berlin. *15.8.1918 Donnerstag*

Der Draht mit Moskau, wobei Litwin eingeschaltet ist als eine Art von Verbindungs-Botschafter, funktioniert. Litwin teilte mir heute früh mit, dass Joffe ihm gestern Abend aus Moskau telephoniert habe, die Stimmung dort sei gut. Stresemanns Interview und die Mitteilung, dass der Vizekanzler die Presse in einem für die Bolschewiks günstigen Sinne beeinflussen lasse, hätten einen ausgezeichneten Eindruck gemacht. Ich gab die Mitteilung an Nadolny weiter. – Mit Gerhard Mutius im Grossen Kasino gefrühstückt. Er geht als Gesandter nach Christiania. Nachher mit ihm u. Musch Richter in der Deutschen Gesellschaft. Musch politisch u. militärisch von äusserstem Pessimismus wegen des Herankommens der Amerikaner und unserer Ersatzfrage. Mutius erzählte drollige Geschichten von Kriege: seine angebliche Schlussrede auf der Haager Konferenz: „Après avoir déjoué les infâmes intrigues des nos ennemis, je me retire dans le silence de mon cabinet en attendant un nouvel appel de mon gracieux souverain et le jugement de l'Histoire". Allerdings sei die Echtheit dieser kleinen Rede zweifelhaft, da Krieges Französisch kaum dazu gereicht hätte, wie seine andre berühmte Äusserung beweise, als er ebenfalls auf der Haager Konferenz einem gegnerischen Antrage mit den Worten entgegentrat: „Je m'obstacle!"

[1] Die Lage in Rußland. Eine Unterredung mit Dr. Stresemann

16 August 1918. Freitag. Berlin. *16.8.1918 Freitag*
Joffe kehrt heute Nacht aus Moskau nach Berlin zurück. Er hat sich dort nur einen Tag aufgehalten. In den Zeitungen sieht es aus, als ob die Bolschewiks sich auch militärisch festigten; möglicherweise eine Wirkung der neuen Stresemannschen und Deutelmoserschen Anweisungen an die Presse. Aber ich glaube doch, dass wir auf das richtige Pferd gesetzt haben. – Abends in den Kammerspielen Schönherrs „Weibsteufel": ein Öldruck, seichte Leidenschaft nach Art der italienischen Veristen (Cavalleria Rusticana[1]) im Tyroler Kostüm. Am Masstabe dieser Zeit gemessen ist das Alles so winzig und belanglos! Nicht weil Herzenskonflikte an sich klein sind, sondern weil sie hier so klein und leer gesehen sind. Das Publikum war aber anscheinend ergriffen und nahm das Stück weihevoll; denn vom Anfang bis zum Schluss rührte sich keine Hand zum Klatschen.

17. August 1918. Sonnabend. Berlin – Weimar. *17.8.1918 Samstag*
Schlubach teilt mir mit, dass der Herzog v. Leuchtenberg heute Abend als Abgesandter der Donkosaken zu Ludendorff ins Hauptquartier fährt. Schlubach will versuchen, durch Ludendorff auf den Herzog einen Druck ausüben zu lassen, damit sich die Donkosaken mit den Bolschewikis in Moskau verständigen, was das russische Problem für alle Teile wesentlich vereinfachen würde. Gleichzeitig sondiert Litwin Joffe heute Morgen, ob die Bolschewiks auf eine solche Vereinigung eingehen würden. – Nachmittags im Adlon mich mit Litwin getroffen, der Morgens bei Joffe war. Dieser ist heute früh um 7 aus Moskau angekommen und hat, wie Litwin behauptet, nur ihn empfangen, sonst alle Welt, auch das Ausw. Amt, abgewiesen. Litwin berichtet: Joffe ist zurückgekommen mit Vollmacht, die Verträge zu unterzeichnen. Die Russen stellen nur noch eine Zusatz-Bedingung, dass die Finnen 51 000 finnische Rotgardisten, die sie in einem Konzentrationslager gefangen halten, nach Russland freilassen, wo sie sofort naturalisiert und gegen die Tschecho-Slowaken eingesetzt werden sollen. Die Russen bieten Garantieen an, dass sie nicht gegen die jetzige finnische Regierung kämpfen werden. Eine Vereinbarung mit Krasnoff und Alexeiew lehnt Joffe ab, weil es unter der Würde der russischen Regierung sei, mit rebellischen Generälen zu paktieren. Eine Volksregierung im Don- und Kubangebiet würde sie dagegen anerkennen. Grosse Wut herrsche in Moskau gegen unsere Gesandtschaft, insbesondre gegen Riezler. Dieser sei ein Feigling; ebenso der Major Hennig; ganz anders der Major Schubert, ein ruhiger Kopf. Nach Mirbachs Ermordung habe Riezler zwölf grosse Etagenhäuser rings um die Gesandtschaft im besten Viertel von Moskau innerhalb von 24 Stunden evakuieren lassen und die Mieter auf die Strasse geworfen. Als

[1] Verga

Helfferich kam, habe Riezler zwei Volkskommissare veranlasst, ihm bis zur zweiten Station entgegenzufahren und dann Helfferich in ihrer Gegenwart vorgeschwindelt, sie täten Dieses, um ihn zu schützen, aus Besorgnis für seine Sicherheit. Dann habe er jedesmal, wenn Helfferich zu Tschitscherin wollte, diesen heimlich veranlasst, Helfferich zuvorzukommen und selber auf der Botschaft zu erscheinen. So habe er Helfferich in eine Panikstimmung hineingehetzt und dazu gebracht, mit der Gesandtschaft aus Moskau zu fliehen. Auch habe die russische Regierung den Verdacht, dass wir jetzt, wo wir durch den Vertrag darauf verzichteten, selber neue Republiken in Russland zu gründen, Dieses indirekt durch Finnland und die Ukraine besorgen lassen wollten. Als Beispiel würden die Verhandlungen der Ukraine mit der sog. Donrepublik angeführt. – Die Besetzung Petersburgs oder der Durchmarsch unserer Truppen sei nach Joffe unmöglich, weil die erste deutsche Kompagnie in Petersburg sofort die Revolution (lies Gegenrevolution) hervorrufen würde. Wir müssten gegen Murman von Finnland operieren. Die russische Regierung werde uns dabei in jeder Weise unterstützen. Während unseres Gespräches kam Schlubach. Litwin wünschte, dass Schlubach und ich möglichst bald Joffe sähen, um die Donkosaken und Murmanfrage zu bereden. Schlubach drängte, dass dieses noch morgen geschehe, da der Herzog von Leuchtenberg als Abgesandter von Krasnoff am Montag von Ludendorff im Hauptquartier empfangen wird und je nach dem Resultat der Besprechung mit Joffe zu behandeln sein wird. Litwin zur Berichterstattung an Nadolny geschickt. – Abends nach Weimar. Der alte Kutscher stand am Bahnhof. Mein Hund empfieng mich mit überschwänglicher, rührender Freude. Mein Haus schien in fast wunderbarer Weise unverändert nach Jahren so gewaltiger Ereignisse: jung und hell in der späten Stunde, unter den strahlend angedrehten Lichtern, aus Dornröschen Schlaf erwacht; die impressionistischen und neoimpressionistischen Gemälde, die französischen, englischen, italienischen, griechischen, deutschen Bücherreihen, die Figuren und Figürchen von Maillol, seine etwas zu starken, wollüstigen Frauen, sein schöner nackter Jüngling nach dem kleinen Colin[1], als ob noch 1913 wäre, und die vielen Menschen, die hier waren und jetzt tot, verschollen, verstreut, feind sind, wiederkommen und Europäisches Leben neubeginnen könnten. Es kam mir vor wie ein Schlösschen aus Tausend und Einer Nacht voll von allerlei Schätzen und halbverblassten Zeichen und Erinnerungen, an denen ein aus einer andren Zeit Verschlagener nur nippen darf. Ich fand eine Widmung von d'Annunzio, Persische Cigaretten aus Ispahan mitgebracht von Claude Anet, die Bonbonniere von der Taufe des jüngsten Kindes von Maurice Denis, ein Programm des Russischen Balletts von 1911 mit Bildern von Nijinsky, den

[1] Le Cycliste

Geheimdruck[1] des Lord Lovelace, des Enkels von Byron, über dessen Incest, mir zugeschickt von Julia Ward[2], Bücher von Oscar Wilde und Alfred Douglas mit einem Brief von Ross, und, noch unausgepackt, Robert de Montesquious drollig-gravitätisches aus dem Jahre vor dem Kriege datiertes Prachtwerk über die schöne Gräfin von Castiglione, die er posthum zu lieben affektierte: ihr Nachthemd lag in einem Schmuckkästchen oder kleinen Glassarg in einem seiner Empfangsräume. Wie ungeheuer hat sich aus jenem europäischen Leben, gerade aus ihm, das Schicksal zusammengeballt, so wie aus den Schäferspielen und dem leichten Esprit der Boucher und Voltaire Zeit die nächstblutigste Tragödie der Geschichte. Dass die Zeit nicht einem festeren Frieden sondern dem Kriege zutrieb, haben wir eigentlich Alle gewusst; doch gleichfalls auch nicht gewusst. Es war eine Art von Schwebezustand, der wie eine Seifenblase plötzlich platzte und spurlos verschwunden war, als die höllischen Kräfte, die in seinem Schoosse brodelten, reif waren.

18 August. 1918. Sonntag. Weimar. – Berlin. *18.8.1918 Sonntag*

Der Sekretär meiner Cranachpresse Kämmer besuchte mich zum Vortrag. Er arbeitet im Zivildienst bei der Lebensmittelkarten Ausgabe und sieht dort viele kleine Leute. Die Stimmung ist, wie er sagt, seit etwa einem Vierteljahr unheimlich; die Leute ganz still, gedrückt, sprächen nur noch wenig, aber bei der ersten Gelegenheit würden sie, wie er meint, aufflammen. Sie verstünden nicht, warum noch Krieg sei; beschuldigten die Regierung, weil sie Belgien, Elsass Lothringen nicht herausgebe. Auch giengen viele Gerüchte, immer wieder neue, unsinnige. Sedan von den Engländern genommen, Hindenburg tot u. s. w. Die Knappheit und die Mängel bei der Verteilung seien die Hauptursachen dieser Stimmung. Die Soldaten plünderten die Kartoffelfelder und Obstgärten und bedrohten die Besitzer, wenn sie Widerstand leisteten. Es werde keine Revolution geben, dazu seien zu wenig Männer da; aber wenn es so weitergehe, würden die Soldaten nicht mehr freiwillig an die Front gehen. Dass die Entente durch ihre Agenten viel zur Beunruhigung beitrage, sei richtig: warum hätten wir aber keine wirksame Gegenpropaganda? Warum trügen wir nicht ähnliche Beunruhigung ins Feindesland? Das Volk glaube, wir könnten jeden Tag Frieden haben, wenn die Regierung nur wolle. Dass dieser Friede Deutschland und den deutschen Arbeiter und kleinen Mann vernichten würde, sähen sie nicht ein; das müsse ihnen gesagt und immer wieder gesagt werden. – Vor Tisch kurz oben bei Frau Förster-Nietzsche. Sie hatte gerade den jungen Kielmannsegg empfangen, dessen Vater, ihr Schützling und Freund, vor kurzem als Regimentskommandeur gefallen ist. Sie hat sich wenig verändert, rechnet sich,

---

[1] Astarte

[2] Howe

was allerdings nicht gerade nötig wäre, zur Vaterlandspartei; empfindet aber doch das Misverhältnis zwischen dieser politischen Agitation und dem Werke ihres Bruders, denn sie hat den Beitritt des Archivs als solchem, der gewünscht wurde, abgelehnt mit der Begründung, sie könne die Ideen ihres Bruders nicht mit Tagesmeinungen verquicken. Dafür gründet jetzt ein Ableger der Vaterlandspartei eine „Nietzschegesellschaft" in Berlin. Schade, dass Nietzsche nicht mehr selber über dieses groteske Treiben einen zweiten „Fall Wagner" schreiben kann; er der Einsame. – Abends gegessen in Berlin mit Joffe, dazu Schlubach und Litwin (Continental, Rembrandtzimmer, wegen der Verschwiegenheit). Joffe erschien im Smoking (bisher immer nur Cutaway) Schlubach in Zivil: markiertes Incognito. Zweck des Essens war, Joffe die Verständigung mit den Donkosaken abzuringen; ein letzter Versuch der regierenden Majore, in elfter Stunde vor Leuchtenbergs Erscheinen bei Ludendorff im Hauptquartier ihre Zusagen an Krasnóff zu retten. Schlubach war gewandt, benutzte jede Gelegenheit, um die Unterhaltung immer wieder auf die Donkosaken zurückzulenken; aber Joffe blieb verstockt. Sein Haupteinwand war, eine revolutionäre Regierung könne sich mit Gegenrevolutionären nicht verständigen, ohne Selbstmord zu begehen; sie würde vom eigenen Proletariat gestürzt werden. Wir verstünden nicht die Eigentümlichkeit des revolutionären Zustandes, die Besonderheit seiner Machtverhältnisse und inneren Gesetze. Kompromisse seien für eine revolutionäre Gewalt unmöglich. Herr von Kühlmann könne Konzessionen machen, lavieren, seinen Abschied nehmen, nachhause gehen, auf seinen Gütern leben; für Lenin oder Trotzki oder Joffe sei das nicht möglich; sie müssten ihre Ideen durchsetzen oder untergehen, wie Danton und Robespierre. Es sei garnicht unwahrscheinlich, dass er, Joffe, am Galgen ende. Verständigung mit den Donkosaken sei wohl möglich; aber nur mit der Schicht, die als Klasse dem russischen Proletariat entspräche. „Ich bitt' schön, meine Cherren, es handelt sich um einen Klassenkampf." Wie könnten sie da mit Krasnóff in Verbindung treten, der die Interessen der ihnen feindlichen Klasse vertrete? Kein Proletarier in Grossrussland würde das verstehen oder dulden. Auch Krasnoff könne sich mit ihnen nicht verständigen; denn die Bolschewiks müssten selbst in einem Staate, dem sie Autonomie gewährten, die Hauptpunkte ihrer Gesellschaftsordnung, also ganz besonders die Enteignung und Nationalisierung des Bodens, verwirklicht sehen. Wo diese Grundsätze nicht gälten, da sei auch eine Verbindung unmöglich. Krasnóff werde nur durch die Macht des deutschen Ansehens gehalten. Wenn er 60 000 Mann habe, so würden 30 000 abfallen, Bolschewiks werden und die übrigen 30 000 bekämpfen, sobald ihn Deutschland nicht mehr stütze. Denn gegen Russen hätten Russen keine Furcht zu kämpfen, ebensowenig wie gegen Österreicher, Engländer, Franzosen, Japaner, Amerikaner oder sonstige Völkerschaften; aber durch Nichts in der Welt sei der russische Soldat zu bewegen, wieder gegen Deutsche zu kämpfen: vor Deutschen laufe er einfach fort. Solange die Deutschen Krasnóff stützten, wagten daher die bolschewistischen Kosaken nicht zu mucken, weil sie fürchteten, Deutsche gegen sich zu finden. Wir brauchten nur fortzugehen; dann fielen Krasnóff und Alexejew von selbst, das Dongebiet werde bolschewistisch und schliesse sich an Moskau an. Wenn wir Dieses wünschten, seien Unterhandlungen mit Krasnóff überflüssig. Die Unterhaltung endete immer wieder bei diesem Punkte, der nicht durch Worte, so sehr sich Schlubach bemühte, zu überwinden war, da es sich in Wirklichkeit um eine weltgeschichtliche Entscheidung handelte, wo Joffe die Einheit Russlands und die Zukunft des bolschewistischen Marxismus, Schlubach Russlands Auflösung und die kapitalistische Gesellschaft verteidigte. Meinen Standpunkt nehme ich ein, weil Leute wie Leuchtenberg u. Krasnóff keine Garantie bieten für eine dauernde Teilung Russlands (im Gegenteil), weil deshalb die Schwächung Russlands durch die Bolschewiks als Nächstbestes übrigbleibt, und weil im Augenblick die bestehende Regierung allein uns Getreide und Rohstoffe liefern und uns eine neue Front ersparen kann. Andrerseits ist der Bolschewismus in seinem Expansionsdrang eine Art von Metastase des Panslawismus, aber vorläufig für seine Ausdehnung auf Ideen und Technik angewiesen, worin wir den Russen noch überlegener sind als im Militärischen, und wobei auch die grosse Masse, die Russland ethnographisch und geographisch darstellt, eine geringere Rolle spielt. Dieses Expansionsbedürfnis des Bolschewismus wurde ganz deutlich, da Joffe zwischendurch anführte, die Bolschewiks wüssten ganz genau, dass ihr Staat unter andren Staaten nur möglich sei, wenn diese auch sozialistisch würden; also wenn z. B. Deutschland die Kriegswirtschaft beibehielte. Wenn Deutschland, England, Amerika nach dem Kriege wieder zur freien Produktion und zum freien Handel zurückkehrten, dann müsse die Sowjetrepublik verschwinden (sozusagen abdorren). Bündnisse und selbst Beziehungen zwischen Bolschewikstaaten und Staaten wie die Grossmächte vor dem Kriege seien unmöglich. Das ist wahrscheinlich der tiefere Grund des Mistrauens der Sowjetregierung gegen uns, dass sie nicht glaubt, wir könnten ehrlich ihren Fortbestand wünschen, weil er den Untergang unserer Gesellschaftsordnung voraussetzt. Darin sind sie Theoretiker. So haarscharf ist nicht die Wirklichkeit. Ich sagte es Joffe, und führte an, dass noch bis in die 50er Jahre bei uns und in Russland Beziehungen zwischen monarchischen und „bonapartistischen" (d. h. illegitimdemokratischen) Regierungen für unmöglich galten; daher die Heilige Allianz und der revolutionäre Eindruck, den Bismarcks Politik auf Leute wie die Gerlachs und Manteuffel machte. Ebenso wie der Aberglaube der Heiligen Allianz werde sich vielleicht auch die Meinung von der Incompatibilität sozialistischer und kapitalistischer Staaten als irrig erweisen. Joffe blieb aber bei seinem

Mistrauen. Hieran scheint viel Schuld Kühlmann zu haben. Joffe sagt, nach Brest Litowsk habe er Diesem nicht mehr ein Wort geglaubt. Die monatelangen Redeschlachten über Selbstbestimmungsrecht wären ganz überflüssig gewesen, wenn wir ehrlich erklärt hätten: das Baltikum brauchen wir. Als er, Joffe, mit einem Offizier und zwei Mann als Parlamentäre nach unseren Linien abziehe[1], hätten sie fest geglaubt, wir würden sie erschiessen, als Revolutionäre. Der Offizier habe von Familie und Freunden feierlich Abschied genommen. Er, Joffe, sei durch sein zwanzigjähriges Verschwörer Leben abgehärtet (ein leises Lächeln glitt hierbei über seine gelben Züge). Als wir sie gut empfiengen, sei die Hoffnung aufgestiegen, mit uns zu einem endgültigen Frieden zu kommen. In dieser Absicht seien sie nach Brest-Litowsk gegangen. In einem endgültigen Frieden hätten wir Kurland und selbst Riga haben können. Der Bruch sei gekommen durch die Moonsund Inseln, die die russischen Militärs als notwendig für die Existenz Russlands als Grossmacht erklärten. Hoffmann habe trotzdem sie verlangt. Von diesem Augenblick an hätten die russischen Unterhändler den Frieden nicht mehr als endgültigen angesehen. Heute sei es vielen Leuten in Russland ganz gleichgültig, was unterschrieben werde, da jeder Vertrag doch nur ein Provisorium sei (wozu vielleicht das Sprüchwort passt: il n'y a que le provisoire qui dure.) Besondres Ärgernis gäben in Moskau zwei Dinge: man fürchte, dass wir jetzt, wo wir durch den neuen Vertrag auf die Gründung neuer Republiken für uns selbst verzichteten, solche Neugründungen durch die Ukraine und Finnland vornehmen lassen würden. Beispiel der eben abgeschlossene Vertrag der Ukraine mit der „Donrepublik" und das Vorgehen Finnlands in Karelien. Sowohl Finnland wie die Ukraine seien deutsche Gebilde, die keinen Tag ohne unsere Hülfe bestehen könnten; wir daher für sie verantwortlich. Viel habe ferner zur Verschlechterung der Stimmung das Verhalten unserer Gesandtschaft in Moskau beigetragen; und namentlich das Riezlers. Dieser habe Alles getan, um die Beziehungen zu trüben. Joffe nannte die Räumung der Häuser um die Gesandtschaft, die Einholung Helfferichs, dessen Absperrung, Riezlers Verhalten bei Helfferichs Abreise. Helfferich selbst sei nicht feige gewesen; er habe sogar auf Einladung der Volkskommissare, als sein Zug bei der Abfahrt sich verzögerte, eine Rundfahrt durch Moskau unternommen, das ihm bis dahin unbekannt geblieben sei (wieder glitt ein kaum bemerkbares Lächeln über Joffes Gesicht; das orientalische, im Halbdunkel der Züge nur schattenhaft aufleuchtende Lächeln der unterdrückten Völker, das so viel Verschiedenes und Böses bedeuten kann.) – Wir beachteten nicht genug die Bedeutung agitatorischer Wirkungen in revolutionären Verhältnissen. Der agitatorische Gesichtspunkt sei für die Sowjetregierung als revolutionäre Macht von grösster Wichtigkeit. Er müsse jeden Artikel der neuen Verträge von diesem

[1] gestrichen: „abgezogen seien"

Gesichtspunkt prüfen. Die Bolschewiks seien vielleicht schlechte Diplomaten und Juristen, aber ganz gewiss seien sie gute Agitatoren; denn sie hätten ihre Macht auf die Agitation begründet. Vom agitatorischen Standpunkt gewährten wir den Russen zu wenig in den Verträgen wie sie jetzt lauten. Deshalb fordere er noch die Auslieferung der 51 000 finnischen Rotgardisten und die Gewährung von schwerer Artillerie gegen Alexejew. Diese Punkte könnten dem russischen Volke als Errungenschaften dargestellt werden. Durch die agitatorische Notwendigkeit rechtfertigte er auch die Aufnahme der Bestimmung, dass wir unsere Truppen auf Anruf der Sowjetregierung zurückziehen würden, während ein geheimer Notenwechsel feststelle, dass die Sowjetregierung sich verpflichte, dieses Recht nicht auszuüben. Das widerspreche zwar den bolschewistischen Grundsätzen, sei aber unvermeidlich gewesen, da sie in den öffentlichen Verträgen jene Bestimmung zur Agitation brauchten.

19 August 1918 Montag Berlin. *19.8.1918 Montag*
Elend zuhause. – Abends aus Berlin nach München fort.

20 August. 1918. Dienstag. München – Lindau. *20.8.1918 Dienstag*
Früh in München an. In der Pinakothek Prof Mayer und Dr Oldenburg gesprochen. Mayer empfahl Braune als Nachfolger von Cassirer. Von Oldenburg, einem Neffen von Bode, hatte ich einen etwas spitzen, vorlauten Eindruck. – Nachher meldete sich bei mir in den „Vier Jahreszeiten" der Rittmeister v. Le Suire, der zu mir nach Bern soll. Paul Thun einen Augenblick gesprochen. Um 1 weiter nach Lindau. Im Zuge Mehrings „Karl Marx".

21 August 1918 Mittwoch. Lindau – Zürich. *21.8.1918 Mittwoch*
Vormittags in Lindau; schöne alte Stadt, im prachtvollen August Sonnenschein südlich anmutend. Hübsche Kinder im Stadtbrunnen paddelnd. – Am Bahnhof in Zürich die Hofrätin Zuckerkandl, die nach Wien abreiste, Oscar Fried und Stefan Zweig. Die Hofrätin erzählte, dass Fritz Unruh die Pallavicini heiraten will. Fritz und Curt seien beim Markgrafen vorstellig geworden, dass er viel zu tief für eine solche Frau stehe. (die nebenbei eine dumme Gans ist.) Mit der ihm eigenen Brutalität hat Fritz Unruh das reiche Weib eines Andren überfallen. Damit beginnt sozusagen seine revolutionäre Tätigkeit. Ich muss sagen, dass ich ihn und die Vera Pallavicini einander gönne! Es wird auf jeden Fall eine interessante Ehe. Eine Folge unseres Besuches in Waldfried, die nicht erwartet war. Aus den Briefen ihrer Schwester Sophie Clemenceau gab mir die Hofrätin verschiedene bemerkenswerte Auszüge. Aus einem am 17 Juni eingetroffenen Brief: „Je trouve que vous auriez tout à fait tort d'interrompre votre traitement à la maison de santé! Vous ne le devriez pas faire plus tôt que vous n'en aviez

l'intention d'abord (sie will also, dass ihre Schwester in der Schweiz bleibt). Si votre traitement cette fois ne peut être aussi efficace que la dernière (d. h. wenn diesmal die Sophie sie nicht in der Schweiz treffen kann) il vous fera quand même du bien et vous aidera à mieux supporter les heures difficiles. Et dans quelques mois d'ici vous pourrez peut-être revoir votre famille à Paris (d. h. Sophie hält es für wahrscheinlich oder möglich, dass der Krieg in einigen Monaten zu Ende sein könnte, wie in denselben Tagen mir gegenüber der arme Magura sagte.), ou si vous êtes encore trop faible pour faire un long voyage, on pourra aller vous voir. Il faut beaucoup de patience pour supporter ces longues maladies chroniques, mais puisque la guérison est certaine, il faut faire le nécessaire. Jean (Painlevé) n'est pas mécontent de ses affaires qui finiront par très bien s'arranger. Comme il est complètment dans son droit, cela ne peut pas être autrement. (Prozess Painlevés gegen Nivelle?)" –
Sodann Brief am 9 Juli angekommen: „Jean (Painlevé) ne peut pas quitter Paris. Il est très occupé et le sera peut-être encore plus dans quelques mois! (Rückkehr Painlevés zur Macht „in einigen Monaten" cf. Brief vom 17ten Juni) Je suis contente que vous vous soyez décidée à continuer votre traitement pendant quelque temps encore. Faites le aussi longtemps que possible!"
Brief vom 19 Juli (erhalten?) „Cela va très bien (Offensive)."
Brief vom 4ten August (heute angekommen), den mir die Hofrätin im Original zeigte: Wieder ist die Rede davon, dass Etwas eintreten soll „dans quelques mois", und sodann von „états chroniques, mais tout à coup l'amélioration se fait sentir."
In Verbindung mit den Äusserungen des armen Magura erwecken diese Briefstellen den Eindruck, dass die jetzige Offensive bereits Anfang Juni als Entscheidungskampf geplant war, der unter allen Umständen den Schluss des Krieges noch vor dem Winter bringen soll. Eine andre Deutung ist kaum möglich. Dann könnte man auf den Einsatz sämtlicher Kräfte der Alliierten bis zur Erschöpfung rechnen. Allerdings in der Zuversicht des Sieges, aber mit dem treibenden Motiv, dass die Stimmung in Frankreich, vielleicht auch in England, nicht mehr gestattet, die Ankunft der Massenarmee Amerikas im Jahre 1919 abzuwarten.

22 August 1918. Donnerstag. Zürich. *22.8.1918 Donnerstag*

Vormittags Schweizer Werkbundausstellung. Klosterartige Anordnung von lauter kleinen Wohnungen um einen grossen Hof. Die Arbeiterwohnungen recht nett. Sobald es ins Bürgerliche geht, fehlt die Erfindung: Alles ist gequält und schrullenhaft oder platt. – Nachher in die englische Propaganda Ausstellung im Kunsthaus[1]. Alle meine alten Bekannten, Will. Rothenstein, Walter Sickert, John, Tonks, Wilson Steer, Pryde. Ich war überrascht, wie unbedeutend

[1] Ausstellung Englischer Malerei im Kunsthaus Zürich, eröffnet am 8. Aug. 1918

das Alles heute wirkt. Sehr hässlich das Material, die trockene, harte Art des Auftrags. – Oscar Fried mit mir gefrühstückt. Ihm Anweisungen in russischen Dingen gegeben. – Der Dichter Albert Ehrenstein besuchte mich, um durch meine Vermittlung eine Einreiseerlaubnis als Österreicher aus der Schweiz direkt nach Deutschland zu bekommen. Er fürchtet sich vor den österreichischen Militärbehörden; will aus sentimentalen Gründen hinüber. Macht keinen guten Eindruck: ein Jammerlappen. Schrecklich, dass solche Leute jetzt geistige Führer sein wollen, und bis zu einem gewissen Grade auch sind. Abends schickte er mir einen Brief, wonach er am 6 April 1916 „wegen konstatierter psychopathischer Minderwertigkeit ohne vorherige Superarbitrierung aus dem Heere ausgeschieden" sei. In der Tat macht er den Eindruck, als ob er halbverblödet wäre, sucht mühsam nach Worten, hat wässerige, verschüchterte Augen, unsichere, tastende Bewegungen. Eine Broschüre „An die ermordeten Brüder", die er mir zur Beurteilung übergab, enthält aber schöne, kräftige Töne. Sonderbarer Widerspruch! – Bei Simson. Er sagt, die Ententestimmung habe in der Ostschweiz rasche Fortschritte gemacht. Schreibt es teils unseren Miserfolgen, teils der amerikanischen Propaganda zu. Sehr geschickt namentlich, dass die Amerikaner den Schweizern wieder weisses Mehl liefern, so dass es (was mir schon gestern Abend auffiel) wieder Weissbrot giebt. Bauchpropaganda, die grossen Eindruck machen soll.

23. August 1918. Freitag. Zürich – Bern. *23.8.1918 Freitag*

Mit Simson gefrühstückt. Er behauptet, die Stimmung in der Ostschweiz habe sich in den letzten Wochen scharf gegen uns gewendet. Wir müssten die stärksten Mittel, vor Allem ungezähltes Geld anwenden, wenn es nicht so gehen solle wie in Rumänien, Italien u. s. w. Er scheint von einer Art Panik ergriffen. Stark, der auch viele Leute sieht, sagt mir, dass im Gegenteil die Westschweiz eher weniger deutsch-feindlich geworden sei; in der Ostschweiz habe er von einer Änderung Nichts bemerkt. – Nachmittags nach Bern. Nach Tisch bei Romberg, dem über die letzten russischen Verhandlungen und die Briefe der Frau Clemenceau berichtet. Ich fand ihn sehr niedergeschlagen, riss ihn aber im Laufe des Abends wieder etwas hoch. Er sagt, Österreich scheine vor dem Zusammenbrechen; man wisse nicht, wie viele Monate es sich noch halten könne. An der Westfront hielten unsere Soldaten nicht mehr vor den Tanks. Die Entente habe Tausende von Tanks gebaut, während wir Nichts taten; und dadurch einen Vorsprung gewonnen, den wir nicht wieder einholen könnten. Meine Kombination aus den Clemenceauschen Briefen und den letzten Äusserungen des armen Magura, dass es sich im Westen um die Entscheidungsoffensive der Entente handle, stimme zwar nicht zu seinen andren Nachrichten, wäre aber sehr bedeutsam, wenn sie sich als richtig erweisen sollte. Bisher wisse er von einem ernst zu nehmenden Friedenswillen in Frankreich Nichts. Besser seien dagegen seine Nachrichten aus England. Nach meinem Vortrag brachte er mich in der warmen Mondnacht noch halbwegs nachhause.

24. August. 1918. Sonnabend. Bern – Vevey. *24.8.1918 Samstag*

Abends nach Vevey. Trois Couronnes abgestiegen. Bei der Ankunft in der Halle der amerikanische Gesandte Jackson, der sehr herzlich auf mich zukam und mir die Hand schüttelte. Er war von Anfang an unter den Ententediplomaten ein weisser Rabe, während sein Chef, der Botschafter[1], der schlimmste Hetzapostel ist und jedem Amerikaner, der mit einem Deutschen spricht, die Gelder sperrt. – Wilmas Geburtstag. Der fünfte, seitdem wir uns nicht gesehen haben.

25 August. 1918. Sonntag. Vevey. *25.8.1918 Sonntag*

Gestern Abend nach Vevey gefahren, um hier in dieser lieblichen hellen Landschaft die beiden letzten Briefe von Louis Caillon, die ich in Bern vorfand, aber im dortigen Getriebe nicht lesen mochte, zu öffnen. Er schreibt am 3 Juli: „... j'ai pas mal de choses à vous dire et entre autres que mon Docteur s'est trop avancé en me disant tuberculeux. Les analyses ont été négatives et mon état de santé, tout en exigeant quelques soins n'est pas grave du tout. Je travaille, peu, mais je travaille et Mlle de C. (de Cérenville) que je suis allé voir hier, m'a demandé la permission de montrer mes derniers écrits aux Maus. Je n'ai pu lui refuser, connaissant la forte amitié qui rapproche ces personnes. Si vous pourriez venir me voir cette semaine, j'aurais le plaisir de vous présenter mon amie à qui je parle constamment de vous. Au revoir bientôt, j'espère.“ Zweiter und letzter Brief: „Mardi soir 9. VII. 18. Bien cher et affectionné C. Le départ est fixé irrévocablement à après demain jeudi soir 8. h. Je viens de vous téléphoner dans l'espoir de vous atteindre pour vous dire un dernier adieu, mais vous n'étiez pas là. Je le regrette vivement. J'eusse été heureux de vous embrasser, une fois encore. – Plus tard j'espère nous nous reverrons. – Je crois que ma fiancée[2] veut venir à Paris et m'épouser – je verrai si cela peut se faire. – Je continuerai à vous donner de mes nouvelles soit par ma belle-famille soit (on ne sait pas ce qui peut arriver) par Mlle de C. qui m'est tout dévouée. De mon côté si j'ai l'occasion de voir votre sœur, je ne manquerai pas de lui parler de vous. J'aurais aimé vous montrer mes derniers écrits, mais vous les connaitrez par ma belle-famille. – Je pars le cœur anxieux et le regret dans l'âme de vous quitter pour l'inconnu. Mais j'ai l'espérance vive de vous revoir un jour, et si par hasard je ne vous revoyais jamais sachez que ma dernière pensée sera pour vous que j'ai aimé et que j'aimerai toujours avec la même affection. .... Mlle de C. vous aime beaucoup et vous me

---

[1] Stovall

[2] Vogel-Spiess

combleriez en l'allant voir un jour .... Je vous quitte, les larmes aux yeux et vous embrasse très, très fort, Louis." – Ein erst langsam sich zu Form und Stachel verdichtender, dumpfer Schmerz über diesen allerherbsten Verlust liegt wie ein Nebel über allen Dingen.

26. August 1918. Montag. Bern. *26.8.1918 Montag*

Bethmann, der mich bat, allein mit ihm zu essen, teilte mir mit, dass er die Absicht habe, sich von Renate scheiden zu lassen; sie sei einverstanden. Sentimentalität für ein andres Verhältnis scheint das Motiv zu sein. Er opfert diesem Gefühle viel, muss die Carrière und seine gesellschaftliche Stellung aufgeben. Scheint aber zu hoffen, dass er sich vom neuen Boden aus wieder emporschwingen kann. Die Zerrissenheit und Wildheit, die peinlich an ihm wirkten, führt er auf den Kampf in seinem Inneren zwischen den beiden Frauen zurück. Mir warf er meine Kälte vor, das „französische Fleurettieren" mit Gefühlsdingen; so sei auch seine Frau gewesen. Er ist eine sehr deutsche Mischung von Sentimentalität, Berechnung, Eitelkeit und Mistrauen; dabei genialisch, ein Sturm-und-Drang Mensch, mit düsteren romantischen Phantasieen, die seine wilden Triebe vor ihm selbst interessant drapieren.

27 August 1918 Dienstag. Bern. *27.8.1918 Dienstag*

Die militärische Lage im Westen ist fortdauernd schlecht. Die Engländer drängen uns um Bapaume zurück, überall verlieren wir Gelände; das Übergewicht des Feindes, ob blos technisch, oder auch moralisch, ist im Augenblick scheinbar unwiderstehlich. – Schickele kam aus Spiez herüber und ass Abends mit mir im Sonderzimmer bei Daettwyler. Politische Fragen und Fragen der „Weissen Blätter" besprochen. Ich skizzierte ihm unsere russische Politik. Er ist Antibolschewist, gab aber unserer Politik als der „zur Zeit einzig möglichen" seine Zustimmung. Sein eigenes politisches und kulturelles Ziel umschrieb er mit den Worten: „die geistige Isolierung Deutschlands durch alle Mittel verhindern." Daher bis möglichst weit nach links und über diese linksstehenden Elemente mit der Entente Fühlung suchen. Er klagt aber über die unendlich vielen Schwierigkeiten namentlich mit unsren Extremisten. Er hat verhindert, dass sich ein Komitee der in der Schweiz lebenden deutschen Intellektuellen mit Muehlon, Schlieben, Alfred Fried an der Spitze bildete, welches die Absicht hatte, die deutsche Politik fortlaufend öffentlich zu kommentieren. Muehlon u. Schlieben seien jetzt wie zwei Kreuzottern, die sich gegenseitig totbeissen wollten. Er meint, dass Muehlon durch grössere Kraft und Gewandtheit Schlieben erledigen wird. Die traditionelle Emigranten Freundschaft. Schickele bat, ich möge möglichst bald das M.S. seines Reisebuchs[1] lesen; er halte es für grund-

---

[1] Die Genfer Reise

legend; ich werde meine Freude daran haben. Ausserdem habe er noch zwei Stücke[1] geschrieben. Er macht einen überarbeiteten, nervösen Eindruck, trinkt auch wieder Wein. Cassirer macht ihm Sorgen, weil er die Weissen Blätter nicht blos verlegen, sondern mit redigieren will. Ich solle ihn zu bremsen suchen. Oscar Fried ass mit; hatte aber seine eiserne Maske auf und schwieg beharrlich. Spät Abends kam unerwartet Curt Unruh aus Deutschland zurück. Er ist, offenbar in Sachen seines Bruders, beim Grossherzog[2] in Darmstadt gewesen. Unter vier Augen sagte er mir, dass der Grossherzog, der viele Informationsquellen hat, die Lage im Westen sehr ungünstig beurteilt. Die Stimmung in der Armee, namentlich auch unter den Offizieren, sei nicht sehr verschieden von der in Russland vor der Revolution; masslose Erbitterung gegen Hindenburg u. Ludendorff, weil diese Sieg und Kriegsende versprochen, ihr Versprechen aber nicht gehalten hätten. Der Grossherzog glaubt, dass wir auf die Siegfriedstellung[3] zurückgehen und Nichts weiter machen würden. Die Soldaten würden nicht mehr vorwärts zu bekommen sein; was nützten da die schönsten Operations Pläne? Andrerseits hat ihm Farinolla in St Moritz vor einigen Tagen gesagt, die Engländer seien absolut kriegsmüde; auch die Franzosen. Beide fürchteten die Amerikaner.

28 August. 1918. Mittwoch. Bern. *28.8.1918 Mittwoch*

Die Lage bleibt an der Westfront unbefriedigend. Havas meldet heute seit Mitte Juli 140 000 deutsche Gefangene und 2000 eroberte Geschütze. – Nachmittags bei Rombergs, wo Wolfgang Heine mit Frau. Heine konferierte zwei Stunden mit Romberg während ich mit Frau Heine und Frau v. Romberg Teekonversation im Salon machte. Nachher sagte mir Romberg, mit dem ich spazieren gieng, Heine habe geklagt, dass die Regierung von den drei sozialdemokratischen Forderungen: Milderung der Zensur, Autonomie für E. Lothringen, Erklärung über Belgien, nur die Letztere, und diese nur unvollkommen u. zögernd erfüllt habe. Die Sozialdemokraten seien nach dem Sturze Kühlmanns deshalb drauf und dran gewesen, in die Opposition zu gehen u. hätten Dieses nur wegen der Offensive unterlassen. Ähnliches sagte Heine auch mir, als er mich gestern besuchte. Ich machte ihm klar, dass Kühlmann nicht wegen seiner Redewendung, sondern wegen seiner Indolenz u. seiner unmöglichen Geschäftsführung gestürzt sei. Romberg hat ihn heute ähnlich belehrt. In seiner zurückhaltenden

---

[1] eines davon „Am Glockenturm"

[2] Ernst Ludwig

[3] Dt. Stellung an der Westfront 1917/18, die entlang der Linie Arras-St. Quentin-Vailly verlief; bildete seit März 1918 den Ausgangspunkt für die dt. Frühjahrsoffensive; Anfang September 1918 befahl die OHL den Rückzug auf die Siegfried-Stellung, die im Oktober dann v. alliierten Truppen durchbrochen wurde.

Weise sagte mir Romberg, Kühlmann habe ihm als Staatssekretär nicht sehr gefallen. Kühlmann habe ihn einmal so abfallen lassen, dass er während der ganzen Zeit, wo er Staatssekretär war, nicht wieder das Maul aufgemacht habe. Romberg stimmte mir bei, dass das ganz Unvergleichliche und nicht wieder Gutzumachende bei Kühlmann seine Zurückhaltung inbezug auf Elsass-Lothringen gewesen ist. Von Hintze hat Romberg jetzt einen besseren Eindruck. Mit Schubert gegessen u. russische Sachen besprochen. Wolff meldet[1], dass die russischen Verträge gestern im Ausw. Amte unterzeichnet worden sind.

29 August. 1918. Donnerstag. Bern – Zürich. *29.8.1918 Donnerstag*

Unser Rückzug im Westen geht weiter. Wir haben Noyon geräumt. Mittags nach Zürich gefahren. Unterwegs Schickeles „Konvent der Intellektuellen" u. Hermann Keyserlingks „Gedanken über Europas Zukunft" gelesen. Beide gipfeln im Gedanken, dass nur der Geist, die geistige Elite, Europa vor dem Untergange retten kann; Keyserlingk mit der Spitze gegen das Proletariat, Schickele gegen die Gewalt. Proletariat und militärische Gewalt als barbarisierende, die bestehende Kultur zerstörende Mächte, die „Feinde des menschlichen Geschlechtes, generis humani". Quietistische und aristokratische Einstellung. – Abends ass Berger von der Discontogesellschaft bei mir. Er beschuldigt die Schwerindustrie, dass sie uns technisch im Stiche gelassen habe. Tanks, Flugzeugmotore, u. s. w. Sie sei zu grosssprecherisch u. selbstsicher gewesen. Daher jetzt die Rückschläge im Westen. Auch die unsinnigen Erwartungen auf den U. Boot Krieg. Berger meinte, ob wir ihn nicht lieber einstellten? Sowohl er wie Otto Fürstner, der mitass, sehr kleinlaut. Wir sind in einer schlimmen Depression. Ich glaube an den Osten, dem gegenüber, wenn wir unsere Stellung dort wahren können, die Rückschläge im Westen nur Kratzer sind. Ernst ist allerdings die Frage, wie wir zu einem Ende kommen.

30 August 1918. Freitag. Zürich. *30.8.1918 Freitag*

Die Franzosen haben hier eine Modenschau in der Tonhalle, bei der das Publikum, nicht blos das weibliche, sich schlägt, um hineinzukommen. Ich gieng mit Norbert Stern hin, musste aber umkehren. – Gefrühstückt bei Berger (Direktor der Discontoges.) im Baur au Lac. Russische Dinge besprochen, ihm den Inhalt der Verträge skizziert und versucht, klarzumachen, dass Salomonsohns Standpunkt, nur die Kadetten seien geschäftsfähig, nicht richtig sei; wir müssten gerade die Bolschewiks wirtschaftlich benutzen u. festigen. Berger fragte, welche Garantieen die Bolschewiks dem Privatkapital bieten könnten, dass sie es nicht doch einmal beschlagnahmen würden, oder dass Investierungen, die mit Zustimmung der Bolschewiks gemacht seien, nach einem neuen Umsturz von

[1] Drei Ergänzungsverträge. Meldung des Wolffschen Telegr.-Büros

der dann siegreichen Partei anerkannt würden? Was Krassin auf solche Frage geantwortet habe? In der Tat ist hier die Hauptschwierigkeit, die sich einem Wiederaufbau Russlands auf bolschewistischer Grundlage entgegenstellt, das Mistrauen des Privatkapitals. Ohne Sicherheiten können die grossen Banken ihre Kundschaft nicht veranlassen, Geld den Bolschewiks zur Verfügung zu stellen. Und doch wäre die Reaktivierung zunächst der russischen Kriegsindustrie die mächtigste Stütze, die wir im Materialkrieg mit der Entente zu unserer eigenen Kraft hinzuerwerben könnten. Diese Industrie hat existiert, und muss wenn irgend möglich zu unseren Gunsten wiederexistieren. – Diese erstaunliche Sprache führt Berger gegen S. M. und die Hohenzollern. Allerdings hat man so schon im Offizierkorps und unter Konservativen zur Zeit Caprivis gesprochen. Auch der Neger schlägt seinen Fetisch. – Abends nach Bern gefahren. Dietrich Bethmann in Bern an der Bahn, um Renata abzuholen. Beide äusserlich strahlend und liebevoll beim Wiedersehen; sie, armes Geschöpf, ganz sicher mir gegenüber, er etwas verlegen und kurz ob der Komödie. Eine Szene wie aus einem Roman von Meredith, namentlich da Beide auch als Erscheinungen „grobe Klasse" sind.

31 August. 1918. Sonnabend. Montreux. *31.8.1918 Samstag*

Über Sonntag nach Montreux gefahren. So endet dieser so bedeutungsvolle August '18, der vorläufig eine Wendung in der Geschichte des Krieges, eine für uns kritische, gebracht hat. Ausserdem für mich die mich noch immer tief erschütternde Nachricht vom Tode des armen Louis. Auf der guten Seite die Unterzeichnung der russischen Verträge.

1 September 1918. Sonntag. Montreux. *1.9.1918 Sonntag*

Edward Greys kleine Brochüre über „The League of Nations" und das Buch von Wells „In the Fourth Year" gelesen. Die Grundideen von Wells sind: Die „League of Nations" könne praktisch nur ein Vierbund von England, Frankreich, Deutschland u. Amerika sein, weil nur diese vier vollständige Grossmächte seien, d. h. Mächte, die einen Krieg aus eigener Kraft führen könnten. Dass Deutschland aber nur als Demokratie, als „free nation" Zutritt haben dürfe. Dass daher die Entente den Krieg fortsetzen müsse, bis Deutschland demokratisch sei. Wozu in Widerspruch, dass Wells selber ausführt, weder England noch gar irgendein andres von den Ententeländern seien bisher in dem von ihm gemeinten Sinne Demokratieen. Offenbar sollten sie sich daher selber erst in Demokratieen verwandeln, ehe sie Millionen Menschenleben opfern, um Andre, insbesondre uns Deutsche, zu dem von ihnen gepredigtem, aber nicht befolgten verwirklichtem demokratischem Ideal zu bekehren. Ausserdem wäre Deutschland in einem Vierbund mit Frankreich, Amerika, England immer in einer aussichtslosen Minorität und daher nur Vasall der drei Andren. Da Frankreich auch ganz von den Angelsachsen abhängig wäre, so läuft der Vorschlag auf eine vertragliche Festlegung der angelsächsischen Weltherrschaft hinaus. Etwas naïv, solange sie uns nicht zerschmettert haben! Aber ganz geschickt, zum Einfangen der ungebildeten englischen, amerikanischen und neutralen Massen. Erst durch eine Verbindung von Deutschland mit Russland und womöglich Japan liesse sich innerhalb eines solchen Friedensbundes ein gewisses Gleichgewicht herstellen, das die Freiheit der nicht angelsächsischen Völker sichern würde. – Vandevelde, der in Clarens im „Mirabeau" ist, gesprochen. Er schreibt an einer Art von Memoiren und befragte mich wegen seines Kapitels über Weimar. Wir kamen nicht recht zu einer Einigung, weil er das Scheitern des Weimarer Experiments auf den Rodin Zufall zurückführen will, während dieser nur Anlass war, und tiefere und allgemeinere Ursachen die wirklichen gewesen sind. Er sieht die Sache im Duodez Format, statt mit einer grossen Geste drüber hinzugehen; und kommt dadurch zu einer Art von Hofmarschall Standpunkt, bei dem ihm die Frage, wie der Grossherzog[1] erscheinen wird, Kopfzerbrechen macht. Ich sagte, der Grossherzog solle aussehen, wie es gerade komme, die Hauptsache sei, dass die Idee, die wir verfolgten, deutlich werde. – Gegen die Bolschewiks (deren Stabilität übrigens der gut informierte Rubakin ihm bestätigt hat) ist er eingenommen, weil sie sich rein auf Gewalt stützen. (Aus dem gleichen Grunde hasst sie Schickele); giebt aber zu, dass die einzige für uns mögliche Politik die unsere sei, die er allerdings als kaiserliche Hülfe für den roten revolutionären Terror „pardoxal" nennt. Weniger paradoxal, als sie scheint, nach meiner Ansicht, da die Bolschewiks jetzt die eigentliche Ordnungspartei in Russland sind, die einzige, die weil sie in der Macht sitzt, Ruhe und Wiederaufbau ohne vorherigen Krieg oder Bürgerkrieg wollen muss. Allerdings wenn man den Masstab: Gewalt oder Geist, anlegt, dann gehören die Bolschewiks auf die Seite der Gewalt. Das wirklich Paradoxale an ihrer Stellung ist, dass sie den Militärs wie Ludendorff und unserem Hauptquartier als Aufrührer gegen jede überkommene Obrigkeit, den Intellektuellen wie Vandevelde und Schickele als Gewaltmenschen und Verächter des blossen Geistes verhasst sind; insofern nehmen sie allerdings eine besondre Stellung ein.

2 September. 1918. Montag. Bern. *2.9.1918 Montag*

Attentat auf Lenin. Der Volkskommissar Uritzki ermordet. Ich fuhr früh von Montreux nach Bern zurück. Abends sass Ludwig Bauer einige Stunden bei mir.

[1] Wilhelm Ernst

Er ist von einem Entente Sieg überzeugt; glaubt an die Erdrückung Deutschlands durch die Amerikaner. Meint auch, dass eine moralische Zersetzung bei unseren Soldaten bemerkbar sein müsse, sonst könne er sich Fochs ungestüme Fortsetzung der Offensive, ohne die Amerikaner abzuwarten, nicht erklären. Wenn wir nicht jetzt noch rechtzeitig unsere Sünden bekennten und um Frieden bäten, würde Deutschland im nächsten, oder vielleicht im übernächsten Jahre zerschmettert werden. Unser Widerstand sei hoffnungslos. Erst als ich ihm die Möglichkeit eines Wiederaufbaus und einer Benutzung Russlands für unsere Kriegswirtschaft darlegte, gab er zu, dass dann allerdings, falls ich mich über diese Möglichkeit nicht täusche, eine Remis-Partie denkbar sei. Im Wesentlichen stimmt diese Ansicht mit der von Haeften (siehe 8ten August) überein. Jedenfalls ist Russland für uns heute der Eckstein, auf dem allein wir noch bauen können. Daher die organisch beherrschende Rolle der neuen Verträge im Systeme unserer Politik. Diese Zusatzverträge verdammt Bauer übrigens als neue Ausgeburt der Hölle. Dass wir durch den Verzicht auf die weitere Aufteilung Russlands und die Zustimmung zum Zusammenschluss von Nord- u Südrussland die Brester Verträge im russischen Sinne revidiert und verbessert haben, gab er mir auf viel Drängen zu. Dieses sei aber ein Detail. Fundamental seien die neuen Verträge eine Verschlechterung, weil sie das Selbstbestimmungsrecht der Völker, das die Brester Verträge aus momentaner Not beiseiteschoben, definitiv ausschalten; wobei er vor Allem die Letten vorschob. Diese Vergewaltigung der Völker sei heute ganz unmöglich und nicht zu verteidigen. Was solle da die Rede[1] von Solf, die wie ein bunter Flicken auf einem beschmutzten und zerrissenen Anzug wirke? Ich hatte das Gefühl einer grossen Gereiztheit, wobei Polen und unser Widerstand gegen die austro-polnische Lösung im Hintergrunde zu schweben schienen. Bauer fühlt trotz Allem instinktiv österreichisch; was seine übrigen Ausführungen in ein besondres Licht rückt. Die hiesige österreichische Gesandtschaft schützt ihn; Romberg will Dieses bei verschiedenen Gelegenheiten gemerkt haben.

3 September 1918. Dienstag. Bern. *3.9.1918 Dienstag*

Havas meldet heute Abend, dass die Hindenburg Linie bei Cambrai von den Engländern durchstossen sei. Unser Heeresbericht sagt: „Zwischen Scarpe und Somme setzte der Engländer seine Angriffe fort. Südöstlich von Arras gelang es ihm durch Einsatz starker, überlegener Kräfte unsere Infanterielinien beiderseits der Chaussee Arras-Cambrai einzustossen. In der Linie Etaing-Dury-östlich Cagnicourt-nordwestlich Quéant-Nordrand Moreuil- fingen wir den Stoss des Feindes auf ....“ – Gefrühstückt bei Hindenburgs mit Oscar Fried. Mary Hindenburg nahm mich nachher allein vor wegen Fritz Unruhs und seinem

[1] Gewaltpolitik oder Versöhnungspolitik?

Anschlag auf Pallavicinis; sie legte mir nah, zu intervenieren. Ich sagte ihr, nach meiner Meinung habe es nicht viel Sinn, die Sache auseinanderzubringen, da Vera Pallavicini nach drei Monaten doch mit einem Andren durchgehen würde. Ob sie jetzt mit Fritz Unruh, oder später mit ihrem Chauffeur oder Kammerdiener Pallavicini untreu werde, sei keine Angelegenheit, die Anstrengungen rechtfertige. – Besprechung zwischen Kippenberg, der angekommen ist, Tattenbach, Hahn u. später Montgelas u. Vietsch wegen des deutschen Buchhandels in der Schweiz. Abends ass Kippenberg bei mir im Bellevue, und nachher giengen wir zu Eberhard Tattenbach in der Junkerngasse, wo Gesellschaft war; in den hellen, angenehmen, altmodischen Räumen mit den schönen alten Möbeln u Gobelins und den ziemlich hübschen jungen Frauen vergass man fast, dass im Westen um die Entscheidung gerungen wird. Fried meint, die Amerikaner würden für die „Befreiung" Elsass-Lothringens aufgespart. Stransky berichtet aus Genf: „ ___ [1]

4 September 1918. Mittwoch. Bern – Basel. *4.9.1918 Mittwoch*

Mit Kippenberg und Fürstner Vormittags nach Basel. Die schlechten Nachrichten aus dem Westen drücken auf die Stimmung. Meine Ansicht, wenn wir geköpft werden sollen, dann sollen wir uns, meinetwegen unter Haase als Reichskanzler, an die Spitze der Arbeiterbewegung stellen und das Proletariat der ganzen Welt aufrühren, auch in allen andren Staaten Tabula Rasa zu machen. Wir werden dann noch zuerst wieder aus dem Dreck herauskriechen. – In Basel zuerst Besichtigung der für Leipzig zusammengestellten Sammlung Schweizer Graphik im Kunstgewerbemuseum, wo uns Doetsch-Benziger, Burkhart Mangold, Kienzle u Curt Vollmoeller erwarteten. Gute, hochstehende Ausstellung. Dann in die Kunsthalle, wo Besprechung mit Dr Barth über die deutsche Expressionisten Ausstellung in Basel. Von dort zum Präsidenten des Baseler Theatervereins Koechlin, mit dem die Winter Gastspiele beredet. Um $^1/_2$ 7 im Hotel den Vizepräsidenten der deutschen Handelskammer Derksen empfangen, der um eine Unterredung gebeten hatte. Derksen sagt, dass der Stimmungsumschlag gegen uns in der Schweiz in den letzten zwei bis drei Monaten erschreckend sei. Er führt ihn hauptsächlich auf die sehr geschickte und reiche amerikanische Propaganda zurück. Jeder Beamte von oben bis zu den Grenzposten sei von den Amerikanern so oder so geschmiert. Die Käuflichkeit sei unermesslich. Diese Propaganda greife bis nach Süddeutschland hinüber. In Baden sei die Stimmung infolge der von Agenten ausgestreuten Gerüchte miserabel. Unsere Regierung tue viel zu wenig, ja so gut wie Nichts, um die Bevölkerung über die wirkliche Lage aufzuklären; sie beschränke sich darauf, immer nur Alles Rosa in Rosa zu malen. Wenn den Leuten einmal der

[1] Nach dem Anführungszeichen befindet sich eine Lücke von einer halben Seite.

wirkliche Ernst der Lage klargemacht werde, dann würden sie auch die Zähne zusammenbeissen, und ihr Letztes hergeben. Ludwig Bauer schade in Basel selbst unter den Reichsdeutschen ausserordentlich. Man habe im deutschen Hülfsverein einen Kollektivprotest an die Nat. Zeitung mit Kündigung der Abonnements erwogen. Ich riet hiervon ab, da nur das Portemonnaie für die Nat Ztg eine Rolle spiele, und die Amerikaner alle ausfallenden Abonnements sofort ersetzen würden. Dann trug er mir den Fall des Bildhauers Heer vor, dem wegen seiner Deutschfreundlichkeit Jules Bloch in Chaux de Fonds zwei Aufträge in Höhe von 20 000 frcs entzogen habe. Ich will sehen, dass wir ihm einen Auftrag für 25 000 oder 30 000 frcs geben.

5 September 1918. Donnerstag. Bern. *5.9.1918 Donnerstag*

Früh von Basel nach Bern zurück mit Fürstner u. Doetsch-Benziger. Doetsch trug mir die Verlegung u. Erweiterung der Buchhandlung von Kober in Basel vor, als Gegenzug gegen Crès. – In Bern Eberhard Tattenbach getroffen, der ein Haus in der Junkerngasse gekauft hat. Auf meine Frage, wann er einzöge, meinte er, Wer weiss, ob es sich überhaupt noch lohne; in zwei Monaten hätten wir vielleicht Frieden. Er deutete dann an, dass die Engländer Lust hätten, sich zu verständigen. Allerdings werde es kein „guter" Friede werden. Loslösung von Elsass Lothringen, das nur in einem wirtschaftlichen, dem luxemburgischen ähnelnden Verhältnis zum Reich bleiben würde („reconsideration"). Aber je länger wir warteten, um so schlechter müsse der Friede werden. Wir hätten den Kulminationspunkt unserer Macht überschritten. Im nächsten Frühjahr würden 3 Millionen Amerikaner in Frankreich stehen, im Herbst vielleicht 4 oder 5. Im Frühjahr könnten wir gezwungen sein, unsere Front von der flandrischen Küste zurückzuverlegen, später auf Namur-Lüttich. Je schneller wir jetzt zu einem Abschluss kämen, um so weniger schlecht werde er vermutlich sein. – Nachmittags Sitzung bei Romberg, zu der ich mit Bismarck, Schubert und Bismarcks Oberspion Tiling geladen war. – Es stellte sich als Zweck heraus, dass Tiling Schickele an den Kragen wollte. Er brachte einen gestohlenen Brief von Schickele an Schlieben aus dem April oder Mai 17 vor, in dem Schickele einen Artikel für die „Freie Zeitung" in Aussicht stellt. Andre Dinge gleicher Art. Romberg forderte mich auf, zu sagen, was Sch. für uns bedeute. Ich kam nur bis zum zweiten Punkt, dass Sch. der einzige namhafte Elsässer in der Schweiz sei, der für Deutschland eintrete, und dass er zweitens unsere Verbindung mit den deutschen Emigranten (Muehlon, Schlieben u. s. w.) aufrecht erhalte. Bismarck begnügte sich mit meiner Erklärung, dass Sch., obwohl auf ganz demokratischem Standpunkt, nicht den Umsturz des Deutschen Reiches oder der Dynastie betreibe. Romberg trat gewandt für Schickele ein. Tiling schien unbefriedigt und verstimmt durch seinen Fehlschlag. – Nachher besuchte mich Dr Bach von der Wiener „Arbeiterzeitung“ und vom K u. K. Auswärtigen Ministerium in Wien; im gelben Schlapphut und etwas schäbigem Überzieher ein diplomatisch abgestempelter, offiziell reisender Proletarier. Er ist österreichischer Propagandachef; kam zu mir wegen einer Gala Aufführung der „Fledermaus“[1], die er gemeinsam mit uns im Züricher Stadttheater mit einer besondren, glanzvollen Ausstattung der „Wiener Werkstätten“ veranstalten möchte. Romberg ist dagegen, wegen des Kontrastes zu der schweren Lage weiter Klassen in der Schweiz; ich lehnte daher ab. Bach hat heute beim österreichischen Gesandten gefrühstückt und sich ein Rundschreiben an alle österreichischen Konsulate in der Schweiz geben lassen, dass er allein Propagandachef sei. Er klagte über die Konkurrenz von Heller. Bisher war es ausserdem Lothar. – Nach Bachs Fortgang Sitzung mit Doetsch-Benziger, Kippenberg u Curt Vollmoeller in Sachen der deutschen Buchausstellung in der Schweiz, die im November beginnen soll. Organisatorische Klarstellung. – Abends kam der von Schubert, Romberg u. s. w. fieberhaft erwartete Curt Unruh an, der von Karl Vollmoeller mündlich aus St Moritz Nachrichten über das durch Scheidemanns Abreise verfehlte Zusammentreffen mit irgendwelchen Entente Unterhändlern bringen sollte. Unruh berichtete, in St Moritz sässe ein (nicht näher benannter) Engländer[2], der beauftragt sei, mit Scheidemann zu sprechen. Als Scheidemann unerwartet abreiste, sei dieser Engländer auf das heftigste von seiner Gesandtschaft gerüffelt worden, weil er die Unterredung verfehlt habe. Vollmoeller habe ihm durch seinen Mittelsmann anbieten lassen, mit einem andren Deutschen in einflussreicher Stellung, eventuell auch mit Wolfgang Heine zu reden; der Engländer habe aber darauf bestanden, nur mit Scheidemann zu unterhandeln. Vollmoeller habe ihm jetzt sagen lassen, wenn man Scheidemann zurückholen solle, müssten wir erst irgendeine Beglaubigung sehen, dass der Engländer wirklich von seiner Regierung beauftragt sei. Ich fuhr mit Unruh zu Schwerin, wo Schubert u. Renthe-Finck assen, und beredete mit Diesen, was zu tun sei? Wir einigten uns, dass wir, ehe wir Scheidemann zurückkommen liessen, erst den Namen des Engländers und dessen Akkreditierung haben, auch Vollmoeller sprechen müssten, um Näheres zu erfahren. Ich telephonierte deshalb mit Vollmoeller nach St. Moritz u bat ihn, herunterzukommen; er deutete aber an, dass er ebenfalls noch auf Näheres warte, und dass seine Abreise in diesem Augenblick falsch gedeutet werden könne. Er wolle lieber, erst Montag oder Dienstag kommen. – Wir kamen nachher zufällig auf Herwarth, der in der O.H.L. als Amerika Sachverständiger Unheil anrichtet. Schubert meinte, dass man doch seinen Fleiss anerkennen müsse. Aber warum finden wir Fleiss anerkennenswert, wenn Einer damit immer nur seine eigene Dumm-

---

1 Strauß

2 Cazenove

heit breittritt? – Schickele, der mir heute durch Fried das Manuskript seiner „Genfer Reise" schickte, schreibt mir aus Spiez, 5ten Sept.: „Ich vermute, dass Oscar Fried Ihnen die „Genfer Reise" gebracht hat. Ich wäre Ihnen sehr dankbar, wenn Sie das Buch bald und – entschuldigen Sie, bitte! – aufmerksam läsen. Ich halte es nicht nur für ein gutes Buch, sondern, was mehr ist, für eine gute Tat; für mich war es einfach die Erlösung. Dies sage ich im Abstand des Lesers. Der „Konvent der Intellektuellen", den Sie ja kennen, ist ein Kapitel daraus und nicht das wichtigste. Indessen habe ich auf dieses Kapitel hin, das ich für das Gebot der Stunde mit einigen Zeilen aktualisierte, eine solche Menge kameradschaftlicher Zurufe, u. A. aus Deutschland u. Österreich, aber auch von Franzosen erhalten, dass ich glaube: die „Genfer Reise" wird das Leitbuch der jungen Generation .... Ich wäre selig, empfänden Sie nicht nur die Kämpfe, die dieses Buch mich gekostet hat, sondern auch die Rettung, die es bietet." – Curt Unruh erzählt, dass er mit seinem Bruder in St Moritz gestern abend bis 4 aufgeblieben ist, weil Fritz ihm u einigen Andren Teile der Komödie[1] vorlas. Sein Bruder wohne u arbeite in Silvaplana zufällig im selben Zimmer, in dem Nietzsche den Zarathustra schrieb (d. h. wohl mehr abschrieb, denn geschrieben hat er ihn auf den Bergen.)

6 September 1918 Freitag. Bern. *6.9.1918 Freitag*

Curt Unruh vorgenommen und ihm verboten, da er Mitglied der Gesandtschaft ist, sich in die Angelegenheiten seines Bruders mit dem Ehepaar Pallavicini einzumischen. Die umlaufende Version, dass er Fono Pallavicini aufgesucht und ihm gesagt habe, er sei seiner Frau so offenbar unterlegen, dass er sie dem einzig ihr gewachsenen Fritz Unruh abtreten müsse, stellte er mit kindlicher Entrüstung in Abrede. Nachdem die Vera ihrem Mann gestanden hatte, dass sie Fritz Unruh liebe und ihn heiraten wolle, hätte Pallavicini, im Gegenteil die Trennung und neue Heirat zugestanden; nur verlangt, dass eine dreimonatliche Überlegungsfrist gewahrt werde; ausserdem aber mit Fritz Unruh und Curt Brüderschaft gemacht. Auf Grund dieser Situation hätte Pallavicini mit ihm, Curt, ein Gespräch über die Sache angefangen. Erst später habe sich Pallavicini der getroffenen Verabredung entgegengestemmt. Dietrich Bethmanns Rolle in der Sache, der als Erster Fritz Unruh gestellt zu haben scheint, ist mir nicht klar. Er scheint durch seine Intervention die Auseinandersetzung in Fluss gebracht zu haben, als Fono Pallavicini noch Nichts ahnte. – Nachmittags Schickeles „Genfer Reise" gelesen. Eindruck grosser Leichtigkeit und geistiger Freiheit bei einiger Preziosität. Das Ganze ist in Helligkeit und durchsichtige Farben gebadet, ein grosser Claude Lorrain, in dem sich die dunklen, tragischen Stellen wie malerisches Helldunkel auflösen. Was den Grundstandpunkt an-

[1] Platz

belangt, so steht Schickele der Not des Krieges etwas fern. Er urteilt und proponiert „ex empyraeo". Ausserdem verkennt er Folgendes: Geist ist Gewalt; insofern sehe ich nicht, wie ein absoluter Gegensatz zwischen Beiden konstatiert werden kann. Geist ist nur eine besondre Form der Gewalt, die man bevorzugen kann, ohne aber daraus das Recht abzuleiten, andre Formen abzulehnen. Allerdings handelt es sich vielleicht nur um eine terminologische Ungenauigkeit, und Schickeles Ideal ist in Wirklichkeit, wenn ich so sagen darf, franziskanisch. Die Stimmung des Werkes erinnert in der Tat in einzelnen Teilen an die der „Fioretti". Aber man könnte nicht mit Recht sagen, dass Franz von Assisi den Geist auf den Tron erhoben hat, sondern das Herz. Hier scheint mir der springende Punkt zu sein: die Herrschaft des Herzens ist keine Gewaltherrschaft, die des Geistes muss notwendig dazu werden. Das hat schon letzten Endes Dostojewskis Grossinquisitor[1] erkannt, den Schickele zitiert, und Christus schweigt am Schluss, weil Dostojewski ihn eigentlich nur die Anerkennung dieser Tatsache aussprechen lassen könnte, wenn er ihn reden liess. Das ist eben der ganz entscheidende Unterschied zwischen den zwei Erscheinungen des paulinischen und des franziskanischen Christentums. Dass eine franziskanische Reaktion, d. h. eine Reaktion des Herzens gegen unsere Epoche, genau so wie gegen die Gewaltepoche der Kreuzzüge, möglich und wahrscheinlich ist, liegt auf der Hand. Gott bewahre uns nur vor dem Herz-Ersatz, der Sentimentalität. Als Resultat bleibt, bei Schickele, die Absage an die Gewalt. Genügt das als Programm für eine ganze Generation? – Brief vom 3ten Sept von der Hadwiger über Becher: Zunächst sei er nach unserem letzten Telephongespräch ein paar Tage transportunfähig gewesen und musste seinen Luminalrausch nach u. nach ausschlafen. „Dann kam ein übler Brief des Pflegers an mich, der unter Gewaltandrohung befahl, dass Becher nach Iena zurückkehren solle. Auf Pankow einzugehen wurde ohne Angabe von Gründen verweigert, ebenso Zahlungen dorthin. Nun wollte Becher natürlich auf einen derartigen Befehl nicht eingehen, sondern antwortete dem Pfleger ziemlich scharf; nach Pankow traute er sich nicht, trotzdem er gerne gegangen wäre, weil man ihn ev. dort gewaltsam weggeholt hätte. Nach langem Überlegen auch der finanziellen Seite war er aber doch zu dem Entschluss gekommen .... nach Iena zu gehen, als gerade im Augenblick der Abreise noch ein unverschämter Brief des Pflegers eintraf. Das liess ihn seinen Entschluss wieder ändern – was ich durchaus verstehen konnte im Augenblick .... Becher fühlte sich nun bei mir auch nicht mehr sicher – es war am Sonnabend vor 14 Tagen. Er beschloss also im Hotel zu nächtigen. Am Sonntag früh rief man mich von da aus an, ich möchte doch kommen: Tobezustand. Er hatte also nicht einmal die Energie, die paar kritischen Tage bis Scholinus durchgesetzt gewesen wäre, ohne Exzess auszuhalten. Daraufhin

[1] Die Brüder Karamasow

konnte ich mich doch der Überzeugung nicht verschliessen, dass, wenn auch der Pfleger sicher für Becher die möglich ungeeignetste Persönlichkeit ist, so doch in der Sache für ihn augenblicklich Nichts Besseres geschehen könne, als ihn in Iena einzusperren – zumal ich gehört hatte, dass Scholinus den Fall für ganz aussichtslos und erledigt halte. Ich telegraphierte also selbst nach Iena und am Montag wurde er abgeholt. Er schreibt nun ganz friedlich und relativ zufrieden, auch sehr vernünftig und hoffnungsvoll – aber das war ja immer so. Jedenfalls wird er aber nun wohl nicht so bald herauskommen – ein zweiter Ausbruch dürfte ihm wohl kaum gelingen. Es hat mich schwere Gewissensbedenken gekostet, ehe ich einen Schritt tat, der den armen Kerl seinen, immerhin recht merkwürdigen Eltern so ausliefert; aber in seinem Interesse war ja Nichts Andres möglich und schliesslich sind ja immer Sie noch da und ich, wenn ihm irgendwas gar zu Arges angetan werden sollte."[1] – Abends ass Ernst Jäckh mit Renthe Finck und mir. Er war noch ganz erschüttert von einer Zusammenkunft mit Rubakin, die gestern Nacht irgendwo in einem dunklen Walde bei Montreux stattgefunden hat; kommt sich vor wie ein Fra Diavolo, was bei der behäbigen Figur und den Handlungsreisenden Manieren als düstere Drapierung sehr komisch wirkt. Er sprudelte wie immer Geheimnisse aus. Helfferich sei erledigt; hat ihm selbst erzählt, er sei im Hauptquartier bei den Besprechungen über Russland vor der Tür gestanden, weil Hintze vorgab, auch noch andre Dinge ausser Russland zur Entscheidung bringen zu müssen, bei denen Helfferich dienstlich nicht beteiligt sei; um ihn nicht immer wieder aus dem Zimmer zu schicken, habe man ihn gleich ganz draussen gelassen. Der Kaiser sei verlegen, Ludendorff ihm gegenüber verschlossen gewesen. Hintze hat ihn am Tage seiner Rückkehr aus Moskau nicht empfangen, obwohl er um 8 Morgens ankam, und um elf Uhr gerade an diesem Tage die russischen Verträge paraphiert wurden. Jäckh sagt, dass Helfferich schon im Februar der Kandidat des Hauptquartiers für den Staatssekretär Posten gewesen sei, er, Jäckh, sei mit den Unterhandlungen betraut gewesen und habe auch Kühlmann unterrichtet. Als Hintze Staatssekretär wurde, habe Helfferich aus enttäuschtem Ehrgeiz Etwas Besondres, Auffallendes tun wollen; deshalb sei er nach Moskau gegangen, so habe er sein eigenes Grab sich geschaufelt. Jäckh hält ihn auf Jahre für unmöglich. – Ich drang in Jäckh, dass er in der „Deutschen Politik" Wilson mehr Aufmerksamkeit schenken möge, namentlich seinen Weltherrschaftsplänen. Er notierte sich die Sache merkwürdigerweise in seinem Taschenbuch; als ob er sie vergessen könnte.

7 September 1918. Sonnabend. Bern. *7.9.1918 Samstag*

Victor Naumann überraschend mich besucht. Er reist wieder in irgendwelchen

[1] Verweisung: „(vgl. 28 Juli u. 8ten August.)"

schwer bestimmbaren Geheimgeschäften; war zuerst gestern den ganzen Tag bei Mussolin, heute Nachmittag kurz bei Romberg, zitiert Auszüge aus Briefen, die er an den Kronprinzen[1], Kronprinz Rupprecht, Hertling, Dandl, Czernin, Brockdorff-Rantzau geschrieben hat. Er ist eines von den vielen kleinen Schiffchen, die am Webstuhl der Zeit[2] hin- und herschiessen. Ich suche Zweck und Triebfedern, schon um ihn als Instrument zu bewerten. Man weiss nicht recht, ob er deutscher Agent mit österreichischer Färbung, oder österreichischer Agent mit deutscher Färbung ist. Ich meine: bald so, bald so, wobei sein Schwerpunkt München bleibt, und die Schwankungen von seiner Eitelkeit bestimmt werden. Also, wenn irgendetwas, baierischer Agent; aber eigentlich vielleicht überhaupt kein Politiker, sondern nur ein sehr eitler Mensch, der die im Augenblick für seine Eitelkeit ergiebigste Überzeugung oder Rolle annimmt. Mich bestärkt in diesem Urteil seine sonstige Haltung. So ist und bleibt er Protestant, äussert aber überwiegend die den Münchener Reichsrats- und Hofkreisen angepassten ultramontan-katholischen Ansichten; eine Besonderheit, die ihm sicher eigenen und fremden Weihrauch in Fülle trägt. So scheint er bald seine vornehmen Gönner nur als Nachrichtenquellen, bald umgekehrt „Nachrichten" nur als Eintrittskarten zu vornehmen Häusern zu schätzen; jenachdem er im Augenblick mehr Appetit auf innere Geschwollenheit oder äussere Anerkennung empfindet. Als Politiker bringt er es daher nicht hinaus über den Feinschmecker der Intrigue und diplomatischer Geheimnisse; er schlürft sie wie alten Wein, schmatzend und auf seinen eigenen Gaumen stolz. Dabei besitzt er Beobachtungsgabe, Scharfsinn, Urteil, Gewandtheit, Unermüdlichkeit; aber Alles im Dienste einer, wie mir scheint, planlosen Eitelkeit. Jeder Objektivität und Folgerichtigkeit beraubt durch seine Eitelkeit kann man ihn nur benutzen als Nachrichtenquelle (mit Vorbehalt) und besseren Kurier. Figuren wie er, Dr Bach, Jäckh, Ludwig Stein: Aushorcher, Geschäftemacher, Drahtzieher, Abenteurer, die die Fäden hin und herknüpfen, verwirren, auseinanderknoten, kleine Muster in den grossen Teppich erfindend, gehören zum Weltkrieg; vielleicht müsste er sonst aufhören, oder endlos weitergehen. Naumann schildert unsere Lage im Inneren schwarz. Verbitterung und Mangel an Disziplin von unten bis oben, auch in der Armee, wo die Mannschaften, die im Osten waren, bolschewistisch angesteckt seien. Ministerialdirektoren hätten ihm gesagt, „Wilhelm müsse gehen, eher bekämen wir keinen Frieden." Er selbst will dem Kronprinzen vor Schulenburg gesagt haben, das Reich gehe vor der Dynastie; wenn das Wohl des Reichs es verlange, müsse die Dynastie verschwinden. Der Kronprinz sei sehr bewegt gewesen, aber zustimmend, ebenso Schulenburg. Schulenburg sei ein grosser Politiker, einer von den drei grossen Poli-

---

[1] Wilhelm

[2] Faust, V. 508

tikern, die der Krieg ihm offenbart habe; die beiden Andren Rantzau und Czernin. Er habe selbst Schulenburg zum Kanzler vorgeschlagen, aber Hertlings Nachfolger werde Rantzau mit Solf oder Wilhelm Stumm als Staatssekretär. Hintze könne nicht lange bleiben, weil im Parlament unbeliebt. Frieden bekämen wir nur über Amerika. Auf diesem Wege sei er aber möglich; Voraussetzung unsere Demokratisierung und Parlamentarisierung. Die Demokratisierung allein genüge nicht. Er glaube an einen Umschwung der militärischen Lage zu unseren Gunsten im Oktober. Wenn kein Erfolg vor Zusammentritt des Reichstags eintrete, so werde dieser zum Konvent werden. Alle Führer der Mehrheit seien entschlossen, dann die grosse Abrechnung vorzunehmen. Daher sei es notwendig, sobald wir einen Erfolg hätten, freiwillig die Parlamentarisierung zu gewähren. Dazu eine Revision des Brester Friedens. Dann werde Wilson sich zu Unterhandlungen bereit erklären. Die Zita Intriguen giengen inzwischen über die Schweiz ruhig weiter. Dazu jetzt bulgarische (Grekow.) – Nachmittags nach Spiez gefahren. Im Zuge Renata Bethmann getroffen, die unterwegs war nach Oberhofen. Sie setzte meine Kenntnis ihrer bevorstehenden Trennung von Dietrich voraus, sprach sehr ruhig und gefasst, aber mit Angst von ihrer Zukunft, dieses Zurückgehen in die Einsamkeit, das Zurückschrauben auf den Stundenplan und die häusliche Sorge für die Kinder. Weiss nicht recht, wohin? Wahrscheinlich ins Engadin oder irgendwo ins Berner Oberland. Sie erzählte, Bethmann werde versetzt. Das Schreiben vom Amt, in dem Romberg nahegelegt wird, seine Abberufung zu beantragen, sei vor einigen Tagen eingetroffen. Er fahre morgen nach Berlin, um dort zu versuchen, wenigstens in Berlin selbst beschäftigt zu werden. Er habe bis zuletzt gehofft, in Bern zu bleiben. Ich fürchte, so beginnt sein Untergang. Retten könnten ihn nur sehr aussergewöhnliche Umstände. Er hält sich selbst für einen der Urheber des Weltkrieges und hofft jetzt, aus dessen Wogen wieder emporzukommen. – In Spiez den Abend bei Schickele u. Cassirers in ihrer Villa verbracht. Geschäftliches über Rascher, von dem sich Schickele trennen will. Rascher sei reiner Geschäftsmann, Kapitalist, aber was ihn auszeichne: Kapitalist ohne Kapital. Schickele will einen eigenen Verlag der „Weissen Blätter" mit Cassirer gründen. Mein Rat: Cassirer solle sein Geld im Rascherschen Verlage lassen unter Beibehaltung seines Vetorechts, daneben aber mit Einverständnis Raschers einen neuen Verlag der „Weissen Blätter" aufmachen. Schickele war von einigen Glas Wein nachher leise angeschwipst. Eine Zeitlang hatte er sich des Alkohols ganz enthalten; das ist also wieder vorbei. Er hob mich in der Benebelung zum Himmel, ich sei der Einzige, der mit den Franzosen verhandeln, die Bande wieder anknüpfen könne, weil ich sie zu nehmen wisse: sie „möchten" mich. Andrerseits machte er mir heftige Vorwürfe, weil ich so viel fort sei. Wenn er der Gf. Kessler sei, würde er die Welt aus den Angeln heben; aber ich hätte zu wenig

Ehrgeiz. Wir kämen nicht vorwärts, sondern zurück. Dann klagte er über die Behandlung, die die deutschen Behörden ihm zuteil werden liessen, die Schwierigkeiten mit seiner Aufenthaltserlaubnis u. s. w.; wurde sehr aufgeregt. – Vor Tisch, als er noch nüchtern war, hatte ich ein Gespräch mit ihm über die Herrschaft des „Geistes". Er gab zu, dass das Wort Geist misverständlich sei und einer Erklärung bedürfe; unter Geist verstehe er „die Politik des Herzens." Insofern hätte ich mit der Kritik in meinem Briefe recht. – Von Klabund gab er mir im Manuscript einen „Aufruf zur Gründung eines Bundes der deutschen Geistigen in der Schweiz": „Als im Juni vorigen Jahres (!) ein Ungenannter den (oft discutierten) Plan eines Bundes der deutschen Geistigen in der Schweiz zu verwirklichen gedachte, da musste er bald die Hände resigniert und abwartend zurück in den Schooss legen: eine Wand von Mistrauen (!) stand gegen ihn. Einer traute dem Andren sein Gesetz und seine Gesinnung nicht. Fäden, versucht herüber nach Deutschland anzuspinnen auf einer Reise knüpften sich nicht. Heute ruft Otto Flake[1] im Juniheft der Friedenswarte die deutschen Intellektuellen in der Schweiz zur Sammlung, zur Organisierung, zur praktischen und ideenhaften Arbeit. Otto Flakes Anregung zum 5ten Jahrestag des Kriegsbeginns, zum 1 August 1918 eine Konferenz der deutschen u. österreichischen Intellektuellen einzuberufen, die nach Konstituierung des Bundes der Geistigen ein Mindestprogramm ausarbeitet, ist auf das Lebhafteste zu begrüssen und auf das Bestimmteste zu unterstützen .... Womit ich nicht für jeglichen Aktivismus Propaganda machen will: aber ich will mich mit ihm vertragen, sofern es um Höheres als um Parteilichkeiten geht: um den deutschen Geist und seine Wohnstatt, das deutsche Vaterland .... Gehe ein Jeder in sich – und danach zu den Andren und spreche: ich will Euer sein im Kampf der Geistigen gegen die Mächtigen. ... Die Sehnsucht des deutschen Geistigen nach dem wahren Vaterland muss Schrei werden. Wir wollen nicht mehr namenlos, ziellos dulden. Die heftigste Opposition gegen die Idee der Gewalt, wie sie sich seit dem Brester Frieden im offiziellen Deutschland immer unerträglicher manifestiert ... wird heiligste Pflicht .... Es muss ein vorbereitender Arbeitsausschuss gegründet werden. Ein provisorisches Präsidium den Konvent einberufen: ein Mann von Gewicht, Klang und Gesinnung. Ich schlage zum Einberufer der Konferenz René Schickele vor. Die ideelle Bundesgenossenschaft der Entente lehnen wir auf das Energischeste ab. Sie ist vom Wahn des Militarismus genau ebenso besessen wie das offizielle Deutschland ... Dass ihr Militarismus nicht so gigantisch in Erscheinung tritt, liegt einzig an seiner Erfolglosigkeit. Wir lehnen es ab, diese Erfolglosigkeit der Entente als moralisches Plus zu buchen. Kehre Jeder vor seiner eigenen Tür." – Schickele u. Cassirer sprachen Beide mit einem an Ekel grenzenden Widerwillen von der Haltung und der Propaganda der öster-

[1] Die Aufgabe der deutschen Intellektuellen

reichischen Intellektuellen in der Schweiz. Sie giengen herum, schwärzten uns an und bäten für sich um Gnade: „sie seien doch so arme Teufel! Von uns verführt und vergewaltigt." Leute wie Stefan Zweig, Ludwig Bauer, Hugo Heller arbeiteten alle mit verteilten Rollen in diesem Sinne pro Austria. Diese österreichische schleichende Propaganda, von Mussolin unterstützt, dränge sich überall ein und werde allmählich zu einer wirklichen Gefahr für uns. Hugo Heller, der mit Lammasch u. Hermann Bahr in Verbindung steht, will in Zürich einen grossen österreichischen Buchladen mit Konzertagentur aufmachen, von wo aus er die ganze Schweiz mit dieser antideutschen Stimmung verseuchen wird. Bach ist persönlich verfeindet mit Heller und giebt vor, wie er mir neulich sagte, dass er möglichst eng mit uns zusammen arbeiten möchte. Schickele traut aber auch Bach nicht.

8 September 1918. Sonntag. Montreux. *8.9.1918 Sonntag*

Früh von Spiez über Zweisimmen nach Montreux. Stendhals „Journal d'Italie" gelesen. – Abends mit Kippenberg, Vandevelde und Hahn vom Ausw. Amt zusammen. Hellers Projekt mit Kippenberg besprochen. Er meint, wir könnten ihn an die Wand drücken, durch Boykott der deutschen Verleger, wenn er wirklich gegen uns Stimmung mache. Vandevelde sagt, er bemerke seit einiger Zeit hier eine Annäherung der Kerenski Leute an die Bolschewiks. Vandevelde gebeten, bei den Maus und Mlle de Cérenville wegen des Nachlasses des armen kleinen Caillon zu intervenieren, damit seine Gedichte nicht verloren gehen. Die Cerenville hat mir nicht geantwortet. – Unruh telephonierte, Karl Vollmoeller habe mitgeteilt, er habe noch nicht die Sicherheiten, die er verlangt hatte; aber die Engländer hätten gebeten, dass Scheidemann nicht wiederkomme, da das zu viel Aufsehen erregen würde, wenn aber Jemand Andres komme, möge man es ihnen mitteilen.

9 September 1918. Montag. Lausanne. *9.9.1918 Montag*

Im Zuge von Montreux nach Lausanne den Rechtsanwalt Thalberg aus Zürich getroffen. Wir sassen allein u. konnten ungehindert sprechen. Er meinte: ein Frieden sei noch in diesem Jahre möglich, wenn wir uns parlamentarisierten, volle Entschädigung für Belgien und Revision der östlichen Friedensschlüsse[1] anböten. Wenn eine neue, parlamentarische Regierung (er nannte Erzberger, Scheidemann) ihre Bereitschaft zu diesen Bedingungen erkläre, würden Wilson, und auch Lloyd George u die Franzosen darauf eingehen. Er fusse auf Äusserungen, die der französische Botschafter Dutasta im intimen Kreise gemacht habe. – Abends gab Hahn den beiden Tattenbachs, Kippenberg u mir im Savoy ein Diner. Kippenberg, der beim AOK. IV in Flandern bis jetzt Aufklä-

[1] Friedensverträge v. Brest-Litowsk u. Bukarest

rungsoffizier war, hält eine neue Offensive im Westen für ausgeschlossen. Wir hätten nicht mehr die Kräfte. Der Plan in hohen militärischen Kreisen sei, sich kämpfend bis an den Rhein zurückzuziehen; man rechne, dass das drei Jahre dauern könne. Offensiven in Italien u. Asien seien immer noch möglich. Ausserdem eine Organisation des Ostens (Russlands), die uns durchzuhalten erlaube. Die Soldaten an der Front seien in steigendem Masse beunruhigt durch die Frage nach der Schuld am Kriege. Lichnowskys Brochüre habe Verheerungen angerichtet. Die Leute sagten, entweder habe er Unrecht, dann müsse er erschossen werden; wenn er aber nicht erschossen werde, dann sei das der Beweis, dass irgendetwas nicht stimme. Auch Kippenberg meint, dass nur weitgehende Demokratisierung u. Parlamentarisierung die Stimmung noch retten können. Ein sehr hoher Offizier habe ihm gesagt: Was liege denn schliesslich an Elsass Lothringen? Eberhard Tattenbach sprach für schnellstes Kriegsende; daher auch für Parlamentarisierung. Die Lage ist zweifellos, wie Kippenberg sich ausdrückte, „verflucht ernst." – Egli hat sich Franz Tattenbach gegenüber in Basel gestern hoffnungsvoll geäussert; 50 Divisionen müssten jetzt schon durch die Frontverkürzung frei geworden sein.

10 September 1918. Dienstag. Bern. *10.9.1918 Dienstag*

Früh nach Bern zurück. – Paul Cassirer bei mir, der viel schwatzte und mir einen Artikel u. Brief von Schickele brachte: „Was unser persönliches Verhältnis anlangt, könnte ich Ihnen Nichts Neues sagen. Ich habe – verzeihen Sie, dass ich davon spreche – all meinen politischen Ehrgeiz, der durch meine Fehler unrealisierbar ist, auf Sie übertragen. Und es quält mich, zu sehen, dass wir, statt vorwärts zu kommen, täglich an Boden verlieren .... die offizielle Maschine taugt Nichts oder wenig, und Ihre persönliche Initiative wird täglich wichtiger; nicht als ob saftige und, wenn ich so sagen darf, nahrhafte Erfolge einzuheimsen wären; nein, das garnicht, aber mehr denn je erscheint mir die Erhaltung einer gewissen Atmosphäre notwendig, in der allein die Früchte des Heils reifen könnten ...... Aus intensiver und, wie ich glaube, glückhafter Arbeit bin ich in den letzten Wochen wieder in abgründige Verzweiflung abgestürzt; wie soll uns geholfen werden, wenn nicht Alle, die es angeht, sich für die Bereitung der geistigen Plattform konzentrieren, die, praktisch gesprochen, vielleicht der Völkerbund heissen, aber in Wirklichkeit nur ein sehr gefährliches Notarrangement sein wird, stützt das Gebot der Geistigkeit sich nicht auf die hundert oder tausend Menschen, die in den verschiedensten Ländern kraft ihrer besondren Talente die waffenlose aber entschiedene Führung an sich nehmen ...." Cassirer deutete in seiner redseligen, konfusen Weise an, dass Schickeles Ängste und Verzweiflungsanfälle teils durch pekuniäre Schwierigkeiten, weil er von Leuten wie Rubiner, Ehrenstein, Grumbach angepumpt und ausgenutzt werde, teils durch unsere Miserfolge im Westen, weil er jetzt fürchtet, dass das Elsass doch an Frankreich kommen könnte, hervorgerufen würden. Er ist offenbar in einer Krisis, die durch Alkohol verschärft wird. Die Zeit zerrt seit vier Jahren an allen Fibern seiner Seele. Jetzt wird er ausserdem zwischen dem Mistrauen seiner eigenen Leute und dem der deutschen Regierung zerrieben; Beide durch seine Phantasie ins Schreckhafte gesteigert. – Zum Frühstück war Heinz Simon bei mir, mit Curt Unruh, im neuen Restaurant du Théâtre. Simon fordert, so ungestüm er das in seiner etwas schwächlichen, ironischen Manier kann, Ausschaltung des Militärs, verantwortliche Regierung, Demokratisierung; nur so könne das Volk zum Widerstand wieder zusammengeballt werden. Sonst könne er mit gutem Gewissen nicht mehr mitmachen und müsse in die Opposition gehen. Aber dieselben Männer, die früher alldeutsch waren, könnten jetzt nicht plötzlich das neue Evangelium predigen. Daher Erneuerung des Personals. Einen Reichskanzler konnte er nicht nennen; schien als Aushülfe an Solf, vielleicht an Ebert zu denken. Die Verlogenheit der Entente Demokratie und ihrer demokratischen Propaganda hob er hervor. – Abends fragte mich Shefki Bey von der türkischen Gesandtschaft, wie ich die Lage ansähe? Man fühlte die Besorgnis heraus. Ich beruhigte ihn und erregte sogar seine Begeisterung, als ich zugab, dass falls im Westen keine Entscheidung möglich sei, und wir das einsähen, dann nur noch Feldzüge im Osten gegen Ägypten, Mesopotamien, Indien, Englands Friedensbereitschaft erzwingen könnten. Besonders dass es einflussreiche Leute bei uns gebe, die so dächten, machte ihn glücklich und brachte seine Augen zum Leuchten. Wenn wir den Suezkanal besetzten, werde in England sicher die Regierung Lloyd George stürzen, und eine zu Verhandlungen bereite ans Ruder kommen. Ich glaube allerdings auch, dass falls im Westen Entscheidendes nicht zu machen ist, das einzige dann noch aussichtsvolle Programm wäre: Organisierung Russlands und Krieg gegen das englische Weltreich im Osten, in Palästina, Ägypten, Mesopotamien, Persien, Afghanistan, Indien; im Westen werden wir uns schon halten. England fürchtet Amerika, weiss, dass der Krieg, wenn er noch einige Jahre dauert, Amerikas Weltherrschaft begründen muss. In der psychologischen Zange zwischen der Bedrohung durch die Machtsteigerung Amerikas und der Gefahr für seine afrikanische und asiatische Stellung würde es sich, wenn Beide sehr ernst werden, wahrscheinlich zum Verhandeln bequemen. Die mohammedanische Welt von Afghanistan u. Indien bis Marokko würde aufstehen, wenn wir nur einige Armeekorps hinschickten, behauptet Shefki Bey. Jedenfalls ist diese Alternative, wenn die Entente weiter alle Friedensversuche zurückweist, die einzige: Politisch der ernste Versuch, Demokratie und Völkerbund zu verwirklichen, wirtschaftlich die Organisierung der russischen Gebiete, militärisch im Westen zähe Verteidigung; im Orient Angriff auf das britische Weltreich in

Ägypten oder Indien. Das wäre ein grosses, einfaches System der Politik und des Krieges, das uns vielleicht noch zu Pari herausbrächte. Denn wie ein Ende kommen soll, ist was mich auch Shefki immer wieder fragte. Das ist jetzt überhaupt die Frage, nachdem die Entscheidung im Westen verpatzt ist.

11 September 1918. Mittwoch. Bern. *11.9.1918 Mittwoch*
Nachmittags besuchte mich Wiesner, der die rechte Hand von Czernin war; ein kleiner, blonder, unter einem Redefluss sehr fester und verschlossener Mann. In seiner Glätte und Undurchsichtigkeit ähnelt er etwas Hintze. Er kam, um mit mir Propagandafragen zu besprechen. Begann damit, dass die Österreicher im Vergleich zu uns so arm seien, dass sie nur Wenig machen könnten. Ich gab ihm zu verstehen, dass das Sachliche bei der Propaganda die Hauptsache, und die österreichische Manier, Deutschland vor den Neutralen als den bösen, gewalttätigen Bruder anzuschwärzen, nicht zweckmässig sei. Ich exemplifizierte auf Ludwig Bauer, den ich ausdrücklich als nicht zur Propaganda gehörig bezeichnete; dessen Art aber selbst in kaum merkbarer Dosis politisch bedenklich sei, weil sie bei den Feinden als Zeichen eines Zwiespalts, und vielleicht eines Zerfalls in unserem Bunde ausgenutzt werden könne. Wir dürften den Feinden nicht zwei unähnliche Gesichter zeigen, sondern nur zwei wie Zwillingsbrüder zum Verwechseln ähnliche. Wiesner lehnte jede Verantwortung für Bauer ab; ihre Versuche, auf ihn Einfluss zu nehmen, blieben erfolglos. Auch Mussolin sei für das engste Zusammengehen in der Propaganda. Der Pfeil hatte aber doch gesessen; denn Wiesner war einen Augenblick sichtlich verlegen. Von Hellers Projekten will er nur sehr unbestimmt gehört haben; zeigte sich dann aber genau unterrichtet. Heller sei Privatmann, mit dem er Nichts zu tun habe; er habe ihm eine Unterredung, die er in Pontresina nachsuchte, abgeschlagen. Bach erkannte er als seinen Beauftragten an. Ich sondierte dann, wegen einer Zusammenarbeit bei der Mode. Wiesner notierte sich die Sache, wich aber aus, indem er sagte, sie gehöre zum Bereich des Handelsministeriums. Im Ganzen hatte ich den Eindruck einer unter oberflächlichem Entgegenkommen verhüllten Zurückhaltung; der Kern ist Schwarzgelb bis zur Ablehnung. Ich halte ihn für loyal, ohne Sympathie. – Abends ass ich mit Heinz Simon, seinem Korrespondenten Dr Guttmann u. Renthe Finck bei Daettwyler.

12 September 1918. Donnerstag. Zürich – Bern. *12.9.1918 Donnerstag*
Vormittags nach Zürich. Karl Vollmoeller gesprochen, der aus St Moritz herunterkam und berichtete: der englische Konsul in Graubünden Cazenove, der gleichzeitig Secret Service Agent sei, hat ihn, als Scheidemann in der Schweiz war, wissen lassen, dass von englischer Seite eine Aussprache zwischen Scheidemann und einem Engländer in ähnlicher Stellung gewünscht werde. Caze-

nove hat, wie Vollmoeller hinzufügte, diese Zusammenkunft mit auffallendem Eifer betrieben; dabei immer betonen lassen, dass die englische Gesandtschaft in Bern dem Plane ganz fernstehe und Nicht davon wisse. Als aber Scheidemann abfuhr, hat Vollmoeller ein Telephongespräch zwischen der Gesandtschaft in Bern und Cazenove belauschen lassen, in dem Diesem die heftigsten Vorwürfe gemacht wurden, weil er die Zusammenkunft nicht erreicht habe. Auf meine Weisung[1] liess Vollmoeller damals Cazenove fragen, ob er wünsche, dass Scheidemann zurückkomme? Cazenove fuhr darauf nach Bern, kam nach zwei Tagen wieder und liess Vollmoeller sagen: Die Engländer wollten nicht den Wunsch aussprechen, dass Scheidemann zurückkehre, bäten aber, dass wenn wieder Scheidemann oder ein andrer Politiker in hervorragender Stellung nach der Schweiz komme, ihnen Kenntnis hiervon gegeben werde: Cazenove garantiere, dass dann ein englischer Parlamentarier oder Intellektueller von gleichem Range zurstelle wäre, um sich mit ihm auszusprechen; auch dass, was der Deutsche sage, direkt (unter Umgehung der Berner Gesandtschaft) nach London an ein Mitglied der Regierung berichtet werde. Mit einem deutschen Diplomaten wollten sie nicht sprechen. Cazenove ist nach Vollmoellers Angaben mit seiner Gesandtschaft verkracht gewesen, vor nicht sehr langer Zeit nach London gefahren u. soll dort nahe Beziehungen zu einem Regierungsmitgliede haben. Er sei ein guter Tennisspieler, aber ziemlich ordinär, kein „Herr". – Abends in Bern, wo ich um 9 eine Sitzung bei Romberg hatte in Sachen des deutschen Buchhandels in der Schweiz (Bericht von Kippenberg über seine Inspektionsreise), blieb ich nach der Sitzung allein mit Romberg und gab Vollmoellers Mitteilung an ihn weiter. Romberg meinte, vielleicht habe man Scheidemann als eine Art von „Agent Provocateur" benutzen wollen, indem man ihn zu Erklärungen über Elsass-Lothringen veranlasste, die den englischen Arbeitern zum Beweise der Unmöglichkeit einer Einigung hinterbracht werden könnten; dieses, um bei den Arbeitern den Wunsch nach einer internationalen Sozialisten Konferenz im Keime zu ersticken und so der Regierung eine Entscheidung in der Passfrage zu ersparen. Indessen sei die Sache, namentlich wenn die Beteiligung der Gesandtschaft in Bern feststehe, beachtenswert. Vollmoeller möge herkommen, um noch einmal über das belauschte Telephongespräch zu berichten; dann könne man Scheidemann oder Ebert, jedenfalls einen Arbeiter, keinen von den sozialistischen Intellektuellen, deren Einfluss u. Ansehen immer geringer werde, kommen lassen. Ich solle inzwischen in Berlin Wilhelm Stumm unterrichten. – Vollmoeller sieht die grossen Schwierigkeiten einer Einigung mit England nicht in Elsass Lothringen, sondern im Orient. Wenn hier nicht eine Änderung der militärischen Lage von uns herbeigeführt werde, sind sie nach seiner Ansicht unüberwindlich ausser durch Schlachtung

[1] Verweisung: „(vgl. 5ten Sept.)"

der Türkei. Dieses wüssten die Türken. Sobald sie sähen, dass wir im Orient Nichts mehr militärisch unternehmen wollten, würden sie sich daher beeilen, einen Separatfrieden abzuschliessen, weil sie hofften, dabei noch immer glimpflicher davonzukommen, als wenn sie bei einem allgemeinen Frieden uns als Kompensationsobjekt zur Verfügung stünden. Daher das Drängen Shefkis auf orientalische Aktionen. Mein Gespräch mit Diesem rückt dadurch in eine besondre Beleuchtung. Über Shefki sagt Vollmoeller, er sei in erster Linie Occultist; als Diplomat scheinbar für Vertrauensaufträge bevorzugt. So habe er in der letzten Zeit die bulgarischen Intriguen in der Schweiz beobachtet. Shefki hat Vollmoeller erzählt, die Entente habe den Bulgaren im Juli und August Constantinopel angeboten; die Bulgaren hätten aber offenbar den Ententeversprechungen nicht getraut, denn die Verhandlungen seien im Sande verlaufen. – In Zürich Trude Vogel, Louis'[1] Braut, besucht. Das arme Mädchen weinte sehr; zeigte mir einen Brief von Boisseau, Louis' Freund, bei dem er in Paris gestorben ist. Er ist gleich am Tage nach seinem Eintreffen aus der Schweiz am 14 Juli, an der Grippe erkrankt, die zuerst ungefährlich schien, dann nach drei oder vier Tagen in Lungenentzündung übergieng. Am 24ten ist er, wie man immer sagt schmerzlos gestorben. Was aus seinen Papieren geworden ist, ist nicht mitgeteilt worden. Man wird Boisseau u seine Freunde Poignard u Pierre fragen müssen. Ich riet der kleinen Vogel so bald wie möglich nach Paris zu fahren, um nach den Papieren zu sehen und für das Grab zu sorgen. Die Kälte, mit der solche Dinge selbst von Herzensbeteiligten beredet werden, grausig. – Bei der Rückfahrt nach Bern sass mein Vetter Clement Auffmordt neben mir mit einer Gesellschaft von Amerikanern. Wir grüssen uns nicht, weil er für sein Vermögen fürchtet; wir sassen nebeneinander wie Fremde, als ob wir uns nie gesehen hätten.

13 September 1918. Freitag. Bern – Basel – Frankfurt. *13.9.1918 Freitag*

Um 7 früh aus Bern. Im Zuge Paul Schlesinger u. ein Dr Liebert, der durch die Kantgesellschaft hergeschickt ist u. Vorträge hält. Er gab mir Einzelheiten über die Gesellschaften der „Gleichgesinnten" in der Schweiz, sehr deutschfreundlich, antikatholisch, freimaurerisch gestützt. Ein ganzes Netz. – Die Amerikaner u. Franzosen haben gestern in Lothringen angegriffen, wir haben St Mihiel verloren; ausserdem nach Ententemeldungen 8000 Gefangene. – Von Basel nach Frankfurt mit Heinz Simon gefahren. Payers grosse Rede in Stuttgart unterwegs in den Zeitungen. Er verspricht noch einmal Auflösung des Abg. Hauses, falls das gleiche Wahlrecht anders nicht durchzusetzen ist. Proponiert als Grundlagen für den Frieden Status quo ante im Westen und Unantastbarkeit der Ostfriedens Verträge. Also Verständigung mit dem Westen auf Kosten des

[1] Caillon

Ostens. Der Ton ist eher kriegerisch: fortiter in modo, suaviter in re[1]. Simon segelt mit vollen Segeln in die Demokratie u. sieht schon Ebert als Reichskanzler.

14 September 1918 Sonnabend. Berlin. *14.9.1918 Samstag*

Früh in Berlin angekommen, vormittags im Amt bei Wilhelm Stumm. Ihm die Versuche Cazenoves mitgeteilt. Er sagte, er wolle dem Staatssekretär darüber berichten, sei aber skeptisch, ob sie ernst gemeint seien. Wenn die englische Gesandtschaft dahinterstecke, sei es unverständlich, warum sie nicht einen direkteren Weg wähle; sie wisse doch, dass wir jederzeit zu Verhandlungen bereit seien. Er glaube eher, dass die Absicht sei, Scheidemann oder wer sonst gehe, im Sinne der Demokratisierung u. Parlamentarisierung zu beeinflussen, um die Spaltung im deutschen Volk zu verschärfen. Die ganzen Bemühungen der Entente seien auf dieses Ziel gerichtet. Daher sei eine solche Zusammenkunft nicht ungefährlich. Er glaube nicht, dass Hintze darauf eingehen werde. – Im Korridor nachher Ludwig Stein getroffen, der seit Hintzes Einzug offenbar im Amte zuhause ist. Er erzählte mir von Annäherungsversuchen des englischen Militär-Attachés[2] in Bern an den Arzt Dr Schrumpf, den Schwiegersohn von Schmoller. Der Engländer habe gesagt, eine Verständigung sei dringlich, weil sonst ganz Europa bolschewisiert werde, sei auch möglich auf der Basis, dass England sich im Osten (Russland), Deutschland im Westen (Belgien) desinteressiere. – Kestenberg bei mir, um zu klagen, dass er wegen seines Verkehrs mit den „Unabhängigen" überwacht wird, seine Briefe würden abgeschrieben, Telephongespräche notiert. Ich finde diese Überwachung ziemlich töricht, konnte aber Nichts machen. Ausserdem warnte er vor einer Reise Cassirers nach Deutschland, da ihm anscheinend neue Schandtaten von den Militärs vorgeworfen werden und neue Schikanen bevorstehen. Bei uns ist das Alles im Vergleich zu Frankreich oder Amerika ziemlich milde, weckt aber auf die Dauer Widerstände, die einmal politisch wirksam werden werden in einer vielleicht für die Militärs verhängnisvollen Richtung. Die Kriegsgesellschaften und die stellvertretenden Generalkommandos tun mehr, um die Stimmung herunter und den Pazifismus hochzubringen als der Hunger, die Schlächterei oder selbst Niederlagen. – Brief von Becher vorgefunden aus Iena, bei Binswanger, vom 28. August: „Vielleicht freut es Sie zu erfahren, dass es mir sehr gut geht, dass ich ganz von jenem ekelhaften Wahn (nicht anders kann ich es nennen) geheilt bin, der mich jahrelang verhüllte. Nun trete ich klar aus mir heraus. Manches werde ich verständlich machen, Manches Obscure wird sich nun

[1] „Energisch in der Sache, sanft in der Vorgehensweise." Acquaviva, Industriae ad curandos animae morbos

[2] Granet

aufklären. Diese Umwandlung ist wie über Nacht gekommen ...." Leider hat er schon oft erklärt und geglaubt, dass er geheilt sei.

15 September 1918. Sonntag. Berlin. *15.9.1918 Sonntag*

Burian hat eine Friedensproklamation erlassen, an sämtliche kriegführenden u. neutralen Länder. Er lädt darin „die Regierungen aller kriegführenden Staaten zu einer vertraulichen und unverbindlichen Aussprache an einem Orte des neutralen Auslandes" ein. Es soll „eine unmittelbare mündliche Erörterung zwischen den Vertretern der Regierungen und nur zwischen ihnen" sein. „Die Kriegshandlungen erführen keine Unterbrechung." – Früh bei Schrumpf, der Steins Angaben bestätigte. Ein älterer englischer früherer Berufsdiplomat, der jetzt bei der englischen Gesandtschaft in Bern tätig ist, und den er jetzt in der Schweiz behandelt hat, hat ihm gesagt: es sei Zeit, dass England u. Deutschland zu einer Verständigung kämen. In England fürchte man sonst den Ausbruch einer bolschewistischen Revolution in Deutschland; diese würde auch England u. Frankreich gefährlich werden. Verständigungsbasis wäre: Zugeständnis einer deutschen Interessensphäre in Russland bis zum Ural, Luxemburgisierung Elsass Lothringens: d. h. Elsass-Lothringen verbliebe innerhalb der deutschen Zollgrenzen, würde aber neutralisiert; eventuell könnte Deutschland dort bestimmte Besatzungsrechte behalten. Diese Lösung auf Grund eines Referendums in Elsass Lothringen, bei dem sie nach Ansicht von Schrumpf sicher die Majorität gewinnen würde gegenüber dem Verbleiben bei Deutschland oder der Angliederung an Frankreich. Ich schlug Schrumpf vor, wieder nach der Schweiz zu kommen, um dort seine Unterhaltungen fortzusetzen. Die Stimmung der Soldaten von der Front, die Schrumpf im Lazarett sieht, schildert er als „bolschewistisch" und sozusagen verzweifelt. „Wozu weiterkämpfen? Wir kämpfen ja doch nur für den Kaiser" u. s. w. Grund: die schlechte Ernährung, vor Allem der Mangel an Reizmitteln: Kaffee, Tabak; auch an Fleisch. Schrumpf meint, nur eine radikale Parlamentarisierung (obwohl er selbst antidemokratisch sei) könne helfen: Scheidemann, Erzberger in der Regierung, weil dann der einfache Mann nicht mehr glauben werde, dass er blos „für den Kaiser" kämpfe. – Zu Ludwig Stein. Er war in grosser Aufregung und Geschäftigkeit wegen Burians Note; die Österreicher hätten Langenhahn hergeschickt, der sich mit unseren Mehrheitspolitikern besprochen u. diese bestimmt habe, unserer Regierung ein Ultimatum zu stellen, dass sie sich auf den Boden von Burians Note stellen oder einer andren, parlamentarischen Regierung den Platz räumen solle. Unsere Mehrheitsparteien würden dem Reichskanzler vorwerfen, dass er sich wieder die Initiative habe entreissen lassen, keinen Plan habe; auch würden sie den Zusatzverträgen zu Brest-Litowsk an den Leib gehen. Wahrscheinlich würde Hintzes Stellung gefährdet werden, da er erst vor Kurzem erklärt habe, dass er, solange er Staatssekretär sei, kein neues Friedensangebot machen werde; nun solle er plötzlich dem Burianschen zustimmen! Die innere Krisis ist durch Burians Vorgehen bei uns jedenfalls akut geworden. Vielleicht war gerade dieses seine Absicht, da er auf einen Erfolg seines Angebotes bei der Entente kaum selbst hoffen kann. Beachtenswert ist, dass seine Note gleich nach Wiesners Rückkehr aus der Schweiz herausgebracht worden ist. Sicher ist Wiesner dazu gehört worden; könnte in der Schweiz Scheidemann gesprochen haben. Victor Naumanns Äusserungen sind, bei seinen nahen Beziehungen zu Czernin u. Österreich ebenfalls Indizien. Es würde sich um eine österreichisch-sozialdemokratisch-Erzbergersche Verschwörung zum Sturz der jetzigen deutschen Reichsleitung und ihrer Ersetzung durch eine pazifistisch-demokratisch-parlamentarische handeln. Verdächtig ist, dass immer wieder der Name Erzberger als Ministerkandidat genannt wird; auch das dunkle Intriguengespinnst des Generals Hoffmann, der Ludendorff stürzen will. Auf österreichischer Seite sind der Kaiser[1], Lammasch, Polzer, die Kaiserin Zita mögliche Komparsen. Natürlich rechnen Alle (falls meine Vermutungen richtig sind) auf den Sturz der Reichsleitung, nicht unmittelbar auf Burians Angebot, um den Frieden näherzubringen. – Von Stein ins Amt zu Langwerth. Vietinghoff, der im Vorzimmer war, erklärte einem wartenden General, der Staatssekretär sei leider eben zu einer Besprechung mit Parteiführern beim Reichskanzler gerufen worden „wegen der schrecklichen Burianschen Note." Langwerth war auch sehr ungehalten über Burians „Tolpatschigkeit". Wenn irgendwelche Friedensvelleitäten bei den Engländern oder Franzosen vorhanden wären, würde diese Note sie totschlagen. – Gefrühstückt im Grossen Casino, wo Bronsart getroffen, den früheren Militär Attaché in Bukarest; sonst nur Schauten, Nichts Politisches. – Abends Georg Bernhard, der Matthias Erzberger nach der Unterredung mit dem Reichskanzler gesprochen hat. Erzberger, der wieder Oberwasser hat und unverhüllt für seine eigene Ministerschaft arbeitet, hat Bernhard erzählt, dass heute beim Empfang der Fraktionsführer auch Gröber sich gegen Hertling erklärt habe. Damit ist Hertling die Mehrheit im Reichstag entzogen, und sein Sturz fast sicher. Vorgeworfen wird ihm, dass er entweder Nichts von Burians Note gewusst habe, oder sie den Fraktionsführern, als sie ihre Zustimmung zu den Zusatzverträgen gaben, verheimlicht habe. Im Übrigen seine allgemeine Unzulänglichkeit. Auch Hintze könne nicht bleiben, wegen seiner Stellung zu den Zusatzverträgen. Bernhard sieht Alles nur von diesem Gesichtspunkt der Annullierung der Brester und darauf fussenden Verträge; aber die Opposition gegen Hertling u. Hintze dürfte er nicht übertreiben. Meine Vermutung, dass Burians Aktion hauptsächlich deutsche innerpolitische Umwälzungen bezweckte, bestätigte er zum Teil, indem er dazu

[1] Karl I.

beibrachte, dass auffallenderweise die „Österreicher einen Abgeordneten (den Namen gab B. vor, nicht zu wissen) hergeschickt hätten, der die Führer unserer Mehrheitsparteien von der bevorstehenden Note unterrichtete und dadurch praktisch um ihre Unterstützung bat." Da Dieses nach Hintzes vergeblicher Reise nach Wien geschah, liegt der Schluss auf der Hand. – Bernhard meint, wenn Hertling stürze, stünden zwei Lösungen zur Wahl: entweder ein reines Mehrheitsministerium, in das ausserdem Stresemann eintreten werde, oder ein Konzentrationsministerium mit Einschluss der Rechten. Wahrscheinlicher sei jetzt die erste Lösung. Wer Reichskanzler werde, sei ganz dunkel: Aussichten hätten Solf, Bülow, Bernstorff, Rantzau. Ein wirklicher Kerl sei nicht da, sonst wäre er schon längst Reichskanzler. Die Parlamentarisierung scheint festzustehen. Auf meine Frage, was dazu die O.H.L. sagen würde, antwortete Bernhard, sie hätte politisch ganz den Kopf verloren, Ludendorff möchte lieber heute wie morgen Frieden schliessen, u. Hindenburg werde als Staatssekretär in das neue Ministerium eintreten, um ihm verfassungsmässig einen politischen Einfluss zu sichern. Als Sozialdemokrat ist an Ebert gedacht. Erzberger ist ein Portefeuille sicher. Ein Ministerium hauptsächlich von Schiebern und Ahnungslosen. Das in dieser Gefahr! Jedenfalls ist die Parlamentarisierung so bestückt bitter. – Nachher ass Ludwig Stein bei mir. Er bestätigte Alles, was Bernhard mir gesagt hat. Die Parlamentarisierung hält auch er für eine sozusagen vollzogene Tatsache. Wir besprachen die Reichskanzler Kandidaten. Stein sagt, auch die Sozialisten wollten an dieser Stelle einen geschulten Diplomaten. Daher gebe es nur drei Kandidaten: Bülow, Bernstorff u. Rantzau. Rantzau sei unmöglich, weil er, wie Stein aus sicherer Quelle zu wissen vorgiebt, von der Polizei in Kopenhagen „vigiliert" werde, wegen homosexueller Sachen; es existierten Polizeiprotokolle, die die Entente, wenn er Reichskanzler werde, veröffentlichen könne. Bernstorff sei mit Scheidemann intim u. vertrete dessen Standpunkt (Bernstorff hat immer nach links kokettiert, vor zehn oder fünfzehn Jahren wollte er, dass ich ihn mit Harden zusammenbrächte.) Ich wandte inbezug auf Bernstorff ein, dass er nicht mit Amerika verhandeln könne. Die ganze Kriegspropaganda in Amerika ist auf deutsche Spionenabenteuer aufgebaut, bei denen immer Bernstorff als grosser Inspirator und Schreckensmann im Hintergrunde steht. Gegen ihn persönlich ist ein so ungeheures Mistrauen im Volk in Amerika geweckt worden, dass dieses aus seinen Händen keinerlei Vorschläge ernst nähme. Ein ähnliches Vorurteil besteht gegen Bülow in England. Es fragt sich daher, ob man glaubt, den Frieden über England oder über Amerika zu bekommen; im einen Falle müsste Bülow, im Andren Bernstorff vorgezogen werden. Mir scheint letzten Endes Solf der passendste, obwohl er kein grosser Geist oder Diplomat ist; aber er besitzt das wichtigste Attribut, das Vertrauen der Gegenseite. – Politisch sind wir jetzt in der grössten Krisis des Krieges.

16 September 1918. Montag. Berlin – Leipzig. *16.9.1918 Montag*
Vormittags bei Stresemann. Er erzählt, vorgestern sei Ludwig Stein bei ihm erschienen und habe ihm erklärt: jetzt sei Thermidor; Scheidemann und Erzberger seien unterwegs zu Hintze, und nachher zu Hertling, und würden summarisch deren Rücktritt fordern. Er habe Stein darauf aufmerksam gemacht, dass um acht Uhr Abends Hertling nicht zu sprechen sei. Stein sei aber dabei geblieben, dass Erzberger u Scheidemann Revolution machten und nötigenfalls Hertling aus dem Bette holen würden. Natürlich sind die beiden Revolutionäre bei Hintze sitzen geblieben und garnicht bis zu Hertling vorgedrungen. Stresemann betrachtet die Lage wesentlich ruhiger; glaubt nicht an einen Kanzlersturz jetzt sofort. Allerdings habe er den Eindruck, dass Hertling nicht mehr lange bleiben könne. Gröber werde ihm wohl klarmachen, dass er die nächste Reichstags Session nicht überdauern könne und besser täte, freiwillig in Ehren vorher abzugehen. Hintze misfalle durch sein seltsames, Sphinxartiges Wesen den Parlamentariern; er beantworte klare Anfragen mit allgemeinen Redewendungen und habe dazu ein beunruhigendes, undurchdringliches Lächeln; auf ihn, Stresemann, mache er den Eindruck von „M^{r} Wu“[1] aus dem „Taifun“. Er sei zu lange nicht in Deutschland gewesen. Ich erwiderte, doch sei er aber der Mann der Zusatzverträge; wenn er jetzt stürze, stürze er für die Öffentlichkeit und das Ausland über die Zusatzverträge, nicht über sein geheimnisvolles Lächeln. Gefolgert werde, dass wir unsere russische Politik änderten. Ausserdem sei Hintze in seinem Fache der tüchtigste von den vier Staatssekretären[2], die ich erlebt habe. Bei dem Mangel an geeigneten Diplomaten sei es doch nicht unbedenklich ihn totzumachen. Stresemann versprach Schritte zu tun, um Hintze wenn möglich zu retten. Der Parlamentarisierung steht Stresemann skeptisch gegenüber. Jede einzelne Partei sei in sich zerklüftet; und grosse Parlamentarier, die das Volk und das Ausland kennten und schätzten, gebe es kaum. Die besten, wie Payer, Friedberg, seien schon Minister; jetzt bliebe nur die zweite Garnitur, und Scheidemann und Erzberger. Was bedeute es für den Feldgrauen an der Front oder den Mann auf der Strasse in London, wenn Herr Gröber oder Herr Meyer-Sowieso Minister würden? Inwiefern werde dadurch das Vertrauen zur deutschen Regierung gestärkt? Man dürfe auch nicht ausser Acht lassen, welche Wirkung ein Regiment Scheidemann-Erzberger auf die Offizierskorps haben würde. Man werde sagen: „Sollen wir uns für Herrn Scheidemann totschiessen lassen?“ Erzberger sei in Sachsen unmöglich, weil er die konfessionellen Gegensätze wachrufen würde; obwohl er kein eigentlicher Zentrumsmann, nicht besonders religiös sei. Aber die Sachsen würden Erzberger nicht ertragen. Er, Stresemann, werde nur in eine Regierung

[1] Pick

[2] neben Hintze Jagow, Zimmermann u. Kühlmann

eintreten, die den Ostfrieden in seinen Grundzügen aufrechthalte. Aber da würden die Sozialdemokraten nicht mitmachen. David wolle zwar Russland zertrümmern, aber nichts von Dynastieen wissen, Republiken aufrichten. Ohne Nationalliberale sei aber die Parlamentarisierung unmöglich. Übrigbleibe eine sehr gemilderte Parlamentarisierung, ein mittelparteiliches Ministerium, Fortschrittler, Zentrum, Nationalliberale. Als Reichskanzler möchte Stresemann Bülow haben. Für Bülow seien auch Erzberger und Georg Bernhard. Stresemann würde in dieser Kombination Vizekanzler. Erzberger müsste in Arbeit erstickt werden, damit er keine Dummheiten macht; etwa als Reichswirtschafts Staatssekretär. Wir brauchten zwar den Frieden, aber noch nicht so, dass wir einen Scheidemann Frieden anzunehmen nötig hätten, der als Rückschlag noch dazu eine ungeheure antisemitische Welle gegen diesen „Judenfrieden" erzeugen würde. – Stresemann erwähnte dann möglichst beiläufig, der österreichische Botschafter Hohenlohe berufe sich auf mich, ich hätte erzählt, dass Stresemann mir gesagt habe, er sei einverstanden mit der Abtretung von Elsass Lothringen. Natürlich hat mir Stresemann nie Dieses gesagt, und ich habe es nie erzählt. Es scheint sich um eine böswillige Verdrehung eines Gesprächs zu handeln, das ich vor anderthalb Jahren mit Stresemann über Briey hatte, wobei Stresemann den Austausch von Thann gegen Briey-Longwy für möglich erklärte. Ich werde der Sache nachgehen. – Wolfgang Heine frühstückte bei mir. Er hält die Buriansche Note für inopportun und wenig aussichtsreich; zeigte sich andrerseits verstimmt durch die finnische Königsfrage[1]. Diese kleinen dynastischen Kombinationen in dieser Zeit seien von grösster Ungeschicklichkeit. Ich versuchte den Standpunkt zu vertreten, dass es sich um eine rein finnische Frage handle, und dass wir uns in keiner Weise festlegten, den neuen finnischen Thron zu stützen. Heine meinte, der Kaiser in seiner impulsiven Art werde sich in einem kritischen Augenblick doch zu irgendeiner Rede hinreissen lassen, und dann müssten wir marschieren. Heine brachte mich nach dem Frühstück an die Bahn; ich fuhr nach Leipzig zum Schweizer Musikfest. Abends Schweizer Konzert im Gewandhaus. Schoeck, Andreae, Huber, biedere, fleissige, langweilige Musik. Etwas amüsanter nur eine Suite von Andreae.

17 September 1918. Dienstag. Leipzig. *17.9.1918 Dienstag*

Max Klinger besucht; Le Suire mitgenommen. Klinger hat plötzlich zum Schweizer Bankett heute Abend abgesagt. Ich wollte ihn umstimmen. Fand ihn zuerst verschlossen, geheimnisvoll, ziemlich verlegen, aber fest bei seiner Absage beharrend. Als ich nach seiner Freundin Frau Asénieff fragte, da platzte er heraus: Die Frau Asénieff, da haben Sie's, deshalb kann ich nicht kommen! Er

[1] Anfang Sep. 1918 hatte eine finn. Abordnung Prinz Friedrich Karl v. Hessen den finn. Königsthron angeboten.

deutete dann die Abenteuer der Asénieff mit Polizei u. Gerichtsvollzieher an, sie habe den Gerichtsvollzieher verprügelt, der Skandal müsse jeden Tag öffentlich werden. Wenn nicht sein apoplektisch roter Kopf und der offenbare Schmerz, mit dem er sprach, gewesen wären, so hätte man trotz des hoheitsvollen Raumes und der grossen, phantastischen Werke, die herumstanden, lachen müssen über diesen grotesken Ausklang seines Liebestraums. So fühlte man nur ein grosses Mitleid. – Nachmittags kamen Ferdinand Stumm u. der Professor Sievers aus Berlin zum Bankett herüber. Stumm sagt, Burian sei nicht mehr zu bremsen gewesen. Ich sagte ihm, dass ich Stresemann für Hintze gewonnen zu haben glaubte, wenigstens vorläufig. Stumm sagt, Hintze habe Ludendorff vollkommen eingewickelt; ihm schon die Zusatzverträge, das Hinausschieben der Entscheidung wegen des Baltikums u. Andres abgenommen. Mit dem Hauptquartier scheint Hintze also fertig zu werden; wobei zweifelhaft bleibt, ob das seiner Gewandtheit, oder der augenblicklichen Schwäche des H.Q. zuzuschreiben ist. – Abends Bankett für die Schweizer durch den Magistrat in der Harmonie. Alle „Spitzen“: Vitzthum als Ausw. Minister u Vertreter des Kronprinzen, der Oberbürgermeister, Kommandierende General, Stadtkommandant, Reichsgerichtspräsident Seckendorff, Reichsanwalt Zweigert, Seebach u. s. w. Ich sass zwischen dem Kommandierenden Schweinitz und Seebach. Suter hielt eine von Herzen kommende Rede, die die Temperatur des Abends bestimmte. Der Kommandierende, den ich über die Arbeiterverhältnisse befragte, sagte, er habe allerdings auch in letzter Zeit wieder einzelne Betriebe militarisieren müssen; das aber habe sofort geholfen; grössere Schwierigkeiten scheint er nicht zu befürchten, wenn die Ernährung ausreicht; das Ganze sei eine Magenfrage. Eine Bolschewisierung der aus dem Osten oder aus russischer Gefangenschaft kommenden Truppen sei nicht zu bemerken. Man habe sie zuerst befürchtet, auch seien manchmal einzelne schwache Anzeichen zu bemerken; aber die verschwänden in den geordneten deutschen Verhältnissen nach acht Tagen. – Der Reichsanwalt bat mich um eine Unterredung in der Lichnowsky Sache, die also wieder akut wird. – Mit Vitzthum über Renate Bethmann. Er schien Nichts von der bevorstehenden Scheidung zu wissen. Ich deutete daher nur an, dass sie schweren Zeiten entgegenzugehen scheine und daher Christa Vitzthum[1] brauche. Er schien sehr bekümmert u. überrascht. – Während des Banketts überreichte mir der Hofrat Schneider, den ich für das Wolff Bureau mithabe, die Ablehnung Wilsons der Burianschen Note. Ich zeigte sie Vitzthum, Rothe und dem Kommandierenden; der Eindruck war gleich Null, da Niemand Etwas Andres erwartet hat.

[1] Renthe-Fink

18. September 1918. Mittwoch. Leipzig. *18.9.1918 Mittwoch*

Bei Brahn in seinem Quartier weit draussen am Flugplatz in der Hölderlin Strasse. Er macht psychologische Untersuchungen an Fliegern im Auftrage der Heeresleitung. Er sprach mit mir über das Nietzsche Archiv, dessen Vorstand jetzt nur noch aus mir, Vaihinger und dem Oberbürgermeister Oehler besteht. Es werde sachte zu einem Salon, in dem man mit Gräfinnen Tee tränke. Arbeit oder systematische Beschaffung der Nietzsche Litteratur werde nicht geleistet. Frau Förster wolle ihre beiden Neffen Oehler hineinsetzen; dadurch würde es das Aussehen bekommen einer Familienstiftung. Etwas müsse geschehen. Er selbst sei gern bereit zum Rechten zu sehen, wenn er den Auftrag bekomme. Er möchte in den Vorstand. – Abends Liederabend von Schoeck im kleinen Gewandhaussaal. Die Durigo sang, Schoeck begleitete. Die Durigo, die aussieht wie eine Römerin von Feuerbach, sang mit tiefer Beseelung und grossem Stil die ergreifenden Eichendorffschen Lieder „Nachklang", „Nachruf", „Der Kranke", und Hermann Hesses „Ravenna". – Heute schickte mir Becher aus Iena das Manuscript des mir gewidmeten Buches „Eroberung" mit zwei Briefen, in denen er mir nochmals versichert, dass er geheilt sei. Vom 8ten Sept.: „wohl mit am meisten freut es mich, Ihnen berichten zu können, dass ich endgültig aus dieser Krisis heraus bin, die 5 Jahre meines Lebens vernichtend in mir sich auswirkte. Welch ein gefährlicher Rausch, ja, ich bin mir erst jetzt klar über die geradezu verheerende Immoralität, über die rings sich ständig offenbarte Unzuverlässigkeit, in der ich mich bewegte. Alles begann sich für mich oder für jeden, der in meine Nähe geriet, problematisch zu gestalten. Drucke übelster Verzweiflung verbreiteten sich. Wie anders jetzt. Ich habe ___ wieder und bin wie neu aufgeblüht. Die Sinnlichkeit, meine Vitalität hat mich durchgerissen. Nun erst habe ich wirklich den Weg frei zu den grossen Plänen, die ich vordem nur instinktiv dumpf erfühlte. Ich kann Ihnen nicht sagen, wie glücklich ich bin. Wie es mich erhebt zu wissen, willentlich mich durch ein Chaos durchgearbeitet zu haben, das wohl Jedem Andren zur tötlichsten Falle geworden wäre. Oh ahnten Sie, was ich durchmachte: Demütigung, Abhängigkeit, Schmutz, Ekel. Und jetzt hat sich wie mit einem Schlage Alles verzogen. Ja, Sie erkennten mich nicht mehr: so sehr, bis ins Einzelnste, hat sich auch der äussere Mensch umgewandelt. Wie muss ich Ihnen dankbar sein, wie, ob Ihrer grossen Geduld. Glauben Sie nicht, dass ich es je vergesse ...." Vom 13ten Sept. „... Nun mir geht es so ausgezeichnet, dass Sie sich wirklich keine Sorge mehr machen mögen. Gestern begann ich mit meinem Roman, er soll heissen: „Auferstehung! Unsterblichkeit!" Eine autobiographische Confession sozusagen .... ich bin nun ganz in der Arbeit. Wie wunderbar, alle Hemmungen fallen hinweg. Eine ausserordentliche Klarheit erhebt mich ...." – Vormittags war ich beim Reichsanwalt Zweigert. Er wollte wissen, ob es wahr sei, dass unsere Gesandtschaft in

Bern eine Ausgabe der Lichnowskyschen Brochüre veranstaltet habe? Ich sagte ja, zur Abwehr, da eine Entente Ausgabe bevorstand, und wir lieber den Leuten das Pamphlet mit unseren Anmerkungen und Überschriften in die Hände geben wollten. Meine Auskunft möge er aber als nicht amtliche, private u. vertrauliche Mitteilung betrachten, da ich Ressortmässig mit der Sache Nichts zu tun habe. Zweigert sagte, Lichnowsky werde sich jedenfalls darauf berufen, dass das Ausw. Amt selbst seine Brochüre verbreitet habe, also Nichts Bedenkliches daran gefunden haben könne. Das sei eine sehr schwer wiegende Tatsache. Strafrechtlich sei überhaupt der Fall sehr zweifelhaft; denn eine Absicht, Deutschland zu schädigen sei weder nachweisbar, noch wahrscheinlich. Die weltgeschichtliche Schuld sei allerdings ungeheuer; er begreife nicht, wie ein Mann, der sein Vaterland so geschädigt habe, noch leben könne. Ich sagte, Lichnowsky werde wahrscheinlich durch diesen Gedanken nicht viel gepeinigt; dazu sei er zu sehr in sich selber eingewickelt, um die Dinge, die in der Welt geschähen, tragisch zu nehmen; er segele darauf oben hin, wie mir Kühlmann ihn bei der Londoner Konferenz[1] schilderte. Nur während der Tage des Kriegsausbruchs hat er sich innerlich aufgeregt; daran ist er dann aber auch närrisch geworden.

19 September 1918. Donnerstag. Leipzig. *19.9.1918 Donnerstag*

Frühstück für die Schweizer bei Goerings. – Nachmittags brachten Shoeck, die Durigo, Suter, Fritz u. Alfred Brun Klinger in seinem Atelier die von mir vorbereitete Huldigung dar. Die beiden Bruns spielten eine Violin Sonate von Brahms, und die Durigo sang die „Parabase", den „Nachklang" und „Ravenna" von Shoeck. In dem grossen, weissen, von Klingers Phantasiewelt geweiteten Atelier bei einfallender Dämmerung war der Gesang der wie ein Feuerbach dastehenden Durigo sonderbar feierlich. Klinger wie immer bei gesellschaftlichen Gelegenheiten schüchtern und verlegen brachte nicht viel heraus, schien sich aber im Inneren über die Aufmerksamkeit zu freuen. Beim Fortgehen drückte er mir mit der ihm eigenen verlegenen Miene die Hand und sagte: „Danke, das war schön, dass Sie das gemacht haben." In seinen Schwierigkeiten hat es ihm gutgethan. – Kammermusik Abend der Schweizer. – Nachher mit ihnen u. Brahn bei Paege. – Beim Nachhausekommen Telegramm von Montgelas, dass er mich morgen im Auftrage von Romberg in Berlin sprechen müsse.

20 September 1918 Freitag. Leipzig – Berlin. *20.9.1918 Freitag*

Vormittags nach Berlin gefahren. Montgelas im Automobil Klub getroffen. Es handelte sich um die Affäre Cazenove. Romberg wollte, Montgelas solle mich unterrichten, dass hinter Cazenove der Major Langley von der englischen Ge-

[1] Londoner Botschafterkonferenz 1912/13 zur Lösung der Balkanfrage

sandtschaft in Bern stehe. Montgelas hat inzwischen Wilhelm Stumm gesehen, der auch ihm gesagt hat, dass er jetzt nicht gern Sozialisten nach der Schweiz schicke, sie redeten zu viel und liessen sich beschwatzen. Montgelas, der anderthalb Jahre nicht in Deutschland war, war ziemlich bedrückt über die Zustände und die Stimmung. – Um 1 Uhr wieder nach Leipzig zurückgefahren. – Abends im Gewandhaus Schweizer Symphoniekonzert, Suters Symphonie u. Shoecks Dithyrambe. Suters Werk klang etwas verworren, aber mächtig und stürmisch. Der Eindruck war gross. Nachher Abendessen bei Dufour-Feronce. Schönes Patrizierhaus, durch den Krieg des männlichen Erben beraubt. Familienbilder von Graff und Tischbein aus vier Generationen, die jetzt auf Frauen übergehen.

21. September 1918. Sonnabend. Leipzig. *21.9.1918 Samstag*

Dr Hermann Blocher aus Berlin an, um mich zu besuchen, und seine Zeitschrift „Die Brücke“, die er in Stockholm plant, zu besprechen. Sie soll im Norden wieder Bande knüpfen, wie die „Weissen Blätter“ im Westen. – Frühstück für die Schweizer bei Kippenbergs. Kippenberg redete bei Tisch hübsch über Goethe u. seine Schweizer Freunde, Lavater, Barbara Schulthess u. s. w., hatte auch aus seiner Sammlung eine kleine Ausstellung Schweizer Erinnerungsstükke aus dem Goethekreise zusammengestellt. Nach dem Frühstück zeigte er im Turmzimmer allerlei Manuscripte u. Reliquien: Goethes Abschrift aus dem Werther für Friederike Brion, Alma v. Goethes Bild[1] auf dem Totenbett, Ottilies Zeitschrift, intime Briefe Eckermanns u. s. w. u. s. w., einen unglaublichen Reichtum von Dingen, an denen die Herzen dieses Goethekreises gehangen haben, die aber vor der Frühstücksgesellschaft in Eile ausgepackt mir einen peinlichen Eindruck machten. – Abends Andreaes Ratcliffe, womit die Schweizerwoche schliesst. Sie hat über Erwarten Erfolg gehabt, die Schweizer ziehen entzückt ab. Suter u. Shoeck sind berühmt geworden. Spät mit Blocher zusammen.

22 September 1918. Sonntag. Leipzig. *22.9.1918 Sonntag*

Mit Blocher gefrühstückt. Die Berufung Försters nach Basel mit ihm besprochen. Ihn veranlasst, um sie womöglich noch zu verhindern, sofort nach Basel zu fahren. Förster in Basel wäre ein ständiger Herd von Intriguen mit Österreich, dem Kaiser von Österreich, dem österreichischen Hof, Lammasch u. s. w. – Abends bei Kippenbergs im Turmzimmer (wo Rilke den Malte Laurids Brigge diktiert hat) im Schutze der göttlich schönen Goethebüste von Trippel, die der genius loci ist. Käthe Kippenberg äusserte erschreckende, jetzt Vulgäransichten über den Krieg; tat erstaunt, als ich läugnete, dass wir das Elsass verlieren müssten, nahm die militärische Lage als sozusagen verzweifelt an. Ich reagierte

[1] Alma von Goethe auf dem Totenbett

aufs Schärfste; worauf Beide fast leidenschaftlich forderten, die Regierung solle das Volk aufklären: was bisher durch Nicolaï geschehe, sei nur geeignet, die Stimmung noch schlechter zu machen. Kühlmanns Rede hat nach Kippenberg (der beim AOK IV Aufklärungsoffizier war) die Stimmung an der Front katastrophal beeinflusst. „Wenn wir nicht militärisch eine Entscheidung erlangen könnten, wozu dann noch weiterkämpfen?" Noch schlimmer, geradezu verheerend, habe die Lichnowskysche Brochüre gewirkt. Beides zusammen sei garnicht mehr gutzumachen. Kühlmann hat Kippenberg seine gesammelten Kriegsreden für die Inselbücherei angeboten; Kippenberg hat abgelehnt. Kühlmann sei jetzt ganz Bibliophile geworden; er lasse von Rilke eine Auswahl von dessen Gedichten abschreiben, die er kostbar binden und von irgendeinem Künstler besonders illustrieren lassen wolle. Man weiss nicht, wie man diese Spielerei eines mit schwerer Verantwortung Beladenen, während Tausende durch seine Schuld sterben, bezeichnen soll. Halb Nero, halb Trimalchio[1]. „Qualis Artifex pereo."[2] Kühlmann selbst fühlt sich in solchen Zerstreuungen zweifellos als Grand Seigneur.

23 September 1918. Montag. Leipzig. *23.9.1918 Montag*

Vormittags im Inselverlag mit Kippenberg u. meinem Sekretär Kämmer verhandelt wegen der geplanten Drucke der Cranachpresse. Wir einigten uns auf die Gedichte Friedrichs des Grossen während des Siebenj. Krieges (Französisch), Alfred Heymels „Tag von Charleroi" mit Lithographieen von Liebermann, Auswahl aus Kellers Gedichten, Rilkes Übersetzung der „Sonette aus dem Portugiesischen" u einen Band Becher. – Nachmittags beim Geh. Rat v Hase wegen Busoni; er machte viele Worte versprach aber schliesslich ganze „zwei bis dreitausend Mark." – Frau Kippenberg gab mir ein Manuscript des kleinen Peterich, von dem sein Vater, der Bildhauer, mir einmal vor Jahren einen hübschen Knabenakt anbot. Der Junge ist jetzt Siebenzehn, die Novelle, „Manfred", eine ausserordentliche Knabenbeichte, naïv und zart, dabei reif und überreif in der Form, mit kippender, aber süsser Stimme zwischen Kindlichem und Erotischem wechselnd. Entscheiden lässt sich nicht, ob es nur ein ungewöhnliches Pubertätsprodukt, ein neuer Andrian, oder die Knospe eines grossen Talentes ist. Oscar Wilde und Eichendorff stehen Paten. – Karl Vollmoeller schreibt mir aus der Schweiz, dass Romberg die Cazenove Angelegenheit nach Vollmoellers mündlichem und sehr ausführlichem Bericht weittragender erschienen sei, als er erst vermutet hätte. Es hätten gleich nach meiner Abreise drei Konferenzen zwischen Romberg und ihm stattgefunden, um festzustellen, was zu tun sei. Schliesslich habe Romberg Montgelas mit Instruktionen an mich

1 Petronius Arbiter

2 „Welch ein Künstler geht in mir zugrunde." Sueton, De vita Caesarum, Nero 49

nach Berlin versehen. Cazenove habe seinen Schritt bei Vollmoeller im Auftrage des Majors Langley, der dem englischen Militärattaché[1] in Bern zugeteilt ist, unternommen; Langley sei früher Privatsekretär von Milner gewesen und handle möglicherweise nach dessen Weisungen, anscheinend nicht ohne Wissen des englischen Gesandten[2], aber im Gegensatz zu Edwoods „der sich, wie Vollmoeller durch einen vertrauenswürdigen Neutralen erfahren hat, in den letzten Tagen (vor dem 15ten Sept) über gewisse Versuche einer Annäherung seiner Kollegen aufs Heftigste geäussert habe. Er würde jede derartige Bestrebung hintertreiben. Lloyd George denke nicht an Unterhandlungen." Wenn das richtig ist, und Langley wirklich im Einverständnis mit Milner handelt, würde es zum Mindesten sehr scharfe Gegensätze inbezug auf die Friedensfrage innerhalb des englischen Kabinetts beweisen. Romberg möchte den Wunsch Langleys erfüllen u. einen Sozialisten nach der Schweiz haben. Wilhelm Stumm ist bisher ablehnend.

24. September 1918. Dienstag. Dresden. *24.9.1918 Dienstag*

Gestern Abend nach Dresden gefahren. Frühstück beim Prinzen Johann Georg mit der Prinzessin[3] der Hofdame Gräfin Montgelas[4] und dem Adjutanten, Hauptmann v. Busch. Die Prinzessin, eine Bourbon, die aber vorzüglich Deutsch spricht und, so gut es gehen will Deutsch zu fühlen sich bemüht, flammte aber auf und bekam einen roten Kopf, als ich bemerkte, Frankreich sei jetzt eine amerikanische Kolonie, die Franzosen hätten sich bereits damit abgefunden. „Ich hasse die Amerikaner!" warf sie heftig hin. „Frankreich eine amerikanische Kolonie! Damit werden sich viele von den gutgesinnten Franzosen nie abfinden. Im Gegenteil, wir sollten uns in Europa Alle gegen Amerika zusammenschliessen." Der Prinz hänselte sie, dass sie doch noch immer eine Bourbon sei. Sie bat mich dann, ihr den „Correspondant" und die „Revue des Deux Mondes" zu beschaffen; die arme Prinzessin bekommt nur die „Illustration". Ihre Mutter darf sie nicht einmal in der Schweiz sehen; die französische Regierung hat gedroht, die alte Prinzessin nicht wieder nach Frankreich hineinzulassen, wenn sie ihre Tochter spräche. Madame Hébert, die Frau des Malers, haben wir dagegen, wie der Prinz erzählte, im vorigen Jahre ruhig nach Dresden kommen und dort vierzehn Tage bleiben lassen. Der Prinz, der sorgfältig alle politischen u. militärischen Gegenstände vermied, zeigte mir nach dem Frühstück in ermüdend ausführlicher Weise und rasender Schnelligkeit seine enorme Handzeichnungs Sammlung, Alles durcheinander, Hugo

---

1 Granet

2 Rumbold

3 Maria Immakulata

4 Schönberg-Roth-Schönberg

Vogel und Tizian, Rembrandt und Führich; ich kenne Nichts, das mich mehr ausdörrt, obwohl es gut gemeint war. – Die feindliche Offensive scheint augenblicklich vor der Siegfried Stellung zu stocken. Wegen der Regierungskrisis ist der Hauptausschuss heute zusammengetreten. Hertling hat geredet. Die Sozialdemokraten u. Freisinnigen wollen ihn stürzen, ebenso Erzberger, aber das Zentrum als Ganzes hat beschlossen „sich an der Agitation gegen ihn nicht zu beteiligen", eine etwas unsichere Stützung. Es handelt sich um die „Parlamentarisierung", die mit Hertling nicht zu machen ist. Innerhalb der Umwandlung Deutschlands und der Welt durch Deutschland, innerhalb der „deutschen Revolution" sind dieses jedenfalls Tage erster Ordnung.

25 September 1918 Mittwoch. Berlin. *25.9.1918 Mittwoch*

Früh aus Dresden nach Berlin. Gefrühstückt in der Deutschen Gesellschaft mit Kippenberg und dem sozialdemokratischen Unterstaatssekretär Müller. Der dicke Müller blies aus allen Backen Trübsal: die Türken vernichtet, die Bulgaren durchbrochen, die Westfront im kommenden Jahr vor der Übermacht nicht zu halten. Er schreit, wie Alle, nach einem wirklichen Mann, der regieren soll. Eigentlich sollte man meinen, dazu hätten wir die Monarchie. – Abends in der Mittwochsgesellschaft Diskussion über die politische Lage, die Hoetzsch einleitete und an der Georg Bernhard, Gosler, Schütte, Justizrat Marwitz MdR Pfarrer Traub teilnahmen. Im Allgemeinen wurde gegen den Stimmungszusammenbruch reagiert, der nicht gerechtfertigt, aber hervorgerufen sei durch übertriebene militärische Versprechungen und die Untätigkeit der Regierung. Bernhard brachte wieder, ohne irgendwelchen Beifall zu finden, sein Steckenpferd, die Revision des Ostfriedens, vor. Ich gieng mit Victor Wied und Bernhard nachhause. Bernhard hält daran fest, dass die Krisis doch noch mit dem Sturz Hertlings und vielleicht Hintzes enden werde. Sein Kandidat ist noch immer Bülow; trotzdem er als Haupterfordernis für den neuen Kanzler Charakter nennt. Ich sagte, Bülow sei unter diesem Gesichtswinkel geradezu negativ indiziert, da sein Hauptmerkmal sei, dass er keinen Charakter hat. Auch sei das grösste Friedenshindernis das Mistrauen, das man uns entgegenbringe, hauptsächlich das Werk Bülows. Er sei der Mann, der den vertraulichen Bündnisantrag Englands an Russland verraten habe. Jedenfalls sei eins bei Bülow ziemlich sicher, dass er nicht den Frieden mit England machen werde; vielleicht sei dieses der Grund, warum Bernhard gerade ihn als Kanzler wünsche? Bernhard lächelte und meinte, vielleicht spreche das in der Tat für ihn mit. Aber vor Allem sei er ein Glückskind; er, Bernhard, glaube an sein Glück (Bernhard ist abergläubisch und konsultiert eine Wahrsagerin). Auch lasse sich Bülow von ihm beeinflussen (der Schlauberger) und werde ungefähr seine Politische Richtung verfolgen. Seine Fehler gab Bernhard zu, blieb aber dabei, dass er der beste

Mann sei, von denen, die zur Wahl stehen. Die Lage beurteilt auch Bernhard sehr pessimistisch, was das innere Durchhalten anbetrifft. Deshalb sei er für Parlamentarisierung u. Eintritt der Sozialdemokraten in die Regierung, weil nur auf dieser breiten Basis die innere Front zu halten sei, und auch dann nur, wenn wir eine Politik trieben, die schnell zum Frieden führe. Käme der Frieden trotzdem nicht, so würden allerdings dann die Sozialdemokraten ebenfalls in sechs Monaten bis auf die Knochen verbraucht sein, und wir stünden vor der Bolschewikisierung, dem Regiment der „Unabhängigen", zu denen bereits viel verarmter und verärgerter Mittelstand stiesse. Bernhards Grundstandpunkt: lieber ein verkleinertes Deutsches Reich als ein von England abhängiges. Nur zwei Dinge dürften uns nicht zustossen: die Beseitigung der Hohenzollern (weil dann das Reich zerfallen, Süddeutschland sich an Österreich anschliessen würde) und der Staatsbankrott. Alles Andre liesse sich überwinden. So weit sind wir gekommen, dass Quasi-Alldeutsche wie Bernhard in der Stimmung sind, den Verlust von Reichsgebiet hinzunehmen, so sehr fehlt es an Siegeswillen.

26 September 1918. Donnerstag. Berlin. *26.9.1918 Donnerstag*

Sitzung mit Bratz von der Ufa bei Ferdinand Stumm. Auf meinen Vorschlag Schaffung eines der Ufa à fonds perdu zur Verfügung zu stellenden „Kampffonds" von etwa 3 Millionen beschlossen, zur Bekämpfung der feindlichen Kinopropaganda. – Gefrühstückt im grossen Casino zwischen Gossler (dem baltischen Verwaltungschef) u. einem Rittmeister von den 6ten Kürassieren, einem Graf Soundso. Dieser bezeichnete Payers Kriegsziele (status quo im Westen, Festhalten am Ostfrieden; Rückgabe der deutschen Kolonien) als imperialistisch und ebenso unmöglich wie die von Wilson u. Lloyd George. So kämen wir nie zum Frieden. Ich muss an Schickeles Wort denken, er und ich würden einmal die letzten deutschen Patrioten sein. – F. G.[1], der aus Hannover kommt, sagt, dort sei der Mittelstand gegen den Krieg jetzt ganz gleichgültig; es gebe doch kein Ende, man nehme keinen Anteil mehr an den Ereignissen. Jemand, der ehrenamtlich bei der Militärinspektion in Berlin arbeite, habe zu ihm gesagt: „Wilhelm muss 'runter", eher gebe es nicht Frieden. In Hannover giengen französische Gefangene in Zivil frei herum, verkauften ihre aus weissem Mehl gebackenen Biscuits und machten ungehindert Stimmung gegen uns. Der Kellner in meinem Stammlokal sagte mir heute Abend, im Frühjahr gebe es eine grosse Umwälzung. Die einzige Rettung wäre ein militärischer Erfolg; an den sei aber nicht zu denken. Die Schlimmsten seien die Urlauber von der Front; sie verbreiteten, es gebe dort kein Halten mehr. Die Vermorschung ist allgemein; vielleicht aber blos vorübergehend, die Reaktion auf die erste grosse Niederlage. Diese wirkt wie ein ungewohntes Gift; während die Entente

[1] vermutl. Fritz Guseck

schon über solche Wirkungen hinaus ist. Aber ohne einen Ruck kommen wir nicht hoch; die Frage ist, wer oder was uns diesen Ruck geben wird. – Hertling hat heute im Hauptausschuss, um sich zu halten, den Kriegsminister[1] preisgegeben und der sozialdemokratisch-katholischen Mehrheit grosse Konzessionen inbezug auf Zensur und Belagerungszustand vor November versprochen. Es scheint aber schon zu spät für ihn zu sein; die Meinung ist, dass er trotzdem gehen wird, wenn nicht jetzt, so doch in kurzer Zeit. Dann kommt die sog. „Parlamentarisierung", vielleicht mit Bülow, der ein Friedenshindernis ohne Gleichen wäre.

27. September 1918. Freitag. Berlin. *27.9.1918 Freitag*

Der bulgarische Ministerpräsident Malinow hat bei fortschreitender bulgarischer Niederlage „an den Führer der gegen Bulgarien operierenden Ententetruppen das Angebot eines Waffenstillstandes gemacht. Wie gemeldet wird (so sagt W.T.B.[2]) ist Herr Malinow mit diesem Angebot auf eigene Hand, ohne Zustimmung des Königs[3], des Parlamentes und der bulgarischen Heeresleitung vorgegangen." Angeblich soll eine Gegenbewegung gegen den Ministerpräsidenten sich geltend machen. – Gestern hat Foch zwischen Reims und Verdun angegriffen. Der Heeresbericht meldet: „Der Durchbruch des Feindes ist vereitelt. Der Kampf um unsere Stellungen dauert an." – Nach dem Heeresbericht sind die Franzosen westlich von Verdun über Montfaucon hinaus ziemlich weit eingebrochen (bis an den Maasbogen nordöstlich von Montfaucon). Hier waren wir im Mai 1916, als wir vor Verdun lagen. – Blocher, der zwei Tage in Basel und Zürich war, kam heute früh zurück. Er glaubt, dass Försters Berufung nicht mehr wahrscheinlich ist. Über die Stimmung in der Schweiz berichtet er sehr ungünstig. Die Zerfahrenheit unserer Regierung wirke verheerend; unsere unsicheren Freunde giengen jetzt zur Entente über, die echten wagten kaum noch ihre Ansicht zu äussern, schämten sich. Man habe allgemein das Vertrauen zu uns verloren. – Im Grossen Casino beim Frühstück neben der alten Exzellenz Brandenstein. Er sieht in der Krisis nur den egoistischen Willen der Sozialdemokraten und ihres Anhangs, den König und die Heeresleitung unter ihr Kommando zu bringen. Ebert werde noch nächstens Reichskanzler und dem General Ludendorff befehlen. Der hierarchische Gesichtswinkel, wonach sich die ganze Staatsmaschinerie und letzten Endes alle Politik in Vorgesetzten Verhältnisse auflöst; woraus folgt das Dilemma: Ebert Vorgesetzter von S. M., oder S. M. Vorgesetzer von Ebert? Naiver Kasernenhofstandpunkt, der auf die grosse Politik übertragen Alles verwischt und verwirrt, die Wirklichkeit in ein

---

[1] Stein

[2] Ein Friedensschritt Malinows. Meldung des Wolffschen Telegraphen-Büros

[3] Ferdinand I.

irreführendes Schema umfälscht. Vielleicht gehen wir an dieser Naïvität zugrunde. – Nachmittags in der Reichskanzlei bei Prittwitz. Die bulgarische Sache betrachtet er noch nicht als verzweifelt. Ich sagte ihm, mit der nötigen Schonung, dass Hertling nach meiner Ansicht nicht mehr zu halten sei. Starke Strömungen seien für Bülow. Wenn man nicht plötzlich vor einer vollendeten Tatsache stehen wolle, müsse man unverzüglich die Nachfolge Hertlings vorbereiten. Der letzte Dienst, den Hertling dem Vaterlande leisten könne, sei, diese Lage anzuerkennen und selber sich einen Nachfolger auszuwählen. Prittwitz nannte Solf. Ich sagte, Solf mit Bernstorff als Staatssekretär würde ich befriedigend finden; Bülow scheine mir nicht geeignet; die Rolle, in der ihn seine Anhänger und er sich selber sähen, als Talleyrand auf der Friedenskonferenz, würde er nicht spielen können, weil er zu alt und durchschaut sei; und für alle andren Zwecke sei er Einer der Unbrauchbarsten. Prittwitz stimmte mir zu und meinte, wenn Bülow Kanzler werde, würde eine allgemeine Auswanderung aus den Häusern in der Wilhelmstrasse einsetzen, während unter Solf die Leute wenigstens bleiben würden, so auch Radowitz, der mit Bülow nicht arbeiten könnte. Ausserdem würde Bülow mit dem Kaiser in steter Fehde leben. Ich riet, Stresemann für Solf zu gewinnen, von dieser Seite sei die Bülowsche Front am leichtesten aufzurollen. Zum Schluss betonte ich nochmals, ein Verbleiben Hertlings hielte ich für unmöglich; deshalb müsse er schnell gehen: in der heutigen Lage könnten wir nicht einen in den letzten Zügen liegenden Kanzler wochenlang ertragen. Denn, kein Zweifel: wir sind in der Krisis des Krieges; in den nächsten Wochen entscheidet sich Sieg oder Untergang. Ich bat Prittwitz ausdrücklich, diese Ansichten an Radowitz weiterzugeben, damit sie wirksam werden. Solf wird das Volk nicht hinreissen, er ist von Natur eher etwas verzagt, aber die Angelsachsen weiss er zu nehmen, und im Inneren wird er durch salbungsvolle Liberalität weite Kreise bis in die Sozialdemokraten hinein mit einem angenehmen Fortschrittsbewusstsein erfüllen. Bernstorff wird dazu die Fanfaren blasen. Hintze hat sich auch nach Prittwitzens Ansicht durch Ungewandtheit im mündlichen und schriftlichen Verkehr und durch übermässiges Diplomatisieren die Stellung verdorben. – Riezler in der Vosstrasse getroffen; zum ersten Male seit seinen Moskauer Abenteuern. Bode hat ihn und mich mit Einigen Andren zusammen brieflich und vertraulich beim Kaiser angeschwärzt wegen Ausländerei und Beziehungen zur modernen Kunst und Cassirer. Das Kabinett hat das Ausw. Amt aufgefordert, zu Bodes Brief Stellung zu nehmen. Ferdinand Stumm teilte mir vorgestern die Sache mit. Riezler möchte gegen Bode wegen Beamtenbeleidigung vorgehen und Beschwerde führen, weil er sich in Dinge einmische, die ihn dienstlich Nichts angehen. Bode hat hinter unserem Rücken, und ohne dass wir es erführen, da sein Brief vetraulich war, nur Stimmung machen wollen beim Kaiser gegen mich und Riezler; eine Hintertreppen Intrigue, wie sie Bode bereits gegen Tschudi früher gesponnen hat: nur dass er jetzt senil ist und ungeschickter vorgeht, und dass im Kriege solche eigennützige Streberei und Intriguen sonderbarer wirken als zu Tschudis Zeiten.

28 September 1918 Sonnabend. Berlin. *28.9.1918 Samstag*
Der gestrige Abendbericht meldet Grossangriff und Fortschritte des Feindes gegen Cambrai. – Die Krisis ist heute auf dem Höhepunkt. Vormittags im Amt Prittwitz, Rosenberg, Victor Wied, Nadolny gesprochen. Man hofft, Bulgarien wieder einzurenken. Nadolny sagte, als ich Hintzes Stellung für gefährdet erklärte, dann scheine Stresemann ihm als Staatssekretär am geeignetsten mit Langwerth als politischem Unterstaatssekretär u. Bergen für Deutschland und Österreich. Unter Stresemann lasse sich ein Amt aufbauen, das am Schnürchen laufen werde. Ich schlug N. vor, dass er Stresemann selbst diese Gedanken vortrage. – Georg Bernhard bei mir im Adlon gefrühstückt. Berger, u. später Ludwig Stein, setzten sich dazu. Stein entwickelte, ins neue „Kabinett" sollten nicht die Parteiführer, sondern untergeordnete Partei Mitglieder eintreten. Stresemann sei annexionistisch zu kompromittiert, und da blieben auch Scheidemann, Erzberger, Fehrenbach besser draussen. Ich halte dieses Arbeiten mit zweiten Garnituren in einem solchen Augenblick für unsinnig; zu klug, um klug zu sein. Dass Hertling sofort, und nicht erst in einiger Zeit gehen sollte, scheint allmählich durchzudringen. Ebenso dass die Sozialdemokraten in die Regierung müssen, und dass § 9 der Reichsverfassung[1] fallen muss (Parlamentarisierung.) Im Amte kam Riepenhausen mit einem Kompromiss, Hertling solle noch sechs Wochen bleiben, vier Parlamentarier aufnehmen u. so den Übergang zu einem rein parlamentarischen Kabinett noch selber leiten. Zu solchen halben Massregeln ist jetzt aber nicht die Zeit. Ich sprach überall offen aus, dass nach meiner Ansicht Hertling gehen müsse, und zwar sofort. Nur ein gewaltiger Ruck und ein starker Mann (oder das Phantom eines starken Mannes) können uns noch retten, das müde Volk galvanisieren. Bernhard ritt seine ewige Marotte, Revision des Ostfriedens. Ausserdem meinte er, wir müssten unsere Truppen aus der Ukraine u den besetzten Gebieten im Osten sofort zurückziehen! Ich fragte, wie wir es dann verhindern wollten, dass die Entente ihre Front bis nach Ostpreussen vorschiebe? Bernhard wusste keine Antwort. Stein u. Bernhard leben schon ganz im Bewusstsein des verlorenen Krieges. Berger glaubt nicht mehr an die Kanzlerschaft von Bülow. – Nachmittags ein

1 Artikel 9 der Reichsverfassung vom 16. April 1871 sicherte jedem Mitglied des Bundesrates ein Rederecht im Reichstag zu, „um die Ansichten seiner Regierung zu vertreten, auch dann, wenn dieselben von der Majorität des Bundesrathes nicht adoptirt worden sind". Weiter heißt es: „Niemand kann gleichzeitig Mitglied des Bundesrathes und des Reichstages sein."

törichtes und verläumderisches Schreiben von Bode an Berg (und den Kaiser) beantwortet, in dem er mir idiotischer Weise vorwirft, ich sei „Deutsch Amerikaner." Auf Hintertreppen ist Bode immer schon geschlichen, gegen Tschudi, gegen Graef u. s. w. Diesmal hat er in seiner senilen Gehässigkeit ein zu grosses Stück abgebissen: ausser mir Liebermann, Riezler, Cassirer, Schüler, Waldmann, den Professor Mayer, Hartlaub von der Mannheimer Galerie, Wichert. Von Waldmann, Mayer, Hartlaub behauptet er, sie seien „Beamte und heimliche Agenten" von Cassirer, von Waldmann, er habe jahrelang im Nebenamt eine feste Besoldung von Cassirer erhalten. Ich gebe seine ehrenrührigen Anwürfe dienstlich an Waldmann, Mayer, Paul Cassirer weiter. Was daraus entsteht, muss sich zeigen. Das Ungereimte ist, dass Bode selbst im Solde von Cassirer das Vorwort zum Kaufmann Katalog geschrieben hat u. jetzt den Katalog der Gans Sammlung schreibt; wenn er auch das Geld der Museumskasse zukommen lässt, ist er doch durch dieses von Cassirer abhängig. – Abends assen Stresemann u. Ferdinand Stumm bei mir im Esplanade. Stresemann hofft, dass auf Grund des heutigen nationalliberalen Programms eine Einigung mit dem Zentrum zustande kommt, damit in der künftigen Regierung Zentrum u. Nationalliberale als Mittelparteien den Sozialdemokraten das Gleichgewicht halten. Gedrückt schien er durch den anscheinend von Ludwig Stein ausgehenden Vorschlag, alle Parteiführer sollten draussen bleiben. Ich wendete mich scharf gegen diese halbe Massregel, die Alles verschleiert u verwässert, ohne die Gegensätze zu mildern. Die Parteiführer sollen sich unter sich einigen und dann gemeinsam eintreten; das ist viel besser. Stumm, der mir privatim sagte, Ebert sei sein parlamentarischer Kandidat für das Staatssekretariat des Auswärtigen, fand dann im Laufe des Gesprächs die Lösung, dass zwei Staatssekretäre des Ausw. ernannt würden, ein parlamentarischer (parliamentary secretary) und ein nicht parlamentarischer, als welcher Hintze bleiben könnte. Stresemann gieng auf diese Lösung ohne Widerspruch ein. Über Hintze haben sich seine Ansichten sehr geändert; er lobte ihn nachdrücklich. Die Art, wie er die Mitteilung über Bulgarien im Hauptausschuss gemacht und nachher gesprochen habe, habe allgemein gefallen; endlich habe er das Diplomatisieren aufgegeben u. sei aus sich herausgegangen: und was da zum Vorschein gekommen sei, sei gut gewesen. Hintzes Stellung scheint also wieder fester. Dass Hertling nicht mehr zögern darf, war sowohl Stresemanns wie Stumms Ansicht. Stumm fügte aber hinzu: „Willy (Radowitz) will aber noch nicht!" Auch Hertling sehe die Notwendigkeit seines Rücktritts noch nicht ein. Die Kanzlerkandidaten wurden durchgesprochen. Sowohl Stumm wie ich brachten unsere ernstesten Bedenken gegen Bülow vor. Stumms Kandidat ist der Prinz Max; ich neige mehr zu Solf, von dem Stresemann aber sagte, im Parlament werde er geistig nicht hoch eingeschätzt. Den besten Teil seiner grossen Rede[1], den englischen, habe Paul Metternich gemacht, das wisse man. Ich gieng nachher mit Stresemann allein nachhause und legte ihm noch einmal meine Gründe dar, warum ich wünsche, dass er persönlich in die Regierung eintritt; vielleicht als Staatssekretär des Ausw. Verabredet, dass er zur Besprechung dieser Frage am Montag bei mir mit Nadolny frühstückt. – Radowitz ist heute Abend mit Hertling und Hintze ins Hauptquartier gefahren.

29. Sept. 1918. Sonntag. Berlin. *29.9.1918 Sonntag*

Frühstück bei Battista Radowitz; allein, da ihr Mann im Hauptquartier ist. Sie versichert, dass die Krisis dort gelöst, d. h. die Kanzlerfrage beraten wird. Nur wisse man noch nicht, wen man zum Nachfolger nehmen solle. Am Dienstag früh kehren Radowitz u Hertling zurück. – Fürstner sagt, nach seinen Nachrichten gähre es unter den Munitions Arbeitern. Alle Augenblicke brenne es hier und dort in den Fabriken; Sabotage. Zweifellos ist die Lage sehr ernst, fast schon revolutionär. – F. G. erzählt, das Volk spräche vom „Schlächter mit den sechs Söhnen“, womit der Kaiser gemeint sei. Das erklärt Battista Radowitzens Antwort, als ich sagte, eigentlich hätte der Kanzler nicht ins Hauptquartier, sondern in einer solchen Krisis der Kaiser nach Berlin gemusst: „der Kaiser getraue sich wohl nicht nach Berlin; er fühle sich hier nicht sicher.“ – Von Becher heute den ersten Akt seines Dramas „Auftrieb“ erhalten u. gelesen. Schöner, kräftiger, knapper Stil. Das persönliche Erlebnis noch etwas zu nackt und unvergohren. Er schreibt aus Iena (Klinik), es gienge ihm glänzend. Er habe bereits ein neues dramatisches Gedicht „Ikaros“ begonnen. Der Plan zu zwei neuen Tragödien bestehe: „Soldaten“ und „Das Attentat“. „Endlich glaube ich den Weg zu meinem Ziel, zum Dramatischen gefunden zu haben. Natürlich sind mir die Mängel der ersten Arbeit sehr wohl bewusst; aber ich fühle doch ihren Wert als Beginn.“

30 September 1918. Montag. Berlin. *30.9.1918 Montag*

Kritischer Tag erster Ordnung; Wendepunkt für Preussen, für Deutschland, vielleicht für die Welt. Hertling ist gestürzt, und mit ihm Hintze und das ganze hergebrachte preussische System. Seit Iena[2] keine solche Umwälzung. Zweitens: in Frankreich, im Einzelnen, hält sich unsere Front; im Grossen, in Bulgarien, ist sie seit gestern durchbrochen: die bulgarischen Unterhändler sind in Saloniki eingetroffen. Beides umtost von der gewaltigsten Schlacht der Geschichte: Blutdunst und ungeheures Krachen der Geschütze, in dem wieder

[1] Gewaltpolitik oder Versöhnungspolitik?

[2] Niederlage Preußens in der Doppelschlacht von Jena und Auerstedt 1806

einmal das alte Preussen untergeht, wie 1806, wie bei Kolin[1], wie unter dem Grossen Kurfürsten[2] „Exoriar aliquis ....“[3]: untergeht und neugeboren wird. Der Kaiser hat an Hertling einen Erlass gerichtet, in dem er sein Entlassungsgesuch annimmt und dann sagt: „Ich wünsche, dass das Deutsche Volk wirksamer als bisher an der Bestimmung der Geschicke des Vaterlandes mitarbeitet. Es ist daher Mein Wille (klingt nicht sehr demokratisch!) dass Männer, die vom Vertrauen des Volkes getragen sind, in weitem Umfange teilnehmen an den Rechten und Pflichten der Regierung.“ Das soll bedeuten, nicht nur die Demokratisierung, sondern auch die sogenannte „Parlamentarisierung“. – Den ganzen Vormittag mit Wolfgang Heine, Prof Mayer aus München und dem Associé von Cassirer Blumenreich beraten, wegen meiner Antwort auf Bodes Giftbrief. Blumenreich brachte einen andren Brief von Bode mit, durch den er am 7ten September dieses Jahres 20 000 M von der Firma Cassirer fordert, um einen Katalog für die Auktion der Sammlung Gans zu machen; zur gleichen Zeit, wo er am 10ten September den Chef der Firma, Paul Cassirer, beschuldigt des Handels mit dem Feinde, der Sabotage unserer Propaganda und der unlauteren Beeinflussung bundesstaatlicher Beamte: trotzdem scheute er sich nicht, von ihm Geld anzunehmen, ja, zu fordern: ein hübscher Typ, der eher in die „Fourberies de Scapin“[4] als in die Zeit des Weltkrieges hineingehört. – Abends in einen Vortrag von Georg Bernhard über „Kollege Northcliffe“; er sagte nicht viel Neues und war in der Form matt. Im Saal erzählte mir Karl Scheffler, nach seinen neusten und sichersten Nachrichten würde Payer Kanzler, dazu Ebert Vizekanzler, Erzberger Staatssekretär des Auswärtigen. Die Parlamentarisierung ist unvermeidlich; aber vorläufig bekommen wir die Paulskirche. – Ich hätte gern die Parlamentarier heute erlebt, das Psychologische, die plötzliche Machtgier, neue Kameradschaften, neue Todfeinde, den ganzen wild gemachten Ameisenhaufen. Die Zeitungen berichten nur, der kaiserliche Erlass „habe einen grossen Eindruck gemacht.“ Leider sagte mir Stresemann zum Frühstück ab, weil um 2 Uhr Hauptausschuss war. – Wenn diese Regierung es nicht schafft, bekommen wir in einigen Monaten die Diktatur und etwas später vermutlich die Revolution.

---

[1] Niederlage im Siebenjährigen Krieg in der Schlacht bei Kolín am 18. Juni 1757

[2] Friedrich Wilhelm

[3] vollständig: „Exoriare aliquis nostris ex ossibus ultor“; „Mög' aus meinem Gebein sich einst ein Rächer erheben“; Vergil, Aeneis IV, 625

[4] Molière

1 Oktober 1918. Dienstag. Berlin. *1.10.1918 Dienstag*

Abends aus Berlin fort unter düsteren Eindrücken. Der Waffenstillstand der Entente mit Bulgarien ist abgeschlossen, die Kanzlerkrisis ungelöst. Berg ist plötzlich in Berlin aufgetaucht mit Aufträgen vom Kaiser und hat die Kreise von Payer gestört, weil hinter Bergs Eingreifen eine Hofintrigue gewittert wird, die des Kaisers gestrigen Erlass zum Teil wieder aufhebt. Payer soll aus Verdruss seine Verhandlungen eingestellt haben. Ferdinand Stumm, mit dem ich Nachmittags im Amte zu tun hatte, sagte mir näselnd und lächelnd, wie immer, wenn er feierliche Gefühle hat, ich solle Romberg darauf vorbereiten, dass wir bald einen schlechten Frieden schliessen würden. Ich fragte, ob das sein Ernst sei? Ob ich das als Tatsache wirklich ausrichten solle? Er bekräftigte: Ja, ja, ich solle es Romberg im Ernste sagen. – Ich gieng darauf zu Langwerth und fragte, ob er Romberg Etwas zu sagen hätte? – Langwerth tat sehr geheimnisvoll: heute habe er noch Nichts zu sagen; aber wenn ich warten wolle, vielleicht morgen. Wegen Cazenove bat er mich, noch einmal mit Wilhelm Stumm zu sprechen. Dieser zog einen Brief hervor von Schubert, Vollmoeller sei ein Wichtigtuer, Langley Chef der Spionage u. s. w., damit sei die Sache wohl erledigt. In der Reichskanzlei bei Prittwitz. Dieser drückte, etwas unbestimmter als Ferdinand Stumm die Ansicht aus, dass der Frieden vielleicht nahe sei. Die Militärs hätten die Nerven verloren. Ludendorff werde uns, wie er schon manche politische Dummheit verschuldet habe, jetzt vielleicht in einen übereilten Frieden hineinhetzen. Gegenwärtig sei es das Zivil, das den Militärs die Nerven stärken müsse; die umgekehrte Welt. Wenn wir noch vier bis sechs Wochen halten könnten, sei das politisch von unberechenbarem Wert. Er teilt meine Ansicht, dass der Kaiser nach Berlin gehört hätte; die nächste Gelegenheit müsste er ergreifen. Aber der Hof denke nur an die Rettung seiner Rechte. Heute Morgen sei der Reichs Penguin, der Prinz Joachim, bei ihm gewesen und habe weiter Nichts in der Krisis gesehen, als dass die Krone ein Recht nach dem Andren verliere. Prittwitz führte die Miserfolge an der Front auf die Minderung der Qualität der Mannschaft zurück. Ludendorff habe dem unterernährten, halbausgebildeten Ersatz mit seiner grossen Offensive zu viel zugemutet; überangespannt sei er zusammengebrochen. Das wäre trostlos, denn dann wäre schwer zu sehen, woher Besserung kommen soll. – Zuletzt Ludwig Stein besucht, der überfahren worden ist und verbunden, mit zerschürften Beinen auf dem Sofa lag. Er war melodramatisch und tief düster: „Wann kommen Sie wieder? Ich frage, weil wenn Sie lange fortbleiben, Sie bei Ihrer Rückkehr die Revolution vorfinden." Ich fragte: Wann? – „In vier Wochen." Er warne mich als Freund, damit ich meine Dispositionen treffen könne. Die Stimmung in den Massen sei so, dass zwangsläufig die Revolution kommen müsse, wenn nicht irgendein glückliches militärisches Ereignis eintrete. Alles gehe gegen die Dynastie. Die Entsendung Bergs habe katastrophal gewirkt, weil man sie als Zeichen der Launenhaftigkeit des Kaisers ansehe, und sie die einzige Aussicht auf Klärung verbaut habe. Ungarn bereite sich vor, dem Beispiel Bulgariens zu folgen. Wekerle habe, was noch nie dagewesen sei, mehrere Stunden mit Michael Karolyi konferiert. Auch die Türkei werde abfallen, dann sässen unsere Soldaten unten in der Mausefalle. – Steins Schmerz ist zum Teil Bülows Schmerz, weil er nicht Reichskanzler wird; das ist in Abstrich zu bringen. Immerhin hört er Viel und färbt es nur ins Hintertreppenhafte. Vielleicht stehen wir wirklich vor der Fortsetzung von '48. Georg Bernhard, den ich anklingelte, bestätigte unter Einschränkungen Steins Prophezeihungen; die Revolution werde kommen, wenn unsere Politik so fortgienge. Er denkt natürlich an seinen Brester Vertrag. Auch bei ihm ist daher Etwas abzustreichen. Stresemann, mit dem ich frühstücken sollte, war wieder verhindert. Er telephonierte nur, dass seinem Eintritt ins Ministerium noch immer Schwierigkeiten gemacht würden; er wird wegen seiner annexionistischen Äusserungen boykottiert. Vor meiner Abreise schrieb ich noch einen Brief an Radowitz, der morgen früh ankommt, dass die Rückkehr des Kaisers nach Berlin unbedingtes Erfordernis sei. Der Kaiser müsse sich in den Mittelpunkt der Bewegung stellen, sonst schlügen die Wellen des Volkshasses über ihn zusammen. Er kann jetzt nur der Führer der nationalen Verteidigung vor allem Volke sein; oder er muss über Kurz oder Lang als überlebtes Organ verschwinden. Nicht seine Rechte, sondern seine Pflichten müssen ihn retten.

2 Oktober 1918. Mittwoch. Zürich. *2.10.1918 Mittwoch*

Quentin ist gefallen. Bei unserer Ankunft in Romanshorn die Nachricht in den Schweizer Zeitungen. Im Zuge Rudolf Lothar, mit dem ich auf dem Schiffe frühstückte, und der Professor Förster. In Zürich Abends Schoeler.

3 Oktober 1918. Donnerstag. Zürich *3.10.1918 Donnerstag*

Damaskus ist gefallen. Der Bademax ist Reichskanzler. Europäertum, guter Wille; ob auch starker Wille, muss sich zeigen. – Vor einem Jahr war ich im Hauptquartier bei Ludendorff und Hindenburg und schrieb an Kühlmann wegen Elsass-Lothringen. Wie anders waren damals die Auspizien! – Cassirer Vormittags bei mir. Bodes Angriff besprochen. Er schilderte Schickeles Nervenzusammenbruch. – Schoeler gab mir Einzelheiten über die Demoralis unserer Leute auf dem Transport an die Front; er selber hat im August einen Transport von Schlesien nach Quentin, zur 18ten Armee geführt. Leute seien unterwegs vom Zuge gesprungen und desertiert. Auf einer Verpflegungsstation habe ein Kerl dem Bahnhofskommandanten seine Schüssel Graupen vor die Füsse geschmissen. Ein Trupp habe im Zuge eine Hure mitgehabt. Ein Mann, der siebenmal verwundet war und Urlaub versprochen gehabt habe, sei, ohne seine Familie wiedergesehen zu haben, mit hinaus geschickt worden. Schoeler sagt, er habe selber nicht gewusst, was er machen solle, um die Leute in Ordnung zu halten; er habe lieber die Augen zugedrückt, als dazwischenzuschiessen. Sobald die Leute in ihre eigenen Truppenteile hineinkämen, seien sie wieder diszipliniert. Die Stimmung an der Front sei (im August bei der 18ten Armee) trotz Allem glänzend gewesen.

4 Oktober 1918. Freitag. Bern. *4.10.1918 Freitag*
Furchtbarer Abend bei Romberg. Er vertraute mir, vor dem offenen Holzfeuer in seinem Arbeitszimmer, dass unsere Regierung offiziell den Präsidenten Wilson um Einleitung von Friedensverhandlungen auf Grund seiner Bedingungen ersucht habe. Mit andren Worten, wir haben kapituliert; ohne Vorbereitungen, ohne Tastversuche, plötzlich, „de but en blanc" und „en bloc". Wilson wird entweder ablehnen oder erniedrigende Bedingungen stellen. Zum Mindesten, dass wir vorerst unsere Truppen aus den besetzten Gebieten zurückziehen. Ich schlug vor, wie ich Shefki Bey Nachmittags gesagt habe, zu antworten, wir seien bereit, unsere Truppen aus allen besetzten Gebieten zurückzuziehen und neutrale Besatzungstruppen hineinzulassen, wenn die Entente das Gleiche tue in allen von ihr im Kriege besetzten Gebieten, z B. Palästina und Mesopotamien. Romberg sagte, der trockene, geschäftsmässige Ton des Ersuchens an Wilson sei möglichst ungeeignet für den Zweck; so dass wir sogar in diesem Bittgesuch arrogant aufträten und nicht die Sympathieen für uns zu gewinnen verstanden hätten; es sei wie das Schreiben an einen Rechtsanwalt, durch das man ihn „ersucht", die Vertretung von Interessen in einem Prozess zu übernehmen. Romberg war wie vernichtet. Seit zwei Tagen nicht geschlafen. „Aber wir sind Alle grosse Sünder." Seine einzige Hoffnung sei ein späterer Zusammenschluss ganz Europas gegen Amerikas heraufkommende Weltherrschaft. Vielleicht würde auch die Umwälzung aller Grenzen, das Ideal des freien Nebeneinanderlebens aller Völker, einen Reiz haben. Ich sagte, wenn wirklich alle Völker gleich frei und schwach wären, gewiss; unerträglich sei es aber, wenn wir allein schwach werden, England, Amerika, Frankreich aber Raubstaaten bleiben sollten. Dann wolle ich lieber Liebknecht als Reichskanzler denn den Prinzen Max, damit wir im Bunde mit den Bolschewiks die ganze Welt revolutionierten; wir würden aus dem allgemeinen Sumpf noch als die Ersten herauskriechen. Wenn Wilson ablehne oder uns einen Schlag ins Gesicht setze, dann müsse die Regie

für eine neue Emser Depesche[1] sorgen; vielleicht würde das Volk dann in neuer Wut und Kraft aufflammen. Dieser schlecht vorbereitete, übereilte Schritt geht nach Rombergs Ansicht von Hintze aus, der noch immer als Staatssekretär fungiert. Die Stimmung zwischen Romberg und mir war die einer grossen Niederlage; wir schwiegen abwechselnd lange und verfolgten unsere trüben Gedanken im Herdfeuer; ich war einem Schwindel Anfall nah: mir sauste das Blut durch Kopf und Ohren. Romberg sagte beim Abschied: „Sie haben Glück, Sie haben keine Kinder." Ich meine „Im Gegenteil, jetzt muss man für Enkelkinder sorgen." – Beim Frühstück, wo mir dieses trübe Geheimnis noch nicht bekannt war, stürzten sich die Österreicher über mich um Nachrichten. Hevesy bat mich auf die Terrasse hinaus, um Shefki Bey zu stärken; tatsächlich schien aber Hevesy selbst die Stärkung nötiger zu haben als Shefki. Dieser versicherte mir nach Fortgang von Hevesy, die Türken würden nie abfallen; allerdings nur unter der Bedingung, dass die Österreicher uns treu blieben. Ich fragte, ob er denn hieran zweifle? Shefki antwortete: Ja, gewisse Zweifel könne er nicht unterdrücken, obwohl er Nichts Greifbares habe. Als ich ihm sagte, wir sollten nach meiner Ansicht für die Räumung Frankreichs u. Belgiens die Räumung Mesopotamiens u. Palästinas fordern, leuchtete er auf. – Später bei Schickele der das Referendum im Elsass für annehmbar u nicht zu gefährlich hält, wenn es vorbereitet wird. Er möchte in jeder Stadt und jedem Flecken kleine deutschtreue Komitees, die die Propaganda in die Hand nehmen, möglichst geräuschlos, und erst wenn das Volk gewonnen ist, die Zusammenberufung des Landtags. – Als ich von Romberg kommend Nachts um eins über die Brücke gieng, hatte ich Lust, in die Aare zu fallen. Ich war vielleicht innerlich nur zu tot, um es zu tun. Denn nur wenn in der Tat das Ideal ersteht, der freie Bund von lauter freien, gleichberechtigten, friedlichen Völkern, sind diese Tage nicht des Deutschen Volkes Untergang. Wird das Tausendjährige Reich morgen Wirklichkeit? Ich las in der mir heute zugegangenen Schickeleschen Sammlung[2] Whitmans „Salut au Monde". Vielleicht erzeugt in uns die furchtbare Not die Dämonie, die das von Whitman geschaute Paradies verwirklicht?

5 Oktober. 1918. Sonnabend. Bern. *5.10.1918 Samstag*

Der schwärzeste Tag des Weltkrieges. Das Waffenstillstandersuchen Österreichs, Deutschlands und der Türkei an Wilson steht Nachmittags in einem Telegramm des Wiener Korr. Bureaus an den Anschlagsäulen, an denen so oft

[1] am 13. Juli 1870 verfaßter Bericht über eine Unterredung König Wilhelms mit dem frz. Gesandten Benedetti auf der Kurpromenade in Bad Ems, die von Bismarck so umformuliert wurde, daß Frankreich sie als Provokation empfinden mußte u. daraufhin dem Königreich Preußen den Krieg erklärte

[2] Menschliche Gedichte im Krieg

deutsche Siege gestanden haben. Unter dem Zytgloggen-Turm staut sich die Menge. Der Krieg ist für uns verloren nach unserem eigenen Eingeständnis. Wilson wird von uns als Weltdiktator angerufen. Wir akzeptieren von vornherein alle von ihm bisher genannten Bedingungen. Eine neue Epoche der Geschichte hebt an zu unseren Ungunsten. – Beim Frühstück sickerte die Sache allmählich durch. Der Graf Vetter von der österreichischen Gesandtschaft, der neu hier ist, und mit dem ich Ordonnanzoffizier bei Gerok in Luzk war, flüsterte mir zu: „Frieden, es giebt Frieden." Szemszey[1], der kleine Ungar, wollte durchaus von Dietrich Bethmann wissen, ob auch wir ein Waffenstillstands-Angebot gemacht hätten. Bethmann blieb bis obenhin zugeknöpft. De Vaux, der österreichischer Geschäftsträger ist während Mussolins Behinderung, setzte Galgen Humor auf: „Lieber ein Ende mit Schrecken, als ein Schrecken ohne Ende." Bethmann setzte mir mit leiser Stimme auseinander, der Zusammenbruch Russlands mache trotz Allem, was jetzt im Westen geschehen kann, die Rechnung für uns günstig. Nur dadurch sei der Völkerbund möglich geworden; und durch den Völkerbund die neue Epoche der Romantik, d. h. der Misachtung der physischen Gewalt, in der allein Deutschland seine natürliche und führende Rolle spielen könne. „Deutschlands Unglück: der Krieg '70" sei nicht blos ein Witz. Szemszey, der mich seit gestern Abend um eine Unterredung bittet, nahm ich mir in der Halle vor. Er ist das „enfant terrible" der Österreicher, neben Pálffy. Er erklärte rund heraus, Österreich habe nicht mehr weitergekonnt, ausserdem habe die Entente Österreich wissen lassen, dass ebenso wie sie bereits jetzt mit dem Deutschen Kaiser zu verhandeln sich weigere, sie in 14 Tagen sich weigern werde, noch mit dem Kaiser von Österreich zu verhandeln. Das sei das Entscheidende gewesen. Deshalb habe Österreich auf das Waffenstillstands Ersuchen dringen müssen. Er fügte hinzu (was für einen österreichischen Diplomaten bemerkenswert naïv ist) Österreich werde sich auflösen nach dem soeben veröffentlichten Programm der deutsch-österreichischen Sozialdemokraten; Ungarn aber werde sich selbständig machen und mit Polen irgendeinen Staat gründen. De Vaux, der offenbar von Szemszeys Redseligkeit mir gegenüber beängstigt war, setzte sich zu uns und erklärte ziemlich scharf (was ihm sonst nicht ähnlich sieht), nach diesem Schritt sei es undenkbar, irgendeinen österreichischen oder deutschen Soldaten wieder in den Schützengraben zu bekommen. Als ich Schoelers Beobachtungen über gute Stimmung an der Front einwandte, erwiderte er, wir hätten uns schon so oft getäuscht, dass wir uns auch diesmal wahrscheinlich Illusionen hingäben. Unverhohlen aber trat die Absicht zutage, in diesem Falle nicht mit uns mitzumachen. „Mitteleuropa" liegt neben Vielem Andrem zertrümmert. Prittwitz u Schoeler, die die Nachricht aus den Extrablättern erfahren hatten, waren Nachmittags auf dem Büro

[1] Semsey

wie zerschmettert: fassungslos. – Abends Bankett für die Einweihung der neuen Berner Kunsthalle. Der Berner Polizeipräsident Schneeberger (früher Vorsitzender des Metallarbeiterverbandes) ein Berner Handwerker, sagte mir, wenn die Entente unser Angebot abweise, oder unehrenhafte Bedingungen stelle, die für uns offensichtlich nicht annehmbar seien, weil sie der Kriegslage nicht entsprächen, dann würde der Druck der Ententevölker mit der Zeit ihre Regierungen zwingen, auf unser Angebot einzugehen. Ich war übrigens bei dieser Feier der einzige anwesende diplomatische Gast mit Prittwitz, den ich mitgebracht hatte; kein Franzose, kein Amerikaner, kein Engländer. Auch kein Österreicher, trotz der Bedeutung der Feier für Bern. Ob andre Missionsmitglieder eingeladen waren, weiss ich nicht. Die Stimmung meiner Tischnachbaren (Schneeberger und Stadtpräsident Gustav Müller) schien eher deutschfreundlich, als das Gegenteil.

6 Oktober 1918. Sonntag. Bern. *6.10.1918 Sonntag*

Ruhetag mir in Kandersteg geschaffen. Zum Oeschinensee, der mir grau und öde in der grauen Landschaft vorkam. Bei der Rückkehr die Rede des neuen Reichskanzlers Prinzen Max in einem Extrablatt des Berner Tagblatts gelesen. Mein Eindruck gut; sie klingt ehrlich und vornehm. – Abends im Hotel die Griechin Psycha, die erzählt, dass ihr die Polin[1] über die Sozialistenkonferenz in Paris Interessantes gesagt habe; unter Andrem, dass die Longuet Leute den Krieg nicht auf deutschen Boden tragen lassen wollten und die irische Frage aufnehmen würden. – Später mit unseren u. österreichischen Diplomaten zusammen. Alles in Erwartung der Entente Antwort. Romberg, der auch einen Augenblick da war, sagte, Havas melde schon die Ablehnung. Die Stimmung wechselt allgemein zwischen Ernst u. nervöser Heiterkeit. Die Österreicher haben vorige Nacht in Ouchy im Savoy bis drei Uhr getanzt. Die Psycha, die es gesehen hat, äusserte sich darüber empört. Für uns ist die grosse Frage, ob unsere Front weiter hält. Nur dann kann der Regierungs Umschwung uns vor der Katastrophe retten. – Aufruf[2] der Sowjetregierung zur Verproviantierung der Arbeitermassen in Deutschland u. Österreich Ungarn und zur Bildung einer mächtigen roten Armee, um Deutschland, sobald es revolutionär werde, zur Hülfe zu eilen gegen die Entente-Imperialisten.

7 Oktober 1918. Montag. Bern. *7.10.1918 Montag*

Die Haltung der Entente beginnt sich aus dem Nebel herauszuschälen. Frankreichs bürgerliche Zeitungen lehnen hohnlachend unser Angebot ab; die Sozia-

[1] vermutl. Styzinska

[2] Gemeinsame Entschließung des Hauptvollzugsausschusses des Moskauer Rates und der Arbeiterorganisationen vom 4.10.1918

listen, der nationale Rat der sozialistischen Partei, hat dagegen einstimmig beschlossen, an Wilson eine Botschaft zu richten, dass die alliierten Regierungen die Pflicht hätten, einen derartigen Vorschlag nicht ohne Diskussion zurückzuweisen. Nur müssten sie gleichzeitig die unerlässlichen diplomatischen und militärischen Garantieen fordern „.... Die Partei betrachte den Vorschlag als die Kundgebung des sicheren Sieges der Demokratie, da ... der deutsche Reichskanzler zum ersten Male Elsass-Lothringen als eine internationale Rechtsfrage anerkennt, wenn er auch noch von einer gemeinsamen Verständigung über die Autonomie dieses Landes spricht ..." Nicht sehr freundlich; immerhin wollen die französischen Sozialisten einstimmig die Diskussion, die französischen Bourgeois lehnen sie ab. – Die Stimmung unter unseren und den österreichischen Diplomaten ist noch immer gedrückt. Renthe Finck, Schubert haben Sorgen wegen der Westfront. In der Tat kommt jetzt Alles darauf an, ob diese hält. Davon hängt Alles Übrige ab, trotz „Beseitigung" des Militarismus und Instaurierung des Parlaments. Die wirklichen Machtverhältnisse haben sich weniger verschoben als die scheinbaren. Letzten Endes wird doch das Schwert entscheiden; die Demokratie ist nur seine Kraftquelle oder sein Vorwand. Die Rede des Prinzen Max hat aber in der deutschen Schweiz, wie es scheint, ungeteilten Beifall gefunden.

8 Oktober 1918. Dienstag. Bern. *8.10.1918 Dienstag*

Zum Frühstück bei mir de Vaux, der in den nächsten Tagen als österreichischer Gesandter nach dem Haag geht, Dr Bernhard Guttman, der Korrespondent der „Frankfurter Zeitung", Oscar Fried u. Curt Unruh. Fried soll in Kiew, Odessa, Moskau, Petersburg Konzerte geben; am Schluss in Wien „s'il en reste", sagte de Vaux. Österreich befindet sich offenbar in der Auflösung. De Vaux gab mir unter vier Augen zu, dass sie Trient an Italien abtreten. „Was sollen wir denn andres machen?" Weiterkämpfen könnten sie nicht. Das Siegesgeheul der Entente entspricht dieser Situation. Spät Nachmittags kam Oscar Fried zu mir und sagte, er habe eben Grumbach gesprochen; Dieser habe ihm eine Abschrift des Briefes des Prinzen Max von Baden gezeigt, aus dem Auszüge heute Morgen in den Zeitungen standen, und in dem der Prinz nach seiner grossen Rede im vorigen Dezember deren Grundsätze Alexander Hohenlohe gegenüber abläugnet: er sei garnicht wirklich für die Reichstagsresolution[1], die er vielmehr als eine Spottgeburt aus Furcht und Hundstagshitze betrachte, auch nicht für Freigabe Belgiens u. s. w. Dieser Brief würde, wenn er echt ist, die Doppelzüngigkeit des Prinzen, dessen Haupt Empfehlung bisher seine Ehrlichkeit war, beweisen. Grumbach sagt, Abschriften seien in Händen von Lloyd George u. Wilson; Wilsons Antwort auf unser Ersuchen um einen Waffenstillstand werde ent-

[1] Friedensresolution der Mehrheitsparteien des Reichstags vom 19. Juli 1917

scheidend durch diesen Brief beeinflusst werden. Alexander Hohenlohe hat den Empfang des Briefes heute früh bestätigt, jedoch behauptet, sein Inhalt sei entstellt wiedergegeben. Fried sagt, wenn der ihm von Grumbach gezeigte Text echt sei, dann könne von Entstellung nicht die Rede sein, im Gegenteil, das Ganze klinge noch viel schärfer als die veröffentlichten Auszüge. Allerdings sei ihm aufgefallen, dass der Brief in sehr schlechtem Deutsch geschrieben sei, so dass es Fried stutzig gemacht hat: ob ein so gebildeter Mann wie der jetzige Reichskanzler so schlecht schreiben könne. Ist der Brief echt, so ist das ein neuer schwerer Schlag, der uns trifft; denn das Mistrauen gegen uns wird dadurch aufs Neue ungemessen vermehrt werden. Ich meldete Frieds Mitteilungen sofort an Romberg zur Weitergabe nach Berlin. – Sonatenabend von Fritz und Alphonse Brun (Reger, Brahms), die Beide nachher bei mir soupierten. Politisiert. Beide stellten sich mit ihren Sympathieen ganz auf Deutschland ein, zweifelten aber am Erfolg des Friedensschrittes. Ich winkte mit der schwarzen Fahne: Ablehnung = Verzweiflungskampf = Weltrevolution von uns entfacht und militärisch durchgeführt mit Unterstützung der russischen Sowjetregierung und der Arbeitermassen der Entente Länder. Der Klassenkampf des Weltproletariats unter Führung preussischer Generalstäbler. Vorläufig klingt das wahnsinnig, kann aber Wirklichkeit werden. Man ahnt u. fürchtet das bei der Entente, namentlich in England.

9 Oktober 1918. Mittwoch. Bern. *9.10.1918 Mittwoch*

Der Eindruck des Zusammenbruchs verstärkt sich. An der Gesandtschaft steht Alles in Erwartung der Worte Wilsons. Vormittags brachte mir Oscar Fried den Brief des Prinzen Max abgedruckt in der „Freien Zeitung". Belastend ist nur, dass er die Friedensresolution verhöhnt. Fried meint, er müsse deshalb stürzen. Dr Somary aus Berlin bei mir sprach die Vermutung aus, die Nerven im Hauptquartier seien unter Beeinflussung durch Stinnes u. Thyssen zusammengebrochen, die bei einem feindlichen Einmarsch für ihre Werke fürchten. – Rechberg fragte mich beim Frühstück, wie ich die Wirkung einer Abdankung des Kaisers einschätze? Von einem so Stockkonservativen Grandseigneur eine bezeichnende Frage. Um 4 bei Romberg zum Vortrag. Als Erstes gab mir Romberg die Antwort von Wilson, die eben einlief, zu lesen. Der Eindruck war, dass sie weniger unangenehm, als befürchtet werden konnte, ausgefallen ist. Romberg meinte, dass sie jedenfalls einen Anknüpfungspunkt für Verhandlungen geben würde, und dass, wenn erst verhandelt werde, keine von beiden Parteien ihre Soldaten wieder zum Losschlagen bringen könne. Daher legte er dem Vorrükken der Entente Truppen bis an unsere Grenzen weniger Gewicht bei. Ich wandte ein, dass die Amerikaner noch nicht kriegsmüde seien, daher nötigenfalls sicher den Kampf wieder aufnehmen könnten; darüber sollten wir uns nur keine Illusionen machen und nicht deshalb auf Sicherungen verzichten. – Unruh u Prittwitz über die Dynastiefrage. Beide hielten die Abdankung des Kaisers, ebenso wie ich, für eine fast unvermeidliche Folge des verlorenen Krieges. Abends ass Oertzen mit Rechberg, Kardorff u. Renthe Finck bei mir.

10 Oktober. 1918. Donnerstag. Bern. *10.10.1918 Donnerstag*
Cambrai ist gefallen. Die Zeitungen bringen das Gerücht, dass der Kaiser abgedankt habe. Beim Frühstück sagte mir Janotta von der österreichischen Gesandtschaft, er halte die Abdankung des Kaisers für notwendig, wenn die Dynastie gerettet werden solle. – Oscar Fried hat gestern Grumbach gesprochen, der ihm sagte, wenn die Dynastie abdanke, dann könne Frankreich auf die glatte Abtretung Elsass Lothringens verzichten. Auch hat ihm Grumbach von sich aus gesagt, Sicherungen müsse Deutschland haben, dass die Ententetruppen nicht bis an unsere Grenzen nachrückten. Fried glaubt, dass Grumbach den Gedanken einer neutralen Gendarmerie im geräumten Gebiet zum mindesten nicht zurückgewiesen hat. Ich gab Dieses an Romberg weiter und beauftragte Fried, die Frage noch einmal morgen bei Grumbach ins Gespräch zu bringen. – Nachmittags Vortrag bei Romberg. Romberg bedauert den devoten Ton, mit dem die deutsche Presse die Antwort Wilsons aufgenommen hat. Er hat nach Berlin telegraphiert, um etwas mehr Würde zu empfehlen. – Grumbachs Äusserung über notwendige Sicherungen zögert er weiterzugeben wegen der Gefahr, unsere Regierung in eine falsche Richtung zu locken, wenn Grumbach nur seine persönliche Ansicht geäussert hat. Fried soll erst feststellen, ob Grumbach hierbei die französische sozialistische Partei hinter sich hatte. Leider gehen dadurch 24 Stunden verloren, da Grumbach bis morgen in Interlaken ist. – Abends gegessen bei der Polin Styzynska mit der Psycha und Shefki Bey. Die Styzynska soll in den nächsten Tagen nach Paris reisen. Schubert deshalb sehr ungehalten, dass sie sich mit mir kompromittiere. Die Styzinska sagt dagegen, „sie wisse, was sie tue." Kommandieren lasse sie sich nicht. Die Gerüchte über die Abdankung des Kaisers halten heute sowohl sie wie die Psycha wie Shefki Bey in Atem. Man spricht davon wie von Etwas Natürlichem, das erwartet wird. Alle diese unsere bisherigen Clienten und Bundesgenossen, Türken, Polen, Griechen flattern wie verängstigte und mistrauisch gewordene Vögel herum, versuchen in unserem Gesichte zu lesen, was bevorsteht, überlegen sich schweigend, wohin sie sich retten sollen. – Shefki Bey brachte beim Kaffee von einem türkischen Kollegen, den er sprach, das Gerücht an unseren Tisch, die Entente habe Griechenland Konstantinopel versprochen. Die Psycha, die bis dahin düster gewesen war, konnte ihre Aufregung und, trotz Skepsis, Freude nicht verbergen. Shefki gab ihr einen Blick wie ein Sperber einer Taube. Trotzdem sagte sie vor ihm, wenn man einem Griechen von Konstantinopel spreche,

dann verliere er den Verstand. Mir vertraute sie unter vier Augen an, nach einer alten Prophezeiung werde Konstantinopel am Ende eines blutigen Krieges zu Anfang des 20ten Jahrhunderts den Griechen gehören. Sowohl sie wie Shefki sind Mystiker. Mystisch äusserte Shefki seinen Glauben an einen baldigen Frieden. Die Psycha, die schweigend mit verträumten Augen nur noch Constantinopel sah, sagte plötzlich, sie wolle in den nächsten Tagen zum König[1] nach Luzern fahren. Die Styzinska skizzierte den Übergang Polens zur Entente. Der neue polnische Ministerpräsident Kucharzewski werde nach dem Sturz des von uns eingesetzten Regentschaftsrats[2] der Constituante die Macht übertragen; und diese werde eine schon heute fix und fertig in Paris zusammengesetzte Regierung proklamieren. Alles ist in Fluss geraten; Gerüchte und Unruhen gehen durch die Welt unserer Clienten; der ganze Osten, den wir unterworfen hatten, beginnt sich zu regen. Man ermisst jetzt erst, welch ungeheures Weltreich sich unter unserer Führung gebildet hatte. Sollte wirklich das Alles in vierzehn Tagen zerbröckelt sein? Unruh sagt, die französischen internierten Offiziere, mit denen er jeden Tag von Spiez hereinfährt, seien wie toll. Sie gakkerten wie auf einem Hühnerhof, Deutschland sei Nichts mehr, auch Österreich Nichts, England Nichts, Italien Nichts, nur noch Frankreich von Amerika unterstützt führe die Welt wie zu den Zeiten Ludwigs des XIVten.

11 Oktober 1918. Freitag. Bern. *11.10.1918 Freitag*

Bechers Tragödie „Auftrieb“, den zweiten und dritten Akt, gelesen; ein starkes, sprühendes Werk, noch ganz im Lyrischen verwurzelt, dadurch primitiv, aber doch mit grossen theatralisch-dramatischen Effekten; eine Art von expressionistischem Urfaust. Der Reichtum des Gewebes und die packende Einfachheit und Bildlichkeit und Klangschönheit der Sprache täuschen über die etwas dünne Psychologie hinweg. Becher hat darin sein Leben wie in einem Spiegel aufgefangen, einem konzentrierendem und glitzerndem Spiegel, in dem die Dinge wie verzaubert und entrückt erscheinen. – Vormittags kam Schickele aus Vevey. Er meint, Grumbach habe mit seinen Worten über Sicherungen bei der Räumung nur seine persönliche Ansicht ausgesprochen, da er seit Wochen keine französischen Sozialisten gesehen habe. Schickele zeigte mir einen Aufruf von deutschen Emigranten, den ihm Fernau zur Unterschrift gesandt hat, und der radikale, die Macht des Kaisers beschränkende Änderungen der Verfassung fordert. Alfred Fried, Otto Flake, Rubiner, Feldner haben ihn bisher unterzeichnet. Er fragte, was er machen solle? Ich riet ihm, zu unterzeichnen, aber mit dem Zusatz, dass ähnliche Änderungen in den Verfassungen der andren Länder, Amerikas, Frankreichs, Englands, Italiens auch zu fordern seien. Nach Berlin

[1] Konstantin I.

[2] Kakowski, Ostrowski u. Lubomirski

liess ich telegraphieren, dass man diesem Aufruf, der offenbar auf amerikanische Anregungen zurückgeht, zuvorkommen solle, indem man noch vorher solche Änderungen der Verfassung in der Nordd. Allgemeinen oder im Reichstag in Aussicht stellt. Für das Elsass, wo ein Referendum unvermeidlich scheint, riet Schickele, sofort mit der stärksten Propaganda, namentlich bei den elsässischen Soldaten in der Front, einzusetzen. Er meint übrigens, dass Hauss, der neue Staatssekretär, ein grosser Demagoge, Dieses ausgezeichnet machen werde, namentlich unter Schwanders Leitung. – Gefrühstückt mit Bethmann, Schwerin, Stein und Löwengard. Bethmann in Galgenstimmung. – Nachmittags Vortrag bei Romberg. Tattenbach, mit dem ich vorher wartete, erwog die Opportunität, nach Spanien auszuwandern; der baierische, am Reich u. Preussen nicht mit dem Herzen beteiligte Partikularist tritt hervor. Mit Romberg, Schubert u Renthe Finck besprochen, den Luxemburger Martin, der sich durch Norbert Stern dazu erboten hat, nach Paris zu schicken, damit er dort mit Sozialisten spreche, besonders Jouhaux, Longuet, Merrem, und sehe, wie ihre Stimmung sei und was zu tun ist. Schuberts Verbindungen nach Paris haben, wie er sagt, so gut wie aufgehört. – Als ich bei Renthe Finck war, kam ein Wolff Telegramm, dass unsere Antwort an Wilson fertig und zustimmend sei. – Mit Schickele gegessen im Wiener Kafé. Zigeunermusik, viele Journalisten. Der kleine Lasswitz vom Wolff Bureau kam heran und brachte den Text des Telegramms, in dem unsere Antwort für morgen in Aussicht gestellt wird, nachdem sie dem Bundesrat und dem Reichstag vorgelegt worden ist. Der Kaiser wird nicht genannt. Schickele sagte mit Recht, eine der gefährlichsten Erscheinungen sei, dass so vielen Leuten bei uns in Deutschland der Verlust Elsass Lothringens gleichgültig geworden sei. Hiergegen müsse man Etwas tun. Hauss sei ein glänzender Agitator u. werde im Elsass selbst die Sache gut organisieren.

12 Oktober 1918. Sonnabend. Bern. – Montreux. *12.10.1918 Samstag*

Stern gesagt, Martin den Auftrag zur Reise nach Paris zu geben. Er soll Dienstag reisen. – Gefrühstückt allein mit Schubert und Renthe-Finck. Schubert wegen Elsass-Lothringens sehr pessimistisch. Ob wir es behalten können, wird auf allen Seiten stark bezweifelt. Jedenfalls muss das Referendum sofort energisch vorbereitet werden. – Besprechung mit Schickele, der heute Grumbach gesehen hat. Grumbach hat ihm gesagt, für die französischen Sozialisten stünde im Mittelpunkt der ganzen Friedenserörterungen die elsass-lothringische Frage. Die Demokratisierung und Parlamentarisierung Deutschlands interessiere die Amerikaner; für die französischen Sozialisten träten diese Fragen vollkommen zurück gegenüber Elsass Lothringen. Wenn Deutschland dem Prinzip des Plebiszits in Elsass Lothringen zustimme, könne es sofort Frieden haben. Die

Sozialisten würden dann gegen die Regierung, wenn diese den Krieg weiterführen wolle, in die schärfste Opposition treten. Abstimmen müssten alle Elsässer, die nach 70 ausgewandert seien nebst deren Kindern, aber nur wenn sie in ihren Heimatsort zurückkehrten. Bei dem Resultat der Abstimmung, wie dieses auch ausfallen möge, würden sich die französischen Sozialisten endgültig beruhigen. Die Kontrollkommission werde am besten französisch-elsässisch-deutsch sein. – Bei der Räumung der besetzten Gebiete würden die Entente Truppen folgen; man könne aber eine neutrale Zone schaffen. Die Hauptsache sei, Belgien den Belgiern zurückzugeben. – Schickele drängte, Alles für das Referendum schon jetzt vorzubereiten. Wenn wir bei den Friedensverhandlungen auch vielleicht sofort das Prinzip der Abstimmung zugestehen müssten, so sei es doch nicht nötig, die Abstimmung selbst sofort vorzunehmen. Im Gegenteil; wir müssten die Verhandlungen über die Art und Weise der Abstimmung möglichst hinziehen, um Zeit zu gewinnen, damit wir die Bevölkerung in unserem Sinne bearbeiten könnten. Hierbei seien folgende Punkte aufzuwerfen: 1) Forderung, dass alle in E. L. Geborenen, gleichgültig ob von eingewanderten oder alteingesessenen Eltern, abstimmen müssten, und zwar mit der Begründung, dass, ob Recht oder Unrecht geschehen sei 1870, diese Menschen tatsächlich eine Heimat dort gefunden hätten und sie als solche empfänden; und es undenkbar sei, dass man einen Menschen für ein Unrecht, mit dem er Nichts zu tun habe, büssen lasse. 2) Wenn Abstimmung der Ausgewanderten vonseiten Frankreichs gefordert werde, müssten wir verlangen, dass erstens nur die nach 1870 Ausgewanderten, und zweitens diese auch nur dann, wenn sie in ihren Heimatsort zurückkehrten, abstimmen dürften. 3) der Zeitpunkt der Abstimmung müsse durch Verhandlungen festgesetzt werden, wobei wir versuchen würden, diesen möglichst hinauszuschieben. 4) die Zusammensetzung der Kontroll Kommission sei zum Gegenstand der Verhandlungen zu machen, wobei wir eine französisch-elsässisch-deutsche Kommission verlangen sollten; schlimmstenfalls eine neutrale. Eine amerikanische sei abzulehnen, weil die Amerikaner mit ungeheuren Geldmitteln Propaganda machen würden. Schickele meint, wenn Hauss Staatssekretär u. Schwander Statthalter würden, dann werde die Abstimmung für uns ausfallen, vorausgesetzt dass wir Zeit für unsere Agitation gewinnen. Hauss sei ein glänzender Agitator und habe ausserdem die ganze katholische Geistlichkeit hinter sich. Sehr wichtig sei die Bearbeitung der Soldaten in der Front. Diese sollte vom Elsass aus durch Elsässer geschehen. Diese Anregungen in einem Bericht an Romberg, den ich Schickele vorlas, weitergegeben. – Abends mit Schoeler nach Montreux. Er ist sehr niedergeschlagen und empfindet die Art Unruhs und Prittwitzens dem grossen Zusammenbruch gegenüber als Gleichgültigkeit. In Wirklichkeit ist dieser geräuschlose, fast ereignislose Zusammenbruch, fern von der Heimat, auf fremdem Boden schwer für die Phantasie fassbar. Es hat sich Nichts geändert, und doch ist durch eine unsichtbare Kräfteverschiebung die Welt umgestürzt. Schoeler besucht eine kleine Freundin, an die er sich attaschiert hat. Sein Bedürfnis ist weniger, zu lieben, als treu zu sein: mütterliche Männlichkeit.

13 Oktober 1918. Sonntag. Montreux. *13.10.1918 Sonntag*
Die deutsche Antwort ist heraus; in der „Gazette de Lausanne" sie mit einem sehr üblen Kommentar[1] gelesen: der Ton absichtlich so gewählt, dass wir als Shubjaks dastehen. Wir bestätigen die Annahme der 14 Punkte Wilsons als Grundlage eines dauernden und gerechten Friedens. Zweck der einzuleitenden Verhandlungen sei also einzig, die praktische Ausführung dieser Grundsätze näher zu bestimmen. Ausserdem erklären wir uns bereit, die besetzten Gebiete zu räumen. Wir überlassen es dem Präsidenten, eine gemischte Kommission zusammenzurufen, die die Abmachungen über die Räumung treffen soll. Damit haben wir in Allem Grundsätzlichen kapituliert; nur in Einzelheiten können wir noch Vorteile oder Sicherungen heraushandeln. Bei der diplomatischen Kunst, die uns zur Verfügung steht, wird das Wenig sein. – Vandevelde Vormittags gesprochen. Er ist über die Haltung der Welschschweizer Presse empört. Sie wollten nur den Krieg verlängern, um ihre Kriegsgewinne nicht zu stoppen. Er hat den „Figaro" Korrespondenten J. de Narfon gesprochen; keinen zu ungünstigen Eindruck empfangen. Narfon habe sich hauptsächlich für die innere Umwandlung in Deutschland interessiert, dabei eine grosse Unkenntnis deutscher Verhältnisse an den Tag gelegt. Vandevelde hat sich für Solf und den Prinzen Max verbürgt. Das grosse internationale Theaterprojekt in Zürich ist an ihn herangekommen. Man hat ihn aufgefordert, Pläne zu machen und die Garantie in Aussicht gestellt, dass er auf Grund seiner Pläne später den Bauauftrag bekommt. Das Theater soll die „Weltbühne" heissen. In diesem Augenblick fast drollig verheissungsvoll. „Völkerbund" und „Weltbühne" als Projekte. – Annette Kolb besucht. Sie war sehr niedergeschlagen; nie habe sie gewünscht, dass wir siegten, aber dass wir so besiegt würden, sei fürchterlich. Jetzt heisse es, nur stolz sein, sich den Andren gegenüber Nichts vergeben. Die Farinolla hat ihr gesagt: on ne parle que des fredaines des Centraux: Ehescheidung Pálffy, Ehescheidung Pallavicini, Ehescheidung Bethmann u. s. w. – Abends bei Schickeles im Hotel du Lac in Vevey gegessen mit Alfred Fried, Vandevelde, Annette und Schoeler. Fried, der den Typus des soliden Berliner Spiessbürgers repraesentiert, sagte mir, der Augenblick sei für ihn trotz des Triumphs seiner Ideeen eigentlich schrecklich, weil der Zulauf zu gross sei; er komme sich vor wie Jemand, der einen alten exklusiven Salon gehabt habe, in den plötzlich eine Unzahl von unbekannten, zum Teil unsympathischen Men-

[1] La réponse de l'Allemagne

schen hereinströmten. Ich betonte, dass die vollste, ehrliche Durchführung der Völkerbunds Idee jetzt auch im deutschen Interesse nötig sei; ob die Entente jetzt dazu bereit sein würde, scheine mir allerdings zweifelhaft. Entscheidend sei, ob man den Hass beseitigen könne; und in dieser Hinsicht, dass der Völkerbund die Schule in die Hand bekomme. Die Schule, und namentlich der Geschichts Unterricht, müsste von einer dem Völkerbund unterstehenden Zentralstelle beaufsichtigt werden, damit nicht schon die Seelen der Kinder vergiftet würden. Fried u. Schickele stimmten zu. Schoeler erzählte aus Russland, aus Gomel, wo er im vorigen Jahr lag, von der Bolschewiki-Herrschaft und den früheren russischen Offizieren. 40.000 frühere russische Offiziere seien allein in Gomel gewesen, alle tsaristisch. Seine Schilderungen erinnerten mich zum Teil an Gogol. Schickele meinte, die russische Seele werde noch einmal für den Völkerbund die wertvollste werden, weil sie so breit und ohne Hass sei. Fried betonte, der Völkerbund werde auch als Mittel der Ersparnis, der Produktionshebung bei verminderter Arbeitsleistung wirken. Meiner Ansicht einer der wichtigsten Gesichtspunkte. Ich sagte, aber ehe wir nicht eine Romantik des Friedens, die der des Krieges gleich sei, geschaffen hätten, würde die Gewalt im Völkerleben nicht tot sein. Denn junge Leute, Frauen und Bourgeois lassen sich doch auf die Dauer nicht ohne Romantik regieren.

14 Oktober 1918. Montag. Bern – Basel. *14.10.1918 Montag*

Mit dem ersten Zug nach Bern. Im Koupee Shefki Bey, den allein gesprochen. Er versichert, dass die Österreicher in allernächster Zeit einen Separat Frieden abschliessen werden. Sie legten gerade Wert darauf, dass es kein allgemeiner Friede sei; weil die Entente ihnen bei Abschluss eines Separatfriedens besondre Vorteile versprochen hätte, während ihnen von Seiten Englands gedroht würde, wenn sie auf einen mit Deutschland gemeinsamen Frieden bestünden, dann würden sie „without mercy" behandelt werden. Shefki sagt, solange Österreich bei uns bleibe, werde auch die Türkei nicht abfallen; wenn aber Österreich Frieden schliesse, dann müsse auch die Türkei Frieden schliessen. – In Bern Propaganda Sitzung. Vietsch legte dar, wir stünden wieder mitten in einer Kanzlerkrisis (!) wegen des veröffentlichten Briefs des Prinzen Max. – Im Mittagsblatt angeblich offiziöse Forderungen Englands: Auslieferung der U Boot Flotte, Besetzung deutscher Festungen u. s. w. Bethmann meinte zu mir, wir müssten jetzt auch solche Bedingungen annehmen; in der Politik gebe es kein „mit Ehren Untergehen". – Nach dem Frühstück bei der St.[1] Sie sagt, nach sicheren Nachrichten, die sie von den amerikanischen, englischen u. französischen Botschaften habe, würde die Entente vor jeder Friedensverhandlung folgende Bedingungen stellen: Besetzung von Metz, Strassburg, Mühlhausen

[1] Styzinska

und Danzig; Auslieferung des ganzen in den besetzten Gebieten befindlichen Kriegsmaterials; Besetzung gewisser deutscher Bahnstrecken; Versprechen, die verwüsteten oder besetzten Gebiete Belgiens u. Frankreichs vollkommen wiederaufzubauen; Besetzung der deutschen Kolonieen, bis alle Schäden in den besetzten Gebieten voll bezahlt seien. Dagegen sei die innere Lage in Frankreich und England höchst bedrohlich. Wenn wir diese unerhörten Bedingungen zurückwiesen, würde eine revolutionäre Bewegung in Frankreich einsetzen. Schon jetzt seien dort fortwährend Unruhen. Sie drängt, dass man sie hinlässt, um mit Longuet u. andren Sozialisten die revolutionäre Bewegung einzuleiten. Sie sagt von Österreich, dass es in kürzester Zeit einen Sonderfrieden schliessen werde; die Entente habe ihm dafür die weiteste finanzielle Unterstützung zum Wiederaufbau zugesagt. Fraglich sei nur, ob es den Durchmarsch gegen uns gestatten werde. Natürlich werde Dieser von der Entente gefordert. An der Wand bei ihr hängt eine grosse Zeichnung von Kosciusko zu Pferde. Während ich bei ihr war, telephonierte ein Attaché der französischen Botschaft (De Vermiceaux?). Was will sie? Was bewegt sie? Wo erblickt sie Polens Vorteil? Sie hat ein merkwürdig kindliches Profil und grosse schwarze unbeschriebene Augen. Sie übergab mir den Plan einer deutschen Festung, den sie heute auf der amerikanischen Botschaft gestohlen haben will. „On y prend ce qu'on veut" sagte sie. Mir fiel aber auf, dass er sorgfältig gerollt, und dass die Rolle ziemlich gross war. Wie hat sie ihn versteckt beim Hinausgehen? Zwischen Paris und Bern reist sie hin u. her, wie sie will. Wen betrügt sie? Wem dient sie? Sie hat ein Söhnchen, das sie nach Frankreich mitschleppt. „Les enfants, ça fait très bien, par ces temps." Auch Requisit, aber für welche Medeahaften Zwecke? Die Psycha, die Griechin, eine zweifellos ehrliche Patriotin und Freundin Deutschlands bürgt für sie. Ihr grosser Feind ist der Argentinier Zavallier, der aber zweifellos der Entente, und nur nebenbei uns, dient. (Shekfi sagte heute Morgen „après la guerre, il aura la légion d'honneur"). Spreu des Weltkrieges, im Staube des Kampfgewühls hin und hergeweht! Amüsant u. romantisch, wenn man nicht damit praktisch rechnen und das Unberechenbare einstellen müsste. – Nachmittags mit Renthe Finck Fragebogen für M.[1] ausgearbeitet, den er auf seiner Reise nach Paris beantworten soll. Hauptsächlich, ob die französischen Sozialisten (Longuet, Jouhaux, Merrem) bei exorbitanten Forderungen der Entente an uns aktive Opposition gegen ihre Regierungen leisten wollen und können? – Abends nach Basel mit Schoeler. Auf dem Bahnhof in Olten Berger getroffen, der mir Andeutungen von nahen Beziehungen zu Erzberger machte: Erzberger habe ihm gesagt, er dürfe „auf Abruf" nach der Schweiz. Mit ihm Zusammenkunft am Donnerstag oder Freitag in Zürich verabredet. – Alles in Allem sehr niedergeschlagen, namentlich durch die Mitteilungen der St.

[1] Martin

15 Oktober 1918. Dienstag. Basel. *15.10.1918 Dienstag*
Ludwig Bauer in seinem Hotel Univers besucht. Während ich bei ihm sass, kam durch das Telephon Wilsons Antwort auf unsere Note. Wilson überweist, so wie Bauer mir vorher klug vorausberechnend seine Befürchtung ausgesprochen hatte, die Fragen des Waffenstillstandes und der Räumung den Militärs, d. h. Foch, d. h. Clemenceau. Bauer, der gestern einen Artikel: „Wilson oder Clemenceau?" geschrieben hat, sagte: „Clemenceau hat gesiegt" und damit das Prinzip, das auch nach seiner Ansicht zum Gewaltfrieden und zur Weltrevolution führt. Die Revolution in Deutschland hält Bauer so wie so für unabwendbar. Alle Voraussetzungen, die sonst überall Revolutionen hervorgerufen haben, seien heute in Deutschland da: wirtschaftlicher Druck, eine grosse militärische Niederlage, überstürzte politische Erneuerung, Unzufriedenheit mit der bisherigen Regierungsform. Er könne sich nicht vorstellen, wie es nicht zur Revolution kommen solle. Der Entente gegenüber stelle er es allerdings so dar, als ob durch vernünftige Friedensbedingungen die deutsche Revolution noch vermieden werden könne. Er selbst glaube dieses aber nicht. Österreich hält er für ganz erledigt; es existiere nicht mehr. Die slawischen Teile würden vielleicht mit Polen einen Staatenbund bilden; Deutsch-Österreich sich irgendwie an Deutschland anschliessen; vielleicht in der Form, dass die süddeutschen Staaten mit Deutsch-Österreich einen Süddeutschen Bund bildeten unter Habsburg, von Norddeutschland staatlich getrennt. Dieses würde den Entente Wünschen entsprechen. Die Abdankung des Kaisers u. Kronprinzen[1] hält er für notwendig und unabwendbar; nicht die der Dynastie. Man könne den Prinzen Wilhelm, den ältesten Sohn des Kronprinzen unter einer Regentschaft einsetzen. Nur zwei Rettungen gebe es für Deutschland: entweder diese Abdankung oder Lichnowsky als Reichskanzler. Lichnowsky würde der Entente und jedem Poilu oder Tommy der Beweis sein, dass endgültig das alte Regime überwunden sei. Haase oder Liebknecht würden weniger wirken, weil Beide bereits die Revolution selbst bedeuten würden. Ich setzte ihm auseinander, warum Lichnowsky nach meiner Ansicht unmöglich sei, weil er den bis zum Aufstand gehenden Widerstand aller nicht rein revolutionären Kreise hervorrufen müsste. Dann lieber Haase als diese enge, törichte, unlenkbare Fossilie. Bauer sieht die Lage heute als einen grossen Kampf zwischen Wilson u Clemenceau, und zweifelt, ob Wilson die Kraft hat, die Gewalten, die er selbst in Amerika entfesselt hat, zu bremsen. Ebensowenig wisse man, welche Kraft wirklich die französischen Sozialisten haben. Die imperialistischen und die einem Verständigungsfrieden geneigten Kräfte innerhalb der Entente beginnen sich zu sondern und zu bekämpfen. Wenigstens sieht man solche Möglichkeiten, die man vielleicht fördern kann. – Mit Pellegrini zu seiner Kapelle in St Jacob an der Birs

[1] Wilhelm

hinaus; seine Wandgemälde. Daneben die Inschrift auf die Eidgenossen, die „vom Siegen ermüdet unbesiegt gefallen". Pellegrini selbst machte uns darauf aufmerksam, wie sehr diese Worte auf Deutschland heute passen. – Abends wieder mit Ludwig Bauer zusammen. Er fragte, ob wir, Schoeler und ich, im Kriege irgendetwas Besondres an Stimmungen oder Ähnlichem erlebt hätten? Seine kluge Skepsis lässt Blut und Leben durch ihre weiten Maschen wie ein falsch geknüpftes Netz den kostbarsten Fang. Heute vor einem Monat kam Burians Friedensnote. Heute Wilsons Antwort, die sachlich die militärische Kapitulation von uns fordert. Einer der ernstesten Tage der deutschen Geschichte. Der Rhein fliesst unter meinem Fenster, der vielleicht bald nicht mehr deutsche Rhein. Ich glaube allerdings an eine ungeheure Reaktion der jetzt schweigenden Elemente in Deutschland. Und wenn nicht: die durch das Eingreifen Amerikas gefälschte Kraftverteilung in Europa könnte keinen Bestand haben. In Europa selbst sind und bleiben wir die Stärksten. Falls kein ehrlicher Ausgleich in einem gerechten Völkerbund zustande kommt, wird über kurz oder lang dieses unverrückbare Machtverhältnis wieder durchdringen und die verlogene Fassade sprengen.

16 Oktober 1918. Mittwoch. Bern. *16.10.1918 Mittwoch*

Mit Schoeler u Prof. Mayer früh nach Bern zurück. Curt Unruh hat im Zuge zwischen Spiez u Bern den Dr Ernst Bloch gesprochen, der ihm erzählt hat, Muehlon bereite eine gänzliche Umgestaltung Deutschlands vor: Abschaffung aller Dynastieen, Zusammenschluss aller Deutschen (einschliesslich der Österreicher u Elsässer) nach Stämmen. Jeder Stamm solle seinen eigenen Landtag u. Präsidenten haben, die sich alle in einem deutschen Reichstag zusammenschliessen würden. – Brief von Becher vom 10ten: „Was Sie über das erste Drama schreiben (den Auftrieb) erfüllte mich mit neuem Mut u. s. w. Ich sehe den Erfolg dieser Arbeit in erster Linie darin, dass die Sprache klar wurde, eine strenge einfache Komposition sich durchsetzt, und Alles Komplizierte, Verrenkte im Grossen und Ganzen sich ausschaltete. Ebenso wie in der Lyrik muss ich natürlich auch im Drama mich sozusagen neu erobern. Manches wird auch in der endgültigen Fassung noch einzufügen sein .... Aber gewiss ist es; die Überwindung der lyrischen Perspektive ist nicht nur ein künstlerisches, sondern auch (vor Allem!) ein menschliches Problem ...."

17 Oktober. 1918. Donnerstag. Zürich. *17.10.1918 Donnerstag*

Früh nach Zürich. Mit Berger (dem Bülow-Berger) und seiner Frau im Baur au Lac gefrühstückt. Er ist immer ein Hans Dampf in allen Gassen gewesen, kennt deshalb die politische Welt in Berlin wie ein Schäferhund seine Schafheerde, hat sich jetzt nach der zum dritten Male gescheiterten Kandidatur Bülows anscheinend Erzberger angeschlossen und steht für die Stellung als Chef der Reichskanzlei, wie er sagt, auf der Liste. Wahnschaffe sei nur ein Provisorium, er selbst, weil er nicht ernannt wurde, verärgert abgereist hierher und jetzt „auf Abruf" durch Erzberger in Luzern. Die Verhältnisse innerhalb der Regierung und des Parlaments schildert er so: der Prinz Max durch seinen Brief schwer angeschossen, Serenissimus; Erzberger u. Scheidemann die eigentlichen Köpfe der Regierung. Ebert, der an sich der beste Reichskanzler wäre, weil er Kraft und Regierungstalent hat, draussen, um die Partei in der Hand zu behalten. Solf ein Glückspilz ohne grosse Fähigkeiten. Haase ein Windhund. Das Waffenstillstands Angebot sei von Ludendorff durchgesetzt worden, gegen die Zivilstellen und sogar gegen die Sozialdemokraten, die den Zeitpunkt nicht für günstig hielten. Ludendorff lege geradezu Wert darauf, dass man wisse, er sei der Urheber; „aus Verantwortungsfreudigkeit". Berger neigt zu der Ansicht, dass dieses Angebot zu Nichts führen wird, und dass dann die „Levée en masses" kommen müsse. Die Sozialdemokraten seien heute, nachdem das gleiche Wahlrecht bewilligt sei, damit einverstanden. 1 1/2 Millionen Mann liessen sich noch ausheben. Die Kämpfe an der Westfront seien nur Rückzugsgefechte. Wir könnten uns in einer ersten Linie Ostende-Maubeuge-Metz setzen, dann, wenn nötig, in einer zweiten Ostende-Brüssel-Metz. Allerdings müssten wir, wenn der Krieg weitergienge, mit dem Abfall von Österreich, der Öffnung der Dardanellen und einem Aufstand in Polen rechnen. Vor einigen Tagen sei bereits ein polnischer Putsch in Berlin im Werke gewesen; er sei aber durch die Verhaftung der Führer vereitelt worden. Ich sagte Berger, damit er es Erzberger ausrichte, wenn die „Levée en masses" nötig werde, dann müsse sie mit einer gewaltigen moralischen Offensive verbunden werden; denn nur so könne sie eine Wendung des Krieges herbeiführen. Wir müssten dann in derselben Proklamation erklären, dass wir Elsass-Lothringen das volle Recht, über seine Zukunft selbst zu bestimmen, einräumten, es werde ihm Gelegenheit geboten werden, abzustimmen, ob es zu Frankreich oder Deutschland gehören wolle; ausserdem führten wir den Krieg überhaupt nur weiter, um für uns und für die ganze Welt die ehrliche Verwirklichung der von Wilson formulierten Grundsätze zu erkämpfen. Dieses dürfe kein Theater sein, sondern müsse zum ernsten Willen der deutschen Regierung und des deutschen Volkes gemacht werden. Völkerbund, Selbstbestimmung, demokratische Freiheit, Entmilitarisierung, Sicherung eines ewigen Friedens, soziale Hebung der Volksmassen seien die Paniere, die wir entfalten müssten. Damit würden wir die breiten Schichten aller Völker, nicht nur des deutschen, sondern auch der neutralen und feindlichen, gewinnen. Aber die Sache müsse im grössten Stile und mit der überlegtesten Regie gemacht und deshalb dauernd von einer Stelle geleitet werden, die an den Entschliessungen der Regierung aktiv teilnehme, nicht von irgendeinem nachgeordneten Beamten wie Deutelmoser, der blos Weisungen empfange. Denn jede Handlung und Äusserung der Reichsleitung müsse mit diesen Ideen durchtränkt und von ihnen eingegeben sein. Allerdings könnten wir hierzu keinen polnischen Aufstand brauchen; denn vor diesem als Hintergrund werde die ganze moralische Offensive zur Komödie. Berger sagte, er könne Erzberger für diesen grossen Plan wahrscheinlich gewinnen; damit könne Erzberger vielleicht sein „Propagandaministerium" durchsetzen. – Abends gegessen in Bern bei Frau v Riedel in ihrer neuen Wohnung Junkerngasse 61 mit Schubert, Renthe Finck, Rechberg u Fürstner. Die grossen Ereignisse draussen warfen ihre Schatten auf den Abend.

18 Oktober 1918. Freitag. Bern. *18.10.1918 Freitag*

Jahrestag der Schlacht bei Leipzig[1]. 1915 waren wir an diesem Tage in Radom auf dem grossen Rückzuge, Hindenburg hielt eine Rede. Wie unendlich fern jene Zeit! – Lille ist gestern gefallen. Der Kaiser von Österreich[2] erlässt ein Manifest zur Föderalisierung Österreichs: „Österreich soll dem Willen seiner Völker gemäss zu einem Bundesstaate werden, in dem jeder Volksstamm auf seinem Siedlungsgebiete sein eigenes staatliches Gemeinwesen bildet" .... „als Bund freier Völker" soll es „aus den Stürmen des Krieges hervorgehen." Ungarn trennt sich von Österreich und zieht sich auf die reine Personalunion zurück. In Preussen kommt das gleiche Wahlrecht zustande und dem Kaiser u König wird ein Teil seiner wichtigsten Rechte in der Reichsverfassung gestrichen. Zu gleicher Zeit gehen das alte Preussen und das alte Österreich unter. Es sind Episoden gewesen. – Romberg über meine Unterhaltung mit Berger berichtet und vor Allem die absolute Notwendigkeit betont, einen Polnischen Aufstand ev. durch Verständigung mit Pilsudski zu vermeiden. Romberg billigte meine Ansichten, fügte aber hinzu, wir müssten auch England Etwas bieten; und zwar den Verzicht auf die Seeherrschaft, eine Zusage, fortan Kontinentalpolitik treiben und nur eine Defensiv Flotte halten zu wollen. Ich rührte auch die Frage der Abdankung des Kaisers an. Romberg schien im Prinzip die Notwendigkeit anzuerkennen, dass der Kaiser verschwinde, um die Dynastie zu retten. Am besten wäre es aber, wenn man ihn an die Front hetze und ihm dort Gelegenheit gebe, den Soldatentod inmitten seiner Armee zu sterben. Eine Abdankung sei nicht ungefährlich, weil es so gehen könne wie in Russland, und mit der Person auch die Dynastie fallen könne. Schliesslich schlug mir Romberg vor, nach Berlin zu fahren, dort seine u. meine Ansichten zu vertreten, da er selbst hier jetzt nicht fort kann, und fragte, ob ich auch mit Pilsudski Verhandlungen übernehmen würde? Ich sagte, dieses nur, wenn ich die weitesten Voll-

[1] Völkerschlacht 1813

[2] Karl I.

machten bekäme; ein unverbindliches Gespräch mit P. hielte ich für ganz nutzlos, und eher schädlich. Auch wisse ich nicht, ob Pilsudski heute, nach drei Jahren, noch ähnlich denke, wie damals, als ich in Wolhynien mit ihm sprach. Romberg wünschte zum Schluss, dass ich möglichst morgen nach Berlin fahre, nachdem vorher hier noch eine Konferenz mit Berger stattgefunden hätte. Schwerins u. Renthe Finck frühstückten bei mir. Nach dem Frühstück bat mich die St auf ihr Zimmer, wo ich die Psycha fand. Beide Frauen, „plus Allemandes que les Allemands“ wollten getröstet sein. In Entente und neutralen Kreisen betrachte man uns als vollkommen erledigt; bereit zu jeder Kapitulation. Die St. kam wieder auf die Entfesselung der Revolution in Frankreich zurück. Romberg sagte mir heute Morgen, nach seinen Nachrichten seien die französischen Sozialisten vollkommen an die Wand gedrückt. Die St. meinte, wenn man ihr einige Bolschewiks gebe, könne sie die Bewegung in Gang bringen. Die Psycha kam auf Constantinopel zurück und fragte, ob wir, wenn die Türken jetzt Frieden schlössen, noch Verpflichtungen ihnen gegenüber anerkennen würden? Die Entente habe zweifellos Constantinopel den Griechen versprochen, die Saloniki Armee bereite sich vor, gegen Constantinopel zu marschieren. Aber sie glaube nicht, dass die Entente ihr Versprechen halten würde. Ob wir bereit sein würden, den Griechen in dieser Frage entgegenzukommen? Ich erwiderte, solange die Türken uns die Treue hielten, würden wir sie sicher nicht verraten. Die St. sagt, wir täuschten uns in Wilson vollkommen. Auf der amerikanischen Botschaft habe sie gehört, dass er vor Kurzem dem französischen Botschafter[1] seine „modération“ vorgeworfen und geäussert habe, die Franzosen seien „great fools“, dass sie nicht das linke Rheinufer verlangten. Ich frage mich immer wieder nach den Motiven der St. – Nachmittags besuchte mich Haguenin. Er bat um Schonung für seine Mutter bei unserem Rückzuge. An einen Waffenstillstand glaube er nicht; weil Wilson ihn nicht wolle. Er habe eine grosse Kriegsmaschine geschaffen und gönne ihr den Triumph. Ausserdem sei er nicht mehr Herr der Leidenschaften, die er selbst in Amerika entfesselt habe. Er wolle siegen und Deutschland den Frieden diktieren. Das Selbstbestimmungsrecht der Völker lege er im engsten ethnographischen Sinne aus, ohne Rücksicht auf historische, wirtschaftliche oder geographische Umstände. So habe er eine Kommission von amerikanischen Gelehrten eingesetzt, die untersuchen sollten, inwieweit die germanisierten Slawen östlich der Elbe wirklich Deutsche seien, und durch welche Mittel man sie germanisiert habe. Wir könnten da noch Überraschungen erleben. Eine andre Motivreihe entspringe aus seinem demokratischen Glauben, wonach die Republik die einzige menschenwürdige Staatsform sei. Deshalb werde er auf die Absetzung der Hohenzollern Dynastie bestehen. Auch sprächen bei ihm

[1] Jusserand

moralische Überzeugungen stark mit. Er betrachte sich als eine Art Jehovah, einen Vollstrecker der göttlichen Gerechtigkeit und werde die Bestrafung Deutschlands oder wenigstens der verantwortlichen Kreise in Deutschland betreiben, vielleicht hierzu wirtschaftliche Druckmittel anwenden. Andrerseits werde er Nichts dagegen einwenden, wenn die Deutschen Österreichs sich ans Deutsche Reich anschlössen. Allerdings würde er hierbei vielleicht einen Zusammenschluss Süddeutschlands und dessen Trennung von Norddeutschland versuchen. Das gestrige Manifest des Kaisers von Österreich sei ein ungeheurer Fehler. Denn dadurch habe der Kaiser selber anerkannt, dass Österreich aus getrennten Nationen bestehe. Von einem Sonderfrieden der Entente mit Österreich oder von einer Erhaltung oder gar Stärkung Österreichs durch die Entente könne seitdem keine Rede mehr sein. Die französischen Sozialisten könnten gegen Clemenceau Nichts. Ausser den Sozialisten stünde ganz Frankreich hinter Clemenceau. C'est une espèce de Jeanne d'Arc. Gegen diesen ungeheuren Bloc seien die Sozialisten machtlos. Auch könnten sie keinen Putsch machen; denn 2 Millionen Amerikaner stünden gegen sie zur Verfügung. Es sei sogar ein Fehler, dass sie jetzt nicht mitmachten und sich dadurch nutzlos verbrauchten; wertvoll würden sie nach dem Frieden werden, wenn es sich darum handle, die Beziehungen zu Deutschland wieder anzuknüpfen. Frankreich werde nach dem Kriege eine amerikanische Kolonie sein. Überhaupt scheine Wilson eine Art von Oberherrschaft über Europa anzustreben. „La stupidité américaine va s'étendre sur l'Europe". Hierzu müsse man eigentlich einen Geheimbund der freien Geister aller Länder bilden. Das gewöhnliche Volk in Frankreich komme aber besser mit den Amerikanern wie mit den Engländern aus. Diese seien dem gemeinen Mann in Frankreich zu reinlich und zu stolz. Der Amerikaner sei schmutziger und fraternisiere ohne Scheu selbst mit dem zerlumptesten Arbeiter oder Bauern. – Abends Fest von Montgelas für die Journalisten. Längere Gespräche mit Guttmann u. Kommer. Kommer, der bis 1917 in Amerika war u. Beziehungen zur Regierung hatte, überzeugt, dass wir keinen Waffenstillstand von Wilson bekommen werden. Die Amerikaner machten rein theoretische Experimente mit Europa. Der Oberst House u. seine Kommission studierten die europäische Ethnographie im Konversationslexikon und andren „standard works" und operierten nach diesen Quellwerken auf der Karte herum. Alle Imponderabilien, auch historische, wirtschaftliche, geographische Zusammenhänge blieben dabei ausserhalb ihres Gesichtswinkels. Also genau das, was Haguenin mir gesagt hat. Am späten Abend zu Otto Radowitz, wo Vietsch, Dr Beer u. Andre wegen des Unruhschen „Geschlechts" über mich herfielen; es barbarisch, pervers, widerlich u. s. w. nannten. – Ostende ist gefallen.

19 Oktober 1918. Sonnabend Bern. *19.10.1918 Samstag*

Zwei lange, mehrstündige Unterredungen Vormittags u. Nachmittags zwischen Romberg u. Berger, der deshalb aus Luzern herübergekommen war. Der zweiten wohnte Schubert bei. Alle inner- u. ausserpolitischen Fragen wurden erörtert, oder wenigstens berührt. Zuerst giengen Berger und Romberg, die sich noch nicht kannten, um einander und um die Gegenstände herum wie der Kater um den heissen Brei vorsichtig nur mit der Zungenspitze den äussersten Rand jeder Frage streifend. Da ich die Gedanken und Absichten Beider gut genug kannte, um die wahren Ziele der sich kreuzenden Tastversuche, halben Anläufe, Köder, des Vor- und Zurückweichens zu durchschauen, war es ein für mich bei der vollendeten Kunst beider Spieler recht unterhaltendes Schauspiel. Allmählich lockten sie sich aber gegenseitig doch in den Kern der Dinge; und es kam zu einer ziemlich offenen und entscheidenden Aussprache. Es handelte sich allerdings wirklich um gefährliche Dinge, deren Erörterung zwischen einem kaiserlichen Gesandten und einem königlich Preussischen Vortragenden Rat noch vor zwei Monaten kaum denkbar gewesen wäre. Aber heute muss gehandelt werden. Berger giebt sich als Vertrauensmann von Erzberger, der mit Scheidemann die neue „Volksregierung" leitet. Romberg will im Einvernehmen mit mir und dem, was ich ihm gestern vorgeschlagen habe, Richtlinien und Massnahmen bei der Regierung durchsetzen durch Berger; d. h. das, was zu geschehen hat, wenn der Volkskrieg proklamiert wird. Wir müssen dann nach meiner Ansicht mit der militärischen Defensive eine grosse moralische Offensive vereinigen: kein Theater, sondern Thatsachen, die den Feind im eigenen Volke treffen; sonst nützt auch das Militärische Nichts auf die Dauer. Meine Idee, die Romberg nicht ganz annimmt, ist, die Wilsonschen 14 Punkte, d. h. ihre ehrliche und allgemeine Durchführung, zum Panier zu nehmen, und diesen Zielen sofort die nötigen Opfer zu bringen, um so den feindlichen Bloc in sich zu spalten, die feindlichen Sozialisten und Pazifisten herüberzuziehen: im Mittelpunkte allgemeine Demokratisierung, sodann Abrüstung, Selbstbestimmung, Völkerbund, Abstimmung in Elsass-Lothringen und Polen. Bisher haben alle Regierungen schöne Grundsätze proklamiert, aber nie Tatsachen geschaffen. Wir müssen die Propaganda der Tat aufnehmen. Romberg liess Berger zunächst über die politische Lage im Innern plaudern, wobei Berger Vieles wiederholte, was er mir vorgestern gesagt hat. Nur über die Abdankungsfrage, in der Romberg einen Vorstoss versuchte, wurden weder er noch Berger so deutlich, wie sie sich Beide schon mir gegenüber ausgesprochen haben. Berger äusserte, wenn zur Abdankung eine Resolution im Reichstag eingebracht werde, was jeden Tag geschehen könne, so werde sie mit grosser Mehrheit abgelehnt. Darauf stellte Romberg seinen Anlauf ein. Der Kaiser soll nach Berger in ungeschickter Weise sich verärgert zeigen; z. B. die parlamentarischen Minister bis heute nicht empfangen haben. Seine Umgebung fasse Alles als eine Intrigue auf, die die Not des Vaterlandes zur Befriedigung des Ehrgeizes einiger Abgeordneter ausnütze. Sowohl der Kaiser wie seine Umgebung seien vollkommen blind und misvergnügt. In Wirklichkeit möchte Berger, dass der Kaiser freiwillig abdanke, Romberg, dass er sich an der Front opfere. Rückhalt irgendwo hat der Kaiser meines Erachtens nicht mehr. – Berger wiederholte, das Angebot eines Waffenstillstandes sei eine rein persönliche Eingebung von Ludendorff. Dieser habe gedacht: „die Kriegslage kann nicht mehr gebessert werden; also machen wir Frieden." Dass die Feinde uns den Frieden verweigern würden, habe Niemand im Hauptquartier gedacht. Auch der Bademax und Erzberger seien von einem wolkenlosen Optimismus gewesen. Erzberger habe zu ihm geäussert „Jetzt kriegen wir Frieden", und sich durch Nichts in dieser Erwartung irremachen lassen. Bedenken hätten die Sozialdemokraten wegen des Zeitpunktes des Angebots gehabt; David habe nicht mitmachen wollen und gesagt: Wenn es nötig sei, dann solle wenigstens die alte Regierung noch diesen Schritt auf sich nehmen. Dass eine so ausgefallene Idee widerstandslos verwirklicht wurde, habe am Interregnum zwischen Hertling und der Volksregierung gelegen: Ludendorffs Anregung stiess in ein Loch, wo Nichts ihr Widerstand leisten konnte. Ludendorff diktierte das Waffenstillstandsangebot, und als die Volksregierung kam, musste sie mitmachen. Der Akt, mit dem die Demokratie in Deutschland angefangen hat, ist paradoxer Weise der persönlichste Akt des Militarismus, den es gegeben hat: wie der erste parlamentarische Kanzler ausgerechnet ein Prinz sein musste. Romberg sagte Berger ausdrücklich, er sei vor dem Waffenstillstands Angebot nicht befragt worden. „Wir sind hier alle überrascht worden". Die einzige Vorbereitung war, was mir Stumm mitgab. Berger meint, der Bademax habe in seinem Idealismus auch innerlich so auf die Annahme unseres Angebots gebaut, dass er vielleicht zurücktreten werde, wenn es endgültig scheitere! Sein Nachfolger werde Solf werden; aber auch nur vorübergehend. Vorbereitet werde Bethmanns Rückkehr; Wahnschaffe in der Reichskanzlei, Riezler im Amt die rechte Hand von Solf, seien hierfür bezeichnend. Romberg sprach sich energisch gegen die Rückkehr von Bethmann aus. Er sei zu stark belastet, könne nicht den Frieden machen. Warum nicht Ebert? – Berger propagiert zwar Ebert, weist aber gleichzeitig immer nach, dass er nicht Kanzler werden kann oder will, weil er die Partei in der Hand behalten muss; in Wirklichkeit will Berger so den Platz für Bülow freihalten. Etwas brutal gab ich dem Gespräch die Wendung auf das, was praktisch zu geschehen habe, wenn der Volkskrieg proklamiert werde. Romberg schränkte seine gestrige Zustimmung zu meinen Vorschlägen stark ein. Die Annahme des Selbstbestimmungsrechts hielt er heute für zu gefährlich wegen Polen und Schleswig. Wenn wir Gebiete verlieren müssten, sei es besser, der Feind nehme sie gewaltsam, denn dann behielten wir wenigstens unseren Anspruch. Dagegen giebt er zu, dass wir das Recht Elsass-Lothringens über sein Schicksal zu bestimmen, jetzt gleich irgendwie zugestehen müssen. Etwa so, dass wir sagten, die Autonomie solle nach dem Kriege dem neuen Elsass-Lothringischen Staat (nicht dem Volke als solchem) ermöglichen, frei zu wählen, ob er zu Frankreich oder zu Deutschland gehören oder ein selbständiger und neutraler Staat werden wolle. Berger machte zum Mindesten keinen Einwand. Romberg fügte dann wie gestern hinzu, die französischen Sozialisten seien machtlos, weil 2 Millionen Amerikaner in Frankreich stehen; deshalb müssten wir auch die englischen Sozialisten und Pazifisten befriedigen, indem wir auf unsere Flottenpolitik ausdrücklich verzichteten. Romberg und Berger stimmten überein, dass selbst die Auslieferung der Flotte nicht unmöglich sei. „Weg mit den alten Kähnen." Das Beste wäre, wenn sie ausliefen und in Ehren untergiengen. (wie der Kaiser! Ich wundere mich, wie gleichgültig gegen Blutopfer ein so höflicher und gewissenhafter Mann wie Romberg sein kann. Ich denke auch an Coronel[1], Skagerrak[2], Falklandsinseln[3], an Mütter von der „Emden"[4], so viele tapfere und grosse Herzen! Soll das Alles mit zusammengeschossen oder verhökert werden? Bei Romberg war eine tiefe Erbitterung gegen die Marine fühlbar. Ich glaube er und der grösste Teil des Amtes würden sich fast freuen, wenn sie zugrundegienge.) – In Deutsch-Polen meinte Berger werde kein einziger Pole für Deutschland stimmen, wenn abgestimmt werde; so seien dort die Polen verärgert und verhetzt. Abstimmung sei deshalb unmöglich. Da aber Berger sowohl wie Romberg und ich einen Aufstand in Polen aus politischen Gründen, ganz abgesehen von militärischen, für katastrophal halten würden, so bleibt Nichts übrig als der Versuch, sich zu verständigen. Aber nicht wieder mit Outsidern wie Ronikier u. Janusz Radziwill, sondern mit dem wirklichen Machthaber, d. h. Pilsudski. Romberg sagte deshalb Berger, er befürworte meine Entsendung zu Pilsudski. Es wurde verabredet, dass Berger, der Mittwoch in Berlin ist, noch am selben Tage Erzberger sprechen soll, ich dann mit Berger am Donnerstag. – Zwischen den beiden Unterredungen mit Romberg war ich bei der Styzynska, die ich gebeten hatte, mir Nachrichten über die wirkliche Lage in Polen zu verschaffen. Sie sagt, unsere Sache stehe dort nicht verzweifelt, weil die politische Verwirrung bei den Polen selber hoffnungslos und der Bolschewismus drohend sei. Drei verschiedene Regierungen, alle drei ententistisch, seien in Vorbereitung;

---

[1] Am 1. Nov. 1914 versenkte ein dt. Kreuzergeschwader vor der chilen. Küste bei Coronel zwei brit. Kriegsschiffe.

[2] Schauplatz einer berühmten Seeschlacht zwischen der dt. u. brit. Flotte Ende Mai 1916

[3] Am 8. Dez. 1914 kam es bei den Falkland-Inseln zu einem Gefecht zwischen dem dt. Ostasiengeschwader u. brit. Streitkräften.

[4] Kleiner Kreuzer SMS Emden, am 9. Nov. 1914 von einem austral. Kreuzer zerstört

keine von den dreien habe Aussicht, sich durchzusetzen. Während dieses Parteikampfes wachse der Bolschewismus; die Juden (der „Bund") und die P.P.S. (Polnische Sozialdemokratische Partei) hätten sich ihm angeschlossen. Wenn das Regierungs Chaos noch 14 Tage dauere, so käme die bolschewistische Revolution. Pilsudski sitze zwar in Warschau und arbeite an der Aufstellung der Armee. Er werde etwa eine Million Mann bekommen können; habe aber weder Equipierung noch Waffen, noch Munition. Geplant sei, dass er Kriegsminister und Oberbefehlshaber werde; unter ihm Musnicki[1] und Roswadowski als Armeeführer: Musnickis Truppen seien schon bolschewistisch angesteckt. Pilsudski, der drei Jahre von der Welt abgeschnitten war, suche sich politisch zu informieren und orientieren. Jetzt sei der Augenblick, wo man mit ihm verhandeln müsse; er sei von Haus aus weder ententistisch noch deutsch gesinnt, sondern rein polnisch und fanatisch, ausserdem Sozialist, aber antibolschewistisch. Allerdings schlügen sich die Polen immer auf die stärkere Seite. Trotzdem hält sie Verhandlungen mit Pilsudski nicht für aussichtslos; besonders wegen der bolschewistischen Gefahr. Am besten sei es, wenn wir unsere Truppen zurückzögen, die Polen ihrer Auseinandersetzung mit den Bolschewiks überliessen. Dann würden sie uns bald nötig haben (wobei wir aber, was für unsere russische Politik verhängnisvoll werden könnte, gegen die Bolschewiks kämpfen müssten). Die Psycha, die zugegen war, sprach wieder von Constantinopel. Wir sollten mehr griechische Propaganda machen. Ich sagte ihr, dass wir im Augenblick leider andre Sorgen hätten. – Schubert gab ein Abschiedsessen für Ebo Schwerin. Nachher empfing ich bei mir Stransky, der aus Genf hier ist. Die Wirkung unserer Niederlagen ist dort ungeheuer, weil Niemand sie erwartet hat.

20 Oktober 1918. Sonntag. Vevey. *20.10.1918 Sonntag*

Nachmittags Schickele in Vevey besucht. Er lag mit Bronchitis auf dem Sofa. Er billigte, wie mir schien schmerzlich widerstrebend, das sofortige Versprechen eines Plebiszits in Elsass Lothringen. Er hoffe noch immer, dass wir es trotzdem behalten würden. Die Machtlosigkeit der französischen Sozialisten will er nicht zugeben; sie hätten die Munitionsarbeiter in der Hand; ausserdem sei jedes Ministerium, das sie ernsthaft bekämpften, bisher gestürzt. (Leider ist aber Clemenceau die Ausnahme.) Ich fragte, wie sich Schickele die Wirkung unserer Zusage des Plebiszits für E. L. in Frankreich denke? Er meinte, man werde dort daraufhin sofort in die Liquidation des Krieges eintreten, ein Liquidations Ministerium, vielleicht mit Briand, bilden. Auch die Soldaten an der Front würden nicht mehr wissen, wofür sie kämpften. Schickele wies auf die Stelle in Clemenceaus Rede hin, wo er die Revanche ablehnt; sie sei sehr bedeutsam. Grumbach

---

[1] Dowbor-Musnicki

soll ganz verwandelt aus Genf zurückgekommen sein, wo er französische Sozialisten gesehen hat. – Schickele erwog, ob er nicht in der nächsten Zeit nach Berlin fahren und dort Abmachungen zwischen Haase und den französischen Sozialisten für den Fall des Volkskrieges vorbereiten solle. Ich bat ihn um Einzelheiten über Korfanty, den ich vielleicht sehen will. Schickele ist mit ihm eng befreundet. Schickeles Steckbrief lautet: Korfanty, katholischer Demokrat, ursprünglich Bergarbeiter, sehr katholisch, viele Falten in seinem Charakter; fanatisch antibolschewistisch. Bildete vor dem Kriege mit Schickele und Georges Weill eine Kameradschaft. Schickele will mir einen Brief für ihn mitgeben. Rät, ich solle ihm sagen, das neue Polen brauche einen starken bürgerlich-demokratischen Rückhalt, den ihm das neue demokratische Deutschland bieten könne (gegen den Bolschewismus). Ausserdem sei es gut, wenn ich ihm sage, dass ich mit der Propaganda zu tun hätte, aber vom ersten Augenblick an versucht habe, meine persönliche Politik zu machen. Jetzt glaubte ich den Augenblick gekommen, wo wirklich Etwas zu machen sei. Korfanty könne täuschen, weil er sehr entgegenkommend sei, dabei aber seine eigenen Ansichten starr bewahre. – Über Bechers Stück[1] urteilte Schickele, es habe ihn enttäuscht, trotz sehr schöner Stellen. Man verstehe nicht, warum der Held Revolution mache. Nichts Innerliches motiviere es. Frau Hadwiger habe einmal mit Recht gesagt, wenn Becher Revolution mache, werde er wie ein Schullehrer im Klassenzimmer den Befehl erteilen: „Jetzt steht Ihr alle auf und macht Revolution.“ Seine schreckliche Eitelkeit komme in der Szene zum Durchbruch, wo die Gestalten seines Vaters, seiner Mutter u. s. w. um ihn erscheinen und er kein Herzenswort finde, das der Held ihnen sagen könne, als „Der liebe Gott wird Euch verzeihen.“ Teile seien auch der reine Schiller, natürlich schlechter Schiller. Der grosse Wurf, die wenn auch egoistische Leidenschaft der Gestaltung werden durch Schickeles Einwände, wie mir scheint, nicht berührt.

21 Oktober 1918. Montag. Bern. *21.10.1918 Montag*

Wilsons Antwort an Österreich und unsere Antwort an Wilson heute herausgekommen. Wilson verweist darin Österreich auf direkte Verhandlungen mit den Tschecho Slowaken u. Südslawen. „Dem Präsidenten stünde es nicht mehr frei eine einfache „Autonomie“ dieser Völkerschaften als Friedensgrundlage anzunehmen, sondern er müsse darauf bestehen, dass diese Völkerschaften, und nicht er, über diejenige Richtlinie der österr-ungarischen Regierung zu entscheiden haben, die geeignet sein wird, ihren Aspirationen und ihrer Auffassung von ihren Rechten und ihrer Bestimmung als Mitglieder der Völkerfamilie zu entsprechen.“ Damit zerschlägt Wilson das alte Österreich und spricht ihm de facto die Existenz ab. An unserem österreichisch-ungarisch-deutschen

[1] Auftrieb

Tisch, wo wir noch immer zusammensitzen, waren Österreicher und Ungarn beim Frühstück von einer an Verzweiflung grenzenden Niedergeschlagenheit. Szemsey[1] rechnete mir vor, dass Ungarn, wenn die Kroaten, Rumänen und Slowaken abfielen, ein kleiner Binnenstaat von 12 Millionen Einwohnern würde, nicht viel grösser als Serbien vor dem Kriege. Janotta (Österreicher) schien ganz zusammengebrochen; hält jeden weiteren Widerstand für nutzlos und schädlich. Er sagte mir, aus bester Quelle habe er, dass Wilson uns keinen Waffenstillstand gewähren werde, ehe nicht der Kaiser abgedankt habe. Er stelle diese Forderung mit Absicht nicht ausdrücklich; sei aber entschlossen, Nichts vor der Abdankung zu gewähren. Ausserdem sagt Janotta, die Franzosen wollten unter „Wiedergutmachung des Unrechts von 1871" auch die 5 Milliarden Kriegsentschädigung nebst Zinsen zurückfordern. – Siedentopf, der heute aus Berlin zurückkam, sagt, dort sei die Stimmung in den besseren Kreisen sehr schlecht, die Enttäuschung ungeheuer; in den Arbeiterkreisen dagegen wolle man sich nicht demütigen oder niedertreten lassen. Von der Abdankung werde überall gesprochen ohne Scheu und wie von Etwas ganz Natürlichem. – Simson, der ebenfalls heute aus Berlin gekommen ist, ass Abends bei mir mit Schoeler. Er erzählte, er habe gestern der Königin von Griechenland[2] ganz reinen Wein eingeschenkt über die Stellung ihres Bruders, die Notwendigkeit, dass er abdankt (Marquis Posa Rolle). Sie habe seine fast brutalen Eröffnungen mit grösser Würde und sogar mit dem Ausdruck der Dankbarkeit entgegengenommen; ihn gebeten, sie schriftlich ihr zu geben, und als er dieses ablehnte, angedeutet, sie werde dann selber schreiben. Schoeler leidet, obwohl er wenig sagt, als königstreuer preussischer Offizier unter diesen Erörterungen wie unter Peitschenhieben. – Simson ist mit dem Eindruck aus Berlin zurückgekommen, dass unsere einzige Aufgabe jetzt sein müsse, die Revolution in Deutschland, die bolschewistische Revolution, zu verhindern, „wenn es noch Zeit sei." Deshalb ist er für den Frieden sogar unter sehr ungünstigen Bedingungen, lieber als für den Volkskrieg, der doch schliesslich nur zu Niederlage und Verwüstung der Heimat führen werde. – Nach Tisch bei Romberg, um mir Weisungen für meine Reise zu holen. Ich soll den Vorwand einer Dienstreise nach Berlin benutzen, um mich Solf für den Versuch einer Anknüpfung mit Pilsudski und für die Vorbereitung von Schickeles Verhandlungen mit Haase zur Verfügung zu stellen. Ausserdem bat er mich zu berichten, wie die Sache mit dem Kaiser stehe, damit er da eventuell über höfische Beziehungen eingreifen könne. Der Kaiser gehöre an die Front unter seine Soldaten. Unerträglich sei die Idee, dass er, ein Hohenzoller, das Idol, dem Millionen zugejauchzt hätten, im Sumpfe untergehe; als Jammerlappen sich

---

[1] Semsey

[2] Sophie

in irgendein Schloss zurückziehe. Vorläufig habe man den Eindruck, dass er in Berlin sitzend schlottere. Rombergs Gesicht und Gemütsbewegung waren tragisch, als er Dieses sagte. In der einfachen Abdankung sieht er neben der Schande die Gefahr, dass Etwas ins Rollen komme, was nicht mehr aufzuhalten wäre; wie in Russland. Ich sagte, im Völkerbund, wenn er ehrlich durchgeführt werde, öffne sich für das Deutsche Volk eine grosse und schöne Zukunft. Romberg meinte, im Völkerbund werde das unglückliche Deutsche Volk mit seinem Mangel an politischem Sinn, seinem Fleiss und seiner Disziplin wieder den Diener aller andren geschickteren und beweglicheren Völker abgeben. Seine Eigenschaften, auch die guten, würden ihm, wenn der Rückhalt der Macht fehle, entgegenstehen. Ich sagte, das sei Sache der Erziehung. Romberg: Welche Erziehung solle man einem Volke geben, das zwischen lauter starken Völkern eingekeilt sitze? Doch nur wieder die, die das kleine Preussen gross gemacht habe: Disziplin. Was solle dabei aber für den einzelnen Menschen herauskommen, um ihn zu befähigen, unter den andren freien Menschen in der Welt eine Rolle zu spielen?

22 Oktober. 1918. Dienstag. Bern – Basel. *22.10.1918 Dienstag*

Unterredung mit Schubert u Renthe-Finck, die diese herbeiführten, offenbar um Zusagen, die ihnen zu weit giengen, in der elsässischen Frage zu verhindern. Schubert bat mich, in Berlin die Formulierung des Selbstbestimmungsrechts für Elsass-Lothringen nicht zu präzis zu fassen, keine Einzelheiten auszusprechen, wie Recht, zwischen Frankreich u Deutschland zu wählen, Plebiszit u. s. w., sondern nur ganz allgemein sagen zu lassen, dass der autonome Staat E. L. später von uns nicht gehindert werden werde, über seine Zukunft selber zu entscheiden. Besser noch, wenn nicht die Regierung, sondern blos der Reichstag in einer Resolution Dieses ausspräche. Ich fürchte, dass wieder lauter Kleinlichkeiten die grosse Wirkung verhindern. Ich fragte Schubert nach den Motiven der St.[1] Er sagte, teils Geld, teils Sport. Hält sie persönlich für zuverlässig. Ich war nachher bei ihr. Sie will am 10ten November nach Paris, ist mit Georges Clemenceau befreundet, möchte aber an der französischen Front die Soldaten in die Mache nehmen lassen, deren Heimaterde durch unseren Rückzug befreit ist. Diese hätten nur den Wunsch, diese befreite Erde wiederzusehen und dort zu bleiben. Clemenceau frage sie nur nach ihrer Gesundheit, ihren Reiseerlebnissen, spreche nie mit ihr über Politik. Mit ihren ungeheuer grossen Kinderaugen und dem undurchsichtigen Gewissen eine der merkwürdigsten Erscheinungen unter den Vielen, die hier auftauchen. – Abends nach Basel. Nasse dort getroffen, der eben aus Berlin ankam. Er machte einen niedergebrochenen Eindruck. Seine Hauptfurcht ist die vor dem deutschen Bolschewismus. An der Front, in

[1] Styzinska

der Etappe, in der Heimat, überall rege er sich. Der linke Flügel der Unabhängigen (Mehring, Kautsky u s. w) stünde zu ihm; auch Haase u. Ledebour liebäugelten. Seine wirklichen Führer kenne man nicht; sie würden im entscheidenden Augenblick hervortreten. Sein Mittelpunkt sei die russische Botschaft in Berlin. Alle Fäden führten immer wieder dorthin, Joffe spiele den Biedermann, der von Nichts wisse. Aber bei dem Umzug vor einigen Tagen sei aus den Fenstern der russischen Botschaft mit roten Tüchern gewinkt worden, die Leute der russischen Gefangenen Fürsorge spielten die Hauptrolle, eine Sekretärin der russischen Botschaft, Fräulein Rauch, habe den Umzug organisiert. Bisher habe man keine positiven Beweise, aber Nasse behauptet, er hoffe sie in wenigen Tagen beschaffen zu können. Er scheint deshalb in Berlin gewesen zu sein. Dann werde man die Exterritorialität der Botschaft aufheben u. nur noch einen russischen Generalkonsul in Berlin dulden. Solange die russische Botschaft exterritorial sei, könnten die deutschen Bolschewisten dort ihre Papiere in Sicherheit bringen, vielleicht Flugblätter drucken lassen u. s. w. Unsere Front hält Nasse nicht mehr für fest, wegen des Bolschewismus. Sie werde nur noch kurze Zeit halten. Dann würden grosse Teile einfach fortgehen; wenn sie mit ihren Waffen die Heimat überfluteten, dann werde es gehen wie in Russland. An die Volkserhebung glaubt Nasse nicht. Er sei in den Fabriken gewesen, habe Versammlungen mitgemacht. Die Arbeiter giengen einfach nicht mehr an die Front. In Berlin seien schon 20 000 Deserteure. Unsere Rückschläge seien hauptsächlich auf den veränderten Geist der Truppe zurückzuführen. Nasse hält nicht blos den Kaiser sondern die Dynastie selbst für schwer gefährdet. Auch Haase u Ledebour arbeiteten für eine deutsche Republik. Auch mir scheint, wir werden in nicht allzuferner Zeit entweder mit der Entente gegen den Bolschewismus, oder mit dem Bolschewismus gegen die Entente gehen müssen. Die alten Waschweiber wie Simson und Nasse wird man, wenn es so oder so ernst wird, knebeln müssen.

23 Oktober 1918. Mittwoch Basel. *23.10.1918 Mittwoch*

In den Morgenzeitungen Depesche[1] aus Paris, dass die sozialistischen Blätter sich „seit 12 Stunden sehr stark darauf berufen, die gesamte öffentliche Meinung teile ihre Auffassung, dass man zum Waffenstillstand kommen müsse, da Deutschland die Bedingungen Wilsons angenommen hat und man es nach den Umwälzungen im Inneren Deutschlands überhaupt nicht mehr mit einem eigentlichen Feinde, d. h. nicht mehr mit der Militärpartei und der früheren Regierung zu tun habe ... Die öffentliche Meinung in Frankreich lehne weitere Blutopfer für einen nicht mehr nötigen Demonstrationssieg ab. Fast alle Blätter der entschiedenen Linken schreiben in diesem Sinne." So die Depesche. Man

[1] Um den Frieden. Französische Stimmen zur deutschen Antwort

muss sehen, ob sie die Stimmung richtig wiedergiebt. Wenn dieses der Fall ist, wäre die Signatur der Lage in Frankreich eine Spaltung der öffentlichen Meinung, bei wachsender Friedensströmung. Dieses im Gegensatz auch zur öffentlichen Meinung in den Vereinigten Staaten, die die Cowboys beherrschen. Die Nationalisten in Frankreich schreien noch, aber unsicherer, und scheinen an Rückhalt zu verlieren. Clemenceau trägt dem Umschwung Rechnung, indem er offiziell Revanche Politik ablehnt. Das Ganze überblickend also: Gegendruck eines wachsenden Teils der öffentlichen Meinung in Frankreich gegen die französischen Chauvinisten und gegen Amerika, wobei Clemenceau anscheinend eine Schwenkung vorbereitet, um diesem Gegendruck sich anzuschliessen. Schwacher Hoffnungsschimmer, wenn diese Tendenzen andauern und sich auswachsen: d. h. Opposition öffentlicher Meinung Frankreichs gegen Chauvinisten und Cowboys. Faktoren dieser Opposition: wachsender Friedenswille, Angst vor Amerika, der Bourgeois und der alte Idealist in Clemenceau, die innerhalb seines verwickelten Seelenmechanismus wieder auftauchen nach dem Rausch des Sieges. Wilson tritt hinter diesen Wirklichkeitskräften mit seiner Professoren Weisheit zurück. Bei Clemenceau mag noch mitsprechen, dass Frankreich jetzt auf dem Höhepunkt seiner Macht ist, eine noch ungeteilte öffentliche Meinung hinter der Regierung steht und sie in Krieg und Frieden stützt; während die gerade in diesem Augenblick sich ankündigende Spaltung und die bei Fortsetzung des Krieges eintretende Zermürbung Frankreich sowohl Deutschland wie Amerika gegenüber in eine schwächere Lage bringen würde. – Auf Grund dieser Erwägungen mich entschlossen, nach Bern zurückzufahren, um Haguenin zu sprechen. – Milchig weisser Herbsttag; die Gärten am Rhein, rostrot und grün um die alten Häuser und den roten Dom wuchernd waren im opalenen lichten Nebel, der langsam in der Sonne zergieng, von erschütternder Pracht. – In Bern zunächst die Styzynska gesehen. Sie erzählte, sie habe heute eine lange Unterredung mit dem amerikanischen Militär Attaché Godson gehabt. Dieser habe ihr Folgendes gesagt: Amerika und England wollten weder Waffenstillstand noch Frieden, sondern zuerst die Niederwerfung Deutschlands. Dagegen Frankreich wolle Schluss machen. Die Styzynska fügte hinzu: Man solle nur nicht glauben, was die französischen Zeitungen schreiben. Die öffentliche Meinung in Frankreich wolle möglichst bald den Frieden. Man fürchte sich vor einem fünften Kriegswinter. Sie habe Briefe von ihrer Mutter aus Frankreich erhalten, die Dieses bestätigten. Als Motiv für die Ablehnung des Friedens durch Amerika und England hat Godson ihr angegeben, dass Deutschland ihnen noch zu stark sei; es müsse erst noch mehr geschwächt werden. (Ähnlich sagte mir Haguenin, die Amerikaner wollten weiterkämpfen „parce qu'ils ont reçu quelques tapes", ihrer Überlegenheit noch nicht sicher genug seien.) Godson hat der Styzynska Berichte über Deutschland gezeigt, die angeblich von österreichischen Diplomaten stammen; in diesen Berichten ist ausgeführt, dass Deutschland noch sehr stark, keineswegs zerschmettert oder ausgehungert sei. Dadurch würden die Amerikaner in ihrem Kriegswillen bestärkt. – Romberg, bei dem ich Abends war, hatte Zweifel, ob das Einlenken der französischen öffentlichen Meinung nicht von der französischen Regierung uns absichtlich vorgetäuscht werde, um uns mit Wilson zu entzweien. Er betonte wieder, dass eine Verständigung ihm noch am ersten mit England möglich scheine, wenn wir ausdrücklich anerkennten, dass unsere Flottenpolitik ein Irrtum gewesen sei, und wir fortan darauf verzichteten. Nachher zeigte er Nervosität, weil ich meine Reise verschoben habe, da er Wert darauf legt, dass beide Erklärungen, die über Elsass Lothringen und die über die Flottenpolitik, im Reichstag, noch während seiner jetzigen Session abgegeben werden. Andrerseits legt auch er Wert darauf, dass ich Haguenin spreche. Erschwerend wirkt die Unsicherheit, ob unsere Front noch acht oder vierzehn Tage halten kann. Romberg sagte, nach diesen heutigen Nachrichten sei Ludendorff wieder zuversichtlicher; er glaube jetzt, auf einer Linie Antwerpen-Metz halten zu können. Andre Leute bezweifelten Dieses und sagten, Ludendorff kenne die Stimmung an der Front zu wenig. Nasse war bei der Unterredung zugegen und winkte mit dem Bolschewismus, dem er auch Haase und Kautsky verfallen sieht, falls es wirklich zur Revolution kommt. – Das Spiel der Französischen Regierung kann auch sehr wohl sein, dass sie einmal Wilson bearbeitet, nicht nachzugeben, und andrerseits bei uns den Eindruck erweckt, Wilson sei der Unnachgiebige, sie selbst (und hierzu kämen ihr ihre Sozialisten sehr gelegen) möchte jetzt am liebsten Frieden.

24. Oktober 1918. Donnerstag. Bern – Vevey. *24.10.1918 Donnerstag*

Nachmittags um 4 Sitzung bei Romberg, vielleicht die folgenschwerste, an der ich im Kriege teilgenommen habe. Anwesend, ausser dem Gesandten, Schubert, Montgelas, Vietsch, Renthe Finck, Franz Tattenbach und der Professor Kapp aus Strassburg als Abgesandter der Heeresgruppe Albrecht. Kapp, ein kleiner, alter, schiefer Jude, der eine Broschüre[1] gegen die Autonomie des Elsass geschrieben hat, kam mit dem Auftrag, Romberg darzulegen, dass Elsass-Lothringen heute nicht mehr für Deutschland zu retten sei; erwünscht sei daher dort eine Revolution für eine elsässisch-lothringische Neutralität nach Art Luxemburgs; sonst werde das Land französisch. In seiner widerlich grinsenden, jesuitischen Manier, halb brutal, halb blos insinuierend, setzte er unserer Corona auseinander: Schwander und Hauss hätten die Regierung übernommen mit dem in Berlin stillschweigend gebilligten Ziel, aus Elsass-Lothringen einen neutralen, nicht mehr innerhalb des Deutschen Reiches stehenden Staat zu

[1] Ist Elsaß-Lothringen als autonomer Bundesstaat denkbar?

machen. Hierfür massgebend sei Folgendes: Bei einem Plebiszit werde die grosse Majorität gegen Deutschland sein. Dieses sei nicht mehr zu ändern. Andrerseits wüssten die Elsässer und Lothringer, dass sie wirtschaftlich und kulturell durch eine Angliederung an Frankreich verlieren würden. Die Grundstimmung im Lande sei daher für Neutralität. Nur käme dieser Wunsch öffentlich nicht zum Ausdruck, weil immer mehr Leute bei den fortgesetzten Miserfolgen unserer Waffen zur Überzeugung kämen, dass eine Wiederannexion durch Frankreich nicht mehr zu vermeiden sei. Die Anhänger der Neutralität nähmen daher auch täglich an Zahl ab. Auch die Geistlichkeit verhalte sich aus Furcht vor der vielleicht unvermeidlichen Annexion durch Frankreich ganz still. Der Bauer sehe nach dem Pfarrhaus, und da Dieses schweige, sage auch er Nichts. Dieses Schweigen des ganzen Landes müsse gebrochen werden, indem der Kampf um die Neutralität entfacht werde. Von Berlin könne das nicht geschehen, weil Berlin verhasst sei. Die Neutralität müsse, um die Bevölkerung mitzureissen, gegen Berlin gemacht werden. Sie müsse als die Frucht einer Revolution erscheinen. Und diese Revolution müsse von aussen, d. h. wohl von der Schweiz, ins Land getragen werden. Das sei der Vorschlag der Heeresgruppe Albrecht. Ich warf ein, dass ich mir eine Revolution in einem militärisch von einer ganzen Heeresgruppe besetzten kleinen Lande schwer vorstellen könne. Solle die Heeresgruppe Gewehr bei Fuss stehen, während die Bauern gegen Strassburg zögen und die Strassburger selbst auf den Gassen gegen Deutschland demonstrierten? Das werde doch in der ganzen Welt einen recht merkwürdigen Eindruck machen. Diese vom Oberbefehlshaber[1] befohlene Revolution werde nicht leicht durchsetzen, dass man sie jenseits der deutschen Grenzen, z. B. in Washington, ernst nehme. Dagegen könne sie in Berlin, Westphalen, Sachsen als beherzigenswertes und ermutigendes Beispiel für gewisse Schichten der Arbeiter dienen. Romberg trat meinen Ausführungen bei. Dagegen meinte er, es sei durchaus erwägenswert, ob man nicht von der Schweiz aus eine in gesetzlichen Bahnen laufende Bewegung für die Neutralität Elsass Lothringens einleiten und durch diese dann in Berlin die Entlassung des Landes aus dem Reichsverbande und seine Neutralisierung fordern lassen könne. Wenn die Grundstimmung des Landes hierauf gerichtet sei, werde eine solche Bewegung vielleicht noch heute Erfolg haben. Was ich dazu meine? Ich sagte, so ungeheuer schmerzlich es mir sein würde, zur Losreissung Elsass Lothringens beizutragen, so glaubte ich, wenn Annexion durch Frankreich die einzige andre Wahl sei, die Sache machen zu können. Romberg und ich giengen dann zur Beratung hinaus. Ich hätte in diesem Augenblick Hertling, Bauer, den Professor Bernhard, Kühlmann, Alle, die an dieser Katastrophe schuld sind, erdrosseln können. Romberg versuchte seine Fassung zu bewah-

[1] Albrecht, Herzog von Württemberg

ren, bekam aber einen durch seine Plötzlichkeit und elementare Gewalt mich tief erschütternden Weinkrampf. Noch in grosser Erregung kamen wir auf Folgendes überein: die Zeit drängt, teils weil täglich mehr Elsass Lothringer zu Frankreich übergehen, teils weil Wilson in seinen jetzt bevorstehenden Waffenstillstandsbedingungen die Räumung Elsass Lothringens fordern, dann die Entfachung einer Neutralitätsbewegung im Lande unmöglich wird. Andrerseits wissen wir nicht, ob wirklich die Stimmung im Lande so ist, wie die Heeresgruppe Albrecht sie auffasst; und Weisungen aus Berlin, dass in diesem Sinne gehandelt werden solle, fehlen noch. Juristisch begehen Romberg und ich daher Hochverrat, wenn wir die Losreissung betreiben. Ich schlug daher vor, Romberg solle sofort ausführlich nach Berlin telegraphieren, die Ansichten und Wünsche der Heeresgruppe mitteilen und sofortige Weisungen verlangen. Währenddessen werde ich nach Vevey fahren, Schickele privatim sondieren, ob er bereit sein würde, die Brandfackel gegen Deutschland, aber auch gegen Frankreich, ins Land zu schleudern, um es wenigstens kulturell für uns zu retten. Romberg billigte diesen Plan. Um 7 fuhr ich, weissgott in welcher Stimmung, nach Vevey. Dass gerade wir zur Abtrennung Elsass Lothringens beitragen, ja gewissermassen sie in die Wege leiten sollen! Wir, die wir in Bern immer mit äusserstem Nachdruck die Massregeln gefordert haben, die diese Katastrophe verhindert hätten! Die Wut schüttelt Einen, wenn man daran denkt. Um halb Zehn in Vevey. Zu Schickele ins „Lac". Auch er war sehr erschüttert. Er hat einen Bronchialkatarrh; wir einigten uns aber, dass er baldmöglichst, d. h. in den nächsten Tagen, nach Strassburg fahren und dort erforschen solle, ob die Stimmung wirklich so schlimm ist, und was zu machen sei. Früher solle er keinen Entschluss fassen, Nichts thun. Schickele sieht schon die Rebe aus dem Elsass verschwinden, weil der Wein in Frankreich Nichts bringt, den Bauern in die Fabrik abwandern, das alte Elsass endgültig vernichtet; er sagte das und war wie zerschmettert. Sich selbst rechnet er nach wie vor zu Deutschland, will am neuen Deutschland, das von Grund auf, vor Allem geistig und ethisch, neugebaut werden muss, mitarbeiten. Dass Menschen losgerissen werden durch politische Verbrechen wie die von Hertling, Ludwig von Baiern, Professor Bernhard u. s. w.! Nachher sassen wir mit Annette Kolb, Vandevelde und Frau Schickele. Gespräch von der Enttronung des Kaisers und der fast unvermeidlichen deutschen Revolution. Dass der Kaiser fort muss, wird jetzt so gut wie allgemein anerkannt; nur er selber tut noch immer so, als ob er Nichts merkte; vielleicht merkt er in der Tat Nichts von der Wut und Verachtung, die gegen ihn emporsteigen. Alle künstlerischen und menschlichen Geschmacklosigkeiten, die ihn zu einer Art von Monstrum gemacht haben, haben sich politisch ausgewirkt und schliesslich diese beispiellose Katastrophe herbeigeführt. Und jetzt versteht er nicht einmal zu sterben! Mit ebenso beispielloser

Geschmacklosigkeit klebt er an seinem Purpur, bis er vielleicht wie Nikolaus auf dem Sandhaufen endet. Ein politisches Ungeheuer. – Und doch ist er fast Nebensache jetzt in der revolutionären Lage, die sich vorbereitet. In dieser kommt Alles darauf an, ob Haase und der rechte Flügel der Unabhängigen zu den Bolschewiks übergehen oder nicht. Hierum dreht sich unsere ganze Zukunft und die Zukunft Europas. Wenn bei uns die Bolschewiks triumphieren, dann geht die Zivilisation der Welt unter. Vielleicht zu Deutschlands Heil, wenn es dann als erster Staat neu aus den Wässern der Sündflut emporsteigt!

25 Oktober 1918. Freitag. Vevey – Bern. *25.10.1918 Freitag*

Mit Schickele, der noch sehr schwach und krank aussieht, mich Vormittags in die Sonne gesetzt und nochmals in Ruhe die elsässische Sache besprochen. Er will sich in Bern untersuchen lassen, und wenn er reisen kann, am Montag oder Dienstag nach Strassburg fahren, um Schwander zu sprechen und die Lage zu untersuchen. Wenn irgendwelche Hoffnung noch besteht, dass Elsass-Lothringen für Deutschland zu retten ist, d. h. dass eine Majorität für uns stimmt, macht er Nichts. Ist die Stimmung schon überwiegend für Frankreich ebenfalls Nichts. Besteht aber Aussicht, wenigstens die Neutralität durchzusetzen, dann nimmt er sofort die Organisation im Einvernehmen mit Schwander in die Hand, bringt sich fünf, sechs Leute nach der Schweiz mit zurück, versucht, Grumbach für die Neutralitäts Idee zu gewinnen; nach dem Frieden dann das Elsass im grössten Masstabe zu einem Mittelpunkt deutscher Kultur zu machen; gleichzeitig zur Brücke nach dem Romanischen. Schickele meint, dass er durch seine Verbindungen namentlich mit der Geistlichkeit sehr schnell in Strassburg die wahre Stimmung erfahren kann. Er will dann auch nach Metz, wo er den Polizeipräsidenten Stadler, den Bruder des Dichters, besuchen und sich durch diesen über Lothringen unterrichten will. – Abends in Bern bei Romberg mit Renthe Finck. Ihm Schickeles Dispositionen u. Vorschläge gesagt. Romberg einverstanden, aber ohne Nachrichten von Berlin. Daher drängt er, dass ich sofort nach Berlin fahre, um dort mit dem Reichskanzler u Solf Klarheit zu schaffen. Über Allem schwebt noch die Unsicherheit, ob und wie lange noch die Front hält. Auch legt Rosenberg grosses Gewicht auf die Anknüpfung zwischen Haase und den französischen Sozialisten, die Schickele in Aussicht stellt.

26 Oktober 1918. Sonnabend. Frankfurt a/M. *26.10.1918 Samstag*

Um 7 früh aus Bern nach Berlin fort. Von Bern bis Olten stieg Nasse in mein Koupé und bearbeitete mich im selben Sinne wie neulich in Basel. Er tritt ein für Waffenstillstand um jeden Preis aus Furcht vor dem Bolschewismus. Jetzt könnten wir unsere Truppen noch geordnet zurücknehmen, die zuverlässigen zur

Sicherung in die grossen Städte und Industrie Mittelpunkte legen, die unzuverlässigen entwaffnen. Wenn wir warteten, bis das Heer bolschewisiert und in Unordnung zurückflute, sei die bolschewistische Revolution nicht mehr einzudämmen. Dann gehe Alles unter. Eine nationale Ehre im Sinne der Privatehre gebe es nicht. Wir müssten das Volk retten; die Ehre der alten Regierung könnten wir preisgeben. Vor Allem müsse verhindert werden, dass der Organismus der Sozialdemokratie durch bolschewistische Bewegungen zerstört werde; diese Organisation sei das Einzige, was das Volk noch zusammenhalte. Sei sie vernichtet, gebe es das Chaos. – Folgendes steht einander also gegenüber: Annahme Nasses: 1) die militärische Lage kann nicht besser, sie muss in den nächsten Monaten schlechter werden; und zwar: a) weil Ausrüstung und Mannschaften der Alliierten unerschöpflich und uns bereits überlegen, ihre moralische Kraft und Einigkeit nicht zu erschüttern sind; b) unsere materiellen Mittel (Ersatz, Ausrüstung, Munition, Autos, Tanks u. s. w) unterlegen und der Geist unserer Truppen durch Unterernährung und Bolschewismus angefressen ist; dieses auch immer mehr wird. Wenn heute die Bedingungen hart sind, werden sie in einigen Monaten härter sein. 2) Die Lage im Inneren muss ebenfalls schlechter werden. Heute lässt sich eine bolschewistische Revolution noch vermeiden, weil die zurückkehrenden Truppen noch geordnet sind, die Waffen ihnen beim Eintritt in die Heimat abgenommen, zuverlässige Truppen ausgesondert, die grossen Städte und Industriezentren gesichert werden können. Ausserdem besteht noch die sozialdemokratische und gewerkschaftliche Organisation. In einigen Wochen oder Monaten wird das Heer bolschewisiert, die gewerkschaftliche Organisation zerstört oder machtlos sein; Nichts wird sich dem in Unordnung und bewaffnet zurückflutenden Heer entgegenstemmen. Deutschlands Kultur und Produktionsmittel werden untergehen. 3) Das Argument der nationalen Ehre wird abgelehnt, weil nicht die Ehre des Volkes, sondern nur die der bisher regierenden Kaste auf dem Spiele stehe; diese müsse dem Wohle des Volkes geopfert werden, das dadurch keinen Schaden erleide. 4) Eine wirtschaftliche Vernichtung sei nicht zu fürchten, weil die Entente kein Interesse daran habe und weil ein geknechtetes deutsches Volk eine stete Gefahr für die Welt sein würde. Schlussfolgerung: wir sollen alle Bedingungen, auch entehrende oder endgültig unsere militärische Kraft lähmende, annehmen, um möglichst bald die einzige Rettung vor dem Bolschewismus, Waffenstillstand und Frieden zu bekommen. So die Begründung der bedingungslosen Kapitulation. Hiergegen nun die Antithese; Tatfragen: 1) ob die militärische Lage nicht zu bessern, Erfolge oder das Halten einer bestimmten Linie unwahrscheinlich oder ausgeschlossen (Haeften fragen)? 2) Ob die Fronttruppen oder die Etappe stark bolschewisiert sind und in gefährlichem Maasse steigend werden? (Alle Unteroffiziere und niedere Offizierschargen hören)? 3) Ob unsere Feinde nicht durch gewisse politische Massnahmen und Opfer sich spalten lassen? Und ob diese Gegenbewegung gegen die Fortsetzung des Krieges beim Feinde so stark werden kann, dass sie die jetzigen Entente Regierungen zur Vernunft bringt oder stürzt? 4) Ob die nationale Ehre, d. h. der moralische Faktor, der eine Nation zusammenhält und antreibt durch rein mechanische Organisation ersetzt werden kann? Und wie die Preisgabe der Ehre des bisherigen Staates und seiner regierenden Klassen auf die Volksmassen wirken wird? (Revolution, Depression, Gleichgültigkeit, Materialisierung, Entnationalisierung?) 5) Ob in der Tat die Entente unsere Verarmung und Knechtung nicht will? 6) Ob unter Umständen der Bolschewismus, wenn wir ihn auf die andren Staaten übertragen könnten, nicht das geringere Übel für das deutsche Volk wäre? – So stehen These und Antithese zur Erwägung. Die Hauptsache: nur keine Phrasen in diesem Augenblick (wenigstens unter uns), sondern weiseste Erwägung der billigsten und nützlichsten Opfer. Weinkrämpfe meinetwegen, wenn die Nerven zu Ende sind, aber keine von Weinkrämpfen nach links oder rechts abgebogenen Entschlüsse. In unseren Händen liegt das Erbe von Jahrtausenden deutscher Toter und die Zukunft einer der fruchtbarsten Gestaltungen menschlicher Gesittung. Hart und kalt, aber nicht blos mechanisch rechnend muss der Kopf sein. Besonders abstossend in den letzten Tagen die Frivolität von Franz T.[1], der nach der Besprechung mit Kapp bei Romberg auf der Heimfahrt mit mir über die Haferration seiner Pferde sprach. Ihm ist seine Grafenkrone, um nicht zu sagen sein Stall, doch noch wertvoller als das deutsche Volk. Und doch würde er bei einem Sturm Angriff sicher tapfer fallen. – Abends in Frankfurt im Hessischen Hof. Der Tagesbericht meldet „gewaltiges, dank der glänzenden Tapferkeit unserer Truppen erfolgreiches Ringen an vielen Teilen der Front". Gleichzeitig ist er zum ersten Male nicht von Ludendorff unterschrieben, sondern vom „Chef des Generalstabes des Feldheeres."[2] – Im Hessischen Hof Frau v Unruh mit drei Töchtern getroffen. Sie war unterwegs zu Heinz Simon, Nachrichten sammeln, u. will nach der Schweiz, um Curts Frau zu pflegen, die an der Grippe krank in Spiez liegt. Aktivität ist merkwürdig hervorstechend das Wesen dieser Frau; dazu Heiterkeit, Etwas Sonniges.

27 Oktober 1918. Sonntag. Berlin. *27.10.1918 Sonntag*

Früh um halb Zehn auf dem Anhalter Bahnhof an. Ludendorff ist zur Disposition gestellt; ein Sturz aus ungeheurer Höhe, wie Bismarcks, der einschneiden wird in alle künftige deutsche Geschichte. „Dies ater", Ludendorff als tragische Figur, und dazu jung. Die Reaktion hat ein Haupt, und welches Haupt, von welch' unverdunkelbarem Glanz umstrahlt. Klüger, blos seine Umgebung, die

[1] Tattenbach

[2] Hindenburg

üblen Bartenwerfer, Nicolaï, Bauer, davonzujagen! Die militärischen Folgen weniger klar zu überblicken. In der Armee, namentlich beim gemeinen Mann, soll er in der letzten Zeit verhasst gewesen sein. – Ins Amt zu Solf, den ich aber nicht traf, weil er in einer Sitzung des Kriegskabinetts war. Riezler sagte mir, Österreich sei abgefallen, habe uns seine Absicht mitgeteilt, einen Sonderfrieden zu schliessen. Ich besprach mit ihm die Elsass Lothringische Sache. Er ist im Prinzip für die von uns vorgeschlagene Lösung (Neutralität auf Grund einer Forderung des Landtags.) Nachher in derselben Sache bei Langwerth und bei Lewald vom Reichsamt des Inneren. Langwerths Hauptsorge, dass nur um Gotteswillen nicht zu merken sei, dass wir die Neutralitäts Bewegung angestiftet hätten. Denn diese Lösung sei nicht in Wilsons Bedingungen erwähnt, den Franzosen unbequem, überhaupt neu; da würde man uns wieder der Doppelzüngigkeit beschuldigen. Das könnte unsere Waffenstillstands u Friedensverhandlungen auf das Schwerste stören. So viel er wisse, sei Schwander auch noch nicht ganz überzeugt von der Notwendigkeit der Neutralisierung. Er riet mir, mit Lewald zu sprechen. Lewald sagte Folgendes: Hauss u Schwander seien noch vor wenigen Tagen der Ansicht gewesen, dass eine Abstimmung zu einem ruhigeren Zeitpunkt und wenn man für ihre Vorbereitung Zeit gehabt habe, eine Majorität für Deutschland geben könne. Wenn aber einmal die Reichslande durch französische Truppen besetzt seien, sei die Sache aussichtslos. Da der Waffenstillstand fast sicher die Räumung zur Folge haben wird, müssen wir mit dieser Besetzung durch Frankreich rechnen. Schwander arbeite an einem Entwurf einer neuen autonomen Verfassung, den er für morgen Lewald versprochen habe. Dieser solle sofort dem Bundesrat vorgelegt u. zur Verabschiedung gebracht werden. Ich sagte, das daure ja aber Alles viel zu lange. Jeder Tag sei kostbar. Nach meiner Ansicht müsste der Landtag in Strassburg sofort zusammentreten, am besten auf Verlangen der Abgeordneten selber. Diese könnten ja an Schwander schreiben, Jeder für sich, oder eine gemeinsame Erklärung an ihn erlassen. Den Verfassungsentwurf könne man dazu benutzen, dass der Landtag ihn ablehne u. hierbei erkläre, er wolle nicht mehr im Deutschen Reiche bleiben, sondern einen neutralen Staat, eine Art von Luxemburg, gründen. Dadurch käme der antideutsche, revolutionäre Charakter heraus. Lewald sagte, jedenfalls müsse er erst Schwander sprechen. Ich verabredete mit ihm, dass wir zusammen Schwander heute Nachmittag telephonisch sprechen wollten. – Gefrühstückt im Grossen Kasino; nachher mit Guidotto Henckel, dem Argentinischen Luxburg u Heckscher zusammen. Luxburg hatte ich zum letzten Mal beim alten Fürsten Bismarck in Kissingen gesehen. Sie fragten mich, wie die Schweizer über die Abdankung dächten? Ich sagte, alle Schweizer, die uns wohlgesinnt seien, hielten sie für notwendig. – Beim Fortgehen sah ich Unter den Linden eine Demonstration vor der russischen Botschaft. Einige Tausend Frauen und junge Burschen johlten und wollten Joffe sehen. Polizei trieb sie von Zeit zu Zeit auseinander. Am Tage wo Ludendorff gestürzt und Österreich abgefallen ist, ist Joffe (vielleicht neben Liebknecht) der populärste Mann in Berlin. – Nachmittags bei Lewald. Telephon Gespräch mit Schwander in Strassburg. Schwander sagt: auch er glaube, dass wahrscheinlich nur noch die Neutralität durchzusetzen sein werde. Dienstag Nachmittag träten die Fraktionen des Landtags zusammen; erst dann werde er sich eine endgültige Ansicht bilden können. Mit dem nächsten Zuge nach der Sitzung der Fraktionen werde er herkommen, um zu berichten. Etwa am Donnerstag werden also hier entscheidende Entschlüsse gefasst werden können. Anschliessend an dieses Ferngespräch Besprechung bei Lewald mit Langwerth, zu der auch Trimborn, der neue parlamentarische Staatssekretär des Inneren hinzukam. Er trägt einen altmodischen Gehrock, spricht rheinisch und wird von Lewald wie ein grosses Kind behandelt. Dabei ist Trimborn Lewald offenbar geistig überlegen; aber Lewald beherrscht die Formen und die Traditionen der Bureaukratie. Lewald möchte die Partie für Deutschland noch nicht ganz verloren geben. Vielleicht könnten, wenn nach Kreisen abgestimmt werde, doch noch einzelne Teile, z. B. Strassburg, bei Deutschland bleiben. Trimborn anerkannte das Verführerische des neutralen Pufferstaates, der Frankreich u. Deutschland trennen u versöhnen könne; schloss sich aber doch dem Wunsche Lewalds an, lieber einzelne Teile ganz für uns zu retten. Langwerth warnte eindringlich davor, auch nur den Schatten eines Anscheins entstehen zu lassen, als ob die Neutralitäts Idee von uns ausgienge. Dadurch werde unsere Politik wieder als zweideutig erscheinen und unsere ganze Friedensaktion schwer kompromittiert werden. Schliesslich wurden alle Entschlüsse bis nach Schwanders Herkunft verschoben. Mit Lewald dann allein Andres besprochen: Anknüpfung zwischen unseren Unabhängigen u. den französ. Sozialisten, sobald wir Elsass Lothringen das Selbstbestimmungsrecht gegeben haben. Lewald lehnte nicht ab; hält Haase unter den Unabhängigen für den zuverlässigsten, weil er eine gewisse Bodenständigkeit (Ostpreussen) habe. Vogtherr sei ein Verbrecher, Cohn ganz Internationalist, Ledebour ebenso wie Bernstein ein ganz unklarer Kopf; die übrigen unbedeutende Lokalgrössen. Die Bolschewistische Gefahr hält Lewald bei uns vorläufig nicht für sehr gross. Den grössten Einfluss auf die Arbeiter hätten noch immer die Gewerkschaften. Diese mit ihren grossen Vermögen würden nicht dem Bolschewismus verfallen. In der Marine gebe es eine ganze Anzahl von sehr üblen Bolschewisten, im Heere viele Deserteure; an der Front kämpften die Leute aber gut (so sagt auch Schoeler). Lewald hob aber den umstürzenden Charakter der gestrigen Verfassungs-Änderungen hervor. Wir hätten dadurch die demokratischeste Verfassung der Welt bekommen. Infolgedessen rechne er auf 180 Sozialdemokraten im nächsten Reichstag. Im Preussischen Landtag werde das Verhältnis für die Sozialisten noch günstiger sein. Die Preussische Verwaltung werde ohne Zweifel sozialistisch durchsetzt werden; wir würden sozialdemokratische Regierungspräsidenten und Landräte bekommen. – Zum Waffenstillstandsangebot erzählte Lewald, Ludendorff habe nicht gezweifelt, dass die Feinde daraufhin eine Waffenruhe gewähren würden. Er habe immer wieder betont, seine Truppen brauchten nur acht Tage Ruhe, dann könnten sie wieder weiterkämpfen. Er wollte sie im Schutz der Waffenruhe an die Grenze zurückführen und dann wieder anfangen. Ein solcher Grad von Kindlichkeit bei einem so grossen Manne verblüfft! – Mit Langwerth später Pilsudski besprochen. Ich erfuhr erst hier, dass Pilsudski noch in Magdeburg sitzt. Langwerth meinte, wenn Pilsudski befreit werde, sollte ich als alter Waffenkamerad hingeschickt werden, um ihm seine Befreiung anzuzeigen u. seinen Degen zu überreichen. Ich könnte ihm dann sagen, dass ich mich ihm zur Fortsetzung unserer 1915 unterbrochenen politischen Gespräche zur Verfügung stelle, sobald er frei auf eigenem Boden sei. Mit Hatzfeldt diese Sache weiter besprochen. Hatzfeld meint, Pilsudski werde allmählich in Magdeburg eine grössere Gefahr für uns, als er in Warschau sein würde; er neige daher dazu, ihn zu befreien. Ich müsse aber die Ansicht von Lewald einholen. – Später mit Nadolny. Er belegt Ludendorffs plötzliches Waffenstillstands Verlangen mit den härtesten Worten. Spricht von einer Gesellschaft von Bankrotteuren; er wünsche sich einen Dutzend Sandhaufen. – Abends ass Berger (der Bülow Berger) bei mir. Die Abdankung des Kaisers hält auch er für wünschenswert; aber Niemand getraue sich, diese Notwendigkeit ihm zu sagen, und der Kaiser selbst glaube, durch Opferung von Ludendorff sich gerettet zu haben: Die Gefahr liegt nah, dass das erbitterte Volk ihn bei irgendeiner Gelegenheit totschlägt.

28 Oktober 1918. Montag. Berlin. *28.10.1918 Montag*

Früh um 10 bei Solf kurze Besprechung; um 11 musste er zu einer Sitzung mit Armeeführern. Er ist mager und grau geworden. Sieht aus wie ein geschlagener Proconsul. Ich trug ihm die elsässische Sache vor. Er ist mit der Neutralisierung einverstanden, bemerkte aber, dass bisher Langwerth Bedenken gehabt habe. Wir verschoben die Entschlüsse bis Donnerstag nach Berichterstattung Schwanders. – Wilhelm Stumm, den ich ebenfalls darüber sprach, war zuerst ablehnend (er sagt immer zu Allem zuerst Nein) überlegte sich dann aber auf meine Vorhaltungen die Sache u. stimmte schliesslich halb zu. Die militärische Lage sieht er ganz schwarz. Es könne jeden Tag eine Katastrophe eintreten. Dieselben Truppen kämpften schon seit Wochen ohne Ablösung oder Reserven. Wenn wir noch warteten, bis die Front zusammenbräche, würden aufgelöste Bolschewiki Trupps in die Heimat zurückfluten. Deshalb müssten wir unter allen Bedingungen jetzt zu Waffenstillstand u Frieden kommen. Widerstand sei unmöglich. Ludendorff habe erst im allerletzten Augenblick die wahre Lage enthüllt; dann aber sofort, innerhalb von 48 Stunden, Waffenruhe verlangt, sonst könne er für Nichts mehr verantwortlich sein. Es käme auf Tage, auf Stunden an; in solcher Stimmung sei er ans Amt herangetreten, habe immer wieder telephoniert, ob der Waffenstillstand denn noch nicht abgeschlossen sei? Die Kommission habe schon im Hauptquartier gewartet, die die Waffenstillstandsverhandlungen in Fochs Hauptquartier führen sollte. Nach einigen Tagen habe Ludendorff die Lage wieder anders gesehen. Er sei eben ein Stimmungsmensch! Riezler sagt mir, dass Österreich heute endgültig abgesprungen sei, nachdem gestern die Sache noch einmal geleimt worden sei. Nachmittags steht das von Andrassy unterzeichnete Angebot, mit der Entente einen Sonderfrieden abzuschliessen, in den Zeitungen. – Kestenberg, der intime Beziehungen zu den Unabhängigen hat, sagt, dass die Gefahr des Bolschewismus in der Tat gross sei. Haase schwanke. Liebknecht habe Alles für sich; sei umgeben von Bolschewiks. Eisner in München sei auch Bolschewik. Es seien Versuche im Gange, die entscheidenden Leute gegen den Bolschewismus fest zu machen. Kestenberg erzählt in Heer u. Flotte seien Meutereien gewesen. Das Linienschiff „Baden" habe vor einigen Tagen mit der ganzen Besatzung, 2000 Mann, gemeutert.

29 Oktober 1918. Dienstag. Berlin. *29.10.1918 Dienstag*

Willy Radowitz Vormittags bei mir auf meinem Büro. Ich erbat seine Ansicht in den elsässischen und polnischen Sachen. Er gestand, (was leider richtig ist), dass er der elsässischen Autonomie opponiert habe; gab aber jetzt seine Zustimmung zur Neutralisierung. Ebenso verhielt er sich zustimmend zur Befreiung Pilsudskis. An die bolschewistische Gefahr will er nicht recht glauben. Unsere Truppen an der Front kämpften noch glänzend. Die Abdankung des Kaisers mit ihm besprochen. Er ist aus technischen Gründen dagegen, weil Niemand zur Regentschaft qualifiziert sei. Alle Söhne[1] fielen aus; es sei nicht zu sehen, wie man die Sache machen solle. – Gefrühstückt bei Hiller mit Erzberger und Berger. Erzberger fragte mich direkt, wie ich zur Abdankung stünde. Ich sagte, ich hielte sie für nötig, und zwar noch vor dem Waffenstillstand, möglichst sofort, innerhalb von 48 Stunden. Solange der Kaiser bleibe, könne kein Gefühl der Beruhigung in der Welt aufkommen; denn er sei es, der seit 30 Jahren die Welt in Atem halte: leider ohne dass Etwas dahinterstecke, nur Theater. Aber das ändere Nichts an der schliesslich erzeugten Stimmung. Auch bestehe die Gefahr, wenn er nicht abdanke, und wir deshalb schlechte Bedingungen oder überhaupt keinen Waffenstillstand bekämen, dass ein Attentat verübt werde, oder

[1] Wilhelm, Eitel-Friedrich, Adalbert, August Wilhelm, Oskar u. Joachim

das Volk das Schloss stürme. Dann falle auch die Dynastie; und das wäre ein nationales Unglück. Auch der Kronprinz sei nicht möglich. Der Thron müsse an den Enkel[1] übergehen. Erzberger sagte, dass heute Nachmittag in der Frage eine Sitzung des Kriegskabinetts stattfinde; man habe bei den Auswärtigen Vertretungen angefragt, und erwarte heute die Antworten. Die grosse Schwierigkeit sei die, wer Regent werden solle. Alle Kaisersöhne seien unmöglich. Der Prinz Heinrich versoffen, der Prinz Friedrich Wilhelm zu jung und unbekannt. Berger schlug den Herzog von Braunschweig[2], als Schwiegersohn, vor; auch habe er gute Verbindungen mit England. Zunächst müsse aber ein Präsident des Preussischen Staatsministeriums ernannt werden, und zwar ein konservativer, damit die Konservativen nicht rebellierten. Am besten Loebell. Dieser solle dann sofort, womöglich heute Nacht, zum Kaiser gehen und seine Abdankung verlangen. Erzberger fügte hinzu, in derselben Stunde müssten die Truppen an der Front und die Beamtenschaft vereidigt werden. Alles müsse auf die Minute klappen, damit keine Schwankung oder Uneinigkeit entstehe. Er wolle die Sache heute im Kriegskabinett vorbringen. Berger hat heute den Chef des Stellvertretenden Gen Kdos des VII Korps[3] gesprochen (Münster, Westphälisches Industriegebiet). Dieser sagt, er könne für seine Truppen nicht mehr stehen, wenn es Arbeiterunruhen gebe. Die Unabhängigen haben nach Berger über ganz Deutschland bereits eine Arbeiter- u Soldatenräte Organisation, die sofort in die Erscheinung treten würde, sobald irgendwo die Truppe versagte. – Erzberger sagt, das Schlimmste an unserer Lage sei, dass wir nur noch bis zum 1 April Rohstoffe hätten; dann sei Schluss. – In der Pilsudski Sache erklärte er mir formell sein Einverständnis mit der Freilassung. – Nachmittags Sitzung bei Lewald im Reichsamt des Inneren wegen Pilsudski. Hatzfeld wohnte dem Schluss der Besprechung bei. Ich trug die Sache vor. Lewald äusserte Bedenken wegen der Macht, die Pilsudski zweifellos bekommen würde; brachte dann aber selbst vor, dass die Entente in ihren Waffenstillstands Bedingungen die Freilassung Pilsudski fordern könne, und wir dann diesen Trumpf ungenutzt aus den Händen geben müssten. Dieser Gesichtspunkt schien für ihn entscheidend. Er sprach telephonisch mit Lerchenfeld in Warschau; Lerchenfeld äusserte sich auch für die Freilassung. Inzwischen ist ein Telegramm an den Regentschaftsrat[4] abgegangen, das die Freilassung zusagt, wenn der Reg. Rat Garantieen geben kann, dass Pilsudski seine Macht nicht gegen Deutschland braucht. Nach Beratung mit Langwerth wurde beschlossen, dass Lewald morgen früh im Kriegskabinett vorschlagen soll, dass ich zunächst übermorgen

---

[1] Wilhelm, Prinz v. Preußen

[2] Ernst August

[3] Gayl

[4] Kakowski, Ostrowski u. Lubomirski

Pilsudski in Magdeburg privatim besuchen und bei dieser Gelegenheit ihn sondieren und ihm sagen solle, die neue Volksregierung in Deutschland liesse sich vielleicht für sein Schicksal erwärmen; ob ich bei ihr Schritte unternehmen solle, indem ich ihr die Versicherung abgäbe, dass er nicht gegen Deutschland kämpfen werde? Damit wäre die Brücke hergestellt. – Max Goertz, der von der Front (Laon, Schwere Artillerie) auf Urlaub kommt, sagt, die Lage bei der Truppe sei „furchtbar". Beherrschend ist in seinen Schilderungen, was er vom Hass der Mannschaften gegen die Vorgesetzten sagt. Schuld: die starre, schroffe Disziplin, das Fehlen eines menschlichen Verhältnisses zwischen Offizieren und Mannschaften (die Scheidewand), abnehmendes Pflichtgefühl im Offizierkorps (das Offizierkorps ist „dreimal totgeschossen worden"): die Offiziere versteckten sich hinten, wenn geschossen werde, beim Plündern seien sie die ersten und nähmen den Leuten die besten Stücke fort. Die Mannschaft sei ganz undiszipliniert. Die Infanterie sei bei einem Angriff der Amerikaner fortgelaufen und habe die Batterie überrannt. Nirgends sei noch ein Halt. Die Leute seien mürbe. Alles wolle nur Frieden, nur Ruhe. G. war sehr aufgeregt über diese Zustände.

30 Oktober 1918. Mittwoch. Berlin. *30.10.1918 Mittwoch*

Morgens F. G. bei mir. Er meint, in zwei bis drei Tagen gehe es los. Bei Zwietusch (optische Fabrik, etwa 800 Arbeiter) gebe es fortlaufende bolschewistische Geheimversammlungen seit Wochen. Die Arbeiter von Zwietusch, Löwe, aller Fabriken am Wedding wollten auf die Strasse steigen, wenn der Kaiser nicht in den nächsten Tagen abdanke. Rote Gardisten stünden bereit zur Unterstützung jeden Aufruhrs. F. G. hält die Verschwörung bei Zwietusch, Löwe etc. für so ernst, dass er an mich nach Bern telegraphieren wollte. – Wolfgang Heine, den ich fragte, sieht die Lage weniger schwarz. Die Arbeiter verdienten durch den Krieg und würden nicht Revolution machen, um ihren Verdienst abzukürzen. Dagegen habe er beunruhigende Briefe aus der Front. Er las mir zwei vor. Klagen gegen die Offiziere, die veraltete Disziplin, die zu starr sei und in die Zeit nicht mehr passe, die Verlogenheit der offiziellen Nachrichten. Auch Heine meint, der Kaiser müsse fort, sonst falle die Dynastie. – Lothar Spitzemberg um eine Zusammenkunft gebeten. Wir trafen uns in der Deutschen Gesellschaft. Ich sprach zu ihm als Kabinettschef der Kaiserin[1] und setzte ihm die Notwendigkeit auseinander, dass der Kaiser möglichst bald abdanke. Es sei würdiger, wenn er freiwillig gehe, nicht von der Regierung oder dem Volke sich zwingen lasse. Lothar sagte, freiwillig werde er nie gehen, weil die Kaiserin dann widerstehen würde. Wenn aber der Reichskanzler zum Kaiser gehe und ihm sage, jetzt sei es Zeit, dann werde er in fünf Minuten einwilligen. Auch

[1] Auguste Viktoria

Lothar hält die Abdankung für notwendig, hat aber Bedenken gegen die Übergehung des Kronprinzen. Wie solle man den kleinen Kaiser erziehen im Hause des übergangenen und verbitterten Vaters? Oder solle man etwa das Kind den Eltern fortnehmen? Ich blieb dabei, dass auch der Kronprinz, der Mann des „Immer feste druff", gehen müsse. Nachher kam die Frl v Gersdorff, die mir ein Paket Familienschmuck für Frau v Romberg brachte. Sie war hülflos und geknickt. – Mit Nadolny gefrühstückt. Er befürchtet, dass die Entente durch die Ukraine nach Polen marschiert und Russland wiederherstellt. Ich möchte Joffe sprechen. Er selbst scheint ihn nicht zu sehen. – Um 4 bei Lewald. Er teilte mir mit, dass das Kriegskabinett heute beschlossen habe, mich morgen zu Pilsudski zu schicken. Ich solle Pilsudski sagen: ich käme als alter Kriegskamerad und nur als Privatmann, bedauerte seine traurige Lage und hoffte, die neue deutsche Volksregierung werde ihn befreien; allerdings müsse sie wohl als selbstverständlich voraussetzen, dass er seine Freiheit nicht gegen Deutschland gebrauchen werde. – Nachher bei Hatzfeld, erfuhr von diesem aber nicht viel namentlich über das, wovon ich gern mehr gewusst hätte, den Bolschewismus in Polen. Er sprach aber sehr bestimmt aus, dass wir durch die Annahme der Wilsonschen Punkte auf die rein polnischen Teile Posens bereits verzichtet hätten. Nicht auf Oberschlesien, weil dieses historisch nie zu Polen gehört habe. – Gegessen in der Mittwochs Gesellschaft, die Ludwig Stein trotz der bewegten Zeiten am Leben erhält. Ich sass bei Tisch neben dem alten Stumm, dem Botschafter. Er sagt, seine Familie werde durch die Abtretung Lothringens ruiniert, weil ihre Saarwerke dadurch wertlos würden; es sei denn, dass auch das Saargebiet an Frankreich käme. Dann würden sie Franzosen. Aufregung kam in die Gesellschaft nach Tisch durch die angebliche Publikation der Waffenstillstands Bedingungen, auf die alle Welt fiebernd wartet. Olberg dementierte sie. Trotzdem wollten einige alte pensionierte Herren Volksredner auf den Potsdamer Platz schicken, was zu erregten Protesten Anlass gab. Volksredner vor Wertheim in diesem Augenblick! Herausforderung an Liebknecht. Allerdings wollte keiner von den alten Leuten selber reden. Hauptsächlich zeigten sie ihre widerwärtige Impotenz.

31 Oktober 1918. Donnerstag. Magdeburg. *31.10.1918 Donnerstag*

Früh nach Magdeburg. Lokomotiven Defekt, Halt auf der freien Strecke; viel Verspätung. Erst Mittags an. Formalitäten auf Generalkommando und beim Platzmajor. Mein von Lewald unterzeichnetes Schreiben lautet: „Euer Hochgeboren benachrichtige ich ergebenst, dass der Herr Kriegsminister[1] den Kommandanten der Festung Magdeburg ersucht hat, Ihnen morgen, den 31 Oktober, ungehinderten Zutritt zu dem polnischen Legionär Pilsudski und eine freie

[1] Scheüch

Unterhaltung unter vier Augen zu gestatten." Da das Kriegsministerium diesen Wortlaut telegraphisch direkt nach Magdeburg weitergegeben hat und es keinen „Kommandanten der Festung Magdeburg" giebt, hielt, wie ich später erfuhr, der Platzmajor die Depesche für einen Schwindel und wollte mich verhaften, bis auf eine Rückfrage in Berlin geantwortet wurde, ich käme im direkten Auftrage des Reichskanzlers und des Kriegskabinetts. Der mit der Bewachung von Pilsudski betraute Hauptmann Schloessmann holte mich im Hotel ab und führte mich zur Festung, die mit roten, Rasengekrönten Wellen jenseits der Elbe liegt. Innerhalb der Umwallung sind Pilsudski und sein Stabschef Sosnkowski in einem alten schwarzen Häuschen hinter einem Bretterzaun interniert. Sie bewohnen im ersten Stock zwei Schlafzimmer und ein gemeinsames Wohnzimmer; kleinbürgerlich, wie die Wohnung eines armen Studenten, und trübe hinter vergitterten Fenstern, aber wie mir schien nicht ungesund. Jedenfalls weit entfernt vom dunklen Keller Fidelios, mit dessen Mission die meinige eine gewisse Ähnlichkeit hatte. Ich liess mich zu Pilsudski in sein Schlafzimmer führen und bat, mich mit ihm allein zu lassen. Er ist, seit ich ihn in seinem Unterstand am Kormin während der Kämpfe bei Czartorysk sah, gealtert und geschrumpft, Nietzsche aber noch ähnlicher, während der Dostojewski Blick des Mystikers mir heute weniger auffiel; das Auge ist härter und weltlicher als damals unter seinen Legionären. Vielleicht der böse Blick des Einsamen, nach der Einzelhaft. Er trägt auch keinen Sweater wie dort im Walde, sondern eine graue polnische Uniformjoppe, die zu der grauen kasernenmässigen Umgebung passt. Unser Gespräch wurde auf Deutsch geführt, das Pilsudski leicht und fliessend, aber fehlerhaft spricht. Ich begann, dass ich als alter Kriegskamerad Wert darauf gelegt hätte, ihn aufzusuchen. Die jetzige deutsche Regierung, die aus dem Volke emporgestiegen sei, habe gewiss Verständnis für einen Volkshelden. – Pilsudski: Von einer deutschen Volksregierung habe er in der Zeitung gelesen, aber Nichts bisher gemerkt, was seine Person betreffe. – Ich: Die neue Regierung sei erst drei Wochen am Ruder; und Viel sei auf sie eingestürmt. Aber abgesehen hiervon müsse, wie auch er begreifen werde, jeder verantwortliche Staatsmann, gerade wenn er vom Volke erwählt sei, gewissenhaft darauf achten, Nichts zu tun, was seinem Volke schaden könne. Ich nähme an, dass unsere Regierung deshalb, ehe sie den Entschluss fasse, ihn freizulassen, in Erwägung ziehe, welche Folgen für Deutschland sein Erscheinen und sein Einfluss in Polen haben könnten. Pilsudski: Gewiss, gewiss, das verstehe sich von selbst. Er sei aber Soldat; was er tun werde, würde von den Befehlen der polnischen Regierung abhängen, die er, solange er Soldat bleibe, unbedingt befolgen werde. – Ich: Als Soldat müsse ich seinen Standpunkt billigen. Das hindere aber weder ihn noch mich unsere Privatansichten auch in der Politik zu haben. Am Korminbach in seinem Unterstand, während wir bei Czartorysk kämpften, hätten wir uns auch über Politik unterhalten. Pilsudski: Was er mir damals gesagt habe, halte er noch heute aufrecht. Deutschland und Polen seien Nachbarn. Nachbarn vertrügen sich immer schlecht; trotzdem seien sie aufeinander angewiesen. Vielleicht wäre es besser für die Polen, wenn die Deutschen ganz vertilgt würden, oder für die Deutschen, wenn die Polen ganz verschwänden. Aber Millionenvölker vernichte man nicht. Und ebensowenig könnten sie auswandern. Deutsche und Polen seien und blieben Nachbarn. Beide brauchten nach dem Kriege eine lange Ruhe. Daher wiederhole er, was er mir vor drei Jahren gesagt habe (er erinnerte sich dessen ganz genau): nach seiner Ansicht werde die jetzige Generation der Polen einen Krieg um Posen oder Westpreussen nicht führen. Wenn die Entente ihnen diese beiden Provinzen schenke, würden sie nicht Nein sagen; aber einen Krieg darum würden sie in der jetzigen Generation nicht anfangen. Um Krieg zu führen, seien ein geordneter Staat, eine Beamtenschaft, ein Offizierkorps, eine ausgerüstete und ausgebildete Armee, eine eigene Industrie nötig; Alles das fehle in Polen, müsse erst in langer Arbeit geschaffen werden. Wie solle Polen da gegen Deutschland um Posen oder Westpreussen kämpfen? Allerdings sei die Stimmung gegen Deutschland im polnischen Volke infolge der Okkupation schlecht. Jede Okkupation mache Unzufriedenheit, das sei richtig; aber die deutsche rufe Unzufriedenheit mehr als nötig wäre, hervor. Das liege an unseren Methoden, aber ganz besonders auch, wenn er offen sprechen dürfe, an General v. Beseler. Dieser habe die Polen nie verstanden, und namentlich ihn selbst, Pilsudski, mit Mistrauen und Unverständnis verfolgt. Persönliche Animosität des Generals v. Beseler halte er für den letzten, wahren Grund seiner Verhaftung. Solange Beseler in Warschau bleibe, sei an eine Besserung des Verhältnisses zwischen Deutschen und Polen nicht zu denken. – Ich: Persönliche Fragen träten doch jetzt wieder wie am Anfang des Krieges hinter den Tatsachen zurück. Die Lage sei namentlich auch für Polen wieder ähnlich wie damals. Damals habe die russische Gefahr Polen mit den Zentralmächten zusammengeführt; heute rufe wieder eine russische Gefahr, die des Bolschewismus, das polnische und das deutsche Volk zu gemeinsamer Abwehr. Pilsudski: Das sei richtig. Er sei zwar kein Konservativer. Aber dem Bolschewismus stehe er fern. Doch sei er zu wenig über den Stand des Bolschewismus in Polen unterrichtet, um die Grösse der Gefahr zu ermessen. Eins sei aber sicher. Je länger unsere Okkupation mit ihren heutigen Methoden dauere, um so mehr werde der Bolschewismus wachsen; denn dieser entstehe, wo zur wirtschaftlichen Not politische Unzufriedenheit hinzutrete. Die politische Misstimmung werde aber durch unsere Okkupation fortdauernd vergrössert. Ich: Wenn wir unsere Truppen hinauszögen, müsse erst Ersatz da sein. Wie lange er brauchen würde, um eine Armee aufzustellen, die die innere Ordnung aufrechterhalten könnte? – Pilsudski: Einige Monate. Um dagegen eine Armee aufzustellen, die einen äusseren Krieg führen könnte, brauche er Jahre. Und wenn die Entente nach Polen einmarschiere, dann werde sie denselben Dank und dieselben Resultate ernten wie die Deutschen. Ich wandte ein: Auch wenn sie zur Eroberung von Posen und Danzig einrücken? Dieser Frage wich Pilsudski aus, schien aber eine solche Möglichkeit nicht für wahrscheinlich zu halten, weil der Krieg zu Ende geht. Ebensowenig gab er eine klare Antwort über seine Stellung zur jetzigen nationaldemokratischen Regierung, ausser der allgemeinen, dass er als Soldat den Befehlen der polnischen Regierung unbedingt gehorchen werde. – Nachdem wir die politischen Gesprächsstoffe erschöpft hatten, bat ich Pilsudski, mich mit seinem Stabschef dem Obersten Sosnkowski bekannt zu machen. Er führte mich zu ihm in das Wohnzimmer, wo auch Schloessmann wartete. Mit Sosnkowski, der in unserem Armeegruppen Abschnitt am Styr eine polnische Brigade bei Koschiuwnonka geführt hat, frischte ich alte Feldzugserinnerungen auf. Pilsudski beteiligte sich lebhaft am Gespräch und wurde bei den Bildern, die von seinen fröhlichen, jungen Legionären aufstiegen, lustig wie ein Kind; fühlte sich wieder als Verbündeter, schimpfte wie anno '15 auf die Schlampigkeit der Österreicher, auf die tschechischen und ruthenischen Überläufer, die schwere Nachbarschaft mit den unzuverlässigen Bundesgenossen. Auch hatte er warme Worte der Verehrung für unseren alten gemeinsamen Kommandierenden Gerok. Es war, als ob die Legionen und unsere gemeinsamen Erlebnisse alte, halbvergessene Familienerinnerungen wären. Ich sah den Augenblick, wo Pilsudski vor Fröhlichkeit tanzen würde. Er hat bei aller Strenge und grüblerischen Energie einen Untergrund von knabenhafter Lustigkeit und Naïvität, die mit seiner mystischen Glaubensstärke wohl das Faszinierende an seiner Person sind. Sein Stabschef Sosnkowski ist kälter und zurückhaltender; in einem schwarzen Cutaway mit Kneifer sah dieser aus wie ein gutgezogener preussischer Regierungsbeamter. Den Höhepunkt der Freude erreichte Pilsudski als ich ihm Tee versprach; er hätte mich fast umarmt, löste sich ganz auf in Fröhlichkeit. – Im Magdeburger Hof Wolfgang Heine getroffen, der in Magdeburg einen Vortrag hält. Er bemerkte mit einer gewissen Beunruhigung, dass der Kaiser ins Hauptquartier gefahren ist. – Spät nach Berlin zurück. Im 8 Uhr Blatt[1] heute Abend wird ganz offen gesagt, das Kriegskabinett habe sich mit der Abdankung des Kaisers befasst. – Ende dieses katastrophalen Monats Oktober, des schwärzesten der deutschen Geschichte.

---

[1] Die Beratungen des Kriegskabinetts

1 November 1918. Freitag. Berlin. *1.11.1918 Freitag*

Tisza ist in Budapest ermordet worden. In Wien und Deutsch-Österreich herrscht seit einigen Tagen die Revolution; ebenso in Prag und Budapest. Überall auf österreichisch-ungarischem Boden bilden sich neue Staaten. Der Revolutionswind, der aus Wien weht wird, weil aus einem deutschen Lande kommend, hier mehr wirken als der russische. Alle Zeitungen besprechen heute früh die Kaiserfrage. Das Herrenhaus hat gestern eine Ergebenheits Resolution an die Dynastie einstimmig angenommen; die Reden aber waren eisig. Die Waffenstillstands Bedingungen stehen noch immer aus. Unsere Front in Frankreich hält seit einigen Tagen stand. Alles spitzt sich auch bei uns zu einer grossen inneren Krisis zu. – Vormittags meinen Bericht über die Unterredung mit Pilsudski für den Reichskanzler abgefasst. Schlussfolgerung des Berichtes: „Im Ganzen ergab die Unterhaltung den Eindruck, dass Pilsudski, wenn er an die Spitze eines von ihm zu schaffenden polnischen Heeres tritt, zwar unbedingt den Befehlen jeder polnischen Regierung gehorchen wird, auch dann, wenn diese gegen Deutschland den Krieg erklärt; dass er aber diesen Krieg nicht wünscht, auch nicht um Posen und Westpreussen zu nehmen; und daher wahrscheinlich ein mässigendes und verhältnismässig besonnenes Element in Warschau sein würde, weil er den Ernst des Krieges kennt, die Gefahr des Bolschewismus bei fortgesetzter Unordnung sieht und mit ganzer Seele Frieden und Ruhe zum Aufbau Polens als Staat und Wirtschaftsorganismus will. Allerdings erscheint ein erspriessliches Zusammenwirken oder auch nur Zusammensein in Warschau von Pilsudski mit dem General von Beseler nicht denkbar; der Gegensatz zwischen dem General von Beseler und Pilsudski, dem als Armeechef und durch seine Popularität mächtigsten Mann in Polen, wäre für die polnisch-deutschen Beziehungen verhängnisvoll. Die Freilassung Pilsudskis würde daher meines Erachtens die Abberufung des Generals von Beseler nach sich ziehen." – Mittags bei Lewald, wo auch Hatzfeld, über meine Unterredung mit Pilsudski berichtet. Lewald sah ein, dass Beseler nicht bleiben kann, wenn Pilsudski freikommt. Auch betonte er wieder, dass wir jeden Augenblick durch Wilson gezwungen werden könnten, Pilsudski freizulassen. Er schien daher für die Freilassung stimmen zu wollen. – Nachher bei Schwander, der heute früh aus Strassburg angekommen ist, im Hotel Continental. Schwander sagt, die Landtagsabgeordneten seien nicht einmal für eine Neutralitäts Erklärung zu haben gewesen. Sie wagten sich nicht vor, weil sie glaubten, dass das Land doch an Frankreich komme; und nicht auf die Proscriptionsliste wollten. Dass Wilson für das Land das Selbstbestimmungsrecht gegen Frankreich durchsetzen könnte, trotz seiner Grundsätze, glaubten sie nicht. Das einzige Mittel, den Landtag zu einer Erklärung im Sinne der Neutralität zu bringen sei, wenn eine Bewegung von unten aus dem Volke komme und die Abgeordneten zwinge, Mut zu zeigen. Eine solche Bewegung sei vielleicht zu entfachen, wenn wir Zeit gewönnen, drei Monate. Dann liesse sich durch geschickte Agitation vielleicht Etwas machen. Werde das Land aber beim Waffenstillstand von Entente Truppen okkupiert, auch wenn diese Amerikaner oder Engländer seien, dann sei Alles aus. Anders wenn es von Neutralen, Schweizern oder Holländern okkupiert werde; Schweizer wären sogar ganz gut, weil sie ein Beispiel dafür seien, dass man auch als Neutraler ganz gut leben könne. Eine sehr geschickte französische Propaganda, die dem Lande Autonomie in Frankreich, Zollerleichterungen gegen Deutschland u. s. w. verspreche, sei bereits im Gange. Die älteren Geistlichen seien infolge der ungeschickten Behandlung und Mishandlung zu Anfang des Krieges alle ganz für Frankreich; unter den jüngeren gebe es noch einige gute Deutsche. – Goertz gab mir eine Darstellung der zweiten Schlacht an der Marne, die er bei Château Thierry bei der Artillerie mitgemacht hat. Das Entscheidende sei die dichte Schar der feindlichen Flieger gewesen, der wir Nichts entgegensetzten und die jeden Brückensteg sofort zerstört hätten. Unser Alpenkorps, das nur drei Stunden eingesetzt werden sollte, sei infolgedessen mehr als vierundzwanzig Stunden jenseits der Marne ohne Ablösung geblieben und in Fetzen zurückgekommen. Damals sei der Hass der Soldaten gegen S. M. aufgeflammt, weil sie ihn für die unerhörten Verluste und den Mangel an Voraussicht verantwortlich machten. Man habe nur auf die eine Chance des Sieges gesetzt. Die Landschaft sei wundervoll gewesen; schöner als der Rhein: lichte Rebenhügel und dicke Kartoffeln. Die Mannschaft habe mit Heisshunger Kartoffeln „gestohlen". Dann sei die Nacht gewesen, wo in La Fère en Tardenois eine Million Schuss Artillerie in die Luft flogen; die ganze Nacht, als ob die Welt untergienge: ein immer wilderer Lichtschein in den Wäldern und ein Lärm, dass man sein eigenes Wort nicht hörte. La Fère sei vorher ein hübsches Städtchen gewesen; mit einem schönen Brunnen auf dem Marktplatz. In dieser Nacht eine Hölle. Tausende von französischen Gefangenen nur noch als Krankenträger; hier eine Hand, und hier ein Bein abgeschossen, das ganze Alpenkorps vernichtet, lauter junge, frische Burschen. Man habe Alles nur notdürftig verbunden, blutende Stumpfe, um den Transport zu ermöglichen. Das sei der Gipfel unseres Kartenhauses gewesen: Chateau Thierry; da sei der Sturm hineingefahren; und ein Stück nach dem andren sei umgefallen. – Solf hatte mich um 6 bestellt; um 8 war er noch nicht von der Sitzung des Kriegskabinetts im Amt zurück. Ich gieng zu Langwerth u. Bergen. Langwerth war sehr erschüttert durch das, was ich ihm über Schwanders Eindrücke sagte. Nur die Militärs hätten uns das Elsass verloren. Bergen kühler aber schärfer. Auch das Amt habe unter diesem Terror gestanden. Jedes Telephongespräch von den Militärs belauscht, Privat Detektivs vom Militär beauftragt, die Beamten des Amtes zu beobachten und ihre Vergangenheit zu erforschen, damit Material gegen Jeden bereit liege. Wie möchten da Andre, weniger Geschützte gefahren sein! Diesen ganzen Apparat hat Ludendorff aufgebaut, oder von seinen Untergebenen, Nicolaï, Bartenwerfer, bauen lassen. Im Amte tuen Alle so, als ob sie von einer Tyrannis befreit seien. Mit Bergen besprach ich die Kaiserfrage. Auch er hält die Abdankung für notwendig. Nur scheitere sie bisher an der Schwierigkeit der Regentschaftsfrage. Er hält den Prinzen Friedrich Wilhelm (Albrechtssohn) für den geeignetsten. Aber die Verzichte der dazwischenstehenden Agnaten seien schwer zu erlangen. Er ist klug, aber kreolenhaft willensschwach. So tut auch er eigentlich Nichts, um ein Resultat zustandezubringen. Nasse sprach ich nachher: er sagt, am Montag stünden grosse militärische Einziehungen von Arbeitern bevor, die Arbeiter würden sich widersetzen. Der Plan sei, dass ein Jeder sich mit Hülfe von Kameraden in seiner Wohnung verteidigen solle. Auch Nasse brachte Vorschläge für die Regentschaft vor. – F. G. warnte mich Abends, dass morgen um 12 Zwietusch und andre Fabriken die Arbeit niederlegen und demonstrieren würden. Die Arbeiter seien hierzu organisiert. Zweck: Abgang S. M's. Dieselben Arbeiter sagten, wir müssten den Winter durchhalten, um bessere Bedingungen zu erlangen. Aber S. M. müsse fort .. Ich telephonierte an Berger. Dieser sagt, das Ministerium sei auf die morgigen Demonstrationen vorbereitet; die Hauptsache erwarte man aber erst Sonntag. Man werde die Arbeiter ruhig demonstrieren lassen. Die Schutzleute sollten sich möglichst wenig zeigen. Solange keine Gewalttätigkeiten vorkämen, werde man nicht einschreiten. Die Hauptsache sei, dass die Regierung keine Breitseite biete für Angriffe.

2 November 1918. Sonnabend Berlin. *2.11.1918 Samstag*

F. G. telephoniert mir früh, dass die Arbeiter sich heute ruhig verhalten werden. Sie legen um 1 die Arbeit nieder, wollen erst zu Muttern essen gehen und dann um 3 auf die Strasse steigen. Eine gemütliche Art, den Kaiser abzusetzen; denn darum geht es. – Um 10 Jäckh besucht, der Anstalten macht, sich mir zu nähern. Er hat, was sehr traurig ist, seit sieben Wochen keine Nachrichten von seinem Sohn, der als Fähnrich draussen war. Irgendwo an der Aisne verschollen. Jäckh scheint mit Erzberger die neue Propaganda vorzubereiten; will mit Roubakin, Romain Rolland, Pazifisten u. Völkerbund arbeiten. Ich sagte, die Hauptsache sei, dass wir ehrlich seien und nur das sagten, was wir wirklich wollten. Nach meiner Ansicht sei der Pazifismus heute unsere einzige Rettung. Nur durch ihn könne Deutschland wieder hochkommen. Wir müssten auf Kant, Leibniz, Goethe zurückgehen. – Die Abdankung des Kaisers hält Jäckh zur Rettung der Dynastie, wenn es nicht schon zu spät ist, für sofort notwendig. Er meint, das Kriegskabinett bereite sie tatsächlich nach vielem Schwanken vor. – Die Kriegslage sei durch die Möglichkeit eines Antransports feindlicher Truppen über

Ungarn nach Böhmen verschlechtert. Skoda arbeite bereits für die Tschechen. – Prittwitz in der Reichskanzlei besucht. Ihm meine Auffassung in der Kaiserfrage gesagt. Auch er hält die Abdankung für nötig, wenn die Dynastie sich halten soll. Der Widerstand liege aber beim Kaiser und im Hauptquartier. Der Kaiser sei dorthin abgefahren, ohne den Reichskanzler zu benachrichtigen. – Um 1 1/2 bei Solf. Er macht einen müden und wenig hoffnungsvollen Eindruck; bezeichnet das jetzige Kabinett als „das Kabinett Lwow" und scheint ihm keine lange Lebensdauer vorauszusagen. In der Kaiserfrage hob er vor Allem die Schwierigkeiten hervor. Aus dem Hauptquartier kämen Berichte, wenn der Kaiser abdanke, werde die Armee sich auflösen. (Was ich aus der Front höre, lautet anders.) Dass in der Arbeiterschaft zuhause die Stimmung gegen den Kaiser immer drohender wird, giebt er zu. Er formulierte die Lage mit den Worten: „Wenn der Kaiser bleibt, kriegen wir zuhause die Revolution; wenn er geht, läuft die Armee auseinander." Man lässt sich also wieder durch mehr oder weniger gefärbte und gefälschte Berichte aus dem Hauptquartier einschüchtern. – In Sachen Pilsudski sagte mir Solf, dass man sich entschlossen habe, Beseler abzuberufen; der Freilassung Pilsudskis stünde Nichts mehr im Wege. Ich regte an, dass für diese Freilassung eine dem polnischen Geiste entsprechende etwas feierliche und ritterliche Form gewählt werde. Solf stimmte zu, meinte aber, wir müssten uns hüten, dass die Hakatisten[1] daraus einen Kotau vor den Polen konstruieren könnten. Über Elsass Lothringen tat Solf sehr geheimnisvoll; er dürfe mir Nichts sagen, habe sich Schwander gegenüber zum Schweigen verpflichtet. Als ich sagte, ich hätte selber Schwander gestern um 1 Uhr gesprochen und von ihm ausführliche Erklärungen erhalten, meinte Solf ziemlich verlegen, dann solle ich mir bei Schwander selber Weisungen holen; er dürfe in dieser Frage Nichts mehr sagen. Ich fragte, was ich denn an Romberg berichten solle; irgend Etwas müsse ich doch sagen! Solf: Dann sagen Sie ihm, ich legte auf den Fortbestand der jetzigen elsass-lothringischen Regierung (Schwander-Hauss) den allergrössten Wert. Weiter Nichts. – Zum Schluss meinte Solf, wenn er vor anderthalb Jahren Staatssekretär des Äusseren geworden wäre, hätte er vielleicht Etwas machen können. Jetzt sei es wahrscheinlich zu spät. Mit einem noch weiter links stehenden Kabinett werde er nicht mitmachen. Schon das jetzige sei reichlich radikal. Alles in Allem fühlt man bei ihm hauptsächlich die Resignation. – Gefrühstückt bei Erzberger im blauen Hinterzimmer von Hiller mit dem Botschafter Bernstorff und Berger. Das Gespräch drehte sich fast ausschliesslich um die Kaiserfrage, in der Erzberger umgefallen ist. Während er Dienstag sagte, er wolle die Abdankung noch am selben Tage im Kriegskabinett vorbringen, und mit Berger u. mir die Dotation für den abgedankten Kaiser auf 30 Millionen festsetzte, hatte er heute nur

[1] Bezeichnung für die Mitglieder des 1894 gegründeten Deutschen Ostmarkenvereins

Bedenken. Eine grosse Rolle spielen auch bei ihm die Berichte aus dem Hauptquartier (von Lersner und Andren in Berlin geschickt verbreitet), dass das Heer auseinanderlaufen würde. Dann der Mangel eines befähigten und beliebten Agnaten für die Regentschaft. Die Schwierigkeiten, die die süddeutschen Höfe machen würden. Die Furcht, dass durch den Weggang des Kaisers Etwas ins Rollen kommt, das Alles mitreisst. Die unklare Haltung der Sozialdemokratie. Ein Gewerkschaftsführer sei bei ihm gewesen und habe ihm gesagt, die Abdankung würde in die Gewerkschaften einen Sprengstoff hineintragen. Schliesslich hat jetzt Scheidemann erklärt, er werde aus der Abdankung keine Kabinettsfrage machen. Dieses scheint bei Erzberger den Ausschlag gegeben zu haben. Berger sprang mit seinem üblichen Zynismus hin und her und erschöpfte sich im Genuss von allerlei geschickten Formulierungen für diese oder jene Lösung; nur verlangte er, dass sofort eine bindende Entscheidung des Kabinetts im einen oder andren Sinne gefasst werde, da nur die Unsicherheit unerträglich sei. Bernstorff hielt sich sehr zurück, obwohl Erzberger mit forschenden, naïven Augen immer wieder zu ihm hinsah, wie ein Kind auf den Lehrer. Man hatte das Gefühl: Erzberger lernt Regieren. Ich stellte noch einmal die Frage der Wahl zwischen Person und Dynastie. Durch Bergers Drängen wurde Erzberger zum Entschluss gebracht, eine Entscheidung im Kabinett noch heute zu erzwingen, und zwar in dem Sinne, dass der Erlass des Kaisers an den Kanzler, in dem er die Neuordnung billigt, veröffentlicht und dadurch die Person des Kaisers als qualifiziert zur Fortführung seines Amtes von der Regierung hingestellt wird. Bergers Vorschlag, dass das Kabinett gemeinsam gewissermassen eine Ehrenerklärung für den Kaiser veröffentlichen sollte, bekämpfte ich auf das Schärfste, da sich dadurch die Regierung und insbesondre Scheidemann um den letzten Rest von Einfluss auf das Volk bringen würden; abgesehen von der Lächerlichkeit und Würdelosigkeit eines solchen von Parlamentariern dem Kaiser ausgestellten Zeugnisses. Damit würde der Kaiser sich ebenfalls vom Votum der Parlamentsmajorität abhängig machen. Wozu da noch die Monarchie? Bernstorff meinte, es sei nicht wahrscheinlich, dass Wilson die Abdankung des Kaisers direkt fordern werde; diese Demütigung riskierten wir nicht. Erzberger äusserte ernste Befürchtungen wegen eines baierischen Sonderfriedens. Wenn die Entente an die Grenze rücke und den Baiern günstige finanzielle Bedingungen biete, sei ein Sonderfrieden nicht ausgeschlossen. Die Baiern würden sagen: lass die Preussen die Kriegsschulden bezahlen. Dann sei auch sein, Erzbergers, Wahlkreis (in Württemberg) nicht zu halten; auch die Württemberger würden mitmachen, um nicht schlechter gestellt zu sein als die Baiern. Gestern hat bereits ein baierischer Abgeordneter im Ausschuss der baierischen Kammer in diesem Sinne gesprochen. Erzberger nimmt die Sache sehr ernst. – Berger sagte mir unter vier Augen nachher, nach seiner Ansicht sei die Hohenzollern Dynastie überhaupt nicht mehr zu retten: der Kronprinz ein Ludrian, der Prinz Heinrich ein Säufer, die andren Prinzen unbedeutend oder unmöglich; sie habe abgewirtschaftet. Deshalb sei es gleichgültig, ob der Kaiser abdanke, da die Dynastie doch verloren sei. Wichtig sei nur, dass in diesem Augenblick so oder so die Ruhe aufrechterhalten werde. So spricht ein Konservativer. – Max Goertz, den ich später sah, äusserte, wenn der Kaiser bleibe, könne es leicht sein, dass ihm nächstens ein Soldat „ein paar Handgranaten vor die Füsse packt."

3 November 1918. Sonntag. Berlin. *3.11.1918 Sonntag*

Die Proklamation des Kaisers an den Kanzler vom 28ten Okt ist heute Morgen veröffentlicht worden[1]. Er bekennt sich darin ohne Einschränkung zur Demokratisierung u Parlamentarisierung; tritt den letzten Beschlüssen der Volksvertretung bei „in dem festen Willen, was an mir liegt, an ihrer vollen Auswirkung mitzuarbeiten, überzeugt, dass ich damit dem Wohle des deutschen Volkes diene. Das Kaiseramt ist Dienst am Volke." Nach den früheren flammenden Worten: Regis voluntas suprema lex esto u. s. w.[2] wirkt diese plötzliche Bekehrung würdelos und lächerlich. Wer soll einem solchen Manne überhaupt noch glauben? Ein mit Entlassung bedrohter Lakai würde sich nicht anders benehmen. – Musch Richter bei mir. Er ist um seine Mutter besorgt, wo sie hin soll. – Wieland Herzfelde frühstückte mit mir. Er nimmt an der Kaiserfrage keinen Anteil, weil Bleiben oder Gehen Nichts ändern werde. Nur sei das Schauspiel unwürdig. Er, Herzfelde, sei gegen jede Macht, die sich über den Bereich der ihr freiwillig Zustimmenden hinaus auszubreiten suche. Daher auch ebenso gegen Trotzki, wie gegen Hindenburg oder gegen Wilsons Grundsätze und das sog. „Selbstbestimmungsrecht". Warum sollten Minoritäten vergewaltigt werden? Er erkenne die Nation nur insoweit an, als sie Jedem die Pflicht auferlege, gegen den Machtblock anzukämpfen, dem er zufällig angehöre. Litterarisch: man solle nur schreiben, was man ausserstande sei, in Leben umzusetzen. Das Dichten sei ein „pis-aller"; viel wichtiger, seine Phantasie am Leben auszulassen, die Wirklichkeit umzuformen. Nur was nicht zu verwirklichen sei, solle man allenfalls schreiben. Ich sagte, mir graute vor der Amerikanisierung, die Gesinnung sei immer in Deutschland freier gewesen als in Amerika, Frankreich, England. In Deutschland könne Jeder denken, was ihm beliebe, er werde deshalb nicht belästigt oder boykottiert wie in Amerika. Herzfelde meinte: aber kein Volk setze so wenig seine Gesinnungen in Taten um wie das deutsche.

---

[1] Proklamation des Kaisers zur Neuordnung

[2] Bei einem Staatsbesuch am 8. Sep. 1891 in München hatte sich Kaiser Wilhelm II. mit den Worten „Suprema lex regis voluntas!" („Das oberste Gesetz ist des Königs Wille!") in das Goldene Buch der Stadt eingetragen.

Vielleicht ist die Gesinnung in Deutschland so frei, weil man aus Erfahrung weiss, wie wenig gefährlich sie ist. – Herzfeldes Standpunkt inbezug auf Gewalt und Freiwilligkeit offensichtlich etwas kindlich, da jede Handlung aus einer Reihe von freiwilligen und unfreiwilligen, inneren und äusseren Antrieben und Hemmungen entsteht; die Grenze, die er als Fundament setzt, daher in keinem einzigen Falle klar zu ziehen ist. Ganz spontane und ganz erzwungene Handlungen sind so selten, dass man sie nicht zum Ausgangspunkt der Gesellschaftskritik machen kann. – Nachmittags Unter den Linden Alles ruhig; nur die übliche Menge von Sonntags Spaziergängern. Von den angesagten Umzügen war Nichts zu sehen. Abends gehen aber Gerüchte, „dass morgen die Revolution anfängt." Grosse Demonstrationen vor dem Reichstag seien geplant. Man werde einige hochstehende Leute herunterholen. Die Munitionsfabrik in Spandau sei von den Arbeitern angesteckt und brenne. Die Nervosität und Erwartung, dass Etwas Ungewöhnliches geschehen werde, ist in allen Kreisen gross. – Der einzige Trost ist, dass was in dieser furchtbaren Katastrophe zugrundegeht, das ist, was sich seit dreissig Jahren Allem Neuen und Keimenden in Deutschland entgegengestemmt hat; also neues, junges Leben da ist, das schon vor dem Kriege kräftig wuchs, und jetzt als neues Deutschland reifen kann. Vielleicht ist nur die Hülle gefallen, wenn nicht tötliche Bedingungen uns gestellt werden, oder die innere Umwälzung auch die neuen Keime mit vernichtet.

4 November 1918. Montag. Berlin. *4.11.1918 Montag*

Ruhe in Berlin. Kestenberg, der Vormittags mit Paul Cassirer bei mir war, hält jetzt (im Gegensatz zu früher) Liebknecht für den kommenden Mann; er habe „das Format". Sei noch ganz Bolschewist (Diktatur des Proletariats, gewaltsame Umwälzung), Kestenberg u. seine Freunde suchten ihn aber vom Bolschewismus abzubringen. Haase sei kein Bolschewist, aber dem Radikalismus seiner Partei gegenüber gezwungen zu lavieren, um sie in der Hand zu behalten. Kestenberg möchte die „Weissen Blätter" zum offiziellen Organ des „Bundes Neues Vaterland" machen. Der Bund habe während des ganzen Krieges Beziehungen mit England (Russell u. s. w.) aufrechterhalten, auch mit der „Union for Democratic Control"[1] und mit dem Anti-Orlog Rat[2]. Paul Cassirer erklärte, er sei schon seit Langem „überzeugter Kommunist." Da er mehrere Millionen im letzten Jahr verdient hat, immerhin generös. – Gefrühstückt bei Jäckh mit Holt-

[1] Im Zusammenhang mit dem Kriegsausbruch 1914 in London gegründete Organisation; Hauptforderungen waren die demokratische Kontrolle der Außenpolitik, eine internationale Verständigung nach dem Krieg sowie ein gerechter Frieden.

[2] Im Okt. 1914 war in Den Haag der „Nederlandsche Anti-Oorlog Raad" gegründet worden, aus dem später die „Internationale Zentralorganisation für einen dauerhaften Frieden" entstand.

zendorff, Robert Bosch, Prof. Goetz u. Dr ___ . Kaiserfrage. Bosch trat mit grosser Leidenschaft für die Abdankung ein. Holtzendorff u. die Andren bremsten, weil angeblich eine „Vendée", ein Bauernaufstand, zu befürchten sei, wenn der Kaiser abgesetzt werde. Diese ganze Kaiserfrage wird allmählich zu einer Posse, die blutig enden kann. – Nachmittags mit Hatzfeld bei Trimborn die Freilassung Pilsudskis betrieben. Die polnische Regierung soll auf das Telegramm des Reichskanzlers, das Garantieen für P's Verhalten forderte, laut Zeitungsnachrichten geantwortet haben, sie könne für Ruhe und Ordnung in Polen nur einstehen, wenn Pilsudski ohne Bedingungen freigelassen werde. Diese Antwort war aber heute Nachmittag weder in der Reichskanzlei noch im Ausw. Amt eingelaufen. Ich schlug vor, sie garnicht zu beachten, sondern Pilsudski lediglich auf die Erklärungen hin, die er mir Donnerstag abgegeben hat, freizulassen. Trimborn machte sich Notizen, versprach, morgen die Sache im Kabinett vorzubringen, bat mich eine Pressenotiz zu verfassen, sagte aber, seines Wissens wolle das Preussische Staatsministerium Ruhe und Ordnung in Polen nicht anstreben, sondern im Gegenteil dort lieber Alles drunter u. drüber gehen lassen, damit unsere Polen vor dem neuen Staat Grauen bekämen und bei uns blieben. Sowohl Hatzfeld wie ich wandten uns gegen diese Politik, die kurzsichtig machiavellistisch und gefährlich ist, da der Bolschewismus aus Polen, wie Hatzfeld sagt, sicher in unser Industriegebiet in Oberschlesien herüberschlagen würde. Trimborn in seinem rheinischen Grosspapa Stil und Dialekt (Rosenmontag in Cöll-en) polnische grosse Politik diskutieren zu hören, ist ein Anschauungsunterricht in Volksregierung. Frage: ob er ebenso provinzial denkt wie er spricht? – Mit Langwerth die Pressenotiz besprochen, die Wolff verbreiten soll, sobald Pilsudski in Warschau angekommen ist. Langwerth schlägt etwa vor: „Nachdem P. gegen einen reichsdeutschen Kriegskameraden sich in einer Weise geäussert hat, die der Reichsregierung Vertrauen in seine Auffassung und Ziele gerechtfertigt erscheinen lässt" habe man ihn freigelassen. – Ferdinand Stumm machte mich auf Northcliffes Friedensbedingungen in der „Times"[1] aufmerksam. Northcliffe habe sie 24 Stunden ehe sie in der „Times" erschienen hertelegraphieren lassen. Das Ausw. Amt (Stumm) antwortet heute Abend im Berliner Tageblatt[2] und morgen in der „Nordd. Allgemeinen"[3]. Stumm meint, dass die Engländer zum Frieden drängten. Ausserdem wollten die französischen Truppen nach den neusten Nachrichten von der Front nicht mehr angreifen. Militärisch seien wir noch nicht geschlagen. Wir sollten (was auch ich für richtig halte) die Waffenstillstands Bedingungen, wenn sie entehrend oder vernichtend seien, ablehnen, dagegen uns zu einem Frieden

1 From War to Peace

2 Friedensvorschläge Lord Northcliffes. Ein Artikel der „Times"

3 Northcliffes Friedensprogramm

nach Wilsons Punkten erneut bereit erklären. Der Kaiser könne, wenn sehr harte Waffenstillstandsbedingungen kämen, an Wilson persönlich telegraphieren und sich für sein Volk opfern, indem er Wilson an seine Zusage milderer Bedingungen erinnere, wenn die militärische Autokratie beseitigt sei. Das sei eine schöne Geste. Eine Abdankung jetzt vor dem Waffenstillstand sei nutzlos. – Man sagt mir Abends, dass der Artikel im heutigen „Vorwärts"[1], in dem die Arbeiterschaft zur Ruhe ermahnt, gleichzeitig aber der Standpunkt Scheidemanns für die Abdankung festgehalten wird, stark gewirkt habe; die Stimmung unter den Arbeitern sei völlig umgeschlagen, man habe auf Demonstrationen u. Putsche verzichtet. Wenn wahr, ein Beweis, dass die Gewerkschaften u. Regierungs Sozialisten die Arbeiter noch fest in der Hand haben.

5ter November 1918. Berlin *5.11.1918 Dienstag*

Frühstück mit den beiden Bergers bei Hiller. Der aus dem Ministerium des Inneren berichtet, Kiel sei in den Händen von Aufständischen. Die Dritte Flottendivision habe gemeutert. Die Marine Landtruppen hätten sich ihr angeschlossen und die anwesenden Landwehrtruppen entwaffnet. Die öffentlichen Gebäude, sowie Telegraph u. Telephon seien von den Meuterern genommen. Verbindung mit Kiel daher unterbrochen. Was aus den Schiffen geworden ist, wisse man nicht. Divisionen von der Westfront zur Unterdrückung des Aufstandes würden herantransportiert. Liebknecht u. Haase seien in Kiel; mit welchen Absichten, wisse man nicht. Die Zensur verbietet vorläufig die Veröffentlichung dieser Nachrichten. Welche Wirkung sie in Berlin haben werden, ist unklar. Zuverlässige Truppen sind, nach Berger, in Berlin; auch Tanks u. Flugzeuge für den Strassenkampf. Man erwartet hier Vorgänge für übermorgen und ist darauf vorbereitet. Die Regierung macht einen zwiespältigen u. unentschlossenen Eindruck. Die einzige bisher zuverlässige Ordnungsmacht ausser der Armee, soweit auf diese gezählt werden kann, ist die organisierte Sozialdemokratie; und diese fordert die Abdankung des Kaisers. Davon ob sie das Heft in Händen behält, hängt die nächste Zukunft ab. Gerade heute Nachmittag wird amtlich veröffentlicht, dass revolutionäre Flugschriften im Kuriergepäck der russischen Botschaft entdeckt worden sind. Also wahrscheinlich Bruch der deutschen Volksregierung mit den russischen Bolschewiks.

6. November 1918. Mittwoch. Berlin – Magdeburg. *6.11.1918 Mittwoch*

Früh um 8 telephonierte mich Hatzfeldt an, das Kabinett habe doch noch gestern Abend in Sachen Pilsudski einen Beschluss gefasst; allerdings in Abwesenheit des Kanzlers und nach aufgehobener Sitzung im Stehen, aber unter Zustimmung von Groener und Hoffmann. Er soll freigelassen werden, aber

[1] Arbeiter! Parteigenossen!

vorher eine schriftliche Erklärung abgeben, deren Wortlaut von General Hoffmann aufgesetzt ist. Ich werde beauftragt, hinzufahren und ihn zu der Erklärung zu bestimmen. Vormittags besprach ich im Amte die Sache mit Hatzfeldt und Langwerth. Die von Hoffmann formulierte Erklärung unterzeichnet Pilsudski nicht. Ich brachte einen Vorbehalt hinein, dass er freibliebe, den Befehlen der polnischen Regierung zu gehorchen. Solf, dem ich den neuen Wortlaut vorlegte, verwarf ihn; er habe keinen Wert, weil er P. nicht binde, er könne sich Alles von seiner Regierung befehlen lassen. Ausserdem werde er Diktator, könne machen, was er wolle; was bedeute da dieser Vorbehalt? Ich könne allenfalls die Einschränkung machen, dass er verspreche, seinen persönlichen Einfluss einzusetzen, damit keine Befehle gegeben würden, die unseren Truppen in Polen oder den Eisenbahnen feindselig seien. Ich setzte eine neue Erklärung auf, verlangte aber, dass sie dem Kanzler u. der Obersten Heeresleitung vorgelegt werde. Die ganze Idee einer schriftlichen Erklärung scheint mir psychologisch falsch. – Mit Hatzfeldt ins Kanzlerpalais, wo der Kanzler nicht zu sehen war; dagegen Groener, den ich nur einen Augenblick, ohne Pilsudski zu erwähnen, sprach; dann Haeften, der die Sache formal in die Hand nahm. Im gewaltigen Kongresssaal berieten derweilen an einem Tischchen der Marine Staatssekretär Mann und der Sozialdemokrat Ebert; Haeften hatte Eile, weil er Hermann Müller auf ein Flugzeug setzen musste, damit er nach Hamburg fahre, wohin die Verbindungen unterbrochen sind; Scheidemann schritt majestätisch im Gespräch mit einem andren Staatsmanne durch die Säle. Auf der Treppe traf ich Oberndorff, der mir zurief, dass er um 5 mit Erzberger zu Foch ins französische Hauptquartier fahre, um die Waffenstillstandsbedingungen zu erfahren. Das Débâcle ist vollständig, Kapitulation und Revolution; in diesen durch den Berliner Kongress Bismärckisch geweihten Räumen ebenso packend wie vor fünfzig Jahren die Kaiserkrönung in Versailles. Büdingen im Kriegsministerium, wohin ich mit Hatzfeldt wegen Pilsudski gieng, erzählte, ausser Kiel seien Hamburg, Lübeck, Cuxhaven von der meuternden Marine genommen, in Hamburg die Truppen übergelaufen, eine rote Regierung. Rote strömten mit allen Zügen von Hamburg nach Berlin. Man erwarte für heute Abend hier einen Putsch. Die russische Botschaft ist heute früh aufgeflogen wie eine Kaschemme, Joffe mit Personal abgeschoben. Das bolschewistische Hauptquartier in Berlin damit zerstört. Vielleicht werden wir sie noch zurückrufen. – Zum Frühstück bei Hiller hatte ich Oberndorff, Bernstorff (den Botschafter), Berger und Erzberger. Erzberger liess sich „wegen einer plötzlich notwendig gewordenen Reise" entschuldigen. Oberndorff erforschte unsere Ansichten, ob er mit Foch Französisch oder Deutsch reden solle? Er hofft, morgen Abend im französischen Hauptquartier zu sein. Berger brachte die Proklamation mit, mit der die Roten in Lübeck die Macht angetreten haben. Ziellos bürgerlich; nur die

Strafe für Diebstahl ist verschärft: wird auf Tod festgesetzt. Die Flotte, die von Kiel unter der roten Flagge ausgelaufen war, hat Lübeck von Travemünde aus besetzt. Oberndorff bemerkte, die Marine habe uns erst den Krieg, dann den U. Boot Krieg und jetzt die Revolution gebracht. Der Kommandant[1] der „König" und sein Adjutant, die nicht kapitulieren wollten, sind von den Matrosen totgeschlagen worden; in Lübeck alle Offiziere entwaffnet und verhaftet. Berger hofft, dass der Waffenstillstand die Leute vielleicht beruhigen werde. Worauf Oberndorff meinte, dann müsse man wohl jede Waffenstillstands Bedingung annehmen; übrigens sei er blos Briefträger, habe Fochs Bedingungen blos entgegenzunehmen. Alle waren sich einig, dass der Kaiser hätte vor drei Wochen abdanken sollen; ob noch jetzt, sei fraglich. Jetzt weiss Niemand mehr, wohin die Reise geht. Bernstorff liess, bis auf die Frage der Abdankung, wenig von seinen Gedanken merken. Beunruhigt schien er durch die Feindschaft Haases gegen Scheidemann. – Um 3 nach Magdeburg. ¾ 7 an. Keine Weisungen angetroffen. Daher Verhandlungen heute Abend unmöglich. Der Hauptmann d. R. Schloessmann, der Bewachungsoffizier von Pilsudski, sagt mir, es sei ausgeschlossen, dass dieser unsere Erklärung unterschreibe oder überhaupt Etwas Schriftliches von sich gebe; er und Sosnkowski seien genau über die politische Lage unterrichtet und hätten ihm bereits gesagt, dass sie infolge des Waffenstillstandes in wenigen Tagen freikommen müssten. Weshalb sollten sie da sich jetzt noch binden?

7 November 1918. Donnerstag. Magdeburg. *7.11.1918 Donnerstag*

Da früh noch immer keine Weisungen, an Hatzfeld über Generalkommando telegraphiert: „Bewachungsoffizier glaubt ausgeschlossen, dass Pilsudski und Sosnkowski irgendeine Erklärung unterschreiben, da sie über politische Lage genau unterrichtet und geäussert haben, in einigen Tagen müssten sie ohnehin freikommen infolge Waffenstillstandes. Versuch schriftliche Erklärung zu erlangen wird daher sicher scheitern und nur verstimmen. Einzig jetzt noch Mögliches scheint mir Befreiung vor Bewachungsoffizier als Zeugen unter mündlichem Hinweis, dass sie auf Grund der mir von Pilsudski vorigen Donnerstag gemachten Erklärungen erfolge. Dadurch entsteht eine wenn auch nur leichte moralische Bindung, die aber das Einzige ist, was wir jetzt noch erlangen können, und nicht verstimmen wird. Mislungener Versuch, Schriftliches zu erlangen, würde bei polnischer Eigenart ausser Ärger Verachtung wecken. Bitte dem Herrn Staatssekretär diese Auffassung vortragen zu wollen. Ich unternehme Nichts bis Antwort eintrifft." Gegen 12 telephonierte mir Hatzfeldt, die Antwort auf meine Depesche sei unterwegs und zustimmend. Da zu spät, um noch heute den Zug nach Warschau in Berlin zu erreichen, solle ich morgen

[1] Weniger

fahren, und es so einrichten, dass Pilsudski möglichst kurz in Berlin bleibe. Daher das geplante Frühstück bei Hiller mit Pilsudski, Hatzfeldt, Langwerth aufgegeben; ich mache die Freilassung morgen früh und fahre mit Beiden um 1 nach Berlin, von wo sie um 6 nach Warschau weiterreisen. Nachmittags kam für mich über das Generalkommando vom Kriegsministerium Telegramm: „Staatssekretär mit sofortiger Freilassung unter Berufung auf die Ihnen neulich gemachten mündlichen Erklärungen einverstanden. Es liegen neue politische Gründe vor, welche möglichst baldige Freilassung dringend erwünscht erscheinen lassen." K.M. 8880/18 g. a. l. Offenbar von Hatzfeldt; aber ohne seine Unterschrift. – Schloessmann Morgens bei mir in grosser Aufregung, weil der Kommandierende ihm den Befehl geschickt hat, die Garnison in Alarmbereitschaft zu setzen. Er meint, was wohl richtig ist, dadurch würden die Truppen nur nervös und zu Putschen geneigter; bat mich zu intervenieren. Ich sagte, meine Mission gebe mir nicht das geringste Recht, in militärische Massnahmen einzugreifen; wenn der Kommandierende aber meine Ansicht als Privatmann hören wolle, werde ich auffälligen und nicht unbedingt notwendigen Vorkehrungen widerraten. Gleich darauf wurde vom Generalkommando angeklingelt, der Kommandierende wünsche mich zu sprechen. Ich fuhr hinaus und hörte dort, dass inzwischen auch Hannover von den Roten genommen ist. Sie haben den Kommandierenden verhaftet und das Generalkommando besetzt. Man erwartet eine Abordnung roter Matrosen in Magdeburg heute Nachmittag, hofft, sie am Bahnhof abzufangen. In den Kruppwerken wird gearbeitet, jedoch unter Unruhe. – Der Kommandierende, ein General der Kavallerie von Werder, ein fetter, müder Mann, der aus dem Kriege heimgekehrt ist und hier den Verhältnissen nicht gewachsen ist, sass ziemlich zusammengebrochen vor seinem Schreibtisch. Den Befehl zur Alarmbereitschaft hatte er bereits wieder zurückgezogen auf Vorstellungen des Polizeipräsidenten[1]. Er fragte mich, wie man es in Berlin mache? Ich sagte, soviel ich wisse, benutze man möglichst die Arbeiter selbst, die Organisation der Gewerkschaften und sozialdemokratischen Partei, um die Ordnung aufrecht zu erhalten. Werder meinte müde, das sei auch seine Absicht, möglichst die Arbeiter selbst vorschieben; liess aber durchblicken, dass er sich nicht wundern würde, wenn ihn selber noch im Laufe des heutigen Tages die Revolutionäre abführten. Zu den Truppen hat offenbar weder er noch irgendeiner seiner Offiziere, die ich sprach, wirklich Zutrauen. Er sagte kleinlaut, „er habe ja Nichts da." Womit solle er einen Aufstand niederwerfen? Ich musste an die Zeit in Lüttich im August '14 denken, wo wir auch Nichts hatten, und dann der Aufstand wirklich kam, die grässliche Unterdrükkung. Man muss hoffen, dass wir das nicht jetzt in Deutschland erleben! Bisher sind die Vorgänge in Kiel, Lübeck, Altona, Hamburg, Hannover ziemlich un-

[1] Alten

blutig. Aber alle Revolutionen fangen unblutig an. Der Durst nach Blut kommt erst allmählich mit den Anstrengungen, die die neue Ordnung kostet, um sie durchzuführen. – Auf der Strasse hier grüssen die Mannschaften prompt und stramm; ihre Strassen Disziplin hat bisher nicht gelitten. – Schloessmann, der Adjutant ist beim Garnison Ältesten (Platzkommandanten)[1], und Abends bei mir speist, teilt mir mit, dass man die roten Matrosen am Bahnhof nicht abgefasst habe; sie seien wahrscheinlich durchgekommen, sollen aber nur zwölf sein (zwölf Jünger der roten Anarchie.) Etwas später meldet er mir, der Oberst von Bothmer, Stellvertretender des Garnisonältesten (Platzkommandanten) in Magdeburg, habe auf dem Bahnhof heute Abend einen durchreisenden Wachtmeister totgeknallt. Bothmer sei bei der Einfahrt eines Zuges, in dem die zwölf roten Abgesandten sein sollten, auf dem Bahnsteig gewesen, habe hineingerufen „Matrosen sitzen bleiben", und dann, ohne Grund, in ein Abteil hineingeschossen. Der totgeschossene Wachtmeister habe ordnungsgemässe Papiere gehabt u. seine Frau besuchen wollen. Bothmer hat sich nachher beim Kommandierenden u. auf dem Platzkommando gemeldet und verabschiedet, weil er „die Garnison noch heute Nacht verlassen wolle. Er habe keine Lust, sich vom Pöbel totschlagen zu lassen." Schloessmann hat ihn gesprochen. Unglaublicherweise hat der Kommandierende ihm nicht befohlen, sich zu seiner Verfügung zu halten. Schloessmann befürchtet, dass dieser Zwischenfall den Anstoss zur Revolution auch in Magdeburg giebt. Bothmer scheint schon seit mehreren Tagen überreizt gewesen und mit Mordgedanken umhergelaufen zu sein. Die Züge u. Zeitungen aus Berlin sind heute Abend ausgeblieben. Zweifel, ob nicht wegen Unruhen in Berlin. Das Bahnhofskommando hatte um 10 noch Telephonverbindung mit Berlin. Stendhal ist von den Roten besetzt; ebenso Schwerin. Die Physionomie der Revolution beginnt, sich abzuzeichnen: allmähliche Inbesitznahme, Ölfleck, durch die meuternden Matrosen, von der Küste aus. Sie isolieren Berlin, das bald nur noch eine Insel sein wird. Umgekehrt wie in Frankreich revolutioniert die Provinz die Hauptstadt, die See das Land. Vikinger Strategie. Vielleicht kommen wir so gegen unseren Willen an die Spitze des Sklavenaufstandes gegen England und das amerikanische Kapital. Liebknecht als Kriegsherr in diesem Endkampfe; die Flotte hat die Führung.

8 November 1918. Freitag. Magdeburg. *8.11.1918 Freitag*

Die Sozialdemokratische Parteileitung hat gestern Nachmittag um 5 durch Ebert u Scheidemann dem Reichskanzler eine Erklärung überreicht, in der unter Andrem gefordert wird, dass die Abdankung des Kaisers und des Kronprinzen bis heute Mittag bewirkt werde. Der Kanzler ist zum Kaiser ins Hauptquartier gefahren. – Schloessmann kam Morgens um 8 $^1/_2$ um mir zu sagen, dass der

[1] Hartwig

Bahnverkehr mit Berlin unterbrochen sei. Ich beschloss, ein Militär Auto zu requirieren und Pilsudski im Auto nach Berlin zu bringen. Während Schloessmann telephonisch deshalb verhandelte, kamen Nachrichten, dass sich ein grosser Demonstrationszug auf dem Breiten Weg gebildet habe, dass Offizieren die Achselstücke abgerissen und der Degen abgenommen würden. Die Arrestlokale seien gestürmt und die Gefangenen befreit worden. Offenbar war es höchste Zeit, wenn ich Pilsudski überhaupt noch aus Magdeburg hinausbringen wollte. Ich gieng daher mit Schloessmann zum Kommandanten der Kraftfahrtruppen, dem Rittmeister von Gülpen, und bat diesen, mir sofort ein Auto zur Verfügung zu stellen. Gülpen, ein äusserst energischer Mann, der die Armeniergreuel und den Krieg bei den Türken im Kaukasus mitgemacht hat, erbot sich, selbst zu fahren. Fraglich war, ob die Meuterer bereits die Elbbrücken besetzt hätten. Wir beschlossen daher, uns zu trennen. Gülpen sollte das Auto aus der Stadt hinausbringen und an der Berliner Chaussee jenseits der Elbe warten, während ich mit Schloessmann in die Festung gieng u. Pilsudski befreite. Da man als Offizier nicht mehr unbelästigt über die Strasse gehen konnte, zogen Schloessmann u. Gülpen sich in Zivil um; ich lieh mir von Gülpen wenigstens einen Zivilmantel und Zivilhut. In diesem Aufzuge giengen Schloessmann und ich durch Seitenstrassen zur Zitadelle. Hier war noch Alles ruhig. Etwa zwei Dutzend Soldaten von der Genesenden Kompagnie lungerten vor dem Tor. Auf der Wache bat der Wachhabende Unteroffizier um Verhaltungsvorschriften. Wir hielten uns nicht auf, sondern eilten über den Hof, zum Hause, in dem Pilsudski und Sosnkowski interniert waren. Beide giengen zusammen im Garten auf und ab; Pilsudski in polnischer Uniform, Sosnkowski in Zivil. Ich trat auf sie zu und sagte, ich freute mich, ihnen sagen zu dürfen, dass sie frei seien. Der Reichskanzler und die Regierung hätten auf Grund des Berichtes, den ich ihnen über mein Gespräch mit Pilsudski erstattet hätte, und der darin zum Ausdruck gekommenen Gesinnung Pilsudskis, seine Freilassung beschlossen und mich beauftragt, ihm davon Mitteilung zu machen, sowie ihn und den Obersten Sosnkowski nach Berlin zu bringen, damit sie von dort noch heute Abend nach Warschau führen. Pilsudski und Sosnkowski verbeugten sich schweigend, während ich ihnen die Hand drückte. Jetzt musste ich ihnen aber auch noch sagen, dass der Eisenbahnverkehr mit Berlin unterbrochen sei, dass in der Stadt Demonstrationen stattfänden, wir daher zu Fuss über die Elbbrücke und bis auf die Berliner Chaussee hinausgehen müssten, wo uns ein Auto erwarte. Sie möchten das Nötigste zusammenpacken und gleich mitkommen. Schloessmann, der befürchtete, dass die Meuterer die Zitadelle stürmen könnten, mahnte zur Eile. In einer Viertelstunde hatte Jeder sein Päckchen gepackt, und wir zogen, Pilsudski mit mir, Sosnkowski mit Schloessmann, zur Zitadelle hinaus, die allgemeine Neugier der herumstehenden Soldaten erregend. Pilsudski gieng in seinem alten abgetragenen Soldatenmantel, eine Decke über dem Arm, etwas gebeugt neben mir, nachdenklich und ernst. Er meinte, wir hätten zu lange gewartet; er kenne die Psychologie der Revolution: man müsse entweder sofort energisch unterdrücken (er machte mit der Faust eine Handbewegung) oder sofort Konzessionen machen. Jetzt sei es schon für Beides zu spät. Deutschland werde schwere Zeiten durchmachen. Der Bolschewismus passe nicht für zivilisierte Länder, die gut organisiert seien. Unsere Roten wüssten offenbar selber nicht, was sie wollten. Auch für Polen passe der Bolschewismus nicht. Ich sagte, Polen brauche wie Deutschland Ruhe; weil auch er diese Auffassung habe und daher Friede mit Deutschland wolle, sei er freigelassen worden. Er murmelte: „Selbstverständlich." Dann fragte er, ob ich wisse, warum er und Sosnkowski das Eiserne Kreuz, zu dem sie Gerok eingegeben habe, nicht bekommen hätten? Es sei eine Dekoration für tapfere Männer, die man gerne trüge. – Hinter einer Vorstadt stand Gülpen und führte uns zum Auto. Schloessmann verabschiedete sich; der Wagen wurde angekurbelt, wir fuhren los. Es war ein frühlingswarmer, himmelblauer Tag, etwas feucht und erschlaffend, so dass draussen zwischen Wald und Acker der Gedanke an Feindschaft, Krieg, Revolution bei uns allen Vieren in die Ferne schwand. Pilsudski, der hustete und sich einen alten Filzhut zum Schutz vorm Luftzug vor den Mund hielt, stiess mich einmal an und sagte, so sei die Gegend bei ihm zuhause, ganz heimatlich, dieser arme Boden, die Kiefern und Waldstückchen, nur hügeliger sei es, wo er aufgewachsen sei auf dem Familiengute bei Wilna. Seine Familie sei mit dem Lande von Alters her verwachsen, heisse eigentlich Ginet (Ginaitis), nach dem Gute aber Ginet-Pilsudski; Litauer; er selbst könne aber nur Polnisch, kein Litauisch. Auch Sosnkowski taute auf, fand Gefallen an den Erzählungen von Gülpen aus Armenien. In Genthin machten wir Halt bei einem Molkerei Besitzer Ballhöfer, der auf Gülpens Weisungen ein Mittagsmahl gerüstet hatte, friedensmässig, mit schöner und reichlicher Butter, einer Milchsuppe, Fleisch, Käse, Sahne zum Kaffee. Wir sassen im Molkereigebäude im Oberen Stock, Pilsudski lag glücklich in einem bequemen Rohrstuhl, Sosnkowski meinte, es sei wie ein Märchen, „Tischlein decke dich". Die ländliche Opulenz und Gastfreundschaft wirkte wie der schöne Tag entspannend. Eine Anfrage in Brandenburg beim Garnisonältesten ergab, dass dort Alles ruhig sei. Bald nach zwei fuhren wir weiter. „Komfortabel", wie Sosnkowski beim Losfahren bemerkte. Plaue und Brandenburg waren ganz ruhig. Bei Gross Kreuz bogen wir auf ___ ab, um Potsdam zu vermeiden. Erst in Wustermark trat die Unruhe wieder zutage. Das Dorf auf den Beinen, am Bahndamm versammelt, kurz dahinter ein Posten von Landwehrleuten, die uns anhielten, mitten dazwischen ein Husaren Offizier, der jede Kenntnis oder Verantwortung ablehnte. Eben fuhren zwei dicht mit Matrosen besetzte Züge in der Richtung auf Berlin durch; „Deputationen", wie der Unteroffizier des Postens erläuterte. Niemand dachte daran, sie aufzuhalten. Am Reichskanzlerplatz, wo Gülpen wohnt, machten wir Station u. stiegen zu ihm hinauf. Frau u. Kinder empfiengen uns, etwas überrascht. Ich telephonierte an Hatzfeld, um ihm unsere Ankunft mitzuteilen. Er antwortete, weiterreisen könne Pilsudski heute nicht, da der Eisenbahnverkehr eingestellt sei. Zimmer seien im Continental bestellt. Pilsudski u. Sosnkowski sehr niedergeschlagen, als ich ihnen dieses mitteilte. Pilsudski seufzte: „Einen Tag zu spät"; Sosnkowski fragte, ob sie nicht morgen auf einem Extrazuge oder Auto wenigstens bis an die Grenze kommen könnten? Ich brachte sie ins Continental. Beim Abschied bat mich Pilsudski, ob ich ihm nicht einen Degen verschaffen könne, da er in Uniform ohne Degen hier nicht ausgehen könne? Ich sagte, ja, aber allerdings nur einen preussischen, wenn ihn das nicht störe? Nicht im geringsten, antwortete er. Ich versprach ihm einen morgen früh zu bringen. – Im Vestibül des Continental traf ich Ludwig Stein. Er erzählte: der Kaiser mache Schwierigkeiten mit der Abdankung, das Ultimatum der Sozialdemokraten sei bereits abgelaufen, morgen gebe es Generalstreik, der Prinz Heinrich habe einen Matrosen totgeschossen und sei dann auf einer Dampfpinasse unter der roten Flagge geflohen, in München sei die Republik ausgerufen, eine Republik Baiern mit Einschluss von Tyrol, Curt Eisner sei zum Präsidenten der Republik erwählt. Dem Kaiser gehe es an den Kragen, vor drei Wochen hätte er noch ganz gut leben können, wenn auch in Gefangenschaft, jetzt werde man ihm den Schädel einschlagen. Die Banken zahlten Nichts mehr aus. Ich solle mich nur nicht in Uniform auf der Strasse zeigen; es werde morgen hier ebenso hergehen wie in Magdeburg. Stein ist ganz Revolutionsmann geworden; rot radikal. Ein Zeichen der Zeit. – Ich fuhr zu mir nachhause. In meiner Strasse marschierte ein Maschinengewehr Zug. Später stand er aufgefahren im Hofe des Potsdamer Bahnhofes umlagert von einer dichten Menschenmenge. Der Anblick dieser Vorbereitungen zum Strassenkampf wirkt offenbar provokatorisch auf die Leute; man merkt es aus den Redensarten.

9 November 1918. Sonnabend. Berlin. *9.11.1918 Samstag*

Der Kaiser hat abgedankt. Die Revolution hat in Berlin gesiegt. – Vormittags von zuhause fortgehend sehe ich einen Soldaten im Hofe des Potsdamer Bahnhofes neben der aufgefahrenen M.G. Kompagnie eine Menschenmenge haranguieren. Auf den Strassen (Friedrichstr. Linden) ist um diese Zeit (10 $^1/_2$ bis 11) Alles still. Ich gehe in Uniform unbehelligt bis zur Disconto Gesellschaft gegenüber von der Bibliothek. Von da zu Pilsudski ins Continental. Der Diener, dem ich den Auftrag gegeben hatte, mir für Pilsudski einen Degen zu besorgen, wartete am Continental, um mir zu sagen, dass alle Waffen in den Geschäften beschlagnahmt, ein Degen deshalb nicht zu bekommen sei. Ich gieng zu Pilsudski, sagte es ihm, schnallte mein altes Feldzugs Seitengewehr ab und gab es ihm als Erinnerung an unsere frühere Waffenbrüderschaft. Wir sprachen dann noch einmal in Anwesenheit von Sosnkowski über Politik. Ich wiederholte, dass eine schriftliche Bindung Pilsudskis auf mein ausdrückliches Betreiben und im Einverständnis sowohl mit dem Reichskanzler Prinzen Max wie mit Groener und dem Kriegsminister[1] unterblieben sei, weil ich es für klüger hielte, mich ganz allein auf seine Ehre und seinen Patriotismus zu verlassen, die ihm eine für Deutschland genehme Bahn wiesen; nämlich Frieden mit Deutschland, um Ruhe zum inneren Aufbau zu gewinnen. Pilsudski sagte, dieses sei um so richtiger, als Polen nicht selber über seine Grenzen zu bestimmen habe, sondern sie von der Entente bestimmt bekommen würde. Was die Entente ihnen schenke, würden sie gewiss nicht zurückweisen; aber selber würden sie kaum gefragt werden. Ich sagte, es gebe Geschenke, die dem Beschenkten nicht zum Vorteile gereichten. Eine Zerstückelung Deutschlands durch Herausreissen von Westpreussen würde eine Revanche und Irredenta Bewegung hervorrufen, die weder Polen noch Deutschland je zur Ruhe kommen liesse. Allerdings wäre eine solche Unruhe für Amerika und England durchaus erwünscht; nicht aber für Deutschland und Polen, die nur in gegenseitiger Hülfe und guter Nachbarschaft vorwärts kommen könnten. Sosnkowski griff hier ein und meinte, die Politik, die ich skizzierte, scheine ihm nicht identisch mit der, die gestern Abend der Graf Lerchenfeld skizziert habe. Lerchenfeld vertrete noch die alten auf Gewalt gegründeten Methoden, habe von diesem Standpunkte aus an Pilsudski das Verlangen gestellt, ihm mitzuteilen, was er, Lerchenfeld, dem Regentschaftsrat[2] in Pilsudskis Auftrage sagen dürfe. Hinter dieser Bitte habe die Absicht gesteckt, Pilsudski jetzt sofort hier in Berlin, noch ehe er die polnischen Verhältnisse untersucht habe, zu binden. Das sei nicht geschickt gewesen; denn es beweise Mistrauen und die unveränderten Methoden des Warschauer General Gouvernements. Damit würden wir nicht weiterkommen. Ich sagte, dass man ausdrücklich auf eine schriftliche Erklärung verzichtet habe, müsse dem Brigadier doch zeigen, dass die Berliner Regierung kleinliches Mistrauen gegen ihn nicht hege. Nach meiner Ansicht wünsche man im Gegenteil, dass er die Macht in Polen in die Hand bekomme, damit wir Jemanden hätten, mit dem wir uns verständigen könnten. Unser Fehler sei bisher gewesen, dass wir immer mit machtlosen Leuten gearbeitet hätten. Sosnkowski fragte, ob ich denn glaube, dass die Entente eine direkte Verständigung zwischen Deutschland u. Polen zulassen würde? Ich antwortete, ich sähe nicht, wie sie nach Wilsons Grundsätzen Einspruch dagegen erheben könnte, wenn nur die für Polen verhandeln-

[1] Scheüch

[2] Kakowski, Ostrowski u. Lubomirski

de Regierung zweifellos den Willen des polnischen Volkes vertrete. Eine solche direkte Verständigung scheine mir für beide Teile das Erstrebenswerte, denn nur sie könne dauernde Ruhe schaffen. Pilsudski stimmte bei, fügte aber hinzu, er fürchte, dazu sei es schon zu spät, weil die Ereignisse sich überstürzten, und er kaum noch die Zeit haben werde, bis zum Frieden eine starke Regierung zu schaffen. Ich habe aber den Eindruck, dass er wirklich wünschen würde, sich mit uns auf einer für beide Teile erträglichen Basis zu verständigen. – Von Pilsudski gieng ich ins Amt zu Hatzfeldt, um einen Extrazug für die beiden Polen zu besorgen; sie müssen, auch nach Hatzfeldts Wunsch, noch heute abreisen. Hatzfeldt erzählte mir hierbei vertraulich, zu einem Waffenstillstand im bisher erwarteten Sinne werde es wahrscheinlich nicht mehr kommen, da inzwischen in Frankreich ähnliche revolutionäre Zustände eingetreten zu sein schienen wie bei uns. Hintze habe aus dem Hauptquartier telephoniert, dass sich an unserer und der französischen Front Soldatenräte gebildet hätten, die direkt miteinander über den Frieden verhandelten. Das sei unsere Rettung, wenn es wahr wäre. Auch der kleine Ow war sehr geheimnisvoll und freudig erregt über diese Wendung. Ich gieng einen Augenblick zu Langwerth in sein Zimmer, um ihn zum Frühstück mit Pilsudski einzuladen; während wir sprachen, (es war ein Uhr) wurde er angeklingelt und bekam die Nachricht, dass eben die Maikäfer Kaserne[1] gestürmt sei. Damit ist die Revolution auch in Berlin erfolgreich ausgebrochen. Hatzfeldt und ich giengen ins Kriegsministerium, um den Zug für Pilsudski zu besorgen. Hier arbeitete Alles noch wie gewöhnlich. Ein Major, der im alten Schnodderton sprach, (von Pilsudski als „der Kerl") wies uns an die Linienkommandantur am Schöneberger Ufer. Durch die Königgrätzerstrasse zog eine Demonstration gegen den Potsdamer Platz; wir kamen hinten daran vorbei. An der Ecke der Königgrätzer- und Schöneberger Strasse wurden Extrablätter verkauft: „Abdankung des Kaisers." Mir griff es doch an die Gurgel, dieses Ende des Hohenzollernhauses; so kläglich, so nebensächlich: nicht einmal Mittelpunkt der Ereignisse. „Längst überholt" sagte Ow schon heute Morgen. Ich zog mir zuhause Zivil an, weil Offizieren die Achselstücke und Kokarden abgerissen wurden; gieng dann zu Hiller. In der Wilhelmstrasse sah ich das erste rotbeflaggte Auto, ein feldgraues, mit dem kaiserlichen Adler. Bei Hiller gab ich um 2 ein Frühstück für Pilsudski, Sosnkowski, Hermann Hatzfeldt und den Rittmeister von Gülpen, der uns gestern aus Magdeburg herausbrachte. Wir hatten hinten das „altdeutsche Zimmer", Vorhänge geschlossen; auch vorne in den grossen Räumen waren die Gardinen nach der Strasse zugezogen, alle Tische vollbesetzt. Währenddessen ballten sich, wie die Kellner berichteten, immer grössere Demonstrationszüge in der Friedrichstrasse. Bei einer längeren Pause in der Speisenfolge fragte Jemand, ob Hillers Küche

[1] Kaserne des Garde-Füsilier-Regiments, Chausseestraße

noch in Händen der Regierung sei? Die Stimmung in diesem stillen, tief verhängtem Zimmer, bei gutem Wein und Essen in Gesellschaft eines so merkwürdigen Menschen wie Pilsudski, während draussen die Revolution immer mächtiger flutete, war sonderbar. Sosnkowski und ich tranken als Waffengefährten Brüderschaft. Pilsudski war ernst und bedrückt, weil er den ungeheuren Eindruck der deutschen Vorgänge in Polen fürchtet; die russische Revolution habe wenig gewirkt; weil die Polen die Russen für Asiaten halten; dagegen wenn die Deutschen, Westler, Zivilisierte Revolution machen, das werde unabsehbare Wirkungen haben. Erst um 5 giengen wir hinaus. Die Linden waren dunkel und ziemlich leer. Aber fortwährend fegten tutende, ratternde, rotbeflaggte Last Autos dicht mit Bewaffneten besetzt vorüber; ziellos, wie es schien, aus blosser Freude an der Bewegung hin und her-rasend. Die Kerls darauf, Soldaten, auch bewaffnete Zivilisten und einzelne Frauen, schrieen, und die Leute auf der Strasse schrieen wieder. Geschossen wurde um diese Zeit nicht. Ich brachte Pilsudski in sein Hotel und verabschiedete mich von ihm u. Sosnkowski. Vor der Tür stand als Posten ein Zivilist mit einer Flinte; der Direktor sagte, er fühle sich ganz sicher; denn er habe selbst um zwei rote Garden gebeten. Ich gieng durch die Wilhelm- und Leipziger Strasse nachhause. Auf dem Potsdamer Platz wogten grosse Ansammlungen, durch die ebenfalls fortwährend Soldaten auf Last Autos mit Hurrah sich einen Weg bahnten. Bis auf das Geschrei und das schreckhafte Aussehen und Rattern der Autos, die von Gewehren wie Borstentiere starrten und darüber flatternd die terroristische rote Fahne führten, war Alles auffallend ruhig und ordentlich; eine Demonstration, kein Aufstand. Nur das Militär revoltierte; die Bevölkerung bis auf die nicht zahlreichen bewaffneten Zivilisten, war Zuschauer und las Extrablätter. Von zuhause gieng ich, um Schickele zu treffen, in die Victoriastrasse zu Paul Cassirer, wo der „Bund Neues Vaterland" tagte; in den Sälen unten hielt Pfempfert eine Rede. Wir assen ohne Cassirers in ihrem Esszimmer mit Hugo Simon u seiner Frau. Schickele warf den Gedanken auf, das Elsass durch Matrosen zu revolutionieren; als rote Republik auszurufen u. so für das deutsche Volk zu retten. Währenddessen hörte, und sah man aus den Hinterzimmern, die Schiesserei beim Schloss. Langsames Infanteriefeuer, einzelne Schüsse am Himmel aufleuchtend wie in einer stillen Nacht an der Front. Das Schloss war nach Nachrichten bereits in Händen der Revolutionäre, der Marstall noch zum Teil von Offizieren und Jugendwehr besetzt. Um den Einfall ins Elsass zu besprechen, giengen Schickele, Kestenberg, D^{r} ___ und ich gegen 10 in den Reichstag. Vor dem Hauptportal steht in den Scheinwerferstrahlen von mehreren feldgrauen Autos eine Nachrichten abwartende Menge. Leute drängen die Stufen hinauf ins Portal. Soldaten mit umgehängten Karabinern und roten Abzeichen fragen Jeden, was er drinnen will. Kestenberg bringt uns auf den Namen Haase anstandslos hinein. Innen herrscht ein buntes Treiben; treppauf, treppab Matrosen, bewaffnete Zivilisten, Frauen, Soldaten. Gut, frisch und sauber, vor allen Dingen sehr jung sehen die Matrosen aus; alt und kriegsverbraucht, in verfärbten Uniformen und ausgetretenem Schuhzeug, unordentlich und unrasiert die Soldaten, Überreste eines Heeres, ein trauriges Bild des Zusammenbruchs. Wir werden zuerst in ein Fraktionszimmer hinaufgewiesen, wo am grünen Tisch drei blutjunge Matrosen Waffen Scheine ausstellen, mit dem Ernst und dem Willen zur Wichtigkeit von Schuljungens prüfend, bewilligend, verwerfend. Dann geht es auf die Suche nach Haase. Unter den Säulen der Wandelhalle liegen und stehen auf dem mächtigen roten Teppich Gruppen von Soldaten und Matrosen; Gewehre sind zusammengestellt, hier und da schläft Einer auf einer Bank lang hingestreckt. Ein Film aus der russischen Revolution, Taurisches Palais[1] unter Kerenski. Die Tür des Sitzungssaals fliegt auf. Während die Wandelhalle ziemlich dunkel ist, ist Dieser grell beleuchtet, Bogenlicht. Mir fällt zuerst nur seine Hässlichkeit auf; nie ist er mir so würdelos und kneipenhaft vorgekommen, dieser lächerliche „altdeutsche" Kasten, eine schlecht imitierte Augsburger Truhe. In ihm wogt zwischen den Bänken eine Menschenmenge, eine Art Volksversammlung, Soldaten ohne Kokarden, Matrosen mit umgehängtem Karabiner, Frauen, alle mit roten Schleifen, dazwischen Abgeordnete, um die sich kleine Gruppen bilden: Dittmann, Oscar Cohn, Vogtherr, Däumig. Haase steht vorgebeugt über den Bundesratstisch und spricht auf einen jungen Zivilisten ein, einen der Haupt-Bolschewisten, wie erzählt wird. Endlich dringen wir zu ihm durch; Schickele begrüsst ihn und stellt mich vor. Er ist auf die Idee eines Matroseneinbruchs ins Elsass scheinbar vorbereitet, geht kurz darauf ein, schlägt morgen eine Besprechung vor. Dann ziehen ihn Andre ins Gespräch. Wir drängen uns wieder zum Sitzungssaal hinaus; steigen einige Stockwerke hinauf in ein Sitzungszimmer, wo eine Frau, anscheinend die eines Abgeordneten, Legitimationen austeilt. Auf Kestenbergs Empfehlung erhalte ich eine Karte, wonach ich, als „Inhaber dieses Ausweises beauftragt bin, den Ordnungs- und Sicherheits Dienst in den Strassen der Stadt zu versehen." Gezeichnet: Oscar Cohn, Vogtherr, Dittmann. Ich bin also sozusagen Schutzmann in der roten Garde. Ausserdem bekomme ich eine Legitimation auf meinen Namen vom Arbeiter- und Soldatenrat, dass ich „vertrauenswürdig und berechtigt sei, frei zu passieren." Beides mit dem Stempel des Reichstages. Kestenberg und Schickele gehen nach Hause. Ich durchschritt auf Grund meiner neuen Papiere die Absperrung am Potsdamer Platz und gieng gegen das Schloss zu, wo noch einzelne Schüsse fielen. Die Leipziger Strasse war menschenleer, die Friedrichstrasse mässig belebt von dem üblichen Publikum; die Linden gegen die Oper dunkel. In der Schinkelschen Wache sah man im hellen Licht Qualm

[1] Sankt Petersburg

und viele Soldaten. Auf der Schlossbrücke Niemand. Die weissen nackten Krieger mit ihren Siegesgöttinnen allein. Im Schlosse waren einzelne Säle hell beleuchtet; aber Alles still. Patrouillen rings herum, die mich anriefen und durchliessen. Am Marstall lagen viele Steinsplitter. Der Posten sagte, „Lausejungens", Pfadfinder seien noch verborgen sowohl im Schloss wie im Marstall. Es gebe geheime Gänge, durch die sie flüchteten und wieder auftauchten. In der Enckestrasse schössen aus einem Hause noch zwei Offiziere und einige kaisertreue Mannschaften. Autos, die mit Bewaffneten über die Schlossbrücke heranbrausten, wurden angehalten, umgedreht und nach der Enckestrasse 4 gewiesen. Jenseits der Schlossbrücke wieder eine Absperrung. Dahinter lichtscheues Gesindel, in kleinen Rudeln an beiden Ecken der Königstrasse, von den Posten zerstreut, aber immer wieder sich sammelnd. Ein Unteroffizier sagte zu mir, sie warteten auf das Plündern; man müsse sie fortbringen. Ich gieng von hier langsam nach Hause. In der Leipziger Strasse rannte mir flüchtendes Publikum entgegen; ich fragte, wovor? Einige riefen, Gegentruppen seien aus Potsdam angekommen; gleich werde geschossen. Ich bog durch die Wilhelmstrasse ab, hörte Nichts. Einige Schüsse sollen aber am Potsdamer Platz um diese Zeit gefallen sein. Zuhause war ich gegen Eins. So schliesst dieser erste Revolutionstag, der in wenigen Stunden den Sturz der Hohenzollern, die Auflösung des deutschen Heeres, das Ende der bisherigen Gesellschaftsform in Deutschland gesehen hat. Einer der denkwürdigsten, furchtbarsten Tage der deutschen Geschichte.

10 November. 1918. Sonntag. Berlin. *10.11.1918 Sonntag*

Nach elf gieng ich zu Schickele, der im Excelsior am Anhalter Bahnhof wohnt. Ich fand ihn sehr ermattet und schwankend inbezug auf die Revolution im Elsass. Es sei eine grosse Verantwortung; wenn die Amerikaner einrückten, gebe es ein Gemetzel. Wir giengen nach dem Reichstag, wo wir Haase treffen sollten. Am Portal liessen uns die Soldaten nicht durch. Sie erzählten, Soldaten hätten gestern ihre Waffen an Zivilisten verkauft. In den Reichstag dürfe Niemand hinein. Auf dem Reichstagsdach sah ich Maschinengewehre. Man befürchtet offenbar einen Angriff, vielleicht der Spartacus Leute, vielleicht von Gegenrevolutionären. Schickele gab die Unterredung mit Haase auf. Wir giengen zu Cassirer in die Victoriastrasse, wo eine Art von Treffpunkt in diesen Tagen ist. In der Siegesallee traf ich Max Bethusy mit seiner Frau; die sahen sich die Revolution an. Bethusy meinte, ob er sich nicht als beurlaubter Offizier zur Verfügung stellen sollte? Ich fragte, Wem? Bei Cassirer Gespräch mit Schickele und Andren über die Lage. Die Meisten beurteilten sie pessimistisch. Alles dreht sich jetzt um die Frage, ob die Liebknecht Leute und mit ihnen der rote Terror, oder der gemässigte Teil der Sozialdemokratie siegen wird. Schickele meinte, die Bolschewisten hätten schon gesiegt. Haase treibe eine zweideutige Politik. Alle Anstrengungen müssten darauf gerichtet sein, Haase und den rechten Flügel der Unabhängigen vom Bolschewismus fernzuhalten und auf die konstituierende National Versammlung einzustellen. Während wir sprachen, wurde beim Reichstag geschossen. Anscheinend Maschinengewehrfeuer. Nachher hörten wir, dass die Schiesserei während einer Volksversammlung vor dem Bismarckdenkmal gewesen war. Nachmittags wieder bei Cassirer mit Schickele, der immer schwärzer sieht. Gegen 5 kam Bernstein aus dem Reichstag und brachte gute Nachrichten. Die Unabhängigen und bisherigen Regierungssozialisten hätten sich geeinigt. Es solle ein sechsköpfiges Kabinett gebildet werden, drei Unabhängige und drei Regierungssozialisten. Unabhängige: Haase, Dittmann, Barth, Regierungssozialisten: Ebert, vielleicht Südekum u. Landsberg. Kein Reichskanzler, nur ein Kollegium. Liebknecht bleibe draussen, habe abgelehnt, mitzumachen; werde sich aber abnutzen, weil die Soldaten u. Arbeiter seine Undiszipliniertheit nicht möchten. Vielleicht werde er sich auch unterwerfen, wie sein Vater Wilhelm Liebknecht zu tun pflegte. Eine Gefahr drohe von Liebknecht nicht, denn er habe die Soldaten gegen sich. Bernstein bot dann Schickele an, eine Mission von der neuen Regierung nach der Schweiz anzunehmen zur Anbahnung von Beziehungen zu den französischen Sozialisten. Er werde vielleicht selbst mitfahren. Also genau das, was ich im Auftrage von Romberg hier betreiben sollte. Währenddessen kamen die Waffenstillstandsbedingungen. Niederschmetternd. Ein Gewaltakt von beispielloser Rohheit, auf die Aushungerung unserer Städte und die Knechtung des Volkes berechnet. Ein Rache Akt Clemenceaus, der Rache fordern wird. „Blut über Euch und Eure Kinder!" Am bittersten wird dieses Dokument Frankreich bereuen. Aber wir werden uns vorläufig beugen müssen, denn wir haben Nichts mehr, keinen Willen, keine Nerven, keine Kraft, kein Heer. Alles ist bis auf das Letzte aufgebraucht. Liebknecht hat gestern mit zwei Mann das Schloss genommen. In Potsdam ist das Erste Garderegiment kurzer Hand nachhause gegangen. Nur mein Regiment, die Dritten Garde Ulanen, und die Garde Husaren haben Widerstand geleistet. Die Revolution hat vor wenig mehr als 24 Stunden in Berlin begonnen; und schon ist von der alten Ordnung und Armee Nichts mehr übrig. Nie ist das ganze innere Gerüst einer Grossmacht in so kurzer Zeit so vollkommen zerstäubt. – Abends meldete ein Extrablatt des „Vorwärts": „Die Einigung zwischen den beiden sozialdemokratischen Parteien ist vollzogen. Ebert, Scheidemann, Landsberg, Haase, Dittmann und Barth werden die neue Regierung bilden." Damit ist wenigstens die Hoffnung gerettet, dass der Terror uns erspart bleibt. F. G., den ich traf, ist Führer eines roten Autos geworden. Er sagt, gestern Nacht sei der Kampf um das Café Victoria an der Ecke der Linden und der Friedrichstrasse wild gewesen. „Offiziere" hätten daraus geschossen;

er und seine Kameraden von der Marine hätten es gestürmt, nur noch Offiziers Uniformstücke gefunden. Ich vermute, „Spartacus" Propaganda. Ich glaube an die vielen versteckten und schiessenden Offiziere nicht; namentlich da man nie einen findet. Unordnung um jeden Preis soll geschaffen werden. – Abends ass ich bei Schickeles im „Excelsior" mit seinem Freund Dr Lickteig und Theodor Däubler. Schickele wird durch den Frieden, wenn er nicht optiert, Franzose, Däubler Italiener; Beides deutsche Dichter. Schon dadurch die ganze Unsinnigkeit und die Brüchigkeit des projektierten Friedens beleuchtend. Schickele erklärte seine feste Absicht, nach Berlin überzusiedeln, obwohl er Norddeutschland nicht mag. Die Person des Kaisers, der das Preussentum verschandelt und dadurch zugrunde gerichtet hat, wurde mit Verachtung besprochen. Dass Deutschland Republik wird, scheint schon nicht mehr fraglich. Der König von Sachsen[1] ist heute abgesetzt worden. Der Grossherzog von Hessen[2] befindet sich, wie Schickele erzählt, in Schutzhaft. Die Wahl der neuen Regierung hat Schickele und Alle, die ich sprach, sehr beruhigt. Der Chef der roten Garde, der das Excelsior Hotel bewacht, ein Kamerad vom Matrosen Regiment 1, entwikkelte mir sein Programm, das Gehorsam gegen die neue Regierung, Wahrung von Ordnung und Ruhe, Feindschaft gegen alle Gewalt, einschliesslich von Plünderungen, umfasste. Ein junger Mensch von etwa 23 bis 24 Jahren, der die Revolution seit Kiel mitmacht; ein einfacher Mann, der die Gesinnung der grossen Mehrheit unserer Revolutionäre ausspricht. Alles in Allem war trotz der Schiessereien die Haltung des Volkes in den beiden bisherigen Revolutionstagen ausgezeichnet: diszipliniert, kaltblütig, ordnungsliebend, eingestellt auf Gerechtigkeit, fast durchweg gewissenhaft. Ein Gegenstück zur Opferfreudigkeit im August 1914. Ein so grosses und tragisches Erleben, so reinen Sinnes und tapfer getragen muss es innerlich zusammenschweissen zu einem Metall von unzerstörbarer Spannkraft. Wenn nur der politische Sinn nicht so selten wäre! Das, was jeder italienische Maccaronihändler hat! Den Schluss des Abends bildete ein komisches Intermezzo. Däubler, der seiner Schwester versprochen hatte, wegen der Gefahren der Strasse die Nacht im Hotel zu bleiben, sich aber als „Österreicher" einschrieb, wurde vom Direktor als Hotelgast energisch abgelehnt, weil er als „Ausländer" keinen Ausweis habe. Es gab eine Szene, bis ich als Beauftragter des Arbeiter und Soldatenrates der auf Grund meiner Karte für Sicherheit und Ordnung zu sorgen hätte, einschritt und dem Direktor kraft meiner Autorität befahl, Däubler zu behalten; worauf der Direktor nach guter alter preussischer Art vor der Disziplin wenn auch revolutionären Ursprungs sich beugte, und Däubler ein Zimmer anwies. Alles ist wie ausradiert, nur nicht der Knick in der Wirbelsäule. – Däubler erzählte im Laufe des Abends, dass er

---

1 Friedrich August

2 Ernst Ludwig

ziemlich viel preussisches Blut habe; seine Grossmutter[1] sei eine Gaffron u. neunzigjährig noch am Leben. Sein „Nordlicht" habe er zuerst auf italienisch schreiben wollen; Wagners „Siegfried" u. eine Aufführung der Neunten Symphonie[2] in Wien namentlich letztere, hätten ihn aber bestimmt, sein Werk auf Deutsch zu dichten. Merkwürdig der absolute Mangel an Verständnis u. Sympathie Schickeles für Norddeutschland u. Norddeutsche. Er versteht u. liebt nur Alemannen und Franzosen.

11 November 1918. Montag Berlin. *11.11.1918 Montag*

Ludwig Stein rief früh an, wie es mir gienge, ob ich noch am Leben sei? Er war gestern in der Schiesserei beim Reichstag. Auf dem Weg ins Auswärtige Amt traf ich in der Wilhelmstrasse Lothar Spitzemberg, der nach Potsdam wollte. Er sagt, die Kaiserin sei noch im Neuen Palais und werde von der früheren Schlosswache, aber ohne Kokarden, bewacht. Die früheren Offiziere, Alvensleben und Andre, seien auch noch in Funktion, aber als Mitglieder des Arbeiter- und Soldatenrates, in den sie von ihren Leuten gewählt seien. Im Amte Ratlosigkeit und Auflösung. Die einzelnen Beamten und Vortragenden Räte arbeiten noch, aber ohne zu wissen, von wem sie abhängen. Solf ist zwar noch da, ob als Mitglied der Regierung ist zweifelhaft. Im Gang vor der Tür des Staatssekretärs traf ich den alten Lerchenfeld. Er nahm Abschied, ist abgesetzt. Er sei glücklich, dass er so alt sei. Ich gieng zu Langwerth und zu Hatzfeldt. Hatzfeldt telephonierte mit Oettingen in Warschau, der meldete, in Polen sei auch überall Revolution, Arbeiter u Soldatenräte hätten sich gebildet, in denen deutsche mit polnischen Soldaten zusammen sässen, Pilsudski sei angekommen, habe die Bewegung aber nicht mehr in der Hand: zu spät, wie er befürchtete. Mit Langwerth besprach ich privatim die von Schickele geplante, von mir bereits seit 14 Tagen betriebene Anknüpfung zwischen unseren Unabhängigen und den französischen Sozialisten. Ich bat ihn, von meinen Mitteilungen amtlich keinen Gebrauch zu machen. Er selbst wusste Nichts, konnte Nichts sagen, schien ganz aus dem Geleise geworfen. Er hat gestern alle wichtigen Papiere fortgenommen. Ich gieng ins Adlon, um der Gräfin Bernstorff Blumen zu schicken. Unter den Linden sind heute viele Häuser rot beflaggt. Am Eckhause, Linden 78, wo Richters wohnen, sieht man an den Mansardenfenstern Spuren der Beschiessung. Eine ruhige, nicht sehr grosse Menge wogt die Linden auf und ab. Wie seit zwei Tagen überall auch hier viele schnell durchfahrende rotbeflaggte Autos. Man gewöhnt sich allmählich an dieses Schauspiel der Revolution, das wenig abwechslungsreich ist. – Die furchtbaren Waffenstillstandsbedingungen sind heute unterschrieben worden. Langwerth sagt, Etwas Andres sei nicht möglich

[1] Brehmer

[2] Beethoven

gewesen, da unsere Front in voller Auflösung begriffen sei. – Der Kaiser ist nach Holland geflohen. – Cassirer erzählt, dass Kestenberg u. Schickele bei Bernstein sind, um für Georg Bernhard die Erlaubnis zu erlangen, wieder öffentlich zu schreiben; die Unabhängigen wollten den Ullstein Verlag ebenso wie Scherl annektieren, die Pressfreiheit bis zur Constituante ganz einschränken. – Die Schiesserei in den Strassen geht immer weiter; angeblich in den Häusern und auf den Dächern versteckte Offiziere, ich vermute, grösstenteils Provokateure der äussersten terroristischen Gruppen. Heute Nachmittag wurde am Hausvogtei-Platz geschossen, heute Nacht zwischen elf und zwölf, während ich dieses schreibe, rattert es unaufhörlich aus der Gegend des Potsdamer Platzes. F. G. der in der Nacht von Sonnabend auf Sonntag das Café Victoria an der Ecke der Friedrichstrasse und der Linden mitgestürmt hat, sagt, sie hätten drinnen Nichts als einige weggeworfene Offiziers Uniform Stücke gefunden. Das stinkt nach Provokateur Arbeit. Ausserdem ist auffallend, dass diese angeblichen Offiziere so gut wie nie Jemanden treffen. Der Dichter Schönlank, der zur Spartacus Gruppe gehört, und den ich Abends bei Cassirer traf, lehnte die Möglichkeit, dass es sich um Provocateure handle, mit Entrüstung ab. Er kam, um zu protestieren gegen die Rückgängigmachung der durch die Spartacus Gruppe vorgenommenen Expropriierung des Lokal Anzeigers, heute von der neuen Regierung Scherl zurückgegeben; machte geltend, nur die Spartacus Gruppe könne der Rancune der Millionen zurückflutender Soldaten ein Ventil schaffen. Wenn man ihnen kein Organ lasse, dann würde dieses Gift unterirdisch weiterfressen und Alles unterhöhlen. Heute Vormittag um 11 ist der Waffenstillstand in Kraft getreten; der Krieg zu Ende.

12 November 1918. Dienstag. Berlin *12.11.1918 Dienstag*

Deutsch-Österreich hat sich zur Republik ausgerufen und an das Deutsche Reich angeschlossen. – Mittags Schickele gesehen, der von Haase aus dem Reichskanzler Palais kam. Haase scheint gleichzeitig mit Ebert den Titel Reichskanzler zu führen. Er hat Schickele beauftragt, allein die Verbindung in der Schweiz mit den französischen Sozialisten herzustellen. Schickele solle aber mit mir zu Solf gehen, damit dieser nicht ausgeschaltet werde. – Nachmittags im Reichstag im Fraktionszimmer des Bundes „Neues Vaterland“. Auf Kestenbergs Anfrage sagte ich zu, in den Vorstand einzutreten. Wie in der französischen Revolution bilden sich Clubs, in denen die politisch wichtigen Fragen vordebattiert u. entschieden werden; ihren Sitz haben sie sich in den Fraktionszimmern des Reichstags erobert. Der „Bund Neues Vaterland“, die „Aktivisten“ (Kurt Hiller Gruppe) u Andre, die neben den Soldaten u Arbeiter Räten dort tagen. Das Bild des Reichstags hat sich trotz der strengen Absperrung (man kommt nur noch mit dem roten Passierschein des Soldatenrates hinein) seit der ersten Revolutions Nacht nicht geändert; bis auf den grösseren Schmutz, der sich anhäuft. Überall Zigarettenstummel, fortgeworfene Papierstücken, Staub, Strassendreck auf den Teppichen. Gänge und Wandelhalle wimmeln von Bewaffneten, Soldaten und Matrosen. In der Halle stehen auf dem Teppich die Pyramiden zusammengestellter Gewehre; in den Clubsesseln liegen Matrosen. Eine grosse Unordnung, aber Ruhe. Die alten Diener in ihren Livreen gehen dazwischen machtlos und schüchtern herum als letzter Rest des früheren Regimes. Die Abgeordneten der bürgerlichen Parteien sind ganz verschwunden. – In der Stadt ist heute Alles ruhig; die Fabriken arbeiten wieder. Von Schiessereien ist Nichts bekannt geworden. Bemerkenswert übrigens, dass während der Revolutions Tage trotz der Strassengefechte die Elektrischen regelmässig gefahren sind. Auch das elektrische Licht, Wasserleitung, Telephon haben keinen Augenblick ausgesetzt. Die Revolution hat nie mehr als kleine Strudel im gewöhnlichen Leben der Stadt gebildet, das ruhig in seinen gewohnten Bahnen drum herumfloss. Auch gab es trotz des vielen Schiessens merkwürdig wenig Tote oder Verwundete. Die ungeheure welterschütternde Umwälzung ist durch das Alltagsleben Berlins kaum anders als ein Detektiv Film hindurchgeflitzt. – Um 6 war ich mit Schickele u. Paul Cassirer bei Solf, um von Diesem die Bestätigung des Schickeleschen Auftrags zu bekommen. Solf gab sie anstandslos. Er schien sich nur noch als ausführendes Organ der revolutionären Machthaber zu fühlen, sachlich resigniert. Ich gab ihm ein Telegramm für Romberg auf, das er ohne viel zu fragen niederschrieb. Die Leitung ist offenbar den bisherigen Beamten tatsächlich entglitten. – Den Abend bei Paul Cassirer, wo Schickele, Dr Breidscheid von den Unabhängigen, Hugo Simon, der junge Steindorff, Dr Lickteig. Der überwiegende Eindruck, der zur Sprache kam, die Direktionslosigkeit der Regierung. Die Ämter würden nach Laune verteilt, so skandalöserweise das preussische Kultusministerium an den „mir" u. „mich" nicht unterscheidenden Adolf Hoffmann. Haase halte sich das Auswärtige offen, von dem er erkläre, dass es ein unpolitisches Amt sei. Konsternierend wirkte der Sturz von Beerfelde, der heute den Kriegsminister Scheuch verhaftet hat und deshalb prompt vom Soldatenrat hinausgeworfen worden ist. Breidscheid möchte offenbar das Auswärtige in die Hand bekommen, und wird dabei von Schickele unterstützt. Schickele fragte mich nach einer Unterredung mit ihm in einem Nebenzimmer, ob ich es übernehmen würde, Rombergs Nachfolger in Bern zu werden. Ich antwortete, dass ich aus Loyalitätsgründen dieses ablehnen müsste, dagegen bereit wäre, eine Stellung neben ihm als sein von der neuen Regierung beauftragter Berater anzunehmen. Morgen soll Schickele noch einmal mit Haase die auswärtigen Fragen besprechen. Er war durch Haases schwankende und zweideutige Haltung sehr überrascht und entmutigt. Simon sagte mir, dass wir nach seiner Überzeugung dem Chaos zusteuerten, weil Niemand in der Regierung wisse, was er eigentlich wolle. Die Unordnung auf der Strasse wäre weniger verhängnisvoll gewesen als diese Unordnung in den leitenden Geistern der Revolution, wenn sie sich bestätigt. Breidscheid, der die Revolution mit geleitet hat, erzählt, dass drei Tausend Zivilisten in Berlin bewaffnet waren, die sogenannten „schwarzen Katzen", die eingreifen sollten, um den Widerstand der Regierung oder kaisertreuer Truppen zu brechen; sie seien aber nicht in Tätigkeit getreten, da das alte Regime vor der ersten roten Fahne, die entrollt wurde zusammenbrach, spurlos sich verflüchtigte. – Die Polen sind in Oberschlesien eingefallen.

13 November 1918. Mittwoch. Berlin. *13.11.1918 Mittwoch*

Lothar Spitzemberg telephoniert morgens wegen seiner Frau, ob Einquartierung zu erwarten sei von den zurückkehrenden Truppen; er selbst werde „einige Zeit abwesend und unerreichbar sein". Offenbar verlässt die Kaiserin das Land. – Wieland Herzfelde kam aufs Büro. Er wollte wissen, was es mit dem „Rat der geistigen Arbeiter"[1] auf sich habe. Ich wies ihn an Kestenberg. – Um 1 gieng ich zu Haase ins Reichskanzlerpalais. Im schönen Empire Vestibül viele wartende Bittsteller in Schlapphüten. Nie ist hier ein solches Gedränge gewesen. Ein kleiner Junge, der als Laufbursche amtiert, wies mich in den ersten Stock, wo noch einige befrackte Diener aus der früheren Zeit ihren Dienst versehen. Zum letzten Male war ich vor acht Tagen, noch unter dem Prinzen Max zu Anfang des Debâcles hier; seitdem rapider Fortschritt in der Verwahrlosung. Die Bohème ist eingedrungen. Der Kongresssaal war leer, bis auf einen Litteraten mit einer roten Schleife im Knopfloch, der mit mir wartete. Haase kam aus einem der Salons links heraus und holte mich zu sich hinein. Er ist ein kleiner unscheinbarer Mann mit einer freundlichen jüdischen Manier; erinnerte mich, ins Semitische transponiert, an Chlodwig Hohenlohe. Er sitzt an Bismarcks Schreibtisch; erkennbar an der Kupferplatte. Ich kam wegen der Anknüpfung mit Frankreich, namentlich jetzt sofort mit den französischen Sozialisten. Haase sagte, am liebsten wäre er selbst nach der Schweiz gekommen; augenblicklich sei das aber nicht möglich. Aber die Franzosen wüssten, dass er schon vor August '14 gegen den Krieg gewesen sei und nur mitgemacht habe, um die Einigkeit der Partei nicht zu gefährden, bis es ihm schliesslich unmöglich geworden sei. Schickele solle die Sache machen; ich mitwirken. Auch die kulturelle Anknüpfung, die in meinen Händen liege, sei äusserst wichtig. Ich sagte, selbstverständlich stellte ich mich weiter zur Verfügung; aber wenn ihm oder der neuen Regierung eine andre Persönlichkeit lieber wäre, würde ich sofort zurücktreten. Haase antwortete, ihm sei ich sehr recht; er müsse aber noch die Sache bei seinen Kollegen vorbringen: er bitte mich vor meiner Abreise ihn noch

[1] Politischer Rat geistiger Arbeiter, dessen Mitbegr. u. Vors. Kurt Hiller war

einmal zu besuchen. Unten traf ich Hugo Simon, dem der Posten als Unterstaatssekretär im Preussischen Finanzministerium eben angeboten war. Er gieng zu Haase, um ihm Breidscheid als Unterstaatssekretär im Auswärtigen Amt vorzuschlagen. Die Ämterverteilung spielt im Augenblick eine erste Rolle. Riepenhausen lief mir zwischen der Menge der Bittsteller in die Arme. Er ist mit Schmidthals aus dem Auswärtigen Amt in die Reichskanzlei übergesiedelt und gründet hier ein Informations Bureau für die „Volkstribunen", wie er sich ausdrückt. D. h. er macht für sie die öffentliche Meinung, die sie zu hören bekommen. Prittwitz ist auch geblieben und leitet die Verteidigung des Reichskanzlerpalais gegen Handstreiche. Vier oder fünf Maschinengewehre stehen vorne im Hofe und hinten im Garten. Riepenhausen meinte, wenn die Spartakus Partei mit einem Auto und einigen entschlossenen Leuten vorführe, könne sie trotzdem das ganze Kabinett fortschaffen. Er fürchtet einen solchen Handstreich und überhaupt die Überrumpelung Berlins durch Liebknecht. Mir scheint es gleich möglich, dass die alte Beamtenschaft, die sich mit solchem Eifer jetzt dem Sozialismus „zur Verfügung stellt", die neue Regierung aufsaugt. Vor der Reichskanzlei auf der Strasse traf ich Nadolny, der mir sagte, eben hätten er und Solf die sechs starken Männer im Kabinett überredet, die russische Botschaft nicht zurückzulassen. Man werde ihr offiziell die Rückkehr gestatten, aber tatsächlich Verzögerungen herbeiführen. Auch die Unabhängigen hätten eingesehen, dass sie ein Schlupfwinkel der Spartakus Leute werden würde. Nebenbei ermunterte mich Nadolny, mitzumachen und möglichst den Soldaten gegen die Spartakuspartei zuzureden. Bei F. G. den ich nachher sah, sowie beim Kellner meines Stammlokals traf ich die entgegengesetzte Stimmung. Diese sind überzeugt, dass die Gegenrevolutionäre, die „Alldeutschen", einen Putsch planen. Die Luft über Berlin sei „sehr dick", trotz oder gerade wegen der seit zwei Tagen herrschenden Stille. Es sei ausgeschlossen, dass die Königstreuen, die Junker, die Alldeutschen über Nacht verschwunden seien oder sich in ihr Schicksal ergeben hätten. – Ludwig Stein, mit dem ich mich um 4 im Adlon verabredet hatte, kam verspätet und sehr aufgeregt aus dem Reichstag. Er habe hineingewollt, sei aber abgewiesen worden, weil eben die Matrosen, die Spartakusleute seien, gegen die Soldaten im Reichstag eine Schiesserei begonnen hätten. Man habe ihm zugerufen, er solle nur machen, dass er fortkomme. Er sieht sehr schwarz, glaubt an grosse Unruhen, Bürgerkrieg, Anarchie. – Um 5 bei Paul Cassirer, wo noch Schickele. Beide reisen heute Abend über München nach der Schweiz. Cassirer ist erfüllt von der Gefahr einer Reaktion. Das ganze Bürgertum habe schon heute die Revolution satt. Die Potsdamer Regimenter, die ihre Offiziere in den Soldatenrat gewählt haben, könnten mit leichter Mühe Alles wieder umstossen. Schickele u. Cassirer machen Beide einen mismutigen, verschlossenen, verlegenen Eindruck. – Von hier ins Ausw. Amt, wo ich Langwerth sehen wollte wegen der Anknüpfung mit den französischen Sozialisten und Ferdinand Stumm wegen andrer Dinge. Langwerth über das mit Haase u. Solf Besprochene informiert. Dann einen Augenblick bei Hatzfeldt, der über Pilsudskis Tätigkeit in Warschau sehr erfreut: P. ist vom Regentschaftsrat[1] als eine Art von Diktator eingesetzt und hat als erste Amtshandlung den deutschen Soldaten die Waffen wiedergegeben. Wenn er so weiterregiert, ist meine Politik glänzend gerechtfertigt. Riezler, den ich traf, erzählte am Sonntag habe Liebknecht einen wüst aussehenden „Hauptmann Wagner" zum Reichskanzler Ebert geschickt mit einem roten Zettel, auf dem sofortige Gestellung eines Autos zur Befreiung von Pilsudski verlangt wurde. Ebert schickte den Mann zu Riezler, der ihm sagen konnte, dass Pilsudski längst in Warschau sei. Ferdinand Stumm, der jetzt nie zu treffen, immerfort unterwegs ist, antwortete mir auf meine Frage, was er tue, er organisiere die „weissen Garden" (wohl gegen Liebknecht) für den kommenden Bürgerkrieg. Auch Hatzfeldt und Ow erzählten, Metternich und Schaesberg hätten die Wache im Marstall ganz in der Hand. Ich habe das Gefühl, dass Stumm etwas Viel in dieser Hinsicht tut. Ich gieng mit ihm in die Reichskanzlei, und überall lauerten auf ihn junge Leute, mit denen er drei, vier Worte sprach und kurze Weisungen auszutauschen schien. Er war es, der am Tage von Kiel mir sagte, es gebe 57 Tote; gottseidank, denn das beweise, dass die Truppe noch schösse. Unbesonnene und unbegründete Hoffnung auf eine Reaktion kann jetzt zu grossen Katastrophen führen. Stumm empfindet eine Art von kindlichem Selbstgefallen als Verschwörer.

14 November 1918. Donnerstag. Berlin. *14.11.1918 Donnerstag*
Vormittags bat mich Hatzfeld zu einer Besprechung und fragte mich, ob ich den Gesandten Posten in Warschau annehmen würde? Die Polnische Regierung verlangt die Abberufung von Lerchenfeld und Oettingen und die sofortige Ernennung eines Gesandten. Meine Hauptaufgabe werde zunächst sein, dafür zu sorgen, dass unsere Truppen aus Polen und aus der Ukraine herauskommen. Eine äusserst schwere und verantwortungsvolle Aufgabe. Ich nahm an. – Gleich nachher traf ich im Amte Erzberger. Er zog mich in ein Zimmer und meinte, ich hätte hierbleiben sollen. Jetzt würden energische Männer hier gebraucht, sonst bekämen wir keinen Frieden. Mit der jetzigen Regierung werde die Entente keinen Frieden schliessen, wenn nicht bürgerliche Elemente hineinkämen. Er bedaure, dass er während der Revolution abwesend gewesen sei; sonst wäre keine rein sozialistische Regierung zustandegekommen. Er unterschätzt jetzt wieder wie in der Abdankungsfrage die Linkskräfte, die der Krieg bei uns entwickelt hat. – Seine Reise ins französische Hauptquartier hat bei ihm einen sehr schlechten Eindruck hinterlassen. Die Behandlung sei gemein gewesen;

[1] Kakowski, Ostrowski u. Lubomirski

Foch eisig und ganz von oben herab. – Zum Frühstück bei mir hatte ich den Bankier Hugo Simon vom „Bund Neues Vaterland", der heute zum Unterstaatssekretär im Preussischen Finanzministerium ernannt worden ist; ein „Unabhängiger", aber für die National Versammlung. Richard Strauss, der dazu kam, und vorher beim neuen Kultusminister Adolf Hoffmann gewesen war, ist von diesem begeistert. Er habe ihm ohne Weiteres seine zwei Forderungen zugestanden, dass in den vormals Königlichen Theatern das Niveau erhalten bleiben und die Löhne der Angestellten aufgebessert werden müssten. Auch seine Vorschläge für das neue grosse Opernhaus vor dem Brandenburger Tor, das Strauss sich als Volks Festspielhaus denkt, gebilligt. Zum Tee bei der Gräfin Bernstorff, wo auch er, der Botschafter, und ihre Schwiegertochter. Bernstorff bereitet sich auf die Reise nach dem Haag zu den Friedensverhandlungen vor. – Nachher im Amte nochmals bei Hatzfeldt, dem ich meine Wünsche für meine Gesandtschaft vortrug: als erstes sofort einen im Eisenbahnwesen erfahrenen, tüchtigen Generalstabs Offizier, der mir bei den Verhandlungen über den Abtransport der Truppen hilft. Dann einen jüngeren Diplomaten (vielleicht Ow) der in polnischen Dingen schon gearbeitet hat. Ferner einen guten, polnisch redenden Journalisten. Schoeler als meinen persönlichen Adjutanten. Gülpen als Stütze in brenzlichen Lagen und als Freund von Sosnkowski. Schliesslich ein ausreichendes Budget auch für Repräsentation. Hatzfeld gestand dieses Alles zu. Ich bat ferner um Weisungen in den Grenzfragen und über das Verhältnis zu Ob. Ost.[1] Hatzfeld sagte, für die Grenzfragen solle ich auf die Friedenskonferenz verweisen, die bestimmen werde, welche Gegenden rein polnisch seien. Die Truppen in Polen unterstünden noch Ob Ost. Mit diesem muss ich mich also verständigen. Langwerth gratulierte mir im Gang; er schien wohlwollend und erfreut. In Wirklichkeit werden wohl die Wenigsten diesen Posten begehren. – Heute um 1, als ich die Linden hinuntergieng, kam die Schlosswache vom Brandenburger Tor mit dem Hohenfriedberger Marsch anmarschiert genau wie früher, nur mit roten Revolutionsfahnen, die Mannschaften ohne Kokarden und die Unteroffiziere oder Ordner mit schwarz-rot-gelben grossdeutschen Armbinden. Die Leute marschierten etwas lässiger wie die Garde vor dem Kriege, aber in guter Ordnung und durchaus soldatisch. Eine grosse Menschenmenge mit roten Schleifen und Armbinden begleitete sie. Vor der in den Revolutions Tagen arg zerschossenen Passage stimmte die Musik die Weise an: „Es

---

[1] Abkürzung für Ober-Ost, ein 'Militärstaat' mit Sitz in Kowno (Kaunas), der v. dt. Besatzungstruppen auf dem Gebiet des russ. Reiches eingerichtet wurde; bezeichnete gleichzeitig den „Oberbefehlshaber der gesamten dt. Streitkräfte im Osten", eine Funktion, mit der seit Nov. 1914 zunächst Paul v. Hindenburg betraut war; nachdem Hindenburg u. Ludendorff im Aug. 1916 die Oberste Heeresleitung übernommen hatten, wurde Prinz Leopold v. Bayern zum Oberbefehlshaber Ost ernannt

liegt eine Krone im grünen Rhein"[1]. Sie klang wie ein Trauermarsch; mir schnitt sie ins Herz. Ich dachte an das verlorene Elsass, das französische linke Rheinufer. Wie werden wir im Gefühl das jemals verwinden? Mag der Völkerbund noch so schön werden, diese Wunde kann er nur verewigen. – Viele Soldaten tragen jetzt wieder die schwarz-weiss-rote Kokarde über der roten revolutionären, die an die Stelle der preussischen getreten ist.

15 November 1918. Freitag. Berlin. *15.11.1918 Freitag*

Früh um 9 bei Erzberger in der Budapester Strasse. Ich warnte davor, die jetzige Regierung durch Hineindrängen Bürgerlicher zu erschüttern. Augenblicklich sei die Hauptsache die Front gegen Spartakus; daneben die Vorbereitung der Wahlen zur National Versammlung. Erzberger beschimpfte die Feigheit der bürgerlichen Klassen, und namentlich der Offiziere, die der Revolution überhaupt keinen Widerstand entgegengesetzt hätten. Der Chef des Gardekorps, der den Soldaten verboten habe zu schiessen, gehöre erschossen. Jetzt müsse man wenigstens nicht wieder vor den Spartakusleuten kampflos das Feld räumen. Für den Präliminarfrieden entwickelte Erzberger folgende Grundsätze: Er wolle ihn mit der grössten Beschleunigung, womöglich innerhalb von 8 Tagen, abschliessen, um das linke Rheinufer vor der Besetzung zu retten. Das Besetzungsrecht gelte nur für den Waffenstillstand. Um den Präliminarfrieden schnell fertigzubringen, wolle er Elsass-Lothringen preisgeben; anders bekomme er ihn nicht zustande, und Elsass-Lothringen sei doch nicht für uns zu retten. Polen wolle er zurückstellen für den grossen Frieden; im Präl. Frieden nur grundsätzlich ein neutrales Polen zugestehen und Vorarbeiten besprechen ethnographischer und andrer Art. Keine Grenzen für Polen im Pr. Frieden. Oberschlesien dürften wir unter keinen Umständen verlieren; es sei wirtschaftlich für uns unentbehrlich, kein unzweifelhaft polnisches Gebiet, habe nie zu Polen gehört, die Polen seien nur eingewandert. Oberschlesien sei Kernpunkt. Danzig könne Freihafen werden, oder wir könnten den Polen als Freigebiet einen andren Mündungs Arm der Weichsel zugestehen und ein Stück am Haff; Geldfrage. Mit Korfanty lasse sich „in bestimmter Weise" arbeiten. – Auf der Strasse am Potsdamer Platz, sah ich zum ersten Male seit der Revolution wieder einen Offizier mit Achselstücken. – Um 11 beim Unterstaatssekretär Lewald im Reichsamt des Inneren. Ich entwickelte ihm mein Programm, dem er zustimmte. Er selbst legt besondren Wert auf die Rückschaffung unseres Eisenbahn Materials und die Sicherung unserer Darlehnskassenscheine (800 Millionen, mit einer Reichsgarantie bis zu einer Milliarde). Unser rollendes Material wird aber, wie mir später Hatzfeld sagte, nicht zurückzuschaffen sein, da unsere Eisenbahnbeamten fort sind. Die Polen wollen es gegen Quittung über-

---

[1] Hill

nehmen. Ich kann nur versuchen, ausserdem noch eine Zusicherung zu erhalten, dass wir es für Abtransport und Durchtransport unserer Truppen aus der Ukraine benutzen dürfen. Lewald liess den Generalstaatsanwalt v. Präger[1] kommen, einen Baiern, der bis Mai 17 Kreischef in Polen war und seitdem die polnischen Angelegenheiten im Reichs Amt des Inneren bearbeitet. Er macht einen intelligenten, aber etwas scharfen Eindruck, als ob er zum Poltern neigte und die Polen nicht liebte. Doch kennt er die Fragen und Vorgänge genau und wäre als Konversationslexikon für mich in Warschau wertvoll. Ich regte an, dass Lewald ihn mir abtrete. Lewald war über den Vorschlag erfreut und sagte, er würde ihn wärmstens befürworten. Praeger nahm an. Nachher hatte aber Hatzfeld Bedenken, weil Präger früher zur Zivilverwaltung gehört hat, daher persona ingrata in Warschau wäre und mich durch seine Person belasten würde. Wir beschlossen daher, die Abkommandierung Prägers nach Warschau mindestens zu verschieben. – Konferenz bei Langwerth mit Hatzfeld und zeitweise Nadolny über Rücktransport und Eisenbahnfragen. Resultat wie oben angegeben. Nadolny sagte, Ob. Ost glaube, die Truppen aus der Ukraine abtransportieren zu können, ohne polnischen Boden zu berühren über Brest Litowsk-Bialystok. Vorläufig sei nur die Räumung der Krim und Tauriens befohlen. Während dieser Beratung liess sich ein Oberregierungsrat und Major Koehn dringend bei Hatzfeld melden, er komme eben aus Warschau und habe Wichtiges zu berichten. Er war ein alter, weisshaariger, schöner Mann, mit energischen Gesichtszügen, aber offenbar in grosser Aufregung. Seine Schilderungen aus Warschau, das er vorgestern verlassen hat, und von der Grenze waren höchst beunruhigend. Beseler ist weggefahren; und daraufhin haben sich Armee und Verwaltung in Polen aufgelöst. Die Offiziere und Kreischefs sind zum grossen Teil dem Beispiel von Beseler gefolgt, die Soldaten führerlos von polnischen Legionären und Aufständischen entwaffnet worden. In Warschau sind alle deutschen Regierungsstellen von den Polen besetzt, Lerchenfeld, Steinmeister u. s. w. unter strenger Bewachung, die der Internierung gleicht. Warum Beseler weggefahren ist, ohne sich um seine Truppen und Beamten zu kümmern, konnte Koehn nicht erklären; er meinte, es sei eine Intrigue von Hutten, der ihn dazu überredet habe, worauf am Montag in ganz Polen die Beseitigung der deutschen Herrschaft widerstandslos sich vollziehen konnte. Ganz Polen starre jetzt von Waffen. Alles eile zu den Fahnen. Die Polen betrachteten sich tatsächlich als im Kriegszustande mit Deutschland. Für unsere Grenze bestehe die höchste Gefahr. In Thorn seien der Festungskommandant und der General krank im Lazarett, der Stabschef ebenfalls krank, dazu unfähig und kopflos. Jeden Augenblick könnten die Polen den Bahnhof von Thorn besetzen. Truppen zur Verteidigung seien nicht dort. Langwerth und ich

[1] Preger

hetzten Hatzfeld und Koehn zum Kriegsminister[1], damit sofort Truppen hingeschickt werden. In dieser verzweifelten Lage ist fast das Einzige, dass ich möglichst bald Pilsudski sehe. Aber Solf hat noch immer nicht die Bestätigung meiner Ernennung durch das Kabinett, weil dieses nicht zusammenzubekommen sein soll. Desorganisation. – Gefrühstückt bei Hugo Simon, dem neuen Finanz Unterstaatssekretär, mit Dr Breitscheid, dem neuen Preussischen Minister des Inneren (in Verbindung mit Hirsch): Beides Unabhängige. Wir frühstückten im Adlon. Berger, der mit Erzberger u Richthofen an einem Nebentisch sass, sagte mir, er mache nicht mehr mit unter Breitscheid; „eine Überzeugung habe er nur zu verkaufen". – Ferdinand Stumm, bei dem ich Nachmittags im Amte war, sagte mir ähnlich, er gehe in der nächsten Zeit auf Urlaub; unter Herrn Kautsky könne er doch nicht arbeiten. Die gegenwärtige Regierung sei unmöglich. Man müsse den linken Flügel der Unabhängigen (Dittmann, Barth) hinausschmeissen und Bürgerliche hineinnehmen, sonst könne keine anständige Regierung mit uns Frieden schliessen. Vorläufig sei die Regierung ausserdem jedem Handstreich ausgesetzt. Mit hundert Matrosen à 20 Mark, für 2000 M. könne er die ganze Reichskanzlei, Ebert, Haase, Scheidemann u. s. w. ausheben. Wie er heute die Lage sehe, werde die gegenwärtige Regierung sich nicht lange halten; wahrscheinlich giengen wir Strassenkämpfen entgegen. Im Schloss hätten sich die Matrosen bereits heute Nacht untereinander geschossen. Um den Schutz der Regierung durch militärische Mittel kümmere sich ausser ihm, Stumm, Niemand. Er versuche wenigstens Tausend oder Zweitausend zuverlässige Leute zusammenzubekommen, die sie vor einem Handstreich sichere. Sobald er diese Truppe beisammen habe, fahre er nach dem Haag. Ich redete gegen den Boykott. Politisch sei es für die bürgerlichen Parteien geradezu ein Vorteil, dass die Sozialdemokraten allein die Verantwortung für den schlechten Frieden auf sich nähmen. u. s. w. Meine Argumente machten auf Stumm Eindruck. – Um 7 war bei Riezler eine Versammlung einberufen, um ein Manifest an die Deutsche Jugend[2] zu verfassen. Urheber scheinen Prittwitz, der jüngere Bernstorff, Brinckmann zu sein. Ich war aufgefordert mitzumachen. Anwesend waren noch Ferdinand Stumm, Below, Dr Meyer, der österreichische Leg. Rat Baron Gautsch, und einige Andre: ein kleiner Sowjet. Das Manifest stellt sich auf den republikanischen und sozialistischen Boden (Vergesellschaftung der Produktionsmittel.) Um das Wort Republik, das zuerst gegen die Stimme Meyers einstimmig angenommen wurde, entspann sich nachher eine Diskussion, bei der Stumm für „Volksstaat" eintrat. Dass die bisherigen Dynastieen endgültig erledigt seien, wurde allgemein angenommen. Nur schien die Idee eines Wahlkaisertums, einer Art von etwas monarchischer gestalteten Präsidentschaft der

---

1 Scheüch

2 An Deutschlands Jugend!

Republik, Einigen im Kopfe herumzugehen. Am einheitlichsten war die Opposition gegen jede Gewalt Politik. Stumm machte mit Recht geltend, dass das Amt diese Haltung gegenüber den Militärs während des ganzen Krieges eingenommen habe; daher der Hass der Militärs. – Das Auswärtige Amt für die Republik .... vor acht Tagen wäre diese Vorstellung geradezu grotesk erschienen, wo Alles noch die monarchische Gesinnung als selbstverständlich voraussetzte. Und doch glaube ich, dass die wahre Gesinnung jetzt herauskommt; der monarchische Gedanke war durch das völlige Versagen des Kaisers namentlich im Kriege aber auch schon durch seine glitzernde und beunruhigende Unfähigkeit vorher langsam abgetötet worden. Das konstatiert heute Abend in der „Deutschen Tageszeitung" Ernst Reventlow[1] selber, der mit fliegenden Fahnen zur Republik übergeht. – Abends um 8 hatte Solf noch immer nicht die sechs Kabinettsmitglieder zusammenbekommen für meine Bestätigung. Inzwischen geht kostbare Zeit in Warschau verloren. – Zum Abend bei Dr Breitscheid mit Hugo Simons, Prof Vliess aus Kopenhagen, der heute mit Solf über Nord Schleswig verhandelt hat (das wir auch verlieren) und eine Polin Frl ___ [2], die mir Empfehlungen für Warschau gab. In Posen sind, wie es scheint, polnische Legionäre eingerückt. Die Lage ist so, dass schnellstens in Warschau eingegriffen werden muss, wenn ein grosser Teil unserer Truppen nicht massacriert werden soll.

16. November 1918. Sonnabend. Berlin. *16.11.1918 Samstag*

Hatzfeld zeigt mir heute Vormittag eine Bleistift Notiz von Solf: die Regierung scheine mich abzulehnen, weil sie eine Frau als Gesandtin nach Warschau schikken wolle. Hatzfeld meint, es handle sich um eine theoretische Liebhaberei von Haase, der wünsche, dass die sozialistische Regierung mit einer weiblichen Ernennung in der Diplomatie anfange. Natürlich könne eine Frau in dieser furchtbaren Lage in Warschau Nichts ausrichten. Solf war nicht zu sprechen, da er in einer Sitzung des Kriegskabinetts war und bis 2 nicht gestört werden durfte. Ich schlug vor, Breitscheid als Adlatus von Kautsky um seine Vermittlung zu bitten. Inzwischen sind von verschiedenen A. u. S. Räten, von der deutschen Kolonie in Warschau und von Oettingen dringende telegraphische Bitten um sofortige Entsendung des neuen Vertreters eingelaufen. Auch das Hauptquartier Ob. Ost schickt einen Notschrei im selben Sinne. Hatzfeldt u ich besprachen die Sache mit Bussche und giengen dann ins Ministerium des Inneren zu Breitscheid, der mit Gerlach zusammensass. Breitscheid erklärte sich bereit, mit Kautsky zu sprechen, fand die Liebhaberei für weibliche Vertretung in diesem Augenblick unbegreiflich, da er sich keine Frau denken könne, die sie

[1] Der nationale Geist

[2] Baumgarten

im Auge hätten. Kautsky war dann aber auch nicht zu sprechen, da er ebenfalls im Kriegskabinett sass. So giengen Hatzfeld u ich zum Unterstaatssekretär David, einem ausgesprochen kleinbürgerlichen, pedantischen grauen kleinen Mann von etwas abstossendem Mangel an Wärme (früher Lehrer), der gegen weibliche Vertretung in Warschau ziemlich stark polemisierte, ohne aber irgendeinen praktischen Vorschlag zu machen, wie meine Ernennung schnell gefördert werden könne. Es blieb Nichts übrig, als auf den Schluss der Kabinettssitzung zu warten. So geht wieder ein halber oder sogar ein ganzer Tag verloren, so wie es unter der alten Regierung aus denselben Desorganisations Gründen bei der Freilassung Pilsudskis war. David machte ausserdem ängstlich darauf aufmerksam, dass die Bestätigung des Kriegskabinetts für meine Mission nicht genüge; ich müsse ausserdem eine Vollmacht vom Vollzugs-Rat haben, sonst würden mich die Arbeiter- und Soldaten Räte nicht anerkennen. – Um 1 empfieng ich den Präsidenten des Cionistischen Zentralbüros Julius Berger, den ich durch Ludwig Stein zu mir entbeten hatte. Er ist am Montag aus Warschau abgereist. Schildert die Lage der Juden in Polen als höchst gefährdet und für Deutschlands Stellung in der Welt sehr wichtig; da Alles, was ihnen geschähe, uns in die Schuhe geschoben werden würde. Posen sei nicht von polnischen Truppen, sondern von deutschen Truppen polnischer Nationalität besetzt. Der seit gestern im Kriegsministerium geschaffene „Heimats Schutz Ost" Chef, Major von Willisen, plane, deutsche Truppen hinzuschicken u. Posen gewaltsam zurückzunehmen, da es ein für Westpreussen gefährliches Aufmarschgebiet der Polen werden könne. (Gestern wurde Hatzfeld im Kriegsministerium gesagt, sie hätten nicht ein einziges Bataillon, um Thorn zu schützen.) Wenn es zum Kampf zwischen deutschen u. polnischen Truppen in Posen käme, würden alle unsere kleinen verstreuten und bereits entwaffneten Kommandos in Polen totgeschlagen, ausserdem an den polnischen Juden durch Pogroms Rache genommen werden. Daher müsse ein Kampf um Posen durch alle Mittel verhindert werden. Berger meinte, wenn das Zionistische Centralbureau über die Schicksale der Juden in Polen auf dem Laufenden gehalten werde, könne es durch tausend geheime Kanäle die öffentliche Meinung der Welt gegen die Polen und indirekt zu unseren Gunsten beeinflussen. Er schlug vor, dass er selber oder ein andres Mitglied des Zentralbüros mich in einer offiziösen oder geheimen Stellung nach Warschau begleite, um mich und das Berliner Zentralbüro dauernd zu informieren. Über Polnisches Judentum und jüdische Parteien in Polen gab er folgende Auskünfte: Jüdische Arbeiterschaft wenig zahlreich, schon wegen der Sabbatt Gesetze. Sie zerfalle in zwei Parteien: 1) Bund, in Warschau vielleicht zehn-Tausend Anhänger, ebensoviele in Lodz, ausserdem im Lande Verstreute. Führer ein russischer Revolutionär Medem, sehr intelligent u. fähig. Organ: Wochenschrift „Lebensfragen" 2) Poale Zion,

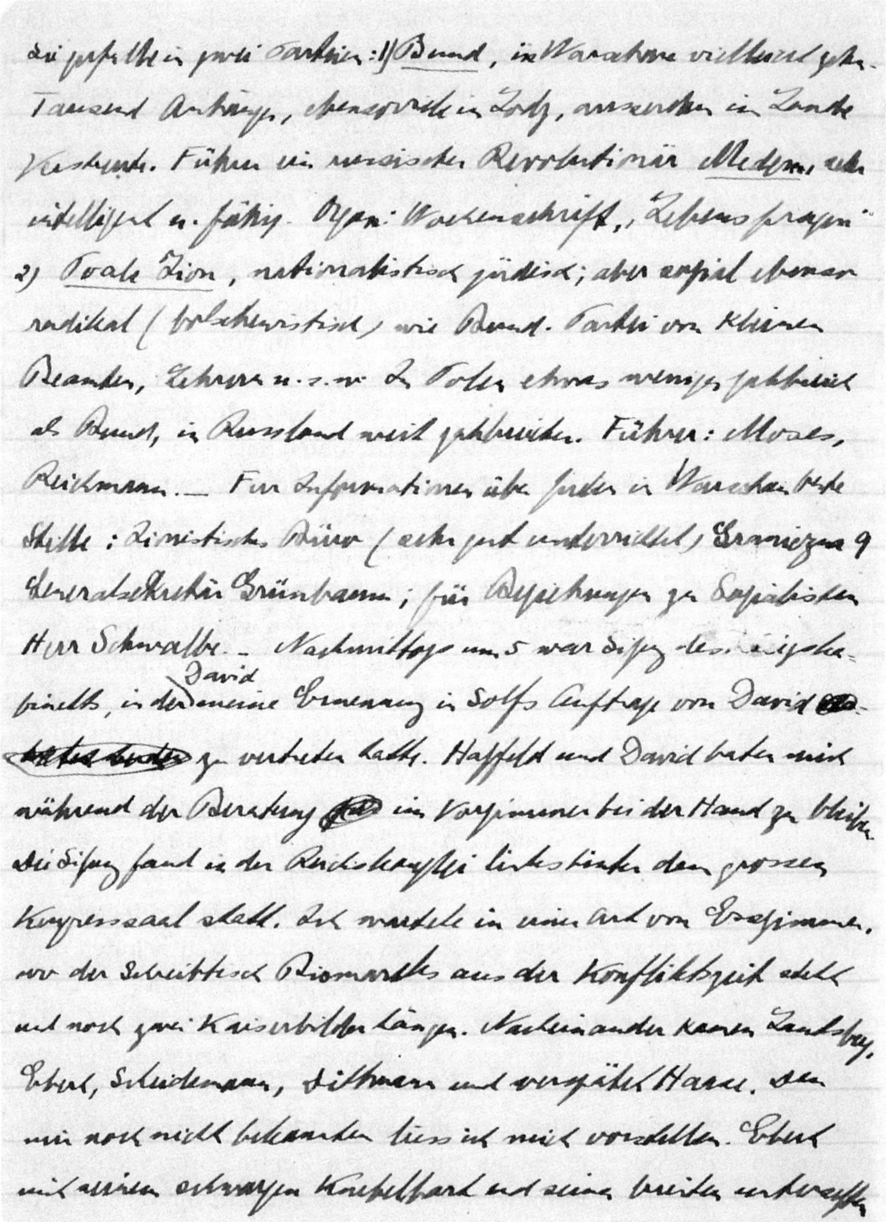
die gespalten in zwei Parteien: 1) Bund, in Warschau vielleicht zehn-
Tausend Anhänger, ebensoviele in Lodz, ausserdem in Landes
Kleinstädten. Führer ein russischer Revolutionär Medem, sehr
intelligent u. fähig. Organ: Wochenschrift „Lebensfragen"
2) Poale Zion, nationalistisch jüdisch; aber sonst ebenso
radikal (bolschewistisch) wie Bund. Partei von kleinen
Beamten, Lehrern u.s.w. In Polen etwas weniger zahlreich
als Bund, in Russland weit zahlreicher. Führer: Moses,
Reichmann. — Für Informationen über Juden in Warschau beste
Stelle: Zionistisches Büro (sehr gut unterrichtet) Graniczna 9
Generalsekretär Grünbaum; für Beziehungen zu Sozialisten
Herr Schwalbe. — Nachmittags um 5 war Sitzung des Reichska-
binetts, in der David meine Ernennung in Solfs Auftrag ~~von David~~
~~[illegible]~~ zu vertreten hatte. Hatzfeld und David baten mich
während der Beratung ~~[illegible]~~ im Vorzimmer bei der Hand zu bleiben.
Die Sitzung fand in der Reichskanzlei linkerhand hinter dem grossen
Kongresssaal statt. Ich wartete in einer Art von Vorzimmer,
wo der Schreibtisch Bismarcks aus der Konfliktszeit steht
und noch zwei Kaiserbilder hängen. Nacheinander kamen Landsberg,
Ebert, Scheidemann, Dittmann und verspätet Haase. Den
mir noch nicht bekannten liess ich mich vorstellen. Ebert
mit seinem schwarzen Knebelbart und seiner breiten untersetzten

Eintrag vom 16. November 1918; Tagebuch Harry Graf Kessler;
Deutsches Literaturarchiv Marbach

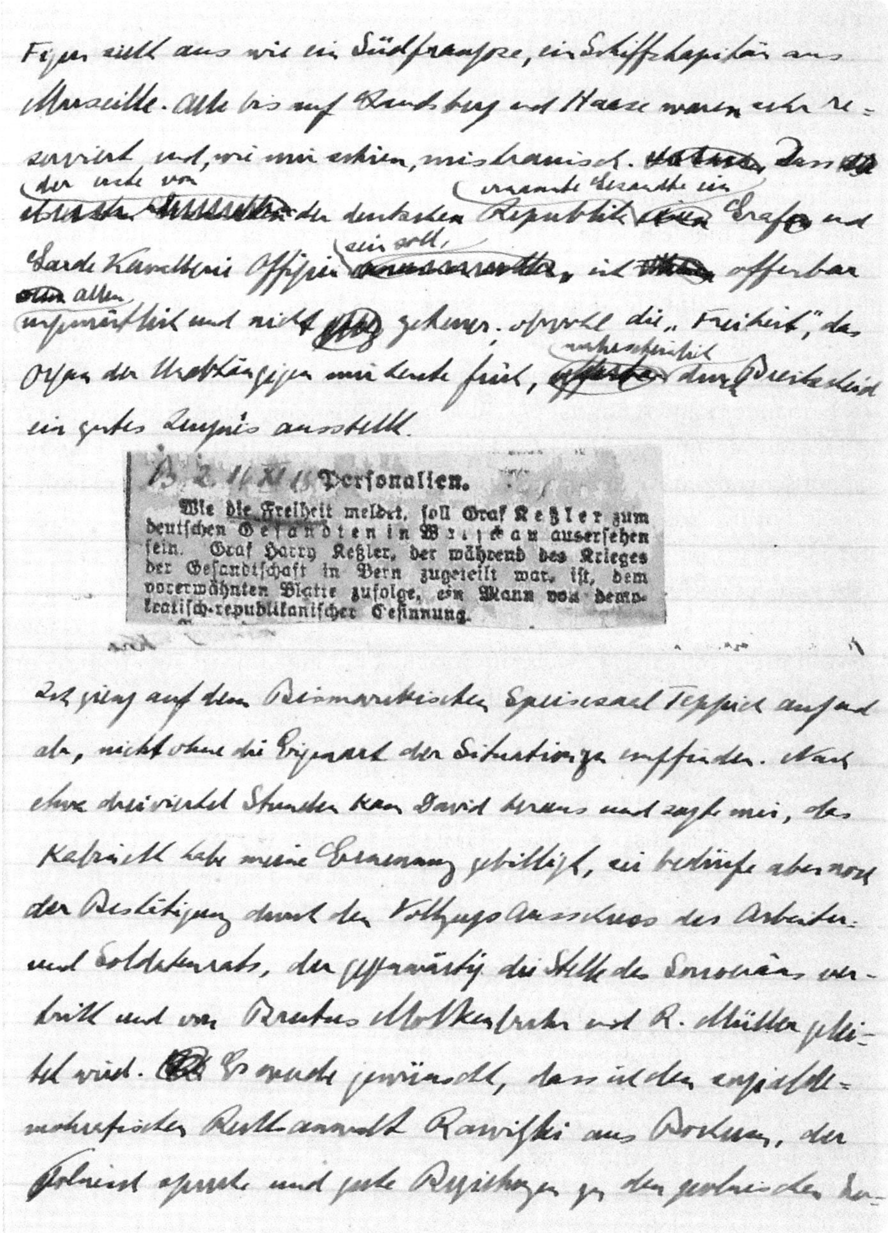

Fischer sieht aus wie ein Südfranzose, ein Schiffskapitän aus Marseille. Alle bis auf Landsberg und Haase waren sehr reserviert und, wie mir schien, misstrauisch. Dass der erste von der deutschen Republik ernannte Gesandte ein Graf und Garde Kavallerie Offizier sein soll, ist ihnen offenbar allen ungemütlich und nicht geheuer, obwohl die „Freiheit", das Organ der Unabhängigen mich heute früh, unbeabsichtigt durch Druckfehler ein gutes Zeugnis ausstellt.

B. Z. 16 XI 18

Personalien.

Wie die Freiheit meldet, soll Graf Keßler zum deutschen Gesandten in Warschau ausersehen sein. Graf Harry Keßler, der während des Krieges der Gesandtschaft in Bern zugeteilt war, ist, dem vorerwähnten Blatte zufolge, ein Mann von demokratisch-republikanischer Gesinnung.

Ich ging auf dem Bismarckischen Speisesaal Teppich auf und ab, nicht ohne die Eigenart der Situation zu empfinden. Nach etwa dreiviertel Stunden kam David heraus und sagte mir, das Kabinett habe meine Ernennung gebilligt, sie bedürfe aber noch der Bestätigung durch den Vollzugsausschuss des Arbeiter- und Soldatenrats, der gegenwärtig die Stelle des Souveräns vertritt und von Brutus Molkenbuhr und R. Müller geleitet wird. Es wurde gewünscht, dass ich den unabhängig-sozialdemokratischen Rechtsanwalt Rawitzki aus Posen, der Polnisch spricht und gute Beziehungen zu den polnischen Ra-

Eintrag vom 16. November 1918; Tagebuch Harry Graf Kessler; Deutsches Literaturarchiv Marbach nationalistisch jüdisch; aber sozial ebenso radikal (bolschewistisch) wie Bund. Partei von kleinen Beamten, Lehrern u. s. w. In Polen etwas weniger zahlreich als Bund, in Russland weit zahlreicher. Führer: Moses, Reichmann. – Für Informationen über Juden in Warschau beste Stelle: Zionistisches Büro (sehr gut unterrichtet) Graniczna 9 Generalsekretär Grünbaum; für Beziehungen zu Sozialisten Herr Schwalbe. – Nachmittags um 5 war Sitzung des Kriegskabinetts, in der David meine Ernennung in Solfs Auftrage zu vertreten hatte. Hatzfeld und David baten mich während der Beratung im Vorzimmer bei der Hand zu bleiben. Die Sitzung fand in der Reichskanzlei links hinter dem grossen Kongresssaal statt. Ich wartete in einer Art von Esszimmer, wo der Schreibtisch Bismarcks aus der Konfliktszeit steht und noch zwei Kaiserbilder hängen. Nacheinander kamen Landsberg, Ebert, Scheidemann, Dittmann und verspätet Haase. Den mir noch nicht bekannten liess ich mich vorstellen. Ebert mit seinem schwarzen Knebelbart und seiner breiten untersetzten Figur sieht aus wie ein Südfranzose, ein Schiffskapitän aus Marseille. Alle bis auf Landsberg und Haase waren sehr reserviert und, wie mir schien, mistrauisch. Dass der erste von der deutschen Republik ernannte Gesandte ein Graf und Garde Kavallerie Offizier sein soll, ist offenbar allen ungemütlich und nicht geheuer; obwohl die „Freiheit“[1], das Organ der Unabhängigen mir heute früh, wahrscheinlich durch Breitscheid ein gutes Zeugnis ausstellt.

Personalien.[2]

> Wie die Freiheit meldet, soll Graf *Keßler* zum deutschen *Gesandten in Warschau* ausersehen sein. Graf Harry Keßler, der während des Krieges der Gesandtschaft in Bern zugeteilt war, ist, dem vorerwähnten Blatte zufolge, ein Mann von demokratisch-republikanischer Gesinnung.

Ich gieng auf dem Bismarckischen Speisesaal Teppich auf und ab, nicht ohne die Eigenart der Situation zu empfinden. Nach etwa dreiviertel Stunden kam David heraus und sagte mir, das Kabinett habe meine Ernennung gebilligt, sie bedürfe aber noch der Bestätigung durch den Vollzugs Ausschuss des Arbeiter- und Soldatenrats, der gegenwärtig die Stelle des Souveräns vertritt und von Brutus Molkenbuhr und R. Müller geleitet wird. Es werde gewünscht, dass ich den sozialdemokratischen Rechtsanwalt Rawitzki aus Bochum, der Polnisch spreche und gute Beziehungen zu den polnischen Sozialdemokraten habe, mitnehme. Der Sozialdemokrat Baake, der neue Chef der Reichskanzlei, ein über-

---

1 Ein deutscher Gesandter in Warschau

2 Der folgende, mit dem handschriftlichen Vermerk „B.Z. 16 XI 18“ versehene Zeitungsartikel ist an dieser Stelle in das Tagebuch eingeklebt. Hervorhebungen im Original durch gesperrten Druck.

aus schätzenswerter Mann, gab mir ausserdem ein Empfehlungsschreiben für den sozialistischen polnischen Ministerpräsidenten Daszynski mit. So ausgestattet wanderte ich wieder ins Amt, wo Hatzfeld, Langwerth, Victor Wied mich als republikanischen Gesandten begrüssten. Mein Agrement durch die polnische Regierung wird noch heute Nacht, ohne die Entscheidung von Brutus Molkenbuhr und R. Müller abzuwarten, nachgesucht, um möglichst wenig Zeit zu verlieren. Ich soll am Montag Abend mit dem polnischen Vertreter in Berlin Njemojewski[1] nach Warschau abreisen. Als Sekretär habe ich mir Ow, und vertretungsweise, bis er aus Spa heran ist, den Dr Meyer ausgebeten. Als Eisenbahnsachverständiger schliesst sich in Thorn ein vom Kriegsministerium empfohlener Baurat an. Auch der zionistische Vertreter wurde von Hatzfeld in privater Stellung zugestanden. – Breitscheid telephonierte mir ins Amt, dass er meine Bestätigung beim Vollzugsausschuss energisch betreiben wolle.

17 November 1918. Sonntag. Berlin. *17.11.1918 Sonntag*

Erster Sonntag nach der Revolution. Am späten Nachmittage bewegten sich grosse Massen von Spaziergängern über die Linden und bis zum Marstall, um die Spuren der Gefechte an den Gebäuden zu sehen. Alles sehr friedlich in spiessbürgerlicher Neugier; namentlich die sehr auffallenden Einschläge am Marstall wurden begafft. Das Einzige gegen frühere Sonntage im Strassenbilde Veränderte ist das Fehlen der Schutzleute und die nicht sehr zahlreichen bewaffneten Matrosen, Wachen und Patrouillen, Ferdinand Stumms Leute. – Vormittags im Amte verschiedene für meine Mission in Betracht kommende Leute besucht. Zuerst Nadolny, um über Ukraine Auskünfte zu erhalten. Er sagt, unsere Soldatenräte nähmen in der Ukraine in Übereinstimmung mit unserer Regierung gegenüber allen Wirren und Kämpfen eine neutrale und abwartende Haltung ein. Das Einrücken der Entente in die Ukraine stehe bevor; unsere Truppen hätten dann dort keinen Zweck mehr, da sie nur den Schutz gegen die Bolschewiki bildeten. Sie sollen sich daher dort halten, bis die Entente hereinkommt, dann aber sofort abbauen. Ich solle in Warschau mit Hochdruck arbeiten, damit der Durchtransport durch Polen gewährt werde. Dazu nötig Verständigung mit Ob. Ost. Ich sprach daher telephonisch mit dem Major Wachenfeld in Kowno, dem Ia von Hoffmann, und bat um einen Verbindungsoffizier. Er riet mir, auch mit Oberstleutnant Brüggemann in Berlin wegen Durchtransport zu sprechen. Die Streitigkeiten zwischen Polen und Ukraine seien auf der Friedenskonferenz zu regeln. Ich solle daher die Polen zur Ruhe mahnen. Über das strittige Gebiet werde die Friedenskonferenz entscheiden. Wir hätten kein Interesse daran, ich könne aber eventuell sehr vorsichtig u nur privatim den Polen gegen Konzessionen inbezug auf unsere Grenzen unsere

[1] Niemojowski

Unterstützung ihrer Ansprüche gegen die Ukrainer auf der Friedenskonferenz versprechen. Nur dürften die Ukrainer u Russen Nichts hiervon erfahren. – Sodann zum Botschafter Bernstorff. Er will, wie Erzberger, die polnische Frage für die grosse Friedenskonferenz zurückstellen. Ich solle bei jeder Gelegenheit öffentlich u. privatim sagen, dass wir die internationale Regelung der polnischen Frage zugestanden hätten gemäss Wilsons Punkt XIII[1]; sie sollten daher jetzt keine Dummheiten machen. – Von Bernstorff zu Solf. Dieser fügte den Aufklärungen von Erzberger u. Bernstorff Nichts hinzu, warnte aber dringend vor Verbindung mit dem Zionismus oder jüdischen politischen Tendenzen, da dieses Pilsudski mistrauisch gegen mich machen würde. Ich solle möglichst gute Beziehungen zu Pilsudski pflegen, und diesem auch sagen, Solf habe sehr bedauert, ihn bei seiner Durchreise durch Berlin nicht gesehen zu haben. Solf sagte, er habe ziemlich hart kämpfen müssen, um meine Ernennung bei der Regierung durchzusetzen, weil diese eigentlich einen Sozialdemokraten, und am liebsten ein sozialdemokratisches Frauenzimmer geschickt hätte. Ebert habe ihn aber unterstützt, und ebenso Landsberg. Nachher mit Hatzfeld zu Mathieu wegen Finanzfragen bei Errichtung der Gesandtschaft. – Gefrühstückt bei Bernstorffs im Adlon, das seit den Schiessereien wegen seiner Lage verödet ist; die meisten eleganten Gäste scheinen ausgezogen, unter Andren Bernhard Bülows und Willy Stumm. Dieser setzte sich an unseren Tisch. Er kam vom Lande, wo er geflüchtet gewesen ist, weil Eckhardtstein neulich mit Bewaffneten ins Auswärtige Amt eindrang, um ihn zu verhaften. Eckhardtstein gieng zuerst zu Solf, der Stumm warnte, so dass dieser fliehen konnte. Heute hat er sich zurückgewagt auf sein Zimmer und Bernstorff depossediert, der inzwischen dort eingezogen war. Ein grosser Held scheint er nicht zu sein. Heldentum ist überhaupt rar geworden. Unsere sämtlichen parlamentarischen Staatssekretäre sind am Revolutionstage ausgerückt und nicht wieder zum Vorschein gekommen, bis auf Erzberger, der bei Foch war, und deshalb als ungestürzt weitermacht. Stumm erzählte, Beseler sei aus Warschau in Zivil unter falschem Namen, als „Kaufmann Francke" abgereist. Die polnische Regierung habe ihm dazu geraten seiner Sicherheit halber! – Nachmittags Litwin gesprochen, der fünfzehn Jahre in Lodz gelebt hat und dessen Bruder, wie er mir erzählte, Präsident des Lodzer zionistischen Vereins ist. Er misst aber dem Zionismus geringe Bedeutung bei und gab mir zwei Ratschläge: 1) die Besserung der deutsch-polnischen Beziehungen auf wirtschaftlichem Wege zu erstreben, indem wir zunächst den Polen Maschinen lieferten, um ihre Fabriken wieder

[1] Punkt 13 des Vierzehn-Punkte-Programms lautet: „An independent Polish state should be erected which should include the territories inhabited by indisputably Polish populations, which should be assured a free and secure access to the sea, and whose political and economic independence and territorial integrity should be guaranteed by international covenant."

aufzubauen; damit kämen die Arbeiter von der Strasse, würden Unzufriedenheit und Bolschewismus verringert. Fernerhin Warenaustausch. 2) die Beziehungen zur polnischen Aristokratie zu pflegen. Sie sei doch letzten Endes der mächtigste Faktor im Lande, weil die Bauern zu ihr hielten. Schliesslich solle ich nie vergessen, dass jeder Pole durch und durch falsch und hinterlistig sei. Keinen Augenblick dürfe man Dieses ausser acht lassen. – Abends um halb acht telephoniert mir Breitscheid, dass er die schleunige Bestätigung meiner Ernennung dem Vollzugsrat der Arbeiter und Soldaten durch dessen Justiziar Dr Broh habe dringend empfehlen lassen, dass sie aber bis jetzt noch über die Nationalversammlung berieten, u. deshalb die Warschauer Gesandtschaft noch nicht besprochen hätten. Später um Neun lässt mir Breitscheid durch seine Frau sagen, dass er Alles täte, um meine Bestätigung durchzusetzen, dass aber der Antrag der Regierung beim Vollzugsrat noch nicht eingelaufen sei. Er wolle sehen, David noch heute Abend zu erreichen, damit er dem Vollzugsrat die Sache unterbreite. Zweifelhaft ist, ob wir unter diesen Umständen morgen fortkommen.

An Deutschlands Jugend![1]

Wir erhalten mit dem Ersuchen um Veröffentlichung den folgenden Aufruf:

Deutsche Jugend, deine Stunde hat geschlagen!

Der Geist, der 1848 die deutschen Lande durchwehte, hat sich in jähem Durchbruch den Weg ins Freie gebahnt. Ein Sturmwind hat das alte Gebäude mit samt seinen Grundmauern davongetragen. Wir streiten nicht, was gut, was schlecht an ihm war.

Ein neues Haus gilt es zu bauen. Dazu taugen die alten Parteien nicht mehr, tut euch zusammen, stoßt sie um oder zwingt sie, sich zu erneuern. Die gesamtdeutsche Nationalversammlung soll in der Paulskirche den großdeutschen Volksstaat errichten. Die Bismarcksche Lösung der deutschen Frage war nie eine endgültige. Mit Monarchie und Konstitutionalismus sind die Pfeiler der Verfassung, Bundesrat und Präsidialmacht, gefallen. Es gilt, die deutschen Stämme neu zusammenzufassen, geistlosen Zentralismus wie partikularen Eigensinn zu verhindern. Es gilt ein gesamtdeutsches Volkshaus hoch über allen Parlamenten der Einzelstaaten zu errichten und ein Staatenhaus ihm an die Seite zu stellen, das die Einzelstaaten zu vertreten hat. Nach außen gilt es, die Gesinnung der Gewalt für ewig zu bannen. Nicht

[1] Dieser handschriftlich mit der Notiz „Berl. Tageblatt Sonntag 17. Nov. 18“ versehene Zeitungsausschnitt ist unter dem Tageseintrag eingeklebt. Hervorhebungen im Original durch gesperrten Druck.

laute Machtgebärden, sondern zäher Kampf um unser Recht mit den Mitteln des Rechts!
Im Innern fallen alle Einrichtungen, die einzelnen Klassen eine wirtschaftliche, soziale und politische Vorherrschaft sichern. Dies ist das Problem der Zeit. Auch die vielfach mißbrauchte Machtstellung der Besitzer der großen, in privater Hand monopolisierten Produktionsmittel muß durch Vergesellschaftung gebrochen werden. Andere große Aufgaben sind zu bewältigen. Sie sind lösbar nur unter einer Bedingung: *Gestaltet den Geist um, in dem die Politik geführt ward,* und erhebt sie wieder zur Sache selber. *Erweckt das Bürgertum,* zwingt die Alten sich zu verjüngen, auf daß das deutsche Volk, „das ursprüngliche, in keiner willkürlichen Satzung erstarrte," in seiner größten Not ewig unerschöpflich sich erneuere.
Georg *Ahrens,* Richard *v. Below, Graf Albrecht Bernstorff,* Hans Jürgen *v. Bornstedt,* Karl *Brinkmann,* Bernhard W. *v. Bülow,* Alexander *Fuehr,* Alexander *v. Grunelius,* Albert *Haas,* Wolfgang *Huck,* Kurt *v. Kamphövener, Graf Harry Keßler,* Herbert *Kraus,* Richard *Langen,* Franz *zur Redden,* Karl *Pistor,* Friedrich *von Prittwitz und Gaffron,* Mario *Passarge,* Kurt *Riezler,* Walter *Schotte,* Felix *Somary,* Ferdinand *v. Stumm,* Oskar *Trautmann,* Fritz *Wichert.*
Die Unterzeichner des Aufrufes gehörten bisher sämtlich dem Reichsdienst, besonders dem *Auswärtigen Amte,* an. Die meisten sind auch jetzt noch auf ihren Posten tätig.

18 November 1918. Montag. Berlin. *18.11.1918 Montag*

Ich bin noch immer in Berlin, trotz der flehentlichen Hilferufe der Deutschen in Polen nach einem deutschen Vertreter. Erst heute Abend um 8 bekam ich mein von Ebert und Haase unterzeichnetes Beglaubigungsschreiben bei der Polnischen Regierung: „Von dem Wunsche geleitet, der Herstellung friedlicher und freundschaftlicher Beziehungen zwischen dem Deutschen Reiche und dem Polnischen Staate jede mögliche Sorgfalt zu widmen, hat die Deutsche Volksregierung beschlossen, den Gesandten Grafen von Kessler als diplomatischen Vertreter des Reiches in ausserordentlicher Mission bei der polnischen Regierung nach Warschau zu entsenden. In der Überzeugung, dass es dem Grafen von Kessler gelingen wird, das mit dieser Berufung in ihn gesetzte hohe Vertrauen zu rechtfertigen, ist ihm das gegenwärtige Einführungsschreiben erteilt worden. Die Deutsche Volksregierung bittet, ihn bei Überreichung dieses Schreibens mit Wohlwollen aufzunehmen und ihm vollen Glauben beizumessen in allem, was er im Auftrage der Deutschen Volksregierung vorzutragen berufen sein wird. Mit der Versicherung ausgezeichnetster Hochachtung Der

Rat der Volksbeauftragten Ebert, Haase." – Die schriftliche Bestätigung des Vollzugsrats der Arbeiter und Soldaten steht noch immer aus. Allerdings telephonierte mir Breitscheid Mittags, sie sei im Prinzip erteilt. Spät Abends meinen neuen Legationssekretär Dr Meyer ins Herrenhaus geschickt, um die Unterschrift des Vollzugsrats unter meiner Ernennung zu erwirken. – Wenn morgen das Agrément der polnischen Regierung eintrifft, können wir morgen Abend reisen. – Morgens meldete sich bei mir wieder der mir beigegebene sozialdemokratische Rechtsanwalt Rawitzki: Ich bat Hatzfeld, ihn für die Dauer seiner Tätigkeit in Warschau zum Legationsrat ernennen zu lassen, damit er nach mir die erste Stelle einnimmt. Bis vor zwei Monaten war er Armierungssoldat u. als solcher meistens vorne. Er erzählte vom grossen Hass der Soldaten gegen die Offiziere; ähnlich wie Wieland Herzfelde. Hauptsächlich wegen der Bevorzugungen und dem rücksichtslosen Gebrauch, den die Offiziere davon machten. Am schlimmsten u. verhasstesten seien die Feldwebelleutnants gewesen. Die Verpflegung für die Soldaten sei zum grossen Teil unterwegs hängen geblieben. Man gewinnt doch allmählich den Eindruck eines grossen moralischen Fehlschlagens des Offizierkorps, wodurch eigentlich der Krieg verloren gieng. Z. B. in der unrechtmässigen Aneignung von Verpflegung, in einem unleidlichen Dünkel und Ton, in stellenweise direkter Bestechlichkeit. Die preussische Armee war nicht auf materielle Gesinnung des Offizierkorps zugeschnitten. Der ungeheure Aufschwung hat sie unterwühlt. – Mittags wurde ich von Haase empfangen im Reichskanzlerpalais, nachdem mir Baake gesagt hatte, dass er einen Wunsch für mich habe. Zunächst trug er mir Grüsse an Daszynski u. einen Dr Marchlewski auf. Letzterer ein Freund von Daszynski. Daszynski u. Marchlewski hätten ihn telegraphisch ersucht, ihnen einen Fernschreibeapparat zur Verfügung zu stellen, damit sie mit gewissen Freunden in Berlin verkehren könnten. Ich solle ihnen sagen, er habe diesen Wunsch nicht erfüllen können, weil wir nur einen Fernschreibeapparat mit Warschau hätten, dieser im Ausw. Amte stehe, und mit einem Apparate im Amte, wo Diskretion nicht sicher sei, Daszynskis Zwecken kaum gedient sei. Auf die allgemeine Politik übergehend, beauftragte mich Haase, schleunigst unsere Truppen aus der Ukraine herauszubekommen; deshalb den Durchzug durch Polen von Pilsudski zu erwirken. Ich könne etwaige Befürchtungen, dass unsere Truppen aus der Ukraine gegen Polen verwendet werden sollten, auf das nachdrücklichste zerstreuen. Grund zur Eile gebe Folgendes, das ich nicht Pilsudski sagen solle, selber aber wissen müsse. Nach Haases Überzeugung bereite die Entente einen Angriff gegen Grossrussland, d. h. den russischen Bolschewismus, zugleich von Norden und von Süden vor; aus der Ukraine und aus der Gegend des Baltikums. Unsere Truppen in der Ukraine kämen dadurch zwischen zwei Feuer. Deshalb müssten sie schnellstens hinaus. „Solange Haase in der Regierung und gegenwärtiges Regiment am Ausw. Amte bestehen blieben, würden sie, so könne ich Pilsudski sagen, das innigste Bestreben haben, mit dem polnischen Staate in den engsten und freundschaftlichsten Beziehungen zu leben." Haase und Ledebur hätten früher das Recht der Polen auf einen selbständigen Staat anerkannt als die Polen selber, die im Reichstage sassen. Dass aber Westpreussen nicht an Polen fallen könne, sei selbstverständlich. Haase erinnerte mich heute mit seinem feinen katzenartigen Wesen und schmächtigen Körper noch mehr wie neulich an Chlodwig Hohenlohe. Er gehört offenbar zu den Vermittler Naturen, hat aber irgendwo einen komplizierten Mechanismus, der aus feiner Konjunktur Erkenntnis und empfindlichem jüdischem Gewissen zusammengesetzt, ihn plötzlich starr einstellen kann auf irgendeine Haltung. Dieser Wechsel zwischen Schroffheit und Vermittlung hat ihm wahrscheinlich den Ruf der Unzuverlässigkeit eingetragen; gleichzeitig die sehr verschiedene Beurteilung seiner Persönlichkeit durch gleich kompetente Leute. – Im Vestibül ging der Major Würtz, der bisherige Leiter des Kriegspresseamts, in Zivil, einem schlechtgemachten Reisemantel, wie ein in den Käfig gesperrtes Raubtier auf und ab; ich traf ihn als ich hinaufging, und traf ihn wieder immer noch auf und abgehend, als ich herunterkam. Ich sagte ihm, ich sei zum Gesandten in Warschau ernannt; er lachte hell auf, meinte, das Ganze sei ein Karneval; er müsse seine Behörde auflösen, Hunderte von Offizieren! Worauf oder auf Wen er hier im sozialdemokratisch gewordenen Kanzlerpalais wartete, sagte er nicht. – Nachmittags um 4 Versammlung der jüngeren Beamten des Ausw. Amtes, die den Aufruf unterzeichnet haben, im Kaiserhof im Hohenzollernsaal. Ferdinand Stumm präsidierte. Farbe etwas akademisch, Riezlerisch. Ich versuche, soweit ich kann, sie nach links festzulegen; verlangte Knochen, irgendetwas Hartes, worauf man baue und von dem man nicht ablasse. Drum herum könne meinetwegen auch Molluskenhaftes sein, zum Aufputz, über das man handeln könne; aber ein Rückgrat, und ein absolut steifes, sei irgendwo im Programm u. in der Gesinnung nötig. Das, was bisher als Skelett der ganzen Staatsanschauung gegolten habe, die monarchische Gesinnung, habe sich als durch u. durch morsch erwiesen. Daher gelte es jetzt ein neues Gerüst finden. Ich möchte als solches auf dem definitiv anzuerkennenden Boden der Republik und des Sozialismus den Kampf um das Selbstbestimmungsrecht und die möglichste Freiheit des Individuums. Trotz Sozialismus, oder gerade weil Sozialismus, keine Staatssklaven, sondern freie Menschen. In der Ausw. Politik Selbstbestimmungsrecht der Völker und gerechte Rohstoffverteilung, den wachsenden oder schwindenden Bedürfnissen der Völker jeweilig angepasst. Kein starrer Völkerbund. Freiheit der Meere und Häfen für die Schiffahrt. Also: freie Meere, freie Völker, freie Menschen. Selbstbestimmungsrecht der Völker innerhalb des Völkerbundes, Selbstbestimmungsrecht des Einzelnen innerhalb des sozialistischen Staates. Es wurden drei Kommissionen eingesetzt: 1) für Ausarbeitung des Programms, 2) für Propaganda u. Werbung, 3) für Ausarbeitung einer deutschen Verfassung. In die Propagandakommission wurde ich gewählt, Ferdinand Stumm als mein Vertreter. Zusammensetzung: Komm. 1: Vorsitzender Riezler, dazu Ruppel (Reichs Kol. Amt), Prittwitz, Trautmann, Bernstorff; Komm 2: Vors. Haas, dazu Langen (Welt a. Montag), Stollberg (Nordd. Allg.), Trautmann, ich, u. Stumm als mein Vertreter. Komm 3. Verfassung: Vors. Dr Krauss; dazu Bornstedt, Bülow, Prof Brinckmann, Prittwitz. Die Absicht besteht, sich der neu zu bildenden demokratisch-republikanischen Partei anzuschliessen. Im Amt kam zu Hatzfeldt ein aus Lodz geflüchteter Dr Pick, dort Pressechef. Er sagt, die Legionäre, „kleine Jungens" hätten dort etwa 15 deutsche Beamte (hauptsächlich Kassenbeamte) verhaftet und ins Gefängnis geworfen. Er und die mit ihm flüchtenden Deutschen seien auf dem Kalischer Bahnhof in Lodz und im Zuge ausgeplündert worden, Kleider, Strümpfe, Gepäck fortgenommen. Im Zuge seien Schüsse gewechselt. Die Sache habe sich bis Ostrowo fortgesetzt. Es bestehe eine grosse Gefahr für das Leben aller Reichsdeutschen in Lodz. Pilsudski scheine nicht ganz Herr der Lage zu sein u. laviere deshalb. – Ich müsse Pilsudski auffordern, sein Äusserstes zu tun; besser werde die Lage aber erst werden, wenn Bahn u. Telegraph wieder in deutschen Händen, oder in Händen der Deutschen u. Polen gemeinsam seien. Ein Panzerzug und drei bis vier Tausend Mann könnten Dieses bewirken, Pilsudski werde protestieren, aber im Herzen froh sein, weil es ihn vor dem Bolschewismus rette. Die Gefahr bestehe, dass die Entente die Ordnung wieder herstelle. Fortwährend treffen auch Telegramme aus Polen ein, die um Hülfe und Bestellung eines deutschen Vertreters bitten; auch von Soldatenräten. – Gegen 6. telephonierte mir Breitscheid, dass die Lage in Posen bedenklich sei; Gerlach fahre heute Nacht hin. Ich möchte doch Breitscheid noch vor meiner Abreise sehen, damit er mir über Posen noch Einiges mitteile.

19 November 1918 Dienstag. Berlin. *19.11.1918 Dienstag*

Früh bei Breitscheid im Min. des Inneren. Er kam mit Dr Broh dem Syndikus des Vollzugsausschusses der Arbeiter und Soldaten (dem Ersatz für S. M.) Breitscheid fürchtet Ernährungsschwierigkeiten infolge der polnischen Inbesitznahme Posens. Die deutsche Regierung wolle nicht militärisch einschreiten; aber wenn unsere Ernährung leide, würde sie einen schweren Stand haben, um dem Drängen nach militärischer Niederwerfung der Deutsch-Polen zu widerstehen. Ich möge daher Pilsudski veranlassen auf die Posener einzuwirken, damit sie unsere Ernährung nicht gefährdeten. Ich führte Haases Stellung zu Westpreussen an. Broh meinte, nach unserer neuen Auffassung seien die Nationen Nichts weiter als Verwaltungskörper, die Grenzfragen daher unwichtig. Ich: Weil Verwaltungskörper jedenfalls auch Wirtschaftskörper, die geographisch vernünftig abgegrenzt sein müssten. Schon aus diesem Grunde könnten wir Westpreussen nicht aufgeben. Breitscheid schien diesen Standpunkt (den auch Haase einnimmt) zu teilen. – Im Amte besuchte mich u. Hatzfeldt der Hauptmann Schoder, Leiter der Kriegsrohstoffstelle in Warschau begleitet von Dr Spiro aus Hamburg. Er erzählte: am vorigen Montag (den 11ten) sei ein Vertreter des polnischen Ministeriums für Handel u Gewerbe in seine Behörde gekommen, eine der grössten deutschen Behörden in Warschau, und erklärte alle Akten, Kassen, Rohstoff Läger der Kriegsrohstoffstelle für beschlagnahmt oder militärisch besetzt. Die polnische Regierung erklärte, dass sie die Rohstoffwirtschaft in der bisherigen Weise fortführen wolle, bat um ordnungsmässige Übergabe u. s. w. Die Kassen wurden übergeben, die Läger, die weit im Lande verstreut waren, waren nicht erreichbar, und ehe sie übergeben werden konnten, kam der Befehl zum Abmarsch von seiten des Arbeiter u Soldatenrats. Die Läger gehören den Kriegsgesellschaften, ihr Inhalt sind gekaufte und bezahlte Sachen, allerdings zu sehr niedrigen, willkürlich festgesetzten Preisen. Viel sei dort nicht mehr vorhanden. Die Holzläger seien bereits verkauft (aber noch nicht an die Kriegsrohstoffges. bezahlt) Geheim Akten seien vernichtet. Laufende Akten in Händen der Polen. Nach Diesen könnten Polen ausrechnen, wie viel zu wenig von uns bezahlt worden sei u. Ersatz Forderungen stellen. – Geh. Rat Schüler, Personal Referent der Konsulats Abteilung, den ich um einen Vizekonsul für die Gesandtschaft gebeten hatte, schickte mir Saunier, den ich kenne und der ein Esel ist, als Legations Sekretär. Saunier sehr pikiert, als ich ihm sagte, dass er Konsulats Geschäfte zu verrichten haben werde. Ich gieng zu Schüler, der mir erklärte, für ihn existiere der Unterschied zwischen Diplomatischen und konsularischen Beamten nicht mehr seit der Revolution. Er könne seine Herren den Gesandtschaften nur noch als diplomatische zur Verfügung stellen. Ich versuchte ihm klarzumachen, dass es sich nicht um eine soziale, sondern um eine sachliche Frage handle, da die Konsulate bisher gewisse Materien bearbeitet und darin Erfahrungen gesammelt hätten; ich brauche einen Beamten, der diese sachliche Kompetenz habe, insbesondre für die Heimschaffung der Tausende von reichsdeutschen Zivilpersonen aus Polen. Schüler schien dieses etwas beschämt einzusehen. Die Gesinnung, aus der er seinen Handstreich verübte ist aber für die Zeit bezeichnend. – Ich erhielt heute meine Ernennung zum Gesandten unterschrieben von Solf und bestätigt vom Vollzugsrat des Arbeiter u Soldatenrats. Sie haben unter Solfs Unterschrift vermerkt: „Einverstanden. Der Vollzugsrat des Arbeiter u Soldatenrats Berlin 18 Nov. 1918. Molkenbuhr. Müller." Ihr beigefügter Stempel lautet: „Vollzugsrat des A. u. S. Rates von Gross-Berlin. Deutsche Sozialistische Republik." – Nachmittags Abschiedsbesuche und Scherereien, um mein Personal zusammenzubekommen, im Amte.

Berger war empört, dass sich ein Gesandter die Bestätigung des Vollzugsrats der Arbeiter u. Soldaten holen müsse; „eine Frechheit!" Auch sonst voll Sorge wegen der Zukunft; sie könnten in der Wilhelmstrasse jeden Tag ausgehoben werden. Ähnlich telephonierte Georg Bernhard zum Abschied: er sehe sehr schwarz. Der Vollzugsrat hat sich in heftigen Debatten über die Einberufung der Nationalversammlung ergangen. Der eine Präsident (der meine Ernennung mit unterschrieben hat) Müller hat gedroht, der Weg zur Nationalversammlung gehe „nur über seine Leiche." Morgen findet die feierliche Bestattung der Revolutionsopfer statt. Ein ungeheurer Zug bewegt sich durch das Brandenburger Tor u die Linden hinunter; etwas anders als man sich die Feier des Kriegsendes gedacht hatte. Hatzfeldt sagte mir, er gehe um 11 ½ aus dem Amte fort, „um nicht abgeschnitten zu werden." Die Spartacus Partei mit ihrer „Roten Fahne" und ihren drei starken Leuten, Rosa Luxemburg, Liebknecht, Mehring, wirkt als Schreckgespenst. – Abends um 10.43 von der Friedrichstrasse abgefahren in dem mir für die Dauer meiner Gesandtschaft zur Verfügung gestellten Extrazug: ein Salonwagen, Schlafwagen, Speisewagen: etwas amerikanisch-milliardärhaft. Ich nahm den polnischen Geschäftsträger Niemojecki nebst Frau mit, und von der Gesandtschaft Rawicki, Dr Meyer, Gülpen, den Attaché von Strahl, Otto Fürstner, einen Feldjäger und das Unterpersonal, Chiffreure, Bürovorsteher, Stenotypistinnen u. s. w. Alles in Allem etwa 20 Personen. Mit Njemojecki und den andren Herren bis 12 im Salon geplaudert, dann ruhig geschlafen. Morgens gegen 7 in Alexandrovo meldeten sich bei mir sehr stramm und militärisch der Präsident des deutschen Soldatenrats, ein junger Soldat, und mit ihm zusammen ein polnischer Legions Offizier. Hier ist Alles ruhig. Die Schienen, die aufgerissen waren, sind wieder geflickt. Wir können glatt nach Warschau durchfahren. Der Pendelverkehr von Flüchtlingen aus Polen und aus Deutschland geht seit einigen Tagen ungestört vonstatten; nur brachte der Soldatenrat durch seinen Präsidenten bei mir eine Beschwerde vor, dass die Polen 300 Waggons schuldig geblieben seien. Die Pünktlichkeit und Ordnungsliebe unserer Leute hat durch die Revolution nicht gelitten. Sie haben sich auch wieder einen Offizier herangeholt, einen Leutnant v. Oppen, der irgendwo in der Nähe amtiert. Viele Offiziere seien allerdings, wie der junge Präsident mir sagte, „fort". – So fahre ich in meinen neuen Wirkungskreis ein, in diesen Osten, den ich liebe, der irgendeine unformulierbare tiefe Schönheit für mich hat.

20 November 1918. Mittwoch. Warschau. *20.11.1918 Mittwoch*

Unterredung mit Niemojecki im Speisewagen beim Frühstück. Er betont seinen Wunsch nach einem engen freundschaftlichen Verhältnis mit Deutschland. Ich bejahte und sagte, dieses sei nur möglich, wenn sowohl Polen wie Deutschland Opfer brächten und auf gefährliche Hoffnungen verzichteten. Wir hätten die

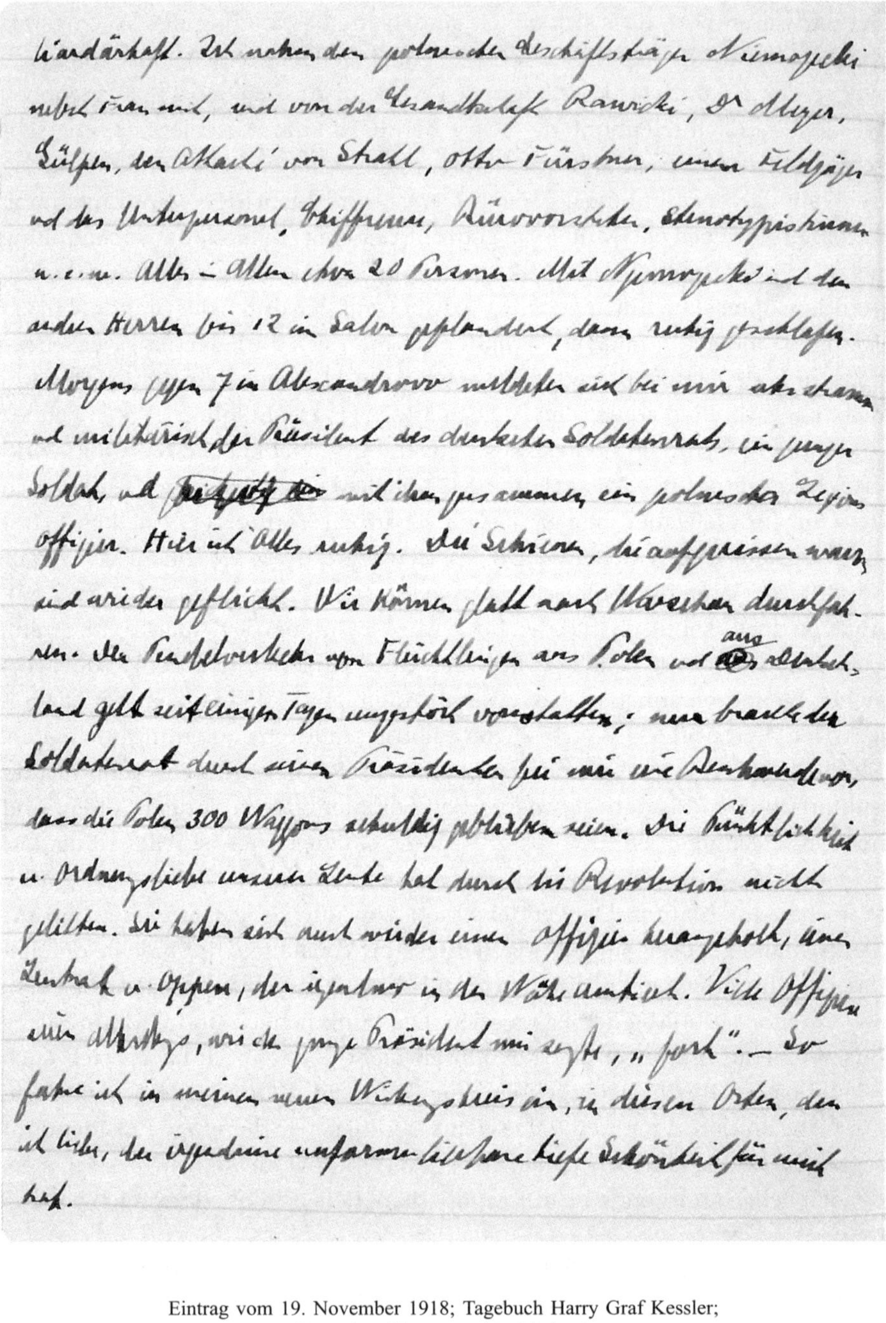
Wanderhaft. Ich nahm den polnischen Geschäftsträger Niemojeski
nebst Frau mit, und von der Gesandtschaft Rawicki, Dr. Alberger,
Züllpen, den Attaché von Stahl, Otto Fürstner, einen Feldjäger
und das Unterpersonal, Chiffreure, Bürovorsteher, Stenotypistinnen
u.s.w. Alles in Allem etwa 20 Personen. Mit Niemojeski und den
andren Herren bis 12 im Salon geplaudert, dann ruhig geschlafen.
Morgens gegen 7 in Alexandrowo meldeten sich bei mir ehrerbietig
und militärisch der Präsident des deutschen Soldatenrats, ein junger
Soldat, und ~~[illegible]~~ mit ihm zusammen ein polnischer Legions
offizier. Hier ist Alles ruhig. Die Schienen, die aufgerissen waren,
sind wieder geflickt. Wir können glatt nach Warschau durchfah-
ren. Der Pendelverkehr von Flüchtlingen aus Polen und aus Deutsch-
land geht seit einigen Tagen ungestört vonstatten; nun brachte der
Soldatenrat durch seinen Präsidenten bei mir vor in Alexandrowo,
dass die Polen 300 Waggons schuldig geblieben seien. Die Pünktlichkeit
u. Ordnungsliebe unserer Leute hat durch die Revolution nicht
gelitten. Sie haben sich auch wieder einen Offizier herangeholt, einen
Leutnant v. Oppen, der irgendwo in der Nähe amtiert. Viele Offiziere
sind [illegible], wie der junge Präsident mir sagte, „fort". — So
fahre ich in meinen neuen Wirkungskreis ein, in dieses Polen, das
ich liebe, dessen eigentümliche unharmonische [illegible] tiefe Schönheit für mich
hat.

Eintrag vom 19. November 1918; Tagebuch Harry Graf Kessler;
Deutsches Literaturarchiv Marbach

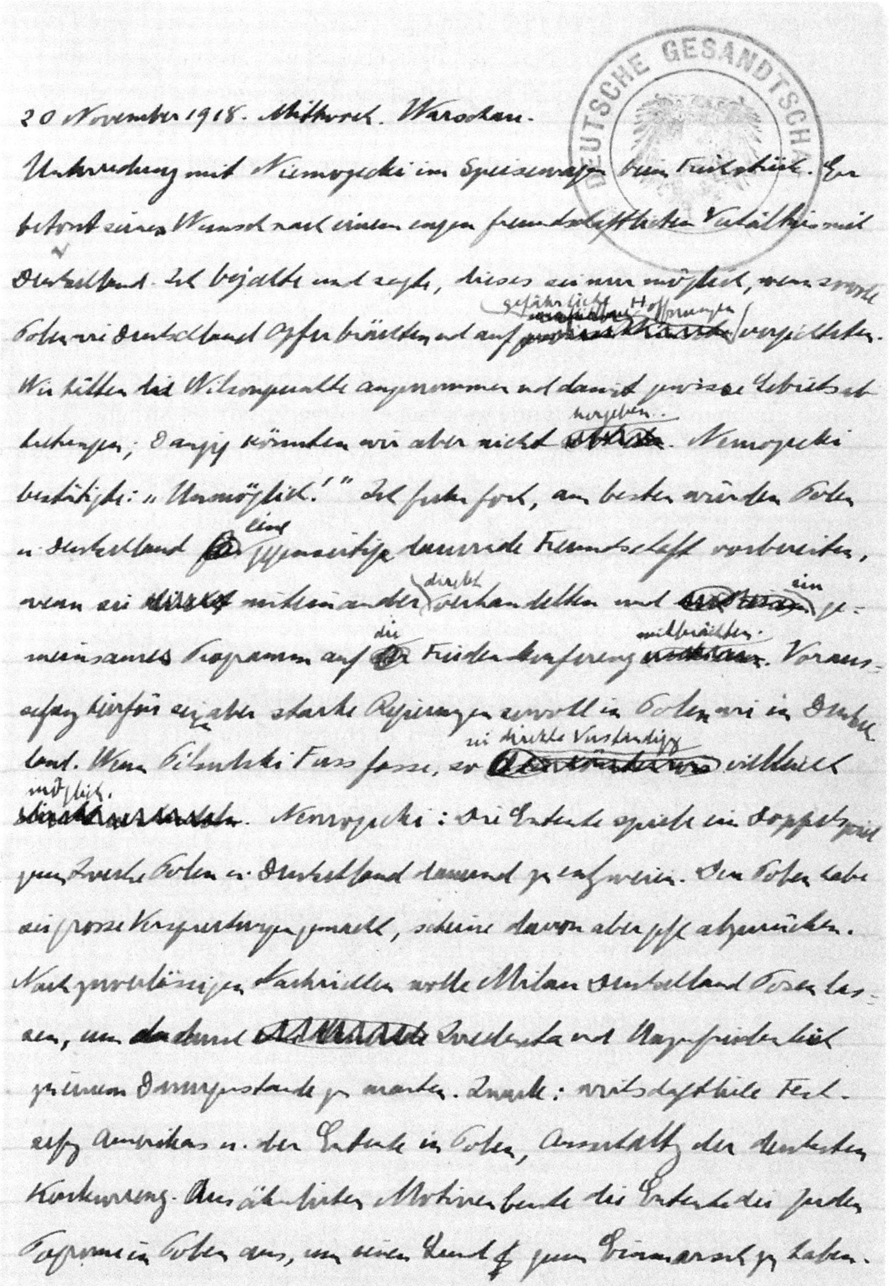
20 November 1918. Mittwoch. Warschau.
Unterredung mit Niemojewski im Speisewagen beim Frühstück. Er betont seinen Wunsch nach einem engen freundschaftlichen Verhältnis mit Deutschland. Ich bejahte und sagte, dieses sei nur möglich, wenn sowohl Polen wie Deutschland Opfer brächten und auf gefährliche Hoffnungen verzichteten. Wir hätten das Wilsonprogramm angenommen und damit gewisse Gebietsabtretungen; Danzig könnten wir aber nicht hergeben. Niemojewski bestätigte: „Unmöglich!" Ich fuhr fort, am besten würden Polen u. Deutschland eine gegenseitige dauernde Freundschaft vorbereiten, wenn sie direkt miteinander verhandelten und ein gemeinsames Programm auf die Friedenskonferenz mitbrächten. Voraussetzung hierfür sei aber starke Regierungen sowohl in Polen wie in Deutschland. Wenn Pilsudski Fuss fasse, so sei direkte Verständigung vielleicht möglich. Niemojewski: Die Entente spiele ein Doppelspiel zum Zwecke, Polen u. Deutschland dauernd zu entzweien. Den Polen habe sie grosse Versprechungen gemacht, scheine davon aber jetzt abzurücken. Nach zuverlässigen Nachrichten wolle [illegible] Deutschland Posen lassen, um dadurch Zwietracht und Unzufriedenheit zu einem Dauerzustande zu machen. Zweck: wirtschaftliche Festsetzung Amerikas u. der Entente in Polen, Ausschaltung der deutschen Konkurrenz. Aus ähnlichen Motiven [illegible] die Entente [illegible] in Polen aus, um einen [illegible] gegen [illegible] zu haben.

Eintrag vom 20. November 1918; Tagebuch Harry Graf Kessler;
Deutsches Literaturarchiv Marbach

Wilsonpunkte angenommen und damit gewisse Gebietsabtretungen; Danzig könnten wir aber nicht hergeben. Nemojecki bestätigte: „Unmöglich!“ Ich fuhr fort, am besten würden Polen u. Deutschland eine gegenseitige dauernde Freundschaft vorbereiten, wenn sie miteinander direkt verhandelten und ein gemeinsames Programm auf die Friedenskonferenz mitbrächten. Voraussetzung hierfür seien aber starke Regierungen sowohl in Polen wie in Deutschland. Wenn Pilsudski Fuss fasse, so sei direkte Verständigung vielleicht möglich. Nemojecki: Die Entente spiele ein Doppelspiel zum Zwecke Polen u. Deutschland dauernd zu entzweien. Den Polen habe sie grosse Versprechungen gemacht, scheine davon aber jetzt abzurücken. Nach zuverlässigen Nachrichten wolle Milner Deutschland Posen lassen, um dadurch Irredenta und Unzufriedenheit zu einem Dauerzustande zu machen. Zweck: wirtschaftliche Festsetzung Amerikas u. der Entente in Polen, Ausschaltung der deutschen Konkurrenz. Aus ähnlichen Motiven beute die Entente die Juden Pogrome in Polen aus, um einen Grund zum Einmarsch zu haben. Pilsudski habe dem jüdischen „Bund“ angeboten, dass sie zusammenarbeiten wollten; der „Bund“ habe abgelehnt: Der Bund sei bolschewistisch. Frl Baumgarten (die ich durch Hugo Simon kenne und die mir Empfehlungsbriefe mitgab) arbeite im Interesse des Bolschewismus; sie hänge mit Joffe zusammen. Ihr sei die Einreise nach Polen deshalb bis jetzt immer verweigert worden. Pilsudski müsse sich allein auf die Links Parteien stützen, weil er von den Rechtsparteien ganz verlassen sei. Korfanty u. die andren deutschpolnischen Abgeordneten hätten sich nach Posen begeben und die Absicht ausgesprochen, Deutsch-Polen zu einem selbständigen Staat zu machen, falls Polen zu sehr nach links gehe. Daszynski sei ganz international und in Geldgeschäften nicht rein. Der jetzige Ministerpräsident[1] stehe etwas weiter rechts. Niemojecki erzählte, er wolle aus der diplomatischen Laufbahn ausscheiden und in Warschau bleiben. Hier hoffe er mir gute Informationen geben und Dienste leisten zu können. Mir scheint, er will mich einfangen. – Mittags im Salon für Njemojeckis, Rawicki, Meyer, Gülpen, mich servieren lassen. Wir fuhren durch die grossen berühmten Stellungen der Jahre '14 und '15, Blonie, Grodisk[2] u. s. w. Noch einzelne Ruinen. In Warschau begrüssten mich am Bahnhof ein Vertreter des polnischen Ministers des Auswärtigen[3], ein Vertreter des Kriegsministeriums, ein Adjutant von Pilsudski und noch ein halbes Dutzend Legions Offiziere. Ein polnisches Militär Auto fuhr uns ins Hotel (wahrscheinlich eines von unseren „beschlagnahmten“, mit dem polnischen roten Adler bemalt.) Im Bristol abgestiegen. Gleich nach Ankunft besuchte mich der Major Ritter, der Vertreter der Obersten Heeresleitung in

[1] Moraczewski

[2] vermutl. Grodzisk

[3] Wasilewski

Warschau. Er hatte es offenbar eilig, den Vertretern des Soldatenrates zuvorzukommen. Aus seinen zurückhaltend vorgebrachten Schilderungen gieng die jämmerliche Haltung des Generalgouverneurs[1], der Kommandantur, des Chefs Nethe gegenüber den meuternden deutschen Soldaten und den aggressiven Legionären am Montag vor acht Tagen deutlich hervor. Der Generalgouverneur liess sich als erster abtransportieren; Nethe sei zusammengebrochen u. hülflos dagesessen. Die Polen „übernahmen" ohne Schwertstreich für Hunderte von Millionen Munitionsdepots, Rohstoff Läger, Pferde, Büro Ausstattungen. Natürlich muss jetzt darüber abgerechnet werden. Ein Rumpf des deutschen Soldatenrates hat sich ohne Ermächtigung als „Liquidations Kommission" aufgetan, sich selber hohe Diäten u. andre Annehmlichkeiten zuerkannt. Ritter verlangte, dass ich sie absetze. – Bald nachher erschienen die Vertreter des Soldatenrates, zuerst ein Hauptmann von Knoblauch, später zwei Journalisten Roth und Brunner. Ich stellte mich auf den Standpunkt, dass deutsche Militärpersonen nach unserem Versprechen an die polnische Regierung Nichts mehr in Warschau zu suchen hätten. Die Militärs im Soldatenrat müssten die Liquidation einstellen und sofort abreisen. Ich werde für ordnungsmässige Erledigung durch einen höheren Intendantur Beamten sorgen. Alle drei fügten sich. – Mit Knoblauch kam ein Pfarrer Geisler, der mir die halbe Million Deutschstämmiger in Polen ans Herz legte. In der Tat eine grosse und wichtige Frage, da sie durch die Schuld unserer Occupationsbehörden jetzt dem Hass und Ruin ausgesetzt sind. – Dann kam ein Herr Sarnow, der Sekretär von Lerchenfeld. Er hat dessen Akten u. noch einige andre gerettet; möchte gern bei mir ankommen. Lerchenfeld u Oettingen sind heute früh abgereist. Unser Funkspruch, der meine Ankunft meldete, ist von der polnischen Regierung, die die Funkerstation besetzt hat, ihnen nicht übermittelt worden. Sie sind abgereist, ohne zu wissen, dass ich heute ankam. Sarnows Schilderungen vom Zusammenbruch stimmten ungefähr überein mit denen von Ritter. – Auf Sarnow folgte ein Herr Korff, Präsident des deutschen Hülfsvereins. Er hat die Legationskasse in Verwahrung genommen, möchte sie mir übergeben. Er ist ein grosser Fabrikant, lebt seit über 15 Jahren in Warschau, sagte, er schäme sich, seinen polnischen Freunden zu begegnen, gehe nur noch Nachts aus dem Hause, so unwürdig hätten sich unsere Truppen u. Beamten von oben bis unten benommen. Der Schaden, der dem Deutschtum erwachsen sei, sei unermesslich und nicht wieder gutzumachen. Die Schuld trifft, wie er zugab, die Offiziere, die sich um ihre Leute nicht mehr kümmerten und zum Teil, ebenso wie die Beamten, bestechlich waren. Verlust jeder moralischen Autorität. In meine Unterredung mit Korff platzte ein Adjutant[2] von Pilsudski herein, derselbe Franzose, der mich

[1] Beseler

[2] Wieniawa-Dlugoszowski

am Styr führte. Pilsudski lasse sich entschuldigen, dass er mich gleich am ersten Tage so brüsk in Anspruch nehme, ehe noch zwischen uns die offiziellen Formalitäten erfüllt seien. Aber es handle sich um sehr Wichtiges. Deutsche Truppen aus Brest Litowsk hätten in den Dörfern Biala und Międzyrzec, angeblich als Repressalie für Entwaffnungen, Häuser angesteckt und Gefangene fortgeschleppt, die sie sofort zu erschiessen gedroht hätten. Ich möge einschreiten, damit sie wenigstens ordnungsmässig abgeurteilt würden; sonst könnten sehr ungünstige Rückwirkungen eintreten. Ich versprach an Ober Ost zu telegraphieren. Tat dieses und schickte dann eine Verbalnote an das Min des Äusseren, dass das Telegramm fort sei, ich gleichzeitig aber darauf aufmerksam mache, dass 15 Reichsangehörige von den Polen ohne Prozess eingekerkert seien, worunter Einer angeblich schon erschossen sei. Ich bäte auch in diesen Fällen Rücksicht auf unsere Beziehungen zu nehmen. Nachdem Pilsudskis Adjutant fort war, sagte mir Korff, er glaube nicht, dass Pilsudski sich halten könne. Er sei kein Politiker, stütze sich jetzt ausschliesslich auf die Sozialisten, habe ein rein sozialistisches Ministerium gebildet. Das liessen sich die polnischen Bourgeois und Bauern auf die Länge nicht gefallen. – Ein Vertreter des Ministers des Auswärtigen kam, um mir zu sagen, dass der Minister mich zur Überreichung meines Beglaubigungs Schreibens morgen empfangen werde. – Das Verhalten der deutschen Offiziere und Beamten in Polen am 11ten November ist gewiss schmachvoll. Aber in Berlin war es am 9ten nicht viel besser; und man hat das Gefühl, dass überall nicht einzelne Menschen, sondern ein System versagt hat, das schliesslich nur noch die nackte Gewalt als Mittel kannte und hülflos zusammenbrach im Augenblick, wo diese ihm entglitt.

21 November 1918. Donnerstag. Warschau. *21.11.1918 Donnerstag*

Früh Dr Roth u Brunner bei mir, beides Mitglieder des Soldatenrates. Die Entwaffnung der Warschauer Garnison am 11ten durch die Polen ist nach ihren Schilderungen weniger weitgehend gewesen, als bei uns geglaubt wurde. Nur die zufällig auf der Strasse oder in Privatwohnungen verstreuten Soldaten und Beamten sind entwaffnet worden, keine geschlossenen Truppenkörper (bis vielleicht auf ein Bataillon, dem aber Pilsudski die Waffen wiedergegeben haben soll.) Auch ist Allen, die den Antrag stellten, ohne Weiteres ihre Waffe nachträglich wieder ausgeliefert worden. Als Gründe, warum die Entwaffnung an der Grenze u. der sofortige Abzug angenommen wurden, bezeichneten mir Roth u. Brunner folgende 1) wenn die Warschauer Garnison (etwa 17 000 Mann) den Aufstand blutig unterdrückt hätte, was militärisch durchaus möglich war, dann wären sämtliche im Lande verstreuten Deutschen, mehrere Tausende, auch Frauen, ermordet worden (Pogrom). 2) hätten die Polen sehr bald die Proviantämter besetzt; die Warschauer Garnison wäre deshalb nach kurzer Zeit verhungert, selbst wenn sie siegreich war. Sowohl die Proviantämter wie die grossen Warschauer Behörden waren nicht genügend militärisch geschützt; nur deshalb konnten einige grüne Jungens grosse Verwaltungsgebäude in wenigen Minuten ohne Handstreich erobern. 3) während die Soldaten auf den Strassen entwaffnet wurden, tobte im Gouvernement eine Soldaten Versammlung, bei der sich ein Jeder als Delegierter seines Truppenteils bezeichnete, ohne dass eine Konstituierung zum Soldatenrat gelang. Erst am Dienstag krystallisierten sich die Führer und eine Organisation heraus. Da war es aber schon zu spät. Der Chef des Stabes Nethe sass währenddessen hülflos und untätig in seinem Zimmer. Beseler war fort. Keine Stelle gab es, die befehlen konnte. So hatten die Polen gegen die versprengten und direktionslosen Deutschen leichtes Spiel. Trotzdem bekamen die M.G. Kompagnie und das „Regiment Jablonna" (Aspiranten Rgt) die Erlaubnis von Pilsudski singend, bewaffnet, am hellen Tage zum Koweler Bahnhof zu marschieren. Die Bevölkerung belästigte sie nicht auf diesem Wege. – Alles war auf dem Prestige aufgebaut; als Dieses im Westen und in Bulgarien zusammenbrach, stürzte auch die Verwaltung in den besetzten Gebieten zusammen. Deshalb trifft Beseler und Nethe nur eine indirekte Schuld, so wenig ihr persönliches Verhalten am Schluss zu verteidigen ist. Der Krieg war schliesslich eine ungeheure Spekulation, deren Mislingen Alles Andre mitriss; der grösste Krach aller Zeiten. – Um 11 machte ich dem Minister des Äusseren Wassiliewski meinen Antritts Besuch. Er empfieng mich mit seinem Unterstaatssekretär Filippovich. In den Vorzimmern, auf Treppen und Gängen herrschte eine grosse Unordnung, weil das Ministerium gerade einzog, natürlich in eine „besetzte" deutsche Behörde. Vor acht Tagen war hier noch die Presseabteilung des Gouvernements. Tische, Sofas, kleine Jungens bewegten sich durcheinander: ein Ausverkauf, ein Chaos von Altem und Neuem, von Nachlassgut und Anfängen eines neuen Staats. Das haben wir mit unserem Blute erreicht; aber die Schuld ist an uns, weil Nichts war in unserem Volke, um das kostbare junge Blut auszuwerten. Ich sagte bei Überreichung meines Beglaubigungsschreibens dem Minister einige freundliche Worte, auf die er ähnliche aus einem Manuscript verlesene erwiderte. Was echt, was falsch daran war, liess sich bei diesem ersten Zusammentreffen nicht erkennen. Positives wurde nur besprochen inbezug auf die festgesetzten Deutschen. Filippovich, der ausser Polnisch nur Englisch spricht, sagte mir zu, über diese bis heute Nachmittag um 5 mir Nachricht zu geben und ihre baldige Freilassung erwirken zu wollen. – Zuhause lief mir in eine Konferenz herein der alte Hutten, der Nachmittags wiederkam. Er wusste von den Ereignissen in Deutschland, der Revolution und ihren Folgen, nur Wenig und Unbestimmtes. Seit zehn Tagen sei die Post in Warschau ausgeblieben. Dieses bestätigt, was Roth u. Brunner sagen, dass die Warschauer Revolution am 11ten keine Folge der Ereignisse in Berlin am 9ten gewesen ist; dazu wusste man in Warschau von diesen zu wenig. Eher liesse sich an Vertrauensleute unter den deutschen Besatzungstruppen denken, die wussten, dass um den 7ten herum Revolution in Deutschland sein würde. Hutten tat so, als ob er über meine Ernennung sehr erfreut sei, sprach von seiner alten Bekanntschaft mit meiner Familie, liess dann einfliessen, er habe, natürlich als reiner Privatmann, denn das sei er jetzt, mit Filippovich zufällig gesprochen; dieser habe ihm zwei Dinge gesagt, die er sich für verpflichtet halte weiterzugeben: Erstens es hänge sehr viel von der Behandlung der nach Deutschland verschleppten polnischen Arbeiter ab; bisher sei diese schlecht gewesen. Zweitens, es wäre gut, wenn Polen u. Deutschland sich über territoriale Fragen jetzt einigten. Je schneller, desto besser für beide Teile. Hutten, der wie eine alte Katze wirkt, verlor beim vorsichtigen u. umständlichen Vorbringen dieser Wünsche mehrmals sein Gebiss, das er dann mit den Fingern zurecht rückte. Die feierliche Schlauheit, die sonst sein Stil ist, litt unter dieser Äusserlichkeit. Ich antwortete, wenn er zufällig Filippovich noch vor seiner Abreise sehen sollte, könne er ihm sagen, auch ich würde direkte Verhandlungen mit Polen über Territorialfragen bevorzugen. Allerdings nur wenn die Polen von vornherein auf Danzig und Oberschlesien verzichteten. Unmöglich könnten wir riskieren, dass die Verhandlungen, wenn sie eingeleitet würden, über die Frage von Danzig scheiterten. – Nachmittags um 5 empfieng mich in feierlicher Audienz Pilsudski im Palais am Sachsenplatz. Ich überreichte ihm das Original meines Beglaubigungsschreibens und hielt eine kleine Ansprache. Er erwiderte als Staats Oberhaupt. Bemerkenswert, dass er dabei von „unserer (seiner und meiner) Aufgabe" inbezug auf die Beziehungen zwischen Deutschland u. Polen sprach. Ich griff den Ausdruck auf u. sprach meine Freude aus, dass er von einer „gemeinsamen Aufgabe die ihm und mir zugefallen sei" gesprochen hätte. Er ergänzte: „die gemeinsame Aufgabe, unsere beiden Völker aus der alten Feindschaft in eine neue Freundschaft überzuführen." Er sieht sehr krank aus, das Gesicht blass und eingefallen, aber noch immer mit dem alten Ausdruck von Energie und Güte; und er sprach lebhaft und heiter. Er wolle möglichst bald das Land in einen konstitutionellen Zustand überführen; die irreguläre Macht, die ihm zugefallen sei, ablegen. Dem Sozialismus müsse man in Worten weit entgegenkommen; die Zeit verlange das. Ob die Ausführung mit den Worten Schritt halten würde, sei eine andre Frage. Sehr beunruhigt sprach er sich über die Zustände im Etappengebiet Bug aus. Unsere Soldaten schössen dort Dörfer in Brand, verschleppten Gefangene, das sei sehr gefährlich für die von uns Beiden angestrebte Freundschaft. Er möchte möglichst bald durch Verhandlungen hier klare Zustände schaffen. Ich sagte ihm, dass ich für meine Gesandtschaft einen Verbindungsoffizier von Ober Ost bereits angefordert habe; Pilsudski nahm dieses mit sichtbarer Erleichterung auf.[1] Meine sehr vorsichtig ausgesprochene Hoffnung, dass er sich halten werde, verstand er richtig als Frage und erwiderte, Gefahren sehe er nur im Südosten und Südwesten; im Südosten die russischen u ukrainischen Bolshewiks u. Banden, im Südwesten die sehr unruhigen Zustände im Gebiet von Dombrowa, wo der revolutionäre Funken aus Deutschland nach Polen überspringen könne. Im Übrigen gehe er seinen Weg und lasse die andren schreien. In der Posenschen Opposition sehe er keine Gefahr; denn diese werde sich immer in legalen Bahnen bewegen. Wir sprachen dann noch Einiges Privates, alte Erinnerungen, die Pilsudski jedesmal beglücken. Seine schönste Zeit, seine eigentliche Jugend, ist doch offenbar die gewesen, wo er mit seinen Legionären kämpfte. – Zuhause wurde mir auf geheimen Wegen ein Zettel aus dem Gefängnis zugetragen: „Sehr geehrter Herr Graf, Seit dem 11 November werden im Zentralgefängnis in Warschau 32 Offiziere und deutsche Militärbeamte sowie Zivilbeamte ohne Angabe des Grundes widerrechtlich wie Verbrecher eingesperrt und behandelt. Ohne Hilfe, von der Aussenwelt abgeschnitten, bitte ich Sie Herr Graf sofort energische Schritte wegen unserer Freilassung zu unternehmen u. s. w. gez. v Wolkowitz, Feldpolizei Kommissar." Ich liess durch den Boten mündlich sagen, ich habe die Sache bereits in die Hand genommen, sie werde in wenigen Tagen befriedigend geregelt sein.

22. November 1918. Freitag. Warschau. *22.11.1918 Freitag*

Früh um halb Neun kam der Major Ritter zu mir, um über heute bevorstehende Verhandlungen mit den Polen wegen Abtransports der Truppen aus der Ukraine zu berichten. Er bezeichnete sich als Vertreter von Oberost. Ich sagte ihm, eine selbständige Vertretung von Oberost in Polen neben der deutschen Gesandtschaft sei nicht denkbar; Verträge, die er ohne Mitwirkung von Vertretern der deutschen Regierung abschlösse, würde ich, soweit sie Politisches berührten, nicht anerkennen. Er nahm Dieses etwas süsssauer zur Kenntnis. Um halb Elf besuchte ich Nieniewski, den stellv. Chef des Generalstabes, mit dem ich bei Gerok im Stabe zusammen war. Kaum war ich wieder zuhause erschien bei mir unangemeldet um Elf Pilsudski mit seinem Adjutanten. Er ist gestern durch ein von ihm selber unterzeichnetes Dekret Diktator von Polen geworden. Um so überraschender war sein Besuch, da Staatsoberhäupter sonst Besuche nicht persönlich erwidern. Er knüpfte im Laufe der Unterhaltung an sein gestriges Wort an, dass unsere gemeinsame Aufgabe sei, die alte deutsch-polnische Feindschaft in eine neue deutsch-polnische Freundschaft überzufüh-

[1] Ohne Einfügungszeichen steht zwischen den Zeilen: „Kam dann auf unsere Gefangenen im Gefängnis hier."

ren, um hinzuzufügen, dass die Verhältnisse in der Bug Etappe das Gelingen dieser Aufgabe gefährdeten; umsomehr als nach der Lösung der Frage von Lemberg die Bugetappen Frage in den Brennpunkt des öffentlichen Interesses rücken werde. Die Einnahme von Lemberg konnte er nicht bestätigen, sie stehe aber unmittelbar bevor. Mit Stolz erwähnte er, dass er seine eigene alte Erste Legions Brigade zusammengezogen u. hingeschickt habe. Dabei erwähnte er, dass die polnische Armee gegenwärtig 30 000 Mann zähle, die in etwa vierzehn Tagen genügend ausgebildet sein würden. Er blieb etwa eine halbe Stunde, plauderte, lachte, erzählte seine Wohnungspläne, er wolle in ein kleines Palais ziehen, besitze gegenwärtig kaum ein zweites Hemd, zeigte aber mit Stolz seinen Ehrendegen, den ihm die Legionen nach zweijährigem Krieg geschenkt hätten. Gleich nach Pilsudski kamen der Minister des Auswärtigen Wassiliewski mit seinem Unterstaatssekretär Fillipovich. Sie erwiderten meinen gestrigen Besuch, brachten aber bei dieser Gelegenheit Wünsche vor wegen Einreise Lednickis u. eines polnischen Kommissars nach Oberost. Oberost lehnt grundsätzlich nach einem mir von Ritter gezeigten Telegramm die Erlaubnis zur Einreise den polnischen Kommissaren ab. Wassiliewski bezeichnete sich als ethnographischen Spezialisten namentlich in den Fragen der russischen Randvölker und der Ostjuden. Daher wohl seine Ernennung zum Min. des Ausw im gegenwärtigen Augenblick. Er nannte mir nicht ohne Autoren Eitelkeit zwei seiner Werke: „Die Ostprovinzen des Polnischen Reiches" und „Die jüdische Frage in Kongresspolen." Auch erkundigte er sich nach Kautsky, dessen Mitarbeiter er gewesen sei, ohne ihn persönlich kennen zu lernen. Ich erfreute ihn mit der Nachricht, dass Kautsky Unterstaatssekretär im Ausw. Amte sei. – Nachmittags unter einem Ansturm von Besuchern meinen ersten Bericht über die Lage in Polen diktiert. Um halb acht besuchte mich noch Hutten, der Vormittags in meinem Badezimmer gesessen hatte, ohne dass er vorkam, weil zuerst Pilsudski u. nachher Wassiliewski bei mir waren. Er schimpfte über Oberost u. die Bugetappe, wo unsere Soldaten wie die Wilden hausten, Leute totschlügen, Häuser ansteckten u. s. w. Er empfahl mir dringend noch heute meinen Antrittsbesuch beim Generalstabschef dem Grafen Sczeptycki[1] zu machen. Er war noch keine zehn Minuten fort, als Sczeptycki mir sagen liess, er müsse mich in einer äusserst dringenden Angelegenheit noch heute Abend sprechen. Ich antwortete, ich würde ihn um halb Elf empfangen. Ich hatte Ritter u. seinen Adjutanten Petri zum Essen eingeladen. Ritter informierte mich, dass die Verhandlungen, die er und der Major Schmidt im Auftrage von Oberost mit Sceptycki führten wegen Abtransports unserer Truppen aus der Ukraine heute gescheitert seien, weil Sceptycki plötzlich die sofortige Räumung der ganzen Bugetappe gefordert hätte. Er Ritter habe abgelehnt weiter zuverhandeln, da er nur für

[1] Szeptycki

militärische Fragen bevollmächtigt sei, nicht für politische, die nur von Regierung zu Regierung zu lösen seien. Deshalb wolle mich Sczeptycki sprechen. Verdächtig ist bei diesem plötzlichen Verlangen, dass ich seit zwei Tagen von jeder telegraphischen, telephonischen und Funken Verbindung mit Berlin abgeschnitten bin, angeblich wegen Störungen. Präzise um halb Elf erschien Sczeptycki allein bei mir und brachte mündlich die Forderung vor, dass wir sofort die Bugetappe links des Bug räumen sollten, widrigenfalls Polen sich um Hülfe an die Entente wenden werde. Er betonte mehrmals, dass er als Chef des Generalstabes spreche und fügte hinzu, ich werde dasselbe Verlangen morgen von der Regierung offiziell gestellt bekommen. Ich stehe also in einem Augenblick, wo ich vollkommen von meiner Regierung abgeschnitten bin, vor einem kaum noch verschleierten Ultimatum. Sceptycki begründete seine Forderung mit den von unseren Soldaten angeblich verübten Greueln, die er selber übrigens, als ich ihm die Untaten seiner eigenen österreichischen Armee, zu der er bis vor einem Jahr gehörte, vorhielt, als unter den Verhältnissen im Bandenkrieg als kaum vermeidbar zugab. Aber die Erregung der öffentlichen Meinung sei bereits so gross, dass keine polnische Regierung ihr widerstehen könne. In Wirklichkeit sind es natürlich unsere Schwäche und die Verachtung für das Verhalten unserer Beamten u. vieler Offiziere am 11ten, die die polnische Regierung zu dieser brüsken Forderung ermutigt haben. Sceptycki machte das Angebot, dass uns ein Brückenkopf auf dem Westufer des Bug bei Brest Litowsk gelassen und die polnische Regierung sich verpflichten solle, keine Artillerie, und nur soviel Truppen als zur Aufrechterhaltung der Ordnung nötig seien, in das geräumte Gebiet zu schicken. Auf meine Frage sagte er, er persönlich wolle auch dafür eintreten, dass die polnische Regierung garantiere, keine Ententetruppen hineinzulassen. Ich erwiderte, dass ich wenig Aussicht sehe, unsere Militärs zur Räumung der Etappe zu bewegen, da sie damit die rückwärtigen Verbindungen unserer Ukraine Truppen gefährdeten. Ich müsse davor warnen, eine Spannung herbeizuführen, dic vielleicht nicht mehr zu lösen sein würde. Sceptycki, der müde und ziemlich erregt schien, im Übrigen aber ein Hüne, blieb dabei, die Forderung müsse gestellt werden; die Besetzung des Buggebiets sei infolge der Vorgänge der letzten Tage für die polnische Regierung unerträglich geworden. Freundschaftliche Beziehungen könnten erst angebahnt werden, wenn sie beseitigt sei. Ich sagte, ich nehme seine Erklärungen zur Kenntnis, könne ihm wenig Hoffnung auf Erfolg machen, werde die Forderung aber weitergeben an meine Regierung, die entscheiden müsse. Wir verabschiedeten uns in freundlichem Tone. – Mit Meyer, der der Unterredung beiwohnte, unsere Haltung besprochen, namentlich, wie wir nach Berlin telegraphieren sollten. Meyer war zuerst für Ablehnung, ich schwankend, aber allmählich bei Berücksichtigung sämtlicher Umstände für Annahme. Insbesondre bestimmte mich die Sicherheit, dass unsere jetzige Regierung durch Nichts für eine Ablehnung zu gewinnen sein würde. Wir sind schon aus Gründen der inneren Politik gezwungen anzunehmen. Dagegen konnten wir nach meiner Ansicht die Annahme vielleicht abhängig machen von der Zusage gebesserter Abzugsmöglichkeiten für unsere Truppen aus der Ukraine, insbesondre vom Zugeständnis, dass sie auch die Bahnen durch Polen benutzen dürften. In diesem Sinne ein Telegramm aufgesetzt, das noch heute Nacht durch Funkspruch abgeht. Um halb vier zu Bett; ein bewegter Tag. Ich vergass, dass Vormittags der alte Nobel, der Naphta Mann, mich besuchte und erzählte, dass in Russland die Besitzenden als feststehend annähmen die Nationalisierung der russischen Industrie sei auf Verlangen von Deutschland erfolgt, weil Deutschland gewünscht habe, sich völkerrechtlich die Möglichkeit zu schaffen, auf die russischen Industriewerke, nachdem sie Staatseigentum geworden waren, Beschlag zu legen. Nobel sagt, durch diese Handlung habe sich Deutschland den unauslöschlichen Hass aller besseren Kreise in Russland zugezogen. Ich dementierte den Unsinn, fand aber bei Nobel offenbar nur halben Glauben.

23. November 1918 Sonnabend. Warschau. *23.11.1918 Samstag*
Ritter um halb Neun bei mir. Zu meiner Überraschung schloss er sich dem von Meyer u. mir in meinem gestrigen Telegramm über Szeptyckis Ultimatum eingenommenen Standpunkte an; weil unsere Regierung für eine andre Haltung nicht zu haben sei. Als fraglich stellte er dagegen hin, ob sich Oberost den Weisungen der Regierung unterwerfen werde. Was trete dann ein, wenn Oberost nicht gehorche u. die Bugetappe zu räumen ablehne. Ich sagte, dann sei der General Hoffmann ein Rebell; wir würden voraussichtlich der polnischen Regierung dieses erklären und ihr das Weitere überlassen. Ritter meinte, Oberost werde allein den Widerstand nicht durchführen können, weil ihm Kohlen, Benzin, Schmieröle fehlten. Aber die Möglichkeiten, die jetzt auftauchen, sind wahrhaft tragisch. Wahrscheinlich zunächst ein Konflikt zwischen der Reichsregierung und Oberost, das sich als selbständigen Verwaltungsstaat betrachtet u. vorläufig noch auf dem alten vorrevolutionären Boden als mögliche Vendée aufrecht steht. Ritter sprach von Yorck; ich fürchte, es würde eher Wallenstein. – Vormittags Besuch beim Erzbischof Cardinal Kakowski. Er wohnt in einem grossen, aber spiessbürgerlich möblierten Palais, das nach Chlor riecht. Sein Hauskaplan führte uns die Treppen hinauf in einen steifen, altmodischen Salon, wo nach kurzer Zeit der Cardinal erschien, ein grosser, stattlicher, noch junger Mann mit einem ziemlich gewöhnlichen Gesicht und hellen, blauen Augen. Er sowohl wie der Kaplan erkundigten sich mit grossem Interesse nach dem Umsturz bei uns, ob wirklich alle Dynastieen beseitigt seien, ob Ruhe jetzt herrsche, ob die Bolschewiks uns gefährlich werden könnten? Polen werde durch die

deutsche Revolution weit mehr gefährdet als durch die russische, weil Alles, was von Westen komme, hier einschlage. Ich brachte absichtlich das Gespräch auf Pilsudski. Der Cardinal machte ein leise ins Verächtliche hinüberspielendes Gesicht, aus dem zu sehen war, dass er Pilsudski nicht gerade Sympathieen entgegenbringt. Er sei sehr populär; le peuple a besoin d'un héros (wir sprachen Französisch); seine Verhaftung sei es, die ihn zum Märtyrer und Nationalhelden gemacht habe. Ich hatte das Gefühl, dass der Cardinal sie gerade deshalb uns besonders verargt. Wir haben ihm und seinen Heiligen eine Konkurrenz geschaffen. Pilsudski sei kein Soldat, verstehe von militärischen Dingen nicht viel, da er nie regulär gedient habe. Ich sagte, er habe sich aber Ratgeber, die militärisch fähig seien, genommen. Der Cardinal liess das gelten und meinte, tatsächlich habe der Gehülfe im Kriegsministerium Oberst Wroczynski (Russischer Oberst) die ganze militärische Maschine in der Hand. (Wroczynski wird wohl der sein, auf den Pilsudskis Gegner u vielleicht die Ententemächte rechnen; zu beobachten.) Auch Sczeptycki sei gut. Pilsudski selbst tue nicht viel, leihe nur seine Popularität her. Ich hatte im Ganzen den Eindruck verletzter Eitelkeit und einer aristokratischen Misachtung gegen den populären Helden. – Um halb zwölf brachte ein polnischer Offizier mein Telegramm über Sczeptyckis Ultimatum vom Funkerturm, wo es um 6 Uhr Morgens durch Gülpen aufgegeben worden war, unerledigt zurück. Meine eigenhändige Unterschrift sei nötig. Ich nahm es an mich und schrieb an Sczeptycki einen ziemlich schroffen Brief, in dem ich ihn „ersuchte" Anordnungen zu treffen, damit die von ihm mit mir getroffenen Verabredungen gehalten würden. Inzwischen sei ich ausserstande den Inhalt unseres gestrigen Gesprächs nach Berlin zu übermitteln. Bereits um halb zwei erschien bei mir daraufhin Sceptyckis persönlicher Adjutant, ein kleiner Graf Josef Michałowski, um Entschuldigungen auszusprechen; sie seien noch in der Organisation begriffen, grosse Unordnung herrsche, es solle nicht wieder vorkommen, von jetzt an würden alle meine Telegramme anstandslos befördert werden. Ich dankte ziemlich kalt, obwohl der arme Junge mir leid tat, weil er sichtlich verlegen und bestrebt war, möglichst respektvoll und höflich zu sein; und drückte nur meine Zuversicht aus, dass nunmehr tatsächlich die nötigen Anordnungen getroffen seien. Dieses möge er dem Grafen Sczeptycki mit meinem Danke übermitteln. – Das von Sczeptycki in Aussicht gestellte Ultimatum der polnischen Regierung ist bis jetzt, halb vier, nicht eingetroffen. – Nachmittags beim General Superintendenten Bursche und im Festungslazarett III, wo unsere letzte Formation liegt. Bursche sagte, er erwarte bestimmt Unruhen in nicht ferner Zeit; und zwar von Seiten der National Demokraten. – Im Lazarett das ganze Elend des Krieges, zum Teil Schwindsüchtige, die sich die Krankheit in russischer Gefangenschaft geholt haben, ein armer Kerl, der „Schweizer" ist u ein Bein verloren hat; sagte mit Tränen in den

Augen, dass er seinen Beruf nicht mehr ausüben könne. – Abends gegen Zehn, während ich mit Meyer im Speisesaal des Bristol allein ass, hörten wir plötzlich in der Hotel Halle ein lautes Stimmenwirrwarr und Lärmen einer grossen Schar von Menschen; ich gieng mit Meyer an die Tür des Speisesaals, um zu sehen, was los sei. Plötzlich kam ein Kellner an mich herangelaufen und rief mir leise zu: „Fliehen Sie, hier, hier durch die Hintertür"; die Menge schreie: „Nieder, Kesslera", wolle meine Zimmer stürmen; „Kesslera heraus heraus." Einige wilde Leute liefen im Rudel die Treppe hinauf, ein gestikulierender Mann hielt von einem Tische eine Ansprache, die ich nicht verstand. Der Hotelwirt kam zu mir, u. sagte, wir müssten morgen vor 10 aus dem Hotel aus ziehen, sonst werde er erschossen. Ich besprach mich mit Meyer, gieng nach oben, holte Gülpen, vor dessen Tür im Korridor die erschreckte Gesandtschaft sich versammelt hatte, und begab mich mit ihm u. Meyer nach dem Sachsenplatz 6, um mit Pilsudski zu reden. Er war abwesend; die Wache gab uns aber einen Mann mit, der uns in eine ziemlich entlegene Strasse führte, wo er sein sollte. Es war eine etwas altmodische, halb elegant mit verschlissenen Empire Möbeln eingerichtete Wohnung. Zunächst kam sein Adjutant Winiawa, mein Freund vom Kormin, dann Sosnkowski, der General geworden ist und jetzt den Korpsbezirk Warschau kommandiert. Diesem sagte ich, ich käme als Privatmann, nicht als Gesandter, um ihm mitzuteilen, dass hundert bis zweihundert Leute ins Bristol eingedrungen seien und meinetwegen den Wirt bedroht hätten. Dieser habe uns deshalb morgen früh um 10 auf die Strasse gesetzt. Da ich nicht gern in dieser Weise ausziehen möchte, bäte ich, den Wirt zu beruhigen und das Hotel unter militärischen Schutz zu nehmen. Sosnkowski sagte zu und bat mich, auf Pilsudski zu warten, der gleich kommen müsse. Wir plauderten dann noch lachend, obwohl es Sosnkowski offenbar unangenehm gewesen war, als ich sagte, die Menge habe gedroht, morgen früh um 10 Uhr wiederzukommen und obwohl er dazwischen auch auf die Bugetappe kam; 40 Leute seien auf einen Haufen von unseren Soldaten erschossen worden. Da es bald Eins wurde, brach ich auf, ohne auf Pilsudski zu warten. – Abends war der alte Hutten bei mir, um Abschied zu nehmen. Er sagte, es sei eine grosse Hetze gegen mich, d. h. gegen die Gesandtschaft, im Gange. Heute Abend zeigt sich's!

24 November 1918. Sonntag. Warschau. *24.11.1918 Sonntag*

Heute früh war von Sosnowskis Schutzmassregeln noch Nichts zu sehen. Um 9 brachte Gülpen vom Sachsenplatz drei Mann, die sich mit aufgepflanztem Bajonett auf dem Korridor vor meinem Zimmer aufstellten. Um halb zwölf kam die für die Gesandtschaft bestimmte Wache; ein Zug Infanteristen. Um die Mittagszeit ziehen fortwährend in langsamsten feierlichem Schritt Trupps

P.P.S.[1] Leute mit roten Fahnen am Hotel vorbei zum Sachsenplatz, wo grosse Versammlung ist. Um dieselbe Zeit meldet sich bei mir ein polnischer Leutnant, der von Minkiewicz beauftragt ist, für mich eine Gesandtschaftswohnung zu suchen. Er will sie bis morgen finden. Drei viertel eins Ansammlung von einigen hundert Menschen vor dem Hotel. Die Direktoren lassen sich melden u zeigen sich besorgt für meine Sicherheit. Sie sind terrorisiert, meinen die Wache sei nicht zuverlässig, kurz, wollen mich möglichst schnell los sein. Gefrühstückt bei Langner. Der Kaisermaler Kossak, der jetzt hier in der Uniform eines polnischen Rittmeisters herumläuft und an einem Nebentisch sass, rief einem Bekannten im Saale laut zu: „Je ne voudrais pas être dans la peau de l'Ambassadeur; il va passer un mauvais quart d'heure." Dann erkannte er mich, stellte sich vor und entschuldigte sich. Nachmittags bei Korff. Gülpen meldet, dass vor dem Hotel die Menge bis an die gegenüberliegenden Häuser sich staut, die Wagen der Elektrischen stecken bleiben, die Wache bis in die Hoteltür zurückgedrückt ist. Ich setzte eine Meldung nach Berlin auf, die ich versuchen werde chiffriert hinzufunken. Alle telegraphischen Verbindungen sind unterbrochen. Wassiliewski hat heute früh Meyer, den ich hinschickte, erklärt, dass das polnische Aussenministerium jede Garantie für unsere persönliche Sicherheit übernehme. Später schränkte er das Strahl gegenüber ein, indem er sagte Garantieen könne es zwar nicht übernehmen, es werde aber Alles tun, was möglich sei. Abends um 7 meldet Meyer, dass die Menge die Gesandtschaftswache überrannt, ins Hotel eingedrungen und meine Zimmer sowie die sämtlicher Gesandtschaftsmitglieder durchsucht hat. Unser Gepäck war vorher durch den Direktor in den fünften Stock geschafft worden. Eine Aufforderung, sofort Jemanden auf das Ministerium zu schicken, fand Meyer im Hotel vor. Im Ministerium wurde Meyer eröffnet, wir müssten noch heute Abend umziehen. Eine Wohnung werde uns um Neun Uhr im Ministerium bezeichnet u. zur Verfügung gestellt werden. Meyer liess sich zum Minister Wassiliewski führen u legte Protest ein gegen die völkerrechtswidrige Behandlung, die uns zu Teil werde, indem die polnische Regierung trotz ihrer Garantie uns nicht gegen die Durchsuchung der von der Gesandtschaft benutzten exterritorialen Räume geschützt habe. Ich setzte mit Meyer die Meldungen nach Berlin auf, die ich morgen per Bahn durch einen unserer Chiffreure hinschicke, da alle telegraphischen Verbindungen unterbrochen sind. Zu Nacht gegessen im Restaurant Angielski. Im Ministerium wurde Meyer gesagt, sieben Zimmer stünden in zwei verschiedenen Wohnungen zur Verfügung, aber ungeheizt u zum Teil unbeleuchtet. Ich gieng mit Fürstner in die uns vom Bankdirektor Theusner angebotenen Räumlichkeiten in seinem „Heim" an der Wierzbowa. Die Gesandtschaft ist in der grossen Stadt drolligerweise trotz aller angeblichen Anstrengungen der polni-

[1] Polska Partia Socjalistyczna

schen Behörden wie ein gehetztes Wild. Offenbar ist die jetzige Regierung zu schwach, um Ordnung zu halten. Die Polen sind nur mit einer eisernen Faust und viel Glanz und Ruhm zu regieren. Daher bieten sie das beste Material für einen imperialistischen Grossstaat, wenn der richtige brutale und ehrgeizige Mann an die Spitze kommt. Allerdings sind sie selbst politisch Kinder. Deshalb sind die bisherigen polnischen Imperien immer bald zerfallen, wenn eine überragende Persönlichkeit an der Spitze fehlte. Vieles hiervon ist auch von Preussen-Ostelbien wahr.

25 November 1918. Montag. Warschau. *25.11.1918 Montag*

Um halb acht ins Bristol gegangen und gebadet. Alles still auf den Strassen. – Zu Korff, wo wir provisorisch arbeiten (Deutscher Hilfsverein.) Um 10 Meyer zu Wassiliewski geschickt, um ihm zu eröffnen, dass ich ihn heute Vormittag sprechen möchte. Ritter, den ich in der Kommandantur aufsuchte, sagte mir, er habe bereits gestern privatim und entgegen meinen Weisungen Obost von den Demonstrationen Kenntnis gegeben. – Um halb Zwölf bei Wassiliewski, dem ich durch Meyer hatte sagen lassen, ich wünschte eine Unterredung mit ihm, bedaure, ihn infolge der gestrigen Ereignisse nicht bei mir empfangen zu können, und werde daher zu ihm kommen. Ich sagte ihm, ich hätte auch nach dem, was gestern vorgefallen ist, den Wunsch, freundschaftliche Beziehungen zwischen Deutschland u Polen anzubahnen, müsse ihm aber sagen, dass die Lage nicht eines gewissen Ernstes ermangele. Ich werde mich um $^1/_2$ 4 bei ihm nach Büroräumen und um 6 nach einer standesgemässen und militärisch gut zu sichernden Wohnung für die Gesandtschaft erkundigen lassen. Er schrieb sich auf einen Zettel die beiden Stunden auf und versprach, dass Alles zur Zeit bereit stehen werde. Er war so verlegen und hülflos, wie ich selten einen Menschen gesehen habe. Versicherte, die Demonstrationen richteten sich gegen die Regierung mehr wie gegen mich; kam nicht einmal auf die Greuel der Bugetappe zurück. Nachmittags um 6 wurde uns endlich eine winzige kleinbürgerliche Wohnung in der Ujaradarska[1] für Büroräume angewiesen und gleichzeitig eine Wache von 10 Mann gestellt, die wir in der Küche unterbringen müssen, da sonst kein Platz ist. Ich nahm diese Abspeisung unter Protest vom Beamten des Aussenministeriums an, der geschickt war, um uns hinzubegleiten. Eine Wohnung haben wir noch immer nicht. – Die Stimmung scheint heute gegen uns weniger feindlich; die ___ die den ersten bösartigen Artikel brachte, schreibt heute Abend, eine deutsche Gesandtschaft in Warschau mit einem zahlreichen Personal sei zweifellos nötig. Ich habe nur den Fehler gemacht, täglich mehrere hundert Menschen (!) zu empfangen. Wie mir das gelungen sein soll, verrät die ___ nicht. Auch die Verhandlungen über den Abtransport aus der Ukraine und

[1] Ujazdowska

die Benutzung der polnischen Bahnen zu diesem Zwecke, die heute begonnen haben und zu denen ich als meinen Vertreter Rawicki abgeordnet hatte, haben einen guten Verlauf genommen; zum Teil infolge der Anwesenheit eines Stabsarztes u. eines Gefreiten aus Oberost, die heute Morgen angekommen sind, und sich zuerst durch einen Ausweis von Hoffmann als legitimiert zu Verhandlungen mit der polnischen Regierung erklärten. Ich liess ihnen durch Gülpen sagen, mit der polnischen Regierung zu verhandeln die Legitimation habe nur ich. Wenn sie trotzdem zu verhandeln versuchten, werde ich das Resultat nicht anerkennen. Dagegen sei ich bereit, sie als Sachverständige u. Berater zu meiner Kommission zuzulassen. Dieses nahmen sie an. Sie sagen, Eile tue Not. Die Soldaten in Oberost wollten nachhause und seien kaum noch zu halten. Wenn die polnische Regierung Schwierigkeiten mache, würden sich die 600 000 Mann mit Gewalt einen Weg durch Polen bahnen. Dieses scheint auf Sczeptycki Eindruck gemacht zu haben.

26 Nov. 1918. Dienstag. Warschau. *26.11.1918 Dienstag*

Heute Vormittag in unsere von der Regierung gestellten Büros eingezogen, Ujazdowska 22, Hinterhaus. Kleine Leute Wohnung; in die gute Stube, die den Eingang bestreicht, kommen ein Maschinengewehr und sechs Mann. Sie sollten ursprünglich in die Küche. Aber der Wachthabende, ein Sergeant, machte mich durch den Dolmetscher, den Musketier Boleslaw, darauf aufmerksam, dass die Küche taktisch ungünstig gelegen sei, weil man den Eingang nicht sehe, er daher die Verantwortung für unsere Sicherheit ablehnen müsse, wenn ich die Besatzung dorthin zurückziehe. Selbstverständlich trug ich seinem militärischen Rate Rechnung und legte ihn ins beste Zimmer. Mein Bürovorstand warnte ängstlich vor einem Umzug heute, „da Versammlungen stattfänden." Wenn wir warten wollten, bis es keine Versammlungen mehr in Warschau giebt, würde ich nie ein Büro bekommen; ich gab daher die Weisung, noch heute umzuziehen. Nach allen Anzeichen sind dreiviertel der Gesandtschaft, namentlich das untere Personal, noch sehr verschüchtert. Die Meisten möchten abreisen. Vormittags beim Unterstaatssekretär Filippovich. Ich richtete an ihn erneut die Frage, wann die von der polnischen Regierung in „Schutzhaft" genommenen deutschen Beamten befreit werden würden. Er antwortete, es sei nicht gut möglich, sie alle auf einmal herauszulassen, er wolle sie „in batches" von 3 oder 4 befreien; die ersten bereits diese Woche. Wegen der Beschlagnahme des Vermögens der deutschen Okkupationsbehörden legte ich Verwahrung ein. Fil. fragte, was das bedeuten solle? Ich sagte, ich behielte mir vor, eine Kommission zu fordern, die die ganze Liquidation vornehmen solle; inzwischen machte ich alle Vorbehalte wegen dessen, was vorher mit den Vermögensgegenständen geschehe. Filippovich kam wieder auf die Bugetappe. Ob wir nicht wenigstens eine öffentliche Erklärung abgeben könnten, dass wir sie dem polnischen Staate nicht vorenthalten wollten? Wenn in dieser Sache nicht bald Etwas geschehe, könne das Ministerium darüber stürzen; und zwar schon in ein bis zwei Tagen. Die Erregung sei ungeheuer. Ich hatte überhaupt den Eindruck, dass Filippovich sich in seinem Ministersessel sehr unsicher fühlt. Nemojecki, den ich traf und der polnischer Geschäftsträger in Berlin werden soll, sagte, er sehe eine weitere Radikalisierung der Verhältnisse u. der Regierung hier spätestens in einigen Wochen voraus. Auch wahrscheinlich Unruhen. Die polnische Telegraphenagentur (WAT)[1] verbreitet inzwischen einen Artikel des Dziennik Poznánski (Korfanty) wonach ich von jeher links demokratisch, ja Internationalist gewesen sei. Mein Zusammentreffen mit der Baumgarten (bei Breitscheid) wird ausgebeutet. Offenbar um alle rechts stehenden und bourgeoisen Kreise gegen mich einzunehmen und der Entente in die Arme zu treiben. Korfanty hat am Tage der Kundgebungen gegen mich von meinem Fenster aus eine glühend ententophile Ansprache an die Menge gehalten. – Plötzlich um 1 Uhr ist unsere Wache abmarschiert. Es sei von der Kommandantur Befehl gekommen, dass sie sofort dorthin zurückkehren solle. Meyer hingeschickt, um zu sehen, was los ist und erneut Bedeckung zu verlangen. – Abends um $^{1}/_{2}$ 8 liess Morawski, der Gehülfe von Filippovich, sich bei mir melden und gab mir Kenntnis vom Durchschlag des Ultimatums in Sachen der Bugetappe, das Sczeptycki neulich bei seinem Besuch in Aussicht stellte. Die polnische Regierung erhebt darin zunächst Protest über die Verletzung ihrer Staatshoheitsrechte in Oberost durch die deutsche Regierung bezw. Heeresverwaltung und verlangt sodann sofortige Räumung der Bugetappe. Moraswski fügte mündlich hinzu, es würde der polnischen Regierung genügen, wenn wir grundsätzlich erklärten, dass wir bereit seien, die Bugetappe zu räumen. Die Note solle durch Nemojecki in Berlin Solf überreicht werden. Über die Modalitäten lasse sich dann verhandeln. Ich erklärte, ich müsse zunächst darauf hinweisen, dass Deutschland Staatshoheitsrechte Polens im Gebiet von Oberost nicht anerkenne, noch anerkennen könne, da diese Frage der Entscheidung der Friedenskonferenz vorbehalten sei. Inbezug auf die Bugetappe hätte ich keine Weisungen, könne auch keine umgehend erlangen, da der Draht mit Berlin, anscheinend auf polnischem Gebiet, unterbrochen sei. Eine Stellung zu dieser Forderung könne ich daher vorläufig nicht nehmen. Indessen sei sie gestern bei den Verhandlungen mit Sczeptycki in befriedigender Weise gefördert worden. Als Privatmann erlaube ich mir darauf aufmerksam zu machen, dass die Note durch die Schärfe ihres Tones in Berlin einen schlechten Eindruck machen und vielleicht die hier eingeleiteten und bisher befriedigend verlaufenen Verhandlungen ungünstig beeinflussen werde. Wenn Morawski wünsche,

[1] Warszawska Agencja Telegraficzna

dürfe er diese meine private Ansicht an seinen Chef weitergeben. Auch dass ich es für opportuner hielte, erst den Erfolg der hiesigen Verhandlungen, die vielleicht die Frage lösen würden, abzuwarten. Morawski schien etwas stutzig und sagte, er werde seinem Minister berichten. – Abends gegessen beim Schweizer Konsul Wettler mit dem norwegischen Konsul[1] u einem Ehepaar Lippmann oder Lippert, sie Polin, er Reichsdeutscher u. früher bei der Zivilverwaltung beschäftigt. Sie erzählte einen Sketch, den sie gestern im Kabarett „Mirage" gesehen habe; ein Jude bekommt nicht die Telephonverbindung; er bittet, schimpft, droht, schliesslich ruft er ins Telephon: „Wenn ich jetzt nicht sofort den Anschluss bekomme, gehe ich zu Beseler; ach nein, Beseler ist nicht mehr da; aber, Fräulein, wenn Sie mir nicht sofort den Anschluss geben, gehe ich zu Kessler, der hat ja Beseler ersetzt." Darauf bekommt er den Anschluss umgehend. Stimmungsmache, recht geschickte. Eine Zeitung schreibt, Hunderte von Polen u. Deutschen hätte ich im Bristol am ersten Tage empfangen; deshalb sei das Volk erbost gewesen und habe demonstriert, weil dieser Strom von Besuchern verdächtig war. Natürlich habe ich nicht Hunderte, sondern höchstens ein paar Dutzend Leute gesehen. – Wettler u seine Gäste sprachen Alle mehr oder weniger gegen Pilsudski, weil er ein rein sozialistisches Kabinett gebildet habe. Er hat die Bourgeoisie dadurch erschreckt und den Nationaldemokraten (Korfanty) in die Arme getrieben. – Eingezogen in eine Pension Mazowiecka 1.

27. November 1918. Mittwoch Warschau. *27.11.1918 Mittwoch*

Die Wache ist wieder da; neun Mann im Vorderzimmer mit einem Deutsch sprechenden Sergeanten. Vormittags kam Morawski, um mir seinen Stellvertreter, einen Grafen Raczynski vorzustellen. Auf die Note kam er nicht zurück. Ferner besuchte mich Studnicki, der wegen seiner bei mir im Bristol vom Mob gefundenen Visitenkarte durch die Zeitungen arg zerzaust worden ist. Er möchte die polnischen „östlichen Provinzen", d. h. ein grosses Stück Russland haben. Die Polen entwickeln einen Appetit wie ein neu aus dem Ei gekrochener Sperling. Studnicki ist ein kleiner, etwas unordentlicher schwarzer Mann mit hübschen, guten Augen, der sehr schlecht Deutsch spricht, aber Deutschland lieben soll. Etwas Theoretiker u. Idealist, wie mir schien, ohne viel Gefühl für das Reale. – Ein Ukrainer, Nikolaus von Lozinski, Reserveoffizier und Gehülfe im ukrainischen Handels Ministerium, kam wegen der Kohlentransporte nach der Ukraine zu mir. Er erzählte, dass er auf der Reise hierher im Gebiet der Bugetappe in Mendryziec auf der Strasse ohne Anlass von deutschen Schwarzen Husaren geohrfeigt worden sei. Die Husaren seien zu etwa zehn die Strasse heruntergebummelt, und als sie bei ihm vorbeikamen, habe ihm der Eine vier

---

[1] Krzyzaški

saftige Ohrfeigen heruntergehauen, so dass ihm schwarz und blau vor den Augen wurde. – Ritter schickte mir ein Gespräch, das er heute mit Oberost (Major von Haepke[1]) geführt hat, wonach Oberost die sofortige Räumung des Westteils der Bugetappe kategorisch ablehnt und behauptet, diese Haltung werde von der Obersten Heeresleitung und dem Ausw. Amte gebilligt. – Szeptycki teilt mit, dass nach Nachrichten aus Kalisch deutsche bewaffnete Truppen sich dieser Stadt näherten. Wir möchten eingreifen. – Abends assen wir im öffentlichsten Saale des Angielski. Die Neugier des Publikums war sehr gross. Immerfort drehten sich Gäste, namentlich Frauen, verstohlen um und sahen zu uns hin. Heute Morgen waren wieder Handzettel in der Stadt angeschlagen, die gegen uns und die Regierung hetzten.

28 November 1918. Donnerstag. Warschau. *28.11.1918 Donnerstag*

Früh meldete sich bei mir der Hauptmann Rabien (Generalstäbler) als Verbindungsoffizier von Oberost bei der Gesandtschaft. Er kam von Berlin und hatte erst in Thorn gehört von den Demonstrationen vor dem Bristol. Dort kursiert die Version, ich hätte Pilsudski verhaften lassen, daher die Wut der Polen gegen mich. Rabien schien durch die Lage, die er vorfindet, ziemlich erschüttert; hatte sich noch schnell in Thorn Zivil zusammengepumpt. Ich sagte ihm zur Weitergabe an Obost, eine grundsätzliche Zusage, dass wir das Westgebiet der Bugetappe baldigst räumen wollten, sei nach meiner Ansicht unerlässlich. Das Wenigste, was sonst geschehen könne, sei der Sturz der gegenwärtigen polnischen Regierung. Dann werde es fraglich, ob die neuen Ententefreundlichen, nationaldemokratischen Machthaber die Benutzung der polnischen Bahnen zum Abtransport unserer Truppen aus der Ukraine noch freigeben würden. Wahrscheinlich würden dann diese Truppen den Durchmarsch durch Polen mit Gewalt erzwingen, die Entente daraufhin den Waffenstillstand kündigen der Krieg unter katastrophalen Umständen für Deutschland neubeginnen. Rabien nahm meine Ausführungen zur Kenntnis und bat, sich mit Ritter besprechen zu dürfen. – Nachmittags meldete Oberost, dass in Bransk und einem andren Orte, polnische Truppen Deutsche beraubt, entwaffnet und gefangengenommen hätten. Ich richtete deshalb eine Note an Wassiliewski. – Von Berlin habe ich noch immer keine Weisungen, überhaupt keine Antwort auf meine Telegramme über die Bugetappe. – Abends ass ich im Angielski mit dem bisherigen deutschen Direktor der polnischen Darlehenskasse Theusner und Otto Fürstner. Das Lokal bei Musik überfüllt; auch viele hübsche, ganz elegante Frauen. Gegenüber in einem Hause sah man durch das Fenster Legionäre mit Mädchen tanzen. Auf der Strasse zog einmal ein Zug Demonstranten vorbei, die „Nieder mit der Regierung" johlten. Beim Weggehen zog mich der Ober-

[1] Hepke

kellner schnell durch eine Seitenthür. Fürstner, der mit Theusner die Treppe vorne hinuntergieng, sagte, vier oder fünf junge Leute, darunter ein polnischer Offizier, hätten draussen auf mich gewartet und meinen Namen gerufen; offenbar einen Affront vorgehabt. Sie wollen sich noch schnell für den Einzug der Entente Verdienste erwerben; nicht sehr tapfer, aber klug. – Ich vergass, dass Nachmittags Vertreter des Lodzer Soldatenrates bei mir waren und um Zuteilung zur Gesandtschaft baten. Sie wollten dort die Liquidation des Gouvernements Eigentums vorbereiten und für die Reichsdeutschen sorgen. Ich einigte mich mit ihnen u versprach, sie als Gesandtschaftsmitglieder anzumelden. Über die Ursachen des Zusammenbruchs und die Rolle der Soldatenräte herrschen hier zwei entgegengesetzte Auffassungen. Roth (Mitglied des Soldatenrates) gab mir heute früh einen Artikel für die „Nordd. Allgemeine", der dem Warschauer Soldatenrat das Verdienst zuschreibt, bei der Kopflosigkeit und Angst der leitenden Stellen (Nethe, Beseler) gerettet zu haben, was noch zu retten war und wenigstens ein allgemeines Massacre aller Deutschen verhindert zu haben. Theusner schreibt im Gegenteil den Zusammenbruch gerade den Soldatenräten und der Disziplinlosigkeit der Truppen zu, die eine allgemeine Verwirrung und Anarchie verursacht und dadurch den Polen die Gelegenheit zur leichten Entwaffnung und Beseitigung der Okkupations Armee und Verwaltung gegeben hätten. Beseler habe die Vertreter der Soldatenräte zusammenberufen und versucht, sie zu überreden, geschlossen mit der Truppe und Verwaltung bis an die Grenze abzumarschieren. Da habe plötzlich Domke, der Führer des Warschauer Soldatenrats dazwischengeschrieen: „Nee, machen wir nicht; jetzt ist der Krieg für uns zu Ende. Wir gehen nachhause." Alles habe daraufhin in grosser Konfusion Beselers Vorschlag abgelehnt. Die Anarchie sei eingetreten. – In Wirklichkeit scheint der Zusammenbruch eine Folge der moralischen Zermürbung der Truppe; sie war mit dem Herzen nicht mehr dabei, und als das Gr. Hauptquartier den Stein ins Rollen brachte durch den Befehl zur Bildung von Soldatenräten, purzelte Alles zusammen. Beseler und Nethe waren ihrer Aufgabe vorher nicht gewachsen gewesen; jetzt rächte sich's. Dann hat der Soldatenrat, als er sich endlich konstituiert hatte, in der Tat noch gerettet, was zu retten war. Wenigstens haben sie das Chaos verhindert.

29 November 1918. Freitag. Warschau *29.11.1918 Freitag*

Heute früh steht an den Litfasssäulen ein grosses Plakat „Zu den Waffen", das zum Kriege gegen Deutschland aufruft. Keine Unterschrift. Offenbar nationaldemokratische Arbeit mit Ententegeld. Mittags stehen vor diesem Plakat überall kleine Gruppen, die es still studieren. Studnicki, der Vormittags bei mir war, bat mich, ihm keine Bedeutung beizumessen. – Nachmittags Korff bei mir wegen einer Zeitung. – In einer heute zum ersten Male erschienenen neuen, wahrscheinlich ententistisch finanzierten Zeitung ___ Leitartikel „Der unsichtbare Gesandte“, worin in witziger ziemlich harmloser Weise meine Beziehungen zu Pilsudski, Przybyszewski und der jungen deutschen Litteratur behandelt werden. – Abends assen bei mir im Europejeski der Schweizer Konsul Wettler mit Frau, Theusner und von der Gesandtschaft Meyer u. Strahl. Wettlers Sympathieen für die National Demokraten als Kapitalisten Partei und für den Einmarsch der Entente als Schutz gegen den Sozialismus konnte er kaum verbergen. Als ich Wettlers nachhausefuhr gegen Mitternacht, demonstrierte eine ziemlich grosse Volksmenge schreiend vor dem Palais am Sachsenplatz. Ob für oder gegen Pilsudski, war nicht herauszuhören.

30 November 1918. Sonnabend. Warschau. *30.11.1918 Samstag*

Mein polnischer Diener Biskupiek meldet Morgens beim Wecken, dass heute Nacht „Tausende von Menschen“ vor dem Haus Ujazdowska 22, wo unsere Büros sind, bis um 5 Uhr früh demonstriert hätten; sie hätten den Sdrusz (Portier) herausgeholt und wissen wollen, wo ich wohnte. Der Sdrusz behauptet, sie hätten gedroht, ihn zu erschiessen, wenn er meine Adresse nicht verrate. Viele Frauen seien bei den Demonstranten gewesen. Sie sind bis in unsere Räume vorgedrungen. – Heute Vormittag schneit es. – Nach den Morgenzeitungen, die mir Roth auf dem Büro vorliest, ist gestern Abend um 11 Uhr das Ministerpräsidium von der Menge gestürmt worden; sie haben die Minister haben wollen. Vor unseren Büros ist wahrscheinlich derselbe Pöbelhaufen um 1 Uhr angelangt; Beweis, wie eng die Hetze gegen uns mit der gegen die Regierung zusammenhängt. – Um 10 $^1/_2$ Vormittags wird mir mitgeteilt, dass unsere Gesandtschaftswache den Befehl zum Abmarsch erhalten hat. Daraufhin schicke ich das Personal nachhause, schliesse die Büros und entsende Meyer, um Rücksprache zu nehmen u. zu protestieren, zum Unterstaatssekretär Filippovicz. Er wird wieder Worte, aber keinen Schutz geben. Eine ordnungsmässige Arbeit ist unter diesen Verhältnissen unmöglich. – Celichowski, der neue Posener Polizeipräsident besuchte mich in meiner Privatwohnung. Er sagt, dass ich offenbar beobachtet werde; unten vor der Tür habe er sehr verdächtige Gestalten herumlungern sehen. Ich steckte ihm, da er heute Korfanty u. Seyda sehe, könne er ihnen sagen, nach meiner Ansicht handelten die N.D's[1] sehr unvernünftig und gegen das Interesse Polens, indem sie mich zu vertreiben und die Beziehungen zwischen Deutschland u Polen zum Bruch zu bringen suchten. Denn meine Arbeit hier gelte dem Versuch, einen ordnungsmässigen Abtransport der Truppen aus der Ukraine im Einvernehmen mit der polnischen Regierung zu bewerkstelligen. Am Tage, wo diese Verhandlungen abgebrochen würden, würden sich unsere ukrainischen Truppen, 500 000 Mann, wohlausgerüstet mit Artillerie u.

[1] Nationaldemokraten

Munition, nicht mehr halten lassen und über Polen herfallen, um sich gewaltsam den Weg in die Heimat zu bahnen. Am Tage, wo ich hier abführe, werde sich diese Truppenmasse in Bewegung setzen; und für das, was dann geschehe, müsse meine Regierung jede Verantwortung ablehnen. Ich sei der einzige Damm zwischen Polen und dieser drohenden Lawine; wenn die N.D's mich beseitigten, werde sie wie eine Dampfwalze über Polen hingehen. Celichowski schien beeindruckt u schlug eine Zusammenkunft zwischen mir und Korfanty vor heute Nachmittag an einem dritten Orte. – Meyer kam von Filipowicz und sagte, dieser habe sich in Entschuldigungen überboten. Meyer hat in meinem Auftrag Requirierung einer leerstehenden Villa, ausreichenden militärischen Schutz unter einem zuverlässigen und Deutsch sprechenden Offizier und eine Audienz für mich bei Pilsudski gefordert. – Um 6 Uhr bei Pilsudski. Er ist ins Schloss Belvedere übergesiedelt. Vorfahrt in einem grossen, vornehmen Hof, der dick beschneit und von den hell erleuchteten Schlossfenstern blassrot beschienen ist. Adjutanten und Unteroffiziere flitzen in der Eingangshalle hin und her. Winiawa kommt heruntergeeilt und führt uns in ein Vorzimmer mit steifen Möbeln, in dem ein Papiermaché Modell eines preussischen Gardeducorps aus den Befreiungskriegen unter einer Glasglocke steht; offenbar ein Geschenk Friedrich Wilhelms des Dritten oder Vierten an den Kaiser Nikolaus. Beseler hat es vielleicht ausgegraben. Nach wenigen Minuten kam Winiawa zurück und führte Meyer u. mich zu Pilsudski hinauf. Er empfieng uns in einem grossen altmodischen, ziemlich leeren Salon im ersten Stock. In Benehmen und Haltung bei aller Einfachheit schon ganz das Staatsoberhaupt. Eine merkwürdige Metamorphose seit meinem Besuch in Magdeburg. Er sieht krank aus, aschgrau und mager; klagte über seine Gesundheit. Die mystischen Augen aber brennen noch im blassen und zerfurchten Gesicht. Sorgenvoll und von einer tiefen Traurigkeit war der Ausdruck. Ich sagte, nachdem der Pöbel in der vorigen Nacht zum dritten Male in meine Gesandtschaft eingedrungen sei, müsse ich gewisse Forderungen stellen: ein eigenes Palais, das militärisch requiriert, jedoch von mir zum vollen Werte bezahlt werden solle (ich schlug Ujazdowska 11 vor, das leer steht und einem abwesenden Russen gehört); eine starke Wache unter einem zuverlässigen und Deutsch sprechenden Offizier. Pilsudski versprach, diese Forderungen unter Vorbehalt einer Rücksprache mit der Regierung zu erfüllen. Entschuldigte sich und setzte hinzu, die Kundgebungen richteten sich ebenso gegen ihn wie gegen mich. Bisher habe er versucht, in Güte auszukommen. Jetzt sei er aber entschlossen, die Unordnung auch mit Gewalt zu unterdrücken. Er habe Befehle gegeben, die vielleicht zu Blutvergiessen führen würden. (Indem er dieses sagte, wurde sein Gesicht noch blasser und grauer; ein schauerlicher Kampf und Schmerz war darin sichtbar.) Schon heute Nacht würden einige Verhaftungen vorgenommen. Die Nationaldemokraten hätten es nicht anders gewollt. Er bedaure die Notwendigkeit; sein Entschluss sei aber fest. Er werde den Bolschewismus von rechts ebenso niederhalten wie den von links. Allerdings könne er mir nicht verhehlen, dass die Erregung der Bevölkerung gegen die Gesandtschaft nicht ohne Ursache sei. Die Meldungen über Greueltaten unserer Soldaten im Buggebiet, der Ausschluss der polnischen Beamten aus dem zweifellos zum polnischen Staate gehörenden Gebiet von Suwalki, die durch das Zurückgehen unserer Truppen in Litauen und Weissrussland verursachte Furcht vor den nachrückenden russischen Bolschewikis böten einen grossen Agitationsstoff. Er müsse mir sagen, dass wenn die Dinge so weiterliefen, er selbst vielleicht in einigen Tagen gezwungen wäre, gewisse Anordnungen zu treffen. (Also ein drittes Ultimatum). Ich erwiderte, die Leute, die hier zum Bruch und zur Abberufung der Gesandtschaft trieben, schienen mir merkwürdig töricht. Denn wenn es zum Abbruch der Beziehungen und Verhandlungen komme, und unsere Soldaten in der Ukraine dieses erführen, würde Nichts sie halten; sie würden sich selbständig und gewaltsam einen Weg durch Polen in die Heimat bahnen. Meine Abberufung werde das Signal sein, auf das sich diese Masse in Bewegung setze; und ehe die Entente Hilfe bringe, werde Polen schon zerstampft sein. Pilsudski gab mir völlig recht, selbst der schweigsame Winiawa stimmte zu. Ich sagte dann, die Langsamkeit der Verhandlungen liege zum grossen Teil daran, dass meine Verbindungen mit Berlin so äusserst mangelhaft und mein Verkehr mit Oberost zensuriert sei. Wenigstens ein freier Verkehr über den Fernschreiber mit Oberost auch chiffriert müsse ich erbitten, wenn ich wirksam arbeiten solle. Pilsudski gestand mir den Chiffre Verkehr mit Oberost zu unter Vorbehalt einer Rücksprache mit Sczeptycki, der krank zubette liegt. Zum Schluss teilte er mir mit, dass sieben von den deutschen Beamten, deren Freilassung ich verlangt habe, bereits auf dem Wege nach Deutschland seien; die übrigen würden in der kommenden Woche folgen. Ich habe wieder den Eindruck erhalten, dass Pilsudski einen Ausgleich mit uns sucht und fest und klaren Blickes seinen Weg geht; fraglich ist, welche Macht ihm zur Verfügung steht, oder welche Macht er sich noch rechtzeitig schaffen kann. Gegen die Einmischung der Entente und gegen den Bolschewismus genügen Einsicht und Wille nicht. Er selbst sagte, die N.D.s wollten durch alle Mittel und unter Andren durch die Hetze gegen mich einen Zwischenfall hervorrufen, der den Einmarsch der Entente zur Folge habe. Ganz sicher, dass ihnen Dieses nicht gelingen werde, schien er nicht. Nach meiner Unterredung nach Berlin telegraphiert, noch einmal auf die Gefahren der Bugetappen Frage aufmerksam gemacht und wieder dringend um Weisungen gebeten. Seit meiner Ankunft in Warschau habe ich trotz der kritischen Lage und des Ultimatums kein einziges politisches Telegramm oder andres Schriftstück aus Berlin bekommen. Das Ausw. Amt antwortet auf Nichts. Meyer meint, vielleicht sei es so in der Auflösung begriffen, dass Niemand eine Entscheidung zu fällen wage. Nach unverbürgten Nachrichten soll Eisner den Rücktritt von Solf und Erzberger gefordert haben. Meyer sagt, das ganze Amt werde sich mit Solf solidarisch erklären und mit ihm zurücktreten. – Mit Meyer allein gegessen in einer kleinen Weinstube an der Wyrzbowa. So endet dieser weltgeschichtliche Monat November '18, der neben dem August '14 ewig einen denkwürdigen Klang haben wird.

1 Dezember 1918 Sonntag. Warschau. *1.12.1918 Sonntag*

Auch heute noch keine Weisungen und kein Feldjäger. Es ist, als ob man uns in Berlin vergessen hätte. – Wir haben jetzt in unserem Hause Ujazdowska einen Zug Infanterie und zwei Maschinengewehre. Ein Posten steht auf der Strasse vor der Tür. Pilsudski hat also Ernst gemacht. Ausserdem sind uns neue Räume für die Gesandtschaft zur Verfügung gestellt. – Verschiedene Versammlungen nationaldemokratischen Charakters sind für heute angekündigt. Die eine Abends um 10 auf dem Sachsenplatz, die jedenfalls zu Kundgebungen führen wird. – Meine Wirtin in der Boduena 4, wohin ich gestern gezogen bin, kam Nachmittags sehr höflich, aber sehr ängstlich zu mir und gab zu erkennen, dass sie froh wäre, wenn ich auszöge. Ich werde in der Stadt gesucht vom Pöbel; man wisse nicht, was geschehen könne. Sie gab mir schliesslich meine Papiere zurück, weil sie nicht riskiert, mich bei der Polizei anzumelden. – Abends Abschiedsessen beim Festungslazarett III, das morgen im Lazarettzug mit sämtlichen Kranken u. Verwundeten nach Deutschland fährt. Es war unsere letzte geschlossene Formation in Polen. So endet die Besetzung dieses Landes, in das wir '14 so hochgemut und mit solchen Hoffnungen einrückten. Jetzt muss ich froh sein, dass diese letzten armen Kerle, die hier nicht mehr sicher waren, heil herauskommen. Der Chef, ein Oberstabsarzt Haenisch aus Stettin, erwies sich als noch immer alldeutsch; seine Redensarten wirkten unter den traurigen Umständen dieses Abschiedsessens zugleich harmlos und ärgerlich. Als ich nach elf fortfuhr, bewegte sich ein grosser Volkshaufe gegen das Belvedere, „Prezd-" (Nieder-) Rufe im Takte feierlich brüllend. Der Eindruck der dunklen wilden Masse in der Nacht war schauerlich. Ich gieng gegen 1 Uhr zur Ujazdowska revidieren, ob Alles in Ordnung sei. Die Wache meldete, die Volksmenge sei vorbeigezogen, ohne sich vor unsrem Hause aufzuhalten.

2 Dezember 1918. Montag. Warschau. *2.12.1918 Montag*

Endlich heute durch den Feldjäger Weisungen aus Berlin erhalten. Die Oberste

Heeresleitung einverstanden mit der Räumung der Bugetappe westlich des Bug bis auf einen Brückenkopf bei Brest-Litowsk; ferner mit dem Einrücken polnischer Truppen in Teile des Ostgebiets, ehe diese von uns geräumt werden, um das Nachrücken der Bolshewiks zu verhindern. Allerdings scheint es einen Kampf gekostet zu haben; denn die Einwilligung der O.H.L. ist vom 27ten, und am 26ten erklärt Oberost in einem gleichzeitig eingetroffenen Schreiben die Räumung der Bugetappe noch für ausgeschlossen. An Pilsudski Abends geschrieben und ihm das Einverständnis meiner Regierung mit der Räumung der westlichen Bugetappe mitgeteilt; sofortige Verhandlungen über die Modalitäten angeregt. Damit haben wir der Pilsudskischen Regierung einen Erfolg verschafft, der sie zweifellos festigen wird. Die gestrigen Versammlungen haben ebenfalls ein Fiasco der N.D's gebracht. – Fitzi Schoeler angekommen; d. h. seit gestern früh ist er hier, hat uns gestern den ganzen Tag gesucht, unterwegs zwischen Berlin u Thorn sein ganzes Gepäck verloren, liegt mit Fieber zu Bett, klagt über eine entsetzliche Reise. In Berlin hat er in den letzten Tagen gesehen, wie einem alten General in Charlottenburg am Knie[1] die Achselstücke heruntergerissen wurden, und wie am Potsdamer Platz ein blutjunger Leutnant Burschen, die ihm die Achselstücke nehmen wollten, einen Browning vorhielt: „Zehn Schritt vom Leibe, oder ich schiesse." Von Frankfurt bis Berlin ist er zwei Tage Dritter Klasse gefahren mit Truppen aus der Etappe; die Demoralisation sei furchtbar, namentlich unter den Offizieren, die einfach fortgelaufen sind. Die Truppen aus der wirklichen Front dagegen noch immer glänzend. Den Kaiser bezeichnet Schoeler als Deserteur. Diese Erbitterung gegen den Kaiser gerade in konservativen Kreisen geht auch aus einem Artikel[2] des roten „Tag" hervor. – Sehr niedergedrückt hat mich die von ihm mitgebrachte Nachricht, dass Romberg aus Bern abberufen und durch Conrad Haussmann ersetzt ist. Mein Verzicht auf den Berner Posten hat also Romberg Nichts genützt. Ich hoffe noch, dass Romberg an Bussches Stelle kommt. – Von der Gesandtschaftswache liess sich Vormittags ein Unteroffizier Werthmann bei mir melden. Sprach fliessend Deutsch, mit polnischem Akzent, sagte mir, dass er Jude sei, aber Legionär aus moralischem Zwang, weil er als Student am Polytechnikum seine Kameraden nicht im Stiche lassen könne. Zionist, empört über die Greuel, die die Polen gegen die Juden begiengen, schlimmer als im 12ten Jahrhundert, entschlossen den Staub Polens von den Füssen zu schütteln, sobald Gelegenheit dazu sich biete; nicht notwendig nach Palästina, obwohl dieses das Ideal, aber als Ingenieur nach Deutschland, Frankreich, Amerika. Und doch heute polnischer freiwilliger Legionär. Er meinte, der Zionismus nehme schnell zu in Polen. Polen und Juden könnten in einem Staate nicht zusammenleben. Er schien müde und

1 „Am Knie", Platz in Berlin-Charlottenburg

2 Schiemann, Wilhelm II. als Deutscher Kaiser

enttäuscht. – Abends besuchte mich der alte Graf Milewski. Vor vier Wochen habe er noch seinen Pass ins Belvedere zu seinem alten Freunde Beseler getragen, als er wiederkam, herrschte dort: „ce Bolschéwique de Pilsudski!" Als Edelleute müssten wir zusammenhalten gegen diese in allen Ländern wütende Canaille. – Abends bei Korff mit Theussner und Meyer. Korffs Sympathieen sind, trotzdem er Deutsch ist und Deutsch fühlt, auf Seiten der National Demokraten gegen Pilsudski, weil er Kapitalist ist, und Pilsudski als roter Revolutionär gilt, seitdem er das sozialistische Kabinett gebildet hat.

3 Dezember 1918 Dienstag. Warschau. *3.12.1918 Dienstag*

Vormittags beim Minister des Auswärtigen Wassiliewski, um ihm das Einverständnis der deutschen Regierung mit der Räumung der westlichen Bugetappe mitzuteilen. Er brachte gleich die Beschwerden der Litauer über das Nachrükken der Bolschewiks hinter unsere Truppen vor. Ich erklärte mich zu Verhandlungen auch über diesen Punkt bereit und schlug ferner vor, den Grenzschutz im Westen an der Grenze vom 1 August 14 gemeinsam zu regeln. Wassiliewski versprach, Delegierte zu Verhandlungen über diese drei Punkte: Räumung der Bugetappe, Schutz Litauens gegen die russischen Bolschewiks und westlicher Grenzschutz, morgen oder übermorgen zu ernennen. Ich kündigte ihm an, dass ich selber die Verhandlungen deutscherseits leiten werde. Er schien über die durch dieses Programm eröffneten Aussichten mit Recht von seinem polnischen und P.P.S. Standpunkte aus erfreut. Von meiner Seite forderte ich Aufklärung über die Internierung unseres Konsuls in Lemberg Heintze, der beschuldigt wird, mit den Ukrainern unter einer Decke gesteckt zu haben. Wassiliewski versprach Antwort und bestätigte mir Pilsudskis Zusage, dass die in Warschau noch inhaftierten deutschen Beamten und Offiziere diese Woche freigelassen und nach Deutschland abtransportiert würden. – Nachmittags schickte mir Wassiliewski einen Beamten des Auswärtigen Amtes und liess mir vorschlagen, die Verhandlungen über die Bugetappe morgen um 5 anzufangen. Ich sagte zu. – Die Angriffe auf mich in der Presse gehen weiter. – Gegessen mit Meyer, Rawicki und Strahl in der Taverna Warszawska. Strahl erzählte Einiges Haarsträubende aus Litauen unter Isenburgs Regiment. Meyer einen Gewissensfall aus dem Felde.

4 Dezember 1918. Mittwoch. Warschau. *4.12.1918 Mittwoch*

Nachmittags um 5 erste Verhandlung über die Räumung der Bugetappe beim Generalstabschef Sczeptycki im Bristol. Anwesend ausser Sczeptycki der Unterstaatssekretär Filippovicz, sein Gehülfe Iodko[1], Winiawa, der Pilsudski vertrat, der Rittmeister Górka; ich hatte Meyer, Rawicki, den Major Ritter, den

[1] Jodko-Narkiewicz

Major Schmidt als Vertreter des Feldeisenbahnchefs, und den Hauptmann Rabin als Vertreter von Oberost mitgebracht. Iodko führte die Verhandlungen auf Seiten der Polen. Er begann sofort mit der Frage, innerhalb welcher Frist wir die Bugetappe bis zum Bug räumen wollten? Es werde der polnischen Regierung schwer fallen, sie über den 23 Dezember 12 Uhr Mittags zu verlängern. Ich antwortete, die Frist hänge nach unserer Auffassung ab von der Zeit, die nötig sei, um unsere Vorräte und Materialien fortzuschaffen. Hierzu sei das sachverständige Urteil eines Offiziers der Bugetappe nötig. Ich hätte heute telegraphisch den dortigen Chef hergebeten. Erst wenn ich Diesen gehört hätte, werde es mir möglich sein, über Fristen zu reden. Sodann verlangte Iodko Organisierung und Bewaffnung der polnischen Bevölkerung in Litauen zum Widerstand gegen die Bolschewiki. Ich antwortete, ich werde mir Mühe geben, unsere Regierung zu bewegen, dass sie der polnischen Regierung ihre Absicht, zu räumen, eine angemessene Zeit vorher mitteile, so dass die Verteidigung vorbereitet werden könne. Iodko kam immer wieder auf die Organisierung und Bewaffnung der Bevölkerung selbst zurück. Und Winiawa griff ein, um zu betonen, wie wichtig diese Frage sei und wie sehr sie Pilsudski am Herzen liege. Es handle sich um Leben und Existenz der dortigen polnischen Bevölkerung. Schliesslich wurde der Grenzschutz im Westen berührt. Hierbei erlaubte sich Iodko Wünsche inbezug auf Posener Dinge vorzubringen; ich wies ihn scharf zurück mit der Bemerkung, dass Posen vorläufig noch zum Deutschen Reiche gehöre, ich daher jede Erörterung Posener Verhältnisse mit der polnischen Regierung ablehne. Er wurde sehr rot; aber schwieg. – Die Verhandlung fand im Schlafzimmer von Sczeptycki statt, der krank ist; einem grossen gelbseidenen Raum mit Alkoven im Hintergrunde. Merkwürdige Köpfe unter den Teilnehmern: Sczeptycki selbst, ein schlauer Pole, der den Heisssporn und undiplomatischen Haudegen spielt. Iodko ein alter Sozialdemokrat mit einem Sokrateskopf und einer scharfen, schulmeisterlichen Stimme; aber weicher, als er scheinen möchte. Winiawa, der Adjutant Pilsudskis, ganz, wie er sagt, Soldat, und trotzdem noch mit einer sympathischen Pariser Quartier Latin Atmosphäre. Filippovicz, der aus dem Exil ein etwas brüchiges Englisch und die Haltung eines amerikanischen Professors zurückgebracht hat. Die Polen versuchten äusserst bestimmt und hitzig in ihren Forderungen aufzutreten. Sie werden aber hauptsächlich vom Gefühl ihrer Schwäche getrieben. Sczepticki gebrauchte von Polen als Entschuldigung für Mängel den Ausdruck „embryonales Staatswesen". Und Winiawa verglich ihre Lage mit der einer Fabrik, die noch im Bau schon produzieren müsse. Regierung und Armee sind aus aller Herren Länder zur Begründung des nationalen Staates zusammengelaufen; ein Jeder bringt eine andre Tradition, Erziehung, geschichtliche Erfahrung mit. Bis das sich

Alles einspielt, können unter günstigen Verhältnissen Jahrzehnte vergehen; bis es fest wird, Jahrhunderte.

5 Dezember. 1918. Donnerstag. Warschau. *5.12.1918 Donnerstag*
Heute früh besuchte mich Herr Julian Baumgarten, der Bruder von Frl. Baumgarten, die mir hier an die Rockschösse gehängt wird, als Bolschewistin. Er protestierte heftig gegen die Behauptung der Zeitungen, dass seine Schwester Bolschewistin sei; im Gegenteil, sie sei mit den Bolschewisten, z B. E. Fuchs, verfeindet. Das „Liberum Veto" des Judaeo-nationalen Polen Goldstand bringt wieder ein Artikelchen gegen mich als „roten Grafen". Im Ganzen ist aber die Hetze im Augenblick etwas abgeflaut. Grabski ist heute als Delegierter des Pariser Polnischen Komitees hier eingetroffen; vielleicht wird er sie wieder anfachen. Aus meinen früheren Zimmern im Bristol hat er die französische Tricolore hinausgehängt.

6. Dezember. 1918 Freitag. Warschau *6.12.1918 Freitag*
Heute lungern in den Strassen eine Anzahl französische Kriegsgefangene aus deutschen Lagern; die Meisten mit tricoloren Schleifen und Bändchen. Das Publikum achtete auf sie wenig. Dagegen hat Rabin gestern Abend im Theater eine Ovation erlebt. Es gab die „Schöne Helena"[1]. Vier französische Offiziere sassen im Proszenium. Agamemnon ist vorgetreten und hat das glorreiche Frankreich auf Polnisch als Brudervolk begrüsst. Die Marseillaise ertönte. Ein französischer Hauptmann dankte aus der Loge. Worauf wieder Marseillaise und tosender Beifall des Publikums. Eine Szene für Daumier oder Flaubert. – Nachmittags kamen aus Biala der Vertreter der Bugetappe, Major Wolpmann, und der Präsident des Soldatenrates der Etappe, Gefreiter Müller; sie sollen mich informieren wegen der Räumung des Buggebiets. Konferenz mit Beiden auf der Gesandtschaft, nach der ich sie zum Diner mit Korff, Rawicki u. Fürstner im Europejski einlud. Der geschniegelte Generalstabs Major und der in einen Schafspelz gehüllte Gefreite Müller, seines Zeichens Dekorateur in Essen, waren für ein elegantes Souper im Cabinet particulier des Europejski selbst mir etwas merkwürdig. Korff erblasste sichtlich, als ich mit dem Paar eintraf. Aber die Überlegenheit des einfachen Soldaten Müller über den Generalstäbler stellte sich so schnell heraus, dass die Befangenheit verwehte. Er kam ganz natürlich als der besonnenste und klarste in den Mittelpunkt der Unterhaltung. Der Major sass daneben wie seine Hofschranze, höflich und zustimmend. Wogegen Müller mit einer unbefangenen, natürlichen Würde ihm die Meinungen vorschrieb und das Tafelgespräch beherrschte. Seine Ascendenz war so unwiderstehlich wie ein Sonnenaufgang. Plötzlich sass er als Führer da. Der bisherigen Organi-

[1] Offenbach

sation in Krieg und Frieden warf er vor Allem „den Herrenstandpunkt" vor. Der müsse aufhören; so dächten alle seine Kameraden. Der Standpunkt: „Wenn es dir nicht passt, dort ist die Tür: ich bin nämlich der Herr." Dieser Standpunkt habe die Kluft zwischen Offizier und Mann erweitert, bis der Zusammenbruch erfolgte. Sie wollten Ruhe und Ordnung und für jeden Einzelnen Freiheit und einen gerechten Anteil an Arbeitsertrag und Arbeitsregelung. In der Fabrik und in der Armee müssten die Unteren mit den Oberen zusammenwirken, nicht blos kommandiert werden. Jeder solle nach seinen Fähigkeiten vorwärtskommen können, ohne Kasten oder Kapitals Hemmungen. Dann würden schon die richtigen Leute sich emporarbeiten. Wenn wir diese Grundsätze annähmen, dann würden wir ein neues, schöneres Deutschland aufbauen; und daran glaube er felsenfest. Seine eigene Branche, die zur Luxusindustrie gehöre sei tot. Die 700 000 Arbeiter des Kunsthandwerks u. s. w würden umlernen und neubeginnen müssen. Trotzdem sei er voller Zuversicht, weil das deutsche Volk so tüchtig sei. Ich sagte: das „Bildungs" Ideal sei durch den grossen Zusammenbruch getötet; an seine Stelle müsse im neuen Deutschland das Ideal der Tüchtigkeit treten. Müller stimmte begeistert zu. Das schmachvolle Verhalten der Truppen und Beamten in Warschau am 11ten Nov. vernahmen sowohl der Major wie sein Begleiter erst durch uns. Müller sagte, wenn seine Kameraden das erführen, wisse er nicht, was geschehen werde, so gross werde die Empörung sein, dass die Kameraden in der Etappe ihre Kameraden an der Front so schändlich im Stich gelassen hätten. Zur Räumung der Bugetappe meinten sowohl der Major wie Müller, wenn die Ukraine Truppen das Gefühl bekämen, dass die Polen der Bahn zunahekämen dann würden sie losbrechen; Niemand werde sie halten können. Sie wollten „nach Hause"; Alles Andre sei ihnen gleichgültig. Aber wenn dieses Ziel gefährdet werde, dann würden sie sich zusammenschliessen und durchbrechen wie die Löwen. – Von den Truppen im Bugetappengebiet seien kaum 10 % „Unabhängige"; Spartacusleute nicht 1 %: Die Spartacusse würden von ihren Kameraden nicht ernst genommen; man mache sich über sie lustig.

7 Dezember 1918. Sonnabend. Warschau *7.12.1918 Samstag*

Ein Leutnant, der im Auftrage des Kriegsministeriums heute Morgen aus Berlin eingetroffen ist, brachte die Nachricht mit, dass die Wahlen zur National Versammlung auf den 16ten Februar anberaumt sind und dass Deutsch-Österreich wahrscheinlich mitwählen wird. So abgeschnitten sind wir, dass wir dieses nicht erfahren hatten. Ausserdem erzählt er, dass die zurückkehrenden Fronttruppen aus dem Westen garnicht rot sind, sondern mit ihren Offizieren an der Spitze einrücken. Die Unabhängigen und Spartacusleute würden dadurch sehr zurückgedrängt und seien schon verängstigt. – Vormittags Beratung bei mir mit

Wolpmann u. Müller über die Fristen für die Räumung des Buggebiets. Sie schlugen zwei Zonen vor, die erste bis zum 23ten Dezember, die zweite bis zum 1ten Februar zu räumen. – Nachmittags Verhandlungen im Generalstab bei Sczeptycki, zu denen ein Haufe von Menschen aus allerlei Ministerien herankam. Iodko führte wieder das grosse Wort. Er verhandelt im Tone der Volksversammlung und schweifte immer wieder über das eigentliche Verhandlungsthema hinaus nach Litauen; hierin unterstützt von Winiawa, der aufgeregt hineinquasselte. Schliesslich erklärte Iodko die von Wolpmann vorgeschlagenen Räumungs Fristen für unannehmbar; die polnische Regierung nähme sie zur Kenntnis, sähe aber auf dieser Basis keinen Nutzen in weiteren Verhandlungen. An diesem Punkte erklärte ich, dass wir die Fristen verkürzen könnten, wenn die Polen uns ermöglichten den Rücktransport aus der Ukraine zu beschleunigen; und zwar indem sie uns die Bahnlinien durch Polen freigäben; mindestens für Trains und Kolonnen, die selbstverständlich ihre Waffen behalten müssten; und Waggons uns hierfür zur Verfügung stellten. Iodko formulierte: also wollten wir „Tage (Besetzungstage der Bugetappe) gegen Wagen" eintauschen? Ich sagte Ja. Sczeptycki hatte Nichts gegen den Durchtransport bewaffneter Kolonnen, Iodko erklärte aber, dass seine Vollmachten zu diesem Zugeständnisse nicht ausreichten; er werde mir schriftlich Bescheid geben. Wir würden also gegen Räumung der Bugetappe doch noch ein wertvolles Recht eintauschen. Das war der Höhepunkt der Diskussion, die im Übrigen in den Formen des polnischen Reichstags vor sich gieng; Alles redete durcheinander, Sczeptycki sass unbekümmert dabei, liess reden, tat so, als ob er zu dieser Gesellschaft nur halb dazugehörte, was seinen Gefühlen auch entsprochen haben mag. Müller meinte nachher, das sei Nichts gewesen, diese Art, eine Versammlung zu leiten, könne ihm nicht imponieren; „mies, mies; eine ganz miese Sache." Der Einblick ins polnische Staatsleben stimmte ihn offenbar nachdenklich. Er selbst hatte, seine rote Binde um den Arm, die einzige verständige und eindrucksvolle Rede gehalten. Bemerkenswertes Bild: ein deutscher Gefreiter, der als Repräsentant der Revolution, mit dem Chef des Generalstabes eines fremden Landes von Gleich zu Gleich verhandelt! – Abends assen Wolpmann u. Müller wieder bei mir; Müller meinte, ein Sieg wäre kein Glück für uns gewesen, denn er hätte die Klassengegensätze verschärft und verewigt. Infolge der Niederlage und Revolution werde das ganze Volk näher zusammengeführt, gemeinsam zur Arbeit an Staat und Wirtschaft herantreten. Deshalb werde Deutschland durch die Niederlage stärker und glücklicher werden, wenn nur Ruhe und ein geordnetes und nicht durch den Feind versklavtes Wirtschaftsleben erhalten blieben. Allerdings wenn die Entente uns zu Lohnsklaven herabdrücke, dann bedeute das einen neuen Krieg.

8 Dezember 1918. Sonntag. Warschau. *8.12.1918 Sonntag*
Endlich ist heute ein Kurier angekommen, aber ohne Zeitungen. Unter den Depeschen eine von Oberost an A.A., in dem Oberost die Unverschämtheit hat, auszusprechen, sie hätten versucht, mich über die wirklichen Verhältnisse in Oberost zu unterrichten, „damit ich in Warschau nicht blos polnische, sondern auch deutsche Interessen vertrete." Den Militärs von der Art des Gen. Hoffmann ist noch immer nicht ihr Dünkel gebrochen. Man staunt, ob mehr Borniertheit, oder mehr Frechheit in diesen verbrecherischen Maulhelden und Intriganten wie Hoffmann gesteckt hat. Zum Glück sind ihre Zähne zum Beissen schon zu locker. Diese Leute, die durch ihre Diplomatie Deutschland in die furchtbare Katastrophe hineingeritten haben, besitzen die Schamlosigkeit, noch diplomatische Vorschriften geben zu wollen. – Der Kurier erzählt, dass bei seiner Abreise aus Berlin am Freitag Nachmittag eine Schiesserei zwischen Spartacus Leuten und Regierungstruppen gewesen sei; etwa 20 Tote.

9 Dezember. 1918. Montag. Warschau. *9.12.1918 Montag*
Vollkommene Ruhe. Eine Krakauer Zeitung bringt noch einen Artikel, welchen schlechten Eindruck auf die Entente meine Ernennung als Gesandter nach Warschau gemacht habe; Polen sei dadurch aus der Reihe der alliierten Länder ausgeschieden; habe sich neutral erklärt. In den Warschauer Blättern und in Grabskis Interviews aber Nichts dergleichen. Krakau scheint nachzuhinken. In den Strassen sieht man eine Anzahl von zerlumpten französischen Kriegsgefangenen, Mannschaften und Offiziere. Sie tragen ostentativ tricolore Bändchen und Schleifen; das Publikum achtet aber kaum auf sie. Die grosse Mehrheit ist dieser Entente Propaganda gegenüber offenbar gleichgültig. Abends nach einer Aufführung der „Czardas Fürstin"[1] gieng ich mit Schmieden einem Strassenlärme nach, den man vom Bristol her hörte. Etwa 300 bis 400 Leute, die aus einer N.D. Versammlung kamen, schrieen vor Grabskis Fenstern (den früher meinigen) Hochs auf die Entente. Die Passanten eilten, ohne sich umzusehen, vorüber. – An das A.A. einen scharfen Protest wegen der unverschämten Bemerkung von Obost telegraphiert.

10 Dezember 1918. Dienstag. Warschau. *10.12.1918 Dienstag*
Vormittags erscheint bei mir ein kleiner Sekretär vom Ausw. Min. und überbringt mir ein Schreiben Wassiliewskis von gestern, wonach mir vom 9ten ab das Recht entzogen wird, Chiffertelegramme zu schicken „le Gouvernement Polonais n'étant pas en mesure d'user lui-même de ce droit." Die Nachricht steht schon in allen Morgenblättern, ohne die im Brief angefügte Begründung. – Dieselben Zeitungen bringen Telegramme, nach denen in Berlin Putsche und

[1] Kálmán

Gegenputsche andauern. Ebert soll die Absicht haben, zurückzutreten. Zwei Beamte des Ausw. Amtes, Rheinbaben und ein Graf, dessen Name verstümmelt ist[1], haben den Befehl gegeben, den Vollzugsrat zu verhaften. Zunächst scheinen die Staatsstreichs Versuche von rechts und links misglückt zu sein. So verworren und undurchsichtig ist die Lage, dass ich mich fragen muss, ob die Behinderung der polnischen Regierung im Chiffertelegraphieren nicht mit diesen Putschen in Berlin zusammenhängt. Meyer zu Raczynski geschickt, um Aufklärungen zu verlangen. Morawski, den Meyer statt Raczynskis sprach, sagte ihm, es sei aufgefallen, dass wir so viel chiffriert telegraphierten; und auf Meyers Vorhaltung, diese Massregel sei unter zivilisierten Staaten unerhört, antwortete er, es gebe internationale Situationen, wo man die völkerrechtlichen Usancen nicht beachten könne. Übrigens verzichte die polnische Regierung für ihre Gesandtschaft in Berlin ebenfalls auf das Recht, chiffriert zu telegraphieren. – Nachmittags um 4 ¹/₄ bei Wassiliewski. Er war bemüht, kalt und unfreundlich zu sein. Es sei aufgefallen, dass wir sehr viele Chiffre Telegramme abschickten und empfiengen; damit werde gegen die Regierung Stimmung gemacht. Sie seien in einer sehr schwierigen Lage. Die Massregel könne zur Zeit nicht rückgängig gemacht werden. Ich sagte, leiden würden darunter hauptsächlich die Verhandlungen über die Bugetappe u. Litauen. Wenn ich auf den Kurier angewiesen bleibe, so sei ein rasches Fortschreiten unmöglich. Wassiliewski antwortete, die Verhandlungen führten ja doch zu keinen Ergebnissen. Wir seien heute noch auf demselben Fleck wie vor drei Wochen. Ich sagte, ich hätte in der letzten Sitzung einen Vorschlag gemacht, „Wagen gegen Tage"; die Antwort der polnischen Regierung stehe noch aus. Dann verlangte ich die Auslieferung der 32 am 6ten in Losice von Polen gefangenen schwarzen Husaren mit Pferden und Waffen. Wassiliewski schrieb sich die Sache auf und sagte, er werde schriftlich antworten. Ich habe den Eindruck, dass die Regierung dem Ententedruck nachgiebt. Auch durch Verstimmung über die langen Räumungsfristen und Furcht vor der eigenen öffentlichen Meinung getrieben wird. Möglich ist, dass sie jetzt einen Befehl zur Räumung gegen uns von der Entente erwirkt. Was dann unsere Ukraine Truppen machen, ob sie ruhig bleiben oder durchbrechen, steht dahin. Wenn sie durchbrechen, kann Frankreich das zum Vorwand nehmen, um den Waffenstillstand zu kündigen. Das Risiko, das für uns mit dem Abbruch der Beziehungen hier verbunden ist, ist daher unermesslich. Unter diesen Umständen mich entschlossen, nach Kowno zu Oberost zu fahren, teils um mit Hoffmann zu verhandeln und Konzessionen in den Fragen der Bugetappe und Litauens zu erreichen, teils um ungestört mit der Regierung in Berlin sprechen zu können. Offen diese Absicht und das Verbot des Chiffrierens heute Abend nach Berlin telegraphiert.

---

[1] Matuschka

11 Dezember 1918. Mittwoch. Warschau. *11.12.1918 Mittwoch*

Statt meiner Meyer nach Kowno geschickt; ich sah ein, dass es bedenklich sei, wenn ich in der jetzigen kritischen Lage Warschau verliesse. Meyer einen Bericht ans Amt und genaue schriftliche Weisungen mitgegeben für seine Verhandlungen mit Hoffmann. Strahl, der im Ausw. Ministerium war, ist von Morawski und Raczynski eisig empfangen worden. Offenbar ist eine Parole ausgegeben; Bluff oder Angst, Angst vor der Entente? Wahrscheinlich Beides. Jedenfalls versuche ich den Bruch zu verhindern oder hinauszuschieben, weil die Gefahren, die er brächte, riesengross sind, mit jedem Tage, den wir dem Frieden näher kommen, abnehmen. Ausserdem ist mir Pilsudski auf der Friedenskonferenz lieber als der mit den Franzosen intime, ihr unbedingtes Vertrauen geniessende Dmowski. – Der Kurier brachte uns die Nachricht von dem dummen Jungens Streich Matuschkas und Rheinbabens. Alles hier verurteilt ihn als töricht und verbrecherisch.

12 Dezember 1918. Donnerstag. Warschau. *12.12.1918 Donnerstag*

Der Chef der Presse Abteilung Dr Roth meldet Morgens, dass der Dr Gottlieb, der nahe Beziehungen zum polnischen Ministerium hat, ihm erzählt habe, die Regierung beabsichtige, die Beziehungen zu uns abzubrechen. Dasselbe hat Rawicki von seinen Verwandten gehört. Die Situation ist die, dass die polnische Regierung sowohl vor uns wie vor der Entente Angst hat; dass sie aber anfängt, vor der Entente mehr Angst zu haben als vor uns. Die Lage würde erst anders, wenn Pilsudski eine starke Armee hätte, mit der er die Neutralität Polens ähnlich schützen könnte wie Wille die der Schweiz. Das Problem wäre, der polnischen Regierung mehr Angst vor uns oder mehr Mut zu machen, bis Pilsudski seine Armee hat; also im Wesentlichen unter Lavieren, Zeit zu gewinnen. Frage auch, wie gross das Interesse der Entente an einem Einmarsch in Polen ist; ob überhaupt vorhanden und nicht blos ihr von den National Demokraten suggeriert, die um jeden Preis das Bündnis mit der Entente wünschen. Vielleicht will Frankreich über Polen den Krieg wieder anfangen. Die übrige Entente dürfte weniger fest zu Polen stehen. Hierauf deutet die Haltung Grabskis hin, die nicht auf eine feste und einheitliche Unterstützung schliessen lässt. Jeder Tag, der die innere Ordnung und die Armee Polens stärkt, stärkt auch die Widerstandskraft der jetzigen Regierung, die selber zweifellos den Bruch vermeiden möchte. Daher halte ich eine Politik des Lavierens und Zeitgewinnens, insofern nicht der Bruch seitens Polens uns aufgezwungen wird, für richtig, selbst wenn hierbei gewisse Opfer gebracht werden müssen; denn ein mit der Entente verbündetes, vom Nationalkomitee und den Nationaldemokraten regiertes und vertretenes Polen wäre zweifellos uns gegenüber auf dem Friedenskongress stärker als ein nicht das volle Vertrauen der Entente geniessendes wie das jetzige

Pilsudskische. Andrerseits ist Polens dauernden Interessen auch mit einem guten, nicht durch grössenwahnsinnige Annexionen von Anfang an belasteten Verhältnis zu uns am besten gedient. – Vormittags besuchte mich der polnische Verbindungsoffizier bei Oberost Rittmeister Górka, um mir seinen Nachfolger im Generalstab den Hauptmann Starzewski vorzustellen. Beide waren unbefangen und liebenswürdig; und Górka, der Meyers Rückkehr abwartet und dann nach Kowno reist, drückte die Hoffnung aus, dass wir zu einem allgemein befriedigenden Abschluss der Verhandlungen kommen würden. Gleich nachher trafen Befehle der Kommandantur ein, die mir als Wohnung Ujasdowska 15, die frühere Steinmeistersche, und als Büros Iwania 6 zur Verfügung stellen. Ujazdowska 15 soll nach Strahl „fürstlich" sein. Mittags bringt der „Dziennik Powszechny" einen Leitartikel „Rote Spielereien" gegen mich, der mich beschuldigt, Misbrauch mit Chiffretelegrammen getrieben zu haben, und meine Entfernung aus Warschau fordert. Meine Anwesenheit sei ein Zeugnis dafür, dass das gegenwärtige Kabinett Polen weiter als ein neutrales Land ansehe. „Zwischen uns und Deutschland kann ein Waffenstillstand bestehen (feige Hunde; wirklich schiessen wollen sie sich nicht!) ... aber die diplomatische Zärtlichkeit Berlin gegenüber muss aufhören und ausdrückliche Bündniserklärung der Entente gegenüber treten (Kriegsgewinnler auf Lebensversicherung.)" – Nachmittags u Abends lassen die Nationaldemokraten ihre ganze Presse gegen mich los. „Liberum Veto" allein bringt drei Artikel. – Abends bei Korff mit B. zusammen, einem früheren höheren Beamten des russischen Ausw. Amtes, der Warschauer von Geburt ist u. hier gute Beziehungen hat. Er erzählt, dass bei Pulawski, dem von uns eingesetzten früheren Kronmarschall, eine Versammlung stattgefunden habe, in der Grabski meine sofortige Entfernung aus Warschau verlangt habe; und zwar solle das so gemacht werden, dass Polen in Form eines Ultimatums von Deutschland die sofortige Räumung Oberschlesiens, Posens und Westpreussens mit Danzig forderte. Auf meine negative Antwort, sollten mir die Pässe zugestellt werden. Pilsudski aber habe abgelehnt, indem er darauf hinwies, dass die polnische Armee keine Stiefel, keine Munition, keine Ausbildung habe; in diesem Zustande könne sie keinen Krieg gegen Deutschland führen. Die Kampagne in der Presse ist wie B sagt, der Überrest von Grabskis Bemühungen, von diesem organisiert und von zwei hier anwesenden Amerikanern Daniel W. Strickland (Korrespondenten der „Saturday Evening Post") und Charles B. Sherman aus New York mit grossen Geldmitteln bezahlt. B. meinte (was mir nicht sehr wahrscheinlich scheint) dass sogar ein Attentat gegen mich möglich sei, da um jeden Preis der Bruch mit Deutschland herbeigeführt werden solle. Gegen Pilsudski sei vor vierzehn Tagen ein Komplott unter den Offizieren des Musnickischen Korps vorbereitet gewesen, aber vereitelt worden; er sollte verhaftet und erschossen werden.

B. sagt, Grabskis Hauptargument sei, dass Polen unter den sozialistisch angehauchten Nachbarstaaten, Deutschland, Ukraine, Russland, der einzige den Kapitalisten Amerikas u Englands sichere werden müsse, indem es die sozialistische Regierung und mich hinausschmeisse, die N.D's ans Ruder lasse und ein Bündnis mit der Entente abschliesse. Dann werde ihm Diese Oberschlesien, Ostgalizien mit den Petroleumquellen, Litauen, Danzig anvertrauen und unermessliches Kapital zur Verfügung stellen. Dadurch, aber nur dadurch könne Polen Grossmacht werden. B., der vor fünf Wochen in Petersburg war, sagt, dass hunderte von Leichen Verhungerter und Erfrorener in den Strassen unbeerdigt herumliegen; Niemand kümmere sich darum. Eine sehr merkwürdige Schilderung giebt er von Rasputin, den er persönlich gekannt hat. Er sei ein ganz ehrlicher Bauer gewesen und schon seit zwölf Jahren bei Hofe angestellt als Lampenanzünder, der die vor den heiligen Ikonen brennenden Lampen ansteckte. In dieser Eigenschaft sei er wohl auch Nachts gelegentlich in die Zimmer der jungen Grossfürstinnen[1] gekommen, um die Lampen anzuzünden; aber dabei habe sich irgendetwas Besondres nicht ereignet. Zu Anfang sei Rasputin vollkommen ehrlich und anständig gewesen. Dann habe ihn allmählich der Hof korrumpiert. Die Damen seien ihm, als sie merkten, dass er Einfluss hatte, geradezu in die Hosen gekrochen. So sei er schliesslich ein Wüstling und Schlemmer geworden. Die Kaiserin[2] habe nie intime Beziehungen zu ihm gehabt, sondern sich mit ihm nur gezeigt, um zu beweisen, dass sie eine gute orthodoxe Russin sei. Dadurch sei der Klatsch entstanden. Der Tsar[3] habe ihn als „Stimme der schwarzen Erde" angesehen. Was brauchte er eine Duma, wenn Rasputin ihm die Stimme des Volkes direkt übermittelte? So sei allmählich ein ungeheurer Einfluss ihm zugefallen und eine entsprechende Menge Neid und Feindschaft gegen ihn entstanden. Im Kriege sei er immer gegen den Krieg gewesen. Das habe den Hass Englands u. der Grossfürsten Partei noch gesteigert. England habe ungeheure Summen gegen ihn aufgewendet. Letzten Endes sei er aber immer der einfache Bauer und Lampenanzünder geblieben. Alles Andre sei Romantik. – Als ich um 2 vor meinem Hause stand, wurde anscheinend Jemand in der Nebenstrasse umgebracht. Es gab schreckliche Angstrufe, dann mehrere Revolverschüsse, Leute liefen. Die Strassen sind noch immer recht unsicher. – Namen zweier russischer Spione in der Schweiz: Graf Siberg Platter, der 30 000 Rubel monatlich erhielt, Emmanuel Pilz 18 000 monatlich. Beide unter der Maske polnischer Patrioten. Die Quittungen hat mein Gewährsmann, wie er sagt, amtlich in Händen gehabt.

---

1 Olga, Tatjana, Maria u. Anastasia

2 Alexandra Feodorowna

3 Nikolaus II. Alexandrowitsch

13 Dezember 1918. Freitag. Warschau. *13.12.1918 Freitag*

Tragikomödien Tag. Von der Buginspektion aus Biala waren mir zwei Vertreter angesagt, die Mittags ankommen u. mit Sczeptycki verhandeln sollten; ich möchte einen Vertreter schicken. Nachmittags um 6 erschienen bei mir ein Hauptmann Knackfuss, Generalstäbler, und der Gefreite Müller, der famose Soldatenrats Vorsitzender von neulich. Sie erklärten, die Bugetappen Inspektion sei bereit, das ganze Gebiet westlich des Bug bis auf den Brückenkopf von Brest bis zum 28ten Dezember zu räumen; Knackfuss fügte hinzu, sie müssten es räumen, sogar wenn die Polen es nicht verlangten, da sie ihre Truppen zum Schutz der Bahn brauchten; die Landwehrleute an der Strecke seien unruhig und unzuverlässig geworden. Meseritza (erste Zone) sei schon heute geräumt worden. Auch könnten sie bis zum 28ten Alles Wesentliche an Verpflegung abtransportieren. Wolpmann hat mich also glatt angelogen, als er neulich Räumungsfristen bis zum 1ten Februar für nötig erklärte und dadurch die Verhandlungen zum Scheitern brachte. – In den Abendblättern, die mir Roth um 7 vorliest, keine Ausfälle gegen mich, aber im Przeglod die Nachricht, dass ich zwar nicht gestern, wie irrtümlich gemeldet, abgereist sei, jedoch zweifellos unverzüglich abreisen werde. – Um 8 Uhr lässt sich der Chef der politischen Abteilung im Ausw. Ministerium Dr Bader bei mir melden; er komme, um mir ein wenig angenehmes Schreiben zu überreichen, das ich aber vielleicht erwartet habe. Damit übergab er mir ein Schriftstück, in dem die polnische Regierung die diplomatischen Beziehungen zum Deutschen Reiche abbricht, mich bittet „immédiatement" mit der ganzen Gesandtschaft das Land zu verlassen, gleichzeitig aber die Hoffnung ausspricht, dass bei Rückkehr normaler Verhältnisse die Beziehungen wieder angeknüpft werden. Begründung des Bruches: der unbefriedigende Verlauf der Verhandlungen über die Bugetappe und über Litauen (Selbstschutz), die noch unbefestigten Regierungs Verhältnisse in Deutschland, die Haltung von Oberost, die eine befriedigende Lösung der Schwierigkeiten als aussichtslos erscheinen liessen. Ganz besonders wird Bezug genommen auf die letzte Verhandlung und die lange Räumungsfrist, die einer Ablehnung des polnischen Vorschlages (Räumung bis zum 23ten Dez) gleichgekommen wäre. Unterschrieben war das Schriftstück vom Vizeminister Filipowicz. Bader fügte hinzu, mündlich und vertraulich habe er mir mitzuteilen, dass die im Schreiben angeführten Gründe nicht die wirklichen seien; sondern in Wirklichkeit müsse die Regierung die Gesandtschaft bitten, fortzugehen, weil meine Person nicht mehr in Sicherheit sei, und die Regierung nicht die Macht habe, mich zu schützen. Es seien zwei Komplotte gegen mich im Gange; das eine von Personen, die bereits öfter in der Gesandtschaft gewesen seien, das andre von andren Elementen, die die Regierung nicht zügeln könne (vermutlich N.D's). Sie wolle mir um jeden Preis, schon wegen der katastrophalen politischen Folgen, das Schicksal Mirbachs ersparen. Ich sagte Bader, es sei tragisch, dass der Bruch komme gerade eine Stunde, nachdem mir Oberost und die Bugetappe Konzessionen gemacht hätten, die mit Sicherheit einen günstigen Abschluss der Verhandlungen in Aussicht stellten. Ich betrachte den Bruch aber als Tatsache, an der Nichts mehr zu ändern sei und bäte morgen um einen Extrazug. Der Ton der Unterredung war im Gegensatz zu ihrem Inhalt freundlich und fast von einer gewissen Wärme. Ich rief mein Personal zusammen, teilte ihnen den Bruch mit, schickte zu Wettler, damit er den Schutz der deutschen Interessen übernehme, liess Ritter, den Soldatenrat, Knackfuss, Korff u s w benachrichtigen u. sandte dann Strahl, wie mit Bader verabredet, zu diesem ins Ausw. Min. um die Einzelheiten der Reise zu verabreden. Nach einer Stunde kam Strahl sehr aufgeregt zurück, sagte, er habe mit Bader gesprochen, ihm noch einmal „rein privatim" gesagt, wie unglücklich der Moment für den Bruch sei, da wir gerade heute grosse Konzessionen von Oberost erreicht hätten; darauf habe Bader ihn gebeten, einen Augenblick das Zimmer zu verlassen, da er mit dem Minister telephonieren wolle; nach einer halben Stunde habe er ihn wieder hereingerufen und ihm gesagt, er müsse mich noch heute Abend von Neuem sprechen, ich möge Alles, was heute geschehen sei, vertraulich behandeln und Nichts weiter unternehmen, bis er bei mir gewesen sei. Um 11 erschien Bader, nahm den Mantel nicht ab, da er nur einen Augenblick bleiben wolle, bat mich, ihm das Schriftstück wieder auszuhändigen, da es einen Formfehler enthalte, von Filipowicz, statt vom Minister selbst, Wassiliewski unterschrieben sei. Ich fragte, wie ich diesen Schritt auffassen, ob das Schriftstück damit aus der Welt geschafft werden solle? Bader sagte: „Ja, nul et non avenu." Wassiliewski lasse mich bitten, ihn morgen zu besuchen. Ich sagte mich um 11 bei ihm an. Damit waren nach einem dreistündigen Abbruch die Beziehungen vorläufig wieder angeknüpft. Über die Komplotte, ob die auch zurückgenommen sind, äusserte sich Bader dieses Mal nicht. Ein solches Beispiel von Wankelmütigkeit und Angst vor der eigenen Courage hat wohl selten irgendeine Regierung gegeben. Die Motivierung mit der ungültigen Unterschrift des Vizeministers ist die reinste Operette.

14 Dezember 1918. Sonnabend. Warschau. *14.12.1918 Samstag*

Filippovicz ist zurückgetreten wegen des gestrigen Vorfalls. Er schreibt selbst im ___, dass „man" (offenbar er selbst) im Ministerium des Ausw. schon seit Wochen damit umgegangen sei, mir meine Pässe zuzuschicken; und stellt dann, indem er das Ministerium heftig angreift, die Alternative auf, ob Polen ein kleiner Binnenstaat mit 20 Millionen Einwohnern, oder eine Grossmacht mit 34 Millionen werden wolle? Der Weg zur Grossmacht führe über die Entfernung der deutschen Gesandtschaft und das Bündnis mit der Entente. Jetzt müsse die Entscheidung fallen. – Brunner hat gestern in der Redaktion des „Robotnik" um 10 Uhr Abends einen Freund Pilsudskis gesprochen, der ihm gesagt hat, die Krisis sei im Augenblick weniger akut, da Pilsudski den N.D. Leuten vorgehalten habe, dass die Entente in der Ukraine mit den Deutschen zusammenarbeite, um die Ordnung aufrechtzuerhalten; warum sollten die Polen nicht in Polen mit den Deutschen zu ähnlichen Zwecken verhandeln? Man brauche nicht päpstlicher zu sein als der Papst. – Meyer ist heute Nacht aus Kowno zurückgekehrt. Hoffmann hat Alles zugestanden; ausserdem hat uns Meyer die weitesten Vollmachten vom Ausw. Amt erwirkt. Hatzfeld hat ihm gesagt, der Bruch mit Polen müsse unter allen Umständen vermieden werden, da sonst die Gefahr kriegerischer Einfälle in unsere Ostprovinzen bestünde. – Um 11 fuhr ich zu Wassiliewski (nebenbei bemerkt im Schlitten; Warschau ist ganz in Weiss gehüllt, prächtige Schlittenbahn.) Er entschuldigte sich wegen des gestrigen Zwischenfalls; es sei „Misbrauch" getrieben worden; der betreffende „Beamte", Filippoviz, sei „sofort seines Amtes enthoben worden." Ich möge das mir überreichte Schriftstück als ungültig betrachten. Hierbei zeigte Wassiliewski auf die Unterschrift von Filippovicz hin; dieser habe nicht das Recht gehabt, ein solches Schriftstück zu unterschreiben. Wassiliewski war auffallend herzlich, ganz im Gegensatz zu seiner Haltung bei unserer letzten Unterredung. Ich sagte ihm, ich hätte weitgehende Vollmachten erhalten und bäte, dass baldmöglichst verhandelt werde; ich hoffte, dass wir uns noch heute einigen und den Vertrag über Buggebiet und Litauen paraphieren könnten. Wassiliewski war einverstanden und offenbar erfreut. Die Krisis scheint vorläufig vorbei; das Ministerium hat sich endlich fest für eine Politik: die der Neutralität, entschieden. – Nachmittags um 4 ½ Sitzung im Generalstab bei Sczeptycki. Ich nahm Meyer, Ritter, Rabien, den Gefreiten Müller, seinen Begleiter, den Hauptmann Knackfuss u. den Major Schmidt von Etra IV[1] mit. Die Polen schickten Sczeptycki, Iodko, Górka, den üblen Eisenbahnmann und einige Andre. Ich brachte Punktationen mit. Eine Einigung in den grossen Zügen über Bug und Litauen wurde rasch erzielt, die Detail Arbeit einer Kommission übergeben, in die ich Meyer delegierte. So wurde über das Schicksal von grossen, menschenreichen Gebieten, über Tausende von Einzelexistenzen entschieden. In wenigen Stunden, was sonst ein grosser Krieg zuwegebringt; oder richtiger, es wurde für diese Gebiete das Facit des Krieges festgestellt. Ohne innere Anteilnahme. Iodko drängelte sich privatim an mich heran; sprach und sass ostentativ freundschaftlich mit mir. Auf Iodkos Wunsch wurde beschlossen, noch heute eine zweite Sitzung abzuhalten, um womöglich zu paraphieren. Es handelt sich um drei Verträge: über Bug, Litauen und Eisenbahnen und einen Zusatzvertrag, der Ausführungs Bestimmungen enthält. Die zweite Zusam-

[1] Eisenbahn Transport Abteilung IV

menkunft Abends um 9 in der Miodowa. Schliesslich erklärte Iodko bei prinzipiellem Einverständnis, dass die Verträge noch nachgeprüft werden müssten; wir wollten morgen noch einmal zusammenkommen. Nieniewski, der stellvertretende Chef des Generalstabes, sagte mir, er zweifle nicht an einem guten Ausgang der gegenwärtigen Schwierigkeiten. – Die Abendzeitungen ergeben den Eindruck, dass durch Filippovicz' Sturz zwischen uns und der Regierung von Pilsudski eine einheitliche Front hergestellt ist. Wir haben eine Partei hinter uns bekommen, weil die Regierung jetzt mit mir steht und fällt. – In der Gesandtschaft den Wortlaut der Verträge über Litauen und Buggebiet mit Meyer ausgearbeitet, dann gegen 9 neue Konferenz in der Miodowa mit Iodko, Górka u. s. w. Iodko lehnte die sofortige Paraphierung ab, da er Einzelheiten noch nachprüfen müsse. Eine weitere Zusammenkunft deshalb für morgen in Aussicht genommen. – Gegessen in der Weinstube von Müller mit Schoeler, Meyer, Rabien und dem Feldjäger Oberleutnant Schuster. Ein Nachbartisch mit polnischen Offizieren nahm eine drohende und höhnische Haltung ein.

15 Dezember 1918. Sonntag. Warschau *15.12.1918 Sonntag*

Heute sind die Beziehungen endgültig abgebrochen worden. Morgens um 10 kamen Bader und Morawski zu mir und überreichten mir ein, diesmal von Wassiliewski unterschriebenes, Schriftstück, das auf eine Menge von mehr oder weniger faulen Gründen gestützt die Beziehungen abbricht, genau gesagt „unterbricht", und mich ersucht, „immédiatement" mit der Gesandtschaft abzureisen. Bader sagte, Nachrichten, die sie „aus dem Westen" hätten, (soll wohl heissen Posen) und der Mangel eines Resultats bei den gestrigen Verhandlungen hätten den Entschluss hervorgebracht. Ich protestierte energisch gegen den zweiten Grund, da volle Übereinstimmung erzielt war und Iodko mir Abends, beim Aufschub der Unterzeichnung, keinen einzigen Punkt gesagt hat, an dem er noch sachlich Etwas auszusetzen hätte. Den Aufschub begründete Iodko lediglich mit dem Wunsche, die Formulierung der Verträge noch nachzuprüfen. Hierauf wusste Bader Nichts zu erwidern. In Wirklichkeit ist natürlich ein energischer Druck der Entente erfolgt, die die Kaltstellung von Filipowicz sich nicht gefallen lässt, und als Sühne die sofortige Entfernung der Gesandtschaft gefordert hat. Gleichzeitig mit der Notifizierung des Abbruchs wurden mir zwei Schriftstücke überreicht, in denen in einem höchst erregten und arroganten Ton gegen angebliche Greuel unserer Truppen im Buggebiet protestiert wird; offenbar für ein Weissbuch bestimmte Machwerke. Uns trifft an diesem Abbruch keine Schuld; wir haben uns hier in Warschau Unerhörtes gefallen lassen, ohne jemals die Konzilianz und die Versuche, auszugleichen, aufzugeben. Auch habe ich auf Oberost und Regierung immer den möglichst starken Druck ausgeübt, damit sie den Polen entgegenkämen. Pilsudski und die polnische Regierung wollten offenbar den Bruch nicht. Aber die N.D.'s gestützt auf Frankreich haben ihn erzwungen. Frankreich zeigt sich auch hier unersättlich in Rachgier und Ehrgeiz; sein dämonischer Hass ist durch unsere Niederlage wie es scheint, in keiner Weise gedämpft worden. Auch künftig wird es gegen uns hassen und kämpfen, bis es selber, oder wir zugrundegehen. Nachmittags melden Extrablätter den Abbruch, oder die „Unterbrechung" der Beziehungen mit Deutschland. Das Publikum kauft sie ziemlich eifrig. Gülpen, den ich zu Pilsudski wegen Freilassung der festgesetzten Polizeikommissare schickte, berichtet, Pilsudski sei sehr freundlich gewesen, habe aber gesagt, jetzt könne er zum ersten Male wieder frei atmen; so sei er von rechts und links bedrängt worden. Den ganzen Tag kamen Deutsche, die sich Ausweise zur Abreise mit der Gesandtschaft holten. Um 5 besuchte mich der Schweizer Konsul Wettler, dem ich den Schutz der deutschen Interessen übertragen will. Er übernahm ihn provisorisch, sagte aber, er müsse unter den veränderten Umständen bei seiner Regierung anfragen, ehe er ihn endgültig übernehme. Ich fuhr dann zu Korff, dessen Frau, eine Polin, eisig war und nach einer Minute das Zimmer verliess. Korff selbst bleibt in Warschau, glaubt nicht an Gefahr oder Unruhen. Gegessen dann im Europejski im grossen Saal, wo im Nachbarsaal gleichzeitig ein grosser Rout polnischer Soldaten und Damen vor sich gieng; Musik, Jugend, Begeisterung, eine Stimmung wie im Manöver. Um 10 meldete sich bei mir als Begleitungsoffizier ein junger polnischer Leutnant, Leutnant Bednarz, der bis zur Grenze mitfährt, gleich nachher ein zweiter Offizier. Dann ein Automobiloffizier mit einem Personen- und einem Last Auto. Vor der Tür patrouillierte Miliz. Der Bahnhof militärisch besetzt. Gülpen hat von einem befreundeten Legions Offizier eine Warnung erhalten, „man befürchte den Anschlag irgendeines Verrückten." Bednarz drängte uns schnell durch die Menge durch, die neugierig, aber ruhig war. Am Bahnsteig stand der Extrazug vorgefahren mit meinem Salonwagen, einem Personen- und einem Gepäckwagen. Wir nehmen etwa 60 Personen mit; die meisten Deutschen sind in Warschau geblieben. Um halb 12 kam ein Vertreter des Ministeriums des Auswärtigen und richtete mir einen Abschiedsgruss vom Minister aus. Gegen Filippovicz soll ein Disziplinarverfahren eingeleitet sein. Auf dem Bahnsteig dauerte das Durcheinander von Gepäck, Personal, patrouillierenden Soldaten etwa eine Stunde. Ein grosser Teil der Akten kommt, da Kisten heute nicht zu haben waren, unverpackt mit; ganze Schübe, die in den Gepäckwagen hineingeworfen werden. Sonst waren die Vorkehrungen, die die Polen getroffen hatten, mustergültig. Um 12 fuhren wir aus dem Bahnhof. Die beiden polnischen Leutnants, von denen der eine, Bednarz, gut Deutsch spricht und ein Mitkämpfer vom Styr ist, (mit 17 Jahren Legionär, jetzt 21, seit 4 Jahren im Krieg,) hatte ich in meinen Salon eingeladen. In freundschaftlichster Stimmung sassen sie mit uns um unseren Tisch. Nichts von der Möglichkeit, dass wir morgen Feinde sein könnten, trübte das Gefühl. Gegen halb 2 hielten wir, und es hiess, wir führen nach Warschau zurück; die Strecke nach Alexandrowo sei nicht frei, wir müssten über Mlawa und Ostpreussen fahren. Um 2 waren wir wieder im Vorbahnhof Warschau und fuhren langsam um die Stadt herum in die andre Strecke ein.

16 Dezember 1918. Montag. Mlawa. *16.12.1918 Montag*

Morgens um $^1/_2$ 8 weckte mich Biskupiek in Mlawa. Meyer meldete, die Strecke an der Grenze sei auf einige hundert Meter aufgerissen, der Salonwagen könne nicht weiter. Offenbar haben uns die Polen deshalb hergefahren, um den Salonwagen zu behalten. Ich schickte den Major Schmidt von Etra IV, der mitfährt, und liess verlangen, die Strecke solle wieder hergestellt werden; ich werde so lange warten. Im Notfalle, würden wir Streckenarbeiter aus Preussen stellen. Um zehn heisst es, der Salonwagen dürfe überhaupt nicht hinüber; „höherer Befehl". Verhandlungen telephonisch mit Warschau. Schliesslich wird der Salonwagen wieder freigegeben. – Kurz nach 12 meldet sich bei mir ein preussischer Leutnant mit Achselstücken. Nach halb 1 konnten wir aus Mlawa fort. Die polnischen Offiziere standen salutierend, als wir ausfuhren. Um 1 Uhr 7 Minuten über die Grenze bei Illowo. Der Kommandant des Grenzschutzes, ein Ulanen Rittmeister, meldete sich mit seinem Adjutanten und fragte, warum die Gesandtschaft fortführe. Ich antwortete, weil sie mich herausgeschmissen hätten; aber kein Kriegszustand. Immerhin sei Vorsicht geboten. Der Rittmeister sagte, bei ihm sei Alles ruhig; aber in Westpreussen dicht hierbei werde die polnische Bevölkerung unbotmässig: beim geringsten Anstoss könne die Lage umschlagen. Seine eigenen Leute seien vernünftig. Übrigens trug auch er Achselstücke, aber mit roten Streifen. – Um 2 in Soldau, wo Personal u. Reisende verpflegt wurden. – In ___ um 8 Uhr wieder Wurst und Kaffee für den Transport. Alles funktioniert wie in den ersten Kriegszeiten. In meinem Sonderraum gearbeitet und diktiert mit Meyer u Schorkopf. Rawicki will bei der Regierung das Versagen des Informationsdienstes aus Berlin während unserer Warschauer Zeit zur Sprache bringen. Soupiert im Salon. Abends um halb elf in Thorn.

17 Dezember 1918. Dienstag. Berlin. *17.12.1918 Dienstag*

Früh um 8 in Berlin. Mein Personal und Gepäck ausgeladen am Bahnhof Friedrichstrasse. Fahrt durch die Stadt am frühen Morgen. Brandenburger Tor, Pariser und Potsdamer Platz mit Guirlanden bekränzt und im Flaggenschmuck für die rückkehrenden Truppen. Auffallend, dass keine rote Fahne mehr zu sehen ist; Alles nur schwarz-weiss-rot, schwarz-weiss und vereinzelt schwarz-rot-gold. Mannschaften und Offiziere gehen meistens wieder mit Kokarden und Achselstücken. Der Unterschied gegen Mitte November ist gross. – Um halb zehn kam ein Reporter von der B.Z (Dr Leimdörfer), um mich zu interviewen[1]. Um 11 gab ich Ludwig Stein ein politisches Interview[2] für die Voss. Stein sagte, ich sei von gewissen Leuten als Nachfolger von Solf zum Staatssekretär ausersehen. Dann gieng ich ins Amt zu Solf, um ihm zu berichten. Ich fand ihn sehr geknickt, mit grauer Gesichtsfarbe und ganz an der Möglichkeit, die Geschäfte des Staatssekretärs unter dem jetzigen Regime zu führen, verzweifelnd. Er gehe bestimmt; und es werde sich wohl auch irgendein Diplomat mit pathologischem Ehrgeiz finden, der seine Nachfolge übernehme; aber die Stellung sei unhaltbar. Kautsky sitze mit seiner Frau und verschiedenen Juden über den Geheimakten; leide am Bekenner Wahnsinn. Die Kuriere würden unterwegs aufgehalten und verhaftet, so jetzt wieder der Berner Kurier in Erfurt. Haase sei ein Schuft. Unter solchen Verhältnissen könne man nicht arbeiten. Er schwanke nur, ob er ganz gehen, oder sein altes Amt als Staatssekretär für die Kolonieen beibehalten solle. Mit dem, was ich in Warschau getan habe, erklärte er sich für vollkommen einverstanden. Fragte, was ich zu einem Protest wegen Ausschreibung der Wahlen durch die polnische Regierung auf Reichsgebiet meine; die Beziehungen seien ja blos unterbrochen, nicht abgebrochen? Ich erklärte mich einverstanden. – Von Solf gieng ich zu Haase ins Reichskanzlerpalais. Haase empfieng mich sehr freundlich, billigte ausdrücklich meine Tätigkeit in Warschau, „Niemand hätte mehr tun können; ich sei einer vis maior erlegen." Auch meine militärischen Weisungen an die Bugetappen Inspektion und an den Ostpreussischen Grenzschutz: „Erhöhte Wachsamkeit, aber keine Provokation" entsprächen ganz dem, was die Regierung wünsche. Die Wahlen in Posen könnten nicht zugelassen werden. Er fragte, ob mit militärischen Einfällen der Polen zu rechnen sei? Ich sagte, mit einem Einmarsch der regulären Armee wohl kaum; dagegen vielleicht mit P.O.W.[3] und Banden-Einfällen. Weiter erbat er meine Ansicht, ob wir die Litauer bewaffnen sollten? Dieses sei vorgeschlagen. Ich sagte, ich müsse mir die Antwort überlegen. Der überwiegende Eindruck, den Haase macht, ist der einer grossen Geschmeidigkeit bei fundamentaler Härte; die eiserne Faust im Gummihandschuh. Ein kleiner, verbissener, etwas jesuitischer Jude, mit klugen, harten Augen. – Im Amte traf ich den alten Hutten, der mich um eine Unterredung bat. Ich sagte ihm zum Frühstück zu, das wir zusammen im Kaiserhof einnahmen. Auch ein Jesuit, aber andrer Art wie Haase; mehr zäh wie hart. Er wollte mich ausforschen und eine Unterredung zwischen mir und dem heute abreisenden polnischen Geschäftsträger Niemojecki zustandebringen. Ich willigte ein, wenn sie an einem dritten Orte stattfän-

---

1 Graf Keßlers Erlebnisse in Warschau. Polnische Gewalttaten und französisches Geld

2 Der deutsch-polnische Bruch

3 Polska Organizacja Wojskowa, von Piłsudski seit 1915 aufgebaute geheime Polnische Militärorganisation

de. Hutten bot seine Wohnung an. Um 4 trafen Niemojecki und ich uns daher bei Hutten. N. sprach sein Bedauern über den Bruch aus, den er nicht verstehe. Ob, da die Beziehungen nicht abgebrochen seien, nicht doch Verhandlungen weitergehen könnten, namentlich über die Territorialfragen, die durch die von der polnischen Regierung ausgeschriebenen Wahlen akut geworden seien? Vielleicht durch einen von uns zu entsendenden „Konsul"? Ich sagte, der Affront, der durch die Ausweisung der Gesandtschaft Deutschland angetan sei und den die deutsche öffentl. Meinung tief empfinde, könne nur durch die Zurückberufung der Gesandtschaft, vielleicht an einen andren Ort wie Warschau, wieder ausgeglichen werden; sonst werde die öffentl. Meinung bei uns revoltieren, wenn sie erfahre, dass wir uns zum Fenster wieder hineinschlichen, nachdem man uns zur Tür hinausgeschmissen habe. N. sah dieses ein. Er sagte er werde sehen, dass er einige vernünftige N.D.'s, z B Czetwertynski für den Plan gewinne. Hutten, der heute Abend nach Posen fährt, will dort Adamski, einen Bankier, sprechen. Niemojecki bezeichnete ausdrücklich die Annexion von Westpreussen als unsinnig; auch seien einzelne Kreise, für die die Polen Wahlen ausgeschrieben haben, ganz deutsch, z B. Flatau und Marienwerder. Die Stadt Posen und der Ostteil der Provinz Posen müssten an Polen fallen; nicht die westlichen, deutschen Kreise. Oberschlesien sei nach seinen neusten Nachrichten von der Entente nicht Polen, sondern den Tschecho Slowaken zugedacht, obwohl dort keine Tschechen wohnten. Ich erklärte mich bereit, den Plan zu fördern, schon jetzt vor der Friedenskonferenz eine Einigung zwischen Polen und uns über die Grenzregulierung herbeizuführen. – Um 7 bei Ludwig Stein, der mich fragte, ob Haase mit mir wegen Übernahme des Staatssekretariats gesprochen habe? Kautsky, Prof. Vogt u Andre seien Freunde dieser Lösung. Nachher kam Prof. Vogt, der Haase sehr nahesteht. Er bot mir die Gesandtschaft in Bern an, ich könne sie sofort haben. Ich lehnte ab mit Rücksicht auf Romberg. Dann sprachen wir über Allgemeines. Vogt's Idee: wir könnten den Gewaltfrieden nur auflösen durch eine Politik mit den französischen Sozialisten; eine solche Politik könne aber nicht von unseren alten Garnituren, Solf, Scheidemann, David gemacht werden, sondern erfordere neue Leute. Kautsky mit seinem internationalen Ruf sei ein Haupttrumpf in unserer Hand für diese Politik. Ich sagte, diese Politik habe auch meinen Beifall, könne aber nur auf lange Sicht gemacht werden, so dass der mit Sicherheit jetzt zu erwartende Gewaltfrieden durch einen allgemeinen Umschwung in vier, fünf oder zehn Jahren wieder sozusagen automatisch beseitigt werde. Zu einer solchen Politik gehörten daher viel Geduld, Mut, Zuversicht nicht blos beim leitenden Politiker sondern auch in der öffentlichen Meinung. Vogt sagte, er gebe zu, es sei unsicher, ob dieser Weg zum Ziele führe; er sehe aber keinen andren, der uns retten könne; sowohl ein neuer Krieg, wie die Bolschewisierung der ganzen Welt würden jede Kultur vernichten. – Im Amte, wo ich Schoeler abholte, Rantzau getroffen, der mit ganz verglasten Augen wie mir schien unter Morphium mich zuerst anstierte, bis wir ins Gespräch kamen. Er machte auf mich heute einen unheimlichen Eindruck. – Im Adlon gegessen mit Schoeler. Bernstorff getroffen. Er lachte sehr über unsere Warschauer Abenteuer, die ihn offenbar an seine eigenen in Amerika erinnern. Nachher Sitzung unseres politischen Klubs unter Riezlers Vorsitz. Verfassungsfragen. Ich schlug vor, auch dem Volke das Auflösungsrecht des Parlamentes zu geben auf Grund eines Referendums.

18 Dezember 1918. Mittwoch. Berlin. *18.12.1918 Mittwoch*
Vormittags bei Bussche. Ihm meine Auffassung von der politischen Lage in Polen vorgetragen: im Wesentlichen zwei Parteien, eine grosspolnische (N.D's, Nat. Komitee in Paris, Dmowski, Polen „von Meer zu Meer", Grossmacht mit 34 Millionen Einwohnern, Kriegserklärung an Deutschland) und eine kleinpolnische (P.P.S., Pilsudski, Polen ein grosser Mittelstaat, 20 Millionen Einwohner, neutral u. später in guter Nachbarschaft mit Deutschland). Die grosse Masse der polnischen Bevölkerung politische Analphabeten und indifferent, unter den zehn % Politisierten beide Richtungen etwa gleich stark, jedoch die Pilsudskische mit Arbeiterfäusten und grösserem Teil der Armee physisch kräftiger. Dafür steht hinter Dmowski die Entente, aber nicht geschlossen, sondern ernsthaft nur Frankreich. Militärisches Eingreifen der Entente daher unwahrscheinlich, jedenfalls nicht mit starken Kräften. Dagegen gefährlich für Pilsudski die Finanzlage. Wenn Krach, dann wäre Pilsudski vielleicht gezwungen, die finanzielle Hülfe der Entente und infolgedessen ihre übrigen Bedingungen (Krieg gegen Deutschland u. s. w.) anzunehmen. Vorläufig glaube ich aber nicht an einen Einmarsch der polnischen Armee in unsere Ostprovinzen; dagegen sind Einfälle von Banden zu erwarten. Daher an der Grenze erhöhte Wachsamkeit, aber keine Provokationen, wie z. B. grosse Truppenzusammenziehungen, Bildung von AOK's u. s. w. – Bussche bat mich, das Alles auch Bernstorff zu sagen für seine Friedensverhandlungen. – Ich machte Bussche dann noch aufmerksam auf die unerhörte Miswirtschaft unter dem Generalgouvernement in Polen u. regte eine Untersuchung gegen die Missetäter an. Bussche liess Simson kommen, um dessen juristischen Rat zu haben. Simson hatte Bedenken, die Leute ihren ordentlichen Richtern zu entziehen. Wer ist aber ihr ordentlicher Richter? – Als ich Nachmittags gegen 2 aus dem Amt kam, marschierte gerade eine aus dem Felde zurückkehrende Division durch die Linden ein. Die Soldaten alle im Stahlhelm, zum Teil bekränzt, Blumensträusse an Rock und Gewehr; Protzen und Geschütze mit Guirlanden geschmückt, zahllose schwarzweissrote, preussische und grossdeutsche Fahnen, kleine und grosse in der Marschkolonne wehend, keine einzige rote; die Offi-

ziere mit Blumen bekränzt zu Pferde an der Spitze ihrer Formationen. Rechts und links eine ungeheure Menschenmenge schwach Hurrah rufend; aus den beflaggten Häusern Winkende. Mir schnitt das Schauspiel ins Herz, Wehmut, Scham, Trauer, Liebe zu diesem tapferen Heer, das ruhmbedeckt, aber unglücklich einzieht. Das Pathos dieser gewaltigen Tragödie hier Unter den Linden in diese blumengeschmückte Wehmut ausmündend. – Bernstorff über Polen gesprochen. Er fragte, ob wir denn noch irgendeine Truppe hätten, mit der wir „provozieren" könnten? Er wisse von keiner. Nach zwei Tagen in Berlin seien die Fronttruppen genau so unzuverlässig wie die alte Besatzung. – Abends mit Meyer den Kommentar zur polnischen Note für „Wolff"[1] und einen Artikel für die „Deutsche Allg." diktiert; auch dem Korrespondenten der „Frankfurter" für einen Artikel[2] Stoff gegeben. – Abends in ein Kabarett; es wird jetzt dort getanzt.

19 Dezember 1918. Donnerstag Berlin. *19.12.1918 Donnerstag*

Interviews gegeben an die „Kölnische" (Ruppel) und das „Neue Wiener Tagblatt".[3] Hauptgesichtspunkte: das Grosspolen Dmowskis würde durch seine innere Schwäche und äussere Verfeindung mit sämtlichen Nachbarn zweifellos eine Kriegsursache werden; und die Minderheit, in der die Polen in diesem Grossstaate wären, müsste sie zu einer Herrenkaste machen, die gezwungen wäre, Gewaltmethoden anzuwenden, um die vielen fremden und feindseligen Volkssplitter zu unterdrücken. Beides steht in flagrantem Widerspruch zum Programm und zu den Absichten Wilsons. – Nachmittags bei Lewald im Reichsamt des Inneren. Die Misbräuche der deutschen Okkupation in Polen zur Sprache gebracht. Lewald verteidigte die Verwaltung. Ich sagte, die Gerüchte seien derart und würden von so vielen angesehenen Deutschen in Polen geglaubt und verbreitet, dass sie zum mindesten untersucht werden müssten. Hiermit war Lewald einverstanden. – Der Kongress der A.u.S. Räte im Reichstag zankt sich weiter und wird von Zeit zu Zeit von unlegitimierten Deputationen vergewaltigt. Liebknecht erreicht mit seiner Agitation eine allgemeine Beunruhigung. Die Regierung scheut sich, energisch durchzugreifen; und wenn sie dieses nicht jetzt tut, ehe die Fronttruppen demobilisiert sind, werden später die Spartacusleute, die bewaffnet sind und 30 M. täglich erhalten, Oberwasser haben. Der 53er Ausschuss der Matrosen[4], die den Marstall und andre Gebäude halten, sind schon zu Liebknecht übergegangen. Metternich ist vor 14 Tagen auf einem Flugzeug nach Holland entkommen. Seitdem sind die Matrosen immer radi-

---

1 Polens Note an Deutschland

2 Der polnische Imperialismus

3 Der Artikel in der „Kölnischen Zeitung" erschien u.d.T. „Wie steht es in Polen? Eine Unterredung mit dem Grafen Kessler".

4 Zentralrat der Marine

kaler geworden; Folge der Liebknechtschen Bearbeitung u. Geldmittel. Heute Abend wurde die erste Nummer einer Spartacus Zeitschrift „Der Galgen", gedruckt auf rotem Papier, verkauft „Offizielles Publikationsorgan der Deutschen Sozialaristokratie" Bund des Freien Deutschlands. Herausgeber: Adolf Plessner. Berlin. Ein Matrose, der bisher dem 53er Ausschuss angehört hat, sagte mir, das Geld für die Spartacus Leute käme aus England (?!)

20 Dezember 1918 Freitag. Berlin. *20.12.1918 Freitag*
Vormittags Nadolny informiert über die Situation in Polen. Namentlich betont, dass ich die militärische Lage nicht für bedrohlich, dagegen die Finanzkrisis und die Abhängigkeit, in die Polen dadurch von der Entente kommen könnte, für eine sehr ernste Gefahr halte. – Nachher dem Korrespondenten der „New York Times", einem Deutschen, und dann der „United Press", einem Mr Taylor, Interviews gewährt.[1] Ich habe mir das Zimmer des nach Holland geflüchteten Ferdinand Stumm im Amte geben lassen, oder richtiger genommen. – M. G.[2] sagt sehr klug von den Arbeitern, die alten Leute, die ihr ganzes Leben Nichts gekannt hätten als Arbeit, seien jetzt „von der Freiheit wie geblendet" wie die Kinder. Er misbilligt aufs schärfste die Tumulte und übermässigen Forderungen. Freiheit und Teilnahme an den Staatsgeschäften seien gut; „aber der Arbeiter müsse doch immer Arbeiter bleiben", sonst gehe das Volk zugrunde, wenn Alles nur Politik treibe. – Nachmittags Sitzung bei Lewald wegen Einleitung einer Untersuchung über die Misbräuche in Polen. Der frühere Verwaltungschef Kries und Geh. Rat Überscheer nahmen daran Teil. Lewald war es darum zu tun, die ihm unterstellte Zivilverwaltung zu rechtfertigen. Kries gab die Korruption der unteren Stellen zu. Am Anfang sei Alles unbestechlich, 1916 dagegen schon eine starke Bestechlichkeit der unteren und mittleren Stellen zu merken gewesen. 1917 wäre der grosse Umschwung zur allgemeinen Korruption bis ziemlich weit hinauf eingetreten. Die Juden hätten sich an die Leute herangemacht und sie korrumpiert. Den Polen sei diese deutsche Korruption härter drückender und ärgerlicher als die russische gewesen, weil bei den Russen auch die höchsten Beamten bestechlich waren, die Bestechung daher sicher zum Ziele führte, während bei den Deutschen manchmal eine niedere Stelle, nachdem sie das Geld bekommen hatte, nicht durchdrang, der Geldgeber sein Geld oft umsonst los wurde. Lewald gieng offenbar sehr ungern an die Untersuchung heran; gab aber schliesslich ihre Notwendigeit zu und schlug vor, ich solle einen Bericht ans Amt machen, in dem ich auf die Gerüchte hinwies und beantragte, dass die verschiedenen in Betracht kommenden Stellen (Reichsamt des Inneren, Kriegsministerium, O.H.L.) gebeten würden, Vorschläge zu ma-

[1] Der Artikel in der „New York Times" erschien u.d.T. „Ousted envoy tells of Warsaw mobs".

[2] vermutl. Max Goertz

chen, wie die Beschuldigungen geprüft und den Beschuldigten Gelegenheit geboten werden könne, sich zu rechtfertigen. – Gegessen bei Bergen mit Rheinbaben, Braun-Stumm, einem Professor Nathan aus Zürich und Dr Schotte. Rantzau ist zum Staatssekretär ernannt.

21 Dezember 1918 Sonnabend. Berlin. *21.12.1918 Samstag*
Vormittags im Ministerium des Inneren Unterredung mit Breitscheid und Gerlach. Ihnen meine Auffassung der militärischen Lage im Osten gesagt, dass sie nicht bedrohlich sei; höchstens Banden zu befürchten. Dagegen wirtschaftliche Gefahr der Handlegung der Entente auf Polen infolge der Finanznot. Wahlen könnten auf deutschem Reichsgebiet zum polnischen Landtag nicht gestattet werden, da dadurch ein Symbol geschaffen werde, durch das die Zugehörigkeit dieser Gebietsteile zu Polen zugestanden scheine. Ob man mit Hochverratsprozessen gegen Kandidaten u. Wähler vorgehe, sei Opportunitäts-Frage. Gerlach schien mir in Allem viel nachgiebiger als Breitscheid. Dieser berührte auch die Aufteilung Preussens in mehrere Bundesstaaten, um die wir nicht herumkämen. Ebenso denken Nadolny und Batocki. Ich machte Breitscheid auf Nadolnys Denkschrift über die „Ostdeutsche Republik" aufmerksam. Breitscheid bat mich, sie ihm zu verschaffen. Ich sagte Dieses nachher Nadolny. – Mittags Beisetzung der Putschopfer vom 6ten Dezember. Durch Liebknecht inszenierte Demonstration. Trauerzug von der Siegessäule, wo die Särge aufgebahrt waren, und Liebknecht redete. Ich traf den Zug am Potsdamer Platz. Die Särge zu zweien auf gewöhnlichen Rollwagen, bedeckt mit roten Blumenkränzen und Schleifen; Bierkutscher fuhren sie im Arbeits-Anzug, den runden Strassenhut auf dem dicken Schädel. Hinterher zuerst rote Matrosen, dann mehrere Tausend Männer und Frauen gut geordnet mit zahlreichen roten Fahnen und Tafeln, die an Stangen mitwanderten und wie Mohnblumen an langen Stielen über dem unabsehbaren schwarzen und grauen Zug hin und herschwankten. Das Ganze nicht sehr schrecklich oder feierlich, aber herb malerisch im Dezember Sonnenschein. – Oscar Fried besuchte mich. Er kommt aus der Ukraine, wo er dirigiert hat. Erzählte von der Auflösung unserer Truppen und ihrer Gefährdung durch den ukrainischen Bürgerkrieg, der zu Petljuras Gunsten ausschlägt. Die Entente mache Nichts, werde sich auch wahrscheinlich hüten hineinzugehen. Fried war bei Petljura selbst in seinem Hauptquartier; ist dann bei der Rückreise nach Deutschland in allerlei Kämpfe u. Schiessereien hineingekommen. – Nachmittags in der Sitzung des Preussischen Staatsministeriums Bericht erstattet über Polen. Die meisten Minister: Rosenfeld, Hirsch, Braun u. s. w. jüdisch. Südekum mit seinem weissen, vornehmen Botschafter Kopf der einzige Vertreter des Ancien Régime, auch der einzige, soweit ich hörte, der die Andren mit „Herr" anredet. Üblich ist unter den Ministern in der Debatte die Anrede

„Genosse". In dem geschmacklosen in W. II Barock dekorierten Sitzungssaal mit vier schlechten Hohenzollern Prunk Büsten in den Ecken wirkt die sozialdemokratische Phrase noch weniger unästhetisch als die höfische. Praktisch wichtig war, dass ich die militärische Schwäche der Polen feststellte. Ich berechnete ihre verfügbaren Truppen auf höchstens 100 000 Mann, und mit Haller auf 160000 bis äusserstens 200 000. Der Justizminister Rosenfeld gab der Ansicht Ausdruck, dass die bestehenden Gesetze keine Handhabe gegen die von der polnischen Regierung auf Reichsgebiet ausgeschriebenen Wahlen gäben. Es wurde daher beschlossen, ein neues Gesetz bei der Reichsleitung vorzuschlagen. Ausserdem den Grenzschutz in mässiger Weise zu verstärken, damit die Deutschen in den Grenzgebieten von der Terrorisierung durch die Polen befreit würden. Beherrscht wurde die Debatte vom Bewusstsein unserer Ohnmacht. Im Ganzen war der Eindruck, den die Corona auf mich machte, der einer Stadtverordneten Versammlung; salopp und schwunglos. – Im Amte berichtete mir, als ich zurückkam, Meyer, dass, was wir befürchteten, eingetreten sei: unsere Truppen in der Ukraine seien losgebrochen und würden wahrscheinlich auf eigene Faust durch Polen zurückmarschieren. Anlass: Petljuras Leute haben ihnen vertragswidrig die Bahnstrecke Goloby-Kowel gesperrt. Deshalb sind sie wild geworden und selbständig losmarschiert. Verschiedene Funksprüche, auch einer an die polnische Regierung, sollen noch heute Abend abgehen. Die Gefahr besteht, dass der Waffenstillstand deshalb gekündigt wird. Die Polen werden jedenfalls das Losbrechen der Truppen als eine abgekartete Sache und eine Wiedervergeltung für meine Ausweisung auffassen.

22 Dezember 1918. Sonntag. Berlin. *22.12.1918 Sonntag*

Paul Cassirer besucht, der aus der Schweiz kommt, wo er mit Schickele in Verbindung mit den französischen Sozialisten steht. Er sagt, Grumbach sei jetzt ganz für uns gewonnen, aus Abscheu vor dem französischen Imperialismus und bearbeite die „Humanité" in unserem Sinne. Auch hätten sie jetzt die N.K. Agentur ganz zur Verfügung und könnten durch sie Nachrichten in die Northcliffe Presse lancieren. Hier hat er mit Bolschewiks (Spartacus) gesprochen u skizzierte ihr Programm, das keinen Frieden mit den Entente Imperien will, im Gegenteil den Krieg bis aufs Messer; mögen dabei die deutschen Bourgeois verhungern. Sie wollen die Entente zwingen, mobil zu bleiben, damit die Revolution bei ihnen ausbreche. Die deutsche Revolution bis jetzt bezeichnet Cassirer als Nichts Andres denn eine grosse Schiebung. Nichts Wesentliches sei geändert; nur einige Vettern hier und dort hineingeschoben. Für später sei Spartacus eine Gefahr. Die Mehrheitssozialisten würden zwar in der National Versammlung die grosse Majorität für sich haben; die Verhältnisse seien aber für die Spartacusleute und würden die ruhige Arbeit der Majorität verhindern. – Als ich um 1 aus dem Amte kam, zog wieder wie neulich eine aus dem Felde heimkehrende Division durch die Linden ein im Stahlhelm und geschmückt mit Blumen; aber an der Ecke der Wilhelmstrasse erwarteten sie Schaaren von Kriegsverstümmelten, die ihre Krücken hochhoben und Plakate trugen: „Keine Gnade, nur Recht" und „Wir wollen die Schuldigen herauswerfen, die uns in Elend und Not führten." Ein langer Zug von solchen Unglücklichen, offenbar von Liebknecht herdirigiert, bewegte sich als Demonstration der einziehenden Division entgegen, bedrängte sie, hielt sie auf, brach in ihre Reihen ein. Es war ein peinliches Schauspiel, das offenbar auf die Heimkehrenden einen tiefen Eindruck machte. Alle Gesichter waren ernst, die Stimmung bedrückt, das Publikum ärgerlich, aber still. Gefrühstückt im Adlon mit Rudi Schröder, den ich seit Kriegs Anfang nicht gesehen hatte. Er deklamierte mir nach Tisch drei Gedichte an Hofmannsthal. Seine Lebenspläne sind durch die Revolution umgeworfen.

23 Dezember. 1918. Montag. Berlin. *23.12.1918 Montag*
L. Stein Vormittags bei mir im Amte, um mir zu sagen, dass Heinrich Carolath mir seinen Sitz in Guben für die Nationalversammlung abtritt. – Georg Bernhard spielt in einem übrigens vorzüglichen Leitartikel auf meine Chancen für das Staatssekretariat an.

Völkerpolitik.[1]
Von
Georg Bernhard.

An die Stelle des Staatssekretärs Solf ist als Leiter des Auswärtigen Amtes der *Graf Brockhoff-Rantzau* getreten. Daß es wieder ein Graf ist, hat die Spottlust der radikalen Sozialisten angeregt. Sie hätten noch mehr spotten können: Denn einzig und allein zwischen *drei* Grafen hat die engere Wahl gelegen. Aber will man Demokratie, so muß man schon wohl oder übel auch den Grafen die Gleichberechtigung zuerkennen. Man braucht sie zudem fünf Wochen nach dem Sturz eines Regimes, das die diplomatische Laufbahn fast restlos dem Adel vorbehalten hatte.

Dieses kann mir in der Zukunft Unannehmlichkeiten beim ehrgeizigen und mistrauischen Charakter von Rantzau bereiten. – Frühstück bei Hiller gegeben für Hoetzsch von der Kreuzzeitung und den Generalkonsul Heintze aus Lem-

[1] Der folgende, mit dem handschriftlichen Vermerk „Voss. 23.XII.18" versehene Zeitungsausschnitt ist an dieser Stelle in das Tagebuch eingeklebt; er bricht nach dem ersten Absatz ab. Hervorhebung im Original durch gesperrten Druck.

berg. Heintze erzählte von seinen Abenteuern bei der Einnahme durch die Polen, aber etwas zu eindringlich und gewinnsüchtig. Hoetzsch machte sich Notizen über die Parteiverhältnisse in Polen für seinen Leitartikel. Er giebt Ludendorff die Hauptschuld an unserem Zusammenbruch, namentlich wegen der Umgebung, die er sich gewählt hatte: Bartenwerfer, Bauer, Nicolaï. Diese Drei waren in der Tat die Totengräber Deutschlands. Nachher Sitzung unseres Ausschusses für Auswärtige Politik: Prittwitz, Roediger, Schott u. s. w. Ich warf die Frage auf, ob und welche Ausw. Politik wir jetzt haben könnten? Auch mit welchen Methoden die neue Politik durchzuführen sein werde, nachdem mit der alten Machtpolitik die ihr angepassten bisherigen Methoden mit unbrauchbar geworden seien? Als ich gegen fünf mit Roediger aus der Deutschen Gesellschaft ins Amt hinübergieng, bemerkten wir an der Tür eine Auseinandersetzung zwischen bewaffneten Matrosen und irgendwelchen Leuten, die aus dem Amte herauswollten. Wir achteten nicht darauf und giengen hinein. Gleich nachher hiess es, das Amt sei durch Matrosen abgesperrt, Niemand könne mehr aus noch ein. Der Grund war nicht zu ermitteln. Bussche gieng durch die Verbindungstür im ersten Stock ins Reichsamt des Inneren, um Hülfe zu erbitten. Ich korrigierte meinen Bericht über Polnische Politik zu Ende und gieng dann gegen halb Sieben ebenfalls durch das Reichsamt des Inneren fort, die Linden hinauf nach der Friedrichstrasse ins Admirals Bad. Unter den Linden und in der Friedrichstrasse war Alles wie gewöhnlich, keine Unordnung oder Unruhe, obwohl wenige Minuten vorher die Schiesserei gewesen sein muss, von der ich erst später erfuhr. Abends gegen Zehn hiess es, irgendwo sei wieder eine Schiesserei gewesen; es gebe 20 Tote. Die Einen sagten, am Potsdamer Bahnhof, die Andren am Alexanderplatz. Ich fuhr nach dem Alexanderplatz, um zu sehen, was los war, und bekam hier die richtige Auskunft, die Schiesserei sei in der Nähe des Schlosses gewesen. Am Marstall standen Gruppen von Matrosen, die erzählten, ihre Kameraden seien vor die Kommandantur gerückt, um Löhnung zu fordern, plötzlich sei von der Universität auf sie geschossen, zwei Mann tot; darauf hätten sie den Stadtkommandanten Wels verhaftet und in den Marstall abgeführt. Dieses sei gegen Acht gewesen. Als ich die Linden hinunter an die Universität kam, rückte in der Dunkelheit ein Regiment in Sturmhauben vor. Grosse, schöne Leute, in denen ich erst nach einiger Zeit Dritte Garde Ulanen, mein eigenes Regiment, erkannte. Einige junge Offiziere, Schimmelmann, Kriegsheim, erzählten, Ebert habe sie hergeholt und vorhin eine Ansprache gehalten. Halb zerlumpte Soldaten von der Strasse und Zivilisten drängten sich währenddem an die Mannschaften und redeten auf sie ein: Keine Antwort von unseren Leuten, die schwiegen. Nach einigen Minuten kam ein Befehl und die Truppe verschwand geschlossen in die Universität. Ich hatte mein Regiment seit August '14 vor Namur nicht gesehen. Ein trauriges Wiedersehen in dieser konfusen, gefahrschwangeren Revolutions-Nacht am Rande des Bürgerkrieges und der Auflösung. – An der Ecke der Linden und der Friedrichstrasse standen kleine Haufen von Menschen und diskutierten. Zivilisten, Soldaten, einige Matrosen. Die Stimmung war im Allgemeinen auch unter den Soldaten gegen die Matrosen: „sie sollten machen, dass sie fortkämen, sie seien lange genug in Berlin gewesen". Schliesslich verhafteten ein paar Matrosen einen Zivilisten, der sie beschimpft hatte. Alles sehr ruhig, fast kleinlaut. Ich gieng noch einmal bis zum Kronprinzen Palais. Hier diskutierte ein Leutnant mit einem älteren Maat. Der Maat sagte, Wels würden sie nicht wieder herausgeben: „ausgeschlossen, nachdem durch seinen Befehl Kameraden gefallen seien". Der Leutnant erwiderte immer wieder: Ebert habe Wels um Hülfe ersucht, weil die Matrosen die Reichsleitung festgesetzt hatten. Hiervon wollte der Maat Nichts wissen, sondern nur von Löhnungsforderungen; diese hätten die Matrosen vor der Kommandantur vorgebracht, da sei auf sie geschossen worden. Erst durch dieses Gespräch wurden mir die Vorgänge des Nachmittags klar. Nicht nur wir im Auswärtigen Amte sind von den Matrosen eingesperrt worden, sondern auch die Reichsleitung in der Reichskanzlei und dazu noch Andre Behörden. Darauf hat Ebert militärische Hülfe requiriert; die Matrosen sind unter dem Vorwande einer Löhnungs Demonstration von irgendwelchen Drahtziehern vor die Kommandantur gelockt worden, Wels oder der Kommandeur der Truppen in der Universität wird geglaubt haben, die Kommandantur werde gestürmt, und kurz entschlossen ist geschossen worden. Jetzt ist aber die Situation durch diese Schiesserei, das geflossene Blut und den Einmarsch der Potsdamer Truppen reif für eine grosse Entscheidung. Wenn die Regierung Energie hat, wird sie sie benutzen, um die ganz radikalisierte Matrosen Division aus Berlin hinaus zu bringen; wenn nötig mit Gewalt. Die überwiegende Stimmung unter den Soldaten und der Zivilbevölkerung Berlins ist den Matrosen feindlich, weil man sie als Unruhestifter ansieht. Radikal sind sie aber erst geworden nach Aufdeckung der Komödie, die Metternich mit ihnen gespielt hat. Diese hat den Nährboden für die Spartacus Propaganda unter ihnen geschaffen. – Jeden Tag ist auf den Strassen Berlins Etwas Neues los; aber das Reich geht dabei zum Teufel.

24 Dezember 1918 Dienstag. Berlin. *24.12.1918 Dienstag*

Weihnachtsabend hat heute früh mit einem Artilleriegefecht am Schloss begonnen. Die Regierungstruppen haben versucht, die Matrosen aus Schloss und Marstall herauszuschiessen. – Ich gieng gegen Elf ins Amt, wo Meyer triumphierte. Jetzt mache die Regierung endlich ernst; sie solle nur eine Anzahl von Matrosen gegen die Wand stellen. Er machte mir gelinde Vorwürfe, dass ich diese gegenrevolutionäre Stimmung nicht teilte. Gegen Zwölf die Linden hinauf, die in der Höhe der Friedrichstrasse von republikanischer Sicherheitsgarde abgesperrt waren. Man kam aber durch Mittel- und Charlottenstrasse um die Absperrung herum. Vor der Universität eine ziemlich grosse Menschen Ansammlung, die durch die Gitter die Soldaten im Vorgarten beobachtete. Sonst Alles ruhig. Aber schon aus dieser Entfernung sah man grosse helle Flecken in den Schlossmauern Spuren der Artillerie Beschiessung. Im Lustgarten wogte unbehindert eine gewaltige Volksmenge. Das grosse Portal nach dem Lustgarten ist ganz zerschossen; eine von den Säulen liegt zertrümmert am Boden; die eisernen Torflügel klaffen durchlöchert u. verbogen. Der Balkon darüber, von dem der Kaiser am 4ten August '14 seine Rede[1] hielt, hängt zerfetzt herunter. Die Fenster in der Fassade sind leer und dunkel, ohne Scheiben, mit schief baumelnden Fensterkreuzen und zerkerbten, zerhauenen Brüstungen. Am schmerzlichsten haben die schönen Barock Karyatiden unter dem Balkon gelitten; ein michelangelesker Arm weggeschossen, die ausdrucksvollen Köpfe scheinen noch pathetischer gebeugt als früher. Matrosen halten vor dem gefechtsbereiten Portal Wache. Vorläufig ist aber Pause. Ähnlich sieht es auf dem Schlossplatz aus. Auch hier Matrosen mit Maschinengewehren in den Fenstern der zur Ruine geschossenen Fassade. Der ganze Platz schwarz von Menschen. Irgendetwas wird erwartet, ein Gefecht, eine Volksrede, Liebknecht: man weiss nicht, Alles wartet und fürchtet sich nicht. Die Neugier ist bei Tausenden grösser als die Furcht. Gleichzeitig bilden diese Neugierigen die beste Schutzwehr für die meuternden Matrosen. Bis sie nicht zerstreut oder zurückgedrängt sind, können die Regierungstruppen ihren Angriff nicht erneuern. Plötzlich kommt aus der Breitenstrasse ein Maschinengewehr Trupp der Regierungstreuen durch die Menge, gleich umringt von tosenden, schimpfenden Menschen. Viele hier am Schloss sind also Liebknechtisch. Ein Unteroffizier mit einer schwarz-rot-goldenen Binde steigt auf die Protze und hält eine Rede, die man weithin über den Platz vernimmt. Es werde verhandelt, man solle doch nicht unter Brüdern sich totschiessen. Das wirkt; d. h. vielleicht vor Allem die laute, ruhige Stimme. Das Gewehr wird durchgelassen und fährt ab. In der Menge halten überall Spartacus Agitatoren kleine Volksversammlungen ab; man tritt ihnen entgegen, hört sie aber an. Ein grosser fanatischer Kerl an der Ecke der Schlossbrücke schreit einen Herren, der ihn zu überzeugen sucht, mit bösartig blitzenden Augen und verbissener Wut nieder: Taten wolle man sehen, nicht immer blos Worte. Die Regierung habe jetzt genug geredet, endlich solle sie mit dem Sozialismus ernst machen, sonst werde man nicht lange fackeln. Ein andrer alter zerschlissener Mann ohne Kragen, eine Art von Vagabund, predigt Vernunft: „immer mit der Vernunft, etwas Vernunft auf beiden Seiten, dann werde man

---

[1] Die Reden vom Balkon des Berliner Stadtschlosses fanden am 31. Juli bzw. 1. August 1914 statt, am 4. August hielt Wilhelm II. eine Rede im Reichstag.

sich schon verständigen." Jeder Redner hat sein Publikum. Diese kleinen Konventikel, wo teils fanatisch, teils leise diskutiert wird, erinnern mich an Hyde Park am Sonntag Abend. – Um halb Zwei war ich zum Frühstück bei Hiller mit Heinrich Carolath und Stein. Carolath ist gestern bei der Aufstellung der Kandidaten für die National Versammlung von den Vertrauensleuten der demokratischen Partei so schlecht behandelt worden, dass er meinen Namen nicht vorzubringen gewagt hat. Es seien lauter Knoten der borniertesten Art gewesen, die immer nur Volksschullehrer und kleine Landwirte, „Männer, die selbst hinter dem Pfluge gehen", oder hysterische Frauenzimmer verlangt hätten. Keinen Menschen habe er gekannt. So Etwas habe er trotz 38jähriger parlamentarischer Praxis noch nicht erlebt. Ja, ja, für Prinzen, Grafen und Kulturmenschen werden jetzt die Zeiten schwer! Ich versuchte, C. zu trösten. Die materiellen Interessen, wenn sie scheinbar noch so dick seien, seien doch immer nur die Verkleidung irgendwelcher Ideale. Er konnte das von seinem ausschliesslich Goetheschen Idealismus aus nicht einsehen. Wahr ist, dass irgendwie für die Vertretung der geistigen Interessen im Parlament gesorgt werden muss. Der eine Weg ist der, den die Kirche betreten hat. Vielleicht giebt es aber auch noch andre. – Nach dem Frühstück zurück zum Schloss. Überall liefen um diese Zeit, gegen 4, kleine Menschenhaufen zusammen, um die Verkündigung des Übereinkommens zwischen Matrosen und Regierung anzuhören. Sachlich haben die Matrosen offenbar gesiegt: Wels ist abgesetzt, die Matrosen bleiben, allerdings nicht im Schloss, aber doch in Berlin; auch werden sie in die republikanische Soldatenwehr aufgenommen, und die Regierungstreuen Lequis Truppen sofort aus Berlin zurückgezogen. Die Matrosen übernehmen nur die papierene Verpflichtung, nicht wieder an Aktionen gegen die Regierung teilzunehmen (können aber neutral zusehen, wie Andre die Regierung herauswerfen.) Von Meyers „Gegen die Wand Stellen" sind wir weit entfernt. – Während dieser blutigen Ereignisse geht unbekümmert der Weihnachtsmarkt seinen Gang: Leierkasten spielen in der Friedrichstrasse, Strassenverkäufer bieten Salonfeuerwerk, Lebkuchen und Silberflitter an, die Juwelierläden Unter den Linden sind sorglos geöffnet, hellerleuchtet funkeln ihre Schaufenster; in der Leipziger Strasse, bei Wertheim, Kayser u. s. w. drängt sich das übliche Weihnachtspublikum: gewiss brennen in Tausenden von Häusern Christbäume, und Kinder spielen drum herum mit Geschenken von Papa, Mama und der lieben Tante. Daneben liegen im Marstall die Toten, und in der Weihnachtsnacht klaffen frisch gerissen die Wunden des Schlosses und des deutschen Staates.

25 Dezember 1918. Mittwoch Berlin. *25.12.1918 Mittwoch*

Alle Zeitungen, selbst der „Vorwärts", konstatieren heute früh, dass die Regierung kapituliert hat. Besser wäre es gewesen, sie hätte nicht erst angefangen mit

Schiessen. – Den ganzen Tag auf dem Schlossplatz, im Lustgarten, in der Friedrichstrasse, Unter den Linden, wann immer ich vorbeikam, überall kleine Menschen Ansammlungen, in denen diskutiert wurde. Meistens um Jemanden, der die Spartacus Ansichten vertrat, auch Weiber, offenbar angestellte Agitatoren, die die Leute aufputschen, ziemlich geistlos und unsachlich: die Regierung stekke mit den Offizieren und Kapitalisten unter einer Decke, tue Nichts, um den Zukunftsstaat zu verwirklichen, lasse auf die wahren Revolutionäre schiessen. Dünn und fadenscheinig. Aber Stimmung wird dadurch doch gemacht. Diese zähe Revolutionierung der Berliner Nichtstuer und Arbeitslosen auf der Strasse in kleinen Gruppen wird Früchte tragen. Die kleinen grauen Haufen zufällig Vorbeigehender, die einen Augenblick stehen bleiben und Etwas auffangen, sind Kulturen, in denen irgendein künftiges, grässliches Volksschicksal gezüchtet wird. Darüber tönten heute vom Dom die Weihnachtsglocken, und in der Friedrichstrasse, die eine Leierkasten Allee geworden ist, abwechselnd die Weisen der „Czardasfürstin“[1] und des „Schwarzwaldmädels“[2]. – Nachmittags war wieder eine grosse Spartacus Demonstration von der Sieges Allee bis zum Schloss, wo sie mit der siegreichen Volksmarine Division fraternisierte. Darauf ist die Menge zum „Vorwärts“ gezogen, hat ihn besetzt und Flugblätter gedruckt mit der Überschrift: „Der rote Vorwärts“, in denen verkündet wird: „Heute, am 25 Dezember 1918 wurde der „Vorwärts“ von uns, den revolutionären Arbeitern, in Besitz genommen kraft des neuen Rechtes, dass (!sic) mit der Revolution am 9 November geboren wurde ... Es lebe die revolutionäre Marinedivision, das revolutionäre Proletariat, die internationale, sozialistische Weltrevolution. Nieder mit der Regierung Ebert-Scheidemann! Alle Macht den Arbeiter- und Soldaten-Räten! Bewaffnung der Arbeiterschaft! Entwaffnung der Bourgeoisie und ihrer Helfershelfer! Gezeichnet: Revolutionäre Obleute und Vertrauensleute der Gross Betriebe Gross-Berlins.“ Das Ganze auf rotem Papier. Einige andre Flugblätter besagen auf weissem Papier Ähnliches. Zwei Sicherheitsmannschaften vom Polizeipräsidium brachten sie mir Abends in eine Bar, wo getanzt wurde, und wo ich überraschenderweise auch Theodor Däubler traf. Die beiden Leute (alte Soldaten) erzählten, wie sie den „Vorwärts“ wieder der rechtmässigen Redaktion zurückgegeben hätten. Der jüngere schien allerdings nicht sehr taktfest gegen Spartacus, war stolz, dass er Liebknecht gesprochen hatte. Der Andre meinte, wenn es noch lange so weitergehe, würden wir bald die Tommies in Berlin sehen.

26 Dezember 1918. Donnerstag. Berlin. *26.12.1918 Donnerstag*

Gefrühstückt bei Georg Bernhard. Er war, wie ich, der Ansicht, dass die vor-

---

[1] Kálmán

[2] Jessel

gestrige Kapitulation die Regierung hoffnungslos kompromittiert hat, und dass wir in spätestens 14 Tagen den Bolschewismus haben, wenn nicht noch Etwas Unerwartetes geschieht. Der „Vorwärts" ist vom Spartacus heute wieder besetzt worden. Augenblicklich (Nachmittags) wird mit den Okkupanten verhandelt, damit sie herausgehen. Irgendwelche Macht, sie hinauszuwerfen, scheint nicht zu bestehen. Bernhard war sehr niedergeschlagen. – Nachher bei L. Stein, der ebenfalls die Regierung für verloren hält. Er behauptet, Ebert werde vielleicht noch heute zurücktreten. Eine wichtige Geheimsitzung der Unabhängigen fände Nachmittags statt. Die Regierung sei vollkommen ratlos; vor Allem wisse man nicht, ob es noch irgendwelche Truppen gebe, die zuverlässig seien. Was kommt, wenn diese Regierung geht, ist nicht abzusehen. Wahrscheinlich zunächst Liebknecht und eine Art von Terror. – Zuhause finde ich eine telephonische Mitteilung von F. G. vor, dass heute Abend um 11 Uhr „am Schloss sehr stark" wahrscheinlich demonstriert werden soll. – In der Reichskanzlei, wo ich Baake warnen wollte, nur seinen Sekretär Böhme getroffen, den ich beauftragte, meine Mitteilung an Baake weiterzugeben. Böhme sagte, sie erwarteten jeden Augenblick „Etwas". Im Amt Bussche gesprochen und erhöhte Alarmbereitschaft empfohlen. Er behauptet, dass die Infanterie im Amte zuverlässig sei. Um 9 Sitzung unseres politischen Vereins; Riezler referierte über die Lage. Er sagte, nach seinen Nachrichten, seien heute schon in den Spartacus Versammlungen Ledebour und Liebknecht zu Volksbeauftragten gewählt worden; Liebknecht werde heute Nacht oder morgen als Oberhaupt der Regierung ausgerufen werden. Der jetzigen Regierung stünden in Berlin Alles in Allem vielleicht noch hundert Mann zuverlässiger Truppen zur Verfügung. Ebert habe sich bis heute Abend noch nicht entschlossen, was er tun wolle. Riezler äusserte, das Einzige, was helfen könne, sei die Verlegung der Hauptstadt (Auskneifen.) Rücker von meinem Regiment, der zufällig anwesend war, berichtete, dieses sei durch den Miserfolg von neulich so verärgert, dass es für einen neuen Versuch nicht zu haben sei; die Leute meinten, sie seien misbraucht worden. Bei der Debatte ergab sich viel Geschwätz und Ausmalen trüber Bilder, aber Nichts Praktisches. Eigentlich hat sich Alles schon in das hereinbrechende Schicksal ergeben. Die Stimmung war, dass wir noch heute Nacht oder spätestens morgen hülflos verhaftet würden. Zwischendurch referierte Haas über seine Erfahrungen in Trier und Spaa in der Waffenstillstands Kommission: eisige und habgierige Franzosen, sympathische und fast deutschfreundliche Haltung der Amerikaner. Um 10 giengen Riezler, Trautmann, Kamphövener und ich zum Schloss, um der Ausrufung Liebknechts beizuwohnen. Es war in dieser Gegend der stillste und leerste Abend, den ich seit Langem erlebt habe. Nur eine kleine Volksversammlung, in der ein junger, gut angezogener sympathischer Spartacus Mann, offenbar ein Intellektueller, auseinandersetzte, dass das deutsche

Volk noch nicht reif sei für die politische Herrschaft; es müsse erst einen langsamen und mühevollen Aufstieg durchmachen. Daher keine National Versammlung, sondern A u. S. Räte. Riezler versuchte sich mit ihm einzulassen, hielt aber nicht stand, bekam Angst, wollte fortgehen und wurde von der Menge höhnend verfolgt. Riezler soll Ebert morgen Mut machen! Der Kern des politischen Problems ist, ob noch irgendwo irgendwelche brauchbaren und zuverlässigen Truppen sind? Oder, wenn nicht, ob man die Matrosen kaufen und bestechen kann, damit sie abziehen? Byzanz! Käuflich sind sie; aber wie kaufen? So Schimpflich ist kaum je eine Regierung schwach gewesen.

27 Dezember 1918. Freitag. Berlin. *27.12.1918 Freitag*
Die Krisis dauert ungemildert an. Hatzfeldt, der heute in der Kabinetts Sitzung war, sagt, nur die Unabhängigen, Haase, Dittmann, Barth hätten teilgenommen. Landsberg sei einen Augenblick hereingekommen; Ebert und Scheidemann blieben fort. Zur Beratung stand ein von den Polen durch Górka in Kowno vorgeschlagenes Abkommen zur gemeinsamen Verteidigung von Wilna gegen die russischen Bolschewiks, wogegen die Polen uns den Abtransport unserer Truppen aus der Ukraine garantierten. Das Kabinett hat unter dem Einfluss von Cohen-Nordhausen den Vertrag abgelehnt. Grund: man dürfe sich nicht mit den Bolschewiks überwerfen; im Gegenteil, man solle mit dem bolschewistischen Russland ein Abkommen und Handelsverträge suchen. Hatzfeldt behauptet, die Entente verlange von uns die Bekämpfung der Bolschewiks; Verständigung mit den Bolschewiks bedeute Bruch mit der Entente. Im Sommer sei eine Politik mit den Bolschewiks möglich gewesen, weil wir die Macht hatten; jetzt nicht, weil wir die Weisungen der Entente befolgen müssten. Offenbar stehen sich hier zwei unvereinbare politische Konzeptionen gegenüber. Haase und das Kabinett wollen den Anschluss an Russland, wie das A.A. meint in Verkennung der Wirklichkeiten und bestehenden Machtverhältnisse. Wenn das A.A. auf seinem Standpunkte stehen bleibt, und die Regierung die Bolschewiks nicht fallen lassen will, muss es zum Bruch kommen. In der Tat handelt es sich um eine Weltentscheidung: hier kapitalistisch-ententistische Politik mit Unterwerfung unter die Entente, dort sozialistisch-östliche mit Entfesselung des Bolschewismus, und vielleicht Verkennung der realen Machtmittel: „Spartacus" ist nur der umgekehrte U. Boot Krieg. Auch diese ungeheure Entscheidung hängt von den nächsten Stunden in Berlin ab. – Abends heisst es in den Zeitungen, die Kabinettskrisis werde erst morgen gelöst werden. Vorläufig berät noch der Zentralrat. Morgen soll in einer gemeinsamen Sitzung des Zentralrats und der Volksbeauftragten die Entscheidung fallen. – Abends assen mit mir bei Hiller Paul Cassirer, Kestenberg, Hilferding und die Unabhängigen-Minister Breitscheidt und Hugo Simon. Breitscheidt und Simon

machten keinen Hehl daraus, dass ihre Ministerschaft vielleicht nur noch Stunden dauern werde. Alles hänge vom Zentralrat ab. Wenn er gegen die Unabhängigen in der Reichsleitung entscheide, würden sie als preussische Minister ebenfalls gehen. Simon, der an den finanziellen Auseinandersetzungen mit den Matrosen in erster Linie beteiligt war, sagt, ihm sei es hauptsächlich darum zu tun gewesen, sie aus dem Schloss herauszubekommen, wegen der Plünderungen. Sie hätten zwar die Schlüssel zum Weinkeller, nicht aber die zur Silberkammer abgegeben. In einem Schlossflügel, den er besichtigt hat, sei entsetzlich geplündert worden. Die Matrosen hätten auch eingewilligt, die Schlüssel abzugeben; aber nicht an Wels, den sie hassten. Dagegen habe Wels einen „point d'honneur" daraus gemacht, dass gerade ihm die Schlüssel übergeben würden. Dadurch sei die ganze unglückselige Verwicklung entstanden. Jetzt bricht an den Folgen dieses törichten Komment Standpunktes die deutsche Reichsregierung und vielleicht Deutschland zusammen. Hilferding ist der Ansicht, dass die militärische Aktion nicht durchzuführen war, weil nach wenigen Stunden den Matrosen Sukkurs gekommen wäre von Tausenden bewaffneter Berliner Arbeiter und von den Berliner Regimentern; es hätte nur einen entsetzlichen Strassenkampf mit zweifelhaftem Ausgang gegeben. Jedenfalls sei ein weiteres Zusammenarbeiten der Unabhängigen mit Ebert und Scheidemann ausgeschlossen. Die beste Lösung sei, wenn Diese durch andre, nicht kompromittierte Rechts-Sozialisten in der Regierung ersetzt würden. Sonst müssten die Unabhängigen in die Opposition gehen. Simon befürchtet hiervon, dass die Unabhängigen in eine Einheitsfront mit den Spartakisten gedrängt werden, deren wirtschaftliche Methoden er für den Ruin hält. Für Sonntag bei der Beisetzung der gefallenen Matrosen erwarten Alle Unruhen. Ich sagte ihnen, wenn sie in die Opposition giengen, könnten sie am besten ihre Zukunft vorbereiten, indem sie die Partei des reinen Gewissens und der unerbittlichen Vernunft würden: gegen die Utopie von links ebenso wie gegen die Herzverfettung der Rechtssozialisten und kleinen Bourgeoisie. Simon meinte, sie würden so ewig „nationalliberal" und verworren bleiben. Ich erwiderte: die Klarheit sei Sache des Temperaments; jedes Weltbild sei verworren, bis es beleuchtet werde durch ein starkes Temperament. – Breitscheid hatte starke Bedenken gegen Rantzau; vor Allem seine Homosexualität, die an sich gleichgültig, aber für seine Bewegungsfreiheit hemmend sein könne; und dann die Schieber, mit denen er sich in Kopenhagen umgeben habe.

28 Dezember 1918. Sonnabend. Berlin. *28.12.1918 Samstag*

Die Frage, ob ich die Gesandtschaft in Bern als Sprungbrett für Anknüpfung mit Frankreich übernehmen will, tritt immer dringender an mich heran. Gestern telegraphierte Schickele und sondierten mich Kestenberg, Breitscheid u Hilferding deshalb. Heute früh sprach wieder Kestenberg mit mir, und Mittags war bei Cassirer zur weiteren Besprechung ein Frühstück mit Breitscheid, Hilferding und Kestenberg. Ich erklärte mich, nachdem ich mehrmals abgelehnt habe, jetzt prinzipiell bereit die Stellung zu übernehmen, aber unter der Bedingung, dass ich von den örtlichen Schweizer Geschäften und der Ausmistung der Gesandtschaft, die auf weniger als ein Zehntel ihres Personals zurückgeführt werden muss, entlastet werde. Mir bliebe als einzige wirkliche, allerdings weltpolitische Aufgabe die Anknüpfung mit Frankreich und England. Meine Politik erläuterte ich Breitscheid und Hilferding dahin, dass ein Gewaltfrieden mir unentrinnbar erscheine, ich dann zu seiner Beseitigung nur drei Wege sähe: einen neuen Krieg, Bolschewismus oder Stärkung der dem Gewaltfrieden abgeneigten Parteien in den bisher feindlichen Ländern, damit diese zur Macht gelangten und ihn nachträglich beseitigten. Ein neuer Krieg scheine mir in absehbarer Zeit für Deutschland unmöglich, Bolschewismus, solange irgendeine andre Hoffnung bestehe, zu kostspielig; daher hätte ich mich für den dritten Weg entschieden. Breitscheid u. Hilferding erklärten Dieses auch für ihre Politik. Wenn sie am Ruder bleiben, wollen sie mich vorschlagen. Ausserdem wird dann wahrscheinlich Breitscheid als Mitarbeiter von Rantzau ins Amt eintreten, um den Geist der neuen Ausw. Politik, der von der oben skizzierten grundsätzlich pazifistischen Basis ausgeht, hineinzutragen. Allerdings glaubt Breitscheid nicht, dass die Unabhängigen in der Regierung bleiben; und dann fiele Alles ins Wasser. Romberg ist heute nach Zeitungsnachrichten offiziell zurückgetreten. – Vor dem Frühstück mit Breitscheid das Schloss besichtigt. Hugo Simon hatte uns zu diesem Zwecke den Dr Hübner als Führer zur Verfügung gestellt. Die Verwüstungen im Inneren durch die Beschiessung sind überraschend gering. Eine Granate ist durch den Pfeilersaal gegangen und hat die Marmorwand hinten durchschlagen. Ein Bild von Skarbina ist dabei zerfetzt worden. Sonst sind nur Fensterscheiben draufgegangen. Dagegen ist in den Privatgemächern des Kaisers und der Kaiserin ziemlich arg geplündert worden, namentlich in den Garderoben. Die Kleiderschränke der Kaiserin sind, bis auf einen, ausgeräumt; die des Kaisers stark gelichtet, besonders von den Spazierstöcken die Krücken abgeschraubt: die Rohrschafte kopflos und zerbrochen fortgeworfen. Ebenso sind überall Photographieen, Puderschachteln, Andenken herumgestreut. Der Schreibtisch der Kaiserin ist erbrochen, der Inhalt verschwunden; man soll ihn in der Stadt verhökern, namentlich Briefe des Kaisers und der alten Königin Victoria. Die Nippes Schränke des Kaisers sind leer, die Glasscheiben zerschlagen. Was den Matrosen an den Plünderungen zu Schulden kommt, scheint nicht festzustellen. Die Privaträume, Möbel, Gebrauchsgegenstände, übriggebliebenen Andenken und Kunstobjekte der Kaiserin und des Kaisers sind aber so spiessbürgerlich nüchtern und geschmacklos, dass man keine grosse Entrüstung gegen die Plünderer aufbringt; nur Staunen, dass die armen, verschreckten, phantasielosen Wesen, die diesen Plunder bevorzugten, im kostbaren Gehäuse des Schlosses zwischen Lakaien und schemenhaften Schranzen nichtig dahinlebend weltgeschichtlich wirken konnten. Aus dieser Umwelt stammt der Weltkrieg, oder was an Schuld den Kaiser für den Weltkrieg trifft: aus dieser kitschigen, kleinlichen, mit lauter falschen Werten sich und Andre betrügenden Scheinwelt seine Urteile, Pläne, Kombinationen und Entschlüsse. Ein kranker Geschmack, eine pathologische Aufregung die allzu gut geölte Staatsmaschine lenkend! Jetzt liegt diese nichtige Seele hier herumgestreut als sinnloser Kram. Ich empfinde kein Mitleid, nur, wenn ich nachdenke, Grauen und ein Gefühl der Mitschuld, dass diese Welt nicht schon längst zerstört war, im Gegenteil in etwas andren Formen überall noch weiterlebt. Erschütternd wirkten im Erdgeschoss in einem Portal, durch das ich oft bei Hoffesten hinaufgegangen bin, die aufgebahrten, gefallenen Matrosen, teils schon in offenen Särgen, teils noch auf Bahren. Einige Angehörige, kleine Leute, standen herum, liessen die Deckel abheben, um die Toten zu rekognoszieren. Ein fader Leichengeruch schwebte in der kalten Luft. Die Nüchternheit des fast geschäftlichen Tuns der Verwandten entsprach der Sinnlosigkeit dieser Todesfälle. Kein Mensch könnte angeben, wofür eigentlich diese jungen Leben geopfert worden sind, oder wofür sie sich selbst geopfert haben. – Im Amte kam Studnicki zu mir, um mich zu fragen, wie die Entscheidung der Regierung über die Bewaffnung der Polen in Litauen ausgefallen sei? Ich teilte ihm die Ablehnung durch die Reichsregierung mit und fügte hinzu, wir müssten jede Verantwortung ablehnen für alle Folgen, die aus der Nichtbewaffnung der Polen entstehen könnten. Denn in den Verträgen, die ich am Tage vor meiner Abreise der polnischen Regierung zur Unterzeichnung vorlegte, sei die Organisierung und Bewaffnung der polnischen Selbstwehr zugestanden gewesen. Statt aber die Verträge zu unterzeichnen, habe die polnische Regierung die Beziehungen abgebrochen und selber damit ihre Landsleute in Litauen geopfert. Wenn diese jetzt von den Bolschewiks zu leiden hätten, so hätte daran Schuld lediglich die polnische Regierung. Studnicki sprang in grosser Erregung auf und lief hinaus; ohne ein Wort zu sagen, wie närrisch. – Abends Abschiedsessen unserer Warschauer Gesandtschaft im Adlon: Rawicki, Meyer, Schoeler, Strahl, Schönberg, Rixius.

29. Dezember 1918. Sonntag. Berlin. *29.12.1918 Sonntag*

Die unabhängigen Volksbeauftragten sind aus der Regierung ausgetreten. Dadurch wird die Unabhängige Partei zu Spartacus abgedrängt und muss die Front gegen Rechts nehmen. Breitscheid meinte allerdings gestern, sie werde, wenn sie aus der Regierung austrete, zwischen Spartacus und Sozialdemokratie zerrieben werden, weil sie keine Massen hinter sich habe. Andrerseits haben die Unabhängigen sachlich recht. Der Befehl zum Schiessen am 24ten ist unverantwortlich leichtsinnig gegeben und ausgeführt worden. Der Kampf zwischen Strasse und Regierung wird durch den Übergang der Unabhängigen aus der Regierung auf die Strasse gefährlich. – Heute werden die gefallenen Matrosen beigesetzt; und gleichzeitig rufen alle Parteien zu Massen Demonstrationen auf. Logisch müsste es zum Strassenkampf kommen, namentlich in der augenblicklichen politischen Situation. – Das Leichenbegängnis der Matrosen war über Erwarten grossartig. Ich sah es vom Lustgarten. Die sieben Särge standen vor dem zerschossenen grossen Schlossportal. So weit man sehen konnte eine ungeheure Menschenmenge: im Lustgarten, an der Schlossfreiheit, am Nationaldenkmal hochgeklettert, auf der Schlossbrücke, zwischen Zeughaus und Kommandantur und Oper auf der Opernrampe und bis zum Denkmal Friedrichs des Grossen. Der ganze gewaltige Raum unregelmässig eingerahmt von strengen, prunkvollen Gebäuden, vielleicht der ernsteste und schönste grosse Platz der Welt, wurde durch diese unabsehbare, gewaltige, überall gleichartig grauschwarze Proletariermenge zu einer Einheit. Irgendjemand hielt von der Terrasse am Schlosse eine Rede. Dann setzte sich der Zug mit Musik in Bewegung. Voran auf sieben von Kutschern des Marstalls gefahrenen kaiserlichen Wagen die sieben ganz gleichen schwarzsilbernen Särge, jeder mit Kränzen aus roten und weissen Blumen. Man sah sie in langer Reihe langsam hoch über den Köpfen der ungeheuren Menschenmenge dahingleiten. Dahinter Kränze und Blumen, alle rot oder rot gemischt mit weiss, von Deputationen getragen, in solcher Fülle, wie ich sie noch nie gesehen habe; namentlich prachtvolle rote Rosen, ein wandernder Garten, ja hängende Gärten, die auf Tragbahren, fast so hoch erhoben wie die Särge, über der grauen Menge weiss und rot üppig leuchteten. Das Ende war nicht abzuwarten. Ich gieng zum Brandenburger Tor. Hier rückte gerade der Demonstrationszug der demokratischen Partei die „Wacht am Rhein“[1] singend und schwarz-rot-goldene Fahnen schwenkend ein. Wie vorauszusehen, traf er an der Ecke der Wilhelmstrasse auf den Trauerzug der Matrosen. Da die Linden gestopft voll von Menschen waren, konnte er nicht ausbiegen; der Führer sagte: „Der Klügere giebt nach“ und bog um; zurück zum Brandenburger Tor. Dadurch riss der Zug ab, Spartacus Leute mischten sich hinein, Alles geriet in Unordung, man schrie: „Hoch Liebknecht“, „Nieder mit Liebknecht“, merkwürdigerweise aber nicht Hoch irgendjemand von der demokratischen Partei. Plötzlich rief ein Unteroffizier, der eine schwarz-rot-goldene Fahne trug, „Mir nach! Die Strasse ist für Jedermann, wir lassen uns das nicht gefallen, dass wir aufgehalten werden; wir brechen durch“ und machte den Ansatz zu einem Sturm die Linden hinunter. Leute

[1] Schneckenburger

fiengen an, sich zu prügeln. Es sah so aus, als ob jetzt der grosse Zusammenprall kommen sollte. Da wurde ein Herr mit Schlapphut, den er schwenkte, aus der Menge emporgehoben und hielt eine Ansprache: Die Demokraten seien die Partei der Ordnung; sie dürften die Ordnung nicht stören. Deshalb sollten sie jetzt wieder umkehren. Das Ganze wurde zu einer spiessbürgerlichen Groteske, bei der an der Spitze des Zuges nur das Eine fehlte, der Nachtwächter. – Während der Demonstrationen kam als Flugblatt die Proklamation der neuen Regierung. Sie verkündet als erste Pflicht einer Regierung: „die Sicherheit innerhalb des Staates zu gewährleisten"; als praktische Aufgaben: „die Wahlen zur Nationalversammlung und den Frieden vorzubereiten und bis dahin die Aufrechterhaltung einer freiheitlichen Ordnung sicherzustellen". Leider beruft sie sich auch auf Foch, der „unzweideutig" geäussert habe: „Mit einer bolschewistischen Regierung verhandeln wir nicht". Dieser Mangel an Würde ist schwer zu verzeihen. Schliesslich leistet sie den „Schwur" ... „jedem unerbittlich entgegenzutreten, der aus der Revolution des Volkes den Terror einer Minderheit machen will." Hoffentlich sind die hinter dieser Proklamation stehenden Gedanken und Entschlüsse sicherer als ihr Stil. – Abends wird bekanntgegeben, dass drei Mehrheitssozialisten, Noske, Loebe-Breslau und Wissel als neue Volksbeauftragte in die Regierung eingetreten sind. Noske soll energisch und klug sein.

30 Dezember 1918. Montag. Berlin. *30.12.1918 Montag*

Diner beim Geh Rat v. Berger. Bekker[1] von der „Deutschen Tageszeitung", Frau Taegert (die Freundin der Kronprinzessin[2]), Westernhagens, Georg Bernhard mit Frau. „Deutschnationaler", reaktionärer Kreis; monarchistisch, aber nicht für Wilhelm II. Frau Taegert trat natürlich für den Kronprinzen ein. Überwiegend war aber der Widerwille gegen die jetzige Regierung und Anarchie. Bekker begehrte leidenschaftlich gegen meine Äusserung auf, dass man die Ebertsche Regierung stützen müsse; im Gegenteil, man müsse Alles tun, um sie zu stürzen. Was dann kommen soll, sagte er nicht. Unfruchtbare Politik. – Die Beziehungslosigkeit des Kaisers und der Kaiserin zu unserer Zeit bestätigte die Taegert nachdrücklich, als ich meinen Eindruck im Schlosse schilderte. Sie sagt, noch während des Krieges hätte „die gute Kaiserin" keine Ahnung gehabt, was ein Sozialdemokrat ist; es habe Mühe gekostet, ihr klarzumachen, dass Sozialdemokraten „nicht kleine Kinder frässen". Merkwürdig war mir Bekkers scharfes Urteil über Ludendorff, wobei er aber die Erzählung vom „Nervenzusammenbruch" als unwahr hinstellte. Ludendorff habe bereits sechs Wochen vor den verhängnisvollen letzten Septembertagen die Reichsregierung ersucht,

---

1 Baecker

2 Cecilie

schnellstens Frieden zu schliessen. Als immer und immer wieder Nichts geschah, sei er schliesslich ungeduldig geworden und habe sich seiner Natur entsprechend vielleicht etwas zu stürmisch an die Telephonstrippe gehängt. Dadurch sei in Berlin der Eindruck seines Nervenzusammenbruchs entstanden, der aber falsch sei. Er habe energisch werden müssen, weil sämtliche Armeeführer berichtet hätten, ihre Armeen könnten nicht mehr weiterkämpfen.

31 Dezember 1918. Dienstag. Berlin. *31.12.1918 Dienstag*

Letzter Tag dieses furchtbaren Jahres. 1918 wird wohl ewig die schrecklichste Jahreszahl der deutschen Geschichte bleiben. – Vormittags im Amt ein Telegramm von Montgelas aus Bern, dass Wassiliewski einem „Secolo" Berichterstatter erklärt hat, ich habe in Polen ein bolschewistisches Komplott angezettelt; die Beweise seien in Händen der polnischen Regierung. Diese lächerliche Lüge dementiert durch W.T.B.[1] Es sollen bereits eine Anzahl Personen verhaftet sein, darunter mein in Warschau auf seinen Wunsch zurückgebliebener Speisewagen Schaffner Rollo oder Roloff. Ich frage mich, welche Fälschungen oder Zettelungen dieser unglaublichen Beschuldigung W's zugrundeliegen! – Beim Frühstück zufällig Hilferding mit dem österreichischen Gesandten Dr Hartmann getroffen. Hartmann fragte Hilferding, wie hoch er die Zahl der Spartacusse in Berlin schätze. Hilferding meinte, fünf bis sechstausend wirkliche Anhänger und 30 bis 40 Tausend Mitläufer bei Demonstrationen. Das Matrosenbegräbnis am Sonntag sei keineswegs blos von Spartacus, sondern hauptsächlich von den Unabhängigen organisiert worden. Es sei eine Unabhängigen Demonstration gewesen. Spartacus hat sich gestern offiziell von den Unabhängigen getrennt und als eigene Partei konstituiert. Innerhalb dieser neuen Partei sind Liebknecht und die Rosa Luxemburg sofort von den noch extremeren Elementen in der Frage der Beteiligung an den Wahlen zur Nat. Versammlung majorisiert worden. Hilferding glaubt nicht, dass Spartacus gefährlich werden könne; er habe Nichts hinter sich, und das Programm, einen neuen Krieg mit Hülfe von Russland gegen die Entente anzufangen, müsse ihn bei den Arbeitern tot machen. – Nachher bei Hermann Keyserlingk, der morgen auf mehrere Monate zu Bismarcks nach Friedrichsruh fährt. Er meinte: in der Auswärtigen Politik könnten wir garnicht links genug sein (unter Ausschluss von Spartacus); nur durch weitgehende Sozialisierung im Gegensatz zu den reaktionär bleibenden Westmächten könnten wir uns wieder an die Spitze der Völker stellen. Wir müssten der Musterstaat des Sozialismus werden: dann bekämen wir mit unseren 70 Millionen notwendig die Führung in Europa. Ich sagte, die Crux sei, wie man weitgehende Sozialisierung ohne Einschränkung der Produktion durchführen könne? Wenn wir dieses Problem lösten, würden wir allerdings

[1] Wolffsches Telegraphenbureau

der Welt vorangehen. Gegen Rantzau hat Keyserlingk, der ihn, wie er sagt, intim gekannt hat, grosse Bedenken, vor Allem Mistrauen, ob er ehrlich eine neue Auswärtige Politik auf dem Boden des Sozalismus und des Völkerbundes machen könne. Noch vor einigen Jahren sei er noch ganz Tory gewesen, habe stundenlang Placements und Ordensfragen studiert. Menschlich will ihm Keyserlingk auch in den Zeiten ihrer Intimität nicht zehn Schritt über den Weg getraut haben. Er sei sehr eitel und phantastisch ehrgeizig; aber ebenso falsch. – Für unsere Politik sieht Keyserlingk in dem Otto Bauerschen Personalprinzip für die Nationalitätenfrage ein wertvolles Hülfsmittel. Er habe darüber an Bernstorff geschrieben.

Zu dieser Ausgabe

Die Veröffentlichung des Tagebuches von Harry Graf Kessler erfolgt in Form einer Hybrid-Edition als neuem Typus einer wissenschaftlichen Quellen-Edition. Neben neun gedruckten Bänden erscheint zu Beginn und zum Abschluß der Edition jeweils eine CD-ROM. Subskribenten der gesamten Ausgabe erhalten mit Band III eine CD-ROM mit der Vorausgabe des transkribierten Textes, der eine vorläufige Arbeitsfassung darstellt und daher nicht zitierfähig ist, aber dem Benutzer eine erste Recherche über den gesamten Text ermöglicht. Mit Erscheinen des letzten Bandes wird die vorläufige CD-ROM I durch eine endgültige Fassung ersetzt. Faksimiles exemplarischer und singulärer Tagebuchseiten sowie der zahlreichen Beilagen (Fotos, Zeitungsartikel usw.), die den spezifischen Charakter von Kesslers Tagebuch sichtbar machen, erscheinen auf der CD-ROM II in größerer Auswahl als in der gedruckten Fassung.

Text

Es handelt sich bei der Edition des Tagebuchs von Harry Graf Kessler nicht um eine historisch-kritische Ausgabe, in der die Textgenese dokumentiert und Überarbeitungsspuren im einzelnen vermerkt würden. Die Handschrift zeichnet sich durchgehend, wenn auch in unterschiedlichem Ausmaß, durch Streichungen, Einfügungen und Korrekturen aus, die größtenteils bereits unmittelbar während der Niederschrift der Tageseinträge vorgenommen wurden. Wiedergegeben wird jeweils der innerhalb dieser ersten Schreibphase als „endgültig" anzusehende Text, d.h. von Kessler gestrichene bzw. durch alternative Formulierungen ersetzte Passagen werden in der Regel nicht wiedergegeben. Davon zu unterscheiden sind offensichtlich nachträglich erfolgte Überarbeitungen (mit anderer Tinte oder Bleistift), die Kessler bei der späteren Lektüre des Tagebuches – oft im Rahmen von aktuellen Publikationen oder Publikationsvorhaben – vorgenommen hat: Streichungen, Ergänzungen, inhaltliche oder stilistische Korrekturen sowie die gedankliche Fortführung von früher Geschriebenem oder Verweisungen auf andere Tageseinträge zum gleichen Thema. Auf diese nachträglichen Überarbeitungen wird in den Fußnoten hingewiesen, soweit sie inhaltlich von Bedeutung sind.

Ohne Eingriffe bleiben:
- Absätze von Kessler sowie Gliederungen (z.B. bei Aufzählungen, Listen). Sie werden wiedergegeben, aber nicht abgebildet.
- Fehler im Datum. Die Richtigstellung erfolgt durch das jedem Tageseintrag hinzugefügte „Normdatum".
- Falsch geschriebene Namen. Die Richtigstellung erfolgt über das Register bzw. gegebenenfalls durch eine Fußnote.
- Orthographische Eigenwilligkeiten und grammatische Fehler Kesslers.
- Von Kessler gelassene Lücken. Sie werden als langer Unterstrich wiedergegeben.

Stillschweigende Eingriffe:
- Ergänzung von Schlußpunkten, fehlenden Klammern sowie An- und Ausführungszeichen. Satzanfänge werden grundsätzlich groß begonnen.
- Mehrfache Unterstreichungen werden in der Druckfassung als einfache Unterstreichungen wiedergegeben.
- Doppelte Bindestriche werden wie heute üblich einfach wiedergegeben.
- Trennstriche werden nicht abgebildet.
- Offensichtliche Flüchtigkeitsfehler (z.B. fühbar statt fühlbar) werden verbessert.
- Zeichen, die Kessler zur Markierung von umzustellendem Text verwendet, werden nicht wiedergegeben. Die durch sie beabsichtigten Umstellungen werden ausgeführt.
- Verschleifungen werden ausgeschrieben.

Kstler → Künstler

Kommentare und Fußnoten

Es handelt sich bei dieser Edition nicht um eine kommentierte Ausgabe. Die Funktion von Stellenkommentaren wird weitgehend durch das erläuternde Register übernommen. Inhaltliche Erläuterungen in Fußnoten werden nur in Ausnahmefällen gegeben, wenn sie für das unmittelbare Leseverständnis unerläßlich sind. Grundsätzlich sind die Fußnoten auf ein Mindestmaß reduziert; sie finden sich als:

- Herausgeberbemerkung zu auffallenden Besonderheiten der Handschrift, zu nachträglichen Überarbeitungen, soweit sie inhaltlich von Belang sind, sowie zu Beilagen (Photos, Zeitungsartikel usw.) etc.

- Übersetzung fremdsprachiger, vor allem griechischer und lateinischer, Passagen und Zitate. Nicht übersetzt werden englische und französische Passagen.
- Auflösung verdeckter oder falsch geschriebener Namen, um diese im Register auffindbar zu machen. Zum Auffinden von Werken im Register werden ggf. Autor und/oder Titel in einer Fußnote angegeben:

der amerikanische Gesandte in Brüssel → Terrell

Pearson → Pierson

Klein Eyolf → Ibsen

Constables Seestück → Storm Clouds over the Sea at Brighton

Von Kessler – teilweise nachträglich – angelegte Verweisungen auf andere Tageseinträge werden grundsätzlich als Fußnoten wiedergegeben.

Register

Das Register dient nicht nur der Auffindbarkeit im Tagebuch erwähnter Personen, Werke, Orte, „Plätze", Körperschaften und Periodika. Besonders in den Erläuterungen zu den Personen werden im Register zusätzlich auch Informationen gegeben, die sich auf erläuterungsbedürftige Sachverhalte in einzelnen Textpassagen beziehen.

Band VI enthält drei Register:

- ein umfassendes Namensregister. Es enthält die in diesem Band erwähnten Personen, Werke und „Plätze" (etwa Bauwerke); es enthält ferner eine Auswahl in diesem Band erwähnter besonders wichtiger Körperschaften (vor allem Museen und Theater) und Periodika. Innerhalb dieses Registers werden Werke unter ihrem Verfasser, „Plätze" und Körperschaften unter ihrem Ort (Stadt) aufgenommen. Personen, Orte, Periodika und anonyme Werke sind alphabetisch in dieses Register einsortiert.
- ein Register der in diesem Band erwähnten Werke und Projekte Kesslers.
- ein Register der in diesem Band angegebenen Schreiborte. Als Schreiborte gelten die jeweils in der Datumszeile der Tageseinträge genannten Orte.

Die CD-ROM II enthält geeignete Recherchewerkzeuge, welche die Indexfunktion ersetzen.

Personen

Personen werden bandübergreifend und vornehmlich im Hinblick auf das Tagebuch sowie ihre Beziehung zu Kessler erläutert, wobei für die Erläuterungstiefe vier Kategorien unterschieden werden: „Bildungsgut", „Komparsen", „Akteure" und „Dramatis personae".

- Bei Personen, die als „Bildungsgut" gelten können (Goethe, Beethoven usw.), werden in der Regel nur die Lebensdaten angegeben, es sei denn, sie hatten für Kesslers Leben eine herausragende Bedeutung (z.B. Max Klinger, Hugo von Hofmannsthal).
- „Komparsen" werden durch ihren Namen sowie möglichst durch Angabe ihrer Lebensdaten, ihrer Nationalität (sofern nicht deutsch und sofern ermittelbar) sowie ihres Berufs bzw. ihrer Funktion identifiziert und erläutert. „Komparsen" sind Personen, die im Tagebuch keine zentrale Rolle spielen.
- „Akteure" werden durch ihren Namen sowie möglichst durch Angabe ihrer Lebensdaten, ihrer Nationalität (sofern nicht deutsch und sofern ermittelbar), ihres Berufs bzw. ihrer Funktion sowie durch stichwortartige Sachinformationen identifiziert und erläutert. „Akteure" sind zentrale Personen im Tagebuch. Sie treiben die „Handlung" aktiv voran oder bestimmen einen längeren Abschnitt des Tagebuches.
- „Dramatis personae" sind in einem Band besonders dominante „Akteure", die deshalb zusätzlich in der Einleitung vorgestellt werden.

Aufgenommen werden alle namentlich genannten Personen, außer mythologischen und biblischen (sofern nicht historisch). In Werken genannte biblische Personen (auch wenn sie historisch nachweisbar sind) und in Werktiteln genannte Personen werden in der Regel nicht berücksichtigt.

Nicht namentlich genannte Personen werden – soweit möglich und sinnvoll – identifiziert und ins Register aufgenommen. Bei Pluralnennungen (Familien) werden in der Regel nur die Ehepartner, nicht aber die Kinder ins Register aufgenommen:

Bei Nostitzens → Helene und Alfred von Nostitz

Adjektivierte Namen werden ins Register aufgenommen.

Die Namen werden unter der für eine deutsche Publikation gebräuchlichen Form (z.B. Ludwig XIV., nicht Louis XIV) angesetzt.

Frauen werden in der Regel unter ihrem letzten, ggf. unter dem bekannteren Namen angesetzt.

Bei Personen mit militärischen oder Verwaltungsberufen wird in der Regel der höchste erreichte Dienstgrad angegeben. Die Angabe des Regiments (z.B.

3. Garde-Ulanen Rgt.) bezieht sich in der Regel auf die Zeit des Auftretens der Person im Tagebuch.

Werke

Werke werden unter ihrem Verfasser, Komponisten, Künstler usw. aufgenommen. Anonyme Werke und Werke, deren Verfasser nicht ermittelt sind, werden unter ihrem Titel in das Register eingeordnet. Briefe sowie Reden, Interviews u.ä. werden aufgenommen, sofern sie gedruckt vorliegen.
Titel von Werken in einer in der Edition vorausgesetzten Sprache (Deutsch, Englisch und Französisch) werden in der Regel in der Originalsprache, sonst nach Gebräuchlichkeit im deutschen Sprachraum aufgenommen.
Bezieht sich Kessler explizit auf eine Übersetzung, wird sie unter dem übersetzten Titel angegeben; bei Bearbeitungen wird analog verfahren. Bei Übersetzungen und Bearbeitungen wird der Übersetzer/Bearbeiter als Zusatzverfasser in das Register aufgenommen.
Bei schriftlichen Werken, die vor dem Berichtszeitraum (1880-1937) entstanden bzw. veröffentlicht worden sind, beschränkt sich die Erläuterung in der Regel auf die Angabe einer Jahreszahl (meist des Jahres der Erstausgabe) zur zeitlichen Einordnung des Werkes. Schriftliche Werke, die innerhalb des Berichtszeitraums entstanden sind, werden ausführlicher erläutert: Angegeben werden in der Regel das Erscheinungsjahr der Erstausgabe, bei Dramen zusätzlich Ort und Datum der Uraufführung, bei Werken, die nicht deutsch-, englisch- oder französischsprachig sind, zusätzlich das Erscheinungsjahr der deutschen Erstausgabe sowie ggf. Ort und Datum der deutschen Erstaufführung.
Jahreszahlen ohne einleitende Wendung bezeichnen bei literarischen Werken und Sachliteratur immer das Jahr der Erstausgabe, bei musikalischen das Jahr der Entstehung.
Bei Opern, die innerhalb des Berichtszeitraums entstanden sind, wird der Librettist angegeben.
Kunstwerke, insbesondere Gemälde und Skulpturen, werden unter dem Künstler bzw. einer Schule oder Werkstatt aufgenommen. Sofern möglich werden Kunstwerke über den Titel, ggf. die Technik (Radierung, Aquarell, Pastell etc.), die Datierung sowie den letzten ermittelbaren Standort identifiziert. Nur in Ausnahmefällen werden darüber hinausgehende Angaben gemacht.
Bei größeren Werkzusammenhängen, z.B. Fresken, Altären, Radierzyklen, wird in der Regel das gesamte Werk ins Register aufgenommen, auch wenn sich Kessler nur auf einzelne Teile davon (z.B. Figuren, Blätter) bezieht. Auch Vorstufen zu Werken wie Modelle, Studien und ähnliches werden, soweit möglich und sinnvoll, unter einem Registerbegriff zusammengefaßt.

Nicht über das Projektstadium hinausgekommene bzw. nachweislich nicht realisierte Kunstwerke erhalten in der Regel keinen Registereintrag.
Benennt Kessler Werke nur unspezifisch metonymisch durch die Angabe ihres Verfassers, wird in der Regel nur der Name des Künstlers ins Register aufgenommen:
Früh in die Kunsthalle, wo die Franckes und Runges.
Sind anonyme Werke Teil einer Kirche oder eines anderen Gebäudes, z.B. Reliefs, Mosaiken, Portale, Fassaden, Taufbrunnen, Metopen, wird in der Regel nur das Gebäude als „Platz" aufgenommen.
Bei Filmen werden Produktionsort (Land) und -jahr angegeben.

Orte

Orte fungieren nicht als eigenständige Registerbegriffe, sondern dienen nur der Auffindbarkeit der unter ihnen aufgenommenen „Plätze" und Körperschaften. Militärisch und politisch wichtige Orte werden in das Register aufgenommen (z.B. Brest-Litowsk; Verdun; Somme). Ortsnamen werden alphabetisch in das Register eingeordnet.

„Plätze"

„Plätze" werden unter dem Ort aufgenommen:
Notre-Dame → Paris
Es werden alle im Tagebuch bedeutungstragenden „Plätze" aufgenommen, auf jeden Fall Kunst- und archäologische Plätze (z.B. Kirchen, Schlösser und Tempel), sowie Wohnungen Kesslers.

Körperschaften

Körperschaften (vor allem Museen und Theater) werden unter dem Ort aufgenommen. Bei Museen erfolgt in der Regel keine weitere Aufteilung nach Abteilungen. Restaurants werden nur aufgenommen, wenn eine Verwechslungsgefahr mit Personennamen besteht.

Periodika

Für den Kontext des Tagebuchs besonders wichtige Periodika werden in das Register aufgenommen und alphabetisch einsortiert.

Register der Schreiborte

Alle Ortsnamen (auch „Auf See“, „Im Zuge“ o.ä.), die im Tagebuch in der Datumszeile genannt sind, werden in das Schreiborteregister aufgenommen. Wird ein Schiffsname in der Datumszeile genannt, wird im Register vereinfachend „Auf See“ als Schreibort aufgenommen. Die Angaben „Auf See“ oder „Im Zug“ werden im Register durch Ausgangs- und Zielort der Reise in Klammern ergänzt:
Auf See (Veracruz – Yucatán)

Register der Werke Kesslers

Im Tagebuch erwähnte Werke, Vorträge und Reden Kesslers werden in einem eigenen Register nachgewiesen.

Abkürzungsliste

Es gelten jeweils die Wortstämme.

AA	Auswärtiges Amt
Abb.	Abbildung
Abg.	Abgeordneter
Abh.	Abhandlung
Abk.	Abkürzung
Abt.	Abteilung
ADGB	Allgemeiner Deutscher Gewerkschaftsbund
ägypt.	ägyptisch
ä.L.	ältere Linie
akad.	akademisch
allg.	allgemein
amerik.	amerikanisch
anschl.	anschließend
ao.	außerordentlich
AOK	Armee-Ober-Kommando
Apr.	April
argentin.	argentinisch
Arr.	Arrondissement
a.u.d.T.	auch unter dem Titel
Auff.	Aufführung
aufgr.	aufgrund
Aufl.	Auflage
Aug.	August
Ausg.	Ausgabe
ausgef.	ausgeführt
ausgest.	ausgestellt
ausgew.	ausgewählt
ausl.	ausländisch
ausschl.	ausschließlich
Ausst.	Ausstellung
austral.	australisch
Ausw. Dienst	Auswärtiger Dienst
autoris.	autorisiert

balt.	baltisch
bayr.	bayrisch
Bd./Bde.	Band/Bände
Bearb.	Bearbeiter
beg.	begonnen
Begr.	Begründer
belg.	belgisch
bes.	besonders/besonderer
Bevollm./bevollm.	Bevollmächtigter/bevollmächtigt
Bibl.	Bibliothek
Bibliogr.	Bibliographie
Bonner Borusse	Mgl. des student. Corps Borussia in Bonn, zu dem Kessler in Kontakt stand
brasil.	brasilianisch
brit.	britisch
Canitzer	burschenschaftsähnliche student. Vereinigung in Leipzig
chin.	chinesisch
Choreogr.	Choreograph/-ie
d.Ä.	der Ältere
dän.	dänisch
Darst.	Darstellung
DDP	Deutsche Demokratische Partei
Dekor.	Dekorateur/Dekoration
Dép.	Départemental
Dez.	Dezember
Dir.	Direktor
Diss.	Dissertation
d.J.	der Jüngere
dt.	deutsch
DVP	Deutsche Volkspartei
Dyn.	Dynastie
EA	Erstausgabe
EAuff.	Erstaufführung
ehem.	ehemals
eingest.	eingestellt
Einj.-Freiw.	Einjährig-Freiwilliger
Einl.	Einleitung
einschl.	einschließlich
einstw.	einstweilig

engl.	englisch
Entst./entst.	Entstehung/entstanden
erb.	erbaut
erbl.	erblich
erg.	ergänzt
Erg.Bd./Erg.Bde.	Ergänzungsband/Ergänzungsbände
eröff.	eröffnet
Ersch./ersch.	Erscheinen/erschienen
Erstdr.	Erstdruck
erw.	erweitert
Erz.	Erzählung
estländ.	estländisch
europ.	europäisch
EV	Erstveröffentlichung
ev.	evangelisch
evtl.	eventuell
Ex.	Exemplar
F.	Folge
Fam.	Familie
Fass.	Fassung
Feb.	Februar
finn.	finnisch
fläm.	flämisch
Forts.	Fortsetzung
Frfr.	Freifrau
Frhr.	Freiherr
frz.	französisch
3. Garde-Ulanen-Rgt.	Rgt. in Potsdam, in dem Kessler Reserveoffizier war
GbR	Gesellschaft bürgerlichen Rechts
geb.	geboren
gedr.	gedruckt
gegr.	gegründet
geh.	gehalten
Geh.	Geheimer
gem.	gemischt
gen.	genannt
georg.	georgisch
Ges.	Gesellschaft
gesch.	geschieden

gest.	gestorben
Ghzgt./ghzgl.	Großherzogtum/großherzoglich
griech.	griechisch
H.	Heft
Hg.	Herausgeber
Hlg./hlg.	Heiliger/heilig
Hzgt./hzgl.	Herzogtum/herzoglich
i.d.R.	in der Regel
Ill.	Illustrator
Impress.	Impressionismus
ind.	indisch
Inh.	Inhaber
innerh.	innerhalb
Instr.	Instrumentierung
intern.	international
Interv.	Interview/Interviewer
ir.	irisch
ital.	italienisch
Jan.	Januar
jap.	japanisch
Jb.	Jahrbuch
Jg.	Jahrgang
Jh.	Jahrhundert
j.L.	jüngere Linie
Jt.	Jahrtausend
kais.	kaiserlich
kanad.	kanadisch
Kap.	Kapitel
Kat.	Katalog
kath.	katholisch
kgl.	königlich
Khr.	Kammerherr
km	Kilometer
komment.	kommentiert
Komp.	Komponist
kroat.	kroatisch
k.u.k.	kaiserlich und königlich
kult.	kulturell
Landw./landw.	Landwirt/landwirtschaftlich
lat.	lateinisch

Leg.-Rat	Legationsrat
Leg.-Sekr.	Legationssekretär
lett.	lettisch
li.	links
Libr.	Libretto/Librettist
Lit.	Literatur
livländ.	livländisch
ltd.	leitend
Ltg.	Leitung
Ltn.	Leutnant
luth.	lutherisch
M.	Mark
MdR	Mitglied des Reichstags
MdWNV	Mitglied der Weimarer Nationalversammlung
mexik.	mexikanisch
Mgl.	Mitglied
mhd.	mittelhochdeutsch
Mitarb.	Mitarbeit/Mitarbeiter
Mitbegr.	Mitbegründer
Mitw.	Mitwirkung
MP	Member of Parliament
Ms.	Manuskript
n. Chr.	nach Christus
Nachw.	Nachwort
neo-impress.	neo-impressionistisch
niederl.	niederländisch
norweg.	norwegisch
Nov.	November
o.	ordentlich
od.	oder
österr.	österreichisch
OHL	Oberste Heeresleitung
Okt.	Oktober
oldenbg.	oldenburgisch
op.	Opus
Orch.	Orchester
Orig.	Original
OT	Originaltitel
pers.	persisch
poln.	polnisch

portug.	portugiesisch
Präs.	Präsident
preuß.	preußisch
priv.	privat
prot.	protestantisch
re.	rechts
ref.	reformiert
Reg.	Regierung
Rep.	Republik
Res.	Reserve
Rgt.	Regiment
röm.	römisch
RT	Reichstag
Ruhest.	Ruhestand
rumän.	rumänisch
russ.	russisch
S.	Seite
s/w	schwarz-weiß
sächs.	sächsisch
schwed.	schwedisch
schweiz.	schweizerisch
Sekr.	Sekretär
Sep.	September
Slg.	Sammlung
sog.	sogenannt
sowjet.	sowjetisch
span.	spanisch
Spr.	Sprache
St.	Sankt
Stellv./stellv.	Stellvertreter/stellvertretend
Str.	Straße
stud.	studieren (studierte etc.)
syst.	systematisch
teilw.	teilweise
türk.	türkisch
u.	und
u.a.	und andere/unter anderem
UA	Uraufführung
u.d.T.	unter dem Titel
Überarb./überarb.	Überarbeiter/überarbeitet

Übers.	Übersetzer
UFA	Universum-Film AG
ukrain.	ukrainisch
ungar.	ungarisch
Univ.	Universität
u.ö.	und öfter
urspr.	ursprünglich
v.	von
v.a.	vor allem
v. Chr.	vor Christus
VB	Völkerbund
verb.	verbessert
verh.	verheiratet
Verl.	Verlag
Veröff./veröff.	Veröffentlichung/veröffentlicht
Vers.	Versetzung
versch.	verschieden
Verstg.	Versteigerung
verw.	verwitwet
Verz.	Verzeichnis
Vf.	Verfasser
viell.	vielleicht
vollst.	vollständig
Vors.	Vorsitzender
Vortr. Rat	Vortragender Rat
Vorw.	Vorwort
wg.	wegen
Wiss./wiss.	Wissenschaftler/wissenschaftlich
WK	Weltkrieg
württ.	württembergisch
zahlr.	zahlreich
Zeitschr.	Zeitschrift
zeitw.	zeitweise
z.T.	zum Teil
zugeschr.	zugeschrieben
zugl.	zugleich
zus.	zusammen
Zus.arbeit	Zusammenarbeit
zust.	zuständig
zw.	zwischen

Register

Namensregister

seit 1916 verh. m. Constantin Frhr. v. Berchem
4.11.1916

Berchem, Constantin Freiherr von, 1889-1948, Rittmeister
3. Garde-Ulanen-Rgt.
4.11.1916

Berchem, Johannes Hippolyt Maria Graf von, 1881-1962, Offizier, Politiker u. Diplomat
gen. Hans; 1915 der Gesandtschaft in Bern zugeteilt; 1918/19 Geschäftsträger in Kiew; Mgl. der Dt. Ges. 1914
10.9.1916; 14.9.1916; 1.2.1917; 9.12.1917; 15.3.1918

Berchtold, Leopold Graf, 1863-1942, österr. Politiker
Feb. 1912 - Jan. 1915 österr.-ungar. Außenminister; verantwortete in der Julikrise 1914 das Vorgehen Österreichs bis hin zur diplomat. unzulänglich vorbereiteten Kriegserklärung an Serbien; 1916 Obersthofmeister u. 1917 Oberstkämmerer v. Kaiser Karl I.
7.10.1916; 25.3.1918; 13.5.1918

Berckheim, Philipp Graf von, 1883-1945, Diplomat
seit Feb. 1917 dem Vertreter des AA im Großen Hauptquartier aushilfsweise u. kommissarisch zugeteilt
7.11.1916

Berg, Friedrich Wilhelm Bernhard Graf von, 1866-1939
1916 - Jan. 1918 Oberpräs. v. Ostpreußen; seit 16.1.1918 Chef des Kaiserl. Geh. Zivilkabinetts; nach einer Rücktrittsforderung des neuen Reichskanzlers Prinz Max v. Baden am 7.10.1918 v. Kaiser Wilhelm II. entlassen
16.1.1918; 23.1.1918; 29.1.1918; 28.9.1918; 1.10.1918

Berge, Ernst, 1868-1952, Kommerzienrat
1918-24 Generaldirektor der Daimler-Motoren-Ges.; Anfang 1918 in den sog. Daimler-Skandal verwikkelt, in dem der Vorstand der Daimler-Motoren-Ges. beschuldigt wurde, dem preuß. Kriegsministerium gefälschte Preiskalkulationen vorgelegt u. von der Heeresverwaltung überhöhte Preise für Flugmotoren verlangt zu haben; Berge hatte in einem Brief an das Kriegsministerium vom 12.2.1918 daraufhin die Einstellung der Nachtschicht u. der Überstunden angekündigt, was einer Streikdrohung gleichkam
13.3.1918

Bergen, Carl-Ludwig *Diego* von, 1872-1944, Diplomat
gemeinsam mit Kessler Gerichtsreferendar in Spandau; 1899 2. Sekr. der Gesandtschaft in Peking, 1901 der Gesandtschaft in Brüssel, 1905 der Botschaft in Madrid; 1906-09 Leg.-Sekr. bei der preuß. Gesandtschaft im Vatikan; 1911-19 Wirkl. Leg.-Rat u. Vortr. Rat im AA; seit 1919 preuß. Gesandter u. 1920-43 Botschafter des Dt. Reiches im Vatikan; Mgl. der Dt. Ges. 1914
30.9.1916; 1.10.1917; 14.11.1917; 24.1.1918; 9.2.1918; 14.2.1918; 20.7.1918; 28.9.1918; 1.11.1918; 20.12.1918

leitete 1648 den ukrain. Kosakenaufstand gegen die poln. Herrschaft
20.2.1918

Chopin, Frédéric, 1810-1849
11.6.1918

Churchill, Winston Sir, 1874-1965
17.6.1918

Clam-Martinic, Heinrich Graf von, 1863-1932, österr. Politiker
Dez. 1916 - Juni 1917 Ministerpräs.
26.1.1917

Claparède, Edouard, 1873-1940, schweiz. Psychologe
25.10.1917

Claude
→ Lorrain, Claude

Clemenceau, Georges, 1841-1929
1871 als Abg. der Radikalsozialisten in die frz. Nationalversammlung gewählt; 1906-09 Ministerpräs.; gründete 1913 die Tageszeitung *L'Homme Libre*, die er während des 1. WK aus Protest gegen Eingriffe der Zensur in *L'Homme Enchaîné* umbenannte; wurde am 16.11.1917 als populärer Kritiker der bisherigen militär. Führung u. Gegner des sozialist. Pazifismus v. seinem Intimfeind Staatspräs. Poincaré zum Ministerpräs. berufen; Präs. der im Jan. 1919 begonnenen Friedenskonferenz in Versailles; am 19.2.1919 wurde v. dem Anarchisten Emile Cottin ein Attentat auf ihn verübt; trat im Jan. 1920 nach einer gescheiterten Kandidatur um das Amt des Staatspräs. als Ministerpräs. zurück; reiste nach Indien (1920) u. in die USA (1922); Autor zahlr. historisch-polit. Bücher; Mgl. der Académie Française; enger Freund v. Claude Monet; erteilte 1905 Maillol den Auftrag für die Statue *Action enchaînée*, die 1908 als Blanqui-Denkmal aufgestellt wurde
23.11.1916; 6.12.1916; 9.1.1917; 3.10.1917; 23.10.1917; 30.10.1917; 8.11.1917; 16.11.1917; 21.11.1917; 28.11.1917; 2.12.1917; 17.12.1917; 21.12.1917; 31.12.1917; 4.1.1918; 10.3.1918; 20.3.1918; 25.3.1918; 26.3.1918; 3.4.1918; 5.4.1918; 9.4.1918; 11.4.1918-15.4.1918; 21.4.1918; 28.4.1918; 30.4.1918; 13.5.1918; 30.5.1918; 6.6.1918-8.6.1918; 10.6.1918-12.6.1918; 14.6.1918; 23.6.1918; 27.6.1918; 20.7.1918; 15.10.1918; 18.10.1918; 20.10.1918; 22.10.1918; 23.10.1918; 10.11.1918
En avant, Cadorna!, in: L'Homme Enchaîné (Paris). Jg. 4, Nr. 1109, 30.10.1917, S. 1
30.10.1917; 8.11.1917; 16.11.1917
Un grand discours, in: L'Homme Enchaîné (Paris). Jg. 4, Nr. 1124, 14.11.1917, S. 1
21.11.1917
Rede geh. bei der 70. Sitzung der Kammer vom 4. Juni 1918, in: Journal officiel de la République Française. Débats parlementaires. Compte rendu in extenso des séances du Sénat et de la Chambre des députés. Questions écrites et réponses des ministres à ces questions. Chambre des Députés. Mai-Août 1918, S. 1611-1616; u.a. heißt es: „Il est venu redoutable et dangereux, pour l'armée française."
6.6.1918

8.5.1918, S. 5
13.5.1918
Entscheidende Ergebnisse in Brest-Litowsk, in: B.Z. am Mittag (Berlin). Jg. 41, Nr. 304, 29.12.1917, S. 1 f.
29.12.1917
Enver Pascha, 1881-1922, türk. General u. Politiker
1914-18 Kriegsminister; arbeitete während des 1. WK eng mit dem Dt. Reich zusammen u. übertrug dt. Offizieren wichtige Stabsstellen u. Truppenkommandos; Anfang Nov. 1918 Flucht aus der Türkei; versuchte zus. m. den Bolschewiki, eine gegen die türk. Nachkriegsreg. gerichtete revolutionäre Bewegung in der islamischen Welt zu gründen
25.9.1917
Erasmus von Rotterdam, um 1466-1536
11.4.1918
Erdödy von Monyorókerék und Monoszló, Thomas Graf, 1886-1931, ungar. Rittmeister
Jugendfreund Kaiser Karls I.
10.6.1918
Ernst August, Herzog zu Braunschweig und Lüneburg, 1887-1953
seit 1913 verh. m. Viktoria Luise (1892-1980), der Tochter Kaiser Wilhelms II.
29.10.1918
Ernst Günther, Herzog von Schleswig-Holstein-Sonderburg-Augustenburg, 1863-1921, General u. Fideikommißherr
Bruder der Kaiserin Auguste Viktoria; 1882-87 3. Garde-Ulanen-Rgt.; galt als einer der Tatverdächtigen in der Affäre um die 'Kotze-Briefe', die 1891 erstmals nach einer v. ihm ausgerichteten Schlittenpartie auftauchten; gehörte zu den Hauptanklägern im Verfahren gegen Kotze u. mußte nach dessen Freispruch auf Veranlassung des Kaisers schriftlich Abbitte tun; er widmete sich v.a. der Verwaltung u. wirtschaftl. Modernisierung der Herrschaft Primkenau (Niederschlesien), u.a. durch den Ausbau eines Hüttenwerks
31.12.1917; 16.1.1918; 29.1.1918; 6.2.1918
Ernst Ludwig, Großherzog von Hessen und bei Rhein, 1868-1937
Sohn v. Alice, Großherzogin u. Ludwig IV., Großherzog v. Hessen u. bei Rhein; Cousin v. Kaiser Wilhelm II.; Schwager des russ. Großfürsten Sergius u. v. Zar Nikolaus II. v. Rußland; Kunst-, Musik-, Literaturliebhaber u. Mäzen; gründete 1899 die Darmstädter Künstlerkolonie Mathildenhöhe; bemühte sich während des 1. WK unter Einsatz seiner verwandtschaftl. Beziehungen um ein Friedensabkommen mit Rußland
29.9.1916; 2.10.1916; 2.11.1916; 19.11.1916; 5.2.1918; 15.6.1918; 17.6.1918; 3.8.1918; 6.8.1918; 27.8.1918; 10.11.1918
Erzberger, Matthias, 1875-1921
arbeitete, aus schwäb.-kleinbürgerlichen Verhältnissen stammend, zunächst als Volksschullehrer, dann als polit. Redakteur u. Publizist in Stuttgart; seit 1903 MdR (Zentrum); gehörte bei Kriegsbeginn zu den Verfechtern eines Annexionsfrie-

13.11.1916; 27.10.1917; 12.12.1917

Goßler, Alfred von, 1867-1946, Rittergutsbesitzer u. Politiker
seit Aug. 1918 Verwaltungschef der balt. Provinzen; 1915-18 MdR (konservativ); Mgl. der Dt. Ges. 1914
25.9.1918; 26.9.1918

Gottlieb, Dr.
12.12.1918

Graber, Ernest-Paul, 1875-1956, schweiz. Journalist u. Politiker
Redakteur der sozialdemokrat. Zeitung *La Sentinelle*; seit 1912 Nationalrat (Parti socialiste suisse)
5.3.1918; 6.3.1918; 9.3.1918

Grabski, Stanisław, 1871-1949, poln. Politiker
Mgl. des Pariser Nationalkomitees u. Vertrauter Dmowskis; kam Anfang Dez. 1918 nach Polen, um einen Ausgleich mit Piłsudski in die Wege zu leiten; forderte den Bruch mit Deutschland
5.12.1918; 9.12.1918; 12.12.1918

Graef, Botho, 1857-1917, Archäologe u. Kunsthistoriker
Bruder v. Sabine Lepsius; seit 1904 ao. Prof. in Jena; Vorstandsmgl. der Ges. der Kunstfreunde v. Jena u. Weimar
28.9.1918

Graevenitz, Karl Friedrich Gustav von, 1859-1925, General-Leutnant
im 1. WK Kommandant der Festung Lille; ordnete in einer am 22.4.1916 veröff. Proklamation die Ausweisung der erwachsenen Bevölkerung v. Lille u. ihre Heranziehung zu Zwangsarbeit auf dem Land an
28.9.1916

Graff, Anton, 1736-1813, Maler
20.9.1918

Granet, Edward John, 1858-1918, brit. Militär u. Diplomat
Juli - Okt. 1918 Militärattaché an der brit. Gesandtschaft in Bern
14.9.1918; 15.9.1918; 23.9.1918

Grant-Duff, Evelyn Mountstuart Sir, 1863-1926, brit. Diplomat
1913-16 Gesandter in Bern
13.9.1916; 14.9.1916

Grau, Alexander, 1878-1938, Offizier u. Vorstandsvorsitzender
im 1. WK in der Presseabt. des Kriegsministeriums an der Gründung der UFA im Dez. 1917 beteiligt; später deren Vorstandsvors.; Mgl. der Dt. Ges. 1914
15.1.1918; 4.7.1918

Grautoff, Otto, 1876-1937, Kunsthistoriker
1914-19 im AA tätig; Mgl. der Dt. Ges. 1914
18.9.1916

Greffulhe, Elisabeth Comtesse, geb. de Riquet, Comtesse de Caraman-Chimay, 1860-1952, frz. Salonnière
Schwester v. Joseph, Prince de Chimay, u. Ghislaine, Comtesse de Chimay; Cousine u. Freundin v. Robert de Montesquiou; seit 1878 verh. m. Henry Comte Greffulhe; galt als schönste Frau der Pariser Ges. ihrer Zeit; in ihrem Salon im Stadtpalais ihres Mannes 8, rue d'Astorg (8. Arr.) empfing sie Künstler, Wissenschaftler u. Politiker; lebte auch auf dem Landsitz des Mannes, dem Schloß v. Bois-Boudran bei Fontainebleau; 1890 Gründerin u.

stammte einem ir. Adelsgeschlecht; wurde in Bombay als Tochter eines anglo-ind. Marineoffiziers geb. u. wuchs in Frankreich auf; das häufig fälschlich als Geburtsdatum angegebene Jahr 1852 wurde vermutl. von ihr selbst in die Welt gesetzt; 10.8.1867 Heirat mit Adolf Wilhelm Kessler in Paris; Sommeraufenthalte in Bad Ems u. Bad Gastein führten zu engen Kontakten mit der Hofges., 1870 kam es in Bad Ems zur ersten Begegnung mit Wilhelm I.; die Verbindung gab den Zeitgenossen Stoff zu Gerüchten bis hin zur Spekulation, Harry sei ein uneheliches Kind des Königs; führte in Paris um die 1880er Jahre einen Salon, in dem sie jeden Montagnachmittag Empfänge gab sowie Bälle u. musikal. Soiréen veranstaltete, die zu den Höhepunkten des gesellschaftl. Lebens zählten; dort verkehrte der Pariser 'haut monde', Diplomaten, Adlige, Journalisten u. Künstler; die Zeitungen berichteten kontinuierlich über Toilette, Gesundheitszustand u. Porträts der für ihre Schönheit berühmten Salonnière; sie wirkte ferner als Sopranistin, Pianistin u. Schauspielerin, veröff. unter Pseudonym Dramen u. Romane, ließ im Garten ihres Hauses ein Theater errichten u. führte bis nach der Jahrhundertwende ein Liebhabertheater, in dem sie meist als Hauptdarstellerin zus. m. adligen Freunden in Pantomimen u. Dramen frz. Autoren u. moderner ausländ. Schriftsteller wie Ibsen auftrat; erkrankte 1904 u. war die letzten Jahre ihres Lebens, gelähmt u. erblindet, an den Rollstuhl gebunden; lebte in Paris u. auf dem v. ihr gepachteten Landsitz Sainte-Honorine bei Caen in der Normandie; während des 1. WK nahm sie wieder die brit. Staatsbürgerschaft an u. lebte in England; starb am 19.9.1919 in der Normandie; Teile ihrer 1908-09 verfaßten fragmentar. Lebenserinnerungen fügte Kessler in das erste Kap. ('Mémé') v. *Gesichter und Zeiten* ein; das Verhältnis war jedoch nicht immer so harmonisch wie in der Autobiographie dargestellt; Kessler beklagt sich in der Korrespondenz mit seiner Schwester zeitw. darüber, die Mutter respektiere trotz ihrer finanziellen Großzügigkeit nicht seine Laufbahn u. zeige sich desinteressiert etwa gegenüber seinen publizist. Erfolgen
12.12.1917; 24.3.1918; 16.7.1918; 17.7.1918

Kessler, Johannes, 1502/03-1574, schweiz. Reformator u. Chronist der Familienüberlieferung zufolge Vorfahr der Fam. Kessler
8.9.1916

Kessler, Wilma
→ Brion, Wilhelma Karoline Louise Alice Marquise de

Kesten, Hermann
→ Schickele, René: Tagebücher

Kestenberg, Leo, 1882-1962, Pianist u. Musikpädagoge
engagierte sich seit 1906 für die Bildungsarbeit der SPD; 1916-19 Verlagsdir. bei Paul Cassirer; Anfang

Nietzsche-Denkmal; im Mai 1920 stiftete er 20.000 M. für einen zweijährl. zu verleihenden Nietzsche-Preis, der 1921 (für Arbeiten zum Thema 'Einzelmensch u. Gemeinschaft') auf versch. Teilnehmer aufgeteilt u. später aufgr. der Inflation eingest. wurde; in der *Neuen Rundschau*, Jg. 46 (1935) ersch. als Vorabdruck aus *Gesichter und Zeiten* der Beitrag *Erlebnis mit Nietzsche*, in dem Kessler seine Nietzsche-Lektüre als entscheidendes Bildungserlebnis beschreibt
25.12.1917; 5.2.1918; 21.3.1918; 7.4.1918; 19.4.1918; 27.4.1918; 18.6.1918; 18.8.1918; 5.9.1918; 18.9.1918; 31.10.1918
Also sprach Zarathustra. Ein Buch für Alle und Keinen, 4 Teile; 1883-85
5.9.1918
Der Fall Wagner. Ein Musikanten-Problem, 1888
18.8.1918
Menschliches, Allzumenschliches. Ein Buch für freie Geister, 1878
20.4.1918
Nijinsky, Waslaw, 1888/89/90-1950, russ. Tänzer u. Choreograph
Sohn eines Tänzerehepaares poln. Herkunft; 1898-1907 Besuch der Kaiserl. Ballettschule in St. Petersburg, seit 1907 Mgl. des Balletts des Mariinsky Theaters in St. Petersburg; seit 1909 triumphale Publikumserfolge bei Gastspielen in Paris u. anderen europ. Metropolen als Tänzer der Ballets Russes v. Diaghilew, mit dem er eine homosexuelle Beziehung hatte; 1911 Trennung v. Kaiserl. Ballett in St. Petersburg, nachdem er wg. eines für indezent gehaltenen Kostüms kritisiert worden war; daraufhin Umwandlung der Ballets Russes in ein eigenständiges permanentes Ensemble unter der Ltg. v. Diaghilew mit Nijinsky als 'premier danseur'; übernahm 1912-13 anstelle v. Fokine die Choreographie mehrerer Ballette, in denen er radikal mit der Tradition des klass.-akadem. Bühnentanzes brach; seine im *Figaro* als „schamlos" kritisierte Inszenierung v. Debussys *L'Après-midi d'un Faune* (1912) sowie die Auff. v. Strawinskys *Sacre du Printemps* (1913) lösten Skandale aus; heiratete am 10.9.1913 auf einer Südamerika-Tournee die Tänzerin Romola de Pulszky u. wurde daraufhin v. Diaghilew entlassen; die v. ihm geplante Choreogr. v. Kesslers *Josephslegende* übernahm Fokine, sein Nachfolger als Tänzer wurde Massine; der Versuch, 1914 in London eine eigene Ballettcompagnie zu gründen, scheiterte; in Budapest bei Ausbruch des 1. WK als Russe interniert; 1916-17 Tourneen mit den Ballets Russes in Amerika u. Spanien; seitdem psych. Erkrankung, die in mehreren Sanatorien u. Kliniken erfolglos behandelt wurde; eine Bronze v. Rodin (1912; Paris, Musée Rodin) geht vermutl. auf seine Rolle des Fauns in *L'Après-midi d'un Faune* zurück, nicht auf sein Modellstehen am 2.6.1912
17.8.1918

einer v. ihm persönl. aufgestellten Freiwilligen-Truppe, den sog. Noskegarden, zum gewaltsamen Vorgehen gegen den Spartakus-Aufstand im Jan. 1919 u. bald darauf gegen die Berliner Märzkämpfe; im Feb. 1919 zum ersten Reichswehrminister der Rep. berufen; das militär. Einschreiten gegen die Bremer Räterep. im Feb. 1919 rechtfertigte er mit der Sicherung der Lebensmittelversorgung des Reiches, die über den Bremer Seehafen lief; löste, einer Anweisung der Interalliierten Militärkommission folgend, die Marinebrigaden Ehrhardt u. Loewenfeld auf; mußte am 22.3.1920 auf Druck seiner Partei u. der Gewerkschaften zurücktreten, weil er den maßgebl. v. Angehörigen der Reichswehr getragenen Kapp-Lüttwitz-Putsch nicht verhindert hatte; amtierte anschl. als Oberpräs. der Provinz Hannover u. wurde nach der 'Machtergreifung' entlassen
29.12.1918

Nostitz-Drzewiecki, Hans von, 1863-1958, Kammerherr, Wirkl. Geh. Rat, Gesandter u. Oberverwaltungsgerichtspräsident
während des 1. WK sächs. Gesandter in Berlin; Mgl. der Dt. Ges. 1914
18.9.1916

Nostitz-Wallwitz, Alfred von, 1870-1953, Diplomat, Politiker u. Jurist
auch Nutsch gen.; Sohn v. Anna u. Oswald v. Nostitz-Wallwitz; enger Freund Kesslers; 1890-91 Einj.-Freiw. im Kgl. Sächs. Gardereiter-Rgt. (Dresden); 1891-95 Canitzer; im sächs. Verwaltungs- u. diplomat. Dienst tätig, u.a. als Specialkommissar für die Weltausst. in Saint Louis 1904 zuständig; 1906 Leg.-Rat, 1908-10 als Vortr. Rat im Staatsministerium in Sachsen-Weimar; wurde 1910 zum Amtshauptmann in Auerbach (Vogtland), 1913 zum Amtshauptmann in Leipzig, 1916 zum Gesandten in Wien u. im Herbst 1918 zum Kgl. Sächs. Staatsminister u. Minister des Kultus u. öffentl. Unterrichts ernannt; 1922-25 Leiter der Zweigstelle Wilhelmshagen der Sozialen Arbeitsgemeinschaft (SAG); ließ 1899 seine Wohnung v. van de Velde ausstatten; Mgl. der Genossenschaft *PAN*; Mgl. der Dt. Ges. 1914
4.10.1916; 6.10.1916-8.10.1916; 3.11.1917; 4.1.1918; 21.1.1918

Nostitz-Wallwitz, Helene von, geb. von Beneckendorff und Hindenburg, 1878-1944
Tochter v. Sophie u. Conrad v. Hindenburg; seit dem 26.10.1904 verh. m. Alfred v. Nostitz-Wallwitz; enge Freundin Kesslers; verbrachte ihre Kindheit in Berlin, London u. Paris; kunst- u. literaturbegeistert unterhielt sie zahlr., z.T. sehr enge Kontakte zu Künstlern u. Schriftstellern; seit 1900 mit Rodin bekannt, der sie u. ihre Mutter mehrmals in Italien besuchte u. dem sie u.a. für eine Büste Modell saß; lernte 1905 Hofmannsthal kennen, mit dem sie zeit seines Lebens in regem Austausch stand; führte 1908-10 einen kleinen Salon in Weimar u. versuchte

→ August Wilhelm, Prinz von Preußen
→ Auguste Viktoria, Deutsche Kaiserin und Königin von Preußen
→ Cecilie, Kronprinzessin des Deutschen Reiches und von Preußen
→ Eitel-Friedrich, Prinz von Preußen
→ Friedrich II., der Große, König von Preußen
→ Friedrich III., Deutscher Kaiser und König von Preußen
→ Friedrich Wilhelm, Prinz von Preußen
→ Friedrich Wilhelm III., König von Preußen
→ Friedrich Wilhelm IV., König von Preußen
→ Heinrich, Prinz von Preußen
→ Joachim, Prinz von Preußen
→ Oskar, Prinz von Preußen
→ Waldemar, Prinz von Preußen
→ Wilhelm, Kronprinz des Deutschen Reiches und Kronprinz von Preußen
→ Wilhelm, Prinz von Preußen
→ Wilhelm I., Deutscher Kaiser und König von Preußen
→ Wilhelm II., Deutscher Kaiser und König von Preußen

Prittwitz und Gaffron, Erich von, 1888-1969
Bruder v. Friedrich-Wilhelm v. Prittwitz u. Gaffron; Bonner Borusse; 1915-17 bei der dt. Zivilverwaltung in Belgien; 1917-19 an der dt. Gesandtschaft in Bern; seit 1925 Mgl. im Verwaltungs-Rat der Europ. Zentrale der Carnegie-Stiftung in Paris; die Erwähnungen sind teilw. nicht eindeutig Erich od. Friedrich-Wilhelm zuzuordnen
29.10.1917; 28.11.1917; 19.12.1917; 18.3.1918; 20.3.1918; 21.3.1918; 7.4.1918-11.4.1918; 29.4.1918; 7.5.1918; 9.5.1918; 22.5.1918; 26.5.1918; 5.10.1918; 9.10.1918; 12.10.1918

Prittwitz und Gaffron, Friedrich-Wilhelm von, 1884-1955, Diplomat u. Politiker
auch Fredi gen.; Sohn v. Sarah u. Arwed (1843-1891) v. Prittwitz u. Gaffron; Bruder von Erich v. Prittwitz u. Gaffron; Bonner Borusse; trat 1908 in den Ausw. Dienst ein; war bis 1910 Attaché in Washington, bis 1914 Leg.-Sekr. in St. Petersburg; nahm als Leutnant der Res. nach Kriegsbeginn 1914 für kurze Zeit an den Kämpfen an der Ostfront teil, v. der er Anfang Nov. 1914 leicht verwundet nach Berlin zurückkehrte; arbeitete zunächst im Büro des AA im Großen Hauptquartier, dann als persönl. Adjutant des Staatssekr. des Äußeren; 1917/18 Adjutant des Reichskanzlers als Vertreter des AA; baute seit Nov. 1918 zus. m. Kurt Riezler das Deutschland-Referat des AA auf, das sich um die Auswirkungen v. Verfassungsfragen u. innerdt. Problemen auf die Außenpolitik der neuen Rep. kümmern u. auf die einheitl. Führung der ausw. Politik hinwirken sollte; 1918 Mitbegr. der Zeitschrift *Die Deutsche Nation*; seit 1920 Konsul in Triest; wurde 1921 Botschaftsrat in Rom; 1927-33 Botschafter in

Stark-Schick, Lothar, geb. 1876, Kinobesitzer
aus Charlottenburg; 1917-20 in Zürich gemeldet
27.10.1917; 5.3.1918; 6.3.1918; 9.3.1918; 23.8.1918

Starzewski, Hauptmann
12.12.1918

Steer, Philip Wilson, 1860-1942, engl. Maler
22.8.1918

Stegemann, Hermann, 1870-1945, dt.-schweiz. Schriftsteller u. Journalist
1912-14 Redakteur des *Bund* in Bern; 1914-18 militär. Leitartikler dieser Zeitung
8.12.1917
Zur Kriegslage, in: Der Bund (Bern). Jg. 68, Nr. 577, 9.12.1917, S. 1
8.12.1917

Stein, Hermann von, 1854-1927, General
bis Sep. 1914 Generalquartiermeister; Okt. 1916 bis Okt. 1918 preuß. Kriegsminister
17.10.1917; 28.12.1917; 1.6.1918; 26.9.1918
Rede geh. bei der 122. Sitzung des Reichstags am 6. Oktober 1917, in: Stenographische Berichte über die Verhandlungen des Reichstags. XIII. Legislaturperiode. II. Session, 1917. Bd. 310: Von der 102. Sitzung am 7. Mai 1917 bis zur 125. Sitzung am 10. Oktober 1917, S. 3723-3725; Antwort Steins auf eine Interpellation der SPD über die alldeutsche Agitation im Heer u. die einseitige Handhabung des Versammlungsrechts; das Protokoll der sehr lebhaft verlaufenden Sitzung verzeichnet während der Rede zahlreiche Unterbrechungen, Zwischenrufe u. „große Unruhe" von Seiten der sozialdemokrat. Reichstagsfraktion
17.10.1917

Stein, Karl, geb. 1884, Jurist
seit 1915 in der Handelsabt. der dt. Gesandtschaft in Bern
7.12.1917; 12.4.1918; 11.10.1918

Stein, Leo
→ Kálmán, Emmerich: Die Csárdásfürstin

Stein, Ludwig, 1859-1930, Philosoph, Soziologe u. Politiker
in Benye bei Tokaj (Ungarn) geb.; siedelte mit seinen Eltern nach Berlin über, wo sein Vater eine Weinhandlung einrichtete; stud. 1877-80 an der Univ. Berlin Theologie u. Philosophie mit dem Ziel, Rabbiner zu werden, gab dann jedoch die theolog. Studien auf u. wurde 1880 in Jena zum Dr. phil. promoviert; 1881-83 Prediger in Berlin; habilitierte sich 1886 als Privatdozent in Zürich, wurde 1889 Prof. am dortigen Polytechnikum u. 1891 o. Prof. der Philosophie an der Univ. Bern; seit 1910 in Berlin, wo er publizist. für das *Tageblatt*, den *Tag* und die *Vossische Zeitung* tätig war; 1911-24 Dozent an der Humboldt-Akademie; erwarb 1912 die Zeitschrift *Nord und Süd* u. gestaltete sie zu einer bedeutenden Monatsschrift; 1914 ständiger Mitarbeiter der *Vossischen Zeitung*; verfügte über zahlr. intern. Beziehungen; begr. im Nov. 1915 zus. m. Ernst Bassermann die

Tschirschky und Boegendorff, Heinrich Leonhard von, 1858-1916, Diplomat
1906/07 Staatssekr. des AA; 1907-16 Botschafter in Wien
5.10.1916; 24.11.1916; 20.4.1918

Tschitscherin, Georgij Wassiljewitsch, 1872-1936, sowjet. Politiker
schloß sich 1904 den russ. Sozialdemokraten an u. lebte ab 1905 im Ausland (1905-07 Berlin, 1907-14 Paris, 1914-17 London); wurde nach der russ. Revolution in London verhaftet u. ausgewiesen; im März 1918 Nachfolger Trotzkis als Volkskommissar des Äußeren; 1922 maßgebl. am Zustandekommen des Rapallo-Vertrages beteiligt; trat 1930 aus Gesundheitsgründen zurück
S. 46; 14.7.1918; 16.7.1918; 18.7.1918; 23.7.1918; 12.8.1918; 17.8.1918

Tschudi, Hugo von, 1851-1911, schweiz. Jurist u. Kunsthistoriker
Beiträger des *PAN*; 1896-1909 Dir. der Berliner Nationalgalerie; hatte wg. seines Einsatzes für die moderne, v.a. frz. Kunst zahlr. Gegner im Kreise der akad. Künstlerschaft; seine Erwerbungen stießen auch bei Wilhelm II. auf Widerstand; 1908 Zuspitzung dieses Konflikts wg. des geplanten Ankaufs v. mehreren Gemälden frz. Künstler (z.T. aus der Slg. van Eeghen), die dem Kaiser am 3.2. präsentiert worden waren; Apr. 1908 - Apr. 1909 vom Dienst suspendiert bzw. aus gesundheitl. Gründen beurlaubt (sog. Tschudi-Affäre); nahm im Juli 1909 die Berufung zum Dir. der Bayr. Staatsgemäldesammlungen in München an; litt an der Hautkrankheit Lupus erythematodes; hielt sich 1911 in einem Sanatorium in Bad Cannstatt auf; 1911 Mgl. des Komitees für die Planung des Nietzsche-Denkmals in Weimar
9.5.1918; 27.9.1918; 28.9.1918

Tsereteli, Irakli Georgiewitsch, 1881-1960, georg. Politiker
12.7.1918; 22.7.1918

Tussûn, Herr
26.9.1916

Überscheer, Geh. Rat
20.12.1918

Ullstein, Familie
nach dem Tod des Vaters Leopold (1826-1899) übernahmen die Brüder Hans (1858-1935), Louis (1863-1933), Franz Edgar (1868-1945), Rudolf (1874-1964) u. Hermann (1875-1943) den Presse- u. Buchverlag Ullstein
30.1.1918; 11.11.1918

Um den Frieden. Französische Stimmen zur deutschen Antwort, ersch. in: Kölnische Zeitung. Nr. 988, Erste Morgen-Ausgabe, 23.10.1918, S. 2
23.10.1918

Unruh, Curt von, 1894-1986, Maler
Bruder v. Fritz v. Unruh; schied nach einer Offiziersausbildung 1913 aus dem Militärdienst aus u. wandte sich der Malerei zu; 1914 Kriegsfreiwilliger; nach einer Verwundung 1916 an eine Berliner Dienststelle versetzt, wo er durch Vermittlung v. Max Liebermann in seiner dienstfreien Zeit die Kunstgewerbeschule besuchte; 1917/18 zeitw. an die dt.

Register der Werke und Projekte Kesslers

Register der Schreiborte

Am Band haben mitgewirkt:
Gabriele Biedermann, Janna Brechmacher, Roland S. Kamzelak, Heinz Werner Kramski, Angelika Lochmann, Angela Reinthal, Elea Rüstig, Carina Schäfer, Heike Schillo und Jörg Schuster

Klett-Cotta

Printed in Germany
Einband: Philippa Walz, Stuttgart
unter Verwendung einer Fotografie von Harry Graf Kessler (1915)/ Deutsches Literaturarchiv Marbach
Gesetzt von media office gmbh, Kornwestheim
Auf säure- und holzfreiem Werkdruckpapier gedruckt und in Fadenheftung gebunden von Lachenmaier, Reutlingen
ISBN 3-7681-9816-2

Bibliographische Information Der Deutschen Bibliothek
Die Deutsche Bibliothek verzeichnet diese Publikation in der Deutschen Nationalbibliographie; detaillierte bibliographische Daten sind im Internet über <http://dnb.ddb.de> abrufbar.